Günther Ganster

Freier Beruf und Kapitalgesellschaft – das Ende der freien Professionen?

Günther Ganster

Freier Beruf und Kapitalgesellschaft – das Ende der freien Professionen?

Eine umfassende juristische Analyse
zum scheinbar unaufhaltsamen Siegeszug
der Kapitalgesellschaften in den freien Professionen

2000

Walter de Gruyter · Berlin · New York

♾ Gedruckt auf säurefreiem Papier,
das die US-ANSI-Norm über Haltbarkeit erfüllt.

Die Deutsche Bibliothek – CIP-Einheitsaufnahme

Ganster, Günther:
Freier Beruf und Kapitalgesellschaft – das Ende der freien Professionen? : eine umfassende juristische Analyse zum scheinbar unaufhaltsamen Siegeszug der Kapitalgesellschaften in den freien Professionen / Günther Ganster. – Berlin ; New York : de Gruyter, 2000
Zugl.: Frankfurt a. M., Univ., Diss., 1999
ISBN 3-11-016628-3

Printed in Germany
Datenkonvertierung: buslau intercom services, Berlin
Druck: Hubert & Co., Göttingen. – Bindearbeiten: Lüderitz & Bauer GmbH, Berlin

Vorwort

Die nachstehende Ausarbeitung versteht sich als ein Beitrag zur rechtswissenschaftlichen Aufarbeitung des grundlegenden Verhältnisses zwischen Freiem Beruf und Kapitalgesellschaft.

Die Freien Berufe stehen heute – in Anbetracht der sich auf beinahe allen Tätigkeitsfeldern gravierend wandelnden ökonomischen Rahmenbedingungen – mehr denn je vor der Frage, in welchem Umfang sie an ihrem bisherigen freiberuflichen Selbstverständnis festhalten oder dieses zur Marktbehauptung und zur Sicherung einer eigenen Wettbewerbsfähigkeit besser weitgehend preisgeben sollen. Die Entscheidung hierüber zu treffen, obliegt jedoch nicht nur den Angehörigen der freien Professionen allein, sondern – weil es sich bei den hiervon betroffenen Aufgabengebieten zum Teil um sehr gemeinschaftswichtige Dienstleistungssektoren handelt – in gleicher Weise auch dem Gemeinwesen und damit den zur demokratischen Rechtssetzung berufenen staatlichen Organen.

Das Mandat der Rechtswissenschaft beschränkt sich in diesem Kontext daher auf das rationale Aufzeigen von rechtstatsächlichen Entwicklungslinien, die nüchterne Erstellung einer darauf aufbauenden juristischen Gesamtanalyse sowie – nach Ermittlung eines aussagekräftigen Untersuchungsergebnisses – schließlich den stillen Hinweis auf zukünftig gegebenenfalls naheliegende Folgewirkungen.

Es ist hiernach vorrangig Aufgabe und Verpflichtung des demokratischen Normgebers, im Rahmen des ihm zukommenden Beurteilungs- und Gestaltungsspielraums zum nachstehend behandelten Problem- und Fragenkreis eine ihm angemessen erscheinende Entscheidung wirtschafts- und rechtspolitischer Art zu treffen.

Der ergänzend in die Ausarbeitung aufgenommene Nachtrag befaßt sich mit jenen einschlägigen Rechtsvorschriften, die erst nach dem Zeitpunkt der Einreichung der Dissertation vom Bundesgesetzgeber am Ende der vergangenen 13. Legislaturperiode verabschiedet worden sind. Die entsprechenden Gesetzesänderungen sind im Rahmen des vorliegenden Werks freilich weitgehend antizipiert worden und konnten demgemäß bei der textlichen Ausarbeitung schon beinahe vollständig miteinfließen.

Die Arbeit ist noch vor Abschluß der vorerwähnten parlamentarischen Beratungen den an der weiteren Rechts- und Gesetzgebungsentwicklung im Bereich der freien Berufstätigkeit interessierten Kreisen teils zugänglich gemacht worden. Die hier niedergelegten rechtlichen Wertungen zur Verfassungsmäßigkeit selbst eines umfänglichen legislativen Verbots der „Freiberufler-Kapitalgesellschaft" haben daher zwischenzeitlich auch bereits Eingang in namhafte Kommentarliteratur gefunden (vgl. so etwa Feuerich/Braun-*Braun*, Rn. 19 zu § 59a BRAO, Bundesrechtsanwaltsordnung, 4. Auflage, München 1999).

Mein besonderer Dank gilt Herrn Prof. Dr. Manfred Wolf, der diese Ausarbeitung kompetent und mit viel Sachverstand betreut hat. Ebenfalls herzlich gedankt sei Herrn Prof. Dr. Hahn für die fachkundige Erstattung seines Zweitgutachtens.

Gewidmet ist dieses Buch meiner Frau Jindra Mörl-Ganster, die mir bei der Anfertigung der Ausarbeitung auf vielerlei Weise hilfreich zur Seite gestanden hat, sowie meinen Eltern Horst und Elisabeth Ganster, die nur durch ihren steten Beistand und ihre Unterstützung mein Studium und meinen beruflichen Werdegang ermöglicht haben.

Griesheim, im Juni 1999 Günther Ganster

Inhaltsübersicht

Inhaltsverzeichnis

ZWEITER TEIL
Die für die Erbringung freiberuflicher Dienstleistungen in Betracht kommenden Gesellschaftsformen im haftungs- und steuerrechtlichen Leistungsvergleich

SCHLUßTEIL
Nachbetrachtung und Ausblick

Abkürzungsverzeichnis

a. A.	=	anderer Ansicht
aaO	=	am angegebenen Orte
a. E.	=	am Ende
a. F.	=	alte Fassung
AAB	=	Allgemeine Auftragsbedingungen
ABKG	=	Architekten- und Baukammergesetz
ABl.	=	Amtsblatt der Europäischen Gemeinschaften; auch: Amtsblatt
Abs.	=	Absatz
Abt.	=	Abteilung
AcP	=	Archiv für die civilistische Praxis
ADHGB	=	Allgemeines Deutsches Handelsgesetzbuch
AG	=	Amtsgericht; auch: Aktiengesellschaft
AGB	=	Allgemeine Geschäftsbedingungen
AGBG	=	Gesetz zur Regelung der Allgemeinen Geschäftsbedingungen
AGH	=	Anwaltsgerichtshof
AHB	=	Allgemeine Haftpflichtversicherungsbedingungen
AktG	=	Aktiengesetz
allg.	=	allgemein
Alt.	=	Alternative
ÄM	=	Ärztliche Mitteilungen
ÄndG	=	Änderungsgesetz
Anh.	=	Anhang
Anm.	=	Anmerkung
AnwBl.	=	Anwaltsblatt
ApothG	=	Gesetz über das Apothekenwesen
ArbGG	=	Arbeitsgerichtsgesetz
ArchG	=	Architektengesetz
arg.	=	argumentum
Art.	=	Artikel
Ärzte-ZV	=	Zulassungsverordnung für Vertragsärzte
ArztR	=	Der Arzt und sein Recht, Zeitschrift für Arzt- und Arzneimittelrecht
Aufl.	=	Auflage
AÜG	=	Arbeitnehmerüberlassungsgesetz
Ausl InvestmentG	=	Gesetz über den Vertrieb ausländischer Investmentanteile und über die Besteuerung der Erträge aus ausländischen Investmentanteilen

AVB	= Allgemeine Versicherungsbedingungen
ÄVBl.	= Ärztliches Vereinsblatt
AVO	= Ausführungsverordnung
Az.	= Aktenzeichen
Bad.-Württ.	= Baden-Württemberg
BAG	= Bundesarbeitsgericht
BAGE	= Entscheidungen des Bundesarbeitsgerichts
BÄO	= Bundesärzteordnung
BauKaG	= Baukammerngesetz
BauNVO	= Verordnung über die bauliche Nutzung der Grundstücke; Baunutzungsverordnung
BauR	= Zeitschrift für das gesamte öffentliche und private Baurecht
Bayer.	= Bayerisch(e, er, es)
BayObLG	= Bayerisches Oberstes Landesgericht
BB	= Der Betriebs-Berater
Bd.	= Band
BDA	= Bund Deutscher Architekten
BetrAVG	= Gesetz zur Verbesserung der betrieblichen Altersversorgung
BewG	= Bewertungsgesetz
BFH	= Bundesfinanzhof
BFH/NV	= Sammlung amtlich nicht veröffentlichter Entscheidungen des Bundesfinanzhofs
BFHE	= Entscheidungen des Bundesfinanzhofs
BGB	= Bürgerliches Gesetzbuch
BGBl.	= Bundesgesetzblatt
BGH	= Bundesgerichtshof
BGHSt	= Entscheidungen des Bundesgerichtshofs in Strafsachen
BGHZ	= Entscheidungen des Bundesgerichtshofs in Zivilsachen
BMF	= Bundesministerium der Finanzen
BMJ	= Bundesministerium der Justiz
BNotO	= Bundesnotarordnung
BNSDJ	= Bund Nationalsozialistischer Deutscher Juristen
BO	= Berufsordnung
BORA	= Berufsordnung der Rechtsanwälte
BörsenG	= Börsengesetz
BOStB	= Berufsordnung der Bundessteuerberaterkammer
BR	= Bundesrat
BRAGO	= Bundesgebührenordnung für Rechtsanwälte
BRAK	= Bundesrechtsanwaltskammer
BRAK-Mitt.	= BRAK-Mitteilungen, herausgegeben von der Bundesrechtsanwaltskammer
BRAO	= Bundesrechtsanwaltsordnung
BSG	= Bundessozialgericht
BSGE	= Entscheidungen des Bundessozialgerichts
Bsp.	= Beispiel
BStBl.	= Bundessteuerblatt

BTÄO	= Bundestierärzteordnung
BVerfG	= Bundesverfassungsgericht
BVerfGE	= Entscheidungen des Bundesverfassungsgerichts
BVerwG	= Bundesverwaltungsgericht
BVerwGE	= Entscheidungen des Bundesverwaltungsgerichts
bzw.	= beziehungsweise
c. i. c.	= culpa in contrahendo
ca.	= circa
CCBE	= Conseil des Barreaux De La Communaute Européenne
Co.	= Company
d. h.	= das heißt
DAB	= Deutsches Architekten-Blatt
DÄBl.	= Deutsches Ärzteblatt
DApothZ	= Deutsche Apotheker Zeitung
DAV	= Deutscher Anwaltverein
DB	= Der Betrieb
DDR	= Deutsche Demokratische Republik
dergl.	= dergleichen
ders.	= derselbe
dies.	= dieselbe(n)
DJT	= Deutscher Juristentag
DJZ	= Deutsche Juristen-Zeitung
DKD	= Deutsche Klinik für Diagnostik
DM	= Deutsche Mark
DNotZ	= Deutsche Notar-Zeitschrift
DÖV	= Die Öffentliche Verwaltung
DR	= Deutsches Recht
DRiZ	= Deutsche Richterzeitung
DStR	= Deutsches Steuerrecht
DStRE	= Deutsches Steuerrecht/Entscheidungsdienst
DStZ	= Deutsche Steuer-Zeitung
DVBl.	= Deutsches Verwaltungsblatt
DVO	= Durchführungsverordnung
DVStB	= Verordnung zur Durchführung der Vorschriften über Steuerberater, Steuerbevollmächtigte und Steuerberatungsgesellschaften
DZWiR	= Deutsche Zeitschrift für Wirtschaftsrecht (früher: DWiR)
E	= Entwurf
e. V.	= eingetragener Verein
EAV	= Einheitsarchitektenvertrag für Gebäude
EDV	= Elektronische Datenverarbeitung
EFG	= Entscheidungen der Finanzgerichte
EG	= Europäische Gemeinschaft
EGE	= Sammlung „Ehrengerichtliche Entscheidungen", herausgegeben vom Präsidium der Bundesrechtsanwaltskammer
EGH	= Ehrengerichtshof für Rechtsanwälte
Einf.	= Einführung

Einl.	= Einleitung
endg.	= endgültig
Erg.	= Ergänzung
EStG	= Einkommensteuergesetz
etc.	= et cetera
EU	= Europäische Union
EuGH	= Gerichtshof der Europäischen Gemeinschaften
EWiR	= Entscheidungen zum Wirtschaftsrecht
EWIV	= Europäische Wirtschaftliche Interessenvereinigung
f.	= folgende
FAZ	= Frankfurter Allgemeine Zeitung
ff.	= fortfolgende
FG	= Finanzgericht
FGG	= Gesetz über die Angelegenheiten der freiwilligen Gerichtsbarkeit
Fn.	= Fußnote
FR	= Finanz-Rundschau
FS	= Festschrift
GBl.	= Gesetzblatt
GbR	= Gesellschaft bürgerlichen Rechts
GenG	= Gesetz betreffend die Erwerbs- und Wirtschaftsgenossenschaften
GewArch	= Gewerbearchiv
GewO	= Gewerbeordnung
GewStG	= Gewerbesteuergesetz
GewStRahmenG	= Gewerbesteuerrahmengesetz
GG	= Grundgesetz
GmbH	= Gesellschaft mit beschränkter Haftung
GmbHG	= Gesetz betreffend die Gesellschaften mit beschränkter Haftung
GmbHR	= GmbH-Rundschau
GOÄ	= Gebührenordnung für Ärzte
Gruchot	= Gruchot: Beiträge zur Erläuterung des Deutschen Rechts
GRUR	= Gewerblicher Rechtsschutz und Urheberrecht
GS	= Gesetzessammlung
GVBl.	= Gesetz- und Verordnungsblatt
GWB	= Gesetz gegen Wettbewerbsbeschränkungen
h. M.	= herrschende Meinung
Hdb.	= Handbuch
Hdbuch	= Handbuch
HebGV	= Hebammengebührenverordnung
HeilBerG	= Heilberufsgesetz
HeilpraktG	= Heilpraktikergesetz
HFR	= Höchstrichterliche Finanzrechtsprechung
HGB	= Handelsgesetzbuch
HKaG	= Heilberufe-Kammergesetz
HOAI	= Honorarordnung für Ingenieure und Architekten
Hrsg.	= Herausgeber
Hs.	= Halbsatz

i. d. F.	=	in der Fassung
i. S.	=	im Sinne
i. S. d.	=	im Sinne des
i. V. m.	=	in Verbindung mit
IdW	=	Institut der Wirtschaftsprüfer
IHK	=	Industrie- und Handelskammer
IHK-G	=	Gesetz zur vorläufigen Regelung des Rechts der Industrie- und Handelskammern
INF	=	Die Information über Steuer und Wirtschaft
IngG	=	Ingenieurgesetz
IngKG	=	Ingenieurkammergesetz
insg.	=	insgesamt
IStR	=	Internationales Steuerrecht
IWB	=	Internationale Wirtschafts-Briefe
J. O.	=	Journal Officiel de la Republique Francaise
Jura	=	Jura/Juristische Ausbildung
JuS	=	Juristische Schulung
JW	=	Juristische Wochenschrift
JZ	=	Juristenzeitung
KAGG	=	Gesetz über Kapitalanlagegesellschaften
KG	=	Kammergericht; auch: Kommanditgesellschaft
KGaA	=	Kommanditgesellschaft auf Aktien
KGHB	=	Gesetz über die Kammern für Heilberufe
KHG	=	Krankenhausfinanzierungsgesetz
KO	=	Konkursordnung
KOM	=	Kommission
KonTraG	=	Gesetz zur Kontrolle und Transparenz im Unternehmensbereich
KÖSDI	=	Kölner Steuerrechtsdialog
KStG	=	Körperschaftsteuergesetz
KWG	=	Gesetz über das Kreditwesen
LG	=	Landgericht
LSA	=	Land Sachsen-Anhalt
LSG	=	Landessozialgericht
LZ	=	Leipziger Zeitschrift für Handels-, Konkurs- und Versicherungsrecht
m. w. N.	=	mit weiteren Nachweisen
MarkenG	=	Gesetz über den Schutz von Marken und sonstigen Kennzeichen; Markengesetz
MBKK	=	Allgemeine Versicherungsbedingungen für die Krankheitskosten- und Krankenhaustagegeldversicherung (Musterbedingungen)
MBO	=	Musterberufsordnung
MDR	=	Monatsschrift für Deutsches Recht
MedR	=	Medizinrecht
Mio.	=	Millionen
MPhG	=	Masseur- und Physiotherapeutengesetz
Mrd.	=	Milliarden

MünchHdb.GesR	=	Münchener Handbuch des Gesellschaftsrechts
MünchKomm BGB	=	Münchener Kommentar zum Bürgerlichen Gesetzbuch
MünchKomm HGB	=	Münchener Kommentar zum Handelsgesetzbuch
M-V	=	Mecklenburg-Vorpommern
n. F.	=	neue Fassung
N.Y.C.	=	New York City
Nachrichten	=	Nachrichten für die Mitglieder des Deutschen Anwaltvereins
NJW	=	Neue Juristische Wochenschrift
NJW-CoR	=	Neue Juristische Wochenschrift/Computerreport
NJW-RR	=	Neue Juristische Wochenschrift/Rechtsprechungs-Report Zivilrecht
NotVO	=	Notverordnung
Nr.	=	Nummer
NRW	=	Nordrhein-Westfalen
NVwZ	=	Neue Zeitschrift für Verwaltungsrecht
NVwZ-RR	=	Neue Zeitschrift für Verwaltungsrecht/Rechtsprechungs-Report
NW	=	Nordrhein-Westfalen
NWB	=	Neue Wirtschafts-Briefe
NZG	=	Neue Zeitschrift für Gesellschaftsrecht
NZS	=	Neue Zeitschrift für Sozialrecht
o.	=	oben
OHG	=	Offene Handelsgesellschaft
OLG	=	Oberlandesgericht
OVG	=	Oberverwaltungsgericht
OVGE	=	Entscheidungen des Oberverwaltungsgerichts
PAO	=	Patentanwaltsordnung
PartGG	=	Partnerschaftsgesellschaftsgesetz
PatAnwMitt.	=	Mitteilungen der Deutschen Patentanwälte
PatAnwO	=	Patentanwaltsordnung
PharmZ	=	Pharmazeutische Zeitung
Preuß.	=	Preußisch(e, er, es)
PRV	=	Partnerschaftsregisterverordnung
PublG	=	Gesetz über die Rechnungslegung von bestimmten Unternehmen und Konzernen; Publizitätsgesetz
RAK	=	Rechtsanwaltskammer
RAO	=	Rechtsanwaltsordnung; auch: Reichsabgabenordnung
RÄO	=	Reichsärzteordnung
RApothO	=	Reichs-Apothekenordnung
RBerG	=	Rechtsberatungsgesetz
RBerV	=	1. Ausführungsverordnung zum Rechtsberatungsgesetz
RBewG. VSt. DB.	=	Durchführungsbestimmungen zum Reichsbewertungsgesetz und zur Erhebung der Vermögensteuer
rd.	=	rund
RdF	=	Reichsminister der Finanzen

Red.	=	Redaktion
RefE	=	Referentenentwurf
RFH	=	Reichsfinanzhof
RFHE	=	Entscheidungen des Reichsfinanzhofs
RG	=	Reichsgericht
RGBl.	=	Reichsgesetzblatt
RGewO	=	Reichsgewerbeordnung
RGSt	=	Entscheidungen des Reichsgerichts in Strafsachen
RGZ	=	Entscheidungen des Reichsgerichts in Zivilsachen
RiLi	=	Richtlinien
RIW	=	Recht der internationalen Wirtschaft
RM	=	Reichsmark
Rn.	=	Randnummer
RNotO	=	Reichsnotarordnung
Rpfl.	=	Der Deutsche Rechtspfleger
RRAO	=	Reichs-Rechtsanwaltsordnung
Rspr.	=	Rechtsprechung
RStBl.	=	Reichssteuerblatt
RT	=	Reichstag
RTierÄO	=	Reichstierärzteordnung
RVO	=	Reichsversicherungsordnung
s.	=	siehe
S.	=	Seite
Schl.-H.	=	Schleswig-Holstein
SeelotG	=	Gesetz über das Seelotswesen
SeuffBl.	=	Johann Adam Seuffert's Blätter für Rechtsanwendung
SG	=	Sozialgericht
SGB	=	Sozialgesetzbuch
sog.	=	sogenannt(e, er, es)
SozR	=	Entscheidungssammlung, bearbeitet von Richtern des Bundessozialgerichts
st. Rspr.	=	ständige Rechtsprechung
StÄndG	=	Steueränderungsgesetz
StB	=	Der Steuerberater
StBerG	=	Steuerberatungsgesetz
Stbg.	=	Die Steuerberatung
StBGebVO	=	Steuerberatergebührenverordnung
StGB	=	Strafgesetzbuch
StGH	=	Staatsgerichtshof
StuW	=	Steuer und Wirtschaft
u.	=	und
u. a.	=	unter anderem; auch: und andere
U.S.	=	United States
U.S.A.	=	United States of America
UmwG	=	Umwandlungsgesetz
UmwStG	=	Umwandlungssteuergesetz

unstr.	= unstreitig
UWG	= Gesetz gegen den unlauteren Wettbewerb
v.	= vom; auch: von
v. d.	= von der
v. H.	= vom Hundert
VAG	= Gesetz über die Beaufsichtigung der privaten Versicherungsunternehmungen und Bausparkassen
Verf.	= Verfasser
VersR	= Versicherungsrecht
VG	= Verwaltungsgericht
VGH	= Verwaltungsgerichtshof
vgl.	= vergleiche
VO	= Verordnung
Vorbem.	= Vorbemerkung
VStG	= Vermögensteuergesetz
VVaG	= Versicherungsverein auf Gegenseitigkeit
VVG	= Gesetz über den Versicherungsvertrag
WiB	= Wirtschaftsrechtliche Beratung
WM	= Zeitschrift für Wirtschafts- und Bankrecht, Wertpapiermitteilungen
WP	= Der Wirtschaftsprüfer
Wpg.	= Die Wirtschaftsprüfung
WPK	= Wirtschaftsprüferkammer
WPK-Mitt.	= Mitteilungen der Wirtschaftsprüferkammer
WPO	= Wirtschaftsprüferordnung
WPrax	= Wirtschaftsrecht und Praxis
WRP	= Wettbewerb in Recht und Praxis
WT	= Der Wirtschaftstreuhänder
WuW	= Wirtschaft und Wettbewerb
z. B.	= zum Beispiel
ZAP	= Zeitschrift für die Anwaltspraxis
ZfG	= Zeitschrift für das gesamte Genossenschaftswesen
ZGR	= Zeitschrift für Unternehmens- und Gesellschaftsrecht
ZHG	= Gesetz über die Ausübung der Zahnheilkunde
ZHR	= Zeitschrift für das gesamte Handels- und Wirtschaftsrecht
Ziff.	= Ziffer
ZIP	= Zeitschrift für Wirtschaftsrecht
zit.	= zitiert
ZPO	= Zivilprozeßordnung
ZRP	= Zeitschrift für Rechtspolitik

Einleitung

A. Problemstellung

Das Gesellschaftsrecht der Freien Berufe hat in den letzten Jahren eine rasante und dynamische Entwicklung erfahren, die für die Zukunft nicht nur ein grundlegend verändertes Bild freiberuflicher Kooperationen erwarten läßt, sondern darüber hinaus auch der Ausdruck eines allgemein gewandelten Selbstverständnisses der Freien Berufe in puncto Professionalität und Berufsauffassung zu sein scheint.[1] Galt bis zum Beginn dieses Jahrzehnts gemeinhin noch die Gesellschaft des bürgerlichen Rechts als herkömmliche und typische Gesellschaftsform für die gemeinsame Ausübung einer freiberuflichen Tätigkeit,[2] so haben Gesetzgeber und Judikatur seitdem den Kreis der für eine freiberufliche Zusammenarbeit in Betracht kommenden Rechtsformen – zu nennen sind als Stichworte nur Europäische Wirtschaftliche Interessenvereinigung (EWIV),[3] Partnerschaft,[4] ambulante Heilkunde-[5] und Anwalts-GmbH[6] – kontinuierlich erweitert.

---

1 So etwa *Damm* in FS für Brandner (1996), S. 31 ff.

2 Vgl. etwa die Fortschreibung des Berichts der Bundesregierung über die Lage der Freien Berufe in der Bundesrepublik Deutschland, BT-Drucksache 12/21, S. 11; *Buchwald/Tiefenbacher/Dern*, S. 201; *Wüst* in JZ 1989, 270 (276); *Seibert* in DB 1994, 2381; *Lenz* in MDR 1994, 741; *Bayer/Imberger* in DZWiR 1993, 309 (313); ähnlich *Damm* in FS für Brandner (1996), 31 (38): „...Freiberufler-Gesellschaft als Prototyp der BGB-Gesellschaft..." – Für Rechtsanwälte und niedergelassene Ärzte stand bis Ende der achtziger Jahre de lege lata nach allgemeiner Ansicht ausschließlich die Gesellschaft bürgerlichen Rechts als Rechtsform zur gemeinschaftlichen Berufsausübung zur Verfügung; vgl. nur *Henssler* in WiB 1994, 53; *Bayer/Imberger* in DZWiR 1995, 177.

3 EWG-Verordnung Nr. 2137/85 des Rates vom 25.7.1985 über die Schaffung einer Europäischen Wirtschaftlichen Interessenvereinigung (EWIV-VO); ABlEG v. 31.7.1985, Nr. L 199/1 ff.; Gesetz zur Ausführung der EWG-Verordnung über die Europäische Wirtschaftliche Interessenvereinigung (EWIV-Ausführungsgesetz) vom 14.4.1988; BGBl. I, S. 514.

4 Gesetz über Partnerschaftsgesellschaften Angehöriger Freier Berufe (Partnerschaftsgesellschaftsgesetz – PartGG) vom 25.7.1994; BGBl. I, S. 1744.

5 BGH in NJW-RR 1992, 430 f. (Heilpraktiker-GmbH); BGHZ 124, 224 ff. (Zahnbehandlungs-GmbH); BSG SozR 3-2500, Nr. 2 zu § 124 SGB V (Krankengymnastik-GmbH); siehe ferner auch OLG Hamm in GmbHR 1997, 599 f. – Zulässigkeit der Firmierung einer GmbH als „Ingenieurgesellschaft" – sowie (unter Abweichung von OLG Nürnberg in GRUR 1983, 453) schließlich noch OLG Düsseldorf in NJW-RR 1996, 1322 f.: Berechtigung einer nicht selbst in die Architektenliste eingetragenen GmbH, die von ihr erbrachten Architektenleistungen werbend als solche zu bezeichnen.

6 BayObLG in NJW 1995, 199 ff.; erneut bestätigt in ZIP 1996, 1706 ff.; siehe nunmehr auch den Referentenentwurf eines Gesetzes zur Regelung der „Rechtsanwaltsgesellschaft mit beschränkter Haftung" mit Stand vom 17.3.1997; abgedruckt in „Blick durch die Wirtschaft" v. 25.4.1997, Seite 10, sowie v. 29.4.1997, Seite 9; sowie auszugsweise (einschließlich Begründung) auch in ZIP 1997,

Erweist sich die Partnerschaft dabei nach ihrer gesetzlichen Ausgestaltung noch als eine ausschließlich den Angehörigen der Freien Berufe vorbehaltene Gesellschaftsform,[7] so gilt dies für die EWIV, erst recht aber für die Kapitalgesellschaften, nicht in gleicher Weise. Die Rechtsform der EWIV steht nach dem Willen des supranationalen Normgebers prinzipiell allen Gesellschaften, juristischen Einheiten und natürlichen Personen offen, die dadurch ihre wirtschaftliche Tätigkeit in verschiedenen Mitgliedsstaaten der Europäischen Union (EU) fördern wollen.[8] Ebenso können sich an den Kapitalgesellschaften (GmbH, AG, KGaA) nach der zivilrechtlichen Gesetzeskonzeption in beliebiger Weise Personenhandelsgesellschaften, Partnerschaften, natürliche oder juristische Personen beteiligen,[9] und der Gesellschaftszweck unterliegt, sofern er nur mit dem Gesetz vereinbar ist, in keiner Weise Beschränkungen.[10]

1518 ff.; vgl. zu dem inzwischen am 18.11.1997 vom Bundeskabinett verabschiedeten Regierungsentwurf näher BR-Drucksache 1002/97, S. 5 ff. sowie den auszugsweisen Entwurfsabdruck in ZIP 1998, S. 221 ff.

[7] Vgl. § 1 I 1, II PartGG.

[8] Vgl. Art. 4 I, II i. V. m. Art. 3 I EWIV-VO – Aufgrund dieser Gesetzeslage können sich unter dem Dach einer EWIV, soweit nur die beteiligten Mitglieder in mindestens zwei verschiedenen EU-Staaten ansässig sind, grundsätzlich auch multiprofessionelle Zusammenschlüsse ausbilden, die sowohl aus Freiberuflern wie aus Gewerbetreibenden bestehen, vgl. *Zuck* in NJW 1990, 954 (957); *ders.*, Rn. 120; *Grüninger* in AnwBl. 1992, 111 (112); *Lutz/App* in INF 1992, 419 (421); *dies.* in KÖSDI 1993, 9478 (9484); *Römermann*, S. 23.

[9] Allg. Meinung, vgl. für die AG MünchHdb.GesR IV/*Hoffmann-Becking*, Rn. 5 zu § 3; *Hüffer*, Rn. 5 ff. zu § 2 AktG; für die GmbH nur MünchHdb.GesR III/*Heinrich*, Rn. 23 ff. zu § 5; *Lutter/Hommelhoff*, Rn. 1 ff. zu § 2 GmbHG; Baumbach/Hueck-*Hueck*, Rn. 20 ff. zu § 1 GmbHG.

Bei der KGaA war bislang zweifelhaft, ob nicht die Komplementäreigenschaft – zumindest soweit die alleinige Geschäftsleitung in Rede stand – aufgrund der §§ 278 III, 76 III 1 AktG ausschließlich einer natürlichen Person zukommen konnte (so die früher hM; vgl. etwa *Raiser*, Rn. 4 zu § 23 m.w.N. in Fn. 2; einen Meinungsüberblick zum früheren Streitstand geben *Hüffer*, Rn. 7 zu § 278 AktG sowie sehr ausführlich *Graf*, S. 93 ff.). Der in der Praxis spürbare Druck, neben der GmbH & Co. KG auch die GmbH & Co. KGaA zuzulassen, hat hier jedoch jüngst einen Meinungsumschwung bewirkt. So ist im Herbst 1995 erstmals eine GmbH & Co. KGaA ins Handelsregister eingetragen worden, bei der der persönlich haftende Gesellschafter von Anbeginn an allein eine GmbH & Co. KG war; vgl. *Biagosch* in NWB (1996), Fach 18, 3453 (3457). Nachdem sich das OLG Karlsruhe in NJW-RR 1996, 1254 ff. noch gegen die Eintragungsfähigkeit einer KGaA mit einer GmbH als einziger Komplementärin ausgesprochen hatte, ist der BGH nunmehr der anderslautenden Rechtsprechung des OLG Hamburg in NJW 1969, 1030 ff. gefolgt; vgl. BGH in ZIP 1997, 1027 ff. Die neuere Literatur hegt überwiegend ebenfalls keine rechtlichen Bedenken, eine juristische Person als einzige Komplementärin einer KGaA zuzulassen; siehe so etwa *Claussen* in GmbHR 1996, 73 (76 ff.); *Priester* in ZHR 160 (1996), 250 (254 ff.); *Strieder* in DB 1996, 2065 (2067); *Mertens* in FS für Ritter (1997), 731 (732 ff.); *Herfs* in WiB 1997, 688 (690 f.); *Hennerkes/Lorz* in DB 1997, 1388 (1389 ff.); aus ordnungspolitischen Gründen zurückhaltend wegen einer befürchteten Überspielung der Kontrollmechanismen des Aktienrechts – deutliche Minderung sowohl des Anlegerschutzes als auch der Überwachungsfunktion des Aufsichtsrats – allerdings *K. Schmidt* in ZHR 160 (1996), 265 (273 ff.); *Binz/Sorg* in DB 1997, 313 (317 ff.); dagegen wiederum *Niedner/Kusterer* in DB 1997, 1451 ff.

[10] Unstr.; vgl. nur *Raiser*, Rn. 9 zu § 10 für die AG u. Rn. 11 zu § 25 für die GmbH.

Folgerichtig kann die Zweckbestimmung einer Kapitalgesellschaft nach allg. Meinung sowohl wirtschaftlicher als auch ideeller, also selbst rein geselliger, sportlicher, gemeinnütziger, religiöser oder politischer Natur sein; statt aller nur *Winkler* in NJW 1970, 449 (450); MünchHdb.GesR IV/*Wiesner*, Rn. 8 zu § 9; Baumbach/Hueck-*Hueck*, Rn. 7 f. u. 10 ff. zu § 1 GmbHG.

Freilich sind die GmbH und mehr noch die AG/KGaA nach ihrer Funktion und von ihrer rechtlichen Ausgestaltung her auf den Betrieb eines wirtschaftlichen, insbesondere eines gewerblichen Unternehmens ausgerichtet.[11] Ein Blick auf die rechtstatsächliche Inanspruchnahme der Kapitalgesellschaften zeigt denn auch, daß der Schwerpunkt ihrer Nutzung eindeutig im Bereich wirtschaftlicher und vor allem gewerblicher Betätigungen liegt. Die Kapitalgesellschaft stellt die mit Abstand am meisten verbreitete Gesellschaftsform im modernen, auf Güteraustausch angelegten gewerblichen Wirtschaftsleben und im gewerblichen Dienstleistungsverkehr dar.[12]

Dabei ist im Rahmen der kontinuierlich zunehmenden Nutzung kapitalgesellschaftlicher Rechtsformen etwa seit 1970 zwischen den verschiedenen Wirtschaftsbereichen eine erhebliche Verschiebung der Gewichte hin zum Dienstleistungssektor einschließlich der Kreditinstitute und Versicherungen zu verzeichnen, während das produzierende Gewer-

---

[11] Vgl. nur MünchHdb.GesR IV/*Hoffmann-Becking*, Rn. 3 ff. zu § 2; Baumbach/Hueck-*Hueck*, Rn. 23 f. Einl GmbHG – Dabei ist das Unternehmen im hier verwendeten Sinn nicht mit dem insoweit zu engen, weil zweckbezogen zu interpretierenden konzernrechtlichen Unternehmensbegriff der §§ 15 ff., 291 ff. AktG (zu jenem etwa *Hüffer*, Rn. 8 zu § 15 AktG) oder dem funktionsbedingt sehr weiten des § 1 GWB (zu jenem etwa KG in WuW 1960, 446, 447; *Ring*, S. 147) gleichzusetzen, sondern es läßt sich – im Bewußtsein, daß es einen einheitlichen, für die gesamte Rechtsordnung geltenden Rechtsbegriff des Unternehmens nicht gibt (vgl. nur KG aaO; *Baumbach/Hopt*, Rn. 31 ff. Einl vor § 1 HGB) – umschreiben als „eine auf der organisatorischen Verbindung von personellen und sachlichen Mitteln beruhende rechtliche Einheit, die nach ökonomischen Methoden arbeitet und wirtschaftliche Werte hervorbringt, um über den Markt die Nachfrage der Allgemeinheit nach seinen Erzeugnissen und mit dem Erlös die Einkommenswünsche und sonstigen Bedürfnisse seiner Anteilseigner, Arbeitnehmer und Unternehmensleiter zu befriedigen"; vgl. *Raiser*, Rn. 8 zu § 6.

[12] Bestand zum 31.12.1993: 2.934 Aktiengesellschaften mit einem Grundkapital von ca. 147,3 Mrd. DM; davon 28 KGaA mit ca. 2,2 Mrd. DM Grundkapital; 543.444 Gesellschaften mbH mit einem Stammkapital von ca. 235,3 Mrd. DM (jeweils ohne Berücksichtigung des Bundeslandes Hessen); vgl. Statistisches Jahrbuch 1995, S. 134; zusätzliche aufschlußreiche Angaben zur Größenaufgliederung bei *Raiser*, Rn. 3 zu § 5; *Hansen* in GmbHR 1997, 204 (205). Eine weitere Unterrichtung der Öffentlichkeit durch eine statistische Aufgliederung der Unternehmen nach Anzahl, Rechtsform oder Zuordnung nach Wirtschaftszweigen ist durch Beschluß des Bundeskabinetts vom 24.1.1996 aus Kosteneinsparungsgründen eingestellt worden; vgl. *Hansen* in GmbHR 1997, 204 (204 u. 207). Empirische Hochrechnungen lassen indes vermuten, daß die Zahl der Aktiengesellschaften bis zum Ende des Jahres 1996 auf ca. 4.000 mit einem Nominalkapital von etwa 220 Mrd. DM angewachsen ist, während zur gleichen Zeit ca. 770.000 Gesellschaften mbH mit einem Stammkapital von etwa 302,4 Mrd. DM existierten; vgl. *Hansen* in GmbHR 1997, 204 (205).

Die Zahl der Kapitalgesellschaften liegt damit deutlich über der Zahl der – statistisch (einschließlich der GmbH & Co. KG) schon seit dem Zweiten Weltkrieg nicht mehr unmittelbar erfaßten – Personenhandelsgesellschaften; siehe dazu nur *Lutter/Hommelhoff*, Rn. 1 Einl GmbHG; *Hansen* in GmbHR 1997, 204 (206). Dabei wird der OHG für den gewerblichen Bereich aufgrund ihrer persönlichen Gesellschafterhaftung heute ohnehin nur noch eine Randexistenz attestiert; vgl. so etwa *Henssler* in ZHR 161 (1997), 13 (28). Eine empirische Langzeitauswertung des Handelsregisters Leonberg hat in Übereinstimmung hiermit ergeben, daß der Anteil der offenen Handelsgesellschaften an der Gesamtzahl aller Personenhandelsgesellschaften (einschließlich der GmbH & Co. KG) heute lediglich noch knapp 10 % beträgt; siehe dazu die von *Kornblum* in GmbHR 1997, 630 (631 u. 635) mitgeteilten Daten. Die relative Quote aller Personenhandelsgesellschaften (einschließlich der GmbH & Co. KG) ist nach der gleichen Untersuchung allein im Verhältnis zur Zahl der Gesellschaften mbH zwischenzeitlich auf 181 gegenüber 1.209, d. h. auf umgerechnet nur noch ca. 13 % abgesunken; vgl. hierzu *Kornblum*, aaO.

be – Bergbau, Energiewirtschaft, Industrie- und Baugewerbe – im langfristigen Vergleich an Bedeutung verlor.[13] GmbH, AG und KGaA lassen sich der gesetzgeberischen Intention gemäß daher mit Recht als *die* gewerblichen Wirtschaftsvereine kraft Rechtsform bezeichnen.

Der konzeptionellen Eignung zum Betrieb eines gewerblichen Unternehmens entspricht es, daß die Kapitalgesellschaften schon allein aufgrund ihrer Rechtsform notwendig als Handelsgesellschaften gelten (§§ 3 AktG, 13 III GmbHG, 6 I HGB) und auch ohne Vorliegen der Voraussetzungen nach den §§ 1 ff. HGB kraft gesetzlicher Fiktion Vollkaufmann sind (§ 6 II HGB).[14] Auf steuerrechtlichem Gebiet führt der Gesetzgeber diese Typisierung konsequent fort, indem er die Kapitalgesellschaften unabhängig von ihrem Gesellschaftszweck und dem Unternehmensgegenstand schon wegen ihrer Rechtsform als Gewerbebetrieb behandelt (vgl. die §§ 6 I, 238 ff., 242 ff. HGB i.V.m. § 8 II KStG) und sie gleichermaßen bereits kraft Gesetzes zur Gewerbesteuer heranzieht (§ 2 II 1 GewStG).

Aufgrund der oben angesprochenen neueren Rechtsentwicklung im Gesellschaftsrecht der Freien Berufe stehen den Angehörigen der freien Professionen mit der EWIV und insbesondere mit den Kapitalgesellschaften in Anbetracht dessen nunmehr erstmals gemeinhin und in großem Umfang die gleichen Rechtsformen zur Verfügung, derer sich im allgemeinen Wirtschafts- und Handelsverkehr die Gewerbetreibenden bedienen.

Eine derart umfassende Überschneidung an Gesellschaftsformen, die sowohl Freiberufler als auch Gewerbetreibende zur beruflichen Betätigung nutzen können, bedeutet ein gesellschaftsrechtliches Novum. Bislang war das Gesellschaftsrecht durch eine grundsätzliche Trennung dieser beiden Gruppen von Erwerbstätigen gekennzeichnet. Die vormals überwiegend bestehende Beschränkung freiberuflicher Kooperation auf die Rechtsform der BGB-Gesellschaft hatte praktisch von selbst deren Trennung vom Gewerbe zur Folge, vollzieht sich doch im Recht der Personenvereinigungen der für den Gewerbetreibenden typische Betrieb eines (vollkaufmännischen) Handelsgewerbes in den Rechtsformen der Personenhandelsgesellschaften OHG und KG.

---

[13] So verminderte sich beispielsweise der relative Anteil der Aktiengesellschaften des produzierenden Gewerbes an der Gesamtzahl aller Aktiengesellschaften von 50,9 % zum Ende des Jahres 1970 auf 32,8 % zum Ende des Jahres 1992. Gleichzeitig sank der verhältnismäßige Anteil des Grundkapitals von Gesellschaften aus dieser Sparte am Grundkapital aller Aktiengesellschaften von 73,8 % anno 1970 auf 54,7 % zum Jahresende 1992. Demgegenüber lag die relative Zahl der Aktiengesellschaften aus der Dienstleistungsbranche inklusive Kreditinstitute und Versicherungen im Jahr 1970 noch bei zusammen 37,2 %, während sie im weiteren Verlauf bis zum Jahresende 1992 auf vergleichsweise 53,9 % anstieg. Der verhältnismäßige Anteil von Gesellschaften dieses Sektors am Gesamtvolumen des Nominalkapitals aller Aktiengesellschaften erhöhte sich im selben Zeitraum von zusammen 19,4 % anno 1970 auf insgesamt 38,6 % zum Jahresende 1992. Auch bei den Gesellschaften mbH verlor das produzierende Gewerbe seit 1970 weiter an Gewicht; vgl. zu alldem *Hansen* in GmbHR 1997, 204 (205) unter eingehender Darlegung des Materials des Statistischen Bundesamtes.

[14] Die anstehende Handelsrechtsreform wird in diesem Punkt keine sachliche Änderung bringen. Auch der Referentenentwurf des „Gesetzes zur Neuregelung des Kaufmanns- und Firmenrechts und zur Änderung anderer handels- und gesellschaftsrechtlicher Vorschriften" sieht lediglich eine redaktionelle Anpassung des § 6 II HGB vor, während die inhaltliche Aussage, wonach Kapitalgesellschaften stets als Vollkaufleute gelten, unverändert beibehalten wird; vgl. hierzu den auszugsweisen Abdruck des RefE in ZIP 1996, 1401 (1407).

Die hiernach im Zuge der neueren gesellschaftsrechtlichen Entwicklung insbesondere mit Blick auf die Kapitalgesellschaften zu beobachtende Annäherung der Freien Berufe an das Gewerbe erscheint im Rahmen einer Gesamtbetrachtung beider Gruppen durchaus ungewöhnlich und überraschend. Denn ansonsten differenziert die Rechtsordnung auf praktisch allen Rechtsgebieten strikt zwischen Freiem Beruf und Gewerbe.

So durchzieht die Scheidung der freien Professionen vom Gewerbe das öffentlich-rechtliche Gewerberecht, das allgemeine Zivilrecht, das Handelsrecht, das Steuerrecht und das Berufsrecht. In den Berufsgesetzen vieler verkammerter freier Professionen findet sich die ausdrückliche gesetzliche Feststellung, daß die entsprechende Berufstätigkeit kein Gewerbe ist.[15]

Entsprechendes ergibt sich bei einer rechtlichen Inhaltsbestimmung des Gewerbebegriffs. Zwar kann es infolge der jeweils unterschiedlichen normativen Zielsetzung, die eine auf den jeweiligen Gesetzeszweck bezogene Begriffsbestimmung notwendig macht, keinen für die gesamte Rechtsordnung verbindlichen einheitlichen Gewerbebegriff geben.[16] Doch allen Inhaltsbestimmungen ist gemein, daß die freiberufliche Tätigkeit durch ein negatives Begriffsmerkmal vom Gewerbe ausgenommen bleibt.

Dies gilt zunächst für die Legaldefinition des Gewerbebegriffs im Steuerrecht durch § 15 II 1 EStG. Diese Vorschrift lautet: „Eine selbständige nachhaltige Betätigung, die mit der Absicht, Gewinn zu erzielen, unternommen wird und sich als Beteiligung am allgemeinen wirtschaftlichen Verkehr darstellt, ist Gewerbebetrieb, wenn die Betätigung weder als Ausübung von Land- und Forstwirtschaft *noch als Ausübung eines Freien Berufs* noch als eine andere selbständige Arbeit anzusehen ist." Die Ausklammerung der freien Professionen aus der steuerrechtlichen Gewerbedefinition zeigt insbesondere im Zusammenwirken mit § 2 I 2 GewStG bedeutsame Rechtsfolgen, weil hieraus das beachtliche Privileg einer grundsätzlichen Gewerbesteuerfreiheit der Freien Berufe resultiert.[17]

Ebenso spart bereits § 6 Satz 1 GewO die Tätigkeit einer Vielzahl freier Professionen expressis verbis aus dem Anwendungsbereich der Gewerbeordnung aus. In Übereinstimmung hiermit ist ein Gewerbe im Sinne der Gewerbeordnung definiert als jede nicht sozial unwertige (generell nicht verbotene), auf Gewinnerzielung gerichtete und auf Dauer an-

---

[15] So für den Rechtsanwalt § 2 II BRAO i. d. F. vom 5.10.1994 (BGBl. I, S. 2911); für den Patentanwalt § 2 II PAO i. d. F. vom 2.9.1994 (BGBl. I, S. 2278, 2285); für den Arzt § 1 II Hs. 1 BÄO i. d. F. vom 27.4.1993 (BGBl. I, S. 512); für den Zahnarzt § 1 IV ZHG i. d. F. vom 26.2.1993 (BGBl. I, S. 278); für den Tierarzt § 1 II Hs. 1 BTÄO i. d. F. vom 27.4.1993 (BGBl. I, S. 512, 549); für den Wirtschaftsprüfer § 1 II 2 WPO i. d. F. vom 5.10.1994 (BGBl. I, S. 2911); für den vereidigten Buchprüfer § 130 I 1 WPO i. V. m. § 1 II 2 WPO i. d. F. vom 5.10.1994 (BGBl. I, S. 2911); für den Steuerberater und den Steuerbevollmächtigten § 32 II 2 StBerG i. d. F. vom 25.7.1994 (BGBl. I, S. 1744); ähnlich für den Seelotsen § 21 I SeelotG i d. F. vom 16.12.1986 (BGBl. I, S. 2441), wonach der Seelotse seine Tätigkeit als freien, nicht gewerblichen Beruf ausübt.

[16] Allg. Meinung; vgl. nur BGHZ 33, 321 (327); BSG in NJW 1997, 1659 (1660); *Schmidt/Frotscher*, Rn. 15 zu § 1; MünchKommHGB-*K. Schmidt*, Rn. 14 zu § 1 HGB; *Hummes*, S. 48 ff.; *Fuhrmann*, S. 51; *Breuer*, S. 127 ff. – Dem entspricht es, daß der Referentenentwurf des BMJ zur anstehenden Reform des Handelsrechts eine Harmonisierung des Gewerbebegriffs zwar als wünschenswert, aber sehr schwierig realisierbar bezeichnet. Aus diesem Grunde verzichtet der Entwurf auch ausdrücklich auf eine entsprechende Definition im HGB; vgl. den auszugsweisen Abdruck in ZIP 1996, 1401 (1406).

[17] Vgl. nur *Stehle* in FS der Berufsakademie Villingen-Schwenningen (1995), 458 (460).

gelegte selbständige Tätigkeit, *ausgenommen* Urproduktion, *Freie Berufe (freie wissenschaftliche, künstlerische und schriftstellerische Tätigkeit höherer Art sowie persönliche Dienstleistungen höherer Art, die eine höhere Bildung erfordern*) und bloße Verwaltung eigenen Vermögens.[18] Damit unterfallen die freien Professionen anders als die Gewerbetreibenden generell nicht dem staatlichen Regelungsinstrumentarium des allgemeinen öffentlichen Wirtschaftsverwaltungsrechts.

Für den zivilrechtlichen und den damit eng verbundenen handelsrechtlichen Gewerbebegriff ergibt sich das gleiche Bild. Insbesondere im Zusammenhang mit den allgemeinen Verjährungsvorschriften (§ 196 I Nr. 1, II BGB) hat die Judikatur wiederholt und mit im einzelnen wechselnden Formulierungen dahin entschieden, daß ein Gewerbe jede dauernde, wirtschaftliche, selbständige und berufsmäßige Tätigkeit *mit Ausnahme einer künstlerischen, wissenschaftlichen oder sonst freiberuflichen* ist, die in der Absicht dauernder Gewinnerzielung vorgenommen wird.[19] Die Aussparung der freien Professionen aus dem zivil- und handelsrechtlichen Gewerbebegriff zieht für die Angehörigen der Freien Berufe eine generelle Unanwendbarkeit des HGB nach sich. In Übereinstimmung hiermit be-

---

[18] St. Rspr. des BVerwG; vgl. so etwa in GewArch 1987, 331 (332); 1996, 241 (242); siehe ferner auch VG Düsseldorf in GewArch 1988, 16 (17); VGH Kassel in GewArch 1991, 343; VG Sigmaringen in GewArch 1995, 485; VGH Mannheim in NVwZ-RR 1996, 22; VG Darmstadt in GewArch 1996, 476; *Ziekow* in GewArch 1985, 313 (315); *Diefenbach* in GewArch 1991, 281; *Sodan*, S. 12; *Schmidt/Frotscher*, Rn. 16 zu § 1; *Schmidt/Pitschas*, Rn. 33 zu § 9; schließlich auch *Daniels/Bulling*, Anm. 16 zu § 1 BÄO – Die Aussparung der Freien Berufe aus dem Gewerbebegriff der GewO wird in der Literatur allerdings teilweise kritisch gesehen und als rational kaum begründbar bezeichnet; vgl. so etwa *Schmidt/Frotscher*, Rn. 31 zu § 1 m. w. N. in Fn. 97 f.

[19] Statt vieler nur RGZ 66, 143 (148) für Arzt und Rechtsanwalt; BGHZ 33, 321 (325) für Arzt, Rechtsanwalt und Künstler; BGHZ 48, 313 (322 ff.) zur fehlenden gewerblichen Verwertbarkeit medizinischer Heilverfahren im Patentrecht; BGH in WM 1979, 559 für den Architekten; OLG Hamburg in BB 1966, 1411 (1412); OLG Nürnberg in NJW 1973, 1414 (1415); LG Tübingen in NJW 1983, 2093; OLG Düsseldorf in NJW 1988, 1519; BSG in NJW 1997, 1659 (1660) jeweils für den Arzt; aus der Literatur zum handelsrechtlichen Gewerbebegriff nur Heymann/*Emmerich*, Rn. 5 u. 18 ff. zu § 1 HGB; MünchKommHGB-*K. Schmidt*, Rn. 17 f. zu § 1 HGB; *Henssler* in ZHR 161 (1997), 13 (20 ff.); *K. Schmidt*, Handelsrecht, S. 281; *Baumbach/Hopt*, Rn. 2 f. zu § 1 HGB.

Die Nichteinbeziehung der Freien Berufe in den zivil- und handelsrechtlichen Gewerbebegriff stößt in der Literatur, ähnlich wie schon im Zusammenhang mit dem Gewerbebegriff der Gewerbeordnung (siehe Fn. 18 a. E.), freilich auch hier auf teilweise Kritik; vgl. so etwa ausführlich *Raisch*, S. 211 ff.; *ders.* in FS für Rittner (1991), 471 ff.; ferner *Hopt* in ZGR 1987, 145 (150 f. u. 176 f.); *Roth* in ZHR 155 (1991), 24 (28); *Neuner* in ZHR 157 (1993), 243 (263 f. u. 288 f.); *Oppermann* in AnwBl. 1995, 453 (456); *Krebs* in DB 1996, 2013 (2016 u. 2019) sowie *K. Schmidt*, Handelsrecht, S. 282; *ders.* in ZIP 1993, 633 (634); 1997, 909 (911 f.). Jene Autoren sehen im wesentlichen jeweils nur noch historische Gründe bzw. eine Berücksichtigung sachfremder Gruppeninteressen als gesetzgeberisches Motiv für die Aussparung der Freien Berufe aus dem Handelsrecht; siehe ferner auch *W. Müller*, S. 204 ff. u. S. 240 ff., der bereits im Jahre 1968 eine analoge Anwendung einzelner handelsrechtlicher Vorschriften auf „Freie Berufe mit unternehmerischem Einschlag" befürwortete; ähnlich *M. Lach*, S. 151 ff., der sich anno 1970 für eine entsprechende Heranziehung der §§ 132 ff. HGB auch auf die Freiberufler-Sozietät aussprach. Daneben finden sich in neuerer Zeit auch wiederholt Gerichtsentscheidungen, die zumindest die Anwendbarkeit der für Gewerbetreibende geltenden zivilrechtlichen Verjährungsvorschriften in gleicher Weise ebenso auf Angehörige der freien Heilhilfsberufe bejahen; vgl. so für den Heilpraktiker etwa LG Tübingen in NJW 1983, 2093 f.; für den Physiotherapeuten als zugelassenen Heilmittelerbringer nach § 124 SGB V auch BSG in NJW 1997, 1659 (1660).

stimmt § 1 I 2 PartGG für die freiberufliche Partnerschaft denn auch ausdrücklich, daß diese kein Handelsgewerbe ausübt.

Die Herausnahme der Freien Berufe aus dem Anwendungsbereich handelsrechtlicher Vorschriften wird wahrscheinlich auch nach Abschluß der in naher Zukunft anstehenden Handelsrechtsreform, die aller Voraussicht nach zum 1.1.1999 in Kraft treten soll, weiter Bestand haben. So sieht der Referentenentwurf des Gesetzes „zur Neuregelung des Kaufmanns- und Firmenrechts und zur Änderung anderer handels- und gesellschaftsrechtlicher Vorschriften" zwar eine grundlegende Neudefinition des Kaufmannsbegriffs vor.[20] Doch soll an den herkömmlichen Begriffsmerkmalen des Gewerbebegriffs in der Definition der Rechtsprechung weiter festgehalten werden, so daß die freien Professionen wie bisher von der entsprechenden Begriffsbildung und der Geltung des HGB ausgenommen bleiben.[21]

Auch das Bundesverfassungsgericht betont im Zusammenhang mit dem verfassungsrechtlichen Gewerbebegriff des Art. 74 Nr. 11 GG schließlich, daß der Grundgesetzgeber hierbei an den traditionellen Gewerbebegriff der Gewerbegesetzgebung habe anknüpfen wollen und der Arzt, weil er persönliche Dienstleistungen höherer Art darbiete, anders als der Apotheker einen nicht gewerblichen Freien Beruf ausübe.[22]

Die nach alldem durchgängig in der Rechtsordnung angelegte Scheidung der Freien Berufe vom Gewerbe läßt die partielle Angleichung beider Gruppen im Gesellschaftsrecht, die sich insbesondere in der umfassenden Öffnung der Kapitalgesellschaften für die Angehörigen der freien Professionen dokumentiert, damit zumindest auf erste Sicht als systemwidrig erscheinen.

---

[20] So sollen zukünftig der „Ist-" bzw. „Mußkaufmann" (§ 1 HGB) und der „Sollkaufmann" (§ 2 HGB) zu einem einheitlichen Tatbestand zusammengefaßt werden, um künftig alle Gewerbetreibenden ohne Rücksicht auf die Branche zu erfassen. Die geplante Neufassung des § 1 II HGB lautet im Referentenentwurf demgemäß: (2) Als Handelsgewerbe gilt jedes gewerbliche Unternehmen, das nach Art und Umfang einen in kaufmännischer Weise eingerichteten Gewerbebetrieb erfordert."; vgl. den auszugsweisen Abdruck mit Begründung in ZIP 1996, 1401 (1401 f. u. 1405 f.). Zur sprachlichen Fassung des Regierungsentwurfs, der darüber hinausgehend auch eine ausdrückliche Vermutung für das Vorliegen eines Handelsgewerbes aufstellt, siehe nunmehr die Dokumentation in ZIP 1997, 942 (948 f.).

[21] Vgl. dazu die entsprechenden Ausführungen im Referentenentwurf in ZIP 1996, 1401 (1406): „... Es soll deshalb auch nach diesem Entwurf grundsätzlich bei der bisherigen Definition durch die Rechtsprechung verbleiben, wie sie schon zum Gewerbebegriff des geltenden § 2 HGB entwickelt worden ist. Danach erfordert der Betrieb eines Gewerbes jedenfalls eine Tätigkeit, die selbständig, auf Dauer angelegt und planmäßig betrieben wird, auf dem Markt erkennbar nach außen hervortritt und nicht gesetzes- oder sittenwidrig ist. Inwieweit auch die Gewinnerzielungsabsicht zu den notwendigen Begriffsmerkmalen eines Gewerbes gehört, ist im geltenden Recht allerdings umstritten (...). Ein dringender Anlaß dafür, dieses Kriterium ausdrücklich als Voraussetzung eines Gewerbes auszuschließen, dürfte aber nicht gegeben sein. (...) An der bisherigen Rechtslage in bezug auf die Kaufmannseigenschaft von Betrieben der Land- und Forstwirtschaft sowie der Freien Berufe soll durch den Entwurf nichts geändert werden. Diese Bereiche sind durch den hergebrachten Gewerbebegriff von vornherein aus dem Anwendungsbereich des Handelsrechts ausgeschlossen, nämlich die Land- und Forstwirtschaft durch explizite Regelung im Gesetz (§ 3 HGB) und die Freien Berufe durch die <Gewerbedefinition> der Rechtsprechung. Anlaß für eine Änderung des geltenden Rechts besteht insoweit aber nicht ..."; siehe zur gleichlautenden Dokumentation im Regierungsentwurf auch *Schulz* in ZRP 1997, 298 (299 f.).

[22] BVerfGE 5, 25 (29 f.); ebenso *Michalski*, Begriff, S. 39.

Sicherlich gab es auch bislang bereits gelegentlich Vorschriften, die Freiberufler und Gewerbetreibende auf den verschiedenen Rechtsgebieten teilweise ausdrücklich den gleichen rechtlichen Regeln unterwarfen.[23] Als jüngstes Beispiel hierfür läßt sich etwa die im Zuge der anstehenden Handelsrechtsreform angegangene Änderung des § 24 Satz 1 Nr. 1 AGBG anführen, durch die bei der Einbeziehung von Allgemeinen Geschäftsbedingungen in Zukunft neben Gewerbetreibenden auch selbständige Freiberufler vom Anwendungsbereich der §§ 2, 10-12 AGBG ausgenommen werden.[24] Daneben hat die Judikatur bestimmte zum gewerblichen Wirtschaftsverkehr entwickelte Rechtsprechungsgrundsätze in der Folge gelegentlich auch auf die Angehörigen der freien Professionen erstreckt.[25] Doch handelt es sich hierbei stets um Konstellationen, in denen entweder die besondere Art der Regelungsmaterie oder aber der Sinn und Zweck der speziellen Regelung eine Gleichbehandlung beider Gruppen im Einzelfall rechtfertigt und diese angemessen macht.[26]

Daneben existieren, soweit es um das Recht des wirtschaftlichen Wettbewerbs geht, seit jeher Normenkomplexe, die wie das UWG mitunter schon durch die bewußte Formulie-

---

[23] Vgl. für das Baurecht § 13 BauNVO: Zulässigkeit von Räumen und Gebäuden in den verschiedenen Baugebieten der BauNVO sowohl für freiberuflich Tätige als auch für solche Gewerbetreibende, die ihren Beruf in ähnlicher Weise ausüben; für das Bewertungsrecht § 96 I BewG: Ermittlung des Einheitswerts für das Betriebsvermögen der freiberuflichen Tätigkeit nach den selben Grundsätzen wie beim Gewerbebetrieb; für das Recht der Industrie- und Handelskammern § 2 II IHK-G: Mitgliedschaft auch von Freiberuflern in der IHK, soweit sie (ausnahmsweise) in das Handelsregister eingetragen sind.

[24] Die geplante Neufassung des § 24 Satz 1 Nr. 1 AGBG hat folgenden Wortlaut: „Die Vorschriften der §§ 2, 10, 11 und 12 finden keine Anwendung auf Allgemeine Geschäftsbedingungen, 1. die gegenüber einer Person verwendet werden, die bei Abschluß des Vertrages in Ausübung ihrer gewerblichen oder selbständigen beruflichen Tätigkeit handelt (Unternehmer).“; vgl. den auszugsweisen Abdruck des Regierungsentwurfs in ZIP 1997, 942 (948). Die amtliche Begründung bemerkt hierzu nur lapidar: „Daß Selbständige in Ausübung ihrer Berufstätigkeit im Zusammenhang mit der Verwendung vorformulierter Vertragsbedingungen Gewerbetreibenden gleichzusetzen sind, dürfte außer Frage stehen; damit wird die AGB-Regelung nur angeglichen an die vergleichbaren Vorgaben des geltenden Rechts bei der Anwendung des Verbraucherkreditgesetzes (dort § 1 I), des Gesetzes über den Widerruf von Haustürgeschäften und ähnlichen Geschäften (s. dort § 6 Nr. 1) sowie bei den Formerfordernissen für Schiedsabreden im Zusammenhang mit der Neuregelung des Schiedsverfahrensrechts (s. § 1031 V ZPO-E in BT-Drucksache 13/5274).“; vgl. die Dokumentation in ZIP 1997, aaO.

[25] Vgl. zur bejahten Anwendung der Grundsätze über die Wirkung des Schweigens auf ein kaufmännisches Bestätigungsschreiben gegenüber Freiberuflern BGH in DB 1967, 1362 (Wirtschaftsprüfer); BGH in WM 1973, 1376 (Architekt); zur einheitlichen Nichtvermutung der subjektiven Voraussetzungen nach § 138 I BGB auf seiten des – objektiv sittenwidrig handelnden – Leasinggebers gegenüber Minderkaufleuten und Freiberuflern siehe BGH in NJW 1995, 1019 (1022) – Architekt –.

[26] So besteht dort, wo Gewerbetreibende ihren Beruf in ähnlicher Weise ausüben wie Freiberufler, schon nach dem Regelungszusammenhang und dem Normzweck der BauNVO – Sicherstellung einer geordneten städtebaulichen Entwicklung – keine Veranlassung, beide Gruppen in unterschiedlicher Weise zu behandeln; näher zu der normativ geforderten Ähnlichkeit BVerwG in NVwZ 1984, 236 (237); *Scholtissek* in GewArch 1989, 322 (327). Desgleichen ist beispielsweise auch die entsprechende Anwendung der Grundsätze über kaufmännische Bestätigungsschreiben auf Freiberufler aus der Überlegung heraus gerechtfertigt, daß diese häufig ebenso wie Kaufleute in erheblichem Umfang am Geschäftsleben teilnehmen und von ihnen demgemäß erwartet werden kann, daß sie in gleicher Weise wie Gewerbetreibende um die Bedeutung einer solchen Verkehrssitte wissen; vgl. in dieser Richtung auch BGH in WM 1973, 1376.

rung ihrer Tatbestandsmerkmale gleichermaßen sowohl für Gewerbetreibende als auch für Angehörige der freien Professionen zur Anwendung kommen sollten.[27] Diese Gleichbehandlung erklärt sich hier daraus, daß nicht nur die Gewerbetreibenden am Markt in einem Konkurrenzverhältnis zueinander stehen, sondern eine Wettbewerbssituation potentiell für alle Erwerbstätigen innerhalb der selben Berufsgruppe gegeben ist, die ihre Dienste und Leistungen in der Öffentlichkeit anbieten.[28] Vor diesem Hintergrund erscheint es nur konsequent und folgerichtig, auch die Angehörigen der Freien Berufe als eine Gruppe der am Markt auftretenden Erwerbstätigen dem allgemeinen Wettbewerbsrecht zu unterstellen. Freilich können die allgemeinen wettbewerbsrechtlichen Normen sodann – gleichsam auf einer sekundären Ebene – durch besondere Vorschriften des Berufsrechts für einzelne Professionen ergänzt oder sogar verdrängt werden. Eine entsprechende Vorgehensweise des Gesetzgebers ist bei solchen Freien Berufen, deren Tätigkeit ihm besonders gemeinschaftswichtig erscheint, sogar die Regel.[29]

---

[27] Die grammatikalische Fassung des seit dem 7.7.1909 (RGBl., S. 499) unveränderten § 1 UWG beruht hinsichtlich des Merkmals „im geschäftlichen Verkehr" auf einer bewußten Entscheidung des Gesetzgebers, auch die Freien Berufe in den Geltungsbereich der Vorschrift miteinzubeziehen. Lautete der zunächst diskutierte Wortlaut des § 1 UWG noch: „Wegen jeder im Handels- oder Gewerbebetriebe zu Zwecken des Wettbewerbs vorgenommenen Handlung, welche gegen die guten Sitten verstößt, kann der Anspruch auf Unterlassung der Handlung geltend gemacht werden.", so einigte sich die 35. Kommission des Reichstags im weiteren Verlauf darauf, daß „der Begriff <im Handels- und Geschäftsbetriebe> ... zu eng sei. Es müsse auch der Geschäftsbetrieb der Ärzte und Anwälte mit getroffen werden. Wenigstens dürften durch den Wortlaut des Gesetzes keine Zweifel erregt werden. Es sei daher wohl ... richtiger, übrigens auch im Anschluß an die §§ 4 und 13 des Entwurfs, zu sagen: <im geschäftlichen Verkehr>„; vgl. hierzu die Verhandlungen des Reichstags, Band 255 (1909), Aktenstück Nr. 1390, Bericht der 35. Kommission zur Vorberatung des Entwurfs eines Gesetzes gegen den unlauteren Wettbewerb, S. 8433 (8434 u. 8436). Die Rechtsprechung hat demgemäß das UWG von Anbeginn an auch auf die Angehörigen der Freien Berufe angewendet; vgl. so erstmals RGZ 99, 189 (193); aus der späteren Judikatur nur BGHZ 79, 390 (392 ff.); BGH in DB 1997, 725; aus der Literatur etwa *G. Benckendorff* in WuW 1956, 20 (26); *Piper* in FS für Brandner (1996), 449 (451 ff.).

Nach anfänglichen Unklarheiten über die Einschlägigkeit des Kartellrechts für Freie Berufe (vgl. etwa BGHZ 16, 71, 80 f.; *Spitzbarth* in NJW 1954, 453, 456) entspricht es nunmehr allgemeiner Auffassung, daß auch das GWB die freien Professionen nicht grundsätzlich von seinem Geltungsbereich ausnimmt; siehe dazu nur KG in WuW 1960, 446 (448); *G. Benckendorff* in WuW 1956, 20 (26); *Lammel* in WuW 1984, 853 (862 ff.); *v. Falkenhausen/Hausmann* in AnwBl. 1996, 486 (487); Bericht der Bundesregierung über die Lage der Freien Berufe in der Bundesrepublik Deutschland, BT-Drucksache 8/3139, 22 f., Fortschreibung des Berichts, BT-Drucksache 12/21, S. 48 f. Die Anwendung des GWB ist danach nur ausgeschlossen, wenn und soweit staatliches oder auf staatlicher Ermächtigung beruhendes Berufsrecht der Vertragsfreiheit Grenzen setzt; vgl. so ausdrücklich den Bericht der Bundesregierung, aaO, S. 22; Fortschreibung, aaO, S. 48; zuvor schon KG in WuW 1960, 446 (448); *G. Benckendorff* in WuW 1956, 20 (27 u. 30); *Harms* in NJW 1976, 1289 (1294 ff.); ausführlich zum Ganzen *Hummes*, S. 115 ff.; *Ring*, S. 146 ff.; *Michalski*, Gesellschafts- und Kartellrecht, S. 417 ff.; *M. Schmidt*, S. 119 ff. u. S. 135 ff.

[28] So zutreffend schon *G. Benckendorff* in WuW 1956, 20 (27 f.); *W. Müller*, S. 76 f.; ebenso *Henssler* in ZHR 161 (1997), 13 (26) unter Hinweis darauf, daß alle Angehörigen der Freien Berufe im Wettbewerb untereinander an die gleichen Regeln gebunden sein müßten.

[29] Dies gilt – um nur ein Beispiel zu nennen – etwa für die staatlichen Gebührenordnungen der Ärzte (GOÄ i. d. F. vom 9.2.1996; BGBl. I, S. 210), der Rechtsanwälte (BRAGO i. d. F. vom 28.10.1994; BGBl. I, S. 3210), der Steuerberater (StBGebVO i. d. F. vom 21.6.1991; BGBl. I, S.

Die nunmehr im Gesellschaftsrecht vollzogene Angleichung der Freien Berufe an das Gewerbe hat im Vergleich zu den vorerwähnten Parallelen, die entweder auf den Besonderheiten der spezifischen Regelungsmaterie beruhen oder ohnehin gleichermaßen alle Erwerbstätigen betreffen, demgegenüber eine andere, weiterreichende Qualität.

Durch die geschilderten gesetzlichen Typisierungen im Bereich des Handels- und Steuerrechts, die den Kapitalgesellschaften unwiderlegbar die Eigenschaft als Gewerbebetrieb und Vollkaufmann beilegen, entsteht zunächst, ebenso wie für jeden Gewerbetreibenden, eine Gewerbesteuerpflicht auch derjenigen AG/KGaA/GmbH, die den Angehörigen freier Professionen zur Berufsausübung dient.[30] Damit knüpft sich – in verfassungsrechtlich zulässiger Weise[31] – bereits kraft Rechtsform auch an die Ausübung einer freiberuflichen Tätigkeit eine Steuerpflicht an, die ansonsten als Steuersubjekt nur den Gewerbetreibenden kennt.

Zudem nivellieren sich die Unterschiede zwischen Freiem Beruf und Gewerbe in dem maßgeblichen Punkt des äußeren Auftretens im Rechtsverkehr. Rechtsanwälte oder niedergelassene Ärzte, die ihren Beruf über eine Kapitalgesellschaft ausüben, treten im Außenverhältnis ausschließlich als AG/KGaA/GmbH an das ratsuchende Publikum heran. Knüpfen sich die vertraglichen Beziehungen der Ratsuchenden an die Kapitalgesellschaft, so läßt sich aus deren Sicht kein Unterschied mehr zwischen freiberuflicher und gewerblicher Tätigkeit ausmachen. In beiden Fällen fallen der rechtliche Vertragspartner – die AG/KGaA/GmbH als juristische Person – und der bei natürlicher Betrachtung die Leistung erbringende Mensch auseinander. Daneben finden auf das jeweilige Vertragsverhältnis auch nicht mehr allein die allgemeinen zivilrechtlichen Vorschriften Anwendung, sondern es gelten, wie für Kaufleute typisch, potentiell zusätzlich und ebenso weitreichend die Vorschriften des Handelsrechts (etwa die §§ 238 ff.; 343 ff. HGB).

Bedenkt man weiterhin die zunehmende Beliebtheit, derer sich die Kapitalgesellschaften seit ihrer allgemeinen Einführung durch den Gesetzgeber in der zweiten Hälfte des 19. Jahrhunderts erfreuen[32] – allein die Zahl der Gesellschaften mbH hat sich in dem Zeit-

---

1370), der Architekten und Ingenieure (HOAI i. d. F. vom 21.9.1995; BGBl. I, S. 1174), der Hebammen (HebGV i. d. F. vom 27.7.1994, BGBl. I, S. 1985), die durch starre Vergütungssätze oder einen verbindlichen Gebührenrahmen einen Preiswettbewerb unter den Berufsangehörigen beschränken und demnach auf einem für den Wettbewerb sehr relevanten Sektor wettbewerbsbegrenzend wirken.

[30] Allg. Meinung; vgl. nur *Glanegger/Güroff*, Rn. 101 zu § 2 GewStG; Blümich-*Hutter*, Rn. 75 zu § 18 EStG; Kirchhof/Söhn-*Stuhrmann*, Rn. A 128 zu § 18 EStG; Hermann/Heuer/Raupach/Brandt-*Brandt*, Anm. 5 zu § 18 EStG; *Stehle* in DStR 1983, 100 (103); *Scheuffler* in MedR 1995, 99; *Cramer* in MedR 1995, 104; *Heidel/Pauly*, Rn. 151 zu § 2; *Kaiser/Bellstedt*, Rn. 695.

[31] BFH in BStBl 1977 II, 668 (670).

[32] Eine erste umfassende aktienrechtliche Regelung für ganz Deutschland brachte in seinen Artikeln 207-249 ADHGB bereits das ab 1861 durch Einzelgesetze der meisten Mitgliedsstaaten des Deutschen Bundes als Landesrecht in Kraft gesetzte Allgemeine Deutsche Handelsgesetzbuch, das durch Gesetze vom 16/22.4.1871 als Reichsgesetz übernommen und zum 1.1.1900 durch das Handelsgesetzbuch von 1897 (RGBl., S. 219) abgelöst wurde; vgl. näher MünchHdb.GesR IV/*Hoffmann-Becking*, Rn. 5 ff. zu § 1. Ähnlich lange existiert die seinerzeit völlig neuartige Rechtsform der GmbH, die anno 1892 (RGBl., S. 477) ohne geschichtliches Vorbild vom Gesetzgeber eingeführt worden ist; zu ihrer Geschichte näher MünchHdb.GesR III/*Grziwotz*, Rn. 3 ff. zu § 1.

raum von 1965 bis 1991 im alten Bundesgebiet mehr als verachtfacht[33] –, so lassen sich die tiefgreifenden Angleichungsprozesse im Verhältnis zwischen Freiem Beruf und Gewerbe erahnen, die langfristig aus der nunmehr vollzogenen vollständigen Öffnung der Kapitalgesellschaften für die Angehörigen der freien Professionen folgen könnten.

Einen Eindruck von dem Umfang dieser zukünftig denkbaren Entwicklung vermitteln die Zahlen, die auf Bundesebene für diejenigen steuer- und wirtschaftsberatenden Freien Berufe vorliegen, denen die Kapitalgesellschaften bereits seit jeher und ab Beginn der sechziger Jahre auch mit ausdrücklicher berufsgesetzlicher Billigung offengestanden haben.[34] Es handelt sich hierbei um die Berufsgruppen der Wirtschaftsprüfer,[35] vereidigten Buchprüfer[36] und Steuerberater.[37]

Danach stieg beispielsweise die Zahl der Steuerberater in dem Zeitraum von 1980 bis 1996 von 21.030 um 135,5 % auf nunmehr 49.525, während sich die Zahl der Steuerberatungsgesellschaften in der gleichen Zeitspanne um 280,21 % von 1.319 auf jetzt 5.015 Steuerberatungsgesellschaften erhöhte.[38] Unter den Steuerberatungsgesellschaften – zu denen die Gesellschaft bürgerlichen Rechts als Zusammenschlußform gerade nicht gehört[39] – bilden wiederum die Kapitalgesellschaften den weitaus überwiegenden Anteil.[40]

---

[33] 1965: 54.072 Gesellschaften mbH mit einem Stammkapital von ca. 26,4 Mrd. DM; 1991: 465.660 Gesellschaften mbH mit einem Stammkapital von ca. 208 Mrd. DM; Angaben in MünchHdb.GesR III/*Grziwotz*, Rn. 28 zu § 1. Noch bemerkenswerter nimmt sich freilich eine Gegenüberstellung der Daten aus den Jahren 1953 und 1996 aus. Danach stieg die Zahl der Gesellschaften mbH von Ende 1953 (27.907) bis Ende 1996 (ca. 770.000) um das 28-fache, während das Stammkapital zur gleichen Zeit von 6,5 Mrd. DM auf ca. 302,4 Mrd. DM sogar um nahezu das 47-fache zulegte; vgl. dazu *Hansen* in GmbHR 1997, 204 (205 f.). Eine detaillierte tabellarische Übersicht zu Anzahl und Grund- bzw. Stammkapital der Kapitalgesellschaften für den Zeitraum von 1919 bis 1990 gibt im übrigen *Raiser*, Rn. 1 zu § 5; vgl. für die Zeit von 1909 bis hochgerechnet zum Jahr 1996 daneben *Hansen* in GmbHR 1997, 204 (205).

Dabei ist im allgemeinen Rechts- und Wirtschaftsverkehr auch in Zukunft mit einer sowohl absolut wie relativ weiter steigenden Zahl von Kapitalgesellschaften zu rechnen. Der Referentenentwurf zur bevorstehenden Handelsrechtsreform spricht insoweit von einem „ungebrochenen Trend zugunsten der Kapitalgesellschaften"; vgl. den auszugsweisen Abdruck in ZIP 1996, 1485 (1486); ebenso die auf einer Langzeitauswertung des Handelsregisters Leonberg fußende Einschätzung von *Kornblum* in GmbHR 1997, 630 (634).

[34] Eine detaillierte Gegenüberstellung des statistischen Materials für den Zeitraum von 1980 bis 1995 liefert insoweit etwa die Übersicht in BRAK-Mitt. 1995, 109.

[35] §§ 27 ff. WPO vom 24.7.1961; BGBl. I, S. 1049.

[36] § 130 WPO i. V. m. §§ 27 ff. WPO vom 24.7.1961; BGBl. I, S. 1049.

[37] §§ 16 ff. StBerG vom 16.8.1961; BGBl. I, S. 1301.

[38] Vgl. hierzu die Statistik Freie Berufe in BRAK-Mitt. 1996, 107.

[39] Vgl. § 49 I StBerG im Gegensatz zu § 56 StBerG; unstr.; siehe nur *Gehre*, Rn. 5 zu § 49 StBerG; Kuhls-*Meurers*, Rn. 10 zu § 49 StBerG.

[40] Vgl. Kuhls-*Meurers*, Rn. 1 ff. vor §§ 49 ff. StBerG – Die erst durch das Dritte Gesetz zur Änderung des StBerG vom 24.6.1975 (BGBl. I, 1509) geschaffene Option, daß auch Offene Handelsgesellschaften und Kommanditgesellschaften als Steuerberatungsgesellschaften anerkannt werden können, wenn sie wegen ihrer Treuhandtätigkeit als Handelsgesellschaften in das Handelsregister eingetragen worden sind (§ 49 II StBerG), bezieht sich in Anbetracht der Gesetzesformulierung auf Gesellschaften, die zunächst als Handelsgesellschaft gegründet werden und erst dann – also gleichsam auf einer zweiten Stufe – um ihre berufsrechtliche Anerkennung nachsuchen; vgl. *Meng* in DStR 1978, 123; *Gehre*, Rn. 8 zu § 49 StBerG. Die Zahl der registrierten Partnerschaften lag zum Stichtag 31.12.1996

Insgesamt läßt sich daher feststellen, daß in den vergangenen 15 Jahren die Zahl der zur Steuerberatung eingesetzten Kapitalgesellschaften im Verhältnis zur Zahl der Berufsangehörigen überproportional um mehr als das Doppelte angewachsen ist.

Noch augenfälliger ist die Entwicklung bei den Wirtschaftsprüfern verlaufen. Zählte der Berufsstand bei Inkrafttreten der WPO zum 1.11.1961 noch 1.590 Wirtschaftsprüfer und 196 Wirtschaftsprüfungsgesellschaften, so ergab sich zum 1.1.1996 ein Zahlenverhältnis von 8.352 Berufsangehörigen gegenüber 1.615 Wirtschaftsprüfungsgesellschaften.[41] Während also die Zahl der Wirtschaftsprüfer in diesem Zeitraum um das 5,25-fache angestiegen ist, erhöhte sich die Anzahl der Wirtschaftsprüfungsgesellschaften gleichzeitig um den Faktor 8,24. Nur auf den ersten Blick scheint sich diese Steigerungsrate weniger gravierend auszuwirken als bei der Berufsgruppe der Steuerberater.

Wendet man sich der internen Zusammensetzung der Wirtschaftsprüfer nach Art und Ausgestaltung ihrer Tätigkeit zu, so ergibt sich, daß von den insgesamt 8.352 Berufsangehörigen gegenwärtig allein 4.705 (ca. 56,3 %) in Wirtschaftsprüfungsgesellschaften oder – sehr viel seltener – bei selbständigen Wirtschaftsprüfern im Angestelltenverhältnis beschäftigt sind.[42] Bedenkt man ferner, daß unter den insgesamt 1.615 Wirtschaftsprüfungsgesellschaften wiederum 1.546 Kapitalgesellschaften sind (dies entspricht einem Anteil von annähernd 96 %),[43] so läßt sich erschließen, daß mittlerweile de facto bereits über die Hälfte aller Berufsangehörigen ihre Wirtschaftsprüfertätigkeit in einer Kapitalgesellschaft ausüben.[44]

Eine überproportionale Zunahme von Buchprüfungsgesellschaften, die in praxi sämtlich Kapitalgesellschaften in Gestalt einer GmbH sind,[45] zeigt sich schließlich auch in der Gruppe der vereidigten Buchprüfer. Steigerte sich dort in dem Zeitraum vom 1.1.1991 bis zum 1.1.1996 die Zahl der Berufsangehörigen von 3.421 auf 4.205 Prüfer (Steigerungsra-

---

bei insgesamt 60 Gesellschaften; davon waren lediglich 34 zugleich als Steuerberatungsgesellschaften anerkannt; vgl. hierzu die Angaben im Kammer-Report der Bundessteuerberaterkammer vom August 1997, abgedruckt als Beihefter zu Heft 31 der Zeitschrift DStR 1997.

41 Vgl. die statistischen Angaben in WPK-Mitt. 1996, 45.

42 Vgl. die statistischen Angaben in WPK-Mitt. 1996, 46 – Nicht berücksichtigt sind hierbei noch die insgesamt 391 ausschließlich in reinen Steuerberatungs- und Steuerberatungs/Buchprüfungsgesellschaften tätigen Wirtschaftsprüfer; vgl. ebenda.

43 Im einzelnen handelt es sich um 52 Aktiengesellschaften und 1.494 Gesellschaften mbH. Dem stehen insgesamt 64 Personenhandelsgesellschaften (28 Kommanditgesellschaften und 36 offene Handelsgesellschaften) sowie 5 Partnerschaften gegenüber; vgl. WPK-Mitt. 1996, 49. Die Gesellschaft bürgerlichen Rechts (§ 56 WPO) kann auch im Rahmen des Berufsrechts der Wirtschaftsprüfer unstreitig nicht als Wirtschaftsprüfungsgesellschaft anerkannt werden; vgl. § 49 I WPO sowie VG Düsseldorf in Wpg. 1965, 321 ff.; WP-Hd.Buch/*Kaminski*, Band 1, Abschnitt A, Rn. 104.

44 Zum Vergleich seien an dieser Stelle exemplarisch auch die Zahlen aus dem Jahr 1938 genannt. Danach waren seinerzeit, knapp sieben Jahre nach Schaffung des Wirtschaftsprüferberufs, von den insgesamt 1.107 Wirtschaftsprüfern noch 691 (=62,4 %) als selbständige Einzelwirtschaftsprüfer tätig, während in Wirtschaftsprüfungsgesellschaften zusammen 376 (=34 %), davon 158 (=14,3 %) als Vorstände, Geschäftsführer oder persönlich haftende Gesellschafter, beschäftigt waren. Die übrigen 40 Berufsangehörigen (=3,6 %) übten ihre Prüfungstätigkeit bei Genossenschaftsprüfungsverbänden aus; vgl. zu alldem die Angaben bei *Markus*, S. 86.

45 Vgl. die statistischen Angaben in WPK-Mitt. 1996, 49.

te 122,9 %), so stieg die Zahl der Buchprüfungsgesellschaften gleichzeitig von 50 auf nunmehr 113 (Steigerungsrate 226 %).[46]

Dieser Trend hat sich in den vorbezeichneten Berufsgruppen auch bis zum Beginn des Jahres 1997 unverändert weiter fortgesetzt.[47] Auf empirischer Grundlage scheint sich hiernach längerfristig ein allgemeiner Siegeszug der Kapitalgesellschaften im Bereich freiberuflicher Berufsausübung abzuzeichnen. Dabei dürfte dieser Prozeß in Anbetracht der von der Judikatur vollzogenen vollständigen Öffnung der Kapitalgesellschaften für praktisch alle Freien Berufe in Zukunft vermutlich nicht nur anhalten, sondern sich sogar eher noch intensivieren. Die durch gesetzliche Fiktionen auf dem Gebiet des Handels- und Steuerrechts damit notwendig einhergehende Annäherung der freien Professionen an das Gewerbe könnte die bisher noch in der Rechtsordnung angelegte Unterscheidung zwischen diesen beiden Gruppen von Erwerbstätigen damit zumindest auf lange Sicht hin immer fragwürdiger erscheinen lassen.

Schon gegenwärtig findet sich in der Literatur eine stetig wachsende Zahl von Stimmen, welche die Differenzierung zwischen Freiem Beruf und Gewerbe nur noch für historisch überliefert halten, ohne daß für jene Unterscheidung heute auch wirklich noch überzeugende inhaltliche Gründe bestünden.[48] In die gleiche Richtung weist eine Einordnung der Tätigkeit des Arztes, des Rechtsanwalts, des Wirtschaftsprüfers oder des Architekten als qualifiziertes Gewerbe, das sich vor allem durch qua Berufsrecht normierte Besonderheiten von den übrigen Gewerbetreibenden unterscheide.[49]

Der nach den vorstehend mitgeteilten empirischen Daten wahrscheinlich auch künftig weiter anhaltende rechtstatsächliche Trend zur „Freiberufler-Kapitalgesellschaft" und die hiermit aus rechtlicher Sicht verbundene zunehmende Geltung spezifisch-gewerblicher Rechtsnormen (HGB, GewStG) im Bereich freier Berufsausübung müssen an sich beinahe zwangsläufig die Frage aufwerfen, ob und gegebenenfalls mit welchen Modifikationen sich die gewerblichen Rechtsformen adäquat in das System freier Berufstätigkeit einfügen lassen. Die rege Diskussion über eine Eignung und Angemessenheit der kapitalgesellschaftlichen Rechtsformen für eine freiberufliche Zusammenarbeit scheint mit der allgemeinen

---

[46] Vgl. die statistischen Angaben in WPK-Mitt. 1996, 45.

[47] Vgl. hierzu die Statistik Freie Berufe in BRAK-Mitt. 1997, 115, aus der sich nach wie vor ein konstant überproportionales Anwachsen von Wirtschaftsprüfungs- und Steuerberatungsgesellschaften im vorbeschriebenen Sinne ablesen läßt.

[48] Vgl. neben den in Fn. 18 f. jeweils am Ende genannten Autoren etwa *Kornblum* in ZRP 1988, 465 (468), wonach es heute weder einen „Stand" der Freien Berufe im allgemeinen noch den der rechts- und wirtschaftsberatenden Freien Berufe im besonderen (mehr) gebe; ebenso im Ergebnis *Kunz*, S. 95 – rechts- und wirtschaftsberatende Freie Berufe als ein „auf Gewinn ausgerichtetes Dienstleistungsgewerbe" –; ähnlich auch *Hirte*, S. 339 ff., 428 ff.; siehe zu den Nivellierungstendenzen allgemein auch *Taupitz*, S. 15 f.; speziell zur Anwaltschaft etwa *Eue* in FS für Schippel (1996), 599 (600 ff.).

[49] So etwa *Ring*, S. 575 f.; *ders.* in DÖV 1989, 838 (845), wonach das einzig maßgebliche Abgrenzungskriterium des Freien (akademischen) Berufs von sonstigen Professionen in dem Festhalten dieser Berufsstände an einem grundsätzlichen Werbeverbot zu sehen sei; etwas zurückhaltender *Michalski*, Begriff, S. 41 f.; *ders.*, Gesellschafts- und Kartellrecht, S. 15; *ders.* in AnwBl. 1989, 65 (66); *Grüninger* in AnwBl. 1990, 228 (229) sowie *Breuer*, S. 133, und *Fuhrmann*, S. 54, die die Freien Berufe zwar jeweils ebenfalls als qualifiziertes Gewerbe sehen, daneben aber von zusätzlich bestehenden, nicht erst positivistisch durch die Rechtsordnung begründeten Wesensmerkmalen ausgehen.

Öffnung dieser Gesellschaftsformen durch die Judikatur demnach noch nicht zum Abschluß gelangt, sondern nur auf die legislative Ebene verlagert worden zu sein.[50]

Ein beredtes Beispiel hierfür bildet das bereits seit Ende der achtziger Jahre währende und erst jetzt zu Ende gehende Ringen um die berufsgesetzliche Zulassung einer Rechtsanwalts-Kapitalgesellschaft und ihre nähere inhaltliche Ausgestaltung.[51] Als weiteres Indiz für diese Einschätzung mag ferner der Umstand gelten, daß das Bundesministerium der Justiz nunmehr – kaum zwei Jahre nach Inkrafttreten des PartGG – bereits in bejahendem Sinne die Frage geprüft hat, durch welche konkreten Änderungen im Recht der freiberuflichen Partnerschaftsgesellschaft, insbesondere bei der Haftungsbeschränkung, inhaltlich dem GmbH-Recht vergleichbare Rahmenbedingungen hergestellt werden können.[52]

Vor diesem Hintergrund scheint eine umfassende und grundlegende Klärung des Verhältnisses zwischen Freiem Beruf und Kapitalgesellschaft durch die Rechtswissenschaft dringend ratsam und längerfristig betrachtet sogar unausweichlich geboten.

Die Äußerungen im Rahmen des Gesetzgebungsverfahrens zum PartGG lassen hierbei immerhin darauf schließen, daß der Normgeber die Kapitalgesellschaften jedenfalls nicht generell und für alle freien Professionen als ideale Rechtsform zur Erbringung freiberuflicher Leistungen ansieht.[53] Dem entsprechen auch die Aussagen der an der Ausarbeitung

---

[50] Vgl. in diesem Zusammenhang auch *Damm* in FS für Brandner (1996), 31 (33), der die Wandlungen im Gesellschaftsrecht der freien Professionen generell so kommentiert: „Damit sind grundsätzliche Fragen auch der zukünftigen Entwicklung der Freien Berufe berührt, die keinesfalls als abgeschlossen angesehen werden können. Im Gegenteil scheint die Prognose nicht allzu gewagt, daß die Auseinandersetzungen um Selbstverständnis und Außeneinschätzung, Regulierung und Deregulierung dieses Bereichs in Zukunft nichts von ihrer Grundsätzlichkeit einbüßen werden."

[51] Die Öffnung der GmbH für Rechtsanwälte durch die Rechtsprechung des BayObLG (siehe oben Fußnote 6) stellte den Bundesgesetzgeber vor die Notwendigkeit eines „außerplanmäßigen" legislativen Tätigwerdens fernab einer Koalitionsvereinbarung; vgl. *Eylmann* in ZRP 1995, 161 f. Obwohl in den Fraktionen des Bundestags noch im Jahre 1994 gemeinhin eine sehr reservierte und ablehnende Haltung gegenüber einer Rechtsanwalts-GmbH zu beobachten war (vgl. hierzu BRAK-Mitt. 1994, 125, 126), ist – nachdem im Bundesministerium der Justiz längere Zeit über die Möglichkeit eines Verbots nachgedacht wurde – nunmehr in naher Zukunft mit einem Rechtsanwalts-GmbH-Zulassungsgesetz zu rechnen; vgl. dazu *Mattik* in AnwBl. 1996, 318 (319) sowie den inzwischen vorgelegten Referentenentwurf eines Gesetzes zur Regelung der „Rechtsanwaltsgesellschaft mit beschränkter Haftung"; abgedruckt in „Blick durch die Wirtschaft" v. 25.4.1997, Seite 10, sowie v. 29.4.1997, Seite 9; auszugsweise (mit Begründung) auch in ZIP 1997, 1518 ff.; siehe zu dem – nun allerdings nochmals erheblich veränderten – Regierungsentwurf unlängst BR-Drucksache 1002/97, S. 5 ff., und den auszugsweisen Entwurfsabdruck in ZIP 1998, S. 221 ff.

[52] Vgl. dazu zunächst *Seibert* in GmbHR 1996, R 153; *Mattik* in AnwBl. 1996, 318 (319) sowie nunmehr die geplante Neufassung des § 8 II PartGG durch Art. 4 des Referentenentwurfs zur Regelung der „Rechtsanwaltsgesellschaft mit beschränkter Haftung"; veröffentlicht in „Blick durch die Wirtschaft" v. 29.4.1997, Seite 9 und in ZIP 1997, 1518 (1523); gleichlautend auch Art. 6 des Regierungsentwurfs; siehe dazu BR-Drucksache 1002/97, S. 10; vgl. zu jener vom Gesetzgeber angedachten reformierten Haftungsregelung im übrigen näher unten im 2. Teil, Seite 405 ff.

[53] Vgl. dazu insbesondere den Gesetzentwurf der Bundesregierung zur Schaffung von Partnerschaftsgesellschaften, BT-Drucksache 12/6152, S. 1: „... Die Leistungserbringung innerhalb einer Kapitalgesellschaft ist mit dem Wesen freiberuflicher Tätigkeit nur schwer zu vereinbaren ...", sowie aaO, S. 7: „... Als Wesensmerkmale des Freien Berufs sind dabei die Eigenverantwortung, die Weisungsfreiheit in der Berufsausübung, die personal-vertrauensvolle Beziehung zum Auftraggeber, die in der Regel qualifizierte Ausbildung, das über die rein gewerbliche Motivation hinausgehende Berufs-

des PartGG beteiligten Vertreter des Bundesministeriums der Justiz, wonach die Partnerschaft zwischen dem „Zuwenig" der ohne eigene Rechtsfähigkeit ausgestatteten BGB-Gesellschaft und dem „Zuviel" der haftungsbeschränkten, anonymen Kapitalgesellschaft stehe.[54] Verschwinde der Freiberufler hinter dem Schleier der juristischen Person, so stehe dies im Kontrast zu dem persönlich-vertrauensvollen Verhältnis zu seinem Mandanten, Patienten etc.[55] Ferner sei die Ausübung freiberuflicher Tätigkeit im Rahmen einer Kapitalgesellschaft mit dem höchstpersönlichen Charakter der Leistungserbringung und einer eigenverantwortlichen und weisungsfreien Berufsausübung nur schwer zu vereinbaren.[56]

Die vorliegende Arbeit will sich in Anbetracht dessen darum bemühen, unter Miteinbeziehung der jüngeren Entwicklungslinien einen Beitrag zur rechtswissenschaftlichen Aufarbeitung des grundlegenden Verhältnisses zwischen Freiem Beruf und Kapitalgesellschaft zu leisten. Die Komplexität der Materie und die Vielzahl der einschlägigen juristischen Veröffentlichungen schließen es dabei naturgemäß aus, im Rahmen der vorstehenden Dissertation sämtliche Aspekte dieses Rechtsproblems beleuchten und analysieren zu wollen. Die Ausarbeitung muß sich vielmehr vorab auf eine Schwerpunktsetzung beschränken.

Im Zuge dessen soll im Mittelpunkt der Untersuchung zunächst zum einen die Klärung der Frage stehen, welche ökonomischen und historisch-soziologischen Kausalreihen zu dem gegenwärtig feststellbaren verstärkten Eindringen der gewerblichen Rechtsformen in die Freien Berufe geführt haben. Zum anderen soll durch eine umfassende Analyse vor allem der haftungs- und der steuerrechtlichen Rahmenbedingungen, die innerhalb der verschiedenen Gesellschaftsformen für eine kooperative Darbietung freiberuflicher Leistungen bestehen, ermittelt werden, welche rechtlichen Beweggründe eigens aus der Perspektive der Angehörigen der freien Professionen für den Betrieb einer „Freiberufler-Kapitalgesellschaft" sprechen könnten. Das Ergebnis dieser Prüfung wird schließlich auch eine aussagekräftige Prognose dahingehend ermöglichen, welches rechtliche Antlitz die kooperative freie Berufsausübung in der Zukunft sehr wahrscheinlich haben wird.

---

ethos und – wenn auch nicht bei allen – die berufsrechtliche Bindung zu bewahren und bei der Erweiterung der gesellschaftsrechtlichen Zusammenschlußmöglichkeiten zu berücksichtigen (...) Die Partnerschaft ist deshalb nicht als anonyme Kapitalgesellschaft ausgestaltet ..."; vgl. ferner auch die gleichgerichteten Ausführungen zur angestrebten Neufassung des § 8 II PartGG in der Begründung des Referentenentwurfs zur Regelung der „Anwalts-GmbH"; wiedergegeben in ZIP 1997, 1518 (1523): „Die gesetzliche Handelndenhaftung des Entwurfs gibt den betroffenen Angehörigen Freier Berufe Rechts- und Planungssicherheit. Der personengesellschaftliche Zusammenschluß wird damit in seinen Haftungsrisiken kalkulierbarer und bleibt eine echte Alternative zur kapitalgesellschaftlichen Organisationsform, die nicht für alle freiberuflichen Zusammenschlüsse geeignet und wünschenswert erscheint."; siehe ebenso nunmehr auch die gleichlautenden Ausführungen im zwischenzeitlich verabschiedeten Regierungsentwurf zur Regelung der „Anwalts-GmbH"; vgl. dazu BR-Drucksache 1002/97, S. 22.

54 *Leutheusser-Schnarrenberger* in der freie beruf 7-8/1994, 20 (21); *dies.* in AnwBl. 1994, 334; ebenso *Gres* in der freie beruf 6/1994, 22; *Bösert* in DStR 1993, 1332 (1333).

55 *Seibert* in AnwBl. 1993, 155; *ders.* in DB 1994, 2381; *ders.* in NWB (1994), Fach 18, 3365; *ders.*, S. 42.

56 *Bösert* in DStR 1993, 1332; *ders.* in ZAP (1994), Fach 15, 137 (139).

B. Der Gang der Darstellung

Eine rechtswissenschaftliche Befassung mit dem grundlegenden Verhältnis zwischen Freiem Beruf und Kapitalgesellschaft läßt es zunächst erforderlich scheinen, sich mit der rechtstatsächlichen Entwicklung der freiberuflichen Zusammenarbeit und dem historischen Kontext, in den sie eingebettet ist, vertraut zu machen.

Der erste Teil der Arbeit wird sich daher bewußt sehr ausführlich mit dem rechtstatsächlichen Streben nach freiberuflichem Zusammenschluß in seinem geschichtlichen Werdegang bis zur Gegenwart beschäftigen.

Damit verbunden ist zugleich der Versuch, die Ursachen für das im Laufe der Zeit generell gewachsene Bedürfnis nach freiberuflicher Kooperation aufzuzeigen und insbesondere die Hintergründe für das – wahrlich sehr verschiedenartige – tatsächliche Erscheinungsbild einer gemeinschaftlichen Berufsausübung in den einzelnen freien Professionen transparent zu machen. Die Schilderung der unterschiedlichen historischen Entwicklung in den einzelnen Berufsgruppen soll dabei auch verdeutlichen, in welchem Umfang sich der Gesetzgeber bei der Verabschiedung berufs- und steuerrechtlicher Regelungen im Laufe der Jahrzehnte jeweils schlicht von dem bereits tatsächlich vorgefundenen Zustand bzw. von den berufsspezifischen Interessen einzelner Berufsstände oder sogar nur bestimmter Teile einzelner Berufsstände hat leiten lassen. Desgleichen soll im Rahmen dieser Darstellung auch ein rechtsvergleichender Überblick über die Verhältnisse in anderen führenden Industrie- und Dienstleistungsnationen der westlichen Hemisphäre gegeben werden, von denen ebenfalls entscheidende Impulse für die Veränderungen auf nationaler Ebene ausgegangen sind und die im Zuge einer anhaltenden Internationalisierung der Wirtschaft das Bild freiberuflicher Kooperationen zweifellos auch in Zukunft maßgebend (mit-)prägen werden.

Der zweite Teil hat sodann eine eingehende Beschäftigung mit den unterschiedlichen rechtlichen Vorgaben, wie sie für eine freiberufliche Zusammenarbeit in den einzelnen Gesellschaftsformen existieren, zum Gegenstand. Dabei soll mittels eines primär an haftungs- und steuerrechtlichen Kriterien ausgerichteten Leistungsvergleichs vor allem ergründet werden, welche rechtlichen Organisationseinheiten sich im Wettbewerb zwischen den verschiedenen Gesellschaftsformen auf dem freiberuflichen Sektor als vorzugswürdig erweisen und aus welchen Motiven heraus insbesondere eine Berufsausübung in kapitalgesellschaftlichen Rechtsformen für die Angehörigen der freien Professionen wünschenswert und attraktiv erscheinen mag.

Die neueren Entwicklungslinien im Gesellschaftsrecht der Freien Berufe stehen in engem Zusammenhang mit den rechtlichen Rahmenbedingungen, wie sie sich unter dem maßgeblichen Einfluß der Judikatur nach und nach insbesondere für eine gemeinschaftliche Berufsausübung im Recht der BGB-Gesellschaft herausgebildet haben. Dabei soll im Zuge jener juristischen Analyse auch aufgezeigt werden, daß nicht zuletzt die vergleichsweise strenge Haftpflichtrechtsprechung der Zivilgerichte mit dazu beigetragen hat, daß in verschiedenen freien Professionen die rechtsverbindlich zu wahrenden Verhaltensanforderungen und Sorgfaltsmaßstäbe kontinuierlich fortentwickelt wurden und dadurch mittelbar auch die Forderung der freiberuflich Tätigen nach einer legislativen Bereitstellung veränderter rechtlicher Organisationsstrukturen begünstigt worden ist. Besondere Aufmerksamkeit soll in diesem Kontext deshalb schließlich der Frage geschenkt werden, in welchem Maße die freiberuflich Tätigen durch kautelarjuristische Modifikationen, d. h. insbesondere durch vertraglich ausbedungene Haftungsbegrenzungen, eine Verbesserung ihrer Haftungssituation bei einer gemeinsamen Berufsausübung in einer Sozietät erreichen können.

Im Anschluß daran soll aus Gründen der Vollständigkeit auch eine vergleichsweise knappe Untersuchung der legislativ erst vor einigen Jahren neu geschaffenen EWIV, der Genossenschaft und anderer Organisationsgesellschaften auf ihre (eingeschränkte) Tauglichkeit zur freiberuflichen Zusammenarbeit erfolgen.

An diese Darstellung knüpft sich, der historischen Entstehungsgeschichte entsprechend, alsdann zunächst eine rechtliche Betrachtung der – vergleichbar der BGB-Gesellschaft – ähnlich „altehrwürdigen" Rechtsformen der Personenhandelsgesellschaften OHG und KG auf ihre Eignung zur kooperativen Erbringung freiberuflicher Dienstleistungen an. Im Zuge dieser Untersuchung soll unter anderem auch auf das Kuriosum eingegangen werden, aus welchen Gründen diese an sich den Gewerbetreibenden vorbehaltenen Gesellschaftsformen zum Teil eine explizite Aufnahme in die gesetzlichen Berufsordnungen einiger freier Professionen erfahren haben und welche rechtlichen Folgewirkungen daraus de lege ferenda für andere, artverwandte Freie Berufe entspringen könnten. Des weiteren soll anhand einer detaillierten Prüfung der steuerrechtlichen Rahmenbedingungen die weitgehende steuerliche Unattraktivität eines Einsatzes der Personenhandelsgesellschaften zur zivilvertraglichen Abwicklung freiberuflicher Dienstleistungen erläutert werden.

Sodann wird sich die Arbeit der neuartigen, spezifisch den Angehörigen der Freien Berufe vorbehaltenen Rechtsform der Partnerschaft zuwenden. Dabei soll – aufbauend auf der ursprünglich vom Normgeber geschaffenen Haftungsverfassung – im Rahmen der Darstellung auch bereits die nunmehr angedachte Neufassung des § 8 II PartGG, wie sie parallel zur gesetzlichen Regelung der Anwalts-GmbH verwirklicht werden soll, in den allgemeinen steuer- und haftungsrechtlichen Leistungsvergleich der verschiedenen Gesellschaftsformen miteinfließen. Einen weiteren Schwerpunkt der Prüfung werden die jeweils verschieden weit reichenden Möglichkeiten einer interprofessionellen Kooperation bilden, wie sie für die Angehörigen der freien Professionen bei einer gemeinsamen Berufsausübung in einer Partnerschaft bestehen.

Die sich hierbei ergebenden Erkenntnisse weisen schließlich auch den Weg zu einer Befassung mit den Kapitalgesellschaften und den spezifischen Eigenschaften, die diese Rechtsformen im Wettbewerb zwischen den einzelnen Gesellschaftstypen eventuell für eine kooperative Darbietung freiberuflicher Leistungen noch reizvoller machen. Dabei soll im Zuge einer umfassend durchgeführten haftungsrechtlichen Analyse unter anderem auch untersucht werden, ob für einzelne Berufsgruppen besondere Haftungsgefahren existieren, die gegebenenfalls aus spezifisch „freiberuflichen" Gründen heraus zu einer unmittelbaren persönlichen Einstandspflicht von Gesellschaftern und Leitungsorganmitgliedern einer „Freiberufler-AG/KGaA/GmbH" gegenüber dem ratsuchenden Publikum führen könnten. Von besonderem Interesse sind des weiteren auch die grundlegend anders gearteten steuerrechtlichen Rahmenbedingungen, die für die Erbringung freiberuflicher Dienstleistungen in kapitalgesellschaftlichen Organisationsformen bestehen und denen im Rahmen einer Rechtsformwahl daher durchaus ein erhebliches Gewicht zukommen kann. Ein letztes

Schwergewicht der Erörterungen wird in diesem Zusammenhang schließlich auch auf der Behandlung der praxisrelevanten Frage liegen, in welchem Umfang die Kapitalgesellschaften gegenwärtig und in Zukunft für eine fachübergreifende, interdisziplinäre Berufsausübung zwischen verschiedenen freien Professionen zur Verfügung stehen können.

Auf dieser Basis läßt sich der nachstehend durchgeführte, primär an haftungs- und steuerrechtlichen Kriterien ausgerichtete Leistungsvergleich zwischen den verschiedenen Gesellschaftstypen wohl durchaus auch als eine Untersuchung interpretieren, bei der im Ergebnis praktisch das Gesamtsystem der Personengesellschaften mit auf dem juristischen Prüfstand steht.

Der Schlußteil der Arbeit wird sich sodann zunächst eingehend mit der Frage befassen, welches eigentlich die maßgebenden rechtlichen Spezifika sind, die jene fundamentale, in unserer Rechts- und Gesellschaftsordnung inzwischen seit mehr als einem Jahrhundert durchgängig angelegte rechtliche Differenzierung zwischen Freiem Beruf und Gewerbe sachlich-inhaltlich tragen.

In diesem Rahmen soll insbesondere auch ermittelt werden, welche gesetzgeberische Intention sich mit der Verwendung des Begriffs Freier Beruf in den verschiedenen Rechtsgebieten des Steuer-, Berufs- und nunmehr auch des Gesellschaftsrechts verbunden hat und ob sich diese Gesetzgebungsterminologie auf einen übereinstimmenden rechtlichen Ausgangspunkt zurückführen läßt.

Die insofern aus dem System der freien Berufstätigkeit ableitbaren materiellen Abgrenzungskriterien gegenüber dem Gewerbe sind anschließend mit den rechtlichen Strukturmerkmalen der Kapitalgesellschaften zu vergleichen und werden auf diese Weise im Ergebnis auch eine grundlegende Klärung des rechtlichen Verhältnisses ermöglichen, das zwischen Freiem Beruf und Kapitalgesellschaft insgesamt besteht.

Danach soll – ausgehend von einer Schilderung der früheren und teilweise (zumindest in einzelnen freien Professionen) auch heute noch feststellbaren Verbotsbestrebungen – der allgemeine verfassungsrechtliche Gestaltungsspielraum des Gesetzgebers ergründet werden, der diesem sowohl in bezug auf ein umfängliches legislatives Verbot oder aber mit Blick auf eine ausdrückliche berufsgesetzliche Zulassung und eine nähere inhaltliche Ausgestaltung der „Freiberufler-Kapitalgesellschaft" zusteht.

Schließlich ist auch noch ein kurzer Blick auf das weitere rechtliche (und rechtspolitische) Schicksal zu werfen, welches den meisten freien Professionen bei einem unvermindert anhaltenden Eindringen der gewerblichen Rechtsformen in den Sektor freier Berufstätigkeit möglicherweise schon in naher Zukunft bevorstehen könnte.

1. Teil
Das rechtstatsächliche Streben nach freiberuflichem Zusammenschluß in seiner historischen Entwicklung

Eine Beschäftigung mit dem Verhältnis der Freien Berufe zu den Kapitalgesellschaften erfordert zu Anfang eine Aufarbeitung der historisch-soziologischen Zusammenhänge, aus denen heraus sich eine freiberufliche Zusammenarbeit in den verschiedenen Freien Berufen rechtstatsächlich entwickelt hat. Erst die geschichtlichen Begleitumstände machen begreiflich, weshalb die Formen freiberuflicher Kooperation innerhalb der einzelnen freien Professionen in der Rechtswirklichkeit eine verschiedenartige Ausprägung erfahren haben und die Vorbehalte gegenüber der Rechtsform der Kapitalgesellschaft bei einigen Freien Berufen weiter reichen als bei anderen.

Am Beginn der Darstellung muß daher die Befassung mit dem rechtstatsächlichen Streben nach freiberuflichem Zusammenschluß und den divergierenden geschichtlichen Entstehungsvoraussetzungen innerhalb der einzelnen Freien Berufe stehen.

Bei der gegenwärtig in praxi allgemein zu beobachtenden Tendenz der Freiberufler, sich in größeren Einheiten zur Zusammenarbeit oder gemeinsamen Berufsausübung zusammenzuschließen und dabei seit neuerem auch unter den einzelnen freiberuflichen Disziplinen verstärkt miteinander zu kooperieren,[1] handelt es sich nicht um eine plötzlich aufgetretene Erscheinung, sondern um eine letztlich schon seit längerem absehbare Entwicklung. Dahinter steht ein bis in das 19. Jahrhundert zurückreichender historisch-soziologischer Prozess. Der Drang zum freiberuflichen Zusammenschluß bildete sich dabei anfangs erst allmählich aus, stieg in der Folge stetig an, hielt zwischenzeitlich zum Teil wieder inne und entwickelte letztlich doch eine Eigendynamik, welche eine freiberufliche Verbindung und die gemeinschaftliche Berufsausübung durch mehrere Freiberufler längerfristig als die typische Form der freiberuflichen Leistungserbringung erscheinen lassen wird.[2]

---

[1] Vgl. hierzu nur *Michalski* in AnwBl. 1989, 65; *Busse* in AnwBl. 1994, 482 (486) sowie *Wasilewski* in DAB 1996, 1435 f.

[2] Vgl. hierzu beispielhaft die Entwicklung bei den Rechtsanwälten: Dort war nach statistischen Erhebungen zum Ende des Jahres 1993 nur noch etwa die Hälfte aller befragten Berufsangehörigen als Einzelanwalt tätig. Von den vollzeitlich arbeitenden Rechtsanwälten waren schon rund 60 % in einer Sozietät tätig; vgl. *Wasilewski/Passenberger/Reith* in BRAK-Mitt. 1994, 196 (197), die aaO vermuten, daß diese Entwicklung zur kooperativen Berufsausübung weiter anhalten und sich in Zukunft sogar noch verstärken wird.

A. Das Kaiserreich als historischer Ausgangspunkt der Entwicklung

Wendet man sich dem geschichtlichen Ausgangspunkt jenes auf freiberuflichen Zusammenschluß gerichteten Prozesses zu, so ist festzustellen, daß die ersten Anfänge einer freiberuflichen Kooperation ihren Ursprung vorwiegend in der zweiten Hälfte des letzten Jahrhunderts nahmen.

Doch waren freiberufliche Assoziationen in der ersten Zeit nach Gründung des Deutschen Reichs anno 1871 generell eine seltene Ausnahme; und das Bild freiberuflicher Leistungserbringung wurde gemeinhin vom allein praktizierenden, selbständig Berufstätigen bestimmt. Für die zweite Hälfte des letzten Jahrhunderts rechtfertigt sich die allgemeine Feststellung, daß die Angehörigen der damals im Mittelpunkt des Interesses stehenden klassischen freien Professionen – niedergelassene Ärzte und Rechtsanwälte – ihren Beruf noch ganz überwiegend in selbständig geführten Einzelpraxen ausgeübt haben.

Unter den Anwälten waren Sozietäten zu dieser Zeit zwar bereits bekannt,[1] doch die Berufsangehörigen nahmen von gemeinschaftlichen Berufsverbindungen regelmäßig Abstand.[2] Dem entsprach es, daß die Rechtsanwaltsordnung vom 1.7.1878,[3] die in den §§ 26 ff. RAO die Rechte und Pflichten der Anwälte erstmals reichseinheitlich normierte, keine Vorschriften enthielt, die eine anwaltliche Zusammenarbeit oder gar eine gemeinschaftliche anwaltliche Berufsausübung zum Gegenstand hatten. Die Frage einer derartigen Kooperation wurde während des gesamten Gesetzgebungsverfahrens nicht einmal diskutiert.[4] Der Rechtsanwaltsordnung lag ersichtlich und strikt der Typus des selbständig tätigen Einzelanwalts zugrunde.[5]

Bei den Ärzten erfordert eine nähere Betrachtung die Differenzierung zwischen dem stationären Krankenanstaltsbetrieb, der Unterbringungs- und Verpflegungsleistungen gegenüber dem Patienten miteinschließt,[6] und dem ambulanten Praxisbetrieb.

---

1 So berichtet *Weißler*, S. 540, von entsprechenden Anwaltsgemeinschaften in Rheinpreußen und Württemberg. Auch in Hamburg existierten anwaltliche Verbindungen zur gemeinsamen Berufsausübung schon vor der Reichsgründung; dort soll die älteste Assoziation bereits auf das Jahr 1822 datieren; vgl. *Kaiser/Bellstedt*, Rn. 8.

2 *Messerschmidt* in AnwBl. 1989, 629 (633); *Boele*, S. 18; *Kaiser/Bellstedt*, Rn. 5.

3 RGBl., 177.

4 Vgl. zum Inhalt und der Entstehungsgeschichte der RAO ausführlich Schubert (Hrsg.), S. 21 ff.; *Weißler*, S. 573 ff., 589 ff.; *Ostler*, S. 11 ff.

5 So rückblickend auch *Zuck* in NJW 1990, 954 (955); *Henssler* in JZ 1992, 697 (700).

6 Bereits das Preußische OVG machte das Vorliegen eines Krankenanstaltsbetriebs in Abgrenzung zur ambulanten Praxis des niedergelassenen Arztes davon abhängig, daß Betten für die stationäre Behandlung der darin medizinisch betreuten Kranken vorhanden waren, vgl Preuß. OVGE 31, 284 (286 f.). Zweifel weckte demgegenüber eine Entscheidung des Reichsgerichts, wonach für die Annahme einer Krankenanstalt die Aufnahme von Kranken in dazu bereiten Räumen auf gewisse Dauer genügen sollte, ohne daß sie darin nachts beherbergt oder am Tage ununterbrochen anwesend zu sein brauchten. Die Räume müßten lediglich den räumlichen Mittelpunkt bilden, zu dem die Kranken

Auf dem ambulanten Sektor waren ärztliche Verbindungen zur gemeinschaftlichen Berufsausübung noch um die Jahrhundertwende „ungleich seltener“ als bei Rechtsanwälten.[7] Dies läßt sich mittelbar auch daran ablesen, daß selbst die einheitliche „Standesordnung für die preussischen Ärzte“ vom 26.3.1909[8] die Gemeinschaftspraxis noch nicht erwähnte. Die Situation bei den niedergelassenen Ärzten ähnelte somit zwar den Verhältnissen innerhalb der Anwaltschaft, ließ aber zugleich auch eine stärker spürbare Zurückhaltung der niedergelassenen Ärzteschaft gegenüber einer freiberuflichen Assoziation erkennen.

Im Bereich des stationären Krankenanstaltsbetriebs lagen die Dinge demgegenüber etwas anders. Die Aufgabe der dauerhaften Krankenbetreuung und -unterbringung war ursprünglich zumeist von karitativen, insbesondere kirchlichen Vereinigungen wahrgenommen worden, die aus den mittelalterlichen Hospitälern hervorgegangen waren.[9] Daneben nahm sich im 19. Jahrhundert zusehends auch der Staat der stationären Krankenversorgung an, indem vor allem Städte und Gemeinden dazu übergingen, eigene Krankenhäuser zu errichten.[10] Die in solchen Einrichtungen beschäftigten Ärzte arbeiteten bei der Behandlung der dort untergebrachten Patienten (Diagnosen, Operationen etc.) selbstverständlich zusammen.

Doch beruhte diese gemeinsame medizinische Tätigkeit in öffentlichen und kirchlichen Einrichtungen nicht auf einer zuvor getroffenen Privatvereinbarung unter den beteiligten Ärzten, sondern auf einer rechtlichen Einbindung in den jeweiligen Krankenanstaltsbetrieb. Die Rechtsbeziehungen beschränkten sich jeweils auf das Verhältnis zwischen dem einzelnen Arzt und dem Anstaltsträger.[11] Das Fehlen eines gemeinsamen rechtlichen Bandes zwischen den Berufsangehörigen läßt jene ärztliche Zusammenarbeit damit nicht als autonomen Akt ihrer privaten Selbstbestimmung erscheinen. Die ärztliche Kooperation in öffentlichen und kirchlichen Krankenhäusern bildet somit kein taugliches Beispiel für eine selbstgewählte und von gegenseitiger Willensübereinkunft der Berufsangehörigen getragene berufliche Verbindung. Sie kann bei der weiteren Untersuchung des freiberuflichen Strebens nach Zusammenschluß folglich keine Berücksichtigung finden.

Allerdings sah die Gewerbeordnung des Norddeutschen Bundes vom 21.6.1869,[12] die im Jahre 1871 als Reichsgesetz für das Deutsche Reich übernommen wurde,[13] in ihrem

---

stetig zurückkehren und wo ihre Lebensweise nach der betreffenden Heilmethode geregelt und überwacht werde; vgl. RGSt 32, 255 (256 f.). Zur heutigen Abgrenzung zwischen ambulantem und stationärem Heilbehandlungssektor siehe unten 2. Teil, S. 289 f. in Fn. 5.

7 So die Formulierung von *Josef* in LZ 1908, 680 (683 in Fn. 6).

8 Vgl. ÄVBl. 1909, 374 ff.; siehe hierzu auch *Spitzl*, S. 11; *Taupitz*, S. 261 in Fn. 314.

9 *Faltin*, S. 5; *Wannagat* in FS für Narr (1988), 184 – Die Aufgaben der im Mittelalter gegründeten Hospitäler waren bis in das 19. Jahrhundert hinein noch sehr weitläufiger Natur. So diente das Hospital vormals nicht nur als Pflegestätte für (meist unheilbar) Kranke, sondern auch als Herberge für Pilger, als Altersheim, als Waisenhaus oder als Zufluchtsstätte für Arme; vgl. *Faltin*, aaO; *Wannagat*, aaO.

10 Vgl. etwa den Sachverhalt von RGZ 64, 231 ff.: Inanspruchnahme einer Gemeinde wegen fehlerhafter Arztbehandlung im städtischen Krankenhaus.

11 RGZ 64, 231 (235) spricht in bezug auf die in einem gemeindlichen Krankenhaus beschäftigten Ärzte und das ärztliche Pflegepersonal demgemäß wie selbstverständlich nur von den „...in einem Krankenhause angestellten Personen ...“

12 BGBl. d. Norddt. Bundes, S. 245.

§ 30 GewO auch die Möglichkeit zum Betrieb einer Privatkrankenanstalt vor. Diese Bestimmung, die in ihren Grundzügen noch mit der entsprechenden Vorschrift heutiger Tage übereinstimmt,[14] erlaubte jeder Privatperson unter Einholung einer behördlichen Konzession die Gründung und den Betrieb eines privaten Krankenhauses.

Damit konnten sich auch Ärzte zum Betrieb einer solchen Privatkrankenanstalt zusammentun. Derartige ärztliche Verbindungen zur gemeinsamen Führung privater Krankenhäuser waren um die Jahrhundertwende zwar häufiger zu beobachten als entsprechende Zusammenschlüsse im ambulanten Bereich.[15] Gleichwohl war ihre absolute Zahl im Verhältnis zur Anzahl der insgesamt praktizierenden Ärzte nur sehr gering.[16] Auch die wenigen Ärzte, die seinerzeit als selbständig Erwerbstätige private Krankenanstalten unterhielten, wurden dadurch in der Regel nicht zu Gewerbetreibenden, sondern blieben freiberuflich tätig.[17]

Die Gründe für das demnach weitverbreitete Fehlen freiberuflicher Kooperation scheinen unterschiedlicher Natur. Einerseits mag sicherlich der Umstand eine Rolle gespielt haben, daß es gerade den klassischen Freien Berufen erst unmittelbar zuvor gelungen war, sich aus der insbesondere im 17. und 18. Jahrhundert zur Beseitigung von Mißständen im Rechts- und Gesundheitswesen eingeführten obrigkeitlichen und staatlichen Inpflichtnah-

---

13 Vgl. § 2 i. V. m. Art. 4 Nr. 1 des Gesetzes betreffend die Verfassung des Deutschen Reichs vom 16.4.1871; RGBl., S. 63.

14 Vgl. Landmann/Rohmer-*Marcks*, Rn. 1 zu § 30 GewO.

15 So berichtet *Josef* in Gruchot 48 (1904), 263, daß „Verbindungen von Ärzten zur Berufsausübung ... in Deutschland erst in neuerer Zeit üblich werden, und zwar besonders in der Art, daß die verbundenen Ärzte den Kranken außer der Behandlung auch Aufnahme (Wohnung, Bespeisung, Aufwartung) in ihren <Privatkliniken> (Heilanstalten) gewähren."

16 In einer Entscheidung aus dem Jahre 1898 stellte das Preuß. OVG hierzu fest, daß „... ja auch thatsächlich die Anzahl der Ärzte, welche eine private Krankenanstalt unterhalten, zu der Gesamtzahl der Ärzte nur eine verschwindend kleine ist."; vgl. Preuß. OVGE in Staatssteuersachen 7, 418 (428).

17 Der Betrieb einer privaten Krankenanstalt führte bei Ärzten – anders als bei sonstigen Privatpersonen – regelmäßig nicht zum Vorliegen eines Gewerbebetriebs und löste dementsprechend auch keine Gewerbesteuerpflicht aus. Unter Aufgabe seiner früheren Rechtsprechung (vgl. Preuß. OVGE 24, 321, 322; Preuß. OVGE in Staatssteuersachen 3, 250 ff.) sprach das Preuß. OVG in der vorzitierten Entscheidung aus: „Es liegt ... ungemein nahe, daß Ärzte Kliniken oft lediglich zum Zweck der Ausübung ihres ärztlichen Berufes unterhalten, ohne die Absicht, aus dem Betriebe einen besonderen Gewinn zu erzielen. Unter dieser Voraussetzung stellt sich aber die Unterhaltung der Klinik nicht als ein gewerbliches Unternehmen dar. Denn ihrem Unternehmer fehlt die für den Gewerbebegriff unerläßliche Absicht, gerade aus dieser Thätigkeit Gewinn zu erzielen. Sie dient vielmehr nach seiner Absicht lediglich der Ausübung seines ärztlichen Berufes, ist also nur ein Mittel zur Ausübung der ärztlichen Thätigkeit, nicht aber als eine besondere Erwerbsthätigkeit und demgemäß nicht als Gewerbe anzusehen."; vgl. Preuß. OVGE in Staatssteuersachen 7, 418 (425).

In einer Serie von Urteilen ging das Gericht daher von einer fehlenden Gewerbesteuerpflicht solcher Ärzte aus, die Privatkrankenanstalten betrieben; vgl. Preuß. OVG in Staatssteuersachen 7, 418, 432 f. (Privataugenklinik); Entscheidung vom 16.12.1897, Rep. VI. G. 249/96 (private Frauenklinik); abgedruckt als Anm. in Preuß. OVGE in Staatssteuersachen 7, 425 f.; Entscheidung vom 5.5.1898, Rep. VI. G. 874/97 (Privatnervenklinik); abgedruckt als Anm. in Preuß. OVGE in Staatssteuersachen 7, 430 f.; Entscheidung vom 16.3.1899, Rep. VI. G. 210/98 (Privatnervenklinik); abgedruckt als Anm. in Preuß. OVG in Staatssteuersachen 7, 431 f. sowie Preuß. OVGE in Staatssteuersachen 11, 401 f. (Heilgymnastisches Institut).

me[18] zu lösen. Die im Zuge des Liberalismus des 19. Jahrhunderts und eines wachsenden Standesbewußtseins gerade erst erlangte „Freiheit vom Staat"[19] ließ sich idealtypisch am besten in der Rolle des Einzelkämpfers ausfüllen, der frei für sich selbst und einer autoritativen Eingliederung in staatliche Hierarchie entbunden, der Staatsmacht nunmehr als einzelner wirkungsvoll die Stirn bieten konnte.[20]

---

[18] Vgl. zur Errichtung obrigkeitlicher Kontrollinstanzen in jener Epoche und ihren Ursachen – insbesondere der „Kurpfuscherei" – für den ärztlichen Sektor ausführlich *Taupitz*, S. 233 ff.; siehe auch *Hermann*, S. 48 ff. Von den detaillierten hoheitlichen Berufsausübungsregelungen, die kaum Mitwirkungs- oder Mitbestimmungsrechte für die Berufsangehörigen vorsahen, sei beispielhaft die Brandenburg-Preußische Medizinalordnung von 1685 genannt (Fundstellennachweis bei *Taupitz*, S. 245 in Fn. 215). Die staatliche Inpflichtnahme der Ärzte setzte sich bis in die erste Hälfte des 19. Jahrhunderts hinein fort und ging vereinzelt – so im Herzogtum Nassau per Medizinaledikt vom 14.3.1818 – sogar so weit, daß das Heilwesen unmittelbar in die staatliche Verwaltungstätigkeit übernommen und ausschließlich von beamteten und besoldeten Ärzten wahrgenommen wurde; vgl. hierzu *Triepel* in FS für Binding (1911), 1 (47 f.) sowie ausführlich *Taupitz*, S. 117 ff. m. zahlreichen w. N.

Zu der durch unqualifizierte und gewinnsüchtige Berufsvertreter hervorgerufenen staatlichen Indienstnahme der Anwälte, die schließlich bis zur vollständigen Verstaatlichung ging, vgl. *Hermann*, S. 51 ff.; *Döhring*, S. 113 ff.; *Taupitz*, S. 114 ff. Berühmt sind die durch Cocceji eingeleiteten und sodann durch v. Carmer fortgeführten preußischen Reformen, welche schließlich in den Corpus Iuris Fridericianum vom 26.4.1781 eingingen und die Anwaltschaft als freien, selbständigen Stand gänzlich beseitigten. Die anwaltlichen Funktionen wurden zunächst auf richterliche Beamte mit festem Gehalt, die sog. Assistenzräte, übertragen und gingen im weiteren Verlauf anno 1793 vollständig auf staatlich zwar weniger stark gebundene, aber ebenfalls als Staatsdiener zu betrachtende Justizkommissare über, die von der Justizverwaltung je nach Bedürfnis angestellt und wieder entlassen werden konnten; hierzu näher *Taupitz*, S. 115 f.; *Döhring*, S. 114 f., *Magnus*, S. 4 f.; *Hermann*, S. 54 f.; *Friese* in AnwBl. 1987, 3 (4). Diese staatlich gebundenen Justizkommissare fungierten in Preußen noch im Jahre 1871 als „Anwälte"; vgl. *Pausch* in Stbg. 1977, 179 (180); ausführlich zur Geschichte und Aufgabe dieser in die Staatshierarchie integrierten Funktionsträger *Weißler*, S. 350 ff.

[19] Vgl. zu jener Entwicklung in bezug auf die Anwaltschaft näher *Huffmann*, S. 26 ff., 68 ff.; *Taupitz*, S. 124 ff.; *Weißler*, S. 439 ff., 458 ff.; *Hermann*, S. 61 ff. Ihren unbestrittenen Höhepunkt erreichte die gegen staatliche Indienstnahme gerichtete Freiheitsbewegung der Anwaltschaft mit der Schrift Rudolf v. Gneists, „Freie Advokatur. Die erste Forderung aller Justizreform in Preußen.", aus dem Jahre 1867. Die darin formulierten Gedanken standen stellvertretend für den in der Anwaltschaft vorherrschenden Geist und fanden schließlich auch ihren Niederschlag in der Rechtsanwaltsordnung vom 1.7.1878, die in Entsprechung berufsständischer Forderungen die vormalige Trennung von Advokatur (den außergerichtlichen Rechtsberatern) und Prokuratur (den Prozeßvertretern) durch die Schaffung eines einheitlichen Anwaltsberufs endgültig überwand, die bis dato weithin bestehende richterliche Disziplinargewalt über die Anwälte beseitigte und die Zulassung zur Anwaltschaft nicht mehr in das freie Ermessen der Staatsmacht stellte (siehe zur Rechtsanwaltsordnung bereits die Nachweise oben Seite 20 in Fn. 3 f.).

Zur Befreiung der Ärzteschaft von staatlicher Bevormundung näher *Taupitz*, S. 129 ff., S. 255 ff., sowie *Hermann*, S. 60 f. So bildeten sich seit den sechziger Jahren des 19. Jahrhunderts in den verschiedenen Ländern (zunächst in Baden, Sachsen und Braunschweig) aufgrund staatlicher Bestimmungen Ausschüsse, Bezirksvereine oder Ärztekammern aus, welche die Wahrung der Standesinteressen und die Durchsetzung einer berufsspezifischen Disziplin ermöglichten. Dieser Prozeß führte bis zur Jahrhundertwende in vielen deutschen Ländern zu staatlich anerkannten ärztlichen Standesvertretungen mit eigener Disziplinargewalt; vgl. *Taupitz*, S. 131 f.; *Hermann*, S. 61.

[20] In dieser Richtung *Zuck* in AnwBl. 1988, 19.

Zum zweiten liegt nahe, daß die verbreitete Ablehnung freiberuflicher Verbindungen ihren geistigen Nährboden auch unter einem anderen Aspekt in der ausgesprochen beamtenmäßigen Stellung fand, welche vormals für den Anwaltsstand und – nicht ganz so intensiv – für die Ärzteschaft in Preußen bestanden hatte.[21] Die Mitwirkung an der Rechtspflege bzw. die Sicherung der Volksgesundheit blieb trotz ihrer Herauslösung aus staatlicher Hierarchie weiterhin eine gemeinschaftswichtige und verantwortungsvolle Aufgabe, deren ordnungsgemäße Erfüllung im besonderen öffentlichen Interesse lag. Das fortbestehende Gemeinwohlinteresse an einer ordnungsgemäßen Berufsausübung konnte leicht dazu verleiten, den niedergelassenen Arzt oder Rechtsanwalt als einen zwar nicht beamteten, aber doch nach wie vor öffentlich-rechtlich und staatlich besonders gebundenen Berufstätigen einzuordnen.[22] Auch eine solcherart zunächst durchaus postulierte „Halbbeamtenstellung" des freien Berufsträgers[23] mußte dazu beitragen, daß die ärztliche oder anwaltliche Tätigkeit einer gemeinsamen Berufsausübung anfangs nur schwer zugänglich schien.[24]

---

[21] Vgl. hierzu soeben bereits Fn. 18 sowie den dahingehenden Erklärungsansatz von *Levin*, S. 25.

[22] In diese Richtung ging zumindest die anfängliche Einstufung der freien Berufstätigkeit in der höchstrichterlichen Rechtsprechung; siehe dazu etwa RGZ 14, 283 (285 f.); 39, 134 (137); 55, 167 (169); RGSt 34, 271 (272); 37, 175 (176) – jeweils für den Rechtsanwalt –. Noch anno 1907 sprach das Reichsgericht in RGZ 66, 143 (150) davon, daß „... auch die nichtbeamteten Ärzte nicht mehr als Privatpersonen (...) anzusehen sind, sondern auf dem Gebiet der Gesundheitspflege, wie die Rechtsanwälte auf dem der Rechtspflege, eine eigenartige Stellung öffentlichrechtlichen Charakters bekleiden ...". Es handele sich bei diesen Berufsgruppen entsprechend um „Träger geistiger Kräfte im Dienste des Gemeinwohls"; so RGZ, aaO. Die „öffentlich-rechtliche Bedeutung" des Arztberufs und den „öffentlich-rechtlichen Charakter" des Anwaltsberufs hoben im Anschluß daran auch noch spätere reichsgerichtliche Entscheidungen hervor; vgl. dazu nur RGZ 68, 186 (191); 142, 70 (76).

Ähnlich hatte im Jahre 1887 zuvor auch schon das Preußische OVG die Tätigkeit des Rechtsanwalts bewertet und ausgeführt, dieser sei zwar nicht Staatsbeamter, doch nehme er wegen seiner besonderen Verpflichtung auf das Gemeinwohlinteresse ersichtlich eine Stellung öffentlich-rechtlicher Natur ein; vgl. Preuß. OVGE 15, 41 (49 f.); als obiter dictum erneut bestätigt in Preuß. OVGE 23, 39 (43); siehe ebenso später auch Preuß. OVGE in Staatssteuersachen 10, 1 (5).

[23] Eine derartige Begriffsbildung befürwortete *Triepel* in FS für Binding (1911), 1 (15 ff. u. 66 ff.), um damit die Berufstätigkeit der Rechtsanwälte, Patentanwälte, Ärzte sowie einiger weiterer – darunter auch gewerblicher – Professionen einer näheren (staats-)rechtlichen Systematisierung zuzuführen.

[24] Die Gegenwart liefert hinreichend Vorbilder, in denen bei tatsächlichem Bestehen einer besonderen öffentlich-rechtlichen Pflichtenbindung die rechtlichen Möglichkeiten einer Assoziierung der Berufstätigen begrenzt werden. Ein einprägsames Beispiel hierfür bildet etwa § 9 II BNotO, wonach die Verbindung zweier hauptberuflicher Notare zur gemeinsamen Berufsausübung aufgrund ihrer Stellung als unabhängige Träger eines öffentlichen Amtes (§ 1 BNotO) von einem staatlichen Genehmigungsvorbehalt abhängig gemacht werden kann. Durch Rechtsverordnung haben gegenwärtig insgesamt vier Bundesländer (Baden-Württemberg, Bayern, Nordrhein-Westfalen und Rheinland-Pfalz) eine entsprechende Genehmigungspflicht eingeführt; vgl. die Nachweise in Seybold/Schippel-*Schippel*, Rn. 10 zu § 9 BNotO.

Größere Sozietäten von Nur-Notaren sollen durch das notarielle Berufsrecht im Regelfall verhindert werden, um eine ansonsten befürchtete unerwünschte Beeinträchtigung des exklusiv der Landesjustizverwaltung zugewiesenen Neubesetzungsrechts einer frei werdenden Notarstelle durch die verbleibenden Sozien von vornherein auszuschließen. Zudem werden Beeinträchtigungen des Rechts der freien Notarwahl befürchtet; vgl. Seybold/Schippel-*Schippel*, Rn. 14 zu § 9 BNotO. Nahe dürfte daneben freilich auch die (unausgesprochene) Erwägung liegen, daß die öffentlich-rechtliche Beurkundungstätigkeit des hauptberuflichen Notars aufgrund ihrer reinen Hoheitsfunktion unter keinen Umständen dem Anschein einer gewerblichen Betätigung ausgesetzt werden soll.

Überdies zeigten sich auch die Standesvertretungen in den ersten Jahren des Kaiserreichs reserviert und zurückhaltend gegenüber einer dauerhaften Form der freiberuflichen Assoziation.[25] Hintergrund dieser Skepsis war die Befürchtung, der Persönlichkeitsbezug und die Nichtvertretbarkeit freiberuflichen Handelns könnten im Rahmen einer Assoziation Schaden nehmen und die freiberufliche Tätigkeit doch bis zu einem gewissen Grade fungibel ausgestalten.[26] Zudem dürfte bei dieser inneren Ablehnung noch die altpreußische Berufsauffassung eine Rolle gespielt haben, die – gerade bei der Anwaltschaft – jedwede Verbindung unter den Berufsangehörigen wegen ihrer tendenziell vermuteten Nähe zum kaufmännischen Betriebe für unzulässig betrachtete.[27]

Neben diesen ideellen und standesrechtlichen Vorbehalten dürften freilich vor allem auch ökonomische Beweggründe ausschlaggebend für die damals überwiegend vorhandene Selbstbeschränkung der Berufstätigen auf Einzelpraxen gewesen sein. Der verhältnismäßig noch weniger breit ausgebildete bürgerliche Mittelstand in einer Bevölkerungsstruktur, die sich im Zuge der im 19. Jahrhundert einsetzenden Industriellen Revolution nur allmählich vom Agrarstaat hin zur modernen, industriell geprägten Dienstleistungsgesellschaft heutiger Tage fortentwickelte,[28] bedingte im Vergleich zur Gegenwart einen allgemein geringeren Publikumskreis für freiberufliche Dienste.

Dem entsprach es, daß sich eine dauerhafte freiberufliche Zusammenarbeit in Sozietätsform im weiteren Verlauf vornehmlich in den größeren Städten mit gesteigerter Wirtschaftskraft ausbilden konnte, also dort, wo naturgemäß ein größeres Nachfragepotential nach freiberuflicher Leistung vorhanden war.[29] Daneben zwangen gerade in den Städten auch Gründe der Praktikabilität zu einer verstärkten Kooperation.[30]

So entwickelten sich in wilhelminischer Zeit schließlich vor allem innerhalb der Anwaltschaft,[31] daneben aber auch bei Patentanwälten, Architekten und beratenden Inge-

---

[25] Vgl. *Dix* in JW 1927, 2090 (2091), wonach sich noch Ende der siebziger Jahre des letzten Jahrhunderts die anwaltliche Standesvertretung nicht mit der Verbindung von Anwälten habe anfreunden können.

[26] So *Dix* in JW 1927, 2090 (2091) in bezug auf die Anwaltschaft; ebenso rückblickend *Kaiser/Bellstedt*, Rn. 7.

[27] Vgl. hierzu *Weißler*, S. 540, der die Zurückhaltung des preußischen Anwaltsstandes gegenüber Assoziationen auf eine im 19. Jahrhundert vorhandene Empfindlichkeit gegenüber allem zurückführt, was nach einem kaufmännischen Betriebe in der Anwaltschaft aussah; dem folgend auch *Henssler* in JZ 1992, 697 (700); *Kaiser/Bellstedt*, Rn. 7; *Römermann/Spönemann* in NZG 1998, 15.

[28] Vgl. zur stetig gewachsenen wirtschaftlichen Bedeutung des (gewerblichen und freiberuflichen) Dienstleistungssektors im Verhältnis zum produzierenden Gewerbe und zur Urproduktion näher *Hirte*, S. 4 ff.

[29] Vgl. hierzu etwa *Kaufmann* in JW 1916, 883 (884): „In Hamburg hat sich bekanntlich die Anwaltssozietät zuerst in größerem Umfang entwickelt; sie ist auch gegenwärtig dort sehr verbreitet."; daneben auch *Levin*, S. 25, der – freilich erst einige Jahre später (1930) – als Schwerpunkte „Berlin, Hamburg und andere Großstädte" nennt.

[30] Vgl. *Goertz* in JW 1912, 629 (630), wonach in großen Städten die Bewältigung der verschiedenen Termine durch einen einzelnen Anwalt häufig schon wegen der räumlichen Entfernung der jeweiligen Gerichte ein unlösbares Problem darstellte.

[31] Vgl. *Josef* in Gruchot 44 (1900), 413, der zur Jahrhundertwende von „... in allen Rechtsgebieten häufig vorkommenden Verbindungen von Rechtsanwälten ..." spricht, die für gewöhnlich von bei demselben Gericht zugelassenen Berufstätigen eingegangen wurden; vgl. *ders.* in Gruchot 44 (1900), 545 (560).

nieuren,[32] zunehmend freiberufliche Verbindungen unter den jeweiligen Berufsangehörigen. Ihre Zahl stieg im Laufe der Zeit dabei immerhin so weit an, daß sich, vor allem unter Haftungsgesichtspunkten, auch die höchstrichterliche Rechtsprechung wiederholt mit ihnen zu beschäftigen hatte.[33]

Die Motive der Berufstätigen zur Eingehung einer dauerhaften freiberuflichen Zusammenarbeit variierten dabei je nach Einzelfall und waren durchaus vielschichtig und heterogen. Sie reichten von einer durch Arbeitsteilung möglichen Spezialisierung[34] bis zu der Option, sich dadurch eine stets parate Vertretung[35] und die Gelegenheit zur Aussprache und Beratung[36] zu schaffen. Ein zu dieser Zeit noch mit am häufigsten genanntes Kriterium blieb freilich dasjenige der Ersparung von Betriebsunkosten durch eine gemeinsame Praxisführung.[37]

---

[32] Vgl. für diese Professionen sowie die beeideten Landmesser *Anraths*, S. 155, der im Jahre 1930 schrieb, freiberufliche Verbindungen fänden sich in diesen Berufsgruppen „schon seit Jahrzehnten".

Die Berufstätigkeit der Architekten sowie der planenden und beratenden Ingenieure hatte das Preuß. OVG unter dem Aspekt der „Ausübung von Baukunst" bereits frühzeitig als eine nichtgewerbliche künstlerische Tätigkeit behandelt, die als solche auch keine Gewerbesteuerpflicht begründete; vgl. Preuß. OVGE in Staatssteuersachen 3, 263 f.; 9, 396 (398 ff.) sowie die Entscheidung v. 17.1.1895 – Rep. VI. G. 17/94 –, abgedruckt als Anm. in Preuß. OVGE in Staatssteuersachen 4, 260 f. Vor diesem Hintergrund sprach das Preuß. OVG in späteren Jahren davon, daß die Architekten neben Ärzten und Rechtsanwälten als typische Vertreter der Freien Berufe gelten dürften; vgl. so etwa Preuß. OVGE 89, 33 (37).

Die Patentanwälte hatte das Preuß. OVG im Gegensatz dazu allerdings erst nach dem Erlaß des Patentanwaltsgesetzes vom 21.5.1900 (RGBl., S. 233) für nicht mehr gewerbesteuerpflichtig befunden, vgl. Preuß. OVGE in Staatssteuersachen 11, 403 ff. unter Aufgabe von Preuß. OVGE in Staatssteuersachen 3, 349 (352). Dort war die Eigenschaft von Patentanwälten als Gewerbetreibenden zuvor noch als „keinem Zweifel unterliegend" bezeichnet worden.

[33] Vgl. jeweils zu Anwaltsverbindungen: RGZ 22, 314 ff. im Jahre 1888 (noch zum Preußischen Allgemeinen Landrecht); RGZ 85, 306 ff. im Jahre 1914; RGZ 88, 342 ff. im Jahre 1916 (beide zum BGB).

[34] Vgl. *Kaufmann* in JW 1916, 883 (886), der auf die Spezialisierung in verschiedenen Rechtsgebieten (z. B. Scheidungssachen, Theaterangelegenheiten, Grundbuchsachen, Vermögensverwaltungen etc.) hinweist und als häufigste „Spezialität" die der Strafverteidiger in den Großstädten nennt.

[35] *Goertz* in JW 1912, 629 (630), *Oertmann* in LZ 1916, 199 (202); ähnlich *Josef* in LZ 1908, 680 (682), wonach ein gewisses Zusammenwirken in jeder Rechtsangelegenheit dadurch stattfinden könne, daß einer dem anderen Vertretung und Beihilfe leiste.

[36] *Goertz* in JW 1912, 629 (630).

[37] *Goertz* in JW 1912, 629 (630); *Oertmann* in LZ 1916, 199 (202), wonach der Zweck in einer „bequemeren, leichteren, vielfach auch verbilligten Berufsausübung" liege; ebenso *Kaufmann* in JW 1916, 883 (884); vgl. später und mehr mit Blick auf die Weimarer Zeit auch *Ostler*, S. 212.

B. Die Zeit der Weimarer Republik

In der Zeit der Weimarer Republik hatte sich eine Kooperation in Sozietätsform innerhalb der einzelnen Freien Berufe bereits als allgemein anerkannte Form der gemeinsamen Berufsausübung etabliert.[1] Selbst innerhalb der zuvor eher zurückhaltenden Ärzteschaft stand man nunmehr der Errichtung einer ambulanten Gemeinschaftspraxis nicht mehr grundsätzlich ablehnend gegenüber, sondern knüpfte ihre standesrechtliche Zulässigkeit lediglich an die zusätzliche Einhaltung bestimmter personeller und formeller Voraussetzungen.[2]

Die Größe der freiberuflichen Verbindungen blieb freilich auch in jener Zeit noch weitgehend überschaubar und beschränkte sich meist auf wenige, vielfach persönlich miteinander verbundene Berufsangehörige.[3] Eine Ausweitung dieser Sozietäten zu freiberuflichen Großbetrieben erschien den Berufsangehörigen ganz überwiegend nicht erstrebenswert.

In diesem Zusammenhang verdient insbesondere die seinerzeit in der Anwaltschaft geführte Diskussion erhöhte Aufmerksamkeit. Die anwaltlichen Berufsvertreter befaßten sich praktisch über den gesamten Zeitraum der Weimarer Demokratie hinweg intensiv mit der zweckmäßigen Gestaltung von Sozietäten und den Möglichkeiten einer weiterreichenden anwaltlichen Kooperation.[4]

---

1 So bezeichneten *Friedlaender/Friedlaender* anno 1930 die Anwaltssozietät vom standesrechtlichen Gesichtspunkt aus als „in ihrer allgemeinen Zulässigkeit schon längst unbestritten"; vgl RAO, Exkurs zu § 40, S. 318 in Fn. 1.

2 Die Bestimmung des § 15 c) der ärztlichen Standesordnung, die anno 1926 vom 45. Deutschen Ärztetag in Eisenach beschlossen wurde, lautete: „Ein Gemeinschaftsbetrieb (Assoziation) ist nur für Ärzte desselben Sonderfaches oder für Ärzte der allgemeinen Praxis zulässig. Dazu ist stets ein schriftlicher Vertrag zu schließen und vorher der zuständigen Standesvertretung vorzulegen. Nicht unter den Begriff des Gemeinschaftsbetriebs fällt die gemeinsame Belegung einer Klinik und die Abhaltung von Sprechstunden in derselben Wohnung."; vgl. ÄVBl 1926, 417 ff.; siehe hierzu auch *Spitzl*, S. 11; *Fischer*, S. 7; *Taupitz*, S. 291 in Fn. 509.

Bemerkenswert ist, daß die ersten, noch vom Deutschen Anwaltverein aufgestellten anwaltlichen Standesrichtlinien (veröffentlicht als Beilage zu Heft 6 des AnwBl. 1929) demgegenüber – trotz der dort sichtlich größeren Verbreitung von Sozietäten – an keiner Stelle Regelungen zur gemeinschaftlichen anwaltlichen Berufsausübung trafen.

3 Vgl. *Heilberg* in JW 1932, 1100 (1101), der diesen Befund aaO in bewußten Gegensatz zu einer Zahl von 40 bis 50 in amerikanischen Großkanzleien tätigen Rechtsanwälten und einer Fülle von Hilfsarbeitern setzt; vgl. auch *Anraths*, S. 154 f., der eine freiberufliche Verbindung von lediglich „zwei oder mehreren Berufsgenossen" anspricht.

4 Hintergrund jener Überlegungen war eine zwischenzeitlich deutlich verschlechterte wirtschaftliche Situation der Berufsangehörigen, die ihre Ursache unter anderem in einem verschärften Wettbewerb auf vormals beinahe ausschließlich anwaltlichem Terrain hatte (vgl. zu der damaligen wirtschaftlichen Notlage der Anwaltschaft und ihren weiteren Hintergründen – starker Zudrang zum Studium, Überwechseln pensionierter Richter und Staatsbediensteter in den Anwaltsberuf etc. – eingehend *Magnus*, S. 14 ff.). Insbesondere in solchen Teilbereichen der Rechtsbesorgung, in denen keine anwaltliche Monopolstellung existierte – namentlich auf dem Gebiet der Treuhandtätigkeit, der Inkassotätigkeit und der Vollstreckung –, sah sich die Anwaltschaft zwischenzeitlich einer zunehmen-

Dabei wurde zunehmend beklagt, daß die vorhandenen Sozietäten mitunter die Tendenz zur Umwandlung in Großbetriebe mit einer Vielzahl schlecht dotierter, abhängig beschäftigter juristischer Hilfsarbeiter zeigten, was lediglich zu einer quantitativen Steigerung der Anwaltskapazität führe, nicht aber mit einer entsprechenden qualitativen Steigerung einhergehe.[5] Eine derart fabrikmäßige und unpersönliche Form der Berufsausübung sei der Anwaltstätigkeit inadäquat, weil sie mechanische Betriebsamkeit und geschäftsmäßige Routine statt gediegener individueller Beratung zur Folge habe.[6] Der Beruf des Rechtsanwalts eigne sich aufgrund seiner Individualität und Persönlichkeitsgebundenheit aber nicht für eine derart großbetriebliche Konzentration.[7]

Den wenigen Befürwortern, die einer sich allmählich in verschiedenen Zentren (Berlin, Hamburg und anderen Großstädten) abzeichnenden personellen Ausdehnung anwaltlicher Praxen mit dem Hinweis auf die dort in größerem Umfang mögliche Spezialisierung aufgeschlossen begegneten,[8] trat die überwiegende Auffassung unter Hinweis darauf entgegen, daß spezialisierte Leistungen auf bestimmten Gebieten in Wahrheit nur derjenige hervorbringen könne, der sich seine Sonderkenntnisse und Sonderfähigkeiten auf dem Boden allgemeiner juristisch-wissenschaftlicher Ausbildung erworben habe.[9] Demgegenüber kön-

---

den Konkurrenz durch nichtanwaltliche Mitbewerber ausgesetzt; vgl. etwa *Feuchtwanger* in JW 1927, 2601 (2604); *Friedlaender/Friedlaender*, Exkurs II zu § 28 RAO, Rn. 13; *Ostler*, S. 211 f.

5 *Feuchtwanger*, Die freien Berufe, S. 291; *ders.* in JW 1932, 2847 (2847 f.) – *Anraths*, S. 155 ff., sprach sich aus diesem Grunde gar für eine vollständige Unzulässigkeit solcher Schein-Sozietäten aus, in denen die wahren Senior-Gesellschafter eine ganz überwiegende Machtstellung innehätten und den unter ihnen tätigen, meist jüngeren Berufsangehörigen Arbeitsumfang und Arbeitsweise bei ungenügender Entlohnung oft genug bis ins Detail vorschreiben würden; zurückhaltender demgegenüber *Levin*, S. 25, der die Möglichkeit zur Weitergabe von Berufserfahrungen von älteren und hervorragenden Anwälten an jüngere Berufsangehörige hervorhob.

6 *Feuchtwanger*, Die freien Berufe, S. 291; *ders.* in JW 1932, 2847 (2847 f.); *Heilberg* in JW 1932, 1100 (1101): „Anwaltsarbeit ist keine fungible Sache, kein Handelsgut mittlerer Art und Güte. Wir wollen sie nicht dazu machen und nicht als solche darstellen. Der Anwalt ist keine vertretbare Figur."; vgl. auch *Dix* in JW 1927, 2090 (2091 f.): „...viel weniger ist selbstverständlich möglich die vollkommene <Entpersönlichung durch Gründung eines anwaltschaftlichen Unternehmens>..."; schließlich auch *Anraths*, S. 170: „Solche Schein-Sozietäten erzeugen beim Dienstbesteller und überhaupt allgemein bei den Volksgenossen leicht den Eindruck, daß sie erwerbliche Unternehmen sind und daß der einzelne Dienstbesteller innerhalb derselben vorwiegend als ein wirtschaftliches Verdienstobjekt betrachtet und behandelt wird. Die geschäftliche Aufmachung in derartigen Büros verstärkt dann weiter noch den Eindruck, daß es an einem höchst persönlichen Charakter der Tätigkeit und einem höchst persönlichen Vertrauensverhältnis fehlt."

7 *Heilberg* in JW 1932, 1100 (1101); *Dix* in JW 1927, 2090 (2091), wonach das rein individuelle Vertrauensverhältnis das Fundament des anwaltschaftlichen Berufes darstelle, welches einer Vergesellschaftung in jedweder Form nicht zugänglich sei; vgl. auch *Jaffé*, Anregungen aus der Praxis, 15 (23 f.); ähnlich, doch weniger auf das Vertrauensverhältnis rekurrierend *Feuchtwanger*, Die freien Berufe, S. 290 f.; *ders.* in JW 1932, 2847 – siehe zum Ganzen auch die knappen historischen Zusammenfassungen bei Lingenberg/Hummel/Zuck/Eich-*Zuck*, Rn. 3 zu § 28 RiLi; *Boele*, S. 18; *Kaiser/Bellstedt*, Rn. 9; *Feuerich* in AnwBl. 1989, 360 (361).

8 So *Levin*, S. 25; *Katinszky* in AnwBl. 1932, 54 (55).

9 EGH in JW 1923, 609 (612); *Dix* in JW 1927, 2090; vgl. auch *Heilberg* in JW 1932, 1100 (1101), wonach bei einer Spezialisierung auch in einem Anwaltsgroßbetriebe die dadurch erhofften Vorteile einer besseren Vertretungsmöglichkeit praktisch wieder hinfällig würden.

ne eine Spezialisierung allein unter technisch-stofflicher Überschätzung der besonderen Fachrichtung nie zu Höchstleistungen befähigen.[10]

Es liegt auf dieser Linie, daß eine in Berlin geplante, aber schließlich niemals verwirklichte Schaffung eines Anwalts-Großbetriebs in einer Größenordnung von 50 bis 100 Rechtsanwälten allgemein mit kritischer Zurückhaltung aufgenommen wurde.[11] Der Planer dieses Großbüros sah sich sogar veranlaßt, öffentlich zu versichern, eine befürchtete Entpersönlichung der Berufsausübung drohe gar nicht, der Mandant komme zwar in einen Betrieb mit vielen Partnern, aber doch zu „seinem Anwalt".[12]

Auch die zur Steigerung der anwaltlichen Wettbewerbsfähigkeit erörterten Vorschläge, die auf eine partielle Vergemeinschaftung anwaltlicher Tätigkeit in solchen Arbeitsfeldern abzielten, die zwischenzeitlich an die berufsfremde Konkurrenz verloren gegangen waren, stießen in der Praxis kaum auf Widerhall.

In Fortführung der Ideen *Feuchtwangers*,[13] der bereits im Jahre 1922 eine Umgestaltung des Anwaltsstandes in Richtung auf Anwaltsgenossenschaften vorgeschlagen hatte, die im Sinne zunftmäßiger Tradition die wirtschaftliche Versorgung, insbesondere die Vergütung der in persönlicher Ausführung tätigen Rechtsanwälte sicherstellen sollten, fand sich nachfolgend zwar eine Arbeitsgemeinschaft zur Förderung dieses Problems zusammen, die bis ins Detail gehende Musterverträge zur örtlichen Gründung solcher als „Genossenschaft mbH" konzipierter Körperschaften erarbeitete.[14] Doch die Berufsangehö-

---

Mit zu dieser Haltung beigetragen haben mag seinerzeit auch der Umstand, daß die Bekanntgabe von Spezialkenntnissen nach außen bei den Rechtsanwälten in dieser Periode noch als standeswidrige, unerlaubte Reklame galt; vgl. als erste höchstrichterliche Entscheidung hierzu EGH in JW 1923, 609 ff. Diese Entscheidung ist um so bemerkenswerter, als sie die grundsätzliche Notwendigkeit zur anwaltlichen Spezialisierung zwar anerkannte (vgl. aaO, 611: „...Bei der heutigen Ausdehnung und Vielgestaltigkeit des Rechtslebens ist es unmöglich, daß jeder Anwalt, auch nicht der tüchtigste, all diese Gebiete so beherrscht, wie es zur gewissenhaften Beratung des rechtssuchenden Publikums erforderlich ist..."), gleichwohl aber eine Kundgabe an das Publikum aufgrund der anwaltlichen Standesehre und der Stellung des Anwalts in der Rechtspflege ablehnte. In deutlichem Gegensatz hierzu war eine Spezialisierung auf bestimmte medizinische Fachgebiete und deren Bekanntgabe nach außen bei den Ärzten damals schon seit einiger Zeit nichts Außergewöhnliches mehr; vgl. die Urteilsanmerkung von *Friedlaender* in JW 1923, 609 (611); die historische Zusammenfassung in BVerfGE 33, 125 (130 f.); § 11 der Standesordnung für die preußischen Ärzte vom 26.3.1909 in ÄVBl 1909, 374 ff. sowie näher *Taupitz*, S. 272 unter Angabe der Bestimmungen in weiteren ärztlichen Standesordnungen in Fn. 387.

10 *Dix* in JW 1927, 2090.

11 Vgl. die Rubrik juristische Rundschau von *Hachenburg/Bing* in DJZ 1932, 274 (276 f.); *Jaffé* in Anregungen aus der Praxis, 15 (17); *Heilberg* in JW 1932, 1100 f.; vgl. aus der Perspektive des historischen Rückblicks auch *Ostler*, S. 212.

12 *Katinszky* in AnwBl 1932, 54 (55).

13 *Feuchtwanger*, Die freien Berufe, S. 318 ff., 338 ff., 351 ff. u. insb. 451 ff.; *ders.* in JW 1927, 2601 (2603 ff.).

14 Vgl. Arbeitsgemeinschaft zur Förderung des Problems der Anwaltsgenossenschaft (Hrsg.), Musterverträge ab S. 63 ff. – Der Unternehmensgegenstand sollte dabei die Einziehung fremder und eigener Außenstände sowie die Unterstützung der Rechtsanwaltschaft bei der Erledigung von Treuhandgeschäften im weitesten Sinne und die Besorgung solcher Geschäfte umfassen; vgl. daselbst *Jessen*, S. 27 u. 29; *Harten*, S. 46 ff. sowie Musterverträge S. 63 u. 76. Mitglieder und zur organschaftlichen Tätigkeit befugt sollten allein Berufsangehörige sein; und eine Bindung der Gesellschaft an die Reichsgebührenordnung für Rechtsanwälte oder das standesrechtliche Werbeverbot wurde zur

rigen mochten sich in der Realität mit solchen Lösungen nicht anfreunden,[15] weil sie letztlich doch die Unpersönlichkeit der anwaltlichen Berufsausübung förderten[16] und man längerfristig das allmähliche Absinken des Anwaltsberufs zu einer bloß gewerblichen Betätigung befürchtete.[17]

Allein die wirtschaftliche Not führte schließlich vereinzelt zur Beschreitung neuer, durch anwaltliche Selbsthilfe gekennzeichneter Wege. Die Ende der zwanziger Jahre über Deutschland hereinbrechende Wirtschaftskrise, der nicht nachlassende Anstieg der Anwaltszahlen und der fortwährende Konkurrenzdruck durch Nichtanwälte ließ die Berliner Anwälte schließlich eine „Vollstreckungshilfe der Berliner Anwaltschaft GmbH" errichten, die sich jedem zur Verfügung stellte, der durch einen Anwalt vertreten wurde oder jedenfalls bei der Erwirkung des Titels vertreten war.[18] Wesentliche Aufgabe der GmbH war die Materialsammlung über Schuldner und die Auskunftserteilung; Vertrauensleute überwachten die Vollstreckung, und abgesehen von einem Unkostenbeitrag wurden Kosten nur berechnet, wenn der Gläubiger auch Geld erhielt.[19]

Nur wenig später gründeten rheinisch-westfälische Anwälte 1932 zwecks Wahrnehmung von Treuhandaufgaben eine eigene AG,[20] und die bayerische Anwaltschaft schloß einen Kooperationsvertrag mit einer Treuhand-AG in München, dessen Verwirklichung die Streuung der Aktien unter der gesamten bayerischen Anwaltschaft und die Wahrnehmung des Konkursverwalteramtes nur durch Rechtsanwälte vorsah.[21]

Solche Selbsthilfebestrebungen stufte der Deutsche Anwaltverein – eingedenk der ansonsten in der Anwaltschaft vorherrschenden Ablehnung eines „freiberuflichen" Großbetriebs – insbesondere hinsichtlich der Treuhandtätigkeit und deren Nähe zum Gewerbe als eines der wichtigsten standesrechtlichen Probleme ein.[22] Doch abschließend befinden

---

Sicherstellung der Konkurrenzfähigkeit gegenüber nichtanwaltlichen Wettbewerbern ausdrücklich abgelehnt; vgl. aaO *Jessen*, S. 34 u. 36; *Harten*, S. 52 u. 56 sowie Musterverträge, S. 78.

15 So berichten *Fiedler*, S. 18, und *Jessen*, S. 37, aaO selbst, daß eine 1927 in Darmstadt gegründete und mit der Forderungsbeitreibung befaßte anwaltliche Genossenschaft am Widerstand der eigenen Berufskollegen scheiterte.

16 *Dix* in JW 1927, 2090 (2091 f.); *Anraths*, S. 165 ff.

17 Vgl. *Friedlaender/Friedlaender*, Exkurs II zu § 28 RAO, Rn. 13, die hierzu mit Blick auf die Anwaltschaft bemerkten: „Sie würde aufhören, das zu sein, was sie bisher gewesen ist. Ihr Ansehen würde sinken und sie würde alsbald nicht mehr imstande sein, ihre eigentliche Aufgabe – als freier Beruf im Dienste des Rechts – so zu erfüllen, wie es eben nur bei nicht gewerblicher Ausübung des Anwaltsberufs möglich ist."; ähnlich kritisch auch *Anraths*, S. 171.

18 Vgl. hierzu die juristische Rundschau von *Hachenburg/Bing* in DJZ 1931, 686 (689) sowie *Besser* in AnwBl. 1931, 196 (197); hierüber berichtet auch *Ostler*, S. 211.

19 Vgl. *Besser* in AnwBl. 1931, 196 (197); *Ostler*, S. 211. *Hachenburg/Bing* kommentierten in DJZ 1931, 686 (690) diese Entwicklung mit den Worten: „Das mag in das heutige System der Gebührenordnung und die darauf aufgebaute Standesanschauung nicht recht passen. Wenn aber die Folge ist, daß hierdurch der Anwaltschaft dieses Gebiet entzogen wird, dann hilft ein starres Festhalten an der Überlieferung nichts. Auch hier muß sich die Anwaltschaft, mag es ihr lieb sein oder nicht, den veränderten Umständen anpassen."

20 Vgl. dazu den Bericht *Dittenbergers* aus der Vereinstätigkeit in AnwBl. 1931, 16 (17 f.) sowie *Ostler*, S. 212.

21 Vgl. hierzu AnwBl. 1932, 84 u. *Wilmersdoerffer* in AnwBl. 1932, 97 (98).

22 Vgl. den Bericht *Dittenbergers* aus der Vereinstätigkeit in AnwBl. 1932, 261 f.; in dieser Richtung auch schon *Dix* in JW 1927, 2090 (2092): „...Arbeitsgemeinschaften mit wirtschaftlichen Ver-

konnte er über die Zulässigkeit solcher Kooperationsformen nicht mehr, bereitete doch die Machtergreifung durch die Nationalsozialisten jenen Entwicklungen sehr bald ein jähes Ende.

bänden zum Zwecke der Erfüllung spezifisch anwaltschaftlicher Berufstätigkeit erachte ich jedoch nicht nur für überflüssig, sondern namentlich auch vom Standpunkte des Standesrechts aus für bedenklich. Es ist ein sehr gesunder Grundsatz des Standesrechts, der alle Assoziationen mit dem Standesrecht nicht unterworfenen Rechtssubjekten verbietet.“.

C. Die Zeit des Nationalsozialismus

In der nachfolgenden Periode des Nationalsozialismus erfuhr das bis dato noch recht einheitliche Bild der beruflichen Zusammenarbeit innerhalb der einzelnen freien Professionen sodann eine eigentümliche Veränderung. Dieser Wandel beruht auf einer zu dieser Zeit erfolgten Erweiterung des Kreises der Freien Berufe um vormals als gewerblich eingestufte Tätigkeiten. Die weitere historische Entwicklung läßt es demnach angezeigt erscheinen, die Situation für die schon vormals als freiberuflich anerkannten Berufe und für einige der neu hinzutretenden Professionen einer jeweils gesonderten Betrachtung zu unterziehen.

I. Die Situation bei den klassischen und traditionell anerkannten Freien Berufen

Den nationalsozialistischen Machthabern gelang es unter totalitärer Ausschaltung der vormals bestehenden pluralistischen Meinungsvielfalt relativ schnell, die beruflichen Arbeitsbedingungen insbesondere der Anwaltschaft in wesentlichen Punkten zu verändern. Durch das Gesetz zur Verhütung von Mißbräuchen auf dem Gebiet der Rechtsberatung (RBerG) vom 13.12.1935[1] wurde die geschäftsmäßige Besorgung fremder Rechtsangelegenheiten unter einen staatlichen Konzessionszwang gestellt, so daß die nichtanwaltliche Konkurrenz vor allem im Bereich der Forderungsbeitreibung und Vollstreckung fortan einer effektiveren staatlichen Kontrolle und Lenkung unterlag. Die Intention des Gesetzes bestand dabei zum einen in dem Schutz der Rechtssuchenden vor unqualifizierten Rechtsbesorgern und in einer damit verbundenen Entlastung der Behörden, zum anderen aber auch ausdrücklich in einem Schutz der Anwaltschaft vor einem Wettbewerb Berufsfremder.[2]

Der auf diese Weise in wichtigen Teilbereichen staatlich steuerungsfähige Wettbewerb zwischen Rechtsanwälten und berufsfremden Konkurrenten ließ somit bis auf weiteres auch kein anwaltschaftliches Bedürfnis mehr aufkommen, in gewerbliche Rechtsformen auszuweichen, um unter Hintanstellung berufs- und standesrechtlicher Bedenken mit gewerblich tätigen Wettbewerbern konkurrieren zu können. Dementsprechend leicht hatten es Autoren jener Zeit, etwa mit Blick auf die vorbeschriebenen Entwicklungen und Selbsthilfebestrebungen innerhalb der Anwaltschaft von „zersetzenden Strömungen der

---

[1] RGBl I, S. 1478.

[2] Vgl. hierzu die amtliche Begründung zum RBerG in RStBl. 1935, 1526 (1528): ...In letzterer Hinsicht darf vor allem auch die wirtschaftliche Lage der Anwaltschaft nicht außer acht gelassen werden: wenn der Staat im Wege besonderer langjähriger Ausbildung auf einem bestimmten Gebiet einen besonderen Berufsstand schafft, wenn er diesen durch berufs- und standesrechtliche Regeln, Gebührenordnungen usw. in der Berufsausübung weitgehenden Bindungen unterwirft, so muß er ihm auch ein ausreichendes Arbeitsfeld sichern und ihn gegen den Wettbewerb anderer schützen, die gleichartigen Beschränkungen nicht unterworfen sind."

Weimarer Zeit" zu sprechen, in der „radikale Stimmen sich gegen den Fortbestand von Standespflicht und -ehre in diesen Berufen erhoben und volle Gleichstellung von Arzt und Anwalt mit jedem anderen Gewerbetreibenden, kurz, die alleinige Geltung des Erwerbsstrebens forderten."[3]

In der Tradition des Selbstverständnisses der Freien Berufe betonte die staatliche Gesetzgebung nunmehr noch akzentuierter den Unterschied zwischen den Angehörigen der freien Professionen und den Gewerbetreibenden. Die vormals zum Ende der Weimarer Republik hin in vielen deutschen Ländern (in Preußen etwa durch die Verordnung vom 17.4.1930[4]) erfolgte Einbeziehung der Freien Berufe in die Gewerbesteuer[5] wurde durch das reichseinheitliche Gewerbesteuergesetz vom 1.12.1936[6] wieder rückgängig gemacht. In der amtlichen Begründung zum GewStG 1936 hieß es hierzu, die Unterstellung der Freien Berufe unter die Gewerbesteuer während der Krise in den Jahren 1930 und 1931 sei eine der „anfechtbarsten finanzpolitischen Entscheidungen der Systemzeit" gewesen.[7] In den neu geschaffenen Berufsrechten vieler Freier Berufe fand sich nun erstmals die ausdrückliche gesetzliche Feststellung, daß die entsprechende Tätigkeit kein Gewerbe sei.[8]

---

3 Vgl. so etwa *Scheuner* in FS für Hedemann (1938), 424 (432), der sodann fortfährt: „Solche und ähnliche Anschauungen haben wohl eine Lockerung der Berufsdisziplin, eine Laxheit der Auffassung herbeigeführt, sie haben auch, etwa zwischen Anwalt und staatlicher Rechtspflege, künstliche Gegensätze aufgeworfen...".

Ein Zurücktreten des Erwerbsstrebens hinter einer „sozialen und völkischen Pflichtbindung" sollte fortan freilich für jede Arbeit, auch die des Gewerbetreibenden, maßgeblich sein; vgl. *Scheuner* in FS für Hedemann (1938), 424 (437); *Noack*, RRAO, Anm. 2 zu § 1 RRAO, der ausführt, daß auch das Gewerbe keine Tätigkeit sein könne, die in erster Linie auf Erwerb gerichtet ist, denn auch diesem müsse zugegeben werden, daß es ihm um das höchste Ideal der Arbeit an sich gehe. Dahinter steht augenscheinlich ein Verständnis, das in bewußter Abkehr von der als „liberalistisch-egoistisch" bezeichneten Wirtschafts- und Rechtsordnung der Weimarer Zeit (so *Noack*, RAO, Anm. a) zu § 1 RAO; *ders.*, RRAO, Anm. II in der Vorbem. zur RRAO) jede Arbeitsleistung nur noch als Mittel zu dem eigentlichen Zweck erlaubte, den Gemeinschaftssinn des deutschen Volkes im Sinne der nationalsozialistischen Weltanschauung zu erhalten; vgl. in diesem Sinne *Noack*, RRAO, Anm. 4 im Vorspruch zur RRAO u. Anm. 2 zu § 1 RRAO, jeweils bezogen auf den Anwaltsberuf.

4 Preuß. GS., S. 93.

5 So war nach § 3 Nr. 2 jener Preußischen Gewerbesteuerverordnung v. 17.4.1930 fortan beispielsweise nur noch „die Ausübung eines der reinen Kunst oder der reinen Wissenschaft gewidmeten freien Berufs" nicht der Pflicht zur Entrichtung von Gewerbesteuer unterworfen; siehe dazu, daß die damalige Einbeziehung der Freien Berufe in die Gewerbesteuer keinen Verstoß gegen die Weimarer Reichsverfassung begründete, näher die entsprechende Entscheidung des StGH für das Deutsche Reich in JW 1931, 2373 (2375); ebenso im Ergebnis auch *Popitz* in FS für Grossmann (1932), 138 (139 ff.).

6 RGBl. I, S. 979.

7 Vgl. die amtliche Begründung zum GewStG vom 1.12.1936 in RStBl. 1937, 693 (694).

8 Vgl. im einzelnen für die Reichsärzteordnung vom 13.12.1935 (RGBl. I, S. 1433) § 1 II RÄO: „Der ärztliche Beruf ist kein Gewerbe."; für die Reichstierärzteordnung vom 3.4.1936 (RGBl. I, S. 347) § 1 II RTierÄO sowie den Vorspruch zur Reichsrechtsanwaltsordnung vom 21.2.1936 (RGBl. I, 107).

Gleiches galt für die Reichsnotarordnung vom 13.2.1937 (RGBl. I, S. 191) nach § 2 Satz 3 RNotO, wobei freilich anzumerken ist, daß der Notar als Träger eines öffentlichen Amtes nicht eigentlich als Freier Beruf, sondern vielmehr als staatlich gebundener Beruf zu bezeichnen ist. Selbst für den Beruf des Apothekers, der seit jeher eine eigentümliche Sonderstellung zwischen Freiem Beruf und Gewerbe einnimmt, aber doch aufgrund der ganz überwiegenden An- und Verkaufstätigkeit von Arzneimitteln

Die Voraussetzungen freiberuflicher Kooperation blieben von dieser allgemein deutlicher herausgestellten Scheidung der freien Professionen vom Gewerbe verständlicherweise nicht unbeeinflußt.

Zwar gestatteten die „Richtlinien für die Ausübung des Anwaltsberufs", welche die zuvor durch NotVO vom 18.3.1933[9] gebildete Reichsrechtsanwaltskammer am 2.7.1934 aufstellte, nunmehr erstmals explizit den Zusammenschluß zur gemeinschaftlichen Berufsausübung unter Rechtsanwälten.[10] Aber in Anknüpfung an die schon zur Weimarer Zeit überwiegende Standesauffassung stand man der Bildung anwaltlicher Großbetriebe nun einhellig ablehnend gegenüber, weil dadurch die persönliche Beziehung zwischen Anwalt und Mandant zerstört werde.[11]

Aus dem Umstand, daß der freiberufliche Rechtswahrer seinem Beruf nicht gewerblich nachgehen dürfe, ergebe sich als zwingende Rechtsfolge, daß er seine Berufstätigkeit persönlich ausüben müsse.[12] Es sei ihm verwehrt, die ihm obliegende Rechtsberatungstätigkeit durch Angestellte vornehmen zu lassen; anderenfalls läge die Rechtsberatung nicht mehr bei dem Träger des Berufs, sondern bei seinen Angestellten.[13] Eine Kanzlei dürfe aber nicht in der Form betrieben werden, daß der Anwalt einen größeren Teil seiner Sachen durch Hilfsarbeiter bearbeiten lasse und sich selbst nur formal verantwortlich zeichne;[14] derartige „Rechtsberatungsunternehmen" oder „Rechtsberatungsbetriebe" kenne die Rechtsordnung nicht.[15] Auch die Verbindung mehrerer Rechtsanwälte zu gemeinsamer Berufsausübung in mehreren Kanzleien getrennter Orte (interlokale Assoziation) sah man demgemäß als standeswidrig an, da sie den Eindruck eines rein geschäftsmäßig betriebenen Gewerbebetriebs mit verschiedenen Niederlassungen erwecke.[16]

Eine striktere Berufsauffassung zeigte sich nun auch wiederum innerhalb der Ärzteschaft. Die aufgrund ausdrücklicher gesetzlicher Ermächtigung in § 14 RÄO am 5.11.1937 vom Reichsärzteführer erlassene „Berufsordnung für die deutschen Ärzte"[17] erklärte in ihrem § 19 die Errichtung einer Gemeinschaftspraxis für grundsätzlich unzulässig und stellte weiterhin auch die gemeinsame Nutzung größerer medizinischer Einrichtungen, die für den Betrieb einer Praxisgemeinschaft typisch ist, unter einen standesrechtlichen Genehmigungsvorbehalt.[18] Die vormals zur Weimarer Zeit liberalere Einstellung gegenüber

---

(Waren) als gewerblich gilt, bestimmte die Reichsapothekerordnung vom 18.4.1937 (RGBl. I, S. 457) in § 1 Satz 2 RApothO entsprechendes.

[9] RGBl. I, S. 109, 120.

[10] Vgl. Nr. 21 f. jener Richtlinien, abgedruckt etwa bei *Noack*, RAO, S. 151 ff.; *ders.* RRAO, S. 257 ff. Demgegenüber blieb der Zusammenschluß mit Angehörigen eines anderen Berufs untersagt; vgl. Nr. 21 der Richtlinien, aaO.

[11] *Noack*, RAO, Anm. 1 zu § 28 RAO.

[12] *Megow* in DR 1944, 103 (105).

[13] *Megow* in DR 1944, 103 (105).

[14] EGH in AnwBl. 1933, 178 (180); *Noack*, RAO, Anm. 8 h) zu § 28 RAO; *ders.*, RRAO, Anm. 14 p) zu § 31 RRAO.

[15] *Megow* in DR 1944, 103 (105).

[16] EGH in JW 1934, 3134; *Noack*, RRAO, Anm. 14 z) hh) zu § 31 RRAO.

[17] DÄBl. 1937, 1031 ff.; vgl. dazu auch *Kallfelz* in JW 1938, 97 ff.

[18] Der Wortlaut des § 19 BO besagte: „Die Einrichtung einer Gemeinschaftspraxis ist nicht zulässig. Eine schon bestehende Gemeinschaftspraxis darf nur mit Genehmigung der Ärztekammer fortgeführt werden. Größere medizinische Einrichtungen (z. B. Röntgeneinrichtungen) dürfen nur mit

einer ärztlichen Zusammenarbeit und einer gemeinschaftlichen ärztlichen Berufsausübung wich folglich einer erneut restriktiveren Handhabung.

Bei den althergebrachten freien Professionen erlebte der zuvor zu beobachtende Aufschwung freiberuflicher Kooperation somit in der Zeit des Nationalsozialismus eine allgemeine Abschwächung, oder er kam, soweit die Ärzteschaft in Rede steht, gar zu einem gänzlichen Stillstand.

Gleichwohl war dies nur die eine Seite der damaligen rechtstatsächlichen Ausprägung beruflicher Zusammenarbeit in den freien Professionen. In bemerkenswertem Gegensatz hierzu stehen die Verhältnisse, wie sie sich seinerzeit für einige der neu anerkannten, „modernen" Freien Berufe ergaben.

II. Die Situation bei den neu anerkannten steuer- und wirtschaftsberatenden Freien Berufen

Die Erweiterung des Kreises der Freien Berufe während dieser Periode geht zurück auf eine Änderung des Einkommensteuerrechts seitens des Gesetzgebers. Zählte das EStG vom 10.8.1925[19] lediglich die Berufstätigkeit der Ärzte, Rechtsanwälte, Architekten und Ingenieure zu den besonders aufgeführten Einkünften aus Freien Berufen, so ergänzte der Normgeber im EStG vom 16.10.1934[20] den vorgenannten Katalog unter anderem um die vormals gewerblichen Berufsgruppen der Wirtschaftsprüfer, der Steuerberater und der Buchsachverständigen. Diese Professionen, die im Vergleich etwa zu den schon Jahrhunderte alten Berufen des Arztes und des Rechtsanwalts[21] erst im Laufe der vorhergehenden Jahrzehnte neu entstanden waren, zeigten hinsichtlich ihrer Kooperationsstrukturen auffällige Besonderheiten, die sie von den bisherigen und den übrigen der neu aufgeführten Freien Berufe[22] grundlegend unterschieden.

1. Die Buchprüfer (Wirtschaftsprüfer und Buchsachverständigen)

Mit der zunehmenden Industrialisierung Deutschlands waren in der zweiten Hälfte des 19. Jahrhunderts durch das Auftreten der Großbetriebe, der Großbanken und der Industriekonzerne neue Formen und Strukturen eines verstärkt kapitalorientierten Wirtschaftens aufgekommen.[23] Die zunehmende (Kapital-)Konzentration, die naturgemäß ein verstärktes

---

Genehmigung der Ärztekammer gemeinsam betrieben werden."; vgl. hierzu auch *Spitzl*, S. 12; *Fischer*, S. 7 f.; *Taupitz*, S. 291.

19 RGBl. I, S. 189.

20 RGBl. I, 1005.

21 Vgl. zu deren Entwicklung seit dem Mittelalter ausführlich *Hermann*, S. 14 ff.; zu den Ärzten seit der Antike *Taupitz*, S. 203 ff. Die konkrete Ausprägung ärztlicher oder anwaltlicher Tätigkeit war in den einzelnen Perioden dabei naturgemäß ganz unterschiedlicher Natur.

22 hierzu zählten gemäß § 18 I Nr. 1 EStG 1934 etwa auch der Handelschemiker, der Heilkundige und der Zahntechniker.

23 *Meisel*, S. 58 – Ihren Ausgangspunkt nahm diese Entwicklung mit dem ab ca. 1820 in Deutschland einsetzenden Eisenbahnbau, für den riesige Investitionssummen benötigt wurden. Die Aufbrin-

Interesse weitester Kreise an den verschiedensten öffentlichen und privaten Unternehmungen nach sich zog, und der sich parallel dazu stark ausweitende Kreditverkehr brachten ein wachsendes Unternehmerrisiko sowie eine zunehmende Komplexität und Unübersichtlichkeit der Betriebe, die zu einer verstärkten Spezialisierung und Arbeitsteilung führte.[24] Die so entstandenen wirtschaftlichen Gebilde, für die sich alsbald die neuartige Rechtsform der Kapitalgesellschaft einbürgerte, erforderten eine umfassende ordnungsgemäße Rechnungslegung und bewirkten dadurch eine steigende Bedeutung der materiellen Revision.[25]

Durch die im 19. Jahrhundert häufig auftretenden Konjunkturschwankungen und Krisen an den Waren- und Kapitalmärkten ergaben sich zudem für zahlreiche Unternehmungen oft finanzielle Schwierigkeiten, die eine Suche nach Lösungen in Gestalt von Sanierungen, Vergleichen, Liquidationen oder Konkursen notwendig machten.[26] Dabei konnten

---

gung der erforderlichen Kapitalbeträge ließ das Bedürfnis nach einer neuen Unternehmensform entstehen, mit der ein Zugang zu einer Vielzahl von Kapitalgebern bei gleichzeitig beschränkter Kapitaleinlage und Haftung, also mit kalkulierbarem Risiko, geschaffen werden mußte. Die gleiche Situation ergab sich auch in der Binnenschiffahrt mit dem Aufkommen der modernen Dampfschiffe und den kapitalintensiven Fördereinrichtungen im damaligen Bergbau. Hier liegt, wirtschaftlich gesehen, die Wiege der modernen Aktien- und Kapitalgesellschaft; vgl. *Meisel*, S. 61.

[24] *Meisel*, S. 58.

[25] *Meisel*, S. 58 – Die mit der Schöpfung der modernen Kapitalgesellschaft neu geschaffene Form der Außenfinanzierung von Unternehmungen erlaubte es, selbst kleine und kleinste Kapitalbeträge zu bündeln und daraus Kapital in bisher ungeahntem Umfang aufzubauen. Damit einhergehen mußte eine bislang ungekannte deutliche Trennung zwischen der Funktion des Kapitalgebers und der des Unternehmers. Durch die neuen Finanzierungsinstrumente börsenhandelsfähiger Wertpapiere (Aktien und Obligationen) konnten die Kapitalgeber beliebig in Firmen ein- oder aussteigen, ohne daß dadurch zugleich der Bestand der Unternehmungen und deren Kapitalausstattung berührt waren. Hiermit verbunden war angesichts der Ausprägung der Aktiengesellschaft als einer großen Publikumsgesellschaft mit weit gestreutem Anteilsbesitz eine neuartige Trennung von Eigentümer und Unternehmer. Der außenstehende Kapitalgeber vertraut dem Unternehmen sein Kapital zur Verwaltung und höchstmöglichen Auswertung an, so daß dem Geschäftsführer-Unternehmer nunmehr bei wirtschaftlicher Betrachtung eine Treuhandfunktion in einem zuvor nicht gekannten Ausmaß zufiel. Als externe Kapitalgeber waren die am Gewinn beteiligten Aktionäre damit zugleich auf ein neuartiges Kontrollinstrumentarium bei der Ermittlung der Unternehmenssituation angewiesen. Die Rechenschaftslegung ihnen gegenüber mußte demnach rechtlich als regelmäßige (jährliche) Verpflichtung abgesichert werden. Wegen des bei der Publikumskapitalgesellschaft der jeweiligen Geschäftsleitung weitgehend unbekannten Aktionärskreises mußte die Rechenschaftslegung also aus dem privaten Rahmen herausgelöst werden, und an ihre Stelle mußte eine öffentliche Rechnungslegung mit Publizitätsfunktion treten; vgl. zum Ganzen *Meisel*, S. 59 f. – Freilich handelte es sich bei der rechtlichen Aufarbeitung dieser durch veränderte Wirtschaftsbedingungen vorgegebenen Entwicklung um einen Jahrzehnte währenden Prozeß.

[26] *Meisel*, S. 58 f. – Einen ersten Höhepunkt von Firmenzusammenbrüchen erlebte das Deutsche Reich anno 1873 im Rahmen der sog. „Gründerkrise". Durch den im Zuge der Liberalisierung vollzogenen Übergang vom bis dahin für Aktiengesellschaften geltenden staatlichen „Konzessionssystem" zum staatlichen „Normativsystem" per Gesetz des Norddeutschen Bundes vom 11.6.1870 (BGBl. des Norddt. Bundes, 370) kam es zu einem rapiden Absinken der Grundkapitalausstattung der Gesellschaften (vor 1871: rd. 11 Mio. Mark je neugegründeter Aktiengesellschaft; 1873 rd. 0,5 Mio. Mark je Neugründung; jeweils bezogen auf Preußen) und zu einer vermehrten Anzahl sog. Schwindelgründungen, bei denen ohne Rücksicht auf den Bedarf weniger der Unternehmenszweck als vielmehr allein die Verhältnisse auf dem Kapitalmarkt die Höhe des – durch Überbewertung von Sacheinlagen

sich die Unternehmensleitungen nicht gegen die Heranziehung externer Revisoren stellen, mußten doch die außenstehenden Kapitalgeber im Rahmen der zu beschließenden Rettungsmaßnahmen nicht selten erneut erhebliche Kapitalopfer erbringen.[27]

Diese veränderten ökonomischen Verhältnisse hatten in der zweiten Hälfte des vorigen Jahrhunderts allmählich die Voraussetzungen für die Entstehung eines neuen, in dieser Form erstmals in Erscheinung tretenden Berufes geschaffen: den des unabhängigen, nicht in das zu prüfende Unternehmen integrierten Bücherrevisors. Die von jenen Bücherrevisoren durchgeführten Prüfungen erfolgten anfangs zumeist auf freiwilliger Grundlage,[28] nicht zuletzt deshalb, weil sich häufig auch die Geschäftsleitung und die Kapitalgeber der Unternehmen selbst von der Zuziehung unabhängiger Prüfer einen Präventiveffekt sowie eine reputations- und seriositätssteigernde Wirkung erhofften.[29]

Die sich auf diese Weise neu herausbildende Berufsgruppe der Bücherrevisoren wurde nach der Art ihrer Tätigkeit in der Rechtsordnung zunächst als gewerblich behandelt. Davon zeugt die Aufnahme der Bücherrevisoren in § 36 RGewO durch das Gesetz vom 30.6.1900.[30] In dessen Wortlaut hieß es fortan auszugsweise: „... das Gewerbe der Feldmesser, Auktionatoren, *Bücherrevisoren*, ... darf zwar frei betrieben werden, es bleiben jedoch die verfassungsmäßig dazu befugten Staats- oder Kommunalbehörden oder Korporationen auch ferner berechtigt, Personen, welche diese Gewerbe betreiben wollen, auf die Beobachtung der bestehenden Vorschriften zu beeidigen und öffentlich anzustellen ...“.[31]

---

zudem unrichtig ausgewiesenen – Grundkapitals bestimmten. Die Folge waren zunehmende Liquiditätsprobleme und eine rasche Zunahme von Gesellschaftskonkursen. So standen im Jahr 1872 in Preußen 478 Neugründungen gleich 91 Reduktionen, 138 Liquidationen und 38 Konkurse gegenüber. Während sich für die vor 1871 gegründeten Kapitalgesellschaften ein verhältnismäßiger Konkursanteil von 5,4 % ergab, schnellte dieser für die vor 1875 gegründeten Gesellschaften auf 33,4 % in die Höhe; vgl. zum Ganzen ausführlich *Meisel*, S. 63 ff. m. vielen w. N. sowie knapper *Schäuble*, S. 14; *Markus*, S. 8.

[27] *Meisel*, S. 59.

[28] Eine freiwillige Prüfung der Jahresabschlüsse und Geschäftsbücher unter Zuziehung externer Bücherrevisoren ließen die Aufsichtsräte um die Jahrhundertwende in ca. 60 % aller Aktiengesellschaften durchführen; vgl. *Meisel*, S. 77.

Allerdings bestand bereits seit dem Jahre 1884 eine obligatorische *Gründungs*revision für Kapitalgesellschaften, die durch das Gesetz betreffend die Kommanditgesellschaften auf Aktien und die Aktiengesellschaften vom 18.7.1884 (RGBl., S. 123) eingeführt wurde. Dadurch mußten die tatsächlichen Verhältnisse, Zusammenhänge, Personen- und Sachbeziehungen den Aktionären offengelegt werden, insbesondere sollte geprüft werden, ob das Grundkapital erbracht und gesichert ist; vgl. näher *Meisel*, S. 68 f. und *Schäuble*, S. 14 f.

[29] Vgl. den Geschäftsbericht der Deutschen Treuhand-Gesellschaft für das Jahr 1902: „... Das Vorhandensein einer mit genügenden Garantien ausgestatteten ständigen Revisionsinstanz ist für das betreffende Unternehmen ein selbst für bestangesehenste Gesellschaften empfehlendes Moment. Das ist in Amerika und England längst eingebürgert. Im Verfolg dieser Bestrebungen hat die Treuhandgesellschaft gegen Ende des Jahres 1902 ihre bisher nur in beschränktem Umfang ausgeübte Revisionstätigkeit auch weiteren Kreisen zur Verfügung gestellt ...“; zit. nach *Schäuble*, S. 91.

[30] Gesetz betreffend die Abänderung der Gewerbeordnung vom 30.6.1900 (Art. 4, RGBl., S. 321).

[31] In den Motiven des Gesetzgebers anläßlich der Novellierung ist hierzu vermerkt: „Für die Prüfung der Jahresbilanz der Aktiengesellschaften (vergl. § 266 des Handelsgesetzbuchs vom 10. Mai 1897), aber auch sonst im Geschäftsleben, insbesondere bei Handelsgesellschaften, macht sich an größeren Plätzen ein Mangel an kaufmännisch geschulten, mit der doppelten Buchführung praktisch

Dem entsprach es, daß sich auch die Steuerrechtsprechung in den ersten Jahrzehnten dieses Jahrhunderts beharrlich weigerte, die Bücherrevisoren als freiberuflich Tätige im Sinne des Einkommen- ,Gewerbe- und Umsatzsteuerrechts anzuerkennen.

Den Anfang machte bereits eine Entscheidung des Preußischen Oberverwaltungsgerichts in Staatssteuersachen aus dem Jahre 1894, die auf der Grundlage des § 4 Nr. 7 Preuß. GewStG vom 24.6.1891[32] über eine Freistellung der Bücherrevisoren von der Gewerbesteuer zu befinden hatte. Dabei sah das Gericht die Berufstätigkeit der Bücherrevisoren ausdrücklich nicht als Ausübung einer wissenschaftlichen Tätigkeit im Sinne der bezeichneten Befreiungsvorschrift an, da es hierbei nicht genüge, daß die Tätigkeit wissenschaftliche Vorbildung und Kenntnisse erfordere, sondern selbst eine unmittelbare wissenschaftliche Tätigkeit darstellen müsse.[33] Dies treffe für die Revision kaufmännischer Bücher, die nur mittelbar wissenschaftlicher Natur sei, aber nicht zu, weil sie die Ergebnisse wissenschaftlicher Arbeit lediglich praktisch verwerte.[34]

Der Reichsfinanzhof schloß sich dieser Rechtsprechung im Ergebnis auf der Grundlage textlich anderslautender Gesetzesbestimmungen mit einer inhaltlich weniger positivistisch anmutenden Begründung an. Dabei stellte sich die Judikatur wiederholt auf den Standpunkt, der Begriff des Freien Berufs sei das Ergebnis einer kulturgeschichtlichen Entwicklung; es könnten daher vorwiegend nur solche Tätigkeiten den Freien Berufen zugerechnet werden, die in ihrer letzten Wurzel auf Geistesdisziplinen zurückgingen, die also wie die reinen Wissenschaften, Religion und Kunst, um ihrer selbst willen, ohne Rücksicht auf die wirtschaftliche Auswirkung ihrer Ergebnisse betrieben würden.[35] Zu den Freien Berufen seien daher solche Berufe nicht zu zählen, die sich ausschließlich aus den Bedürfnissen des wirtschaftlichen Lebens heraus entwickelt hätten und deren Ergebnisse kein wissenschaftliches Interesse erregen könnten, das über die unmittelbar praktischen Interessen der Wirtschaftszweige hinausgehe, denen diese Berufe dienten.[36] Aus diesem Gesichtspunkt müßten gewerbliche Hilfsberufe wie die der Buchsachverständigen (Bücherrevisoren) aus dem Begriff der Freien Berufe ausscheiden.[37]

In einer späteren Entscheidung bestätigte der RFH seine Rechtsprechung mit einer sehr ausführlichen Argumentation erneut. Stelle man, wie es rechtlich geboten sei, bei der

---

vertrauten und unabhängigen Bücherrevisoren fühlbar. Die Beeidigung solcher Revisoren für ihren Gewerbebetrieb durch ein öffentliches Organ ist ein geeignetes Mittel, diesem Mangel abzuhelfen. Es empfiehlt sich deshalb, die Bücherrevisoren unter die im § 36 der Gewerbeordnung aufgeführten Gewerbetreibenden aufzunehmen."; vgl. den Entwurf eines Gesetzes, betreffend die Abänderung der Gewerbeordnung nebst Begründung, Reichstagsaktenstück Nr. 165 vom 2.3.1899, Stenographische Berichte über die Verhandlungen des Reichstags, 10. Legislaturperiode, I. Session 1898/1900, Zweiter Anlageband, Berlin 1899, S. 1230 (1239).

[32] Preuß. GS, S. 205.

[33] Preuß. OVGE in Staatssteuersachen 3, 349 (351).

[34] Preuß. OVGE in Staatssteuersachen 3, 349 (351); ebenso später Preuß. OVG in JW 1929, 542 (543).

[35] RFHE 1, 129 (130); 3, 316 (317); 5, 6; 21, 245 (246).

[36] RFHE 1, 129 (131); 3, 316 (317); mit dieser Begründung rechnete das Gericht in RFHE 5, 6 (7) auch die Tätigkeit eines Rechtskonsulenten zum Gewerbe.

[37] RFHE 1, 129 (131); ähnlich RFHE 3, 316 (317), wonach der Beruf des Bücherrevisors unmittelbar aus dem Wirtschaftsleben hervorgewachsen sei und die Buchführungskunde sich erst in neuester Zeit zu einer Wissenschaft entwickelt habe.

Beurteilung, ob die Bücherrevisoren einen Freien Beruf ausübten, allein auf die Buchprüfungstätigkeit ab, so ergebe sich, daß die Buchprüfer in ihrer Allgemeinheit nicht derart mit wissenschaftlichem Rüstzeug ausgestattet seien wie Ärzte, Rechtsanwälte oder Ingenieure.[38] Auch ließe sich nicht behaupten, daß der Erwerbszweck bei den Buchsachverständigen jemals gegenüber der idealen Seite des Berufs so in den Hintergrund getreten sei, wie es für erforderlich gehalten werden müsse.[39]

Diese Haltung der Gerichte erfuhr in der Literatur zunehmend Widerspruch,[40] zumal der RFH in seiner letzten einschlägigen Entscheidung bereits hatte erkennen lassen, daß er abwarten wolle, ob die vielfach vorhandenen Ansätze, um die Bücherrevisoren auf eine höhere Stufe zu stellen, sich weiter fortentwickeln würden.[41]

Zum Ende der Weimarer Republik hin war es dann soweit: Im Zuge der am 24.10.1929 durch den sog. „Schwarzen Freitag" an der New Yorker Börse ausgelösten Weltwirtschaftskrise brachen zahlreiche namhafte und volkswirtschaftlich relevante deutsche Unternehmen, die in der Rechtsform der Aktiengesellschaft geführt wurden, zusammen oder sie stellten zumindest ihre Zahlungen vorübergehend ein.[42] Das in einigen Fällen nachweisbare Versagen des Aufsichtsrats als für die Bilanzprüfung zuständiges Organ[43] bewirkte eine schwere Vertrauenskrise, die zwecks Vermeidung weiterer Bilanzskandale eine staatliche Intervention erforderlich machte. Der Reichspräsident sah sich veranlaßt, durch NotVO vom 19.9.1931 die jährliche Pflichtprüfung des Jahresabschlusses für Aktiengesellschaften und KGaA durch sachverständige, unabhängige Prüfer einzuführen.[44]

Die besondere Gemeinschaftswichtigkeit qualifizierter und unabhängiger Bücherrevisoren für die Volkswirtschaft hatte damit eine weitgehende normative Anerkennung erfahren.[45] Der hiermit aus rechtlicher Sicht verbundenen Aufwertung der Berufsgruppe der

---

38 RFHE 14, 145 (147 f.).

39 RFHE 14, 145 (148).

40 Vgl. etwa *Feuchtwanger*, Die Freien Berufe, S. 25 ff.; *ders.* in JW 1928, 937 (941): „Gleichviel also, ob der Beruf des Büchersachverständigen aus Bedürfnissen der Wissenschaft oder aus Bedürfnissen der Praxis entstanden ist: Die Volkswirtschaft bedarf heute unabhängiger, wissenschaftlich leistungsfähiger und ethisch hochstehender Funktionäre dieses Berufs ..."; ähnlich *ders.* in JW 1931, 1770 (1772).

41 RFHE 14, 145 (150).

42 Der erste große Zusammenbruch datierte mit der Frankfurter Allgemeine Versicherungs-AG (FAVAG) bereits auf den August 1929; es folgten im Juni 1931 die Norddeutsche Wollkämmerei Bremen (Nordwolle) und die Hamburger Exportfirma Schlubach, Thiemer & Co., sowie im Juli 1931 die DaNat-Bank. Der Zusammenbruch anderer Banken konnte nur durch sog. Bankfeiertage und ein beschränktes Auszahlungsverbot verhindert werden; zu vorübergehenden Zahlungseinstellungen kam es bei Borsig, Hanomag, Hartmann/Chemnitz etc.; vgl. zum Ganzen ausführlich *Meisel*, S. 168 ff. m. w. N. sowie knapper *Markus*, S. 8.

43 So etwa bei der FAVAG und der Nordwolle; vgl. *Eisfeld* in Wpg. 1956, 450 (452); *Meisel*, S. 170 – Der Gesetzgeber ging bis dahin davon aus, daß der Aufsichtsrat als Kontrollorgan für die Aktiengesellschaft genüge und eine jährliche Pflichtrevision nicht notwendig sei; vgl. *Meisel*, S. 171 f; *Markus*, S. 7.

44 NotVO über Aktienrecht, Bankenaufsicht und eine Steueramnestie vom 19.9.1931; Art. VI; RGBl. I, S. 493.

45 Zuvor war bereits durch das „Reichsgesetz betreffend die Erwerbs- und Wirtschaftsgenossenschaften" vom 1.5.1889 (RGBl., S. 55) für die gleichfalls körperschaftlich organisierten Genossenschaften eine periodische Pflichtprüfung durch externe Revisoren angeordnet worden. § 53 GenG

Buchprüfer wollte sich nun auch die Judikatur nicht mehr entziehen. Ende 1933 erklärte der RFH, aufgrund einer gewandelten Verkehrsauffassung sei fortan davon auszugehen, daß der Bücherrevisor kein Gewerbe, sondern eine andere selbständige Berufstätigkeit im Sinne des § 35 I Nr. 2 EStG 1925 ausübe.[46] Der nationalsozialistische Gesetzgeber reihte daraufhin – wie vorbeschrieben – bei der Neufassung des EStG 1934 in § 18 I Nr. 1 die Berufstätigkeit der Wirtschaftsprüfer, denen zwischenzeitlich die jährliche Pflichtprüfung der Aktiengesellschaften/KGaA besonders überantwortet worden war,[47] und die Berufstätigkeit der Buchsachverständigen erstmals unter die Einkünfte aus Freien Berufen ein – eine Konsequenz, zu der sich die Rechtsprechung des RFH trotz ihres Wandels bemerkenswerterweise bis zuletzt nicht hatte durchringen können.[48]

Die damit vollzogene Einordnung der Revisorentätigkeit in den Kreis der Freien Berufe, die der Gesetzgeber lediglich generell und allgemein mit Erfordernissen der Rechtssi-

---

bestimmte, daß die „... Einrichtungen der Genossenschaft und die Geschäftsführung derselben in allen Zweigen der Verwaltung ... mindestens in jedem zweiten Jahr der Prüfung *durch einen der Genossenschaft nicht angehörenden sachverständigen Revisor* zu unterwerfen ..." seien. Hierbei handelte es sich also um die erste gesetzlich vorgeschriebene periodische Pflichtprüfung in Deutschland; vgl. zur Entstehung und Entwicklung des Genossenschaftswesens im 19. Jahrhundert im übrigen näher *Meisel*, S. 79 ff.

46 RFHE 35, 10 (12 f.) – Diese Entwicklung hatte sich bereits in einem Urteil vom 30.5.1927 (RFHE 21, 245 ff.) abgezeichnet. In einem in der amtlichen Sammlung nicht veröffentlichten Teil der Gründe hatte sich der Senat schon seinerzeit für eine entsprechende Einordnung der Buchprüfertätigkeit als andere selbständige Tätigkeit ausgesprochen; vgl. RFHE 35, 10 (12).

47 Vgl. die 1. VO zur Durchführung der NotVO vom 15.12.1931, Art. 5, RGBl. I, S. 760. Danach konnten Pflichtprüfungen vorgenommen werden entweder von Wirtschaftsprüfern oder von Prüfungsgesellschaften, in denen Wirtschaftsprüfer als Vorstandsmitglieder bzw. als Geschäftsführer ihren Beruf ausübten.

Die Entstehung des Wirtschaftsprüferberufs geht auf eine Ländervereinbarung zwischen den Länderregierungen unter Vermittlung der Reichsregierung Anfang des Jahres 1931 zurück. Darin wurden die Grundsätze niedergelegt für die Prüfung, Bestellung und Überwachung des sodann als „Weiterentwicklung" aus dem Beruf der Bücherrevisoren geschaffenen Berufs der „öffentlich bestellten Wirtschaftsprüfer"; vgl. *Taupitz*, S. 419 f. m. w. N.; *Markus*, S. 24 f.; ausführlich zur Konstituierung des Wirtschaftsprüferberufs *Meisel*, S. 180 ff. Bemerkenswert ist, daß auch die Wirtschaftsprüfer in der Rechtsordnung zunächst noch als Gewerbetreibende behandelt wurden; vgl. *Mittelsteiner/Pausch/Kumpf*, S. 207. Davon zeugt ihre anfängliche Aufnahme in die Regelung der Gewerbeordnung; vgl. die VO zur Durchführung des § 36 III GewO (Öffentliche Bestellung von Wirtschaftsprüfern) vom 21.10.1931 (RGBl. I, S. 658) und die Einfügung eines neuen § 147 I Ziff. 3a in die GewO durch Gesetz vom 18.12.1933 (RGBl. I, S. 1080), nach dem die unbefugte Bezeichnung als „Wirtschaftsprüfer" mit Strafe bedroht war.

48 Vgl. dazu RFHE 35, 10 (11 f.): „Ob (für die Tätigkeit der Bücherrevisoren; sic!) Freier Beruf in diesem besonderen, nach § 35 I Nr. 1 EStG (1925) einkommensteuerrechtlich noch heute maßgebenden Sinne anzunehmen ist, bedarf nun hier aber einer Prüfung nicht. Denn im geltenden Einkommensteuerrecht stehen sich nicht nur die Begriffe Gewerbe oder „Freier Beruf" zu der maßgebenden Frage gegenüber. In § 35 EStG ist vielmehr mit der Eingangseinführung „insbesondere" als eine Art der Einkünfte anderer selbständiger Berufstätigkeit im Sinne des § 6 I Nr. 3 EStG die Ausübung des Freien Berufs nur als ein Beispiel angeführt. Durch § 35 I Nr. 2 EStG ist ausreichend zum Ausdruck gebracht, daß auch „noch andere Einkünfte aus selbständiger Arbeitstätigkeit" in Betracht kommen ...". Zutreffend bemerkt *Greiffenhagen*, S. 22, zu dieser Entscheidung, damit sei noch nicht die Folgerung verbunden gewesen, daß die Tätigkeit des Bücherrevisors nun auch ein Freier Beruf sein müsse. Die Rechtsprechung habe seinerzeit nur anerkannt, daß er eine selbständige Berufstätigkeit ausübe.

cherheit begründete,[49] führte unmerklich zu einer gewichtigen Veränderung auf dem Gebiet der freiberuflichen Kooperation.

Der maßgebliche Grund hierfür bestand in einer Vielzahl von Arbeitsgebieten, mit denen sich die Bücherrevisoren neben ihren Revisionsaufgaben häufig zusätzlich beschäftigten. Die Gruppe der Bücherrevisoren hatte sich seit Anbeginn ihrer Entstehung durch die besondere Eigenart eines nicht geschlossenen Tätigkeitsfeldes ausgezeichnet.[50] Die Buchprüfungstätigkeit stellte praktisch beinahe stets nur einen Teil jener vielfältigen Betätigungen dar, denen die Berufstätigen ansonsten nachgingen. Zu diesen anderen Tätigkeiten zählten etwa laufende Wirtschaftsberatungen, Beratungen in Steuerfragen, Vorbereitungen von Gründungen, Vermögensverwaltungen, fremdnützige Treuhandgeschäfte etc.[51] Mit der eigentlichen, nun als freiberuflich anerkannten Revisorentätigkeit standen diese Arbeitsfelder nicht in unmittelbarem Zusammenhang.[52] Der RFH hatte es demgemäß bei der Beurteilung, ob die Revisionstätigkeit als freiberuflich zu beurteilen sei, auch strikt abgelehnt, diese anders gearteten Betätigungen in die Prüfung miteinzubeziehen.[53]

---

49 Vgl. hierzu auszugsweise die amtliche Begründung zu § 18 EStG 1934; abgedruckt in RStBl 1935, 33 (42 f.): „§ 18 EStG teilt die Einkünfte aus selbständiger Arbeit in drei Gruppen ein. Die bedeutendste und wichtigste ist die erste Gruppe, die die Einkünfte aus Freien Berufen behandelt. Der Begriff der Freien Berufe selbst ist nicht umschrieben. Welche Berufe als Freie Berufe anzusehen sind, bestimmt sich also nach der Verkehrsanschauung, soweit nicht die im Gesetzestext bei dieser Gruppe aufgeführten Beispiele Aufschluß geben. Die Liste der Beispiele ist gegenüber dem EStG 1925 wesentlich erweitert und enthält jetzt eine Reihe von Berufen, deren Erwähnung unter den Freien Berufen durch den seit 1925 eingetretenen Wandel in der Anschauung gerechtfertigt ist. Durch die Aufnahme in den § 18 Absatz 1 Ziffer 1 sind die bisher obwaltenden Zweifel über die Zugehörigkeit dieser Berufe zu den Freien Berufen ausgeräumt ..."

50 Dazu näher RFHE 14, 145 (147), ausführlich wiedergegeben in Fn. 53; *Meisel*, S. 112 f.

51 So RFHE 14, 145 (147); *Markus*, S. 79; siehe zudem auch *Berger* in BB 1954, 389 – Um die Jahrhundertwende waren die Bücherrevisoren neben ihrer Buchprüfungstätigkeit vorwiegend mit der allgemeinen Buchhaltung, d. h. Buchführung, Bilanzierung und Abschlußerstellung sowie der Erteilung von handelswissenschaftlichem Unterricht beschäftigt. Hinzu trat sodann die Beratung Steuerpflichtiger in steuerlichen Angelegenheiten und schließlich die Zuziehung bei außergerichtlichen Vergleichen zwischen notleidenden Unternehmen und deren Gläubigern, bei Liquidationen, Erbschaftsregulierungen, Rentabilitätsrechnungen und der Erstellung von Gutachten; vgl. zu alldem *Meisel*, S. 112 f.

52 Vgl. dazu RFHE 14, 145 (147 f.).

53 Vgl. RFHE 14, 145 (147 f.): „...Hervorzuheben ist zunächst, daß ein Beruf, und also auch der Freie Beruf, eine begriffsmäßige Geschlossenheit des Tätigkeitsgebiets voraussetzt und daß die Frage, ob ein Beruf als Freier Beruf angesprochen werden kann, nur nach den begriffswesentlichen Merkmalen des unter dem Berufe begriffenen geschlossenen Tätigkeitsgebiets entschieden werden kann. Das ist in diesem Falle die Buchprüfungstätigkeit. Wenn Angehörige dieses Berufs daneben noch Tätigkeiten ausüben, die mit der Buchprüfungstätigkeit als solcher nichts zu tun haben, so können diese Tätigkeiten nicht zur Charakterisierung der Buchprüfungstätigkeit als eines Freien Berufs verwendet werden, sondern es kann nur die Frage entstehen, ob sie für sich allein betrachtet, sich zu einer selbständigen Berufsart, die als freie bezeichnet werden könnte, ausgebildet haben. Es sind aber gerade solche Tätigkeiten (laufende Wirtschaftsberatungen, Beratungen in Steuerfragen, Vorbereitungen von Gründungen, Vermögensverwaltungen, Treuhandgeschäfte usw. usw.), auf die sich die Buchprüfer berufen, um aus der erforderlichen Vorbildung für diese Tätigkeiten die Charakterisierung der Buchprüfungstätigkeit als eines Freien Berufs herzuleiten. Das muß zurückgewiesen werden. Jene Tätigkeiten stellen für sich eine geschlossene Berufsart nicht dar, und für die Buchprüfungstätig-

Jene anderen Tätigkeitsfelder stellten in Verbindung mit der eigentlichen Revisionstätigkeit allerdings erhebliche Anforderungen an die Buchprüfer, und dieser Umstand mußte sich schon früh auch auf die Erscheinungsform und die organisatorische Gestaltung der Berufsausübung auswirken.[54] Erschien für sich betrachtet bereits die Revision großer Kapitalgesellschaften als eine für den einzelnen kaum zu bewältigende Aufgabe,[55] so erforderten die Beratungsaufgaben in wirtschaftlichen und steuerlichen Angelegenheiten zusätzlich eine so weitgehende Spezialisierung, daß sie die Leistungsfähigkeit eines Einzelprüfers oft überstiegen.[56]

Die Berufsangehörigen waren dadurch gezwungen, zur Steigerung der Arbeitsleistung entweder qualifizierte Mitarbeiter und Berufsverteter einzustellen oder sich mit anderen Berufskollegen in Gesellschaften zur gemeinsamen Berufsausübung zusammenzuschließen.[57] Daneben sahen es auch die großen Unternehmen für zweckmäßiger an, eine wirtschaftliche Beratung aus einer Hand zu erlangen, statt auf eine Vielzahl einzelberuflich tätiger Berater zurückzugreifen, die neben der Kostenfrage auch das Problem der Abstimmung und Kombination untereinander aufwerfen mußte.[58]

Vor diesem Hintergrund waren schon seit dem Ende des letzten Jahrhunderts – also zu einem Zeitpunkt, als die Revisorentätigkeit noch als gewerblich galt – vor allem auf Initiative von Banken sog. Treuhandgesellschaften entstanden, die neben den eigentlichen Treuhandaufgaben mehr und mehr auch dazu übergingen, in größerer Zahl Revisoren zu beschäftigen.[59] Das treuhänderische Engagement für notleidende Unternehmen erforderte ohnehin die gelegentliche Durchführung von Revisionen,[60] und nachdem man allmählich erkannt hatte, daß sich durch regelmäßige präventive Revisionen oftmals die Notwendigkeit einer Treuhand für marode Unternehmen verhindern ließ, rückte die Revisionstätigkeit teilweise an die Stelle der Treuhandtätigkeit.[61]

Jene Treuhandgesellschaften erlaubten den Bücherrevisoren eine Arbeitsteilung, Spezialisierung und Kooperation, wie sie zur Wahrnehmung des auch sonst vielfältigen Auf-

---

keit als solche sind sie und die für sie erforderliche Ausbildung nicht wesentlich. Sie können also auch nicht dazu benutzt werden, um die Buchprüfungstätigkeit als einen Freien Beruf zu bezeichnen ..."

54 *Meisel*, S. 114.

55 *Markus*, S. 42.

56 *Meisel*, S. 114; siehe ferner auch *Mundorf* in BB 1954, 389 (390).

57 *Meisel*, S. 114.

58 *Meisel*, S. 114 u. 117.

59 *Schäuble*, S. 89; *Meisel*, S. 114 ff. – vgl. speziell zur Rolle der Großbanken, von denen sich praktisch jede ihre eigene Treuhandgesellschaft gründete, *Schäuble*, S. 95 f.; *Markus*, S. 5 f. So lagen die Beteiligungsverhältnisse am Grundkapital der ersten, am 27.3.1890 unter dem Namen „Deutsch-Amerikanische Treuhand-Gesellschaft" gegründeten Treuhand-Aktiengesellschaft beispielsweise zu je 49, 6 % bei der Deutschen Bank und einem Privatbankier namens Jacob Stern; die restlichen Anteile gingen zu gleichen Teilen an drei – ebenfalls berufsfremde – Privatpersonen; vgl. *Markus*, S. 5.

60 Gerade bei Zusammenbrüchen und Krisen von Unternehmungen befindet sich das Rechnungswerk häufig in großer Unordnung, so daß ein Buchsachverständiger erst eine Übersicht über den Stand der Finanzen schaffen muß, bevor die erforderlichen Maßnahmen getroffen werden können; vgl. *Eisfeld* in Wpg. 1956, 450.

61 *Schäuble*, S. 89; *Meisel*, S. 116; siehe auch *Berger* in BB 1954, 389 – Ende der zwanziger Jahre bestand die Tätigkeit der Treuhandgesellschaften dann bereits zu ca. 40 % in Revisionen, zu ca. 36 % in Treuhandtätigkeit und zu ca. 24 % in Wirtschaftsberatung; vgl. dazu die Angaben bei *Schäuble*, S. 95.

gabengebiets der Beratung in wirtschaftlichen und steuerlichen Angelegenheiten, der Vermögensverwaltung, der außergerichtlichen Vergleichstätigkeit oder der Liquidation erforderlich war.[62] Aufgrund des Umstands, daß diese Betätigungen der Bücherrevisoren nach ihrem Inhalt nicht nur eine besondere Nähe und innere Verbundenheit zum Gewerbe aufwiesen, sondern teilweise – soweit die rechtsgeschäftliche fremdnützige Treuhandtätigkeit in Rede steht – sogar selbst gewerblicher Natur waren,[63] konnte es nicht überraschen, daß die Treuhandgesellschaften beinahe ausschließlich in gewerblichen Rechtsformen organisiert waren.[64] Unter diesen gewerblichen Rechtsformen wiederum dominierten die Kapitalgesellschaften in besonderer Weise.[65]

Die Zahl der Treuhandgesellschaften war im Laufe der Jahre immer mehr gestiegen. Lag zwischen der Gründung der ersten, in Gestalt einer AG gebildeten Gesellschaft im Jahre 1890[66] und der Folgegründung im Jahre 1902[67] immerhin noch ein Zeitraum von 12 Jahren, so bestanden im Jahre 1914 bereits 14 Treuhandgesellschaften, 1925 ca. 130 Gesellschaften und Ende 1931 schon ca. 490 Gesellschaften.[68] Ein Jahr später existierten, nach der zwischenzeitlichen Einführung der jährlichen Pflichtprüfung für Aktiengesellschaften und KGaA, sogar bereits rund 570 Treuhandgesellschaften.[69]

Dabei zeigte sich auch sehr bald schon eine bemerkenswerte wirtschaftliche Prädominanz gerade der kapitalgesellschaftlich organisierten Treuhandgesellschaften bei der Erlangung der volkswirtschaftlich relevanten und einträglichen Prüfungsmandate. So erhöhte sich beispielsweise die Zahl der von der „Deutschen Treuhandgesellschaft" AG abgewikkelten Prüfungsmandate von zunächst lediglich 27 im Jahre 1903 auf bereits 400 im Jahre 1907;[70] und zum Ende des Jahres 1932 prüften die 23 größten, dem „Reichsbund deutscher Treuhand-Aktiengesellschaften e.V." angehörenden Treuhandgesellschaften schließlich die Jahresabschlüsse von insgesamt 51 % aller prüfungspflichtigen Aktiengesellschaften, die über ein Grundkapital von 3 Mio. RM und mehr verfügten und hierbei über 53 %

---

62 Vgl. *Meisel*, S. 119.

63 Vgl. zum gewerblichen Charakter der im Fremdinteresse erfolgenden rechtsgeschäftlichen Treuhandtätigkeit, die sich juristisch als fremdnützige Vermögensverwaltung unter Vollrechtsübertragung umschreiben läßt, nur *Baumbach/Hopt*, Rn. 10 zu § 1 HGB; aus der Rechtsprechung etwa BFHE 80, 154 (160 f.); 157, 155 (157 f.); 160, 21 (26 f.); 174, 347 (349); 175, 357 (358); BFH in BFH/NV 1991, 435 (436).

64 Die Zahl der als Genossenschaften gegründeten Treuhandgesellschaften lag Ende der zwanziger Jahre deutlich unter 5 %; vgl. die Übersicht bei *Meisel*, S. 121.

65 Vgl. die Zahlen bei *Schäuble*, S. 94: Danach bestanden Ende 1927 437 Treuhand-Kapitalgesellschaften, von denen 146 Aktiengesellschaften und 293 Gesellschaften mbH waren. – Die Übersicht bei *Meisel*, S. 121, ergibt, daß zu jener Zeit im Verhältnis ca. 30 % aller Treuhandgesellschaften Aktiengesellschaften, 58 % Gesellschaften mbH, aber insgesamt nur 12 % Personenhandelsgesellschaften, Genossenschaften und Einzelfirmen (davon allein 7 % OHG) waren.

66 „Deutsch-Amerikanische Treuhandgesellschaft", 1892 in „Deutsche Treuhand-Gesellschaft" umbenannt; vgl. zu deren Geschichte ausführlich *Schäuble*, S. 85 ff.; siehe dazu auch schon oben in Fußnote 59. Der Revisionstätigkeit wandte sich die „Deutsche Treuhandgesellschaft" AG allerdings auch erst ab 1902 verstärkt zu; vgl. *Schäuble*, S. 90 ff.; *Meisel*, S. 115; *Markus*, S. 6; *Eisfeld* in Wpg. 1956, 450; *Pausch* in Stbg. 1977, 179 (182).

67 Gründung der „Treuhand-Bank für Sachsen" in Dresden, vgl. *Schäuble*, S. 92.

68 Vgl. die Angaben bei *Meisel*, S. 116.

69 Vgl. *Meisel*, S. 116; ferner auch *Mittelsteiner/Pausch/Kumpf*, S. 205.

70 *Markus*, S. 6.

des Gesamtgrundkapitals aller prüfungspflichtigen Gesellschaften dieser Größenordnung auf sich vereinigten.[71] Bei den mittleren prüfungspflichtigen Aktiengesellschaften mit einem Grundkapital zwischen 500.000 RM bis 3 Mio. RM lag der Mandatsanteil jener Treuhand-Aktiengesellschaften zur gleichen Zeit bei 25 % der Anzahl und 29 % des Gesamtkapitals aller prüfungspflichtigen Gesellschaften dieser Kategorie; und bei den kleineren, seinerzeit noch zumeist freiwillig geprüften Aktiengesellschaften mit einem Grundkapital unter 500.000 RM brachten es die 23 großen Treuhand-Aktiengesellschaften auf 5 % in der Anzahl und 9 % im Gesamtkapital der Gesellschaften dieser Bezugsgröße.[72] Diese Mandatsverteilung zwischen den großen Treuhand-Aktiengesellschaften, die mit einer Ausnahme sämtlich von Banken kontrolliert wurden,[73] auf der einen Seite und den übrigen, zumeist in einer selbständig geführten Einzelpraxis tätigen Wirtschaftsprüfern auf der anderen Seite veränderte sich auch bis zum Ende des Jahres 1933 kaum.[74]

Eine der Hauptursachen für die Konzentration gerade der lukrativsten Prüfungsmandate bei den großen, mit Kreditinstituten verbundenen Treuhandgesellschaften bestand hierbei augenscheinlich darin, daß die beteiligten Banken als berufsfremde Kapitaleigner spürbar selbst Einfluß auf die Mandatsverteilung nahmen.[75] Sie intervenierten bevorzugt zugunsten ihnen gehörender oder ihnen nahestehender Prüfungsgesellschaften, indem sie – vor allem bei der Kreditrevision – von einer Aktiengesellschaft als Kreditnehmerin verlangten, daß diese sich von einer an die Bank angeschlossenen Treuhandgesellschaft revidieren lassen mußte und der Revisionsbericht sodann dem Kreditinstitut zwecks Entscheid über die Kreditvergabe vorzulegen war.[76]

Mit der im Anschluß hieran erfolgten gesetzlichen Anerkennung der Wirtschaftsprüfer- und Buchsachverständigentätigkeit als Freier Beruf durch § 18 I Nr. 1 EStG im Jahre 1934

---

[71] Vgl. *Markus*, S. 44 m. w. N.

[72] Vgl. *Markus*, S. 44 – Die oben mitgeteilten statistischen Angaben beruhen auf einer Untersuchung des „Reichsbundes Deutscher Treuhand-Aktiengesellschaften e.V.“, mit der dieser die bis zum 31.12.1932 bestehenden Aktiengesellschaften und die geprüften Jahresabschlüsse für 1933 in einer Denkschrift erfaßte; sog. „Reichsbund-Untersuchung“; vgl. *Markus*, S. 43 f.

[73] Vgl. *Markus*, S. 6 f. unter expliziter Aufführung von 18 Treuhand-Aktiengesellschaften aaO. sowie zusätzlicher namentlicher Nennung dreier weiterer, zu diesem Kreis zählender Prüfungs-Aktiengesellschaften auf S. 44 – Die einzige große Treuhand-Aktiengesellschaft, die ehedem nicht im mehrheitlichen Anteilsbesitz von Kreditinstituten stand, war die „Deutsche Revisions- und Treuhand-Aktiengesellschaft“ mit Sitz in Berlin. Sie befand sich statt dessen in Staatsbesitz; vgl. *Markus*, S. 6.

[74] In einer am 21.11.1934 vom Leiter der Bezirksgruppe Frankfurt/Main an den Leiter des IDW (Institut der Wirtschaftsprüfer) übersandten Denkschrift (sog. „Frankfurter Untersuchung“) wurden die bis zum 30.9.1934 im Reichsanzeiger veröffentlichten Abschlüsse der prüfungspflichtigen Aktiengesellschaften zum 31.12.1933 ausgewertet. Danach erfolgte – bei einer Gesamtzahl von 1.941 erfaßten Aktiengesellschaften – bei 1.318 Gesellschaften (=67,8 %) eine Prüfung durch eine Wirtschaftsprüfungsgesellschaft, während 623 Gesellschaften (=32,2 %) durch selbständig tätige Einzelprüfer oder in Sozietäten zusammengeschlossene Berufsvertreter einer Abschlußrevision unterzogen wurden. Von dem Gesamt-Aktienkapital aller erfaßten Gesellschaften (11.671 Mio. RM) entfielen 9.751 Mio. RM auf die Wirtschaftsprüfungsgesellschaften (=83,5 %) und 1.920 Mio. RM auf die Einzelprüfer/Sozietäten (=16,5 %); vgl. die Angaben bei *Markus*, S. 45.

[75] *Goetze* in WT 1935, 450 (450 f.); *Markus*, S. 42 f.

[76] *Markus*, S. 43 u. S. 46 f. m. w. N.; vgl. dazu ferner auch *Berger* in BB 1954, 389: „Daß den kreditsuchenden Betrieben dabei kaum eine Wahl offensteht, durch wen sie im Auftrage der kreditgebenden Bank geprüft werden, liegt in der Natur der Sache.“

ergab sich in Ansehung dessen also ein bemerkenswertes Paradoxon. Die Bücherrevisoren bildeten zwar die erste freie Profession, in der eine gegenseitige Kooperation und Zusammenarbeit bereits in großem Umfang vorhanden und ausgeprägt war – doch die Berufsangehörigen hatten sich zur gemeinsamen Berufsausübung nicht in der klassischen freiberuflichen Rechtsform der Gesellschaft bürgerlichen Rechts verbunden, sondern beinahe ausschließlich in den gewerblichen Rechtsformen der Kapitalgesellschaft und (sehr viel seltener) der Personenhandelsgesellschaft. Zudem standen gerade die Kapitalanteile an den großen, eine Vielzahl der lukrativen Prüfungsmandate auf sich vereinigenden Treuhand-Kapitalgesellschaften im berufsfremden Mehrheitsbesitz hauptsächlich einflußreicher Großbanken. Zugleich hatte die Ausbildung größerer Arbeitseinheiten dazu geführt, die Zahl der in solchen Gesellschaften oder bei anderen, selbständig tätigen Berufsvertretern angestellten Berufsangehörigen relativ gesehen sehr viel größer war als in anderen freien Professionen.

Damit zeigten sich zugleich auch erstmals gravierende Unterschiede in der gesellschaftsrechtlichen Behandlung der verschiedenen Freien Berufe. Diese Differenzierungen lassen sich anschaulich festmachen an der divergierenden Behandlung von Rechtsanwälten und Bücherrevisoren im Zusammenhang mit Treuhandgesellschaften.

Die Anwaltschaft hatte wie vorbeschrieben gegen Ende der Weimarer Republik vereinzelt versucht, durch die Gründung eigener Treuhandgesellschaften auf dem Teilgebiet der fremdnützigen Vermögensverwaltung mit den damals in der Rechtsordnung noch als gewerblich eingestuften Bücherrevisoren in Konkurrenz zu treten. Diese Entwicklung stieß aber trotz einer eigenen wirtschaftlichen Notlage bei der Mehrzahl der Berufsangehörigen auf Ablehnung, weil man dieses Vorgehen wegen des Abgleitens in gewerbliche Rechtsformen für mit dem freiberuflichen anwaltlichen Selbstverständnis unvereinbar ansah. Der Normgeber schloß sich dieser Ansicht mittelbar an, indem er solche Entwicklungen faktisch beendete und statt dessen im Rahmen des Vorspruchs zur Reichs-Rechtsanwaltsordnung die Nichtgewerblichkeit der anwaltlichen Berufstätigkeit noch akzentuierter betonte.

Demgegenüber erhob der Gesetzgeber andererseits beinahe zur gleichen Zeit im EStG 1934 die Wirtschaftsprüfer und Buchsachverständigen zum Freien Beruf, ohne auch nur mit einem Wort darauf einzugehen oder daran Anstoß zu nehmen, daß ein erheblicher Anteil von Angehörigen dieser Berufsgruppen die Buchprüfungstätigkeit in – vielfach von berufsfremden Anteilseignern fremdbestimmten – Treuhandgesellschaften mit praktisch ausschließlich gewerblicher Rechtsform ausübte.

2. Die Steuerberater und Helfer in Steuersachen

Für die ebenfalls erst in jüngerer Vergangenheit entstandenen Berufe des modernen Steuerberaters und des Helfers in Steuersachen (später: Steuerbevollmächtigten) ergibt sich ein den Wirtschaftsprüfern und Buchsachverständigen durchaus vergleichbares Bild.

Die eigentlichen Anfänge des noch jungen Berufsstandes der Steuerberater und Steuerbevollmächtigten datieren erst auf die Zeit nach dem Ersten Weltkrieg. Zuvor bildete die Steuerberatung einen Teil des beruflichen Aufgabengebiets vor allem der Rechtsanwälte,

Rechtsbeistände oder der Bücherrevisoren.[77] Doch die zunehmende Ausweitung des Steuerrechts und die damit einhergehende Komplexität der Materie ließ das Bedürfnis nach einer Personengruppe entstehen, die mit den rechtlichen Besonderheiten dieses Rechtsgebiets besser und enger vertraut war als die meisten Angehörigen der bisher auf diesem Gebiet tätigen Berufe.[78]

Demgemäß enthielt im Jahre 1919 § 88 I RAO[79] erstmals eine Bestimmung, nach der geeignete Personen die Stellung eines nicht zurückweisbaren Vertreters des Steuerpflichtigen einnehmen konnten, wenn sie vom Landesfinanzamt (Oberfinanzpräsidenten) zugelassen worden waren. Diese Personen wurden in der Rechtsordnung als Gewerbetreibende behandelt, so daß nach § 35 RGewO[80] die Möglichkeit bestand, unzuverlässigen Personen die Hilfeleistung in Steuersachen zu untersagen.[81]

Im Gleichklang hiermit sprach der RFH dem Steuerberater anno 1924 die Eigenschaft als Angehöriger eines Freien Berufs ab, weil die von ihm ausgeübte Tätigkeit eine hinreichende wissenschaftliche Grundlage vermissen lasse.[82] Sachlich übereinstimmend lehnte es das Preußische OVG noch zum Ende des Jahres 1932 ab, den Steuerberater in Analogie zum Rechtsanwalt von der Gewerbesteuer freizustellen.[83] Die Begründung ähnelte dabei ganz derjenigen, mit der es beinahe 40 Jahre zuvor schon dem Bücherrevisor das Privileg einer Gewerbesteuerfreiheit versagt hatte. Der wissenschaftlich vorgebildete Steuerberater übe lediglich eine mittelbar wissenschaftliche Tätigkeit aus, die die Ergebnisse der wissenschaftlichen Forschung praktisch verwerte und bei der der wissenschaftliche Zweck gegenüber dem Erwerbszweck in den Hintergrund trete.[84] Eine Vergleichbarkeit zum Rechtsanwalt bestehe, anders als beim Patentanwalt,[85] nicht, weil es für den Steuerberater an einer öffentlichrechtlichen Organisation mit eigener Ehrengerichtsbarkeit fehle und es auch an einem einheitlich vorgeschriebenen Bildungsgang mangele.[86]

In der Tat brachte erst das schon erwähnte Gesetz zur Verhütung von Mißbräuchen auf dem Gebiet der Rechtsberatung vom 13.12.1935 in seinem Art. 2 durch einen neu in die Reichsabgabenordnung eingefügten § 107a RAO einen erstmaligen Erlaubniszwang für die steuerberatende Tätigkeit. Und es dauerte sogar noch bis zum Jahre 1941, bis sich schließ-

77 *Pausch* in DStR 1978, 313 (314); *Taupitz*, S. 407; vgl. zu den Bücherrevisoren auch bereits S. 41 mit Fn. 51.

78 *Taupitz*, S. 407 – Der damalige Reichsfinanzminister Erzberger äußerte sich im Jahre 1919 wie folgt: „Die Steuergesetze werden immer verwickelter und unübersehbarer. Es ist für die Privatleute nicht leicht, sich über den Inhalt dieser Gesetze zu unterrichten, die Gesetze zu überschauen. Sie bedürfen der sachgemäßen Beratung."; wiedergegeben bei *Pausch* in Stbg. 1977, 301 (303).

79 Reichsabgabenordnung vom 13.12.1919; RGBl., S. 1993.

80 Reichsgewerbeordnung vom 26.7.1900; RGBl., S. 871.

81 *Taupitz*, S. 407; siehe auch Preuß. OVGE 90, 71 (82).

82 RFHE 14, 114 (118).

83 Preuß. OVGE 90, 71 ff. – Die Entscheidung betraf die Rechnungsjahre 1928 und 1929, mithin also einen Zeitraum, der noch vor der vorübergehenden Heranziehung auch der Freien Berufe zur Gewerbesteuer durch die Preußische Gewerbesteuerverordnung vom 17.4.1930 (Preuß. GS, S. 93) lag.

84 Preuß. OVGE 90, 71 (81).

85 Vgl. zu diesem bereits näher die Anm. oben S. 25 f. in Fn. 32.

86 Preuß. OVGE 90, 71 (82).

lich auf der Grundlage einer Reihe zwischenzeitlich geschaffener Vorschriften[87] einheitliche fachliche Voraussetzungen für die Beratung in Steuersachen herausgebildet hatten. Danach teilte sich die Gruppe der steuerberatend Tätigen schließlich in Steuerberater, die für ihre Berufstätigkeit eine abgeschlossene Hochschulbildung (Volks- oder Betriebswirtschaft) oder eine gleichwertige Vorbildung aufweisen mußten, und in sog. Helfer in Steuersachen, von denen lediglich ein Nachweis der „erforderlichen Sachkunde und Eignung" verlangt wurde.[88]

Das bis dahin weitgehende Fehlen einheitlicher Vorschriften über die Berufsausbildung und Berufszulassung hinderte den Gesetzgeber entsprechend der schon eingangs getroffenen Feststellung freilich nicht, die Steuerberater gleich den Wirtschaftsprüfern und Buchsachverständigen bereits im Jahre 1934 in § 18 I Nr. 1 EStG erstmals als Freien Beruf anzuerkennen. Eine nähere Begründung für diese Aufwertung, die über allgemein angestellte Erwägungen betreffend eine gewandelte Verkehrsanschauung und das Erfordernis der Rechtssicherheit hinausginge, ist dem Gesetzgebungsverfahren nicht zu entnehmen.[89]

---

[87] 6.4.1933: Ein Runderlaß des Reichsministers der Finanzen über eine vorläufige Zulassungssperre gebraucht amtlich die Bezeichnung „Steuerberater" (RStBl. 1933, 414); 6.5.1933: Das „Gesetz über die Zulassung von Steuerberatern" führt den Begriff des Steuerberaters erstmals in die Gesetzessprache ein (RGBl. I, S. 257); 13.12.1935: Das „Gesetz zur Verhütung von Mißbräuchen auf dem Gebiete der Rechtsberatung" führt die Berufsbezeichnung „Helfer in Steuersachen" ein, die gleichzeitig in den neu geschaffenen § 107a RAO als Gesetzesbegriff übernommen wird (RGBl. I, S. 1478, Art. 2 § 2); 11.1.1936: Durch VO wird das Berufsrecht für solche Personen ergänzt, die geschäftsmäßig Hilfe in Steuersachen und bei der Erfüllung von Buchführungspflichten leisten (RGBl. I, S. 11); 18.2.1937: Die VO zur Durchführung des § 107 RAO enthält den ausdrücklichen Schutz der Bezeichnungen „Steuerberater" und „Steuerberatungsgesellschaft" (RGBl. I, S. 245); 16.11. 1937: Ein Erlaß des Reichsministers der Finanzen ordnet an, daß die Bezeichnungen „Steuerberater", „Steuerberatungsgesellschaften" und „Helfer in Steuersachen" im geschäftlichen Verkehr zwingend geführt werden müssen (RStBl. 1937, 1174); 18.2.1941: Runderlaß zur Aufstellung fachlicher Voraussetzungen, die ein „Steuerberater" für seine Zulassung erfüllen mußte (RStBl. 1941, 143); vgl. zu alldem auch *Pausch* in DStR 1978, 313 (315); *Markus*, S. 81 f.

[88] *Taupitz*, S. 409; WP-Hdbuch-*Kaminski*, Bd. 1, Teil C, Rn. 15.

[89] Vgl. hierzu die amtliche Begründung zu § 18 des EStG vom 16.10.1934 (RGBl. I, S. 1005); RStBl. 1935, 33 (42 f.), im maßgeblichen Wortlaut bereits wiedergegeben oben auf S. 40 f. in Fn. 49.

Der damalige Staatssekretär im Reichsfinanzministerium, Reinhardt, stellte zur Entstehung des Gesetzes lediglich allgemein fest: „Die Vertreter der verschiedenen Berufsstände haben an den Beratungen des Finanz- und Steuerrechtsausschusses nicht teilgenommen als Interessentengruppen, sondern einzig und allein, um die Erfahrungen ihrer Wirtschaftszweige mitzuteilen und Anregungen zu geben, die durch die Belange ihrer Wirtschaftszweige bedingt sind. Dabei sind die Belange des einzelnen Wirtschaftszweigs niemals durch den Standpunkt des Wirtschaftszweigs, sondern regelmäßig durch die allgemeinen Interessen des Volksganzen, durch die Belange der Volksgemeinschaft bestimmt worden."; vgl. die Wiedergabe des Wortlauts bei *Mittelsteiner/Pausch/Kumpf*, S. 263. Diese leiten aaO daraus ab, auf diese Weise sollte angedeutet werden, daß sich nach Meinung des Normgebers die Fachberufe des Wirtschaftsprüfers, Steuerberaters und Buchsachverständigen in der Öffentlichkeit bereits weitgehend dem Berufsbild der Rechtsanwälte angenähert hätten. Eine solche legislative Einschätzung wäre, wie die obigen Ausführungen zu Buchprüfern und Rechtsanwälten schon gezeigt haben, mit Blick auf das divergierende Erscheinungsbild rechtlicher Kooperationsformen innerhalb der genannten Professionen und dem – gerade in lukrativen Marktsegmenten feststellbaren – beherrschenden Einfluß berufsfremder Anteilseigner an den großen, mit der Buchprüfung und der Steuerberatung befaßten Treuhand-Aktiengesellschaften aber sicherlich nicht in allen Punkten zutreffend gewesen.

Auch diese, in Ansehung der noch recht jungen Historie des Berufsstandes rasche Anerkennung der Steuerberatertätigkeit als freiberuflich wirkte sich auf das Gesamtbild der Zusammenarbeit innerhalb der verschiedenen freien Professionen aus. Die ansonsten überwiegend bestehende Beschränkung der freiberuflichen Kooperation auf die Gesellschaft bürgerlichen Rechts, die schon durch die Einreihung der Buch- und Wirtschaftsprüfertätigkeit in den Kreis der Freien Berufe eine Durchbrechung erfahren hatte, erlebte mit Blick auf die Steuerberater eine weitere Einschränkung. Ursächlich hierfür waren die Arbeitsbedingungen, unter denen sich die steuerberatende Tätigkeit in den Jahrzehnten zuvor entwickelt hatte.

In den Jahren nach der Miquel'schen Steuerreform 1891/93 und der damit verknüpften Besteuerung der Kapitalgesellschaften sowie mit den ab 1906 zügig neu geschaffenen Reichssteuern ergab sich alsbald das Bedürfnis, bei der Bilanzierung großer Unternehmungen die steuerlichen Konsequenzen mit zu berücksichtigen.[90] Der enge Zusammenhang zwischen der Buchführung bei Gesellschaften und privaten Unternehmungen einerseits sowie den einschlägigen Steuerfragen andererseits legte es nahe, daß die damals allmählich in größerer Zahl entstehenden, wie vorbeschrieben in erster Linie von Banken gegründeten Treuhandgesellschaften sich nicht nur verstärkt der externen Revisionstätigkeit zuwandten, sondern parallel dazu auch die anfallende Hilfeleistung in Steuerfragen übernahmen.[91] Mit den gesetzlichen Änderungen in der Personalbesteuerung und der Ausdehnung der Reichssteuern Schritt haltend, weiteten sich die ursprünglichen Revisionsabteilungen der großen Treuhandgesellschaften demgemäß immer mehr auch zu gleichzeitigen Steuerabteilungen aus.[92]

Aus der Gruppe der in jenen Treuhandgesellschaften beschäftigten Bücherrevisoren nahmen sich daher im Laufe der Jahre einige der ausschließlichen und hauptberuflichen Beratung in Steuersachen an.[93] Diese im Status eines Steuerfachmanns angestellten Mitarbeiter führten bald Namen wie „Steuersachverständiger", „Steuersyndikus" und in der Zeit des Ersten Weltkriegs auch bereits „Steuerberater".[94] Es entsprach demnach einem geschichtlich gewachsenen Prozeß, daß die als gewerblich geltende geschäftsmäßige Hilfeleistung in Steuersachen zum erheblichen Teil auch durch abhängig Beschäftigte in Treuhandgesellschaften mit gewerblicher, zumeist kapitalgesellschaftlicher Rechtsform geleistet wurde.

Dieser Entwicklungslinie folgend konnte es nicht überraschen, daß nach dem Ende des Kaiserreichs und der Erzbergerschen Steuerreform in den Jahren 1919/1920 zunehmend auch spezielle „Steuerberatungsgesellschaften" in Erscheinung traten, die meist von hauptberuflichen Steuerberatern um ihre Person herum gegründet wurden.[95] Die Zahl der so ins Leben gerufenen besonderen Steuer-Treuhandgesellschaften stieg, vergleichbar der Entwicklung bei den oben beschriebenen allgemeinen Treuhandgesellschaften, bis zum Ende der Weimarer Republik immer mehr an, so daß im Zeitpunkt der Anerkennung der steuerberatenden Tätigkeit als freiberuflich anno 1934 eine nicht unerhebliche Anzahl der

90 *Pausch* in Stbg. 1977, 179 (182).
91 *Pausch* in Stbg. 1977, 179 (182); *Mittelsteiner/Pausch/Kumpf*, S. 156.
92 *Mittelsteiner/Pausch/Kumpf*, S. 158.
93 Vgl. *Mittelsteiner/Pausch/Kumpf*, S. 205 f.
94 *Mittelsteiner/Pausch/Kumpf*, S. 158.
95 *Mittelsteiner/Pausch/Kumpf*, S. 267.

Berufstätigen ihre Beratungstätigkeit in solchen, ebenfalls häufig als Kapitalgesellschaft ausgestalteten Steuerberatungsgesellschaften ausübte.

Auch für den Beruf des modernen Steuerberaters galt im Moment seiner Hebung zur freien Profession somit, was sich bereits für die Wirtschaftsprüfer und Buchsachverständigen gezeigt hatte. Die vormalige Behandlung der steuerberatenden Tätigkeit als gewerblich und die zum Teil von den Berufsangehörigen wahrgenommenen Treuhandgeschäfte hatten dazu geführt, daß sich die berufliche Zusammenarbeit und die gemeinschaftliche Berufsausübung der Steuerberater überwiegend nicht in der freiberuflichen Rechtsform der BGB-Gesellschaft, sondern in den gewerblichen Rechtsformen der Kapitalgesellschaften und (ungleich seltener) der Personenhandelsgesellschaften vollzog. Gleichzeitig übte, nicht zuletzt aufgrund der starken Verbreitung der kapitalgesellschaftlichen Rechtsformen, ein im Vergleich zu anderen freien Professionen durchschnittlich höherer Anteil der Berufsangehörigen die steuerberatende Tätigkeit in einem abhängigen Beschäftigungsverhältnis aus.

III. Zwischenergebnis

Die Zeit des Nationalsozialismus markierte in Anbetracht der vorbeschriebenen Entwicklungen damit trotz ihrer vergleichsweise kurzen Dauer einen Wendepunkt in der rechtstatsächlichen Ausprägung der beruflichen Zusammenarbeit bei den einzelnen Freien Berufen. Die bis dahin im wesentlichen bestehende Beschränkung der freien Professionen auf die Gesellschaft des bürgerlichen Rechts und der noch verhältnismäßig wenig ausgeprägte Kooperationsgrad unter den jeweiligen Berufsangehörigen fand mit der Aufnahme der neu als freiberuflich anerkannten Wirtschaftsprüfer, Buchsachverständigen und Steuerberater sein Ende.

An die Stelle des vormals noch recht einheitlichen Bildes freiberuflicher Zusammenarbeit trat nun eine Aufspaltung in zwei unterschiedliche Richtungen. Auf der einen Seite standen die klassischen und traditionell als freiberuflich geltenden Berufe, die im Punkte des Zusammenschlusses und der gemeinschaftlichen Berufsausübung weiterhin an ihrem überlieferten Selbstverständnis festhielten, und auf der anderen Seite fanden sich die neueren steuer- und wirtschaftsberatenden Berufe, deren Berufsangehörige einen im allgemeinen höheren Kooperationsgrad sowie zahlenmäßig größere Arbeitseinheiten aufwiesen und dabei in erheblichem Umfang gewerbliche, insbesondere kapitalgesellschaftliche Rechtsformen zur gemeinsamen Berufsausübung nutzten. Auffällig erscheint bei den letztgenannten Berufsgruppen daneben auch der prägende, in dieser Form neuartige Einfluß berufsfremder Kapitaleigner vor allem an den großen Treuhand-Aktiengesellschaften, die einen beträchtlichen Anteil der einträglichen Prüfungs- und Beratungsmandate auf sich vereinen konnten.

D. Die Zeit nach dem Ende des Zweiten Weltkriegs bis zur Mitte der sechziger Jahre

Die sich anschließende Nachkriegszeit und die ersten Jahre der Bundesrepublik waren vorrangig geprägt von dem Bemühen um eine Konsolidierung und die Wiederherstellung einheitlicher Berufsordnungen für die einzelnen freien Professionen. Gegenüber dieser vordringlichen Zielsetzung mußte die Befassung mit den spezifischen Fragen einer Zusammenarbeit und gemeinschaftlichen Berufsausübung für die Angehörigen der jeweiligen Freien Berufe, ihre Berufsorganisationen und den Normgeber zwangsläufig eher in den Hintergrund treten.

Gleichwohl brachte auch diese Phase neuerliche Veränderungen auf dem Gebiet der freiberuflichen Kooperation. Der vor allem in den neu hinzugetretenen steuer- und wirtschaftsberatenden Berufen ausgeprägte höhere Kooperationsgrad unter den Berufstätigen, welcher unter anderem auch zu einer vermehrten Anstellung von Berufsangehörigen bei anderen, selbständig tätigen Berufsvertretern geführt hatte, veranlaßte den Gesetzgeber zu einer bedeutsamen Modifikation des Einkommensteuergesetzes, die mittelbar die Bildung größerer freiberuflicher Zusammenschlüsse erleichterte.

Vor diesem Hintergrund erscheint es zweckmäßig, einerseits die berufsrechtlichen und andererseits die steuerrechtlichen Parameter, die nunmehr auf das Erscheinungsbild freiberuflicher Zusammenarbeit Einfluß nahmen, jeweils gesondert zu betrachten.

I. Die im Zuge der berufsrechtlichen Kodifikationen geschaffenen normativen Voraussetzungen für eine freiberufliche Zusammenarbeit

Die vormalige ideologische Durchdringung des Berufsordnungsrechts mit nationalsozialistischem Gedankengut[1] und die mit der Aufteilung Deutschlands in verschiedene Besatzungszonen allgemein einhergehende Rechtszersplitterung[2] stellten die Berufsangehörigen und den demokratischen Normgeber alsbald nach Gründung der Bundesrepublik vor die Notwendigkeit, ein neues Berufsrecht für die einzelnen freien Professionen zu schaffen. Die Komplexität dieser Aufgabe, die gleichermaßen auf Rechtsvereinheitlichung wie auf grundlegende Überarbeitung des vormaligen Rechts abzielen mußte, verlangte nach einer sorgfältigen und dementsprechend längerwierigen Beschäftigung mit der Materie. Folgerichtig verstrich eine vergleichsweise längere Zeitspanne, bis der erforderliche Konsolidierungsprozeß auf Bundesebene zur Verabschiedung einheitlicher Berufsgesetze führte.

---

[1] Siehe hierzu beispielhaft die Ausführungen zur RRAO vom 21.2.1936 oben S. 32 f. in Fußnote 3 a. E.

[2] Vgl. hierzu für die verschiedenen Freien Berufe im einzelnen *Taupitz*, S. 294 ff. (Ärzte), 318 ff. (Zahnärzte), 328 ff. (Tierärzte), 383 ff. (Rechtsanwälte), 396 f. (Patentanwälte), 411 ff. (Steuerberater), 424 ff. (Wirtschaftsprüfer), 435 ff. (Architekten).

Den Anfang unter den berufsrechtlichen Kodifikationen machte dabei das noch relativ zügig beschlossene Gesetz über die Ausübung der Zahnheilkunde vom 31.3.1952,[3] durch welches der zahnärztliche Beruf erstmals eine spezialgesetzliche Regelung fand und die bis dahin bestehende Kurierfreiheit auf dem Gebiet der Zahnheilkunde beseitigt wurde.[4] Als nächstes folgte das Gesetz über das Seelotswesen vom 13.10.1954,[5] mit dem diese Berufstätigkeit einer erstmaligen einheitlichen Regelung unter Übertragung der Gesetzesdurchführung auf den Bund zugeführt wurde.

Gegen Ende der fünfziger Jahre gelangten allmählich auch die Gesetzgebungsarbeiten an den Berufsordnungen für diejenigen freien Professionen zum Abschluß, die eine noch größere Zahl von Berufsangehörigen umfaßten. Hier bildete die Verabschiedung der Bundesrechtsanwaltsordnung vom 1.8.1959[6] den Ausgangspunkt; ihr folgten – in der Reihenfolge ihrer zeitlichen Entstehung – knapp zwei Jahre später die Wirtschaftsprüferordnung vom 24.7.1961,[7] das Steuerberatungsgesetz vom 16.8.1961[8] und die Bundesärzteordnung vom 2.10.1961.[9] Am Ende dieser berufsrechtlichen Kodifikationsphase standen auf Bundesebene der Erlaß der Bundes-Tierärzteordnung vom 17.5.1965[10] und das Inkrafttreten der Patentanwaltsordnung vom 7.9.1966.[11]

Mit in diesen Zeitraum fiel daneben der Erlaß der berufsrechtlichen Vorschriften für Berufstätigkeiten, die eine gewisse Nähe zu den Freien Berufen zeigen. Hierzu zählen das Gesetz über das Apothekenwesen vom 20.8.1960[12] und die Verabschiedung der Bundesnotarordnung vom 24.2.1961.[13]

Die vorgenannten Berufsordnungsgesetze wiesen dabei eine jeweils unterschiedliche Regelungsdichte auf, die Folge der verschieden weit reichenden Gesetzgebungskompetenz des Bundes für die einzelnen freien Professionen ist. Im Bereich des ärztlichen Berufsrechts beschränkt sich die Normsetzungsbefugnis des Bundes gemäß Art. 74 Nr. 19 GG auf Berufszulassungsregeln, so daß der gesamte Komplex ärztlicher Berufsausübung Sache der Länder blieb. Dem Versuch des Bundesgesetzgebers, unter Inanspruchnahme einer auf Art. 74 Nr. 11 GG gestützten Gesetzgebungskompetenz daneben auch einen bundeseinheitlichen Schutz der Berufsbezeichnung des Ingenieurs, dessen Tätigkeit ebenfalls freiberufli-

---

3 BGBl. I, S. 221, 251.

4 Die bis zu diesem Zeitpunkt bestehende Möglichkeit zur Ausübung der Zahnheilkunde durch Dentisten, die als eigener Berufsstand neben den akademisch ausgebildeten Zahnärzten zahnheilkundlich tätig waren, wurde durch das ZHG beendet, und die im Zeitpunkt des Inkrafttretens des Gesetzes staatlich anerkannten Dentisten sowie Dentistenassistenten und Dentistenanwärter erhielten unter bestimmten Voraussetzungen Gelegenheit, die Bestallung – jetzt Approbation – als Zahnarzt zu erwerben; vgl. zu der geschichtlichen Entwicklung der Zahnheilkunde und den Regelungen des ZHG näher BVerfGE 25, 236 ff.

5 BGBl. II, S. 1035.

6 BGBl. I, S. 565.

7 BGBl. I, S. 1049.

8 BGBl. I, S. 1301.

9 BGBl. I, S. 1857.

10 BGBl. I, S. 416.

11 BGBl. I, S. 557.

12 BGBl. I, S. 697.

13 BGBl. I, S. 98.

cher Natur sein kann, durchzusetzen, blieb durch verfassungsgerichtlichen Richterspruch der Erfolg versagt.[14]

Ungeachtet der demnach jeweils unterschiedlich weit reichenden Gesetzgebungszuständigkeiten von Bund und Ländern ist für den Bereich der freiberuflichen Zusammenarbeit insgesamt festzustellen, daß die seinerzeit in Kraft getretenen Berufsgesetze und die sie ergänzenden Standesordnungen sich im wesentlichen darauf beschränkten, für die einzelnen Freien Berufe den Zustand normativ festzuschreiben, der sich bereits in der Periode des Nationalsozialismus rechtstatsächlich ergeben hatte.

Die BRAO enthielt sich einer eigenen gesetzlichen Regelung zur anwaltlichen Zusammenarbeit und einer gemeinschaftlichen anwaltlichen Berufsausübung,[15] so daß die von der „Vereinigung der Rechtsanwaltskammern im Bundesgebiet" in den sog. Sodener Beschlüssen am 11.5.1957 aufgestellten „Richtlinien für die Ausübung des Anwaltsberufs" weiterhin maßgeblich blieben.[16] Nach § 21 jener Richtlinien konnte sich der Rechtsanwalt – entsprechend dem schon vorher geltenden Rechtszustand – nur mit einem anderen Rechtsanwalt, nicht aber mit Angehörigen anderer Berufe zu einer Sozietät oder Bürogemeinschaft zusammenschließen.[17] Die nach einer zwischenzeitlichen Überarbeitung im weiteren Verlauf von der Bundesrechtsanwaltskammer beschlossene Fassung der Richtlinien vom 2/3.5. 1963 brachte in diesem Zusammenhang nur marginale und unwesentliche Veränderungen.[18]

Bei den Ärzten zeigte sich eine ganz ähnliche Kontinuität in der Beurteilung einer Zusammenarbeit unter den Berufsangehörigen. Die zur Regelung der ärztlichen Berufsausübung berufenen Landesgesetzgeber verzichteten im Punkte der beruflichen Kooperation auf eigene Normierungen, so daß sich die jeweiligen Landesärztekammern als Selbstverwaltungskörperschaften des öffentlichen Rechts dieser Frage annahmen. Diese wiederum orientierten sich zumeist[19] an den Musterberufsordnungen, die der „Deutsche Ärztetag" als Organ der Bundesärztekammer[20] verabschiedete.

---

[14] Vgl. BVerfGE 26, 246 ff. – Nichtigkeit des IngG vom 7.7.1965 (BGBl. I, S. 601) wegen fehlender Bundesgesetzgebungskompetenz.

[15] Auch hier gilt, was schon für die RAO vom 1.7.1878 gegolten hatte. Eine Regelung der gemeinschaftlichen anwaltlichen Berufsausübung erwog der Normgeber zu keinem Zeitpunkt des Gesetzgebungsverfahrens; vgl. BT-Drucksache III/120, S. 44 ff., 75 ff. (Regierungsentwurf); BT-Drucksache III/778, S. 1 ff. (Bericht des Rechtsausschusses); BT-Drucksache III/878, S. 1 ff. (Zusammenstellung nach den Beschlüssen des Bundestages in zweiter Beratung); BT-Drucksache III/1013, S. 1 ff. (Einberufung des Vermittlungsausschusses durch den Bundesrat).

[16] Vgl. zu deren Entstehung näher *Taupitz*, S. 385 – Die Richtlinien sind abgedruckt etwa bei *Bülow*, BRAO, S. 227 ff.; *Kalsbach*, BRAO, S. 165 ff.

[17] Zugelassen war als Ausnahme lediglich eine Bürogemeinschaft mit Wirtschaftsprüfern; vgl. § 21 Nr. 1 a. E. der Richtlinien von 1957.

[18] Diese bestanden ausschließlich in einer noch restriktiveren Begrenzung der Kooperation mit Wirtschaftsprüfern. Nunmehr sollte eine Bürogemeinschaft mit einem Wirtschaftsprüfer nur noch zulässig sein, wenn dieser nicht zugleich als Rechtsbeistand zugelassen war; vgl. hierzu *Schmitz* in NJW 1963, 1284 (1287).

[19] Zu der Ausnahme der Landesärztekammer Hessen, die als einzige die vormalige Fassung des § 19 der Berufsordnung vom 5.11.1937 wörtlich übernahm, vgl. *Spitzl*, S. 14; siehe auch *Taupitz*, S. 304 in Fn. 595.

[20] Vgl. hierzu *Fischer*, S. 8 – Die Bundesärztekammer ist – anders als etwa die Bundesrechtsanwaltskammer – ein nichtrechtsfähiger Verein, in dem sich die Landesärztekammern zusammenge-

Danach ergab sich folgendes Bild: Während die im Jahre 1950 vom 53. Deutschen Ärztetag in Bonn beschlossene „Berufs- und Facharztordnung für die deutschen Ärzte“[21] in ihrem § 19 nur einen Genehmigungsvorbehalt für den Betrieb einer ambulanten Gemeinschaftspraxis vorgesehen hatte, knüpfte die anno 1956 vom 59. Deutschen Ärztetag in Münster verabschiedete Musterberufsordnung[22] wieder stärker an den vormals bestehenden Rechtszustand an. Die Errichtung einer Gemeinschaftspraxis war fortan gemäß § 18 nur noch „in Ausnahmefällen und mit Genehmigung der Ärztekammer“ zulässig. Lediglich im Hinblick auf den Betrieb einer Praxisgemeinschaft zeigte sich eine Lockerung dahingehend, daß sie fortan keinen Beschränkungen mehr unterliegen sollte.[23] Diese Bestimmungen wurden sodann auch unverändert in die Fassung der Musterberufsordnung von 1962 übernommen.[24]

Damit blieb die berufliche Zusammenarbeit bei den klassischen Freien Berufen der Rechtsanwälte und niedergelassenen Ärzte weiterhin auf die Rechtsform der BGB-Gesellschaft beschränkt. Zusätzlich behielt die Ärzteschaft ihre im Vergleich zur Anwaltschaft eher restriktive Haltung gegenüber beruflichen Verbindungen zur gemeinschaftlichen Berufsausübung bei.

Im Gegensatz hierzu erreichten die erst durch das EStG 1934 zu freien Professionen erklärten steuer- und wirtschaftsberatenden Berufe in ihren Berufsordnungen auch die gesetzliche Anerkennung einer gemeinschaftlichen Berufsausübung und Kooperation in gewerblichen Rechtsformen.[25]

Der Gesetzgeber gestattete es den Wirtschaftsprüfern und vereidigten Buchprüfern auch weiterhin, ihre Revisionstätigkeit, die Wirtschaftsberatung, die Treuhandtätigkeit etc. in Wirtschafts- und Buchprüfungsgesellschaften auszuüben. In Anknüpfung an den rechtstatsächlich vorgefundenen Zustand verschloß sich das neu geschaffene Berufsrecht den Rechtsformen der Kapitalgesellschaften und Personenhandelsgesellschaften nicht.[26] Ähnlich verhielt es sich für die Berufsgruppe der Steuerberater. Auch diese konnten mit Billigung des Gesetzgebers weiterhin in Steuerberatungsgesellschaften tätig sein, blieben dabei

schlossen haben. Die „Hauptversammlung“ der Bundesärztekammer führt die Bezeichnung „Deutscher Ärztetag“ und stellt praktisch einen Delegiertenkongreß der Landesärztekammern dar; vgl. BVerfGE 33, 125 (129 f.); *Deutsch*, S. 13.

21 ÄM 1950, 410 ff.

22 ÄM 1956, 943 ff.

23 Vgl. hierzu auch *Spitzl*, S. 14 ff.; *Taupitz*, S. 304.

24 ÄM 1962, 2323 ff. – § 18 dieser Berufsordnung lautete wie folgt: „(1) Die Einrichtung einer Gemeinschaftspraxis ist nur in Ausnahmefällen und mit Genehmigung der Ärztekammer zulässig. (2) Die gemeinschaftliche Benutzung von Praxisräumen, von diagnostischen und Behandlungseinrichtungen unterliegt keinen Beschränkungen.“

25 Vgl. zu den erheblichen berufspolitischen Auseinandersetzungen, die im Vorfeld dieser Berufsgesetzgebung – gerade im Hinblick auf die zur Berufsausübung nutzbaren Rechtsformen – innerhalb der einzelnen Berufsgruppen der Wirtschaftsprüfer, Buchprüfer und Steuerberater zu beobachten waren, später ausführlich im Schlußteil (Nachbetrachtung und Ausblick), S. 563 ff. sowie S. 568 ff.

26 Vgl. die §§ 27 ff., 130 WPO vom 24.7.1961 (BGBl. I, S. 1049).

aber im Unterschied zu den Wirtschaftsprüfern zunächst auf die Rechtsform der Kapitalgesellschaften beschränkt.[27]

Im Unterschied zu den ärztlichen oder anwaltlichen Berufsgesetzen enthielten die Berufsordnungen der entstehungsgeschichtlich jüngeren steuer- und wirtschaftsberatenden Berufe daneben auch ausdrücklich Normen, die eine Anstellung von Berufsangehörigen bei derartigen Gesellschaften oder anderen Berufsvertretern zum Gegenstand hatten.[28]

Die bis Mitte der sechziger Jahre erlassenen Berufsgesetze und Standesordnungen beließen es im Ergebnis also bei dem, was in den einzelnen Freien Berufen bereits seit drei Jahrzehnten rechtstatsächlich für die Kooperationsmöglichkeiten galt. Die vorerwähnte Aufspaltung der freiberuflichen Zusammenarbeit in zwei unterschiedliche Richtungen – Beschränkung der klassischen Freien Berufe auf die BGB-Gesellschaft, Nutzung auch der gewerblichen Rechtsformen durch die neueren steuer- und wirtschaftsberatenden Freien Berufe – erfuhr in dieser Periode ihre normative Verfestigung.

II. Die durch eine Ergänzung des Einkommensteuerrechts geschaffenen normativen Voraussetzungen für eine freiberufliche Zusammenarbeit

Trotz der berufsrechtlich bloßen Festschreibung einer Situation, die faktisch schon seit Mitte der dreißiger Jahre für die Zusammenarbeit und die gemeinschaftliche Berufsausübung in den einzelnen Freien Berufen bestanden hatte, waren doch auch die ersten Jahre nach Gründung der Bundesrepublik keine Zeit des Stillstands in Sachen einer Fortbildung des Rechts freiberuflicher Kooperationen. Gewichtige Veränderungen, die das tatsächliche Erscheinungsbild freiberuflicher Verbindungen im weiteren Verlauf nicht unerheblich beeinflussen sollten, ergaben sich auf dem Gebiet des Einkommensteuerrechts. Das Steueränderungsgesetz vom 30.7.1960[29] brachte eine Modifikation des § 18 I Nr. 1 EStG, welche mittelbar die Bildung solcher freiberuflicher Zusammenschlüsse erleichterte, die eine vermehrte Zahl von abhängig beschäftigten Berufsvertretern aufwiesen. Maßgeblichen Anteil an dieser Rechtsentwicklung hatten wiederum die freiberuflich jüngeren steuer- und wirtschaftsberatenden Berufe.

Die durch das EStG 1934 erfolgte Einbeziehung der Wirtschaftsprüfer, Buchsachverständigen (Buchprüfer) und Steuerberater in den Kreis der freien Professionen hatte schon sehr bald erste Auswirkungen auf steuerrechtlichem Felde gezeigt. Dem Reichsfinanzhof stellten sich im Zusammenhang mit jenen Professionen rasch teilweise neuartige Rechts-

[27] Vgl. die §§ 16 ff. StBerG vom 16.8.1961 (BGBl. I, S. 1301) – Für die Berufsgruppe der Steuerberater brachte erst das Dritte Gesetz zur Änderung des StBerG vom 24.6.1975 (BGBl. I, S. 1509) die Option, daß auch die Personenhandelsgesellschaften OHG/KG als Steuerberatungsgesellschaften anerkannt werden können, allerdings nur, wenn sie wegen ihrer Treuhandtätigkeit zuvor bereits in das Handelsregister eingetragen worden sind; vgl. hierzu oben S. 11, Fn. 40 in der Einl.

[28] Vgl. die §§ 23 f. StBerG vom 16.8.1961 (BGBl. I, 1301); §§ 43 f. WPO vom 24.7.1961 (BGBl. I, S. 1049) – Die vergleichbaren Regelungen finden sich heute in den §§ 58, 60 StBerG; §§ 43a f. WPO.

[29] BGBl. I, S. 610.

fragen, die ihn schließlich zu einer bedeutsamen und in Teilbereichen auch heute noch relevanten Fortentwicklung seiner Rechtsprechung veranlaßten.

Ein erstes, sich zwangsläufig ergebendes Rechtsproblem betraf die gewerblichen Rechtsformen, in denen jene Berufsangehörigen ihre buchprüfende, wirtschafts- und steuerberatende Tätigkeit ausübten. Damit bedurfte es einer höchstrichterlichen Klärung, ob auch solche Wirtschaftsprüfer und Steuerberater, die ihrer Berufstätigkeit in einer Kapitalgesellschaft oder Personenhandelsgesellschaft nachgingen, in den Genuß der aus einer freiberuflichen Betätigung fließenden steuerrechtlichen Privilegien – insbesondere der Freiheit von der Gewerbesteuer – gelangen konnten.

Für die Kapitalgesellschaften hatte der RFH diese Frage dabei sogar schon zu einem Zeitpunkt beantwortet, als die Buchprüfungstätigkeit noch gar nicht als Freier Beruf anerkannt war. Im Zusammenhang mit Regelungen des steuerlichen Bewertungsrechts hatte die Judikatur bereits im Jahre 1928 für Recht befunden, daß eine Aktiengesellschaft, die sich nach ihrer Satzung mit der Beratung in Wirtschafts- und Steuerfragen, der Aufstellung und Prüfung von Bilanzen etc. befaßte und zu diesem Zweck Bücherrevisoren beschäftigte, den Freien Berufen nicht zugerechnet werden könne.[30] Das Gericht ließ hierbei ausdrücklich offen, ob die Tätigkeit der Bücherrevisoren im allgemeinen als die eines Freien Berufs zu erachten sei und stellte statt dessen allein darauf ab, daß nur die persönliche Ausübung einen Freien Beruf bilde und Körperschaften, die Angehörige Freier Berufe anstellten, um durch diese ihre gesellschaftlichen Aufgaben erfüllen zu lassen, in der Regel eine gewerbliche Tätigkeit ausübten.[31]

In bezug auf die Personenhandelsgesellschaften nahm die höchstrichterliche Judikatur demgegenüber einen anderen Rechtsstandpunkt ein. Schon anno 1930 – ebenfalls wieder im Zusammenhang mit steuerlichen Bewertungsvorschriften – entschied die Finanzrechtsprechung hierzu, daß die Gesellschafter einer offenen Handelsgesellschaft, die sich mit treuhänderischer Verwaltung sowie allgemeiner Wirtschafts- und Steuerberatung befaßten, den freiberuflich Tätigen gleichgestellt werden könnten, wenn sie ihre Tätigkeit im wesentlichen persönlich ausübten.[32] Im Jahre 1938 wurde dem RFH dann schließlich auch die Entscheidung der Rechtsfrage angetragen, ob zwei Buchsachverständige und Helfer in Steuersachen, die zum Zweck der Ausübung ihres Berufs eine Buchführungs- und Steuerberatungs-OHG gegründet hatten, als Freiberufler von der Gewerbesteuer befreit seien.[33] Das Gericht bejahte dies und führte aus, die Bildung einer OHG sei, anders als die Bildung

---

[30] RFH in RStBl. 1929, 19 f.

[31] RFH in RStBl. 1929, 19 (20) – Der amtliche Leitsatz der Entscheidung lautete dementsprechend: „(1) Eine freie Berufstätigkeit liegt in der Regel nur bei persönlicher Ausübung vor. Deshalb können juristische Personen im allgemeinen einen Freien Beruf nicht ausüben. (2) Die in § 10 RBewG. VSt. DB. 1925 angeordnete Gleichstellung der Bücherrevisoren mit den Angehörigen der Freien Berufe bezieht sich nur auf natürliche Personen. Juristische Personen, die durch ihre Angestellten eine Tätigkeit ausüben, die der Tätigkeit der Bücherrevisoren gleichsteht, fallen nicht unter diese Vorschrift."

§ 10 I RBewG. VSt. DB. 1925 v. 14.5.1926 (RGBl. I, 227) enthielt folgende Bestimmung: „Eine Gleichstellung mit den Freien Berufen ist ausgeschlossen, wenn der Gewerbetreibende die eigentliche Tätigkeit, die zur Gleichstellung seines Gewerbes mit den Freien Berufen Anlaß gibt, nicht überwiegend persönlich ausübt."

[32] RFH in StuW 1931, 245 (246).

[33] RFHE 43, 138 f.

einer Kapitalgesellschaft, nichts anderes als die Rechtsform für die gemeinschaftliche Ausübung des Freien Berufs durch die Gesellschafter nach innen und nach außen. Die Gründung einer OHG beschränke sich im wesentlichen auf die schuldrechtlichen Beziehungen zu den Gläubigern und zu den anderen Gesellschaftern, ihre Gründung ändere aber nichts an der inneren Wesensart der beruflichen Tätigkeit.[34]

Ein zweiter Problemkreis beschäftigte die Judikatur alsbald ersichtlich noch intensiver. Ursächlich hierfür war vor allem die bei den jüngeren steuer- und wirtschaftsberatenden Berufen stärker ausgeprägte vertikale Arbeitsteilung, die im Laufe der geschichtlichen Entwicklung größere Arbeitseinheiten mit einer vermehrten Zahl abhängig Beschäftigter hervorgebracht hatte.[35]

Der im Vergleich zu anderen freien Professionen vergleichsweise höhere Kooperations- und Zusammenschlußgrad, der teils durch die Eigenheiten der Buchprüfungstätigkeit, teils durch das auch ansonsten sehr breite Spektrum von Betätigungen (Steuer- und Wirtschaftsberatung, Vermögensverwaltungen etc.) bedingt war, äußerte sich unter anderem auch darin, daß selbständige Steuerberater oder Wirtschaftsprüfer in ihren Praxen mehrere andere, ebenso ausgebildete Berufsangehörige gegen festes Gehalt als Angestellte beschäftigten. Solange die steuer- und wirtschaftsberatenden Berufe in der Rechtsordnung als gewerblich behandelt wurden, bestanden gegenüber dieser Form der Berufsausübung, die auf einem verstärkten Einsatz fremder Arbeitskraft aufbaute, keine Bedenken. Mit der Hebung jener Tätigkeiten zu freien Professionen trat diese rechtstatsächlich verbreitete

---

[34] RFHE 43, 138 (139) – In zwei früheren Entscheidungen (RStBl. 1935, 773 u. 920 ff.) hatte der RFH schon in bezug auf den Betrieb einer Landwirtschaft und für die private Vermögensverwaltung ausgesprochen, daß die Rechtsform der OHG nicht zwangsläufig zu Einkünften aus Gewerbebetrieb führen müsse.

Der BFH hat sich dieser Rechtsprechung später angeschlossen und dahin entschieden, daß die Eintragung einer aus Steuerberatern oder Wirtschaftsprüfern bestehenden KG im Handelsregister die Gesellschaft für sich allein nicht gewerbesteuerpflichtig mache, sondern lediglich ein starkes Beweisanzeichen für einen Gewerbebetrieb bilde. Freilich würde die nach der WPO und dem StBerG zulässige Verbindung der freiberuflichen Buchprüfungstätigkeit mit treuhänderischen Verwaltungen die gesamte Tätigkeit der KG zu einer gewerblichen machen; vgl. so etwa ausführlich BFHE 80, 154 ff. und allg. Meinung; siehe nur Blümich-Hutter, Rn. 72 zu § 18 EStG; Hermann/Heuer/Raupach/Brandt-*Brandt*, Rn. 444 zu § 18 EStG; Kirchhof/Söhn-*Stuhrmann*, Rn. A 122 zu § 18 EStG; Schmidt-*Seeger*, Rn. 43 zu § 18 EStG; *Glanegger/Güroff*, Rn. 170 zu § 2 GewStG; vgl. zu alldem auch näher unten im 2. Teil, Seite 354 ff. sowie S. 360 ff.

[35] Vgl. hierzu bereits oben, Seite 41 ff. sowie S. 48 f.

Jene überproportional starke rechtstatsächliche Verbreitung abhängiger Beschäftigungsverhältnisse im Bereich der entstehungsgeschichtlich jüngeren steuer- und wirtschaftsberatenden Professionen dokumentieren anschaulich die von *Th. Becker* in WT 1944, 137 für den wirtschaftsprüfenden Berufsstand mitgeteilten Zahlen. Danach waren seinerzeit von insgesamt 1.400 Wirtschaftsprüfern ca. 200 als Vorstandsmitglieder und Geschäftsführer in Wirtschaftsprüfungsgesellschaften und genossenschaftlichen Prüfungsverbänden tätig; weitere 320 übten ihren Beruf im Angestelltenverhältnis aus. Diese Daten erlauben den statistischen Rückschluß, daß anno 1944 noch etwa 63 % aller Wirtschaftsprüfer (ca. 880 Berufsangehörige) selbständig tätig waren, während andererseits schon beinahe 23 % (unter Einbeziehung der Vorstandsmitglieder und Geschäftsführer von Wirtschaftsprüfungsgesellschaften sogar 37 %) aller Berufstätigen als abhängig Beschäftigte entweder in Wirtschaftsprüfungsgesellschaften oder bei selbständig tätigen Wirtschaftsprüfern angestellt waren; vgl. zu den – ausnehmend ähnlichen – Vergleichszahlen aus dem Jahr 1938 im übrigen auch die in der Einleitung, Seite 12 in Fußnote 44, mitgeteilten Daten.

Form der Zusammenarbeit und Arbeitsteilung jedoch in ein Spannungsverhältnis zu dem rechtlichen Charakteristikum, wonach für die Einkünfte aus freiberuflicher Tätigkeit die persönliche Arbeitskraft des selbständig Berufstätigen ausschlaggebend sein sollte.

Gerade die amtliche Begründung zum EStG 1934 hatte, zeitgleich mit der Aufwertung der steuer- und wirtschaftsberatenden Berufe zu freien Professionen, die Anbindung der Einkünfte aus selbständiger, insbesondere freiberuflicher Arbeit an die persönliche Arbeitskraft des Berufstätigen besonders betont. Danach mußte die Arbeit, deren Einkünfte unter § 18 EStG fielen, eine Tätigkeit sein, „die unter eigener Verantwortung und für eigene Rechnung gegen Entgelt ausgeübt wird, und bei der maßgebender Faktor nicht, wie beim Gewerbe der Einsatz eines gewerblichen Vermögens oder, wie bei der Landwirtschaft, der Einsatz landwirtschaftlichen Betriebsvermögens, sondern ausschließlich oder fast ausschließlich die eigene Arbeitskraft des Steuerpflichtigen ist."[36]

Mit diesen Grundsätzen mußten die unter den Wirtschaftsprüfern und Steuerberatern vorhandenen, weiter reichenden Kooperationsstrukturen, die zur Entstehung jener größeren Arbeitseinheiten mit einer erhöhten Anzahl abhängig beschäftigter Berufsangehöriger geführt hatten, beinahe zwangsläufig in Konflikt geraten. So dauerte es kaum fünf Jahre, bis der RFH in den Jahren 1938/39 erstmals mit der Rechtsfrage konfrontiert war, in welchem Umfang sich die Berufsangehörigen der jüngeren steuer- und wirtschaftsberatenden Berufe bei der Erledigung ihrer Aufgaben auch der Mithilfe fachlich ebenso vorgebildeter Arbeitskräfte bedienen durften.[37] Dabei erkannte die Judikatur zwar ausdrücklich an, daß die Tätigkeit eines Wirtschaftsprüfers nach ihrer Eigenart in größerem Umfang Vorarbeiten und die Beschäftigung von Hilfskräften erforderlich mache.[38]

Gleichwohl müsse es dabei bleiben, daß ein Wirtschaftsprüfer oder Steuerberater durch die Einstellung von qualifizierten Hilfskräften seine Tätigkeit nicht auf Gebiete ausdehnen könne, die er sonst nicht beherrsche oder nicht bearbeite.[39] Niemals dürfe die Hauptarbeit, d. h. die geistig führende Tätigkeit eines Steuerberaters oder Wirtschaftsprüfers von selbständig agierenden Hilfsarbeitern ausgeübt werden, etwa in der Weise, daß der Betriebsinhaber die Schriftsätze nur zeichne oder oberflächlich überwache oder nur durch allgemeine Weisungen, aber sonst nur ausnahmsweise und gelegentlich, selbst eingreife.[40]

---

[36] RStBl. 1935, 33 (42).

[37] Vgl. RFH in RStBl. 1938, 915 f. (Steuerberater mit Buchstellenbetrieb) ; RFHE 46, 258 ff. (Wirtschaftsprüfer und Steuerberater sowie als obiter dictum auch in bezug auf Buchführer und selbständige Buchhalter); RFH in RStBl. 1939, 759 ff. (Buchstellenleiter).

[38] RFHE 46, 258 (259 f.): „... Es ist nicht zu ersehen, wie z. B. ein Wirtschaftsprüfer eine große Körperschaft ohne Hinzuziehung einer Anzahl von Prüfungsgehilfen prüfen könnte, da er schwerlich alle Einzelheiten selbst ermitteln und durchsehen kann. Die Prüfungsgehilfen leisten dem Wirtschaftsprüfer bei seiner Arbeit mit der Durcharbeitung einzelner Teile der Bücher und Belege oder der Ermittlung betrieblicher Vorgänge im wesentlichen nur Vorarbeiten für sein Gutachten ..."; ebenso RFH in RStBl. 1939, 759 (760), wo darüber hinaus ausgeführt wird: „... Es muß den Angehörigen des Freien Berufs, auch dem Buchsachverständigen und Steuerberater zugelassen werden, sich für die technische Arbeit der Buchführung weitgehend Hilfskräfte zuzulegen, damit der Geschäftsleiter für die ihm zugedachten Aufgaben höherer Art, die ein besonderes Vertrauensverhältnis zu dem Auftraggeber bedingen und ihm Aufgaben rechtswahrerischer Art oder sonstige sachkundige Beratung zuweisen, frei bleibt."

[39] RFHE 46, 258 (260); RFH in RStBl. 1939, 759 (760).

[40] RFHE 46, 258 (260); RFH in RStBl. 1939, 759 (760).

Die Möglichkeit, aufgrund der eigenen Fachkenntnisse und der Kenntnisse des Einzelfalls die notwendigen Entscheidungen abschließend selbst zu treffen, müsse, wie die eigene Verantwortung, bei dem Betriebsinhaber bleiben.[41]

Sodann führte das Gericht in Verallgemeinerung dessen weiter aus: „Die Überlassung nicht nur technischer und vorbereitender, sondern entscheidender und verantwortlicher Aufgaben an selbständige Hilfskräfte widerstreitet dem Wesen des Freien Berufs für alle in Betracht kommenden Berufe. ... Entscheidend ist, ob der ... (Berufstätige, sic!) ... die Bearbeitung der in seinem Beruf zu erledigenden Arbeiten selbst verantwortlich wahrnimmt, so daß die Arbeiten als *seine* Arbeiten angesehen werden können. Das schließt entsprechend der Begrenzung der menschlichen Arbeitskraft eine Ausdehnung der Praxis über ein gewisses Maß hinaus aus."[42]

Auf der Grundlage dieser Erkenntnis entwickelte der RFH die nachfolgend in ständiger Rechtsprechung[43] vertretene sog. Vervielfältigungstheorie. Diese besagte, daß eine Tätigkeit der im § 18 EStG bezeichneten Art zu einem Gewerbebetriebe werde, wenn „... der Berufstätige sich zu den Arbeiten, deren Vornahme regelmäßig die Ausübung eines Freien Berufs oder einer selbständigen Tätigkeit bedeutet, der Hilfe anderer Arbeitskräfte bedient, die die Tätigkeit des freiberuflich Tätigen ersetzen sollen oder die eine Vervielfachung der Arbeitskraft des Berufstätigen darstellen."[44]

Diese Judikatur, die sodann vom Bundesfinanzhof in gleicher Weise fortgeführt wurde,[45] bedeutete in ihren praktischen Rechtsfolgen, daß – abgesehen von in der Ausbildung befindlichen Mitarbeitern – die Beschäftigung von mehr als einem Angestellten, der ebenso qualifiziert war wie der Steuerpflichtige selbst, in der Regel eine Gewerbesteuerpflicht auslöste.[46]

Naturgemäß trafen diese allgemein zu § 18 EStG entwickelten Rechtsprechungsgrundsätze die neu als freiberuflich anerkannten steuer- und wirtschaftsberatenden Berufe aufgrund des dort tatsächlich ausgeprägteren Kooperationsgrades und der vorbeschriebenen größeren Verbreitung abhängiger Beschäftigungsverhältnisse wesentlich häufiger als ande-

---

[41] RFHE 46, 258 (260 f.); RFH in RStBl. 1939, 759 (760).

[42] RFHE 46, 258 (261).

[43] Vgl. RFH in RStBl. 1941, 393 (394) – zugleich als allg. Leitsatz vorangestellt –; RFH in RStBl. 1941, 665 (665 f.) und 721 (723); 1942, 1066 (1067); 1943, 227 (228) und 434 (435).

[44] RFHE 46, 258 (259); RFH in RStBl. 1939, 759 (760) – Angedeutet hatte sich diese Judikatur des RFH bereits in RStBl. 1938, 915 (916): „... Grundsätzlich macht die Führung der Bücher durch angestellte Buchhalter den Buchsachverständigen zum Gewerbetreibenden ...", in RStBl. 1939, 286 (287) betreffend einen Kraftfahrlehrer: „... Der Begriff des Freien Berufs setzt seinem Wesen nach persönliche Ausübung der Tätigkeit voraus. Dies schließt nicht aus, daß sich der Berufsträger für untergeordnete Hilfstätigkeiten fremder Arbeitskräfte bedient. Ein Freier Beruf wird aber nicht mehr anerkannt, wenn der Berufsträger seine eigentliche Berufsarbeit zu einem wesentlichen und hauptsächlichen Teil durch Angestellte erledigen läßt ..." sowie in RStBl. 1939, 354 (355) betreffend eine künstlerische Tätigkeit: „... Es würde aber über den Rahmen der reinen Kunst hinausgehen, wenn der Künstler sich darauf beschränkt, Zeichnungen anzufertigen oder solche bereitzuhalten, das fertige Kunstwerk aber zwar auf seine eigene Rechnung, technisch aber durch Dritte – Angestellte oder selbständige Gewerbetreibende oder Künstler – herstellen oder gar vervielfältigen läßt ..."

[45] Vgl. BFHE 58, 180 (183); BFH in BStBl. 1951 III, 197 (197 f.) und 204 (205); 1952 III, S. 64 und S. 99 f.; 1954 III, 366; 1958 III, 34 (38).

[46] Vgl. BFH in BStBl. 1952 III, 99 (100 f.); ähnlich BFHE 58, 180 (184), wonach die Beschäftigung eines weiteren qualifizierten Mitarbeiters als steuerunschädlich anzusehen sei.

re Berufsgruppen. Dies belegt schon die Vielzahl höchstrichterlicher Entscheidungen, die gerade die Tätigkeit von Wirtschaftsprüfern, Buchprüfern und Steuerberatern zum Gegenstand hatten.[47] Mit anderen Berufsgruppen mußte sich die Judikatur demgegenüber vergleichsweise seltener[48] oder aber überhaupt nicht[49] beschäftigen. Übereinstimmend formulierten verschiedene Autoren damaliger rechtswissenschaftlicher Veröffentlichungen daher: „Von den Auswirkungen der Vervielfältigungstheorie werden also im wesentlichen die wirtschaftsprüfenden und steuerberatenden Berufe betroffen, während Ärzte, Rechtsanwälte und sonstige wissenschaftliche Berufe kaum oder gar nicht davon berührt werden."[50]

Es nimmt deshalb nicht Wunder, wenn gerade aus Reihen der steuer- und wirtschaftsberatenden Berufe immer häufiger Kritik an der Rechtsprechung der Finanzgerichte geäußert wurde.[51] Die Berufsvertreter wandten ein, der Begriff der eigenen Arbeitskraft sei komplexer Natur und könne auch auf die Leitung einer Arbeit und die Übernahme der Verantwortung für das erbrachte Werk beschränkt sein.[52] Die Judikatur sanktioniere

---

47 Vgl. zusätzlich zu den drei in Fn. 37 genannten Urteilen RFH in RStBl. 1941, 393 ff. (Steuerberater und Wirtschaftsprüfer); 665 ff. und 772 (jeweils Steuerberater mit Buchstellenbetrieb); 1943, 434 ff. (Steuerberater, Wirtschaftsberater und Wirtschaftsprüfer); BFH in BFHE 58, 180 ff. (Wirtschaftsprüfer und Steuerberater); in BStBl. 1951 III, 197 f. (Steuerberater und Buchprüfer); 1952 III, 64 (Wirtschaftsprüfer), 99 ff. (KG, deren Gesellschafter Wirtschaftsprüfer und Steuerberater waren) und 287 f. (Buchsachverständiger und Helfer in Steuersachen); 1958 III, 34 ff. (Wirtschaftsprüfer und Steuerberater) – vgl. zu weiteren nicht veröffentlichten Urteilen *Jäger*, S. 151 ff. sowie ausführlich die Rechtsprechungsübersicht von *Greiffenhagen*, S. 57 ff.

48 Daneben waren vor allem die Architekten noch häufiger Gegenstand der richterlichen Entscheidungen; vgl. RFH in 1942, 1066 ff.; 1943, 227 ff. u. 315; BFH in BStBl. 1951 III, 204 ff.; 1954 III, 366. Doch wurde für diese Berufsgruppe eine Gewerbesteuerpflicht häufig verneint (vgl. RFH in RStBl. 1942, 1066, 1067; 1943, 315; BFH in BStBl. 1954 III, 366) und ansonsten vor allem weniger wegen der Beschäftigung von Hilfskräften als vielmehr deshalb bejaht, weil der Architekt sich nicht auf Entwurfsarbeiten und die Baubeaufsichtigung beschränkt hatte, sondern auch die Bauausführung mitübernahm, die fraglos eine gewerbliche Tätigkeit darstellt; vgl. hierzu etwa RFH in RStBl. 1939, 354 (355) – obiter dictum –; 1943, 227 sowie *Jäger*, S. 159; *Hoffmann* in Wpg. 1953, 256; *ders.* in FR 1953, 186 (187).

49 Zu Rechtsanwälten liegt im Zusammenhang mit der Vervielfältigungstheorie gar keine höchstrichterliche Entscheidung vor; vgl. *Jäger*, S. 143 – Dieser Umstand läßt darauf schließen, daß in jenem klassischen Freien Beruf die Beschäftigung einer Mehrzahl von qualifizierten Berufsangehörigen im Angestelltenverhältnis seinerzeit die Ausnahme gewesen ist.

50 Vgl. *Jäger*, S. 159; ebenso *Hoffmann* in Wpg. 1953, 256; *ders.* in FR 1953, 186 (186 f.) – Die Angehörigen der steuer- und wirtschaftsberatenden Berufe betonten diesen Umstand freilich in rhetorisch schärferer Form. So bemerkte *Nowak* in Wpg. 1951, 405, die Entwicklung habe durch die Vervielfältigungstheorie „... eine radikale Verschärfung erfahren mit dem Ziele, fast ausnahmslos jeden Angehörigen der wirtschafts- und steuerberatenden Berufe gewerbesteuerpflichtig zu machen."

51 Vgl. hierzu erstmals *Th. Becker* in WT 1939, 156 (157 f.); *ders.* in WT 1940, 120 (121 f.); ferner etwa -lt. in Wpg. 1951, 10; *Nowak* in Wpg. 1951, 405 f.; *Littmann* in Wpg. 1953, 367 ff.; *Spitaler* in FR 1950, 161 (163 ff.); siehe auch *Flume* in DB 1950, 564, sowie ausführlich die Monografie von *Greiffenhagen*, S. 17 ff.; 33 ff. – kritisch auch die Red.-Anm. in BB 1954, 22, wonach die Rechtsprechung die Mehrzahl der Wirtschaftsprüfer und Steuerberater, zumindest in Großstädten, gewerbesteuerpflichtig mache.

52 -lt. in Wpg. 1951, 10 (11), wonach eine „verantwortliche Leitung" und die „volle persönliche Verantwortung" des steuerpflichtigen Wirtschaftsprüfers genügen sollten; ebenso *Berger* in BB 1950, 115 (116); *Greiffenhagen* in DB 1951, 554 f.; *ders.*, S. 28 u. S. 33; *Spitaler* in FR 1950, 161 (164);

durch ihre Haltung vor allem die qualifiziertesten Berufsvertreter, die sich durch vorgebildete Kräfte weitgehend entlasten müßten, um sich möglichst nur mit den wirklich großen Aufgaben zu beschäftigen.[53] Die Bestimmung des Umfangs und der Anzahl von fachlich ebenso ausgebildeten Berufsangehörigen, die ein Steuerpflichtiger ohne die Rechtsfolge einer Gewerbesteuerpflicht beschäftigen dürfe, müsse daher den Besonderheiten und Anschauungen des betroffenen Berufsstandes überlassen bleiben.[54]

Dem hielten andere Stimmen entgegen, anders als beim Gewerbe, das auf die Verwendung von Kapital und fremder Arbeit zugeschnitten sei, müsse daran festgehalten werden, daß beim Freien Beruf die eigene, hauptsächlich geistige Tätigkeit überwiege.[55] Ein Berufsangehöriger, der ohne in gleicher Weise qualifizierte Mitarbeiter nicht auskomme, sei eben gehalten, diese Mitarbeiter nach einer gewissen Zeit als Sozien in seine Praxis zu übernehmen.[56] Es sei weder nach der gesetzlichen Regelung noch unter dem Gesichts-

---

Littmann in Wpg. 1953, 367 (370 u. 372); in dieser Richtung vorher auch schon *E. Becker* in StuW 1939 I, 695 (703); *ders.* in StuW 1940, 67 (78), wonach eine Gewerbesteuerpflicht zu verneinen sei, wenn der Steuerpflichtige die „Seele des Unternehmens" bleibe, ähnlich *Th. Becker* in WT 1939, 156 (158) und WT 1940, 120 (122), wonach es genügen müsse, daß die Persönlichkeit des Steuerpflichtigen dem ganzen Unternehmen den Stempel aufdrücke; dem folgend *Flume* in DB 1950, 564, der es für ausreichend erachtete, wenn der Berufsangehörige die Verantwortung für die Erfüllung einer Aufgabe trage.

[53] -lt. in Wpg. 1951, 10; *Berger* in BB 1950, 115 (116); *Littmann* in Wpg. 1953, 367 (371); *Flume* in DB 1950, 564; *Spitaler* in FR 1950, 161 (164); *Greiffenhagen*, S. 2 u. S. 27 f.

Die Befürworter einer großzügigeren Betrachtungsweise beriefen sich in diesem Zusammenhang auf einen Passus in den Gewerbesteuerrichtlinien 1943, welcher auszugsweise lautete: „... Es würde dem Sinn der Freistellung der Freien Berufe von der Gewerbesteuer widersprechen, wenn gerade die führenden Vertreter des einzelnen Freien Berufs nur deshalb zur Gewerbesteuer herangezogen würden, weil ihnen bedeutende Aufträge erteilt werden, bei deren Erledigung sie auf eine weitgehende Mitarbeit vorgebildeter Hilfskräfte nicht verzichten können."; vgl. hierzu *Hoffmann* in Wpg. 1953, 256; *ders.* in FR 1953, 186 (187).

[54] Vgl. -lt. in Wpg. 1951, 10 (11); *Berger* in BB 1950, 115 (116); *Littmann* in Wpg. 1953, 367 (373 f.); *Greiffenhagen*, S. 50; ähnlich *Weier* in FR 1950, 168, der auf das jeweilige Berufsethos der verschiedenen Professionen abstellen wollte; in dieser Richtung auch *Bärwinkel-Leue* in FR 1950, 181 (182).

Die Standesauffassung der wirtschaftsprüfenden Berufe hielt seinerzeit die Beschäftigung von fünf fachlich ebenso qualifizierten Berufsangehörigen pro Steuerpflichtigem für unbedenklich. Die Richtlinien, welche die Hauptstelle für das wirtschaftliche Prüfungs- und Treuhandwesen als Körperschaft des öffentlichen Rechts im Einvernehmen mit dem Beauftragten des Bundeswirtschaftsministeriums Anfang der fünfziger Jahre aufgestellt hatte, lautete: „Die Zahl der ständig tätigen Prüfer einschließlich der in der Beratung tätigen Mitarbeiter und Berichtskritiker darf fünf Personen für jeden Wirtschaftsprüfer oder jeden vereidigten Buchprüfer bzw. für jeden in einer Wirtschaftsprüfungsgesellschaft oder Buchprüfungsgesellschaft tätigen Wirtschaftsprüfer und vereidigten Buchprüfer nicht übersteigen. Spezialisten, wie Ingenieure, Versicherungsmathematiker, Organisatoren usw. können mit Genehmigung der Hauptkammer außerhalb der Berechnung bleiben. Berufsangehörige, die zur Zeit eine größere Anzahl von Revisoren beschäftigen, haben bis zum 31.3.1952 den diesem Beschluß entsprechenden Zustand herzustellen."; vgl. hierzu -lt. in Wpg. 1951, 10 (11).

[55] *Zitzlaff* in StuW 1939 I, 1067 (1069); *ders.* in StuW 1950, 733; *Kaatz* in FR 1954, 65 (66); *Vangerow* in StuW 1954, 93 (94 f.); *Hartz* in INF 1957, 130 (132).

[56] Vgl. *Hartz* in INF 1957, 130 (133): „Wer Großaufträge im Rahmen des Freien Berufs abwickeln will, soll durch Sozietäten eine entsprechende Organisation schaffen. Wer aber die Großaufträge mit qualifizierten Angestellten abwickeln will, muß die steuerlichen Folgen in Kauf nehmen."

punkt der Rechtssicherheit zu rechtfertigen, bei der Frage einer Beschäftigung von fachlich ebenso qualifizierten Angestellten auf eine kaum sicher feststellbare und zudem die jeweiligen Eigeninteressen betonende Standesanschauung abzustellen.[57]

Die Judikatur hielt in Übereinstimmung hiermit an der Rechtsprechung zur Vervielfältigungstheorie fest. Die persönliche Arbeitsleistung, d. h. die persönliche Erbringung der berufsspezifischen Leistung sei ein Merkmal des Freien Berufs, auf das nicht verzichtet werden könne.[58] Die Rechtsprechungsgrundsätze zögen nur die Konsequenz aus den kennzeichnenden Charakteristika des Freien Berufs, wonach die unter Einsatz des geistigen Vermögens und der eigenen Arbeitskraft vorgenommene persönliche Ausübung des Berufes ihre Grenze in der menschlichen Leistungsfähigkeit finde.[59] Der jeweiligen Standesanschauung könne in dieser Frage schon deshalb keine entscheidende Bedeutung beigemessen werden, weil die Frage nach dem unmittelbaren Sinn und Zweck des § 18 EStG nur einheitlich für alle freien Professionen zu beantworten sei.[60]

Dem entspreche es, zwar eine Sozietät von Spezialisten für gewerbesteuerfrei zu erachten, hingegen eine Einordnung von angestellten Spezialisten in ein einheitlich geführtes Büro mit der Gewerbesteuerpflicht zu belegen. Diese Ungleichbehandlung rechtfertige sich daraus, daß es gerade zu den Merkmalen eines gewerblichen Betriebs gehöre, daß der Unternehmer Arbeitskräfte einstelle, die auf dem Gebiet des betreffenden Geschäfts- oder Berufszweigs für ihn tätig werden, so daß er sich mehr oder weniger auf die Leitung des Unternehmens beschränken könne.[61] Die Sozietät selbständiger Berufsträger erscheine demgegenüber als die dem Freien Beruf gemäße Organisationsform.[62]

Die weiterhin feste Haltung der Rechtsprechung des Bundesfinanzhofs hatte Ende der fünfziger Jahre schließlich ein Tätigwerden des Gesetzgebers zur Folge.[63] Nachdem sich die Judikatur der Berücksichtigung der besonderen Verhältnisse und Standesanschauungen bei einzelnen Berufsarten, insbesondere im Bereich der steuer- und wirtschaftsberatenden Berufe, dauerhaft verschloß, konnte den spezifischen Interessen dieser Professionen nur durch eine allgemein und für alle Freien Berufe geltende Lockerung der Grundsätze des § 18 I Nr. 1 EStG Rechnung getragen werden. Im Rahmen des StÄndG 1960 wurden

---

57 *Hartz* in INF 1957, 130 (131 f.); *Kaatz* in FR 1954, 65 (66); ähnlich *ders.* in FR 1955, 21, wonach die Rechtssicherheit nur *eine* (einheitliche) Auslegung zulasse.

58 BFH in BStBl. 1958 III, 34 (38); ähnlich schon RFH in RStBl. 1941, 721 (723) und 1943, 434 (435), wonach eine Auflockerung der Rspr. durch unbestimmte Rechtsbegriffe, etwa in dem Sinne, daß der Freiberufler nur die „Seele des Unternehmens", der „geistig führende Kopf" oder der „schöpferische Urheber der Arbeiten" zu sein brauche, wegen der damit verbundenen Aufweichung der Grenzziehung zwischen Freiem Beruf und Gewerbe nicht in Betracht komme.

59 BFH in BStBl. 1958 III, 34 (38); vgl. auch BFH in BStBl. 1953 III, 142 (143), wonach die freie Berufstätigkeit „... im Gegensatz zur gewerblichen Betätigung in den natürlichen Gegebenheiten des geistigen Vermögens und der menschlichen Leistungsfähigkeit des Einzelnen ihre Begrenzung (finde) ..."

60 BFH in BStBl. 1958 III, 34 (38); ähnlich zuvor schon BFH in BStBl. 1952 III, 99 (101).

61 BFH in BStBl. 1958 III, 34 (38).

62 BFH in BStBl. 1958 III, 34 (38).

63 Das Bundesministerium der Finanzen hatte sich zuvor anläßlich des Beitritts zum Verfahren BFH in BStBl. 1958 III, 34 ff., vor allem für eine steuerliche Vorzugsbehandlung der Wirtschaftsprüfer und daneben der Architekten bei der Beschäftigung angestellter Berufsangehöriger ausgesprochen; vgl. dazu die entsprechende Stellungnahme in BStBl. 1958 III, 34 (36 f.).

jener Vorschrift daher, neben einer erneuten Ausdehnung des Katalogs der freiberuflichen Tätigkeiten,[64] die auch heute noch maßgebenden Sätze 3 und 4 angefügt, die eine Einschränkung der Vervielfältigungstheorie brachten, ohne sie völlig aufzugeben.[65]

Der Gesetzgeber erlaubte fortan in größerem Umfang die Beschäftigung von angestellten Berufsangehörigen, wollte aber über die Merkmale „aufgrund eigener Fachkenntnisse leitend und eigenverantwortlich tätig" weiterhin sichergestellt wissen, daß die freiberufliche Tätigkeit – wenn auch nicht mehr ausschließlich – auf der persönlichen Arbeitsleistung des selbständig Berufstätigen beruht.[66]

Durch diese Gesetzesänderung, die speziell und ausschließlich die Ausübung eines Freien Berufs, nicht aber die Einkünfte aus sonstiger selbständiger Tätigkeit im Sinne des § 18 I Nr. 3 EStG betraf,[67] entgingen insbesondere die steuer- und wirtschaftsberatenden Beru-

---

[64] Neu aufgenommen in den Kreis der ausdrücklich aufgeführten Freien Berufe wurden unter anderem die Zahnärzte, die Tierärzte, die beratenden Volks- und Betriebswirte sowie die Dolmetscher, Übersetzer und Lotsen; vgl. den schriftlichen Bericht des Finanzausschusses (14. Ausschuß) zum StÄndG 1960, BT-Drucksache III/1941, Zusammenstellung S. 7 sowie den Bericht des Abgeordneten Dr. Miessner, aaO, S. 4.

[65] Kirchhof/Söhn-*Stuhrmann*, Rn. A 52 zu § 18 EStG; vgl. dazu später mehr unten im Schlußteil, Seite 539 ff. – Die Einfügung des Satzes 4, wonach eine Vertretung im Fall vorübergehender Verhinderung einer leitenden und eigenverantwortlichen Tätigkeit nicht entgegenstehe, hatte dabei lediglich klarstellende Funktion und brachte gegenüber der vorherigen Rechtslage an sich gar keine Neuerung. Denn auch unter Geltung der Vervielfältigungstheorie hatte die Rechtsprechung die Beschäftigung eines ebenso qualifizierten angestellten Mitarbeiters aus Gründen der Vertretung stets für zulässig erachtet; vgl. nur BFH in BStBl. 1952 III, 99 (101).

[66] Vgl. hierzu die entsprechenden Ausführungen im Regierungsentwurf zum StÄndG 1960; BT-Drucksache III/1811, S. 12: „... Die neuen Abgrenzungsvorschriften verlangen als Kennzeichen für die Anerkennung einer freiberuflichen Tätigkeit, daß der Berufsträger selbständig tätig ist, die für die Ausübung seiner Berufstätigkeit erforderlichen fachlichen Kenntnisse besitzt und aufgrund dieser Kenntnisse leitend und eigenverantwortlich seine Tätigkeit ausübt. Bei der Abgrenzung zwischen freiberuflicher und gewerblicher Tätigkeit soll nach der Neuregelung die Zahl der fachlich vorgebildeten Mitarbeiter kein Beweisanzeichen dafür sein, steuerlich die Eigenschaft einer freien Berufstätigkeit zu verneinen ... Der Entwurf geht davon aus, daß nicht in allen Fällen, in denen in einem Betrieb eine der in § 18 I Ziff. 1 EStG aufgeführten Tätigkeiten ausgeübt wird, eine freiberufliche Tätigkeit anzuerkennen ist. Er schreibt vielmehr vor, daß dann, wenn nach dem Gesamtbild des einzelnen Falles eine eigenverantwortliche fachliche Leitung nicht mehr angenommen werden kann, das Vorliegen einer freiberuflichen Tätigkeit zu verneinen ist (z. B. Berufsträger besitzt fachliche Vorbildung, ist aber praktisch nur mit der Hereinholung von Aufträgen beschäftigt)."

Der ursprüngliche Regierungsentwurf enthielt neben den Gesetz gewordenen Sätzen 3 und 4 noch einen weiteren Satz 5, welcher lautete: „Eine freiberufliche Tätigkeit liegt nicht vor, wenn nach dem Gesamtbild der Berufstätigkeit eine eigenverantwortliche fachliche Leitung nicht mehr gewährleistet ist."; vgl. BT-Drucksache III/1811, S. 4. Der Finanzausschuß sah im weiteren Verlauf des Gesetzgebungsverfahrens keinen Bedarf für diese Klarstellung und führte hierzu aus: „... Es wurde jedoch für zweckmäßig gehalten, das im letzten Satz des Regierungsvorschlags vorgesehene Kriterium des <Gesamtbildes der Berufstätigkeit> zu streichen, weil nach der Auffassung des Finanzausschusses die Tatbestandsmerkmale <aufgrund eigener Fachkenntnisse leitend und eigenverantwortlich tätig> diesen Gedanken bereits ausreichend berücksichtigen."; vgl. den schriftlichen Bericht des Abgeordneten Dr. Miessner, BT-Drucksache III/1941, S. 4.

[67] Die Vervielfältigungstheorie hat für die sonstige selbständige Tätigkeit nach § 18 I Nr. 3 EStG nach allg. Meinung weiterhin Bedeutung und gilt dort uneingeschränkt fort; vgl. so schon BFHE 86, 305 (306 f.); aus neuerer Zeit nur BFHE 175, 284 (286); *Korn* in DStR 1995, 1249 (1253); Schmidt-

fe zukünftig trotz der Beschäftigung einer durchschnittlich größeren Anzahl von angestellten Berufsangehörigen der Sanktion einer Gewerbesteuerpflicht. Gleichzeitig wurden auch für alle anderen freien Professionen die steuerrechtlichen Voraussetzungen geschaffen, fortan größere Zusammenschlüsse unter Einstellung einer vermehrten Anzahl von abhängig beschäftigten Berufsvertretern zu bilden.

III. Zwischenergebnis

Die zeitliche Phase der Nachkriegszeit brachte bis zur Mitte der sechziger Jahre im Ergebnis somit einmal die berufsrechtliche Festschreibung der divergierenden Voraussetzungen für eine freiberufliche Zusammenarbeit innerhalb der neueren steuer- und wirtschaftsberatenden Berufe einerseits und innerhalb der klassischen und traditionell anerkannten Freien Berufe andererseits. Den Wirtschaftsprüfern, Buchprüfern und Steuerberatern gelang es, im Rahmen der Entstehung ihrer Berufsordnungen auch die gewerblichen Kooperationsformen der Kapitalgesellschaften und Personenhandelsgesellschaften als zulässige Form der gemeinschaftlichen Berufsausübung durchzusetzen.

Zum anderen sah sich der Gesetzgeber auch auf steuerrechtlichem Gebiet vor allem durch die Verhältnisse bei den jüngeren steuer- und wirtschaftsberatenden Berufen veranlaßt, die bis dahin bestehende enge Anbindung der Einkünfte aus Freiem Beruf an die persönliche Arbeitskraft des selbständig tätigen Freiberuflers zu lockern. Nachdem die Judikatur eine berufsspezifische Aufweichung der Merkmale des § 18 I Nr. 1 EStG zugunsten einzelner freier Professionen wiederholt abgelehnt hatte, erweiterte der Gesetzgeber – den besonderen Interessen eben jener steuer- und wirtschaftsberatenden Berufe Rechnung tragend – generell für alle Freien Berufe die steuerrechtlichen Möglichkeiten zur Anstellung einer größeren Anzahl qualifizierter Berufsangehöriger.

Den Wirtschaftsprüfern, Steuerberatern und Buchprüfern war es im Rahmen einer Gesamtbetrachtung also gelungen, sich im Zuge der rechtlichen Neuorganisation freier Berufsausübung nach dem Ende des Zweiten Weltkriegs in vollem Umfang jene gewerblichen Rechts- und Kooperationsformen zu bewahren, die noch aus einer Zeit rührten, als ihre Berufstätigkeit uneingeschränkt als gewerblich galt. Die rechtliche Eingliederung der steuer- und wirtschaftsberatenden Berufe in den Kreis der freien Professionen setzte sich demnach nicht in der Weise fort, daß nunmehr auch die Tätigkeit der Wirtschaftsprüfer und Steuerberater den strengen Regeln der freiberuflichen Zusammenarbeit bei den traditionellen Freien Berufen unterworfen wurde. Im Gegenteil ging der Gesetzgeber dazu über, den bei den jüngeren Professionen mit gewerblicher Entstehungsgeschichte rechtstatsächlich stärker ausgeprägten Einsatz von Berufsangehörigen in abhängigen Beschäftigungsverhältnissen steuerrechtlich allgemein für alle Freien Berufe zu legalisieren.

Seeger, Rn. 142 zu § 18 EStG; Blümich-*Hutter*, Rn. 172 zu § 18 EStG; Hermann/Heuer/Raupach/Brandt-*Brandt*, Rn. 251 zu § 18 EStG; Kirchhof/Söhn-*Stuhrmann*, Rn. B 215 zu § 18 EStG.

E. Der Zeitraum vom Ende der sechziger Jahre bis zur Mitte der achtziger Jahre

Mit dem Ende der berufsrechtlichen Kodifikationsphase in den ersten Jahren nach Gründung der Bundesrepublik wandten sich die Angehörigen der freien Professionen alsbald wieder verstärkt den Themen einer beruflichen Zusammenarbeit und einer gemeinschaftlichen Berufsausübung zu. Die Entwicklung schritt in diesem Bereich nun rapide voran. Aufgrund des in allen Professionen stetig wachsenden wissenschaftlichen Erkenntnisstandes setzte sich allmählich gemeinhin – vor allem auch bei der insoweit noch sehr zurückhaltenden Anwaltschaft – die Einsicht von der Notwendigkeit einer verstärkten Spezialisierung durch.

Damit einhergehen mußte zugleich eine wachsende Kooperation und Teamarbeit unter den Berufsangehörigen. Auf diese Weise förderte der Spezialisierungsprozeß mittelbar die Entstehung größerer, in ihrer konkreten Ausprägung bei den einzelnen freien Professionen sehr verschiedenartiger Zusammenschlüsse unter den Berufstätigen.

Die freiberuflichen Verbindungen blieben zudem fortan nicht mehr allein auf eine Zusammenarbeit der Berufstätigen innerhalb der einzelnen freien Profession beschränkt. Aufgrund gewandelter Standesanschauungen entwickelten sich in einigen Bereichen vielmehr neuartige interprofessionelle Zusammenschlüsse, die durch intensive Teamarbeit eine fachübergreifende Leistung freiberuflicher Dienste zwischen solchen Freien Berufen ermöglichten, deren Tätigkeiten sich für bestimmte Publikumskreise sinnvoll kombinieren und aufeinander abstimmen ließen.

Den zunehmenden Zusammenschlußtendenzen suchte in den siebziger Jahren schließlich auch der Gesetzgeber durch das Bemühen um die Schaffung einer spezifisch auf die Bedürfnisse der Freien Berufe zugeschnittenen neuartigen Rechtsform Rechnung zu tragen. Allerdings blieb dem damaligen Gesetzgebungsverfahren zur Schaffung einer freiberuflichen Partnerschaft im Ergebnis ein Erfolg versagt.

Die sich nun allgemein verstärkt ausbildenden freiberuflichen Kooperationsstrukturen verdienen in Ansehung dessen eine gesonderte Betrachtung einerseits unter dem Aspekt des monoprofessionellen Zusammenschlusses, andererseits unter dem Blickwinkel der interdisziplinären Zusammenarbeit. Zudem lohnt auch die Geschichte des gescheiterten Partnerschaftsgesetzes eine nähere Befassung.

I. Der Spezialisierungsprozeß und die verstärkte Bildung monoprofessioneller Zusammenschlüsse

Der nun allgemein einsetzende Trend eines verstärkten freiberuflichen Zusammenschlusses gestaltete sich innerhalb der einzelnen Freien Berufe sehr unterschiedlich. Er baute dabei auf den divergierenden normativen Entstehungsvoraussetzungen auf, die sich – in Anlehnung an die rechtstatsächlich vorgefundenen Verschiedenheiten – wie vorbeschrieben zwischenzeitlich für eine berufliche Zusammenarbeit innerhalb der einzelnen Professionen herausgebildet hatten.

Vor allem die klassischen freien Professionen der niedergelassenen Ärzte und Rechtsanwälte, die sich bislang eher reserviert gegenüber der gemeinschaftlichen Zusammenarbeit einer größeren Zahl von Berufsangehörigen gezeigt hatten, erkannten in Anbetracht der zunehmenden Komplexität ihrer Tätigkeitsfelder die Notwendigkeit zu einem diesbezüglichen Umdenken.

Die Berufsvertreter der Anwaltschaft sahen angesichts einer anhaltenden Normenflut das Erfordernis, die sich auf den vielen verschiedenen Rechtsgebieten stellenden Rechtsprobleme fortan mehr und mehr im gemeinschaftlichen Verbund zu lösen.[1] Mit Blick auf die zunehmende Ausdifferenzierung der Rechtsordnung, die in der Schaffung der verschiedenen Gerichtszweige nur ihre Bestätigung finde, könne der einzelne Berufsangehörige den Vorgaben des § 3 I BRAO, wonach der Rechtsanwalt der unabhängige Berater und Vertreter in *allen* Rechtsangelegenheiten sei, nicht mehr uneingeschränkt gerecht werden.[2] Wolle die Anwaltschaft mit der Entwicklung Schritt halten und weiterhin sicherstellen, daß einzelne Praxen in allen Bereichen des Rechts zu einer niveauvollen und qualitativ hochwertigen Mandatsbearbeitung in der Lage seien, so müsse man dazu übergehen, größere Sozietäten auszubilden.[3]

Innerhalb der Kanzleien, die nach Auffassung beteiligter Kreise künftig eine Größenordnung von 20 bis 25 Partnern aufweisen könnten,[4] sei dabei eine Schwerpunktbildung unter den einzelnen Berufsangehörigen und eine verstärkte Beschäftigung des einzelnen mit einem bestimmten Rechtsgebiet wünschenswert.[5] Freilich könne dabei ein Anwalt des Teams weiterhin der eigentliche Berater des Mandanten sein; doch werde der Mandant es als selbstverständlich ansehen, daß zu der Beratung ein weiteres Mitglied der Anwaltsgemeinschaft hinzugezogen werde, wenn es die Sache erfordere.[6]

Die vorstehenden Erkenntnisse führten in der Folgezeit in praxi zu einer vermehrten Gründung von Sozietäten und zu einem überproportionalen Anstieg der in solchen Anwaltsgemeinschaften verbundenen Rechtsanwälte. Empirische Analysen belegen, daß allein zwischen 1967 und 1972 die Zahl der insgesamt in Sozietäten organisierten Rechtsanwälte im Verhältnis zum allgemeinen Anwachsen der Berufsangehörigen eine beinahe doppelt so hohe Steigerungsrate aufwies.[7] Ebenso zeigte sich, daß große Sozietäten nicht nur den

---

1 Vgl. hierzu wegweisend *Oppenhoff* in AnwBl. 1967, 267 (268 u. 270); *Redeker* in ZRP 1969, 268 (269).

2 *Redeker* in ZRP 1969, 268 (269 f.).

3 *Oppenhoff* in AnwBl. 1967, 267 (270 ff.); *Strobl* in AnwBl. 1967, 279; *Pauly* in AnwBl. 1967, 279 f.; *Redeker* in ZRP 1969, 269 f.); Sozietätsausschuß des Hamburgischen Anwaltvereins in AnwBl. 1970, 5 (6); *Volks* in AnwBl. 1976, 57; vgl. für den steuerberatenden Beruf auch *Schäfers* in Stbg. 1970, 69 (70 f.).

4 So die Stellungnahme des Sozietätsausschusses des Hamburgischen Anwaltvereins in AnwBl. 1970, 5 (6) – Im Jahr 1967 bestand zum Vergleich die größte Sozietät im ganzen Bundesgebiet aus insgesamt 9 Sozien; darauf folgten insgesamt fünf Sozietäten mit sieben Partnern; vgl. *Braun* in BRAK-Mitt. 1993, 185 (186).

5 *Redeker* in ZRP 1969, 268 (270).

6 *Redeker* in ZRP 1969, 268 (270).

7 Vgl. *Volks* in AnwBl. 1976, 57 (58) – Das dort ausgewertete Zahlenmaterial, welches die Ergebnisse einer eingehenden Rechtstatsachenstudie des Autors aus dem Jahr 1974 zusammenfaßt,

höchsten Anteil spezialisierter Rechtsanwälte, sondern auch den größten Anteil spezialisierter Kanzleien stellten.[8] Dieselbe Rechtstatsachenstudie wies nach, daß der Anteil an Privatmandaten mit steigender Sozietätsgröße kontinuierlich fiel, während umgekehrt mit der personellen Ausdehnung von Anwaltsgemeinschaften der Anteil an Mandaten von Unternehmen mit mehr als 100 Beschäftigten überproportional zunahm.[9]

Ähnlich bemerkenswert gestalten sich die seinerzeit beobachteten Zusammenhänge zwischen der Sozietätsgröße und dem jeweiligen steuerpflichtigen Einkommen, welches die einzelnen darin verbundenen Rechtsanwälte durchschnittlich erzielten. Danach war unter den traditionell in Einzelpraxis organisierten Rechtsanwälten der relative Anteil an der niedrigsten Einkommensklasse mit 46 % weitaus höher als der entsprechende Anteil der schlechtverdienenden Rechtsanwälte innerhalb der Gruppe der in einer Sozietät tätigen Berufsangehörigen.[10] Unter den Anwälten mit hohem Einkommen nahm demgegenüber der verhältnismäßige Anteil derjenigen, die in Sozietäten organisiert waren, mit steigender Sozietätsgröße immer mehr zu.[11]

Im Zuge des verstärkt einsetzenden anwaltlichen Zusammenschlusses stieg der relative Anteil der in Sozietäten verbundenen Rechtsanwälte im Verhältnis zur Gesamtzahl aller Berufsangehörigen dementsprechend von 26,5 % im Jahre 1967 auf 37,7 % bis zum Jahr 1980.[12] Erstmals bildeten sich auch größere Anwaltsgemeinschaften mit zehn und mehr Sozien, deren Zahl bis 1980 auf bundesweit 14 Gesellschaften anstieg.[13]

Auch bei den Ärzten zeigte sich nunmehr ein vergleichbar rascher Wandel und die Tendenz zu einem verstärkten freiberuflichen Zusammenschluß. Dem rasch fortschreitenden Anwachsen medizinischer Erkenntnisse und der damit verbundenen Verwendung komplizierter und teurer Spezialapparaturen auch in der Praxis des freiberuflich tätigen Arztes[14] entsprach es, die berufsrechtlichen Kooperationsmöglichkeiten entsprechend zu erweitern.

---

spiegelt binnen fünf Jahren ein Anwachsen der Berufsangehörigen um insgesamt 18,3 Prozentpunkte wider, während die Zuwachsrate der in Sozietäten zusammengeschlossenen Rechtsanwälte bei 34,3 Prozentpunkten lag.

[8] Näher *Volks* in AnwBl. 1976, 57 (59) unter Darlegung der ausgewerteten Statistiken.

[9] *Volks* in AnwBl. 1976, 57 (60) – Diese Entwicklung zeigte sich verstärkt in solchen Kanzleien, in denen die Anwälte sich außerdem spezialisierten; bei einer Spezialisierung auf Gebiete des Wirtschaftsrechts trat die Verschiebung der Mandatsanteile dann nochmals deutlicher hervor; vgl. *Volks*, aaO.

[10] Dort fielen unter den in Zweiersozietät praktizierenden Anwälten in die niedrigste Einkommensstufe etwa 38 %; innerhalb der Gruppe von Rechtsanwälten, die in Sozietäten mit vier oder mehr Berufsvertretern tätig waren, zählten hingegen lediglich noch 19 % zu den Geringverdienern; vgl. *Volks* in AnwBl. 1976, 57 (60).

[11] In der Gruppe der Sozietäten mit vier oder mehr Rechtsanwälten lag der Anteil der sehr gut verdienenden Berufsangehörigen mit 52 % deutlich am höchsten, während innerhalb der Gruppe der Einzelanwälte nur 27 % der Berufstätigen dieser höchsten Einkommensklasse zugerechnet werden konnten; vgl. *Volks* in AnwBl. 1976, 57 (60).

[12] *Braun* in BRAK-Mitt. 1993, 185 (186).

[13] Vgl. *Braun* in BRAK-Mitt. 1993, 185 (186) – Freilich blieb der Anteil solcher „Großsozietäten" im Vergleich zu der Gesamtzahl aller gebildeten Anwaltsgemeinschaften mit 0,3 % verschwindend gering; vgl. *Braun*, aaO.

[14] So etwa BVerfGE 33, 125 (162).

Auf dem im Jahre 1968 in Wiesbaden abgehaltenen 71. Deutschen Ärztetag beschloß die Ärzteschaft in Übereinstimmung hiermit – freilich nach einer zuvor über mehrere Jahre hinweg intensiv und konträr geführten berufsrechtlichen Diskussion[15] – eine weitgehende Liberalisierung im Punkte der Zulässigkeit einer ambulanten Gemeinschaftspraxis. Die vormalige Beschränkung der Einrichtung einer Gemeinschaftspraxis auf Ausnahmefälle wurde fallengelassen. An die Stelle des bislang bestehenden Genehmigungsvorbehalts, den die einzelnen Landesärztekammern meist eher zurückhaltend gehandhabt hatten,[16] trat nunmehr im Zuge einer Neufassung des § 18 der Musterberufsordnung die Statuierung einer bloßen Anzeigepflicht.[17] Durch eine erneute Änderung der Regelung des § 18 II MBO im darauffolgenden Jahr wurde hierbei allerdings noch deutlicher als zuvor darauf hingewiesen, daß „bei allen Formen gemeinsamer Berufsausübung ... die freie Arztwahl gewährleistet bleiben“ müsse.[18]

Zugleich gründeten die niedergelassenen Ärzte zum Ende der sechziger Jahre erstmals Apparategemeinschaften großen Stils, die den beteiligten Medizinern auch auf dem ambulanten Sektor eine finanzierbare Bereitstellung der kostenintensiven Apparatemedizin durch die gemeinsame Anschaffung und Benutzung der Gerätschaften ermöglichen sollten.[19]

---

[15] Vgl. zu dem im Vorfeld mit gegensätzlichen Standpunkten betriebenen Dialog unter den ärztlichen Berufsvertretern über die rechtliche Unbedenklichkeit des Betriebs ambulanter Gemeinschaftspraxen näher *Spitzl*, S. 46 ff. – Die Gegner einer berufsrechtlichen Lockerung befürchteten in erster Linie, die gemeinschaftliche Berufsausübung könne das individuelle Vertrauensverhältnis zwischen Arzt und Patient beeinträchtigen, das Prinzip der freien Arztwahl gefährden und durch eine allmähliche Ausweitung zum ambulanten „ärztlichen Betrieb“ einem reinen Arbeitszeitdenken im Sinne einer zunehmenden Kommerzialisierung Vorschub leisten; vgl. *Spitzl*, aaO.

[16] Die Landesärztekammern sahen die Erteilung einer Genehmigung mehrheitlich in ihr eigenes Ermessen gestellt, ohne hierbei einheitliche Kriterien für eine Genehmigungserteilung aufzustellen. Soweit ausdrückliche Ermessensleitlinien bestanden, war zumeist maßgeblich, daß durch die gemeinschaftliche Praxisführung die individuelle Behandlung des Patienten nicht gefährdet werden dürfe; vgl. näher *Fischer*, S. 13 ff.

[17] Die Bestimmung des § 18 MBO lautete fortan: „(1) Der Zusammenschluß von Ärzten zur gemeinsamen Ausübung des Berufs, der gemeinschaftlichen Nutzung von Praxisräumen, diagnostischen und therapeutischen Einrichtungen ist der Ärztekammer anzuzeigen. (2) Bei einem derartigen Zusammenschluß ist dem Wunsche des Patienten auf Behandlung durch einen bestimmten Arzt der Ärztegemeinschaft Rechnung zu tragen.“; vgl. DÄBl. 1968, 1507 ff.

[18] Vgl. zur Beschlußfassung DÄBl. 1969, 1668 f.; der Text der im Jahr 1970 insgesamt neu beschlossenen Fassung der Musterberufsordnung ist abgedruckt in DÄBl. 1970, 2025 ff. – Der Passus, daß bei allen Formen gemeinsamer Berufsausübung die freie Arztwahl gewährleistet bleiben müsse, findet sich seitdem unverändert auch in der gegenwärtigen Fassung der Musterberufsordnung; vgl. so zunächst die Beschlüsse des 98. Deutschen Ärztetages, § 23 IV MBO, abgedruckt in DÄBl. 1996, A 407 ff., sowie nunmehr die Beschlüsse des 100. Deutschen Ärztetages, Kapitel D. II. Nr. 8 (3), abgedruckt in NJW 1997, 3076 ff.

[19] Zu den ersten größeren Einrichtungen dieser Art zählte seinerzeit die im Sommer 1969 in Betrieb genommene „Praxisgemeinschaft Köln-Ehrenfeld“, in der sich 21 Ärzte zu einer Apparategemeinschaft verbanden, die ihnen für die ansonsten jeweils weiter selbständige ärztliche Berufsausübung in eigener Praxis die erforderlichen Einrichtungen für die Naß- und Trockentherapie, Diagnostik, Labor-Untersuchungen, elektro-physikalische Analysen etc. zur Verfügung stellte; vgl. hierzu *Poeche* in DB 1970, 6; *Schäfers* in Stbg. 1970, 69 sowie näher *Fischer*, S. 109 mit Abdruck der rechtlichen Absprachen auf S. 129 ff. Ebenfalls hierzu rechnet die auch zu jener Zeit entstandene, von 25

Bei den niedergelassenen Ärzten und Rechtsanwälten vollzog sich der fortan intensivierte freiberufliche Zusammenschluß damit auch weiterhin ausschließlich in der klassisch freiberuflichen Rechtsform der BGB-Gesellschaft.

Anders verhielt es sich demgegenüber mit der ärztlichen Berufstätigkeit auf der stationären Ebene. Dort wurden in bezug auf den privaten Krankenanstaltsbetrieb nunmehr vollkommen neuartige Wege beschritten. In Wiesbaden entstand mit der am 2.4.1970 eröffneten „Deutschen Klinik für Diagnostik AG" erstmals ein Privatkrankenhaus in der Rechtsform einer Aktiengesellschaft.[20] Dem Vorstand dieser für den Betrieb mit 40 Ärzten konzipierten Klinik gehörte dabei neben zwei Medizinern auch ein Betriebswirt an, während die Kapitalanteile beinahe ausschließlich an externe, berufsfremde Kapitalgeber flossen.[21]

Auch bei den Architekten, Planern und Ingenieuren ging die Entwicklung in dieser Zeit hin zu größeren Zusammenschlüssen. Die Berufsangehörigen gelangten in der zweiten Hälfte der sechziger Jahre mehr und mehr zu der Auffassung, daß „... das moderne Baugeschehen mit seinen Rationalisierungstendenzen und seinen Großbauvorhaben neue Formen und Arbeitsweisen notwendig mache, die es den Architekten ermöglichen müßten, organisatorisch und technisch auch den größten Planungsobjekten gewachsen zu sein, um dem Wunsch vieler Bauherrn entsprechend sämtliche Planungsleistungen am Bau einschließlich der Leistung der Sonderfachleute erbringen zu können ...".[22] Dabei trat in diesen älteren Freien Berufen ein fortan ebenfalls öfter zu beobachtendes Novum auf. Denn die Berufsangehörigen nutzten von nun an verstärkt auch körperschaftliche Rechtsformen zur beruflichen Zusammenarbeit.[23] Ein nicht unerheblicher Teil der Berufsangehö-

---

ortsansässigen Medizinern gegründete „Praxisgemeinschaft Neu-Isenburger Ärzte", zu dieser *Fischer*, S. 96 ff. mit Abdruck des zugrunde liegenden Gesellschaftsvertrags auf S. 125 ff.

[20] Vgl. hierzu die FS der Deutschen Klinik für Diagnostik AG (1970), S. 19 ff.

Seither sind auch die öffentliche Hand und die freigemeinnützigen Krankenhausträger im Laufe der Zeit verstärkt dazu übergegangen, ihre Krankenhäuser in die privatrechtliche Rechtsform einer Kapitalgesellschaft zu überführen; vgl. hierzu etwa *Quaas* in das Krankenhaus 1992, 59 ff.; *Knorr/Wernick*, S. 65 ff u. S. 93 ff.; Baden-Württembergische Krankenhausgesellschaft e. V. (Hrsg.), S. 30 ff. In manchen Bundesländern sind mittlerweile fast die Hälfte aller kommunalen Krankenhäuser in privatwirtschaftliche Betriebsorganisationen überführt worden; so *Taupitz* in NJW 1996, 3033 (3041).

[21] 40 % des Grundkapitals (die insg. gezeichnete Summe lag bei ca. 59 Mio. DM) gingen an die Siemens AG und die Allianz-Lebensversicherung; vgl. *Krutoff* in FS der Deutschen Klinik für Diagnostik AG (1970), 27 (28) sowie *M. Lach*, S. 117 in Fn. 1. Der verbleibende größere Teil des Kapitals wurde, nachdem sich die Gründer an die Öffentlichkeit gewandt hatten, von weiteren dritten Investoren übernommen; vgl. *Krutoff* in FS der Deutschen Klinik für Diagnostik AG (1970), 27 (28).

[22] Vgl. so den Beschluß der Braunschweiger Delegiertenversammlung des Bundes Deutscher Architekten (BDA) vom 15.11.1968; zit. nach Neuenfeld-*Neuenfeld*, Band 1, Rn. 59 zu Teil I.

[23] So schlossen sich im Frühjahr 1969 beispielsweise zwölf Architektenbüros zu der Genossenschaft mbH „Planungsring 68", Düsseldorf, zusammen. Die zwölf – im Rahmen der Berufsausübung weiterhin selbständig tätigen – Gründungsmitglieder beschäftigten seinerzeit ca. 100 Mitarbeiter und hatten bis dahin Bauten im Wert von 2,5 Mrd. DM ausgeführt. Die Genossenschaft, der auch Ingenieurbüros aller Fachrichtungen angehörten, strebte die Übernahme von Generalplanungen an. Den öffentlichen, industriellen oder privaten Bauherren sollte auf diese Weise ein leistungsfähiges, unabhängiges Planungs- und Durchführungsgremium für ihre Aufträge angeboten werden. Die Geschäftsordnung sah zu diesem Zweck u. a. vor, daß je nach Art und Größe der Bauaufgabe Planungsgruppen

rigen ging ab dem Ende der sechziger Jahre dazu über, Kapitalgesellschaften, die praktisch ausnahmslos die Rechtsform einer GmbH aufwiesen, zur gemeinschaftlichen Berufsausübung einzusetzen.[24] Eines der Hauptmotive für die veränderte Haltung der Berufstätigen bestand dabei in der neuartigen Konkurrenz durch seinerzeit verstärkt aufkommende große Baugesellschaften, die als sog. Generalunternehmer mit gewerblichen Maximen und durch keinerlei Standesrücksichten behindert, insbesondere den Architekten den Markt streitig zu machen begannen und ihn inzwischen längst zu einem erheblichen Teil erobert haben.[25]

Soweit die Berufstätigkeit der Architekten und (beratenden) Ingenieure in Rede steht, zeigte sich demnach in diesem Zeitraum erstmals auch ein verstärktes Eindringen gewerblicher Rechtsformen in den Kreis der traditionellen freien Berufsausübung.

Gleichwohl ließen sich die Zusammenschlußbestrebungen und die partielle Inanspruchnahme gewerblicher Rechtsformen in den vorgenannten Berufsgruppen kaum mit den Verhältnissen vergleichen, die zwischenzeitlich bei der jüngeren freiberuflichen Profession der Wirtschaftsprüfer beobachtet werden konnten.

Dort war der Prozeß einer gegenseitigen Kooperation und des verstärkten Zusammenschlusses unter den Berufsangehörigen entsprechend der vorbeschriebenen, anders gearteten Entstehungsgeschichte des Wirtschaftsprüferberufs bereits sehr viel weiter vorangeschritten. Der höhere Zusammenschlußgrad und insbesondere die Nutzung der kapitalgesellschaftlichen Rechtsformen zur Berufsausübung zeigten hier – ein Novum in der Geschichte freier Berufstätigkeit – zum ersten Mal auch spürbare Auswirkungen auf die Marktstruktur der Anbieterseite insgesamt. Die rechtstatsächlich feststellbare Situation wies auf einen offenbar bestehenden Zusammenhang zwischen der Verteilung der Pflichtprüfungsmandate unter den Berufstätigen einerseits und der jeweils gewählten Rechtsform andererseits hin.

So zeichnete sich im Bereich der Wirtschaftsprüfung ab Mitte der sechziger Jahre eine sichtliche Tendenz zur Konzentration der großen und einträglichen Pflichtprüfungsmandate auf einige wenige, aus den früheren Treuhandgesellschaften hervorgegangene Wirtschaftsprüfungsgesellschaften in der Rechtsform einer Kapitalgesellschaft ab. Im Jahre 1965 beschäftigten die damals insgesamt 194 Wirtschaftsprüfungsgesellschaften (zumeist Kapitalgesellschaften und einige wenige Personenhandelsgesellschaften) mit 814 öffentlich bestellten Wirtschaftsprüfern bereits ca. 40 % aller Berufsangehörigen.[26] Allein in den

---

aus der Genossenschaft gebildet wurden. Dem Bauherren gegenüber blieb weiterhin der Gruppenleiter der unmittelbar verantwortliche Verhandlungspartner; vgl. hierzu *Poeche* in DB 1970, 6; *Schäfers* in Stbg. 1970, 69.

[24] Vgl hierzu etwa die Ergebnisse der Rechtstatsachenstudie von *Kremer* unter Auswertung der GmbH-Neueintragungen in den Handelsregistern von Berlin und Frankfurt/M. im Zeitraum von 1970-1976, S. 28 ff. mit Tabelle S. 34. Danach waren seinerzeit allein 30,6 % bzw. 20,6 % aller in Berlin und Frankfurt/M. vorgenommenen Neueintragungen von „Freiberufler-GmbH's" den Angehörigen des Architekten-, Planer- oder Ingenieurberufs zuzurechnen; vgl. *ders.*, S. 34 und in GmbHR 1983, 259 (262); bestätigend auch *Stehle* in DStR 1983, 100 (101). Den Löwenanteil der Neueintragungen stellten im übrigen die Berufsgruppen der Wirtschaftsprüfer und Steuerberater mit 40,8 % (Berlin) bzw. 50,0 % (Frankfurt) sowie Unternehmens- und Wirtschaftsberater mit 24,5 % (Berlin) bzw. 26,5 % (Frankfurt).

[25] So zutreffend Neuenfeld-*Neuenfeld*, Band 1, Rn. 60 zu Teil I.

[26] Vgl. die Angaben von *Hirschfeld* in Wpg. 1966, 380.

seinerzeit bestehenden 30 Wirtschaftsprüfungs-Aktiengesellschaften übten mit 400 Berufsangehörigen ca. 20 % aller Wirtschaftsprüfer ihre Berufstätigkeit aus.[27]

Besonders augenfällig scheint dabei die sich wandelnde Auftragsverteilung in Abhängigkeit zur jeweiligen Betriebsgröße.[28] Entfielen im Jahre 1951 nach der sog. „Bonner Stichprobe" noch über 40 % aller Prüfungsmandate auf selbständig tätige Einzelwirtschaftsprüfer und in Sozietäten zusammengeschlossene Berufsangehörige, so verringerte sich diese Zahl bis zum Jahr 1972 auf lediglich noch 7 %.[29] Noch deutlicher fällt das Ergebnis bei der Betrachtung der Mandatsanteile in Relation zur Gesamtbilanzsumme, also der Wirtschaftskraft der geprüften Unternehmen aus. Dort sank der Anteil der Einzelwirtschaftsprüfer/Sozietäten an der Gesamtbilanzsumme aller Pflichtprüfungsmandate von rund 35 % im Jahre 1951 auf ca. 7 % im Jahre 1972, während die Wirtschaftsprüfungsgesellschaften ihren Anteil in diesem Zeitraum von rund 60 % auf ca. 90 % steigern konnten.[30] Allein die fünf größten deutschen Wirtschaftsprüfungsgesellschaften verbesserten hierbei zwischen 1951 und 1972 ihren Anteil an der Bilanzsumme aller geprüften Aktiengesellschaften von rund 40 % auf ca. 77 %.[31]

Ein in seiner Aussage sehr ähnliches Ergebnis ergibt sich aus einer vergleichenden Gegenüberstellung der verfügbaren empirischen Daten aus den Jahren 1950/1951 und 1968/1969. So ergab eine auf Auszüge aus dem „Handbuch der deutschen Aktiengesellschaften" des Jahres 1950/1951 gestützte rechtstatsächliche Untersuchung, daß – bei seinerzeit 2.713 insgesamt erfaßten prüfungspflichtigen Aktiengesellschaften – in 1.399 Fällen (=52 %) eine Prüfung des Jahresabschlusses durch selbständig tätige Einzelprüfer oder durch in Sozietäten assoziierte Berufsvertreter erfolgte, während die übrigen 1.314 Gesellschaften (= 48 %) von Wirtschaftsprüfungsgesellschaften geprüft wurden.[32] Von den zusammen 1.394 Abschlüssen, die durch größere Praxen geprüft wurden, entfielen hierbei freilich auf die selbständig tätigen Einzelwirtschaftsprüfer und die in Sozietäten zusam-

---

27 *Hirschfeld* in Wpg. 1966, 380 – Unter den 30 Aktiengesellschaften entfielen auf die neun größten Wirtschaftsprüfungsgesellschaften wiederum 315 Berufstätige, also insgesamt fast 16 % sämtlicher deutschen Wirtschaftsprüfer; vgl. *Hirschfeld* in Wpg. 1966, 380 (381).

28 Siehe hierzu auch näher *Schäuble*, S. 106 ff.

29 Vgl. dazu die Angaben bei *Meisel*, S. 277 m. w. N. – Bei der sog. „Bonner Stichprobe" handelte es sich um eine Zufallsstichprobe auf der Basis von 100 börsennotierten deutschen Industrieaktiengesellschaften, die aus der Gesamtzahl der 1961 börsennotierten Gesellschaften ausgewählt und für einen Zeitraum von 1951 bis 1972 untersucht wurden; vgl. *Meisel*, S. 277 in Fn. 1218.

30 Vgl. die Angaben bei *Meisel*, S. 278 m. w. N. – Nimmt man allein die Anzahl der Prüfungsmandate zum Maßstab, so trugen im weiteren Verlauf von den im Jahre 1985 im Bundesanzeiger veröffentlichten Jahresabschlüssen der Unternehmen 88 % das Testat einer Wirtschaftsprüfungsgesellschaft; vgl. *Geisendörfer* in Wpg. 1989, 667 (670).

31 *Meisel*, S. 278 m. w. N. – Dem entsprechen auch die Angaben von *Hopt* in FS für Pleyer (1986), 341 (342). Dieser geht für den Zeitraum bis zur Mitte der achtziger Jahre davon aus, daß die acht damals größten Wirtschaftsprüfungsgesellschaften allein 75 % aller Prüfungsaufträge abwickelten. Zu diesen – sämtlich als Kapitalgesellschaft ausgestalteten – Wirtschaftsprüfungsgesellschaften zählten seinerzeit die Deutsche Treuhand-Gesellschaft AG, Frankfurt; die Treuarbeit AG, Berlin und Frankfurt; die Treuhand-Vereinigung AG Frankfurt; die Treuverkehr AG, Frankfurt; die Wibera Wirtschaftsberatung AG Düsseldorf; die Schitag Schwäbische Treuhand AG, Stuttgart; die Deutsche Warentreuhand- und Kont. Treuhand-AG, Hamburg; die DATAG Allgemeine Deutsche Treuhand AG, München; vgl. *Hopt*, aaO, in Fn. 10.

32 Vgl. *Markus*, S. 118 m. w. N. unter Darlegung eines sehr ausdifferenzierten Zahlenmaterials.

mengeschlossenen Berufsangehörigen lediglich 297 Mandate (=21,3 %), während die zumeist als Kapitalgesellschaften ausgestalteten Wirtschaftsprüfungsgesellschaften insgesamt 1.097 (=78,7 %) der großen Prüfungsmandate abwickelten.[33] Von dem in toto geprüften Grundkapital von rund 16 Mrd. DM prüften die größeren Praxen ca. 11,3 Mrd. DM, wobei davon wiederum lediglich 1,3 Mrd. DM (=11,5 %) auf die in Sozietäten oder in einer Einzelpraxis selbständig tätigen Wirtschaftsprüfer entfielen, während an die Wirtschaftsprüfungsgesellschaften Mandate über ein Grundkapital von 10 Mrd. DM (=88,5 %) gingen.[34]

Unter den Wirtschaftsprüfungsgesellschaften kamen dabei anno 1951/1952 allein die ersten zwanzig Gesellschaften, die zum größten Teil als Aktiengesellschaften ausgestaltet waren, auf alles in allem 921 Pflichtprüfungen; hierbei lag das Grundkapital der so geprüften Aktiengesellschaften bei zusammen beinahe 9,97 Mrd. DM.[35] Die ersten zwanzig Gesellschaften prüften folglich rund 62 % des gesamten Grundkapitals von 16 Mrd. DM;[36] ein Indiz für die schon damals starke Vormachtstellung der größten Wirtschaftsprüfungsgesellschaften bei der Erlangung der volkswirtschaftlich relevanten Pflichtprüfungsmandate.

Eine detaillierte Untersuchung aufgrund der 1968/1969 erfolgten Jahresabschluß-Veröffentlichungen im Bundesanzeiger bestätigte den sich abzeichnenden Trend einer weiteren Konzentration der Prüfungsaufträge bei den großen Wirtschaftsprüfungsgesellschaften. Entfielen numerisch, d. h. unter Vernachlässigung der Wirtschaftskraft der geprüften Unternehmen, 1950/1951 immerhin noch knapp über die Hälfte aller Aufträge auf selbständig tätige Einzelwirtschaftsprüfer und die in Sozietäten verbundenen Berufsangehörigen, so brachten es dieselben anno 1968/1969 – bei insgesamt 2.712 erfaßten Pflichtprüfungen – auf lediglich noch 1.063 Aufträge (=39 %).[37] Die Wirtschaftsprüfungsgesellschaften steigerten ihren zahlenmäßigen Anteil an den Pflichtprüfungsmandaten in der gleichen Zeitspanne demgegenüber von 1.314 Mandaten (=48 %) im Jahre 1951/1952 auf nunmehr 1.649 Aufträge (=61 %) zum Jahreswechsel 1968/1969.[38]

Hiernach läßt sich für den Wirtschaftsprüferberuf auf empirischer Grundlage feststellen, daß die Entstehung und Verbreitung von Wirtschaftsprüfungsgesellschaften die Berufsausübung in Form einer Einzelpraxis oder Sozietät während dieser Periode zum gro-

---

33 Vgl. die Angaben bei *Markus*, S. 120.

34 Vgl. *Markus*, S. 120 m. w. N.

35 Vgl. die Aufstellung bei *Markus*, S. 121 – Die Rangordnung der größten Wirtschaftsprüfungsgesellschaften führte dabei die „Deutsche Treuhand-Gesellschaft" AG mit einem geprüften Grundkapital von 1,85 Mrd. DM an; auf den weiteren Plätzen folgten die „Deutsche Revisions- und Treuhandgesellschaft AG" mit 1,51 Mrd. DM, die „Westdeutschland Wirtschaftsprüfungsgesellschaft AG" mit 1.320 Mrd. DM und die „Dr. Wollert – Dr. Elmendorff KG" mit einem geprüften Grundkapital von 0,66 Mrd. DM; vgl. die Zahlen bei *Markus*, aaO.

36 Bemerkenswert erscheint an dieser Stelle, daß allein auf diejenigen Wirtschaftsprüfungsgesellschaften, die schon über dreißig Jahre zuvor im sog. „Reichsbund deutscher Treuhandgesellschaften e.V." zusammengeschlossen waren (siehe dazu oben Seite 43 f.), auch nunmehr immer noch 805 Pflichtprüfungen mit einem Gesamt-Grundkapital von 6,93 Mrd. DM entfielen; vgl. die Angaben von *Markus*, S. 122.

37 Vgl. die Zahlen bei *Markus*, S. 123 f. m. w. N.

38 Vgl. die Angaben bei *Markus*, S. 124 m. w. N.

ßen Teil in mitunter weniger lukrative Randbereiche abgedrängt hat.[39] Der auf die Dominanz einiger großer Wirtschaftsprüfungsgesellschaften zulaufende Konzentrationsprozeß äußerte sich in vielfältiger Weise. Er führte zu einer relativen wie absoluten Zunahme des Anteils von Pflichtprüfungsmandaten bei den Wirtschaftsprüfungsgesellschaften, einem Anstieg des Anteils von Wirtschaftsprüfungsgesellschaften an der gesamten Bilanzsumme aller Mandate sowie zu einem immer größer werdenden Anteil der fünf größten deutschen Wirtschaftsprüfungsgesellschaften an der gesamten Bilanzsumme.[40]

Zusammenfassend ist somit festzustellen, daß die ab Ende der sechziger Jahre rechtstatsächlich verstärkt entstehenden freiberuflichen Zusammenschlüsse innerhalb der einzelnen freien Professionen eine sehr verschiedenartige Ausprägung zeigten.

Bei den klassischen Freien Berufen der niedergelassenen Ärzte und der Rechtsanwälte führte der Kooperationsgedanke zu einem Ausbau der freiberuflichen Verbindungen in der Rechtsform der BGB-Gesellschaft. Parallel hierzu entwickelte sich auf anderen traditionell freiberuflichen Sektoren, so bei Teilen der Architekten und Ingenieure, eine bis dato nicht beobachtete Nutzung insbesondere der gewerblichen Rechtsform der GmbH zur Berufsausübung. Bei dem jüngeren steuer- und wirtschaftsberatenden Beruf des Wirtschaftsprüfers war der Prozeß des beruflichen Zusammenschlusses demgegenüber bereits ungleich weiter fortgeschritten. Der allgemein höhere Zusammenschlußgrad und vor allem der verstärkte Einsatz kapitalgesellschaftlicher Rechtsformen zeigten hier erstmals auch deutlich spürbare Auswirkungen auf die Gesamtzusammensetzung der wirtschaftsprüfenden Berufsgruppe und auf die sich insgesamt verändernde Marktstruktur der Anbieterseite. Beinahe die gesamte Abwicklung der großen und lohnenden Pflichtprüfungsmandate war zu Lasten der selbständig in Einzelpraxis oder in Sozietät tätigen Wirtschaftsprüfer auf wenige Wirtschaftsprüfungsgesellschaften mit gewerblicher, zumeist kapitalgesellschaftlicher Rechtsform übergegangen.

II. Die Zunahme interdisziplinärer Zusammenarbeit und die eingeschränkte berufsrechtliche Zulassung interprofessioneller Zusammenschlüsse

Parallel mit der Erkenntnis, daß eine verstärkte Zusammenarbeit unter den Angehörigen der einzelnen Freien Berufe die angemessene Reaktion auf die zunehmende Komplizierung des fachlich zu bewältigenden Stoffs sei, breitete sich in verschiedenen freien Professionen ab Mitte der sechziger Jahre auch rasch der Gedanke einer interprofessionellen Teamarbeit aus.[41]

---

39 Vgl. dazu auch *Meisel*, S. 285 f., der in diesem Zusammenhang davon spricht, daß sich die klassische Form der Wirtschaftsprüfung seit längerem auf dem Rückzug befinde. Dieser Einschätzung dürfte ohne weiteres zuzustimmen sein, hält man sich vor Augen, daß nach den oben auf S. 56 in Fn. 35 wiedergegebenen Daten im Jahr 1944 noch ca. 63 % aller Berufsangehörigen den Wirtschaftsprüferberuf als Selbständige ausgeübt haben.

40 *Meisel*, S. 277.

41 Vgl. hierzu erstmals umfassend *Rittner* in StB 1967, 2 ff.

Soweit das Berufsrecht wie bei Architekten keine näheren Regelungen zur Zulässigkeit von heterogenen Verbindungen mit den Angehörigen anderer Freier Berufe enthielt[42] oder berufsrechtliche Regelungen wie bei den (beratenden) Ingenieuren seinerzeit noch gänzlich fehlten,[43] standen einem interprofessionellen Zusammenschluß dabei fortan keine besonderen rechtlichen Hindernisse entgegen.[44]

Schwieriger gestaltete sich die Situation demgegenüber im Bereich der berufsrechtlich gebundenen rechts- und wirtschaftsberatenden freien Professionen. Hier löste vor allem die Interdependenz juristischer, steuerlicher und betriebswirtschaftlicher Fragen bei der Beratung von Wirtschaftsunternehmen die Idee aus, Rechtsanwälte, Steuerberater und Wirtschaftsprüfer in einer Praxis zusammenzufassen.[45]

1. Die Entwicklung einer interprofessionellen Kooperation zwischen Rechtsanwälten, Wirtschaftsprüfern und Steuerberatern in Sozietätsform

Insbesondere die Berufsvertreter der Anwaltschaft äußerten nun zunehmend den Wunsch, sich mit den jüngeren steuer- und wirtschaftsberatenden Berufen zusammenschließen zu können, um den Mandanten, insbesondere größeren Wirtschaftsbetrieben, eine umfassende Beratung aus einer Hand anbieten zu können.[46] Diese Haltung deckte sich mit Stimmen im wirtschaftsprüfenden Berufsstand, die zum Teil bereits seit längerem für eine engere Kooperation zwischen den verschiedenen rechts- und wirtschaftsberatenden Berufsgrup-

---

[42] Die in den einzelnen Bundesländern im wesentlichen erst seit den sechziger Jahren erlassenen Architektenkammergesetze (vgl. zu deren Entstehung näher *Taupitz*, S. 435 ff.; Neuenfeld-*Neuenfeld*, Band 1, Rn. 53 zu Teil I) schwiegen zu den Assoziierungsmöglichkeiten der Berufstätigen weitgehend. Lediglich in der Berufsordnung von Baden-Württemberg vom 14.7.1959 hieß es hierzu: „Der freie Architekt darf keine Arbeitsgemeinschaft eingehen, bei der nicht die Einhaltung des Architektengesetzes und der Satzung einschließlich der Berufsordnung für ihn gesichert bleibt."; vgl. dazu *Rittner* in StB 1967, 2 (8); *M. Lach*, S. 120 f.

[43] Die legislative Schaffung von Ingenieurkammergesetzen setzte auf Länderebene erst in den siebziger Jahren ein (vgl. dazu *Taupitz*, S. 440 ff.), so daß sich die Frage berufsrechtlicher Restriktionen im Punkte der interprofessionellen Zusammenarbeit mit den Angehörigen anderer freier Berufsgruppen bis dato ohnehin nicht stellte.

[44] Die legislative Großzügigkeit der Landesgesetzgeber im Punkte einer Nutzbarkeit von Gesellschaftsformen durch die Angehörigen der freien Konstruktionsberufe hat nachfolgend nahezu unverändert bis in die Gegenwart hinein angehalten. Auch derzeit bestehen keine gesetzlichen Vorschriften, die Architekten und (beratenden) Ingenieuren den Zusammenschluß in einer bestimmten Rechtsform zwecks gemeinsamer Berufsausübung ausdrücklich untersagen würden; vgl. *Bösert/Braun/Jochem*, S. 105 f.

[45] *Rittner* in StB 1967, 2.

[46] *Oppenhoff* in AnwBl. 1967, 267 (275 u. 281), *Franken* in AnwBl. 1967, 278 (279); *Pauly* in AnwBl. 1967, 279; Sozietätsausschuß des Hamburgischen Anwaltvereins in AnwBl. 1970, 5 (7); zuvor schon *Kalsbach*, BRAO, Anm. 2. III (S. 244) für Steuerberater: „... (es) mag nur betont werden, daß prinzipielle Hinderungsgründe für die (zukünftige) Erlaubtheit einer solchen gemeinschaftlichen Berufsausübung (zwischen Rechtsanwalt und Steuerberater, sic!) nicht anerkannt werden können ..." und Anm. 2 V. (S. 248) für Wirtschaftsprüfer: „... Enge Zusammenarbeit zwischen Rechtsanwalt und Wirtschaftsprüfer ist schlechthin notwendig.", jeweils zu § 21 der Richtlinien i. d. F. vom 11.5.1957.

pen eintraten.[47] In diesem Punkt ergab sich allerdings eine Reihe von Schwierigkeiten, mit deren Lösung sich alsbald die Judikatur zu befassen hatte.

Bislang hatte sich die Rechtsordnung nämlich gerade im Bereich der Rechts- und Wirtschaftsberatung durch eine strikte Trennung der klassischen Anwaltstätigkeit und ihrer Berufsangehörigen von den entstehungsgeschichtlich jüngeren Freien Berufen der Steuerberater und Wirtschaftsprüfer ausgezeichnet.[48] Es bedurfte mithin zunächst einer umfassenden Neubestimmung des Verhältnisses dieser einzelnen freien Professionen zueinander.

Den Anfang machte hierbei ein Urteil des Bundesgerichtshofs aus dem Jahr 1961, welches aus den seinerzeit in Kraft tretenden jeweiligen Berufsordnungen die sozialethische Grundsatzentscheidung entnahm, daß „... die drei Berufsgruppen der Rechtsanwälte, Wirtschaftsprüfer und vereidigten Buchprüfer nicht artverschieden, sondern artverwandt sind, so daß der gleichzeitigen Ausübung mehrerer dieser Berufe (in einer Person) keine standesrechtlichen Bedenken entgegenstehen können".[49] Diese Judikatur erfuhr im Jahre

---

[47] Vgl. so etwa *Th. Becker* in WT 1944, 137. Dieser sprach sich aaO dafür aus, daß das Verbot der gleichzeitigen Ausübung des Wirtschaftsprüfer- und des Rechtsanwaltsberufs im Grundsatz nicht gerechtfertigt sei und im Hinblick auf die vielgestaltigen Formen wirtschaftlicher Tatbestände künftig eine intensivere Zusammenarbeit zwischen beiden Berufsständen den Belangen der Wirtschaft nur förderlich sein könne. Es bestehe ersichtlich ein Bedürfnis für die Bildung von Arbeitsgemeinschaften zwischen Rechtsanwälten und Wirtschaftsprüfern.

[48] Der Grundstein hierfür wurde noch zu Beginn der vierziger Jahre gelegt. Der Präsident der Reichsrechtsanwaltskammer hatte bereits am 20.2.1941 eine Anordnung betreffend die Berufspflichten der Rechtsanwälte auf dem Gebiete der Steuerberatung getroffen (vgl. RStBl. 1941, 176), nach der eine gemeinschaftliche Berufsausübung nur mit anderen Rechtsanwälten (Fachanwälten für Steuerrecht) oder mit Notaren zulässig war. Der Zusammenschluß und die Bildung von Bürogemeinschaften, Sozietäten oder ähnlichen Verbindungen mit Wirtschaftsprüfern und anderen Berufsgruppen war danach ausnahmslos unzulässig; Helfer in Steuersachen, Wirtschaftsprüfer, vereidigte Bücherrevisoren oder Steuerberater durften allenfalls als Angestellte beschäftigt werden. In Übereinstimmung hiermit erklärten die vom „Institut der Wirtschaftsprüfer e. V" am 6.5.1941 grundlegend geänderten Richtlinien über die Fragen des Zusammenschlusses und der Zusammenarbeit zwischen Wirtschaftsprüfern und Nicht-Wirtschaftsprüfern die Tätigkeit des Rechtsanwalts und die des Wirtschaftsprüfers für miteinander unvereinbar; vgl. dazu die Bekanntmachung der entsprechenden Anordnung in WT 1941, 113 f. Die Neufassung der entsprechenden Richtlinien interpretierten die Angehörigen des wirtschaftsprüfenden Berufsstandes dabei lediglich als „Gegenmaßnahme" zu den Beschlüssen der Reichs-Rechtsanwaltskammer; vgl. so etwa *Th. Becker* in WT 1944, 137; vgl. zum Ganzen auch näher *Taupitz*, S. 422 f.

[49] BGHZ 35, 385 (388) – Die Entscheidung betraf lediglich den Fall, daß ein Steuerberater und Wirtschaftsprüfer dem Anwaltsberuf ausschließlich *neben* seiner in Sozietät ausgeübten Steuerberatungs- und Wirtschaftsprüfungstätigkeit nachgehen wollte. Demgemäß legte der BGH seinerzeit aaO, 394, auch ausdrücklich Wert auf die Feststellung, daß die anwaltliche Tätigkeit als solche und die sich aus ihr ergebenden Einkünfte nicht in die bestehende Sozietät einbezogen werden dürften.

In einer nur wenig später ergangenen Entscheidung (BGH in NJW 1964, 2063 f.) verneinte der BGH demgegenüber eine Artverwandtheit der Tätigkeit des Rechtsanwalts mit derjenigen eines Steuerbevollmächtigten, weil von letzterem nicht der Nachweis eines abgeschlossenen Hochschulstudiums gefordert werde und er daher unter den steuerberatenden Berufen an unterster Stelle stehe. Im weiteren Verlauf hat der Gesetzgeber den Beruf des Steuerbevollmächtigten durch das Zweite SteuerberatungsÄndG vom 11.8.1972 (BGBl. I, S. 1401) geschlossen, und den verbliebenen Berufsangehörigen ist es nunmehr – nachdem die Rechtsprechung ihre ablehnende Haltung gegenüber einer freiberuflichen Verbindung in BGHSt 27, 390 ff. zwischenzeitlich nochmals bekräftigt hatte – seit der

1968 eine erneute Bestätigung, und der BGH bejahte aufgrund der Gleichwertigkeit und Artverwandtheit der Berufe des Rechtsanwalts und des Steuerberaters zugleich erstmals die Zulässigkeit einer Bürogemeinschaft zwischen einem Rechtsanwalt mit der Doppelqualifikation als Steuerberater und einer Steuerberater-Sozietät.[50]

Dem somit durch die Rechtsprechung des BGH vorgezeichneten Weg trug die Bundesrechtsanwaltskammer am 11.10.1969 durch eine Neufassung des § 23 der Standesrichtlinien Rechnung. Die Bestimmung lautete fortan: „Der Rechtsanwalt darf mit Patentanwälten, Steuerberatern und Wirtschaftsprüfern, die nicht als Rechtsbeistand zugelassen sind, nicht aber mit Angehörigen anderer Berufe, in einer Bürogemeinschaft *oder in anderer Form* beruflich zusammenarbeiten, wobei die Grundsätze des geltenden Standesrechts besonders zu beachten sind".[51] Diese sprachliche Fassung erlaubte künftig auch eine gemeinschaftliche Berufsausübung der Rechtsanwälte mit den Angehörigen der jüngeren steuer- und wirtschaftsberatenden Freien Berufe. Die so innerhalb der Anwaltschaft gewonnene Einsicht, das Arbeitsfeld der mit spezieller Rechtsberatung befaßten Berufe der Steuerberater und Wirtschaftsprüfer nur durch eine entsprechende Kooperation wieder in das Anwaltsbüro einbinden und daraus Nutzen ziehen zu können, führte denn auch alsbald zur Gründung von Sozietäten mit Angehörigen dieser Berufsgruppen.[52]

Damit stand die traditionell freiberufliche Rechtsform der BGB-Gesellschaft fortan für eine umfassende interprofessionelle Zusammenarbeit aller berufsrechtlich gebundenen rechts- und wirtschaftsberatenden Freien Berufe uneingeschränkt zur Verfügung.

2. Die Unzulässigkeit einer Beschäftigung von Rechtsanwälten in Wirtschaftsprüfungs- und Steuerberatungsgesellschaften

Die damit realisierten Kooperationsmöglichkeiten zwischen dem klassischen freien Anwaltsberuf und den neueren steuer- und wirtschaftsberatenden freien Professionen ließen nunmehr allerdings zugleich die Frage entstehen, ob über die Sozietätsform hinaus auch die den Wirtschaftsprüfern und Steuerberatern zugänglichen Kapitalgesellschaften und Personenhandelsgesellschaften für eine solche interprofessionelle Zusammenarbeit zur Verfügung stehen sollten.

Aufgrund des vorbeschriebenen unterschiedlichen historischen Werdegangs stieß die ansonsten postulierte innere Artverwandtheit und Gleichwertigkeit von Rechtsanwälten einerseits und Wirtschaftsprüfern und Steuerberatern andererseits im Punkte der rechtlichen Berufsausübungsformen zwangsläufig an ihre Grenzen. Dem BGH stellte sich damit das diffizile Abgrenzungsproblem, ob Rechtsanwälte in einer Wirtschaftsprüfungs- oder

---

Novellierung des anwaltlichen Berufsrechts im Jahre 1994 auch möglich, ihren Beruf gemeinschaftlich mit Rechtsanwälten auszuüben; vgl. § 59a I 1 BRAO.

50 BGHZ 49, 244 ff. – Die Artverwandtheit der Berufe folge daraus, daß sie beide freie Professionen seien, über eine vergleichbare akademische Vorbildung verfügten sowie einander entsprechende Berufsordnungen und Standesorganisationen aufwiesen; aaO, 247.

51 Vgl. den Abdruck des Wortlauts im Rahmen der Stellungnahme des Sozietätsausschusses des Hamburgischen Anwaltvereins in AnwBl. 1970, 5 (7).

52 Vgl. dazu etwa die entsprechenden Erfahrungsberichte von *Schmitz-Hangbers* in AnwBl. 1971, 245 f. und 261 ff.

Steuerberatungsgesellschaft zum einen überhaupt tätig werden durften, und ob sie – bei positivem Entscheid der ersten Frage – über die dort übliche Steuerberatung hinaus weiter auch der allgemeinen Rechtsberatung in jenen gewerblichen Rechtsformen nachgehen konnten.

Diese Rechtsfrage erschien in praxi als ein spezifischer Ausschnitt der allgemeineren Problematik des Syndikusanwalts. Die Rechtsfigur des Syndikusanwalts war vor allem in den zwanziger Jahren zur Entstehung gelangt, als nach dem Ersten Weltkrieg Großunternehmen und Wirtschaftsverbände aller Art eigene Rechtsabteilungen schufen und zu ihrer Leitung einen Rechtsanwalt als in ihren Diensten stehenden Angestellten übernahmen.[53] Für diese Beschäftigungsform mußte geklärt werden, ob ein Bewerber, der um die Zulassung zur Anwaltschaft nachsuchte, trotz der Einbindung in ein abhängiges Beschäftigungsverhältnis zu einem nichtanwaltlichen Dienstherrn den Anwaltsberuf ausüben konnte.

Mit jenem Syndikusanwalt wies die zu beurteilende Tätigkeit von Rechtsanwälten in Wirtschaftsprüfungs- und Steuerberatungsgesellschaften eine deutliche Parallele auf. Dies mußte um so mehr gelten, als diese Gesellschaften beinahe ausschließlich die gewerbliche Rechtsform einer Kapitalgesellschaft aufwiesen und bis zur zweiten Hälfte der achtziger Jahre keine Rechtsvorschriften existierten, die den darin zusammengeschlossenen Wirtschaftsprüfern und Steuerberatern die Mehrheit der Kapitalanteile sicherten.[54] Somit ließ sich lange Zeit auch nicht hinreichend sicher ausschließen, daß die in solchen Gesellschaften beschäftigten Angehörigen der rechts- und wirtschaftsberatenden Berufe einem maßgebenden Einfluß berufsfremder Dritter ausgesetzt waren.

Vor diesem Hintergrund kann es nicht verwundern, daß der Bundesgerichtshof einer Beschäftigung von Rechtsanwälten in Wirtschaftsprüfungs- und/oder Steuerberatungsgesellschaften lange Zeit strikt ablehnend gegenüberstand[55] und hierbei die gleiche Rechtsargumentation anwandte, mit der er auch sonst häufig eine Anstellung von Rechtsanwälten

---

[53] Vgl. *Kalsbach*, Vorträge (1956), S. 11; *ders.*, Standesrecht, S. 48 f.; *ders.*, BRAO, Anm. 5 zu § 29 der anwaltlichen Standesrichtlinien vom 11.5.1957, Sonderabschnitt nach § 43 BRAO, S. 277 f.; *Pfeiffer* in FS für Oppenhoff (1985), 249 (250).

Bereits die ersten vom Deutschen Anwaltverein aufgestellten „Richtlinien für die Ausübung des Anwaltsberufs" aus dem Jahr 1929 enthielten unter Gliederungspunkt A. V., Nr. 14 ff., in Wahrnehmung dieser neuartigen Entwicklung nähere Bestimmungen betreffend solche Rechtsanwälte, die in einem festen Anstellungsverhältnis zu einem von ihnen ständig beratenen Klienten standen. Danach sollte ein so berufstätiger Anwalt hinsichtlich seiner Selbständigkeit keinen weiteren Beschränkungen unterworfen werden (dürfen) als ein frei praktizierender Anwalt, und das Standesrecht verpflichtete den dieserart angestellten Rechtsanwalt zur sorgfältigen Prüfung, ob er stets die für die Ausübung der Anwaltstätigkeit gebotene Objektivität besitze; vgl. den Abdruck der Richtlinien als Beilage zu Heft 6 des AnwBl. 1929.

[54] Entsprechende Kapitalbindungsvorschriften sind mit § 28 IV Nr. 3, 4 WPO erst durch Art. 6 des Bilanzrichtlinien-Gesetzes vom 19.12.1985 (BGBl. I, S. 2355) in die Wirtschaftsprüferordnung eingefügt worden. Bei den Steuerberatern existiert eine solche Bindung gemäß § 50a I Nr. 3, 4 StBerG sogar erst seit dem Vierten Gesetz zur Änderung des Steuerberatungsgesetzes vom 9.6.1989 (BGBl. I, S. 1062); näher hierzu später im 2. Teil, Seite 506 ff. und insbes. S. 513 f.

[55] Seinerzeit st. Rspr.; vgl. BGHZ 35, 287 ff. (Tätigkeit für Steuerberatungsgesellschaft); 38, 241 ff. (Tätigkeit für Wirtschaftsprüfungsgesellschaft); 63, 377 ff.; 65, 238 ff. (jeweils Tätigkeit für Wirtschaftsprüfungs- und Steuerberatungsgesellschaft); 72, 322 ff. (Tätigkeit für Steuerberatungsgesellschaft).

in ständigen Dienstverhältnissen bei einem privaten Auftraggeber untersagte.[56] Die Begründung der Rechtsprechung baute dabei auf einer grundlegenden Wertentscheidung auf, die der Gesetzgeber in der Bundesrechtsanwaltsordnung vom 1.8.1959 deutlich zum Ausdruck gebracht hatte.

Bei Verabschiedung der Bundesrechtsanwaltsordnung war der Gesetzgeber davon ausgegangen, daß ein festes Anstellungsverhältnis zu einem berufsfremden Dritten potentiell erhebliche Gefahren für den freien Anwaltsberuf barg. Der Normgeber sah durch solche Beschäftigungsverhältnisse sowohl die anwaltliche Unabhängigkeit als auch die in der Berufsausübung notwendige Objektivität gefährdet.[57] Dem Berufsbild des Rechtsanwalts entspreche deshalb nur derjenige Bewerber, der *neben* seiner Tätigkeit im Angestelltenverhältnis zu einem berufsfremden Dienstherrn *zugleich auch* als freier Rechtsanwalt praktiziere.[58] Zur Sicherstellung dieses fundamentalen Prinzips entschied sich der Gesetzgeber für eine doppelte normative Absicherung.

Auf der Ebene der Berufswahl wurde mit § 7 Nr. 8 BRAO eine Berufszulassungsschranke errichtet, die vornehmlich diejenigen Berufsbewerber abhalten sollte, denen neben ihrer Tätigkeit für einen privaten Dienstherrn nicht genügend Raum für eine gesonderte anwaltliche Berufsausübung blieb oder deren Zweitberuf aufgrund naheliegender Interes-

---

[56] Vgl. BGHZ 40, 282 ff.; 46, 60 ff. (jeweils Erteilung von Rechtsrat durch Verbandsangestellten an Verbandsmitglieder); 68, 62 ff. (Rechtsbesorgung durch Tätigkeit in privatärztlicher Verrechnungsstelle); 83, 350 ff. (Erteilung von Rechtsrat durch Verbandsangestellten an Verbandsmitglieder); 97, 204 ff. (Erteilung von Rechtsrat an Studenten als Angestellter einer Studentenschaft); BGHSt 34, 227 ff. (Erteilung von Rechtsrat durch Verbandssyndikus an Verbandsmitglieder).

[57] Vgl. hierzu die Begründung zum Regierungsentwurf der Bundesrechtsanwaltsordnung, BT-Drucksache III/120, S. 77, zum späteren § 46 BRAO: „... (es) ...wurde aufgrund der früheren Beobachtungen auf die Gefahr hingewiesen, daß die Syndici in einer anwaltlichen Tätigkeit für ihren Dienstherrn in ein gewisses Abhängigkeitsverhältnis geraten könnten ... Der Syndikusanwalt entspricht bei seiner Tätigkeit als Syndikus für seinen Dienstherrn nicht dem allgemeinen anwaltlichen Berufsbild, wie es in der Vorstellung der Allgemeinheit besteht. In das Berufsbild des Anwalts, das sich von ihm als einem unabhängigen Organ der Rechtspflege geformt hat, läßt sich nur die Tätigkeit einfügen, die der Syndikus als Anwalt außerhalb seines Dienstverhältnisses ausübt. Dagegen sind bei der Tätigkeit, die er als Syndikus für seinen Dienstherrn leistet, die typischen Wesensmerkmale der freien Berufsausübung, die das Bild des Anwalts bestimmen, nicht gegeben ...“. Sodann folgte der Hinweis auf die Ausführungen zu § 2 des Entwurfs, wonach das Wesen des Freien Berufes einer Beschäftigung der Berufsangehörigen in einem Abhängigkeitsverhältnis zu einem Auftraggeber entgegenstehe; vgl. näher aaO, S. 49; hierzu auch BVerfGE 87, 287 (296 f. und 327).

[58] Vgl. BT-Drucksache III/120, S. 57 f. zum späteren § 7 Nr. 8 BRAO: „... Zwar wird ein Bewerber, der Syndikus und Rechtsanwalt zugleich sein will, in seiner Eigenschaft als Syndikus eine juristische Tätigkeit ausüben, wenn er seinem Arbeitgeber in Rechtsangelegenheiten Rat und Beistand gewährt; diese Tätigkeit kann, rein fachlich betrachtet, der beratenden Tätigkeit eines Rechtsanwalts durchaus entsprechen; seine Stellung als Syndikus mag auch so bedeutend sein, daß er seinem Arbeitgeber gegenüber selbständig und eigenverantwortlich zu handeln vermag. Jedoch würde eine ausschließliche Tätigkeit für ein Unternehmen nicht dem Bild entsprechen, das bei dem Beruf des Rechtsanwalts, von der Allgemeinheit der Rechtssuchenden her gesehen, in seiner Stellung innerhalb der Rechtspflege gegeben sein muß. Das Berufsbild des Rechtsanwalts kann nur dann vorhanden sein, wenn der Syndikus rechtlich und tatsächlich in der Lage ist, neben seiner Tätigkeit in dem Unternehmen Rechtssuchende als freier Anwalt zu beraten und zu vertreten. Sind diese Voraussetzungen nicht gegeben, so wäre einem Bewerber die Zulassung zur Anwaltschaft zu versagen.“; vgl. hierzu auch BVerfGE 87, 287 (294 f.).

senkollisionen das Vertrauen der Öffentlichkeit in die anwaltliche Unabhängigkeit erschüttern konnte.[59]

Daneben trat zusätzlich mit § 46 BRAO eine Berufsausübungsschranke, die eine ausreichende Abgrenzung zwischen der freien Anwaltstätigkeit einerseits und der Tätigkeit im abhängigen Beschäftigungsverhältnis andererseits gewährleisten sollte. Dabei hielt es der Normgeber im Verlauf des Gesetzgebungsverfahrens allerdings nicht für erforderlich, die Tätigkeitsbereiche des Syndikus in seiner Eigenschaft als Rechtsanwalt und als Angestellter eines privaten Dienstherrn strikt voneinander zu trennen. Anders als die Patentanwaltsordnung, die auch gegenwärtig davon ausgeht, daß ein Patentanwalt selbst im außergerichtlichen Bereich nur sehr eingeschränkt als solcher für seinen privatrechtlichen Dienstherrn auftreten kann,[60] sahen sowohl der Regierungsentwurf[61] als auch der Rechtsaus-

---

[59] Vgl. BT-Drucksache III/120, S. 57, zum späteren § 7 Nr. 8 BRAO: „... Der Rechtsanwalt muß als solcher in der Beratung und Vertretung unabhängig und objektiv sein. Will der Bewerber z. B. eine Tätigkeit beibehalten, die seine ganze Arbeitskraft in Anspruch nimmt und in der er streng an fremde Weisungen gebunden ist, so bleibt für eine Ausübung des Berufes als Anwalt, an den sich jeder Rechtssuchende wenden könnte, kein Raum mehr. Die Berufsbezeichnung Rechtsanwalt würde in einem solchen Fall zu einem inhaltleeren Titel werden." Als Beispiel für eine mit dem Ansehen der Anwaltschaft unvereinbare Tätigkeit sah der Gesetzgeber aaO, S. 58, eine Tätigkeit als Reisender oder Agent für irgendwelche Unternehmungen.

Das BVerfG hat die Verfassungsmäßigkeit der entsprechenden, auf Sicherung der fachlichen Kompetenz und Integrität sowie eines ausreichenden anwaltlichen Handlungsspielraums und der notwendigen Vertrauensgrundlage gerichteten Berufszulassungsschranke im Ergebnis gebilligt, dabei aber zugleich angemahnt, die grundrechtlich gewährleistete Freiheit der Berufswahl gebiete Zurückhaltung bei der Entwicklung typisierender Unvereinbarkeitsregeln; vgl. BVerfGE 87, 287 (317 ff.); BVerfG in NJW 1995, 951 (952).

[60] Siehe hierzu den – erst nach Ergehen des „Zweitberufs-Urteils" BVerfGE 87, 287 ff. – durch das Gesetz zur Neuordnung des Berufsrechts der Rechtsanwälte und Patentanwälte vom 2.9.1994 (BGBl. I, S. 2278, 2285) in die Patentanwaltsordnung eingefügten § 41a I PatAnwO: Danach kann ein abhängig beschäftigter Patentanwalt für seinen privatrechtlichen Dienstherrn weder vor Gerichten und Schiedsgerichten noch vor Behörden in seiner Eigenschaft als Patentanwalt auftreten. Bis zu diesem Zeitpunkt wurde das Problem der Interessenkollision im Berufsrecht der Patentanwälte nicht erst auf der Ebene der Berufsausübung, sondern vorgeschaltet auf der – das Grundrecht der Berufsfreiheit stärker berührenden – Ebene der Berufswahl durch besondere Unvereinbarkeitsregelungen für Angestellte gelöst, die für ihren Arbeitgeber auf dem Gebiet des gewerblichen Rechtsschutzes tätig sind; vgl. hierzu die damaligen Erwägungen im Fraktionsentwurf einer Patentanwaltsordnung; BT-Drucksache V/276, S. 40 f. und des Rechtsausschusses, BT-Drucksache V/675, S. 2, sowie die auf den Verhältnismäßigkeitsgrundsatz rekurrierende Begründung für die Gesetzesänderung im Regierungsentwurf zur Neuordnung u. a. des Berufsrechts der Patentanwälte, BT-Drucksache 12/4993, S. 38 ff.

[61] Vgl. die Ausführungen in BT-Drucksache III/120, S. 77: „... Die Scheidung zwischen beiden Aufgabenbereichen, in denen der Syndikusanwalt in seiner Doppelstellung tätig wird, ist im Interesse der geordneten Rechtspflege insbesondere dann beizubehalten, wenn er vor Gericht auftritt. Deshalb kann es nicht zugelassen werden, daß der Syndikusanwalt seinen Dienstherrn vor einem Gericht oder Schiedsgericht in seiner Eigenschaft als Rechtsanwalt vertritt. Diese Beschränkung gilt für alle Verfahrensarten und für alle Zweige der Rechtspflege. Dagegen soll es dem Syndikusanwalt nicht verwehrt werden, in Verfahren ohne Anwaltszwang, z. B. als Vorstandsmitglied des Unternehmens oder als Angestellter, für seinen Dienstherrn aufzutreten; er darf jedoch in einem solchen Fall nicht in seiner Eigenschaft als Rechtsanwalt tätig werden."

schuß des Deutschen Bundestages[62] ein außergerichtliches Auftreten des Syndikus für seinen Dienstherrn in der Eigenschaft als Rechtsanwalt generell für unbedenklich an.

Der BGH behandelte das Problem einer Beschäftigung von Rechtsanwälten in Wirtschaftsprüfungs- und Steuerberatungsgesellschaften innerhalb des vorbezeichneten doppelten Schrankensystems bereits als Berufszugangsfrage gemäß § 7 Nr. 8 BRAO. Er verweigerte solchen Bewerbern, die beide juristischen Staatsprüfungen absolviert hatten und bei entsprechenden, ganz überwiegend als Kapitalgesellschaften organisierten Steuerberatungs- und/oder Wirtschaftsprüfungsgesellschaften beschäftigt waren, in ständiger Rechtsprechung bereits die Zulassung zur Anwaltschaft.[63]

Schon in der ersten, im Jahr 1961 zu diesem Punkt ergangenen Entscheidung gab die Judikatur zu erkennen, daß sie bei anderweitiger Entscheidung die Aufgabe von Grundwerten des anwaltlichen Berufsbildes befürchte. Unter Bezugnahme auf § 36 der anwaltlichen Standesrichtlinien vom 11.5.1957, die eine allgemeine vertragliche Haftungsbeschränkung für Anwälte seinerzeit noch vollkommen untersagten,[64] führte das Gericht aus, die Mitwirkung eines Rechtsanwalts in einer als Kapitalgesellschaft ausgestalteten Steuerberatungsgesellschaft erwecke zumindest in den Augen des unaufmerksamen Publikums den Eindruck einer Anwaltssozietät mit beschränkter Haftung.[65]

Noch deutlicher äußerte sich der BGH alsbald in einem weiteren ehrengerichtlichen Urteil. Dort formulierte das Gericht mit Blick auf die angestrebte anwaltliche Beschäftigung in einer ebenso organisierten Wirtschaftsprüfungsgesellschaft als Dienstherrin: „Infolge des Umstands, daß der Antragsteller in seiner Eigenschaft als Angestellter Rechtsrat nicht nur an seinen Arbeitgeber, sondern auch an dessen Mandanten, also an Teile des rechtssuchenden Publikums, erteilt, ist er von der gleichzeitigen Zulassung zur Rechtsanwaltschaft ausgeschlossen ... Es müßte zur Aushöhlung eines wichtigen Grundsatzes des anwaltlichen Standesrechts beitragen, wenn die persönliche und unumschränkte Haftung des Rechtsberaters für gewisse Bereiche des allgemeinen Rechts dadurch umgangen werden könnte, daß sich dort – unter Beschäftigung zugelassener Anwälte im Anstellungsverhältnis – Rechtsberatungsgesellschaften mit beschränkter Haftung bilden würden".[66]

---

62 Vgl. den schriftlichen Bericht des Rechtsausschusses (12. Ausschuß), Bericht des Abgeordneten Wagner, BT-Drucksache III/778, S. 5: „... Die Änderung gegenüber dem Entwurf ist nicht sachlicher Natur. Anträge festzulegen, daß der Rechtsanwalt in den Fällen des § 58 auch <Behörden> oder <Dritten> gegenüber nicht in seiner Eigenschaft als Rechtsanwalt tätig werden darf, hat der Ausschuß als zu weitgehend abgelehnt. Es ist aber hervorgehoben worden, daß ein Syndikusanwalt z. B. Mahnschreiben nicht als Rechtsanwalt unterzeichnen und Verhandlungen für seinen ständigen Auftraggeber nicht in seiner Eigenschaft als Rechtsanwalt führen dürfe, weil er insoweit als Syndikus tätig werde. Der Ausschuß ist der Ansicht, daß Mißbräuchen im Wege der Aufsicht durch die Berufsorgane und durch die Ehrengerichtsbarkeit entgegengetreten werden könne."

63 Vgl. hierzu die oben auf S. 76 in Fn. 55 genannten Urteile.

64 Der § 36 Nr. 1 jener Richtlinien lautete: „Die allgemeine Vereinbarung des Ausschlusses oder der Beschränkung der Haftung des Rechtsanwalts ist nicht gestattet."; abgedruckt etwa bei *Kalsbach*, BRAO, Sonderabschnitt nach § 43 BRAO, S. 316. Dieser bemerkte hierzu, der allgemeine Ausschluß oder die allgemeine Beschränkung der Haftung des Rechtsanwalts widerspreche dem Vertrauen, das der Rechtssuchende in den Anwalt setze; aaO, Rn. 1 zu § 36 RiLi.

65 BGHZ 35, 287 (291).

66 BGH in EGE VII, 33 (34 f.); vgl. dazu auch *Isele*, BRAO, Anm. 8 f) dd) zu § 7 BRAO, S. 147 f.

Ein auf diese Weise Rechtsrat Erteilender, der in vertraglicher Abhängigkeit zu den Weisungen eines nichtanwaltlichen Dritten stehe, entfremde sich dadurch grundlegend von dem überlieferten Berufsbild des Rechtsanwalts, denn er mache sich zum ausführenden Organ eines den anwaltlichen Standespflichten nicht unterworfenen, geschäftlichen Rechtsberatungsunternehmens.[67] Daraus entwickelte der BGH nachfolgend die in ständiger Rechtsprechung vertretene Auffassung, daß es mit dem Anwaltsberuf schlechthin unvereinbar sei, daß der Rechtsanwalt für einen den anwaltlichen Standespflichten nicht unterliegenden Dritten Rechtsrat erteile oder erarbeite, ohne selbst in Rechtsbeziehungen zu dem Ratsuchenden zu treten.[68] Nur die persönliche vertragliche Rechtsbeziehung zu dem Rechtssuchenden begründe gegenüber diesem die notwendige Eigenverantwortlichkeit des Rechtsanwalts.[69]

Den Einwand, die Tätigkeit als Organ einer Steuerberatungsgesellschaft sei derjenigen des bei einem Berufskollegen angestellten Rechtsanwalts durchaus vergleichbar, weil auch letzterem eine vertragliche Eigenverantwortlichkeit im Verhältnis zum Ratsuchenden fehle,[70] ließ der BGH hierbei nicht gelten. Der maßgebliche Unterschied bestehe darin, daß der bei einem anderen Rechtsanwalt beschäftigte Berufsangehörige Rechtsrat für einen *Geschäftsherrn* erteile, der *selbst* den *anwaltlichen* Standespflichten unterworfen sei.[71] Infolgedessen bleibe eine vertragliche Eigenverantwortlichkeit eines anwaltlichen Berufsvertreters gegenüber dem Mandanten in diesem Fall gerade weiterhin gewährleistet.

Auch der Umstand, daß das Dritte Gesetz zur Änderung des Steuerberatungsgesetzes vom 24.6.1975[72] in einer Neufassung des § 50 II StBerG *neben* Steuerberatern u. a. auch Rechtsanwälte ausdrücklich als Vorstandsmitglieder, Geschäftsführer oder persönlich haftende Gesellschafter von Steuerberatungsgesellschaften zuließ,[73] veranlaßte den BGH

---

[67] BGHZ 35, 287 (290); BGH in EGE VII, 33 (35); vgl. auch BGHZ 40, 282 (285); 46, 60 (65) und *Pfeiffer* in FS für Oppenhoff (1985), 249 (261).

[68] Vgl. speziell zum Verbot anwaltlicher Tätigkeit in Steuerberatungs- und/oder Wirtschaftsprüfungsgesellschaften BGHZ 38, 241 (247); 63, 377 (378); 65, 238 (239); 72, 322 (323); aus der allgemeinen Judikatur zum Syndikusanwalt etwa BGHZ 40, 282 (287); 68, 62 (63); 83, 350 (352 f. u. 357); 97, 204 (206 f.), BGHSt 34, 227 (230); BFH in BFHE 133, 234 (236).

[69] Vgl. speziell im Zusammenhang mit Steuerberatungs- und Wirtschaftsprüfungsgesellschaften etwa BGHZ 63, 377 (379): „Diese Eigenverantwortlichkeit muß *im Verhältnis* des Ratserteilenden *zum Ratsuchenden* bestehen, wie es – zumindest in aller Regel – bei einem normalen Auftragsverhältnis eines Rechtsanwalts zu seinem Mandanten der Fall ist. Denn daß derjenige, der den Rat erteilt, für seine Arbeit überhaupt verantwortlich ist, nämlich im Innenverhältnis seinem Geschäftsherrn gegenüber, ist selbstverständlich ...“; daneben auch BGHZ 38, 241 (247); 65, 238 (241); 72, 322 (323); allgemein zum Syndikusanwalt BGHZ 40, 282 (287); 68, 62 (63): „... Diese Eigenverantwortlichkeit muß im Verhältnis des Ratserteilenden zum Ratsuchenden bestehen ...“; 83, 350 (357); 97, 204 (207); ebenso BFH in BFHE 133, 234 (236).

[70] So das Vorbringen des Antragstellers in BGHZ 65, 238 (241).

[71] So ausdrücklich BGHZ 65, 238 (241); zustimmend etwa *Wettlaufer* in AnwBl. 1989, 194 (200).

[72] BGBl. I, S. 1509.

[73] Bis dahin bedurfte es gemäß § 17 II StBerG 1961 einer besonderen Genehmigung der Landesbehörde, wenn neben Steuerberatern Angehörige anderer Berufe Organfunktionen in Steuerberatungsgesellschaften übernehmen sollten; vgl. zu den Gründen für die Änderung der Vorschrift, die erst im Laufe des Gesetzgebungsverfahrens (BT-Drucksachen 7/2852 und 7/3526) vorgenommen

nicht zu einer Änderung seiner Rechtsprechung. Denn die Vorschrift des § 50 II StBerG betreffe allein die Zulässigkeit nach dem Berufsrecht der Steuerberater, nicht aber diejenige nach dem anwaltlichen Berufsrecht.[74] Dieses stehe aber der Tätigkeit eines anwaltlichen Berufsvertreters in Steuerberatungsgesellschaften weiterhin entgegen.[75]

Die in sich feststehende Judikatur blieb im Laufe der Zeit nicht unkritisiert. Ihr wurde insbesondere von solchen Rechtsanwälten, die an der Tätigkeit in Wirtschaftsprüfungs- und/oder Steuerberatungsgesellschaften interessiert waren, vorgehalten, es fehle an einer richterlichen Bereitschaft, die Spezialisierung, Arbeitsteilung und die Tendenz zu neuen Organisationsformen anzuerkennen.[76] Die anwaltliche Eigenverantwortlichkeit lasse sich nicht nur formalrechtlich an eigenen Rechtsbeziehungen zum Ratsuchenden festmachen, und überdies sei es nicht einzusehen, weshalb einem zur allgemeinen Rechtsberatung befähigten Personenkreis im Bereich der Steuerberatung nicht dieselben Befugnisse zustehen sollten wie den speziell dort tätigen Wirtschaftsprüfern und Steuerberatern.[77]

Bis zur Mitte der achtziger Jahre änderte dies an der Haltung der Rechtsprechung freilich nichts. Die interprofessionelle Kooperation zwischen Rechtsanwälten und den Angehörigen der jüngeren steuer- und wirtschaftsberatenden Berufe blieb damit ohne weiteres auf die klassisch freiberufliche Rechtsform der Gesellschaft bürgerlichen Rechts beschränkt.

III. Das Scheitern eines Partnerschaftsgesetzes in den siebziger Jahren

Angesichts der hiernach in praxi im wesentlichen bestehenden Beschränkung einer gemeinschaftlichen Berufsausübung von Angehörigen verschiedener freier Professionen auf die Rechtsform der BGB-Gesellschaft ging man Ende der sechziger Jahre parallel daran, über die gesetzliche Einführung einer spezifisch auf die Freien Berufe zugeschnittenen neuen Rechtsform nachzudenken.

Erste theoretische Überlegungen in diese Richtung datierten bereits aus den Jahren 1948/1949, als der Verlag der Zeitschrift „Der Wirtschaftsprüfer" ein Preisausschreiben mit dem Ziel veranstaltete, „Die zweckmäßige Rechtsform der Wirtschaftsprüfer-Gemeinschaften" zu ermitteln.[78] Damals sprachen sich – selbstverständlich mit im Detail jeweils

---

wurde, den Bericht des Finanzausschusses, Abgeordneter von Bockelberg, BT-Drucksache 7/3526, S. 6.

In der Wirtschaftsprüferordnung fehlt demgegenüber auch heute noch eine vergleichbare Vorschrift, die *neben* Wirtschaftsprüfern ausdrücklich auch Rechtsanwälte als Vorstandsmitglieder, Geschäftsführer oder persönlich haftende Gesellschafter vorsehen würde. Diese bleiben vielmehr auf den Weg einer Genehmigung als sonstige besonders befähigte Personen beschränkt; vgl. § 28 II 1, 2 WPO.

[74] Vgl. BGHZ 72, 322 (327).

[75] BGHZ 72, 322 (325 f.) – Dabei schränkte der BGH die zuvor apostrophierte Gleichwertigkeit und Artverwandtheit der Tätigkeit des Rechtsanwalts mit der eines Steuerberaters (s. o. S. 74 f. in Fn. 49 f.) spürbar ein und betonte, daß sich die Stellung des Rechtsanwalts als des umfassenden Organs der Rechtspflege insgesamt gesehen doch wesentlich von der des Steuerberaters unterscheide.

[76] *v. Linsingen* in StB 1976, 209.

[77] *v. Linsingen* in StB 1976, 209 (209 u. 211).

[78] Vgl. hierzu WP 1949, 65.

unterschiedlichen Akzentuierungen – zwei Autoren für die Schaffung einer Personalgesellschaft sui generis aus, die bei eigenständiger Rechtsfähigkeit und unter Begrenzung der Haftung auf die Summe einer einheitlichen Berufshaftpflichtversicherung de lege ferenda am besten geeignet sei, die persönliche Verantwortung ihrer Mitglieder durch Offenlegung klarer Vertretungsbefugnisse zu wahren sowie gleichzeitig den Firmennamen und seinen Wert über den Tod der Gründer hinaus zu erhalten.[79] Der Anwendungsbereich dieser Rechtsform brauche sich dann auch nicht auf Wirtschaftsprüfergemeinschaften zu beschränken, sondern könne für jede freiberufliche Tätigkeit, die die Kraft des einzelnen übersteige und sinnvollerweise von einem Kollegium vorgenommen werde, als neue Gesellschaftsform dienen.[80]

Zur Mitte der fünfziger Jahre schrieb das Bundesministerium der Justiz auf Initiative des Instituts der Wirtschaftsprüfer in Deutschland e. V. sodann mehrere Berufsverbände der Freiberufler an, um zu eruieren, ob diese allgemein ein Bedürfnis für eine entsprechende Rechtsform sahen.[81] Nachdem die Reaktionen überwiegend reserviert und eher negativ ausfielen,[82] lehnte es das BMJ ab, nur für einen kleinen Kreis von Interessierten einen entsprechenden Gesetzentwurf auszuarbeiten.

Im Jahre 1961 beklagte wiederum ein Berufsvertreter aus dem Kreis der Wirtschaftsprüfer, es fehle im deutschen Recht an einer dem Freien Beruf entsprechenden Rechtsform zur gemeinschaftlichen Berufsausübung.[83] Für eine derartige Gesellschaftsform bestünde ein dringendes Bedürfnis zumindest derjenigen Freiberufler, die zur Durchführung ihrer beruflichen Aufgaben einen größeren Mitarbeiterstab oder eine größere Kanzlei unterhalten müßten.[84] Freilich mündeten auch diese Forderungen seinerzeit noch nicht in ernsthafte Aktivitäten ein, die auf eine praktische Umsetzung der geäußerten Vorstellungen abzielten.

Dies änderte sich erst in der zweiten Hälfte der sechziger Jahre, als der Gedanke einer interprofessionellen Kooperation und Teamarbeit allgemein in den verschiedenen freien Professionen zunehmend Befürworter fand.

Konkreten Anlaß für eine nähere Beschäftigung mit einer auf die Freien Berufe zugeschnittenen eigenständigen Rechtsform bot schließlich die Verabschiedung eines als „loi sur les sociétés civiles professionelles“ bezeichneten Rahmengesetzes durch den französischen Gesetzgeber im Jahr 1966.[85] Die Zielsetzung jenes französischen Gesetzes, eine allgemeine Grundlage zur Ausübung der Freien Berufe durch einen auf ihre Bedürfnisse ausgerichteten neuen Gesellschaftstyp zu schaffen,[86] ermutigte auch einen kleinen Kreis

---

[79] *Wollert* in WP 1949, 66 (68); *Metzner* in WP 1949, 172 (175 f.).

[80] *Wollert* in WP 1949, 66 (68 a. E.); *Metzner* in WP 1949, 172 (176).

[81] Vgl. *Thümmel* in Wpg. 1971, 399; *Michalski/Römermann*, Rn. 1 f. Einf zum PartGG; MünchKommBGB-*Ulmer*, Rn. 1 vor § 1 PartGG.

[82] So griff der Deutsche Anwaltverein dahingehende Überlegungen eher zögerlich auf; und auch der Bundesverband der Freien Berufe bezweifelte, ob die Zeit für ein Partnerschaftsgesetz reif sei; vgl. *Thümmel* in Wpg. 1971, 399; *Michalski/Römermann*, Rn. 2 Einf zum PartGG; MünchKommBGB-*Ulmer*, Rn. 1 vor § 1 PartGG.

[83] *Höppner* in BB 1961, 1209 (1212); vgl. daneben auch *P. Lach* in BB 1962, 688 (689).

[84] *Höppner* in BB 1961, 1209 (1212).

[85] Vgl. hierzu ausführlich *Müller-Gugenberger* in DB 1972, 1517 ff. mit Bekanntmachungsnachweisen in Fn. 3; eingehend auch *Henrichfreise*, S. 94 ff.

[86] *Müller-Gugenberger* in DB 1972, 1517.

hiesiger Freiberufler, in Anlehnung an die Bestimmungen des OHG-Rechts den Entwurf eines deutschen Partnerschaftsgesetzes auszuarbeiten.[87] Diese Vorarbeiten, die für die hier tätigen Freien Berufe ebenfalls eine Gesellschaftsform sui generis eröffnen sollten, veranlaßten die Vorstände der Wirtschaftsprüferkammer und des Instituts der Wirtschaftsprüfer, im Jahre 1969 einen weiteren Entwurf eines Gesetzes über Partnerschaften erarbeiten zu lassen.[88]

Auf dieser Grundlage kam es anno 1971 schließlich zu einer ersten Gesetzesinitiative im Bundestag.[89] Dieser ursprüngliche Gesetzentwurf erfuhr wiederholt Änderungen in essentiellen Punkten. Eine erste modifizierte Fassung wurde 1975 im Laufe der 7. Legislaturperiode als interfraktioneller Gruppenantrag erneut im Bundestag eingebracht.[90] Diese Fassung erhielt unter dem maßgeblichen Einfluß des Rechtsausschusses des Deutschen Bundestages eine nochmals andere Konzeption.[91] Nach abschließender Beratung verabschiedete der Bundestag den deutlich abgeänderten zweiten Entwurf zwar am 1.7.1976 einstimmig, doch scheiterte das Partnerschaftsgesetz nachfolgend am Bundesrat, der am 16.7.1976 beschloß, dem Partnerschaftsgesetz gemäß Art. 84 I GG nicht zuzustimmen.[92]

Der Verlauf des Gesetzgebungsverfahrens reflektiert hierbei anschaulich die damalige Unsicherheit des Gesetzgebers in der Frage, welche Rechtsform eine speziell für die Freien Berufe zu schaffende Gesellschaftsform idealiter aufweisen müsse und wie sie inhaltlich konkret auszugestalten sei. Dies zeigte sich deutlich in den grundlegenden Modifikationen, die der Gesetzentwurf vor seiner Verabschiedung durch den Bundestag durchlief. Sowohl die Rechtsnatur der Partnerschaft als auch der Punkt einer institutionellen Haftungsbeschränkung durchlebte in den unterschiedlichen Gesetzgebungsstadien gravierende Wandlungen.

So gestalteten die anfänglichen Entwürfe von 1971 und 1975 die Partnerschaft noch als eigenständige juristische Person aus.[93] Trotz dieser Konzeption wollte der Gesetzgeber die

---

87 Vgl. *Volmer* in StB 1967, 25 ff. mit Vorstellung des entsprechenden Gesetzentwurfs.

88 Vgl. hierzu die Stellungnahme des Sozietätsausschusses des Hamburgischen Anwaltvereins in AnwBl. 1970, 5 (8) sowie *Thümmel* in Wpg. 1971, 399.

89 Vgl. den Entwurf eines Partnerschaftsgesetzes der Abgeordneten v. Bockelberg und Kollegen, BT-Drucksache VI/2047, S. 1 ff.

90 Gesetzentwurf eines Partnerschaftsgesetzes der Abgeordneten v. Bockelberg und Kollegen, BT-Drucksache 7/4089, S. 1 ff.

91 Vgl. zu den vom Rechtsausschuß veranlaßten Modifikationen den Antrag des Rechtsausschusses (6. Ausschuß), BT-Drucksache 7/5402, S. 1 ff., und sodann den Bericht des Rechtsausschusses, BT-Drucksache 7/5413, S. 1 ff.

92 Vgl. BR-Drucksache 444/76, S. 1 ff. – Das Scheitern des Gesetzes dürfte unter dem Gesichtspunkt der verweigerten Zustimmung ein verfassungsrechtliches Kuriosum darstellen. Denn die damalige Einschätzung einer Zustimmungsbedürftigkeit des Bundesrates zum Partnerschaftsgesetz hat sich später als unrichtig erwiesen, so daß das an sich ordnungsgemäß zustande gekommene Gesetz seinerzeit zu seiner Wirksamkeit nur noch der Gegenzeichnung durch die Bundesregierung, der Ausfertigung durch den Bundespräsidenten und der Verkündung gemäß Art. 82 GG bedurft hätte, vgl. hierzu näher *Leutheusser-Schnarrenberger* in FS für Helmrich (1994), 677 f.; *Seibert* in AnwBl. 1993, 155; *Mahnke* in WM 1996, 1029 (1030).

93 Vgl. § 1 I EPartGG 1971, § 1 Satz 1 EPartGG 1975. Die Gesetzesmaterialien führen hierzu übereinstimmend aus: „Bei der Frage der Organisationsform fiel die Entscheidung für die juristische Person und gegen eine Personengesellschaft, weil bei Großformen der Zusammenarbeit eine Personengesellschaft technisch nicht ausreichen würde und partnerschaftliche Großformen nicht durch die

Partnerschaft im Sinne der Steuergesetze gleichwohl als freiberufliche Personengesellschaft behandelt wissen.[94] Hierbei hätte es sich um eine steuerrechtliche Novität gehandelt, so daß es im Fall der Realisierung mit Blick auf die sonst geltende Systematik bei der Besteuerung von Körperschaften zu Friktionen gekommen wäre.[95] Unter Hinweis auf jene konstruktiven Schwierigkeiten, die eine Einordnung der Partnerschaft in das geltende Steuersystem andernfalls impliziert hätte, reformierte der Rechtsausschuß die Partnerschaft demgemäß schließlich in Richtung auf eine modifizierte Gesellschaft des bürgerlichen Rechts.[96]

Ähnlich grundlegende Veränderungen ergaben sich im Punkte einer institutionellen Haftungsbeschränkung auf das Vermögen der Partnerschaft. Auch hier war aus der Entwicklung des Gesetzgebungsverfahrens eine von der körperschaftlichen Organisationsform abrückende Tendenz zu ersehen.

Die Haftung der Partnerschaft für Schäden aus der Berufsausübung sollte in der ursprünglichen Fassung nach § 9 I EPartGG 1971 je Schadensfall auf 500.000 DM beschränkt sein und nach Absatz 3 über eine obligatorische Haftpflichtversicherung abgedeckt werden.[97] Für Verbindlichkeiten aus nicht zur Berufsausübung gehörigen Geschäften sollten gemäß § 10 EPartGG 1971 die Partner bis zur Höhe von 30.000 DM subsidiär gesamtschuldnerisch haften.[98]

Auf die Kritik hin, eine Beschränkung der nicht berufsspezifischen Haftung auf eine derart geringe Summe sei bei der Beschaffung von Anlagevermögen – etwa wenn man an die Einrichtung eines medizinischen Diagnosezentrums denke – unverhältnismäßig niedrig und praktisch undurchführbar,[99] gab der Entwurf von 1975 das zweispurige Haftungssystem wieder auf und bestimmte in § 10 I, II EPartGG, daß die Partnerschaft als rechtsfähige Berufsgesellschaft für jeden Schadensfall aus fehlerhafter Berufsausübung der Partner

---

Gesellschaftsform verhindert werden sollen."; vgl. die Begründung zum Entwurf eines Partnerschaftsgesetzes 1971, BT-Drucksache VI/2047, S. 6 und die gleichlautende Begründung zum Entwurf 1975, BT-Drucksache 7/4089, S. 8.

[94] Der Entwurf aus dem Jahre 1971 bestimmte in seinem § 26 EPartGG ausdrücklich, daß die Partnerschaft im Sinne des Steuerrechts als freiberufliche Personengesellschaft gelten sollte; vgl. BT-Drucksache VI/2047, S. 4.

[95] *Müller-Gugenberger* bezeichnete die intendierte Gleichstellung der juristischen Person „Partnerschaft" mit den Personengesellschaften in DB 1972, 1517 (1522) zu Recht als steuerrechtliche Systemwidrigkeit.

[96] Vgl. den Bericht des Rechtsausschusses zum Entwurf des Partnerschaftsgesetzes 1976, BT-Drucksache 7/5413, S. 2.

[97] Vgl. BT-Drucksache VI/2047, S. 2 sowie die Begründung hierfür aaO, S. 6: „Sinn der neuen Regelung ist es, die Vorzüge einer juristischen Person mit denen einer reinen Personengesellschaft in der Partnerschaft zu verbinden und die Haftung auf ein vernünftiges Maß zu beschränken – wie es in irgendeiner Form bei jeder Handelsgesellschaft geschieht –, wobei ein weitgehender Schutz der Auftraggeber der Partnerschaft vor Schaden und gleichzeitig ein Schutz der Partner durch eine Haftungsbeschränkung und eine Versicherungspflicht der Partnerschaft gewährleistet sein soll."

[98] BT-Drucksache VI/2047, S. 2.

[99] So *Sandberger/Müller-Graff* in ZRP 1975, 1 (6) – Daneben hielten dieselben aaO auch die ansonsten vorgesehene gesellschaftsrechtliche Haftungsbeschränkung ohne flankierende Vorschriften über eine entsprechende Kapitalaufbringung für fragwürdig, weil die bloße Substitution durch den obligatorischen Abschluß einer Haftpflichtversicherung gegen das Prinzip der ausreichenden Eigenkapitalausstattung von juristischen Personen mit beschränkter Haftung verstoße; ebenso *Kornblum* in AnwBl. 1973, 153 (160).

hafte und verpflichtet sei, sich gegen die daraus erwachsenden Haftungsrisiken angemessen zu versichern.[100] Zugleich sollte die Haftung der Partnerschaft für fahrlässiges Fehlverhalten auf die Höhe einer von den jeweils zuständigen Berufskammern vorgegebene Mindestversicherungssumme begrenzt werden.[101]

Damit war im Umkehrschluß zugleich ausgesprochen, daß für nicht zur Berufsausübung zählende Beschaffungsvorgänge die Partner nunmehr weiterhin persönlich als Haftungsschuldner einstehen sollten. Das weitere Festhalten an einer Haftungsbeschränkung im Bereich der Berufsausübung rechtfertigte der Gesetzgeber in diesem Stadium des Gesetzgebungsverfahrens mit dem Mißverhältnis, das zwischen Honoraranspruch und dem Haftungsrisiko für fahrlässiges Fehlverhalten der Partner bestehe.[102]

Doch auch diese Form der Haftungsbegrenzung wurde letztlich wieder verworfen. § 18 I 1 EPartGG 1976 statuierte in der vom Rechtsausschuß vorgeschlagenen und letztlich vom Bundestag verabschiedeten Fassung eine solidarische Haftung der Partner für Verbindlichkeiten der Partnerschaft.[103] Das Abgehen von jeglicher Haftungsbeschränkung begründete der Rechtsausschuß schließlich damit, das Risiko, schon durch geringe Fahrlässigkeit unübersehbare Schadensersatzpflichten auszulösen, sei bei näherem Ansehen kein spezifisch freiberufliches, sondern habe durch die technische und wirtschaftliche Entwicklung allgemein zugenommen und gelte in vergleichbarer Weise z. B. auch für das Handwerk.[104] Das Problem einer Haftungsbegrenzung sei daher ein solches des allgemeinen Schadensersatzrechts, das den in § 249 BGB verankerten Grundsatz des vollen Schadensersatzes in Frage stelle und daher nur im Rahmen einer breiter angelegten Reform des Schadensersatzrechts gelöst werden könne.[105] Im übrigen müßten etwaige Haftungsbeschränkungen für besondere Risiken allen Berufsausübenden in gleicher Weise zugute kommen, also auch denen, die ihren Beruf allein ausüben.[106]

Der vom Bundestag gebilligte Partnerschaftsentwurf bestand sodann im Ergebnis zwar aus 35 Paragraphen, brachte an Neuerungen allerdings lediglich eine Namens- und Parteifähigkeit der ansonsten auf dem Recht der BGB-Gesellschaft aufbauenden Partnerschaft. Der Bundesrat sah hierin einen übertriebenen Gesetzesperfektionismus, der in Anbetracht der inhaltlich vergleichsweise wenig vom Recht der BGB-Gesellschaft abweichenden Sonderregelungen kein wirkliches Bedürfnis für eine neuartige Gesellschaftsform erkennen lasse.[107] Insbesondere sei die eigene Parteifähigkeit der Partnerschaft wegen der zumeist kleinen Zahl der Mitglieder, aus denen die Zusammenschlüsse in den Freien Berufen zur gemeinschaftlichen Berufsausübung bestünden, nur von geringer Bedeutung.[108]

---

[100] Vgl. BT-Drucksache 7/4089, S. 4.

[101] Vgl. § 10 II, III EPartGG 1975; BT-Drucksache 7/4089, S. 4.

[102] BT-Drucksache 7/4089, S. 8.

[103] Vgl. den Antrag des Rechtsausschusses, BT-Drucksache 7/5402, S. 6.

[104] Vgl. den Bericht des Rechtsausschusses, BT-Drucksache 7/5413, S. 2.

[105] BT-Drucksache 7/5413, S. 2.

[106] BT-Drucksache 7/5413, S. 2; den gleichen Gedanken äußerten zuvor auch schon *Kornblum* in AnwBl. 1973, 153 (161); *Sandberger/Müller-Graff* in ZRP 1975, 1 (4 u. 6).

[107] BR-Drucksache 444/1/76, S. 1 f. – Die fehlende Notwendigkeit zur Konstituierung einer spezifisch freiberuflichen Rechtsform hatte zuvor bereits *Müller-Gugenberger* in DB 1972, 1517 (1519) unter Hinweis auf die zahlreich vorhandenen Ausgestaltungsmöglichkeiten im Recht der BGB-Gesellschaft gerügt.

[108] BR-Drucksache 444/1/76, S. 2.

Mit ausschlaggebend für die verweigerte Zustimmung des Bundesrates dürfte daneben freilich auch der Umstand gewesen sein, daß das vom Bundestag verabschiedete Partnerschaftsgesetz bei den Organisationen zahlreicher betroffener Berufe übereinstimmend auf Ablehnung stieß.[109]

Auch wenn das Gesetzgebungsverfahren eines Partnerschaftsgesetzes damit in Anbetracht seiner vielfältigen Modifikationen und des letztendlichen Scheiterns das rechtstatsächliche Erscheinungsbild der freiberuflichen Zusammenarbeit in den siebziger Jahren nicht weiter beeinflußte, ließen alle damaligen legislativen Bemühungen doch andererseits in einem Punkte eine übereinstimmende Regelungsintention erkennen. Sämtlichen Entwürfen lag offenbar der Gedanke zugrunde, daß die gewerblichen Rechtsformen für eine umfassende Kooperation innerhalb bzw. unter den einzelnen freien Professionen wenig passend und nicht erwünscht seien.

Diese Haltung des Normgebers kam zum einen schon darin zum Ausdruck, daß er überhaupt eine spezifische Rechtsform für die Freien Berufe kreieren wollte, die sich von den gewerblichen Rechtsformen unterschied. Zum anderen belegen insbesondere die Gesetzgebungsmaterialien die seinerzeit durchgängig ablehnende Haltung des Gesetzgebers gegenüber einer freiberuflichen Berufsausübung in einer der herkömmlichen Kapitalgesellschaften.

So hieß es im Entwurf von 1975 hierzu. „... Die Kapitalgesellschaften des Handelsrechts sind dagegen für Freie Berufe nicht wünschenswert, da sie der Eigenverantwortlichkeit, Selbständigkeit und der leitenden Funktion des Berufsträgers kaum Rechnung tragen ...".[110] Ebenso drückte die Begründung des Rechtsausschusses zum Entwurf von 1976 ihre Abneigung gegenüber den gewerblichen Rechtsformen aus. Dort war zu lesen: „... Der Umstand, daß sich Angehörige Freier Berufe in Einzelfällen zu Gesellschaften, die für den gewerblichen Bereich geschaffen worden sind, wie z. B. zu Aktiengesellschaften zusammengeschlossen haben, zeigt, daß es unaufschiebbar geworden ist, für die Praxis der Freien Berufe auf gesetzlicher Grundlage eine für diese Berufe geeignete Organisationsform zur Verfügung zu stellen ...".[111]

IV. Zwischenergebnis

Zusammenfassend läßt sich somit feststellen, daß die Periode vom Ende der sechziger bis zur Mitte der achtziger Jahre durch eine rechtstatsächlich gemeinhin in allen Professionen zunehmende freiberufliche Kooperation geprägt war. Die intensivierte gemeinschaftliche Zusammenarbeit unter den Berufsangehörigen vollzog sich in den einzelnen freiberuflichen Sparten dabei in ganz unterschiedlicher Weise. Die niedergelassenen Ärzte und Rechtsanwälte bildeten in verstärktem Maße Zusammenschlüsse zur gemeinschaftlichen Berufsausübung, die ausschließlich die klassisch freiberufliche Rechtsform der BGB-Gesellschaft aufwiesen. Ebenso blieb auch die sich neu entwickelnde interprofessionelle

---

[109] So die Ausführungen in BR-Drucksache 444/1/76, S. 2.
[110] BT-Drucksache 7/4089, S. 8.
[111] BT-Drucksache 7/5413, S. 2.

Kooperation unter den einzelnen Freien Berufen im wesentlichen auf die Gesellschaft bürgerlichen Rechts beschränkt.

In anderen Bereichen, etwa bei den Architekten und Ingenieuren, zeigte sich nun häufiger die Nutzung auch gewerblicher, insbesondere kapitalgesellschaftlicher Rechtsformen zur gemeinsamen Berufsausübung. Bei den Wirtschaftsprüfern, die als vergleichsweise jüngerer Freier Beruf mit ausdrücklicher Billigung des Gesetzgebers ihre gewerblichen Berufsausübungsformen hatten beibehalten können, führte der verbreitete Zusammenschluß in Kapitalgesellschaften während dieser Periode bereits zu einer oligopolartigen Konzentration praktisch aller relevanten Pflichtprüfungsmandate auf einige wenige in dieser Weise ausgestaltete Wirtschaftsprüfungsgesellschaften.

In Wahrnehmung dieser sich in den jüngeren steuer- und wirtschaftsberatenden Berufen generell sowie in einigen tradierten freien Professionen partiell abzeichnenden zunehmenden Nutzung gewerblicher Rechtsformen unternahm der Gesetzgeber den Versuch, den Freien Berufen eine spezifische Rechtsform sui generis für eine freiberufliche Zusammenarbeit zur Verfügung zu stellen. Diesem gesetzgeberischen Unterfangen blieb einstweilen jedoch der Erfolg versagt, nicht zuletzt deshalb, weil die Freien Berufe in ihrer Gesamtheit noch nicht einheitlich die Notwendigkeit für eine derartige Gesellschaftsform sahen.

F. Die weitere Entwicklung bis zur Mitte der neunziger Jahre

Die rechtstatsächliche Ausprägung der freiberuflichen Zusammenarbeit zeigt für die jüngere Vergangenheit im wesentlichen eine Kontinuität und nochmalige Intensivierung derjenigen Entwicklungslinien, die sich schon in den Jahrzehnten zuvor herausgebildet hatten.

Der Prozeß eines verstärkten freiberuflichen Zusammenschlusses setzte sich in allen Professionen weiter fort und hatte insbesondere bei den rechts- und wirtschaftsberatenden Freien Berufen die Entstehung großer überörtlicher Verbindungen zur Folge. Die äußere Gestalt dieser Verbindungen variierte dabei, entsprechend dem unterschiedlichen historischen Werdegang, innerhalb der einzelnen freien Professionen weiterhin deutlich und zeigte sich insbesondere in dem unterschiedlich stark ausgeprägten Einsatz von gewerblichen Rechtsformen zur gemeinsamen Berufsausübung.

Am stärksten verbreitet blieb die Nutzung der aus dem Gewerbe herrührenden Personenhandelsgesellschaften und vor allem der Kapitalgesellschaften im Bereich der Wirtschaftsprüfung. Zugleich waren dort auch die Auswirkungen, die der Einsatz gewerblicher Rechtsformen implizierte, am signifikantesten. So konnten die großen, als Kapitalgesellschaft ausgestalteten Wirtschaftsprüfungsgesellschaften die bis dahin schon erreichte beherrschende nationale Marktstellung weiter ausbauen und durch die Eingehung internationaler Bindungen noch vertiefen.

Demgegenüber entstanden die überörtlichen und partiell auch supranational operierenden Zusammenschlüsse innerhalb der deutschen Anwaltschaft bis zur Mitte der neunziger Jahre praktisch ausnahmslos in der klassisch freiberuflichen Rechtsform der BGB-Gesellschaft. Eine den Wirtschaftsprüfungsgesellschaften vergleichbar dominante Marktstellung erreichten diese als Personengesellschaft konzipierten Zusammenschlüsse bis zu diesem Zeitpunkt nicht. Durch den verhältnismäßig länger währenden Verzicht auf gewerbliche Gesellschaftsformen divergierte die innerdeutsche Entwicklung vorübergehend auch mit derjenigen in einigen Auslandsstaaten, die sich – anders als der nationale Normgeber – zum Teil bereits vor vielen Jahren entschlossen hatten, die kapitalgesellschaftlichen Rechtsformen zur anwaltlichen Berufsausübung zu öffnen.

Auch in den anderen Freien Berufen blieben die Formen der Zusammenarbeit vor dem Hintergrund der Entstehung des Gemeinsamen Europäischen Binnenmarkts fortan nicht mehr auf rein nationale Verbindungen beschränkt, und es bildeten sich verstärkt internationale Kooperationsstrukturen aus. Dem entsprach mit der EWIV die Bereitstellung einer besonderen – allerdings nicht spezifisch freiberuflichen – Rechtsform für die grenzüberschreitende Zusammenarbeit durch den Rat der Europäischen Gemeinschaften.

Ebenso knüpfte der nationale Gesetzgeber nun wieder an die früheren Bemühungen zur Schaffung einer Partnerschaft an, um den freiberuflich Tätigen vor allem im Hinblick auf den zusammenwachsenden europäischen Wirtschaftsraum die Bildung größerer und interprofessioneller Verbindungen in einem rechtlich verfestigten Rahmen zu erleichtern. Die Verabschiedung des Partnerschaftsgesellschaftsgesetzes brachte auf diesem Wege schließlich doch noch eine neuartige, ausschließlich den Angehörigen der Freien Berufe zur gemeinschaftlichen Berufsausübung vorbehaltene Gesellschaftsform zur Entstehung.

Im Zuge des Inkrafttretens des PartGG ging die niedergelassene Ärzteschaft erstmalig daran, qua Berufsrecht eine interprofessionelle Kooperation mit den Angehörigen solcher freier Professionen zu gestatten, die ebenfalls im Bereich des Heilwesens angesiedelt sind. Desgleichen schuf der Gesetzgeber – wenn auch nur in begrenztem Umfang – erstmals die normativen Voraussetzungen zum allgemeinen und dauerhaften Einsatz von abhängig beschäftigten Ärzten im ambulanten Bereich.

Parallel zu der weiteren rechtstatsächlichen Ausweitung abhängiger Beschäftigungsverhältnisse öffnete die Judikatur den Freiberuflern auf der Grundlage verfassungsrechtlicher Erwägungen schließlich allgemein und umfassend den Zugang zu den gewerblichen Rechtsformen der Kapitalgesellschaften.

Die vorstehend skizzierten unterschiedlichen Aspekte des rechtstatsächlich anhaltenden Strebens nach freiberuflichem Zusammenschluß legen damit auch für den Zeitraum der zurückliegenden Dekade eine gesonderte Betrachtung der im einzelnen aufgetretenen Neuerungen nahe.

I. Die sich in unterschiedlichen Rechtsformen vollziehende Bildung überörtlicher und internationaler Zusammenschlüsse unter den Angehörigen der freien Professionen

Etwa ab Mitte der achtziger Jahre zeigte sich vor allem im Bereich der berufsrechtlich gebundenen rechts- und wirtschaftsberatenden freien Professionen verstärkt eine neuartige Entwicklung, die allgemein über ortsgebundene Zusammenschlüsse mit einer noch überschaubaren Anzahl Berufstätiger hinausging und zur Ausbildung überörtlicher und internationaler Kooperationsstrukturen mit einer Vielzahl von Berufsangehörigen führte. Die Gestalt dieser Verbindungen divergierte dabei, entsprechend der unterschiedlich angelegten Ausrichtung seit Mitte der dreißiger Jahre, besonders augenfällig zwischen dem klassischen freien Anwaltsberuf und der jüngeren, aus der Gewerblichkeit zum Freien Beruf erhobenen Profession der Wirtschaftsprüfer.

1. Die Verhältnisse bei den Wirtschaftsprüfern

Die Anfänge eines überörtlichen und überregionalen Zusammenschlusses traten zuerst im Bereich der Wirtschaftsprüfung auf. Dort hatte die gesetzgeberische Billigung einer weiteren Nutzung sowohl der Kapitalgesellschaften als auch der Personenhandelsgesellschaften zur gemeinschaftlichen Berufsausübung im Jahr 1961 die idealen Voraussetzungen für eine personelle und räumliche Ausdehnung der aus den früheren Treuhandgesellschaften hervorgegangenen Wirtschaftsprüfungsgesellschaften geschaffen. Daneben gestattete das Berufsrecht den Wirtschaftsprüfern zwar von Anbeginn an auch die Bildung überörtlicher

Sozietäten;[1] doch blieb deren Relevanz schon angesichts der fehlenden Möglichkeit einer Anerkennung als Wirtschaftsprüfungsgesellschaft[2] eher gering.

So waren es vor allem die als Kapitalgesellschaft ausgestalteten Wirtschaftsprüfungsgesellschaften, die fortan die weitere Entwicklung bei den Wirtschaftsprüfern maßgeblich bestimmten. Insbesondere die vollkommene rechtliche Verselbständigung zu eigenen juristischen Personen, deren Fortbestand von dem Ausscheiden der einzelnen darin beschäftigten Berufsangehörigen gänzlich unberührt blieb, erlaubte jenen Körperschaften die langfristig angelegte Ausbildung größerer und größter Zusammenschlußstrukturen. Dieser Umstand, der den Wirtschaftsprüfungsgesellschaften schon bis zur Mitte der siebziger Jahre eine dominierende Marktstellung eingebracht und zu einer Konzentration eines weit überwiegenden Teils der großen Prüfungsmandate auf einige wenige Gesellschaften geführt hatte, ließ ihre zentrale Führungsrolle auf dem Gebiet der Wirtschaftsprüfung im vergangenen Jahrzehnt nur noch um so stärker hervortreten.

Nachdem die Einzelwirtschaftsprüfer und die in Sozietäten tätigen Berufsangehörigen bis zur ersten Hälfte der siebziger Jahre auf einen etwa 10%-igen Anteil an den Prüfungsmandaten, bezogen auf die Bilanzsumme der prüfungspflichtigen Aktiengesellschaften, zurückgedrängt waren, führten die Konzentrationstendenzen auf der nationalen Ebene mittlerweile seit dem Ende der siebziger Jahre zu einer verstärkten Fusionierungswelle *unter* den einzelnen inländischen Wirtschaftsprüfungsgesellschaften.[3]

---

1 Vgl. hierzu die damalige Fassung des § 3 II WPO: „Wirtschaftsprüfer und Wirtschaftsprüfungsgesellschaften dürfen Zweigniederlassungen nach den Vorschriften dieses Gesetzes errichten. Wirtschaftsprüfer dürfen neben ihrer Hauptniederlassung nur eine Zweigniederlassung haben."; BGBl. 1961 I, S. 1049. Auf der Grundlage dieser Vorschrift wurde die Zulässigkeit eines überörtlichen Zusammenschlusses von Berufsangehörigen niemals in Zweifel gezogen; vgl. *Rittner* in StB 1967, 2 (7); WP-Hd.Buch/*Kaminski*, Abschnitt A, Rn. 159; Kuhls-*Maxl*, Rn. 22 zu § 56 StBerG speziell zu Wirtschaftsprüfern. Eine spezielle Vorschrift betreffend die gemeinsame Berufsausübung von Wirtschaftsprüfern in örtlichen und überörtlichen Sozietäten enthält die Wirtschaftsprüferordnung mit § 44b WPO allerdings erst seit dem 3. WPO-ÄndG vom 15.7.1994; vgl. BGBl. I, S. 1569.

2 Vgl. hierzu die Regelung des § 27 WPO und ausführlich VG Düsseldorf in Wpg. 1965, 321 ff.

3 Am Anfang stand – schon im Jahre 1972 – der Zusammenschluß der Deutschen Treuhand AG (DTG) mit einigen anderen Wirtschaftsprüfungsgesellschaften und im Jahr 1979 die Übernahme der Bayerischen Treuhand-AG durch die DTG; im weiteren folgten beispielsweise Ende 1978 der Zusammenschluß der Treuhand-Vereinigung AG mit der Karoli Wirtschaftsprüfung GmbH; Anfang 1980 der Zusammenschluß der Dr. Wollert – Dr. Elmendorff KG mit der Süddeutschen Treuhand-Gesellschaft AG; Mitte 1980 der Zusammenschluß der Deutschen Warentreuhand AG mit der Kontinentale Treuhandgesellschaft mbH; Mitte 1983 der Zusammenschluß der Treuverkehr AG mit der Revisions- und Treuhandgesellschaft Dr. Rätsch & Co. GmbH und der Westdeutschen Industrie-Treuhandgesellschaft mbH; Ende 1986 die Fusion der Dr. Wollert – Dr. Elmendorff KG mit der Deutschen Industrie-Treuhand GmbH zur Wollert-Elmendorff Deutsche Industrie-Treuhand GmbH; 1987 die Übernahme der ATH Allgemeine Treuhand GmbH durch die Treuverkehr AG und die Übernahme der Winterhager Heintges Stützel Laubach GmbH durch die Treuhand-Vereinigung AG; Mitte 1988 die Fusion zwischen der Heilbronner Treuhand GmbH mit der Schitag Schwäbische Treuhand AG sowie die Übernahme der Dr. Thomas Runte GmbH durch die Deutsche Warentreuhand AG; vgl. hierzu die Angaben von *Lück/Holzer* in DB 1981, 2037 (2041); *Lück* in DB 1988, 613 (616); *Meisel*, S. 284 sowie *Markus*, S. 161 f. m. w. N..

Im Jahre 1991 hat die DTG – mittlerweile in Gestalt der aus Fusionierung hervorgegangenen KPMG Deutsche Treuhand-Gesellschaft Aktiengesellschaft – sodann auch einen 51 %-igen Anteil am Grundkapital der Treuhand Aktiengesellschaft Rheinland, Wiesbaden, übernommen. Im Jahre 1992

Parallel hierzu kam es zu einer verstärkten Kooperation der größeren deutschen Wirtschaftsprüfungsgesellschaften mit den führenden, teilweise weltweit agierenden U.S.-amerikanischen Prüfungsgesellschaften.[4] Praktisch alle überregional tätigen nationalen Prüfungsunternehmen schlossen bis zum Ende der achtziger Jahre mit den in den Vereinigten Staaten ansässigen Prüfungsfirmen Kooperationsverträge, die in ihrem Inhalt und nach ihrer rechtlichen Ausgestaltung untereinander stark variierten.[5]

---

trat die KPMG auch in einen Verbund mit der Gellert-Wirtschaftsprüfung GmbH, Hamburg, welche zuvor in der eigenen Hauptversammlung noch zum Abschlußprüfer des Geschäftsjahres 1991 gewählt worden war. Damit ergab sich das Kuriosum, daß die KPMG ihre eigenen Abschlußprüfer übernommen hatte (!) und das AG Charlottenburg auf Antrag ersatzweise gemäß § 318 IV 2 HGB i. V. m. § 318 II 1 HGB die Falk & Co. GmbH Wirtschaftsprüfungsgesellschaft, Heidelberg, zum Abschlußprüfer bestellen mußte. Die Schwäbische Treuhand Aktiengesellschaft (Schitag) schließlich hält seit 1991 einen Anteil von 74,1 % am Kapital der Industrie Treuhand GmbH, Mannheim; vgl. zu alldem *Lenz* in Wpg. 1996, 269 (279); siehe zu weiteren Kooperationsbeschlüssen auch *Markus*, S. 164 ff. m. w. N..

[4] Vgl. zu der mit Beginn der fünfziger Jahre einsetzenden Expansion der großen amerikanischen Wirtschaftsprüfungsgesellschaften zu multinational tätigen Unternehmen ausführlich *Lück/Holzer* in DB 1981, 1989 ff. mit umfangreicher Darlegung des rechtstatsächlichen Materials. Ausschlaggebend für diesen Prozeß war der Umstand, daß in den fünfziger Jahren zahlreiche amerikanische Großbetriebe verstärkt in Europa, Lateinamerika, Afrika, Australien und Südostasien investierten und dabei entweder eigene Neugründungen vornahmen oder bereits bestehende Unternehmungen hinzu erwarben. Auf diese Weise sahen sich die großen amerikanischen Wirtschaftsprüfungsfirmen gezwungen, ihre Tätigkeitsgebiete zu vergrößern und international auszuweiten, wollten sie nicht den Verlust wichtiger Klienten riskieren. Als ausschlaggebende Motive für diese Expansion nannten die U.S.-Prüfungsfirmen dementsprechend eine bessere Erschließung des in den verschiedenen Ländern vorhandenen und weiter heranwachsenden Klientenpotentials, eine verstärkte Beachtung des Wettbewerbs mit anderen internationalen und nationalen Prüfungsfirmen und die Möglichkeiten zur nationalen Etablierung des Firmennamens in den entsprechenden Ländern; näher *Lück/Holzer*, aaO. In Deutschland bauten bis zum Beginn der sechziger Jahre auf diese Weise etwa die Gesellschaften Arthur Andersen & Co.; Peat, Marwick, Mitchell & Co.; Whinney, Murray & Co. sowie Price Waterhouse & Co. eigene Organisationen auf, während andere – wie Coopers & Lybrand oder Touche Ross & Co. – sich fortan ihrer hier ansässigen deutschen Partner bedienten; vgl. dazu näher *Markus*, S. 117 f. unter Darstellung der im einzelnen gebildeten Partnerschaften.

[5] Ausgangspunkt dieser interkontinentalen Verflechtung war im Juli 1979 die Konstituierung der Klynfeld Main Goerdeler GmbH (KMG) mit insgesamt elf Gründungspartnergesellschaften, zu denen seinerzeit u. a. die Deutsche Treuhand Gesellschaft AG (DTG), die Klynfeld Kraayenhof aus den Niederlanden und die Main Lafrentz-Hurdman Cranstoun – Gruppe aus den USA gehörten. Im April 1980 konstituierte sich die AMSA-Gruppe mit 88 Niederlassungen und 5.500 Mitarbeitern in 15 europäischen Ländern; zur AMSA-Gruppe gehörte u. a. die Schitag Schwäbische Treuhand AG. Über Europa hinaus war die AMSA-Gruppe der großen amerikanischen Prüfungsgesellschaft Arthur Young & Co. angeschlossen; als Arthur Young International umfaßte diese Gruppierung seinerzeit über 18.000 Mitarbeiter in 56 Ländern und 268 Städten. Die Deutsche Warentreuhand AG schloß sich sogar schon im Jahre 1973 in einem europäischen Verbund zu der Binder Dijker Otte & Co. (BDO) zusammen. Mit Beginn des Jahres 1980 wurde die Zusammenarbeit auf nationale Prüfungsgesellschaften in den USA (Seidman & Seidman), Kanada, Mexico, Brasilien und Australien ausgedehnt; vgl. hierzu *Lück/Holzer* in DB 1981, 2037 (2041) sowie *Markus*, S. 163 f. unter Darlegung weiteren Tatsachenmaterials.

In der zweiten Hälfte der achtziger Jahre bestanden im einzelnen schließlich folgende Kooperationsverträge zwischen den großen deutschen und den führenden U.S.-amerikanischen Prüfungsgesellschaften: Die DTG-Gruppe war über die KMG mit der Peat, Marwick, Mitchell & Co. verbunden,

Dadurch zeigte die etwa ab Mitte der achtziger Jahre auch unter den amerikanischen Prüfungsgesellschaften einsetzende Fusionswelle zugleich starke Auswirkungen auf dem deutschen Prüfungsmarkt. An erster Stelle ist hierbei die Fusion zwischen der KMG-Gruppe, zu der auch die Deutsche Treuhand AG zählt, und der Peat Marwick International-Gruppe (PMI) zur KPMG im Jahre 1987 zu nennen.[6] Auf diese Weise entstand eine multinationale Prüfungsgesellschaft mit weltweit etwa 40.000 zumeist angestellten Mitarbeitern und einem jährlichen Umsatz von seinerzeit rund 6,9 Mrd. U.S. $, die auf der nationalen Ebene eine Fusion der einzelnen KMG-Mitgliedsfirmen mit den entsprechenden PMI-Mitgliedsfirmen zur Folge hatte.[7] Ebenfalls zu erwähnen ist die Großfusion zwischen Ernst & Whinney sowie Arthur Young & Co. im Juni 1989, die auf dem deutschen Sektor praktisch die DATAG Deutsche Treuhand AG, die Arthur Young GmbH (jetzt Ernst & Young GmbH) sowie die Ernst und Whinney GmbH unter dem Dach der Schitag Schwäbische Treuhand AG in einen gemeinsamen internationalen Konzernverbund überführte.[8]

Durch diesen Großzusammenschluß ist ehedem eine Gesellschaft mit global etwa 68.000 überwiegend abhängig Beschäftigten und einem damaligen Umsatz von ca. 7,6 Mrd. U.S. $ entstanden.[9]

Die vorstehend skizzierte Entwicklung weist mit der Ausbildung großer multinationaler Konzernstrukturen in eine Richtung, die den Autor eines Buches über die Geschichte der Wirtschaftsprüfer jüngst Zweifel an der Kontinuität des Berufsstandes hegen ließ. Er formulierte im Jahr 1992 mit Blick auf die vorbeschriebenen internationalen Großfusionen: „Inwieweit eine solche Firma mit den Intentionen der Personen, die 1931 die Ländervereinbarung und damit den Freien Beruf des Wirtschaftsprüfers geschaffen haben, noch übereinstimmt, erscheint fragwürdig".[10]

Der im vergangenen Jahrzehnt auch auf internationaler Ebene zu beobachtende Konzentrationsprozeß fand seine Entsprechung und Bestätigung in den jüngsten Verhältnissen auf dem deutschen Prüfungsmarkt. Die neuesten Untersuchungen zur Marktstruktur für

---

die Treuarbeit AG mit Price Waterhouse & Co., die Treuhandvereinigung AG mit Coopers & Lybrand, die Treuverkehr AG mit Touche Ross & Co., die Schitag Schwäbische Treuhand AG mit Arthur Young & Co., die Wibera Wirtschaftsberatung AG über die Treuarbeit AG ebenfalls mit Price Waterhouse & Co., die DATAG Deutsche Allgemeine Treuhand AG mit Ernst & Whinney, die Süddeutsche Treuhandgesellschaft AG mit Deloitte, Haskins & Sells. Die einzige scheinbare Ausnahme bildete die Deutsche Warentreuhand AG, die allerdings über andere partnerschaftliche Organisationen über einen weltweiten Prüfungs- und Beratungsverband verfügt; vgl. zu alledem *Lück* in DB 1988, 613 (616). Die unterschiedlichen Rechtsform- und Organisationsmodelle für die so entstandenen multinationalen Verbindungen beschreiben eingehend *Lück/Holzer* in DB 1981, 2037 ff.

[6] Vgl. *Meisel*, S. 284; *Markus*, S. 164.

[7] *Meisel*, S. 284; *Markus*, S. 164.

[8] *Meisel*, S. 284; *Markus*, S. 165 f. – Letzterer beschreibt aaO auch die zur gleichen Zeit geführten, im Ergebnis aber gescheiterten Fusionsverhandlungen zwischen Arthur Andersen & Co. und Price Waterhouse sowie die Zusammenschlußbestrebungen zwischen Touche Ross & Co. und Deloitte, Haskins & Sells, die ein anderes Ergebnis als zunächst vorgesehen zur Folge hatten. Die diesbezüglich geführten Verhandlungen mündeten schließlich in eine Aufspaltung von Deloitte, Haskins & Sells: Während Touche Ross & Co. mit Haskins & Sells fusionierten, zog es der englische Teil der Gruppe, Deloitte & Co., statt dessen vor, mit Coopers & Lybrand zusammenzugehen.

[9] *Meisel*, S. 284.

[10] *Meisel*, S. 284.

Abschlußprüfungsmandate bei deutschen Aktiengesellschaften[11] belegen, daß die seit ca. 20 Jahren im wesentlichen bestehende Zusammenballung aller großen Prüfungsmandate bei einem Oligopol von Wirtschaftsprüfungsgesellschaften zwischenzeitlich bereits in Richtung auf eine teilweise Monopolbildung zugelaufen ist.

Eine herausragende Stellung im deutschen Markt nehmen für das aktuell ausgewertete Jahr 1990 hiernach zunächst generell die sieben größten Wirtschaftsprüfungsgesellschaften ein, die ausnahmslos die Rechtsform einer Kapitalgesellschaft aufweisen.[12] Unter diesen sieben Prüfungsgesellschaften stechen sodann nochmals zwei Unternehmen, die KPMG Deutsche Treuhand-Gesellschaft AG und die C(oopers) & L(ybrand) Deutsche Revision AG, besonders hervor.

Im einzelnen ergibt sich dabei folgendes Bild: Gemessen an der Gesamtzahl aller Prüfungsmandate von Aktiengesellschaften entfällt – bei seinerzeit insgesamt 1.301 Wirtschaftsprüfungsgesellschaften und 6.680 Berufsangehörigen[13] – auf die sieben größten Gesellschaften zwar „nur" ein Marktanteil von 51,4 %.[14] Ein aussagekräftigeres Verhältnis ergibt sich jedoch, wenn man den Anteil der erzielten Prüfungsmandate in Relation zur Gesamtbilanzsumme aller geprüften Aktiengesellschaften setzt. Danach halten die sieben größten Wirtschaftsprüfungsgesellschaften insgesamt einen Marktanteil von 88,7 %; geht man von den fünf größten Gesellschaften aus, so sind es immer noch 86,9 %.[15]

Im Vergleich zu den an früherer Stelle dargelegten Zahlen von 1972 ist der Marktanteil der wenigen großen Wirtschaftsprüfungsgesellschaften damit in etwa gleich geblieben. Praktisch alle großen und lukrativen Prüfungsmandate gehen an einige Kapitalgesellschaften, während die kleinen Prüfungsunternehmen zwar numerisch die Hälfte, gemessen an der Wirtschaftskraft aber nur ein Zehntel aller Prüfungsmandate erhalten. Die fünf größten Wirtschaftsprüfungsgesellschaften konnten ihren Marktanteil dabei seit 1972 von damals ca. 77 % auf nunmehr 86,9 % verbessern. Bemerkenswert bleibt das weitere Voranschreiten des Konzentrationsprozesses innerhalb der großen Gesellschaften. Allein 70,1 % des gesamten Auftragsvolumens fallen unter Zugrundelegung der Bilanzsumme aller Aktiengesellschaften an lediglich zwei Unternehmen, die KPMG (34,4 %) und die C & L (35,7 %).[16]

---

11 Vgl. *Lenz* in Wpg. 1996, 269 ff. u. 313 ff.

12 Zu den sieben größten Wirtschaftsprüfungsgesellschaften gehören unter Angabe des entsprechenden Jahresumsatzes in Klammern die KPMG Deutsche Treuhand-Gesellschaft AG (635,8 Mio. DM), die Deutsche Revision Aktiengesellschaft – nunmehr firmierend unter C & L Deutsche Revision AG – (445,2 Mio. DM); die – zugleich als Steuerberatungsgesellschaft anerkannte – Schitag Schwäbische Treuhand-Aktiengesellschaft (306,5 Mio. DM), die Arthur Andersen & Co. GmbH (145 Mio. DM); die BDO Deutsche Warentreuhand Aktiengesellschaft (126,08 Mio. DM), die Wollert-Elmendorff Deutsche Industrie-Treuhand GmbH (108,6 Mio. DM) und die Price Waterhouse GmbH (77,9 Mio. DM); vgl. *Lenz* in Wpg. 1996, 269 (271) – Andere Autoren ordnen demgegenüber nur die ersten sechs dieser Unternehmen den großen Wirtschaftsprüfungsgesellschaften zu und sprechen insoweit von einem Big-Six-Verbund; vgl. etwa *Marten* in WPK-Mitt. 1996, 9 (10).

13 So die Zahlen zum 1.1.1991; vgl. WPK-Mitt. 1996, 45.

14 Vgl. *Lenz* in Wpg. 1996, 269 (276).

15 *Lenz* in Wpg. 1996, 269 (275 f.) – Die Arthur Andersen & Co. GmbH und die Price Waterhouse GmbH erreichen gemessen an der Gesamtbilanzsumme nur einen Marktanteil von zusammen 1,8 %.

16 *Lenz* in Wpg. 1996, 269 (276).

Unter den 30 nachfolgenden kleineren Prüfungsunternehmen, deren Marktanteil unter Zugrundelegung einer anderen, diese eher begünstigenden Ermittlungsmethode[17] jeweils größer als 0,2 % ist und danach bei insgesamt 12,4 % liegen würde, finden sich wiederum ganz überwiegend Kapitalgesellschaften und seltener Personenhandelsgesellschaften.[18] Ausdrücklich als Sozietät angeführt ist lediglich eine Gesellschaft mit einem Marktanteil von knapp über 0,2 %; Einzelwirtschaftsprüfer sucht man in dieser Aufstellung vergebens.[19] Diese statistischen Daten erlauben den Rückschluß, daß die in einer Sozietät oder als selbständige Einzelwirtschaftsprüfer praktizierenden Berufsangehörigen im Verhältnis zu den Berufstätigen, die in Wirtschaftsprüfungsgesellschaften mit gewerblicher Rechtsform beschäftigt sind, heute unter volkswirtschaftlichen Gesichtspunkten praktisch kaum noch eine nennenswerte Marktrelevanz im Bereich der Pflichtprüfungsmandate aufweisen.[20]

Wendet man sich bestimmten spezifischen Marktsegmenten zu, so ist dort ein noch höherer Konzentrationsgrad als im Bereich der allgemein prüfungspflichtigen Aktiengesellschaften zu verzeichnen. Bei den unabhängig von ihrer Größe grundsätzlich prüfungspflichtigen Kreditinstituten in der Rechtsform einer Aktiengesellschaft halten drei Prüfungsgesellschaften gemessen an der Bilanzsumme der zu prüfenden Mandate einen Marktanteil von über 89 %;[21] während bei der ebenfalls ausschließlich Wirtschaftsprüfern vorbehaltenen Abschlußprüfung von Versicherungsunternehmen allein die KPMG Deutsche Treuhand-Gesellschaft AG mit einem Anteil von 68,77 % in Relation zur Gesamtbilanzsumme im Markt vertreten ist.[22]

Die Ergebnisse der jüngsten Rechtstatsachenstudie aus dem Bereich der Wirtschaftsprüfung machen deutlich, daß sich der Konzentrationsprozeß in Anbetracht der schon bis

---

[17] Als Parameter für die Marktanteilsbestimmung diente bei dieser Ermittlungsart das durch Wurzelziehung aus der Bilanzsumme erzielte Auftragsvolumen; vgl. zu dieser Methode, die die Wirtschaftskraft der geprüften Aktiengesellschaften weniger stark gewichtet, näher *Lenz* in Wpg. 1996, 269 (274).

[18] Vgl. im einzelnen die detaillierte Übersicht bei *Lenz* in Wpg. 1996, 269 (278).

[19] Vgl. *Lenz* in Wpg. 1996, 269 (278).

[20] Selbst unter den kleineren Wirtschaftsprüfungsgesellschaften mit ein bis drei Wirtschaftsprüfern, die zum 1.10.1993 ca. 86 % aller Wirtschaftsprüfungsgesellschaften stellten, liegt der Schwerpunkt der Berufstätigkeit erkennbar nicht im Bereich der Prüfung, sondern vornehmlich bei der Steuerberatung; vgl. *Markus*, S. 170 f. unter zusätzlichem Hinweis darauf, daß sich diese kleineren Wirtschaftsprüfungsgesellschaften damit kaum von den vielen Steuerberater-Praxen unterschieden.

[21] *Lenz* in Wpg. 1996, 313 (315) – Im einzelnen handelt es sich um die KPMG Deutsche Treuhand-Gesellschaft AG (42,14 %), die C & L Deutsche Revision AG (36,1 %) und die Wollert Elmendorff Deutsche Industrie-Treuhand GmbH (10,79 %). Schon nach der Mandatsverteilung entfallen im übrigen 75,13 % allein auf die sieben größten Wirtschaftsprüfungsgesellschaften, die damit also bei drei von vier Banken und Bausparkassen über die Ordnungsmäßigkeit der Buchführung wachen; vgl. *Lenz*, aaO.

[22] *Lenz* in Wpg. 1996, 313 (317) – Setzt man in Anwendung der den kleinen Prüfungsunternehmen etwas günstigeren Ermittlungsmethode das Auftragsvolumen gleich der Wurzel aus der Bilanzsumme, so entfallen hier 81,32 % des Marktvolumens auf die sieben größten Prüfungsunternehmen. Nimmt man aus der Gruppe der nachfolgenden kleinen Prüfungsunternehmen die in diesem Marktsegment fünf relevantesten mit hinzu, so ergibt sich, daß allein zwölf Unternehmen 95,57 % des Marktvolumens bei Versicherungsgesellschaften abdecken und 280 von insgesamt 321 Mandaten (87,23 %) innehaben; vgl. *Lenz*, aaO.

Anfang der siebziger Jahre erreichten Zusammenballung beinahe aller großen und lohnenden Mandate bei wenigen Kapitalgesellschaften in etwas abgeschwächter Weise fortgesetzt hat.[23] Innerhalb der sieben größten Wirtschaftsprüfungsgesellschaften besteht ein deutlicher Abstand zwischen der KPMG Deutsche Treuhand-Gesellschaft AG und der C & L Deutsche Revision AG auf der einen und den fünf übrigen Unternehmen auf der anderen Seite.[24] Die beiden größten Prüfungsunternehmen, die KPMG Deutsche Treuhand Gruppe mit insgesamt 21 eingegliederten Wirtschaftsprüfungsgesellschaften und die C & L Deutsche Revision Gruppe mit zusammen 19 angeschlossenen Wirtschaftsprüfungsgesellschaften haben zwischenzeitlich eine Größe erreicht, die für die Zukunft möglicherweise auch Wettbewerbsverzerrungen befürchten läßt.[25] Der Prüfungsmarkt ist durch eine ganz klare Teilung in die Gruppe der großen Prüfungsfirmen und in die Gruppe der kleinen Prüfungsgesellschaften gekennzeichnet.[26] Neben den international kooperierenden „Großen Sieben" gibt es ansonsten nur noch eine etwas größere Gruppe von ganz überwiegend als Kapitalgesellschaften ausgestalteten Prüfungsgesellschaften mit starker regionaler Bedeutung bzw. Unternehmen mit starker Spezialisierung auf bestimmte Teilbereiche des Marktes für Abschlußprüfungen.[27]

Zu Beginn des Jahres 1994 las sich die Rangliste der größten deutschen Wirtschaftsprüfungsgesellschaften im Zuge dessen wie folgt: An der Spitze der Prüfungsunternehmen stand die KPMG Deutsche Treuhand Gruppe mit etwa 525 dort tätigen Wirtschaftsprüfern, einem Mitarbeiterstab von 5.229 Beschäftigten und Honorareinnahmen in Höhe von 917 Mio. DM zum Ende des Geschäftsjahrs 1992.[28] Auf den weiteren Plätzen folgten die C & L Deutsche Revision Gruppe mit ebenfalls ca. 525 Wirtschaftsprüfern, 4.770 Mitarbeitern und zeitgleichen Honorareinnahmen von 852 Mio. DM sowie die Schitag Schwäbische Treuhand mit zusammen 25 angeschlossenen Wirtschaftsprüfungsgesellschaften, ca. 230 Wirtschaftsprüfern, 2.568 Mitarbeitern und 445 Mio. DM Honorareinnahmen zum 31.12.1992.[29] Die sieben größten deutschen Wirtschaftsprüfungsgesellschaften und die

---

23 Ebenso die eigene Einschätzung von *Lenz* in Wpg. 1996, 269 (279).

24 *Lenz* in Wpg. 1996, 269 (279).

25 So *Markus*, S. 172 – vgl. zu den weiteren, den sieben größten Wirtschaftsprüfungsgesellschaften jeweils im einzelnen angegliederten Wirtschaftsprüfungsgesellschaften die aufschlußreiche und detaillierte Übersicht bei *Markus*, S. 188 ff.

26 *Lenz* in Wpg. 1996, 269 (279) und 313 (318); ebenso *Markus*, S. 172.

27 Zu diesen spezialisierten Unternehmen gehört etwa die Landestreuhand Weihenstephan GmbH, Freising, die bis auf eine Ausnahme Brauereien prüft (15 Mandate), und die Deutsche Baurevision AG, Berlin, die vornehmlich Mandate aus dem staatlichen Wohnungsbaubereich wahrnimmt; vgl. *Lenz* in Wpg. 1996, 269 (279).

28 Vgl. die Angaben bei *Markus*, S. 171 f.

29 Vgl. die Zahlen bei *Markus*, S. 171 f. – Die laufende Position vier nahm die Arthur Andersen & Co. – ohne den Consulting-Bereich – ein mit zwei angeschlossenen Wirtschaftsprüfungsgesellschaften, ca. 120 dort angestellten Wirtschaftsprüfern, 1.558 Beschäftigten und 266 Mio. DM Honorareinnahmen zum 15.8.1993; auf Position fünf kam die Wollert-Elmendorff Deutsche Industrie-Treuhand (9 angegliederte Wirtschaftsprüfungsgesellschaften, etwa 150 Wirtschaftsprüfer, 1.250 Mitarbeiter, 255 Mio. DM Honorareinnahmen zum 30.6.1992), und auf Position sechs folgte die BDO Deutsche Warentreuhand mit zusammen 23 angeschlossenen Wirtschaftsprüfungsgesellschaften, ca. 150 dort tätigen Wirtschaftsprüfern, 1.340 Mitarbeitern und geschätzten Honorareinnahmen für das Kalenderjahr 1993 in Höhe von insgesamt 218 Mio. DM. Das Schlußlicht unter den nationalen „Großen Sieben" bildete zum Anfang des Jahres 1994 Price Waterhouse mit fünf eingegliederten

mit ihnen verbundenen Prüfungsunternehmen beschäftigten zu diesem Zeitpunkt knapp jeden vierten Wirtschaftsprüfer, und bei ihnen übten insgesamt mehr als 40 % aller in Wirtschaftsprüfungsgesellschaften tätigen Berufsangehörigen ihre Prüfungstätigkeit aus.[30]

Einen vorläufigen und in seinen Dimensionen vollkommen neuartigen Kulminationspunkt werden die sowohl auf nationaler wie auch auf internationaler Ebene unvermindert weiter anhaltenden Konzentrationsprozesse im Bereich der Wirtschaftsprüfung aller Voraussicht nach zu Beginn des Jahres 1998 erreichen. Denn für diesen Zeitpunkt haben zum einen die beiden international tätigen Wirtschaftsprüfungs- und Beratungsunternehmungen Coopers & Lybrand und Price Waterhouse ihren globalen Zusammenschluß zu einem gemeinsamen Unternehmen angekündigt.[31] Dadurch entstünde die vorerst größte Wirtschaftsprüfungs- und Beratungsgesellschaft der Welt mit über 135.000 Mitarbeitern (davon 8.500 Partner) und einem jährlichen Gesamthonorarvolumen zwischen 11,8 und 13 Mrd. US-Dollar.[32] Auf dem deutschen Sektor würden durch diese Fusion die C & L Deutsche Revision (inklusive ihrer Beteiligung an der Wibera Prüfungsgesellschaft), die anno 1996 mit nunmehr bereits 6.000 Mitarbeitern Einnahmen in Höhe von 1,2 Mrd. DM erzielte, und die deutsche Price Waterhouse Gruppe (mit zwischenzeitlich 1.450 Mitarbeitern und Einnahmen von 330 Mio. DM im Geschäftsjahr 1996/1997) in einem gemeinsamen Firmenverbund aufgehen.[33]

Zum anderen haben zum Ende des Jahres 1997 aber auch die beiden weltweit agierenden Wirtschaftsprüfungsgesellschaften KPMG (mit jährlichen Honorareinnahmen in Höhe von mittlerweile 7,5 Mrd. US-Dollar) sowie Ernst & Young (mit jährlichen Einnahmen von 7,8 Mrd. US-Dollar) die Zusammenführung ihrer nationalen und globalen Dienstleistungen unter einem gemeinsamen Dach verlautbaren lassen.[34] Damit wäre dieser Zusammenschluß mit 15,3 Mrd. US-Dollar künftig die neue Nummer eins auf dem globalen Prüfungs- und Beratungsmarkt. Würden die angekündigten Zusammenschlüsse realisiert, so würden aus den internationalen Marktführern unter den „Big Six"-Wirtschaftsprüfungsgesellschaften zukünftig lediglich noch die „Big Four". Denn an Wettbewerbern vergleichbarer Größe verblieben auf globaler Ebene dann ausschließlich noch die Arthur Andersen Gruppe mit jährlichen Erlösen von 9,5 Mrd. US-Dollar und die Deloitte Touche Tohmatsu Gruppe mit entsprechenden Gesamteinnahmen von 6,5 Mrd. US-Dollar; der Abstand zu dem derzeit an siebenter Stelle rangierenden Prüfungsverbund BDO Binder mit Honorareinnahmen von 1,3 Mrd. US-Dollar ist erheblich.[35]

Ein entscheidendes Motiv für die angekündigten internationalen Zusammenschlüsse wird dabei in dem generellen Bestreben gesehen, durch eine Marktbereinigung die Gewinnmargen weiter zu verbessern, weil sich in einem Markt mit weniger ausgeprägtem Wettbewerb aufgrund einer gesteigerten Marktmacht erfahrungsgemäß höhere Honorare

---

Wirtschaftsprüfungsgesellschaften, ca. 100 angestellten Wirtschaftsprüfern, 1.196 Mitarbeitern sowie Honorareinnahmen von 214 Mio. DM zum 30.6.1993, vgl. zu alldem *Markus*, S. 171 f. u. S. 188 ff.

[30] Vgl. *Markus*, S. 172.

[31] Vgl. dazu den entsprechenden Bericht in der FAZ v. 19.9.1997, S. 15.

[32] Vgl. dazu die FAZ v. 19.9.1997, S. 15; siehe desgleichen auch *Lenz* in „Blick durch die Wirtschaft" v. 3.11.1997, S. 1 f.

[33] Siehe dazu die FAZ v. 19.9.1997, S. 15.

[34] Vgl. dazu *Lenz* in „Blick durch die Wirtschaft" v. 3.11.1997, S. 1 f.

[35] Vgl. zu alldem *Lenz* in „Blick durch die Wirtschaft" v. 3.11.1997, S. 1 f.

durchsetzen lassen.[36] Ein vergleichbarer Prozeß der kontinuierlich fortschreitenden Marktbereinigung zeigt sich daneben freilich auch auf nationaler Ebene.[37]

Die Politik steht den vorstehend aufgezeigten Konzentrationstendenzen im Bereich der Wirtschaftsprüfung aufgeschlossen gegenüber und sieht darin zumindest gegenwärtig noch keine bedenkliche Entwicklung.[38] Demgegenüber hegt die Wissenschaft bereits durchaus ernste Sorgen ob der zu beobachtenden Fusionsentwicklungen auf dem deutschen und internationalen Prüfungs- und Beratungsmarkt.[39]

Bemerkenswert scheint im Rahmen einer historischen Gesamtschau daneben auch das sich in den letzten Jahren zunehmend wandelnde tatsächliche Betätigungsfeld der Angehörigen des wirtschaftsprüfenden Berufs. Dort haben sich die Gewichte innerhalb des schon seit jeher vielfältigen Aufgabenkreises, dem sich vormals schon die Bücherrevisoren zu Anfang des Jahrhunderts gewidmet hatten, kontinuierlich von der Prüfungstätigkeit weg hin in Richtung auf eine überwiegende Beratungstätigkeit entwickelt.

So resultierten Mitte der achtziger Jahre von den gesamten Honorareinnahmen der Wirtschaftsprüfer bereits durchschnittlich 45 % aus der Unternehmensberatung; zusammen mit der Steuerberatung waren es sogar 85 %.[40] Im Bereich der Wirtschaftsprüfung

---

[36] So *Lenz* in „Blick durch die Wirtschaft" v. 3.11.1997, S. 1 f.

[37] Vgl. dazu etwa *Lenz* in „Blick durch die Wirtschaft" v. 3.11.1997, S. 2: „... Weiter beobachten wir national unterhalb der sog. <Mega-Merger> fortgesetzte Aufkäufe mittlerer Prüfungsgesellschaften durch große Prüfungsunternehmen. Dies verstärkt die Konzentration im Prüfungsbereich nochmals ...".

[38] Ein Vertreter des Bundeswirtschaftsministeriums äußerte sich hierzu anläßlich der 32. Arbeitstagung des IDW in Baden-Baden am 15.11.1989 beispielsweise wie folgt: „... Was ist zu den Konzentrationsbewegungen im wirtschaftsprüfenden Berufsstand zu sagen? Bereits in der Vergangenheit hat es eine Vielzahl von Zusammenschlüssen und Übernahmen gegeben, die – auch nach der jeweiligen Größenordnung – durchaus respektabel waren. Konzentration ist und bleibt auch im wirtschaftsprüfenden Berufsstand notwendig, gerade im Hinblick auf die Herausforderungen des Binnenmarktes. Die zunehmende Internationalisierung der Wirtschaft erfordert erhebliche Investitionen in Aus- und Fortbildung, Know how, Kapital (EDV) und größere Unternehmenseinheiten zu ihrer Finanzierung. Auch Geschäftsausweitungen sind vielfach nur über die Beteiligung an anderen Gesellschaften möglich. Ich kann nicht erkennen, daß die Konzentration derzeit ordnungspolitisch zu beanstanden wäre ..."; vgl. *Geisendörfer* in Wpg. 1989, 667 (668).

[39] Vgl. dazu etwa *Lenz* in „Blick durch die Wirtschaft" v. 3.11.1997, S. 2: „Das Resultat der bisherigen Analysen ist eindeutig: Der Prüfungsmarkt in Deutschland ist sehr hoch konzentriert. Ähnliches gilt für andere europäische Länder. Die geplanten Zusammenschlüsse verstärken die Konzentration nochmals erheblich. Negative Auswirkungen auf die Preise und die Qualität gesetzlich vorgeschriebener Prüfungsdienstleistungen, die ausschließlich von Wirtschaftsprüfern erbracht werden können, sind wahrscheinlich."

[40] Vgl. *Hopt* in FS für Pleyer (1986), 341 (342 u. 357); *Hommelhoff* in liber amicorum für Hasche (1989), 101 (106 f.); *Ebke/Scheel* in WM 1991, 389 (397); *Schlie*, S. 46 f.; *Strobel* in NJW 1993, 2909 (2912) – Bei den sieben größten Wirtschaftsprüfungsgesellschaften liegen die Einnahmen aus dem Bereich der reinen Revisionstätigkeit angesichts der dortigen Marktzusammenballung aller wesentlichen Pflichtprüfungsmandate freilich noch durchschnittlich höher; vgl. *Lenz* in Wpg. 1996, 269 (271 f.). Mit abnehmender Größe der Prüfungsgesellschaft scheint daher auch der Anteil der Einnahmen aus der reinen Buchprüfungstätigkeit allgemein immer weiter abzunehmen. Bei dem siebtgrößten Prüfungsunternehmen Price Waterhouse GmbH nähert sich die Einnahmeverteilung bereits den oben im Text genannten Durchschnittszahlen an. So weist der Jahres- und Konzernabschluß dieses Unternehmens für das Jahr 1990/91 Umsatzerlöse aus der reinen Steuerberatung in

wird diese Schwerpunktverlagerung ausdrücklich begrüßt;[41] und die Erschließung weiterer Tätigkeitsfelder soll zukünftig allgemein noch weiter vorangetrieben werden.[42] Die Berufsangehörigen erwarten einer aktuellen empirischen Prognosestudie zufolge, daß sich der Anteil der Einnahmen aus Beratungsaufträgen im Vergleich zum Anteil aus den Prüfungsaufträgen in den nächsten Jahren noch weiter erhöhen wird.[43]

Jene Entwicklung hin zu einer „rechnungswesenorientierten Unternehmensberatung" verdeutlichen mittelbar auch die von der Wirtschaftsprüferkammer mitgeteilten Schadensstatistiken, die für den Zeitraum 1990-1994 eine nach den verschiedenen Tätigkeiten der Wirtschaftsprüfer gestaffelte Auswertung des Schadensaufwands der Berufshaftpflichtversicherer enthalten.[44] Danach entfiel auf den Bereich der Pflichtprüfung insgesamt lediglich

---

Höhe von 27,6 Mio. DM (insgesamt 35,4 % der Gesamteinnahmen) auf, während aus den – nicht weiter aufgegliederten – Tätigkeitsbereichen Unternehmensberatung und Wirtschaftsprüfung zusammen ein Erlös von 50,3 Mio. DM erzielt wurde (insgesamt 64,6 % der Gesamteinnahmen); vgl. *Lenz* in Wpg. 1996, 269 (272). Es läßt sich vermuten, daß eine weitere Aufspaltung dieser beiden letztgenannten Einkommensarten ergeben hätte, daß die Einnahmen aus der reinen Revisionstätigkeit hier schon weit unter 50 % der Gesamteinnahmen liegen.

[41] Vgl. hierzu etwa die Ausführungen von *Nordemann* in Wpg. 1989, 671 (676): „... In den letzten Jahrzehnten ist unser Beruf, sowohl was das wirtschaftliche als auch das finanzielle Wachstum anbetrifft, außerordentlich erfolgreich gewesen. Dieser Erfolg ist weitestgehend dem Umstand zu verdanken, daß der Berufsstand sich eher am Markt denn am Produkt orientiert hat. Statt sich auf seine traditionellen Tätigkeiten zu konzentrieren, hat der Berufsstand großzügig expandiert und neue Dienstleistungen entwickelt, um den veränderten Bedürfnissen der Mandanten Rechnung zu tragen. In dieser Hinsicht steht unser Berufsstand unter allen Berufen wirklich einzigartig da."; vgl. auch *Brüderle* in ZGR 1990, 155 (158): „... Steuerberatung/Wirtschaftsprüfung haben sich im Laufe der Zeit immer stärker zu einer allgemeinen Beratung mit Servicearbeiten entwickelt ..."

[42] Vgl. *Geisendörfer* in Wpg. 1989, 667 (668): „...Hinzu kommt, daß die großen Wirtschaftsprüfungsgesellschaften ihre teilweise schon lange praktizierten Beratungstätigkeiten forcieren, eine Entwicklung, die sich durch die Konzentrationsbewegungen bei diesen Gesellschaften noch verstärkt."

Ebenso formuliert *Elkart* in WPK-Mitt. 1993, 153: „...Neben den bereits angesprochenen Tätigkeiten (Jahresabschlußprüfungen, Steuerberatung, Sachverständiger in wirtschaftlichen Angelegenheiten wie Unternehmensbewertung und Unternehmenskauf, Beratung beim Ausscheiden von Gesellschaftern und beim Abschluß von Unternehmensverträgen, Erarbeitung von Sachverständigengutachten, sic!) fungieren moderne Wirtschaftsprüfer heute auch in immer stärkerem Maße als Ansprechpartner des Managements. Infolge solch veränderter Bedürfnisse seitens der Wirtschaft wird vom Wirtschaftsprüfer zunehmend interdisziplinäre Kompetenz gefordert, um den Mandanten als Schnittstelle zu anderen Fachspezialisten angemessene Lösungswege und Wirkungsalternativen in unternehmerischen Fragestellungen aufzeigen zu können."

[43] Vgl. *Marten* in WPK-Mitt. 1996, 9 (12 ,17 u. 25), der dies aaO als „Diversifikationsstrategie" bezeichnet und die zukünftig erwartete Entwicklung wie folgt umschreibt: „Der Wirtschaftsprüfer bietet in der Regel eine <rechnungswesenorientierte Unternehmensberatung> an."

Im einzelnen gehen die Berufsangehörigen davon aus, daß neben einer Verbreiterung der Dienstleistungspalette eine inhaltliche Veränderung der Beratungsleistungen wahrscheinlich ist. So könnten die bisherigen Beratungsfelder wie z. B. Unternehmensplanung, Organisation, Rechtsberatung, Finanzierungsfragen, Rechnungswesen, Steuern modifiziert werden durch internationale Steuerberatung, Erb- und Nachfolgeberatung, Umweltberatung („Öko-Audit"), Beratung im Bereich des Controlling, Restrukturierungsmaßnahmen, EDV-Beratung etc.; vgl. *Marten* in WPK-Mitt. 1996, 9 (18).

[44] Vgl. dazu die Angaben bei *Ebke*, S. 40 f. in Fn. 151 – Die statistischen Daten sind aaO auch nach den jeweiligen Einzeljahren aufgeschlüsselt; sie lassen generell eine steigende Inanspruchnahme

ein Schadensvolumen von 27,38 Mio. DM, während die sonstigen Betätigungsfelder Buchführung/Steuerberatung zusammen mit einem Schadensaufwand von 63,46 Mio. DM, Treuhandtätigkeit/Wirtschaftsberatung mit 21,6 Mio. DM und freiwillige Prüfungen/ Sonstiges mit 16,19 Mio. DM zu Buche schlugen.[45] Demnach machten die Aufwendungen der Berufshaftpflichtversicherer für Schadensfälle auf dem Sektor der gesetzlichen Pflichtprüfung in diesem Zeitraum alles in allem nur noch ca. 21,3 % der insgesamt aufgewendeten Schadenssumme von 128,63 Mio. DM aus.[46] Noch augenfälliger gestaltete sich in der Relation das numerische Verhältnis zwischen den abgewickelten Schadensfällen aus dem exklusiv zugewiesenen Bereich der Pflichtprüfung und den sonstigen Tätigkeiten der Wirtschaftsprüfer: Dort standen den 148 Regreßfällen aus dem Kreis der Pflichtprüfungsmandate binnen der vorerwähnten Zeitspanne insgesamt gleich 2.551 Haftpflichtfälle wegen sonstiger Tätigkeiten gegenüber.[47] Auch die aus dem Bereich der Berufshaftpflichtversicherung empirisch verfügbaren Daten belegen somit anschaulich die wachsende Dominanz

---

der Berufshaftpflichtversicherungen und damit ein steigendes Haftungsrisiko der Wirtschaftsprüfer wegen schuldhafter beruflicher Fehlleistungen erkennen.

[45] Vgl. die Zahlen bei *Ebke*, aaO.

[46] Rechnet man bei den sonstigen Tätigkeiten darüber hinaus noch die weiteren Leistungen der Rückversicherer von insgesamt ca. 23,7 Mio. DM mit ein, so sinkt der relative Anteil des Schadensvolumens, welches im Bereich der gesetzlichen Pflichtprüfung angefallen ist, sogar auf lediglich etwa 18 % des Gesamtaufwands; vgl. hierzu die entsprechenden Angaben bei *Ebke*, S. 40 f. in Fn. 151.

[47] Siehe dazu die von *Ebke*, S. 40 f. in Fn. 151 mitgeteilten Daten – Der im Mittel deutlich höhere Schadensaufwand von beinahe 185.000 DM geleisteter Versicherungssumme pro als Regreß abgewickeltem Pflichtprüfungsfall gegenüber einem durchschnittlichen Schadensbetrag von ca. 39.000 DM, den die Berufshaftpflichtversicherer zwischen 1990 und 1994 pro Haftpflichtsache bei den sonstigen Tätigkeiten getragen haben, erklärt sich aus dem generell höheren Schadensrisiko, welches im Bereich der Pflichtprüfungsmandate zu verzeichnen ist. Das bei prüfungspflichtigen Kapitalgesellschaften zu testierende Bilanzvolumen impliziert gleichsam zwangsläufig ein gesteigertes Haftungsrisiko, das ein einzelner Berufsangehöriger bei fahrlässig begangenen Pflichtverletzungen kaum in unbegrenzter Höhe zu tragen bereit wäre.

Gerade dieser Umstand bildete anno 1931 anläßlich der Einführung der obligatorisch vorgeschriebenen Jahresabschlußprüfung von Aktiengesellschaften das gesetzgeberische Motiv für die damals zugleich ausgesprochene, heute in § 323 II HGB niedergelegte gesetzliche Haftungshöchstsummenbegrenzung. Schon die Begründung zum Gesetzentwurf des Reichswirtschaftsministeriums zur Änderung des Gesetzes über die privaten Versicherungsunternehmen von 1930 vermerkte dazu, daß „...erfahrungsgemäß bei Prüfungen der hier zur Erörterung stehenden Art (Bilanzprüfungen, sic!) geringfügige Versehen zu ungewöhnlich großen Schäden führen können und daß ein Prüfer zum Nutzen seiner Arbeit von der drückenden Besorgnis, unbeschränkt zum Ersatz verpflichtet zu sein, befreit werden müsse. Es sprach ferner für die Einführung einer solchen Höchstgrenze, daß Prüfer sich mutmaßlich bis zu dem Höchstbetrage gegen Haftpflicht versichern werden, die Versicherungsunternehmung also damit rechnen kann, wenigstens bis zu der durch Versicherung gedeckten Summe einen etwaigen Schaden ersetzt zu erhalten, während bei Nichtfestlegung eines Höchstbetrages zu befürchten wäre, daß ein Ersatz nur in den seltensten Fällen geleistet werden würde; denn unbegrenzte Haftungswagnisse sind nicht oder nur gegen untragbar hohe Entgelte zu versichern, was häufig dazu führen würde, daß ein Prüfer von einer Versicherung ganz absieht.“; vgl. die Verhandlungen des Reichstags, V. Wahlperiode 1930, Band 450, Berlin 1932, Anlage Nr. 848 zu den stenographischen Berichten, dort S. 16. Dieser Gedanke aus der Gesetzesnovelle zum Versicherungsaufsichtgesetz ist nachfolgend auch in den endgültigen aktienrechtlichen Entwurf übernommen worden; vgl. dazu *Schmölder* in JW 1930, 3687 (3689).

von solchen Tätigkeitsfeldern, die nicht spezifisch dem wirtschaftsprüfenden Berufsstand vorbehalten sind, gegenüber demjenigen der gesetzlichen Pflichtprüfung.

Diesen Wandlungen im tatsächlichen Berufsbild hat zwischenzeitlich auch der Gesetzgeber Rechnung getragen. Erklärte die Wirtschaftsprüferordnung in ihrer früheren Fassung die Beratung und Vertretung in wirtschaftlichen Angelegenheiten sowie die treuhänderische (Vermögens-)Verwaltung lediglich für mit dem Wirtschaftsprüferberuf vereinbar (§ 43 IV Nr. 1, 4 WPO a. F.), so spricht der im Rahmen der Berufsrechtsnovellierung anno 1994 neugefaßte § 2 III Nr. 2, 3 WPO nunmehr ausdrücklich davon, daß die Berufsangehörigen zur Vornahme der entsprechenden Tätigkeiten befugt sind. Der Gesetzentwurf der Bundesregierung vermerkte hierzu, daß die Beratung und Vertretung von Unternehmen in wirtschaftlichen Angelegenheiten ebenso wie die treuhänderische Verwaltung von Teilen ihres Vermögens erheblich an Bedeutung gewonnen habe und beide Aufgabenbereiche daher zu den das Berufsbild prägenden Tätigkeiten der Wirtschaftsprüfer zu rechnen seien.[48]

Das demnach für die Zukunft naheliegende weitere Zurücktreten der Prüfungs- hinter der Beratungstätigkeit dokumentiert eine zunehmende Entfernung des wirtschaftsprüfenden Berufs von den an früherer Stelle dargelegten eigentlichen historischen Grundlagen seiner Entstehung. Der Verfasser der vorzitierten Prognosestudie gibt in diesem Zusammenhang zu bedenken: „Dennoch bleibt die Frage, inwiefern der eigentliche Zweck der Bestellung eines Wirtschaftsprüfers – die Durchführung von betriebswirtschaftlichen Prüfungen – durch diese Entwicklungen ausgehöhlt wird."[49]

Das Absinken der Einnahmen aus der Prüfungstätigkeit auf einen Bruchteil derjenigen aus der Beratungstätigkeit läßt die Gefahr einer zunehmenden Solidarisierung der Prüfer mit den Geprüften immer greifbarer werden.[50] Insbesondere die gleichzeitige Kumulierung von Unternehmensberatungs-, Steuerberatungs- und Abschlußprüfungsmandat für die selbe prüfungspflichtige Gesellschaft kann bei immer weiter steigenden Einnahmen aus der Beratungstätigkeit zu einer Interessenkollision auf seiten der Prüfungsgesellschaft führen,

---

48 Vgl. den Entwurf des 3. ÄndG zur Wirtschaftsprüferordnung, BT-Drucksache 12/5685, S. 18 – Diese Ausführungen gelten im übrigen in gleicher Weise für den Berufsstand der vereidigten Buchprüfer, vgl. dazu nunmehr § 129 III Nr. 2, 3 WPO sowie die knappe Begründung in BT-Drucksache 12/5685, S. 34.

49 *Marten* in WPK-Mitt. 1996, 9 (18).

50 Auf diesen Umstand hat bereits *Hopt* in FS für Pleyer (1986), 341 (342) hingewiesen und seinerzeit ausgeführt, eine Testatsverweigerung komme in praxi fast nie vor; zudem würden auch nur sechs bis acht von 1.000 Bestätigungsvermerken nicht uneingeschränkt erteilt. In Übereinstimmung hiermit ergab eine von der Wirtschaftsprüferkammer durchgeführte Durchsicht publizierter Jahresabschlüsse, daß in den Jahren 1990-1992 bei insgesamt 25.289 untersuchten Testaten in 353 Fällen eine eingeschränkte Testatserteilung erfolgte, daß aber nicht einmal das Abschlußprüfertestat versagt worden war; vgl. *Heni* in ZIP 1997, 791 (792 m.w.N.), der diesen Befund aaO als „absolut repräsentativ und allen Insidern geläufig" bezeichnet; ähnlich kritisch gegenüber der sich kontinuierlich weiter intensivierenden Interessenverquickung, die auf seiten vieler Prüfungsgesellschaften im Punkte der gleichzeitigen Prüfung und Beratung zu verzeichnen ist, auch *Hellwig* in ZHR 161 (1997), 337 (340) sowie *Heni* in DStR 1997, 1210 (1211).

die einerseits einer unbefangenen Prüfung grundsätzlich entgegensteht und andererseits die Gefahr einer faktischen Prüfung der eigenen Tätigkeit aufwirft.[51]

Der vom Bundesministerium der Justiz mit Stand vom 22.11.1996 vorgelegte Referentenentwurf eines „Gesetzes zur Kontrolle und Transparenz im Unternehmensbereich

---

[51] Der grundlegende und sich mit Blick auf das wandelnde Auftragsvolumen weiter intensivierende Antagonismus in der Interessenlage vieler Prüfungsunternehmen hat jüngst eine zunehmende Sensibilität der Judikatur gegenüber der Vereinbarkeit von Beratung und zeitgleicher Prüfung durch dieselbe Prüfungsgesellschaft zur Folge. So hat beispielsweise das OLG Karlsruhe (in WPK-Mitt. 1996, 56, 57) ausgeführt, daß zwar die gleichzeitige Steuerberatung allein noch keinen Ausschlußgrund für die Bestellung als Abschlußprüfer im Sinne des § 319 II, III HGB bilde, aber dann etwas anderes gelte, wenn sich das Ergebnis der Steuerberatung in der Führung der Bücher oder der Aufstellung des Jahresabschlusses niederschlage. Die abschlußprüfende Abteilung der Firma komme dann in die Lage, beurteilen zu müssen, ob die steuerberatende Abteilung der gleichen Firma zutreffende Ansätze gewählt habe. Mit dieser Begründung wurde im konkreten Fall die Bestellung einer zugleich steuerberatend tätigen Wirtschaftsprüfungsgesellschaft zum Abschlußprüfer durch Beschluß der Hauptversammlung wegen Verstoßes gegen § 319 II Nr. 5, III Nr. 2 HGB für nichtig erklärt.

Diese – nachfolgend vom BGH (in ZIP 1997, 1162, 1163 f.) freilich wieder aufgehobene – Entscheidung hat wegen der potentiellen Tragweite, die ihr für den Berufsstand der Wirtschaftsprüfer und vereidigten Buchprüfer hätte zukommen können, anschließend auch im Schrifttum ein breites Echo gefunden. Dabei steht ein Teil der Autoren – im Einklang mit der höchstrichterlichen Judikatur – unter Hinweis auf die Gesetzessystematik (arg. § 319 II Nr. 8 HGB) und die Entstehungsgeschichte des § 319 II Nr. 5 HGB einer weitreichenden Vereinbarkeit von Beratung und Prüfung im Ergebnis aufgeschlossen gegenüber; vgl. neben BGH in ZIP 1997, 1162 (1163) etwa *Moxter* in BB 1996, 683 ff.; *Harder* in DB 1996, 717 ff.; *A. Benckendorff* in WPK-Mitt. 1996, 122 ff.; *Hartmann* in WiB 1996, 348 f.; *Röhricht* in Wpg. 1998, 153 ff. Diese wollen, in Übereinstimmung mit dem Bundesgerichtshof, eine die Prüfungskompetenz ausschließende Beratungsfunktion erst dann bejahen, wenn durch die Beratung in die „Entscheidungsverantwortung" bzw. in die letztinstanzliche „funktionelle Entscheidungskompetenz" der Geschäftsführung bei der Bilanzierung und der Aufstellung des Jahresabschlusses eingegriffen worden ist; vgl. neben dem BGH in ZIP 1997, 1162 (1163) etwa *Hartmann* in WiB 1996, 348; *A. Benckendorff* in WPK-Mitt. 1996, 122 (123); *Harder* in DB 1996, 717 (720) sowie ausführlich *Röhricht* in Wpg. 1998, 153 ff.

Dem wird man jedoch entgegenhalten müssen, daß die Unternehmensleitungen vieler prüfungspflichtiger Kapitalgesellschaften de facto gar nicht über den erforderlichen Sachverstand verfügen, um die schwierigen steuerlichen und bilanziellen Zusammenhänge selbst überblicken zu können und sich hierbei zwangsläufig auf das Urteil des zugezogenen Steuerberaters verlassen. Selbst in den großen, mit eigenen Stabsabteilungen ausgestatteten Aktiengesellschaften besteht eine ausgeprägte Neigung, den steuerlichen Empfehlungen externer Berater zu folgen, wenn diese zugleich als Abschlußprüfer fungieren. Ein als Abschlußprüfer eingesetztes Wirtschaftsprüfungsunternehmen, das in diesem Zusammenhang über eine parallel betriebene Steuerberatung bestimmte Entscheidungsmöglichkeiten mit eindeutigen oder doch zu präferierenden Handlungsempfehlungen verbindet, wird – zumal eine Beanstandung in der Abschlußprüfung dann nicht zu befürchten steht – in dem meist wissensunterlegenen Mandanten daher fast immer einen dankbaren Abnehmer dieser Vorschläge finden, so zutreffend *Fleischer* in DStR 1996, 758 (763); ebenso wohl auch *Weiland* in BB 1996, 1211 (1212); *Hommelhoff* in Gedächtnisschrift für Knobbe-Keuk (1997), 471 (484 f.). Der Hinweis auf einen – auch substantiell nur wenig konkretisierbaren – bestehenbleibenden Entscheidungsspielraum der Geschäftsleitung dürfte in der Praxis daher kaum einmal eine hinreichende und tragfähige Entsprechung finden; so zutreffend *Fleischer* in DStR 1996, 758 (760 ff.); *Crezelius* in ZIP 1996, 230; *Schulze-Osterloh*, EWiR 1/96 zu § 319 HGB, 129 (130); *Thiele* in DB 1997, 1396 (1397); *Heni* in DStR 1997, 1210 (1213); offen *Weiland* in BB 1996, 1211 ff.

(KonTraG)“[52] verzichtet indes darauf, den Regelungskomplex der gleichzeitigen Wahrnehmung eines umfassenden unternehmerischen und/oder steuerlichen Beratungsauftrags neben dem Abschlußprüfungsmandat einer eigenständigen Normierung zuzuführen. Statt dessen ist lediglich geplant, zur allgemeinen Stärkung der finanziellen Unabhängigkeit des Abschlußprüfers in § 319 II Nr. 8 HGB eine Verminderung des zulässigen Honoraranteils eines einzelnen Mandanten am Gesamtumsatz des Wirtschaftsprüfers bzw. der Wirtschaftsprüfungsgesellschaft von gegenwärtig 50 % in den letzten fünf Jahren auf zukünftig nur noch 30 % vorzunehmen.[53] Daneben soll durch Anfügung eines neuen § 319 III Nr. 6 HGB auf seiten des prüfenden Unternehmens gesetzlich ein *interner* Prüferwechsel vorgeschrieben werden. Um bei einer langjährigen Tätigkeit derselben Personen dem Anschein einer Abhängigkeit zu einem prüfungspflichtigen Unternehmen, welches Aktien mit amtlicher Notierung ausgegeben hat, entgegenzuwirken, soll ein Abschlußprüfer in Zukunft von der Prüfung ausgeschlossen werden, wenn er „... in den vorhergehenden zehn Jahren den Bestätigungsbericht nach § 322 HGB ... in mehr als sechs Fällen gezeichnet hat“.[54]

2. Die Verhältnisse bei der Anwaltschaft

Innerhalb der deutschen Anwaltschaft vollzog sich die Bildung überörtlich und supranational agierender Zusammenschlüsse aufgrund des historisch gewachsenen und ver-

---

[52] Abgedruckt in ZIP 1996, 2129 ff u. 2193 ff.

[53] Vgl. dazu den Abdruck des Referentenentwurfs in ZIP 1996, 2193 (2194); siehe ferner *Dörner/Schwegler* in DB 1997, 285 (288 mit Fußnote 23); *Dörner* in DB 1998, 1 (6) unter zusätzlichem Hinweis darauf, daß mit Blick auf ausländische Anforderungen in Zukunft auch eine mittelfristige Absenkung auf die international bestehende Grenze von nur 5 % Honoraranteil bei gesetzlich vorgeschriebenen Abschlußprüfungen von börsennotierten Gesellschaften denkbar sei.

[54] Siehe hierzu den auszugsweisen Abdruck des Referentenentwurfs in ZIP 1996, 2193 (2194) – Die Wirtschaftsprüferkammer und das Institut der Wirtschaftsprüfer stehen dem Vorschlag eines obligatorischen internen Prüferwechsels freilich ablehnend gegenüber und sind übereinstimmend der Auffassung, durch berufsständische Regelungen selbst für eine ausreichende Qualitätssicherung der Abschlußprüfung Sorge tragen zu können; vgl. dazu *Dörner/Schwegler* in DB 1997, 285 (288 mit Fußnote 25); siehe ähnlich zurückhaltend auch *Dörner* in DB 1998, 1 (6 f.), wonach die gesetzlich vorgeschriebene interne Rotation für viele selbständig tätige Wirtschaftsprüfer einer externen Rotation gleichkomme und sich auf diese Weise der Konzentrationsprozeß im wirtschaftsprüfenden Berufsstand in Zukunft noch weiter verstärken werde.

Wegen der in Fachkreisen allgemein anerkannten begrenzten Eignung des de lege lata vergangenheitsbezogen orientierten Bestätigungsvermerks, die Öffentlichkeit rechtzeitig über die wirtschaftliche Gesundheit eines Unternehmens zu informieren oder gar Bestandsgefährdungen hinreichend zum Ausdruck zu bringen (vgl. dazu nur *Lück/Hunecke* in DB 1996 1, 6 f.; *Dörner/Schwegler* in DB 1997, 285, 287), sieht der Referentenentwurf durch eine Neufassung der §§ 317, 321 f. HGB im übrigen eine Erweiterung des Pflichtprüfungsmaßstabs dahin vor, ob der Lagebericht und der Konzernlagebericht auch eine zutreffende Darstellung der Risiken für die künftige Unternehmensentwicklung enthalten; siehe die Dokumentation in ZIP 1996, 2193 ff. Zu diesem Zweck soll der Bestätigungsvermerk in Zukunft – neben einer stärker detaillierten Erläuterungspflicht – unter anderem „auch eine Beurteilung des Prüfungsergebnisses enthalten“ (§ 322 I 2 des Entwurfs) und „auf im Rahmen der Prüfung festgestellte Risiken, die den Fortbestand des Unternehmens gefährden“, hinweisen (§ 322 II 2, 3 des Entwurfs); vgl. hierzu und zu weiteren Einzelheiten der Regelung auch *Dörner/Schwegler* in DB 1997, 285 (285 ff.); *Dörner* in DB 1998, 1 (4 f.) sowie kritisch *Moxter* in BB 1997, 722 (722 ff.).

gleichsweise stärker ausgeprägten freiberuflichen Selbstverständnisses demgegenüber bis zur Mitte der neunziger Jahre praktisch ausschließlich in personengesellschaftlicher Rechtsform. In bemerkenswertem Kontrast hierzu stand die Entwicklung in einigen anderen führenden Industrie- und Dienstleistungsnationen der westlichen Welt. Diese waren im Unterschied zum deutschen Normgeber spätestens zu Beginn der neunziger Jahre, zum Teil aber auch bereits deutlich früher dazu übergegangen, den Berufsangehörigen die aus dem gewerblichen Wirtschaftsleben herrührenden Kapitalgesellschaften gesetzlich zur Berufsausübung zu öffnen.

Die damit im vergangenen Jahrzehnt zumindest phasenweise verbundene unterschiedliche rechtstatsächliche Entwicklung läßt es angezeigt erscheinen, die anwaltlichen Zusammenschlußprozesse auf nationaler Ebene den in diesem Zeitraum zu beobachtenden divergierenden Tendenzen in jenen anderen Auslandsnationen gegenüberzustellen. Hieraus könnten sich zudem gewisse Fingerzeige für die zukünftige innerdeutsche Entwicklung ergeben, nachdem den Rechtsanwälten hierzulande seit dem Ende des Jahres 1994 ebenfalls die Rechtsform der Kapitalgesellschaft zur Berufsausübung offensteht.

a) Die Entwicklung auf der nationalen Ebene

Die Entwicklung innerhalb der nationalen Anwaltschaft nahm im Vergleich zu derjenigen im Bereich der Wirtschaftsprüfung bis zur Mitte der neunziger Jahre einen merklich anderen Verlauf. Bei den Rechtsanwälten gestaltete sich der Prozeß eines überörtlichen und internationalen Zusammenschlusses in dieser Zeitspanne nahezu ausnahmslos in der Rechtsform einer BGB-Gesellschaft. Die Ausbildung großer Anwaltsgemeinschaften führte dabei, trotz gewisser Verschiebungen in den Mandatsanteilen, bis dato nicht annähernd zu einer solchen Mandatskonzentration auf wenige Großkanzleien, wie dies im Bereich der Wirtschaftsprüfung vergleichsweise für einige Kapitalgesellschaften beobachtet werden konnte.

Während die Judikatur den Steuerberatern und Steuerbevollmächtigten schon im Jahre 1981 die Möglichkeit eingeräumt hatte, sich im Rahmen einer überörtlichen Sozietät zu verbinden,[55] blieb die Anwaltschaft zunächst weiterhin auf ortsgebundene Zusammenschlüsse beschränkt.[56] Der Anteil der in Anwaltsgemeinschaften verbundenen Berufsvertre-

---

[55] Vgl. BGHSt 30, 81 ff. – Die praktische Bedeutung der Sozietät als Zusammenschlußform, gleich ob örtlich oder überörtlich, entwickelte sich bei den Steuerberatern unter Berücksichtigung der ansonsten zur Verfügung stehenden Steuerberatungsgesellschaften allerdings nur allmählich und hat längst nicht die Verbreitung wie innerhalb der Anwaltschaft; vgl. Kuhls-*Meurers*, Rn. 5 zu § 56 StBerG. Zum 31.12.1996 waren bei der Bundessteuerberaterkammer insgesamt 3.711 Sozietäten mit zusammen 8.698 Sozietätspartnern gemeldet; siehe hierzu die Angaben im Kammer-Report der Bundessteuerberaterkammer vom August 1997, abgedruckt als Beilage zu Heft 31 der Zeitschrift DStR 1997.

[56] BGHSt 30, 81 (83) führte hierzu noch in einem obiter dictum aus: „... Insoweit unterscheidet sich das Berufsrecht der Steuerberater maßgeblich von dem der Rechtsanwälte. Zwischen Rechtsanwälten ist eine überörtliche Sozietät unzulässig ... Dies ergibt sich aus dem Gebot der Lokalisierung (§ 18 BRAO), der Residenzpflicht (§ 27 BRAO) und vor allem aus dem Zweigstellenverbot (§ 28 BRAO). Nach dieser Vorschrift ist es einem Rechtsanwalt nicht erlaubt, eine Zweigstelle zu errichten.

ter veränderte sich im Verhältnis zur Gesamtzahl aller Anwälte in dem Zeitraum von 1980 bis 1987 dementsprechend nur wenig.[57] Innerhalb der Sozietäten zeigte sich ein genereller Anstieg der anwaltlichen Verbindungen mit drei und mehr Partnern;[58] ein weiteres Indiz für den fortschreitenden Spezialisierungsprozeß innerhalb der Kanzleien.

Eine Wandlung erfuhr dieses Bild erst durch die Beschlüsse des Bundesverfassungsgerichts vom 14.7.1987, die die Fortgeltung des anwaltlichen Standesrechts als Hilfsmittel zur Auslegung und Konkretisierung der Generalklausel über die anwaltlichen Berufspflichten prinzipiell für obsolet erklärten.[59] Eine partielle Anwendbarkeit der anwaltlichen Standesrichtlinien war nach der verfassungsgerichtlichen Judikatur lediglich noch für eine Übergangszeit zugelassen, soweit die Heranziehung entsprechender Regeln bis zur Neuordnung des anwaltlichen Berufsrechts unerläßlich zur Aufrechterhaltung der Funktionsfähigkeit der Rechtspflege schien.[60]

Im Rahmen der danach umfassend einsetzenden berufsrechtlichen Diskussion, in deren Verlauf die anwaltliche Berufsrolle als privater Dienstleistungsanbieter gegenüber der Funktion als unabhängiges Organ der Rechtspflege (§ 1 BRAO) zunehmend akzentuierter betont wurde,[61] kam es alsbald zu einer grundlegenden Überprüfung auch des bis dahin

---

Lediglich wenn es im Interesse einer geordneten Justizpflege dringend geboten erscheint, kann die Landesjustizverwaltung eine Ausnahme von dem Verbot zulassen."

57 Der Anteil der in Sozietäten zusammengeschlossenen Berufsangehörigen erhöhte sich in diesen sieben Jahren in Relation zur Gesamtzahl aller Berufstätigen lediglich um 2,7 % von 37,7 % auf 40,4 %; vgl. *Braun* in BRAK-Mitt. 1993, 185 (186).

58 Vgl. die Angaben bei *Braun* in BRAK-Mitt. 1993, 185 (186) – wenige größere Büros mit mehr als 20 Anwälten existierten hierbei lediglich in den Großstädten; vgl. *Kühn* in AnwBl. 1988, 129 (131).

59 Vgl. BVerfGE 76, 171 ff. u. 196 ff. – Die Konkretisierung anwaltlicher Berufspflichten durch selbstgesetzte Regeln der Berufsvertreter ohne eine ausdrücklich hierauf bezogene gesetzliche Ermächtigungsgrundlage war zuvor in der Literatur zunehmend auf Bedenken gestoßen; vgl. näher *Jarass* in NJW 1982, 1833 (1836); *Ostler* in NJW 1987, 281 (289); *Tettinger* in NJW 1987, 294 (300); *Schiefer* in NJW 1987, 1969 (1978) sowie ausführlich *Sue*, S. 53 ff., 93 ff.

Ein grundlegender Unterschied bestand hier zwischen den Berufsgesetzen auf Bundesebene, die wie § 177 II 2 BRAO a. F. den Kammern lediglich aufgaben, die allgemeine Auffassung über die Fragen der Ausübung des jeweiligen Berufs festzustellen, und den Ärzte- und Architektengesetzen auf Landesebene, die die entsprechenden Kammern seinerzeit bereits ausdrücklich zum Erlaß von Berufsordnungen in Form von Satzungen ermächtigten; vgl. *Jarass* in NJW 1982, 1833 (1836); *Ring* in DÖV 1989, 838 (843).

60 Zu diesen Regeln zählte das Gericht eine eingeschränkte Fortgeltung des Sachlichkeitsgebots; BVerfGE 71, 171 (190 ff.), und eine prinzipielle Weitergeltung des standesrechtlichen Werbeverbots; BVerfGE 71, 196 (207 ff.).

61 Vgl. hierzu noch vor den bundesverfassungsgerichtlichen Entscheidungen *Strobel* in BB 1987, 699 ff., der sich unter Hinweis auf ökonomische Gesichtspunkte aaO, S. 705, für eine Annäherung der anwaltlichen Rechtsberatung an die stärker gewerblich geprägten Berufsausübungsformen der Steuerberater und Wirtschaftsprüfer aussprach und in AnwBl. 1988, 307 (310 ff.) vor allem ein verstärktes anwaltliches Engagement im Bereich der Steuerberatung sowie der allgemeinen Unternehmensberatung befürwortete; ferner *Schiefer* in NJW 1987, 1969 (1972 ff.) unter Hervorhebung der Notwendigkeit eines verstärkten anwaltlichen Marketings; ebenso später *Winters* in NJW 1988, 521 ff., der für eine betriebswirtschaftliche Ausrichtung unter Nutzung von Managementtechniken und Marketingmethoden eintrat; in dieser Richtung außerdem *Kühn* in AnwBl. 1988, 129 ff.; *Wimmer* in AnwBl. 1989, 435 ff.; *Rabe* in NJW 1989, 1113 ff.; *Schumann* in AnwBl. 1990, 466 ff.; *ders.*

einmütig angenommenen Verbots überörtlicher Zusammenschlüsse. Eine zunehmende Zahl von Autoren erblickte in den Regelungen zum Lokalisierungsgrundsatz, der Residenzpflicht und dem Zweigstellenverbot keine hinreichende gesetzliche Grundlage mehr für die Untersagung ortsübergreifender Assoziationen unter den Berufsangehörigen.[62]

Der Bundesgerichtshof äußerte sich sodann im Jahre 1989 zunächst dahin, daß eine überörtliche Sozietät in Ansehung der verfassungsgerichtlichen Rechtsprechung nicht mehr schlechthin als standeswidrig gelten könne; es seien vielmehr zulässige Fallgestaltungen denkbar, soweit jedes Mitglied den Mittelpunkt seiner Berufstätigkeit weiterhin allein am Ort seiner Zulassung habe.[63] In der Folgezeit bekräftigte die Judikatur diesen Standpunkt wiederholt[64] und erklärte schließlich, daß der Bildung überörtlicher Sozietäten unter Beachtung der Residenzpflicht und des Lokalisationsprinzips durch die einzelnen Sozien allgemein weder berufsgesetzliche Vorschriften noch vorkonstitutionelles Gewohnheitsrecht entgegenstehe.[65]

Im Zuge dieser höchstrichterlichen Rechtsprechung kam es rasch zur Gründung einer größeren Zahl überörtlicher Assoziationen, die Kanzleien in einer Größenordnung von über 100 bis 200 Rechtsanwälten sowie 400 angestellten Mitarbeitern hervorbrachten.[66] Schon bis zum Jahre 1991 zeigte sich ein überproportionaler Anstieg der in größeren Verbindungen mit zehn und mehr Berufsangehörigen zusammengeschlossenen Rechtsanwälte, die nunmehr bereits 5,8 % aller in Sozietäten verbundenen Berufsangehörigen stellten.[67] Bis zum Jahre 1995 erhöhte sich der relative Anteil entsprechend dimensionierter Sozietäten mit mehr als zehn Rechtsanwälten noch weiter auf einstweilen 7,4 %.[68] Allein in den vier Jahren nach Ergehen der vorzitierten Entscheidungen des Bundesverfassungsgerichts stieg der prozentuale Anteil der in größeren Anwaltszusammenschlüssen tätigen Rechtsanwälte um 65,7 %, während demgegenüber der Anteil der Rechtsanwälte

---

in NJW 1990, 2089 ff. Letzterer interpretierte eine Liberalisierung des anwaltlichen Berufsrechts zudem als Befreiung der Rechtsanwaltschaft von obrigkeitlichen Schranken; schließlich *Kornblum* in ZRP 1988, 465 (467 ff.) und *Ring* in DÖV 1989, 838 ff., die ebenfalls eine weitgehende Deregulierung befürworteten und die Rechtsberatung vornehmlich als Bestandteil des allgemeinen Dienstleistungsmarkts werteten.

62 Eingehend etwa *Prütting* in JZ 1989, 705 ff.; zuvor *Salger* in NJW 1988, 186 f.; ferner *Kühn* in AnwBl. 1988, 129 (131); *Wimmer* in AnwBl. 1989, 435 (439); *Rabe* in NJW 1989, 1113 (1116 f.); *Raczinski/Rogalla/Tomsche* in AnwBl. 1989, 583 (591); *Zuck* in AnwBl. 1990, 589 (593); *ders.* in JZ 1990, 353 (356); *ders.* in Verhandlungen des 58. DJT (1990), Teil M, 7 (18); *Schumann* in NJW 1990, 2089 (2095); *ders.* in AnwBl. 1990, 466 (476); *Kewenig* in JZ 1990, 782 (787); anders seinerzeit demgegenüber noch *Stefener* in AnwBl. 1988, 367 (370); *Feuerich* in AnwBl. 1989, 360 ff.; *Papier* in JZ 1990, 253 ff.; *Human* in AnwBl. 1990, 387; zurückhaltend auch *Hartstang*, Anwaltsrecht, S. 62 ff.

63 BGHZ 108, 290 (294 ff.).

64 BGHSt 37, 220 (223); BGH in NJW 1991, 2780 (281).

65 BGHZ 119, 225 (227 ff.).

66 Vgl. *Lenz* in MDR 1994, 741 (746); *Seibert*, S. 40; Meilicke/v.Westphalen/Hoffmann/Lenz-*Lenz*, Rn. 2 zu § 1 PartGG; *Gail/Overlack*, S. 79.

67 Vgl. *Braun* in BRAK-Mitt. 1993, 185 (186) – zum Vergleich lag die Zahl der in großen Sozietäten mit mehr als zehn Gesellschaftern verbundenen Rechtsanwälte im Jahr 1972 bei lediglich 0,9 % aller in derartigen Verbindungen zusammengeschlossenen Rechtsanwälte; vgl. *Braun* aaO, 185 (187).

68 Siehe dazu die Ergebnisse der jüngsten empirischen Erhebung von *Hommerich*; veröffentlicht in AnwBl. 1997, Beilage zu Heft 11, 14 (16).

in Sozietäten mit fünf bis neun Berufsvertretern im gleichen Zeitraum bis 1991 nur um 11,2 % zunahm.[69] Diese Entwicklung ist um so bemerkenswerter, als die Zahl der insgesamt in Sozietäten verbundenen Berufsvertreter im Verhältnis zur Gesamtzahl aller Rechtsanwälte gegenüber dem vorherigen Erhebungszeitraum (1987) sogar leicht rückläufig war.[70]

Parallel mit dem sich deutlich abzeichnenden und weiter anhaltenden Trend zur Bildung größerer Anwaltsverbindungen[71] – der Anteil der Sozietäten mit mehr als 20 Anwälten lag im Jahre 1995 inzwischen bereits bei 4 %[72] – stieg auch die Zahl der angestellten Junganwälte in den letzten Jahren überdurchschnittlich stark an.[73]

Die Bildung von überregional und teilweise bundesweit agierenden Großkanzleien mit einer erheblichen Anzahl von Sozien und einem gleichzeitig steigenden Anteil von abhängig beschäftigten Berufsangehörigen stieß hierbei, nicht zuletzt in den Kreisen der Anwaltschaft selbst, zugleich auch auf Bedenken. Eine Anfang 1989 vom Deutschen Anwaltverein durchgeführte Mitgliederbefragung ergab seinerzeit noch ein negatives Votum von annähernd 70 % der eingegangenen Antworten gegenüber der überörtlichen Sozietät.[74] Ähnlich ablehnend äußerte sich im September 1990 der 58. Deutsche Juristentag, der sich – ebenso

---

[69] Vgl. *Braun* in BRAK-Mitt. 1993, 185 (186 f.) – Dem überproportionalen Anwachsen großer Sozietäten entspricht eine annähernde Verdopplung der Zahl der größten statistisch erfaßten Assoziationen mit mehr als zehn Sozien allein in dem Zeitraum von 1987 bis 1991; vgl. *Braun*, aaO, 185 (186).

[70] So waren 1987 40,4 % aller Berufsangehörigen in Sozietäten assoziiert, während der relative Anteil im Jahre 1991 lediglich noch bei 39,2 % lag; vgl. *Braun* in BRAK-Mitt. 1993, 185 (186).

Neuere, auf der Grundlage des Statistischen Berichtssystems für Rechtsanwälte (STAR) durchgeführte repräsentative Erhebungen, die allerdings eine weniger breite empirische Basis aufweisen, belegen dieses Bild. Danach übten im Jahr 1994 45,5 % aller befragten Rechtsanwälte ihren Beruf in den alten Bundesländern als Einzelanwälte aus, während es in den neuen Bundesländern immerhin noch 59,4 % waren. In Sozietäten hatten sich in den alten Bundesländern 45,3 % (davon 4,3 % in überörtlicher Sozietät), in den neuen Bundesländern 33,3 % (davon 9,2 % in überörtlicher Sozietät) zusammengeschlossen; vgl. *Wasilewski/Passenberger/Reith* in BRAK-Mitt. 1996, 15 f.

[71] *Rabe* schrieb hierzu in NJW 1995, 1403: „... Die Anwaltschaft kennzeichnet eine <neue Beweglichkeit>. Es wird zielgerichtet strukturiert und vielfältig herumexperimentiert. Hervorstechendstes Phänomen ist das Wachstum der Anwaltssozietäten zu immer größeren Einheiten. Allein ein Blick in den Anzeigenteil der NJW lehrt wöchentlich: Die Parole ist <größer, weiter, besser>...“; ähnlich zuvor schon *Zuck* in NJW 1990, 954.

[72] Vgl. dazu die Ergebnisse einer von *Hommerich* durchgeführten empirischen Strukturbefragung der Anwaltschaft; veröffentlicht in AnwBl. 1997, Beilage zu Heft 11, 14 (16 f.).

[73] *Braun* in BRAK-Mitt. 1993, 185 (187) – Zum 1.1.1996 waren von den insgesamt 78.456 Rechtsanwälten – vgl. dazu die Statistik in BRAK-Mitt. 1996, 107 – noch ca. 61.900 selbständig tätig; siehe hierzu die Angaben in der freie beruf 5/96, 10. Aus der Gegenüberstellung beider Werte läßt sich mittelbar ableiten, daß zur Mitte der neunziger Jahre damit bereits über 20 % aller Berufsangehörigen im Angestelltenverhältnis beschäftigt waren. Dabei bleibt zu bedenken, daß die Syndikusanwälte aufgrund der berufsrechtlich geforderten Scheidung zwischen privatem Anstellungsverhältnis und freier Anwaltstätigkeit im Rahmen dieser Erfassung ganz überwiegend als Selbständige aufgeführt sind. Ließe man daneben auch deren abhängige Stellung zu ihren privaten Dienstherrn in die Statistik miteinfließen, ergäbe sich also eine nochmals deutlich höhere Zahl an abhängig Beschäftigten.

[74] Vgl. *Senninger* in AnwBl. 1989, 298 (301) – die damaligen Umfrageergebnisse sind im einzelnen abgedruckt etwa bei *Hartstang*, Anwaltsrecht, S. 72.

wie zuvor schon die Bundesrechtsanwaltskammer[75] – mehrheitlich gegen eine Regelung der überörtlichen Sozietät als zulässiger Form der anwaltlichen Berufsausübung im Berufsrecht aussprach.[76]

Dahinter stand augenscheinlich die Befürchtung, durch Zulassung überörtlicher Sozietäten würden sich interurbane „Anwaltsoligopole“ oder „Anwaltskonzerne“ ausbilden, die einen Verdrängungswettbewerb zu Lasten mittlerer und kleinerer Sozietäten sowie der Einzelpraxen zur Folge hätten.[77] In der damaligen, größtenteils berufspolitisch motivierten Diskussion fehlte es demgemäß auch nicht an Stimmen, die hinter der Entwicklung hin zu immer stärker expandierenden Großsozietäten die partielle Ausbildung von zunehmend gewerblich geprägten Akquisitionskartellen vermuteten.[78]

Der Gesetzgeber teilte diese Sorge eines verdeckten „Mandatsvermittlungsproblems“[79] im weiteren Verlauf allerdings nicht und führte die überörtliche Sozietät im Rahmen der Novellierung des anwaltlichen Berufsrechts einer eigenständigen Regelung in § 59a II 1 BRAO zu. Er begründete diese Entscheidung mit der Erwägung, die überörtliche Sozietät werde von vielen Rechtsanwälten verstanden als Möglichkeit zur Verbesserung des Dienstleistungsangebots und einer Stärkung im Wettbewerb.[80] Der Zusammenschluß in einer überörtlichen Sozietät verschaffe auch dem Einzelanwalt oder der kleineren Sozietät eine ansonsten nicht mögliche überregionale Betätigung.[81]

---

[75] Die Bundesrechtsanwaltskammer beschloß seinerzeit auf ihrer Hauptversammlung am 18.5.1990 mit einem Stimmenverhältnis von 13:7, zukünftig für ein gesetzliches Verbot der überörtlichen Sozietät eintreten zu wollen; vgl. BRAK-Mitt. 1990, 76 (77).

[76] Vgl. die Verhandlungen des 58. DJT (1990), Teil M, 178 (179).; dort Beschlußpunkte 6 und 7. Im einzelnen ergab sich eine Mehrheit von 195 ablehnenden Stimmen gegenüber 116 Ja-Stimmen bei 15 Enthaltungen in der Frage einer Gesetzesregelung. Gleichzeitig votierten – bei 17 Enthaltungen – 194 Stimmberechtigte gegenüber 113 Ja-Stimmen für eine generelle Unzulässigkeit der Berufsausübung in überörtlichen Sozietäten.

[77] Vgl. etwa *Human* in AnwBl. 1990, 387 (388); ebenso *Hartstang*, Anwaltsrecht, S. 73 f.; *Stefener* in AnwBl. 1988, 367 (370); *Löwer*, Verhandlungen des 58. DJT (1990), M 66 (68) und *Stallmeister* in AnwBl. 1990, 384 (385).

[78] So *Kleinert* in AnwBl. 1990, 546 (547); vgl. seinerzeit auch *Human* in AnwBl. 1990, 387 (388): „...Es muß klar bleiben, daß die Funktion des Anwaltsberufs nicht darin liegt, dem Berufsausübenden nach dem Prinzip kapitalistischer Gewinnmaximierung einen größtmöglichen Vorteil zu verschaffen, sondern daß es in erster Linie immer um die Wahrung der Mandanteninteressen geht. Vor diesem Hintergrund kann es auch geboten sein, auf bestimmte Organisationsformen (gemeint: die überörtliche Sozietät, sic!) zu verzichten.“

[79] So *Ahrens*, Rn. 301 – *Ders.* führt im Zusammenhang mit der überörtlichen Sozietät aaO weiter aus, daß dann, wenn der eigentliche Mandatsbearbeiter häufiger in der auswärtigen Kanzlei sitze, die Mandatsannahme durch die ortsfremde Kanzlei den Charakter einer „organisierten Mandatssammlung“ trage; vgl. auch *Graef* in ZRP 1995, 450, wonach überregionale Sozietäten trotz des Lokalisierungsprinzips die Möglichkeit hätten, die Prozeßmandate innerhalb der Sozietät einfach weiterzugeben.

[80] BT-Drucksache 12/4993, S. 33.

[81] BT-Drucksache 12/4993, S. 33; ebenso zuvor auch *Teichmann* in AnwBl. 1989, 368 (369 ff.) – Demgegenüber hatte die Rechtspraxis allerdings schon bis zum Beginn der neunziger Jahre gezeigt, daß überörtliche Sozietäten tatsächlich in erster Linie zwischen größeren Anwaltspraxen gebildet worden waren; vgl. dazu *Schardey* in FS für Quack (1991); 731 (733).

Indessen scheint sich in der Rechtswirklichkeit nachfolgend doch eine erkennbare Tendenz zur Akkumulation primär der profitablen Beratungsmandate[82] bei den im letzten Jahrzehnt entstandenen größeren Anwaltszusammenschlüssen einzustellen.[83] So erzielten die seinerzeit in der Bundesrepublik bestehenden 60 größten Sozietäten im Jahr 1990 bereits einen relativen Anteil von 10 % des Umsatzes, den die damals annähernd 60.000 zugelassenen Rechtsanwälte insgesamt erreichten.[84] Dieser Anteil dürfte angesichts der kontinuierlichen Expansion der großen Anwaltsgemeinschaften, die sich in dem empirisch feststellbaren überproportionalen Anwachsen der dort beschäftigten Berufsangehörigen widerspiegelt, zwischenzeitlich damit korrespondierend weiter zugenommen haben.[85]

Einen mittelbaren Hinweis hierauf geben die um ein Vielfaches höheren Kanzleiumsätze, die überörtliche Sozietäten allgemein im Vergleich zu lokalen Sozietäten erzielen. Der jährliche Durchschnittsumsatz von überörtlichen Rechtsanwaltssozietäten lag in den Jahren 1993/94 mit 6,14 Mio. DM um das Sechsfache über dem mittleren Umsatz von lokalen Sozietäten (dort ca. 1,02 Mio. DM).[86] Einen sicheren Indikator für die Wirtschaftskraft der überörtlichen Sozietäten bildet der Umstand, daß dort tätige Sozien einen mittleren persönlichen Überschuß von ca. 253.000 DM jährlich erzielten, während ihre Kollegen in lokalen Sozietäten auf eine Summe von 169.000 DM kamen.[87] Es steht zu vermu-

---

[82] Mittlerweile werden etwa 70 % der anwaltlichen Beratungs- und Vertretungstätigkeit im außergerichtlichen Bereich geleistet; vgl. BT-Drucksache 12/4993, S. 53; *Busse* in AnwBl. 1994, 482 (483); *Kilger* in AnwBl. 1996, 11 (12); nach *Hellwig* in ZHR 161 (1997), 337 (343) soll sich diese vorprozessuale Streitschlichtungsquote nunmehr sogar bereits der 80%-Marge annähern.

[83] Vgl. hierzu etwa *Eue* in FS für Schippel (1996), 599 (600 f.) unter Hinweis darauf, daß gerade die beratende Tätigkeit des Anwalts in immer größeren organisatorischen Einheiten angeboten werde.

[84] *Hartstang*, Anwaltsrecht, S. 73 m. w. N.; *Stallmeister* in AnwBl. 1990, 384 (385); *Leutheußer*, S. 183.

Eine ganz ähnliche Umsatzstruktur in der Mandatsverteilung bestand zur gleichen Zeit übrigens auch in den Vereinigten Staaten von Amerika. Dort erwirtschafteten die 100 größten Anwaltsfirmen, in denen etwa 4,5 % aller amerikanischen Anwälte beschäftigt waren, ehedem etwa 16,5 % des gesamten von der Anwaltschaft erzielten Umsatzes; vgl. dazu *Gibbons* in AnwBl. 1990, 282 (283 f.).

[85] Die Ermittlung konkreter Marktanteile stößt im Bereich der anwaltlichen Rechtsberatung allgemein auf größere Schwierigkeiten als bei der Wirtschaftsprüfung, weil für die als BGB-Gesellschaften ausgestalteten Sozietäten generell keine Rechnungslegungspflicht besteht, die den als Kapitalgesellschaften organisierten Wirtschaftsprüfungsgesellschaften vergleichbar wäre. Anders als im wirtschaftsprüfenden Bereich für die Plichtprüfungen der Aktiengesellschaften lassen sich die Marktanteile auch nicht mittelbar durch eine umfassende Auswertung der Verhältnisse auf der Nachfrage-, also der Mandantenseite feststellen.

[86] Vgl. dazu die – allerdings auf einer relativ kleinen Zahlenbasis – beruhenden statistischen Erhebungen von *Passenberger/Kaimer* in BRAK-Mitt. 1996, 136 (137). Die Umsätze in interprofessionellen überörtlichen Rechtsanwaltssozietäten lagen dabei mit durchschnittlich 11,1 Mio. DM weit über den Umsätzen in reinen Rechtsanwaltssozietäten (5,3 Mio. DM) und in Rechtsanwaltssozietäten mit Anwaltsnotaren (4 Mio. DM); vgl. *Passenberger/Kaimer*, aaO.

[87] *Passenberger/Kaimer* in BRAK-Mitt. 1996, 136 (137). Bei isolierter Betrachtung allein der Verhältnisse in den alten Bundesländern ergibt sich insoweit eine noch deutlich größere Abweichung. Dort erzielten die in lokalen Sozietäten zusammengeschlossenen Rechtsanwälte im Jahr 1994 einen durchschnittlichen persönlichen Gewinn von 164.000 DM; hingegen kamen die in überörtlichen Sozietäten praktizierenden Berufsvertreter zur selben Zeit auf 323.000 DM; vgl. *Passenberger* in BRAK-Mitt. 1996, 174 (174 f.).

ten, daß innerhalb der Gruppe der überörtlichen Sozietäten die größten Zusammenschlüsse, die mit 30 oder mehr Sozien nicht einmal 5 % der überörtlichen Verbindungen insgesamt stellen,[88] einen maßgeblichen Anteil an diesen im Vergleich zu lokalen Sozietäten deutlich besseren Umsatzzahlen tragen.

Die vorbeschriebene Entwicklung eines offenbar steigenden Marktanteils einer vergleichsweise geringen Anzahl großer Anwaltskanzleien[89] und die zeitgleich angegangene Aufhebung des Lokalisationsprinzips an den Landgerichten im Rahmen der Berufsrechtsnovellierung 1994 lassen mittelbar darauf schließen, daß die ordnungspolitischen Regelungsvorstellungen des modernen Gesetzgebers heute nicht mehr durchgängig mit den berufsrechtlichen Regelungsintentionen übereinstimmen, die der historische Normgeber noch im Jahre 1959 anläßlich der Schaffung der Bundesrechtsanwaltsordnung hegte.

Im Zusammenhang mit der damaligen Beibehaltung des entsprechenden Lokalisationsgrundsatzes wiesen die Gesetzesmaterialien darauf hin, auf diese Weise solle auch verhindert werden, daß sich eine kleine Anzahl von Anwälten die Mehrheit der Mandate teile.[90] Dieses berufsrechtliche Regelungsziel fand noch im Jahre 1990 die ausdrückliche Billigung des Bundesverfassungsgerichts.[91] Im Bewußtsein dessen trat der Bundesrat im Rahmen der Neuordnung des anwaltlichen Berufsrechts für eine unveränderte Fortgeltung des Lokalisationsprinzips an den Landgerichten ein und begründete die Anrufung des Vermittlungsausschusses anno 1994 unter anderem damit, die Beschränkung der Postulationsfähigkeit wirke der Bildung weniger Großkanzleien in den Ballungszentren entgegen, sorge für eine

---

Demgegenüber lag der durchschnittliche persönliche Überschuß aller Rechtsanwälte im Jahr 1994 bei rechnerisch 132.000 DM; vgl. *Wasilewski/Passenberger/Reith* in BRAK-Mitt. 1996, 15 (16 f.). Dies läßt darauf schließen, daß die allein praktizierenden Rechtsanwälte im Mittel einen nochmals deutlich geringeren Verdienst erzielen. Gemäß den von *Passenberger* in BRAK-Mitt. 1996, 174 (174 f.) mitgeteilten Daten erreichten die in Einzelkanzleien praktizierenden Rechtsanwälte anno 1994 einen durchschnittlichen persönlichen Überschuß von 106.000 DM (alte Bundesländer) bzw. 78.000 DM (neue Bundesländer). *Bissel* weist in AnwBl. 1996, 267 darauf hin, daß 50 % der Einzelanwälte in den alten Bundesländern im Jahre 1993 weniger als 86.000 DM an Einkünften aus ihrer freiberuflichen Tätigkeit erzielten. Dabei erreichten 16 % gar nur ein Jahreseinkommen bis 25.000 DM, und 32 % verdienten bis zu 50.000 DM; ebenso die von der RAK Berlin in NJW 1996, Heft 21, S. XIV mitgeteilten Zahlen.

[88] Vgl. *Passenberger/Kaimer* in BRAK-Mitt. 1996, 136 (137) – Dabei waren im Jahr 1994 insgesamt schätzungsweise 57 % aller Kanzleien in der Bundesrepublik Einzelkanzleien, 39 % waren lokale Sozietäten und 4 % überregionale Sozietäten; vgl. *Passenberger/Kaimer* aaO, 136.

[89] Geht man von den vorerwähnten Daten in Fn. 88 aus, so stellen die größten Zusammenschlüsse mit 30 und mehr Gesellschaftern gegenwärtig einen numerischen Anteil von lediglich 0,2 % an der Gesamtzahl aller Rechtsanwaltskanzleien.

[90] Vgl. dazu die amtliche Begründung zum Entwurf der Bundesrechtsanwaltsordnung, BT-Drucksache III/120, S. 64; ebenso noch *Stefener* in AnwBl. 1988, 367 (368); *Löwer*, Verhandlungen des 58. DJT (1990), Teil M, 66 (67).

[91] BVerfG in NJW 1990, 1033; vgl. dazu auch *Papier* in JZ 1990, 253 (258), wonach eines der mit dem Lokalisierungsprinzip verfolgten Ziele darin bestehe, zu verhindern, daß die vom Gegenstandswert bedeutsamen Prozesse ausschließlich von einigen wenigen Großsozietäten oder Vertrauens- und Syndicianwälten der Banken, Versicherungen und Konzerne geführt werden.

angemessene Verteilung auch der lukrativen Großmandate und sichere damit die Stellung des Rechtsanwalts als unabhängiges Organ der Rechtspflege.[92]

Demgegenüber betonte der Gesetzentwurf der Bundesregierung, die Anwaltschaft stehe als Dienstleistungsberuf im freien Wettbewerb mit anderen Beratungsberufen und solle durch eine Modifikation des § 78 ZPO in ihrer nationalen und internationalen Wettbewerbsfähigkeit gestärkt werden.[93] Im übrigen würden die Gesetze des Marktes angesichts einer in den letzten Jahren stark angestiegenen Zahl der Anwälte dafür sorgen, daß stets eine ausreichende Versorgung der Bevölkerung mit Anwälten gewährleistet bleibe.[94]

Nachdem sich der Vermittlungsausschuß im Zuge des Gesetzgebungsverfahrens schließlich auf eine befristete Fortgeltung des erstinstanzlichen Lokalisierungsgrundsatzes in den alten Bundesländern bis zum 31.12.1999 verständigte,[95] werden somit bis zur Jahr-

---

[92] Vgl. BT-Drucksache 12/4993, S. 50 und BT-Drucksache 12/7868, S. 2 – Dort wurde ferner ausgeführt: „... Die Beschränkung der Postulationsfähigkeit verhindert damit auch bei Zulassen überörtlicher Sozietäten, daß die örtliche Anwaltschaft von Großkanzleien in Ballungsgebieten übergangen wird ...“; in dieser Richtung früher schon *Mayer* in AnwBl. 1974, 11 (12); siehe ferner *Prütting/Weth* in Prütting (Hrsg.), S. 192: „Sie (die Lokalisierung, sic!) würde bewirken, daß dem ortsansässigen Anwalt nicht nur die kleinen Streitwerte bleiben, sondern daß er auch an den großen Streitwerten ... beteiligt ist. Diese Beteiligung wäre der Ausgleich dafür, daß er auch die unwirtschaftlichen Mandate übernehmen muß ...“.

[93] Vgl. hierzu die erwidernde Stellungnahme in BT-Drucksache 12/4993, S. 53.

[94] So die Ausführungen im Regierungsentwurf; vgl. BT-Drucksache 12/4993, S. 43; ähnlich zuvor bereits *Kotulla* in AnwBl. 1990, 126 (132 f.), wonach sich bei einer durch Aufgabe des Lokalisationsgrundsatzes bewirkten intensivierten Konkurrenz gerade die besondere Leistungsfähigkeit und Kompetenz des tüchtigen Anwalts herauskristallisieren werde und diesem also sein Auskommen gesichert bleibe. Insofern erwachse aus dem so ausgelösten gesteigerten Wettbewerb eher eine „nützliche Auslesefunktion“, die sich positiv auf die Qualifikation der Berufstätigen und auf die Qualität der anwaltlichen Berufstätigkeit insgesamt auswirke.

In den Gesetzesmaterialien hieß es aaO zudem auch, das Lokalisationsprinzip an den Landgerichten sei nur einer geringen Zahl von Rechtsanwälten außerhalb der Großstädte zugute gekommen. Seine Abschaffung wahre die Wettbewerbschancen für Einzelanwälte und örtlich agierende Sozietäten gegenüber überörtlichen Zusammenschlüssen. Die überörtliche Sozietät könne ansonsten aus der Sicht des rechtssuchenden Publikums leistungsfähiger erscheinen, weil sie häufig auch für einen auswärtigen Prozeß keine weitere Kanzlei einschalten müsse.

[95] Vgl. dazu BT/Drucksache 12/7835, S. 2 – Diese Einigung wird von *Kleine-Cosack* in NJW 1996, S. 1872 f. scharf als „fauler“ Kompromiß kritisiert, weil das Lokalisationsprinzip letztlich nur eine verfassungsrechtlich irrelevante Konkurrenzschutzfunktion zeige. Jener Einschätzung steht jedoch entgegen, daß die verfassungsgerichtliche Judikatur selbst die dieserart beschränkte Postulationsfähigkeit stets für verfassungsgemäß gehalten hat; vgl. BVerfG in NJW 1990, 1033; 1993, 3192.

Daß berufliche Konkurrenzschutzerwägungen im Einzelfall auch innerhalb derselben freiberuflichen Berufsgruppe vom BVerfG durchaus für beachtlich gehalten werden, zeigt die Argumentation, mit der das Gericht unlängst eine zeitlich beschränkte Einführung der Postulationsfähigkeit bei den Landgerichten in den neuen Bundesländern als verfassungswidrig verworfen hat. Dort heißt es in den tragenden Gründen: „... Schon der bisherige zweigeteilte Rechtszustand (gemeint: die Geltung des so ausgestalteten Lokalisationsgrundsatzes in den alten Bundesländern einerseits und die Nichtgeltung im Beitrittsgebiet andererseits) war zur Erreichung des angestrebten Zwecks geeignet. Sein Fortbestand für eine gewisse Übergangszeit erspart als milderes Mittel den Rechtsanwälten in den neuen Bundesländern, die durch die Wende und nach dem Beitritt von vielfältigen Rechtsänderungen betroffen waren, zwei Umstellungen im Zeitraum von zehn Jahren *und schützt sie gleichwohl vor west-*

tausendwende auch die rechtlichen Rahmenbedingungen konstituiert sein, die den größeren Zusammenschlüssen zumindest in den wirtschaftlichen Ballungsgebieten zusätzlich die flächendeckende Wahrnehmung lohnender Prozeßmandate erlauben. Dieser Umstand dürfte den empirisch ohnehin zu beobachtenden Anstieg des Marktanteils großer Anwaltsgemeinschaften in Zukunft wenigstens mittelbar weiter beschleunigen.[96]

Gleichwohl ist zu konstatieren, daß die Mandatsverschiebungen, die innerhalb der nationalen Anwaltschaft bis zur Mitte der neunziger Jahre durch die Entstehung großer überörtlicher Zusammenschlüsse ausgelöst worden sind, bis dato bei weitem (noch) nicht zu einer solchen Anhäufung der einträglichen Großmandate bei einigen wenigen Gesellschaften geführt haben, wie dies im Vergleich für den Bereich der Wirtschaftsprüfung gilt.

Dieser Umstand deutet nicht zuletzt auf einen engen Zusammenhang zwischen der Rechtsform solcher überörtlicher Verbindungen einerseits und den daraus resultierenden unterschiedlichen Möglichkeiten zur Erlangung einer dominierenden Marktstellung andererseits hin. Die auf dem Sektor der Wirtschaftsprüfung seit jeher zur Verfügung stehenden gewerblichen Rechtsformen, insbesondere die zu eigenständigen juristischen Personen verselbständigten Kapitalgesellschaften, schaffen in Anbetracht der vorstehenden empirischen Ergebnisse anders als reine Personengesellschaften allem Anschein nach eher die rechtlichen Voraussetzungen, um große und den Anbieterkreis dominierende Zusammenschlußstrukturen zur Entstehung zu bringen.

Die rechtstatsächliche Entwicklung belegt für die deutschen Wirtschaftsprüfungsgesellschaften, daß als Kapitalgesellschaften ausgestaltete Zusammenschlüsse langfristig eine marktbeherrschende Stellung gegenüber personengesellschaftlichen Verbindungen erlangen und in profitablen Bereichen ungleich stärker die Tendenz zur Ausbildung von Oligopolen und Monopolen fördern. Demgegenüber legen die Verhältnisse innerhalb der Anwaltschaft nahe, daß eine personengesellschaftliche Rechtsform wie die der BGB-Gesellschaft Marktkonzentrationen erschwert und ihrer Entstehung tendenziell entgegenwirkt.

Vor dem Hintergrund dieser Erkenntnis bietet es sich an, die anwaltlichen Zusammenschlußprozesse auf internationaler Ebene nachfolgend vor allem unter dem Aspekt zu untersuchen, welche Regelungsziele jene ausländischen Nationen mit der Zulassung von Rechtsberatungs-Kapitalgesellschaften verfolgt haben, die zeitlich früher als der deutsche Gesetzgeber eine entsprechende Form der anwaltlichen Berufsausübung für angemessen erachteten. Daneben scheinen die im Ausland potentiell erkennbaren rechtstatsächlichen Folgewirkungen von Interesse, die Rückschlüsse auf die denkbare zukünftige Entwicklung in Deutschland geben könnten.

b) Die neuere Entwicklung in einigen anderen Auslandsstaaten

Auf der internationalen Ebene ist zunächst zu konstatieren, daß U.S.-amerikanische und englische Kanzleien zur Mitte der neunziger Jahre mit teilweise deutlich über 1.500 Be-

---

deutscher Konkurrenz."; vgl. BVerfG in NJW 1996, 1882 (1883) – textliche Hervorhebung vom Verf. –.

[96] Vgl. hierzu bereits die entsprechenden Prognosen von *Stefener* in AnwBl. 1988, 367 (368); *Lange* in AnwBl. 1990, 241 (244) sowie *Stallmeister* in AnwBl. 1990, 384 (385).

rufsangehörigen und bis zu 50 Zweigniederlassungen im Ausland die größten anwaltlichen Zusammenschlüsse stellten.[97] Dabei liegt die jährliche Wachstumsrate der größten U.S.-amerikanischen Kanzleien nach der Anzahl der Rechtsanwälte gegenwärtig bei durchschnittlich 7,6 %, während parallel dazu die Zahl der Partner – in der Relation merklich geringer – lediglich um 4,1 % per annum zunimmt.[98]

Demgegenüber nehmen sich die deutschen Großsozietäten, die anno 1995 neben ihrer mitunter bundesweiten Tätigkeit auch in anderen Staaten angeschlossene Büros unterhielten, mit maximal 230 Anwälten und allenfalls fünf bis sieben Auslandsniederlassungen vergleichsweise klein aus.[99] Selbst die größte deutsche Kanzlei würde auf dieser Zahlenba-

---

[97] Zu diesen weltweit operierenden mega law firms, die sich kaum noch in nationalen Dimensionen fassen lassen, gehörten im Jahr 1994 Baker & McKenzie mit 1.664 Anwälten und Büros in 33 Staaten, Clifford Chance mit 1.171 Anwälten und Büros in 16 Staaten (einschließlich der associated offices 19 Staaten), Jones Day Reavis & Pogue mit 1.153 Anwälten und Büros in 10 Staaten oder Skadden Arps Slate Meagher & Flom mit 1.005 Anwälten und Büros in 13 Staaten (Jahresumsatz von Skadden pp. anno 1995 rd. 635 Mio. $); vgl. hierzu die Angaben bei *Sieg*, S. 56 f. m. w. N. in Fn. 165 bis 168.

Als eindrucksvoller Beleg für das rasante Wachstum und die weiter anhaltende dynamische Expansion der weltweit größten Anwaltskanzleien mag der Umstand gelten, daß etwa der internationale Marktführer Baker & McKenzie im weiteren Verlauf bis zum Jahresbeginn 1997 schon auf einen Personalbestand von ca. 2.000 Anwälten angewachsen ist, die in 34 über den Globus verteilten Nationen mit insgesamt 55 ansässigen Zweigstellen einen jährlichen Honorarumsatz von etwa 1 Milliarde DM erwirtschafteten. Zum Vergleich stieg die Zahl der bei Clifford Chance beschäftigten Rechtsanwälte bis zu diesem Zeitpunkt auf ca. 1.500 Berufsangehörige; vgl. hierzu die Angaben in Heft 11 der NJW 1997, Seite XL. Allein bis Ende September 1997 stieg die Zahl der bei Baker & McKenzie in nunmehr 56 Büros beschäftigten Anwälte nochmals auf inzwischen bereits insgesamt 2.334 Berufsvertreter an, von denen lediglich 509 zugleich eine Partnerstellung einnahmen; vgl. dazu die entsprechenden Angaben bei *Disterer* in BRAK-Mitt. 1998, 39, daselbst auch mit einer aufschlußreichen Übersicht über die derzeitige Rangliste und Betriebsstruktur der größten U.S.-amerikanischen Großkanzleien. Einschlägige Prognosen von Fachkennern gingen im übrigen schon im Jahre 1990 davon aus, daß die 20 größten U.S.-amerikanischen Anwaltsfirmen bis zur Jahrtausendwende jeweils etwa 3.000 Anwälte beschäftigen könnten und diese Zahl bis zum Jahr 2010 bei einigen auf voraussichtlich mehr als 5.000 Berufsangehörige ansteigen werde; siehe dazu *Gibbons* in AnwBl. 1990, 282 (283).

[98] Vgl. dazu die empirische Auswertung von *Disterer* in BRAK-Mitt. 1998, 39.

[99] Zu den zahlenmäßig größten international tätigen deutschen Anwaltssozietäten zählten anno 1995 Oppenhoff & Rädler (220 Rechtsanwälte und Büros in fünf Staaten; geschätzter Jahresumsatz knapp 200 Mio. DM), Bruckhaus Westrick Stegemann (180 Rechtsanwälte und Büros in fünf Staaten) sowie Pünder Vollhard Weber & Axster (130 Rechtsanwälte und Büros in sieben Staaten); vgl. die Angaben bei *Sieg*, S. 57 m. w. N. in Fn. 170 bis 172, der zugleich darauf hinweist, daß alle diese Sozietäten noch sehr stark im Inland verwurzelt sind. Hinzu treten dabei jeweils noch die Berufsvertreter aus den assoziierungsfähigen Berufsständen.

Freilich halten die Zusammenschluß- und Konzentrationstendenzen auf dem anwaltlichen Sektor auch auf der nationalen Ebene unvermindert weiter an. So schlossen sich mit Wirkung zum 1.8.1997 beispielsweise die Anwaltskanzleien Albert, Flad & Schlosshan sowie Gaedertz Vieregge Quack Kreile unter dem gemeinsamen Sozietätsnamen Gaedertz Rechtsanwälte zur zwischenzeitlich fünftgrößten Wirtschaftskanzlei in Deutschland zusammen. Die insgesamt in neun Städten vertretene Kanzlei zählt hierbei 130 Rechtsanwälte (davon 55 als Sozien) und beschäftigt 230 weitere Mitarbeiter. Beinahe gleichzeitig – zum 1.7.1997 – fusionierten auch die Anwaltssozietäten Heuking Kühn Lüer Kunz Wojtek und Heussen Braun von Kessel zu der gemeinsamen Sozietät Heuking Kühn Lüer Heussen Wojtek. Auf diese Weise ist eine weitere Großkanzlei entstanden, die mit insgesamt 120 Anwälten

sis in der Liste der größten U.S.-amerikanischen Zusammenschlüsse derzeit nicht unter den 100 personell stärksten Anwaltsfirmen positioniert sein.[100]

Eine der Ursachen für diesen Größenunterschied besteht sicherlich in dem späteren Zeitpunkt, zu dem deutsche überörtliche Sozietäten mit der internationalen Expansion begonnen haben. Während etwa die U.S.-amerikanischen Großkanzleien teilweise schon vor über fünfzig Jahren Niederlassungen in Europa einrichteten,[101] agieren die deutschen Sozietäten erst seit wenigen Jahren mit eigenen Büros auf internationalem Terrain.[102] Eine „echte" grenzüberschreitende Fusion ist demgemäß auf dem nationalen Sektor – gemessen an internationalen Vergleichsmaßstäben freilich verhältnismäßig spät – zum ersten Mal überhaupt zwischen einer deutschen und einer österreichischen Großsozietät zum 1.1.1998 beschlossen worden.[103]

Ein anderer und vielleicht gewichtigerer Umstand für die derart unterschiedliche Entwicklung dürfte daneben darin zu sehen sein, daß in den Ländern des common law die Berufsangehörigen schon zu einem früheren Zeitpunkt auch auf nationaler Ebene teilweise sehr viel größere Zusammenschlüsse hervorgebracht haben. Dies gilt insbesondere für die Vereinigten Staaten sowie mit einigem zeitlichen Abstand auch für Australien und England, wo Anwaltsgemeinschaften mit einigen hundert Berufsvertretern in den urbanen Zentren nun schon seit vielen Jahren keine Seltenheit mehr darstellen.[104]

---

unter den zehn größten deutschen Sozietäten positioniert ist; vgl. hierzu den Wochenspiegel in Heft 32 der NJW 1997, Seite XL.

[100] Vgl. *Disterer* in BRAK-Mitt. 1998, 39.

[101] Einige große U.S.-amerikanische Anwaltsbüros unterhielten bereits seit der Zeit vor dem Zweiten Weltkrieg Zweigbüros in Europa. Zu diesen Ablegern stießen in den fünfziger und sechziger Jahren zahlreiche weitere Zweigniederlassungen in Europa, Asien und im arabischen Raum. So kamen beispielsweise Baker & McKenzie aus Chicago 1961/62 nach Deutschland. Viele dieser Zweigstellen bestanden zunächst lediglich aus einem Repräsentanten, der örtliche Kontakte aufnahm und an sein Heimatbüro weiterleitete. Im Laufe der Zeit entwickelten sich diese Niederlassungen zu leistungsfähigen, mit örtlichen Anwälten besetzten Anwaltsbüros mit einer beachtlichen Zahl von Berufsangehörigen. So gehört in Frankfurt am Main etwa die ehemalige Kanzlei Döser Amereller Noack mit derzeit (1997) 65 Rechtsanwälten und 4 Steuerberatern zur Baker & McKenzie Gruppe, die im übrigen schon im Jahre 1987 über 33 Auslandsniederlassungen verfügte; vgl. zu alldem *Kühn* in AnwBl. 1988, 129 sowie den Wochenspiegel in Heft 11 der NJW 1997, Seite XL.

[102] Dies dokumentieren anschaulich die erst in den letzten Jahren erschienenen Publikationen, die sich mit den Steuerfragen grenzüberschreitender anwaltlicher Verbindungen befassen ; vgl. dazu etwa *Streck* in AnwBl. 1991, 449 ff.; *Portner/Bödefeld* in IWB (1993), Gruppe 3, 1037 ff.; *Maier-Bridou* in AnwBl. 1993, 264 ff.; *Bellstedt* in IStR 1995, 361 ff.

[103] Dabei handelt es sich auf deutscher Seite um die Sozietät Bruckhaus Westrick Stegemann, die zukünftig als gemeinsame internationale Sozietät unter dem Namen Bruckhaus Westrick Heller Löber firmieren wird. Der internationalen Ausrichtung der neu entstehenden Großkanzlei entspricht es, daß sich die dort beschäftigten Juristen zu etwa einem Fünftel aus ausländischen Mitarbeitern, insbesondere aus dem englischsprachigen, asiatischen und europäischen Raum, zusammensetzen; vgl. dazu den Wochenspiegel in Heft 50 der NJW 1997, Seite XLIV.

[104] Bereits Ende der fünfziger Jahre existierten in den U.S.A. 38 Kanzleien, in denen jeweils mehr als 80 Anwälte verbunden waren; davon waren mehr als die Hälfte allein in N.Y.C. angesiedelt. Im Jahre 1985 lag die Vergleichszahl bei über 500 Kanzleien. Waren es im Jahr 1960 noch 12 Büros, die jeweils mehr als 100 Berufsangehörige beschäftigten, so erreichten diesen Schwellenwert im Jahre 1986 bereits 251 Kanzleien. Im Jahr 1968 zählte das größte U.S.-amerikanische Anwaltsbüro 169 Anwälte, und der Durchschnitt der 20 größten Kanzleien lag bei 106 Berufsvertretern. 1988 beschäf-

Demgegenüber nähern sich die Größenordnungen anwaltlicher Verbindungen in anderen europäischen Ländern wieder mehr den deutschen Verhältnissen an;[105] mitunter liegen sie sogar deutlich darunter.[106] Auf dem europäischen Kontinent zeigte bis zum Anfang der neunziger Jahre lediglich die Niederlande die Ausbildung verhältnismäßig großer Anwaltszusammenschlüsse, die in der Zahl der Berufsangehörigen allerdings noch spürbar hinter den englischen Großkanzleien zurückblieben.[107]

Dabei ist unabhängig von den jeweils zugrunde liegenden rechtlichen Strukturen zu beobachten, daß in den Ländern, in denen sehr große Anwaltsverbindungen entstanden sind, diese offenbar einen nachhaltigen Einfluß auf die sozio-ökonomische Zusammensetzung der dortigen Berufsgruppe in ihrer Gesamtheit nehmen. Insbesondere in den englischsprachigen Staaten scheint sich die Bildung sehr großer Anwaltskanzleien in bemerkenswerter Weise auf die wirtschaftlichen und sozialen Verhältnisse innerhalb der jeweiligen nationalen Anwaltschaft auszuwirken. Im anglo-amerikanischen Rechtskreis läßt die Mandats-

---

tigte die personalstärkste Kanzlei demgegenüber schon 968 Berufsangehörige, und 149 Kanzleien hatten zum selben Zeitpunkt den Spitzenreiter von 1968 übertroffen; vgl. zu alldem *Paefgen* in AnwBl. 1995, 278 (282). Diese großen Zusammenschlüsse haben sich dabei ausschließlich in den städtischen Metropolen ausgebildet; vgl. *Kespohl-Willemer* in AnwBl. 1988, 332 (334) unter umfassender Darlegung statistischer Daten zur U.S.-Anwaltschaft.

Auch in England ging die Entwicklung insbesondere in der City of London seit dem Ende der fünfziger Jahre hin zur Entstehung zahlreicher Großkanzleien, die bereits bis zum Ende der achtziger Jahre zwischen 100 und 400 Anwälten zählten und zusammen mit dem nicht-juristischen Personal Betriebe von weit über tausend Arbeitnehmern darstellten; vgl. *Rawert*, S. 103. Zum Jahresende 1992 stellte England die 14 größten Anwaltskanzleien in ganz Europa; zu den 30 größten Büros zählten seinerzeit allein 25 englische Zusammenschlüsse. In den zehn größten Londoner Anwaltskanzleien waren damals insgesamt 6.552 Anwälte – davon 1.353 als Partner – tätig. Insgesamt bestanden Ende 1992 79 Kanzleien mit mehr als 100 Anwälten, und die 100 größten englischen law firms beschäftigten mit zusammen 20.300 Berufsangehörigen etwa ein Drittel aller – im Unterschied zu den barristers vorwiegend rechtsberatend tätigen – solicitors; vgl. *Bakker* in AnwBl. 1993, 245 (245 u. 247 f.). Angesichts dieser Zahlen gilt London als das Anwaltszentrum Europas; vgl. *Sieg*, S. 56.

In Australien schließlich schlossen sich in den achtziger Jahren mehrere mittlere Büros zu wenigen Großkanzleien mit teilweise einigen hundert Anwälten zusammen, die jeweils in den vier wichtigsten Städten des Landes Niederlassungen unterhielten; vgl. *Kühn* in AnwBl. 1988, 129 (130).

[105] Dies gilt etwa für Frankreich; dort existierten in der zweiten Hälfte der achtziger Jahre lediglich zwei rein französische Anwaltsbüros, die jeweils mehr als 100 Berufsangehörige zählten; vgl. *Kühn* in AnwBl. 1988, 129 (130). Zu Beginn der neunziger Jahre zählte eine mittlere Wirtschaftskanzlei (cabinet d'affaires) in Paris ca. sieben Anwälte (nur Sozien). Von den insgesamt 15.000 Rechtsanwälten in Frankreich waren seinerzeit allein 9.800 in der französischen Metropole tätig; vgl. *Recq* in AnwBl. 1993, 67.

[106] So ist beispielsweise Spanien noch wesentlich stärker am Typus des Einzelanwalts ausgerichtet und entwickelte erst in den letzten Jahren häufiger auch zahlenmäßig größere Anwaltsgemeinschaften; vgl. hierzu näher *Odenbach*, S. 131 ff. Desgleichen waren zu Beginn der neunziger Jahre auch in Italien größere Anwaltssozietäten noch relativ selten, so daß sich Konzentrationstendenzen unter den Berufsangehörigen dort nur in geringem Umfange zeigten; vgl. *Everling*, Verhandlungen des 58. DJT (1990), Teil C (Gutachten), 7 (77).

[107] Die größte niederländische Kanzlei belegte Ende des Jahres 1992 mit über 300 Anwälten Rang 15 im europäischen Vergleich, und auch vier weitere niederländische Zusammenschlüsse positionierten sich seinerzeit unter den 30 größten – ansonsten durchweg englischen – europäischen Kanzleien; vgl. *Bakker* in AnwBl. 1993, 245.

struktur in Abhängigkeit von der Kanzleigröße insgesamt eine stärker spürbare Zweiteilung der Anwaltschaft als etwa in Deutschland erkennen.

Die lukrativen Wirtschaftsmandate sind deutlich ausgeprägter den großen Zusammenschlüssen vorbehalten, während die vielen kleineren Kanzleien im wesentlichen lokal tätig sind und auf die Basisversorgung des breiten Publikums mit anwaltlichen Leistungen beschränkt bleiben.[108] So entwickelte sich die zunehmende Expansion einiger Londoner Großkanzleien, die im Laufe der Zeit dazu übergingen, auch in den anderen Wirtschaftszentren Englands zahlreiche mittelgroße Zweigniederlassungen mit zwischen zehn und vierzig Anwälten zu unterhalten, in den vergangenen Jahren immer mehr zu einer Bedrohung für die auch heute noch die Mehrheit der englischen solicitors stellenden general practitioners.[109] Der als Einzelkämpfer oder in der Kleinsozietät arbeitende solicitor ist zunehmend darauf angewiesen, seinen Lebensunterhalt aus Mandaten von relativ geringer wirtschaftlicher Bedeutung zu bestreiten.[110]

Die wachsende – teilweise auch als Polarisierung der Anwaltschaft bezeichnete[111] – sozio-ökonomische Kluft zwischen den in großen Anwaltszusammenschlüssen verbundenen Berufsangehörigen einerseits und den allein oder in kleineren Kanzleien praktizierenden Anwälten andererseits spiegelt sich auch in den jeweils unterschiedlichen Einkommensverhältnissen wider. Nach einer empirischen Untersuchung aus dem Jahr 1988 belief sich das seinerzeit zu versteuernde Durchschnittseinkommen eines im ländlichen Raum tätigen englischen solicitors auf 20.000 Pfund im Jahr. In den großen city-firms hingegen verdienten bereits junge Partner etwa 50.000 Pfund jährlich, während es senior partners einer Londoner Großkanzlei schon damals im Mittel auf 200.000 Pfund und in Einzelfällen deutlich höhere Summen brachten.[112]

Eine ähnliche zweigeteilte Struktur läßt auch die niederländische Anwaltschaft erkennen. Während dort in den fünfziger Jahren noch kleine Anwaltsbüros mit wenigen Partnern das allgemeine Bild bestimmten, führte die Ausbildung großer Anwaltszusammenschlüsse im weiteren Verlauf dazu, daß bis zur zweiten Hälfte der achtziger Jahre fünf bis sechs Großkanzleien, die unter gemeinsamen Namen flächendeckend in den Wirtschaftszentren des Landes vertreten waren, mehr oder weniger die gesamte anwaltliche Beratung in den Niederlanden beherrschten.[113]

---

[108] So schreibt etwa *Bakker* in AnwBl. 1993, 245 (247) mit Blick auf die englische Anwaltschaft, diese lasse grundsätzlich eine lokale und mandatsorientierte Zweiteilung erkennen. Auf der einen Seite stünden die großen, primär in London und anderen regionalen Zentren (Birmingham, Manchester, Leeds und Liverpool) ansässigen wirtschaftsberatenden Kanzleien, deren Mandate nahezu ausschließlich „corporate clients", also körperschaftlich verfaßte Wirtschaftsunternehmen seien, während die anwaltliche Grundversorgung andererseits flächendeckend von den vielen kleinen Kanzleien sichergestellt werde. Ebenso die Ausführungen von *Rawert*, S. 103, und *Wegerich*, S. 136, wonach die kleineren Kanzleien im wesentlichen auf die Betreuung von Privatmandaten beschränkt blieben.

[109] *Rawert*, S. 103 f.

[110] *Rawert*, S. 104.

[111] So *Wegerich*, S. 135 f. für die englische Anwaltschaft ; vgl. auch *Stefener* in AnwBl. 1988, 367 (368), der mit Blick auf die amerikanische Situation von einem Auseinanderfallen der Anwaltschaft und einem Zerfall ihrer gesamten Wertebasis spricht.

[112] Vgl. *Rawert*, S. 104 m. w. N.

[113] So *Kühn* in AnwBl. 1988, 129 (130); *Stallmeister* in AnwBl. 1990, 384 (385); vgl. auch *Everling*, Verhandlungen des 58. DJT, Teil C (Gutachten), 7 (83 u. 84 f.).

Der empirische Befund in solchen ausländischen Staaten, in denen sehr große Anwaltszusammenschlüsse existieren, erlaubt somit die conclusio, daß die Bildung von Großkanzleien mit zum Teil vielen hundert Beschäftigten die Tendenz zur Konzentration einträglicher Mandate bei diesen Gesellschaften fördert und – im Ansatz deutlich erkennbar – auf eine sozio-ökonomische Zweiteilung der entsprechenden nationalen Anwaltschaft zuläuft. Damit bestätigt sich im internationalen Vergleich die vorbeschriebene rechtstatsächliche Entwicklung, die in den letzten Jahren mit Blick auf die überörtlich agierenden deutschen Großsozietäten – freilich in vergleichsweise deutlich weniger ausgeprägter Form – auch auf nationaler Ebene beobachtet werden konnte.

Gleichwohl läßt sich allgemein feststellen, daß selbst die größten, weltweit operierenden anwaltlichen Verbindungen zum gegenwärtigen Zeitpunkt noch nicht die Größenordnungen der multinationalen, zumeist U.S.-amerikanisch dominierten Wirtschaftsprüfungsgesellschaften erreicht haben. So erzielten die beiden größten amerikanischen mega law firms im Jahre 1986 zwar beispielsweise Honorarumsätze von 169 Mio. U.S. $ bzw. 157 Mio. U.S. $ bei einem jährlichen Honorarumsatzzuwachs von damals ca. 20 Mio. U.S. $.[114] Dennoch handelte es sich hier nur um relativ geringe Summen verglichen mit den vorerwähnten Milliarden U.S. $-Umsätzen, die zur gleichen Zeit aus der Fusion verschiedener international operierender Wirtschaftsprüfungsgesellschaften resultierten.[115]

Einer der maßgebenden Gründe für diese bisher vergleichsweise geringere Größe internationaler Anwaltszusammenschlüsse scheint offenbar in der augenblicklich noch eher personalen Struktur der entsprechenden Verbindungen zu bestehen.

Zum einen ist der Einsatz fremder Arbeitskraft in den großen internationalen Anwaltskanzleien bislang generell (noch) nicht so weit fortgeschritten wie im Bereich der Wirtschaftsprüfung.[116] Zum anderen sind die großen und zum Teil weltweit operierenden Anwaltsgemeinschaften heute noch überwiegend in der Rechtsform einer Personengesell-

---

[114] Vgl. die Angaben bei *Kühn* in AnwBl. 1988, 129 (131).

[115] Siehe oben Seite 92. – Die vergleichsweise kleinere Dimension von Anwaltszusammenschlüssen in Relation zu den großen Wirtschaftsprüfungsgesellschaften belegt auch der Umstand, daß beispielsweise die international tätigen englischen law firms etwa zur selben Zeit – im Jahre 1985 – zusammengenommen eine im Ausland erwirtschaftete Honorarsumme von „lediglich" 88 Mio. Pfund erwirtschafteten; vgl. *Wegerich*, S. 113 in Fn. 452. Auch gegenwärtig bleiben die – in den letzten Jahren freilich stark angestiegenen – Umsatzzahlen der größten Anwaltszusammenschlüsse noch deutlich hinter denen der großen, global strukturierten Wirtschaftsprüfungsgesellschaften zurück; vgl. dazu die Umsatzzahlen oben Seite 96 sowie S. 112 in Fn. 97.

[116] Vgl. zur unterschiedlichen Betriebs- und Personalstruktur von Wirtschaftsprüfungsgesellschaften einerseits und Anwaltssozietäten andererseits etwa *Kaiser/Bellstedt*, Rn. 545; *Bellstedt* in AnwBl. 1995, 573 (574).

Einen ungefähren Eindruck von dem durchschnittlichen Zahlenverhältnis der Gesellschafter zu den jeweiligen Angestellten geben die Zahlen, die in diesem Zusammenhang für große englische Wirtschaftsprüfungsgesellschaften im Vergleich zu englischen Großkanzleien ermittelt wurden. Danach kamen auf einen Wirtschaftsprüfer-Gesellschafter Anfang der neunziger Jahre im Mittel zehn bis zwölf angestellte Mitarbeiter; während im anwaltlichen Bereich auf jeden Inhaber durchschnittlich annähernd vier abhängig beschäftigte Berufsvertreter entfielen; vgl. *Bakker* in AnwBl. 1993, 245 (247) m. w. N. Die Betriebsstruktur des internationalen Anwalts-Marktführers Baker & McKenzie gestaltete sich zum Jahresbeginn 1997 so, daß der Sozietät seinerzeit 517 Partner angehörten, die gleichzeitig auf die Mithilfe von 1.483 angestellten Juristen und 3.780 weiteren Mitarbeitern Zugriff nehmen konnten; vgl. die Angaben in Heft 11 der NJW 1997, Seite XL.

schaft organisiert. So weisen die supranational expandierenden deutschen Großkanzleien bislang noch beinahe ausnahmslos die Rechtsform einer BGB-Gesellschaft auf, und auch die großen international tätigen law firms aus den Vereinigten Staaten und England sind gegenwärtig zumeist noch als partnership ausgestaltet,[117] also in einer Rechtsform, die anders als die corporation nicht über eine eigene juristische Rechtspersönlichkeit verfügt.[118]

Die in verschiedenen Auslandsstaaten früher als in Deutschland forcierte neuere Rechtsentwicklung, den Rechtsanwälten auch die Kapitalgesellschaften zur Berufsausübung zur Verfügung zu stellen, könnte hier jedoch dazu beitragen, daß sich die tatsächlichen Größenverhältnisse zwischen wirtschaftsprüfenden und rechtsberatenden Zusammenschlüssen auf internationaler Ebene langfristig mehr und mehr einander annähern. Auffällig scheint in diesem Zusammenhang, daß bis zum Beginn der neunziger Jahre insbesondere diejenigen Nationen entsprechende normative Rahmenbedingungen für eine erleichterte Bildung zahlenmäßig noch größerer Anwaltszusammenschlüsse schufen, in denen zuvor schon die größten anwaltlichen Verbindungen entstanden waren.

In den letzten Jahrzehnten war vor allem in den Ländern des common law die dort vollzogene Ausbildung immer größerer Kanzleien zunehmend an Wachstumsgrenzen gestoßen, die durch die traditionelle Rechtsform des partnership wegen ihres Charakters als Personengesellschaft naturgemäß vorgezeichnet waren.[119] Die der Gesellschaft bürgerlichen Rechts verwandten horizontalen, auf Gleichberechtigung der Berufstätigen angeleg-

---

[117] Vgl. etwa *Winters*, S. 184; *Gounalakis* in FS für Gitter (1995), 295 (296) – Dies gilt beispielsweise auch für die weltweit größte mega law firm Baker & McKenzie. Das Büro Baker & McKenzie ist in einer Vielzahl von Ländern vertreten, ohne hierbei eine rein zentralistisch auf den Stammsitz ausgerichtete Hierarchiestruktur aufgebaut zu haben. So behalten die örtlichen Sozietäten ihre bisherige Bezeichnung bei, z. B. führt die erste Zweigniederlassung in Caracas (Venezuela) weiterhin den Namen „despacho de abogados", oder der bereits erwähnte Frankfurter Ableger behält den Kanzleinamen Döser Amereller Noack. Derartige internationale Anwaltsnetzwerke belassen also zuweilen die lokalen Führungsstrukturen und beschränken sich statt dessen weitgehend auf die Statuierung einer Pflicht zur Abführung eines bestimmten Gewinnanteils an die Zentralverwaltung; vgl. *Römermann*, S. 46. Ein solcher innerorganisatorischer Aufbau zeigt in der Tat eine Nähe und innere Verwandtschaft zu den Franchising-Systemen der gewerblichen Wirtschaft; dies klingt aaO auch an bei *Römermann*, S. 47; vgl. allgemein für eine solche Form der „Außensozietät" auch *Vorbrugg/Salzmann* in AnwBl. 1996, 129 (138).

[118] *Römermann*, S. 34 – Der britische Partnership Act datiert auf das Jahr 1890, der U.S.-amerikanische Uniform Partnership Act auf das Jahr 1914; vgl. *Römermann*, S. 30. Später ist auf amerikanischer Seite sodann das Modell des Revised Uniform Partnership Act entwickelt worden; vgl. hierzu etwa *Nietzer* in AnwBl. 1995, 68 f. mit Gesetzesnachweisen in Fn. 8.

Ein grundsätzlicher Unterschied zwischen den kontinentaleuropäischen Rechtssystemen einerseits und dem anglo-amerikanischen Gesellschaftsrecht andererseits besteht darin, daß etwa in Deutschland und Frankreich streng zwischen zivil- und handelsrechtlichen Gesellschaften unterschieden wird, während dem anglo-amerikanischen Rechtskreis diese Differenzierung unbekannt ist, so daß die partnership die Funktionen sowohl der deutschen Gesellschaft bürgerlichen Rechts als auch der OHG wahrnimmt; vgl. *Römermann*, S. 35; *Triebel* in AnwBl. 1989, 578 (581); *Boin* in NJW 1997, 1543 (1544).

[119] *Bakker* etwa formuliert in diesem Zusammenhang, das starke Wachstum insbesondere der 25 größten Londoner Großkanzleien, deren durchschnittliche Wachstumsrate zwischen 1989 und 1992 bei ca. 25 % lag, habe die traditionelle Berufsausübungsform des partnership an die Grenzen ihrer Leistungsfähigkeit gebracht; vgl. AnwBl. 1993, 245 (247).

ten Organisations- und Leitungsstrukturen des partnership erwiesen sich für die in Form eines Wirtschaftsunternehmens konzipierten Großkanzleien mit über 100 Partnern und einigen hundert angestellten Rechtsanwälten mehr und mehr als ungeeignet.[120]

Die law firms dieser Größenordnung ließen sich im Grunde in personal strukturierten Rechtsformen nicht mehr adäquat lenken, sondern waren auf vertikale und hierarchische Führungsstrukturen angewiesen.[121] Diesen Leitungsstrukturen entsprachen die körperschaftlichen Rechtsformen, wie sie bislang gerade im gewerblichen Wirtschaftsleben zum Einsatz gekommen waren.[122] In Anbetracht dieser Erkenntnis waren es vor allem die in den großen law firms tätigen, international und wirtschaftsrechtlich ausgerichteten Anwälte, die eine zunehmende Geltung rein marktwirtschaftlicher Prinzipien befürworteten, um nicht durch ihrer Ansicht nach veraltete standes- und berufsrechtliche Vorschriften wettbewerblich benachteiligt zu werden.[123]

Dementsprechend häuften sich in den anglo-amerikanischen Nationen die von einem Teil der Berufsangehörigen selbst getragenen Bestrebungen, den Rechtsanwälten auch die Rechtsformen der Kapitalgesellschaft (corporation) zu öffnen. Hinzu trat, vor allem in den Vereinigten Staaten, der Umstand, daß sich dort anfänglich bestimmte steuerrechtliche Vergünstigungen an den Status einer Kapitalgesellschaft knüpften.[124]

Diese Umstände führten dazu, daß bereits ab dem Beginn der sechziger Jahre zunächst nur in einzelnen, im Laufe der Zeit allmählich aber in sämtlichen Bundesstaaten der U.S.A. Gesetzesvorschriften erlassen wurden, die es Freiberuflern allgemein ermöglichten, Kapitalgesellschaften in Gestalt einer „professional corporation" oder einer (inhaltlich gleichbedeutenden) „professional association" zu bilden.[125]

---

[120] *Bakker* in AnwBl. 1993, 245 (247); ähnlich auch *Kewenig* in JZ 1990, 782 (788).

[121] *Bakker* in AnwBl. 1993, 245 (247).

[122] *Bakker* in AnwBl. 1993, 245 (247), der vor diesem Hintergrund die Öffnung der körperschaftlichen Rechtsformen für die englische Anwaltschaft als zwangsläufig bezeichnet.

[123] So beispielsweise für England *Rawert*, S. 131 f.

[124] Vgl. *Donath* in ZHR 156 (1992), 134 (147), der als Beispiele die früher verbesserte Abzugsfähigkeit von Arbeitgeberbeiträgen zur Rentenversicherung oder Rückstellungen für Betriebsrenten anführt. In den Jahren 1981 und 1982 verabschiedete der amerikanische Kongreß allerdings zwei Änderungsgesetze zum Einkommensteuergesetz, welche die steuerlichen Anreize für Freiberufler, sich in Kapitalgesellschaften zusammenzuschließen, praktisch beseitigten, so daß die Besteuerung nach der gegenwärtigen Rechtslage kein Argument mehr für den Zusammenschluß amerikanischer Anwälte in einer Kapitalgesellschaft bildet; vgl. *Donath*, aaO, 149 m. w. N. in Fn. 85 bis 88 sowie knapper *Nietzer* in AnwBl. 1995, 68 (69); *Hölscher* in RIW 1995, 551 (552); *Gatto*, S. 169.

[125] Im einzelnen verabschiedeten in dem Zeitraum von 1960 bis 1962 insgesamt 15 Staaten entsprechende Gesetze; in den folgenden zwei Jahrzehnten schlossen sich die übrigen Bundesstaaten dieser Gesetzgebung an; vgl. *Donath* in ZHR 156 (1992), 134 (147 f.); *Hölscher* in RIW 1995, 551 (553).

Bemerkenswert scheint in diesem Zusammenhang, daß die Öffnung der Kapitalgesellschaften dabei in den Kreisen der freien Professionen durchaus nicht generell auf Zustimmung stieß, obwohl die Zusammenschlüsse ihrem personellen Umfang nach schon seinerzeit eine wesentlich größere Dimensionierung erreicht hatten als in Deutschland. Selbst die Berufsgruppe der Certified Public Accountants, die eine grundsätzliche Ähnlichkeit mit der jüngeren steuer- und wirtschaftsberatenden Profession der deutschen Wirtschaftsprüfer aufweist, stand seinerzeit einer Berufsausübung in Kapitalgesellschaften mehrheitlich ablehnend gegenüber. Die Fachzeitschrift der Berufsorganisation berichtete im Jahre 1961, die Mehrzahl der Berufsangehörigen habe sich zu der Meinung bekannt, daß die Aus-

Diesem Beispiel folgte im Jahre 1974 mit der Verabschiedung anwaltsspezifischer Vorschriften die Niederlande, die damit als erstes kontinentaleuropäisches Land die normativen Entstehungsvoraussetzungen für die Bildung von zahlenmäßig größeren Verbindungen unter den Berufsangehörigen erleichterte.[126]

Bis zum Ende der achtziger Jahre erlaubten schließlich auch vier australische Bundesstaaten den Anwälten, sich zum Zweck der gemeinschaftlichen Berufsausübung in Kapitalgesellschaften zusammenzuschließen.[127] Als letzte der aus dem Rechtskreis des common law stammenden Nationen, in denen schon zuvor Großkanzleien mit zum Teil mehreren hundert Berufsangehörigen in der Rechtsform des partnership entstanden waren, ging England (unter Einschluß von Nordirland und Wales) am 1.1.1992 dazu über, den Rechtsanwälten die Kapitalgesellschaften in Form der „private limited company (ltd.)" und der „public limited company (plc.)" zu öffnen.[128]

Damit haben im Ergebnis alle Staaten, in denen schon zuvor größere Kanzleien existierten, im Laufe der Zeit den weiteren Wachstumsbestrebungen insbesondere dieser Zusammenschlüsse Rechnung getragen und ihnen die Möglichkeit eingeräumt, unter dem Dach der aus dem gewerblichen Wirtschaftsleben herrührenden Kapitalgesellschaften noch größere Arbeitseinheiten mit vertikalen und hierarchischen Leitungsstrukturen auszubilden.[129]

Daneben entschlossen sich in den letzten Jahren mit Dänemark (zum 1.1.1991) und Frankreich (zum 1.1.1992) auch zwei Staaten des europäischen Auslands zur Zulassung von Anwalts-Kapitalgesellschaften, in denen sich bis dahin rechtstatsächlich noch keine vergleichbar großen Zusammenschlüsse unter den Berufsangehörigen gebildet hatten.[130]

übung des Berufs über eine juristische Person standeswidrig sei, weil die berufliche Tätigkeit ihrem Wesen nach persönlicher Natur ist. Persönliche Verantwortung sei mehr als finanzielle Haftung, sie schließe ein: Unabhängigkeit, Integrität, Ruf, Können, Wissen, Niveau und Ethik, alles Eigenschaften, die größtenteils an die Person gebunden seien und einer juristischen Person nur schwerlich zu eigen sein könnten; vgl. zu alldem *P. Lach* in BB 1962, 688 (689). In Anknüpfung an diese Tradition weisen viele U. S.-amerikanische Wirtschaftsprüfungsgesellschaften daher auch gegenwärtig – noch – die Rechtsform einer partnership auf; vgl. *Otto/Mittag* in WM 1996, 325 (327). Dieses verbreitete Festhalten an personengesellschaftlichen Organisationsformen wird als eine der (Mit-)Ursachen für die zu Anfang der neunziger Jahre feststellbare Krise des wirtschaftsprüfenden Berufsstandes in den U.S.A. gewertet; vgl. so etwa *Otto/Mittag*, aaO und *Markus*, S. 181 ff., jeweils unter Darlegung weiterer Kausalreihen.

[126] Vgl. zu den niederländischen Regelungen *Nerlich*, S. 146 ff.; *Henssler/Nerlich* in AnwBl. 1994, 529 (536); Stoldt (Bearb.) in *Seibert*, S. 74 f.

[127] Im einzelnen handelte es sich um South Australia, Northern Territory, Victoria und New South Wales; vgl. *Donath* in ZHR 156 (1992), 134 (160).

[128] Vgl. dazu näher *Bakker* in AnwBl. 1993, 245 (247 ff.); *Nerlich*, S. 139 ff.; *Henssler/Nerlich* in AnwBl. 1994, 529 (534 f.).

[129] Auch *Donath* sieht in ZHR 156 (1992), 134 (162 f.) den allein maßgeblichen Grund für die Öffnung der Kapitalgesellschaften in den ausländischen Rechtsordnungen darin, daß die rechtlich verselbständigte Struktur einer solchen Rechtsberatungsgesellschaft umfassendere Arbeitsmöglichkeiten erlaube und sich die Abwicklung von Großaufträgen noch erfolgreicher rationalisieren lasse.

[130] Vgl. zu den gesetzlichen Regelungen für Dänemark im einzelnen etwa *Kespohl-Willemer* in AnwBl. 1990, 457 ff.; *Hoj* in AnwBl. 1995, 361 f.; *Donath* in ZHR 156 (1992), 134 (161); *Nerlich*, S. 138 ff.; zu Frankreich, in dem das entsprechende Gesetz Nr. 90-1258 vom 31.12.1990 – unter

Hinter diesen Gesetzesinitiativen, die bezeichnenderweise kurz vor Vollendung des Gemeinsamen Europäischen Binnenmarktes am 1.1.1993 verabschiedet worden sind, stand offensichtlich die von einem Teil der dortigen Berufsvertreter artikulierte Besorgnis, bei Nichtzulassung von Rechtsformen für größere Zusammenschlüsse müsse die heimische Anwaltschaft das Entstehen von Wettbewerbsnachteilen gegenüber ausländischer Konkurrenz befürchten.[131]

Das erklärte Hauptmotiv der gesetzlichen Regelung lautete demgemäß in beiden Ländern jeweils dahin, den Berufsangehörigen solle durch die Öffnung der körperschaftlich strukturierten Kapitalgesellschaften eine rechtliche Grundlage für die Schaffung großer Unternehmenseinheiten zur Verfügung gestellt werden, damit insbesondere vorhandene größere Anwaltskanzleien sich leichter organisieren könnten und ihre überregionale und internationale Wettbewerbsfähigkeit gefördert werde.[132]

Demgegenüber spielten steuerrechtliche Erwägungen bei der gesetzlichen Zulassung von Kapitalgesellschaften in Dänemark gar keine[133] und in Frankreich nur insofern eine Rolle, als dort ungünstige Steuerregelungen die Gründung von Großkanzleien in perso-

---

Einräumung eines Berufsrechtsvorbehalts – prinzipiell für alle Freiberufler gilt, vgl. *Recq* in AnwBl. 1993, 67 (68); *Schmuck* in RIW 1993, 983 ff.; *Nerlich*, S. 143 ff.; *Nießen*, S. 134 ff.

[131] So *Donath* in ZHR 156 (1992), 134 (162); vgl. auch *Kespohl-Willemer* in AnwBl. 1990, 457, wonach die Initiative für die dänische Gesetzesänderung von der Anwaltschaft selbst ausgegangen sei.

[132] Vgl. für Dänemark die Ausführungen des damaligen Leiters der dänischen CCBE-Delegation, Fisch-Thomsen, im CCBE-Journal vom März 1990: „... (b) Es besteht jedoch der Eindruck, daß die Struktur einer juristischen Person, die durch ausgefeilte und genau definierte Vorschriften im Gesellschaftsrecht geregelt wird, die Organisation insbesondere größerer Anwaltskanzleien erheblich erleichtern kann. Ein gegenwärtig wünschenswerter Trend, Kanzleien mit ausreichendem Eigenkapital auszustatten, könnte durch die Einführung von juristischen Personen für Kanzleien ins dänische Recht unterstützt werden ..."; wiedergegeben bei *Kespohl-Willemer* in AnwBl. 1990, 457 (458); ebenso *Hoj* in AnwBl. 1995, 361, wonach die Öffnung der Kapitalgesellschaft für Rechtsanwälte „hauptsächlich auf strukturmäßige Maßnahmen wie Unternehmenszusammenlegungen, Fusionen und eigentliche Konzernbildungen zurückzuführen" sei.

vgl. zu Frankreich *Nießen*, S. 135 f. m. w. N., wonach das Hauptziel der gesetzlichen Regelung dahin gegangen sei, den normativen Rahmen für finanzkräftige freiberufliche Unternehmen zu schaffen. Größere Unternehmenseinheiten sollten eine effizientere Berufsausübung gestatten. Um den Fortbestand des Unternehmens auch bei Ausscheiden einzelner Gesellschafter zu sichern und eine überregionale und grenzüberschreitende Vernetzung erreichen zu können, seien den Freiberuflern die körperschaftlichen Strukturen zugänglich gemacht worden. Ebenso *Schmuck* in RIW 1993, 983 (984), wonach das Anliegen des Gesetzgebers darin bestanden habe, den Freien Berufen im Hinblick auf internationale Konkurrenz ein „modernes Rechtsregime" anzubieten. Dementsprechend sei die Rechtsform der Kapitalgesellschaft vor allem für die größeren, überörtlichen und internationalen Kanzleien von Interesse; vgl. aaO, 987.

[133] Vgl. dazu Fisch-Thomsen aaO, wiedergegeben bei *Kespohl-Willemer* in AnwBl. 1990, 457: „(a) Die Gründe sollten nicht in Überlegungen hinsichtlich der Steuerersparnis gesucht werden. Zugegebenermaßen gibt es unterschiedliche Besteuerungsregelungen zwischen Personengesellschaften und Kapitalgesellschaften, aber neue Wahlmöglichkeiten des dänischen Steuerrechts ermöglichen es dem Anwalt in der fast gleichen Weise, Steuern zu sparen und/oder die Steuerzahlung zu verschieben, wie dem Eigentümer einer Kapitalgesellschaft. Außerdem ändern sich Besteuerungsvorschriften so häufig, daß keine wesentliche Reform des Organisationsgesetzes auf der gegenwärtigen Situation des Steuerrechts basieren sollte."

nengesellschaftlicher Rechtsform zusätzlich erschwerten.[134] In Frankreich beschloß der Gesetzgeber die Einführung der Kapitalgesellschaft dabei offenbar gegen den Widerstand eines Teils der Anwaltschaft,[135] und auch im Parlament entging das für alle Freien Berufe konzipierte Gesetz nur knapp einer Ablehnung.[136]

Faßt man die neueren Gesetzgebungsentwicklungen in den vorbezeichneten Auslandsstaaten zusammen, so wird deutlich, daß sich die Regelungsintention der verschiedenen Normgeber im Ergebnis auf einen gemeinsamen Kernpunkt zurückführen läßt. Das gesetzgeberische Ziel ging dahin, die überregionale und grenzüberschreitende Wettbewerbsfähigkeit der heimischen Anwaltschaft dadurch zu steigern, daß vor allem den größeren Kanzleien durch die Öffnung der gewerblichen Rechtsformen die Möglichkeit zu einer weiteren Ausdehnung und einer supranationalen Expansion in einem verselbständigten Rechtsträger eingeräumt werden sollte.

In den Ländern, in denen sich zuvor schon große Anwaltszusammenschlüsse in personaler Rechtsform gebildet hatten, geschah dies nicht zuletzt aufgrund der Initiative von Berufsangehörigen, die selbst in entsprechenden Verbindungen tätig waren. In den anderen Staaten, in denen bis dato noch keine vergleichbar großen Kanzleien bestanden, glaubte der Gesetzgeber unter dem Eindruck entsprechender Stimmen aus dem Kreis der Berufsvertreter, diesen Schritt zur Sicherung der Konkurrenzfähigkeit der heimischen Anwaltschaft in gleicher Weise nachvollziehen zu müssen.

Die nachfolgende Entwicklung läßt erkennen, daß die gesetzliche Zulassung der gewerblichen Berufsausübungsformen dazu beigetragen hat, das faktische Erscheinungsbild der Anwaltschaft zumindest in einem Teil dieser Länder rasch zu verändern und umzugestalten. So führte die Öffnung der Kapitalgesellschaften beispielsweise in Dänemark dazu, daß nach einem Zeitraum von nur 4 ½ Jahren seit Inkrafttreten der Gesetzesänderung bereits ca. 20 % der Rechtsanwälte in Kapitalgesellschaften berufstätig waren.[137]

---

[134] Vgl. *Henrichfreise*, S. 124. Die unvorteilhafte Steuerregelung der bis dahin existenten personal strukturierten Berufsausübungsgemeinschaften komplizierte nach allgemeiner Meinung ein effektives Investment und verzögerte die Kreditvergabe; siehe dazu auch *Schmuck* in RIW 1993, 983 (984); *Nerlich*, S. 143 f.

[135] Die Zulassung der Gründung von Kapitalgesellschaften ging zurück auf einen Bericht, den der avocat Soulez Larivière im Frühjahr 1988 zur Wettbewerbsfähigkeit der französischen Anwaltschaft vorgelegt hatte. Larivière beendete seinen Bericht mit zwanzig Änderungsvorschlägen; unter anderem befürwortete er dabei die Zulassung der Berufsausübung in Form des arbeitsrechtlichen Angestelltenverhältnisses, die Gründung von Kapitalgesellschaften und interprofessionellen Gesellschaften sowie die Zulassung von Werbung. In den Fachzeitschriften erschienen als Reaktion hierauf vorwiegend negative Artikel. An dem Bericht wurde bemängelt, er sei zu sehr vom Berufsbild des amerikanischen Wirtschaftsjuristen beeinflußt; Großunternehmen von mehreren hundert avocats seien nicht wünschenswert; es gelte, die Kommerzialisierung des Berufs des avocat zu verhindern. Man fand den Bericht provozierend und polemisch; vgl. zu alldem *Henrichfreise*, S. 117 f. m. w. N. der entsprechenden französischen Literatur in Fn. 25.

[136] Die Nationalversammlung votierte in ihrer zweiten Sitzung vom 20.6.1990 mit 284 Ja- gegen 262 Nein-Stimmen; vgl. *Henrichfreise*, S. 119 f. m. w. N. in Fn. 33.

[137] Zur Jahresmitte 1995 übten bereits 700 von insgesamt 3.800 dänischen Rechtsanwälten ihren Beruf in einer AG bzw. GmbH aus; vgl. *Hoj* in AnwBl. 1995, 361 (362). – Demgegenüber hat es in England in den ersten drei Jahren nach Öffnung der Kapitalgesellschaften – auf den ersten Blick etwas überraschend – erst 33 Um- und Neugründungen gegeben; vgl. *Henssler* in DB 1995, 1549 (1556); *Remmertz*, S. 204 in Fn. 321. Die Ursachen für diese Zurückhaltung sollen zum einen im

Damit stellt sich die Frage, welche rechtstatsächlichen Konsequenzen in den vorgenannten ausländischen Nationen aus der praktischen Akzeptanz der Kapitalgesellschaften und ihrem verstärkten Einsatz zur anwaltlichen Berufsausübung ansatzweise erkennbar werden.

Eine diesbezügliche Bewertung scheint im gegenwärtigen Zeitpunkt wegen des teilweise nur kurzen empirischen Beobachtungszeitraums und in Anbetracht der Komplexität und Heterogenität der verschiedenen Rechtssysteme zwar nur eingeschränkt möglich. Doch prognostizieren verschiedene Autoren für England und Frankreich mit Blick auf die dort wenige Jahre zurückliegenden berufsrechtlichen Reformen übereinstimmend einerseits einen weiteren Anstieg des Anteils großer Anwaltskanzleien an lukrativen Wirtschaftsmandaten und zum anderen eine weiter zunehmende Beschränkung der kleineren Zusammenschlüsse oder Einzelanwälte auf Privatmandate.[138]

Diese ohnehin schon vormals spürbare Entwicklung wird durch die gesetzlich geförderte Bildung großer Anwalts-Kapitalgesellschaften also offenbar nochmals deutlich verstärkt. Die etwa in England bereits heute rechtstatsächlich feststellbare sozio-ökonomische Zweiteilung der Anwaltschaft dürfte sich auf diese Weise aller Voraussicht nach weiter intensivieren und verfestigen.

Daneben scheint die derart weiter begünstigte Entstehung großer Anwaltsgemeinschaften zumindest potentiell für einen Teil der Öffentlichkeit den im Gemeinwohlinteresse sicherzustellenden allgemeinen und gleichen Zugang zu anwaltlicher Beratung zu erschweren.

Die im Bereich der gewerblichen Mandate zu erzielenden Honorarumsätze lassen in den entsprechenden Auslandsnationen die Übernahme von Privatmandaten für große Anwaltszusammenschlüsse in der Regel unrentabel erscheinen, so daß der ratsuchende Bürger faktisch oftmals auf die Inanspruchnahme der in kleineren Büros oder allein praktizierenden Berufsangehörigen angewiesen ist.[139] Nimmt man die englische Entwicklung zum Maßstab, so scheint eine zunehmende Konzentration lukrativer Mandate bei einigen größeren Anwaltsverbindungen für kleinere Sozietäten die Möglichkeit einer Mischkalkulation entfallen zu lassen und einen längeren Arbeitseinsatz in kleineren Verfahren ökonomisch auszuschließen. Die gesetzlich intendierte Genese großer Anwalts-Kapitalgesellschaften könnte daher mittelbar auch dazu beitragen, daß Teile der Bevölkerung in kleineren Verfahren im Laufe der Zeit mehr und mehr mit Einbußen bei der Qualität der anwaltlichen Beratung und Interessenvertretung rechnen müssen.

In der Rechtswissenschaft finden sich demgemäß auch Stimmen, die mit Blick auf die englische Berufsrechtsreform das auf diese Weise weiter geförderte Anwachsen der großen law firms zurückhaltend bewerten und es für fragwürdig ansehen, ob das insgesamt ange-

---

Bereich der steuerlichen Behandlung, insbesondere bei einer Umwandlung, liegen; vgl. *Stuber* in WiB 1994, 705 (706 in Fn. 24). In erster Linie wird für die bislang geringe Verbreitung anwaltlicher Kapitalgesellschaften in England jedoch eine restriktive Genehmigungspraxis durch den dafür zuständigen Council of the Law Society verantwortlich gemacht, der sich bislang mit Erfolg einer Zulassung von Rechtsberatungs-Kapitalgesellschaften mit einer allein auf das Gesellschaftsvermögen beschränkten Haftung widersetzt hat; vgl. so *Boin* in NJW 1997, 1543 (1544); siehe dazu auch noch eingehender unten im 2. Teil, Seite 477.

[138] Vgl. für Frankreich *Henrichfreise*, S. 130; für England *Rawert*, S. 146 f.

[139] So für Frankreich *Henrichfreise*, S. 130; für England *Rawert*, S. 147.

strebte Reformziel eines besseren, effizienteren und kostengünstigeren Zugangs zu anwaltlicher Beratung erreicht worden ist.[140]

Wagt man vor dem Hintergrund dieser Erkenntnisse einen Ausblick auf die zukünftige innerdeutsche Entwicklung, so dürfte die Kapitalgesellschaft insbesondere auf dem Marktsegment der expandierenden Großkanzleien und gegebenenfalls einiger hochspezialisierter Kanzleien eine interessante Gesellschaftsform darstellen.[141]

Allerdings steht zu erwarten, daß die Bildung großer Kapitalgesellschaften nach den empirischen Beobachtungen, die bereits für die in dieser Weise organisierten deutschen Wirtschaftsprüfungsgesellschaften gemacht wurden, voraussichtlich zugleich auch eine allmähliche Marktdominanz solcher Körperschaften gegenüber den in Personengesellschaften verbundenen Berufsangehörigen implizieren wird. So scheint es durchaus wahrscheinlich und naheliegend, daß sich – ähnlich wie schon auf dem Sektor der Wirtschaftsprüfung – auch im Bereich der anwaltlichen Berufsausübung nach und nach eine Konzentration vor allem der großen und einträglichen gewerblichen Mandate bei einigen wenigen Rechtsberatungs-Kapitalgesellschaften und die Ausbildung entsprechender marktbeherrschender Strukturen auf der Anbieterseite einstellen dürfte.[142]

3. Die Schaffung der Europäischen Wirtschaftlichen Interessenvereinigung (EWIV)

Die auf der Ebene der Europäischen Gemeinschaft vorangetriebene Realisierung eines Gemeinsamen Europäischen Binnenmarkts beeinflußte in der zweiten Hälfte der achtziger Jahre die Erscheinungsformen freiberuflicher Kooperation zusätzlich. Der Rat der Europäischen Gemeinschaften hielt es zur Sicherung eines harmonischen Wirtschaftslebens in den ökonomisch zusammenwachsenden Mitgliedsstaaten für angebracht, den am Wirtschaftsleben beteiligten Kreisen ein spezifisches Rechtsinstrument für die grenzüberschreitende Zusammenarbeit zur Verfügung zu stellen.[143]

---

[140] Vgl. etwa *Rawert*, S. 147.

[141] Ebenso *Henssler* in DB 1995, 1549 (1556) unter zusätzlichem Hinweis darauf, daß der numerische Anteil von Rechtsberatungs-Kapitalgesellschaften an den anwaltlichen Kooperationen insgesamt kaum die 10 %-Marge überschreiten werde.

[142] Vgl. dazu auch *Plaas* in AnwBl. 1997, 578 (579), wonach in den nächsten Jahren eine „Umstrukturierung der Mandatsflüsse" stattfinden werde und große Kanzleien „in neuen Organisationsformen Dienstleistungsschienen über mittlere bis in kleine Zentren" hinein entwickeln werden.

[143] Vgl. hierzu den Erwägungsgrund Nr. 1 betreffend die EWG-Verordnung Nr. 2137/85 des Rates vom 25.7.1985: „Eine harmonische Entwicklung des Wirtschaftslebens sowie ein beständiges und ausgewogenes Wirtschaftswachstum in der gesamten Gemeinschaft hängen von der Errichtung und dem Funktionieren eines Gemeinsamen Marktes ab, der ähnliche Bedingungen wie ein nationaler Binnenmarkt bietet. Für die Verwirklichung eines solchen einheitlichen Marktes und die Stärkung seiner Einheit empfiehlt es sich insbesondere, daß für natürliche Personen, Gesellschaften und andere juristische Einheiten ein rechtlicher Rahmen geschaffen wird, welcher die Anpassung ihrer Tätigkeit an die wirtschaftlichen Gegebenheiten der Gemeinschaft erleichtert. Hierzu ist es erforderlich, daß diese Personen, Gesellschaften und andere juristische Einheiten über die Grenzen hinweg zusammenarbeiten können."; vgl. ABlEG vom 31.7.1985, L 199/1.

Aus diesen Bemühungen entstand als erste verwirklichte europäische Gesellschaftsform die Europäische Wirtschaftliche Interessenvereinigung (EWIV), deren einheitliche Grundzüge der EG-Ministerrat in der Verordnung Nr. 2137/85 vom 25.7.1985 für alle Mitgliedsstaaten verbindlich niederlegte.[144] Die einzelnen Mitgliedsländer ergänzten diese Verordnung nachfolgend um nationale Ausführungsvorschriften, so daß schließlich seit dem 1.7.1989 eine EWIV mit ganz verschiedenartiger gesellschaftsrechtlicher Ausprägung in den einzelnen Mitgliedsstaaten existiert.[145] Für eine Vereinigung mit Sitz in der Bundesrepublik Deutschland gelten dabei subsidiär zu den Verordnungsvorschriften zunächst die Bestimmungen des EWIV-Ausführungsgesetzes vom 14.4.1988,[146] die wiederum nachrangig durch die entsprechende Anwendung der OHG-Vorschriften ergänzt werden (vgl. § 1 EWIV-Ausführungsgesetz). Aufgrund dieser eigentümlichen normativen Ausgestaltung scheint es aus gesellschaftsrechtlicher Sicht angebracht, die mit eigener Rechtssubjektivität ausgestattete EWIV rechtssystematisch nach dem formalen äußeren Erscheinungsbild als eine Handelsgesellschaft sui generis einzuordnen.[147]

Ihrer normativen Regelungsintention entsprechend wendet sich die supranationale Kooperationsform der EWIV damit nicht speziell an die Angehörigen der Freien Berufe, sondern sie erfaßt diese nur als unspezifischen Bestandteil aller Teilnehmer am Wirtschaftsverkehr im Gemeinsamen Markt.[148] Gleichwohl ist in praxi zu beobachten, daß die EWIV gerade in Deutschland überproportional häufig von den Angehörigen der rechts- und wirtschaftsberatenden freien Professionen als Instrument zur grenzüberschreitenden Zusammenarbeit eingesetzt wird.[149]

EU-weit lassen sich als rechtstatsächliche Schwerpunkte der Nutzung allgemein die Bereiche Dienstleistung, Forschungstransfer und Vertrieb feststellen.[150] Von den bis Ende 1993 dem Amt für amtliche Veröffentlichungen der Europäischen Union insgesamt mitgeteilten 471 Gründungen[151] hatten 36 EWIV's ihren Sitz in der Bundesrepublik; speziell

---

[144] Rechtliches Vorbild für diese Gesellschaftsform war das 1967 in das französische Recht eingeführte „groupement d'interêt économique", welches als Instrument zur zwischenbetrieblichen Kooperation, etwa zur Durchführung gemeinsamer Forschungsvorhaben, gedacht war und von der französischen Wirtschaft rasch angenommen wurde; vgl. MünchHdb.GesR I/*Salger/Neye*, Rn. 3 zu § 87.

[145] Vgl. MünchHdb.GesR I/*Salger/Neye*, Rn. 10 zu § 87.

[146] BGBl. I, S. 514; vgl. hierzu auch bereits oben Seite 1, Fn. 3 in der Einl.

[147] So zutreffend *Zuck*, Rn. 112, unter gleichzeitiger Betonung des Umstands, daß dies an der materiell beschränkten Zweckbestimmung der EWIV als einem rein supranationalen Kooperationsinstrument freilich nichts ändere; ähnlich *Lutz/App* in KÖSDI 1993, 9478 (9482).

[148] Vgl. dazu Art. 4 I b) EWIV-VO: „Mitglieder einer Vereinigung können nur sein ... (b) natürliche Personen, die eine gewerbliche, kaufmännische, handwerkliche, landwirtschaftliche oder *freiberufliche* Tätigkeit in der Gemeinschaft ausüben oder dort andere Dienstleistungen erbringen."

[149] Vgl. hierzu allgemein *Marx* in AnwBl. 1997, 241 (243); *Neye* in DB 1997, 861 (862); speziell zu Steuerberatern und Steuerberaterkanzleien etwa *Lutz/App* in INF 1992, 419 ff.; 1993, 565 ff.; *dies.* in KÖSDI 1993, 9478 (9482 ff.) und 9517 ff. – Als Beispiel eines in der Rechtsform einer EWIV entstandenen Steuerberaternetzwerks mit Partnern aus Deutschland und Frankreich ist etwa die Euro-Regio-Consult zu nennen; vgl. zu dieser näher *Lutz/App* in KÖSDI 1993, 9478 (9486) sowie 9517 (9519) unter Darlegung konkreter Vertragsvereinbarungen.

[150] *Klein-Blenkers* in DB 1994, 2224 (2225); *Neye* in DB 1997, 861 (862).

[151] *Klein-Blenkers* in DB 1994, 2224 (2225) – Die Zahl der offiziell mitgeteilten EWIV's stieg dabei seit dem 1.7.1989 von 60 im Jahre 1989 über 221 im Jahr 1991 auf 471 zum Ende des Jahres 1993. Von diesen hatten insgesamt allein 153 ihren Sitz in Brüssel, dem Sitz der Kommission. Weite-

unter diesen fand sich wiederum ein hoher Anteil von Anwalts-Kooperationen. Bereits die erste in Deutschland gegründete und am 7.2.1990 ins Handelsregister eingetragene EWIV war ein anwaltlicher Zusammenschluß,[152] und von den bis zum Ende Dezember 1991 in Deutschland registrierten 21 Vereinigungen entfielen allein neun auf die anwaltliche Berufsgruppe.[153] Auffällig hierbei ist wiederum, daß insbesondere die großen und um eine internationale Expansion bemühten Anwaltssozietäten verstärkt dazu übergegangen sind, sich in dieser europäischen Gesellschaftsform zusammenzuschließen.[154]

Die vorbezeichneten Entwicklungstendenzen haben sich in der jüngeren Vergangenheit sodann nahezu unverändert weiter fortgesetzt. Zu den bis Februar 1997 in den Mitgliedsstaaten insgesamt bestehenden 741 EWIV's zählten in toto 65 Interessenvereinigungen mit Sitz in Deutschland;[155] davon gehörte mit 22 Vereinigungen nach wie vor etwa ein Drittel aller deutschen EWIV's zu den supranationalen Kooperationen mit anwaltlicher Beteili-

---

re 140 EWIV's waren in Frankreich ansässig; vermutlich eine Folge des Umstands, daß die Vereinigungsform dort entsprechend den Ausführungen in Fn. 144 auf nationaler Ebene bereits eine gewisse Tradition besaß; vgl. *Klein-Blenkers* aaO.

[152] Dabei handelte es sich um die European Advertising Lawyers Association EWIV mit Sitz in München; sodann folgte im April 1990 mit der Consulegis EWIV die größte gegenwärtig in Deutschland (Berlin-Charlottenburg) ansässige Anwalts-EWIV; vgl. dazu näher *Grüninger* in DB 1990, 1449 (1450); *Römermann*, S. 9; *Marx* in AnwBl. 1997, 241 (242).

Unter den im Jahre 1989 in anderen europäischen Mitgliedsstaaten gegründeten EWIV's fanden sich ebenfalls vier Anwaltszusammenschlüsse, von denen drei eine deutsche Sozietät als Mitglied hatten. Hierzu zählte die EUROJURIST G.E.I.E. mit assoziierten Kanzleien in Paris, Brüssel, London, Lissabon, Barcelona, Luxemburg und Frankfurt, die niederländische European Law Firm E.E.S.V. und die britische Parlex Group of European Lawyers E.E.I.G.; vgl. *Grüninger* in AnwBl. 1990, 228 (230); *ders.* in DB 1990, 1449 (1450).

[153] Vgl. *v. Rechenberg* in ZGR 1992, 299 (301); *Römermann*, S. 9 – Auf der europäischen Ebene waren von den damals insgesamt 221 mitgeteilten EWIV's allerdings nur 25 Zusammenschlüsse von Anwaltskanzleien; vgl. *v. Rechenberg* in ZGR 1992, 299 (300); *Römermann*, aaO in Fn. 16.

[154] Ein bekanntes Beispiel hierfür bildet die Alliance of European Lawyers EWIV, in der sich im Jahre 1990 auf deutscher Seite Oppenhoff & Rädler (damals noch Boden Oppenhoff, Rasor, Schneider & Schiedermair) mit seinerzeit 170 Mitarbeitern mit einer belgischen (De Bandt, Van Hecke & Lagae, Brüssel, mit 160 Mitarbeitern), einer niederländischen (De Brauw, Blackstone, Westbroek, Rotterdam, mit ehedem 480 Mitarbeitern), einer französischen (Jeantet & Associés, Paris, mit 180 Mitarbeitern) und einer spanischen Anwaltskanzlei (Uria & Menéndez, Madrid, mit damals 100 Mitarbeitern) zusammenschloß. Die Alliance hat es unternommen, für ihre Mitglieder Anwaltsbüros mit entsprechender personeller und sachlicher Ausstattung unter anderem in London, Brüssel und Prag einzurichten, vgl. *Hartstang*, Anwaltsrecht, S. 58; *Römermann*, S. 11. Als weitere personell starke Anwalts-EWIV ist etwa die AdvoSelect EWIV mit Sitz in Stuttgart zu nennen; vgl. *Römermann*, S. 18 in Fn. 52; siehe im übrigen auch bereits die in Fn. 152 genannten Zusammenschlüsse.

[155] Siehe dazu die von *Neye* in DB 1997, 861 mitgeteilten statistischen Daten.

Im Vergleich der europäischen Mitgliedsstaaten nimmt Deutschland damit den vierten Rang hinter Belgien mit 209, Frankreich mit 178 sowie Großbritannien mit 86 dort jeweils ansässigen Gesellschaften ein. Der bisherige Höhepunkt der EWIV-Neugründungen lag hierbei in den Jahren 1991 bis 1993; in diesen Zeitraum fällt beinahe die Hälfte aller Eintragungen. Seit 1994 ist die Zahl der Neugründungen wieder zurückgegangen. Die Gesamtzahl der Mitglieder aller EU-weit bestehenden EWIV belief sich zum Februar 1997 auf im ganzen 1.820; vgl. zu alldem *Neye* in DB 1997, 861 (861 f.). Zu den Ursachen für die verhältnismäßig hohe Zahl von Gesellschaften mit Sitz in Belgien bzw. Frankreich siehe im übrigen bereits oben die Fußnoten 144 und 151.

gung.[156] Inzwischen haben neben den rechts- und wirtschaftsberatenden freien Professionen aber auch andere Freiberufler wie Architekten und Ingenieure die grenzüberschreitende neue Rechtsform für ihre Zwecke entdeckt.[157]

4. Zwischenergebnis

Zusammenfassend läßt sich somit feststellen, daß während der letzten Dekade vor allem die rechts- und wirtschaftsberatenden Freien Berufe damit begonnen haben, überregionale und internationale Zusammenschlußstrukturen auszubilden. Entsprechend der im Laufe ihrer historischen Entwicklung unterschiedlich weit reichenden Nähe zum Gewerbe differierte das rechtstatsächliche Erscheinungsbild dieser Zusammenschlüsse in Deutschland dabei insbesondere zwischen dem klassischen freien Anwaltsberuf und der entstehungsgeschichtlich jüngeren Wirtschaftsprüfertätigkeit.

Die größeren Anwaltsverbindungen entstanden auf nationaler Ebene bis zur Mitte der neunziger Jahre praktisch ausschließlich in der Rechtsform einer BGB-Gesellschaft und erlangten trotz spürbarer Verbesserung ihrer Marktanteile bis zu jenem Zeitpunkt keine dominante und den Rechtsberatungssektor übermächtig prägende Marktstellung. Demgegenüber setzte sich im Bereich der Wirtschaftsprüfung der schon vorher zu beobachtende Prozeß einer Konzentration lukrativer Großmandate bei einer geringen Anzahl von als Kapitalgesellschaften ausgestalteten Wirtschaftsprüfungsgesellschaften weiter fort. In einzelnen Marktsegmenten sind bei den Pflichtprüfungsmandaten bereits Tendenzen zu einer Monopolbildung zu ersehen.

Im internationalen Vergleich sind multinationale Wirtschaftsprüfungsgesellschaften generell größer dimensioniert als anwaltliche Zusammenschlüsse, und auch der Einsatz fremder Arbeitskraft ist im Bereich der Wirtschaftsprüfung stärker ausgeprägt. Doch könnten sich die Verhältnisse hier langfristig mehr und mehr einander angleichen, nachdem den Rechtsanwälten zunächst in verschiedenen Auslandsstaaten und schließlich auch in Deutschland die kapitalgesellschaftlichen Rechtsformen zur Berufsausübung geöffnet und so die Entstehungsvoraussetzungen für die Ausbildung noch größerer Unternehmenseinheiten erleichtert worden sind.

Mit Blick auf die Vollendung des Gemeinsamen Binnenmarkts am 1.1.1993 schuf der Rat der Europäischen Gemeinschaften daneben mit der EWIV ein spezifisches Rechtsinstrument für die grenzüberschreitende Kooperation aller am EU-weiten Wirtschaftsverkehr beteiligten Anbieter. Auch hier waren es unter den Freien Berufen vor allem die rechts- und wirtschaftsberatenden Professionen, die sich zwecks supranationaler Zusammenarbeit der neu geschaffenen Gesellschaftsform bedienten.

---

156 Vgl. die Angaben von *Neye* in DB 1997, 861 (862).
157 Vgl. *Neye* in DB 1997, 861 (862).

II. Die legislative Realisierung einer Partnerschaftsgesellschaft und der weitere Ausbau einer interprofessionellen freiberuflichen Kooperation

Das sich insbesondere durch die vorbeschriebene Bildung größerer Zusammenschlüsse allgemein wandelnde Umfeld freiberuflicher Zusammenarbeit veranlaßte den deutschen Normgeber zu Beginn der neunziger Jahre schließlich, die zwei Jahrzehnte zuvor gescheiterten Anläufe zur Schaffung einer spezifisch auf die Angehörigen der Freien Berufe zugeschnittenen Kooperationsform erneut aufzugreifen. Die Gesetzeskonzeption knüpfte dabei inhaltlich nicht mehr an die damaligen Regelungsentwürfe an, und anders als bei den früheren Initiativen war dem Gesetzgebungsverfahren diesmal ein Erfolg beschieden. Mit der Verabschiedung eines Partnerschaftsgesellschaftsgesetzes und dessen Inkrafttreten zum 1.7.1995 kreierte der deutsche Gesetzgeber somit doch noch die erste neue, rein nationale Gesellschaftsform dieses Jahrhunderts.

Im Zuge dieser Gesetzgebung ging die Ärzteschaft erstmalig daran, die berufsrechtlichen Rahmenbedingungen für die Bildung interprofessioneller Zusammenschlüsse mit den Angehörigen solcher Freier Berufe auszuarbeiten, die gleichfalls auf dem heilkundlichen Sektor tätig sind. Beinahe gleichzeitig wurden im Vertragsarztrecht die normativen Voraussetzungen für die bis dahin nicht mögliche Anstellung von Ärzten im ambulanten Praxisbetrieb geschaffen. In Anbetracht dessen scheint es angemessen, die spezifischen Neuerungen im Berufsrecht der niedergelassenen Ärzte neben dem Zustandekommen des Partnerschaftsgesellschaftsgesetzes gesondert zu betrachten.

1. Die Entstehung der Partnerschaft und die gesetzgeberische Regelungsintention

Die Gründe für die Schaffung des Partnerschaftsgesellschaftsgesetzes spiegeln anschaulich wider, daß sich die Motive der Berufstätigen zum freiberuflichen Zusammenschluß im Laufe der Jahrzehnte spürbar verlagert und teilweise auch verändert haben.

Zu Beginn des Zusammenschlußprozesses standen bei der Bildung freiberuflicher Verbindungen vor allem Praktikabilitätserwägungen im Vordergrund. Die Berufsangehörigen konnten sich durch den mit einem gemeinsamen Büro- und Praxisbetrieb oftmals einhergehende Rationalisierungseffekt, die Möglichkeit einer stets paraten Vertretung und des kollegialen Erfahrungsaustauschs sowie die mitunter verbesserte soziale Absicherung bei Beendigung der Berufstätigkeit im Alter (Anteilsverkauf oder Rente) zwar zu einer Kooperation veranlaßt sehen. Sie brauchten solche Erwägungen aber nicht notwendig anzustellen, sondern es blieb ihnen ohne weiteres freigestellt, statt dessen auch als „Einzelkämpfer“ und ohne jeglichen Verlust persönlicher Autonomie ihrer Berufstätigkeit nachzugehen.

Auch heute noch sind diese anfänglichen Motive für das Eingehen einer freiberuflichen Verbindung von Relevanz.[158] Doch sind seitdem zunehmend andere Gesichtspunkte in den Mittelpunkt gerückt.

Mit dem allgemeinen Fortschreiten des wissenschaftlichen Erkenntnisstandes legte im weiteren Verlauf zunächst die seit Mitte der sechziger Jahre vermehrt empfundene Notwendigkeit zur Spezialisierung die Bildung freiberuflicher Zusammenschlüsse nahe. Seitdem hat der Grad der Spezialisierung in den einzelnen freiberuflichen Sparten kontinuierlich zugenommen.[159] Die berufliche Spezialisierung förderte den Trend zur gemeinschaftlichen Berufsausübung und zur interprofessionellen Teamarbeit;[160] sie bildete für sich betrachtet aber ebenfalls noch keine notwendige Bedingung freiberuflicher Kooperation.[161]

Demgemäß war mit dem sich steigernden Spezialisierungsprozeß allein auch noch kein dringendes Bedürfnis für die Zurverfügungstellung einer spezifisch den freien Professionen vorbehaltenen und auf sie zugeschnittenen Gesellschaftsform verbunden. Dies belegt das Scheitern eines Partnerschaftsgesetzes in den siebziger Jahren. Die Mehrzahl der freiberuflichen Berufsverbände ging seinerzeit offenbar ebenso wie der Bundesrat davon aus, daß auch die klassisch freiberufliche Rechtsform der BGB-Gesellschaft eine arbeitsteilige Berufsausübung in ausreichendem Umfang gewährleisten könne.

Diese Haltung veränderte sich erst, nachdem die freien Professionen in der Folgezeit einem erhöhten in- und ausländischen Wettbewerbsdruck ausgesetzt waren.

In den beiden letzten Jahrzehnten waren es vor allem die veränderten ökonomischen Rahmenbedingungen, die den maßgeblichen Antrieb zum freiberuflichen Zusammenschluß gaben. Mehr noch als zur bloßen Verbesserung der wirtschaftlichen Situation des Freiberuflers dient die berufliche Kooperation heute grundlegend der Marktbehauptung und der Sicherung der Wettbewerbsfähigkeit.[162] Anders als zu früheren Zeitpunkten sind es weniger bloße Praktikabilitätserwägungen, sondern konkrete ökonomische Handlungszwänge,

---

158 Vgl. *Michalski*, Gesellschafts- und Kartellrecht, S. 101; *Maxl* in Stbg. 1991, 149; *Wasilewski* in DAB 1996, 1435.

159 *Bösert/Braun/Jochem*, S. 8 – Ein markantes Beispiel für die fortschreitende Ausdifferenzierung innerhalb der einzelnen freien Professionen bildet die in jüngerer Zeit auf immer mehr Rechtsgebiete ausgedehnte Anerkennung einer Zusatzqualifikation als Fachanwalt durch das anwaltliche Berufsrecht. Existierte lange Zeit nur die Möglichkeit einer Anerkennung als Fachanwalt für Steuerrecht, so traten in der zweiten Hälfte der achtziger Jahre als weitere Rechtsgebiete zunächst die Rechtszweige des Verwaltungsrechts, des Arbeitsrechts und des Sozialrechts hinzu; vgl. hierzu näher *Taupitz*, S. 388 ff. Das neue Satzungsrecht sieht darüber hinaus in Zukunft auch die Möglichkeit zum Erwerb einer Fachanwaltsqualifikation in den Rechtsgebieten des Familienrechts und des Strafrechts vor; vgl. dazu die §§ 1, 12, 13 der am 29.11.1996 beschlossenen Fachanwaltsordnung; veröffentlicht als Beilage zu Heft 19 der NJW 1997, S. 10 ff.

160 Vgl. *Wasilewski* in DAB 1996, 1435 (1436): „... Es ist evident, daß der einzelne Freiberufler dem Umfang und der Vielfalt dieser Beratungsbedürfnisse allein nicht mehr gewachsen ist, sondern nur durch Bündelung und funktionale Verschränkung spezialisierter intra- und interprofessioneller Beratungs- und Planungsleistungen in beruflicher Kooperation die vom Mandanten und Klienten geforderte ganzheitliche Problemlösung ... bieten kann."; ähnlich *Damm* in FS für Brandner (1996), 31 (32).

161 Zutreffend *Wasilewski* in DAB 1996, 1435, der aaO ausführt: „Es müssen wohl noch weitere Komponenten hinzutreten, um Freiberufler zur teilweisen Aufgabe eigenverantworteter und selbstgestalteter Berufsautonomie im Rahmen kollegialer, partnerschaftlicher Berufsausübung zu bewegen."

162 *Wasilewski* in DAB 1996, 1435.

die die Angehörigen der Freien Berufe zu einer verstärkten gemeinschaftlichen Berufsausübung motivieren.

Bei einigen Freien Berufen forderte der mit dem technischen Fortschritt kontinuierlich wachsende Kapital- und Investitionsbedarf eine kooperative Leistungserbringung.[163] Die Anschaffungskosten für zur Berufsausübung notwendige materielle Hilfsmittel überstiegen die Finanzkraft des einzelnen, so daß allein der Zusammenschluß mit anderen Berufsangehörigen eine gleichbleibend hohe Qualität der beruflichen Dienstleistung gewährleisten konnte. Diese Entwicklung zeigte sich insbesondere für Teile der niedergelassenen Ärzteschaft, die kostenintensive medizinischen Geräte zum Einsatz bringen mußte, oder für Architekten, die umfangreiche EDV-Anlagen bei computerunterstützten Entwurfsplanungen benötigten.[164]

Zum anderen trug der in vielen freien Professionen anhaltend starke Nachwuchsdruck[165] dazu bei, daß sich die Berufsangehörigen in größeren Gemeinschaften zusammen-

---

[163] Beispielhaft nur die Begründung der Bundesregierung zum Entwurf des PartGG, BT-Drucksache 12/6152, S. 1; *Leutheusser-Schnarrenberger* in FS für Helmrich (1994), 677 (678); *Seibert*, S. 40; *Bösert* in ZAP (1994), Fach 15, 137 (138); *ders.* in DStR 1993, 1332; *Hornung* in Rpfl. 1995, 481.

[164] *Bösert/Braun/Jochem*, S. 9; *Michalski/Römermann*, Rn. 28 Einf zum PartGG; Meilicke/v.Westphalen/Hoffmann/Lenz-*Lenz*, Rn. 2 zu § 1 PartGG.

[165] Vgl. hierzu etwa die Statistik Freie Berufe in BRAK-Mitt. 1996, 107. Danach erhöhte sich allein in dem Zeitraum von 1980 bis 1996 die Zahl der Rechtsanwälte von 36.077 auf 78.456, die Zahl der Steuerberater von 21.030 auf 49.525 und die Zahl der Wirtschaftsprüfer von 3.821 auf 8.352. Bei der Anwaltschaft werden es im Jahr 2000 nach durchaus realistischen Schätzungen annähernd 100.000 Berufsangehörige sein; vgl. *Busse* in AnwBl. 1994, 482; *Eue* in FS für Schippel (1996), 599. Die Rechtsanwaltskammer Berlin sieht angesichts des dramatischen Anstiegs der Anwaltszahlen nur noch für ca. 10 % der besten Berufsanfänger die Möglichkeit einer adäquaten Beschäftigung und Aussichten, einmal genügend Arbeit als selbständige Anwälte zu finden. Sie rät angesichts dieser Entwicklung dringend vom Jurastudium ab, um junge Menschen nach einer langen Ausbildung nicht zu hochqualifizierten Arbeitslosen werden zu lassen, vgl. Pressemitteilung vom 24.4.1996; abgedruckt in NJW 1996, Heft 21, Seite XIV; ähnlich *Behrens* in ZRP 1997, 92 (93). Daneben drängen auch junge Mediziner in übergroßer Zahl in den freien Arzt- und Zahnarztberuf sowie junge Architekten in die freie Niederlassung; vgl. *Rollmann* in DAB 1996, 1433 (1434).

Die stetig steigende Zahl von Berufsanfängern – die Vertragsarztdichte hat sich zwischen 1960 und 1990 mehr als verdoppelt (vgl. hierzu die Angaben bei *v. Maydell/Pietzcker*, S. 13 f.; *Schneider* in MedR 1994, 383, 385) – hat den Gesetzgeber im Bereich der gesetzlichen Krankenversicherung bereits zu einem Tätigwerden veranlaßt. Die im Rahmen des Gesundheitsstrukturgesetzes vom 21.12.1992 (BGBl. I, 2266) geschaffenen Regelungen der §§ 101, 102 SGB V führen mit einer zeitlichen Abstufung vertragsärztliche Zulassungsbeschränkungen ein, die teilweise bereits Rechtswirksamkeit entfalten. Die §§ 101, 103 I-III SGB V intensivierten mit sofortiger Wirkung zum 31.1.1993 das 1987 eingeführte Instrumentarium der Zulassungsbeschränkungen bei Überversorgung, indem eine Überversorgung bereits bei Überschreitung des allgemeinen bedarfsgerechten Versorgungsgrads um 10 % angenommen wird und dann zwingend und ausnahmslos in dem jeweiligen regionalen Planungsbereich arztgruppenspezifisch eine Zulassungssperre gilt. Nach § 102 SGB V erfolgt ab 1.1.1999 die Zulassung zur vertragsärztlichen Versorgung aufgrund gesetzlich festgelegter Verhältniszahlen. Vgl. zur (allerdings bestrittenen) Verfassungsmäßigkeit dieser – nicht vollständig an die Stufe einer objektiven Zulassungsschranke im Sinne der zu Art. 12 I GG entwickelten Dreistufentheorie heranreichenden – Regelung ausführlich *v. Maydell/Pietzcker*, S. 15 ff., die seinerzeit vom Bundesministerium der Gesundheit mit der Ausarbeitung eines entsprechenden verfassungsrechtlichen Gutachtens beauftragt wurden; ebenso der Bericht des Ausschusses für Gesundheit (15. Ausschuß); vgl. BT-

schlossen. Ziel dieser vor allem im Bereich der Rechts- und Wirtschaftsberatung entstandenen Verbindungen war es, auf dem – nicht in gleicher Weise mitwachsenden[166] – Nachfragemarkt durch ein umfassendes „full-service“-Dienstleistungsangebot Synergieeffekte zu erzeugen[167] und strukturelle Wettbewerbsvorteile gegenüber den nicht in dieser Weise operierenden Berufskollegen zu erlangen.

Ausschlaggebend für das Wiederaufgreifen des Partnerschaftsgedankens dürfte neben den vorgenannten Aspekten aber vor allem die sich generell verschärfende überregionale und internationale Wettbewerbssituation für die Angehörigen der freien Professionen gewesen sein.[168]

Die Öffnung der internationalen Märkte, insbesondere die Vollendung des Europäischen Binnenmarkts, bewirkte, daß sich fortan nicht nur das produzierende Gewerbe und der gewerbliche Dienstleistungssektor, sondern auch die Freien Berufe zunehmend in internationaler Konkurrenz behaupten mußten.[169] Der insbesondere bei den rechts- und wirtschaftsberatenden freien Professionen verstärkt zu beobachtende Trend zur Bildung überregionaler und grenzüberschreitender Zusammenschlüsse erforderte die Bereitstellung einer Gesellschaftsform, welche die Bildung entsprechend dimensionierter Verbindungen erleichterte.[170] Vor allem die größeren und interprofessionell tätigen Kooperationseinhei-

---

Drucksache 12/3937, S. 7 f.; *Herweck-Behnsen* in NZS 1995, 211 (213 ff.); a. A. zur Verfassungsmäßigkeit etwa *Krölls* in GewArch 1993, 217 (221 ff.); *Schneider* in MedR 1994, 383 (387 f.); *Seer* in MedR 1995, 131 (133 f.). Daneben brachte bereits das Gesundheitsreformgesetz vom 20.12.1988 (BGBl. I, 2477) in den §§ 98 II Nr. 12 SGB V, 25 Ärzte-ZV eine Regelung über den Ausschluß der über 55 Jahre alten Ärzte von der Zulassung zur vertragsärztlichen Versorgung. Diese gesetzlichen Bestimmungen sind – in Abweichung vom anderslautenden Vorlagebeschluß des 14a-Senats (Beschluß v. 16.6.1993; Az. 14a Rka 8/92) – vom 6. Senat des BSG ausdrücklich als verfassungsgemäß gebilligt worden; vgl. BSG SozR 3-5520, Nr. 1 zu § 25 Ärzte-ZV, 1 (6 ff.); ebenso nunmehr BSG in MedR 1997, 134 (135 f.) und wohl auch BVerfG in NJW 1997, 791 (792).

Auch in der Anwaltschaft mehren sich bereits die Stimmen, die für eine drastische Reduzierung der Zulassungszahlen eintreten; vgl. so etwa *Bissel* in AnwBl. 1996, 267 (268). Der ohnehin schon existierende Nachwuchsdruck wird etwa bei den Rechtsanwälten, Ärzten, Apothekern und Architekten angesichts der konstant hohen Zahl Studierender auch in den nächsten Jahren nicht nachlassen; vgl. nur *Bischoff*, S. 131.

166 Vgl. dazu für die Anwaltschaft etwa *Strobel* in BB 1987, 699 ff.; *Busse* in AnwBl. 1994, 482 (483); *Eue* in FS für Schippel (1996), 599.

167 Siehe zur Entwicklung bei den rechts- und wirtschaftsberatenden Freien Berufen beispielsweise *Schmidt-Jortzig* in AnwBl. 1997, 363: „Der Trend geht zur umfassenden rechtlichen und – zusammen mit Steuerberatern und Wirtschaftsprüfern – darüber hinaus auch ökonomischen Betreuung des Mandanten.“

168 Vgl. zu dem wachsenden internationalen Konkurrenzdruck nur *Gres* in der freie beruf 6/94, 22; *Leutheusser-Schnarrenberger* in der freie beruf 7-8/94, 20 (21); *Damm* in FS für Brandner (1996), 31 (32).

169 Amtliche Begründung zum Entwurf eines Partnerschaftsgesellschaftsgesetzes, BT-Drucksache 12/6152, S. 7; *Bösert/Braun/Jochem*, S. 9; *Hornung* in Rpfl. 1995, 481; *Michalski/Römermann*, Rn. 32 Einl zum PartGG; Meilicke/v.Westphalen/Hoffmann/Lenz-*Lenz*, Rn. 2 zu § 1 PartGG; *Bösert* in DStR 1993, 1332; *Kempter* in BRAK-Mitt. 1994, 122.

170 *Leutheusser-Schnarrenberger* in AnwBl. 1994, 334; *Burret* in WPK-Mitt. 1994, 201 (202); Meilicke/v.Westphalen/Hoffmann/Lenz-*Lenz*, Rn. 2 zu § 1 PartGG; *Seibert* in AnwBl. 1993, 155 f.; *Haas* in BRAK-Mitt. 1994, 1; *Driesen* in GmbHR 1993, R 25; *Bayer/Imberger* in DZWiR 1995, 177 (178); *Knoll/Schüppen* in DStR 1995, 608 (608 f.); vgl. auch *Wüst* in JZ 1989, 270 (272 f.).

ten, die gemeinschaftsweit im ganzen Binnenmarkt präsent sein und komplexe Dienstleistungen international „aus einer Hand“ anbieten wollten, verlangten nach einer adäquaten und rechtlich verfestigten Struktur.[171]

Die hinsichtlich jener großen Zusammenschlüsse mehr und mehr in Richtung auf dynamisch wachsende freiberufliche Dienstleistungsunternehmen zulaufende Entwicklung[172] äußerte sich ab dem Ende der achtziger Jahre unter anderem in dem Bestreben, auch den klassischen Freien Berufen die Kapitalgesellschaften als Unternehmensträger zugänglich zu machen.[173] Ein weiteres Zuwarten des Gesetzgebers ließ in dieser Situation den verstärkten Einsatz gewerblicher Gesellschaftsformen zur gemeinsamen freiberuflichen Berufsausübung immer wahrscheinlicher werden.[174] Insbesondere die niedergelassenen Ärzte und der seinerzeit noch überwiegende Teil der Anwaltschaft, aber auch viele freischaffende Architekten befürchteten dadurch eine zunehmende Vermengung des Berufsbildes des Freiberuflers mit dem des Gewerbetreibenden.[175]

---

[171] *Leutheusser-Schnarrenberger* in FS für Helmrich (1994), 677 (678); *Bösert* in ZAP 1994, Fach 15, 137 (138); *ders.* in DStR 1993, 1332; *Seibert* in DB 1994, 2381 (2382); *ders.* in NWB 1994, Fach 18, 3365 (3366).

[172] Vgl. *Leutheusser-Schnarrenberger* in FS für Helmrich (1994), 677 (678); *dies.* in der freie beruf 7-8/94, 20 (21); *Seibert*, S. 40; *ders.* in DB 1994, 2381; Meilicke/v.Westphalen/Hoffmann/Lenz-*Lenz*, Rn. 2 zu § 1 PartGG; *Bösert/Braun/Jochem*, S. 8; *Bösert* in ZAP 1994, Fach 15, 137 (138).

[173] Vgl. dazu an dieser Stelle exemplarisch nur *Wüst* in JZ 1989, 270 (277), der bei weiterem normativen Untätigbleiben seinerzeit eine zunehmenden Ersetzung der ärztliche Einzel- und Gemeinschaftspraxen durch krankenhausähnliche Behandlungs-GmbH's prophezeite; ebenso *Seibert*, S. 40 f., der in diesem Zusammenhang anmerkte: „Es ist die Aufgabe der Rechtspolitik, die rechtliche Infrastruktur und den Rahmen für das wirtschaftliche Handeln zu schaffen. Tut sie das nicht, verläuft die Entwicklung unkontrolliert, und es wird allenfalls die Phantasie der Marktteilnehmer für Ausweichstrategien gefördert.“

Vgl. zu den damaligen Bestrebungen im rechtswissenschaftlichen Schrifttum, den Angehörigen der klassischen freien Professionen die gewerblichen Berufsausübungsformen der Kapitalgesellschaften zugänglich zu machen, ausführlich im Schlußteil unten Seite 571 ff.; hier beispielhaft nur *Taupitz* in NJW 1992, 2317 ff. (Ärzte-GmbH); *Hommelhoff* in liber amicorum für Hasche (1989), 101 ff.; *Ahlers* in AnwBl. 1991, 10 ff.; *ders.* in AnwBl. 1991, 226 ff.; *Heinemann* in AnwBl. 1991, 233 ff.; *Henssler* in JZ 1992, 697 ff. (Anwalts-GmbH).

[174] Vgl. hierzu die Gegenäußerung der Bundesregierung zu dem Einwand des Bundesrats, vor dem Hintergrund der äußert angespannten Haushaltslage der Länder sei die mit der Führung eines Partnerschaftsregisters entstehende zusätzliche Kostenbelastung nicht zu rechtfertigen, BT-Drucksache 12/6152, S. 30: „Ein Verzicht auf die Partnerschaft als registerpflichtige Gesellschaftsform dürfte einen erhöhten Registeraufwand infolge von Freiberufler-Zusammenschlüssen nur kurzfristig vermeiden helfen. Würde der Gesetzgeber den Freien Berufen die Partnerschaft verweigern, so müßten die Freien Berufe, die heute auf die BGB-Gesellschaft als einzig zulässige Kooperationsform angewiesen sind, verstärkt in die Kapitalgesellschaften, insbesondere in die GmbH, drängen. Der registerrechtliche Prüfungsaufwand bei einer GmbH-Eintragung ist aber erheblich höher als bei einer Partnerschaft ...“; ebenso *Leutheusser-Schnarrenberger* in FS für Helmrich (1994), 677 (680): „Zum anderen wird der Druck von der Basis der Freien Berufe auf Öffnung der Kapitalgesellschaften immer stärker und schließlich nicht mehr abzuwehren sein. Das hergebrachte Berufsbild der Freien Berufe würde sich möglicherweise wandeln zum gewerblichen Dienstleistungsunternehmen.“

[175] Vgl. hierzu beispielsweise *Haas* in BRAK-Mitt. 1994, 1: „Der Drang Freier Berufe – wie z. B. zuletzt einzelner Ärzte – in die Rechtsform der GmbH wird auch in den Gremien der Bundesrechtsanwaltskammer diskutiert. Die GmbH hat keine Mehrheit gefunden, weil sie das Berufsbild des Freiberuflers mit dem des Gewerbetreibenden vermischt.“; *Seibert* in DB 1994, 2381: „Die Kapitalge-

In Anbetracht dieser veränderten Situation sahen die Freiberufler und namentlich ihre Verbände zu Anfang der neunziger Jahre nunmehr allgemein ein Bedürfnis für eine spezifisch auf die Eigenheiten der Freien Berufe zugeschnittene Gesellschaftsform.[176] Mit einer solchen „eigenen" Gesellschaftsform sollte eine Sicherung und Stärkung der freien Berufsausübung gefördert und der Gefahr der „Vergewerblichung" entgegengewirkt werden.[177]

Politik und Gesetzgebung respektierten diese Auffassung und setzten den gewerblichen Berufsausübungsformen bewußt die Partnerschaft als eine spezifisch den Angehörigen der Freien Berufe vorbehaltene Gesellschaftsform entgegen.[178] Ein an der Entstehung des PartGG maßgeblich beteiligter Vertreter des Bundesministeriums der Justiz formulierte in diesem Zusammenhang etwa: „Die Partnerschaft ist eine Reverenz gegenüber der Bedeutung und Eigenständigkeit der Freien Berufe. Der Gesetzgeber hat ein deutliches Signal gegen die Kommerzialisierung und Verwischung des Freien Berufs mit dem Gewerbe gesetzt."[179]

Der Normgeber gestaltete die Partnerschaft dabei im weiteren Verlauf mit Bedacht nicht als verselbständigte juristische Person aus, sondern konstruierte sie in Form einer

---

sellschaft (vor allem also die GmbH) ist gerade für die rechtsberatenden und die Heilberufe – zumindest heute noch und zumindest für die Mehrheit – nicht konsensfähig ... Diese Auffassung, die auch in anderen Berufsgruppen, wie z. B. den freischaffenden Architekten, viele Anhänger hat, ist von der Politik respektiert worden."; ebenso *ders.* in NWB 1994, Fach 18, 3365.

[176] Die hierzu in den Jahren 1991/92 abgehaltenen Sondierungsgespräche zwischen den Bundesministerien für Wirtschaft und Justiz sowie den Verbänden der Freien Berufe ergaben eine breite Zustimmung zu dem Vorhaben eines Partnerschaftsgesellschaftsgesetzes. Diese mündete schließlich in eine einstimmige Entschließung des Bundestages ein, mit der jener die Bundesregierung zur baldigen Vorlage eines entsprechenden Gesetzes aufforderte; vgl. hierzu BT-Drucksache 12/6152, S. 7; *Leutheusser-Schnarrenberger* in FS für Helmrich (1994), 677 (678); zu weiteren Einzelheiten *Michalski/Römermann*, Rn. 14 ff. Einf zum PartGG.

[177] Zutreffend *Bösert/Braun/Jochem*, S. 9; vgl. auch die Ausführungen des Justiziars der Bundesärztekammer, *Schirmer*, in MedR 1995, 341: „Die Akzeptanz der neuen Gesellschaftsform (gemeint: die Partnerschaft) war zugleich mit dem Motiv verbunden, dem ... Spielfeld einer durch Kapitalgesellschaften bestimmten Gesundheitsversorgung das von gemeinschaftlicher Berufsausübung und partnerschaftlicher Arbeitsteilung geprägte und damit zugleich das spezialistische Wissen der Beteiligten durch die interdisziplinäre Binnenstruktur potenzierende <Gegenmodell> freiberuflicher ärztlicher Versorgung entgegenzusetzen. Die <Ärzte-GmbH> hat dementsprechend in der Ärzteschaft bisher grundsätzlich Ablehnung erfahren."

[178] Vgl. *Leutheusser-Schnarrenberger* in BRAK-Mitt. 1995, 90: „Ich kann heute nicht ohne Stolz über das vom Deutschen Bundestag verabschiedete Partnerschaftsgesellschaftsgesetz (PartGG) berichten, das zum 1.7.1995 in Kraft tritt. Damit ist ein alter Wunsch der Freien Berufe in Erfüllung gegangen, und der Gesetzgeber hat ein unübersehbares Signal der Besonderheit und Eigenständigkeit des Freien Berufs gegenüber dem Gewerbe gesetzt. Dies ist über die gesellschaftsrechtliche Bedeutung des Gesetzes hinaus von weitreichendem berufspolitischen Gewicht."; *dies.* in AnwBl 1994, 334: „Sehr positiv war es, dabei zu erfahren, wie unsere Freien Berufe unvermindert an einem hohen Berufsethos festhalten ... Das persönliche Einstehen für sein Handeln ist gerade für den Arzt und den Anwalt noch immer eine Selbstverständlichkeit."; ebenso *dies.* in der freie beruf 7-8/94, 20 (22); vgl. auch *Gres* in der freie beruf 6/94, 22.

[179] So *Seibert* in PatAnwMitt. 1996, 107 (108); ferner *ders.*, S. 43: „Sie (gemeint: die Partnerschaft) bietet dem Freiberufler alle Vorteile der offenen Handelsgesellschaft, ohne daß der Freie Beruf dadurch in die Nähe zum Gewerbe gerät."; ähnlich *ders.* in DB 1994, 2381; *ders.* in AnwBl. 1993, 155; *ders.* in NWB 1994, Fach 18, 3365.

Personengesellschaft mit eigener Zivilrechtsfähigkeit, die als Träger des Gesellschaftsvermögens fungiert.[180] Die Partnerschaft geht vom Grundsatz der Selbstorganschaft und der Einzelvertretung aus (§§ 6 II; 7 III PartGG). Die Zugehörigkeit zur Partnerschaft wurde ausdrücklich auf die einem Freien Beruf angehörenden natürlichen Personen beschränkt, die ihren Beruf in der Partnerschaft aktiv ausüben (§ 1 I Sätze 1 und 3 PartGG). Bloße Kapitalanlagen und stille Beteiligungen sollen nicht möglich sein,[181] und der eigenverantwortlich handelnde Partner soll nach der Gesetzeskonzeption für sein Handeln grundsätzlich auch persönlich haften (§ 8 I PartGG). Um eine gesetzestechnisch möglichst einfache Umsetzung der angestrebten Regelungsziele zu erreichen, lehnt sich das PartGG ansonsten weitgehend an das Recht der OHG an, indem explizit diejenigen Vorschriften der §§ 105 ff. HGB für entsprechend anwendbar erklärt werden, die im Einklang mit den Besonderheiten des gesellschaftsrechtlichen Zusammenschlusses von Freiberuflern stehen.[182]

Auf diese Weise sollte die Partnerschaft nach Ansicht des Gesetzgebers einerseits dem hergebrachten Berufsbild des Freien Berufs entsprechen und andererseits eine moderne und flexible Organisationsform bieten, die insbesondere die Bildung größerer überregionaler, interprofessioneller und internationaler Zusammenschlüsse erleichtere.[183]

Anders als etwa der französische oder der englische Normgeber entschied sich der deutsche Gesetzgeber mit Blick auf die Vollendung des europäischen Binnenmarktes also nicht für eine generelle Öffnung der kapitalgesellschaftlichen Rechtsformen zur freiberuflichen Berufsausübung. Er versuchte statt dessen vielmehr, den freien Professionen eine leistungsfähige Gesellschaftsform sui generis an die Hand zu geben, damit sie im internationalen Wettbewerb in größeren Zusammenschlüssen bestehen konnten, ohne zugleich in gewerbliche Rechtsformen ausweichen zu müssen.

---

[180] Vgl. nur BT-Drucksache 12/6152, S. 9.

[181] BT-Drucksache 12/6152, S. 7.

[182] Die Gesetzesmaterialien sprechen in diesem Zusammenhang in Anlehnung an *K. Schmidt* in ZIP 1993, 633 (635) sinnbildlich davon, daß die Partnerschaft unter Beschränkung des Regelungsinhalts auf die spezifisch freiberuflichen Strukturprinzipien als „Schwesterfigur" zur OHG ausgestaltet worden sei; vgl. BT-Drucksache 12/6152, S. 8; ebenso *Seibert* (Referatszusammenfassung) in der freie beruf 6/95, 12; *ders.*, S. 43; *ders.* in DB 1994, 2381 (2382); *ders.* in PatAnwMitt. 1996, 107 (108); *Leutheusser-Schnarrenberger* in FS für Helmrich, 677 (682); *dies.* in BRAK-Mitt. 1995, 90; *dies.* in der freie beruf 7-8/94, 20; *Bösert* in ZAP 1994, Fach 15, 137 (142); *Bayer/Imberger* in DZWiR 1995, 177 (178); *Damm* in FS für Brandner (1996), 31 (46).

[183] BT-Drucksache 12/6152, S. 7; vgl. auch den Bericht des Rechtsausschusses (6. Ausschuß) zum Gesetzentwurf der Bundesregierung, BT-Drucksache 12/7642, S. 11: „Der Ausschuß war mehrheitlich der Auffassung, daß die Partnerschaftsgesellschaft eine optimal auf die spezifischen Bedürfnisse der Freien Berufe zugeschnittene Rechtsform ist, die sich zugleich nahtlos in das System unseres Gesellschaftsrechts einfügt. Die Freien Berufe erhalten damit einen rechtsfähigen, nicht der Körperschaftsteuer unterliegenden Unternehmensträger, mit dem sie auch für den zunehmenden Wettbewerb im Binnenmarkt gerüstet sind."; in diesem Sinne auch *Leutheusser-Schnarrenberger* in BRAK-Mitt. 1995, 90 (91); *dies.* in der freie beruf 7-8/94, 20; *Kempter* in BRAK-Mitt. 1995, 122; *Hornung* in Rpfl. 1995, 481 (481 f.); *Bösert* in WPrax 12/94, S. 2; *ders.* in DStR 1993, 1332 (1333); *Gres* in der freie beruf 6/94, 22 (24); *Seibert*, S. 43; *Driesen* in GmbHR 1993, R 25; *Krieger* in MedR 1995, 95 (95 u. 98).

Diese legislative Haltung stieß schon während des Gesetzgebungsverfahrens bei einem Teil der freiberuflichen Berufsvertreter[184] und einigen Stimmen aus der Rechtswissenschaft[185] auf Kritik. Diese monierten, die mit der Partnerschaft vermeintlich geschlossene gesellschaftsrechtliche Lücke[186] zwischen dem „Zuwenig" der BGB-Gesellschaft und dem „Zuviel" der Kapitalgesellschaft existiere tatsächlich gar nicht; die Partnerschaft könne in Wahrheit gerade in bezug auf die Anwaltschaft nur einen unvollkommenen Ersatz für eine personalistisch ausgestaltete Kapitalgesellschaft bieten.[187]

Indes läßt die nachfolgende rechtstatsächliche Entwicklung für die Partnerschaft bislang erkennen, daß diese vor allem innerhalb der klassischen Freien Berufe auf Interesse stößt und dort einer der Schwerpunkte der – zahlenmäßig allerdings relativ verhaltenen und noch gut überschaubaren – Neugründungen liegt.[188] Doch scheint der Beobachtungszeitraum von lediglich zwei Jahren seit Inkrafttreten des Gesetzes noch zu kurz, um daraus wirklich aussagekräftige empirische Ergebnisse über die praktische Akzeptanz der neuen Rechtsform bei den freiberuflich Tätigen ableiten zu können.

Im einzelnen wuchs die Zahl der Partnerschaften zu Beginn langsam, aber stetig.[189] Im ersten Jahr belief sich die Summe der registrierten Partnerschaften auf etwas mehr als 300 Gesellschaften.[190] An fast 25 % der neuen Freiberufler-Gesellschaften waren dabei Rechtsanwälte beteiligt; der Anteil der Ärzte und Zahnärzte lag bei 10 %.[191] Daneben scheint die Partnerschaft auch in den jüngeren steuer- und wirtschaftsberatenden freien Professionen teilweisen Anklang zu finden. Die Zahl der an Partnerschaftsgründungen beteiligten Steuerberater lag binnen Jahresfrist sogar noch etwas über dem Anteil der Rechtsanwälte, und auch die Wirtschaftsprüfer sind bei 10 % der Neueintragungen involviert.[192] Ob sich auf-

---

[184] Dies galt insbesondere für Teile der Anwaltschaft; vgl. nur *v. Falkenhausen* in AnwBl. 1993, 479 ff.; *Stuber* in WiB 1994, 705 ff.; *Lenz* in MDR 1994, 741 ff.; *Knoll/Schüppen* in DStR 1995, 608 ff.; Meilicke/v.Westphalen/Hoffmann/Lenz-*Lenz*, Rn. 6 ff. zu § 1 PartGG.

[185] Vgl. *Michalski/Römermann*, Rn. 37 ff. Einf. zum PartGG; *Henssler* in WiB 1994, 53 ff.

[186] Vgl. in diesem Sinne die Begründung zum Regierungsentwurf des PartGG, BT-Drucksache 12/6152, S. 1; *Seibert*, S. 42; *ders.* in DB 1994, 2381; *ders.* in AnwBl. 1993, 155, *ders.* in NWB 1994, Fach 18, 3365; *ders.* in PatAnwMitt. 1996, 107 (108); *Hornung* in Rpfl. 1995, 481 sowie die zahlreichen weiteren Nachweise oben auf Seite 14 f. in Fn. 54 der Einleitung.

[187] *Michalski/Römermann*, Rn. 42 Einf zum PartGG; Meilicke/v.Westphalen/Hoffmann/Lenz-*Lenz*, Rn. 9 zu § 1 PartGG; *Henssler* in WiB 1994, 53 (54 f.); *Lenz* in MDR 1994, 741 (746); *Sotiropoulos* in ZIP 1995, 1879 (1885 f.); *Stuber* in WiB 1994, 705 (710); *v. Falkenhausen* in AnwBl. 1993, 479 (480 f.); *Knoll/Schüppen* in DStR 1995, 646 (651 f.); *Burret* in WPK-Mitt. 1994, 201 (207); anders demgegenüber *K. Schmidt* in ZIP 1993, 633 (649 f.), der eine „Kommanditpartnerschaft" als Alternative zur „Freiberufler-GmbH" bevorzugte; wie dieser anfangs auch noch *Michalski*, Gesellschafts- und Kartellrecht, S. 296 f.; *ders.* in ZIP 1993, 1210 (1214); den Gedanken einer „Kommanditpartnerschaft" nunmehr de lege ferenda wieder aufgreifend *Henssler* in ZHR 161 (1997), 305 (329); *Jawansky* in DNotZ 1997, 938 (944).

[188] Vgl. *Seibert* in GmbHR 1996, R 153; *ders.* in ZIP 1997, 1046 (1046 f.).

[189] *Seibert* in GmbHR 1996, R 153.

[190] *Seibert* in GmbHR 1996, R 153.

[191] *Seibert* in GmbHR 1996, R 153.

[192] *Seibert* in GmbHR 1996, R 153 – Daneben waren bei Neugründungen relativ stark vertreten Ingenieure mit über 15 %, Architekten mit 10% und Unternehmensberater mit etwa 7 %. Des weiteren fand sich auch eine ganze Reihe von Sachverständigen sowie Fotografen und Journalisten, wäh-

grund dieser Zahlen allerdings längerfristig andeutet, daß die Partnerschaft bei Steuerberatern und Wirtschaftsprüfern in gleicher Weise auf spürbare Resonanz treffen kann und in Einzelfällen sogar ein Wechsel der Berufsangehörigen von Kapitalgesellschaften in Partnerschaften in Betracht kommt,[193] läßt sich in diesem frühen Stadium seit der Gesetzesverabschiedung freilich kaum verifizieren.

Auch unter Berücksichtigung des Umstands, daß die Zahl der registrierten Partnerschaften im weiteren Verlauf bis zum Ende des Monats Februar 1997 auf immerhin ca. 700,[194] bis Ende Mai 1997 auf über 850[195] und bis zum Ende des Jahres 1997 auf knapp 1.500 Gesellschaften angestiegen ist,[196] bleibt doch zu konstatieren, daß ein augenfälliger „Run" der Freiberufler auf die neuartige, spezifisch ihnen vorbehaltene Rechtsform in diesem ersten rechtstatsächlichen Beobachtungszeitraum jedenfalls ersichtlich ausgeblieben ist.[197]

2. Die normative Zulassung weiterreichender Kooperationsstrukturen bei den niedergelassenen Ärzten

Auch innerhalb der niedergelassenen Ärzteschaft, die wie vorbeschrieben als letzte der freien Professionen erst in der zweiten Hälfte der sechziger Jahre die berufsrechtlichen Vorbehalte gegenüber einer gemeinschaftlichen Berufsausübung ablegte, schritt der Prozeß einer kooperativen Leistungserbringung im vergangenen Jahrzehnt immer mehr voran.

Den steigenden Assoziierungsgrad unter den Berufsangehörigen dokumentiert auf markante Weise der Umstand, daß der Anteil der in Gemeinschaftspraxen tätigen Ärzte von 1980 bis 1995 von etwa 10 % auf ca. 27 % gestiegen ist.[198] Die Zahl der in Gemeinschaftspraxen niedergelassenen Ärzte erhöhte sich im selben Zeitraum von 2.844 auf 13.768 und hat sich damit fast verfünffacht.[199] Dabei gründeten allein in der jüngsten Niederlassungswelle vor dem 31.1.1993 ca. 51% der sich neu niederlassenden Ärzte eine Gemeinschaftspraxis.[200]

---

rend andere Berufsgruppen wie Hebammen, Krankengymnasten, Ergotherapeuten, Geologen etc. eher die Ausnahme bildeten; vgl. *Seibert*, aaO.

[193] So die vormalige Einschätzung von Vertretern des Bundesministeriums der Justiz; vgl. *Bösert* in ZAP 1994, Fach 15, 137 (146); *Seibert* in NWB 1994, Fach 18, 3365 (3366); *ders.* in DB 1994, 2381 (2382).

[194] Vgl. *Neye* in GmbHR 1997, R 125, *Seibert* in BRAK-Mitt. 1997, 94; *Schmidt-Jortzig* in AnwBl. 1997, 363 – Dabei waren in der Folgezeit bis zum Ende Februar 1997 im übrigen an etwa 20 % aller Partnerschaftsneugründungen Rechtsanwälte beteiligt; vgl. *Seibert*, aaO; *ders.* in ZIP 1997, 1046 (1047); *Schmidt-Jortzig*, aaO.

[195] *Seibert* in ZIP 1997, 1046.

[196] Vgl. dazu *Funke* in AnwBl. 1998, 6 (8).

[197] Ebenso die Einschätzung von *Henssler*, Rn. 10 Einf zum PartGG, sowie von *Goette* in DStR 1997, 1052, wonach die Partnerschaft in Anbetracht der erwähnten Zahl von 850 Gründungen bis Ende Mai 1997 „nur von einer geringen Zahl von Freiberuflern angenommen worden" sei.

[198] *Wasilewski* in DAB 1996, 1435.

[199] *Wasilewski* in DAB 1996, 1435 – Dabei hat der Anteil jener Gemeinschaftspraxen, in denen Ehegatten und/oder Verwandte ihren Beruf gemeinsam ausüben, abgenommen, während der Anteil der beruflichen Kooperation zwischen nichtverwandten Ärzten entsprechend gestiegen ist; vgl. *Wasilewski*, aaO.

[200] Vgl. MünchHdbuchGesR I/*Seibert*, Rn. 19 zu § 30 in Fn. 20.

Ebenso wie bei den Rechtsanwälten als der anderen klassisch freien Profession bildeten sich die ärztlichen Verbindungen bis etwa zur Mitte der neunziger Jahre praktisch ausschließlich in der Rechtsform der BGB-Gesellschaft. Nachdem die Ärzteschaft im Gesetzgebungsverfahren zur Partnerschaft ihre grundsätzliche Zustimmung zur Einführung dieser Gesellschaftsform angedeutet hatte, wurde schon vor der Verkündung des Gesetzes in der ärztlichen Selbstverwaltung die Frage diskutiert, in welchem Umfang und mit welchen Beschränkungen die Partnerschaftsgesellschaft als Form gemeinsamer und kooperativer Berufsausübung in das ärztliche Berufsrecht „eingepaßt" werden sollte.[201] Der 1995 in Stuttgart abgehaltene 98. Deutsche Ärztetag legte als Beschlußorgan der Bundesärztekammer sodann ein Regelungspaket vor, in welchem die sich aus dem PartGG und den damit eröffneten Kooperationsmöglichkeiten ergebenden Folgerungen für das Berufsrecht gezogen wurden. Diese drückten sich in einer Reihe von Änderungen und Ergänzungen der Musterberufsordnung (MBO) aus, die den Landesärztekammern in der Folge als Beschlußempfehlung dienen sollten.[202]

Die wesentlichsten Neuerungen sind hierbei seinerzeit in den §§ 23, 23a der in Stuttgart beschlossenen „Musterberufsordnung für die Deutschen Ärzte" niedergelegt worden.[203] Sachlich gleichlautende Regelungen finden sich seitdem aber freilich in jeder neu vom Deutschen Ärztetag verabschiedeten Musterberufsordnung.[204] Danach sind als Berufsausübungsgemeinschaften nur die Gemeinschaftspraxis und neuerdings die Ärztepartnerschaft vorgesehen, und jeder Beteiligte darf – bei obligatorisch geforderter aktiver Berufsausübung – im Grundsatz nur jeweils einer Berufsausübungsgemeinschaft angehören.[205] Eine überörtliche Berufsausübungsgemeinschaft ist nur ausnahmsweise für solche Ärzte statthaft, die nach ihrem typischen Fachgebietsinhalt nicht unmittelbar patientenbe-

---

201 *Schirmer* in MedR 1995, 341.

202 *Schirmer* in MedR 1995, 341 – Dabei war es das Bestreben des Ärztetags, etwaige „Wettbewerbsvorteile" der Partnerschaftsgesellschaft, die aus der Ausschöpfung von gesellschaftsrechtlichen Vorteilen dieses Typus eines beruflichen Zusammenwirkens entstehen könnten, gegenüber der ärztlichen Berufsausübung in eigener Praxis oder in Gemeinschaftspraxis nicht zuzulassen; so ausdrücklich *Schirmer*, aaO, 346.

203 Die MBO in der Fassung der Beschlüsse des 98. Deutschen Ärztetages ist abgedruckt in DÄBl. 1996, A 407 ff.; vgl. dazu auch bereits oben Seite 67 in Fn. 18.

204 So hat beispielsweise auch der in Eisenach abgehaltene 100. Deutsche Ärztetag die entsprechenden Bestimmungen im Jahre 1997 praktisch unverändert als Kapitel D. II. Nr. 7-10 in die von ihm neu beschlossene Musterberufsordnung übernommen; vgl. dazu den vollständigen Abdruck jener MBO in NJW 1997, 3076 ff.

205 § 23 MBO lautete in dem hier maßgeblichen Teil auszugsweise: (1) „Gemeinsame ärztliche Berufsausübung im Sinne der nachstehenden Vorschriften ist sowohl die Berufsausübungsgemeinschaft von Ärzten (Gemeinschaftspraxis, Ärztepartnerschaft) als auch die Organisationsgemeinschaft unter Ärzten (zum Beispiel Praxisgemeinschaft, Apparategemeinschaft und ähnliches). Soweit Vorschriften dieser Berufsordnung Regelungen des Partnerschaftsgesellschaftsgesetzes ... einschränken, sind sie vorrangig aufgrund von § 1 III PartGG." (2) „Für die Berufsausübungsgemeinschaften dürfen Ärzte nur Gesellschaftsformen wählen, welche die eigenverantwortliche und selbständige Berufsausübung wahren. Solche Gesellschaftsformen sind die Gesellschaft bürgerlichen Rechts (§ 705 ff. BGB) für die Gemeinschaftspraxis und die Partnerschaftsgesellschaft für die Ärztepartnerschaft. Es dürfen sich nur Ärzte zusammenschließen, welche ihren Beruf ausüben. Sie dürfen nur einer Berufsausübungsgemeinschaft angehören. Ausgenommen ist nur die Kooperation mit einem Krankenhaus oder mit vergleichbaren Einrichtungen."; ebenso jetzt die Kapitel D. II. Nr. 7 und Nr. 8 (1) der MBO 1997.

zogen berufstätig sind. Selbst bei Vorliegen dieser Prämisse darf eine überörtliche Praxis im weiteren nur dergestalt betrieben werden, daß jeder der Gemeinschaftspartner seine ärztliche Tätigkeit an einem Praxissitz ausübt, der zugleich den Mittelpunkt seiner Berufstätigkeit bildet.[206]

Eine grundlegende Novität bildet die erstmals vorgesehene berufsrechtliche Zulassung einer medizinischen Kooperationsgemeinschaft zwischen Ärzten und den Angehörigen anderer medizinischer Berufe,[207] soweit sie auf einen gleichgerichteten oder integrierenden diagnostischen oder therapeutischen Zweck bei der Heilbehandlung abzielen.[208] Eine solche interprofessionell kooperative Berufsausübung ist – nach einer entsprechenden Modifikation der einzelnen ärztlichen Berufsordnungen auf Landesebene – nur in der Form einer Partnerschaftsgesellschaft oder, bei Schriftlichkeit des Gesellschaftsvertrags, in der Rechtsform einer BGB-Gesellschaft zulässig.[209] Die Mitwirkung des Arztes in einer medizinischen Kooperationsgemeinschaft bedarf darüber hinaus der Genehmigung der

---

[206] Vgl. hierzu den Wortlaut des damaligen § 23 III MBO: „Die Berufsausübungsgemeinschaft ist nur zulässig an einem gemeinsamen Praxissitz. Ärzte, die ihrem typischen Fachgebietsinhalt nach regelmäßig nicht unmittelbar patientenbezogen ärztlich tätig sind, dürfen sich zu einer Berufsausübungsgemeinschaft auch derart zusammenschließen, daß jeder der Gemeinschaftspartner seine ärztliche Tätigkeit an einem Praxissitz ausübt, der den Mittelpunkt seiner Berufstätigkeit bildet. Ein eigener Praxissitz ist auch zulässig für einen Arzt, der die Voraussetzungen des Satzes 2 erfüllt, wenn er sich mit einem Arzt oder Ärzten, für die Satz 1 gilt, zusammenschließt."; damit identisch nunmehr Kapitel D. II. Nr. 8 (2) der MBO 1997.

[207] Die Möglichkeit eines interprofessionellen Zusammenschlusses zwischen Ärzten und den Angehörigen anderer freier Heil(hilfs-)berufe zum Zwecke der gemeinsamen Berufsausübung war bis dato durch das Satzungsrecht der Landesärztekammern generell für unzulässig erklärt worden; vgl. *Sahner*, S. 153; *Schirmer* in MedR 1995, 383; *Bösert/Braun/Jochem*, S. 111 f.; *Henssler*, Rn. 128 zu § 1 PartGG.

[208] *Schirmer* schreibt hierzu in MedR 1995, 383 (384), es sei das Ziel der Vorschrift, „beliebige" Verbindungen zu verhindern, die einen medizinischen „Gemischtwaren-Laden" hervorbringen. Als Beispiele zulässiger integrativer medizinischer Kooperationen nennt er aaO die ambulante medizinische Rehabilitation zwischen Arzt, Physiotherapeut, Logopäde, Ergotherapeut, Psychologe, die Laboratoriumsmedizin zwischen Laborärzten, Klinischen Chemikern und medizinisch-technischen Assistenten sowie die Frauenheilkunde und Geburtshilfe zwischen Gynäkologe, Hebamme und Psychotherapeut.

[209] § 23a MBO lautete auszugsweise: (1) „Ärzte können sich auch mit selbständig tätigen und zur eigenverantwortlichen Berufsausübung befugten Berufsangehörigen der Berufe nach Absatz 2 zur kooperativen Berufsausübung zusammenschließen (medizinische Kooperationsgemeinschaft). Die Kooperation ist nur in Form einer Partnerschaftsgesellschaft nach dem PartGG oder aufgrund eines schriftlichen Vertrages über die Bildung einer Kooperationsgemeinschaft in der Rechtsform einer Gesellschaft bürgerlichen Rechts gestattet. Dem Arzt ist ein solcher Zusammenschluß im einzelnen nur mit solchen anderen Berufsangehörigen und in der Weise erlaubt, daß diese in ihrer Verbindung mit dem Arzt einen gleichgerichteten oder integrierenden diagnostischen Zweck bei der Heilbehandlung, auch auf dem Gebiete der Prävention und Rehabilitation, durch räumlich nahes und koordiniertes Zusammenwirken aller Berufsangehörigen erfüllen können ..."

Sodann folgten insgesamt sieben weitere einschränkende Erfordernisse, die den Schutz der eigenverantwortlichen und selbständigen Berufsausübung, die Einhaltung des Grundsatzes der freien Arztwahl und die Beachtung der übrigen berufsrechtlichen Bestimmungen sicherstellen sollten; vgl. zu alldem nunmehr gleichlautend Kapitel D. II Nr. 9 (1) der MBO 1997.

jeweils zuständigen Landesärztekammer.[210] Zu den assoziationsfähigen Berufen zählen dabei etwa Zahnärzte, Dyplompsychologen, Diplom-Sozialpädagogen, Hebammen, Logopäden, Ergotherapeuten, Diätassistenten etc.[211]

Sowohl in der ärztlichen Berufsausübungsgemeinschaft als auch in der medizinischen Kooperationsgemeinschaft bleibt der Gesellschaftszweck strikt auf die Ausübung der Heilkunde begrenzt.[212] „Misch-Unternehmen", die über die eigentliche ärztliche Berufsausübung hinausgehen, sollen vom Berufsrecht nicht zugelassen werden. In Entsprechung dessen sieht § 23b MBO eine eigenständige Regelung für die Beteiligung des Arztes an einer interdisziplinären Partnerschaft vor, in der er die Heilkunde nicht ausübt.[213] Damit soll den Ärzten als medizinischen Experten nach der Regelungsintention des Ärztetages die Zusammenarbeit mit nicht heilkundlich tätigen Freiberuflern, z. B. Architekten und Unternehmensberatern, insbesondere auf dem Felde interdisziplinärer Kooperation (etwa Krankenhausbau, Umweltberatung) ermöglicht werden.[214]

---

[210] Vgl. dazu § 23a V MBO: „Die Mitwirkung des Arztes in einer medizinischen Kooperationsgemeinschaft bedarf der Genehmigung der Ärztekammer. Der Ärztekammer ist der Kooperations- oder Partnerschaftsvertrag vorzulegen. Die Genehmigung ist zu erteilen, wenn die vorgenannten Voraussetzungen für den Arzt erfüllt sind. Auf Anforderung haben die Ärzte ergänzende Auskünfte zu erteilen."; damit vollinhaltlich übereinstimmend nunmehr Kapitel D. II. Nr. 9 (5) der MBO 1997.

[211] § 23a MBO bestimmte hierzu: „Ärzte können sich unter Berücksichtigung des Gebots nach Absatz 1 Satz 3 nur mit einem oder mehreren Angehörigen folgender Berufe zu einer medizinischen Kooperationsgemeinschaft zusammenschließen: 1. Akademische Berufe a) Zahnärzte, b) Psychologische Psychotherapeuten, Kinder- und Jugendlichenpsychotherapeuten, Diplompsychologen, c) Klinische Chemiker und andere Naturwissenschaftler, d) Diplom-Sozialpädagogen, Diplom-Heilpädagogen; 2. Staatlich anerkannte Berufe und weitere Berufe im Gesundheitswesen a) Hebammen, b) Logopäden und Angehörige gleichgestellter sprachtherapeutischer Berufe, c) Ergotherapeuten, d) Angehörige der Berufe in der Physiotherapie, e) Medizinisch-technische Assistenten, f) Angehörige staatlich anerkannter Pflegeberufe, g) Diätassistenten. Die für die Mitwirkung des Arztes zulässige berufliche Zusammensetzung der Kooperation richtet sich nach dem Gebot des Absatzes 1 Satz 3; es ist erfüllt, wenn Angehörige aus solchen der vorgenannten Berufsgruppen kooperieren, die mit dem Arzt entsprechend seinem Fachgebiet einen gemeinschaftlich erreichbaren medizinischen Zweck nach der Art ihrer beruflichen Kompetenz zielbezogen erfüllen können."; vgl. ebenso jetzt Kapitel D. II. Nr. 9 (2) der MBO 1997.

[212] *Schirmer* in MedR 1995, 341 (348).

[213] § 23b MBO hatte folgenden Wortlaut: „Einem Arzt ist es gestattet, in Partnerschaften gemäß § 1 Abs. 1 und Abs. 2 PartGG mit Angehörigen anderer Berufe als den in § 23a Abs. 2 genannten zusammenzuarbeiten, wenn er in der Partnerschaft nicht die Heilkunde am Menschen ausübt. Der Eintritt in eine solche Partnerschaftsgesellschaft ist der Ärztekammer anzuzeigen."; damit vollständig deckungsgleich auch die heutige Regelung in Kapitel D. II. Nr. 10 der MBO 1997.

[214] So *Schirmer* in MedR 1995, 341 (348); *ders.* in MedR 1995, 383 (387).

Eine so konzipierte „sonstige" Partnerschaft im Sinne des früheren § 23b MBO dürfte in der Rechtspraxis allerdings nur auf begrenztes Interesse stoßen. Denn nach dem gesetzgeberischen Willen fordert § 1 I 1 PartGG die aktive Ausübung der freien Berufstätigkeit in der partnerschaftlichen Verbindung; vgl. BT-Drucksache 12/6152, S. 7. Einem Arzt, dem in einer sonstigen Partnerschaft die ärztliche Berufsausübung qua Berufsrecht gerade untersagt ist, erfüllt diese Voraussetzungen nicht. Ihm ist der gesellschaftsrechtliche Zusammenschluß mit nicht heilkundlich tätigen Freiberuflern damit praktisch nur möglich, wenn er *neben* der Tätigkeit als Arzt *selbst* noch einen weiteren Freien Beruf – etwa den eines Unternehmensberaters – als Zweitberuf ausübt; vgl. *Bösert/Braun/Jochem*, S. 114 f. mit entsprechenden Beispielen. Die Bestimmung dürfte in der Praxis damit kaum einen nennenswerten Anwendungsbereich finden.

Von eminenter ökonomischer Bedeutung für die praktische Akzeptanz der Partnerschaft unter den niedergelassenen Ärzten sind die sich im Zusammenhang mit dem Vertragsarztrecht (früher: Kassenarztrecht) stellenden Fragen. Zu Beginn der neunziger Jahre waren bei leicht steigender Tendenz über 90 % der Bevölkerung in der gesetzlichen Krankenversicherung versichert.[215] Der Anwendungsbereich von Ärztepartnerschaften und medizinischen Kooperationsgemeinschaften bliebe folgerichtig vergleichsweise gering, sollten nur die Leistungen über privat Krankenversicherte und Selbstzahler über die Partnerschaft abwicklungsfähig sein. Die zumindest bislang fehlenden Regelungen im Vertragsarztrecht, insbesondere im Zulassungsrecht, bewirken eine gewisse Rechtsunsicherheit bei der Implementierung der neuen Gesellschaftsform in das Gebiet der gesetzlichen Krankenversicherung.[216]

Das Zulassungsrecht des SGB V und der Ärzte-ZV knüpft, vom Tatbestand der institutionellen Ermächtigung für Polikliniken, psychiatrische Institutsambulanzen und sozialpädiatrische Zentren nach den §§ 117 bis 119 SGB V abgesehen, zur Berechtigung der Teilnahme an der vertragsärztlichen Versorgung an die Person des Arztes an (Zulassungs-Personalstatut; §§ 95 SGB V, 18 Ärzte-ZV).[217] Nimmt man die parallele Vorschrift des § 33 Ärzte-ZV betreffend die ambulante Gemeinschaftspraxis zum Maßstab, die eine gemeinsame Ausübung der vertragsärztlichen Tätigkeit nur unter Vertragsärzten für zulässig erachtet, so liegt es nahe, in analoger Anwendung zu fordern, daß auch jeder Arzt der ärztlichen Partnerschaftsgesellschaft eine vertragsärztliche Zulassung innehaben muß.[218] Gleiches gilt für die medizinische Kooperationsgemeinschaft, bei der neben einer Zulassung des Arztes zur vertragsärztlichen Versorgung im Grundsatz auch die Angehörigen anderer Heilberufe einer Zulassung als Heilmittelerbringer gemäß § 124 SGB V bedürfen.[219] Unter diesen Voraussetzungen steht einer Teilnahme der in Ärztepartnerschaften und medizinischen Kooperationsgemeinschaften zusammengeschlossenen Berufsangehörigen an der vertragsärztlichen Versorgung allerdings nichts entgegen.

---

[215] Vgl. BSG SozR 3-5520, Nr. 1 zu § 25 Ärzte-ZV, 1 (5); *v. Maydell/Pietzcker*, S. 18; *Heinze* in MedR 1996, 252 (253) – Demgegenüber lag die Zahl der gesetzlich Krankenversicherten im Jahre 1960 bei lediglich 80 % der Bevölkerung; vgl. BVerfGE 11, 30 (43 f.); *v. Maydell/Pietzcker*, S. 18.

[216] *Schirmer* in MedR 1995, 341 – Der Hartmann-Bund vertrat anno 1994 gar die Ansicht, die Ausübung der ärztlichen Tätigkeit in einer Partnerschaft verstoße wegen des dort feststellbaren Regelungsdefizits gegen die Ärzte-ZV; dagegen zutreffend *Krieger* in MedR 1995, 95 unter Hinweis darauf, daß die Partnerschaft an der selbständigen freiberuflichen Tätigkeit der Partner nichts ändere, weil es sich bei ihr nicht um eine eigenständige juristische Person handele.

[217] Allg. Meinung; vgl. nur Schulin-*Funk*, Rn. 57 ff. zu § 32; *Schneider*, Rn. 792 ff.; *Hauck*, Rn. 3 ff. zu § 95 SGB V; *Schirmer* in MedR 1995, 383 (388); *Preißler* in MedR 1995, 110.

[218] Vgl. *Henssler*, Rn. 126 zu § 1 PartGG; *Schirmer* in MedR 1995, 383 (388) unter zusätzlicher Darlegung von Zweifelsfällen bei fachverschiedener Ärztepartnerschaft; kritisch dazu *Wertenbruch* in MedR 1996, 485 (486), wonach nur sichergestellt sein müsse, daß ausschließlich Ärzte mit entsprechender Zulassung die vertragsärztliche Tätigkeit für die Gesellschaft ausüben; unschädlich sei hingegen, wenn ein anderer Gesellschafter-Arzt ohne vertragsärztliche Zulassung daneben auch Privatpatienten behandele.

[219] *Schirmer* in MedR 1995, 383 (389) unter Hinweis auf die andere Situation bei Klinischen Chemikern, die im Rahmen der gesetzlichen Krankenversicherung ohnehin keine eigenständigen Leistungen als Heilmittelerbringer wahrnehmen.

Damit sind im Zuge der Partnerschaftsgesetzgebung erstmals auf breiter Grundlage die berufsrechtlichen Voraussetzungen für eine interprofessionelle Zusammenarbeit zwischen Ärzten und den Angehörigen anderer Heilberufe geschaffen worden. Die praktische Tragweite der neu zugelassenen medizinischen Kooperationsgemeinschaften für die strukturelle Entwicklung der Versorgung läßt sich derzeit zwar noch nicht abschließend einschätzen;[220] doch ist längerfristig durchaus vorstellbar, daß sich das Antlitz ambulanter ärztlicher Berufsausübung teilweise hin in Richtung auf integrative Gesundheitszentren verlagern könnte.[221]

Eine andere bedeutsame Neuheit brachte im vertragsärztlichen Bereich mit Wirkung zum 1.1.1993 daneben das Gesundheitsstrukturgesetz, das erstmals in begrenztem Umfang die dauerhafte Anstellung von Ärzten in der freien Niederlassung erlaubte.

Bis zu diesem Zeitpunkt gestattete die Zulassungsverordnung-Ärzte lediglich die Beschäftigung von Praxisassistenten und Praxisvertretern (§ 32 I, II Ärzte-ZV).[222] Der Assistent ist allerdings nur zur Arbeit unter Anleitung und Aufsicht des Praxisinhabers berechtigt, so daß sein Aktionsradius sehr eingeschränkt ist.[223] Demgegenüber ist der Praxisvertreter zwar selbständig tätig,[224] aber dies nur auf begrenzte Zeit.[225] Eine ungenehmigte Beschäftigung eines Assistenten oder Vertreters, die auf eine so weite Ausdehnung des Umfangs der vertragsärztlichen Tätigkeit abzielt, daß eine persönliche Überwachung und Anleitung durch den Praxisinhaber nicht mehr gewährleistet ist, hat die Rechtsprechung mit dem Verlust sämtlicher Vergütungsansprüche aus der Arbeit des Assistenten/Vertreters sanktioniert.[226]

Diese aus dem Prinzip der Freiberuflichkeit abgeleitete Selbstbeschränkung der niedergelassenen Ärzteschaft wurde im Zuge der deutschen Wiedervereinigung zunehmend in Frage gestellt. Insbesondere den Ärzten aus den neuen Bundesländern, die sich nicht selbst niederlassen wollten oder konnten, sollte die Chance eingeräumt werden, bei einem anderen niedergelassenen Arzt tätig zu sein.[227] Dieser Zielsetzung entsprach im weiteren Verlauf die Vertreterversammlung der Kassenärztlichen Bundesvereinigung, die am 7.12.1991 beschloß, daß der niedergelassene Arzt einen anderen Arzt für längere Zeit als sog. „Dauerassistenten" beschäftigen könne.[228] Der Marburger Bund machte gegenüber dieser Praxis, die zwischenzeitlich von den Kassenärztlichen Vereinigungen in Berlin und Schleswig-

---

220 So auch *Schirmer* in MedR 1995, 341 (348).

221 Im Land Brandenburg sind Überlegungen in dieser Richtung bereits zu Beginn der neunziger Jahre partiell verwirklicht worden. Dort entstanden unterschiedlich strukturierte Gesundheitszentren, in denen zum Teil eine enge Kooperation von angestellten und niedergelassenen Ärzten aus unterschiedlichen Fachgruppen untereinander sowie mit nicht-ärztlichem Personal, z. B. Diätassistenten, Krankengymnasten oder Selbsthilfegruppen stattfand; vgl. *Taupitz* in MedR 1993, 367.

222 Vgl. zur früheren Rechtslage eingehend *Narr/Hess/Schirmer*, Rn. 1078 ff.

223 Vgl. *Steinhilper* in MedR 1993, 292.

224 Dies gilt auch aus Sicht des Steuerrechts; vgl. nur BFH in BStBl. 1953 III, 142 (143 f.).

225 *Steinhilper* in MedR 1993, 292.

226 Vgl. BSG SozR 3-5525, Nr. 1 zu § 32 Zahnärzte-ZV, 1 (4); dies gilt ausdrücklich auch für Ansprüche aus ungerechtfertigter Bereicherung.

227 *Steinhilper* in MedR 1993, 292.

228 Vgl. *Steinhilper* in MedR 1993, 292.

Holstein praktiziert wurde, rechtliche Bedenken geltend und rügte, daß die Ärzte-ZV eine abschließende Regelung enthalte, die den angestellten Arzt nicht vorsehe.[229]

Daraufhin griff der Normgeber die Frage im Rahmen seiner Reformgesetzgebung auf und bestimmte in dem neu geschaffenen § 95 IX SGB V, daß der Vertragsarzt dazu berechtigt sei, einen ganztags beschäftigten Arzt oder höchstens zwei halbtags beschäftigte Ärzte anzustellen.[230] Dabei kann die Genehmigung zur Anstellung einem Vertragsarzt allerdings nur erteilt werden, wenn der angestellte Arzt fachlich derselben Arztgruppe wie der Praxisinhaber angehört.[231] Im übrigen soll der angestellte (Zahn-)Arzt die Versicherten nach der Judikatur des Bundessozialgerichts selbständig und ohne Abhängigkeit von Weisungen und Aufsicht des Praxisinhabers behandeln dürfen.[232] Dies folge daraus, daß der Gesetzgeber die Tätigkeit als angestellter (Zahn-)Arzt in der vertrags(zahn-)ärztlichen Praxis als vollwertige berufliche Beschäftigungsmöglichkeit für (Zahn-)Ärzte angesehen habe, die keine Kassenzulassung erhielten; damit sei das Betätigungsfeld dieser (Zahn-) Ärzte deutlich über die eher untergeordnete Tätigkeit als Weiterbildungs- oder Entlastungsassistent herausgehoben.[233]

Die Gesetzesnovellierung stieß in der Praxis zu Beginn auf reges Interesse,[234] doch greift zwischenzeitlich eine eher zurückhaltende Handhabung der Genehmigungserteilung durch die Zulassungsausschüsse nach § 32b Ärzte-ZV Platz. Hintergrund dieser restriktiven Genehmigungspraxis sind die in § 32b I 2 Ärzte-ZV und weiteren Übergangsvorschriften des GSG niedergelegten Bestimmungen, wonach über Anstellungsanträge erst nach Feststellung einer Überversorgung entschieden werden durfte, während Zulassungsanträge auch schon vor diesem Zeitpunkt beschieden werden konnten.[235] Rechtsprechung und Literatur werten dieses einhellig als Indiz für die legislative Grundsatzentscheidung eines

---

[229] *Steinhilper* in MedR 1993, 292.

[230] In der amtlichen Begründung zum Fraktionsentwurf des Gesundheitsstrukturgesetzes heißt es hierzu: „Seit langem wird kritisiert, daß die Voraussetzungen, unter denen ein niedergelassener Arzt Assistenten in seiner Praxis beschäftigen kann, im bisherigen Recht zu eng gefaßt sind. Es wird deshalb die Beschäftigung eines ganztagsbeschäftigten Arztes oder zweier halbtagsbeschäftigter Ärzte beim Vertragsarzt zugelassen. Die Neuregelung ist auch im Zusammenhang mit Zulassungsbeschränkungen zu sehen. Hierdurch werden weitere Beschäftigungsmöglichkeiten für medizinische Hochschulabsolventen geschaffen, die keine Kassenzulassung erhalten. Es ist zu erwarten, daß angestellte Ärzte vom niedergelassenen Arzt angemessen vergütet werden."; vgl. BT-Drucksache 12/3608, S. 93.

[231] Vgl. dazu nur SG Dortmund in NZS 1995, 561 (561 f.); BSG in MedR 1997, 132 (133 f.) mit zutreffenden systematischen Erwägungen zu § 32b II 3 Ärzte-ZV; zustimmend auch die Literatur; vgl. *Steinhilper* in NZS 1994, 347 (348); *ders.* in NZS 1995, 564; *Gronwald* in ArztR 3/94, 2 (5); *Maaß* in NJW 1996, 3053 (3056).

[232] Vgl. BSG in SozR 3-5525, Nr. 1 zu § 32b Zahnärzte-ZV, 1 (5); BSG in MedR 1997, 132 (134); so auch – allerdings unter einschränkendem Hinweis auf die Möglichkeit einer abweichenden Regelung im Arbeitsvertrag – *Steinhilper* in NZS 1994, 347 (348); *Gronwald* in ArztR 3/94, 2 (5).

[233] BSG in SozR 3-5525, Nr. 1 zu § 32b Zahnärzte-ZV, 1 (5).

[234] So wurden im Bereich der kassenärztlichen Vereinigung Westfalen-Lippe in den ersten 16 Monaten seit dem Inkrafttreten der Gesetzesänderung neben ca. 850 neu zugelassenen Ärzten auch ca. 90 Anstellungen von Ärzten genehmigt; vgl. *Gronwald* in ArztR 3/94, 2.

[235] Vgl. *Gronwald* in ArztR 3/94, 2 (3).

Vorrangs des zulassungswilligen selbständig tätigen Arztes gegenüber dem anstellungswilligen Berufsvertreter (sog. Nachrangprinzip).[236]

3. Zwischenergebnis

Zusammenfassend ist somit festzustellen, daß der Gesetzgeber mit der Realisierung des Partnerschaftsgedankens zur Mitte der neunziger Jahre eine spezifisch freiberufliche Gesellschaftsform zur Entstehung brachte, die im Hinblick auf die Vollendung des Europäischen Binnenmarktes insbesondere die Bildung größerer überregionaler und interprofessioneller Zusammenschlüsse unter den Berufsangehörigen erleichtern sollte. Die Partnerschaftsgesetzgebung erwies sich hierbei als der bewußte legislatorische Versuch, einer ansonsten erwarteten zunehmenden Nutzung gewerblicher Rechtsformen zur freiberuflichen Berufsausübung eine speziell den Angehörigen der Freien Berufe vorbehaltene Gesellschaftsform entgegenzusetzen.

Auf dem heilkundlichen Sektor nahm die niedergelassene Ärzteschaft das Gesetzgebungsverfahren zur Verabschiedung des PartGG zum Anlaß, berufsrechtlich erstmals eine gemeinschaftliche Berufsausübung mit den Angehörigen anderer freier Heilberufe in Form sog. medizinischer Kooperationsgemeinschaften zuzulassen, sofern der dadurch entstehende Zusammenschluß auf einen einheitlichen diagnostischen oder therapeutischen Zweck gerichtet ist. Die solcherart auf horizontaler Ebene eröffneten Kooperationsstrukturen erfuhren in vertikaler Richtung gleichzeitig eine legislative Weiterung dahin, daß der Gesetzgeber im Vertragsarztrecht als zusätzliche Novität die Voraussetzungen zur dauerhaften Anstellung von Ärzten bei anderen niedergelassenen Berufsvertretern schuf. Auf diese Weise sind im Bereich der ambulanten Gesundheitspflege neuartige normative Rahmenbedingungen für einen Prozeß entwickelt worden, an dessen Ende mittel- bis langfristig die partielle Bildung großer integrativer Gesundheitszentren stehen könnte.

III. Die generelle Öffnung der Kapitalgesellschaften zur freiberuflichen Berufsausübung durch die Rechtsprechung

Neben dem vorbeschriebenen Ausbau einer intra- und interprofessionellen Kooperation in größeren freiberuflichen Zusammenschlüssen und der gesetzgeberischen Bereitstellung einer eigens den Angehörigen der Freien Berufe vorbehaltenen Gesellschaftsform ist die vergangene Dekade schließlich von einer schrittweise vollzogenen, im Ergebnis sehr weitreichenden Öffnung der gewerblichen Rechtsformen zur freiberuflichen Berufsausübung seitens der höchstrichterlichen Judikatur gekennzeichnet.

Diese Entwicklung deutete sich ab Mitte der achtziger Jahre zunächst in der allmählichen richterlichen Gestattung einer Beschäftigung von Rechtsanwälten in solchen Wirtschaftsprüfungs- und/oder Steuerberatungsgesellschaften an, die – entsprechend der ge-

[236] vgl dazu SG Dortmund in NZS 1995, 561 (563 f.); *Bayer.* LSG in MedR 1996, 385 (386) m. w. N. unveröffentlichter Entscheidungen; *Steinhilper* in MedR 1993, 292 (294); *ders.* in NZS 1995, 564; *Gronwald* in ArztR 3/94, 2 (3); *Maaß* in NJW 1996, 3053 (3057).

werblich geprägten Entstehungsgeschichte des Wirtschaftsprüfer- und des Steuerberaterberufs – als Personenhandelsgesellschaft bzw. Kapitalgesellschaft ausgestaltet waren. In diesem Punkt gab die Judikatur ihre vormals strikt ablehnende Betrachtungsweise nun mehr und mehr auf. Statt dessen verlagerte sie die nach dem anwaltlichen Berufsrecht an eine solche Beschäftigung zu stellenden Anforderungen von der Ebene des Berufszugangs auf die nachgelagerte Ebene der Berufsausübung.

Auf einer zweiten Stufe sah sich die Rechtsprechung in den letzten Jahren schließlich veranlaßt, auch den klassischen freien Professionen die Kapitalgesellschaften weitgehend und unmittelbar zur anwaltlichen und ärztlichen Berufsausübung zu öffnen. Es empfiehlt sich daher, die unterschiedlichen Stadien dieser Judikatur einerseits unter dem Blickwinkel der Wandlungen in bezug auf eine Vereinbarkeit von Anwaltsberuf und Tätigkeit in einer Wirtschaftsprüfungs- bzw. Steuerberatungsgesellschaft sowie andererseits unter dem Gesichtspunkt der umfassenden gerichtlichen Anerkennung einer freien Berufsausübung in den Rechtsformen der Kapitalgesellschaften nachzuzeichnen.

1. Die Zulassung einer Beschäftigung von Rechtsanwälten in Wirtschaftsprüfungs- und Steuerberatungsgesellschaften

Nachdem der Bundesgerichtshof wie dargelegt annähernd drei Jahrzehnte lang eine Anstellung von Rechtsanwälten in Wirtschaftsprüfungs- und/oder Steuerberatungsgesellschaften mit gewerblicher Rechtsform untersagt hatte,[237] rückte er zur Mitte der achtziger Jahre schließlich mehr und mehr von dieser Haltung ab.

Langfristig gesehen zeigte die mit dem 3. StBerGÄndG vom 24.6.1975[238] eingefügte Bestimmung des § 50 II StBerG, die neben Steuerberatern auch Rechtsanwälte als Vorstandsmitglieder, Geschäftsführer oder persönlich haftende Gesellschafter von Steuerberatungsgesellschaften zuließ, doch Auswirkungen auf die höchstrichterliche Rechtsprechung. Im Jahre 1985 befand der BGH, aus dieser Bestimmung und dem ähnlich gefaßten § 28 II 2 WPO ergebe sich immerhin, daß es der Gesetzgeber nicht grundsätzlich für unvereinbar mit dem Berufsbild des Rechtsanwalts halte, wenn dieser als Gesellschafter oder Organ einer Steuerberatungs- und/oder Wirtschaftsprüfungsgesellschaft fungiere.[239] Entscheidend seien in dieser Beziehung vielmehr die Umstände des Einzelfalls, wobei insbesondere die Gestaltung der Gesellschaft, in welcher der Rechtsanwalt tätig zu werden wünsche, Berücksichtigung finden müsse.

In einem Fall, in dem der Rechtsanwalt als Gesellschafter einer offenen Handelsgesellschaft tätig werden wolle und bei der sich also – anders als bei einer Kapitalgesellschaft – die Frage einer gesetzlichen Haftungsbeschränkung auf das Vermögen der Gesellschaft nicht stelle, sei die begehrte Zulassung zur Anwaltschaft daher im Ergebnis auch aus Sicht des anwaltlichen Berufsrechts keinen durchgreifenden Bedenken ausgesetzt.[240] Allerdings müsse auch in dieser Konstellation strikt darauf geachtet werden, daß der Rechtsanwalt

[237] Siehe oben S. 75 ff.
[238] BGBl. I, S. 1509.
[239] BGHZ 94, 65 (70).
[240] BGHZ 94, 65 (70 f.).

nicht den Anschein erwecken dürfe, als übe er seine Tätigkeit als unabhängiger Berater und Vertreter in allen Rechtsangelegenheiten in der bzw. durch die Wirtschaftsprüfungs- oder Steuerberatungsgesellschaft aus. Aus diesem Grunde sei es insbesondere unzulässig, wenn die Berufsbezeichnung „Rechtsanwalt" Eingang in den Namen der offenen Handelsgesellschaft fände, weil auf diese Weise der Eindruck hervorgerufen werden könne, daß die Gesellschaft die Tätigkeit eines Rechtsanwalts ausübe.[241]

Damit blieb die Anstellung eines Rechtsanwalts in kapitalgesellschaftlich ausgestalteten Steuerberatungs- und/oder Wirtschaftsprüfungsgesellschaften wegen der dort im Verhältnis zum Ratsuchenden vertraglich fehlenden Eigenverantwortlichkeit nach der höchstrichterlichen Rechtsprechung zwar zunächst weiterhin mit dem anwaltlichen Berufsbild unvereinbar. Doch auch mit Blick auf diesen Inkompatibilitätsgrundsatz zeichnete sich alsbald ein Wechsel in der Judikatur ab.

Den Anfang machte Ende 1989 eine Entscheidung des BGH, wonach der Aufnahme eines Rechtsbeistands in die Rechtsanwaltskammer eine gleichzeitige Tätigkeit als Geschäftsführer einer Steuerberatungsgesellschaft nicht entgegenstehe.[242] Dem folgte zwei Jahre später schließlich die richterliche Feststellung, daß das berufsrechtliche Merkmal der Eigenverantwortlichkeit auch bei Fehlen einer unmittelbaren Rechtsbeziehung zu dem Ratsuchenden jedenfalls für die Stellung als Leitungsorgan einer Steuerberatungs-Kapitalgesellschaft bejaht werden könne.[243] Auch die Tätigkeit als Geschäftsführer einer Steuerberatungs-GmbH sei daher gemäß § 7 Nr. 8 BRAO mit der Ausübung des Anwaltsberufs vereinbar, soweit der Zulassungsbewerber nicht den Anschein erwecke, als wolle er in der Gesellschaft oder durch die Gesellschaft über die bloße Steuerberatung hinaus allgemein den Beruf des Rechtsanwalts als Berater und Vertreter in allen Rechtsangelegenheiten ausüben.[244]

Auf diese Weise behandelte der BGH die Anstellung von Rechtsanwälten in Wirtschaftsprüfungs- und/oder Steuerberatungsgesellschaften innerhalb des doppelten Schrankensystems der §§ 7 Nr. 8, 46 BRAO fortan nicht mehr als eine Frage des grundsätzlichen Berufszugangs, sondern als ein bloßes Problem auf der nachgelagerten Ebene der Berufsausübung. Gleichwohl blieben damit gerade die Kapitalgesellschaften für eine interprofessionelle Kooperation zwischen Rechtsanwälten, Wirtschaftsprüfern und Steuerberatern auch weiterhin verschlossen, weil die höchstrichterliche Rechtsprechung einer Ausübung der allgemeinen anwaltlichen Rechtsberatung in jenen Rechtsformen vor allem mit Blick auf die damit verbundene institutionelle Haftungsbeschränkung nach wie vor ablehnend gegenüberstand[245] und Wirtschafts- bzw. Steuerberatungsgesellschaften als solchen keine Befugnis zur uneingeschränkten Rechtsbesorgung nach dem RBerG zukommt.[246]

---

[241] BGHZ 94, 65 (71).

[242] BGHZ 109, 282 (285 f.).

[243] BGHZ 114, 343 (347); ebenso bereits die Vorinstanz EGH Baden-Württemberg in AnwBl. 1991, 262 (263).

[244] BGHZ 114, 343 (347); so zuvor auch schon *Laufhütte* in FS für Pfeiffer (1988), 959 (967); siehe zur Vereinbarkeit des Anwaltsberufs mit einer gleichzeitig ausgeübten Angestellten-Tätigkeit in einer Wirtschaftsprüfungsgesellschaft mbH im übrigen nur AGH Baden-Württemberg in ZIP 1997, 1503 (1504).

[245] So hob der Bundesgerichtshof in anderem Zusammenhang hervor, die fehlende Möglichkeit eines Auftretens von Rechtsanwälten in der Rechtsform einer GmbH beruhe auf dem anwaltlichen

Daneben zeigte die richterliche Anerkennung einer Vereinbarkeit des Anwaltsberufs mit einer Tätigkeit in einer Wirtschaftsprüfungs- und/oder Steuerberatungsgesellschaft allerdings mittelbare Folgewirkungen für die allgemeinere Problematik des Syndikusanwalts. Denn die vorbeschriebene Rechtsprechungsänderung stellte zugleich die generell entwikkelten Rechtsgrundsätze zur Überprüfung, mit denen die Judikatur bis dato fortlaufend solchen Berufsbewerbern die Zulassung zur Anwaltschaft versagt hatte, die in ihrer Eigenschaft als Angestellte eines privaten Dienstherrn Rechtsrat an Dritte erteilten.[247]

Nachdem das höchste Zivilgericht nunmehr die steuerberatende Tätigkeit des in einer Wirtschaftsprüfungs- oder Steuerberatungsgesellschaft abhängig Beschäftigten gegenüber dem ratsuchenden Publikum für mit dem Anwaltsberuf vereinbar hielt, entbehrte fortan auch die insbesondere den Verbandssyndici verweigerte Aufnahme in die Anwaltschaft einer tragfähigen Grundlage, soweit sie – in den Grenzen der Rechtsbesorgungsbefugnis ihres Arbeitgebers – nicht nur gegenüber dem Verband, sondern auch im Verhältnis zu den Verbandsmitgliedern rechtsberatend tätig wurden. Doch noch bevor der BGH seine diesbezügliche Rechtsprechung korrigieren konnte, erklärte das Bundesverfassungsgericht Ende des Jahres 1992 die entsprechende Judikatur für hinfällig, weil sie auf der Ebene der Berufswahl in das Grundrecht der Berufsfreiheit eingreife, obwohl durch die Auferlegung von Berufspflichten bereits das Mittel einer weniger einschneidenden Berufsausübungsregelung eine ebenso klare Trennung der verschiedenen Beratungstätigkeiten herbeiführen könne.[248]

Der Gesetzgeber fügte der Bestimmung des § 46 BRAO daraufhin anno 1994 im Rahmen der Berufsrechtsnovellierung die Absätze 2 und 3 an, die durch eine umfassende Anordnung von Tätigkeitsverboten eine konturschärfere Abgrenzung zwischen dem Handeln des Syndikusanwalts zum einen in seiner Eigenschaft als Angestellter eines privaten

---

Berufsbild; vgl. BGHZ 125, 1 (5). An der grundsätzlichen gesamtschuldnerischen Haftung von in Anwaltsgemeinschaften zusammengeschlossenen Anwälten sei jedenfalls solange festzuhalten, als nicht der Gesetzgeber durch eine Änderung der Haftungsstruktur von Anwaltsgesellschaften die Erwartungshaltung des rechtssuchenden Publikums hinsichtlich der persönlichen Haftung der zur gemeinsamen Berufsausübung verbundenen Rechtsanwälte modifiziere; vgl. BGHZ 119, 225 (233 f.); ähnlich zuvor schon BGH in NJW 1992, 3037 (3039).

Auch in einer Entscheidung aus dem Jahr 1996 hat das höchste Zivilgericht die persönliche Einstandspflicht des Rechtsanwalts im Unterschied zum Steuerberater in einem obiter dictum erneut betont; vgl. BGH in NJW 1996, 1954 (1955) – ausführliche Wiedergabe des betreffenden Wortlauts unten Seite 152 in Fn. 280.

[246] Vgl. dazu die §§ 3 StBerG; 2 II WPO; 4 I, II; 5 Nr. 2 RBerG – In Ansehung jener Vorschriften darf die Beschäftigung von angestellten Rechtsanwälten in kapitalgesellschaftlich organisierten Wirtschaftsprüfungs- und Steuerberatungsgesellschaften also nicht dazu führen, daß die wirtschaftsnahen freien Professionen ihre vornehmlich auf die Steuerberatung bezogenen Rechtsbesorgungsbefugnisse in unlauterer Weise auch in den Bereich der sonstigen allgemeinen Rechtsberatung hinein ausdehnen. Darin läge, weil die uneingeschränkte rechtsberatende Tätigkeit des angestellten Rechtsanwalts juristisch der betreffenden Wirtschaftsprüfungs- und/oder Steuerberatungsgesellschaft als Dienstherrin zuzurechnen ist, eine unerlaubte, insoweit nicht mehr vom RBerG gedeckte allgemeine Rechtsbesorgung; vgl. dazu insbesondere die Regelung des § 6 I, II RBerG.

[247] Siehe dazu oben Seite 75 ff.

[248] BVerfGE 87, 287 (328).

Dienstherrn und zum anderen in seiner Funktion als Rechtsanwalt herbeiführten.[249] Damit erteilte der Normgeber zugleich jenen Bestrebungen eine Absage, die zuvor dafür plädiert hatten, dem Syndikusanwalt auch im privaten Anstellungsverhältnis zu einem berufsfremden Dritten umfassend die Stellung als Rechtsanwalt mit allen Rechten und Pflichten einzuräumen.[250] Der Rechtsausschuß des Deutschen Bundestages betonte in Übereinstimmung mit den Gesetzesmaterialien zur Bundesrechtsanwaltsordnung von 1959 vielmehr erneut, daß sich der Syndikusanwalt bei der Tätigkeit für seinen privaten Dienstherrn nicht überzeugend in das allgemeine anwaltliche Berufsbild eines unabhängigen Organs der Rechtspflege einfügen lasse, da ihm im Rahmen seines privaten Arbeitsverhältnisses die Fähigkeit zur freien und unreglementierten Selbstbestimmung fehle.[251]

---

[249] Vgl. hierzu die entsprechenden Ausführungen im Gesetzentwurf der Bundesregierung zur Neuordnung des anwaltlichen Berufsrechts, BT-Drucksache 12/4993, S. 30: „Nummer 4 (die später in § 46 II BRAO aufgegangene Regelung; der Verf.) soll den besonderen Verhältnissen Rechnung tragen, die zu beachten sind, wenn ein Rechtsanwalt in seinem Zweitberuf für eine Organisation den Mitgliedern geschäftsmäßig Rechtsrat erteilt oder sogar für diese als Vertreter außergerichtlich oder gerichtlich tätig wird. Da der Rechtsanwalt bei seiner beruflichen Tätigkeit unabhängig ist und sich von Bindungen, die die Unabhängigkeit gefährden, freihalten muß (§ 43a I BRAO), der Angestellte jedoch grundsätzlich den Weisungen des Dienstherrn unterliegt, müssen beide Bereiche scharf voneinander getrennt werden. Nur so kann verhindert werden, daß in derselben Sache ein Rechtsberater tätig wird, der sowohl die beruflichen Pflichten als Rechtsanwalt, aber auch die Weisungsbefugnis seines Dienstherrn beachten muß."

Parallel dazu weitete der Gesetzgeber durch eine Neufassung des § 45 BRAO auch allgemein die Tatbestände aus, in denen einem Rechtsanwalt wegen vorheriger anderweitiger Beschäftigung mit derselben Angelegenheit die Berufstätigkeit versagt bleibt. Auf diese Weise sollte eine klare Trennung zwischen der anwaltlichen Betätigung und der in einem Zweitberuf erreicht werden, um mit dem gegenüber der Nichtzulassung verfassungsrechtlich verhältnismäßigeren Mittel von Berufsausübungsregelungen die Gefahr von Interessenkollisionen stärker einzudämmen; vgl. hierzu näher BT-Drucksache 12/4993, S. 29.

[250] Vgl. dazu etwa *Biermann* in AnwBl. 1990, 420 (422 ff.).

[251] Vgl. den Bericht des Rechtsausschusses (6. Ausschuß), BT-Drucksache 12/7656, S. 49: „... Der Ausschuß ist in seinen Beratungen zu dem Ergebnis gekommen, daß das in den §§ 1 bis 3 BRAO normierte Berufsbild des Rechtsanwalts, wie es sich auch in der Allgemeinheit von ihm als unabhängigem Organ der Rechtspflege gebildet hat, mit der Tätigkeit unvereinbar ist, wenn der Syndikus im Rahmen seines Dienstverhältnisses als Anwalt auftritt. Bei der Tätigkeit, die der Syndikus für seinen Dienstherrn leistet, sind dann, wenn der Syndikus persönlich mit der Materie des Einzelfalls befaßt gewesen ist, die durch das Gesetz der freien Advokatur gekennzeichneten typischen Wesensmerkmale der freien Berufsausübung, die das Bild des Rechtsanwalts bestimmen, nicht gegeben. Seine freie und unreglementierte Selbstbestimmung wäre im Rahmen seines Arbeitsverhältnisses, in dem er grundsätzlich dem Prinzip der Über- und Unterordnung unterliegt, nicht gewährleistet ..."

Der vorzitierte Passus in den Gesetzgebungsmaterialien wird in der Literatur teilweise sogar dahin interpretiert, als habe sich der Gesetzgeber im Rahmen der Berufsrechtsnovellierung 1994 dahin entschieden, daß zukünftig – abweichend von der vormaligen Rechtslage – *jede* Tätigkeit, die der Syndikus im Zusammenhang mit seinem Anstellungsverhältnis für den berufsfremden Dienstherrn ausführt, nicht mehr als anwaltliches Handeln eingestuft werden könne; vgl. so etwa Henssler/Prütting-*Henssler*, Rn. 19 zu § 46 BRAO. Demgegenüber wird man angesichts des eindeutigen Wortlauts des § 46 I BRAO jedoch auch weiterhin davon auszugehen haben, daß ein Syndikus im außerforensischen Bereich einerseits als bloßer Angestellter, andererseits aber auch in seiner Eigenschaft als Rechtsanwalt für den berufsfremden Arbeitgeber auftreten kann, soweit er letzteres von vornherein ausdrücklich klarstellt und die übrigen Tätigkeitsverbote des § 46 II, III BRAO ebenfalls

Die Rechtsprechung hat demgemäß auch nach der anwaltlichen Berufsrechtsreform und trotz teilweise kritischer Literaturstimmen, die das Auftreten der Syndici im Rahmen ihrer Beschäftigungsverhältnisse durchweg als echte Anwaltstätigkeit behandelt wissen wollen,[252] zu Recht weiter an der grundsätzlichen Scheidung zwischen der freien Anwaltstätigkeit und dem Handeln im privatrechtlichen Anstellungsverhältnis festgehalten.[253] So fordert die Judikatur nach wie vor, daß ein Berufsbewerber eine Zulassung zur Anwaltschaft nur erreichen kann, wenn ihm *neben* seiner Beschäftigung bei einem berufsfremden Dritten in nennenswertem Umfang die tatsächliche Möglichkeit zur Ausübung einer unabhängigen Rechtsanwaltstätigkeit bleibt.[254] Auch die Beachtung der im Wege von Berufs-

---

nicht entgegenstehen; wie hier Feuerich/Braun-*Feuerich*, Rn. 21 zu § 46 BRAO; wohl auch *Prütting* in AnwBl. 1997, Beilage zu Heft 11, 5 (9).

[252] Vgl. *Kleine-Cosack* in NJW 1994, 2249 (2254); ähnlich *Roxin* in NJW 1995, 17 (19 ff.) und *Prütting* in AnwBl. 1997, Beilage zu Heft 11, 5 (11 ff.) sowie ausführlich C. *Bissel*, S. 68 ff.; 155 ff., der aaO ein sog. „Zweibereichsmodell" favorisiert. Danach sei es dem Syndikusanwalt freigestellt, neben seiner Tätigkeit für einen privaten Dienstherrn den Anwaltsberuf auch in freier Praxis auszuüben; unabhängig davon werde er aber auch im Rahmen seines Anstellungsverhältnisses stets als Anwalt tätig. Im Falle einer Kollision zwischen anwaltlichen Berufspflichten und entgegenstehenden arbeitsrechtlichen Weisungen des privaten Dienstherrn verfielen letztere wegen Verstoßes gegen das Berufsgesetz bzw. die anwaltliche Berufsordnung gemäß den §§ 134, 138 BGB der Unwirksamkeit; vgl. S. 134 ff.

Unbeschadet des Rechtsproblems, in welchem Umfang berufsgesetzlichen Vorschriften und berufsständischen Satzungen vorbehaltlos der Charakter von Verbotsnormen zugesprochen werden kann (generell ablehnend für das Satzungsrecht etwa *Taupitz* in JZ 1994, 221, 224 ff.; *Kleine-Cosack*, Rn. 15 u. 17 zu § 59b BRAO wegen fehlender Rechtssetzungskompetenz der Kammern zur Gestaltung auch der privatrechtlichen Rechtsbeziehungen ihrer Mitglieder), bleibt demgegenüber darauf hinzuweisen, daß die durch § 46 BRAO normierten Berufsausübungsschranken der Sache nach wohl weniger darauf beruhen, daß sich keine irgend geartete rechtliche Konstruktion finden ließe, welche die anwaltliche Unabhängigkeit des Syndikus im Verhältnis zu seinem privaten Arbeitgeber *rechtstheoretisch* wahren könnte. Maßgebend für die grundsätzlich aufrechterhaltene Trennung der anwaltlichen Betätigung von dem Handeln für den privaten Dienstherrn dürfte vielmehr die gesetzgeberische Erwägung bleiben, daß sich der Syndikus aufgrund seines Arbeitsvertrags in einem *institutionell vorgegebenen wirtschaftlichen Abhängigkeitsverhältnis zu einem berufsfremden Dritten* befindet. Diese institutionalisierte ökonomische Einbindung in die Interessensphäre eines privaten Dienstherrn gefährdet bei typisierender Betrachtung die für eine eigenverantwortliche Berufsausübung notwendige Objektivität und rechtfertigt zur Vermeidung von naheliegenden Interessenkollisionen die entsprechenden Restriktionen auf der Ebene der Berufsausübung; ähnlich auch Henssler/Prütting-*Henssler*, Rn. 8 ff. zu § 46 BRAO.

[253] Vgl. hierzu unter Anknüpfung an BGHZ 33, 276 (279) besonders deutlich BAG in NJW 1996, 2254 (2255): „Unabhängigkeit ist ein Wesensmerkmal des Rechtsanwalts ... Der Syndikusanwalt entspricht bei seiner Tätigkeit als Syndikus für seinen Dienstherrn nicht dem allgemeinen anwaltlichen Berufsbild, wie es in der Vorstellung der Allgemeinheit besteht. In das Berufsbild des Anwalts, das sich von ihm als einem unabhängigen Organ der Rechtspflege geformt hat, läßt sich *nur* die Tätigkeit einfügen, die der Syndikus als Anwalt *außerhalb* seines Dienstverhältnisses ausübt. Der Syndikusanwalt hat zwei Arbeitsbereiche: Einen arbeitsvertraglich gebundenen und einen als freier Anwalt. Im Rahmen des Arbeitsverhältnisses besitzt er keine Unabhängigkeit, sondern unterliegt dem Prinzip der Über- und Unterordnung ... Es liegen insoweit zwei Berufe derselben Person vor."

[254] AGH Baden-Württemberg in BRAK-Mitt. 1996, 165 (166); grundlegend zu dieser Rechtsprechung bereits BGH in NJW 1961, 216 (217); zustimmend auch Henssler/Prütting-*Henssler*, Rn. 16 zu § 46 BRAO.

ausübungsregelungen neu eingeführten Tätigkeitsverbote (vgl. etwa §§ 45 I Nr. 4, II Nr. 2; 46 II, III BRAO) wird besonders betont, um Pflichtenkollisionen und der daraus resultierenden Gefahr von Vertrauensverlusten wirksam begegnen zu können.[255]

Gleichwohl läßt sich prognostizieren, daß die Zahl der Syndikusanwälte, die schon im Jahre 1990 ca. 25 % aller zugelassenen Rechtsanwälte gestellt haben sollen,[256] aufgrund der verfassungsrechtlich indizierten neueren Rechtslage in Zukunft sowohl absolut als auch relativ deutlich ansteigen wird.[257] Es scheint – zumindest auf dem Boden der vorstehend mitgeteilten empirischen Daten[258] – daher durchaus vorstellbar, daß der Anteil der zur Anwaltschaft zugelassenen Syndici bei unverändertem Fortbestand der gegenwärtigen normativen Rahmenbedingungen schon in einigen Jahren die Quote der ausschließlich in freier Praxis tätigen Berufsvertreter übertreffen wird.

2. Die gerichtliche Anerkennung der ambulanten Heilkunde- und der Anwalts-GmbH

Die erste Hälfte der neunziger Jahre zeichnete sich im weiteren schließlich dadurch aus, daß die Rechtsprechung den Angehörigen der freien Professionen zuletzt auch die gewerblichen Rechtsformen der Kapitalgesellschaften umfassend zur freiberuflichen Berufsausübung öffnete. Diese Entwicklung deutete sich anfangs eher im peripheren heilkundlichen Bereich an, griff dann aber sehr rasch auf die klassisch freiberufliche Arzttätigkeit über und erfaßte am Ende auch die anwaltliche Berufsausübung.

Dabei waren es in erster Linie verfassungsrechtliche Erwägungen, welche die dahingehende Entscheidungsfindung der Judikatur prägten und sich insbesondere in einer stärkeren Berücksichtigung des Grundrechts der Berufsfreiheit bei der richterlichen Rechtsanwendung und Gesetzesauslegung niederschlugen. Im einzelnen stellte sich das Rechtsproblem der „Freiberufler-GmbH" in diesem Zusammenhang zuerst den Zivilgerichten sowie im weiteren Verlauf auch der Sozialgerichtsbarkeit.

a) Die Rechtsprechung der Zivilgerichte

Zu Beginn der neueren Rechtsprechung mußte sich der Bundesgerichtshof im Jahre 1991 mit der Rechtsfrage beschäftigen, ob eine GmbH als juristische Person dazu berechtigt sei,

[255] Vgl. etwa die Entscheidungen des BGH in NJW 1996, 2377 und 2378.

[256] Vgl. die Angaben bei *Biermann* in AnwBl. 1990, 420 (423); ähnlich die von *Koch* mitgeteilten Daten in Gilles (Hrsg.), 153 (156); *ders.*, Verhandlungen des 58. DJT (1990), Teil M, 31 (49).

[257] Ebenso auch die Einschätzung von *Prütting* in AnwBl. 1997, Beilage zu Heft 11, 5 (9); vgl. hierzu im übrigen nur BGH in NJW 1996, 2377 – zulässige Tätigkeit einer Rechtsanwältin bei Arbeitgeberverband –; BGH in NJW 1996, 2378 – zulässige Tätigkeit eines Rechtsanwalts in einer Versicherungsgesellschaft -

[258] Eine neue und vergleichsweise umfassend angelegte empirische Studie über das Berufsbild des Syndikusanwalts will im Gegensatz zu den oben mitgeteilten Zahlen nunmehr allerdings zu dem – in der Tat sehr überraschenden – Ergebnis gekommen sein, daß lediglich 6 % der deutschen Anwälte Syndikusanwälte seien und damit weit weniger als bisher angenommen worden ist; vgl. dazu die Ergebnisse der empirischen Erhebung von *Hommerich* in AnwBl. 1997, Beilage zu Heft 11, 14 (15).

selbst heilkundliche Leistungen auf dem Gebiet des Heilpraktikerwesens anzubieten, ohne im Besitz einer eigenen behördlichen Erlaubnis nach § 1 I HeilpraktG[259] zu sein. Die Judikatur entschied in diesem Zusammenhang zwar, daß eine Erlaubniserteilung an die juristische Person wegen der an natürliche Personen gebundenen Qualifikationsvoraussetzungen (vgl. § 2 der 1. DVO zum HeilpraktG) rechtlich ausgeschlossen sei.[260] Doch unterfielen der Erlaubnispflicht nur solche Tätigkeiten, die die unmittelbare Beratung und Behandlung von Patienten auf dem Gebiet des Heilpraktikerwesens zum Gegenstand hätten. Der bloße Abschluß von Behandlungsverträgen sei demgegenüber noch nicht als Ausübung der Heilkunde anzusehen, da es sich dabei nicht um eine Tätigkeit zur Feststellung, Heilung oder Linderung von Krankheiten i. S. d. § 1 II HeilpraktG handele, sondern lediglich um die Schaffung der rechtlichen Voraussetzungen für eine solche Tätigkeit.[261]

Der Schutzzweck des Heilpraktikergesetzes bestehe allein darin, sicherzustellen, daß die Heilkunde nicht durch Personen ohne Erlaubnis ausgeübt werde, deren Tätigkeit Gefahren für die Volksgesundheit mit sich bringe.[262] Diesem Normzweck könne jedoch bereits dadurch hinreichend Rechnung getragen werden, daß die in Diensten der juristischen Person stehenden natürlichen Personen, wenn sie die Heilbehandlungen selbst aktiv und fachlich eigenverantwortlich durchführen könnten, über die notwendige Erlaubnis verfügten.[263] Solange die GmbH daher nicht selbst unmittelbar auf die von ihren Bediensteten vorgenommenen heilkundlichen Behandlungen – etwa durch eigene Indikationsstellungen und Behandlungsanordnungen bzw. andere Weisungen fachlicher Art – Einfluß nehme, erfordere es der Schutzzweck des Heilpraktikergesetzes auch nicht, sie selbst als erlaubnispflichtig anzusehen.[264]

Auf der Basis dieser Ausführungen hielt es das höchste Zivilgericht im Ergebnis für rechtens, daß eine GmbH die Erbringung von heilkundlichen Leistungen auf dem Gebiete des Heilpraktikerwesens im Rechtsverkehr als eigene Leistung anbot und entsprechende Behandlungsverträge mit dem ratsuchenden Publikum abschloß.

Eine Übertragung dieser Argumentation auf die Ausübung der ärztlichen Heilkunde allgemein lag nahe,[265] und es dauerte dementsprechend kaum zwei Jahre, bis sich das höchste Zivilgericht auch mit der rechtlichen Zulässigkeit einer GmbH-Gestaltung zu befassen hatte, die nach ihrem Unternehmensgegenstand ambulante Zahnbehandlungen als eigene vertragliche Leistungen erbringen wollte. Nachdem der 9. Zivilsenat des BGH zwischenzeitlich noch offengelassen hatte, ob die Ausübung der ärztlichen Heilkunde überhaupt ein gesetzlich zulässiger Zweck einer GmbH-Gründung sein könne (§§ 1 GmbHG, 134 BGB),[266] knüpfte der 1. Zivilsenat Ende des Jahres 1993 wiederum an seine vormals zum Heilpraktikergesetz entwickelte Rechtsprechung an und erklärte auch die Zahnbehandlungs-GmbH für rechtlich unbedenklich.[267]

---

[259] HeilpraktG i. d. F. vom 2.3.1974; BGBl. I, 469.
[260] BGH in NJW-RR 1992, 430.
[261] BGH in NJW-RR 1992, 430.
[262] Vgl. dazu bereits BGH in GewArch 1987, 398 (399).
[263] BGH in NJW-RR 1992, 430 (431).
[264] BGH in NJW-RR 1992, 430 (431).
[265] Vgl. in diesem Sinne zuerst *Taupitz* in VersR 1992, 1064 ff.; *ders.* in NJW 1992, 2317 ff.
[266] Vgl. BGH in NJW 1992, 1159 (1160).
[267] Vgl. BGHZ 124, 224 ff.

Ebenso wie schon die Erlaubnispflicht nach § 1 I HeilpraktG stehe auch das Approbationserfordernis des § 1 ZHG einer Angebotsgestaltung nicht entgegen, bei der eine GmbH gegenüber dem Publikum zahnärztliche Behandlungen als eigene, vertragsgemäß zu erbringende Leistungen anbiete, die sie von bei ihr angestellten approbierten Zahnärzten vornehmen lasse.[268] Mit sachlich gleichlautender Begründung stellte das Gericht darauf ab, der Ausübung der Zahnheilkunde sei lediglich diejenige Betätigung zuzuordnen, die – unmittelbar oder mittelbar durch entsprechende Behandlungsanweisungen – den eigentlichen, fachlichen Bereich der zahnärztlichen Tätigkeit, d. h. die Feststellung, Heilung oder Linderung des Leidens des Patienten betreffe. Soweit die GmbH daher lediglich die rechtlichen und tatsächlichen Voraussetzungen für eine solche Betätigung der bei ihr angestellten Zahnärzte schaffe und sich im übrigen direkter Weisungen oder anderer Einflußnahmen spezifisch fachlicher, behandlungsbezogener Art enthalte, bedürfe sie auch keiner zahnärztlichen Approbation, die sie als juristische Person in Ansehung des § 2 ZHG ohnehin nicht erhalten könne.[269]

Daneben rückte der BGH nunmehr zusätzlich das Grundrecht der Berufsfreiheit in den Mittelpunkt seiner rechtlichen Begründung. Die ambulant tätige Zahnbehandlungs-GmbH könne sich als in Deutschland ansässige juristische Person gemäß Art. 12 I GG auf das Recht der freien Berufswahl berufen, so daß es für die Beurteilung der in Rede stehenden Tätigkeit nicht darauf ankomme, ob es gesetzliche Bestimmungen gebe, die jene Tätigkeit zuließen.[270] Vielmehr sei umgekehrt lediglich zu prüfen, ob es rechtliche Regelungen gebe, die eine entsprechende Berufsausübung verbieten würden, und ob solche Regelungen, falls und soweit sie bestünden, mit dem Grundrecht der Berufsfreiheit vereinbar seien.[271]

Diese Betrachtungsweise knüpfte ersichtlich an ein höchstrichterliches Urteil aus dem Jahr 1977 an, das seinerzeit unter dem Aspekt des privaten Krankenversicherungsschutzes die Erstattungsfähigkeit der Kosten für eine ambulante Heilbehandlung in dem ersten als Kapitalgesellschaft gegründeten Privatkrankenhaus in der Bundesrepublik – der bereits erwähnten Deutsche Klinik für Diagnostik AG – bejaht hatte.[272] Schon in der damaligen Entscheidung hatte der BGH ausgesprochen, daß nicht die Klinik-AG, sondern nur die von ihr angestellten Ärzte den ärztlichen Beruf ausübten, wofür sie lediglich die personellen, sächlichen und räumlichen Voraussetzungen schaffe.[273] Im Hinblick auf Art. 12 I GG bedürfe das Unternehmen der DKD AG keiner speziellen gesetzlichen Erlaubnis, um selbst Verträge über die ambulante Heilbehandlung abschließen zu dürfen; vielmehr liege die

---

[268] BGHZ 124, 224 (225 f.); desgleichen schon die Vorinstanzen LG Düsseldorf in MedR 1991, 149 (150); OLG Düsseldorf in MedR 1992, 46 (47).

[269] BGHZ 124, 224 (226); LG Düsseldorf in MedR 1991, 149 (150); OLG Düsseldorf in MedR 1992, 46 (47).

[270] BGHZ 124, 224 (225); LG Düsseldorf in MedR 1991, 149 (150 f.); OLG Düsseldorf in MedR 1992, 46 (46 f.).

[271] BGHZ 124, 224 (225); OLG Düsseldorf in MedR 1992, 46 (47).

[272] BGHZ 70, 158 ff.

[273] BGHZ 70, 158 (166 f.).

Bedeutung des Art. 12 I GG für die Klinik AG gerade darin, daß die Berufsfreiheit in gleichem Maße auch die Gewerbefreiheit miteinschließe.[274]

Unter Fortführung dieser Judikatur sprach der BGH für die Zahnbehandlungs-GmbH sodann aus, es sei keine rechtliche Regelung ersichtlich, die eine juristische Person an einer entsprechenden Berufswahl hindere und dabei zugleich dem Regelungsvorbehalt des Art. 12 I 2 GG genüge.[275] Zwar sei der Beruf des niedergelassenen Arztes oder Zahnarztes ein durch Rechtstradition und allgemeine rechtliche Anschauung geprägter, typischer Beruf, doch fehle es an der nach Art. 12 GG erforderlichen Festlegung dieser Berufsbilder und ihrer Ausschließlichkeit durch Gesetz oder vorkonstitutionelles Gewohnheitsrecht.[276]

Anders als beim Beruf des Apothekers oder bei Wirtschaftsprüfern und Steuerberatern habe der Gesetzgeber bisher davon abgesehen, bestimmte Berufsbilder für die heilkundliche Betätigung festzulegen und durch nähere, verfassungskonforme Einschränkungen in einer Weise zu regeln, die den Anforderungen an einen wirksamen Schutz des hochrangigen Gemeinschaftsguts der Volksgesundheit gegen unangemessene und möglicherweise Gefährdungen begründende Formen der beruflichen Betätigung auf dem Gebiet des Heilwesens gerecht werden könnten.[277] Ohne gesetzliche oder vorkonstitutionelle gewohnheitsrechtliche Normen seien die ordentlichen Gerichte aber nicht befugt, Regelungen, auch wenn sie diese im Interesse der Allgemeinheit für wünschenswert oder gar für notwendig hielten, selbst durch Entwicklung eigener Rechtssätze vorzunehmen, wenn letztere – wie vorliegend – das Recht der freien Berufswahl einschränken würden.[278]

Auf der Grundlage dieser Rechtsausführungen sah sich der BGH veranlaßt, auch die Tätigkeit einer Zahnbehandlungs-GmbH, die die Erbringung der entsprechenden heilkundlichen Leistungen gegenüber den ratsuchenden Patienten als eigene Leistung versprach, für rechtmäßig zu erklären. Damit hatte die ambulant agierende Heilkunde-GmbH im Ergebnis zugleich umfassend im gesamten Bereich der klassisch freiberuflichen Tätigkeit des niedergelassenen (Zahn-)Arztes ihre höchstrichterliche Anerkennung erfahren.

Diese maßgebend von verfassungsrechtlichen Erwägungen getragene Rechtsprechung hielt zum Ende des Jahres 1994 schließlich auch im Bereich der anwaltlichen Berufsausübung Einzug. Bemerkenswerterweise war es hier nicht der Bundesgerichtshof, sondern das BayObLG, welches eine GmbH, die nach ihrem Unternehmensgegenstand die Besorgung fremder Rechtsangelegenheiten einschließlich der Rechtsberatung durch Übernahme von Anwaltsaufträgen als eigene Leistung anbieten wollte, für rechtlich zulässig erachtete.[279]

Während der BGH die Zulassung einer Anwalts-GmbH wegen der damit verbundenen institutionellen Haftungsbeschränkung als Entscheidung bewertete, die exklusiv dem Ge-

---

274 BGHZ 70, 158 (167 f.) – Im übrigen gewährleiste Art. 12 I GG auch den bei der DKD angestellten Ärzten ihre in dieser Form gewählte Berufsausübung; denn Art. 12 I GG unterscheide nicht zwischen dem selbständig und dem unselbständig ausgeübten Beruf; vgl. aaO, 168.

275 BGHZ 124, 224 (225); LG Düsseldorf in MedR 1991, 149 (150 f.); OLG Düsseldorf in MedR 1992, 46 (48).

276 BGHZ 124, 224 (227 f.).

277 BGHZ 124, 224 (228 f.).

278 BGHZ 124, 224 (229 f.).

279 Vgl. BayObLG in NJW 1995, 199 ff.; inhaltlich erneut bestätigt in ZIP 1996, 1706 ff.

setzgeber vorbehalten sei[280] und daneben wohl auch zur Annahme einer Erlaubnispflichtigkeit der Gesellschaft nach dem RBerG tendierte,[281] machte sich das BayObLG vollum-

---

[280] BGH in NJW 1992, 3037 (3039); BGHZ 119, 225 (233 f.); in dieser Richtung auch BGHZ 125, 1 (5); ebenso *Odersky* in AnwBl. 1991, 238 (242).

Bemerkenswert scheint, daß das höchste Zivilgericht auch nach der ersten Entscheidung des BayObLG zur Zulässigkeit einer Anwalts-GmbH scheinbar unbeeindruckt weiter an dem Prinzip einer persönlichen Einstandspflicht des Rechtsanwalts festgehalten hat. So findet sich – gerade als ob es den Beschluß des BayObLG niemals gegeben hätte – im Urteil des 9. Zivilsenats vom 21.3.1996 betreffend die Nichtigkeit eines Vertrages zur Hilfeleistung in Steuersachen folgendes obiter dictum: „... Es kommt hinzu, daß ein Steuerberater – *anders als ein Rechtsanwalt* – bei seiner Berufsausübung nicht notwendigerweise in eigene Rechtsbeziehungen zu den Auftraggebern treten muß; er darf vielmehr auch als Angestellter von unabhängigen Steuerberatern (§ 58 I StBerG) und den in § 58 II StBerG genannten Einrichtungen tätig sein, wenn die in § 60 StBerG genannten Voraussetzungen erfüllt sind ...“; vgl. BGH in NJW 1996, 1954 (1955) – textliche Hervorhebung vom Verf. –.

In Anbetracht des Umstands, daß die §§ 58 II, 60 StBerG gerade auch die Tätigkeit eines Steuerberaters in kapitalgesellschaftlich organisierten Steuerberatungsgesellschaften zum Gegenstand haben, tritt die Rechtsprechung des BGH hier in einen unaufgelösten Widerspruch zu derjenigen des BayObLG; ebenso *Wolfsteiner* in NJW 1996, 3262. In seiner „Zweitentscheidung“ lehnte es das BayObLG aus verfahrensrechtlichen Gründen allerdings explizit ab, wegen einer mit der Beschwerde gerügten Abweichung von der BGH-Rechtsprechung eine Vorlage an das höchste Zivilgericht zu veranlassen; vgl. BayObLG in ZIP 1996, 1706 (1708).

[281] In der vorerwähnten Ausgangsentscheidung der neueren Rechtsprechung zur „Freiberufler-GmbH“ hatte der BGH in NJW-RR 1992, 430 (430 f.) für jene Gesellschaft, die heilkundliche Leistungen auf dem Gebiet des Heilpraktikerwesens als eigene anbot, im Zusammenhang mit der fehlenden Erlaubnispflicht nach dem HeilpraktG ausgeführt: „... Auch dadurch, daß die Bekl. (die Heilkunde-GmbH, sic!) sich der Person, die die chiropraktischen Behandlungen vornimmt, als Erfüllungsgehilfen in ihrem Verhältnis zu den Patienten bedient, wird sie – *insoweit abweichend von Erlaubnisregelungen in anderen Gesetzen (vgl. BGHZ 98, 330 ff.; BGH in NJW 1987, 3003 ff.)* – nicht ohne weiteres selbst der Erlaubnispflicht des § 1 I HeilpraktG unterworfen.“ – textliche Hervorhebung vom Verf. –.

In den in bezug genommenen Urteilen hatte der BGH zuvor den allgemeinen Rechtsgrundsatz aufgestellt, daß derjenige, der fremde Rechtsangelegenheiten besorge, dazu in eigener Person befugt sein müsse. Es genüge nicht, wenn er sich zur Erfüllung der geschäftsmäßig übernommenen Verbindlichkeiten eines zugelassenen Rechtsberaters bediene; vgl. BGHZ 98, 330 (335); BGH in NJW 1987, 3003 (3004). Demgemäß hielt der BGH auch denjenigen für selbst nach dem RBerG erlaubnispflichtig, der die von ihm geschäftsmäßig betriebene Rechtsbesorgung tatsächlich von zugelassenen Rechtsberatern vornehmen ließ; vgl. so explizit BGH in NJW 1987, 3003 (3004); ebenso zuvor bereits LG Stuttgart in AnwBl. 1965, 352 (353); später auch OLG Schleswig in AnwBl. 1989, 245; BVerwG in NJW 1991, 58 (59); BayObLG in NJW 1991, 1190 (1191); BGHZ 122, 327 (331). Diese Grundsätze hat das höchste Zivilgericht in dem vorzitierten Urteil aus dem Jahr 1996 vollinhaltlich bestätigt. Danach ist ein Vertrag, durch den sich eine dazu nicht befugte Person zur Hilfeleistung in Steuersachen verpflichtet, auch dann nichtig, wenn sie die Arbeiten durch einen Steuerberater als Erfüllungsgehilfen ausfüllen läßt; vgl. BGH in NJW 1996, 1954 (1955) unter ausdrücklicher Bezugnahme auf die vorstehenden Urteile. Es scheint durchaus vorstellbar, daß der BGH auf der Grundlage dieser Rechtsprechung ebenso auch eine Rechtsberatungs-GmbH, welche die Besorgung fremder Rechtsangelegenheiten einschließlich der Rechtsberatung durch Übernahme von Anwaltsaufträgen als eigene vertragliche Leistung anbietet, der Erlaubnispflichtigkeit nach dem RBerG unterworfen hätte; vgl. in diesem Sinne etwa explizit *Weigel* in BRAK-Mitt. 1992, 183 (184); *Taupitz* in JZ 1994, 1100 (1105 ff.); *ders.* in NJW 1995, 369 ff.; *ders.* in EWiR 1/1997 zu Art. 1 RBerG, 41 (42); *Limmer* in WPrax 23/1994, 2 (4); *Kempter* in BRAK-Mitt. 1995, 4 (4 f.). Freilich sah sich das BayObLG in

fänglich die rechtliche Argumentation aus dem Zahnbehandlungsurteil zu eigen. Auch für die anwaltliche Rechtsberatungs-GmbH sei maßgebend, daß jeder nach deutschem Recht gebildeten und in Deutschland ansässigen juristischen Person gemäß Art. 12 I GG das Recht auf freie Berufswahl zukomme; zu prüfen sei daher lediglich, ob es rechtliche Regelungen gebe, die eine entsprechende Berufsausübung verbieten würden und ob solche Regelungen, sollten sie bestehen, mit Art. 12 GG vereinbar seien.[282]

Ein derartiges gesetzliches Verbot ergebe sich aber weder aus dem PartGG noch aus der BRAO. Insbesondere sei aus den an die natürliche Person gebundenen Qualifikationsvoraussetzungen des § 4 BRAO in Entsprechung zur Heilkunde-GmbH lediglich zu folgern, daß die bei der Anwalts-GmbH angestellten Rechtsberater, welche die Rechtsberatungstätigkeit ausübten, zur Rechtsanwaltschaft zugelassen sein müßten.[283] Soweit die Anwalts-GmbH als Organisationseinheit nur die rechtlichen und tatsächlichen Voraussetzungen für die Ausübung der Rechtsberatungstätigkeit schaffe, übe sie die Rechtsberatung nicht selbst aus und bedürfe daher keiner eigenen Zulassung zur Rechtsanwaltschaft.[284]

Ein gesetzlich fixiertes einheitliches Berufsbild des Rechtsanwalts, das einer Tätigkeit in der Anwalts-GmbH verfassungsrechtlich entgegenstehen könnte, existiere angesichts der verschiedenartigen Ausprägungen anwaltlicher Betätigung als Konkursverwalter, Syndikus, selbständiger, angestellter oder arbeitnehmerähnlicher Anwalt etc. im weiteren ebenfalls nicht.[285] Schließlich folge aus der im Zuge der Berufsrechtsnovellierung neu eingefügten Regelung des § 51a BRAO, die eine vertragliche Haftungsbeschränkung auf bestimmte Mindestsummen sowohl durch Individualvereinbarung als auch durch vorformulierte Vertragsbedingungen gestatte, daß die unbeschränkte und persönliche Haftung des Rechtsanwalts für das Berufsbild nicht mehr maßgebend sei.[286]

Die Entscheidung des BayObLG erlaubte unter Betonung des Rechts der juristischen Person auf freie Berufswahl somit binnen eines Jahres nach der höchstrichterlichen Zulassung der ambulanten Heilbehandlungs-GmbH auch den anwaltlichen Zusammenschluß in kapitalgesellschaftlicher Rechtsform.

---

seiner „Zweitentscheidung" auch unter diesem Aspekt nicht veranlaßt, eine Vorlage an den BGH in die Wege zu leiten; vgl. BayObLG in ZIP 1996, 1706 (1708).

[282] BayObLG in NJW 1995, 199 (200); ebenso später auch LG Baden-Baden in AnwBl. 1996, 537.

[283] BayObLG in NJW 1995, 199 (200 f.).

[284] BayObLG in NJW 1995, 199 (201); ebenso die entsprechenden Ausführungen in ZIP 1996, 1706 (1708): „Unterscheidet man zwischen Rechtsberatungs-GmbH, Organisations-GmbH und Besitz-GmbH, wobei die Übergänge insbesondere zwischen Organisations-GmbH und Besitz-GmbH fließend sein können, so liegt hier eine Organisations-GmbH vor, die nach ihrem Unternehmensgegenstand Anwaltsaufträge annimmt, diese durch zugelassene Rechtsanwälte ausführen läßt und dafür den erforderlichen organisatorischen Rahmen stellt. Eine solche GmbH bedarf schon deshalb keiner Erlaubnis nach dem Rechtsberatungsgesetz, weil sie selbst keine Rechtsberatung ausführt."; dem folgend auch LG Baden-Baden in AnwBl. 1996, 537; zu Recht kritisch gegenüber der Begründung des BayObLG – offenkundig unrichtige Differenzierung zwischen Organisations- und Berufsausübungsgesellschaft – hingegen *Carl*, S. 249 f.

[285] BayObLG in NJW 1995, 199 (201).

[286] BayObLG in NJW 1995, 199 (201); zu Recht kritisch gegenüber dieser Argumentation *Dauner-Lieb* in GmbHR 1995, 259 (262 f.) unter Hinweis darauf, daß die Berufstätigen auf diese Weise über die Anwalts-GmbH institutionell einen vertraglichen Haftungsausschluß erreichen könnten, obwohl der Gesetzgeber im Rahmen der unmittelbar vorausgegangenen Novellierung des anwaltlichen Berufsrechts im Jahre 1994 erkennbar nur eine vertragliche Haftungsbegrenzung gewollt habe.

Im Zuge dieser Judikatur kam es alsbald am 13.3.1995 in Köln zur bundesweit ersten Eintragung einer Rechtsanwalts-GmbH in ein Handelsregister,[287] der verschiedene weitere Eintragungen vergleichsweise rasch nachfolgten.[288] Bis zum Ende des Jahres 1996 wuchs die Zahl der so gegründeten Rechtsanwalts-GmbH's im weiteren Verlauf auf etwa 20 – 30 Gesellschaften an;[289] dabei haben mittlerweile auch drei der großen und den Prüfungsmarkt beherrschenden Wirtschaftsprüfungsgesellschaften eigene Rechtsanwalts-GmbH's gegründet und teilweise offen in ihren jeweiligen Firmenverbund integriert.[290] Dementsprechend kommt es nach den bisherigen Erfahrungen in der Praxis dieser rechtlich selbständigen, faktisch aber teilintegrierten Wirtschaftsprüfungsgesellschaften/Rechtsanwaltsgesellschaften auch immer wieder vor, daß Anschreiben mit Anfragen oder einem neuen Mandat, die an die eine Gesellschaft gerichtet sind, in der Folge von der anderen Gesellschaft beantwortet werden und Verhandlungsgegner zu Anfang nicht wissen, mit wem sie es auf der Gegenseite zu tun haben.[291]

---

[287] Vgl. MDR 6/1995, R 9; GmbHR 6/1995, R 42.

[288] Vgl. *Henssler* in DB 1995, 1549.

[289] Siehe dazu *Hellwig* in ZHR 161 (1997), 337 (338).

[290] So hat die Coopers & Lybrand Deutsche Revision Gruppe inzwischen die CL Rechtsanwalts-GmbH in Frankfurt gegründet; die Price Waterhouse Gruppe errichtete die überörtlich tätige Pachmann Nehm Bilger Rechtsanwaltsgesellschaft mbH, die ihren Sitz ebenfalls in Frankfurt hat. Bemerkenswert scheint hierbei, daß sich die Büros von Pachmann Nehm Bilger – bei gemeinsamer Büroinfrastruktur – unmittelbar in den Räumen von Price Waterhouse befinden; auf dem Briefkopf führt die Rechtsanwalts-GmbH sodann auch unverblümt das Logo von Price Waterhouse und bezeichnet sich freimütig als deren „correspondent firm". Schon im Jahre 1992 hatten sich zudem die führenden Juristen der einzelnen Büros von Arthur Andersen zu einer überörtlichen Anwaltssozietät zusammengeschlossen, wobei die Rechtsanwälte weiter Partner von Arthur Andersen blieben, die Kanzleiräume in den jeweiligen Büros von Arthur Andersen untergebracht waren und das Telefonnetz sowie die sonstige Infrastruktur gemeinschaftlich genutzt wurden. Nunmehr ist die überörtliche Anwaltssozietät von Arthur Andersen in die Freihalter, Krüger & Partner GmbH Rechtsanwaltsgesellschaft mit Sitz in Köln umgewandelt worden; vgl. zu alldem *Hellwig* in ZHR 161 (1997), 337 (341).

Man wird ohne Zweifel davon ausgehen dürfen, daß die übrigen großen Wirtschaftsprüfungsgesellschaften den vorstehend aufgeführten Gründungs- bzw. Umwandlungsbeispielen bei unverändertem Fortbestand der gegenwärtigen normativen Rahmenbedingungen in Zukunft ebenfalls folgen und ihre Rechtsabteilungen in rechtlich verselbständigte Rechtsanwalts-GmbH's auslagern werden. Als einen ersten Schritt in diese Richtung mag man den Umstand werten, daß beispielsweise auch die Juristen der zur internationalen Big-Six-Gruppe Ernst & Young gehörenden Schitag Schwäbische Treuhand AG, die sowohl als Wirtschaftsprüfungs- wie als Steuerberatungsgesellschaft anerkannt ist, schon im Jahre 1991 zunächst eigene Anwaltskanzleien gründeten und sich kurz darauf zu einer überörtlichen Anwaltssozietät zusammenschlossen. Die Rechtsanwaltskammer Stuttgart versuchte vergeblich, das Innenverhältnis zwischen dieser Sozietät und der Schitag aufzuklären, das, wie die Beteiligten selbst erklärt hatten, ursprünglich als gesellschaftsrechtliche Sozietät ausgestaltet werden sollte. Beide – Anwaltssozietät und Schitag – sind nach außen hin rechtlich getrennt, treten aber nach Meinung von Beobachtern in Mandaten auffallend häufig gemeinsam auf; vgl. dazu *Hellwig* in ZHR 161 (1997), 337 (341) sowie allgemein auch *Henssler* in ZIP 1994, 844 (849): „Es ist zu befürchten, daß diese Sozietäten wirtschaftlich nicht unabhängig sind, sondern für die Vermittlung der Mandate Gebührenanteile abführen müssen, wenn nicht gar das Mandat insgesamt von der Wirtschaftsprüfungs- oder Steuerberatungsgesellschaft abgerechnet wird".

[291] So *Hellwig* in ZHR 161 (1997), 337 (342) unter zusätzlichem Hinweis darauf, daß die Frage einer Verletzung der Verschwiegenheitspflicht hier wohl auf der Hand liege.

Auf diese Weise hatte die Rechtsprechung den Angehörigen der klassischen freien Professionen – niedergelassenen Ärzten und Rechtsanwälten – damit im Ergebnis erstmals nach über 100 Jahren beinahe gleichzeitig und umfassend den Zugang zu den gewerblichen Berufsausübungsformen der Kapitalgesellschaften geöffnet.

b) Die Rechtsprechung des Bundessozialgerichts

Im weiteren Verlauf mußte schließlich anno 1995 auch das Bundessozialgericht im Zusammenhang mit dem freien Heilberuf des Krankengymnasten zu einer entsprechenden Berufsausübung durch eine GmbH Stellung nehmen.[292] Das Gericht entschied hierbei, auch eine juristische Person, die die Ausführung krankengymnastischer Leistungen als eigene vertragliche Leistung anbiete, könne die Zulassung zur Versorgung der Versicherten als Heilmittelerbringer gemäß § 124 SGB V erhalten.

Damit stimmte die sozialgerichtliche Rechtsprechung in ihren rechtlichen Ergebnissen mit der zivilgerichtlichen Judikatur durchaus überein. Die rechtliche Argumentation, mit der das BSG zu dieser Rechtsfindung gelangte, ließ – kaum merklich – allerdings eine gewisse Zurückhaltung gegenüber einer ausdrücklichen Zuerkennung des Grundrechts der Berufsfreiheit an die juristische Person gewahr werden.

Im einzelnen ging die richterliche Begründung dahin, daß die Vorschrift des § 124 II SGB V durch das Abstellen auf persönliche Qualifikationsvoraussetzungen (Ausbildung, berufspraktische Erfahrungszeit etc.) nach ihrem Wortlaut immerhin nahelege, daß der historische Gesetzgeber des SGB V nur die Zulassung natürlicher Personen vor Augen gehabt habe.[293] Gleichwohl könne die Norm nach ihrem Sinn und Zweck einer Anwendung auf eine juristische Person nicht entgegenstehen, sofern diese nach dem Berufsrecht den Beruf einer Krankengymnastin rechtmäßig ausübe.[294]

Das Berufsrecht der Krankengymnasten wiederum schließe die Berufsausübung durch eine juristische Person aber zumindest nicht eindeutig aus.[295] Nach dem einschlägigen

---

Wohin die Entwicklung im Fall einer weitgehend unkontrollierten und ungehemmten Verflechtung von Wirtschaftsprüfung, Steuerberatung und allgemeiner Rechtsberatung führen kann, zeigt der Blick über die Grenzen in das europäische Ausland. So gehört heute in Frankreich über die Gesellschaft FIDAL S.A. beispielsweise bereits die größte Rechtsberatungskanzlei in Frankreich mit über 1.200 Juristen und 80 Büros zur Peat Marwick International Gruppe, einem der größten multinationalen Prüfungsunternehmen mit beinahe globalen Konzernstrukturen. Die U.S.-amerikanisch dominierte internationale Wirtschaftsprüfungsgesellschaft Arthur Andersen hat mittlerweile ein europaweites Netz von Anwaltskanzleien übernommen, die durchweg als alteingesessen und bedeutend charakterisiert werden können. Hierzu zählen in Frankreich die Anwaltssozietät S.G. Archibald (74 Juristen, Büros in Paris und Lyon), in England Garrett & Co. (120 Juristen, Büros in London und fünf weiteren Großstädten, 32 weitere Juristen in Schottland) sowie jüngst in Spanien Garrigues (108 Juristen, sieben Büros). Die Werbebroschüren von Arthur Andersen sprechen offen von einem „network of worldwide law firms associated with Arthur Andersen". Price Waterhouse hat angekündigt, Arthur Andersen in dieser Firmenstrategie folgen zu wollen, und dieses Vorhaben ebenfalls bereits partiell in die Tat umgesetzt; vgl. zu alldem *Hellwig* in ZHR 161 (1997), 337 (342).

[292] Vgl. BSG in SozR 3-2500, Nr. 2 zu § 124 SGB V, 12 ff.

[293] BSG in SozR 3-2500, Nr. 2 zu § 124 SGB V, 12 (17).

[294] BSG in SozR 3-2500, Nr. 2 zu § 124 SGB V, 12 (18).

[295] BSG in SozR 3-2500, Nr. 2 zu § 124 SGB V, 12 (19).

Gesetz über die Berufe in der Physiotherapie (Masseur- und Physiotherapeutengesetz – MPhG)[296] komme die Erlaubnis zur Führung der Berufsbezeichnung Krankengymnast bzw. die neuere Bezeichnung Physiotherapeut zwar nur für natürliche Personen in Betracht.[297] Die gesetzliche Regelung nähre dadurch ebenfalls Zweifel daran, ob eine Berufsausübung durch eine GmbH lediglich außerhalb der Vorstellung des historischen Gesetzgebers lag oder aber verbindlich ausgeschlossen werden sollte.[298]

Die Regelung zum Beruf des Krankengymnasten genüge jedoch nicht den Anforderungen, die nach Art. 12 GG an ein gesetzliches Verbot, einen Beruf durch eine GmbH auszuüben, gestellt werden müßten. Die herkömmlichen Berufsbilder des in eigener Praxis selbständig tätigen Krankengymnasten und des bei einem Krankenhaus, einer Rehabilitationseinrichtung oder bei einer ihnen vergleichbaren Einrichtung angestellten Krankengymnasten seien weder durch Gesetz noch durch vorkonstitutionelles Gewohnheitsrecht als ausschließliche Formen der Berufsausübung festgelegt.[299] Unter diesen Umständen sei aufgrund der in Art. 12 GG gewährleisteten Berufsfreiheit die Ausübung des Berufs als Krankengymnast in eigener Praxis durch eine GmbH zulässig, wenn der verantwortliche Leiter zur Führung des erforderlichen Befähigungsnachweises berechtigt sei und in der fachlichen Leitung durch die GmbH nicht eingeschränkt werde.[300] Unerheblich sei demgegenüber, ob die Gesellschaftsanteile vollständig oder doch zumindest mehrheitlich von Krankengymnasten mit der Zulassung, die Berufsbezeichnung zu führen, gehalten würden.[301]

Auf diese Weise schloß sich das BSG der zivilgerichtlichen Judikatur zu den Freien Berufen des Zahnarztes und des Rechtsanwalts zwar im Ergebnis an. Anders als die Rechtsprechung des BGH und des BayObLG vermied es das höchste Sozialgericht jedoch, im Rahmen der rechtlichen Begründung explizit auf eine eigene Berufswahlfreiheit der juristischen Person abzustellen. Statt dessen beließ es das BSG bei der allgemeiner gehaltenen Rechtserkenntnis, daß die Regelungen zum Beruf des Krankengymnasten nicht den Anforderungen genügten, die nach Art. 12 GG an ein gesetzliches Verbot zu stellen seien, diesen Beruf durch eine GmbH auszuüben.

Diese Rechtsprechungsgrundsätze hat das höchste Sozialgericht im Zusammenhang mit der Erteilung einer Kassenzulassung an eine BGB-Gesellschaft als Heilmittelerbringer nach § 124 SGB V nachfolgend im Jahre 1996 inhaltlich erneut bestätigt.[302] Zwar berge die Zulassung einer Kapitalgesellschaft als juristischer Person einerseits die Gefahr einer Verdrängung von Einzelanbietern, und zum anderen könne auch eine wirksame Überprüfung dahingehend, ob der verantwortliche Betriebsleiter gegenüber dem Inhaber (der Kapitalanteile) die Erfüllung der hinsichtlich der Kassenzulassung bestehenden Pflichten durchsetzen kann, auf Schwierigkeiten stoßen.[303] Derartige abstrakte Gefahren könnten aber für

[296] MPhG vom 26.5.1994; BGBl. I, 1084.
[297] BSG in SozR 3-2500, Nr. 2 zu § 124 SGB V, 12 (20).
[298] BSG in SozR 3-2500, Nr. 2 zu § 124 SGB V, 12 (20).
[299] BSG in SozR 3-2500, Nr. 2 zu § 124 SGB V, 12 (20).
[300] BSG in SozR 3-2500, Nr. 2 zu § 124 SGB V, 12 (20).
[301] BSG in SozR 3-2500, Nr. 2 zu § 124 SGB V, 12 (21).
[302] Vgl. BSG in NJW 1996, 3228 (3229).
[303] BSG in NJW 1996, 3228 (3229).

sich allein und ohne ausreichende gesetzliche Grundlage eine Einschränkung der Berufsfreiheit durch die Judikatur nicht rechtfertigen.[304]

3. Zwischenergebnis

Faßt man die jüngere Rechtsprechung der Obergerichte zusammen, so deutete sich die generelle Öffnung der kapitalgesellschaftlichen Rechtsformen zur freiberuflichen Berufsausübung zunächst ab der zweiten Hälfte der achtziger Jahre in einer allmählichen berufsrechtlichen Zulassung der Beschäftigung von Rechtsanwälten in entsprechend organisierten Wirtschaftsprüfungs- und Steuerberatungsgesellschaften an.

Den allgemeinen und umfassenden Zugang praktisch aller freier Professionen zu den aus dem Gewerbe herrührenden Kapitalgesellschaften vollzog die Judikatur sodann bis zur Mitte der neunziger Jahre. Maßgebend hierfür waren in erster Linie verfassungsrechtliche Erwägungen, die das Grundrecht der Berufsfreiheit in den Mittelpunkt der rechtlichen Argumentation rückten. Vor allem die Rechtsprechung des BGH und des BayObLG betonte hierbei in akzentuierter Weise das Recht der juristischen Person auf freie Berufswahl gemäß Art. 12 I, 19 III GG. Demgegenüber beschränkte sich das BSG auf die Feststellung, es existiere kein dem Verfassungsrecht genügendes gesetzliches Verbot, den Freien Beruf des Krankengymnasten durch die Kapitalgesellschaft auszuüben.

IV. Fazit

Zieht man nach alledem nochmals ein knappes Resümee der jüngeren Vergangenheit bis zur Mitte der neunziger Jahre, so läßt sich feststellen, daß die sehr komplexe und vielschichtige Entwicklung in diesem Zeitraum das tatsächliche Erscheinungsbild freiberuflicher Zusammenschlüsse in beinahe jeder Profession nachhaltig veränderte. Sowohl die rechtlichen als auch die ökonomischen Rahmenbedingungen freiberuflicher Leistungserbringung waren in den vergangenen zehn Jahren einem vielfältigen und tiefgreifenden Wandel unterworfen.

Dem im einzelnen vorbeschriebenen allgemeinen Ausbau der interprofessionellen Kooperation und einer zunehmenden Internationalisierung des Dienstleistungsangebots entsprach auf normativer Ebene die Bereitstellung neuartiger Rechtsformen mit der EWIV und mit der speziell den Angehörigen der Freien Berufe vorbehaltenen deutschen Partnerschaft. Parallel mit der generell zunehmenden Ausweitung abhängiger Beschäftigungsverhältnisse öffnete die Judikatur den freien Professionen zuletzt auch allgemein und umfassend die in der Rechtsordnung als gewerblich eingestuften Rechtsformen der Kapitalgesellschaften.

---

[304] BSG in NJW 1996, 3228 (3229) – Nachfolgend führte das höchste Sozialgericht aaO weiter aus, bei Auftreten von Mißständen habe im übrigen sodann vornehmlich der Gesetzgeber darüber zu entscheiden, ob potentiellen Auswüchsen de lege ferenda nur durch die Beschränkung der Zulassung auf natürliche Personen begegnet werden soll.

Damit brachte die weitere Entwicklung bis zur Mitte der neunziger Jahre im Ergebnis eine bis dahin ungekannte Vielfalt und Variationsbreite an Gesellschaftsformen, die fortan für eine freiberufliche Berufsausübung und eine kooperative Leistungserbringung sowohl innerhalb als auch unter den einzelnen freiberuflichen Berufsgruppen zur Verfügung standen.

G. Gesamtergebnis zum 1. Teil in Thesen

Die rechtstatsächliche Entwicklung zeigt seit dem auslaufenden 19. Jahrhundert allgemein einen kontinuierlichen Ausbau der freiberuflichen Zusammenarbeit und der kooperativen freiberuflichen Berufsausübung. Der Prozeß eines freiberuflichen Zusammenschlusses nahm, konzentrisch von den klassischen Freien Berufen der niedergelassenen Ärzte und Rechtsanwälte ausgehend, seinen Anfang sukzessive in wilhelminischer Zeit und etablierte sich vollends in der Periode der Weimarer Republik. In der Zeitspanne des Nationalsozialismus hielten die Zusammenschlußbestrebungen zum Teil wieder inne, doch bahnten sie sich nach einer Reorganisation der freien Berufstätigkeit etwa ab Mitte der sechziger Jahre erneut und mit einer zuvor nicht beobachteten Dynamik ihren Weg. Seitdem intensivierte sich die gemeinschaftliche Berufsausübung in allen freien Professionen immer mehr, so daß die freiberufliche Verbindung zumindest in einigen Jahren die generell vorherrschende und typische Form der freiberuflichen Leistungserbringung darstellen wird.

Die interprofessionelle Kooperation im Sinne einer gemeinschaftlichen Berufsausübung entwickelte sich innerhalb der berufsrechtlich gebundenen Freien Berufe relativ spät. Sie kam zum Ende der sechziger Jahre zunächst zwischen Architekten und (beratenden) Ingenieuren sowie zwischen dem klassischen freien Anwaltsberuf und den jüngeren steuer- und wirtschaftsberatenden Professionen der Wirtschaftsprüfer und Steuerberater auf. Eine vergleichbare interdisziplinäre Leistungserbringung von niedergelassenen Ärzten und anderen Freien Heilberufen existiert in Form einer sog. medizinischen Kooperationsgemeinschaft demgegenüber erst seit Mitte der neunziger Jahre. Für die Zukunft steht zu erwarten, daß die auf diese Weise geschaffenen neueren Möglichkeiten einer umfassenden Dienstleistungserbringung „aus einer Hand" dem rechtstatsächlichen Streben nach freiberuflichem Zusammenschluß wegen der damit potentiell verbundenen Wettbewerbsvorteile und des Synergieeffekts weitere Impulse vermitteln werden.

Die Motive der Berufstätigen zur Eingehung einer freiberuflichen Verbindung haben sich im Laufe der Jahrzehnte spürbar gewandelt. Zu Beginn des Zusammenschlußprozesses standen bei der Bildung freiberuflicher Gemeinschaften in erster Linie Gründe der Praktikabilität wie die mit einem gemeinsamen Praxisbetrieb verbundene Kostenersparnis und die Möglichkeit einer stets paraten Vertretung im Falle von Krankheit oder Urlaub im Vordergrund. Diese eher inneren und aus freien Stücken resultierenden Antriebe sind mit der Zeit mehr und mehr konkreten äußeren Handlungszwängen gewichen. Etwa ab der Mitte der sechziger Jahre erforderte zunächst der stetig fortschreitende wissenschaftliche Erkenntnisprozeß und die damit verbundene Notwendigkeit zur Spezialisierung verstärkt eine kooperative Leistungserbringung. Seit der zweiten Hälfte der achtziger Jahre sind es vor allem wettbewerbliche Gesichtspunkte, die in einem zusammenwachsenden europäischen Wirtschaftsraum und bei einem anhaltenden Nachwuchsdruck zwecks Verbesserung der eigenen Konkurrenzsituation einen freiberuflichen Zusammenschluß nahelegen, um durch ein „full-service"-Dienstleistungsangebot und gegebenenfalls eine überregionale und grenzüberschreitende Tätigkeit in einem sich zunehmend verschärfenden Wettbewerb die eigene Marktposition zu behaupten und weiter ausbauen zu können.

Die Aufnahme der Wirtschaftsprüfer und der Steuerberater in den Kreis der Freien Berufe durch das EStG 1934 führte zu einer grundlegenden und nachhaltigen Diskontinuität in der weiteren rechtstatsächlichen Entwicklung freier Berufsausübung. Bis zu diesem Zeitpunkt waren die Angehörigen der freien Professionen ganz überwiegend selbständig tätig, und eine gemeinschaftliche Berufsausübung vollzog sich bei überschaubarer Größe der Zusammenschlüsse beinahe ausschließlich in der personalen Rechtsform einer BGB-Gesellschaft. An die Stelle dieses bis dahin einheitlichen Bildes trat nachfolgend eine zweigeteilte Struktur in der äußeren Gestalt freier Berufstätigkeit. Die in der Rechtsordnung zuvor als gewerblich eingestuften jüngeren steuer- und wirtschaftsberatenden Berufe behielten im Rahmen ihres beruflichen Wirkens in markantem Gegensatz zu den übrigen freien Professionen ihre bis dato entwickelten Berufsausübungsformen bei. Diese bestanden einerseits in einem verbreiteten Einsatz der Personenhandelsgesellschaften und vor allem der Kapitalgesellschaften zur gemeinschaftlichen Berufsausübung und zum anderen in einer vermehrten Anstellung von ebenso qualifizierten Berufsangehörigen bei anderen Berufsvertretern.

Die finanzgerichtliche Rechtsprechung unterwarf die selbständig tätigen Wirtschaftsprüfer und Steuerberater wegen des bei ihnen wesentlich stärker ausgeprägten Einsatzes fremder Arbeitskraft daraufhin seit der zweiten Hälfte der dreißiger Jahre verstärkt der Gewerbesteuerpflicht. Nachdem die Judikatur sich bis zum Ende der fünfziger Jahre standhaft weigerte, den besonderen Standesanschauungen gerade dieser Professionen Gewicht beizumessen, entschloß sich der Gesetzgeber im Rahmen des StÄndG 1960, den spezifischen Interessen der jüngeren steuer- und wirtschaftsberatenden Berufe durch eine allgemeine Lockerung der Anbindung freiberuflicher Tätigkeit an die persönliche Arbeitskraft Rechnung zu tragen. Auf diese Weise reduzierten sich fortan für sämtliche Freien Berufe die steuerrechtlichen Sanktionen, die bis dahin einer vermehrten Anstellung von in gleicher Weise ausgebildeten Berufsangehörigen bei anderen Berufsvertretern entgegenstanden. Gleichwohl zeigten sich vor allem die klassischen Freien Berufe auch weiterhin lange Zeit zurückhaltend gegenüber einer entsprechenden Form des Praxisbetriebs. Ein überproportionaler Anstieg abhängiger Beschäftigungsverhältnisse zeigte sich innerhalb der Anwaltschaft schließlich verstärkt ab der zweiten Hälfte der achtziger Jahre mit dem Aufkommen größerer Anwaltsverbindungen. Bei den niedergelassenen Ärzten erlaubte erst eine Gesetzesänderung zu Anfang der neunziger Jahre erstmals und nur in sehr begrenztem Umfang die dauerhafte Beschäftigung angestellter Berufsvertreter im Rahmen der vertragsärztlichen Versorgung. Aufgrund der in der ersten Hälfte der neunziger Jahre vollzogenen Öffnung der kapitalgesellschaftlichen Rechtsformen für alle freien Professionen wird sich die mit dem StÄndG 1960 eingeleitete rechtstatsächliche Ausweitung abhängiger Beschäftigungsverhältnisse im Bereich freier Berufstätigkeit in Zukunft weiter fortsetzen und noch deutlich intensivieren.

Die seit den dreißiger Jahren feststellbare Zweiteilung in dem äußeren Bild freiberuflichen Wirkens dokumentierte sich bis zum Beginn der neunziger Jahre daneben anschaulich in einer weiter anhaltenden (Selbst-)Beschränkung der beruflichen Verbindungen unter Rechtsanwälten oder niedergelassenen Ärzten auf die Rechtsform der BGB-Gesellschaft. Der bei den jüngeren steuer- und wirtschaftsberatenden Professionen seit jeher ausgeprägte Einsatz der aus dem Gewerbe herrührenden Kapitalgesellschaften zur Berufsausübung griff zur Mitte der sechziger Jahre zunächst auf die älteren Freien Berufe der Architekten und (beratenden) Ingenieure über und zeigte sich zudem in der verstärkt aufkommenden Gründung entsprechend organisierter Privatkrankenhäuser. Die seitens der neueren Judikatur auf der Grundlage verfassungsrechtlicher Erwägungen vollzogene umfassende Öffnung der Kapitalgesellschaften zur freiberuflichen Berufsausübung bewirkte bis zur Mitte der neunziger Jahre schließlich für sämtliche freien Professionen eine allgemeine Annäherung an die im Bereich der Wirtschaftsprüfung und Steuerberatung geltenden rechtlichen Rahmenbedingungen.

Mit Blick auf die Vollendung des Gemeinsamen Europäischen Binnenmarkts sowie den allgemein zunehmenden überregionalen Wettbewerb sah der deutsche Gesetzgeber zu Anfang der neunziger Jahre das Bedürfnis, den sich einerseits generell und zum anderen gerade innerhalb der rechts- und wirtschaftsberatenden Professionen bildenden größeren und teilweise überörtlichen Assoziationen eine geeignete Gesellschaftsform zur Verfügung zu stellen. Dabei respektierte die Politik die bis dahin vor allem innerhalb der klassischen Freien Berufe weit verbreiteten Vorbehalte gegenüber einer freiberuflichen Berufsausübung in der Rechtsform einer Kapitalgesellschaft. So entschloß sich der Normgeber, nicht den in manchen ausländischen Nationen bereits vor einigen Jahren beschrittenen Weg einer vollständigen legislativen Öffnung der kapitalgesellschaftlichen Rechtsformen zur freien Berufsausübung nachzuvollziehen, sondern er griff statt dessen erneut den in den siebziger Jahren schon einmal verfolgten Gedanken zur Schaffung einer spezifisch freiberuflichen Rechtsform auf. Die im Zuge dessen realisierte Partnerschaft erwies sich dabei als der bewußte legislatorische Versuch, einem ansonsten erwarteten umfassenden Drang der freien Professionen in die als gewerblich eingestuften Rechtsformen der Kapitalgesellschaften eine speziell den Angehörigen der Freien Berufe vorbehaltene personengesellschaftliche Rechtsform entgegenzusetzen.

Die rechtstatsächliche Entwicklung auf dem freiberuflichen Sektor der Wirtschaftsprüfung deutet darauf hin, daß die zu eigenen juristischen Personen verselbständigten Kapitalgesellschaften im Bereich freier Berufsausübung offenbar eine strukturelle Überlegenheit gegenüber personengesellschaftlichen Rechtsformen aufweisen und sich auf lange Sicht betrachtet gegen entsprechende Zusammenschlüsse durchsetzen. Die bei den Wirtschaftsprüfern seit jeher zur Berufsausübung offenstehenden Kapitalgesellschaften haben auf der Basis empirischer Auswertungen im Laufe der Zeit eine Konzentration beinahe aller großen und einträglichen Pflichtprüfungsmandate bei einem relativ kleinen Kreis von in dieser Weise ausgestalteten Wirtschaftsprüfungsgesellschaften herbeigeführt. Die auf Wachstum und Expansion ausgerichtete Kapitalgesellschaft scheint danach gerade in lukrativen Marktsegmenten mittel- bis langfristig die Entstehung entsprechend organisierter marktdominanter Strukturen auf der Anbieterseite zu begünstigen, die im Zuge anhaltender Konzentrationsprozesse schließlich bis an oligopol- und monopolartige Zusammenschlußtendenzen heranreichen können. Diese Entwicklung, die sich in der Rechtswirklichkeit angesichts einer kontinuierlich steigenden Zahl von expandierenden Kapitalgesellschaften ebenso bereits im Bereich der Steuerberatung anzukündigen beginnt, dürfte nach der allgemeinen Öffnung der Kapitalgesellschaften zur freien Berufsausübung in Zukunft schrittweise auch in den übrigen freien Professionen zu beobachten sein. In solchen Freien Berufen, die wie die Anwaltschaft oder die Architekten einem starken Nachwuchsdruck ausgesetzt sind, kann die mit dem verstärkten Einsatz der Kapitalgesellschaften katalytisch geförderte Entstehung großer und die lukrativen Marktbereiche dominierender Zusammenschlüsse auf diese Weise – dem Beispiel ausländischer Nationen folgend – mittelbar und potentiell wohl auch zu einer beschleunigten sozio-ökonomischen Zweiteilung der entsprechenden Berufsgruppen beitragen.

2. Teil
Die für die Erbringung freiberuflicher Dienstleistungen in Betracht kommenden Gesellschaftsformen im haftungs- und steuerrechtlichen Leistungsvergleich

Das Wissen um die rechtstatsächlichen Hintergründe und Erscheinungsformen des freiberuflichen Strebens nach Zusammenschluß legt nachfolgend eine nähere Analyse der verschiedenen rechtlichen Rahmenbedingungen nahe, die innerhalb der einzelnen Gesellschaftsformen für eine freiberufliche Zusammenarbeit und insbesondere eine gemeinschaftliche Berufsausübung unter den Angehörigen der Freien Berufe bestehen. Die neueren Entwicklungslinien im Gesellschaftsrecht der freien Professionen erklären sich nicht zuletzt erst in Ansehung der rechtlichen Parameter, die unter dem prägenden Einfluß der Judikatur insbesondere für eine freiberufliche Leistungserbringung im Recht der BGB-Gesellschaft entwickelt worden sind. Erst die für die übrigen Gesellschaftsformen geltenden Rechtsregeln geben ein vollständiges Bild darüber, unter welchen Gesichtspunkten eine gemeinschaftliche Berufsausübung in den Rechtsformen der Kapitalgesellschaften für die Angehörigen der freien Professionen potentiell erstrebenswert erscheint.

Dabei muß im Zuge jener vergleichenden rechtlichen Würdigung naturgemäß die Gesellschaft bürgerlichen Rechts, die schon seit der Jahrhundertwende und dem Inkrafttreten des BGB als denkbare Rechtsform für eine freiberufliche Zusammenarbeit in der rechtswissenschaftlichen Diskussion stand,[1] den Ausgangspunkt der weiteren Untersuchung bilden.

---

1 Vgl. hierzu erstmals eingehend *Josef* in Gruchot 44 (1900), 413 ff. u. 545 ff. (Rechtsanwaltsverbindungen); *ders.* in Gruchot 48 (1904), 263 ff. (Ärzteverbindungen).

A. Die Gesellschaft bürgerlichen Rechts

Trotz der noch zu Zeiten des Kaiserreiches allmählich vollzogenen Bildung freiberuflicher Verbindungen und ihrer allgemeinen Etablierung in der Periode der Weimarer Demokratie war die Implementierung entsprechender Zusammenschlüsse in das Recht der BGB-Gesellschaft über viele Jahrzehnte hinweg mit Imponderabilien verbunden, die zum Teil bis in die Gegenwart hinein nicht ausgeräumt scheinen. Die im Laufe der historischen Entwicklung wechselhafte rechtliche Behandlung der Freiberufler-Sozietäten läßt es zum besseren Verständnis folgerichtig angezeigt erscheinen, vor einer Skizzierung der aktuellen Rechtslage auch die vormaligen geschichtlichen Leitlinien und Zusammenhänge nachzuzeichnen.

I. Die frühere Bewertung freiberuflicher Assoziationen im Recht der BGB-Gesellschaft

Zu Anfang dieses Jahrhunderts war bei der Einordnung freiberuflicher Verbindungen in das Normensystem der §§ 705 ff. BGB gemeinhin noch eine spürbare Unsicherheit in der Beurteilung dessen zu beobachten, wie weit bei einem Zusammenschluß der damals im Mittelpunkt des Interesses stehenden klassischen freien Professionen der Gegenstand einer freiberuflichen Kooperation reiche und was daher als der eigentliche Gesellschaftszweck einer solchen Assoziation anzusehen sei. Das noch wenig gefestigte Meinungsbild über die rechtliche Behandlung der seinerzeit aufkommenden freiberuflichen Zusammenschlüsse dokumentierte sich vor allem in den unterschiedlichen Auffassungen einerseits des überwiegenden rechtswissenschaftlichen Schrifttums und andererseits der höchstrichterlichen Rechtsprechung.

1. Die Haltung des Schrifttums

Die Rechtsliteratur nahm ursprünglich ganz überwiegend an, daß die eigentliche Berufstätigkeit des Freiberuflers – also die ambulante ärztliche Behandlung oder die anwaltliche Beratung – regelmäßig nicht den gemeinschaftlichen Zweck einer solchen Verbindung bilde, sondern daß ein jeder der Gesellschafter auch innerhalb der Verbindung seinen Beruf weiterhin autonom und vollkommen selbstverantwortet ausüben wolle.[1] Ein freiberuflicher Zusammenschluß von niedergelassenen Ärzten oder Rechtsanwälten habe bei Fehlen besonderer Anhaltspunkte demgemäß nicht zur Folge, daß der Abschluß oder die

---

[1] Vgl. *Josef* in Gruchot 44 (1900), 413 (417 ff.); *ders.* in Gruchot 48 (1904), 263 (264 ff.); *ders.* in LZ 1908, 680 (681); *ders.* in JW 1912, 511 ff.; *Eckstein* in SeuffBl. 77 (1912), 427; *Oertmann* in LZ 1916, 199 (203); *Goertz* in JW 1912, 629 (630).

Erfüllung der mit den Patienten/Mandanten geschlossenen Verträge dadurch eine Angelegenheit der Gemeinschaft würden; vielmehr bleibe jeder im Außenverhältnis bestehende Dienstvertrag nach wie vor die ausschließliche und persönliche Sache des einzelnen Gesellschafters.[2]

Die verbundenen Freiberufler verpflichteten sich gegenüber dem Ratsuchenden also im Regelfall nicht zur kumulativen und gemeinschaftlichen Leistungserbringung, sondern träfen nur im Innenverhältnis die Vereinbarung, den Beruf jeweils separat und unabhängig voneinander auszuüben, indes gewisse Einrichtungen zur Förderung ihrer selbständigen Berufstätigkeit gemeinsam zu nutzen, sich gegenseitig Hilfe zu leisten und gegebenenfalls die Erträge des so von jedem eigenständig ausgeübten Berufs zu vergemeinsamen.[3] Aus dem so definierten eingeschränkten Zweck der Freiberufler-Gemeinschaft wurde verschiedentlich gefolgert, entsprechende Verbindungen begründeten nicht wirklich ein Gesellschaftsverhältnis unter den Berufsangehörigen, sondern sie stellten lediglich eine gesellschaftsähnliche, im Gesetz nicht näher geregelte vertragliche Beziehung zwischen den freiberuflich Tätigen her.[4]

Der Sache nach behandelte die Rechtswissenschaft die seinerzeit vor allem in der Anwaltschaft vermehrt entstehenden Berufsausübungsgemeinschaften damit – in den Termini der Moderne ausgedrückt – üblicherweise als bloße Büro- bzw. Praxisgemeinschaften. Treffend formulierte einer der damaligen Autoren mit Blick auf die sich bildenden Anwaltsassoziationen daher: „Für das Publikum bleibt ein Bureau, das mehrere Anwälte vereinigt, ein bloß äußerlicher Sammelpunkt mehrerer getrennter Anwaltsniederlassungen."[5]

---

[2] *Josef* in Gruchot 44 (1900), 413 (417 ff.); *ders.* in Gruchot 48 (1904), 263 (265); *ders.* in LZ 1908, 680 (681); *ders.* in JW 1912, 511; *Eckstein* in SeuffBl. 77 (1912), 427; *Oertmann* in LZ 1916, 199 (203); *Goertz* in JW 1912, 629 (630).

Etwas anderes könne typischerweise nur für die ärztlichen Verbindungen zum Betrieb einer stationären Krankenheilanstalt i. S. d. § 30 GewO gelten, weil sich hier die jeweiligen Ärzte gegenüber den Kranken gemeinschaftlich zur Gewährung von Unterkunft und Verpflegung verpflichteten. Zwar bleibe auch in diesen Fällen die eigentliche ärztliche Betreuung an sich ausschließlich die persönliche Angelegenheit des vom Patienten ausgewählten Mediziners; doch ließe sich, weil das Entgelt für Aufnahme und ärztliche Behandlung oftmals ein einheitliches sei, die vorhandene Trennungslinie zwischen beiden Ebenen nicht mehr mit der erforderlichen Deutlichkeit ersehen. Demgemäß sei davon auszugehen, daß der gemeinschaftliche Betrieb einer Privatkrankenanstalt die verbundenen Ärzte ausnahmsweise auch im Außenverhältnis gegenüber den Kranken gesamtschuldnerisch zur Erbringung der ärztlichen Behandlung verpflichte; vgl. hierzu *Josef* in Gruchot 48 (1904), 263 (269 ff.).

[3] So die Formulierung von *Josef* in Gruchot 44 (1900), 413 (417); *ders.* in Gruchot 48 (1904), 263 (265); *ders.* in LZ 1908, 680 (681); *ders.* in JW 1912, 511.

[4] *Josef* in Gruchot 44 (1900), 413 (417) und 544 (550); *ders.* in Gruchot 48 (1904), 263 (265); *ders.* in LZ 1908, 680 (681); *ders.* in JW 1912, 511.

Dabei sollten die Vorschriften der §§ 705 ff. BGB freilich weitestgehend entsprechende Anwendung finden; vgl. hierzu nur *Josef* in Gruchot 44 (1900), 545 (550); a. A. demgegenüber seinerzeit schon *Eckstein* in SeuffBl. 77 (1912), 427 und *Oertmann* in LZ 1916, 199 (200 f.), die die freiberuflichen Verbindungen der im Außenverhältnis jeweils eigenständig und souverän agierenden Berufstätigen als echte (Innen-)Gesellschaften einordneten.

[5] *Goertz* in JW 1912, 629 (630).

Der maßgebende Gedanke für diese rechtliche Einordnung bestand dabei ganz offensichtlich in der allgemein hervorgehobenen Anbindung der freiberuflichen Tätigkeit an die Person des einzelnen Freiberuflers. Wer sich an einen bestimmten Arzt wende, wolle nicht von einem anderen Arzt behandelt werden; ebenso komme es dem Rechtssuchenden darauf an, daß sich gerade der von ihm gewählte Anwalt seiner Sache annehme.[6] Die Eigenart der Tätigkeit eines Arztes oder Anwalts machten aufgrund des zum Publikum bestehenden Vertrauensverhältnisses die entsprechenden Tätigkeiten ungeeignet dazu, in Form eines unpersönlichen Berufs betrieben zu werden; der Ratsuchende suche ausschließlich „seinen" Arzt oder Anwalt auf und wende sich beispielsweise nicht an ein unpersönliches Rechtsbüro.[7]

Der in dieser Weise gemeinhin betonte Persönlichkeitsbezug freiberuflicher Tätigkeit zeigte seine Auswirkungen auch bei der rechtlichen Bewertung der vertraglichen Haftungssituation innerhalb der aufkommenden Freiberufler-Gemeinschaften. Der von der Rechtsliteratur in den ersten Jahren nach Inkrafttreten des BGB größtenteils gezogene Schluß, die Unvertretbarkeit der freiberuflichen Leistung führe im Außenverhältnis regelmäßig nur zu einer dienstvertraglichen Beziehung zwischen einem bestimmten assoziierten Freiberufler und dem jeweiligen Klienten, stand nach ganz überwiegender Ansicht der Annahme einer gesamtschuldnerischen (Vertrags-)Haftung der miteinander verbundenen Berufsangehörigen für das berufliche Fehlverhalten eines ihrer Sozii entgegen.[8] Schalte der allein beauftragte Sozius seine assoziierten Berufskollegen in die Vertragserfüllung mit ein, so ergebe schon § 278 BGB, daß ausschließlich er für deren etwaige Berufsversehen vertraglich gegenüber dem Ratsuchenden einzustehen habe.[9]

Nichts anderes gelte aber in den selteneren Fällen, in denen mitunter gewisse Indizien für eine gemeinschaftliche Beauftragung der zusammengeschlossenen Berufsvertreter sprächen. So könne zwar die bei Anwaltsverbindungen häufiger geübte Praxis einer einheitlichen Vollmachtsausstellung an alle miteinander verbundenen Berufsangehörigen eventuell

---

6 *Eckstein* in SeuffBl. 77 (1912), 427; ebenso *Kaufmann* in JW 1916, 883 (885), wonach es dem Ratsuchenden gerade bei großen und schwierigen Sachen auf die Bearbeitung durch einen bestimmten Rechtsanwalt ankomme und er, wenn er einen Berufsvertreter kenne oder dieser ihm anempfohlen sei, durchweg auch in kleineren und weniger wichtigen Angelegenheiten dessen persönlichen Einsatz wünsche.

7 *Eckstein* in SeuffBl. 77 (1912), 427; vgl. auch *Goertz* in JW 1912, 629 (630), der seinerzeit zu den verstärkt aufkommenden Anwaltsgemeinschaften bemerkte: „Wen das Publikum (unter mehreren miteinander verbundenen Rechtsanwälten; sic!) im einzelnen Fall wählen will, bleibt vollkommen ihm überlassen. Und in der Tat kommt der Klient, auch der zum erstenmal erscheinende, erfahrungsgemäß fast immer mit *einem* bestimmten Namen auf der Zunge. Denn gerade dieser Mann ist ihm empfohlen, durch persönliche Bekanntschaft oder durch Dritte. Der, den er wählt – von Ausnahmen abgesehen, die die Geschäftslage erfordert – bearbeitet nun seine Sache; und darauf vertraut er. Mit ihm konferiert er, auf ihn stellt er seine Hoffnung für eine gute Durchführung. Die anderen <Sozii> kennt er meist gar nicht; sie sind ihm so gleichgültig wie irgendein fremder Anwalt. Ist der Mann seines besonderen Vertrauens abwesend, so wird er fast immer lieber wiederkommen, als daß er sich dem Sozius seines Anwalts anvertraut."

8 Vgl. so etwa *Goertz* in JW 1912, 629 (630); *Eckstein* in SeuffBl. 77 (1912), 427 (428); *Oertmann* in LZ 1916, 199 (201 f.); *Kaufmann* in JW 1916, 883 (887); zunächst auch noch *Josef* in Gruchot 44 (1900), 413 (429 f.); *ders.* in Gruchot 48 (1904), 263 (266).

9 *Eckstein* in SeuffBl. 77 (1912), 427 (428); *Goertz* in JW 1912, 629 (630); *Oertmann* in LZ 1916, 199 (201); *Josef* in Gruchot 48 (1904), 263 (266).

einen Vertragsschluß mit sämtlichen Sozien nahelegen.[10] Dabei sei das Schuldverhältnis sodann, weil den Mandanten ansonsten auch eine doppelte Vergütungspflicht träfe, dahin auszulegen, daß lediglich ein gesamtschuldnerischer Anspruch auf Erfüllung durch den einen *oder* den anderen Sozius bestehe und die Berufsvertreter bei der Leistungserbringung untereinander alternieren dürften, soweit nicht die Interessen der Partei hierdurch gefährdet würden.[11] Doch korrespondiere selbst in jenen Fällen die gesamtschuldnerische Haftung auf die primär geschuldete Dienstleistung (§§ 714, 427, 421 BGB) bei Auftreten eines Berufsversehens nicht mit einer gleichlautenden Sekundärhaftung aller assoziierten Mitglieder auf vertraglichen Schadensersatz. Denn in dieser Konstellation greife die Regelung des § 425 BGB Platz, nach der ein Gesamtschuldner regelmäßig nicht für das schuldhafte Fehlverhalten des anderen einstehen müsse.[12]

2. Die Haltung der Rechtsprechung

In markantem Gegensatz zu dieser überwiegend vertretenen Literaturauffassung stand demgegenüber die reichsgerichtliche Judikatur. In Anknüpfung an die sachlichen Ergebnisse der früheren Rechtsprechung zum Preußischen Allgemeinen Landrecht[13] hielt das Reichsgericht anno 1914 in seinem ersten diesbezüglich einschlägigen Urteil zwei Rechtsanwälte, die sich zur gemeinschaftlichen Berufsausübung verbunden hatten und im konkreten Fall unstreitig beide Vertragspartner des Mandanten waren, nach einer fahrlässigen Falschberatung seitens des einen auch gemeinsam aus Vertrag zum gesamtschuldnerischen Schadensersatz verpflichtet.[14]

Die höchstrichterliche Argumentation ging dabei dahin, daß die Regel des § 425 II BGB, nach der ein Gesamtschuldner nicht für das Verschulden des anderen hafte, gemäß Absatz 1 nur gelte, „soweit sich nicht aus dem Schuldverhältnis ein anderes ergibt." Bei einer Anwaltsgemeinschaft rechtfertige jedoch der Sinn der Verbindung, der in einem gemeinsamen Wirken beider zwecks Erzielung gemeinschaftlichen Erwerbs liege, die An-

---

10 So vor allem *Josef* in Gruchot 44 (1900), 413 (423 f.); *ders.* in JW 1912, 511 (512); zweifelnd hingegen *Oertmann* in LZ 1916, 199 (201) unter Hinweis auf die Unabhängigkeit der Vollmachtserteilung gegenüber dem ihr zugrundeliegenden Kausalverhältnis; aus diesem Grunde ablehnend gegenüber jeder Indizwirkung der Vollmachtserteilung für die schuldrechtlichen Rechtsbeziehungen *Eckstein* in SeuffBl. 77 (1912), 427 (427 f.); *Goertz* in JW 1912, 629 (630). Letztere sahen den Zweck der Vollmachtserteilung an mehrere Sozii auf die Ausnahmefälle beschränkt, in denen der speziell und ausschließlich beauftragte Rechtsanwalt einmal an der Mandatsbearbeitung gehindert sei; vgl. *Goertz* in JW 1912, 629 (630); *Eckstein* in SeuffBl. 77 (1912), 427 (427 f.).

11 *Josef* in Gruchot 44 (1900), 413 (424); *ders.* in LZ 1908, 680 (681); *ders.* in JW 1912, 511 (512); ähnlich *Kaufmann* in JW 1916, 883 (885) mit der Einschränkung auf solche Konstellationen, in denen der Rechtssuchende mit der Beauftragung ausnahmsweise einmal nicht die Vorstellung einer Bearbeitung seiner Angelegenheit durch ein bestimmtes Mitglied der Anwaltsgemeinschaft verbunden habe.

12 *Oertmann* in LZ 1916, 199 (202); so zunächst auch noch *Josef* in Gruchot 44 (1900), 413 (430).

13 Vgl. dazu RGZ 22, 314 (320 ff.).

14 RGZ 85, 306 ff.; später in RGZ 88, 342 (344) nochmals als obiter dictum bestätigt.

nahme einer stillschweigenden gegenseitigen Haftungsübernahme.[15] Beiden Anwälten komme nach näherer Maßgabe des zwischen ihnen bestehenden Innenverhältnisses die Vergütung für die Tätigkeit des einzelnen zu; dem gemeinsamen Vergütungsanspruch müsse bei Berücksichtigung der Würde des Anwaltsstandes und der Standesehre spiegelbildlich auch die Übernahme der Verantwortung für die Tätigkeit des jeweils anderen entsprechen.[16] Dies gelte um so mehr, als die Partei ansonsten aus Unkenntnis über die Person des wirklichen Bearbeiters Gefahr laufe, einen Rechtsstreit allein wegen der irrtümlichen Inanspruchnahme des nicht mit der Mandatsbetreuung befaßten Berufsvertreters zu verlieren.[17]

Dieser Judikatur wurde entgegengehalten, bei der dieserart deduzierten stillschweigenden Mithaftungserklärung aller assoziierten Freiberufler handele es sich de facto um eine bloße Fiktion, die das als bewiesen unterstelle, was erst bewiesen werden soll.[18] In Wahrheit stehe aufgrund der reichsgerichtlichen Rechtsprechung dem geteilten Berufsgewinn der assoziierten Berufsangehörigen ein ungeteiltes Haftungsrisiko für die gesamte beiderseitige Berufstätigkeit gegenüber.[19] Die sich aus einer gemeinschaftlichen Berufsausübung für die jeweiligen Berufsvertreter ergebenden Vorteile einer erleichterten Vertretungsmöglichkeit und der Gelegenheit zum kollegialen Erfahrungsaustausch kämen in gleicher Weise auch dem ratsuchenden Publikum zugute; die zusätzlich angenommene Haftungsverdoppelung führe demgegenüber zu einer ungerechtfertigten und unangemessenen Überprivilegierung des Klienten.[20] Die Judikatur mute einem Sozius eine ständige Kontrolle der von seinen Kollegen bearbeiteten Geschäfte und eine Einmengung in deren Tätigkeitskreis zu, ohne daß er dafür irgendeine Gegenleistung erhielte.[21] In den seltenen Zweifelsfällen, in denen ein Mandant den Bearbeiter seiner Rechtssache tatsächlich einmal nicht ohne Schwierigkeiten ermitteln könne, sei es ihm selbstverständlich unbenommen,

---

15 RGZ 85, 306 (307); zustimmend *Rombach* in JW 1919, 992.
Unter Aufgabe seiner vormals noch in Gruchot 44 (1900), 413 (429 f.) vertretenen Rechtsmeinung hatte sich zuvor ebenso bereits *Josef* in LZ 1908, 680 (682 f.) und in JW 1912, 511 (512) dafür ausgesprochen, daß in der anwaltlichen Verbindung zur gemeinschaftlichen Berufsausübung die öffentliche Erklärung der beteiligten Berufsvertreter liege, einerseits durch ihre Tätigkeit gemeinschaftlichen Erwerb zu suchen und zum anderen auch gesamtschuldnerisch für das Verschulden des jeweils anderen haften zu wollen.

16 RGZ 85, 306 (307 f.); der Rspr. folgend *Rombach* in JW 1919, 992; in gleicher Weise zuvor bereits *Josef* in LZ 1908, 680 (683); *ders.* in JW 1912, 511 (512).

17 RGZ 85, 306 (308); ebenso *Rombach* in JW 1919, 992; ähnlich zuvor schon *Josef* in LZ 1908, 680 (682 f.); *ders.* in JW 1912, 511 (512): „Der § 425 BGB ist hier also nicht anwendbar, da sich aus dem Schuldverhältnis die gegenteilige Regelung, nämlich die stillschweigende Haftung der Genossen für einander als beabsichtigt ergibt. Es wäre in der Tat mit der Würde der Anwälte und dem Treuverhältnis zu den Rechtssuchenden unvereinbar, wo durch Verschulden des einen oder des anderen der Genossen ein Schaden entstanden ist, der eine Anwalt die Schuld von sich auf den anderen abwälzen und der Partei überlassen wollte, zu ermitteln, wen von beiden Anwälten die Schuld trifft, zumal dies die Partei, da ihr die innere Geschäftsverteilung der Anwälte oft genug unbekannt ist, kaum feststellen kann. Daher ist anzunehmen, daß jeder Anwalt für Verschulden des andern die gesamtschuldnerische Haftung durch Eingehung der Berufsverbindung übernimmt."

18 *Kaufmann* in JW 1916, 883 (887).

19 *Oertmann* in LZ 1916, 199 (203).

20 *Oertmann* in LZ 1916, 199 (202 f.).

21 *Kaufmann* in JW 1916, 883 (884).

von den miteinander verbundenen Rechtsanwälten eine entsprechende Auskunftserteilung zu verlangen.[22]

Ein Kritiker der reichsgerichtlichen Entscheidung faßte die Ergebnisse der Rechtsprechung mit Blick auf die ansonsten allseitig akzentuierte Personalität der freiberuflichen Leistung demgemäß wie folgt zusammen: „Im letzten Grund ist das Urteil ... daraus zu erklären, daß das Reichsgericht – trotz seiner hohen Auffassung vom Anwaltsberuf – dem Unterschied zwischen Gewerbebetrieb und der individuellen, deshalb regelmäßig selbständigen und höchst persönlichen Tätigkeit des freien Berufsarbeiters, zwischen offener Handelsgesellschaft und Anwaltsgemeinschaft nicht gerecht geworden ist.“[23]

3. Die weitere Entwicklung bis zum Beginn der siebziger Jahre

Ungeachtet dieser kritischen Stimmen hielt die Judikatur in den darauffolgenden Jahrzehnten zunächst durchgängig an der vorentwickelten Linie fest. Die Zivilgerichte blieben dabei, daß sämtliche zur gemeinsamen Berufsausübung verbundenen Freiberufler bei einer gemeinschaftlichen Beauftragung durch den Ratsuchenden für schuldhaft verursachte berufliche Fehlleistungen eines ihrer Sozii vertraglich als Gesamtschuldner haften müßten.[24] Die Rechtsliteratur stimmte dieser Bewertung immer mehr zu[25] und verstärkte die Ergebnisse der Rechtsprechung zudem noch durch die Aufstellung einer Auslegungsregel, nach der etwa ein Anwaltsvertrag im Zweifel mit allen Sozien geschlossen werde.[26]

Um so überraschender schien es, daß der BGH im Jahre 1963 von den vorbeschriebenen Grundsätzen der höchstrichterlichen Rechtsprechung abrückte und sich nun im Ergebnis selbst die Auffassung zu eigen machte, die zu Anfang des Jahrhunderts im rechtswissenschaftlichen Schrifttum vorgeherrscht hatte.

Im Zusammenhang mit einer Honorarklage wegen einer anwaltlichen Gebührenforderung argumentierte das höchste Zivilgericht, nach richtiger Auffassung sollten bei der Beauftragung einer Anwaltssozietät die Anwälte im Zweifel nicht nebeneinander, sondern nacheinander tätig werden.[27] Der Mandant beauftrage nur *einen* Anwalt, der aber befugt sei, jeden zur Sozietät gehörenden Anwalt beliebig als Vertreter, Substituten oder Mitarbeiter heranzuziehen, für die er sodann gemäß § 278 BGB hafte.[28] Eine andere Auslegung

---

22 *Oertmann* in LZ 1916, 199 (204); *Kaufmann* in JW 1916, 883 (884).

23 *Kaufmann* in JW 1916, 883 (887).

24 Vgl. aus der Rechtsprechung beispielhaft RG in JW 1936, 803 (804) sowie OLG Nürnberg in MDR 1960, 310.

25 Vgl. aus dem zustimmenden Schrifttum etwa *Schliebner*, S. 31 f. sowie *Friedlaender/Friedlaender*, Rn. 15 ff. im Exkurs zu § 40 RAO mit umfangreichen weiteren Nachweisen zu den in der damaligen Literatur vertretenen Auffassungen in Fn. 14.

26 Vgl. *Friedlaender/Friedlaender*, Rn. 5 u. Rn. 10 im Exkurs zu § 40 RAO.

27 BGH in NJW 1963, 1301 (1302).

28 BGH in NJW 1963, 1301 (1302).
Auf der anderen Seite sollte – in der rechtlichen Argumentation wenig konsequent – allerdings sowohl die Sozietät als auch jeder Sozius dazu befugt sein, die Gebührenforderungen im eigenen Namen geltend zu machen; vgl. BGH aaO.

scheine für den Regelfall unangemessen, weil der Auftraggeber ansonsten jedem Anwalt die vollen Gebühren schulden würde.[29]

Diese Judikatur bezeichnete de facto einen vollständigen Bruch mit der vorher geübten Rechtspraxis. Sie ließ nicht nur keinen Raum mehr für die Annahme einer persönlichen und gesamtschuldnerischen Ersatzhaftung aller Sozien aus Vertrag auch für solche Schäden, die auf der vorwerfbar fehlerhaften Berufsausübung lediglich eines Teilhabers beruhten, sondern sie schloß darüber hinaus schon auf der vorgelagerten Erfüllungsebene eine gemeinsame vertragliche Verpflichtung aller Gesellschafter zur Erbringung der vom Auftraggeber primär begehrten Dienstleistung aus. Die auf diese Weise vollzogene Anbindung bereits des Vertragsschlusses an ein einzelnes Mitglied der Anwaltssozietät entsprach im Ergebnis exakt den Vorstellungen jener Autoren, die sich vormals unter Hinweis auf eine besondere Personalität und Individualität der freiberuflichen Arbeit generell für eine derartige Behandlung freiberuflicher Gemeinschaften im Recht der BGB-Gesellschaft ausgesprochen hatten.

Die potentielle Tragweite dieser Rechtsprechungsänderung erschloß sich dem damaligen rechtswissenschaftlichen Schrifttum allerdings nur eingeschränkt[30] und blieb auch dort, wo sie schließlich bemerkt wurde, allein auf die Thematik anwaltlicher Verbindungen begrenzt.[31]

Die Kritik gegenüber der gewandelten BGH-Konzeption ging sodann dahin, daß sie zu der herrschenden Verkehrsauffassung in Widerspruch trete. Die anwaltlichen Standesrichtlinien machten das Vorliegen einer Sozietät von der grundsätzlich gemeinschaftlichen Entgegennahme der Aufträge und Entgelte abhängig;[32] mit diesem Grundgedanken sei es unvereinbar, im Außenverhältnis auf einen regelmäßigen Vertragsschluß mit nur einem der assoziierten Rechtsanwälte abstellen zu wollen.[33] Eine solche Rechtskonstruktion verkenne den grundlegenden Unterschied zwischen einer bloßen Bürogemeinschaft und der Anwaltssozietät, zu deren Wesenszügen die gemeinschaftliche Beauftragung aller Mitglieder zähle.[34] Auch könne im konkreten Einzelfall praktisch kaum festgestellt werden, welcher

---

29 BGH in NJW 1963, 1301 (1302).

30 So erörterten die Dissertationen von *Boergen*, S. 23 ff., 84 ff. (1968), und *M. Lach*, S. 51 ff. (1970), obwohl sie sich eingehend mit dem Recht der Anwaltssozietät befaßten, das Urteil des BGH in NJW 1963, 1301 ff. nicht unter dem Gesichtspunkt, daß damit für den Regelfall sowohl die gemeinschaftliche Beauftragung der Sozien als auch jedwede gesamtschuldnerische Haftung aus Vertrag für schuldhaft verursachte Berufsfehler von der höchstrichterlichen Rechtsprechung aufgegeben worden waren. Gleiches galt auch für die Ausführungen von *K. Müller* in NJW 1969, 903 ff., der in dieser seiner ersten Abhandlung zur Schadensersatzpflicht verbundener Rechtsanwälte die veränderte BGH-Rechtsprechung ebenfalls noch nicht thematisierte.

31 Vgl. – nachdem *Arndt* in NJW 1969, 1200, nochmals kurz die geänderten Grundsätze der höchstrichterlichen Judikatur erwähnt hatte – die zweite diesbezügliche Abhandlung von *K. Müller* in NJW 1969, 1416 f.

32 § 21 der anwaltlichen Standesrichtlinien vom 2./3.5.1963 enthielt in der zum 1.12.1966 geänderten Fassung folgenden Passus: „Die Sozietät zwischen Rechtsanwälten erfordert eine gemeinsame Kanzlei und grundsätzlich die gemeinschaftliche Entgegennahme der Aufträge und Entgelte.“; vgl. *K. Müller* in NJW 1969, 1416 in Fn. 4.

33 *K. Müller* in NJW 1969, 1416.

34 *K. Müller* in NJW 1969, 1416.

In der Tat hatte der BGH in BB 1960, 681 zuvor selbst zwischen der Sozietät und einer bloßen Bürogemeinschaft differenziert und ausgeführt: „Dadurch, daß die Einkünfte der Gesellschaft (Sozietät,

der Anwälte aus dem Kreis der Sozien als beauftragt anzusehen sei.[35] Eine Beendigung des Mandatsverhältnisses mit dem Tode des beauftragten Anwalts (§ 673 BGB) sei wenig interessengerecht; im übrigen sehe der Rechtssuchende einheitlich „die Sozietät" als das Objekt seines Vertrauens an, so daß er auch mit einer gesamtschuldnerischen Haftung aller Anwälte für die ordnungsgemäße Durchführung des Mandats rechne.[36]

Die vorgenannten Einwände gegenüber der veränderten BGH-Judikatur führten vergleichsweise rasch zu einer abweichenden Rechtsprechung der Instanzgerichte,[37] und so dauerte es nur wenige Jahre, bis das höchste Zivilgericht anno 1971 erneut über die vertragliche Haftungssituation innerhalb einer Anwaltssozietät zu befinden hatte. Die im Zuge dessen ergangene Grundsatzentscheidung[38] war wegweisend für die weitere Rechtsentwicklung und bildete den Ausgangspunkt für die seitherige juristische Behandlung freiberuflicher Verbindungen in der Rechtsform einer Gesellschaft bürgerlichen Rechts.

II. Die aktuellen Rahmenbedingungen einer freiberuflichen Leistungserbringung im Recht der BGB-Gesellschaft

Dem vorzitierten Urteil aus dem Jahr 1971 blieb es vorbehalten, einen neuerlichen Richtungswechsel der höchstrichterlichen Rechtsprechung bei der Bewertung freiberuflicher Zusammenschlüsse im Zusammenhang mit den §§ 705 ff. BGB einzuleiten. Nunmehr gab der BGH den seit dem Jahr 1963 zur Anwaltssozietät eingenommenen Rechtsstandpunkt wieder auf und kehrte inhaltlich zu der früheren Judikatur des Reichsgerichts zurück.[39]

Von diesem Zeitpunkt an stand die prinzipielle Haltung der Rechtsprechung gegenüber freiberuflichen Verbindungen im Recht der BGB-Gesellschaft fest. Die fortan geltenden Rechtsgrundsätze erfuhren bis zur Gegenwart vor allem anhand der Anwaltsgemeinschaften einen stetigen Ausbau und eine kontinuierliche Ausdifferenzierung. Im einzelnen lassen sich die seitdem entwickelten Eckpunkte einer kooperativen freiberuflichen Leistungserbringung dabei wie folgt zusammenfassen:

---

sic!) zufließen sollen und die Reineinkünfte verteilt werden, unterscheidet sich eine solche gemeinschaftlich betriebene Praxis von den Fällen, in denen sich Rechtsanwälte nur zu einer bloßen Bürogemeinschaft verbunden haben. In jedem Fall tritt die Gesellschaft (Sozietät; der Verf.) auch nach außen als solche in Erscheinung."

[35] *K. Müller* in NJW 1969, 1416.

[36] *K. Müller* in NJW 1969, 1416.

[37] Vgl. so etwa OLG Hamm in NJW 1970, 1791 ff. mit folgenden Leitsätzen: „a) Beauftragt ein Mandant ein Mitglied einer Anwaltssozietät, so kommt der Anwaltsvertrag regelmäßig mit allen in der Sozietät verbundenen Anwälten zustande. b) Die in der Sozietät verbundenen Anwälte haften daher für eine von einem von ihnen zu verantwortende Vertragsverletzung als Gesamtschuldner."

[38] BGHZ 56, 355 ff.

[39] Vgl. so ausdrücklich BGHZ 56, 355 (356).

1. Die Unterscheidung zwischen der eigentlichen Sozietät und der Bürogemeinschaft

Die Judikatur differenziert zunächst grundlegend zwischen der eigentlichen Sozietät als einer echten Berufsausübungsgemeinschaft unter den Berufsangehörigen und einer bloßen Büro- oder Praxisgemeinschaft.[40] Das maßgebende Abgrenzungskriterium zwischen diesen beiden Gestaltungsarten wird in der Verschiedenartigkeit der jeweiligen Außenrechtsbeziehungen gesehen.

Der Betrieb einer Freiberufler-Sozietät zeichnet sich danach dadurch aus, daß im Außenverhältnis gegenüber dem Ratsuchenden grundsätzlich sowohl eine gemeinschaftliche Beauftragung aller Sozien[41] als auch eine gemeinschaftliche Entgegennahme aller Entgelte[42] stattfindet. Unerheblich ist hingegen, auf welche Weise die so erzielten Einkünfte im Innenverhältnis zwischen den Sozii verteilt werden und nach welchen Regeln sich die jeweiligen Geschäftsführungsbefugnisse bestimmen.[43]

---

[40] Vgl. im Anschluß an BGH in BB 1960, 681 später BSGE 23, 170 (171); BGHZ 56, 355 (357); BSG in MedR 1983, 196 (198).

[41] Vgl. BGHZ 56, 355 (359 f.); 70, 247 (249), 97, 273 (276 ff.); BSG in MedR 1983, 196 (198); BGH in NJW 1994, 257 u. 2302; 1995, 1841; OLG Düsseldorf in AnwBl. 1995, 193; AnwGH Baden-Württemberg in NJW-RR 1995, 1017 (1018); BGH in ZIP 1996, 1615 (1616); speziell zur interprofessionellen Sozietät BGHZ 83, 328 (330); BGH in NJW 1992, 3037 (3038); BGH in BB 1993, 1682 (1685); eigens zur überörtlichen Sozietät BGHSt 37, 220 (224); BGHZ 119, 225 (233 f.); OLG München in NJW 1990, 2134 (2136); OLG Hamm in NJW 1994, 868; BGH in NJW 1994, 2288; OLG Karlsruhe in NJW-RR 1995, 377; OLG München in NJW-RR 1996, 51 (52); OLG Hamburg in MDR 1996, 532 (533). Aufgrund der bei den rechts- und wirtschaftsberatenden Professionen allgemein zulässigen Bildung überörtlicher Zusammenschlüsse ist die Unterhaltung einer gemeinschaftlichen Kanzlei im übrigen gerade kein notwendiges Merkmal einer Sozietät; vgl. BGHSt 37, 220 (223 f.).

[42] Mit der gemeinschaftlichen Verpflichtung gegenüber dem Ratsuchenden korrespondiert im Außenverhältnis auch eine gemeinschaftliche Empfangszuständigkeit der Sozien an den zu vereinnahmenden Entgelten; vgl. OLG Düsseldorf in AnwBl. 1995, 193; AnwGH Baden-Württemberg in NJW-RR 1995, 1017 (1018). So stehen beispielsweise die Honorarforderungen aus einem Vertrag mit einer Anwaltssozietät den Sozietätsanwälten zur gesamten Hand und nicht etwa als Gesamtgläubigern zu; vgl. BGH in ZIP 1996, 1615 (1615 f.) unter ausdrücklicher Aufgabe der früher anderslautenden Rechtsprechung in NJW 1963, 1301 (1302). Die Verbuchung der Honorare hat demgemäß auch auf gemeinsamen Praxiskonten zu erfolgen; vgl. für die überörtliche Sozietät etwa OLG München in NJW 1990, 2134 (2136). Dabei entspricht die Höhe des vom Auftraggeber geschuldeten Entgelts im übrigen allgemein derjenigen wie bei Beauftragung eines einzelnen Berufstätigen, d. h. die Gebühren fallen auch bei Mandatierung einer Freiberufler-Sozietät (selbstverständlich) nur einmal an; vgl. für die Anwaltssozietät nur Henssler/Prütting-*Hartung*, Rn. 3 a. E. sowie Rn. 44 zu § 59a BRAO.

[43] BGHZ 56, 355 (359) – Irrelevant ist aus zivilrechtlicher Sicht darüber hinaus, ob der im Außenverhältnis als Sozius agierende Berufsvertreter im Innenverhältnis überhaupt eine Gesellschafterstellung innehat oder ob er statt dessen als sog. „unechter Sozius" nur im Angestelltenverhältnis oder als freier Mitarbeiter tätig ist; vgl. BGH aaO; OLG Hamm in NJW 1991, 2650; BGH in NJW 1994, 257 (258) sowie OLG Koblenz in NJW-RR 1997, 952 (953). Ausreichend ist vielmehr – selbst wenn im Innenverhältnis gar kein rechtliches Band existieren würde – allein der im Außenverhältnis zurechenbar gesetzte Rechtsschein; vgl. BGHZ 70, 247 (249). Soweit den Berufstätigen auch die überörtliche Sozietät als zulässige Form zur gemeinsamen Berufsausübung zur Verfügung steht, fordert das Berufsrecht darüber hinaus freilich oftmals, daß an jedem Kanzleiort auch tatsächlich zumindest ein „echter" Gesellschafter den Mittelpunkt seiner Berufstätigkeit hat; vgl. so die §§ 59a II BRAO; 52a II

Demgegenüber kommt im Rahmen einer Büro- oder Praxisgemeinschaft, bei der die freiberuflich Tätigen lediglich Praxisräume, Einrichtungen und Instrumentarien gemeinschaftlich nutzen sowie ein gemeinsames nachgeordnetes Personal unterhalten, auf der Ebene der eigentlichen Berufstätigkeit ein Vertragsverhältnis allein zwischen einem bestimmten in dieser Weise praktizierenden Freiberufler und dem Ratsuchenden zustande.[44] Jeder der an der Büro- oder Praxisgemeinschaft teilnehmenden Berufsangehörigen verfügt also über eine eigene, ausschließlich mit ihm kontrahierende Klientel, so daß auch die Kassenführung und die Vereinnahmung der Einkünfte jeweils gesondert erfolgen und strikt voneinander getrennt bleiben.[45]

Die so an die Außenrechtsbeziehungen zum ratsuchenden Publikum anknüpfende elementare Abgrenzung zwischen der Sozietät als einer echten Berufsausübungsgemeinschaft und einer bloßen Bürogemeinschaft, die sich in rein internen und auf den organisatorischen Bürobetrieb bezogenen Abreden unter den Berufsvertretern erschöpft, ist in gleicher Weise auch im rechtswissenschaftlichen Schrifttum anerkannt[46] und hat im Zuge der Berufsrechtsnovellierungen des Jahres 1994 nunmehr auch Eingang in die Gesetzessprache gefunden.[47]

PatAnwO; 56 I 5 StBerG; ebenso zuvor bereits OLG Hamm in NJW 1991, 2650. Dadurch wird berufsrechtlich ausgeschlossen, daß einzelne Kanzleiorte lediglich durch angestellte Berufsangehörige oder freie Mitarbeiter geleitet werden. Etwas anderes gilt hingegen – ohne daß der Normgeber diese Abweichung inhaltlich näher legitimiert hätte – für den wirtschaftsprüfenden Berufsstand, wo § 44b WPO augenscheinlich auch eine derartige Form des „unechten" überörtlichen Sozietätsbetriebs nicht untersagt.

[44] Vgl. BGHZ 56, 355 (357), wonach bei einer bloßen Bürogemeinschaft die Frage, ob jeder der beteiligten Anwälte dem Mandanten hafte, grundsätzlich nicht auftauche.

[45] So sinngemäß schon BGH in BB 1960, 681.

[46] Vgl. dazu im Jahr 1930 schon *Friedlaender/Friedlaender*, Rn. 1 f. im Exkurs zu § 40 RAO; aus dem späteren Schrifttum zu Anwaltsgemeinschaften stellvertretend nur *Kornblum* in AnwBl. 1973, 153 (154), *Steindorff* in FS für Fischer (1979), 747 (750); *Borggreve* in INF 1982, 565 (566); *ders.*, S. 59 ff. u. S. 64 ff.; *Hartstang*, Rechtsanwalt, S. 195 f.; *ders.*, Anwaltsrecht, S. 30 ff. und S. 74 ff.; Lingenberg/Hummel/Zuck/Eich-*Zuck*, Rn. 4 ff. und Rn. 52 ff. zu § 28 RiLi; *Koch* in Gilles (Hrsg.), 153 (157 f.); Feuerich/Braun-*Braun*, Rn. 8 ff. und Rn. 15 ff. zu § 59a BRAO; Henssler/Prütting-*Hartung*, Rn. 85 zu § 59a BRAO; *Vogels*, S. 36 ff. und S. 40 ff.; speziell zu ärztlichen Verbindungen etwa *Spitzl*, S. 6 f.; *Fischer*, S. 4; *W. Müller*, S. 121 ff.; *Henke* in NJW 1974, 2035 (2035 f.); *Deutsch*, S. 45 f.; *Schirmer* in MedR 1995, 341 (347); *Taupitz* in NJW 1996, 3033 (3039 f.) sowie ausführlich *Narr/Hess/Schirmer*, Rn. 1141 ff.; Laufs/Uhlenbruck-*Uhlenbruck*, Rn. 9 ff. zu § 18; allgemein für sämtliche Freien Berufe schließlich *Buchwald/Tiefenbacher/Dern*, S. 204 ff.; *Stehle/Longin*, S. 20 ff.; *Stehle* in FS der Berufsakademie Villingen-Schwenningen (1995), 458 (465).

[47] Vgl. dazu die §§ 56 StBerG; 59a BRAO; 52a PatAnwO, die die Begriffe der Sozietät und der Bürogemeinschaft bewußt als Gegensatzpaar verwenden. Dabei hat der Gesetzgeber im Regierungsentwurf zur Änderung des Steuerberatungsgesetzes die in diesem Zusammenhang berufsrechtlich bestehenden Unterschiede auch begrifflich näher umschrieben. Dort heißt es: „Unter Sozietät wird ein organisierter Zusammenschluß zur gemeinsamen Berufsausübung im Interesse und auf Rechnung aller Sozien unter Benutzung ihrer gemeinsamen Einrichtungen verstanden. Unter Bürogemeinschaft ist ein Zusammenschluß zu verstehen, aufgrund dessen die Sozien ihr Büro aus Rationalisierungsgründen gemeinsam führen, ihren Beruf im übrigen selbständig (einzeln) auf eigene Rechnung ausüben."; vgl. BT-Drucksache 12/6753, S. 16.

Für das anwaltliche Berufsrecht ist daneben freilich auf das Spezifikum hinzuweisen, daß der dortige Sozietätsbegriff nach dem Willen des Gesetzgebers nicht zwingend mit der Gesellschaft bürgerli-

Im weiteren Verlauf hat sich für die Sozietät daher auch die allgemeinere Kennzeichnung als Berufsausübungsgesellschaft eingebürgert, während die Bürogemeinschaft im Gegensatz dazu als reine Organisationsgesellschaft gilt.[48] Durch diese begriffliche Unterscheidung wird anschaulich zum Ausdruck gebracht, daß die in einer Sozietät verbundenen Berufsvertreter auf der Ebene der eigentlichen Berufstätigkeit – also der ärztlichen Heilbehandlung oder der anwaltlichen Rechtsberatung – im Außenverhältnis als geschlossene Einheit an den Ratsuchenden herantreten.[49] Dort ist es der Zusammenschluß selbst, der in vertragliche Rechtsbeziehungen zu dem Ratsuchenden tritt, während im Rahmen der Bürogemeinschaft (Organisationsgesellschaft) nicht die Gruppe, nicht das kollektive Team gegenüber dem Auftraggeber verpflichtet wird, sondern lediglich der im Außenverhältnis allein praktizierende singuläre Berufsvertreter.[50]

Auf dem medizinischen Sektor hat sich dementsprechend auch die terminologische Scheidung der Gemeinschaftspraxis als einer genuinen Berufsausübungsgesellschaft von der Praxis- oder Apparategemeinschaft als bloßer Organisationsgesellschaft durchgesetzt.[51]

Der Umstand, daß erst die Sozietät/Gemeinschaftspraxis[52] als Berufsausübungsgesellschaft den Freiberuflern ein arbeitsteiliges Zusammenwirken im Rahmen ihrer eigentlichen Berufstätigkeit ermöglicht, ließ diese Gestaltungsform naturgemäß in den Mittelpunkt des freiberuflichen Kooperationsinteresses und der weiteren rechtlichen Betrachtung rücken. Demgemäß waren es beinahe ausschließlich mit der Sozietät in Zusammenhang stehende Rechtsfragen, die seit 1971 gleichermaßen Judikatur und Rechtswissenschaft beschäftigten.

---

chen Rechts als Form der Zusammenarbeit verknüpft ist, sondern zudem – sprachlich wenig glücklich – auch andere Formen der gemeinschaftlichen Berufsausübung wie etwa die Partnerschaft mitumfassen soll; vgl. BT-Drucksache 12/4993, S. 23. Demgegenüber verwenden die Berufsordnungen der Wirtschaftsprüfer und Steuerberater den Sozietätsbegriff ausschließlich im herkömmlichen Sinne, so daß darunter nur nach Maßgabe der §§ 705 ff. BGB gegründete Berufsausübungsgesellschaften zu fassen sind; vgl. dazu die §§ 56, 67a II StBerG; 44b, 54a WPO.

[48] Vgl. hierzu ausführlich *M. Lach*, S. 43 ff. (Rechtsanwälte), 83 ff. (Ärzte), 102 ff. (Wirtschaftsprüfer), 119 ff. (Architekten); *Michalski*, Gesellschafts- und Kartellrecht, S. 95 ff.; siehe allgemein auch *Donath* in ZHR 156 (1992), 134 (138 f.).

[49] *M. Lach*, S. 43, spricht in diesem Zusammenhang sinnfällig davon, daß die Gesellschaft selbst als Anbieter der freiberuflichen Leistungen auftrete und ein gemeinschaftlicher Klientenkreis bestehe, dessen individuelle Bedürfnisse von den Partnern in ihrer gesellschaftlichen Verbundenheit befriedigt werden.

[50] *M. Lach*, S. 43.

[51] Vgl. dazu etwa § 23 der ärztlichen Musterberufsordnung (MBO) 1995, der die Gemeinschaftspraxis bereits explizit als Berufsausübungsgemeinschaft im Gegensatz zu der Praxis- und Apparategemeinschaft als reiner Organisationsgemeinschaft ansprach; vgl. DÄBl. 1996, A 407 (410); ebenso nunmehr auch die Nachfolgeregelung der MBO 1997 in Kapitel B. IV., § 22, betreffend die gemeinsame Berufsausübung; siehe dazu den entsprechenden Abdruck in NJW 1997, 3076 (3078).

[52] Soweit nachfolgend lediglich noch von der Sozietät die Rede ist, schließen die Ausführungen die rechtlich gleich zu behandelnde und nur in der Terminologie abweichende Gemeinschaftspraxis jeweils mit ein.

2. Der Grundsatz der gesamtschuldnerischen Erfüllungshaftung bei der Sozietät

Die vorbeschriebene Differenzierung zwischen der Sozietät und einer Bürogemeinschaft nach der Art der zum Ratsuchenden hin bestehenden Außenrechtsbeziehungen setzt, soll sie in praxi handhabbar sein, voraus, daß die Sozietätsmitglieder im Rechtsverkehr tatsächlich als Gemeinschaft an den Auftraggeber herantreten. Im Bewußtsein dessen betont die Judikatur seit ihrer Grundsatzentscheidung durchgehend die Notwendigkeit einer regelmäßigen Mitverpflichtung auch aller übrigen Gesellschafter durch den Vertragsschluß eines assoziierten Berufsvertreters.[53] Dieses Erfordernis gilt hierbei nicht nur für die örtliche, sondern generell ebenso für die überörtliche[54] und für die interprofessionelle Sozietät.[55]

Jene gesamtschuldnerische Erfüllungsverpflichtung leitet die Rechtsprechung in diesem Zusammenhang bereits aus dem Erklärungswert des Auftretens als Sozietät ab. Die zur gemeinsamen Berufsausübung verbundenen Berufsangehörigen wollten dem Ratsuchenden gerade die Vorteile anbieten, die potentiell aus der Möglichkeit einer internen Beratung und Abstimmung, einer spezialisierten Arbeitsteilung und gegenseitigen Vertretung folgen.[56] Nach der Verkehrsanschauung biete eine Sozietät dem Mandanten den guten Ruf an, den sie als solche genieße.[57] Dem Auftraggeber, der sich an eine Sozietät wende, sei umgekehrt zwar weiterhin an der Wahrung eines Vertrauensverhältnisses zu einem bestimmten Sozietätsmitglied gelegen; doch wolle er zudem die Gewißheit haben, daß hinter

---

[53] Vgl. etwa BGHZ 56, 355 (359); 70, 247 (248 f.); 97, 273 (276 ff.); OLG Köln in VersR 1991, 101 (102); OLG Oldenburg in VersR 1991, 1177 (1179); BGH in NJW 1994, 257 und 2302; 1995, 1841; OLG Düsseldorf in AnwBl. 1995, 193; BGH in ZIP 1996, 1615 (1616); OLG Düsseldorf in MDR 1997, 700; OLG Koblenz in NJW-RR 1997, 952 (953).

[54] Vgl. eigens zur überörtlichen Sozietät ausführlich BGHSt 37, 220 (224): „Grundlage der Verkehrsanschauung über die gleichzeitige Beauftragung aller Sozien ist ... die nach außen kundgetane gemeinschaftliche Berufsausübung. Daher muß auch bei getrennten Kanzleien in verschiedenen Orten an dem Erfordernis der gemeinschaftlichen Entgegennahme von Aufträgen festgehalten werden. Anderenfalls würde das Rechtsinstitut der überörtlichen Sozietät zu einer konturenlosen Agglomeration beliebig vieler Anwaltspraxen deformiert, ohne daß das Publikum die mit ihrer Inanspruchnahme verbundenen, von dem jeweiligen Organisationsgrad abhängigen rechtlichen Folgen durchschauen könnte."; ebenso etwa BGHZ 119, 225 (233 f.); OLG München in NJW 1990, 2134 (2136); OLG Hamm in NJW 1994, 868; BGH in NJW 1994, 2288; OLG Karlsruhe in NJW-RR 1995, 377; OLG München in NJW-RR 1996, 51 (52); OLG Hamburg in MDR 1996, 532 (533).

Dem Grundsatz der gemeinschaftlichen Beauftragung sämtlicher Gesellschafter entspricht es, daß beispielsweise die Mitglieder einer überörtlichen Anwaltssozietät auch bei einer Prozeßführung an einem auswärtigen, vom Wohnsitz des Mandanten weit entfernten Gericht nicht das Entstehen einer zusätzlichen Verkehrsanwaltsgebühr nach § 52 BRAGO geltend machen können; vgl. OLG München in MDR 1994, 418; OLG Karlsruhe in NJW-RR 1995, 377; OLG München in NJW-RR 1996, 51 (52); a. A. offenbar OLG Frankfurt in NJW-RR 1994, 128.

[55] Vgl. speziell zur interprofessionellen Sozietät BGHZ 83, 328 (329 f.); BGH in NJW 1992, 3037 (3038); BGH in BB 1993, 1682 (1685) – jeweils Sozietätsverhältnis zwischen Rechtsanwälten, Steuerberatern und/oder Wirtschaftsprüfern.

[56] BGHZ 56, 355 (360); 97, 273 (278); BGHSt 37, 220 (223); BGH in NJW 1994, 257 (258); 1996, 2308 (2309); OLG Koblenz in NJW-RR 1997, 952 (953).

[57] OLG München in MDR 1994, 418; OLG Karlsruhe in NJW-RR 1995, 377; OLG München in NJW-RR 1996, 51 (52).

jenem Berufsvertreter die Vorteile der Sozietät in bezug auf Organisation und Zusammenarbeit stünden.[58]

Das solcherart auf einer zutreffenden Analyse der beiderseitigen Interessenlage aufbauende Regelprinzip einer gesamtschuldnerischen Verpflichtung sämtlicher Sozien zur Erbringung der freiberuflichen Leistung hat – unbeschadet des Theorienstreits über die Rechtsnatur und die Haftungsverfassung der BGB-Gesellschaft[59] – nachfolgend auch in der Literatur gemeinhin Zustimmung erfahren.[60] Nur vereinzelt wird der Grundsatz einer

---

[58] BGHZ 56, 355 (360); 97, 273 (278 f.); BGHSt 37, 220 (223); OLG München in NJW 1990, 2134 (2136); OLG München in MDR 1994, 418; OLG Karlsruhe in NJW-RR 1995, 377; OLG München in NJW-RR 1996, 51 (52); BGH in NJW 1994, 257 (258); 1996, 2308 (2309).

[59] Zu der Frage einer eigenen Rechtssubjektivität der Gesellschaft bürgerlichen Rechts und deren Reichweite existieren mit der älteren Gesamthandslehre, der Doppelverpflichtungs- und der Akzessorietätstheorie im wesentlichen drei Auffassungen, die sich vor allem im Punkt einer Haftung der BGB-Gesellschafter für Schulden der „Gesellschaft" unterschiedlich auswirken. Die nunmehr nur noch selten (so etwa von *Plass*, S. 16 ff., 32 ff.) vertretene Gesamthandslehre sah in der BGB-Gesellschaft an sich nichts weiter als ein um Gesamthandselemente angereichertes Schuldverhältnis und behandelte das Gesamthandsvermögen dementsprechend lediglich als Sondervermögen der einzelnen Gesellschafter. Am rechtsgeschäftlichen Verkehr nahmen nach dieser Auffassung ausschließlich die Gesellschafter teil, so daß die auf diese Weise begründeten Verbindlichkeiten zum einen unmittelbar Schulden der jeweils am Vertragsschluß beteiligten, selbst handelnden oder vertretenen Gesellschafter und zum anderen nicht davon zu unterscheidende Gesamthandsschulden waren.

Die heute ganz überwiegende Auffassung erkennt demgegenüber an, daß die Gesamthand als Personenverband oder Gruppe am Rechtsverkehr teilnimmt und daher als solche Zuordnungssubjekt von Rechten und Pflichten sein kann. Nach der auch von der höchstrichterlichen Rechtsprechung gebilligten Doppelverpflichtungstheorie (vgl. dazu nur BGH in ZIP 1997, 1496, 1497; speziell für die Freiberufler-Sozietät aber eher ausweichend BGH in NJW 1992, 3037, 3039) berechtigen und verpflichten die geschäftsführenden Gesellschafter der BGB-Gesellschaft in erster Linie die Gesamthand als selbständiges Zuordnungssubjekt. Im Zweifel handeln die geschäftsführenden Gesellschafter darüber hinaus – im Rahmen der ihnen eingeräumten Vertretungsbefugnis – zugleich namens ihrer Mitgesellschafter und im eigenen Namen und begründen so inhaltsgleiche Pflichten der Gesellschafter, für deren Erfüllung diese grundsätzlich mit ihrem Privatvermögen einzustehen haben.

Die Befürworter der Akzessorietätstheorie (sehr vehement jüngst *Timm* in NJW 1995, 3209, 3215 ff.) wollen demgegenüber das den Personenhandelsgesellschaften zugrunde liegende Haftungsmodell zumindest auf bestimmte Typen der BGB-Gesellschaft übertragen. Danach verpflichten die für die Gesellschaft handelnden Geschäftsführer – wie nach der Lehre von der Doppelverpflichtung – die Gesamthand und begründen so eine Gesamthandsschuld. Die zusätzliche Haftung der Gesellschafter mit ihrem Privatvermögen bedarf nach dieser Auffassung jedoch nicht der Annahme eines zweiten Vertragsschlusses zwischen Vertragspartner und jeweiligem Gesellschafter, sondern folgt analog § 128 HGB ohne weiteres als gesetzliche Konsequenz aus der Begründung der Gesamthandsschuld; vgl. zu alldem unter Miteinbeziehung auch der divergierenden Haftungslage bei gesetzlichen Verbindlichkeiten *Schroeder* in DStR 1992, 507 (508 f.); *Habersack* in JuS 1993, 1 (2 ff.) sowie ausführlich MünchHdb.GesR I/*Gummert*, Rn. 2 ff. zu § 9 sowie Rn. 4 ff. zu § 12.

[60] Vgl. hierzu ausgehend von der Doppelverpflichtungslehre *Vogels*, S. 142 ff.; *Schroeder* in DStR 1992, 507 (511); *Busse* in DStR 1995, 738 (739 f.); *Ahrens*, Rn. 281 u. Rn. 302; Meilicke/v.Westphalen/Hoffmann/Lenz-*v.Westphalen*, Rn. 119 zu § 8 PartGG; *Gail/Overlack*, S. 107; auf dem Boden der Akzessorietätstheorie etwa *Kornblum* in BB 1973, 218 (224 f.); *ders.* in AnwBl. 1973, 153 (153 f.); *Steindorff* in FS für Fischer (1979), 747 (756 f.); *ders.*, S. 30 f.; ohne nähere Stellungnahme zum Theorienstreit zustimmend schließlich *Borggreve*, S. 69 ff.; *Hartstang*, Anwaltsrecht, S. 40 ff.; Lingenberg/Hummel/Zuck/Eich-*Zuck*, Rn. 14 zu § 28 RiLi; *Odersky* in FS für Merz (1992), 439 (449 f.); *Theißen* in MDR 1993, 1; *Kaiser/Bellstedt*, Rn. 48 ff.; *Vorbrugg/Salzmann* in AnwBl. 1996, 129 (131);

gemeinschaftlichen Beauftragung aller zur gemeinsamen Berufsausübung verbundenen Freiberufler heute noch grundlegend in Zweifel gezogen und für die Sozietät unter Hervorhebung der personalen und individuellen Vertrauensgrundlagen freier Berufstätigkeit eine reine Einzelfallbetrachtung bei der Erteilung eines Einzel- oder Gemeinschaftsmandats favorisiert.[61] Gegen eine solche Auffassung, die immerhin in der Tradition des zu Beginn dieses Jahrhunderts überwiegenden rechtswissenschaftlichen Schrifttums steht, spricht jedoch bereits, daß das Prinzip einer grundsätzlich gesamtschuldnerischen Erfüllungsverpflichtung aller assoziierten Berufsvertreter dem ratsuchenden Publikum nur Vorteile bringt, ohne daß eine etwaige besondere Vertrauensbeziehung des Auftraggebers zu einem bestimmten Berufsangehörigen deshalb Schaden nehmen müßte.

Gleichwohl trat mit der grundlegenden Unterscheidung zwischen einer Berufsausübungs- und einer Organisationsgesellschaft zugleich das Rechtsproblem auf, ob nicht auch im Rahmen einer Sozietät bestimmte Fallkonstellationen bei einer typisierenden Betrachtungsweise eine ausnahmsweise Beauftragung nur einzelner assoziierter Freiberufler durch den Ratsuchenden nahelegten. Der Annahme entsprechender Auslegungsregeln stand die höchstrichterliche Rechtsprechung anfangs zwar aufgeschlossen gegenüber, doch ist der BGH in neuerer Zeit kontinuierlich dazu übergegangen, die Voraussetzungen für eine Abweichung von dem Grundsatz einer gemeinschaftlichen Beauftragung aller Sozietätsmitglieder immer enger zu fassen.

So hielt es das höchste Zivilgericht beispielsweise bei Anwaltssozietäten ursprünglich für diskutabel, in Angelegenheiten der freiwilligen Gerichtsbarkeit, bei reinen Beratungsaufträgen oder bei Prozeßmandaten, bezüglich derer nur bestimmte Sozietätsmitglieder postulationsfähig sind, eine isolierte Beauftragung nur derjenigen Anwälte anzunehmen, die über die entsprechende besondere Sachkunde verfügten oder die notwendige Gerichtszulassung innehatten.[62] Ebenso könne dann, wenn ein Mandant eine Prozeßvollmacht nur auf einen bestimmten Anwalt der Sozietät ausstelle, oftmals eine separate Einzelbeauftragung angenommen werden.[63]

Von derartigen typisierenden Auslegungsregeln hat die Judikatur in den letzten Jahren aber mehr und mehr Abstand genommen. So wies der BGH zunächst darauf hin, die gemeinsame Verpflichtung aller Sozien aus dem Anwaltsvertrag werde nicht dadurch entbehrlich, daß der Mandant die tatsächliche Erfüllung des Vertrags nicht von allen Sozien erwarten könne, etwa weil nicht alle bei dem Gericht postulationsfähig seien, vor dem der Prozeß geführt werden solle, oder weil der Auftrag eine Spezialmaterie betreffe, die nicht

---

Carl, S. 243; Henssler/Prütting-*Hartung*, Rn. 27 zu § 59a BRAO; WP-Handbuch-*Kaminski*, Bd. 1, Teil A, Rn. 271 u. Rn. 305; Kuhls-*Maxl*, Rn. 73 zu § 56 StBerG; *ders.* in Stbg. 1991, 149 (150); Laufs/Uhlenbruck-*Uhlenbruck*, Rn. 14 zu § 18; *Deutsch*, S. 28; *Narr/Hess/Schirmer*, Rn. 906; *Schirmer* in MedR 1995, 341 (347); *Wertenbruch* in MedR 1996, 485.

[61] So für die Anwaltssozietät *Plass*, S. 108 ff., und *Wellensiek* in FS für Brandner (1996), 727 (732).

[62] Vgl. BGHZ 56, 355 (361); 83, 328 (330).

[63] Vgl. BGHZ 56, 355 (358); 70, 247 (251) – Die letztgenannte Entscheidung schränkte diese Auslegungsregel allerdings bereits auf solche Situationen ein, in denen die Einzelvollmacht nicht erst im Laufe der Mandatsbearbeitung ausgestellt worden war; vgl. BGH aaO, 250 f.; ebenso die zeitgleich verkündete Entscheidung des BGH in NJW 1978, 1003 (1004).

von allen Sozien beherrscht werde.[64] Der Mandant, der sich an ein Mitglied einer Rechtsanwaltssozietät wende, komme in den Genuß gemeinschaftlicher Berufsausübung nur, wenn ihm alle Mitglieder der Sozietät in ihrer gesamtschuldnerischen Verbundenheit für die Vertragserfüllung einstünden.[65]

Auf dieser Grundlage stellt die Rechtsprechung nunmehr erhöhte Anforderungen an eine Beauftragung lediglich eines bestimmten Sozietätsmitglieds. Danach kann von der Begründung eines Einzelmandats nur noch im Einzelfall und bei Vorliegen besonderer Umstände ausgegangen werden; allein die Tatsache, daß das Auftragsschreiben des Ratsuchenden nur an einen einzelnen Sozius gerichtet sei, reiche hierfür nicht aus.[66] Ebenso wenig ist der Umstand, daß einzelne Sozietätsmitglieder nicht bei dem zuständigen Prozeßgericht, sondern nur bei dem übergeordneten Berufungsgericht zugelassen sind, geeignet, das Grundprinzip der gemeinschaftlichen Beauftragung aller Sozietätsmitglieder in Frage zu stellen.[67] Auch die Unterzeichnung einer Prozeßvollmacht, die nur auf einen der Sozietätsanwälte laute, enthalte nicht ohne weiteres den Erklärungswert, daß in der Folge nur dieser der Vertragspartner des Mandanten sein solle.[68]

Der Gesetzgeber hat diese gewandelte, erkennbar um größere Rechtssicherheit bemühte Judikatur im Rahmen der Neufassung des anwaltlichen Berufsrechts zum Anlaß genommen, den Grundsatz einer gesamtschuldnerischen Haftung aller Sozietätsmitglieder aus dem zum Auftraggeber bestehenden Vertragsverhältnis auch gesetzlich klarzustellen (§ 51a II 1 BRAO; 45a II 1 PatAnwO).[69] Soweit danach der Ausnahmefall der Beauftragung eines einzelnen Anwaltssozius unterbleibt und statt dessen ein Vertragsschluß mit dem gesamthänderisch gebundenen Gesellschaftsvermögen der Sozietät erfolgt, ordnen die entsprechenden Rechtsvorschriften nach ihrem Wortlaut sogar schon kraft Gesetzes zugleich eine kumulative persönliche Einstandspflicht aller Gesellschafter als Gesamtschuldner an, so daß insofern bei einer Anwaltssozietät zur dogmatischen Begründung einer Haftung sämt-

[64] So ausdrücklich BGHSt 37, 220 (224 f.); ähnlich auch BGH in NJW 1995, 1841; OLG München in NJW-RR 1996, 51 (52).

[65] BGHSt 37, 220 (225); BGHZ 119, 225 (233).

[66] BGH in NJW 1994, 257; 1995, 1841; OLG Köln in NJW-RR 1997, 438 (439).

[67] Vgl. dazu OLG Düsseldorf in AnwBl. 1995, 193 (194) – Das Gericht führt aaO zutreffend aus, eine Beschränkung der Mandatsübernahme allein auf die jeweils postulationsfähigen Sozien müßte anderenfalls ganz „unklare Haftungslagen“ zur Folge haben; a. A. – nur Beauftragung der beim Instanzgericht postulationsfähigen Anwälte – allerdings *Schardey* in FS für Quack (1991), 731 (737) sowie *Ahrens*, Rn. 281 u. Rn. 305, letzterer unter Hinweis auf die Entscheidungen des OLG Düsseldorf in MDR 1994, 411 sowie in NJW-RR 1995, 376.

[68] OLG Koblenz in NJW-RR 1997, 952 (953).

[69] Der Wortlaut der §§ 51a II 1 BRAO; 45a II 1 PatAnwO („Die Mitglieder einer Sozietät haften aus dem zwischen ihr und dem Auftraggeber bestehenden Vertragsverhältnis als Gesamtschuldner.“) scheint in Anbetracht seiner apodiktischen Fassung zwar auf eine ausnahmslose gesamtschuldnerische Haftung hinzuweisen. Die Gesetzesmaterialien ergeben jedoch, daß hier nur ein dahinlautender Grundsatz aufgestellt und eine Einzelmandatierung ausschließlich bestimmter Sozien nicht ausgeschlossen werden sollte; vgl. BT-Drucksache 12/4993, S. 33.

Im übrigen sei indes auch an dieser Stelle erneut auf die Besonderheit hingewiesen, daß der Sozietätsbegriff des anwaltlichen Berufsrechts nach dem Willen des Normgebers neben der Gesellschaft bürgerlichen Rechts ausnahmsweise auch weitere Rechtsformen der gemeinschaftlichen Berufsausübung wie beispielsweise die Partnerschaft miteinschließen soll; vgl. dazu bereits oben Seite 173 f. in Fn. 47.

licher Sozien mit dem Privatvermögen bereits der Rückgriff auf die Grundsätze der Doppelverpflichtungstheorie entbehrlich scheint.[70]

Die zur regelmäßigen Erfüllungsverpflichtung aller Sozien entwickelten Rechtsprechungsgrundsätze sind vom BGH schließlich noch dahin ergänzt worden, daß bei einer personellen Erweiterung der Sozietät auch deren neue Mitglieder nach der Verkehrsanschauung und der Interessenlage vom Zeitpunkt ihres Eintritts an als mitbeauftragt gelten sollen, soweit nicht ausnahmsweise ein abweichender Parteiwille ersichtlich ist.[71]

Die vorstehend exemplarisch anhand der Anwaltssozietäten aufgezeigten Rechtsprechungsergebnisse sind grundsätzlich ebenso auch auf beliebige andere nach den §§ 705 ff. BGB gebildete freiberufliche Berufsausübungsgesellschaften übertragbar.[72]

In Anbetracht dessen werden die rechtlichen Anforderungen, die im regelmäßigen Geschäftsverkehr[73] an die ausnahmsweise Einzelmandatierung nur eines bestimmten Sozius zu stellen sind, im Ergebnis als ausgesprochen streng bezeichnet werden müssen. Der mandatierte Freiberufler dürfte den Nachweis einer Einzelbeauftragung in praxi nicht selten allein dadurch führen können, daß er die Einzelmandatierung beweiskräftig dokumentiert;[74] entsprechend scheint eine schriftliche Niederlegung der Einzelabrede in jedem Fall geboten. Soweit die Initiative zur Einzelbeauftragung nicht nachweisbar von dem Ratsuchenden selbst ausgegangen ist, wird man den Sozius überdies für verpflichtet halten müssen, den anderen Vertragsteil ausdrücklich über die nachteiligen Folgen einer Nichthaftung der übrigen Mitgesellschafter und seine alleinige Empfangszuständigkeit an dem

---

[70] So zutreffend *Wolf* in FS für Schneider (1997), 349 (352).

[71] BGH in NJW 1994, 257 (258) – Auch hier ist wiederum allein das entsprechende Auftreten als (Schein-) Sozius im Außenverhältnis maßgebend, so daß eine Solidarhaftung auch denjenigen trifft, der im Innenverhältnis lediglich die Stellung eines freien Mitarbeiters innehat; vgl. BGH, aaO. Bei einer Freiberufler-Sozietät gelten für neu eintretende Gesellschafter in Ansehung der von den Altsozien versprochenen Dienste demnach – freilich auf dispositiver Grundlage – in der Regel die Rechtsfolgen des § 130 I HGB. Im übrigen, d. h. für nicht freiberufliche Verbindungen, lehnt die höchstrichterliche Rechtsprechung eine rechtsfolgengleiche Anwendung des § 130 HGB auf die BGB-Gesellschaft allerdings strikt ab; vgl. etwa BGHZ 74, 240 (242 ff.) zur Bauherrengemeinschaft sowie BAG in NJW 1988, 222 (223).

[72] Vgl. für die ärztliche Gemeinschaftspraxis etwa BGHZ 97, 273 (277 f.); OLG Köln in VersR 1991, 101 (102); OLG Oldenburg in VersR 1991, 1177 (1179).

[73] Etwas anderes mag im anwaltlichen Bereich unter Umständen für die Ausnahmesituationen gelten, in denen die Berufstätigen nach den §§ 48 ff. BRAO eine besondere, im Einzelfall öffentlichrechtlich konstituierte Pflicht trifft, die rechtlichen Interessen einer notleidenden Partei wahrzunehmen. Auch wenn die gerichtliche Beiordnung zwischen dem benannten Sozius und der begünstigten Partei die zivilvertragliche Einigung insoweit nicht stets ersetzt (vgl. für die Pflicht zur Übernahme der Prozeßvertretung Feuerich/Braun-*Feuerich*, Rn. 6 zu § 48 BRAO), stellt sich der damit in Zusammenhang stehende Vertragsschluß aus Sicht der assoziierten Berufsvertreter an sich nicht mehr als Ausfluß ihrer selbstverantworteten Privatautonomie dar. Es liegt in diesen Konstellationen daher jedenfalls nahe, ausschließlich den beigeordneten Sozius als Vertragspartner des notleidenden Mandanten anzusehen; ebenso *Kaiser/Bellstedt*, Rn. 51; *Borgmann/Haug*, Rn. 11 zu § 36.

Solange es noch nicht zur Beiordnung gekommen ist, sollen dem Notleidenden bei Herantreten an eine Sozietät nach der Rechtsprechung freilich in der Regel ebenfalls sämtliche Sozien verpflichtet bleiben; vgl. OLG Köln in AnwBl. 1994, 300.

[74] So richtig *Kaiser/Bellstedt*, Rn. 53, für den Rechtsanwalt; *van der Horst* in DStR 1995, 2027, für den Steuerberater.

entstehenden Honoraranspruch zu belehren.[75] Diese Rechtspflicht legitimiert sich aus dem Umstand heraus, daß eine vom Berufstätigen dem Auftraggeber angetragene Einzelmandatierung in Widerspruch zu dem allgemeinen Erklärungswert des Auftretens als Sozietät tritt und dem ratsuchenden Publikum die hierauf bezogenen Rechtsfolgen in Anbetracht des nach außen einheitlichen Auftretens aller Gesellschafter ansonsten verborgen bleiben könnten.

Eine gewisse Einschränkung dieser ansonsten sach- und interessengerecht erscheinenden Judikatur wird indes für solche Verbindungen zu gelten haben, bei denen besondere Rechtsvorschriften eine uneingeschränkten Leistungserbringung durch sämtliche Sozien ausschließen. Soweit im einzelnen Fall – etwa bei interprofessionellen Zusammenschlüssen oder bei Ärzten mit grundverschiedenen Fachgebieten – einzelne Gesellschafter kraft Berufsrechts oder nach anderen gesetzlichen Bestimmungen[76] nicht in vollem Umfang zur Erbringung der im Außenverhältnis versprochenen Leistung befugt sind, ist dem ausnahmsweise durch eine einschränkende Auslegung im Sinne eines allgemeinen Berufsrechtsvorbehalts Rechnung zu tragen.[77] Bei einer solchen Sachlage scheint eine Interpretation angemessen, die in Anwendung des allgemeinen Rechtsgedankens der §§ 59a I 1 BRAO; 52a I 1 PatAnwO; 56 I 2 StBerG eine gesamtschuldnerische *Erfüllungs*verpflichtung gegenüber dem Ratsuchenden lediglich „im Rahmen der eigenen beruflichen Befugnisse" entstehen läßt.[78]

---

[75] Ebenso *Kaiser/Bellstedt*, Rn. 53; vgl. auch OLG Koblenz in NJW-RR 1997, 952 (953), wonach es dem Mandanten „sofort und ausdrücklich zu erklären" ist, wenn der Auftrag nicht für die Sozietät, sondern nur für einen bestimmten Anwalt angenommen werden soll; a. A. – kein Bestehen einer entsprechenden Aufklärungspflicht – allerdings *Borgmann/Haug*, Rn. 13 zu § 36.

Die Rechtsprechung bejaht eine Belehrungspflicht der Sozii über die dem Auftraggeber nachteilige Haftungsbefreiung der Mitgesellschafter zumindest für den Fall einer Novation, mittels derer die im Rahmen des alten Schuldverhältnisses bestehende gesamtschuldnerische Haftung aller Gesellschafter aufgehoben und durch ein neu begründetes Rechtsverhältnis zu lediglich einem Sozius ersetzt werden soll, vgl. BGH in NJW 1986, 1490 (1491) für eine Anwaltssozietät. Soweit die assoziierten Berufsvertreter selbst initiativ werden, um eine gesamtschuldnerische Erfüllungsverpflichtung gar nicht erst zur Entstehung zu bringen, wird man aufgrund der ähnlichen Interessenlage des ratsuchenden Publikums indes kaum zu einer anderen Beurteilung gelangen können.

[76] Zu denken ist hier etwa an das RBerG, soweit sich Steuerberater und Wirtschaftsprüfer im Rahmen einer interprofessionellen Sozietät mit Rechtsanwälten im Außenverhältnis zu einer – ihnen nicht gestatteten – uneingeschränkten Rechtsberatung verpflichten müßten; vgl. zu dieser Konstellation auch *Henssler* in NJW 1993, 2137 (2138); *Wolf* in FS für Schneider (1997), 349 (352).

[77] Zutreffend *Henssler* in NJW 1993, 2137 (2138); *Schirmer* in MedR 1995, 341 (349); ähnlich *Wolf* in FS für Schneider (1997), 349 (352 ff.); offen hingegen *Borggreve* in INF 1982, 565 (566).

[78] *Henssler* in NJW 1993, 2137 (2138); *Schirmer* in MedR 1995, 341 (349); *Wertenbruch* in MedR 1996, 485 (486); noch weitergehend für überörtliche Sozietäten *Wolf* in FS für Schneider (1997), 349 (354), wonach sich die Erfüllungshaftung dort nach der Interessenlage grundsätzlich auf die im regionalen Bereich des Auftraggebers tätigen Gesellschafter mit der erforderlichen Sachkunde beschränke.

Die einschränkende, auf die eigenen beruflichen Befugnisse der Sozien abstellende Auslegung wird man dabei allerdings nicht dahin verstehen können, daß Vertragspartner des Ratsuchenden im Regelfall lediglich diejenigen Gesellschafter werden, die zur Erbringung der primär geschuldeten Dienstleistung normativ berechtigt sind; so aber *Schardey* in FS für Quack (1991), 731 (737); *Busse* in DStR 1995, 738 (740); WP-Hdbuch-*Kaminski*, Bd. 1, Teil A, Rn. 273 u. Rn. 308, 310 sowie wohl auch BGH in BB 1993, 1682 (1685). Eine so weitreichende Folgerung würde der gegenseitigen Interes-

Unter Berücksichtigung dieser Besonderheit gilt wie vorerwähnt freilich auch für die interprofessionelle Sozietät, daß alle Sozietätsmitglieder grundsätzlich gemeinsam die Erfüllung der übernommenen Pflichten schulden und dem Mandanten solidarisch haften.[79]

3. Der Grundsatz der gesamtschuldnerischen Schadensersatzhaftung bei der Sozietät

Beinahe ebenso wichtig wie die Klärung der prinzipiellen Vertragspartner des Ratsuchenden in der freiberuflichen Berufsausübungsgesellschaft scheint aus Sicht des Rechtsverkehrs die Bestimmung der Haftungsfolgen, die sich im Verhältnis zum Auftraggeber an das etwaige Auftreten schuldhaft begangener beruflicher Fehlleistungen anknüpfen. Auch hier hat die Judikatur in den letzten Jahrzehnten einen durchgängig einheitlichen Rechtsstandpunkt eingenommen.

---

senlage kaum gerecht. Immerhin bleibt zu bedenken, daß auch die interprofessionelle Sozietät dem Publikum gegenüber als Einheit auftritt und die aus der Berufstätigkeit erzielten Honorare den Sozien grundsätzlich gemeinschaftlich zufließen sollen. Wollte man hier den Vertragsschluß regelmäßig nur auf die von Rechts wegen zur Primärleistung befugten Gesellschafter beschränken, könnte die Bestimmung der leistungsverpflichteten Sozien nur von Fall zu Fall erfolgen, und der Ratsuchende würde je nach Art des Mandats innerhalb derselben interprofessionellen Sozietät mit wechselnden Vertragspartnern konfrontiert. Die hieraus resultierenden Rechtsfolgen – Schwierigkeiten bei der Ermittlung der in concreto Anspruchsverpflichteten, nach Art des Mandats divergierende Empfangszuständigkeit der Sozien an den Honoraren im Außenverhältnis etc. – wären für den Ratsuchenden kaum noch transparent. Zudem würden die Grenzen zwischen interprofessioneller Sozietät und Bürogemeinschaft in ihren Konturen immer unschärfer.

Aus diesem Grunde scheint es im Ergebnis vorzugswürdig, daß auch in den Fällen, in denen einzelne Gesellschafter der interprofessionellen Sozietät von Rechts wegen nicht zur Erbringung der primär geschuldeten Dienstleistung befugt sind, diese bei Fehlen sonstiger Anhaltspunkte regelmäßig trotzdem Vertragspartner des Ratsuchenden werden – eben nur beschränkt auf ihr eigenes, im Rahmen der konkreten Auftragsabwicklung vielleicht nicht zum Tragen kommendes berufliches Betätigungsfeld; ebenso *Lichtner/Korfmacher* in WPK-Mitt. 1993, 93 (100); *Römermann* in WiB 1997, 667 (668); für fachübergreifend zusammengesetzte Gemeinschaftspraxen auch *Wertenbruch* in MedR 1996, 485 (486). Es obläge hiernach den Gesellschaftern, mit dem Ratsuchenden ausdrücklich eine andere Vertragsgestaltung zu vereinbaren, wenn sie diese Art der gesamtschuldnerischen Erfüllungshaftung „im Rahmen der eigenen beruflichen Befugnisse" ausschließen wollen. Die hier vertretene Auffassung wird in Ansehung des 59a I 2 BRAO offenbar auch vom Gesetzgeber geteilt. Danach soll beispielsweise die strafprozessuale Vorschrift des § 137 I 2 StPO selbst im Rahmen einer interprofessionellen Sozietät der Wirksamkeit eines Vertragsschlusses mit mehr als drei Sozietätsmitgliedern nicht entgegenstehen, so daß in praxi alle Sozien – nicht nur die nach außen bestellten anwaltlichen Verteidiger – als Vertragspartner des Mandanten gelten dürfen. Dasselbe gilt gemäß § 59a I 2 BRAO auch mit Blick auf eine etwaige unterschiedliche Postulationsfähigkeit einzelner Mitglieder einer interprofessionellen Sozietät; dem zustimmend *Kaiser/Bellstedt*, Rn. 60; im Ergebnis wohl auch Henssler/Prütting-*Hartung*, Rn. 30 ff. zu § 59a BRAO.

[79] Vgl. so im Rahmen der Novellierung des anwaltlichen Berufsrechts auch ausdrücklich BT-Drucksache 12/4993, S. 33.

a) *Das Grundprinzip einer uneingeschränkten persönlichen Einstandspflicht sämtlicher Sozien für berufliches Fehlverhalten eines Mitgesellschafters*

Mit der regelmäßigen gesamtschuldnerischen Erfüllungsverpflichtung der zur gemeinsamen Berufsausübung verbundenen Freiberufler korrespondiert nach der höchstrichterlichen Rechtsprechung seit der im Jahre 1971 ergangenen Ausgangsentscheidung daneben eine im Grundsatz gleichlautende vertragliche Schadensersatzpflicht aller assoziierten Berufsvertreter mit ihrem Privatvermögen für die einem Sozius schuldhaft unterlaufenen Berufsfehler.[80] Die gemeinsame Einstandspflicht soll dabei auch dann eintreten, wenn das assoziierte Mitglied die vertraglich übernommenen Pflichten vorsätzlich verletzt hat und jene Vertragsverletzung zugleich eine strafbare Handlung darstellt.[81]

Auch hier ist hervorzuheben, daß diese Haftungsfolgen nicht nur für Berufstätige in örtlichen Sozietäten gelten, sondern prinzipiell in gleicher Weise ebenso die in überörtlichen[82] oder in interprofessionellen[83] Sozietäten zusammengeschlossenen Berufsvertreter treffen.

Das Prinzip einer solidarischen vertraglichen Einstandspflicht für Schäden aus fehlerhafter Berufsausübung leitet die Judikatur in Anknüpfung an die Tradition des Reichsgerichts dabei aus einer grundsätzlichen Unanwendbarkeit der Auslegungsregel des § 425 BGB auf freiberufliche Sozietäten ab. Die beiderseitige Interessenlage ergebe bei verständiger Würdigung, daß für freiberufliche Berufsausübungsgemeinschaften aus dem Inhalt des Schuldverhältnisses „ein anderes", d. h. eine gegenseitige Verschuldenszurechnung unter den Sozii folge (§ 425 I BGB).[84] Dem Recht der zur Sozietät verbundenen Freiberufler, im

---

[80] Vgl. nur BGHZ 56, 355 (361 ff.); 70, 247 (251 f.); 83, 328 (331); 97, 273 (279 f.); BGH in NJW 1985, 2250 (2251), 1986, 581 (583); 1987, 1758 (1760); OLG Oldenburg in VersR 1991, 1177 (1179); BGH in NJW 1995, 51 (52); OLG Koblenz in NJW-RR 1997, 952 (953); OLG Schleswig in VersR 1997, 1025 (1026).

[81] Vgl. BGHZ 70, 247 (252); OLG Koblenz in NJW-RR 1997, 952 (953).

[82] Vgl. zur überörtlichen Sozietät inzidenter BGH in NJW 1994, 1879 f. (Verantwortlichkeit auch des auswärtigen Sozius für Fristenkontrolle); erneut bestätigt durch BGH in NJW 1997, 3177 (3178).

[83] Vgl. zur interprofessionellen Sozietät BGHZ 83, 328 (330 f.); BGH in NJW 1992, 3037 (3038); BGH in BB 1993, 1682 (1685).

Fraglich könnte in diesem Zusammenhang allenfalls sein, ob die gesamtschuldnerische Sekundärhaftung in der interprofessionellen Sozietät lediglich auf diejenigen Sozien beschränkt bleibt, die auf dem Berufsgebiet, bei dessen Bearbeitung eine Pflichtverletzung erfolgt ist, auch selbst „im Rahmen ihrer eigenen beruflichen Befugnisse" zur primären Leistungserbringung befugt waren; so etwa *Borgmann/Haug*, Rn. 15 zu § 36; *Maxl* in Stbg. 1991, 149 (154); *Henssler* in ZIP 1997, 1481 (1489); OLG Köln in NJW-RR 1997, 438 (439) und wohl auch BGH in BB 1993, 1682 (1685). An sich dürfte jedoch keine Veranlassung für eine derart einschränkende Bestimmung der Ersatzhaftungsschuldner bestehen. Geht man davon aus, daß – mit der Einschränkung der primären Leistungspflicht auf die jeweils eigenen beruflichen Befugnisse – auch im Rahmen der interprofessionell zusammengesetzten Sozietät regelmäßig sämtliche Sozien Vertragspartner des Auftraggebers werden (vgl. dazu oben Fn. 78), so spricht nichts dagegen, auf der Sekundärebene nach allgemeinen Rechtsprechungsgrundsätzen eine uneingeschränkte gesamtschuldnerische Ersatzhaftung unterschiedslos aller Gesellschafter zu bejahen; ebenso etwa *Wertenbruch* in MedR 1996, 485 (486); *Römermann* in WiB 1997, 667 (668).

[84] Vgl. für die Anwaltssozietät BGHZ 56, 355 (361 f.); für die ärztliche Gemeinschaftspraxis BGHZ 97, 273 (279); für die tierärztliche Gemeinschaftspraxis OLG Schleswig in VersR 1997, 1025 (1026).

Innenverhältnis weitgehend selbst darüber zu bestimmen, wer von ihnen den Auftraggeber betreuen, seine Sache bearbeiten und je nach den Umständen behalten oder abgeben solle, stehe andererseits die Pflicht gegenüber, ihm infolge des nach außen einheitlichen Auftretens als „die Sozietät" gegebenenfalls auch in entsprechender Weise gemeinsam zu haften.[85] Aus dem Umstand, daß die Sozien die Sache untereinander nur einem von ihnen zur Bearbeitung überließen, könne nicht die Befugnis erwachsen, daraus im Haftungsfall beschränkende Einwendungen herzuleiten.[86] Es sei wenig sachgerecht, den Ratsuchenden, welcher der Sozietät besonderes Vertrauen entgegenbringe, auf den jeweiligen Bearbeiter seiner Sache zu verweisen, auf dessen Auswahl er oftmals keinen Einfluß habe und den er mitunter nicht einmal kennengelernt habe.[87]

Der hiernach von der höchstrichterlichen Rechtsprechung aufgestellte Grundsatz einer vertraglichen Schadensersatzhaftung aller assoziierten Berufsvertreter für berufliche Fehlleistungen nur eines Mitglieds ist in seinen praktischen Ergebnissen – wiederum unabhängig von etwaigen Meinungsverschiedenheiten über die eigentliche Rechtsnatur und die grundsätzliche Haftungsverfassung der BGB-Gesellschaft – nachfolgend auch vom rechtswissenschaftlichen Schrifttum überwiegend gebilligt worden.[88]

---

[85] So BGHZ 56, 355 (362) für die anwaltliche Berufsausübungsgemeinschaft; für die ärztliche Gemeinschaftspraxis gelten sinngemäß die gleichen Erwägungen; vgl. BGHZ 97, 273 (280).

Allerdings will das OLG Oldenburg in NJW-RR 1997, 24 in Anlehnung an gleichlautende höchstrichterliche Erwägungen in BGHZ 97, 273 (280) eine vertragliche Schadensersatzhaftung aller Gesellschafter-Ärzte in einer Gemeinschaftspraxis lediglich für solche Fallkonstellationen bejahen, in denen es um „weitgehend austauschbare ärztliche Leistungen" geht. Eine derart restriktive Interpretation sieht sich sodann jedoch mit dem Problem konfrontiert, daß sich kaum hinreichend verläßliche materielle Kriterien dafür entwickeln lassen, unter welchen Voraussetzungen eine medizinische Heilbehandlung im Einzelfall als ihrer Art nach substituierbar erscheinen kann und wann nicht.

[86] BGHZ 56, 355 (362 f.); ähnlich BGHZ 97, 273 (280).

[87] BGHZ 56, 355 (363).

[88] Vgl. dazu ausgehend von der Akzessorietätstheorie, für die sich aus der entsprechenden Anwendung des § 128 HGB eine gesamtschuldnerische Haftung aller Sozii zwanglos ergibt, beispielsweise *Kornblum* in BB 1973, 218 (225 ff.); *ders.* in AnwBl. 1973, 153 (153 f.); *Steindorff* in FS für Fischer (1979), 747 (751 u. 756 f.); *K. Schmidt* in ZIP 1993, 633 (648); insoweit ebenfalls mit Akzessorietätsgesichtspunkten operierend *Vogels*, S. 146; *Wolf* in FS für Schneider (1997), 349 (354); basierend auf der herrschenden Lehre von der Doppelverpflichtung etwa *Sandberger/Müller-Graff* in ZRP 1975, 1 (2); *Busse* in DStR 1995, 738 (740); *van der Horst* in DStR 1995, 2027 (2027 f.); *Wellensiek* in FS für Brandner (1996), 727 (731 f.); *Gail/Overlack*, S. 108; Henssler/Prütting-*Hartung*, Rn. 35 ff. zu § 59a BRAO; *ders.* in AnwBl. 1995, 333 (335); ohne nähere Stellungnahme zur allgemeinen Haftungsverfassung der BGB-Gesellschaft zustimmend MünchHdb.GesR I/*Schmidt*, Rn. 56 zu § 19; *Hartstang*, Rechtsanwalt, S. 197 f.; *Sodan*, S. 67 f.; *Koch* in Gilles (Hrsg.), 153 (157); *Borgmann/Haug*, Rn. 1 ff. zu § 36; *Kaiser/Bellstedt*, Rn. 78 ff.; *Boele*, S. 12; *Grüninger* in DB 1990, 1449 (1451); *Maxl* in Stbg. 1991, 149 (150); *Oppermann* in AnwBl. 1995, 453; *Römermann/Spönemann* in NZG 1998, 15 (16); für die internationale Anwaltssozietät vgl. *Zuck* in ZRP 1995, 68 (69) sowie *Ring* in JZ 1997, 151; speziell für ärztliche Gemeinschaftspraxen *Narr/Hess/Schirmer*, Rn. 906 u. 1141; *Henke* in NJW 1974, 2035 (2037 f.); insoweit zweifelnd allerdings *Stuber* in WiB 1994, 705 (706 in Fn. 15); grundlegend anderer Ansicht für Anwaltssozietäten daneben *Plass*, S. 135 ff., der – in sachlicher Übereinstimmung mit den Kritikern der früheren Reichsgerichtsrechtsprechung – die von der Judikatur entgegen der Auslegungsregel des § 425 BGB praktizierte Verschuldenszurechnung an die nicht mit der konkreten Mandatsbearbeitung befaßten Sozietätsmitglieder als überschießende Privilegierung des Auftraggebers ansieht.

Dieser rechtlichen Bewertung hat sich nunmehr ebenso auch der Bundesgesetzgeber angeschlossen. Die in das anwaltliche Berufsrecht eingefügten §§ 51a II 1 BRAO, 45a II 1 PatAnwO differenzieren, soweit sie für die Mitglieder einer Anwaltssozietät eine gesamtschuldnerische Haftung aus dem zum Auftraggeber hin bestehenden Vertragsverhältnis aussprechen, ersichtlich nicht zwischen Primär- und Sekundärebene. Man wird diesen Vorschriften daher auch die Rechtswirkung beilegen müssen, daß dort das Regelprinzip einer gesamtschuldnerischen Schadensersatzpflicht aller Sozien eine eigenständige gesetzliche Kodifikation erfahren hat.[89]

Gegen Ende der achtziger Jahre empfanden die Freiberufler das so allgemein statuierte Prinzip einer uneingeschränkten persönlichen Einstandspflicht für berufliche Pflichtverletzungen anderer Sozietätsmitglieder allerdings zunehmend als unangemessen. Ausschlaggebend hierfür waren verschiedene rechtstatsächliche Gesichtspunkte, die aus dem Blickwinkel vieler Berufstätiger zumindest in ihrem Zusammenwirken eine Überprüfung der Haftungsmaximen, wie sie bis dato zur vertraglichen Berufshaftung in der Freiberufler-Sozietät entwickelt worden waren, nahelegen mußten.

b) Die Beweggründe der freiberuflich Tätigen für eine kritische Hinterfragung des Prinzips der solidarischen Ersatzhaftung

Die vielschichtigen Motive, die in der jüngeren Vergangenheit freiberufliche Vorbehalte gegenüber der prinzipiell gesamtschuldnerischen Vertragshaftung für Schäden aus fehlerhafter Berufsausübung in der Sozietät hervorriefen, hatten ihren rechtstatsächlichen Hintergrund teils in generellen, teils in speziell die gemeinsame Berufsausübung in der Gesellschaft bürgerlichen Rechts betreffenden gewandelten Realverhältnissen.

aa) Der sich allgemein verschärfende Haftungsdruck in vielen freien Professionen

Einen ersten, noch nicht spezifisch mit der kooperativen Berufsausübung in Zusammenhang stehenden Kritikpunkt bildete dabei die immer häufiger als zu weitgehend gerügte Haftungsstrenge der zivilgerichtlichen Rechtsprechung. Die Angehörigen der freien Professionen beklagten zusehends, die Judikatur konfrontiere sie im Rahmen von Haftpflichtprozessen mit Pflichtenprogrammen und Sorgfaltsstandards, die zu erfüllen dem einzelnen kaum noch möglich sei.[90]

---

[89] Ebenso *Wellensiek* in FS für Brandner (1996), 727 (736), wonach die Regelung des § 51a II 1 BRAO nunmehr generell auch die gesamtschuldnerische Ersatzhaftung der Sozien anordne, so daß sich insoweit bereits ein Rückgriff auf die dispositive Regelung des § 425 BGB gänzlich verbiete.

Für eine solche Auslegung sprechen daneben auch systematische Erwägungen. Die gesetzliche Niederlegung des Prinzips der gesamtschuldnerischen Haftung erfolgte innerhalb einer Vorschrift, die im übrigen die Möglichkeiten einer vertraglichen Begrenzung von Ersatzansprüchen, also die Sekundärhaftung, zum Gegenstand hat. In Anbetracht dessen schiene es kaum verständlich, wollte man den dort kodifizierten Grundsatz der gesamtschuldnerischen Haftung lediglich auf die primären Leistungspflichten beziehen. Wegen der sonstigen eigentümlichen Besonderheiten des Sozietätsbegriffs im anwaltlichen Berufsrecht siehe ergänzend bereits oben Seite 173 f. in Fn. 47.

[90] Vgl. hierzu an neueren Stellungnahmen nur exemplarisch für die anwaltliche Berufstätigkeit *Prinz* in VersR 1986, 317 (318): „Der pflichtgemäß arbeitende Rechtsanwalt im Sinne der Rechtspre-

Dieser Aspekt schien, zumal von den Freiberuflern selbst hervorgebracht, auf erste Sicht zwar wenig zugkräftig. Denn immerhin war der Einwand, daß sich die Rechtsprechung permanent und einseitig am Typus eines alles beherrschenden, zur rechten Zeit an alles denkenden und stets das Richtige treffenden Berufstätigen orientiere,[91] als solcher nicht neu, sondern er hatte in denjenigen Freien Berufen, die ihrer besonderen Gemeinschaftswichtigkeit wegen schon immer einer besonders intensiven Pflichtenbindung unterlagen, bereits seit etlichen Jahrzehnten Tradition.[92]

Unbeschadet dessen ließ sich aber in der Tat feststellen, daß die von der Judikatur aufgestellten Verhaltensanforderungen und Sorgfaltsmaßstäbe für verschiedene freie Professionen im Laufe der Zeit qua Rechtsfortbildung kontinuierlich fortentwickelt und immer

---

chung muß – überspitzt formuliert – danach ein juristischer Supermann sein, der über ein computerhaftes Gedächtnis, ein hervorragendes Judiz sowie höchste Intelligenz und Energie verfügt."; vgl. daneben auch *Wellensiek* in FS für Brandner (1996), 727 (728), der eine zunehmend rigider werdende Haftungssituation ausmacht, sowie *Hartstang*, Anwaltsrecht, S. 644 f, wonach dem Rechtsanwalt qua Richterrecht mittlerweile schier unzumutbare Haftungsrisiken aufgebürdet würden.

[91] So eine schon im Jahre 1958 von *Scheffler*, S. 10, verwendete und nachfolgend oft bemühte Formulierung.

[92] Ein markantes Beispiel hierfür liefert die schon in der Weimarer Demokratie innerhalb der Anwaltschaft für zu streng befundene Haftpflichtrechtsprechung des Reichsgerichts und die im Anschluß daran geführte Diskussion über die standesrechtliche Zulässigkeit formularvertraglicher Haftungsbeschränkungen. Bereits im Jahre 1921 beklagten mehrere anwaltliche Berufsvertreter, daß „... die Haftung des Anwaltes, wie sie in der bisherigen Rechtsprechung zutage tritt, ein schweres soziales Unrecht gegen unseren Stand ..." bedeute; so *Scherer* in Nachrichten 1921, 93 (94); ihm folgend *Noest* in Nachrichten 1921, 142 ff. Im Zuge der als existenzgefährdend charakterisierten Haftpflichtrechtsprechung bejahten verschiedene weitere Autoren die Notwendigkeit und Unbedenklichkeit von – teilweise bis hin zum vollständigen Haftungsausschluß reichenden (so *Hartwig* in Nachrichten 1921, 169, 172) – formularvertraglichen Haftungsbegrenzungsvereinbarungen; vgl. etwa *Berg* in Nachrichten 1921, 216; *Fürst* in AnwBl. 1929, 329 f.; *Schweitzer*, S. 45 ff. mit kommentierten Formulierungsmustern ab S. 71 ff. Der Vorstand des Deutschen Anwaltvereins trat dem jedoch mit der Befürchtung entgegen, eine vertragliche Haftungseinschränkung könne zu einem Vertrauensverlust beim rechtssuchenden Publikum und zu einer wirtschaftlichen Schädigung der Anwaltschaft führen; statt dessen wolle man sich beim Gesetzgeber für eine Einbeziehung des Anwalts in die Haftungsprivilegierung des § 839 I 2, III BGB einsetzen; vgl. *Dittenberger* in Nachrichten 1921, 211 (213 f.) und die aaO, 215 f., veröffentlichten Vorstandsbeschlüsse. Obwohl auch andere Autoren allgemein vereinbarte Haftungsbegrenzungen für unzweckmäßig und deshalb standeswidrig erklärten (so *Selb* in AnwBl. 1930, 356, 364 f. und *Sickinger* in AnwBl. 1932, 137, 140 f.), behielten etwa die Mitglieder des Karlsruher Anwaltvereins auch nachfolgend eine Haftungsbegrenzungsklausel in ihren Mandatsbedingungen bei (vgl. AnwBl. 1929, 329), so daß sich der DAV im Jahr 1930 schließlich veranlaßt sah, die erst ein Jahr zuvor ausgearbeiteten anwaltlichen Standesrichtlinien dahin abzuändern, daß die allgemeine Vereinbarung des Ausschlusses oder der Beschränkung der anwaltlichen Haftung (lediglich) nach der herrschenden Meinung für unzulässig gehalten werde; vgl. den Abdruck des Originalwortlauts in AnwBl. 1932, 85 (86).

Seitdem fanden sich in der Anwaltschaft später regelmäßig wiederkehrend Stimmen, die rügten, daß die Praxis der Regreßrechtsprechung die Anforderungen an die Aufgaben und die Sorgfalt des Anwalts weit überspanne, den Fahrlässigkeitsbegriff viel zu sehr ausdehne und die deshalb für die Verwendung allgemeiner Haftungsbegrenzungsvereinbarungen eintraten, vgl. so etwa *v. d. Trenck* in DR 1944, 649 ff.; *Mittelstein* in MDR 1958, 748 ff.; *Roesen* in AnwBl. 1962, 25 ff.; *Taeger* in AnwBl. 1962, 133 ff.; *Geigel* in AnwBl. 1971, 29 ff.

weiter ausgedehnt worden waren.[93] Auch das rechtswissenschaftliche Schrifttum konstatierte demgemäß übereinstimmend die Tendenz einer stärkeren haftungsrechtlichen Inpflichtnahme der Freiberufler,[94] bei der letztlich weniger die privatautonome und berechenbare Übernahme sanktionierter Verhaltens- und Schutzpflichten als vielmehr eine rein ergebnisorientierte Risikoverteilung im Vordergrund stehe,[95] welche sich für die Berufstätigen häufig genug in einem existenzgefährdenden Haftungsrisiko ausdrücke.[96]

Der so allgemein verzeichnete Prozeß einer steten Haftungsverschärfung in zahlreichen freien Professionen schlug sich dabei unter anderem in einer steigenden Bereitschaft der Rechtsprechung nieder, die freiberufliche Berufshaftung in verschiedenen Teilbereichen aus ihren eigentlichen konsensualen Vertragsgrundlagen herauszulösen. Abgesehen von dem Sonderfall der ärztlichen Heilbehandlungstätigkeit, für die sich aus der Verletzung absolut geschützter Rechtsgüter seit jeher ein prinzipieller Gleichlauf von vertraglicher und außervertraglicher (deliktischer) Haftung ergab,[97] ging die höchstrichterliche Judikatur in den zurückliegenden Dekaden mehr und mehr dazu über, vor allem die rechts- und wirtschaftsberatenden freien Professionen sowie daneben auch die Architekten kraft ihrer Eigenschaft als berufsmäßige Sachkenner einer – in ihren dogmatischen Grundlagen nicht immer zweifelsfreien – fallgruppenartigen quasivertraglichen Haftung für Vermögensschäden Dritter zu unterwerfen.[98]

---

[93] Die Judikatur der Obergerichte und des Bundesgerichtshofs zur freiberuflichen Berufshaftung ist mittlerweile so reichhaltig und weitläufig, daß sie ihrem Umfang nach kaum noch faßbar scheint; vgl. zum jüngsten Versuch eines umfassenden systematischen Überblicks über die Berufsgruppen der Ärzte und Architekten sowie der rechts- und wirtschaftsberatenden freien Professionen *Hirte*, S. 11 ff. Daneben sei wegen der weitreichenden Aufklärungs- Beratungs-, Prüfungs- und Belehrungspflichten bei den rechts- und wirtschaftsberatenden Freien Berufen, die in dem sog. „Prinzip des sichersten Wegs" und einer ausdrücklichen Aufklärungspflicht über vorangegangenes eigenes berufliches Fehlverhalten (sog. „sekundäre Schadensersatzhaftung") eine vielsagende Ausprägung erfahren haben, nur exemplarisch verwiesen auf *Henssler* in JZ 1994, 178 ff. (Rechtsanwälte); *ders.* in AnwBl. 1996, 3 ff. (Rechtsanwälte und Wirtschaftsprüfer), *Fliess* in WPK-Mitt. 1992, 49 ff. (Wirtschaftsprüfer); *Hoppmann* in StB 1993, 405 ff. (Steuerberater); *Späth* in NWB 1995, Fach 30, 951 ff. (Steuerberater); vgl. für den Arztberuf mit Blick auf die dort mannigfaltig bestehenden Dokumentations-, Behandlungs-, Aufklärungs-, Kontroll- und Nachsorgepflichten im übrigen nur die zusammenfassende Darstellung von Laufs/Uhlenbruck (Hrsg.), S. 298 ff., 333 ff., 342 ff., 1033 ff.

[94] Vgl. hierzu nur *Littbarski* in NJW 1984, 1667 (1669 f.); *Hopt* in FS für Pleyer (1985), 341 (343 u. 353 ff.); *Hübner* in NJW 1989, 5 (6 ff.); *Ebke/Scheel* in WM 1991, 389 ff.; *Henssler* in AnwBl. 1996, 3 ff.; *Schlie*, S. 40 ff.; *Laufs* in NJW 1997, 1609 (1611); *Damm* in JZ 1991, 373 ff.; *ders.* spricht in FS für Brandner (1996), 31 (38) gar von einem „allgemeinen Trend zivilistischer Haftungsverschärfung gerade zu Lasten der Freien Berufe"; ebenso *Reiff* in AnwBl. 1997, 3 (14).

[95] So *Ebke* in JZ 1990, 688 (689); *ders.*, S. 49; ähnlich *Hopt* in NJW 1987, 1745 (1746).

[96] So *Reiff* in AnwBl. 1997, 3 – Derselbe formuliert aaO, S. 5, sogar, daß die Judikatur an die Berufstätigen „bis an die Grenze der Gefährdungshaftung heranreichende Sorgfaltsanforderungen" stelle.

[97] Vgl. hierzu etwa Laufs/Uhlenbruck-*Laufs*, Rn. 9 ff. zu § 97.

[98] Vgl. zu den in der Judikatur im einzelnen diskutierten Fallgruppen des (konkludenten) Auskunfts- und Beratungsvertrags, des Vertrags mit Schutzwirkung für Dritte, der Garantenprospekthaftung sowie der culpa in contrahendo näher *Hopt* in NJW 1987, 1745 (1745 f.); *Grunewald* in AcP 187 (1987), 285 (288 ff.); *Lang* in WM 1988, 1001 (1002 ff.); *Schmitz* in DB 1989, 1909 ff.; *Damm* in JZ 1991, 373 (375 ff.); *Ebke/Scheel* in WM 1991, 389 ff.; *Altenburger* in WM 1994, 1597

Eine besonders eigentümliche Ausprägung erfuhr dieses Bestreben dabei in der richterlichen Schöpfung einer berufsspezifischen Garantenstellung von Rechtsanwälten, Steuerberatern und Wirtschaftsprüfern im System der – ebenfalls aus einer richterrechtlichen Rechtsfortbildung hervorgegangenen – bürgerlich-rechtlichen Prospekthaftung.[99] Danach trifft neben den eigentlichen Prospektemittenten auch die Angehörigen der rechts- und wirtschaftsberatenden Freien Berufe mit Rücksicht auf ihre bei typisierender Betrachtung allgemein anerkannte berufliche Sachkunde und persönliche Zuverlässigkeit eine Einstandspflicht für eine sachlich richtige und vollständige Prospektinformation, soweit sie durch ihr nach außen in Erscheinung tretendes Mitwirken an der Prospektgestaltung einen besonderen zusätzlichen Vertrauenstatbestand geschaffen haben.[100] Auf eine ausdrückliche

---

(1599 ff.); *Borgmann/Haug*, S. 212 ff.; *Henssler* in AnwBl. 1996, 3 (6 f.); *Otto/Mittag* in WM 1996, 325 (328 ff.); *Späth* in DStR 1996, 400 ff; *Ebke*, S. 40 ff.

Einen ausführlichen Überblick über die abweichenden, untereinander divergierenden „verselbständigten" Haftungsmodelle, die in diesem Zusammenhang darüber hinaus in der Literatur vertreten werden (Vertrauenshaftung, Berufshaftung, Garantiehaftung, Erklärungshaftung, Selbstbindung ohne Vertrag etc.), geben daneben etwa *Altenburger*, S. 164 ff. und *Hirte*, S. 394 ff. *Altenburger* kommentiert die Bemühungen im Schrifttum aaO, S. 271 f., im Ergebnis wohl zutreffend mit den Worten, daß „... der wesentliche Vorzug all dieser Konzepte in deren durchaus faszinierendem Versprechen liegt, einheitliche und unkomplizierte Antworten auf die vielfältigen Fragen zur Haftung für Vermögensschäden Dritter zu finden. Tatsächlich aber gelingt es keinem dieser Modelle, jenes Versprechen auf überzeugende Weise einzulösen. Namentlich Vertrauens- und Berufshaftung fixieren sich auf tatsächliche oder bloß behauptete Phänomene, die in der Praxis schwer abzugrenzen und schlecht handhabbar sind und an deren Eignung als Tatbestandsmerkmale ohnehin grundlegende Zweifel angemeldet werden müssen. Als selbständige, übergesetzliche Haftungskategorien unterliegen beide Ansätze zudem erheblichen schuldrechtssystematischen Bedenken ..."

[99] Vgl. zur Entwicklung einer allgemeinen zivilrechtlichen Prospekthaftung, die in ihren Tatbestandsvoraussetzungen und Rechtsfolgen klar von der spezialgesetzlich geregelten börsen- und investmentrechtlichen Prospekthaftung gemäß den §§ 45 f. BörsG; 19 f. KAGG; 3, 12 AuslInvestmG zu unterscheiden ist, näher die Ausgangsentscheidungen BGHZ 71, 284 ff.; 72, 382 ff.

[100] Vgl. dazu im Zusammenhang mit der Beteiligung an einer Publikums-KG grundlegend BGHZ 77, 172 (176 f.): „Aus der Bedeutung, die dem Emissionsprospekt zukommt, muß aber weiter gefolgert werden, daß auch all jene Personen für eine sachlich richtige und vollständige Information einzustehen haben, die durch ihr nach außen in Erscheinung tretendes Mitwirken an der Prospektgestaltung einen besonderen – zusätzlichen – Vertrauenstatbestand schaffen. Dazu gehören insbesondere solche Personen und Unternehmen, die mit Rücksicht auf ihre allgemein anerkannte und herausgehobene berufliche und wirtschaftliche Stellung oder ihre Eigenschaft als berufsmäßige Sachkenner eine Garantenstellung einnehmen. In erster Linie kommen hierfür Rechtsanwälte und Wirtschaftsprüfer in Betracht, die mit ihrer Zustimmung im Prospekt als Sachverständige angeführt werden und in dieser Eigenschaft Erklärungen abgeben. Von ihnen wird berufliche Sachkunde und persönliche Zuverlässigkeit mit der Folge erwartet, daß der Kapitalanleger ihren Aussagen im Prospekt häufig eine maßgebliche und ausschlaggebende Bedeutung beimißt."; gleichlautend BGH in NJW 1984, 865 (866) – Rechtsanwalt – ; unter Einschluß der Steuerberater vom BGH erneut bestätigt für die Prospekthaftung beim Bauherrenmodell in NJW 1990, 2461 (2462); ebenso BGH in NJW 1995, 1025 mit dem einschränkenden Hinweis darauf, daß allein die namentliche Benennung eines Rechtsanwalts im Emissionsprospekt als zur Überwachung der Kontoverfügungen berufener Treuhänder nicht geeignet ist, eine Prospektverantwortlichkeit kraft Garantenstellung zu begründen, weil hierdurch weder vertrauensbegründende Erklärungen bezüglich des Projekts abgegeben würden noch eine Mitwirkung an der Prospektgestaltung nach außen hervortrete.

Namensnennung des freiberuflich Tätigen kommt es hierbei nicht an;[101] denn maßgebend für die so konstruierte Haftung gegenüber einer im Einzelfall nicht näher feststehenden Vielzahl von Anlegern ist nicht das einer bestimmten Persönlichkeit entgegengebrachte Vertrauen, sondern das typisierte Vertrauen in den ganzen Berufsstand.[102]

Ähnliche Erwägungen können auch bei der Zuziehung zu Vertragsverhandlungen durch die eine Vertragspartei die persönliche Haftung eines Freiberuflers gegenüber der anderen (!) Partei unter dem Gesichtspunkt eines stillschweigend geschlossenen Auskunftsvertrags bzw. der sog. Sachwalterhaftung (als Unterfall der culpa in contrahendo) begründen, soweit die im Rahmen jener Verhandlungen erteilte Auskunft erkennbar von erheblicher Bedeutung für die Gegenpartei ist und zur Grundlage wesentlicher Vermögensdispositionen gemacht werden soll.[103] Diesbezüglich hat die Rechtsprechung den allgemeinen Grundsatz entwickelt, daß sich der zugezogene Auskunftgeber – entgegen der anderslautenden Auslegungsregel des § 676 BGB – dem Risiko einer eigenen (quasi-)vertraglichen Haftung gegenüber dem Auskunftsempfänger vor allem dann aussetzt, wenn er für die Auskunftserteilung besonders sachkundig ist[104] oder wenn er in besonderem Maße für sich persönlich Vertrauen in Anspruch nimmt und dadurch dem anderen Verhandlungspartner eine zusätzliche, gerade von ihm ausgehende Gewähr für den Bestand und die Erfüllung des in Aussicht genommenen Rechtsgeschäfts bietet.[105] Auch für diese Fallkonstellation ist anerkannt, daß die kraft der Autorität einer freiberuflichen Vertrauensstellung erteilte Auskunft ein gewichtiges Indiz für die Statuierung einer vertraglichen Grundsätzen folgenden Eigenhaftung sein kann.[106]

---

[101] Vgl. so explizit BGH in NJW 1990, 2461 (2462).

[102] So zutreffend *Hopt* in AcP 183 (1983), 608 (638 u. 644); *Herrmann* in JZ 1983, 422 (425); *Lang* in Wpg. 1989, 57 (62); *ders.*, S. 14; *Geuer*, S. 73 f. – Demgemäß wird die qualifizierte Prospekthaftung von Rechtsanwälten, Wirtschaftsprüfern und Steuerberatern kraft berufsmäßiger Garantenstellung im Schrifttum teilweise auch als ein von vertraglichen Grundlagen vollständig losgelöstes gesetzliches Schuldverhältnis angesehen; vgl. in dieser Weise etwa *Brandner* in ZIP 1984, 1186 (1193); *Hopt* in FS für Pleyer (1985), 341 (354 u. 356); *Lang*, S. 17 f; *Busse* in DStR 1995, 660 (662).

[103] Vgl. hierzu – im Anschluß an RGZ 52, 365 (366 f.) – schon die erste diesbezügliche Entscheidung des Bundesgerichtshofs in BGHZ 7, 371 (374 ff.); aus der späteren Judikatur etwa BGH in WM 1962, 845 (847); 1965, 287; 1972, 466 (468); OLG Köln in DB 1967, 1409; OLG München in WM 1997, 613 (615).

[104] Vgl. etwa BGH in WM 1965, 287; BGH in NJW 1986, 180 (181); 1992, 2080 (2082); OLG München in WM 1997, 613 (615).

[105] Siehe dazu nur OLG Köln in DB 1967, 1409; BGH in WM 1962, 845 (847); BGH in NJW 1986, 180 (181); 1989, 293 (294) sowie BGH in VersR 1992, 1099.

[106] Schon BGHZ 7, 371 (375 f.) führte in diesem Zusammenhang für einen als „Wirtschaftstreuhänder“ bezeichneten Angehörigen der rechts- und wirtschaftsberatenden freien Professionen aus: „Es (das Berufungsgericht, sic!) hebt hervor, daß der Beklagte die Auskünfte als die des verläßlichen rechtlichen Betreuers der vor ihm erschienenen Rechtslaien erteilt habe und daß es auch die Bedeutung, die der Geschäftsverkehr seiner Berufsstellung beimesse, erfordere, daß er seine Auskünfte nach bestem Wissen und Können gebe. Hieran ist richtig, daß die Stellung des Beklagten als Wirtschaftstreuhänder mit juristischem Doktorexamen ein besonderes Vertrauensverhältnis zu den im Namen der Klägerin handelnden Angestellten zu begründen geeignet war und daß sie den von ihm gegebenen Auskünften ein besonderes Gewicht gab. Sie ist daher ein Umstand, aus dem geschlossen werden konnte, daß die Angestellten der Klägerin sich darauf verlassen sollten, daß die Auskünfte des Beklagten mit der erforderlichen Sorgfalt gegeben werden.“; ebenso die berufliche Vertrauensstellung als

Dem Risiko einer (quasi-)vertraglichen Dritthaftung kann der Freiberufler in derartigen Konstellationen – insbesondere bei der Erstellung von fachlichen Gutachten oder bei Abgabe sachverständiger gutachtlicher Äußerungen – freilich auch dann ausgesetzt sein, wenn es zwischen ihm und dem späterhin geschädigten Dritten zu gar keinem direkten rechtsgeschäftlichen Kontakt gekommen ist. Die rechtsdogmatische Begründung eines Haftungstatbestandes erfolgt seitens der Judikatur in diesen Fällen sodann nicht über die Rechtsfigur eines stillschweigend geschlossenen Auskunftsvertrags, sondern anhand des richterrechtlich entwickelten, den Maßstäben der ergänzenden Vertragsauslegung folgenden Rechtsinstituts des Vertrags mit Schutzwirkung für Dritte.[107]

Dabei steht der Entwicklung einer Ersatzpflicht gegenüber dem außerhalb der schuldrechtlichen Sonderverbindung stehenden Dritten nach gefestigter Rechtsprechung sodann auch nicht entgegen, daß die Interessen hinsichtlich der freiberuflich erbrachten Dienstleistung zwischen dem eigentlichen Auftraggeber und dem geschädigten Dritten gegenläufig sind.[108] Die Judikatur legitimiert – in bewußter Abkehr von einer früher anderslautenden Spruchpraxis[109] – eine derart weitreichende Einbeziehung des Dritten in den Kreis der ersatzberechtigten Anspruchsinhaber mit der besonderen Sachkenntnis und der hervorgehobenen Vertrauensstellung, die den Angehörigen vieler freier Profession vom Rechtsverkehr entgegengebracht werde. Ein Wirtschaftsprüfer,[110] ein Steuerberater,[111] ein Tier-

Indiz für eine Eigenhaftung des Wirtschaftsprüfers betonend OLG Köln in DB 1967, 1409; zum Steuerberater siehe gleichlautend BGH in NJW 1992, 2080 (2082); OLG München in WM 1997, 613 (615); zum Steuerbevollmächtigten vgl. BGH in NJW 1986, 180 (181); zum Rechtsanwalt BGH in WM 1972, 466 (468); zu weiteren diesbezüglich auf die freiberufliche Vertrauensstellung abhebenden Rechtsprechungsbeispielen siehe *Lang* in Wpg. 1989, 57 (60 f.).

[107] Vgl. so die vom Bundesgerichtshof – teilweise unter Rekurs auf das Kriterium der „unmittelbaren persönlichen Fühlungnahme" – in ständiger Rechtsprechung vorgenommene Abgrenzung zwischen den Haftungsinstituten „konkludent geschlossener Auskunftsvertrag" und „Vertrag mit Schutzwirkung für Dritte"; siehe dazu nur BGH in NJW 1973, 321 (323); 1995, 392; aus der Instanzrechtsprechung etwa OLG Saarbrücken in BB 1978, 1434 (1435); LG Mönchengladbach in NJW-RR 1991, 415; LG Frankfurt/M. in BB 1997, 1682 (1683).

[108] Vgl. so ausdrücklich BGH in NJW-RR 1986, 484 (486); BGH in JZ 1986, 1111; BGH in NJW 1987, 1758 (1759); 1995, 392; OLG Frankfurt in NJW-RR 1989, 337 (338); BGH in WM 1989, 375 (376 f.); OLG Köln in BB 1996, 898 (899); OLG München in WM 1997, 613 (616); OLG Schleswig in VersR 1997, 1025 (1026); LG Frankfurt/M. in BB 1997, 1682 (1683); siehe allgemein zur Einbeziehung des Dritten in den Schutzbereich des Vertrags trotz bestehender Gegenläufigkeit zu den Interessen des Auftraggebers auch BGH in NJW 1995, 1739 (1747).

[109] Eine erkennbare Gegenläufigkeit in der Interessenlage zwischen dem geschädigten Dritten einerseits und dem vertraglichen Auftraggeber andererseits bildete, neben dem überkommenen Merkmal einer Fürsorgepflicht („Wohl und Wehe"), nach der früheren Jurisdiktion gerade einen Umstand, der in derartigen Fällen entscheidend *gegen* die Drittschutzwirkung der Vertragsbeziehung sprechen sollte; vgl. so etwa BGH in NJW 1973, 321 (322); OLG Saarbrücken in BB 1978, 1434 (1435); später auch noch OLG Köln in VersR 1991, 564 (565 f.); LG Mönchengladbach in NJW-RR 1991, 415 (417) – jeweils Vorlage des von einem Wirtschaftsprüfer testierten Jahresabschlusses gegenüber Kreditinstitut/Beteiligungsinteressent/Gläubigergemeinschaft durch auftraggebende (freiwillig geprüfte) Gesellschaft –.

[110] Vgl. zum Wirtschaftsprüfer für *freiwillig* durchgeführte Jahresabschlußprüfungen, die im weiteren Verlauf seitens der auftragerteilenden Gesellschaft bei einem geschädigten Kreditinstitut vorgelegt werden, das entsprechende obiter dictum des LG Frankfurt/M. in BB 1997, 1682 (1683).

arzt[112] oder ein Architekt und Bausachverständiger[113] verfüge bei typisierender Betrachtungsweise über eine besondere, vom Staat anerkannte Sachkunde; entsprechend sei derjenige, der bei einer solchen Person ein Gutachten oder eine gutachtliche Äußerung bestelle, um davon erkennbar gegenüber einem Dritten Gebrauch zu machen, in der Regel daran interessiert, daß die Ausarbeitung die entsprechende Beweiskraft besitze.[114] Ein gleichbleibend qualifizierter Aussagegehalt der gutachterlichen Feststellungen sei auf Dauer jedoch nur gewährleistet, wenn der Berufstätige durch die Statuierung einer Einstandspflicht auch gegenüber dem Dritten dazu angehalten werde, sie objektiv nach bestem Wissen und Gewissen zu erstellen.[115]

Unbeachtlich sei demgegenüber, daß der Berufsangehörige die Person des Dritten im Einzelfall nicht näher kenne; die Bejahung einer Schutzpflicht setze durchgehend nicht voraus, daß der Schutzpflichtige konkret um die Zahl oder den Namen der zu schützenden Personen wisse.[116] Statt dessen genüge es vielmehr, daß dem freiberuflich Tätigen im Zeitpunkt der Auftragserteilung bekannt gewesen sei, daß die von ihm gutachtlich erbrachte Dienstleistung nachfolgend auch zur (potentiellen) Vorlage an einen Dritten bestimmt war.[117]

---

[111] Siehe speziell zum Steuerberater etwa BGH in NJW 1987, 1758 (1759 f.); 1997, 1235; BGH in WM 1989, 375 (376 f.); BGH in NJW-RR 1993, 944; OLG Köln in BB 1996, 898 (899); OLG München in WM 1997, 613 (616) – jeweils Vorlage des bescheinigten Zwischenabschlusses/Jahresabschlusses durch die auftraggebende Firma bei einem späterhin geschädigten Kreditinstitut bzw. einem sonstigen Kreditgeber -

[112] Vgl. für einen Tierarzt unlängst OLG Schleswig in VersR 1997, 1025 (1026) – Vorlage der bestellten Ankaufsuntersuchung eines Pferdes durch den auftraggebenden Verkäufer gegenüber dem späterhin geschädigten Käufer -

[113] Vgl. zum Architekt und Bausachverständigen BGH in NJW 1995, 392 – Vorlage des bestellten Wertgutachtens durch den auftraggebenden Verkäufer gegenüber dem späterhin geschädigten Käufer –; ähnlich (unter faktischer Aufgabe der eingeschränkten „Wohl- und Wehe"-Rechtsprechung) für einen öffentlich bestellten und vereidigten Bausachverständigen zuvor schon BGH in NJW 1984, 355 (356) – Vorlage des bestellten Wertgutachtens durch auftraggebenden Kaufinteressenten an späterhin geschädigten Käufer –; BGH in NJW 1982, 2431; BGH in NJW-RR 1986, 484 (486); OLG Frankfurt in NJW-RR 1989, 337 (338); – jeweils Vorlage des vom Eigentümer/Käufer bestellten Wertgutachtens an späterhin geschädigten Kreditgeber -

[114] Vgl. so explizit BGH in NJW 1987, 1758 (1759); 1995, 392; OLG Köln in BB 1996, 898 (899); OLG München in WM 1997, 613 (616).

[115] Vgl. BGH in NJW 1987, 1758 (1759 f.); 1995, 392; OLG Köln in BB 1996, 898 (899); OLG München in WM 1997, 613 (616).

Eine andere Beurteilung soll demgegenüber lediglich bei Wertgutachten freier Sachverständiger gelten, die nicht wie z. B. öffentlich bestellte und vereidigte Sachverständige, Wirtschaftsprüfer oder Steuerberater über eine vergleichbare, vom Staat in einem formellen Verfahren anerkannte besondere Sachkunde verfügen. Für diese privaten Sachverständigen soll es grundsätzlich dabei bleiben, daß sie keine Schutzpflichten gegenüber dritten Personen treffen, auch wenn der eigentliche Auftraggeber das Ergebnis ihrer gutachtlichen Tätigkeit nachfolgend bestimmungsgemäß dritten Kaufinteressenten als Beurteilungsgrundlage zugänglich machen will; vgl. so OLG Dresden in BB 1997, 1556.

[116] Siehe BGH in NJW 1984, 355; 1987, 1758 (1760); 1995, 392; OLG Frankfurt in NJW-RR 1989, 337 (338); OLG Köln in BB 1996, 898 (899).

[117] Vgl. BGH in NJW 1987, 1758 (1760); 1995, 392; OLG Frankfurt in NJW-RR 1989, 337 (338); BGH in NJW-RR 1993, 944; OLG Köln in BB 1996, 898 (899).

Die solcherart an typisierende Kriterien wie eine besondere berufliche Sachkunde, eine besondere persönliche Zuverlässigkeit und eine hervorgehobene Vertrauensstellung anknüpfende Haftungsausweitung im Bereich freier Berufstätigkeit gab der Judikatur mittlerweile bereits Anlaß zu der Klarstellung, daß insbesondere weder Rechtsanwälte noch Steuerberater allein aufgrund ihres Berufes Vertrauenspersonen darstellen, die für die mittelbaren Folgen ihrer Erklärungen und Handlungen unter allen Umständen persönlich einzustehen haben.[118] Diese Feststellung läßt immerhin erahnen, daß die höchstrichterliche Rechtsprechung die sich in anderen Rechtsbereichen gegenwärtig abzeichnende Sozialisierung allgemeiner Lebensrisiken[119] für den Bereich freiberuflicher Berufshaftung nicht zu übernehmen gedenkt.[120]

Gleichwohl ist nicht zu verkennen, daß die richterliche Spruchpraxis – weitgehend parallel zu der forensischen Schöpfung der vorerwähnten (quasi-)vertraglichen Dritthaftungstatbestände – in vielen freien Professionen darüber hinaus auch diejenigen Pflichtenstandards stetig erweitert hat, welche die Berufstätigen im unmittelbaren Verhältnis zum eigenen Auftraggeber wahren müssen. Den eindringlichsten Beleg für jene Entwicklung liefert dabei wohl die Statuierung einer ausdrücklichen Hinweispflicht des Freiberuflers auf ein vorangegangenes eigenes berufliches Fehlverhalten sowie auf eine daraus resultierende Haftung gegenüber dem direkten Vertragspartner.

Eine derartige Prüfungs- und Offenbarungspflicht des freiberuflich Tätigen wegen eines gegen ihn selbst gerichteten (sog. „primären") vertraglichen Schadensersatzanspruchs bejahte der Bundesgerichtshof, im Anschluß an eine gleichlautende reichsgerichtliche Rechtsprechung,[121] zunächst lediglich in Ansehung der anwaltlichen Berufstätigkeit. Aus dem durch den Anwaltsvertrag begründeten besonderen Vertrauensverhältnis und der Stellung des Rechtsanwalts als Organ der Rechtspflege folge, daß eine ihm obliegende

---

[118] Vgl. dazu für den Anwaltsberuf explizit BGH in NJW 1989, 293 (294): „Die Annahme, ein Rechtsanwalt sei allein aufgrund des von ihm ausgeübten Berufes eine Vertrauensperson, die für die Erklärungen der von ihr beratenen Partei unter allen Umständen geradestehen wolle, findet im geltenden Recht keine Stütze."; dem folgend für den Steuerberater BGH in NJW 1992, 2080 (2083); vgl. für den Architekten auch BGH in VersR 1992, 1099 f.

[119] So für das Produkthaftungsrecht der richtige Hinweis von *Wellensiek* in FS für Brandner (1996), 727 (728).

[120] Dem entspricht auf legislativer Ebene auch das Scheitern eines am 9.11.1990 von der EG-Komission vorgelegten Vorschlags für eine Richtlinie des Rates der Europäischen Gemeinschaften über die (einheitliche) Haftung bei Dienstleistungen, vgl. KOM (90)482 endg. – SYN 308; abgedruckt im ABlEG Nr. C 12 vom 18.1.1991, S. 8 ff. Die darin für Personen- und Sachschäden vorgesehene generelle Gleichbehandlung der freiberuflichen Berufshaftung mit der übrigen gewerblichen Dienstleistungshaftung (vgl. Art. 2 des Entwurfs) unter gleichzeitiger Übertragung des Entlastungsbeweises für ein Nichtverschulden auf den Dienstleistenden hätte die Haftung der freiberuflich Tätigen wegen der dort in vielen Bereichen bestehenden Leistungsstandards in die Nähe einer Gefährdungshaftung gerückt; zurückhaltend gegenüber dem Kommissionsvorschlag aufgrund einer als unzureichend empfundenen Differenziertheit daher etwa *Heinemann* in ZIP 1991, 1193 (1197 ff. u. 1203 f.); *Skaupy* in BB 1991, 2021 ff.; *Schiemann* in Deutsch/Taupitz (Hrsg.), 137 (164 u. 166); *Fliess* in WPK-Mitt. 1992, 49 (60); *Ahrens*, Rn. 366. Ungeachtet dessen findet das Modell einer generellen Vereinheitlichung der Dienstleistungshaftung für gewerbliche und freiberufliche Anbieter auf nationaler Ebene im rechtswissenschaftlichen Schrifttum zunehmend Fürsprecher; so z. B. ausführlich *Hirte*, 313 ff., 412 ff.

[121] Vgl. dazu RGZ 158, 130 (134 ff.); RG in DR 1940, 453.

Prüfung der Rechtslage nicht vor Ansprüchen gegen seine eigene Person halt machen dürfe.[122] Die zum Nachteil des Mandanten eingreifende, ungewöhnlich strenge Regelung des § 51b BRAO, welche die Verjährungsfrist auf ein Zehntel der im allgemeinen wegen vertraglicher Pflichtverletzungen geltenden Verjährung abkürze und den Verjährungsbeginn trotzdem nicht an die Kenntnis eines Schadens seitens des Gläubigers anknüpfe, lasse sich nur rechtfertigen, wenn die Judikatur auf der anderen Seite ebenso strenge Anforderungen an die Pflicht des Rechtsanwalts stelle, den Mandanten auch über gegen ihn, d. h. gegen den Anwalt selbst, gerichtete Ansprüche aufzuklären und gegebenenfalls deren Verjährung vorzubeugen.[123]

Soweit sich daher für den Anwalt bei der weiteren Mandatswahrnehmung und zu einem Zeitpunkt, zu dem der Primäranspruch noch nicht verjährt sei, ein begründeter Anlaß zu der Prüfung ergebe, ob er dem Mandanten durch einen Fehler einen Schaden zugefügt habe, sei er verpflichtet, den Auftraggeber auf den Regreßanspruch und die drohende Verjährung explizit hinzuweisen.[124] Die schuldhafte Verletzung dieser besonderen Hinweispflicht sanktioniert die Rechtsprechung durch die Zuerkennung eines sog. „sekundären" Schadensersatzanspruchs, demzufolge es dem Anwalt versagt ist, sich auf die Einrede der Verjährung zu berufen, so daß er den ursprünglichen Anspruch weiterhin als unverjährt gegen sich gelten lassen muß.[125] Der sog. sekundäre Ersatzanspruch verjährt dabei gemäß § 51b BRAO ebenfalls binnen drei Jahren (an sich seit Entstehung des Primäranspruchs, spätestens jedoch seit Beendigung des Auftrags);[126] er entsteht lediglich dann nicht mehr, wenn der Mandant während des bestehenden Anwaltsvertrags oder nach Mandatsende noch rechtzeitig vor Ablauf der Verjährungsfrist des Primäranspruchs anderweitig über die Regreßansprüche anwaltlich beraten wurde oder sonst über den Ablauf der Verjährungsfrist richtig informiert war.[127]

---

[122] Vgl. BGH in VersR 1968, 1042 (1043).

[123] Vgl. BGH in NJW 1975, 1655 (1656) zur inhaltlich gleichlautenden Regelung des früheren § 51 BRAO.

[124] Siehe dazu nur BGH in NJW 1975, 1655 (1657); 1985, 1151 (1152); 2250 (2252); 2941 (2943); 1986, 581 (583); 1987, 326; 1988, 265 (266); BGH in NJW-RR 1990, 459 (460); BGH in NJW 1992, 836 (837); 1993, 2747 (2751); 1994, 1405 (1407); 2822 (2824); BGH in VersR 1997, 357 (358).

[125] Vgl. so etwa RGZ 158, 130 (136 f.); BGH in VersR 1968, 1042 (1043); 1977, 617 (619); 1979, 155 (156); 1984, 162 (164); BGH in NJW 1984, 2204; 1985, 1151 (1152); 2250 (2252); 2941 (2943); 1986, 581 (583); 1987, 326; 1988, 265 (266); BGH in NJW-RR 1990, 459; BGH in NJW 1992, 836 (837); 1994, 1405 (1407); 2822 (2824); BGH in VersR 1997, 357 (358).

[126] Siehe dazu grundlegend BGH in NJW 1985, 2250 (2252 f.); ferner BGH in VersR 1967, 979 (980); 1977, 617 (618 f.); BGH in NJW 1988, 265 (266); 1993, 2747 (2751).

Die Konstruktion einer darüber hinausgehenden eigenständigen Hinweispflicht des Rechtsanwalts auch auf die Sekundärhaftung und deren Verjährung, die ihrerseits wiederum potentieller Anknüpfungspunkt für einen sog. „tertiären" Schadensersatzanspruch des Mandanten sein könnte, hat die Rechtsprechung wegen des damit verbundenen dauerhaften Regreßhaftungsrisikos, das der Anwalt sodann kaum noch sinnvoll kalkulieren und überschauen könnte, freilich zu Recht abgelehnt; vgl. dazu näher BGH in NJW 1985, 2250 (2253).

[127] Siehe BGH in NJW 1984, 2204; 1985, 1151 (1152); 1987, 326 (327); 1988, 265 (266); BGH in NJW-RR 1990, 459 (460); BGH in NJW 1992, 836 (837); 1994, 1405 (1407).

Erteilt der Mandant im weiteren Verlauf hingegen lediglich dem regreßpflichtigen Anwalt, ehe die früheren Schadensersatzansprüche gegen ihn verjährt sind, in derselben Angelegenheit ein neues

Die so zur Sekundärhaftung des Rechtsanwalts entwickelten Rechtsprechungsgrundsätze übertrug der Bundesgerichtshof im weiteren Verlauf zum Ende der siebziger Jahre zunächst in ähnlicher Weise auch auf freischaffende Architekten,[128] und zu Beginn der achtziger Jahre erfolgte schließlich gleichermaßen die Erstreckung dieses besonderen, richterrechtlich kreierten Haftungstatbestandes auf Steuerberater.[129]

Dabei leitete die Judikatur – ähnlich der vorherigen Argumentation zum Rechtsanwalt – eine besondere Offenbarungspflicht des Architekten auf sichtbar gewordene Mängel des eigenen Planungs- und Bauüberwachungswerks aus der hervorgehobenen, ihm vom Bauherrn mit der Beauftragung eingeräumten Vertrauensstellung ab.[130] Im Rahmen einer konkret gebotenen Mängelursachenprüfung gebiete es die professionelle Integrität des Architekten deshalb, daß er den Bauherrn durch eine sachlich zutreffende Unterrichtung in die Lage versetze, seine Auftraggeberrechte nötigenfalls auch gegen ihn, den Architekten selbst, rechtzeitig vor Eintritt der Verjährung geltend zu machen.[131] Eine schuldhafte Verletzung dieser vertraglichen Nebenpflicht begründe ansonsten einen weiteren („sekundären") Schadensersatzanspruch dahin, daß die Verjährung der gegen den Architekten gerichteten Gewährleistungs- und Schadensersatzansprüche als nicht eingetreten gelte.[132] Anders als beim Rechtsanwalt soll die sekundäre Schadensersatzpflicht, die den Architekten sodann im Verhältnis zum Bauherrn trifft, nach Ansicht der Rechtsprechung in diesem Zusammenhang sogar erst nach 30 Jahren verjähren (§ 195 BGB).[133]

Beim Steuerberater wiederum hielt die zivilgerichtliche Judikatur in erster Linie für maßgebend, daß die zeitlich später verabschiedete Verjährungsregelung des § 68 StBerG

Mandat, so kann es durchaus zu den Pflichten des Anwalts gehören, jedenfalls nunmehr den Mandanten auch auf die bestehenden Ansprüche gegen sich selbst hinzuweisen; vgl. BGH in VersR 1984, 162 (163); BGH in NJW 1993, 2747 (2751).

[128] Vgl. als erste einschlägige Entscheidung zum Architekten BGHZ 71, 144 (148 ff.).

[129] Siehe zum Steuerberater erstmals BGHZ 83, 17 (22 ff.).

[130] Siehe dazu nur BGHZ 71, 144 (149); 92, 251 (258); BGH in VersR 1986, 37 (38); BGH in NJW 1996, 1278 (1279).

[131] Vgl. dazu grundlegend BGHZ 71, 144 (148 f.): „Dem umfassend beauftragten Architekten obliegt im Rahmen seiner Betreuungsaufgaben (...) nicht nur die Wahrung der Auftraggeberrechte gegenüber den Bauunternehmern, sondern auch und zunächst die objektive Klärung der Mängelursachen, selbst wenn zu diesen eigene Planungs- oder Aufsichtsfehler gehören. (...) Als Sachwalter des Bauherrn schuldet er (der Architekt, sic!) aber die unverzügliche und umfassende Aufklärung der Ursachen sichtbar gewordener Baumängel sowie die sachkundige Unterrichtung des Bauherrn vom Ergebnis der Untersuchung und von der sich daraus ergebenden Rechtslage. (...) Das entgegenstehende Interesse des Architekten, sich eigener Haftung möglichst zu entziehen, vermag das Unterlassen zutreffender Unterrichtung des Bauherrn nicht zu rechtfertigen. Die dem Architekten vom Bauherrn eingeräumte Vertrauensstellung gebietet es vielmehr, diesem im Laufe der Mängelursachenprüfung auch Mängel des eigenen Architektenwerks zu offenbaren, so daß der Bauherr seine Auftraggeberrechte auch gegen den Architekten rechtzeitig vor Eintritt der Verjährung wahrnehmen kann."; ebenso später BGHZ 92, 251 (258 f.); BGH in VersR 1985, 474 (475); 1986, 37 (38).

Im Jahre 1996 hat die Rechtsprechung nunmehr zudem klargestellt, daß auch der nicht umfassend beauftragte Architekt im Rahmen des von ihm übernommenen Aufgabengebiets ohne weiteres gehalten sein kann, seinen Auftraggeber auf die Möglichkeit eines Anspruchs gegen sich selbst hinzuweisen; vgl. so explizit BGH in NJW 1996, 1278 (1279).

[132] BGHZ 71, 144 (149); 92, 251 (258 f.); BGH in VersR 1985, 474 (475); 1986, 37 (38).

[133] Vgl. so explizit BGHZ 71, 144 (151); BGH in VersR 1985, 474 (475).

dem (heutigen) § 51 b BRAO nach dem gesetzgeberischen Willen bewußt nachgebildet worden sei.[134] Die Berufsbilder des Rechtsanwalts einerseits und des Steuerberaters andererseits stimmten weitgehend überein; auch Steuerberater und Steuerbevollmächtigte stünden zu ihren Mandanten häufig in einem engen Vertrauensverhältnis, das die vertraglichen Treuepflichten und damit auch die daraus entspringenden Auskunfts- und Belehrungspflichten verstärke.[135] Der Steuerberater sei – wenn auch nur auf einem beschränkten Rechtsgebiet – seinem Mandanten ebenso wie ein Rechtsanwalt an Rechtskenntnissen weit überlegen; seine eigene strukturelle Wissensunterlegenheit hindere den Mandanten im Zuge dessen regelmäßig daran, Fehler des Steuerberaters alsbald zu erkennen und ohne fremde Hilfe die zur Wahrnehmung der eigenen Rechte erforderlichen Maßnahmen zu treffen.[136]

Wolle man bei der kurzen, in ihrem Lauf von der Kenntnis des Auftraggebers unabhängigen dreijährigen Verjährungsfrist des § 68 StBerG den Mandanten also nicht teilweise rechtlos stellen, sei es aufgrund der vergleichbaren Interessenlage sowie unter Beachtung des Rechtsstaatsprinzips geboten, im Rahmen eines steuerlichen Mandats, das nach Auftreten eines Beratungsfehlers weiter fortbestehe, auch an den Steuerberater die Pflicht zu stellen, den Mandanten bei begründetem Anlaß über die gegen ihn, den Steuerberater selbst, gerichteten primären Ersatzansprüche aufzuklären und gegebenenfalls deren Verjährung vorzubeugen.[137] Eine schuldhafte Verletzung dieser ausdrücklichen Belehrungspflicht über die drohende Verjährung des Primäranspruchs zieht folglich auch hier einen sekundären Schadensersatzanspruch des Inhalts nach sich, daß der Steuerberater den primären Ersatzanspruch, geradeso wie ein Rechtsanwalt, als unverjährt gegen sich gelten lassen muß.[138] Der sekundäre Schadensersatzanspruch, der zwangsläufig erst im Augenblick der Verjährung des primären Ersatzanspruchs entstehen kann, unterliegt dabei seinerseits ebenfalls der dreijährigen Verjährungsfrist des § 68 StBerG.[139] Die Belehrungs-

[134] Vgl. BGHZ 83, 17 (22 f.).
[135] BGHZ 83, 17 (24).
[136] BGHZ 83, 17 (25).
[137] BGHZ 83, 17 (26); 96, 290 (300); 114, 150 (157 f.); BGH in NJW 1995, 2106 (2107); 2108 (2109); BGH in NJW-RR 1997, 50 (52).

Ein begründeter Anlaß, den Mandanten über die eigene, auf einer früheren Pflichtwidrigkeit beruhende Haftung hinzuweisen, kann für den Steuerberater dabei in Anbetracht des für ihn typischen Dauermandats (siehe dazu etwa BGHZ 83, 17, 24) insbesondere auch daraus resultieren, daß sich die gleiche Pflichtwidrigkeit bei der Bearbeitung der Steuererklärung für das nächste oder die folgenden Jahre im Rahmen eines einheitlichen Auftrags wiederholt. Denn die erneute Verletzung eines fortbestehenden Auftrags, die einen weiteren (primären) Schadensersatzanspruch begründet, kann zugleich geeignet sein, die Erkenntnis eines zuvor begangenen gleichartigen Fehlers zu verhindern und *insoweit* den Sekundäranspruch auslösen, vgl. so richtig BGHZ 114, 150 (159).

[138] BGHZ 83, 17 (27); BGH in NJW 1995, 2108 (2109); BGH in NJW-RR 1997, 50 (52).

In Anwendung des allgemeinen Beweislastgrundsatzes, wonach ein Schuldner, dem nachweislich oder unstreitig eine objektive Pflichtverletzung zur Last fällt, unter Berücksichtigung der gegenseitigen Gefahren- und Verantwortungsbereiche anschließend ein mangelndes Verschulden an seinem pflichtwidrigen Verhalten dartun muß, trifft den Steuerberater in diesem Zusammenhang auch die Darlegungs- und Beweislast dafür, daß ihn an der objektiven Verletzung seiner sekundären Hinweispflicht keine Fahrlässigkeit oder gar Vorsatz trifft; siehe dazu nur BGH in NJW 1995, 2106 (2107); 2108 (2109).

[139] Vgl. BGH in NJW-RR 1991, 92; 1997, 50 (53).

pflicht über die primäre Regreßmöglichkeit gegen sich selbst entfällt für den betreffenden Steuerberater lediglich dann, wenn der Mandant noch vor Ablauf der drohenden Verjährungsfrist des Primäranspruchs einen Rechtsanwalt – nicht aber lediglich einen anderen, zur allgemeinen Rechtsbesorgung ohnedies nicht befugten Steuerberater[140] – mit der Prüfung und Geltendmachung seiner diesbezüglichen Ersatzforderungen betraut hat oder wenn er auf anderem Wege von dem primären Schadensersatzanspruch und dessen bevorstehender Verjährung sichere Kenntnis erhält.[141]

Neben der so seitens der Judikatur vollzogenen Ausweitung des freiberuflichen Haftungsrisikos bestätigte des weiteren die kontinuierlich steigende Inanspruchnahme der – oftmals schon kraft Berufsrechts obligatorisch abzuschließenden – Berufshaftpflichtversicherungen[142] in den letzten Jahren auf empirischer Grundlage einen in vielen freien Professionen überproportional anschwellenden Haftungsdruck. Die statistischen Befunde

---

Die Verjährungsfrist für den Sekundäranspruch nach § 68 StBerG beginnt – anders als im Rahmen des § 51b BRAO – dabei nicht bereits spätestens im Zeitpunkt der Mandatsbeendigung zu laufen, sondern stets erst mit Ablauf der Primärverjährung. Diese Abweichung erklärt sich daraus, daß § 68 StBerG nach seinem eindeutigen Wortlaut die Verjährung im Unterschied zu § 51b BRAO nicht spätestens drei Jahre nach Beendigung des Auftrags enden läßt; vgl. so explizit BGH in NJW-RR 1997, 50 (53).

[140] Allein der Umstand, daß der Mandant neben dem pflichtwidrig handelnden Steuerberater späterhin noch einen anderen, ebenso qualifizierten Berater beauftragt, ist nicht geeignet, die Sekundärhaftung des ersteren entfallen zu lassen. Denn es gehört im Fall eines Steuerberaterwechsels grundsätzlich nicht zu den Aufgaben eines neu zugezogenen Steuerberaters, auf mögliche Schadensersatzansprüche gegen seinen Vorgänger hinzuweisen. Der neu beauftragte Steuerberater ist gemäß Art. 1 § 4 III RBerG vielmehr nur berechtigt, den Mandanten auf einen Beratungsfehler seines Vordermannes hinzuweisen, wegen der weiteren Rechtsverfolgung dieses zivilrechtlichen Regreßanspruchs muß er seinen Auftraggeber im übrigen ausnahmslos an einen Rechtsanwalt verweisen; vgl. so ausdrücklich BGH in NJW 1995, 2108 (2109 f.); als obiter dictum erneut bestätigt durch BGH in NJW-RR 1997, 50 (52).

[141] BGH in VersR 1993, 1016 (1018); BGH in NJW 1995, 2106 (2107); 2108 (2109).

[142] Bei den berufsrechtlich gebundenen rechts- und wirtschaftsberatenden Freien Berufen folgt die Versicherungspflicht der Berufstätigen bereits aus gesetzlichen Vorschriften; vgl. hierzu die §§ 51 BRAO; 67, 72 I StBerG; 54, 130 I 1, 130 II WPO. Im Bereich der Wirtschaftsprüfung und der Steuerberatung bleibt die eigene Versicherungspflicht dabei allerdings explizit auf selbständig tätige Berufsvertreter sowie Wirtschaftsprüfungs- und Steuerberatungsgesellschaften beschränkt; vgl. hierzu § 67 StBerG, 54 I WPO sowie WP-Handbuch-*Kaminski*, Band 1, Rn. 180 f. zu Abschnitt A. Angestellte Berufsangehörige brauchen, anders als innerhalb der Anwaltschaft, von Rechts wegen keine eigene Berufshaftpflichtversicherung abzuschließen, sondern sie sind im Rahmen der Berufshaftpflichtversicherung ihres Arbeitgebers bzw. der von ihnen geführten Wirtschaftsprüfungs- und/oder Steuerberatungsgesellschaft mitversichert; vgl. Kuhls-*Kuhls*, Rn. 8 zu § 67 StBerG.

Bei der niedergelassenen Ärzteschaft spricht demgegenüber erst das von der jeweiligen Landesärztekammer erlassene Satzungsrecht für die Berufsangehörigen die Verpflichtung aus, sich im Rahmen ihrer ärztlichen Tätigkeit hinreichend gegen Haftpflichtansprüche zu versichern; vgl. § 12 MBO, abgedruckt in DÄBl 1996, A 407 (408). Vergleichbares gilt für die freischaffenden Architekten und Ingenieure, die ebenfalls überwiegend nur über ihre berufsständischen Vereinigungen zum Abschluß einer Haftpflichtversicherung angehalten werden; vgl. *Teichler*, S. 377. Soweit landesgesetzliche Vorschriften diesbezüglich Regelungen treffen, beschränken sie sich zumeist auf den Ausspruch, der Berufsangehörige sei im Fall der eigenverantwortlichen Tätigkeit verpflichtet, sich gegen Haftpflichtgefahren entsprechend dem Umfang und der Art der ausgeübten Berufstätigkeit angemessen zu versichern; vgl. so z. B. § 31 II Nr. 4 IngG des Landes Sachsen-Anhalt, GVBl. LSA 1991, 440 ff.

ergaben für die Berufsgruppen der Ärzte,[143] Wirtschaftsprüfer,[144] Steuerberater[145] und Rechtsanwälte[146] übereinstimmend sowohl eine wachsende Anzahl von gemeldeten Haftpflichtversicherungsfällen als auch ein Anschwellen der im Einzelfall aufgewendeten Versicherungssummen. Diese Entwicklung, die sich nur begrenzt auf ein gewandeltes Anspruchsverständnis der beteiligten Verkehrskreise und auf eine geringere Hemmschwelle des ratsuchenden Publikums bei der haftungsrechtlichen Inanspruchnahme der freiberuflich Tätigen zurückführen ließ,[147] offenbarte für den Bereich freier Berufsausübung ein zunehmend ernster werdendes Zeit-Aufwands-Kalkulationsproblem.[148] Die durch den fortschreitenden wissenschaftlichen Erkenntnisstand rapide zunehmende Komplexität der einzelnen beruflichen Betätigungsfelder[149] schuf in Verbindung mit dem sich generell verschärfenden Wettbewerbsdruck augenscheinlich eine Situation, die trotz einer naturgemäß vorgegebenen Begrenztheit der menschlichen Schaffenskraft und einer nicht beliebig steigerbaren Zeit bei der Befassung mit schwieriger werdenden Berufsaufgaben einen immer größeren Arbeitseinsatz des einzelnen erforderte, um den in vielen Fällen hohen Qualitätsmaßstäben freier Berufstätigkeit gleichbleibend gerecht werden zu können.[150]

Der so mehr und mehr erzeugte Zwang zur Steigerung der Leistungskapazität bei paralleler Ausweitung des Pflichtenumfangs korrelierte auf der anderen Seite in einer wachsenden Zahl von Fällen aber nicht mit einem gleichermaßen schritthaltenden Honoraran-

[143] Im Bereich der Arzthaftpflicht registrierte die in diesem Markt führende Versicherungsgesellschaft zwischen 1970 und 1980 einen Anstieg der Schadensfälle um 70 %, parallel hierzu wuchsen die zur Erledigung der angefallenen Schadensfälle durchschnittlich aufgewendeten Zahlungen um 187 %; vgl. dazu *Teichler*, S. 140 f. unter Darlegung weiteren statistischen Materials.

[144] So stieg die Zahl der im Bereich der Wirtschaftsprüfung abgewickelten Haftpflichtversicherungsfälle allein zwischen 1968 und 1982 um 350 %; vgl. dazu *Teichler*, S. 130 f. mit näheren Zahlenangaben in Fn. 191. Lag die von den Berufshaftpflichtversicherern der Wirtschaftsprüfer insgesamt aufgewendete Schadenssumme im Jahr 1990 noch bei ca. 20,14 Mio. DM, so belief sie sich anno 1994 bereits auf 32,75 Mio. DM: siehe hierzu die Angaben bei *Ebke*, S. 40 f. in Fn. 151, vgl. dazu auch bereits oben im 1. Teil, S. 98 f. Die von der Versicherungsstelle Wiesbaden geleisteten Zahlungen erhöhten sich von 1980 bis 1990 auf mehr als das Doppelte und seitdem um weitere 30 %, insgesamt um knapp 200 %. Der gesamte Schadensaufwand erhöhte sich von 1980 bis 1994 um 570 % auf 58 Mio. DM; die vereinnahmten Prämien erhöhten sich in dieser Zeit auf das 4,6-fache; vgl. dazu *Hellwig* in ZHR 161 (1997), 337 (345 m.w.N. in Fn. 31).

[145] Bei einem der größten Berufshaftpflichtversicherer für die Angehörigen des steuerberatenden Berufs steigerten sich die Ersatzleistungen in der Zeitspanne zwischen 1980 und 1987 dem vergleichbar um 368 %, während die Beitragseinnahmen – mit der Folge einer Tariferhöhung um 25 % – im Verhältnis lediglich um 46 % zunahmen. Im Jahre 1994 meldete durchschnittlich etwa jeder fünfte Steuerberater einen Versicherungsfall an; vgl. hierzu die entsprechenden Angaben bei *Junge-Ilges*, S. 72.

[146] Waren es innerhalb der Anwaltschaft anno 1970 in der Relation noch 15 % der Berufsangehörigen, die jährlich einen Schadensfall bei ihren Berufshaftpflichtversicherungen anmeldeten, so stieg die Zahl bis zur Mitte der neunziger Jahre auf vergleichsweise 25 % aller Berufstätigen; vgl. hierzu *Junge-Ilges*, S. 26 f. m. w. N. sowie *Henssler* in AnwBl. 1996, 3.

[147] Vgl. zu diesem Aspekt näher *Schlie*, S. 43 f., der insoweit in Anlehnung an *Mertens* in VersR 1974, 509 (510) zutreffend auf einen teilweisen Autoritätsverlust auch der hochqualifizierten Berufe beim Publikum hinweist.

[148] Vgl. dazu schon *Mertens* in VersR 1974, 509 (515).

[149] Vgl. hierzu nur *Damm* in FS für Brandner (1996), 31 (32).

[150] *Mertens* in VersR 1974, 509 (515).

spruch. Innerhalb des für viele Freie Berufe geltenden staatlichen Gebührensystems,[151] das durch die Festlegung fester (Mindest-)Vergütungssätze oder zumindest eines verbindlichen Gebührenrahmens einen ruinösen Preiswettbewerb unter den Berufsangehörigen verhindern und so zur Sicherung hoher Qualitätsanforderungen in besonders gemeinschaftswichtigen Bereichen beitragen soll, bestimmt sich die Höhe der vom Auftraggeber geschuldeten Vergütung notwendig nach typisierenden und generalisierenden Kriterien, die das im Einzelfall stets unterschiedliche Haftungsrisiko des Freiberuflers weitgehend unberücksichtigt lassen.[152] Die gestiegene Haftpflichtgefahr des freiberuflich Tätigen korrespondierte bei einer konkreten Auftragsbearbeitung somit oftmals nicht mehr mit der vom Auftraggeber hierfür geschuldeten Vergütung.[153] Die sich dieserart intensivierende partielle Inadäquanz zwischen staatlich geregeltem Gebührenanspruch und freiberuflichem Haftungsrisiko kollidierte verstärkt mit dem Äquivalenzprinzip, welches aufbauend auf den Grundsätzen der Privatautonomie und der Vertragsparität im Idealfall einen angemessenen Ausgleich zwischen den Interessen der jeweils Vertragschließenden gewährleistet und so erkennbar auch dem allgemeinen Zivilvertragsrecht zugrunde liegt.[154]

Eine etwaige rechtsgeschäftliche Korrektur dieses Ungleichgewichts zwischen gesetzlich geregeltem Gebührenaufkommen und freiberuflichem Haftungsrisiko war, soweit rechtlich überhaupt zulässig, in praxi auch durch den Abschluß besonderer Honorarvereinbarungen nur selten herbeizuführen, weil die freiberuflich Tätigen derart erhöhte Gebührenforderungen beim ratsuchenden Publikum schon mit Blick auf die sich in vielen freien Professionen immer weiter verschärfende Wettbewerbssituation bis heute lediglich bei einer spezifischen eigenen Marktmacht durchsetzen können.[155]

Eine zusätzliche Verschärfung erfuhr dieses tendenziell weiter anwachsende Mißverhältnis zwischen erzielbarem Verdienst und Regreßgefahr daneben durch den Umstand, daß die Judikatur in Haftpflichtprozessen den von freiberuflicher Seite erhobenen Einwand eines Mitverschuldens der Auftraggeberseite (§ 254 BGB) allgemein restriktiv handhabt. Diesbezüglich hat sich die höchstrichterliche Zivilrechtsprechung in jüngerer Zeit – der Sache nach durchaus zutreffend – wiederholt auf den Standpunkt gestellt, daß einem sachunkundigen Mandanten ein Mitverschulden in der Regel nicht deswegen angerechnet werden kann, weil er das, worüber ihn sein freiberuflich tätiger Fachberater hätte unter-

---

[151] Vgl. dazu schon die oben auf Seite 9 f. in Fußnote 29 der Einleitung genannten gesetzlichen Vorschriften.

[152] Vgl. hierzu beispielhaft auch die entsprechenden Ausführungen im Regierungsentwurf zur Novellierung des anwaltlichen Berufsrechts, BT-Drucksache 12/4993, S. 32: „Das Schadensrisiko ist nicht durch den Gegenstandswert des Mandats begrenzt, sondern kann diesen um ein Vielfaches übersteigen."; ähnlich BT-Drucksache 12/5685, S. 29 für den Wirtschaftsprüfer; dem zustimmend auch *Ahlers* in AnwBl. 1991, 10 (13); *Seibert* in DB 1994, 2381 (2384); *Lichtner/Korfmacher* in WPK-Mitt. 1994, 207 (218); *Michalski/Römermann*, Rn. 16 zu § 8 PartGG; *Reiff* in AnwBl. 1997, 3 (6); *ders.* in DStR 1997, 981 (982); *Hellwig* in ZHR 161 (1997), 337 (343).

[153] So schon *Deutsch* in VersR 1974, 301; vgl. auch *Seibert* in AnwBl. 1993, 155 (157); Henssler/Prütting-*Stobbe*, Rn. 5 zu § 51a BRAO; *Reiff* in DStR 1997, 981 (982); *Hellwig* in ZHR 161 (1997), 337 (343).

[154] Vgl. hierzu auch *Henssler* in JZ 1992, 697 (707 f.); *ders.* in AnwBl. 1996, 3 (11); *Reiff* in AnwBl. 1997, 3 (14); *ders.* in DStR 1997, 981 (982).

[155] Vgl. so stellvertretend nur Henssler/Prütting-*Stobbe*, Rn. 5 zu § 51a BRAO in bezug auf die Anwaltschaft.

richten müssen, bei genügender Sorgfalt selbst hätte feststellen können und müssen.[156] Diese inhaltlich einleuchtende Rechtsprechungslinie hat in der Rechtspraxis freilich zur Folge, daß ein relevantes Mitverschulden des geschädigten Auftraggebers gegenüber dem ersatzpflichtigen Freiberufler faktisch kaum einmal bejaht werden kann, weil letzterer dem ratsuchenden Publikum bei typisierender Betrachtung bereits kraft seiner beruflichen Expertenstellung strukturell wissensüberlegen ist.[157]

Eine rechtsformunabhängige Haftungsbeschränkung, durch die das freiberufliche Haftungsrisiko unbeeinflußt von den Besonderheiten des jeweiligen Einzelfalls bereits vorab pauschal auf bestimmte gesetzlich festgelegte Haftungshöchstsummen limitiert wird, hat der Normgeber daneben aus einsichtigen Gründen nur für besonders gelagerte Ausnahmekonstellationen anerkannt, in denen die freiberuflich Tätigen anderenfalls selbst bei nur leicht fahrlässig verursachten Berufsfehlern mit potentiell unabsehbaren und kaum noch versicherbaren Haftpflichtrisiken konfrontiert werden könnten. Solcherart besonders weitreichende und den Angehörigen der freien Professionen ansonsten unzumutbare Regreßgefahren erkennt der Gesetzgeber de lege lata ausschließlich und exklusiv für den Bereich der gesetzlichen Pflichtprüfung des Jahresabschlusses von prüfungspflichtigen Kapitalgesellschaften und Genossenschaften sowie für vergleichbare gesetzlich angeordnete Prüfungen an.[158]

Die insoweit speziell zugunsten der wirtschafts- und buchprüfenden Berufsstände statuierten institutionellen Haftungsobergrenzen für fahrlässig begangene Berufsfehler (vgl. § 323 II HGB: derzeit noch 500.000 DM; in Zukunft voraussichtlich vier bzw. acht Mio. DM;[159] § 62 II GenG: 200.000 DM; in Zukunft voraussichtlich zwei Mio. DM) beschrän-

[156] Vgl. so etwa ausdrücklich das obiter dictum des BGH in NJW 1996, 2929 (2932) für den Rechtsanwalt; siehe außerdem – jeweils gleichermaßen zur anwaltlichen Berufstätigkeit – BGH in NJW 1992, 820; 1993, 2747 (2750); BGH in VersR 1993, 1016 (1018); BGH in NJW 1993, 2797 (2799); 1997, 1302 (1303); ebenso für den Steuerberater BGH in NJW-RR 1986, 1348 (1349); BGH in WM 1986, 675 (677); 1992, 62 (66); BGH in NJW 1992, 307 (309); 1997, 1008 (1012); 2238 (2239); zur ärztlichen Beratung und Risikoaufklärung siehe gleichlautend BGH in VersR 1976, 293 (294); 1979, 720 (721); BGH in NJW 1997, 1635 (1635 f.); für den Sachverständigen als kenntnisüberlegenen Fachberater vgl. allgemein auch BGH in NJW 1984, 355 (357).

[157] So zutreffend *Henssler* in JZ 1994, 178 (183).

[158] Zu diesen sonstigen legislativ angeordneten Pflichtprüfungen, bei denen sich die Verantwortlichkeit des Abschlußprüfers ebenfalls nach § 323 HGB bestimmt, zählen etwa die Gründungsprüfung einer Aktiengesellschaft (vgl. § 49 AktG), die Nachgründungsprüfung (§ 53 AktG), Sonderprüfungen verschiedenster Art (siehe dazu die §§ 144, 258 V 1, 315 AktG), die Prüfung der einer Kapitalerhöhung aus Gesellschaftsmitteln zugrunde gelegten Bilanz (§ 209 IV 2 AktG) oder die Verschmelzungsprüfung nach § 11 II UmwG; zu weiteren Anwendungsfällen vgl. *Hopt* in FS für Pleyer (1986), 341 (351).

[159] Unter Berücksichtigung des Umstands, daß die normativ festgelegte Haftungshöchstsumme an sich zumindest in einem proportional angemessenen Verhältnis zu der wirtschaftlichen Bedeutung und den drohenden Schadenspotentialen der zu bewältigenden Aufgabe stehen sollte, erscheinen die für gesetzliche Pflichtprüfungen gegenwärtig noch geltenden Maximalhaftungsbeträge bei (auch grob) fahrlässig verursachten Berufsversehen heute freilich als inadäquat niedrig; so schon zutreffend *Hopt* in FS für Pleyer (1986), 341 (352); ebenso später *Quick* in BB 1992, 1675 (1678); *Geuer*, S. 100; *Poll* in DZWiR 1995, 95 (100). Eine große Mehrheit der befragten Berufsangehörigen (insgesamt 72 %) erwartete im Rahmen einer 1995 durchgeführten empirischen Prognosestudie denn auch eine baldige Anhebung der derzeitigen gesetzlichen Haftungssumme; vgl. *Marten* in WPK-Mitt. 1996, 9 (14). Im

ken sich freilich strikt auf das so umrissene Aufgabengebiet.[160] Die in dieser Beziehung legislativ eingeräumten Haftungsprivilegierungen sind als nicht analogiefähige Ausnahmevorschriften[161] demgemäß keinesfalls auf andere Tätigkeiten dieser Berufsgruppen wie etwa freiwillig durchgeführte Abschlußprüfungen in sonstigen, nicht prüfungspflichtigen Unternehmen oder gar auf die von Wirtschafts- und Buchprüfern im übrigen überwiegend geleistete allgemeine Steuer- und Wirtschaftsberatung übertragbar.[162]

Referentenentwurf des BMJ zur Änderung des Aktiengesetzes („KonTraG") mit Stand vom 22.11.1996 ist in Übereinstimmung hiermit eine Anhebung der Haftungshöchstsumme auf generell vier Mio. DM vorgesehen, und bei der Prüfung einer Aktiengesellschaft, die Aktien mit amtlicher Notierung herausgegeben hat, soll die Haftungssumme zukünftig acht Mio. DM betragen; vgl. den entsprechenden Abdruck des Referentenentwurfs in ZIP 1996, 2193 (2196). Der SPD-Entwurf eines Gesetzes zur Verbesserung der Transparenz und Beschränkung der Machtkonzentration in der deutschen Wirtschaft (Transparenz- und Wettbewerbsgesetz) wollte statt dessen eine Erhöhung der Haftungssumme des § 323 II 1 HGB auf das Hundertfache der vereinbarten Vergütung erreichen; vgl. BT-Drucksache 13/367, S. 4.

[160] Soweit der Sektor der gesetzlichen Pflichtprüfungen in Rede steht, kommt aufgrund des abschließenden Charakters der §§ 323 HGB, 62 GenG allerdings auch keine über die dort erwähnten verbundenen Unternehmen hinausgehende (quasi-)vertragliche Dritthaftung der Wirtschafts- und Buchprüfer gegenüber Aktionären oder sonstigen Gläubigern und Geschäftspartnern der geprüften Gesellschaft in Betracht; so richtig LG Mönchengladbach in NJW-RR 1991, 415 (416); OLG Düsseldorf in ZIP 1997, 787 (790 f.); LG Frankfurt/M. in BB 1997, 1682 (1683); *Schlechtriem* in BB 1984, 1177 (1182); *Hopt* in FS für Pleyer (1986), 341 (352 f.); *ders.* in *Baumbach/Hopt*, Rn. 8 zu § 323 HGB; *Lang* in Wpg. 1989, 57 (58); *ders.*, S. 5; *Schmitz* in DB 1989, 1909 (1914); *Ebke/Fechtrup* in JZ 1986, 1112; *Ebke/Scheel* in WM 1991, 389 (395); *Fliess* in WPK-Mitt. 1992, 49 (54); *Ebke*, S. 19 f.; *ders.* in BB 1997, 1731 (1732 f.); inzidenter wohl auch das OLG Karlsruhe in WM 1985, 940 (941 ff.), welches in einer derartigen Konstellation lediglich deliktische Ersatzansprüche geprüft hat, a. A. unter Vernachlässigung der erkennbar entgegenstehenden gesetzlichen Entstehungsgeschichte allerdings *Otto/Mittag* in WM 1996, 325 (331 f.).

Eine interministerielle Arbeitsgruppe des Bundesministeriums der Justiz hat auf Initiative der Wirtschaftsprüferkammer im Herbst 1995 eine – lediglich klarstellende – Ergänzung des § 323 HGB dahingehend vorgeschlagen, daß Abschlußprüfer anderen als den dort genannten Unternehmen für eine fahrlässige Verletzung ihrer Pflichten nicht haften; siehe dazu den Tätigkeitsbericht des Präsidenten der Wirtschaftsprüferkammer anläßlich der Beiratssitzung am 6.12.1995 in WPK-Mitt. 1996, 35 (37). Im Referentenentwurf des BMJ zur Änderung des Aktiengesetzes („KonTraG") mit Stand vom 22.11.1996 ist dieser Zusatz jedoch nicht enthalten; vgl. den entsprechenden Abdruck in ZIP 1996, 2193 (2196). Gleiches gilt auch für den zwischenzeitlich unter dem 7.11.1997 vorgelegten Regierungsentwurf; siehe dazu *Forster* in Wpg. 1998, 41 (55).

[161] So die zutreffende Klassifizierung durch *Baumbach/Hopt*, Rn. 9 zu § 323 HGB.

[162] So richtig *Brandner* in ZIP 1984, 1186 (1190); *ders.* in JZ 1985, 757 (759 f.); *Hopt* in FS für Pleyer (1986), 341 (353 u. 355 f.); *Quick* in BB 1992, 1675 (1678); *Geuer*, S. 57, *Otto/Mittag* in WM 1996, 325 (328).

Demgegenüber treten das LG Mönchengladbach in NJW-RR 1991, 415 (416); *Schlechtriem* in BB 1984, 1177 (1183 f.); *Schmitz* in DB 1989, 1909 (1914); *Ebke/Scheel* in WM 1991, 389 (395) und *Fliess* in WPK-Mitt. 1992, 49 (55) dafür ein, speziell bei freiwilligen Gründungs-, Abschluß- und Sonderprüfungen die Haftungsprivilegierungen der §§ 323 HGB, 62 GenG im Wege eines Erst-Recht-Schlusses ebenfalls zur Anwendung zu bringen. Dem ist jedoch entgegenzuhalten, daß die in jenen Vorschriften ausgesprochene gesetzliche Haftungsbeschränkung ihre materielle Rechtfertigung gerade in dem Umstand findet, daß die davon betroffenen Prüfungen gesetzlich vorgeschrieben sind. Die aufgrund ihrer vergleichsweise stärkeren volkswirtschaftlichen Relevanz prüfungspflichtigen Gesellschaften und Körperschaften sind zur Auswahl eines Prüfers gesetzlich verpflichtet; die Bestel-

Zu diesen sich kontinuierlich ausweitenden haftungsrechtlichen Gefahren genereller Natur, die als solche einstweilen gleichermaßen auch für allein praktizierende Freiberufler galten, traten zudem noch weitere Faktoren hinzu, die aus Sicht der Berufstätigen gerade die spezifische Haftungssituation freiberuflicher Zusammenschlüsse in Sozietätsform weiter nachteilig beeinflußten.

bb) Die steigende Unkontrollierbarkeit des Mitgesellschafterhandelns in der Sozietät

So trug zunächst der spätestens seit Mitte der sechziger Jahre in allen Professionen verstärkt Einzug haltende Spezialisierungsprozeß zu einer spürbar anwachsenden Unkontrollierbarkeit des Mitgesellschafterhandelns bei. Die Notwendigkeit zu einer sich ausweitenden und differenzierter werdenden fachlichen Arbeitsteilung beschränkte für den einzelnen Sozius tendenziell mehr und mehr die Möglichkeit, im Bedarfsfall auch die inhaltliche Plausibilität der Arbeitstätigkeit seiner Berufskollegen ausreichend nachvollziehen zu können. Die intensivierte Beschäftigung der assoziierten Berufsvertreter mit jeweils unterschiedlichen beruflichen Teildisziplinen erschwerte so auf der Ebene der Berufsausübung mittelbar die Wahrung gegenseitiger Transparenz unter den Sozien. Die Fähigkeit zu einer eigenen Einschätzung des berufsbezogenen Mitgesellschafterhandelns wich im Einzelfall zunehmend dem Zwang eines schlichten Vertrauen-Müssens auf die Ordnungsgemäßheit der von den übrigen Sozien erbrachten Berufsleistungen.[163]

Diese Situation erfuhr durch die vor allem seit der zweiten Hälfte der achtziger Jahre zur Steigerung der eigenen Wettbewerbsfähigkeit vorangetriebene personelle Ausdehnung der Sozietäten und die damit verbundene Vergrößerung des Gesellschafterkreises eine weitere Zuspitzung.[164] Die unter dem Eindruck einer wachsenden Internationalisierung der Dienstleistungserbringung insbesondere bei den rechts- und wirtschaftsberatenden Professionen initiierte Bildung überörtlicher und interprofessioneller Sozietäten komplizierte die gegenseitige Abstimmung und Koordination unter den Mitgesellschaftern noch zusätzlich.[165] Gerade für die Sozii, die in die konkrete Auftragsbearbeitung nicht miteinbe-

---

lung muß pünktlich stattfinden und darf bei einem ohnehin schwerfälligen Verfahren, wie bei der Bestellung durch die Hauptversammlung einer Aktiengesellschaft oder durch das Gericht, nicht noch durch weitere Hemmnisse erschwert werden. Dies wäre jedoch zu befürchten, wenn der ausgewählte Prüfer aus Furcht vor einem in seinen Augen übermäßigen Haftungsrisiko den Auftrag ablehnen würde. Das allgemeine Haftungsprivileg soll also in erster Linie dazu dienen, gerade bei den großen und volkswirtschaftlich bedeutenden prüfungspflichtigen Gesellschaften im öffentlichen Interesse eine unbehinderte und pünktliche Durchführung des Jahresabschlusses sicherzustellen. Eine vergleichbare Situation ist für freiwillige Prüfungen kleinerer, nicht prüfungspflichtiger Unternehmen indes nicht anzuerkennen; ähnlich *Brandner* in ZIP 1984, 1186 (1190). Dem entspricht es, daß die höchstrichterliche Rechtsprechung bei freiwilligen Abschluß- und Zwischenprüfungen durch Wirtschafts- und Buchprüfer ohne weiteres eine quasi-vertragliche Dritthaftung nach den Grundsätzen des Vertrags mit Schutzwirkung für Dritte in Erwägung zieht; vgl. so etwa BGH in JZ 1986, 1111.

[163] Ähnlich *Borgmann/Haug*, Rn. 46 zu § 41; *Michalski/Römermann*, Rn. 16 zu § 8 PartGG; *Wolf* in FS für Schneider (1997), 349 (354).

[164] So richtig *Michalski/Römermann*, Rn. 16 zu § 8 PartGG.

[165] Vgl. *Henssler* in AnwBl. 1993, 541 (545): „In größeren überregional tätigen Zusammenschlüssen ist es dem Sozius nicht mehr möglich, die Berufsausübung der übrigen Gesellschafter zu kontrol-

zogen waren, wirkte sich die unterschiedslose persönliche Einstandspflicht für berufliche Pflichtverletzungen eines andernorts residierenden, eventuell gar noch einer anderen Profession zugehörigen Mitgesellschafters praktisch mehr und mehr als eine rein verschuldensunabhängige Gefährdungs- und Garantiehaftung aus.[166]

Andererseits fand der Grundsatz einer uneingeschränkten Sekundärhaftung einheitlich aller assoziierten Berufsvertreter namentlich in Ansehung der entstandenen großen und teilweise international operierenden Zusammenschlüsse kaum noch eine analoge Entsprechung in der Erwartungshaltung des ratsuchenden Publikums.[167] Denn der Auftraggeber durfte auch bei Herantreten an eine überörtliche und/oder interprofessionelle Sozietät in erster Linie ein Tätigwerden von dem/den persönlich zu Rate gezogenen Berufsangehörigen erwarten und rechnete regelmäßig nur dann mit einer (Teil-)Bearbeitung durch auswärtige oder in anderer Richtung ausgebildete Berufskollegen, wenn die geschuldete Dienstleistung – etwa wegen ihrer Komplexität oder der erforderlichen speziellen Sachkenntnis – von diesen qualitativ besser und sachgerechter erbracht werden konnte. Auch aus Sicht des Publikums stellte sich die Einschaltung von andernorts niedergelassenen oder vornehmlich mit anderen beruflichen Tätigkeitsfeldern befaßten Sozien in die Auftragsabwicklung somit in der Tendenz eher als ein auf Sachdienlichkeitserwägungen beruhendes Ausnahmeprinzip dar, welches folgerichtig auch immer weniger geeignet sein konnte, eine potentiell unterschiedslose Einstandspflicht einer im Extremfall sehr großen Zahl von Mitgesellschaftern mit ihrem jeweiligen Privatvermögen inhaltlich zu legitimieren.[168]

Die demnach bei typisierender Betrachtung von den Berufsangehörigen immer häufiger als inadäquat empfundene Haftungssituation wegen Schäden aus fehlerhafter Berufsausübung in der Freiberufler-Sozietät ließ sich im weiteren auch durch das System der Berufshaftpflichtversicherung nicht stets und uneingeschränkt in befriedigender Weise lösen.

cc) Partielle Lücken im Gefüge des Berufshaftpflichtversicherungsschutzes

Erste Komplikationen drohen den in Sozietäten zusammengeschlossenen Berufsvertretern hierbei bereits aus den spezifischen versicherungsvertraglichen Regelungen, die speziell die

lieren."; ebenso *ders.* in JZ 1994, 178 (186); *ders.* in ZIP 1994, 844 (850); ferner Henssler/Prütting-*Stobbe*, Rn. 4 zu § 51a BRAO; *Wolf* in FS für Schneider (1997), 349 (354).

[166] So richtig *Henssler* in FS für Vieregge (1995), 361 (369); ähnlich zuvor *Driesen* in GmbHR 1993, R 25 (26); *Ahlers* in FS für Rowedder (1994), 1 (11).

[167] Ebenso im Zusammenhang mit der Verabschiedung des PartGG auch *Seibert*, S. 57; *ders.* in DB 1994, 2381 (2384); *ders.* in PatAnwMitt. 1996, 107 (110), *ders.* in MünchHdbuchGesR I, Rn. 7 zu § 37, wonach die persönliche Mithaftung eines Gesellschafters, der – gegebenenfalls in einer Kanzlei an einem anderen Ort – mit der Bearbeitung nichts zu tun habe, keinen Sinn mache und bei größeren, überörtlichen Zusammenschlüssen auch gar nicht der Verkehrserwartung entspreche; ähnlich *Leutheusser-Schnarrenberger* in der freie beruf 7-8/94, 20 (22); *dies.* in AnwBl. 1994, 334 (335); *Bösert* in WPrax 12/94, 2 (3); *Henssler* in JZ 1994, 178 (186); *Feddersen/Meyer-Landrut*, Rn. 6 zu § 8 PartGG.

[168] Vgl. *Henssler* in FS für Vieregge (1995), 361 (369) – Dieser Aspekt wird von den freiberuflichen Berufsvertretern mitunter scharf betont. So spricht *Busse* in DStR 1995, 738 (740) gar davon, in der interprofessionellen Sozietät würde die haftungsrechtliche Einbeziehung der nicht-berufsqualifizierten Sozien diese zu einem „subsidiären Haftungsfonds für Regreßfälle" degradieren.

gemeinsame Berufsausübung in der Gesellschaft bürgerlichen Rechts zum Gegenstand haben.

So behandeln beispielsweise die nunmehr einheitlich ebenso für die anwaltliche Berufstätigkeit[169] geltenden Allgemeinen Versicherungsbedingungen für die Vermögensschadenhaftpflicht der wirtschaftsprüfenden und steuerberatenden Berufe (AVB-RWB)[170] seit jeher den Versicherungsfall auch nur eines Sozius als Versicherungsfall aller Sozien, für die der Versicherer sodann (nur) zusammen mit einer einheitlichen Durchschnittsleistung eintritt (§ 12 II AVB-RWB). Hieraus würden sich im Haftpflichtfall – wenn der eingetretene Haftpflichtschaden bei einigen Sozien unterhalb, bei den anderen aber oberhalb der von ihnen vereinbarten Deckungssumme bliebe – zwangsläufig unerwünschte Unterdeckungen für die assoziierten Berufsvertreter insgesamt ergeben.[171] Um einen einheitlichen Mindestversicherungsschutz für alle Gesellschafter zu gewährleisten, folgt daraus in praxi bis heute der Zwang, die Versicherungssummen für alle Sozien (einschließlich der bloßen Außensozien) gleich hoch zu wählen.[172]

Doch auch auf diese Weise waren und sind – von den zwangsläufig bestehenbleibenden Selbstbehalten abgesehen[173] – mitunter Deckungslücken nicht auszuschließen, wenn die einheitlich gewählte Versicherungssumme im Einzelfall hinter dem potentiellen, aus der Auftragswahrnehmung resultierenden Schadensrisiko zurückbleibt. So beläuft sich die im

---

[169] Vgl. dazu Beck-RA-Hdbuch/*Dallmayr*, Rn. 6 u. 10 zu Abschnitt J.

[170] Die AVB-RWB sind unter ihrer früheren Bezeichnung als AVB-WB etwa abgedruckt bei *Schlie*, S. 143 ff.

[171] Anschauliche Berechnungsbeispiele einer Unterdeckung infolge einer zu geringen einheitlichen Durchschnittsleistung finden sich etwa bei Prölss/Martin-*Voit*, Anm. 21 b) zu AVB Vermögen und *Kornblum* in AnwBl. 1973, 153 (155).

[172] Beck-RA-Hdbuch/*Dallmayr*, Rn. 9 zu Abschnitt J; *Kaiser/Bellstedt*, Rn. 121; *Fliess* in WPK-Mitt. 1992, 49 (60); *Hartung* in AnwBl. 1995, 333 (336); *van der Horst* in DStR 1995, 2027 (2029) – Diese faktische Obliegenheit gilt in gleicher Weise auch für die interprofessionelle Sozietät; vgl. *Kaiser/Bellstedt*, Rn. 131.

Unbeschadet dessen bestehen in der Anwaltschaft gegenwärtig noch weithin empfindliche Dekkungslücken für die auf der Grundlage der Allgemeinen Versicherungsbedingungen zur Haftpflichtversicherung für Vermögensschäden (AVB-Vermögen) geschlossenen Altverträge (die AVB-Vermögen sind z. B. abgedruckt bei Prölss/Martin, VVG, S. 1278 ff. sowie als Anhang I 7 in *Kleine-Cosack*, BRAO, S. 652 ff.). Sobald hier nur ein Gesellschafter den Schadensfall durch ein wissentliches Abweichen von Rechtsvorschriften, Anweisungen des Auftraggebers oder eine sonst wissentliche Pflichtverletzung herbeigeführt hat, entfällt dadurch einheitlich der gesamte Versicherungsschutz auch für alle übrigen Sozien; vgl. hierzu die §§ 12, 4 Nr. 5 AVB-Vermögen. Die Zurechnung des Ausschlußgrundes „wissentlicher Pflichtenverstoß" – der eine versicherungsrechtlich zulässige Verschärfung des § 152 VVG darstellt (vgl. hierzu Prölss/Martin-*Voit*, Anm. 3 zu § 152 VVG) – an sämtliche Sozien führt auf diese Weise dazu, daß das unlautere Verhalten nur eines Gesellschafters für alle übrigen assoziierten Berufsvertreter jeglichen (!) Berufshaftpflichtversicherungsschutz entfallen läßt. Erst § 4 Nr. 6 AVB-RWB verzichtet insoweit auf eine gegenseitige Zurechnung des betreffenden Ausschlußgrundes; vgl. zu dieser spürbaren Verbesserung auch Beck-RA-Hdbuch-*Dallmayr*, Rn. 10 zu Abschnitt J.

[173] Der vom freiberuflich Tätigen zu tragende Mindestselbstbehalt beträgt beispielsweise in den AVB-RWB in jedem Fall mindestens 100 DM pro Schadensfall und darf zusammen mit den für die fehlerhafte Auftragsbearbeitung entstandenen und von der Haftpflichtsumme in Abzug zu bringenden Gebühren den Betrag von 5.000 DM nicht übersteigen; vgl. § 3 II Nr. 3-5 AVB-RWB und damit inhaltlich übereinstimmend § 51 V BRAO.

Bereich der rechts- und wirtschaftsberatenden Professionen obligatorisch geforderte Mindestversicherungssumme zur Zeit zwar beispielsweise auf immerhin einheitlich 500.000 DM je Versicherungsfall (vgl. die §§ 51 IV BRAO, 54 I 2 WPO i.V.m. 323 II 1 HGB, 67 StBerG i.V.m. der entspr. DVO[174]). Diese Versicherungssumme ist aber gerade bei der Bearbeitung komplexerer Mandate mit einem größeren Auftragswert regelmäßig unzureichend,[175] so daß größere oder interprofessionell zusammengesetzte freiberufliche Zusammenschlüsse schon seit längerem von sich aus meist deutlich höhere Durchschnittsdeckungssummen mit ihren Haftpflichtversicherern vereinbart haben.[176]

Ungeachtet dessen existieren im Berufshaftpflichtversicherungssystem von jeher Situationen, in denen entweder bereits der Gegenstandswert des Auftrags oder jedenfalls das daran anknüpfende Schadenspotential sogar eine von den Mitgliedern der Freiberufler-Sozietät einheitlich vereinbarte höhere Durchschnittsversicherungssumme deutlich übersteigt. Um bei in neuerer Zeit mitunter durchaus realistischen Haftungsrisiken in mehrstelliger Millionenhöhe[177] bezüglich des überschießenden Differenzbetrags über einen

---

[174] Vgl. zur DVStB (einschlägig § 52 I DVStB) BGBl. 1991 I, S. 1797 ff.; siehe zur im Bereich der Wirtschaftsprüfung nun freilich unmittelbar bevorstehenden Erhöhung der Mindestversicherungssumme im übrigen bereits die Ausführungen oben Seite 198 f. in Fußnote 159.

[175] Vgl. nur *Kaiser/Bellstedt*, Rn. 132.

[176] Im Bereich der Anwaltschaft sollen anno 1994 zwischen 65-70 % der Berufsangehörigen bis zur Höhe der zu diesem Zeitpunkt gesetzlich eingeführten Mindestdeckungssumme von 500.000 DM versichert gewesen sein; 20-25 % der Berufstätigen unterhielten durchschnittliche Deckungssummen bis zu einer Mio. DM; weitere 5-10 % eine Versicherungssumme bis zu zwei Mio. DM und etwa 3 % eine darüber hinausgehende durchschnittliche Deckungssumme; vgl. hierzu die Angaben bei *Junge-Ilges*, S. 28.

Zur gleichen Zeit waren etwa 75 % aller selbständig tätigen Steuerberater in der gesetzlichen Mindesthöhe von 500.000 DM versichert, ca. 15-20 % hatten eine Deckung bis zu einer Mio. DM vereinbart, und 5-10 % der so Berufstätigen unterhielten eine darüber hinausgehende Versicherungssumme; vgl. hierzu *Junge-Ilges*, S. 73.

Auf dem Sektor der Wirtschaftsprüfung waren anno 1988 etwa 40 % der selbständig tätigen Berufsangehörigen entsprechend der Mindestversicherungssumme mit einer Deckung von 500.000 DM versichert, weitere 25 % bis zu einer Mio. DM. Eine durchschnittliche Deckung von bis zu zwei Mio. DM vereinbarten etwa 15 % der selbständigen Wirtschaftsprüfer; 8 % der so Berufstätigen kamen auf Versicherungssummen bis zu drei Mio. DM, und ca. 3 % hatten eine allgemeine Versicherungsleistung von bis zu fünf Mio. DM pro Versicherungsfall abgeschlossen. Zwischenzeitlich dürften die durchschnittlich vereinbarten Deckungssummen in Anbetracht der seither weithin vollzogenen Aufstockung des Versicherungsschutzes noch höher liegen; vgl. hierzu *Junge-Ilges*, S. 100. Einzelne Wirtschaftsprüfungsgesellschaften unterhielten demgegenüber bereits zur Mitte der achtziger Jahre Berufshaftpflichtversicherungen mit einer durchschnittlichen Versicherungssumme zwischen 10-15 Mio. DM je Versicherungsfall; so *Hopt* in FS für Pleyer (1985), 341 (369 in Fn. 152).

[177] Innerhalb der Anwaltschaft waren Regreßklagen mit Streitwerten von über einer Mio. DM seit Mitte der achtziger Jahre keine Seltenheit mehr; die wirksam erstrittenen Ersatzleistungen bewegten sich bis zum Jahr 1994 mit einer bekannten Höchstzahlung von 5,2 Mio. DM noch im einstelligen Millionenbereich. Mittlerweile sollen dem Vernehmen nach aber auch bereits Schadensersatzansprüche in mehrstelliger Millionenhöhe geltend gemacht worden sein; vgl. zu alldem *Junge-Ilges*, S. 27. Ähnliches gilt für die Situation bei den selbständig tätigen Steuerberatern: Dort blieb die Masse der Ersatzforderungen bis zur Mitte der neunziger Jahre unter 50.000 DM; doch traten mittlerweile häufiger auch Regreßansprüche gegen selbständig tätige Berufsangehörige mit behaupteten Schäden zwischen 500.000 DM und einer Mio. DM auf; so *Junge-Ilges*, S. 72.

ausreichenden Haftpflichtversicherungsschutz zu verfügen, wären die zur gemeinsamen Berufsausübung verbundenen Freiberufler sodann an sich gehalten, die Deckung für den konkreten Auftrag durch den Abschluß einer sog. Einzelobjektversicherung aufzustocken.

Der Abschluß einer solchen Zusatzversicherung hatte in Abhängigkeit von dem jeweils zugrunde liegenden individuellen Schadensrisiko und wegen der damit für die Haftpflichtversicherer verbundenen überdurchschnittlichen Finanzierungsgefahren allerdings schon immer die Entstehung von teilweise außerordentlich hohen Versicherungsprämien zur Folge.[178] Diese zusätzlich anfallenden Versicherungskosten lassen sich von den assoziierten Berufsvertretern jedoch bislang häufig nur bei einer entsprechenden eigenen Marktmacht auf die Auftraggeberseite zurückverlagern und stehen ansonsten einer wirtschaftlichen Auftragsbearbeitung oftmals entgegen.[179] Die bisherige Rechtspraxis hat dementsprechend gezeigt, daß von freiberuflicher Seite zwecks Vermeidung einer finanziellen Mehrbelastung und aus Gründen der Erhaltung der eigenen Wettbewerbsfähigkeit nicht selten ganz auf den an sich angezeigten Abschluß einer Einzelobjektversicherung verzichtet worden ist.[180]

Doch auch in den Fällen, in denen ein erhöhter Prämienaufwand aufgrund eines adäquaten Gebührenaufkommens für die freiberuflich Tätigen an sich ökonomisch vertretbar bleibt, können sich weitere Komplikationen einstellen. So sehen sich die Sozien in der Rechtswirklichkeit oftmals mit dem Problem konfrontiert, rechtzeitigen Versicherungsschutz zu erlangen.[181] Diese Schwierigkeiten leiten sich daraus her, daß die einzelfallabhängige Risikoprüfung durch die betreffende Versicherungsgesellschaft erfahrungsgemäß

Bei den gerade nicht als Gesellschaft bürgerlichen Rechts, sondern ganz überwiegend als Kapitalgesellschaft ausgestalteten Wirtschaftsprüfungs- und/oder Steuerberatungsgesellschaften finden sich aufgrund der dort üblichen Bearbeitung von Großmandaten in Einzelfällen noch weit höhere den Haftpflichtversicherern gemeldete Schadensersatzforderungen. So lag hier bereits in der zweiten Hälfte der siebziger Jahre die im Rahmen eines Regreßprozesses geltend gemachte Schadensersatzhöhe bei 40 Mio. DM (vgl. *Junge-Ilges*, S. 99 in Fn. 404; *Brandner* in JZ 1985, 757, 759; *Ebke/Scheel* in WM 1991, 389, 397), und die höchste bis zu Beginn der neunziger Jahre bekanntgewordene, gegen eine Wirtschaftsprüfungsgesellschaft gerichtete Ersatzforderung betrug 256 Mio. DM; siehe hierzu *Schlie*, S. 26 in Fn. 94 sowie S. 55 in Fn. 221; *Hellwig* in ZHR 161 (1997), 337 (345). Die im Bereich der Wirtschaftsprüfung bis zum Jahr 1994 höchste tatsächlich geleistete Regreßzahlung soll – bei mehreren laufenden Verfahren in zwei- und dreistelliger Millionenhöhe – allerdings „nur“ bei 12,5 Mio. DM gelegen haben; so *Junge-Ilges*, S. 100. Die höchste auf dem Sektor der Steuerberatung wirksam durchgesetzte Regreßsumme belief sich dem Vernehmen nach zur gleichen Zeit auf 4,5 Mio. DM; seitdem seien aber vereinzelt bereits Fälle in mehrstelliger Millionenhöhe an die Haftpflichtversicherer herangetragen worden; so *Junge-Ilges*, S. 72.

[178] *Junge-Ilges*, S. 29, nennt für den anwaltlichen Bereich bei durch Einzelobjektversicherungen vereinbarten Deckungssummen von zehn bis 20 Mio. DM sowie einer versicherbaren Obergrenze bis zu 100 Mio. DM zusätzlich anfallende Prämienbeiträge in bis zu fünfstelliger Höhe.

[179] So zutreffend *Michalski/Römermann*, Rn. 16 zu § 8 PartGG; *Wellensiek* in FS für Brandner (1996), 727 (730); Henssler/Prütting-*Stobbe*, Rn. 5 zu § 51a BRAO; *Reiff* in AnwBl. 1997, 3 (6); ähnlich *Lichtner/Korfmacher* in WPK-Mitt. 1994, 207 (219); *Ahlers* in FS für Rowedder (1994), 1 (11); *Henssler* in ZIP 1994, 844 (850); *ders.* in JZ 1994, 178 (186) sowie *Werber* in VersR 1996, 917 (923), wonach „ab einer bestimmten Höhe Versicherungsprämien wirtschaftlich kaum noch tragbar“ seien.

[180] Vgl. so etwa für die rechts- und wirtschaftsberatenden freien Professionen *Junge-Ilges*, S. 29 (Rechtsanwälte), S. 73 (Steuerberater) und S. 102 (Wirtschaftsprüfer).

[181] Vgl. *Wellensiek* in FS für Brandner (1996), 727 (739).

meist einige Zeit in Anspruch nehmen wird, während der die Bearbeitung des Mandats freilich dennoch nicht ausgesetzt werden kann.[182]

Weitere Unsicherheiten über das Vorhandensein eines ausreichenden Haftpflichtversicherungsschutzes resultieren schließlich daraus, daß die Versicherer bestimmte den freien Professionen im Rahmen der neueren Rechtsprechung auferlegte Haftungsrisiken bis in die Gegenwart hinein als berufsuntypisch aus dem Versicherungsschutz auszuscheiden versuchen.[183]

dd) Zwischenergebnis

In Anbetracht der sich nach alledem spürbar wandelnden rechtstatsächlichen Verhältnisse sprachen aus Sicht der Freiberufler gegen Ende der achtziger Jahre somit durchaus vielfältige und gewichtige Motive dafür, die prinzipielle Haftungssituation in der Sozietät in Frage zu stellen und insbesondere das unbedingte persönliche Einstehenmüssen für die einem anderen Sozius schuldhaft unterlaufenen Berufsfehler grundlegend auf seine allgemeine Angemessenheit hin zu überprüfen.

Im Rahmen einer zusammenfassenden Wertung zählten zu den allgemeinen Faktoren, die nunmehr verstärkt freiberufliche Vorbehalte gegenüber einer uneingeschränkten gesamtschuldnerischen Schadensersatzhaftung aller assoziierten Berufsvertreter mit ihrem Privatvermögen weckten, insbesondere ein während der vorangegangenen Dekaden in vielen freien Professionen überproportional angewachsenes Haftungsrisiko und ein damit vergleichsweise schwächer korrelierender, oft durch ein staatlich geregeltes Honorarsystem der rein privatautonomen Vereinbarung entzogener Vergütungsanspruch. Hinzu kamen diejenigen rechtstatsächlichen Umstände, die spezifisch die vertragliche Haftungssituation in der Freiberufler-Sozietät nachteilig beeinflußten. Dort war es in erster Linie die mit dem anhaltenden Spezialisierungsprozeß und dem Aufkommen überörtlicher bzw. interprofessioneller Zusammenschlüsse entstandene gesteigerte Unkontrollierbarkeit des Mitgesellschafterhandelns, die zusätzliche Zweifel an der Adäquanz des freiberuflichen Solidarhaftungsprinzips für im Rahmen der gemeinsamen Berufsausübung aufgetretene Berufsfehler nährte. Schließlich trugen auch die zuweilen auftretenden Deckungslücken im Haftpflichtversicherungsschutz zu einem veränderten Meinungsbild unter den Freiberuflern bei.

---

182 *Wellensiek* in FS für Brandner (1996), 727 (739 f.).

183 Dies gilt beispielsweise auch für die seitens der Judikatur in bezug auf die Angehörigen der rechts- und wirtschaftsberatenden freien Professionen entwickelte und bereits vorbeschriebene Garantenprospekthaftung. Diese soll nach Ansicht der Versicherungswirtschaft hinsichtlich ihrer Voraussetzungen nicht als Ausübung einer beruflichen Tätigkeit im Sinne des § 1 I Nr. 1 AVB-RWB anzusehen sein und deshalb vom Haftpflichtversicherungsschutz ausgenommen bleiben; vgl. hierzu die entsprechenden Ausführungen von *Hartmann/Schwope* in WPK-Mitt. 1993, 46 (48 ff.) sowie die in die gleiche Richtung weisende Stellungnahme der Versicherergemeinschaft für das wirtschaftliche Prüfungs- und Treuhandwesen in WPK-Mitt. 1995, 29 (31). Die Auffassung jener Versicherergemeinschaft ist insofern von einer gewissen Relevanz, als die in ihr zusammengeschlossenen Haftpflichtversicherer (Allianz, Bayerische Vereinsbank, Colonia, Frankfurter, Nordstern, R+V Allgemeine und Victoria) im Bereich der Wirtschaftsprüfung knapp 75 % der Marktanteile kontrollieren; vgl. dazu *Junge-Ilges*, S. 99 in Fn. 399; *Schlie*, S. 25.

Die vorstehenden Gesichtspunkte bewegten gegen Ende der achtziger Jahre sodann vor allem die Angehörigen der freien Beratungsberufe dazu, der mehr und mehr als unangemessen empfundenen uneingeschränkten persönlichen Einstandspflicht für Berufsfehler anderer Sozien durch haftungsbegrenzend wirkende kautelarjuristische Ausweichstrategien zu begegnen. Diese sich in der Rechtswirklichkeit andeutende Tendenz veranlaßte den Bundesgesetzgeber in der Folge dazu, für die Angehörigen der berufsrechtlich gebundenen rechts- und wirtschaftsberatenden freien Professionen im Rahmen der Berufsrechtsnovellierungen 1994 erstmals besondere Vorschriften zu erlassen, die speziell die vertraglichen Haftungsbeschränkungsmöglichkeiten in der Sozietät regeln.

Im Zuge dessen scheint es angezeigt, die spezifischen Möglichkeiten einer vertraglichen Haftungsbegrenzung bei einer gemeinsamen Berufsausübung in der Gesellschaft bürgerlichen Rechts zumindest für diejenigen Freien Berufe näher zu betrachten, die auch in der Praxis überdurchschnittliche Haftungsrisiken zu gewärtigen haben.

c) *Die Möglichkeiten einer vertraglichen Haftungsbegrenzung in der Freiberufler-Sozietät*

Aufgrund der vorstehend angedeuteten neueren legislativen Entwicklung im Bereich der freien Beratungsberufe bietet es sich an, bei der näheren Untersuchung der im einzelnen vorhandenen Haftungsbeschränkungsoptionen die insoweit auf jenem Sektor bestehenden Handlungsmöglichkeiten an den Anfang der Darstellung zu setzen.

aa) *Die Situation bei den berufsrechtlich gebundenen rechts- und wirtschaftsberatenden freien Professionen*

Die zunehmend als unbefriedigend gedeutete, prinzipiell gesamtschuldnerische Schadensersatzhaftung unterschiedslos aller Gesellschafter für schuldhaft verursachte Berufsfehler auch nur eines Teilhabers ließ die in einer interprofessionellen Sozietät zusammengeschlossenen Wirtschaftsprüfer, Steuerberater und Rechtsanwälte anfangs der neunziger Jahre in praxi den Versuch unternehmen, eine im Außenverhältnis auf das BGB-Gesamthandsvermögen begrenzte Haftung dadurch herbeizuführen, daß formularvertraglich über die Bezeichnung als „Gesellschaft bürgerlichen Rechts (mit beschränkter Gesellschafterhaftung)“ eine im Gesellschaftsvertrag entsprechend beschränkte Vertretungsmacht aller Sozien an das ratsuchende Publikum bekanntgegeben wurde.[184]

Diesem Unterfangen versagte die höchstrichterliche Judikatur im konkreten Einzelfall zwar wegen einer als unzureichend gerügten Erkennbarkeit des Haftungsbeschränkungs-

[184] Vgl. hierzu die Entscheidungen des OLG Düsseldorf in NJW 1990, 2133 f. sowie als Revisionsinstanz BGH in NJW 1992, 3037 ff. – In dem Sachverhalt, welcher dem Verfahren zugrunde lag, hatten die assoziierten Berufsvertreter versucht, mittels eines jeweils am unteren Rand der im Rechtsverkehr verwendeten Briefbögen aufgebrachten Aufdrucks, welcher den im Text wiedergegebenen Inhalt aufwies, eine rechtsgeschäftliche Haftungsbeschränkung auf das Gesellschaftsvermögen gegenüber den ratsuchenden Mandanten durchzusetzen.

hinweises den Erfolg.[185] Doch ließ diese Art der Begründung zugleich Raum für weitere Bemühungen der Kautelarpraxis, um mittels vorformulierter Vertragsbedingungen im Bereich freier Berufsausübung eine generelle Haftungsbeschränkung der Sozien auf das Gesamthandsvermögen der BGB-Gesellschaft durchzusetzen.

Aus gesellschaftsrechtlicher Sicht waren, zumindest vom Standpunkt der höchstrichterlichen Rechtsprechung aus, ohnehin keine grundsätzlichen Bedenken gegen derartige, die Einstandspflicht der Gesellschafter mit ihrem Privatvermögen ausschließende Bestrebungen zu erheben. So entspricht es – sachlich ausgehend von der Doppelverpflichtungslehre[186] – seit langem ständiger Judikatur, daß die Mitglieder einer BGB-Gesellschaft ihre Haftung „einseitig" auch in der Weise auf das Gesellschaftsvermögen begrenzen können, daß die Vertretungsmacht des geschäftsführenden Gesellschafters (§ 714 BGB) gesellschaftsvertraglich entsprechend beschränkt wird und diese Beschränkung der Vertretungsmacht zumindest nach einer Prüfung für Dritte erkennbar ist.[187]

---

[185] Der BGH beschränkte sich in NJW 1992, 3037 (3039) insoweit auf die Feststellung, die solcherart nur versteckt zwischen den Kommunikationsangaben, der Benennung der einzelnen Sozien und den Bankverbindungen befindliche Bezeichnung bringe die intendierte Haftungsbegrenzung gegenüber den Ratsuchenden jedenfalls nicht hinreichend erkennbar zum Ausdruck. Durch das argumentative Abstellen auf die konkrete Plazierung des Haftungsbeschränkungshinweises verwarf das höchste Zivilgericht damit implizit zugleich die strengere Auffassung der Vorinstanz, wonach eine Haftungsbeschränkungsvereinbarung überhaupt nur im Einzelfall durch ausdrückliche Vereinbarung mit dem jeweiligen Ratsuchenden herbeigeführt werden könne; vgl. so noch OLG Düsseldorf in NJW 1990, 2133 f.

[186] Vgl. zu den verschiedenen Auffassungen über die grundsätzliche Rechtsnatur und die Haftungsverfassung der Gesellschaft bürgerlichen Rechts bereits die diesbezüglichen Ausführungen oben auf S. 176 in Fn. 59.

[187] Vgl. – im Anschluß an RGZ 63, 62 (65); 155, 75 (87) – etwa BGHZ 61, 59 (67); 113, 216 (219) – beide zum Auftreten einer BGB-Gesellschaft als Schein-KG –; BGH in NJW 1979, 2304 (2306); 1987, 3124 (3125); BFH in BStBl. 1987 II, 553 (554); BGH in NJW-RR 1990, 701 (702 f.); OLG Hamm in NJW 1985, 1846 (1846 f.); OLG Hamm in NJW-RR 1996, 482 (483). Die rechtswissenschaftliche Literatur ist dem BGH insoweit überwiegend gefolgt und hält eine bloße Erkennbarkeit der Haftungsbeschränkung auf das Gesamthandsvermögen durch den Vertragspartner ebenso für ausreichend; vgl. etwa *Gail/Overlack*, S. 107; *Schroeder* in DStR 1992, 507 (510 f.); *Schwark* in DWiR 1992, 441 (443), *Stork* in NWB 1993, Fach 18, 3269 (3270 f.); *Henssler* in JZ 1993, 155 (156); *Heermann* in BB 1994, 2421 (2424 f.); *Brandes* in WM 1994, 569 (571); *Saller* in DStR 1995, 183 (185); *Kögel* in DB 1995, 2201 (2202 f.); kritisch demgegenüber *Gummert* in ZIP 1993, 1063 (1065 ff.), der den Abschluß einer ausdrücklich zweiseitigen Vereinbarung über die Haftungsfreistellung der Gesellschafterprivatvermögen fordert.

Die konkreten Schwierigkeiten knüpfen sich sodann allerdings an den Grad der zu fordernden Erkennbarkeit. Während vereinzelt eine Nachforschungs- und Erkundigungspflicht des Vertragspartners über die Reichweite der dem geschäftsführenden Gesellschafter erteilten Vollmacht bejaht wird (so etwa OLG Hamm in NJW 1985, 1846, 1846 f.; *Hadding* in FS für Rittner 1991, 133, 140; *Wellkamp* in NJW 1993, 2715, 2716; *Arnold* in BB 1996, 597, 598), geht die herrschende Auffassung zumindest für Erwerbsgesellschaften aus naheliegenden Gründen des Verkehrsschutzes von der Existenz einer widerlegbaren Vermutung aus, wonach die Geschäftsführer auch zur gesamtschuldnerischen Mitverpflichtung sämtlicher Mitgesellschafter befugt sind; vgl. in diesem Sinne etwa BGH in NJW 1987, 3124 (3125); BGH in ZIP 1997, 1496 (1497); *Beuthien* in DB 1975, 773 (774); *Schroeder* in DStR 1992, 507 (511); *Brandes* in WM 1994, 569 (571); MünchHdbuchGesR I/*v.Dithfurth*, Rn. 79 zu § 7. Allerdings soll sich hierbei nach der Rechtsprechung bereits die Benennung der Rechtsform mittelbar auf die Haftung der Gesellschafter auswirken können, soweit dadurch die Begrenzung der

Die dieserart ins Bewußtsein dringenden kautelarjuristischen Gestaltungsmöglichkeiten, mittels derer sich die Freiberufler-Sozietät potentiell in eine BGB-Gesellschaft mit unilateral vorgegebener Haftungsbeschränkung umfunktionieren ließ, setzten das ratsuchende Publikum andererseits dem Risiko aus, im Regreßfall lediglich auf ein Gesamthandsvermögen Zugriff zu haben, welches in seinem Bestand beliebig wechseln konnte und als Haftungssubstrat keinerlei Sicherheit bot.[188] Anders als bei den kapitalgesellschaftlichen Rechtsformen der AG/KGaA und der GmbH[189] existieren in bezug auf das BGB-Gesamthandsvermögen keine gläubigerschützend wirkenden Kapitalaufbringungs- und Kapitalerhaltungsvorschriften.[190] Daraus entsprang die realistische und durchaus naheliegende Gefahr, daß Schadensersatzansprüche der Auftraggeber – jedenfalls bei fehlendem oder nicht eingreifendem Berufshaftpflichtversicherungsschutz – fortan mitunter ins Leere gehen konnten und in praxi gänzlich unbefriedigt blieben.[191] Die von der Kautelarpraxis geschaffene Option des vollständigen Ausschlusses einer Sozienhaftung mit dem Privatvermögen drohte daher, die Ausübung der freien Berufstätigkeit in der Gesellschaft bürgerlichen Rechts zumindest in Teilbereichen mit dem Makel der Unseriosität zu belegen

---

Vertretungsmacht hinreichend deutlich zum Ausdruck gebracht wird; vgl. so explizit BGH in NJW 1979, 2304 (2306) – Auftreten einer BGB-Gesellschaft als „Verein" –. Ob im allgemeinen Rechtsverkehr jedoch allein schon die vorgenannte Bezeichnung als „BGB-Gesellschaft mit Haftungsbeschränkung" im Briefbogen ausreicht, um eine „einseitige" Haftungsbegrenzung auf das Gesamthandsvermögen zu erreichen, ist vom BGH bislang ausdrücklich offengelassen worden; zurückhaltend insoweit etwa BGH in NJW 1992, 3037 (3039). Die Literatur steht einer solchen Möglichkeit zur Haftungsbeschränkung aufgrund einer unterstellten firmenrechtlichen Unzulässigkeit entsprechender Kurzbezeichnungen teilweise ausdrücklich ablehnend gegenüber; so etwa *Roth* in ZHR 155 (1991), 24 (39); *Heermann* in BB 1994, 2421 (2430 f.); MünchHdbuchGesR I/*Gummert*, Rn. 49 zu § 12.

[188] *Schwark* in DWiR 1992, 441 (443); vgl. auch bereits *Sandberger/Müller-Graff* in ZRP 1975, 1 (2).

[189] Vgl. zu den Prinzipien der Kapitalaufbringung und Kapitalerhaltung im Aktienrecht ausführlich nur MünchHdbGesR IV/*Wiesner*, Rn. 1 ff zu § 16; zur ähnlichen Sicherung eines Mindesthaftungsstocks im GmbH-Recht etwa Beck-GmbH-Hdb./*Schwaiger*, Rn. 116 ff. zu § 2; Beck-GmbH-Hdb./*Hense/Gandenberger*, Rn. 1 ff. zu § 8.

[190] Vgl. nur *Sandberger/Müller-Graff* in ZRP 1975, 1 (3) – Zutreffend spricht *Schwark* in DWiR 1992, 441 (443) in diesem Zusammenhang davon, daß die Gesellschaft bürgerlichen Rechts ihren Kredit und ihre Geltung im Rechtsverkehr ebenso wie die OHG mangels gläubigersichernder Vorschriften maßgeblich aus der Person ihrer Gesellschafter ableitet.

[191] Die von der Rechtspraxis vollzogene, nicht auf einer ausdrücklichen zweiseitigen Vereinbarung beruhende Anerkennung der „BGB-Gesellschaft mit einer auf das Gesamthandsvermögen beschränkten Haftung" wird im Schrifttum daher teilweise auch generell als unzulässige Umgehung der im GmbHG normierten Kapitalsicherungsvorschriften bewertet; vgl. so etwa MünchHdbGesR I/*Gummert*, Rn. 49 zu § 12.

In der Tat liegt der gesetzgeberischen Zulassung der Kapitalgesellschaften ordnungspolitisch ersichtlich die legislative Wertung zugrunde, daß für Unternehmensformen, bei denen die persönliche Haftung der Gesellschafter mit ihrem Privatvermögen ausgeschlossen ist, den Gläubigern des Unternehmens jedenfalls eine rechtlich gesicherte Kreditgrundlage als Mindestschutz zur Verfügung stehen soll; so zutreffend *Raiser*, Rn. 2 zu § 1. Die de lege lata „einseitig" mögliche Umgestaltung der unternehmenstragenden BGB-Gesellschaft in eine bloße „Gesamthandshülle" ohne gesichertes Haftungskapital sieht sich daher im Ergebnis durchaus berechtigten rechtspolitischen Bedenken ausgesetzt; vgl. hierzu schon *Sandberger/Müller-Graff* in ZRP 1975, 1 (3); ebenso auch *Damm* in FS für Brandner (1996), 31 (41 in Fn. 52).

und so auch die im Verhältnis zum ratsuchenden Publikum oftmals bestehenden besonderen Vertrauensgrundlagen freiberuflichen Handelns partiell in Frage zu stellen.[192]

Es lag nahe, daß der Gesetzgeber diesen Problemkreis alsbald einer legislativen Regelung zuführen mußte, wollte er diesen Entwicklungen im Bereich der rechts- und wirtschaftsberatenden freien Professionen frühzeitig Einhalt gebieten und die Ersatzhaftung in der Sozietät weiterhin an die Person des Freiberuflers selbst anbinden.

Daneben sprachen speziell bei Wirtschaftsprüfern, Steuerberatern und Rechtsanwälten zudem weitere gute Gründe dafür, im Zusammenhang mit den sich für die Sozietät stellenden Fragen den gesamten Komplex der vertraglichen Begrenzung von Schadensersatzansprüchen wegen fehlerhafter Berufsausübung einer besonderen berufsrechtlichen Regelung zuzuführen. Hintergrund dessen waren die dort seit längerem wahrnehmbaren Imponderabilien, die unter den Berufsangehörigen im Punkte einer Rechtswirksamkeit vertraglicher Haftungsbeschränkungen bestanden.

Seit dem Inkrafttreten des AGB-Gesetzes zum 1.4.1977 waren vor allem die Möglichkeiten, sich gegenüber dem ratsuchenden Publikum auf eine formularvertraglich ausbedungene Haftungsbeschränkung oder gar einen so vereinbarten Haftungsausschluß berufen zu können, in den rechts- und wirtschaftsberatenden Freien Berufen immer unsicherer geworden. Zwar existierten – neben bestimmten standesrechtlichen Restriktionen[193] – mit den §§ 138 I; 242; 276 II BGB auch zuvor schon zivilrechtliche Haftungsfreizeichnungsschranken, die von den Berufsvertretern sowohl bei Individualabreden als auch bei einseitig vorformulierten Haftungsbegrenzungsvereinbarungen allgemein zu beachten waren und einer unangemessenen Verkürzung der Auftraggeberrechte jedenfalls bestimmte äußerste Grenzen setzten.[194] Aber erst der Erlaß der AGB-rechtlichen Vorschriften schuf

---

[192] Vgl. in diesem Sinne etwa *Schwark* in DWiR 1992, 441 (443).

[193] So lautete etwa § 49 der am 21.6.1973 gemäß § 177 II 2 BRAO a. F. festgestellten Grundsätze des anwaltlichen Standesrechts: „(1) Die Vereinbarung des völligen Ausschlusses der Haftung des Rechtsanwalts für Berufsversehen ist nur in Ausnahmefällen – z. B. bei Anwendung ausländischen Rechts – zulässig. (2) Haftungsbeschränkungen durch Vertrag sind insoweit zulässig, als es sich um Schäden handelt, die ein Risiko von 50.000 DM (regelmäßige damalige Vermögensschadenhaftpflichtversicherungssumme; der Verf.) übersteigen. In besonderen Fällen ist eine weitere Haftungsbeschränkung zulässig. (3) Haftungsausschluß und Haftungsbeschränkung sollen schriftlich vereinbart sein.". Die seinerzeit maßgebenden anwaltlichen Standesrichtlinien sind etwa abgedruckt bei *Isele*, Anhang 1 zu § 177 BRAO, S. 1760 ff.

Formularvertragliche Vereinbarungen des Anwalts betreffend Haftungsbeschränkungen oder einen Haftungsausschluß galten auf dieser Grundlage nach der überwiegenden Auffassung als standesrechtlich unzulässig; vgl. *Isele*, Anm. VIII. A. zu § 51 BRAO; ähnlich zuvor schon *Kalsbach*, BRAO, Rn. 1 zu § 36 der anwaltlichen Richtlinien in der Fassung der Sodener Beschlüsse vom 11.5.1957; *Noack*, Anm. 8 i) zu § 28 RAO; *Friedlaender/Friedlaender*, Rn. 15 im Exkurs II zu § 28 RAO; zu anderen Stimmen unter den Berufsvertretern siehe bereits oben S. 185 in Fn. 92.

Ob freilich die standesrechtliche Unzulässigkeit abweichender Haftungsbegrenzungsvereinbarungen per se auch deren zivilrechtliche Unwirksamkeit implizierte, schien durchaus zweifelhaft. Die Rechtswissenschaft jedenfalls stand einer pauschalen Gleichsetzung von Standesregel und guter Sitte (§ 138 I BGB) zu Recht einhellig ablehnend gegenüber; vgl. *Boergen*, S. 90 f.; *ders.* in NJW 1969, 913 (914); *Deutsch* in VersR 1974, 301 (303).

[194] Vgl. zur zivilrechtlichen Rechtslage vor Geltung des AGB-Gesetzes allgemein für Freie Berufe *Deutsch* in VersR 1974, 301 (305 ff.); speziell zur Anwaltschaft etwa *Boergen*, S. 89 ff.; *ders.* in NJW 1969, 913 ff.

insoweit weiterreichende zivilrechtliche Instrumentarien, die auf dem – zum Teil sehr praxisrelevanten[195] – Sektor der formularvertraglichen Haftungsfreizeichnung eine grundlegende und umfassende Überprüfung der im übrigen verbliebenen Gestaltungsspielräume bewirkten.

Die mit der Geltung des AGB-Gesetzes verbundenen Rechtsänderungen stellten hiernach sodann etliche der bis dato für zulässig befundenen Haftungsbeschränkungsklauseln zur Disposition. So verfielen etwa vorformulierte Mandatsbedingungen, die – in Anlehnung an standesrechtliche Bestimmungen – ohne Differenzierung nach Fahrlässigkeitsgraden eine Begrenzung der Einstandspflicht auf sog. Haftungshöchstsummen herbeiführen wollten, fortan wegen Verstoßes gegen die §§ 9; 11 Nr. 7 AGBG einheitlich gegenüber Privatleuten und kaufmännischer Klientel der Unwirksamkeit.[196]

---

[195] Insbesondere im wirtschaftsprüfenden Berufsstand ist die Verwendung Allgemeiner Auftragsbedingungen (AAB) mit dezidierten Regelungen zur formularvertraglichen Haftungsbegrenzung seit langem üblich und sehr weit verbreitet; vgl. *Bunte* in BB 1981, 1064; *Brandner* in JZ 1985, 757 (759); *Henssler* in AnwBl. 1993, 541 (545); *ders.* in FS für Vieregge (1995), 361 (368); *Lichtner/Korfmacher* in WPK-Mitt. 1994, 207 (218). Die „Allgemeinen Auftragsbedingungen für Wirtschaftsprüfer und Wirtschaftsprüfungsgesellschaften" werden eigens vom Verlag des Instituts der Wirtschaftsprüfer (IDW) herausgegeben; sie sind i. d. F. vom 1.1.1990 z. B. abgedruckt bei *Geuer*, S. 355 ff.

Daneben finden im steuerberatenden Berufsstand häufiger die „Allgemeinen Auftragsbedingungen für Steuerberater, Steuerbevollmächtigte und Steuerberatungsgesellschaften" Anwendung. Im Unterschied zu den AAB der Wirtschaftsprüfer fehlte es hier bislang jedoch an einer bereits summenmäßig vorgegebenen Haftungsbeschränkung. Der konkrete Haftungsbetrag war seiner Höhe nach vielmehr noch vom jeweiligen Verwender handschriftlich zu ergänzen; vgl. so Nr. 5 (1) AAB (Steuerberater) zum Stand 1.1.1987; abgedruckt etwa im Hdbuch des Berufs-, Gebühren- und Kostenrechts für Steuerberater, Wirtschaftsprüfer und Rechtsanwälte (1992) unter Punkt A.15.

[196] Vgl. nur *Bunte* in NJW 1981, 2657 (2658); *ders.* in BB 1981, 1064 (1065 f.); Wolf/Horn/Lindacher-*Wolf*, Rn. R 7 zu § 9 AGBG; Henssler/Prütting-*Stobbe*, Rn. 15 zu § 51a BRAO.

Dies galt etwa für die am 25.9.1981 neugefaßte Regelung des § 49 der anwaltlichen Standesrichtlinien. Der damalige Absatz 1 der beschlossenen Regelung lautete: „Die Vereinbarung von Haftungsausschlüssen oder die Mindestsumme des § 48 (damals 100.000 DM: der Verf.) unterschreitenden Haftungsbeschränkungen ist in der Regel unzulässig, wenn das aus fahrlässigem Berufsversehen folgende Risiko durch die gemäß § 48 abzuschließende Versicherung im Rahmen der üblichen Bedingungen gedeckt werden kann." Die fehlende Ausklammerung der groben Fahrlässigkeit machte eine formularvertragliche Haftungsbegrenzungsabrede, die sich an dieser standesrechtlichen Bestimmung orientierte, ohne weiteres unwirksam, so zutreffend *Hartstang* in AnwBl. 1982, 509 (511).

Ebenso war beispielsweise auch die Regelung in Nr. 9 II AAB i. d. F. vom 1.10.1983/1.1.1990, die eine starre Beschränkung der Wirtschaftsprüferhaftung auf 500.000 DM je Schadensfall gegenüber dem kaufmännischen Verkehr bei freiwilligen Prüfungen auf die Fälle der groben Fahrlässigkeit ausdehnen wollte, nach richtiger und ganz überwiegender Auffassung in der Literatur unwirksam; vgl. nur *Brandner* in ZIP 1984, 1186 (1191 f.); *ders.* in JZ 1985, 757 (759 f.); *Hopt* in FS für Pleyer (1985), 341 (367); *Quick* in BB 1992, 1675 (1678); *Geuer*, S. 117 f.; ebenso nunmehr auch BGH in NJW 1997, 1008 (1012); a. A. – noch zur Fassung der AAB vom 1.4.1977 – *Zilias* in Wpg. 1977, 309 (315 ff.); differenzierend *Beise* in BB 1979, 352 (353 f.); später auch *Schlechtriem* in BB 1984, 1177 (1183). Die AAB enthielten deshalb – bezeichnend genug – vorsorglich zugleich auch die ansonsten „ersatzweise" anzuwendenden Bedingungen; vgl. zu den damit verbundenen Bedenken im Hinblick auf das Transparenzgebot BGH in NJW 1997, 1008 (1012), *Geuer*, S. 118 u. S. 124; *Schlie*, S. 57 f.

Mit Blick auf die bestehenden Verpflichtungen zum Abschluß einer Berufshaftpflichtversicherung sowie die besondere Vertrauensstellung, die die Angehörigen der berufsrechtlich gebundenen rechts- und wirtschaftsberatenden freien Professionen gegenüber ihren Vertragspartnern einnehmen, hielt das rechtswissenschaftliche Schrifttum daneben auch den formularmäßig vereinbarten vollständigen Haftungs*ausschluß* in Fällen leichter Fahrlässigkeit übereinstimmend für unwirksam.[197] Allgemeinvertraglich ausbedungene Haftungs*begrenzungen*, die sich auf leicht fahrlässig verursachte Berufsversehen bezogen, sollten ebenfalls strengen Maßstäben unterworfen sein.[198] Für atypische Schadensrisiken, die eine von Wirtschaftsprüfern, Steuerberatern oder Rechtsanwälten gewählte Durchschnittsdeckungssumme der Berufshaftpflichtversicherung überstiegen, wurde schließlich häufig eine allgemeine Hinweispflicht dahingehend bejaht, den Auftraggeber ausdrücklich vor die Wahl zu stellen, entweder eine Zusatzprämie für eine risikodeckende Einzelobjektversicherung zu zahlen oder sich mit der beschränkten Haftung zu begnügen.[199]

Die dieserart unter dem Rechtsregime des AGB-Gesetzes entstandene Rechtsunsicherheit[200] legte es im Ergebnis somit gleichfalls nahe, in die Berufsordnungen der berufsrecht-

---

[197] Vgl. zum gemeinhin angenommenen Verstoß gegen § 9 II Nr. 2 AGBG etwa *Wolf* in NJW 1980, 2433 (2436); *Bunte* in BB 1981, 1064 (1066); *ders.* in NJW 1981, 2657 (2659); *Hartstang* in AnwBl. 1982, 509 (511 f.); *ders.*, Anwaltsrecht, 651 f.; *Schroeder* in AnwBl. 1984, 522 (523); *Brandner* in ZIP 1984, 1186 (1190); Lingenberg/Hummel/Zuck/Eich-*Zuck*, Rn. 2 zu § 49 RiLi; Wolf/Horn/Lindacher-*Wolf*; Rn. R 6 zu § 9 AGBG; *Kaiser*, S. 298; *Poll*, S. 139; *Quick* in BB 1992, 1675 (1678); *Heermann* in BB 1994, 2421 (2432); *Junge-Ilges*, S. 50 ff.; *Werber* in VersR 1996, 917 (920); *Reiff* in AnwBl. 1997, 3 (5).

Zudem sollte gemäß § 242 BGB auch über individualvertragliche Haftungsbegrenzungsabsprachen ein vollständiger Haftungsausschluß für fahrlässige Berufsversehen im allgemeinen nicht erreichbar sein; so zutreffend *Bunte* in BB 1981, 1064 (1069); *Schroeder* in AnwBl. 1984, 522 (523); *Henssler* in JZ 1994, 178 (186); *Poll*, S. 137 f.; a. A. unter zu weitgehender Akzentuierung des Grundsatzes der Vertragsfreiheit *Junge-Ilges*, S. 60 ff.; Henssler/Prütting-*Stobbe*, Rn. 10 zu § 51a BRAO.

[198] Wolf/Horn/Lindacher-*Wolf*, Rn. R 7 zu § 9 AGBG.

[199] So *Bunte* in BB 1981, 1064 (1066); *ders.* in NJW 1981, 2657 (2659); *Schroeder* in AnwBl. 1984, 522 (523); *Brandner* in ZIP 1984, 1186 (1191); Lingenberg/Hummel/Zuck/Eich-*Zuck*, Rn. 6 zu § 49 RiLi; Wolf/Horn/Lindacher-*Wolf*, Rn. R 7 zu § 9 AGBG; *Junge-Ilges*, S. 58 f.; Henssler/Prütting-*Stobbe*, Rn. 16 zu § 51a BRAO.

Demgemäß war die generelle Beschränkung der Wirtschaftsprüferhaftung auf 500.000 DM, die Nr. 9 I AAB in den Fassungen vom 1.10.1983 /1.1.1990 bei leicht fahrlässigen Berufsversehen im privaten und kaufmännischen Verkehr auch pauschal für freiwillige Prüfungs- und sonstige Aufträge mit einem weitaus höheren Schadensrisiko anordnete, im Schrifttum erheblichen Bedenken ausgesetzt; vgl. *Hopt* in FS für Pleyer (1985), 341 (367); *Geuer*, S. 114 f. Die bloße, durch § 9 III AAB der subjektiven Einschätzung des Berufsangehörigen anheimgestellte Hinweispflicht auf die Möglichkeit einer Höherversicherung sollte den an die Aufklärungspflicht zu stellenden Anforderungen in diesem Zusammenhang jedenfalls nicht genügen; vgl. Wolf/Horn/Lindacher-*Wolf*, Rn. R 7 zu § 9 AGBG; *Geuer*, S. 116; *Brandner* in ZIP 1984, 1186 (1191); *Schlie*, S. 58 u. 60 f.; großzügiger wohl *Zilias* in Wpg. 1977, 309 (317 in Fn. 26); *Bunte* in BB 1981, 1064 (1066) zur Fassung der AAB vom 1.4.1977; a. A. *Schlechtriem* in BB 1984, 1177 (1187), wonach bereits ein formularmäßig mitgeteiltes Angebot, über erhöhten Deckungsschutz verhandeln zu wollen, ausreichend sei.

[200] Die Literatur beklagte im weiteren Verlauf insbesondere mit Blick auf die Anwaltschaft eine wachsende Verunsicherung der Berufstätigen gegenüber der Rechtsfigur vertraglich vorformulierter Haftungsbeschränkungen und eine steigende Intransparenz der Haftungsfreizeichnungsmöglichkeiten; siehe hierzu etwa *Hartstang*, Anwaltsrecht, S. 655 f.; *Junge-Ilges*, S. 39; *Henssler* in AnwBl. 1993, 541 (545); *ders.* in JZ 1994, 178 (186).

lich gebundenen rechts- und wirtschaftsberatenden Freien Berufe spezifische Bestimmungen aufzunehmen, die sich eigens mit der Zulässigkeit einer vertraglichen Begrenzung von Ersatzansprüchen wegen Schäden aus fehlerhafter Berufsausübung befaßten. Ein solches Vorgehen war ersichtlich am besten geeignet, um die entsprechenden freiberuflichen Handlungsmöglichkeiten für die Zukunft wiederum auf eine tragfähige und berechenbare Grundlage zu stellen.

In dieser Situation sah nunmehr auch der Bundesgesetzgeber einen konkreten legislativen Handlungsbedarf. Im Zuge der Berufsrechtsnovellierungen des Jahres 1994 ergänzte er die Berufsgesetze der Rechtsanwälte, Patentanwälte, Wirtschaftsprüfer, Buchprüfer und Steuerberater demgemäß um besondere Vorschriften, die einmal generell für alle Berufsangehörigen der jeweiligen Berufsgruppe die Zulässigkeit einer vertraglichen Haftungsbeschränkung der Höhe nach regeln und zum anderen gerade auch die spezifischen Möglichkeiten einer freiberuflichen Haftungsbegrenzung in der Sozietät festlegen.[201] Auffällig ist hierbei, daß die entsprechenden Bestimmungen ausschließlich die Sekundärebene, also die Möglichkeiten einer Beschränkung der Haftung auf Schadensersatz wegen beruflichen Fehlverhaltens, zum Gegenstand haben.

Zu den Regelungen, die sämtliche Berufsvertreter und damit insbesondere auch die allein praktizierenden Berufsangehörigen erfassen, rechnen in concreto diejenigen Normen, durch die sich eine Ersatzhaftung für Berufsausübungsfehler vertraglich auf bestimmte, durch Berufshaftpflichtversicherungen abgedeckte Höchstsummen begrenzen läßt. So wird zum einen für fahrlässig verursachte Schäden einheitlich eine individualvertragliche Beschränkung von Ersatzansprüchen des Auftraggebers auf die Mindesthöhe der jeweiligen Pflichtversicherungssumme zugelassen, sofern die Haftungsbegrenzungsabrede schriftlich und nur für den Einzelfall getroffen ist.[202]

Zum zweiten zählen hierzu diejenigen Bestimmungen, die in bezug auf fahrlässig verursachte Schäden bei einem insoweit bestehenden Versicherungsschutz eine vorformulierte Haftungsbegrenzung auf den vierfachen Betrag der Mindestversicherungssumme – also auf derzeit insgesamt jeweils 2 Mio. DM – für statthaft erachten.[203] In diesem Zusammenhang

---

[201] Vgl. dazu die §§ 51a BRAO; 45a PatAnwO; 54a WPO; 67a StBerG.

[202] Vgl. die §§ 51a I Nr. 1 BRAO, 45a I Nr. 1 PatAnwO; 67a I Nr. 1 StBerG; 54a I Nr. 1 WPO.
Der Regierungsentwurf eines Gesetzes zur Kontrolle und Transparenz im Unternehmensbereich („KonTraG") vom 7.11.1997 sieht in seinem Art. 7 nun freilich speziell für den wirtschaftsprüfenden Berufsstand eine Änderung des § 54a I Nr. 1 WPO dahingehend vor, daß die Mindesthöhe eines Schadensersatzanspruchs bei fahrlässig verursachten Schäden de lege ferenda nicht unter den künftig in § 323 II HGB genannten Betrag, d. h. nicht unter vier Mio. DM, beschränkt werden kann; siehe dazu etwa *Forster* in Wpg. 1998, 41 (55). Diese Gesetzesänderung ist in Anbetracht der parallelen Anhebung der Haftungshöchstsummen bei gesetzlichen Pflichtprüfungen (siehe dazu bereits oben Seite 198 f. mit Fußnote 159) in der Tat ohne weiteres als konsequent und sachgerecht einzustufen.

[203] Vgl. die §§ 51a I Nr. 2; 45a I Nr. 2 PatAnwO; 67a I Nr. 2 StBerG; 54a I Nr. 2 WPO.
Der vom Gesetzgeber gebrauchte Begriff der vorformulierten Vertragsbedingungen reicht in diesem Zusammenhang weiter als der AGB-Begriff des § 1 AGBG und umfaßt daneben auch alle im voraus abgefaßten, nicht im einzelnen ausgehandelten Vertragsbedingungen ohne Rücksicht auf die Zahl der Verwendungsfälle; vgl. so zutreffend Henssler/Prütting-*Stobbe*, Rn. 44 f. zu § 51a BRAO; *ders.* in AnwBl. 1997, 16.

fällt auf, daß die freiberuflichen Befugnisse, formularvertraglich eine Beschränkung der Ersatzhaftung für Berufsausübungsfehler auf Höchstsummen zu vereinbaren, unter den einzelnen rechts- und wirtschaftsberatenden Professionen im Fahrlässigkeitsgrad divergieren. Die Haftungsbegrenzungsmöglichkeiten der Rechtsanwälte und Patentanwälte reichen weniger weit als diejenigen der Steuerberater und Wirtschaftsprüfer. Während die §§ 51a I Nr. 2 BRAO; 45a I Nr. 2 PatAnwO eine vertragliche Haftungsbegrenzung durch vorformulierte Vertragsbedingungen auf den vierfachen Betrag der Mindestversicherungssumme nur für Fälle einfacher Fahrlässigkeit vorsehen, eröffnen die §§ 67a I Nr. 2 StBerG; 54a I Nr. 2 WPO diese Haftungsbegrenzungsmöglichkeit für jeden Fall eines fahrlässig verursachten Schadens.[204]

Speziell die Haftungssituation in der Sozietät betreffen sodann diejenigen Vorschriften, die durch vorformulierte Vertragsbedingungen eine Konzentration der persönlichen Ersatzhaftung auf ein einzelnes, namentlich bezeichnetes Sozietätsmitglied ermöglichen.[205] Auch hier ist bemerkenswert, daß die rechts- und steuerberatenden Professionen eine entsprechende personale Haftungsbegrenzung für Berufsausübungsfehler im Unterschied zu den Wirtschafts- und Buchprüfern lediglich unter Einhaltung zusätzlicher, dem Schutz der Auftraggeberseite dienender besonderer Formerfordernisse, insbesondere einer separat unterzeichneten Zustimmungserklärung des Mandanten sowie einer Wahrung der personellen Identität von benanntem und das Mandat nachfolgend tatsächlich bearbeitendem Gesellschafter erreichen können.[206] Demgegenüber läßt die in der Wirtschaftsprüferord-

---

Nach Art. 7 des vorerwähnten Regierungsentwurfs eines Gesetzes zur Kontrolle und Transparenz im Unternehmensbereich („KonTraG") vom 7.11.1997 soll die Regelung des § 54a I Nr. 2 WPO mit Blick auf die Berufsgruppe der Wirtschaftsprüfer nunmehr dahin abgeändert werden, daß bei vorformulierten Vertragsbedingungen de lege ferenda nicht mehr eine Haftungsbegrenzung auf den vierfachen Betrag der Mindestversicherungssumme, sonder auf den (erhöhten) zweifachen Betrag, d. h. auf zukünftig wenigstens acht Mio. DM, statthaft ist, falls insoweit zugleich Versicherungsschutz besteht; siehe dazu nur *Forster* in Wpg. 1998, 41 (55). Auch hier handelt es sich schlicht um eine sachgemäße Folgeänderung zu der parallel geplanten Anhebung der in § 323 II HGB niedergelegten Haftungshöchstsummen, wie sie für gesetzlich angeordnete Pflichtprüfungen gelten.

204 Diese – im Rahmen einer Gesamtbetrachtung doch etwas eigenartig anmutende – Differenzierung unter den einzelnen rechts- und wirtschaftsberatenden Berufen geht auf eine Intervention des Bundesrats zurück, der mit Blick auf die anwaltliche Berufstätigkeit der Möglichkeit einer Miteinbeziehung der groben Fahrlässigkeit in den Bereich der vertraglich vorformulierten Haftungshöchstsummenbegrenzung strikt ablehnend gegenüberstand; vgl. hierzu näher die Gesetzgebungsmaterialien zur Neuordnung des anwaltlichen Berufsrechts; BT-Drucksache 12/4993, S. 49 f.; 12/7835, S. 2; 12/7868, S. 1.

Auch im Recht der steuerberatenden Berufe sprach sich der Bundesrat zunächst für eine gleichlautende Beschränkung vorformulierter summenmäßiger Haftungsbegrenzungen auf Fälle einfacher Fahrlässigkeit aus; vgl. BT-Drucksache 12/6753, S. 29 f. Dort gab er diese Bedenken im weiteren Verlauf des Gesetzgebungsverfahrens im Unterschied zum anwaltlichen Berufsrecht aber wieder auf. *Henssler* spricht diesbezüglich in AnwBl. 1996, 467 davon, daß die Berufsgruppe der Steuerberater hier eine „geschicktere Lobbytätigkeit" als die Anwaltschaft entwickelt habe.

205 Vgl. hierzu die §§ 51a II 2, 3 BRAO; 45a II 2, 3 PatAnwO; 54a II WPO; 67a II StBerG.

206 Die vorzitierten Vorschriften der BRAO, der PatAnwO und des StBerG fordern diesbezüglich übereinstimmend eine namentliche Bezeichnung des das Mandat konkret bearbeitenden Sozietätsmitglieds und eine gesondert unterschriebene, nicht mit sonstigen Zusätzen versehene Zustimmungserklärung des Auftraggebers. Eine Divergenz zwischen dem so vertraglich bestimmten Sozietätsmitglied und dem späteren tatsächlichen Mandatsbearbeiter zieht die Unwirksamkeit der Haftungsbeschrän-

nung enthaltende Bestimmung in den vorformulierten Vertragsbedingungen allein die namentliche Bezeichnung des ex ante für die Erbringung der vertraglichen Leistung vorgesehenen Sozius genügen. Abgesehen von der nicht erforderlichen förmlichen Zustimmungserklärung verlangt das Gesetz hier für die Rechtswirksamkeit der Haftungsbeschränkung also auch nicht, daß die vertragliche Leistung nachfolgend tatsächlich von dem Sozietätspartner erbracht wird, auf den die persönliche Ersatzhaftung beschränkt worden ist.[207]

Die auf diese Weise in die jeweiligen Berufsrechte eingefügten individual- und formularvertraglichen Gestaltungsoptionen zeigen, daß der Normgeber den selbständig tätigen Angehörigen der rechts- und wirtschaftsberatenden freien Professionen heute generell das rechtliche Rüstzeug bieten will, mit dem sich das Prinzip einer uneingeschränkten persönlichen Ersatzhaftung für Schäden aus fehlerhafter Berufsausübung in standardisierten Verfahren vertraglich korrigieren läßt. Die erleichterten Möglichkeiten einer Begrenzung der Sekundärhaftung für berufliche Fehlleistungen sollen dabei angesichts der vorbeschriebenen veränderten rechtstatsächlichen Verhältnisse[208] nicht nur den in einer Einzelpraxis Berufstätigen, sondern auch und gerade den in einer Sozietät zusammengeschlossenen Berufsangehörigen zugute kommen.[209]

---

kung mit der Folge einer gesamtschuldnerischen Haftung aller Sozien nach sich; vgl. BT-Drucksache 12/4993, S. 33 zum anwaltlichen Berufsrecht; BT-Drucksache 12/6753, S. 19 zum Recht der steuerberatenden Berufe; *Kleine-Cosack*, Rn. 17 zu § 51a BRAO; Feuerich/Braun-*Braun*, Rn. 10 zu § 51a BRAO; *Borgmann/Haug*, Rn. 50 zu § 41; *Wolf* in FS für Schneider (1997), 349 (357); großzügiger hingegen *Busse* in DStR 1995, 738 (743) und *Sotiropoulos* in ZIP 1995, 1879 (1881), die in einer solchen Konstellation nur den namentlich bezeichneten Sozius und den tatsächlichen Bearbeiter, nicht aber auch die übrigen Gesellschafter haften lassen wollen. Eine solche Auslegung mindert jedoch die mit einem Verstoß einhergehende Sanktionswirkung und nähert sich in ihren Rechtsfolgen der – im Bereich des Formularvertragsrechts generell nicht in Betracht zu ziehenden – Auslegungsmethode der geltungserhaltenden Reduktion an.

[207] So zutreffend *Burret* in WPK-Mitt. 1994, 201 (205 f.); *Lichtner/Korfmacher* in WPK-Mitt. 1994, 207 (219); kritisch dazu – allerdings unter Hintanstellung des bewußt so gewählten abweichenden Gesetzeswortlauts – *Michalski/Römermann*, Rn. 83 zu § 8 PartGG.

Gründe für diese Privilegierung des wirtschaftsprüfenden Berufsstandes finden sich in den Gesetzesmaterialen zur Novellierung der WPO freilich nicht. Der Entwurf der Bundesregierung wiederholt in diesem Zusammenhang lediglich die in § 54a II WPO aufgestellten Voraussetzungen; vgl. BT-Drucksache 12/5685, S. 29 f. Ein bloßes Regelungsversehen (so *Junge-Ilges*, S. 179) scheidet angesichts der beinahe zeitgleichen Novellierung der Berufsrechte von Steuerberatern und Rechtsanwälten aus. Dies ist evident, weil sich der Bundesrat im Gesetzgebungsverfahren zur parallelen Änderung des StBerG für eine dem § 54a II WPO gleichlautende Vorschrift anstelle des nachfolgend verabschiedeten § 67a II StBerG aussprach; vgl. BT-Drucksache 12/6753, S. 30. Die voneinander abweichenden Anforderungen, die in den einzelnen Berufsrechten für eine vertragliche Haftungskonzentration auf ein Sozietätsmitglied bestehen, sind vom Normgeber danach gesehen worden und – freilich ohne sie in ihren Unterschieden aaO inhaltlich faßbar zu legitimieren – beabsichtigt.

[208] Siehe oben Seite 184 ff.

[209] Vgl. hierzu auch die übereinstimmenden Formulierungen in den Regierungsentwürfen zum anwaltlichen und zum steuerberatenden Berufsrecht, mit denen die Ermöglichung einer vertraglichen Haftungskonzentration auf einzelne Sozietätsmitglieder begründet wurde: „Bei Sozietäten erscheint es problematisch, daß ein Sozius auch für das Verschulden eines anderen Sozius haften soll, obwohl er selbst das Mandat nicht bearbeitet hat. Dies gilt in besonderer Weise für überörtliche und interprofes-

Dies dokumentieren anschaulich die vom Normgeber intendierten Synergieeffekte, die sich innerhalb der Sozietät durch eine parallele Anwendung vorformulierter Vertragsbedingungen betreffend die Haftungsbegrenzung auf Höchstsummen und betreffend die Haftungskonzentration auf einzelne Gesellschafter erzielen lassen. Im Einverständnis mit dem Auftraggeber kann dadurch der höchstrichterlich entwickelte Grundsatz, nach dem sämtliche assoziierten Berufsvertreter für schuldhaft begangene Pflichtverletzungen eines Mitgesellschafters als Gesamtschuldner haften, bereits im Vorfeld formularvertraglich abbedungen und statt dessen in eine persönliche Ersatzhaftung nur eines Sozius auf die Höchstsumme von maximal 2 Mio. DM überführt werden, falls insoweit ein flankierender Haftpflichtversicherungsschutz besteht.

Dabei wird die fortbestehende Haftung des Gesamthandsvermögens für Berufsausübungsfehler von der vertraglichen Haftungskonzentration auf das namentlich bezeichnete Sozietätsmitglied diesbezüglich ersichtlich nicht berührt. Soweit die §§ 51a II 2 BRAO, 45a II 2 PatAnwO, 67a II StBerG; 54a II WPO die Möglichkeit einer Konzentration der persönlichen Einstandspflicht zum Gegenstand haben, wird dadurch zugleich klargestellt, daß die Haftung des Gesamthandsvermögens der BGB-Gesellschaft im Verhältnis zum Auftraggeber insofern nicht disponibel ist.[210] Auch die Stellungnahme des Bundesrats im Rahmen des Gesetzgebungsverfahrens zum anwaltlichen Berufsrecht läßt hieran im übrigen keinen Zweifel. Denn dort heißt es ausdrücklich: „Es ist klarzustellen, daß es nur um eine Beschränkung der *persönlichen* Haftung auf einzelne Mitglieder der Sozietät geht. Es gäbe keinen berechtigten Grund, das Gesellschaftsvermögen von der Haftung auszunehmen“.[211]

Die fortdauernde Haftung des BGB-Gesamthandsvermögens für schuldhaft verursachte Berufsausübungsfehler führt allerdings nicht dazu, daß auf diese Weise auch diejenigen Sozien, die im Zuge der Vereinbarung einer vertraglichen Haftungskonzentration an sich von einer persönlichen Einstandspflicht gegenüber dem Auftraggeber befreit sind, bei einem betragsmäßig großen Haftungsfall im Innenverhältnis weiterhin der Gefahr einer unbeschränkten Nachschußpflicht (§ 735 BGB) zur Sozietät ausgesetzt bleiben, auf die der geschädigte Gesellschaftsgläubiger sodann im Wege der Pfändung und Überweisung gemäß

---

sionelle Sozietäten.“; vgl. BT-Drucksache 12/4993, S. 32 zum Rechtsanwalt und BT-Drucksache 12/6753, S. 19 zum Steuerberater.

[210] So richtig *Jessnitzer/Blumberg*, Rn. 4 zu § 51a BRAO; *Borgmann/Haug*, Rn. 47 zu § 41; *Kleine-Cosack*, Rn. 16 zu § 51a BRAO; *Carl*, S. 252; *Busse* in DStR 1995, 738 (742); *van der Horst* in DStR 1995, 2027 (2030); *Wolf* in FS für Schneider (1997), 349 (355).

[211] Vgl. BT-Drucksache 12/4993, S. 49; dem folgend der Rechtsausschuß des Deutschen Bundestages; siehe dazu BT-Drucksache 12/7656, S. 50; a. A. unter Vernachlässigung des explizit in dieser Weise zum Ausdruck gebrachten normgeberischen Willens demgegenüber Henssler/Prütting-*Stobbe*, Rn. 57 zu § 51a BRAO, soweit er bei einer rechtswirksam ausbedungenen Haftungskonzentration auf einen einzelnen Sozius auch einen späteren Zugriff des Geschädigten auf das Gesamthandsvermögen der Sozietät für ausgeschlossen erachtet.

Dabei verkennt *Stobbe* aaO, daß die formularvertragliche Bündelung der Ersatzhaftung auf das Privatvermögen eines Gesellschafters nach den Grundsätzen der herrschenden Doppelverpflichtungslehre eine Vollstreckung in das davon unabhängige Gesamthandsvermögen als eigenständiges Zuordnungsobjekt von Rechten und Pflichten gemäß § 736 ZPO gerade nicht ausschließt. Der Vollstreckungstitel kann ohne weiteres mit dem Vorbehalt einer Haftungsbeschränkung auf das Gesellschaftsvermögen versehen werden; vgl. Zöller-*Stöber*, Rn. 1 zu § 736 ZPO.

den §§ 736, 829, 836 ZPO Zugriff nehmen könnte.[212] Einer solchen Befriedigungsmöglichkeit des Auftraggebers „über's Dreieck" steht entgegen, daß die gesellschaftsrechtliche Nachschußpflicht des § 735 BGB *ausschließlich* im Innenverhältnis unter den Gesellschaftern gilt und ein Gesellschaftsgläubiger die entsprechenden Ansprüche der Gesamthand also unter keinem Gesichtspunkt pfänden und sich zur Einziehung überweisen lassen kann.[213] Die nicht mit der konkreten Mandatsbearbeitung befaßten Sozien, die dem Auftraggeber im Haftpflichtfall nicht persönlich, sondern nur unter Beschränkung auf das Gesellschaftsvermögen haften, kann über § 242 BGB daher allenfalls eine – sodann freilich strikt auf die rückerhaltene Gesellschaftseinlage oder einen empfangenen Überschuß limitierte – persönliche Ersatzhaftung gegenüber dem Gesellschaftsgläubiger treffen, wenn das Gesamthandsvermögen bereits verteilt worden ist, ohne zuvor für eben diese Gesellschaftsschulden als Tilgungsmasse bereitgestellt worden zu sein.[214] Keineswegs ist es aber erforderlich, daß die übrigen Gesellschafter, falls sie das Risiko einer Einstandspflicht mit ihrem Privatvermögen gegenüber dem ratsuchenden Publikum definitiv ausschließen wollen, streng genommen stets gehalten wären, neben der formularvertraglichen Bündelung der persönlichen Ersatzhaftung auf den tatsächlichen Mandatsbearbeiter zudem auch noch vorab die dispositive Regelung des § 735 BGB im Sozietätsvertrag abzubedingen.[215]

Unabhängig von der allgemeinvertraglichen Vereinbarung einer Haftungskonzentration scheint es im übrigen freilich angemessen, zumindest einer etwaigen – alternativ oder kumulativ – ausbedungenen Begrenzung der Ersatzhaftung auf den ein- bzw. vierfachen Betrag der Pflichtversicherungssumme eine Rechtswirkung nicht nur zugunsten des handelnden Gesellschafters, sondern auch zugunsten sämtlicher anderer Sozien und des Gesamthandsvermögens beizulegen. Nach dem Wortlaut der berufsrechtlichen Vorschriften wirkt die (formular-)vertragliche Beschränkung der Ersatzhaftung auf bestimmte Haftungshöchstsummen zwar nur im Verhältnis zwischen dem Auftraggeber und dem einzelnen Wirtschaftsprüfer, Steuerberater, Rechtsanwalt oder Patentanwalt.[216] Doch handelt der gegenüber dem ratsuchenden Publikum agierende Gesellschafter namens der Sozietät, so daß er – unter Zugrundelegung der herrschenden Doppelverpflichtungstheorie – nach allgemeinen Vertretungsregeln Rechte und Pflichten nicht nur im eigenen Namen begründet, sondern ebenso auch mit Wirkung für und gegen die übrigen assoziierten Berufsvertreter sowie für und gegen das Gesellschaftsvermögen.[217] In konsequenter Fortführung dieses dogmatischen Grundverständnisses wird sich eine summenmäßige Limitierung der Ersatzhaftung wegen Schäden aus fehlerhafter Berufsausübung daher rechtlich regelmäßig

---

212 So aber *Busse* in DStR 1995, 738 (742).

213 Allg. Meinung, vgl. nur MünchHdbuchGesR I/*Gummert*, Rn. 93 u. 105 zu § 16; Palandt-*Thomas*, Rn. 1 u. 3 zu § 735 BGB.

214 Vgl. zu einer derartigen Konstellation OLG Hamm in NJW 1985, 1846 (1847); Palandt-*Thomas*, Rn. 3 zu § 735 BGB.

215 Insoweit unrichtig daher *Busse* in DStR 1995, 738 (742).

216 Vgl. dazu die §§ 54a I WPO; 67a I StBerG; 51a I BRAO; 45a I PatAnwO.

217 Vgl. zum Prinzip der gesamtschuldnerischen Erfüllungshaftung bei der Sozietät bereits oben Seite 175 ff.

auch zum Vorteil sämtlicher Sozien[218] sowie zugunsten der gesamthänderisch gebundenen Vermögensmasse[219] auswirken müssen.

Sofern das potentielle Schadensrisiko eines Mandats demgemäß erkennbar unterhalb des einheitlich von allen Sozien gewählten Haftpflichtversicherungsschutzes verbleibt, werden die assoziierten Berufsvertreter in praxi häufig keine Veranlassung sehen, neben einer summenmäßigen Haftungsbeschränkung zugleich auch eine formularvertragliche Bündelung der persönlichen Ersatzhaftung auf den tatsächlichen Mandatsbearbeiter mit der Auftraggeberseite zu vereinbaren.[220]

Die vorgenannten Bestimmungen legen abschließend fest, welche Mindestanforderungen die selbständig tätigen Angehörigen der entsprechenden Berufsgruppen sowohl bei individualvertraglichen als auch bei vorformulierten Haftungsbegrenzungsvereinbarungen notwendig zu wahren haben.[221] Eine weitergehende Minderung ihrer Haftpflicht können

---

[218] Vgl. *Wellensiek* in FS für Brandner (1996), 727 (734); im Ergebnis ebenso, aber von einer bloß abgeleiteten Haftung der Sozien für Schulden der Gesamthand ausgehend, auch *Wolf* in FS für Schneider (1997), 349 (359 f.).

[219] Die Gesetzesmaterialien verhalten sich zwar nicht explizit zu der Frage, ob die individual- bzw. formularvertraglich ausbedungenen summenmäßigen Haftungsbegrenzungsvereinbarungen auch in Ansehung des Gesamthandsvermögens der Sozietät eine Limitierungswirkung entfalten; vgl. BT-Drucksache 12/4993, S. 32; BT-Drucksache 12/5685, S. 29 f.; BT-Drucksache 12/6753, S. 19. Es erschiene nach der gesetzlichen Regelungskonzeption aber wenig verständlich, weshalb in diesem Kontext gerade das gesamthänderische Vermögen dem ratsuchenden Publikum weiterhin gänzlich unbegrenzt sollte haften müssen; so auch *Gail/Overlack*, S. 110; *Knoll/Schüppen* in DStR 1995, 646 (648); *van der Horst* in DStR 1995, 2027 (2030).

Fraglich könnte allenfalls sein, ob die summenmäßige Begrenzung der Ersatzhaftung zum Schutz des Gesamthandsvermögens zusätzlich und gesondert neben einer summenmäßigen Beschränkung zum Schutz des Privatvermögens der einzelnen Gesellschafter vereinbart werden muß. Dies wird man bei verständiger Würdigung indes nicht verlangen können. Die Parteien werden im Normalfall kaum zwischen persönlichen und Gesamthandsschulden differenzieren. Dementsprechend muß eine den beiderseitigen Interessen Rechnung tragende Auslegung vernünftigerweise zu dem Ergebnis kommen, daß eine summenmäßig ausbedungene, mit einem korrespondierenden Haftpflichtversicherungsschutz einhergehende Begrenzung der persönlichen Ersatzhaftung nach den Grundsätzen der Doppelverpflichtungslehre stets in gleicher Weise auch für das Gesamthandsvermögen Geltung beansprucht; in diesem Sinne auch *Wellensiek* in FS für Brandner (1996), 727 (734).

[220] Ebenso auch die Einschätzung von *Henssler* in AnwBl. 1996, 467 für die Steuerberater.

Für Rechts- und Patentanwälte mag in dieser Beziehung unter Umständen etwas anderes gelten, weil die formularvertragliche Haftungshöchstsummenbegrenzung dort nur solche Schäden aus fehlerhafter Berufsausübung erfaßt, die auf einfacher Fahrlässigkeit beruhen. In dieser Konstellation erweist sich eine kumulativ vereinbarte Konzentration der persönlichen Ersatzhaftung auf den handelnden Gesellschafter weiterhin als sinnvoll, damit die übrigen, an der konkreten Mandatsbearbeitung unbeteiligten Sozien nicht unverändert dem Risiko einer gesamtschuldnerischen Einstandspflicht mit ihrem Privatvermögen wegen grob fahrlässiger Pflichtverletzungen ausgesetzt bleiben; so auch *Henssler* in AnwBl. 1996, 467.

[221] Zutreffend *Wellensiek* in FS für Brandner (1996), 727 (733): „§ 51a BRAO wird man gleichzeitig die Negativaussage zumessen können, daß weitergehende Haftungsausschlüsse als die dort abgehandelten unzulässig sind."; ebenso *Stobbe* in AnwBl. 1997, 16 (16 f.); *ders.* in Henssler/Prütting (Hrsg.), Rn. 18 ff. zu § 51a BRAO, wonach eine dem Berufsrecht zuwiderlaufende Freizeichnungsvereinbarung zukünftig in jedem Fall gemäß § 134 BGB nichtig sei; zustimmend ferner *Borgmann/Haug*, Rn. 40 zu § 40; *Wolf* in FS für Schneider (1997), 349 (355 u. 360); den „nach unten"

die Berufstätigen vertraglich nicht herbeiführen. Die sich hieran anknüpfenden Rechtsfolgen sind erheblich:

So kommt ein vollständiger Haftungsausschluß wegen Schäden aus fehlerhafter Berufsausübung für selbständig berufstätige Wirtschaftsprüfer, Steuerberater und Rechtsanwälte zukünftig ausnahmslos und unabhängig von etwaigen außergewöhnlichen Umständen bei der Mandatsbearbeitung (z. B. Auslandsbezug) auch auf individualvertraglicher Grundlage nicht mehr in Betracht.[222] Dahinter steht augenscheinlich die gesetzgeberische Überlegung, daß es grundsätzlich im freien Belieben des jeweiligen Berufsvertreters steht, ein stark risikobehaftetes Mandat anzunehmen oder abzulehnen.[223] Diese legislative Einschätzung dürfte nicht zuletzt auch darauf beruhen, daß durch eine Nutzung der vertraglichen Haftungsbegrenzungsmöglichkeiten im Regelfall eine finanzielle Abdeckung des verbleibenden Haftungsrisikos über den Pflichtversicherungsschutz erreicht werden kann.[224]

Mit Blick auf die neu in die jeweiligen Berufsordnungen eingefügten formularvertraglichen Haftungskonzentrationsvorschriften geht die ratio legis zudem einheitlich dahin, daß die persönliche Ersatzhaftung innerhalb der Freiberufler-Sozietät nur auf einen solchen Berufsvertreter gebündelt werden kann, der im Innenverhältnis auch eine wirkliche Gesellschafterstellung nach den §§ 705 ff. BGB innehat.[225] Allein der „echte" Sozius ist kraft der ihm zustehenden Geschäftsführungsbefugnisse und Beteiligungsrechte (vgl. dazu die §§ 709 ff. BGB) in der Lage, aus eigenem Recht die Aufteilung der Mandatsbearbeitung und die Vertretung des Bearbeiters im Verhinderungsfall bis in die Büroorganisation hinein mitzubestimmen. Nur diese gesellschaftsrechtlich abgesicherte interne Position ist geeignet, ihn im Außenverhältnis zur Übernahme der alleinigen haftungsrechtlichen Verantwortlichkeit für eine konkrete Mandatsbearbeitung zu legitimieren. Demgemäß kann die persönliche Ersatzhaftung mittels vorformulierter Vertragsbedingungen nicht rechtswirksam auf einen lediglich angestellten oder als freien Mitarbeiter beschäftigten Berufsangehörigen konzentriert werden, der im Außenverhältnis als sog. „Scheinsozius" zwar ebenfalls zivilrechtlicher Vertragspartner des Mandanten wird, im Innenverhältnis aber keinen Einfluß auf Inhalt und Ausgestaltung der diesbezüglich unter den Sozien getroffenen Vereinbarungen zu nehmen vermag.[226]

Bedeutsamer noch scheint indes, daß den assoziierten Berufsvertretern über die entsprechenden Normen die kautelarjuristische Option genommen worden ist, die Haftung für schuldhaft verursachte Berufsfehler gegenüber dem ratsuchenden Publikum „einseitig" auf das Gesamthandsvermögen der Sozietät zu beschränken. Dieses Ergebnis folgt als argumentum e contrario aus den betreffenden Haftungskonzentrationsvorschriften. Wenn das Berufsrecht in Festlegung der zwingend einzuhaltenden Mindeststandards lediglich die

---

abschließenden Regelungscharakter der Parallelregelung des § 67a StBerG betonend etwa Kuhls-*Kuhls*, Rn. 9 zu § 67a StBerG.

[222] *Kleine-Cosack*, Rn. 4 zu § 51a BRAO; Henssler/Prütting-*Stobbe*, Rn. 21 zu § 51a BRAO; *Borgmann/Haug*, Rn. 56 zu § 41; Kuhls-*Kuhls*, Rn. 8 f. zu § 67a StBerG; *Reiff* in AnwBl. 1997, 3 (6); *Wolf* in FS für Schneider (1997), 349 (360); ebenso – allerdings von einem gänzlich anderen dogmatischen Ansatz ausgehend – *Hirte*, S. 447.

[223] So *Kleine-Cosack*, Rn. 4 zu § 51a BRAO; *Borgmann/Haug*, Rn. 56 zu § 41.

[224] *Kleine-Cosack*, Rn. 4 zu § 51a BRAO; *Borgmann/Haug*, Rn. 56 zu § 41.

[225] Allg. Meinung; siehe dazu nur Henssler/Prütting-*Stobbe*, Rn. 56 zu § 51a BRAO.

[226] Vgl. so richtig Henssler/Prütting-*Stobbe*, Rn. 56 zu § 51a BRAO.

Möglichkeit eröffnet, die persönliche Ersatzhaftung wegen Schäden aus fehlerhafter Berufsausübung vertraglich auf ein einzelnes Sozietätsmitglied zu begrenzen, so ergibt sich hieraus im Umkehrschluß, daß eine rein auf das Gesamthandsvermögen der BGB-Gesellschaft beschränkte Einstandspflicht mit dem Auftraggeber gar nicht – auch nicht durch eine Individualabrede – vereinbart werden kann.[227]

Auch die seitens der assoziierten Berufsvertreter durch das Auftreten als „Sozietät mit beschränkter Gesellschafterhaftung" angestrebte Haftungsbeschränkung beruht allein auf rechtsgeschäftlicher Grundlage[228] und soll in praxi stets dazu dienen, die anderenfalls regelmäßig eingreifende persönliche und gesamtschuldnerische Außenhaftung aller Gesellschafter sowohl für Primär- als auch für Sekundärverbindlichkeiten gar nicht erst entstehen zu lassen.[229] Die Rechtswirksamkeit einer solcherart beabsichtigten Haftungslimitierung setzt immer voraus, daß der betreffende Haftungsbeschränkungshinweis für den Auftraggeber „erkennbar" ist und er also wenigstens sein stillschweigendes Einverständnis in die mit der Firmierung intendierte Korrektur des ansonsten zum Zuge kommenden Solidarhaftungsprinzips aller Gesellschafter erklärt hat.[230] Demgemäß ist auch die „einseitige" Haftungsbegrenzung auf das Gesamthandsvermögen der BGB-Gesellschaft rechtlich im Grunde stets *zweiseitiger* Art und mithin *vertraglicher* Natur.[231]

---

[227] In dieser Richtung auch Meilicke/v.Westphalen/Hoffmann/Lenz-*v.Westphalen*, Rn. 122 zu § 8 PartGG; *Sotiropoulos* in ZIP 1995, 1879 (1884); MünchKommBGB-*Ulmer*, Rn. 6 zu § 8 PartGG; ähnlich *Wellensiek* in FS für Brandner (1996), 727 (739) und *Wolf* in FS für Schneider (1997), 349 (355), die aaO jeweils dazu tendieren, eine „einseitige" Haftungsbeschränkung auf das Gesamthandsvermögen als verbotswidrige Umgehung der berufsrechtlichen Normierungen einzustufen; im Ergebnis ebenso, aber unter Außerachtlassung der heute aus vermögensrechtlicher Sicht prinzipiell weitgehend anerkannten eigenen Rechtssubjektivität des BGB-Gesamthandsvermögens Henssler/Prütting-*Stobbe*, Rn. 57 zu § 51a BRAO.

[228] Vgl. so schon *Sandberger/Müller-Graff* in ZRP 1975, 1 (3); aus dem gegenwärtigen Schrifttum etwa *Wolf* in FS für Schneider (1997), 349 (355), für die „BGB-Gesellschaft mit beschränkter Gesellschafterhaftung" allgemein im übrigen nur OLG Hamm in NJW-RR 1996, 482 (483).

[229] Vgl. zu dem von der Rechtsprechung entwickelten, umfassend geltenden Solidarhaftungsprinzip in der Freiberufler-Sozietät bereits die entsprechenden Darlegungen oben auf Seite 175 ff., 181 ff.

[230] Ebenso *Wolf* in FS für Schneider (1997), 349 (355); zuvor auch schon *Sandberger/Müller-Graff* in ZRP 1975, 1 (3), wonach eine entsprechende „... Beschränkung der Haftung der BGB-Gesellschafter (auf das Gesamthandsvermögen, sic!) nur auf rechtsgeschäftlichem Wege im Rahmen der Vereinbarung mit dem Gläubiger zu erreichen ist und sich darin von der gesetzlichen Haftungsbeschränkung im Gesellschaftsrecht unterscheidet."

[231] Unzutreffend daher *Arnold* in BB 1996, 597 (600 f.), soweit er auch nach den Berufsrechtsnovellierungen den Betrieb einer „Gesellschaft bürgerlichen Rechts (mit beschränkter Gesellschafterhaftung)" insbesondere durch Rechtsanwälte für rechtlich unbedenklich erachtet. Die aaO dargelegte Argumentation, daß § 51a II 2, 3 BRAO für eine anwaltliche „Gesellschaft bürgerlichen Rechts mit Haftungsbeschränkung" schon deshalb nicht gelte, weil die durch ein solches Auftreten bewirkte Haftungsbeschränkung auf einer bloßen Kenntlichmachung der zuvor intern unter den BGB-Gesellschaftern vereinbarten Vertretungsbefugnisse beruhe und deshalb einseitiger Natur sei, während das Berufsrecht demgegenüber nur zweiseitige Haftungsbegrenzungsvereinbarungen regele, kann nicht überzeugen.

Zu bedenken bleibt, daß die Rechtsform der BGB-Gesellschaft – anders als etwa die Kapitalgesellschaften oder die KG für den Kommanditisten – nicht bereits von Gesetzes wegen eine institutionelle Haftungsbeschränkung auf ein bestimmtes Gesellschaftsvermögen bzw. auf eine eingetragene Kommanditeinlage als insoweit allein maßgebliches Haftungskapital vorsieht. Schon für eine konventio-

Die mittels eines entsprechenden Auftretens im Rechtsverkehr unilateral determinierte Vorgabe der vertraglichen Haftungsbeschränkung durch die freiberuflichen Berufsvertreter entspricht der eindimensionalen Gestaltungsmacht des Verwenders vorformulierter Vertragsbedingungen, die das Berufsrecht nunmehr einzuschränken beabsichtigt. In Anbetracht dessen erscheint es nur als folgerichtig, auch den Betrieb einer „Sozietät mit beschränkter Gesellschafterhaftung" durch die Angehörigen der berufsrechtlich gebundenen rechts- und wirtschaftsberatenden freien Professionen umfassend dem Anwendungsbereich der einschlägigen vertraglichen Haftungskonzentrationsbestimmungen zu unterstellen.

Durch jene Normen will der Gesetzgeber für die Freiberufler-Sozietät sodann – neben der fortbestehenden Haftung des Gesamthandsvermögens – wegen Schäden aus fehlerhafter Berufsausübung zum einen erkennbar zumindest die Haftung des für die Mandatsbearbeitung vorgesehenen Berufsvertreters mit seinem Privatvermögen sichergestellt wissen.[232]

---

nelle, zu erwerbswirtschaftlichen Zwecken gegründete BGB-Gesellschaft nimmt die überwiegende Auffassung aus zutreffenden Gründen des Verkehrsschutzes einen rechtlich generell zu vermutenden Regeltatbestand an, wonach sich die Vertretungsmacht des geschäftsführenden Gesellschafters in gleicher Weise auch auf eine persönliche Mitverpflichtung aller übrigen Sozien erstreckt (vgl. dazu bereits die Nachweise oben in Fn. 187). Für die Freiberufler-Sozietät gilt diese Vermutungswirkung nach den oben auf Seite 175 ff. dargelegten Rechtsprechungsgrundsätzen und der darauf aufbauenden Verkehrserwartung noch in ungleich stärkerem Maße. Mit einer „einseitigen" Haftungsbegrenzung auf das Gesamthandsvermögen verfolgen die freiberuflich Tätigen also de facto stets das Ziel, die ansonsten von Rechts wegen regelmäßig entstehende persönliche Einstandspflicht aller Sozien gegenüber dem anderen Vertragsteil von vornherein auf rechtsgeschäftlicher Grundlage auszuschließen. Die Erreichbarkeit einer derartigen Haftungslimitierung setzt für die Sozien daher – wie das allgemein geforderte Merkmal der „Erkennbarkeit" anschaulich dokumentiert – ausnahmslos ein entsprechendes, meist konkludent erteiltes rechtsgeschäftliches Einverständnis des Vertragspartners in die so beabsichtigte Haftungsbeschränkung voraus. Eben weil es für die BGB-Gesellschaft an einer schon institutionell vorgegebenen, normativ angeordneten Haftungsbeschränkung auf das Gesamthandsvermögen fehlt, muß eine Korrektur der für die Freiberufler-Sozietät anderenfalls anzunehmenden persönlichen Einstandspflicht aller Gesellschafter jedesmal auf einer wenigstens stillschweigenden Übereinkunft *beider* Vertragsteile beruhen. Die durch das Auftreten als „BGB-Gesellschaft mit beschränkter Gesellschafterhaftung" angestrebte Haftungsbegrenzung ist für die betreffenden Sozien somit ausschließlich auf *zweiseitiger* Grundlage zu verwirklichen und entgegen *Arnold*, aaO, also immer *vertraglicher* Natur; wie hier auch *Sandberger/Müller-Graff* in ZRP 1975, 1 (3); *Wolf* in FS für Schneider (1997), 349 (355).

[232] So richtig *Wolf* in FS für Schneider (1997), 349 (355); insoweit zustimmend auch *Arnold* in BB 1996, 597 (600 f.) – Freilich soll der entsprechende Sozius sodann ebenso wie ein allein praktizierender Berufstätiger die Möglichkeit haben, seine Haftung bei Bestehen eines flankierenden Berufshaftpflichtversicherungsschutzes grundsätzlich auf bestimmte Haftungshöchstsummen zu begrenzen. Seine grundsätzliche persönliche Einstandspflicht für schuldhaft verursachte berufliche Fehlleistungen kann der betreffende Sozius auf diese Weise aber eben lediglich begrenzen und nicht etwa vollständig abbedingen.

Die ratio legis der betreffenden Haftungskonzentrationsvorschriften schließt es daher auch ersichtlich aus, mit *Knoll/Schüppen* (vgl. DStR 1995, 646, 648 in Fn. 101) dann weiterhin eine alleinige Beschränkung der Haftung auf das Gesamthandsvermögen der BGB-Gesellschaft für rechtlich statthaft erachten zu wollen, wenn sie gegenüber dem ratsuchenden Publikum mittels einer individualvertraglichen Vereinbarung begründet worden ist. Der Umstand, daß die Berufstätigen nach den §§ 51a II 2 BRAO, 45a II 2 PatAnwO, 67a II StBerG; 54a II WPO eine Bündelung der persönlichen Ersatzhaftung für Berufsausübungsfehler „auch" anhand vorformulierter Vertragsbedingungen herbeiführen können, erlaubt aus teleologischer Sicht keinesfalls die rechtliche Schlußfolgerung, etwaige indivi-

Darüber hinaus soll eine vertragliche Haftungskonzentration insbesondere bei den rechts- und steuerberatenden freien Professionen aber auch von der obligatorischen Einhaltung weiterer, den Schutz des Auftraggebers bezweckender förmlicher Voraussetzungen (gesonderte Zustimmungserklärung, Personenidentität zwischen namentlich bezeichnetem und das Mandat nachfolgend tatsächlich bearbeitendem Gesellschafter) abhängig sein.

Für eine „einseitige“ Haftungsbegrenzung auf das Gesellschaftsvermögen bleibt hiernach selbst dann kein Raum, wenn man – wie teilweise angenommen wird – für die „BGB-Gesellschaft mit beschränkter Gesellschafterhaftung“ neben der Haftung des Gesamthandsvermögens stets eine weiterhin fortbestehende persönliche Einstandspflicht des als Geschäftsführer Handelnden bejaht.[233]

Gegen diese Auffassung sprechen einerseits schon durchgreifende dogmatische Bedenken. So ist auf der Grundlage der allgemeinen Vertretungsregeln nicht überzeugend begründbar, weshalb sich gerade der im Verhältnis zum Ratsuchenden in Erscheinung tretende Sozius nicht auf eine rein auf das Gesellschaftsvermögen begrenzte Haftung soll berufen können. Macht der geschäftsführende Gesellschafter deutlich, daß allein das Gesamthandsvermögen Verpflichtungssubjekt ist, so fehlt es auf seiten des Auftraggebers an jeglichem Vertrauenstatbestand, daß ihm zudem noch sein Verhandlungspartner mit seinem Privatvermögen haften wolle. Auch der geschäftsführende Gesellschafter tritt nach allgemeinen vertretungsrechtlichen Grundsätzen *allein* für die „Gesellschaft bürgerlichen Rechts (mit beschränkter Gesellschafterhaftung)“ auf.[234] Eine persönliche Haftung kann sich nur daraus ergeben, daß sein Vertreterwille nicht erkennbar zutage tritt (§ 164 II BGB).[235] Ansonsten scheint es einleuchtend, daß durch den Vertragsschluß Rechte und Verbindlichkeiten *ausschließlich* für die Gesamthand als solche (selbständiges Zuord-

---

dualvertragliche Haftungsbeschränkungsabreden dürften in diesem Punkt qualitativ weiter reichen. Der Normgeber wollte den assoziierten Freiberuflern durch die zusätzliche Einräumung einer „auch“ formularvertraglichen Haftungskonzentrationsbefugnis lediglich aus Gründen der verbesserten Praktikabilität ein Stück weit entgegenkommen, ohne daß daraus im Wege eines argumentum e contrario zugleich auf diesbezüglich weiterreichende Haftungsbeschränkungsmöglichkeiten bei Individualvereinbarungen geschlossen werden könnte; siehe zur parallelen Rechtslage bei der Partnerschaft unten Seite 387 in Fn. 15. Die Ansicht von *Knoll/Schüppen* aaO verträgt sich darüber hinaus auch nicht mit der Tatsache, daß die selbständig Berufstätigen der wirtschaftsnahen freien Professionen bei haftungsbeschränkenden Individualabreden keinesfalls den durch die §§ 51a I Nr. 1 BRAO, 45a I Nr. 1 PatAnwO; 67a I Nr. 1 StBerG; 54a I Nr. 1 WPO berufsrechtlich gezogenen Rahmen einer fortbestehenden summenmäßigen Mindestersatzhaftung von 500.000 DM unterschreiten dürfen. Eben dies wäre jedoch unschwer möglich, wenn es die Berufstätigen mittels einer individualvertraglichen Vereinbarung ohne weiteres in der Hand haben sollten, die Sekundärhaftung weiterhin allein auf das in seinem Bestand völlig ungesicherte Gesamthandsvermögen der Sozietät zu begrenzen.

233 Für eine fortbestehende Haftung des handelnden Gesellschafters etwa *Arnold* in BB 1996, 597 (599); *Schroeder* in DStR 1992, 507 (509); *Habersack* in JuS 1993, 1 (3); *Henssler* in JZ 1993, 155 (156); *ders.* in NJW 1993, 2137 (2139); *van der Horst* in DStR 1995, 2027 (2029); *Wellensiek* in FS für Brandner (1996), 727 (739); in dieser Richtung wohl auch BGH in NJW-RR 1990, 701 (702).

234 Zutreffend *Schwark* in DWiR 1992, 441 (443).

235 *Schwark* in DWiR 1992, 441 (443).

nungsobjekt) begründet werden;[236] d. h. Zugriffsobjekt im Sinne einer Haftung *allein* das Gesellschaftsvermögen sein kann.[237]

Abgesehen hiervon würde – sogar bei Bestehenbleiben einer persönlichen Haftung des geschäftsführenden Sozius für schuldhaft verursachte Berufsfehler – die Zulässigkeit eines Auftretens als „BGB-Gesellschaft (mit beschränkter Gesellschafterhaftung)" jedenfalls daran scheitern, daß auf diese Weise die zusätzlichen, zugunsten des ratsuchenden Publikums durch das Berufsrecht aufgestellten besonderen Schutzbestimmungen unterlaufen werden.[238] Die „einseitig" herbeigeführte Haftungsbegrenzung auf das Gesamthandsvermögen (und gegebenenfalls den geschäftsführenden Gesellschafter) wahrt weder das in allen Berufsordnungen normierte Erfordernis der namentlichen Bezeichnung des für die Bearbeitung vorgesehenen Sozietätsmitglieds, noch läßt sich dadurch die bei den rechts- und steuerberatenden Professionen für die Rechtswirksamkeit der vertraglichen Haftungskonzentration geforderte personelle Identität zwischen benanntem Gesellschafter und späterem Bearbeiter sicherstellen. Soweit das anwaltliche und das steuerberatende Berufsrecht schließlich eine gesondert unterschriebene Zustimmungserklärung des Auftraggebers zur personalen Bündelung der Ersatzhaftung wegen Schäden aus fehlerhafter Berufsausübung verlangen, würden der damit gesetzlich bezweckte Übereilungsschutz sowie die ebenfalls intendierte Beweisfunktion konterkariert werden, wenn man daneben weiterhin

---

[236] In anderem Kontext (Kostenrecht) wohl ebenso OLG Nürnberg in MDR 1997, 689 (690).

[237] So ersichtlich auch *Hadding* in FS für Rittner (1991), 133 (140); *Brandes* in WM 1994, 569 (572); *Kögel* in DB 1995, 2201 (2206 f.); *Felix* in NJW 1997, 1040 (1044).

Auch der BGH hält es in NJW 1992, 3037 (3039) im übrigen für „denkbar", daß bei einer Gesellschaft bürgerlichen Rechts (mit beschränkter Gesellschafterhaftung) „alle Gesellschafter nur mit dem Gesellschaftsvermögen haften". Nach diesseitiger Auffassung ist dies, soweit der geschäftsführende Gesellschafter seine auf das Gesamthandsvermögen beschränkte Vertretungsmacht nach außen hinreichend kundgibt, die sich eo ipso zwanglos ergebende Rechtsfolge. *Schwark* weist in DWiR 1992, 441 (443) mit Recht darauf hin, daß im Gegenteil gerade die Annahme einer fortbestehenden persönlichen Eigenhaftung des geschäftsführenden Gesellschafters einem – kaum einlösbaren – erhöhten rechtlichen Begründungszwang unterliegt.

Auf dieser Grundlage dürfte die Anerkennung einer „BGB-Gesellschaft mit beschränkter Gesellschafterhaftung" durch die Rechtspraxis daneben auch weitreichende steuerrechtliche Folgeprobleme aufwerfen, die an dieser Stelle selbstverständlich nur angedeutet werden können. Soweit für rechtsgeschäftlich begründete Verbindlichkeiten – auf die es bei der Beurteilung gemäß § 15 III Nr. 2 EStG ausschließlich ankommt (vgl. *Felix* in NJW 1997, 1040, 1043) – prinzipiell allein das Gesamthandsvermögen als Haftungssubstrat zur Verfügung steht, entspricht die Haftungslage in einer so ausgestalteten BGB-Gesellschaft faktisch fraglos derjenigen in einer Personengesellschaft, bei der lediglich eine oder mehrere Kapitalgesellschaften als geschäftsführungsbefugte persönlich haftende Gesellschafter agieren. De lege ferenda erschiene es daher an sich nur konsequent, auch den Betrieb einer derartigen BGB-Gesellschaft – selbst wenn nur natürliche Personen als Gesellschafter beteiligt wären – in den Kreis der gewerblich geprägten Personengesellschaften gemäß § 15 III Nr. 2 EStG einzuordnen, so daß ein entsprechendes kautelarjuristisches Auftreten schon kraft gesetzlicher Fiktion stets zu gewerblichen Einkünften führen und eine Gewerbesteuerpflicht auslösen würde; vgl. zur diesbezüglich geführten, de lege lata freilich allein auf die „GmbH & Co GbR mit beschränkter Gesellschafterhaftung" begrenzten Diskussion nur *Felix* in NJW 1997, 1040 (1043 f.); Schmidt-*Schmidt*, Rn. 227 zu § 15 EStG; *Glanegger/Güroff*, Rn. 177 zu § 2 GewStG; jeweils m. w. N.

[238] So richtig *Wolf* in FS für Schneider (1997), 349 (355).

eine Nutzung der allgemein für die Gesellschaft bürgerlichen Rechts entwickelten kautelarjuristischen Gestaltungsmöglichkeiten für statthaft hielte.[239]

Die „Sozietät mit beschränkter Gesellschafterhaftung" wird im Zuge der neueren Gesetzgebung bei Wirtschaftsprüfern, Buchprüfern, Steuerberatern, Rechtsanwälten und Patentanwälten nach alledem keine Zukunft mehr haben.

Des weiteren sind durch die vorzitierten Regelungen die seit dem Inkrafttreten des AGB-Gesetzes innerhalb der rechts- und wirtschaftsberatenden Freien Berufe festzustellenden Imponderabilien beseitigt worden, die im Punkte der Zulässigkeit einer formularvertraglichen Haftungsfreizeichnung wegen beruflicher Fehlleistungen bestanden. Die diesbezüglich in die Berufsordnungen eingefügten Bestimmungen schließen für formularvertragliche Abreden, die den so normierten Anforderungen genügen, nach zutreffender Ansicht gemäß § 8 AGBG schon von Rechts wegen eine weitere Inhaltskontrolle nach den §§ 9 bis 11 AGBG aus.[240] Die gegenteilige Auffassung[241] übersieht, daß die diesbezüglichen berufsrechtlichen Normen – anders als etwa § 651h I BGB im Reisevertragsrecht – über das Merkmal „vorformulierte Vertragsbedingungen" sogar explizit einen legislativen Hinweis darauf enthalten, daß die entsprechenden Vereinbarungen auch durch allgemeine Geschäftsbedingungen ausbedungen werden können. Damit handelt es sich bei Klauseln, die in Gemäßheit der berufsrechtlichen Bestimmungen ergehen, nicht um rechtsergänzende AGB, sondern um Bedingungen, die lediglich einen schon in dieser Form durch die

---

239 Ebenso *Wellensiek* in FS für Brandner (1996), 727 (739); *Wolf* in FS für Schneider (1997), 349 (355); offen *Gail/Overlack*, S. 109; a. A. demgegenüber – allerdings ohne inhaltliche Begründung – *Kaiser/Bellstedt*, Rn. 90.

Abweichend im übrigen auch *Arnold* in BB 1996, 597 (600), der aaO davon ausgeht, das Erfordernis der förmlichen Zustimmungserklärung solle nur dazu dienen, durch die Unterschrift des Mandanten dessen Aufmerksamkeit auf die regelmäßig nicht den Verkehrserwartungen entsprechende Haftungskonzentrationsvereinbarung zu lenken. Diesem Schutzzweck genüge eine haftungsbeschränkende Firmierung bei der „Gesellschaft bürgerlichen Rechts (mit beschränkter Gesellschafterhaftung)" jedoch in vergleichbarer Weise, weil auch dort die Haftungsbegrenzung für den Mandanten hinreichend erkennbar sei. Demgegenüber ergeben die Gesetzesmaterialen jedoch, daß der Gesetzgeber *allein* durch die obligatorisch geforderte förmliche Erklärung einen hinreichenden Schutz des ratsuchenden Publikums gewährleistet sieht; vgl. hierzu BT-Drucksache 12/4993, S. 49 zum anwaltlichen Berufsrecht und gleichlautend BT-Drucksache 12/6753, S. 19 zum 6. StBerGÄndG: „Da die Beschränkung der persönlichen Haftung auf ein Sozietätsmitglied nicht ohne weiteres mit den Erwartungen übereinstimmt, die das Publikum von einer Sozietät hat, ist es angemessen, die Einverständniserklärung in einer gesonderten Urkunde zu verlangen. *Nur dann* ist der Auftraggeber hinreichend davor geschützt, die ihm abverlangte Erklärung zu übersehen." – textliche Hervorhebung vom Verfasser –.

240 So richtig *Niebling* in AnwBl. 1996, 20 (21); *Heermann* in BB 1994, 2421 (2429 u. 2432); ausführlich *Reiff* in AnwBl. 1997, 3 (6 ff.); *ders.* in DStR 1997, 981 (984); ähnlich diejenigen Autoren, welche die entsprechenden berufsrechtlichen Bestimmungen – terminologisch unschärfer – als legi speciali zum AGB-Gesetz ansehen, so *Lichtner/Korfmacher* in WPK-Mitt. 1994, 207 (219); *Junge-Ilges*, S. 178; *Kaiser*, S. 300 in Fn. 179; *Mittelsteiner* in DStR 1994, Beihefter zu Heft 37, 27 (31); *Busse* in DStR 1995, 660 (662); *van der Horst* in DStR 1995, 2027 (2030); *Keßler* in NWB 1995, Fach 30, 993 (1006).

241 So etwa Kuhls-*Kuhls*, Rn. 23 zu § 67a StBerG; *Späth* in Stbg 1994, 449 (451); *Werber* in VersR 1996, 917 (921); mit Blick auf die formularvertragliche Haftungskonzentration nach § 51a II 2, 3 BRAO auch *Wellensiek* in FS für Brandner 1996, 727 (735 ff.); speziell dagegen zutreffend *Wolf* in FS für Schneider (1997), 349 (358).

gesetzliche Regelung vorgegebenen Freiraum ausfüllen.[242] Auch der Normgeber ist im übrigen eindeutig von einem Anwendungsvorrang der berufsrechtlichen Regelungen gegenüber den allgemeinen zivilrechtlichen Klauselverboten im AGB-Gesetz ausgegangen.[243]

Soweit die AAB der Wirtschaftsprüfer daher zum 1.1.1995 der neuen Gesetzeslage angepaßt worden sind und von der Möglichkeit der Haftungsbeschränkung gemäß § 54a I Nr. 2 WPO bei Prüfungs- und Beratungsleistungen einheitlich für alle Fälle der Fahrlässigkeit Gebrauch machen,[244] sieht sich dieses Vorgehen im Ergebnis auch im Lichte der §§ 11 Nr. 7, 9 II AGBG keinen durchgreifenden rechtlichen Bedenken ausgesetzt.[245]

Ansonsten bleibt freilich auch in diesem Zusammenhang zu berücksichtigen, daß das Berufsrecht lediglich die an (formular-)vertragliche Haftungsbegrenzungsvereinbarungen zu stellenden Mindestvoraussetzungen normiert hat. In Anknüpfung an die frühere Rechtslage wird man daher auch zukünftig für Mandate, bei denen das potentielle Schadensrisiko des erteilten Auftrags die durch die Versicherung abgedeckte Haftungshöchstsumme erkennbar übersteigt, einen dementsprechenden expliziten Hinweis des freiberuflich Tätigen zu fordern haben (§ 242 BGB).[246] In einer solchen Konstellation entspricht es

---

[242] So zutreffend *Niebling* in AnwBl. 1996, 20 (21); *Reiff* in AnwBl. 1997, 3 (10 f.); *ders.* in DStR 1997, 981 (984); *Heinrichs* in NJW 1997, 1407 (1412).

[243] Vgl. für § 11 Nr. 7 AGBG etwa BT-Drucksache 12/6753, S. 30 u. 33 zum Berufsrecht der Steuerberater; BT-Drucksache 12/4993, S. 49 u. 52 zum anwaltlichen Berufsrecht.

Wollte man demgegenüber mit *Wellensiek*, aaO, eine den Voraussetzungen des § 51a II 2, 3 BRAO genügende formularvertragliche Haftungskonzentration an § 11 Nr. 7 AGBG messen, so würde daraus das wenig überzeugende Ergebnis folgen, daß eine nicht nach Fahrlässigkeitsgraden differenzierende Klausel der Unwirksamkeit verfiele, obwohl sie den Inhalt der vom Normgeber in eben dieser Weise eröffneten Haftungskonzentrationsregelung im konkreten Fall nur deklaratorisch ausfüllt.

[244] Vgl. dazu *Otto/Mittag* in WM 1996, 377 (383) in Fn. 122.

[245] Freilich bleibt kritisch anzumerken, daß die im Fahrlässigkeitsmaßstab bei vorformulierten Vertragsbedingungen offenkundig weiter reichenden Haftungsfreizeichnungsmöglichkeiten von Wirtschaftsprüfern und Steuerberatern im Verhältnis zur Anwaltschaft rechtspolitisch fragwürdig erscheinen; vgl. in dieser Richtung auch *Henssler*, Rn. 79 zu § 8 PartGG sowie *Werber*, der in VersR 1996, 917 (918) von einer „unzureichenden Harmonisierung" der entsprechenden Vorschriften spricht. Eine anders geartete Schutzwürdigkeit der Mandanten von Rechtsanwälten im Vergleich zu denjenigen von Wirtschaftsprüfern und Steuerberatern ist – zumal in den genannten Berufsständen vielfach Doppel- und Mehrfachqualifikationen anzutreffen sind – nicht ersichtlich; ebenso *Otto/Mittag* in WM 1996, 377 (383). Auch dürfte der Umstand, daß insbesondere die Klientel der Wirtschaftsprüfer aller Voraussicht nach stärker kaufmännisch geprägt ist, wohl kaum zu der Schlußfolgerung berechtigen, diese sei infolgedessen hinsichtlich der einzuhaltenden Sorgfaltsstandards weniger schutzbedürftig als ein den Anwalt aufsuchender Mandant. Eine „unklare Rechtslage", die *Otto/Mittag* aaO für § 54a I Nr. 2 WPO im Verhältnis zu den §§ 11 Nr. 7, 9 II AGBG sehen, besteht trotz dieser inneren Legitimationsbrüche aber freilich dennoch nicht.

[246] Zutreffend *Henssler* in AnwBl. 1996, 3 (10); *ders.* in JZ 1994, 178 (187); *Junge-Ilges*, S. 178; *Niebling* in AnwBl. 1996, 20 (22); Henssler/Prütting-*Stobbe*, Rn. 43 u. 54 zu § 51a BRAO; ähnlich Kuhls-*Kuhls*, Rn. 15 zu § 67a StBerG; *van der Horst* in DStR 1995, 2027 (2030); kritisch gegenüber der Konstruktion einer solchen Aufklärungspflicht *Busse* in DStR 1995, 660 (663 f.), der auf diese Weise eine faktische Aushöhlung der formularvertraglichen Beschränkung der Ersatzhaftung auf Höchstsummen durch die Judikatur befürchtet; ähnlich *Reiff* in AnwBl. 1997, 3 (11 u. 15); *ders.* in DStR 1997, 981 (983 f.), wonach der Gesetzgeber die Möglichkeit von im Einzelfall vorhersehbar höheren Schadensrisiken bereits „mitbedacht" habe und auch für diesen Fall generell keine Hin-

seiner Schutz- und Fürsorgepflicht, eine Erhöhung der Haftungssumme gegen Übernahme der entsprechenden Versicherungsprämie durch den Mandanten anzubieten und auf diese Möglichkeit *ausdrücklich* hinzuweisen.[247]

Bei anderen freien Professionen, bei denen es an vergleichbaren berufsrechtlichen Regelungen zum Punkt der (formular-)vertraglichen Haftungsfreizeichnung für Schäden aus fehlerhafter Berufsausübung fehlt und die zum Teil auch keine den vorbezeichneten Berufen vergleichbare Vertrauensstellung gegenüber dem ratsuchenden Publikum einnehmen, gelten im Grundsatz keine von der sonstigen allgemeinen Zivilrechtslage abweichenden Besonderheiten. In den Grenzen der §§ 138 I, 242, 276 II BGB sowie gegebenenfalls des AGB-Gesetzes sind dort also (allgemein-)vertragliche Haftungsbegrenzungsvereinbarungen, die im Einzelfall bis hin zum Haftungsausschluß für die Übernahme bestimmter Schadensrisiken reichen können, rechtlich prinzipiell zulässig.

Allerdings wird man solche Vorschriften des (selbstgesetzten) Berufsrechts, die – wie Vorschriften über einen angemessenen Berufshaftpflichtversicherungsschutz – nach ihrem offensichtlichen Regelungsgehalt einen ausreichenden Schutz der Auftraggeberseite gegen Schäden aus fehlerhafter Berufsausübung sicherstellen wollen, häufig als gewichtiges Indiz dahin werten dürfen, daß zivilvertragliche Absprachen, die unterhalb dieser berufsrechtlichen Standards bleiben, im Einzelfall auf eine unangemessene Benachteiligung des ratsuchenden Publikums hinauslaufen können.[248] Gerade bei der Angemessenheitsprüfung von Haftungsbegrenzungsvereinbarungen der Freiberufler ist allgemein von wesentlicher Bedeutung, ob sie das Schadensrisiko für berufliche Fehlleistungen statt dessen auch zu vertretbaren und üblichen Bedingungen durch den Abschluß einer Haftpflichtversicherung abdecken können.[249]

---

weispflicht der Berufstätigen in Betracht kommen solle. Die jeweiligen Gesetzgebungsverfahren bieten für eine derart großzügige Gesetzesauslegung entgegen *Reiff* aaO aber keinerlei Anhaltspunkte.

[247] In Anbetracht dessen kollidieren die berufsrechtlichen Haftungsbegrenzungsregelungen auch nicht mit der Verbraucherschutzrichtlinie der Europäischen Union (Richtlinie 93/13/EWG des Rates vom 5.4.1993 über mißbräuchliche Klauseln in Verbraucherverträgen, ABlEG Nr. L 95 v. 21.4.1993, S. 29 ff.), deren Umsetzung in nationales Recht erst mit anderthalbjähriger Verspätung am 25.7.1996 durch die Neufassung des § 12 AGBG und die Einfügung eines § 24a AGBG in deutsches Recht umgesetzt worden ist; vgl. dazu BGBl. I., S. 1013. Die gegenteilige Auffassung (*v.Westphalen* in ZIP 1995, 546, 547 f.; wohl auch *Ahrens*, Rn. 359) übersieht, daß – unbeschadet der bestehengebliebenen Kompetenz des nationalen Normgebers, spezielle Fallgruppen in Anwendung des Art. 1 II abweichend von der EG-Richtlinie zu regeln (so zutreffend Henssler/Prütting-*Stobbe*, Rn. 68 ff. zu § 51a BRAO; *ders.* in AnwBl. 1997, 16, 18 f.; *Reiff* in AnwBl. 1997, 3, 13; *ders.* in DStR 1997, 981, 984) – der von Art. 4 I EG-Richtlinie geforderten Berücksichtigung aller Umstände des Einzelfalls jedenfalls dadurch hinreichend Rechnung getragen werden kann, daß die freien rechts- und wirtschaftsberatenden Berufe bei atypischen Schadensrisiken über § 242 BGB weiterhin zu einem ausdrücklichen Hinweis auf den nicht ausreichenden Pflichtversicherungsschutz und die Bereitschaft zur Höherversicherung gegen etwaige Kostenübernahme durch den Mandanten verpflichtet bleiben; so richtig *Niebling* in AnwBl. 1996, 20 (22).

[248] Ähnlich Palandt-*Heinrichs*, Rn. 12 zu § 9 AGBG.

[249] Vgl. zur diesbezüglichen Relevanz der Versicherbarkeit des Haftungsrisikos durch Abschluß einer Haftpflichtversicherung schon *Meiss* in VersR 1960, 961 (965) sowie allgemein Palandt-*Heinrichs*, Rn. 14 u. Rn. 43 zu § 9 AGBG; speziell zu den freien Professionen Meilicke/v.Westphalen/Hoffmann/Lenz-*v.Westphalen*, Rn. 116 zu § 8 PartGG.

Insbesondere die – nach ihrem Sinngehalt freilich rein deklaratorische – Vorschrift des § 8 III PartGG[250] läßt in diesem Zusammenhang erkennen, daß die Zulässigkeit einer vertraglichen Haftungsbeschränkung für Schäden aus fehlerhafter Berufsausübung nach Auffassung des Gesetzgebers im Grunde bei allen freien Professionen von dem korrelierenden Bestand eines adäquaten Berufshaftpflichtversicherungsschutzes abhängig sein soll.

Einer näheren Betrachtung sollen in diesem Kontext nachfolgend indes noch die freien Heilberufe und die freien Konstruktionsberufe unterzogen werden. Aufgrund des dort ebenfalls bestehenden, zum Teil mit sehr hohen Schadensersatzrisiken verbundenen besonderen Haftungsdrucks scheint es angezeigt, vor allem die Möglichkeiten der Berufsangehörigen, bei einer gemeinsamen Berufstätigkeit in der Gesellschaft bürgerlichen Rechts die persönliche Einstandspflicht wegen Schäden aus fehlerhafter Berufsausübung vertraglich einzuschränken, eingehender zu untersuchen.

bb) Die Situation bei den freien Heilberufen

Mit Blick auf die freien Heilberufe ist dabei allgemein vorauszuschicken, daß die Berufsangehörigen im Bereich der eigentlichen Heilbehandlungstätigkeit gegenüber den Patienten keine vertragliche Haftungserleichterung hinsichtlich der zu wahrenden Sorgfaltsstandards erreichen können. Die Schadensverhütung bezüglich der Rechtsgüter Leben und Gesundheit ist ein so dringliches und bedeutsames Anliegen, daß selbst die Freizeichnung der Berufstätigen von leichter Fahrlässigkeit ausgeschlossen erscheint.[251] Dies gilt nicht nur für vorformulierte Vertragsbedingungen, sondern mit Rücksicht auf die Sozialpflichtigkeit ärztlichen Handelns und das öffentliche Interesse, welches auf die uneingeschränkte Versorgung des an Leib, Leben oder Gesundheit betroffenen Opfers gerichtet ist, auch für individualvertragliche Abreden.[252] Aus den gleichen Erwägungen ist auch eine summenmäßige Beschränkung der Ersatzhaftung für berufliche Fehlleistungen auf ein Vielfaches des Entgelts, welches dem Arzt aus der Behandlung erwächst, rechtlich nicht statthaft.[253] Vor diesem Hintergrund verzichten die Angehörigen der entsprechenden Berufsgruppen – trotz des im Laufe der Zeit insbesondere mit Blick auf die ärztliche Berufstätigkeit ange-

---

[250] In den Materialien zum PartGG heißt es zu § 8 III PartGG klarstellend, daß die Vorschrift Haftungsbeschränkungsvereinbarungen, die bereits nach allgemeinen schuldrechtlichen Grundsätzen möglich sind, nicht beschneiden soll; vgl. den Regierungsentwurf zum PartGG, BT-Drucksache 12/6152, S. 18.

[251] Vgl. OLG Stuttgart in NJW 1979, 2355 (2356); *Deutsch* in VersR 1974, 301 (305 f.); *ders.* in NJW 1983, 1351 (1352 f.); *ders.*, S. 38 f.; *Wolf* in NJW 1980, 2433 (2440); *Narr/Hess/Schirmer*, Rn. 863; *Hirte*, S. 446.

[252] *Hirte*, S. 446; ebenso *Narr/Hess/Schirmer*, Rn. 863 unter zutreffendem Hinweis darauf, daß eine Haftungsbeschränkungsabrede, die auf Lockerung der ärztlichen Sorgfaltspflichten abzielt, nach § 138 I BGB für sittenwidrig zu erachten ist.

Dies muß entgegen *Deutsch* in NJW 1983, 1351 (1353); *ders.*, S. 39 auch dort gelten, wo ein Tätigwerden wie etwa bei rein kosmetischen Operationen nicht unmittelbar der Heilung oder der Linderung von Krankheiten dient. Selbst in diesen Fällen bleibt maßgeblich, daß die mit dem Eingriff verbundene Beeinträchtigung höchstpersönlicher Rechtsgüter für jedwedes unsorgfältige Verhalten eine zivilrechtliche Sanktionierung in Gestalt einer Schadensersatzpflicht fordert.

[253] Vgl. *Deutsch* in NJW 1983, 1351 (1354), wobei auch hier gilt, daß Ausnahmen selbst für Fälle plastischer Operationen ohne eine medizinisch notwendige Indikation nicht anzuerkennen sind.

schwollenen Haftungsdrucks – in praxi vollständig darauf, über die Vereinbarung von Haftungshöchstsummen oder einer Differenzierung nach Verschuldensgraden eine vertragliche Haftungsfreizeichnung wegen Schäden aus fehlerhafter Berufsausübung zu erreichen.[254]

(1) Die ambulante „Gemeinschaftspraxis mit beschränkter Gesellschafterhaftung"

Fraglich scheint allerdings, ob auf dem heilkundlichen Sektor de lege lata berufsrechtliche Hindernisse existieren, die der Ausgestaltung einer ambulanten Gemeinschaftspraxis zu einer – für die Freien Berufe erst seit neuerem diskutierten – „BGB-Gesellschaft mit beschränkter Gesellschafterhaftung" entgegenstehen.

Hier dürfte es zumindest Zweifeln unterliegen, ob die jeweiligen Heilberufsgesetze der Länder und die von den einzelnen Kammern weitgehend übernommene ärztliche Musterberufsordnung[255] den niedergelassenen Ärzten ein entsprechendes Auftreten im Rechtsverkehr mit hinreichender Deutlichkeit untersagen. Die Heilberufsgesetze legen nur bestimmte ärztliche Berufspflichten explizit fest (meist die Fortbildungs- und die Dokumentationspflicht sowie die Pflicht zur Teilnahme am Notdienst) und beschränken sich ansonsten darauf, die Kammern in Ansehung einer Vielzahl im einzelnen aufgeführter weiterer Berufspflichten zu näheren Regelungen in den Berufsordnungen zu ermächtigen.[256] Die §§ 23, 23a MBO 1995 ordnen in Ausfüllung dieses Rahmens für den Punkt der kooperativen Berufsausübung an, daß ein Arzt seinen Beruf in einer Gemeinschaftspraxis oder in einer als Gesellschaft bürgerlichen Rechts betriebenen medizinischen Kooperationsgemeinschaft selbständig und eigenverantwortlich ausüben muß.[257]

In diesem Zusammenhang ließe sich immerhin argumentieren, eine eigenverantwortliche Berufstätigkeit setze für den selbständig praktizierenden Arzt voraus, daß er auch unmittelbar in eigene zivilvertragliche Rechtsbeziehungen zu dem ratsuchenden Patienten treten müsse.[258] Hierfür spricht zudem die Regelung des § 23 IV MBO 1995, wonach „bei allen Formen gemeinsamer Berufsausübung ... die freie Arztwahl gewährleistet bleiben"

---

[254] Auf diesen rechtstatsächlichen Befund hat bereits *Deutsch* in VersR 1974, 301 (305) hingewiesen.

[255] Faktisch haben alle Landesärztekammern in Deutschland mit der Muster-Berufsordnung übereinstimmende Berufsordnungen beschlossen; vgl. *Schirmer* in MedR 1995, 341 (346).

[256] Vgl. etwa die §§ 30 ff. HeilBerG des Landes Nordrhein-Westfalen v. 27.4.1994, GVBl. NRW 1994, 204 ff.; §§ 29 ff. Kammergesetz des Landes Baden-Württemberg i. d. F. vom 16.5.1995, GBl. Bad.-Württ. 1995, 314 ff.; §§ 22 ff. HeilBerG des Landes Hessen i. d. F. vom 19.5.1995, GVBl. Hessen 1995, 374 ff.; §§ 29 ff. HeilBerG des Landes Schleswig-Holstein v. 29.2.1996, GVBl. Schl.-H. 1996, 248 ff.; §§ 27 ff. HeilBerG des Landes Bremen v. 5.3.1996, GBl. Bremen 1996, 53 ff.

[257] Vgl. den Abdruck in DÄBl. 1996, A 407 (410); ebenso nunmehr auch Kapitel D. II. Nr. 8 (1) der MBO 1997; veröffentlicht in NJW 1997, 3076 (3080) – Der Wortlaut der entsprechenden Bestimmungen ist im wesentlichen bereits oben im 1. Teil, Seite 136 f. in den Fußnoten 205 und 209, wiedergegeben worden.

[258] in dieser Richtung wohl ansatzweise auch *Narr/Hess/Schirmer*, Rn. 854, wonach der Heilbehandlungsvertrag in der freien Praxis *ausschließlich* zwischen Praxisinhaber und Patient zustande komme.

muß.[259] Die entsprechenden berufsrechtlichen Bestimmungen legen jedenfalls nahe, daß der Abschluß der ärztlichen Behandlungsverträge nach den Vorstellungen der Satzungsgeber direkt an die Person der selbständig tätigen Berufsvertreter anknüpfen soll.[260]

Insoweit ist nicht zu verkennen, daß die rechtliche Anerkennung einer „Gemeinschaftspraxis mit beschränkter Gesellschafterhaftung" eine spürbare Erosion des so definierten berufsrechtlichen Regelungsziels bewirken würde. Ein Patient, der aus zivilrechtlicher Sicht ausschließlich mit der „Gemeinschaftspraxis mbH", also dem BGB-Gesamthandsvermögen als eigenständigem Zuordnungsobjekt von Rechten und Pflichten, kontrahiert, hätte unter Zugrundelegung der herrschenden Doppelverpflichtungstheorie streng genommen keinerlei Erfüllungsansprüche gegen die in der Gemeinschaftspraxis zusammengeschlossenen Ärzte in persona. Das vertragliche Band zwischen Ratsuchendem und Arzt würde, tritt man nicht – unter Inkaufnahme erheblicher konstruktiver Bedenken[261] – auch für einen kumulativen Vertragsschluß mit dem geschäftsführenden Gesellschafter-Arzt ein, vollständig durchtrennt; und der Anspruch auf ärztliche Behandlung richtete sich bei einer rein juristischen Betrachtung ausschließlich gegen eine als Abstraktum erscheinende gesamthänderische Vermögensmasse.

Zusätzliche Vorbehalte weckt der Umstand, daß eine Nutzung der entsprechenden kautelarjuristischen Gestaltungsmöglichkeiten den Angehörigen der freien Heilberufe mit Blick auf Schäden aus fehlerhafter Berufsausübung eine „einseitige" Haftungsbegrenzung auf ein Gesamthandsvermögen erlauben würde, das in seinem Bestand beliebig wandelbar ist und für sich betrachtet damit keine gesicherte Haftungsgrundlage für die Patienten bildet.

Auch wenn der Gesamtzusammenhang der berufsrechtlichen Regelungen hiernach eher eine Unzulässigkeit eines derartigen Auftretens frei praktizierender Mediziner nahelegt, so bleibt doch andererseits zu konstatieren, daß das ärztliche Berufsrecht den Betrieb einer derart organisierten Gemeinschaftspraxis gegenwärtig nicht ausdrücklich untersagt.[262]

Während das Recht der freien Beratungsberufe für schuldhaft verursachte Berufsausübungsfehler eine explizite und erkennbar abschließende Regelung der vertraglichen Haftungsbegrenzungsmöglichkeiten in der Sozietät vorgenommen hat, fehlt es im ärztlichen Berufsrecht an diesbezüglich einschlägigen Bestimmungen. Allein aus dem Normensystem insgesamt ist die Regelungsintention ableitbar, daß die Gesetz- und Satzungsgeber bei der Rechtssetzung hinsichtlich der Gesellschaft bürgerlichen Rechts vom Prinzip eines unmittelbaren Vertragsschlusses zwischen frei praktizierendem Arzt und Patient ausgegangen

---

[259] Gleichlautend für die medizinische Kooperationsgemeinschaft auch § 23a I Nr. 4 MBO 1995 und Kapitel D. II. Nr. 9 d) MBO 1997; siehe hierzu im übrigen bereits oben im 1. Teil, Seite 67 in Fn. 18.

[260] Klarstellend sei bemerkt, daß diese Ausführungen für das Vertragsarztrecht zumindest entsprechend gelten. Auch dort ist in Anbetracht des § 76 IV SGB V allseits anerkannt, daß die Rechtsbeziehungen zwischen Vertragsärzten und Kassenpatienten den allgemeinen Grundsätzen des Zivilvertragsrechts folgen; vgl. nur Laufs/Uhlenbruck-*Krauskopf*, Rn. 5 ff. zu § 25; *Deutsch*, S. 27; ebenso zur früheren Vorschrift des § 368d IV RVO *Narr/Hess/Schirmer*, Rn. 853.

[261] Vgl. zu den gegen diese Lösung bestehenden und kaum auszuräumenden rechtsdogmatischen Kritikpunkten bereits oben Seite 221 f.

[262] Dies gilt im übrigen in gleicher Weise auch für das Vertragsarztrecht. Die in Frage kommende Regelung des § 33 II Ärzte-ZV fordert lediglich, daß die in der Gemeinschaftspraxis berufstätigen Mediziner sämtlich zur vertragsärztlichen Versorgung zugelassen sein müssen.

sind. Ob jene normgeberischen Vorstellungen unter dem Gesichtspunkt der Normenklarheit (Art. 20 II, III GG) und der Grundrechtsrelevanz einer ärztlichen Berufsausübung in der BGB-Gesellschaft (Art. 12 I GG !) aber bereits eine hinreichende berufsrechtliche Verbotsgrundlage für den zivilrechtlich realisierbaren Betrieb einer „Gemeinschaftspraxis mit beschränkter Gesellschafterhaftung" abgeben können, muß zumindest als fragwürdig bezeichnet werden.

Immerhin hat das Bundesverfassungsgericht ausdrücklich dahin entschieden, daß ein rechtsstaatlichen Anforderungen genügendes gesetzliches Verbot, welches sich aus berufsrechtlichen Normen ergeben soll, in seinen Voraussetzungen und in seinem Inhalt so klar formuliert sein muß, daß die davon Betroffenen die Rechtslage erkennen und ihr Verhalten danach bestimmen können; der Normgeber hat den Grundgedanken seiner Regelung und das Ziel seines legislativen Wollens also vollkommen deutlich zu machen.[263] Obgleich in diesem Zusammenhang eine vollständige, alle Einzelheiten regelnde Aufführung berufsbezogener Pflichten in einer Berufsordnung nicht stets gefordert werden kann,[264] wird man in Anbetracht des für Eingriffe in die Freiheit der Berufsausübung durch Art. 12 I GG geforderten Gesetzesvorbehalts doch feststellen müssen, daß die bloß unausgesprochen gehegte Regelungs*erwartung* der Satzungsgeber, wonach der in einer Gemeinschaftspraxis tätige Gesellschafter-Arzt prinzipiell in eigene vertragliche Beziehungen zum Patienten treten soll, für sich genommen kaum ausreichen kann, um im Einzelfall eine abweichende zivilrechtliche Vereinbarung unter den Parteien definitiv und rechtlich bindend ausschließen und über die §§ 23, 23a MBO 1995 bzw. über Kapitel D. II. Nr. 7 ff. MBO 1997 – jeweils in Verbindung mit § 134 BGB – für nichtig erklären zu wollen.

Somit bleiben erhebliche Zweifel, ob die von den ärztlichen Selbstverwaltungskörperschaften auf Landesebene verabschiedeten Berufsordnungen den niedergelassenen Ärzten gegenwärtig mit hinreichender Deutlichkeit ein derartiges kautelarjuristisches Auftreten untersagen.

---

[263] Vgl. so explizit BVerfGE 54, 237 (247) zum notariellen Berufsrecht; siehe ebenso auch VGH Mannheim in NVwZ 1987, 431 (434) zum Berufsrecht des öffentlich bestellten Vermessungsingenieurs.

[264] Nach BVerfGE 54, 237 (247 f.) soll das Erfordernis der ausdrücklichen Aufnahme einer Regelung in eine gesetzliche Berufsordnung ausnahmsweise dann nicht nötig sein, wenn es sich um solche die Berufsausübung regelnden Normen handelt, die nur den Kreis der Berufsangehörigen betreffen, sich aus der ihnen gestellten Aufgabe ergeben und daher für sie im allgemeinen leicht erkennbar sind; ebenso *Stober* in NJW 1981, 1529 (1533); ähnlich auch BGHZ 97, 243 (246 ff.).

Ob sich aus diesen Kriterien freilich wirklich tragfähige inhaltliche Maßstäbe ableiten lassen, wann aus dem Gesamtzusammenhang verschiedener Berufsrechtsnormen im Einzelfall tatsächlich einmal zwanglos auf ein ungeschriebenes Berufsrechtsverbot zu schließen ist, muß angesichts ihrer weitgehenden Konturlosigkeit und begrifflichen Unschärfe indes ernstlich bezweifelt werden. Gerade die aus der beruflichen Funktion folgende „Selbstverständlichkeit" eines stillschweigenden berufsrechtlichen Verbots und seine „leichte Erkennbarkeit" für die Berufsangehörigen werden – wie auch im vorstehenden Zusammenhang – regelmäßig zu verneinen sein, wenn einerseits einschlägige berufsrechtliche Vorschriften fehlen und der Gesetzgeber seinen entgegenstehenden Willen andererseits auch im Gesetzgebungsverfahren nicht erkennbar zum Ausdruck gebracht hat; ähnlich kritisch zur Ableitung von ungeschriebenen Berufsausübungsschranken aus einem Gesamtzusammenhang verschiedener berufsrechtlicher Normen zuvor bereits *Zuck* in NJW 1979, 1121 (1122); *Kornblum* in AnwBl. 1981, 260 (261).

Aber auch auf der Ebene des allgemeinen Zivilrechts wird sich das apodiktische Urteil der Sittenwidrigkeit (§ 138 I BGB) oder eines Verstoßes gegen Treu und Glauben (§ 242 BGB) wohl nur schwerlich fällen lassen, um eine von Medizinern in dieser Weise ambulant betriebene „BGB-Gesellschaft mit beschränkter Gesellschafterhaftung" für rechtlich unwirksam zu erklären.

Für den heilkundlichen Sektor ist immerhin zu bedenken, daß – neben der alleinigen *Vertrags*haftung des gesamthänderisch gebundenen Gesellschaftsvermögens – über die nach wie vor eingreifende *Delikts*haftung des späteren, im Rahmen der eigentlichen Heilbehandlung tatsächlich tätig werdenden Arztes in aller Regel weiterhin eine direkte persönliche Einstandspflicht eines Berufsvertreters gegenüber dem Patienten für schuldhaft begangene Berufsversehen bestehen bliebe.[265] Anders als bei den rechts- und wirtschaftsberatenden freien Professionen könnte der im weiteren Verlauf verantwortlich behandelnde Arzt einen Ausschluß seiner Sekundärhaftung wegen Schäden aus fehlerhafter Berufsausübung mit seinem Privatvermögen also auch in dieser zivilrechtlichen Gestaltungsvariante nicht erreichen. Die qua Deliktsrecht aufrechterhaltene Schadensersatzsanktion böte insofern auch für eine „Gemeinschaftspraxis mit beschränkter Gesellschafterhaftung" noch eine weitgehende rechtliche Gewähr, daß der einzelne Berufsangehörige alle Kräfte einsetzen würde, um in Ansehung der Rechtsgüter Leben und Gesundheit ein unsorgfältiges Verhalten zu vermeiden. Aufgrund der vollständigen rechtlichen Identität zwischen dem vertraglichen und dem deliktisch statuierten ärztlichen Pflichtenprogramm[266] dürfte daher selbst mit einem derart ausgestalteten ärztlichen Praxisbetrieb aller Voraussicht nach noch keine intolerable Herabsetzung medizinischer Sorgfaltsstandards verbunden sein.

Darüber hinaus würde die einschränkungslos bestehenbleibende deliktische Ersatzpflicht des im Zuge der Vertragserfüllung tatsächlich agierenden, verantwortlich behandelnden Arztes dem ratsuchenden Publikum im Haftpflichtfall auch weiterhin den regelmäßigen Eintritt einer solventen Berufshaftpflichtversicherung sichern. Auch unter dem Aspekt eines fortbestehenden Haftpflichtversicherungsschutzes für schuldhaft begangene

---

[265] Die rechtsgeschäftlich konstituierte „einseitige" Haftungsbeschränkung auf das Gesamthandsvermögen kann sich, soweit sie schlicht durch die Firmierung als „BGB-Gesellschaft mit beschränkter Gesellschafterhaftung" bewirkt werden soll, schon nach allgemeinen Rechtsgrundsätzen nur auf vertragliche Ansprüche, nicht aber zugleich auch auf deliktisch begründete Ersatzforderungen beziehen. Aufgrund der elementaren Unterschiede zwischen einer Vertrags- und einer Deliktshaftung, nach der sich vertragliche Ansprüche gemeinhin durch eine erleichterte Ersatzfähigkeit reiner Vermögensschäden, eine generell günstigere Beweislastverteilung (§ 282 BGB) sowie eine strengere Haftung für das Verschulden von Erfüllungsgehilfen (§ 278 BGB) auszeichnen, ist eine vertragliche Haftungsbeschränkungsklausel bereits grundsätzlich eng auszulegen, so daß sie bei Fehlen ausdrücklicher Hinweise nur die vertragliche, nicht hingegen auch die deliktische Haftung umfaßt, vgl. dazu etwa BGH in VersR 1971, 617 (619); BGH in WM 1975, 597 (598). Speziell für den heilkundlichen Sektor ist überdies zu berücksichtigen, daß Rang und Wertigkeit der betroffenen Rechtsgüter – Leben und Gesundheit des versorgungsbedürftigen Patienten – einen weitergehenden, unmittelbar auf die Herabsetzung ärztlicher Sorgfaltspflichten abzielenden Ausschluß der deliktischen Verantwortlichkeit des behandelnden Mediziners ohnehin kategorisch ausschließen würden, siehe dazu bereits die entsprechenden Darlegungen oben auf Seite 226 f.

[266] Vgl. dazu etwa OLG Koblenz in NJW-RR 1992, 417 (419); BGH in NJW 1995, 776 (777); Palandt-*Thomas*, Rn. 66 zu § 823 BGB; *Laufs* in MedR 1995, 11 (14) sowie *Meyer/Kreft* in GmbHR 1997, 193 (195).

Berufsfehler wäre eine so bewirkte vertragliche Haftungsbeschränkung auf das Gesamthandsvermögen der BGB-Gesellschaft mithin nicht vorab und pauschaliter als unangemessene Benachteiligung des ratsuchenden Publikums gemäß den §§ 242 BGB, 9 I AGBG zu bewerten. Ein geschädigter Patient könnte vielmehr auch in dieser Konstellation nicht nur zusätzlich und weiterhin umfänglich auf das Privatvermögen des betreffenden Mediziners Zugriff nehmen, sondern er dürfte wegen der hinter diesem stehenden Berufshaftpflichtversicherung ebenso mit einer tatsächlich vollständigen Befriedigung seiner Ersatzansprüche rechnen.

Daneben wird sich in diesem Kontext schließlich auch nicht erfolgreich und überzeugend einwenden lassen, einem geschädigten Patienten drohe durch den Betrieb einer „Gemeinschaftspraxis mit beschränkter Gesellschafterhaftung" deshalb eine unverhältnismäßige Zurücksetzung seiner schutzwürdigen Interessen, weil er in einem anschließenden Haftpflichtfall mit unzumutbaren Schwierigkeiten bei der Ermittlung des zuvor konkret tätig gewordenen, ihm wegen fehlerhafter Berufsausübung persönlich ersatzpflichtig gebliebenen Gesellschafter-Arztes konfrontiert werde.

Dem steht schon entgegen, daß der Patient einer ambulanten Gemeinschaftspraxis aufgrund der zumeist unmittelbar und individuell erfolgenden Kontaktaufnahme mit dem späterhin die tatsächliche Heilbehandlung vornehmenden Arzt rückblickend kaum einmal ernsthaft über die Person des in concreto Anspruchsverpflichteten im unklaren sein wird. Anders als in einem stationären Krankenhausbetrieb, der kraft seiner Größe und seiner komplexen Organisationsabläufe potentiell eher die Tendenz zu einer Anonymisierung der Patientenbehandlung in sich tragen kann,[267] bleibt im Rahmen des ambulanten Praxisbetriebs gemeinhin ein besonderes persönliches Näheverhältnis zwischen dem konkret behandelnden Arzt und dem einzelnen Patienten bestehen. Der Name und die personelle Identität des ihm gegenüber faktisch tätig gewordenen Mediziners werden für einen geschädigten, alsdann um materiellen Ausgleich der erlittenen Nachteile bemühten Patienten daher in praxi beinahe immer außer Frage stehen.

Sofern in dieser Beziehung ausnahmsweise gleichwohl einmal Unschärfen bestehen sollten, werden sich diese im nachhinein nahezu stets durch einfache Nachforschungen des Patienten (z. B. Befragungen der Ärzte und des Personals, Einsichtnahme in die Krankenunterlagen, Überprüfung der erhaltenen Abrechnungen etc.) unproblematisch aus den sonstigen Umständen heraus aufklären lassen. Im Hinblick auf etwaige dennoch verbleibende Zweifels- oder Streitfälle ist ergänzend zu berücksichtigen, daß dem Patienten aus der unmittelbaren Rechtsbeziehung, welche zur gesamthänderisch gebundenen Vermögensmasse (d. h. also zu der „Gemeinschaftspraxis mbH") hin besteht, durchgehend ein rechtlich abgesicherter, aus seinem Selbstbestimmungsrecht und seiner personalen Würde erwachsender vertraglicher Anspruch auf Einsicht in die dokumentationspflichtigen Krankenunterlagen sowie gegebenenfalls auf Herausgabe einer entsprechenden vollständigen Kopie erwächst.[268] Eine ordnungsgemäße ärztliche Heilbehandlung schließt als vertragli-

---

[267] Die vergleichsweise seltenen Fälle, in denen bislang in der Rechtspraxis tatsächlich einmal Unklarheiten über die Person des behandelnden Mediziners aufgetreten sind, betrafen – soweit ersichtlich – ausschließlich den stationären Heilbehandlungssektor; vgl. so etwa BGH in VersR 1983, 690 (691), OLG Düsseldorf in VersR 1984, 791; AG Offenbach in NJW 1990, 2321 (2322).

[268] Vgl. zu der sich aus dem Heilbehandlungsvertrag ergebenden, durch § 15 I, III MBO 1995 bzw. durch Kapitel B. I § 15 (2) MBO 1997 auch berufsrechtlich abgesicherten ärztlichen Neben-

che Nebenpflicht eine ausreichende und sorgfältige Dokumentation mit ein, die auch über die Person des realiter verantwortlich behandelnden Arztes Auskunft geben muß.[269] Der Patient hat folglich in jedem Fall einen einklagbaren Anspruch darauf, daß ihm der Name und die personelle Identität des vormals im Zuge der Vertragserfüllung gegenständlich tätig gewordenen Arztes bekanntgegeben werden.[270]

Die Erfüllung dieser Auskunftsverpflichtung kann der geschädigte Patient sodann bereits vorprozessual gegenüber der „Gemeinschaftspraxis mit beschränkter Gesellschafterhaftung" als eigenständigem Zuordnungsobjekt anmahnen. Dabei wird er im allgemeinen spätestens zu diesem Zeitpunkt mit einer offenen und korrekten Auskunfterteilung seitens der assoziierten Ärzte rechnen dürfen, weil sich die anderenfalls notwendige Durchführung eines gerichtlichen Verfahrens zur Ermittlung des realiter tätig gewordenen Gesellschafters für die betreffenden Mediziner stark reputationsmindernd auswirken könnte und ihr Bestreben generell dahin gehen wird, derart rufschädigende Prozesse ausnahmslos zu vermeiden.[271]

Eine ungeachtet dessen weiter aufrechterhaltene Nichterfüllung des Auskunftsanspruchs würde in einem anschließenden Auskunftsprozeß selbstredend zu einem materiellrechtlichen Kostenerstattungsanspruch des Patienten gegen die mit eigener Rechtssubjektivität ausgestattete Gesamthand wegen Verzugs bzw. positiver Vertragsverletzung führen.[272] Die fortwährende Mißachtung der Auskunftspflicht wäre im Rahmen einer Vollstreckung nach § 888 ZPO darüber hinaus mit den empfindlichen, jeweils wiederholt festsetzungsfähigen Mitteln des Zwangsgeldes und der Zwangshaft sanktionsbewehrt;[273] hierbei könnte die Zwangshaft zudem durchaus auch gegen einen beliebigen für die „Gemeinschaftspraxis mbH" auftretenden, allgemein vertretungsberechtigten Gesellschafter-Arzt angeordnet werden.[274] Eine umfassende, prozessual wirksam und effektiv durchsetzbare Erfüllung der Auskunftsverpflichtung bliebe für den Patienten mithin selbst bei einer

---

pflicht, einem Patienten Einsicht in die ihn betreffenden Krankenunterlagen zu gewähren, im Anschluß an BGHZ 72, 132 (137 ff.) die grundlegende Entscheidung des BGH in VersR 1983, 264 (265 f.); siehe daneben allgemein auch *Deutsch*, S. 178 ff.; Laufs/Uhlenbruck-*Uhlenbruck*, Rn. 1 ff. zu § 60.

[269] BGH in VersR 1983, 690 (691); OLG Düsseldorf in VersR 1984, 791; AG Offenbach in NJW 1990, 2321 (2322); *Narr/Hess/Schirmer*, Rn. 936.

[270] Vgl. so ausdrücklich OLG Düsseldorf in VersR 1984, 791; *Narr/Hess/Schirmer*, Rn. 936 – Der Umfang der so umrissenen Auskunftspflicht erstreckt sich dabei auch auf die Angabe der Privatanschriften der behandelnden Ärzte; vgl. AG Offenbach in NJW 1990, 2321 (2322).

[271] Vgl. so – ansonsten allerdings von einem grundlegend anderen Haftungsmodell ausgehend – auch *Plass*, S. 146, für den Parallelfall des einer Anwaltssozietät angetragenen Auskunftsersuchens um namentliche Benennung des vormals verantwortlich handelnden Sozius.

[272] Ähnlich – freilich auf der Grundlage eines anderen Denkansatzes und jeweils für den Fall einer begehrten Auskunfterteilung über die Person des verantwortlich handelnden Gesellschafters innerhalb einer Anwaltssozietät – schon früher *Oertmann* in LZ 1916, 199 (204); *Kaufmann* in JW 1916, 883 (884) sowie aus neuerer Zeit *Plass*, S. 146.

[273] Vgl. zur generellen Unvertretbarkeit von Auskunftsansprüchen und einer entsprechenden Vollstreckungsmöglichkeit nach § 888 ZPO allgemein nur Zöller-*Stöber*, Rn. 3 zu § 888 ZPO.

[274] Vgl. zur sachlich parallel gelagerten Verhängung einer Zwangs- bzw. Ordnungshaft gegen den gesetzlichen Vertreter einer juristischen Person oder gegen den allgemein vertretungsberechtigten Komplementär einer Personenhandelsgesellschaft nur OLG Hamm in MDR 1966, 423; BGH in BB 1991, 1446; Zöller-*Stöber*, Rn. 8 zu § 888 ZPO i. V. m. Rn. 6, 12 u. 16 zu § 890 ZPO.

– praktisch sehr unwahrscheinlichen – eigenen Ungewißheit über die Person des vormals tatsächlich behandelnden Mediziners weiterhin gewährleistet, ohne daß ihm aus einer diesbezüglich eventuell notwendigen Beschreitung des Rechtswegs gegen das rechtlich verselbständigte, gesamthänderisch gebundene Gesellschaftsvermögen zugleich ein dauerhafter Kostennachteil entstehen würde.

In der Zeit bis zur ordnungsgemäßen Auskunfterteilung bräuchte der Patient wegen des erlittenen Schadens aus fehlerhafter Berufsausübung daneben im übrigen keinesfalls einen materiellen Verlust der deliktischen Ersatzansprüche zu befürchten, die ihm gegen den im Rahmen der konkreten Heilbehandlung tatsächlich tätig gewordenen Arzt in persona zustehen. Denn die für deliktische Ansprüche regelmäßig eingreifende kurze dreijährige Verjährungsfrist beginnt nach dem eindeutigen Gesetzeswortlaut des § 852 I BGB ohnehin erst dann zu laufen, wenn der Geschädigte Kenntnis von der Person des Ersatzpflichtigen hat. Dabei gehört zu der erforderlichen Kenntnis um den schuldhaften Behandlungsfehler eines Arztes neben dem Wissen um die wesentlichen Umstände des Behandlungsverlaufs[275] selbstverständlich auch die grundlegende Gewißheit um den Namen und die personelle Identität des behandelnden Mediziners an sich.

Sofern die ambulante „Gemeinschaftspraxis mbH" ansonsten schließlich wegen nachlässig geführter Aufzeichnungen oder aus anderweitig zu vertretenden Gründen rückblickend gar keine oder nur die falschen Gesellschafter als vormals verantwortlich behandelnde Mediziner benennen könnte, käme ferner ersatzweise auch eine selbständige, alle ärztlichen Teilhaber der Gesamthand als Gesamtschuldner persönlich treffende *deliktische Eigenhaftung* gegenüber dem geschädigten Patienten unter dem Gesichtspunkt eines gemeinschaftlichen Organisationsverschuldens in Betracht (vgl. die §§ 823 I, 840 I BGB).

Denn die ärztlichen Inhaber einer ambulanten „Gemeinschaftspraxis mit beschränkter Gesellschafterhaftung" bleiben kraft Deliktsrechts auch weiterhin *persönlich* verpflichtet, durch geeignete organisatorische Vorkehrungen (etwa durch die gemeinsame Festlegung präziser Verhaltensstandards, eine entsprechende Praxisorganisation sowie stichprobenweise interne Kontrollen) für eine ordnungsgemäße Aufgaben- und Zuständigkeitsverteilung in dem Sinne Sorge zu tragen, daß innerhalb des beruflichen Zusammenschlusses stets eine kontinuierliche und beweiskräftige Dokumentation der jeweiligen *Patientenzuweisung an* sowie eine qualifizierte *Patientenbehandlung durch* die einzelnen Gesellschafter-Ärzte sichergestellt ist.[276] Sollten diesbezüglich aussagekräftige gesellschaftsinterne Dokumenta-

---

[275] Vgl. dazu etwa BGH in VersR 1985, 740 (741); *Narr/Hess/Schirmer*, Rn. 866.

[276] Dem entspricht es, daß die Rechtsprechung auch auf dem Gebiet des stationären Heilwesens eine selbständige deliktische Eigenhaftung des Krankenhausträgers aus Organisationsverschulden (§§ 823 I, 31 BGB) insbesondere für solche Schäden bejaht, die daraus entstanden sind, daß es der leitende Krankenhausarzt entgegen dem Patienteninteresse fahrlässig verabsäumt hat, durch geeignete organisatorische Maßnahmen gegenüber den ärztlichen und nichtärztlichen Mitarbeitern (etwa generelle Anweisungen und eine gebotene periodische Überprüfung) die Vornahme verläßlicher Kontrolluntersuchungen sowie deren nachhaltige und aussagekräftige Dokumentation zu gewährleisten; vgl. so etwa OLG Koblenz in NJW-RR 1992, 417 (420); vgl. für ein Überwachungsversäumnis gegenüber einer pflegebefohlenen Patientin, das auf einem Unterlassen der gebotenen allgemeinen organisatorischen Maßnahmen und Anordnungen beruht, ebenso LG Heilbronn in MedR 1997, 84 (85); in dieser Richtung für eine unsorgfältige Aufbewahrung von tatsächlich erhobenen Befundunterlagen auch OLG Oldenburg in VersR 1993, 1021 (1022); speziell zur deliktischen Haftung des Krankenhausträ-

tionsbelege, die über die Person des tatsächlich behandelnden Arztes Auskunft geben, von Anfang an fehlen, aus ungeklärten Gründen späterhin abhanden gekommen sein oder flankierende Sicherungsinstrumentarien von den Sozien nur unzureichend unterhalten worden sein, träfe die beteiligten Ärzte im Hinblick auf die ausgleichungspflichtigen Körper- und Gesundheitsschäden des Patienten fraglos sämtlich eine eigenständige Ersatzpflicht aus dem besonderen Zurechnungsgrund des deliktischen Organisationsverschuldens. Die Darlegungs- und Beweislast für das Fehlen eines solcherart schuldhaft zu verantwortenden Organisationsmangels läge dabei – d. h. bei einem vorausgegangenen Unvermögen der Praxis-Gesamthand zur Auskunfterteilung über den Namen und die Person des zuvor verantwortlich behandelnden Gesellschafter-Arztes – im übrigen durchgängig auf seiten der assoziierten Mediziner.[277]

Nach alledem dürfte es somit durchaus schwerfallen, den ärztlichen Betrieb einer ambulanten „Gemeinschaftspraxis mit beschränkter Gesellschafterhaftung" nach allgemeinem Zivilrecht wegen einseitiger und unverhältnismäßiger Zurücksetzung von Patienteninteressen kategorisch für sittenwidrig und daher nichtig erklären zu wollen. Im Ergebnis wird man statt dessen vielmehr nolens volens abwarten müssen, ob die Rechtspraxis den Landesärztekammern im Fall eines Auftretens von Mißständen zukünftig hinreichenden Anlaß bietet, um die entsprechenden berufsrechtlichen Vorschriften in Ansehung eines derartigen – zivilrechtlich de lege lata grundsätzlich möglichen – kautelarjuristischen Vorgehens niedergelassener Ärzte einer veränderten oder eingehenderen Regelung zuzuführen.

Im übrigen vermag die (derzeit augenscheinlich näherliegende) berufsrechtliche Konformität einer „einseitig" herbeigeführten Haftungsbegrenzung auf das Gesamthandsver-

---

gers im Kontext mit einer unterbliebenen Bekanntgabe der Namen der verantwortlich behandelnden Personen siehe OLG Düsseldorf in VersR 1984, 791 (791 f.).

[277] Soweit die „Gemeinschaftspraxis mit beschränkter Gesellschafterhaftung" im Vorfeld zu einer ordnungsgemäßen Auskunfterteilung über die Person des im Rahmen der konkreten Heilbehandlung tatsächlich tätig gewordenen Arztes außerstande gewesen ist, wird man im anschließenden Punkte des Vorwurfs eines deliktischen Organisationsverschuldens wohl ohne weiteres eine weitreichende Beweislastumkehr zu Lasten der betreffenden Gesellschafter-Ärzte annehmen können. Denn die Ursache für die Schlechterfüllung des Auskunftsanspruchs fällt hier unzweifelhaft allein in die Risikosphäre des freiberuflichen Zusammenschlusses und also in den exklusiven Gefahren- und Verantwortungsbereich aller assoziierten Mediziner. In diesem Bereich, in dem es nicht um die eigentliche ärztliche Diagnose und die fachliche Heilbehandlung geht, sondern in dem ausschließlich die an sich voll beherrschbare periphere Organisation des Behandlungsgeschehens in Rede steht, rechtfertigt sich indes auch im Rahmen einer deliktischen Inanspruchnahme eine analoge Anwendung des § 282 BGB, so daß die verbundenen Ärzte hier dartun und beweisen müssen, daß der aufgetretene Fehler – vorliegend also die Unmöglichkeit einer zutreffenden Auskunfterteilung über die personelle Identität des behandelnden Mediziners – nicht auf einem ihnen zurechenbaren Organisations- oder Personalverschulden beruht; vgl. zu einer derartigen deliktsrechtlichen Beweislastverteilung außerhalb des eigentlichen Kernbereichs ärztlicher Heilbehandlungstätigkeit allgemein nur BGH in NJW 1982, 699; BGHZ 88, 248 (256 f.); OLG Düsseldorf in VersR 1984, 791 (792); BGH in MDR 1991, 846; OLG Koblenz in NJW-RR 1992, 417 (420); OLG Oldenburg in VersR 1993, 1021 (1022); OLG Stuttgart in NJW 1993, 2384 (2386); LG Heilbronn in MedR 1997, 84 (85); Palandt-*Thomas*, Rn. 170a zu § 823 BGB; siehe zur Beweislastumkehr für deliktische Ansprüche bei gebotener, aber unterbliebener ärztlicher Kontrolle und Dokumentation im unmittelbaren Bereich der fachlichen Heilbehandlung daneben auch RGZ 171, 168 (172); OLG Köln in NJW-RR 1995, 346 (347); OLG Düsseldorf in VersR 1997, 748.

mögen der BGB-Gesellschaft freilich nichts daran zu ändern, daß die Angehörigen der freien Heilberufe hierbei – je nach Art der Bekanntgabe eines solchen Haftungsbeschränkungshinweises an das ratsuchende Publikum – gegebenenfalls zumindest den allgemeinen zivilrechtlichen Bestimmungen des AGB-Gesetzes Rechnung tragen müssen.[278]

(2) Die Verwendung personaler Haftungskonzentrationsklauseln in einer ärztlichen Gemeinschaftspraxis

Eine andere denkbare Form der personalen Haftungsbegrenzung innerhalb der ärztlichen Berufsausübungsgesellschaft dürfte sich demgegenüber vergleichsweise noch geringeren berufsrechtlichen Bedenken ausgesetzt sehen. Ähnlich wie bei den rechts- und wirtschaftsberatenden freien Professionen stellt sich auch für niedergelassene Ärzte, die in einer ambulanten Gemeinschaftspraxis bzw. in einer als Gesellschaft bürgerlichen Rechts geführten medizinischen Kooperationsgemeinschaft zusammenarbeiten, die Frage, ob diese anläßlich des Vertragsschlusses mit dem ratsuchenden Publikum berechtigt sind, ihre persönliche Sekundärhaftung wegen etwaiger späterhin auftretender Berufsfehler mittels vorformulierter Vertragsbedingungen vorab ausschließlich auf bestimmte – namentlich allein auf die anschließend mit der konkreten Patientenbehandlung tatsächlich befaßten – Gesellschafter zu konzentrieren.

Bei einem solchen Vorgehen bliebe auf der Primärebene unter zivilrechtlichen Gesichtspunkten weiterhin ein Vertragsschluß des Patienten mit sämtlichen assoziierten Berufsvertretern gewährleistet.[279] Die in dieser Konstellation unverändert fortbestehende unmittelbare Vertragsbeziehung zu allen Sozien beläßt dem ratsuchenden Publikum weiter das Recht, nach freiem Belieben auch jeden der Ärzte als Gesamtschuldner persönlich auf reale Vornahme der versprochenen ärztlichen Behandlung in Anspruch zu nehmen (§ 421 Satz 1 BGB). Der in § 23 IV MBO 1995 bzw. in Kapitel D. II. Nr. 8 (3) MBO 1997 niedergelegte Grundsatz der freien Arztwahl würde durch eine solcherart bewirkte personale Begrenzung der Ersatzhaftung, die sich lediglich auf Schäden aus fehlerhafter Berufsausübung bezöge, also keinerlei Beeinträchtigung erfahren.

Auch im übrigen sind keine berufsrechtlichen Regelungen ersichtlich, aufgrund derer einer so herbeigeführten vertraglichen Haftungskonzentration auf einen einzelnen Berufsvertreter die Rechtsverbindlichkeit mit zwingenden Gründen abgesprochen werden könnte. Spezielle berufsrechtlichen Bestimmungen, die für die Angehörigen der freien Heilberufe die insoweit zivilrechtlich eröffneten Gestaltungsspielräume weiter eingrenzen, existieren nicht.

Eine unstatthafte Einschränkung ärztlicher Sorgfaltspflichten wäre mit dieser Form der personalen Haftungsbegrenzung für Berufsausübungsfehler gleichfalls nicht verbunden. Die Rechtslage im Punkte der Sekundärhaftung würde für die ambulante Gemeinschaftspraxis lediglich weitgehend den Verhältnissen angeglichen, wie sie bei Beauftragung eines allein praktizierenden Berufsangehörigen ohnehin gelten. Auch ein angemessener Berufshaftpflichtversicherungsschutz für den Patienten bliebe aufgrund der vertraglich wie

---

[278] Vgl. zu diesem Problemkreis und den allgemeinen rechtlichen Unwägbarkeiten, die mit Blick auf den Betrieb einer „Sozietät mit beschränkter Gesellschafterhaftung" durch die Angehörigen der Freien Berufe bestehen, eingehend unten auf S. 268 ff.

[279] Vgl. zur analog geltenden Rechtslage im Vertragsarztrecht bereits oben Seite 228 in Fn. 260.

deliktisch uneingeschränkt fortbestehenden persönlichen Ersatzhaftung des späterhin tatsächlich behandelnden Arztes für schuldhaft verursachte Berufsfehler nach wie vor gewährleistet.

Eine allgemeine zivilrechtliche Schranke gegenüber einer formularvertraglich begründeten Konzentration der persönlichen Ersatzhaftung auf den bzw. die nachfolgend im Rahmen der konkreten Heilbehandlung gegenständlich tätig werdenden Mediziner müßte indes die Bestimmung des § 11 Nr. 7 AGBG bilden. Anders als bei den rechts- und wirtschaftsberatenden Professionen hat das Fehlen spezifischer Bestimmungen im ärztlichen Berufsrecht in diesem Zusammenhang zur Folge, daß eine entsprechende Haftungskonzentrationsklausel nicht gemäß § 8 AGBG von einer AGB-rechtlichen Inhaltskontrolle nach den §§ 9-11 AGBG ausgenommen wäre.[280] Da in dieser Konstellation weiterhin sämtliche assoziierten Ärzte Vertragspartner des Patienten blieben und die Klausel dazu dienen soll, die Ersatzhaftung der übrigen Sozien mit ihrem Privatvermögen für Berufsausübungsfehler neben derjenigen des behandelnden Gesellschafters auszuschließen, hätten somit alle Berufsvertreter als Klauselverwender gemäß § 1 I 1 AGBG zu gelten. Der handelnde Arzt würde in Erfüllung der gesamtschuldnerischen Behandlungsverpflichtung aller Sozien tätig, und die formularvertragliche Haftungskonzentration stellte sich auch als „Begrenzung der Haftung" i. S. d. § 11 Nr. 7 AGBG dar, weil für die Befriedigung eines potentiellen Haftpflichtfalls nur noch ein herabgesetztes Haftungskapital zur Verfügung stünde.

Eine rechtswirksame Bündelung der persönlichen Ersatzhaftung auf den tatsächlich behandelnden Mediziner wäre danach nur zu erreichen, falls die entsprechende Klausel die persönliche Einstandspflicht der übrigen zur gemeinsamen Berufsausübung verbundenen Berufsvertreter für die Fälle einer vorsätzlichen oder grob fahrlässigen Pflichtverletzung des Behandlungsvertrags weiterhin unberührt ließe.[281] Bei einem Einsatz vorformulierter Vertragsbedingungen bliebe damit gerade in den Fällen eines besonders schweren und groben Behandlungsfehlers des behandelnden Arztes weiterhin die Mithaftung auch der übrigen Gesellschafter mit ihrem Privatvermögen erhalten.

Ebensowenig könnten die assoziierten Berufsvertreter durch eine entsprechende Haftungskonzentrationsklausel die Ersatzhaftung mit dem Gesamthandsvermögen der Gemeinschaftspraxis oder einer als BGB-Gesellschaft geführten medizinischen Kooperationsgemeinschaft für Schäden aus fehlerhafter Berufsausübung gegenüber den Patienten ausschließen. Soweit mehrere Mediziner in Form eines personengesellschaftlichen Zusam-

---

[280] Der auf dem Sektor des Heilwesens generell zu konstatierende Mangel an berufsrechtlichen Vorschriften, die explizit die formularvertragliche Möglichkeit zur personalen Begrenzung der Ersatzhaftung auf ein namentlich bezeichnetes Mitglied der Gemeinschaftspraxis eröffnen, hat zur Folge, daß entsprechende Klauselwerke nicht bloß deklaratorischen und normausfüllenden Charakter haben, sondern auf eine einseitig determinierte Umgestaltung der dispositiven Rechtslage abzielen. Damit steht nichts entgegen, derartige vorformulierte Vertragsbestimmungen einer umfassenden und uneingeschränkten Überprüfung anhand des AGB-Gesetzes zu unterziehen; vgl. zur abweichenden Rechtslage bei den rechts- und wirtschaftsberatenden Freien Berufen bereits oben Seite 223 f.

[281] Diese Grundsätze würden aufgrund des insoweit anerkannten Gleichlaufs bei der Verwendung vorformulierter Haftungsbegrenzungsvereinbarungen über § 9 I AGBG ebenso auch gegenüber Kaufleuten gelten; vgl. zur allgemeinen Übertragbarkeit der haftungsrechtlichen Wertungen des § 11 Nr. 7 AGBG auf den kaufmännischen Verkehr hier nur Meilicke/v.Westphalen/Hoffmann/Lenz-*v.Westphalen*, Rn. 112 zu § 8 PartGG; siehe dazu im übrigen auch bereits oben Seite 210.

menschlusses grundsätzlich gemeinsam und als Einheit an das Publikum herantreten, entspricht es dem tatsächlichen und rechtlichen Erklärungswert dieses Verhaltens, daß die an der konkreten Heilbehandlung unbeteiligten Ärzte eine ihnen im Haftpflichtfall drohende Sekundärhaftung durch ein standardisiertes Verfahren lediglich hinsichtlich ihres Privatvermögens abbedingen können, nicht aber zugleich hinsichtlich des vergemeinschafteten Gesellschaftsvermögens. Ein weiter reichender allgemeinvertraglicher Haftungsausschluß für schuldhaft verursachte Berufsausübungsfehler entspräche weder den schutzwürdigen Interessen der Patienten, auf das – wenn auch in seinem Bestand rechtlich ungesicherte – Gesamthandsvermögen der BGB-Gesellschaft als zusätzliche Haftungsgrundlage zugreifen zu können, noch fordert es die Interessenlage der übrigen, nicht in die konkrete Patientenbetreuung einbezogenen Gesellschafter, ihnen mittels vorformulierter Vertragsbedingungen über eine Freistellung ihres Privatvermögens hinaus zudem auch eine Enthaftung mit der gesamthänderischen Vermögensmasse zu ermöglichen.

Die besonderen Haftungskonzentrationsvorschriften, die im Bereich der berufsrechtlich gebundenen rechts- und wirtschaftsberatenden freien Professionen vor kurzem zur Freiberufler-Sozietät[282] sowie allgemein und beinahe zeitgleich zur freiberuflichen Partnerschaft[283] ergangen sind, lassen vielmehr einheitlich erkennen, daß der Gesetzgeber den in einer Personengesellschaft zusammengeschlossenen Freiberuflern zwar allgemein eine Vorab-Konzentration der *persönlichen* Ersatzhaftung auf den oder die späterhin verantwortlich handelnden Gesellschafter zubilligen möchte, daß aber die fortbestehende Haftung des gesamthänderisch gebundenen Gesellschaftsvermögens für berufliche Fehlleistungen davon unberührt bleibt und auch weiterhin nicht durch vorformulierte Vertragsbedingungen auszuschließen sein soll. Eine personale Haftungsbegrenzungsklausel, die ungeachtet dessen auch das Gesamthandsvermögen einer Gemeinschaftspraxis oder einer als Gesellschaft bürgerlichen Rechts organisierten medizinischen Kooperationsgemeinschaft von einer Ersatzhaftung für schuldhaft verursachte Berufsfehler ausnehmen wollte, müßte vor diesem Hintergrund folglich als unangemessene Benachteiligung des ratsuchenden Publikums bewertet werden und wegen Verstoßes gegen die Generalklausel des § 9 I AGBG insgesamt der Unwirksamkeit verfallen.[284]

Abgesehen hiervon ließe sich eine von ärztlicher Seite mittels vorformulierter Vertragsbedingungen vorab bewirkte Konzentration der persönlichen Ersatzhaftung auf den oder die anschließend tatsächlich behandelnden Gesellschafter jedoch nicht pauschal als Verstoß gegen § 3 AGBG wegen überraschenden Charakters bzw. als Verletzung des § 9 AGBG wegen Abweichung von wesentlichen Grundgedanken des richterlich herausgebildeten Solidarhaftungsprinzips sämtlicher Sozien bewerten.

---

[282] Vgl. dazu die oben auf Seite 212 ff. ausführlich behandelten §§ 51a II 2, 3 BRAO; 45a II 2, 3 PatAnwO; 54a II WPO; 67a II StBerG.

[283] Vgl. dazu § 8 II PartGG.

[284] Ein Risiko, im Zuge dessen über die im Verhältnis zur Gesellschaft prinzipiell vorgesehene Nachschußpflicht (§ 735 BGB) mittelbar auch einer uneingeschränkten persönlichen Einstandspflicht gegenüber dem geschädigten Auftraggeber ausgesetzt zu werden, resultiert aus der fortbestehenden Ersatzhaftung des Gesamthandsvermögens für die übrigen, nicht an der konkreten Patientenbehandlung beteiligten ärztlichen Gesellschafter ohnehin nicht; vgl. dazu bereits die entsprechenden Darlegungen oben auf Seite 215 f.

Denn selbst unter Berücksichtigung der besonders qualifizierten Vertrauensstellung, die den Angehörigen der freien Heilberufe kraft ihrer beruflichen Autorität und ihrer strukturellen Wissensüberlegenheit im Verhältnis zu den ratsuchenden Patienten zukommt, dürfte es kaum überzeugen, jenen Professionen auf der Grundlage allgemeiner zivilrechtlicher Wertungen für den Regelfall das untersagen zu wollen, was den rechts- und wirtschaftsberatenden Freien Berufen unlängst durch besondere berufsrechtliche Regelungen bei einer gemeinsamen Berufsausübung in der Gesellschaft bürgerlichen Rechts sogar ausdrücklich legislativ zugestanden worden ist. Der Umstand, daß auch Rechtsanwälte, Wirtschaftsprüfer und Steuerberater trotz einer vergleichbaren Vertrauensposition zu einem entsprechenden Vorgehen berechtigt sind, spricht im Gegenteil eher dafür, den niedergelassenen Ärzten inhaltlich gleichlautende zivilrechtliche Handlungsspielräume zuzubilligen. Dies gilt um so mehr, als dort spezifische berufsrechtliche Restriktionen, die den Punkt einer formularvertraglich herbeigeführten personalen Haftungsbegrenzung wegen Schäden aus fehlerhafter Berufsausübung betreffen, gerade fehlen.

Ein gewisses Unbehagen gegenüber den hiernach vorhandenen ärztlichen Ausgestaltungsfreiheiten provoziert im übrigen freilich der Umstand, daß aufgrund des berufsrechtlichen Regelungsvakuums keine besonderen förmlichen Sicherungsinstrumentarien einzuhalten sind, die dem ratsuchenden Publikum die mit der vertraglichen Haftungskonzentration verbundene Minderung der potentiellen Haftungsschuldner bei beruflichen Fehlleistungen deutlich vor Augen führen. So können die assoziierten Mediziner die persönliche Ersatzhaftung für Berufsausübungsfehler gegenwärtig mittels vorformulierter Vertragsbedingungen vorab auf den im weiteren Verlauf tatsächlich tätig werdenden Sozius begrenzen, ohne daß es – vergleichbar den rechts- und steuerberatenden Berufen – beispielsweise einer ausdrücklichen namentlichen Bezeichnung des Berufstätigen oder einer gesonderten schriftlichen Zustimmungserklärung des Patienten zu einem solchen Vorgehen bedürfte.

Zwar wird der Patient einer ambulanten Gemeinschaftspraxis aufgrund der zumeist unmittelbar und persönlich erfolgenden Kontaktaufnahme – wie bereits ausgeführt – in den wenigsten Fällen darüber im ungewissen sein, welcher Gesellschafter-Arzt ihn nachfolgend im Zuge der tatsächlichen Leistungserbringung konkret behandelt hat. Auch bestehen für ihn ausreichende Rechtsschutzmöglichkeiten, um in dennoch verbleibenden atypischen Ausnahmesituationen den Namen des realiter tätig gewordenen, ihm uneingeschränkt ersatzpflichtig gebliebenen Mediziners ohne materiellen Rechtsverlust und ohne dauerhafte Kostennachteile nachträglich in Erfahrung zu bringen. Dies gilt bei einer formularvertraglichen Haftungskonzentration, die allein die persönliche Einstandspflicht wegen fehlerhafter Berufsausübung zum Gegenstand hat, um so mehr, als die beteiligten Ärzte dem Patienten hier – anders als die Inhaber einer „Gemeinschaftspraxis mit beschränkter Gesellschafterhaftung" – sogar weiterhin auch direkt und persönlich kraft vertraglicher Nebenpflicht zu einer Auskunfterteilung über die personelle Identität des vormals verantwortlich behandelnden Mediziners verpflichtet bleiben.

Dennoch wird man sich auf Dauer die Frage stellen müssen, ob das ratsuchende Publikum, wenn es die Inhaber einer als BGB-Gesellschaft ausgestalteten ärztlichen Berufsausübungsgesellschaft konsultiert, hierbei im Punkte einer (formular-)vertraglich realisierbaren Haftungskonzentration wegen schuldhaft verursachter Berufsfehler tatsächlich weniger schutzbedürftig erscheinen kann als in Relation dazu etwa bei der parallelen Beauftragung einer Anwaltssozietät. Mit Blick auf das Gewicht der jeweils betroffenen Primärrechtsgüter – hier Leben und Gesundheit, dort von vornherein in erster Linie reine Vermögensinteressen – dürften die divergierenden Anforderungen, die diesbezüglich gegenwärtig in formeller Hinsicht an die jeweilige Rechtswirksamkeit einer vorformulierten Bündelung der persönlichen Ersatzhaftung gestellt werden, de lege ferenda wohl nur schwerlich und allenfalls mit einem beachtlichen Argumentationsaufwand weiterhin zu rechtfertigen sein. Eine bescheidene Korrektur dieser wertungsmäßig nicht ganz frei von inneren Widersprüchen anmutenden Rechtslage scheint de lege lata allenfalls dadurch möglich, daß an die Erkennbarkeit einer von niedergelassenen Ärzten verwendeten Haftungskonzentrationsklausel und ihre rechtswirksame Einbeziehung in den ärztlichen Heilbehandlungsvertrag nach Maßgabe des AGB-Gesetzes tendenziell erhöhte Anforderungen zu stellen sind.[285]

Im übrigen steht zu vermuten, daß es gegenwärtig eher (noch) Gründe tatsächlicher Art sind, die insoweit eine vollständige Ausnutzung der sich zivilrechtlich bietenden ärztlichen Ausgestaltungsfreiheiten verhindern. Bislang ist das Publikum auf dem heilkundlichen Sektor de facto generell nicht an den Einsatz vorformulierter Vertragsbedingungen, die eine Konzentration der persönlichen Ersatzhaftung wegen Schäden aus fehlerhafter Berufsausübung zum Gegenstand haben, gewöhnt. Demgemäß dürfte derzeit vor allem der potentielle Abschreckungseffekt, der zumindest anfänglich mit dem Einsatz solcher perso-

---

[285] So wird man bei einem entsprechenden Haftungsbeschränkungshinweis, der – wenn auch deutlich sichtbar – lediglich als „Patienten-Aushang“ in den Praxisräumen (insbesondere im Wartezimmer) angebracht ist, wohl dahin argumentieren können, daß eine rechtswirksame Einbeziehung in den ärztlichen Behandlungsvertrag nicht stattgefunden hat. Hier dürfte die Regelung des § 2 I Nr. 1 AGBG anwendbar sein, die eine entsprechende Bekanntgabemöglichkeit durch Aushänge nur subsidiär eröffnet, soweit ein ausdrücklicher Hinweis auf die vorformulierten Vertragsbedingungen mit unverhältnismäßigen Schwierigkeiten verbunden wäre. Die Mitteilungsform durch Aushänge ist also prinzipiell nachrangig und in erster Linie für Geschäfte des Massenverkehrs konzipiert, bei denen eine persönliche Kontaktaufnahme entweder gar nicht stattfindet oder sich als überflüssige Erschwerung der Massenabfertigung darstellt; vgl. Palandt-*Heinrichs*, Rn. 7 zu § 2 AGBG mit zahlreichen Beispielen aus dem gewerblichen Wirtschaftsleben. Eine solche Situation kann für den am individuellen Patientenwohl ausgerichteten Heilbehandlungsvertrag aber selbstredend niemals gegeben sein; ebenso für den freiberuflichen Dienstleistungssektor allgemein auch *Seibert*, S. 59; Meilicke/v.Westphalen/Hoffmann/Lenz-*v.Westphalen*, Rn. 79 zu § 8 PartGG; *Bösert/Braun/Jochem*, S. 165; *Michalski/Römermann*, Rn. 31 zu § 8 PartGG; *Römermann*, S. 131; *Henssler* in FS für Vieregge (1995), 361 (371); *Arnold* in BB 1996, 597 (602).

Gleichwohl sollten die allgemeinen AGB-rechtlichen Sanktionsmöglichkeiten in diesem Zusammenhang nicht überschätzt werden. Soweit den Patienten bereits beim Aufsuchen einer Gemeinschaftspraxis bzw. einer als Gesellschaft bürgerlichen Rechts organisierten medizinischen Kooperationsgemeinschaft ein entsprechendes „Patienten-Merkblatt“ ausgehändigt würde, aus dem die explizite Beschränkung der persönlichen Ersatzhaftung auf den behandelnden Mediziner ohne weiteres offen zu ersehen ist, ließe sich wohl kaum überzeugend begründen, daß die Haftungskonzentrationsklausel mangels ausdrücklichen Hinweises oder aufgrund eines überraschenden Charakters (§ 3 AGBG) nicht Vertragsbestandteil geworden ist; ebenso *Seibert*, S. 59; *Bösert/Braun/ Jochem*, S. 165 mit Blick auf die parallele Rechtslage bei der Verwendung von Haftungskonzentrationsklauseln in einer Ärztepartnerschaft. Eine AGB-rechtliche Unwirksamkeit der personalen Haftungsbegrenzungsklausel dürfte für die Gemeinschaftspraxis oder eine als BGB-Gesellschaft ausgestaltete medizinische Kooperationsgemeinschaft in diesem Fall lediglich anzunehmen sein, falls die zur gemeinsamen Berufsausübung verbundenen Mediziner bei der textlichen Abfassung die Vorgaben des § 11 Nr. 7 AGBG unberücksichtigt gelassen haben; anders demgegenüber die Rechtslage für partnerschaftlich organisierte medizinische Berufsausübungsgesellschaften; siehe dazu allgemein unten Seite 386 ff. und insbesondere Seite 389 f.

naler Haftungsbegrenzungsklauseln verbunden wäre, dafür verantwortlich sein, daß die assoziierten Mediziner aus Sorge um die Erhaltung ihres Patientenstamms (noch) von einem entsprechenden kautelarjuristischen Vorgehen Abstand nehmen.[286]

Ob die danach im Bereich der ambulanten Gesundheitspflege kraft allgemeinen Zivilrechts vorhandenen kautelarjuristischen Handlungsspielräume, die beim Betrieb einer ärztlichen Gemeinschaftspraxis bzw. einer als BGB-Gesellschaft geführten medizinischen Kooperationsgemeinschaft für die zusammengeschlossenen Mediziner existieren, aufgrund der Wertigkeit der betroffenen Rechtsgüter nicht de lege ferenda ähnlichen berufsrechtlichen Restriktionen unterworfen werden sollten wie bei den rechts- und steuerberatenden Berufen, dürfte bei abschließender Betrachtung zumindest diskutabel erscheinen.

cc) Die Situation bei freischaffenden Architekten und Ingenieuren

In etwa entsprechend zu bewerten sind die gegenwärtig für die Berufsgruppen der freischaffenden Architekten und der beratenden Ingenieure bestehenden (formular-)vertraglichen Haftungsbegrenzungsmöglichkeiten in der Sozietät.

Für die freien Konstruktionsberufe ist dabei zunächst allgemein voranzustellen, daß dort der Einsatz von vorformulierten Haftungsbeschränkungsklauseln durch die Berufsangehörigen circa seit dem Ende der fünfziger Jahre üblich geworden und seither verhältnismäßig weit verbreitet ist.[287] Im Zuge dessen haben sich inzwischen auch die betreffenden Berufsverbände verstärkt mit der Schaffung berufsspezifischer Vertragsmuster befaßt. So legte beispielsweise die in Form eines eingetragenen bürgerlich-rechtlichen Vereins konstituierte Bundesarchitektenkammer erst Ende des Jahres 1993 eine neue Fassung eines Einheits-Architektenvertrags für Gebäude (EAV 1994) vor und meldete diesen als Konditionenempfehlung beim Bundeskartellamt an.[288] Darin enthalten ist unter anderem auch eine bereits vorformulierte Haftungsbegrenzungsabrede für sonstige, durch einfache Fahrlässigkeit herbeigeführte Schäden (außer Personenschäden), die vom Verwender lediglich noch im Hinblick auf den einzusetzenden Höchstbetrag ausfüllungs- und ergänzungsbedürftig ist.[289]

Auf dem für die Praxis des Bauwesens mithin vergleichsweise bedeutsamen Gebiet der formularvertraglichen Haftungsfreizeichnung durch Angehörige der freien Konstruktionsberufe besteht dabei indes weithin Einigkeit, daß beispielsweise ein freischaffender Architekt mittels vorformulierter Vertragsbedingungen keinesfalls einen vollständigen Haftungs*ausschluß* für leicht fahrlässig verursachte Planungs- und Bauüberwachungsfehler erreichen kann. Bereits die Stellung des Architekten als Sachwalter des Bauherrn und das

---

[286] Vgl. zu der tatsächlichen psychologischen Hemmschwelle gegenüber der Verwendung entsprechender Haftungskonzentrationsklauseln ferner auch unten Seite 254 f.

[287] Vgl. zur damals aufkommenden Verwendung von Haftungsfreizeichnungsklauseln in diesen Berufsgruppen etwa *Schmidt* in VersR 1960, 682 (683); *Meiss* in VersR 1960, 961 (964); aus späterer Zeit siehe etwa *Deutsch* in VersR 1974, 301 (305); aus dem gegenwärtigen Schrifttum nur Neuenfeld-*Dohna*, Band 1, Rn. 154 zu Teil IV.

[288] Vgl. dazu *Bartsch* in BauR 1994, 314; *Löffelmann* in BauR 1994, 563 – Die AGB-rechtliche Kontrolle eines der Kartellbehörde vorgelegten Vertragswerks bleibt von einer derartigen Anmeldung nach § 9 I GWB freilich unberührt und findet nach wie vor uneingeschränkt statt, vgl. nur *Bartsch*, aaO.

[289] Vgl. *Bartsch* in BauR 1994, 314 (318).

damit in Anspruch genommene besondere Vertrauen in seine berufstypische Qualifikation lassen es unvereinbar erscheinen, ihm trotz schuldhaften Handelns ein so weitreichendes Freizeichnungsrecht in unilateral vorformulierten Vertragsbedingungen zubilligen zu wollen.[290] Darüber hinaus ist in Anbetracht der berufsrechtlich gemeinhin angeordneten Pflicht, einen angemessenen Berufshaftpflichtversicherungsschutz zu unterhalten,[291] für den selbständig tätigen Architekten zumindest heute ein berechtigtes Interesse an einem gänzlichen Haftungsausschluß auch für nur leicht fahrlässig verursachte Berufsfehler nicht mehr anzuerkennen.[292] Ein für Fälle einfacher Fahrlässigkeit ungeachtet dessen gleichwohl ausbedungener vollständiger Haftungsausschluß in vorformulierten Vertragsbedingungen wäre insofern mithin als Verstoß gegen § 9 I, II Nr. 2 AGBG zu werten und müßte unweigerlich zur Unwirksamkeit der betreffenden Klausel führen.[293]

Überdies sind auch an vorformulierte Vertragsbedingungen, durch welche die Einstandspflicht wegen leicht fahrlässig begangener Berufsfehler für sog. sonstige Schäden (außer Personenschäden) dem Umfang nach auf bestimmte Haftungshöchstsummen *begrenzt* werden soll, strenge Anforderungen zu stellen. Denn auch eine summenmäßige Beschränkung der Ersatzpflicht auf einen Höchstbetrag kann bei Verletzung vertraglicher Hauptleistungspflichten prinzipiell geeignet sein, die Rechte der Vertragsgegenseite derart auszuhöhlen, daß der Vertragszweck gefährdet ist.[294] Eine solche Haftungsbegrenzung für leicht fahrlässig verursachte Berufsausübungsfehler ist in Ansehung des § 9 I, II Nr. 2 AGBG daher allgemein sowohl gegenüber Privat- wie gegenüber Kaufleuten nur dann für wirksam zu erachten, wenn die vereinbarte Höchstsumme die vertragstypischen, vorhersehbaren Schäden abdeckt.[295]

---

[290] So zutreffend *Löffelmann/Fleischmann*, Rn. 1677; ebenso auch BGH in NJW-RR 1986, 271 (272) für einen Fachplaner, der als öffentlich bestellter und vereidigter Sachverständiger besonderes Vertrauen in seine berufliche Qualifikation beanspruchte und vertragsgemäß die planerischen Aufgaben eines Sonderfachingenieurs übernommen hatte.

[291] Vgl. dazu bereits die entsprechenden Darlegungen oben auf Seite 195 in Fußnote 142.

[292] *Löffelmann/Fleischmann*, Rn. 1677; siehe dazu allgemein auch KG in NJW-RR 1991, 698 (699): „Die Versicherbarkeit eines Risikos durch den Unternehmer begründet vielmehr eine Vermutung für die Unwirksamkeit eines (vorformulierten, sic!) Haftungsausschlusses."

[293] *Löffelmann/Fleischmann*, Rn. 1677 – Dieselben erachten aus den gleichen Erwägungen heraus aaO, Rn. 1691, daneben weitergehend auch einen individualvertraglich vereinbarten vollständigen Haftungsausschluß wegen leicht fahrlässig verursachter Berufsfehler nach § 242 BGB für rechtsunwirksam.

[294] Vgl. BGHZ 89, 363 (368); BGH in NJW 1985, 3016 (3018); 1993, 335 (336).

[295] BGHZ 89, 363 (368 f.); BGH in NJW 1985, 3016 (3018); 1993, 335 (336).

Die vorerwähnte, grundlegend überarbeitete Version des Einheitsarchitektenvertrags für Gebäude (EAV 1994) sieht in § 7.4 diesbezüglich vor, daß der Verwender die Haftung aus leichter Fahrlässigkeit (außer bei Personenschäden) auf einen Haftungshöchstbetrag begrenzen kann, der im Formular mit einer punktierten Linie angegeben ist und also von Hand eingetragen werden soll; vgl. dazu den Abdruck in Neuenfeld-*Dohna*, Band 1, Rn. 207 zu Teil IV sowie *Bartsch* in BauR 1994, 314 (318). In einer Fußnote hierzu wird angemerkt, daß der Betrag angemessen sein muß und die Deckungssumme der Haftpflichtversicherung in dieser Beziehung eine Orientierungshilfe bieten kann. In sichtlicher Anlehnung an BGH in VersR 1986, 37 (38) ist als adäquat insoweit ein Betrag in einer Größenordnung von mindestens ca. 150.000 DM bezeichnet worden; so etwa *Löffelmann* in BauR 1994, 563 (567); *Löffelmann/Fleischmann*, Rn. 1687; ebenso zuvor auch schon *Beigel* in BauR 1986, 34 (36 f.). Bei größeren Bauvorhaben mit bereits ex ante erkennbar weiter reichenden Schadenspotentialen

(1) Die von Angehörigen der freien Konstruktionsberufe betriebene „BGB-Gesellschaft mit beschränkter Gesellschafterhaftung"

Von diesen generellen Vorgaben für summenmäßige Haftungsbeschränkungsklauseln einmal abgesehen, könnte wegen der im Planungs- und Bauüberwachungssektor mitunter sehr hohen Schadens- und Haftungspotentiale von einigen Berufsangehörigen daneben freilich auch die „BGB-Gesellschaft mit beschränkter Gesellschafterhaftung" als eine interessante Form der freiberuflichen Leistungserbringung verstanden werden. Auch für die Berufsgruppen der freischaffenden Architekten und Ingenieure stellt sich daher die Frage nach der berufsrechtlichen Rechtmäßigkeit einer solchen Form der Berufsausübung.

Dabei ist zunächst zu bemerken, daß sich die jeweiligen Berufsgesetze auf Landesebene häufig durch eine wünschenswerte Präzision bei der Bestimmung des Vorliegens einer als „frei" oder „freischaffend" umschriebenen Berufstätigkeit auszeichnen. So findet sich des öfteren die ausdrückliche gesetzliche Feststellung, daß eine freie Berufstätigkeit dann anzunehmen ist, wenn der Betreffende seinen Beruf unabhängig und eigenverantwortlich ausübt.[296] Die Eigenverantwortlichkeit wiederum ist in dem hier interessierenden Zusammenhang bei gemeinsamer Berufsausübung berufsgesetzlich sodann nicht selten dadurch gekennzeichnet, daß die freischaffenden Architekten oder Ingenieure sich „... zusammengeschlossen haben und innerhalb dieses Zusammenschlusses als Vorstand, Geschäftsführer oder persönlich haftender Gesellschafter eine Rechtsstellung besitzen, kraft derer sie ihre Berufsaufgaben unbeeinflußt durch Rechte berufsfremder Dritter innerhalb oder durch Rechte Dritter außerhalb dieses Zusammenschlusses ausüben können ..."[297]

Der Gebrauch der Fachtermini für die jeweiligen Leitungsfunktionen in den verschiedenen Gesellschaftsformen läßt darauf schließen, daß die Landesgesetzgeber die entsprechenden Begriffe hier synonym für die einzelnen Gesellschaftstypen verwendet haben. Sind die Bezeichnungen Vorstand bzw. Geschäftsführer somit den kapitalgesellschaftlichen Rechtsformen zuzuordnen (§§ 76 ff. AktG; 35 ff. GmbHG), so bleibt für die Personengesellschaften die Benennung als persönlich haftende Gesellschafter. Diese Charakterisierung macht deutlich, daß die Normgeber bei der Gesetzesverabschiedung ersichtlich davon ausgegangen sind, daß die freischaffenden Architekten und Ingenieure für den Fall der gemeinsamen Berufsausübung in einer Sozietät jeweils eine persönliche Einstandspflicht mit ihrem Privatvermögen gegenüber der Vertragsgegenseite treffen würde.

Gleichwohl wird man den entsprechenden Gesetzesformulierungen kaum die absolute Rechtswirkung beimessen können, daß auf diese Weise eine freiberufliche Leistungserbringung in der Sozietät konstitutiv mit einer unabdingbaren persönlichen Haftung der Berufstätigen für Primär- wie für Sekundärverbindlichkeiten verknüpft werden sollte. Die Landesgesetzgeber haben ihrer Gesetzesfassung wohl eher lediglich den sich für die Perso-

---

dürfte freilich nicht selten auch eine erheblich höhere Haftungshöchstsumme in Betracht zu ziehen sein; ähnlich *Hartmann* in FS für Locher (1990), 337 (340); *Bartsch* in BauR 1994, 314 (318).

[296] Vgl. so etwa § 3 II 1 SächsArchG v. 19.4.1994, GVBl. Sachsen 1994, 765 ff.; §§ 2 IV 1, 31 III ABKG Berlin v. 19.7.1994, GVBl. Berlin 1994, 253 ff.; ähnlich § 15 II Nr. 5 BauKaG Nordrhein-Westfalen v. 15.12.1992, GVBl. NRW 1992, 534 ff.

[297] Vgl. so explizit § 21 II lit. b) BauKaG Nordrhein-Westfalen aaO; beinahe wortgleich § 2 ThürIngKG v. 6.8.1993, GVBl. Thüringen 1993, 462 ff.; ebenso § 15 II Nr. 2 SächsIngKG v. 19.10.1993, GVBl. Sachsen 1993, 989 ff.

nengesellschaft ergebenden Normalfall zugrunde gelegt; ein Präjudiz für abweichende kautelarjuristische Gestaltungsoptionen dürfte daraus nicht ohne weiteres herzuleiten sein.

Der weitere Umstand, daß im übrigen durchweg in sämtlichen Landesgesetzen spezifische Berufsrechtsnormen fehlen, die eine Haftungsbegrenzung wegen Schäden aus fehlerhafter Berufsausübung in der Sozietät zum Gegenstand haben, läßt es nach alledem zumindest sehr fraglich erscheinen, ob den Angehörigen der freien Konstruktionsberufe bei einem Auftreten als „BGB-Gesellschaft mit beschränkter Gesellschafterhaftung" erfolgreich berufsrechtliche Bestimmungen entgegengehalten werden könnten. In Anbetracht der grundgesetzlich garantierten Berufsausübungsfreiheit (Art. 12 I GG), die zugunsten der assoziierten Architekten und Ingenieure streitet, einerseits und vor dem Hintergrund des berufsrechtlich allenthalben feststellbaren Regelungsvakuums andererseits wird man – dem freiheitlichen Rechtsprinzip „in dubio pro libertate" folgend – statt dessen im Ergebnis wohl konzedieren müssen, daß eine von den Berufstätigen „einseitig" herbeigeführte Beschränkung der Haftung auf das Gesamthandsvermögen der Sozietät de lege lata im allgemeinen nicht als berufsrechtswidrig einzustufen wäre.

Bedenklich muten derweil jedoch die zivilrechtlichen Rechtsfolgen an, die sich bei einem entsprechend ausgestalteten Bürobetrieb mit Blick auf die Verteilung potentieller Schadensrisiken unter den einander gegenüberstehenden Vertragspartnern einstellen könnten. Soweit einem Sozius im Rahmen einer Auftragsabwicklung ein schuldhaft verursachter Berufsfehler unterliefe, der lediglich aus Vertrag ersatzpflichtig wäre, würde sich die Regreßmöglichkeit des Auftraggebers auf dem Boden der von der Judikatur vertretenen Doppelverpflichtungslehre lediglich auf das in seinem Bestand vollständig ungesicherte gesamthänderisch gebundene Gesellschaftsvermögen der Freiberufler-Sozietät beziehen. Lehnt man mit der hier vertretenen Auffassung für die „BGB-Gesellschaft mit beschränkter Sozienhaftung" eine kumulative Mitverpflichtung auch des geschäftsführenden Gesellschafters aus dem geschlossenen Vertragsverhältnis ab, so bestünden erhebliche Zweifel, ob die nach Berufsrecht von den Angehörigen der freien Konstruktionsberufe persönlich abzuschließenden Berufshaftpflichtversicherungen für den so entstandenen Schaden überhaupt eintrittspflichtig wären.[298] Im Ergebnis könnte die Gefahr einer einseitigen und

---

298 Den besonderen Bedingungen der Architekten-Berufshaftpflichtversicherung (z. B. abgedruckt bei Prölss/Martin, VVG, S. 1265 ff.) liegen die Allgemeinen Versicherungsbedingungen für die Haftpflichtversicherung (AHB) zugrunde. Diese bestimmen den Versicherungsgegenstand in § 1 I AHB dahin, daß „... dem Versicherungsnehmer Versicherungsschutz für den Fall (... gewährt wird, daß er ...) von einem Dritten auf Schadensersatz in Anspruch genommen wird."; vgl. dazu den Textabdruck in Prölss/Martin, VVG, S. 1087 ff.

Sofern man die gesamthänderisch gebundene Vermögensmasse der BGB-Gesellschaft im rechtsgeschäftlichen Verkehr als ein Subjekt eigenständiger Vermögenszuordnung akzeptiert, erschiene es aus versicherungsrechtlicher Sicht an sich nur konsequent, ihr einen eigenen Berufshaftpflichtversicherungsschutz lediglich dann zuzusprechen, wenn der Versicherungsvertrag auch erkennbar mit Wirkung für die Gesamthand geschlossen worden ist; Versicherungsnehmer wäre in diesem Fall sodann ausschließlich das gesamthänderisch gebundene Gesellschaftsvermögen; vgl. so für Gesamthandsgesellschaften allgemein etwa Prölss/Martin-*Prölss*, Anm. 6 zu § 6 VVG sowie Anm. 1 b) zu § 74 VVG. Falls die Teilhaber einer BGB-Gesellschaft bei Abschluß des Versicherungsvertrags also nicht ersichtlich auch für die Gesamthand als solche aufgetreten wären, könnte man als *Versicherungsnehmer* der Berufshaftpflichtversicherung unter Umständen allein die zur gemeinsamen Berufsausübung verbundenen *Berufsvertreter persönlich* ansehen, nicht jedoch das rechtlich davon zu unterscheidende und

unangemessenen Überwälzung des Schadensrisikos auf die Person des Auftraggebers in diesem Zusammenhang zumindest sehr konkrete Züge annehmen.

Schließt die Ausgestaltung des Praxisbetriebs zu einer „BGB-Gesellschaft mit beschränkter Gesellschafterhaftung" daher in concreto zugleich den Verlust eines adäquaten Berufshaftpflichtversicherungsschutzes für die Auftraggeberseite mit ein, so wird man häufig eine zivilrechtliche Unwirksamkeit der so intendierten Haftungsbeschränkung auf das BGB-Gesellschaftsvermögen gemäß den §§ 242 BGB; 9 I AGBG in Betracht zu ziehen haben. Aber auch soweit die Eintrittspflicht einer solventen Berufshaftpflichtversicherung grundsätzlich erhalten bleibt, müssen die assoziierten Architekten und Ingenieure in Abhängigkeit von der Art und Weise, in der sie die „einseitige" Beschränkung der Haftung auf das Gesamthandsvermögen der Sozietät an potentielle Auftraggeber bekanntgeben, im übrigen gegebenenfalls die allgemeinen, durch das AGB-Gesetz gezogenen zivilrechtlichen Schranken einhalten.[299]

(2) Der Einsatz von personalen Haftungskonzentrationsklauseln in einer Architekten- bzw. Ingenieur-Sozietät

Mit größerer Aufgeschlossenheit wird man im Vergleich dazu einer anderen denkbaren kautelarjuristischen Gestaltungsvariante begegnen können, in der assoziierte Architekten/Ingenieure anläßlich ihrer Beauftragung versuchen, die persönliche Ersatzhaftung für etwaige späterhin auftretende Berufsausübungsfehler vorab mittels vorformulierter Vertragsbedingungen ausschließlich auf bestimmte Sozien zu begrenzen. Eine solcherart gegenüber dem ratsuchenden Publikum ausbedungene Haftungskonzentrationsklausel könnte etwa dahin lauten, daß dem Besteller wegen Schäden aus fehlerhafter Berufsausübung im weiteren Verlauf lediglich diejenigen namentlich bezeichneten Gesellschafter mit ihrem Privatvermögen verpflichtet bleiben, die die vertraglich versprochene Planungs- bzw. Bauüberwachungsleistung nach dem ex ante übereinstimmenden Parteiwillen anschließend auch tatsächlich erbringen sollen.

Besondere Berufsrechtsvorschriften, die den Angehörigen der freien Konstruktionsberufe im Zusammenhang mit selbstverantworteten beruflichen Fehlleistungen eine derartige Form der konsensualen Haftungskonzentration untersagen würden, sind nicht ersichtlich. Aufgrund des Umstands, daß im Rahmen des jeweiligen Vertragsverhältnisses sodann nach

mit eigener Rechtssubjektivität ausgestattete Gesamthandsvermögen. Aufgrund der Geltung der unbeschränkten Nachschußpflicht des § 735 BGB ausschließlich im Innenverhältnis unter den BGB-Gesellschaftern würde für den Auftraggeber einer „Sozietät mit beschränkter Gesellschafterhaftung" daneben auch keine Möglichkeit bestehen, mittelbar durch Pfändung und Überweisung von Gesellschaftsansprüchen (§§ 736, 829, 836 ZPO) auf das Privatvermögen der Sozii Zugriff zu nehmen. Könnten danach die Sozii einer „BGB-Gesellschaft mit beschränkter Gesellschafterhaftung" für ein Berufsversehen überhaupt nicht *persönlich* haftbar gemacht werden, so scheint es denkbar, daß hier also auch gar kein seitens des Haftpflichtversicherers deckungspflichtiger Versicherungsfall mehr vorläge (!). Der geschädigte Auftraggeber dürfte also eventuell nicht einmal mehr darauf vertrauen, daß für den entstandenen Schaden die hinter den assoziierten Berufstätigen stehende Berufshaftpflichtversicherung aufkommen würde.

[299] Vgl. hierzu und zu den allgemeinen rechtlichen Imponderabilien, die für die Angehörigen der Freien Berufe bestehen, falls sie die diesbezüglich zur BGB-Gesellschaft entwickelten kautelarjuristischen Handlungsspielräume nutzen wollen, näher unten Seite 268 ff.

wie vor die persönliche Einstandspflicht zumindest eines Gesellschafters mit seinem Privatvermögen für schuldhaft verursachte Berufsfehler bestehen bliebe, wäre hier im Schadensfall auch der regelmäßige Eintritt einer solventen Berufshaftpflichtversicherung weiterhin gewährleistet.

Eine formularvertraglich ausbedungene Haftungskonzentration müßte sich in dieser Beziehung freilich aus den gleichen Gründen, die schon für den heilkundlichen Sektor galten, an dem AGB-rechtlichen Klauselverbot des § 11 Nr. 7 AGBG (für den kaufmännischen Verkehr: § 9 I AGBG) messen lassen.[300] Die gesamtschuldnerische Schadensersatzhaftung sämtlicher anderen assoziierten Architekten bzw. Ingenieure ließe sich, soweit vorsätzlich oder grob fahrlässig verursachte berufliche Fehlleistungen des betreffenden, ex ante für die konkrete Auftragsbearbeitung vorgesehenen Teilhabers in Rede stehen, somit nicht über die Verwendung vorformulierter Vertragsbedingungen, sondern allenfalls auf individualvertraglicher Grundlage ausschließen.

Ebenso wie die übrigen Professionen hätten außerdem auch die Angehörigen der freien Konstruktionsberufe nicht die Möglichkeit, das Gesamthandsvermögen der Freiberufler-Sozietät mittels vorformulierter Vertragsbedingungen von der Ersatzhaftung wegen Schäden aus fehlerhafter Berufsausübung gegenüber dem ratsuchenden Publikum auszunehmen.[301] Auch hier wären die Berufstätigen im Rahmen eines derart standardisierten Vorgehens lediglich dazu berechtigt, die persönliche Sekundärhaftung der übrigen, absprachegemäß nicht in die spätere konkrete Auftragsbearbeitung involvierten Gesellschafter mit ihrem Privatvermögen formularvertraglich abzubedingen.

Weitere rechtliche Schranken, die in Anwendung insbesondere der §§ 3, 9 AGBG dem Einsatz vorformulierter personaler Haftungsbegrenzungsklauseln seitens der Berufstätigen grundlegend und prinzipiell entgegenstehen könnten, sind daneben demgegenüber nicht anzuerkennen. Soweit den anderen freien Professionen eine personale Begrenzung der Ersatzhaftung für Berufsausübungsfehler auf einen einzelnen assoziierten Berufsvertreter im Grundsatz durchgängig gestattet ist, kann für die zur gemeinsamen Berufsausübung verbundenen Architekten und Ingenieure – zumal dort spezifische berufsrechtliche Restriktionen nicht vorhanden sind – vernünftigerweise nichts anderes gelten.

Fraglich könnte in diesem Zusammenhang allenfalls sein, ob es den Angehörigen der freien Konstruktionsberufe auch offensteht, eine Definition des verantwortlich haftenden Gesellschafters in vorformulierten Vertragsbedingungen allein anhand solcher abstrakt umrissener Merkmale vorzunehmen, die für den Auftraggeber im Rahmen einer ex-ante-Betrachtung nicht ohne weiteres aus sich selbst heraus erkennen lassen, welche Gesellschafter ihm späterhin bei Auftreten einer schuldhaften beruflichen Fehlleistung konkret verpflichtet bleiben. Eine solche Klausel könnte etwa dahin lauten, daß die Sekundärhaftung wegen Schäden aus fehlerhafter Berufsausübung im Vorfeld ausschließlich abstrakt-generell auf diejenigen Architekten- bzw. Ingenieur-Gesellschafter beschränkt wird, die bei

---

300 Das berufsrechtliche Regelungsdefizit, welches im Punkte einer mittels vorformulierter Vertragsbedingungen ausbedungenen personalen Haftungskonzentration besteht, würde auch hier dazu führen, daß entsprechende Klauselwerke – anders als im Bereich der berufsrechtlich gebundenen rechts- und wirtschaftsberatenden Freien Berufe – nicht durch § 8 AGBG von einer AGB-rechtlichen Inhaltskontrolle ausgenommen wären; vgl. dazu auch *Bösert/Braun/Jochem*, S. 159.

301 Vgl. zu den Argumenten, die dieser rechtlichen Bewertung zugrunde liegen, bereits oben Seite 236 f.

einer ex-post-Bewertung an der späteren Erbringung der freiberuflichen Planungs- und Bauüberwachungsleistung tatsächlich mitgewirkt haben. Eine solche Vorab-Zuweisung der beruflichen Schadensersatzhaftung „an die Sozien, die es späterhin angeht", muß bei erstem Ansehen freilich Widerspruch hervorrufen, scheint es doch, als würden dem Auftraggeber dadurch unzumutbare Prozeßrisiken auferlegt, weil er die Person des nachfolgend tatsächlich leistenden Gesellschafters im Streitfall vielleicht nicht ohne weiteres selbst ermitteln kann.

Trotz dieses zunächst verständlich anmutenden Vorbehalts dürfte es bei einer näheren Rechtsprüfung indes – ähnlich wie schon im Bereich der ambulanten Heilbehandlung – auch hier nur schwer möglich sein, einer rein abstrakt auf den/die später handelnden Sozien bezogenen Haftungskonzentrationsklausel wegen einer befürchteten unangemessenen Benachteiligung des ratsuchenden Publikums pauschal die Rechtswirksamkeit zu versagen.

Denn auch wenn das Eingreifen einer personalen Haftungskonzentrationsabrede auf diese Weise – anders als bei den rechts- und wirtschaftsberatenden Professionen – nicht an eine ausdrückliche namentliche Benennung des verantwortlich handelnden Gesellschafters und/oder eine gesondert unterschreibungspflichtige Zustimmungserklärung des Auftraggebers geknüpft wäre, würde ein geschädigter Besteller aller Voraussicht nach in den meisten Fällen anhand der während der Auftragsbearbeitung getätigten Gespräche, der übersandten Planungsunterlagen sowie der übrigen geführten Korrespondenz etc. unschwer imstande sein, die mit der konkreten Auftragsbearbeitung tatsächlich befaßt gewesenen Partner im nachhinein zuverlässig festzustellen. Die unmittelbaren persönlichen Vertragsbeziehungen zwischen freischaffenden Architekten/Ingenieuren und ihren Bestellern weisen bei typisierender Betrachtungsweise zwar kein so enges tatsächliches Näheverhältnis mehr auf wie demgegenüber etwa die entsprechenden Bindungen zwischen einem niedergelassenen Arzt und seinen Patienten. Gleichwohl dürfte die im Rahmen der eigentlichen Auftragsbearbeitung vergleichsweise weniger intensive direkte Fühlungnahme zwischen einem freischaffenden Planer und seinem Auftraggeber in der Regel immer noch ausreichen, um beim Besteller eine hinlängliche Gewißheit über die personelle Identität des tatsächlich handelnden Gesellschafters entstehen zu lassen.[302]

Mit Blick auf etwaige dennoch verbleibende Zweifelsfälle wird man daneben im übrigen zu berücksichtigen haben, daß es nach den Prinzipien einer autonomen Vertragsgestaltung grundsätzlich allein in den exklusiven Verantwortungsbereich des Auftraggebers fällt, bei einem einschlägigen eigenen Interesse auf eine namentliche Bezeichnung des/der von ihm für die Auftragsbearbeitung vornehmlich gewünschten Gesellschafter(s) zu drängen. Wegen des für die Freiberufler-Sozietät geltenden Prinzips der gemeinschaftlichen Beauftragung aller assoziierten Berufsvertreter und der daraus resultierenden gesamtschuldnerischen Primärhaftung sämtlicher Teilhaber steht es dem Auftraggeber an sich vorbehaltlos frei, nach Belieben einzelne oder alle Sozien persönlich auf Erfüllung der geschuldeten Dienste in Anspruch zu nehmen (§ 421 Satz 1 BGB). Ist dem Besteller also an einer persönlichen Auftragsbearbeitung durch bestimmte Architekten- oder Ingenieur-Gesellschafter gelegen, in die er beispielsweise aufgrund bekannter überdurchschnittlicher beruflicher Leistungen, einer besonderen Reputation, einer Empfehlung durch Dritte oder einer nähe-

---

302 Vgl. so – im Zusammenhang mit einer abstrakten Haftungskonzentrationsklausel bei der Partnerschaft – allgemein auch *Bösert/Braun/Jochem*, S. 166 f.

ren geschäftlichen bzw. privaten Verbundenheit besondere Erwartungen oder besonderes Vertrauen setzt, so obliegt es vornehmlich ihm, diesen spezifischen Bearbeitungswunsch im Rahmen der Vertragsverhandlungen auch mit entsprechendem Nachdruck zu artikulieren.

Dabei kann der Besteller von der ihm eingeräumten Auswahlbefugnis, eine nachfolgende tatsächliche Leistungserbringung durch bestimmte Gesellschafter zu fordern, Gebrauch machen und zu deren Absicherung auf einer frühzeitigen namentlichen Fixierung des vorgesehenen Auftragsbearbeiters bestehen; doch steht es ihm andererseits (selbstredend) ebenso frei, diese Gestaltungsoption nicht zu nutzen. Läßt er sich bei Vertragsabschluß statt dessen also auf eine Haftungskonzentrationsklausel ein, welche die Ersatzpflicht wegen Schäden aus fehlerhafter Berufsausübung – ohne nähere namentliche Bezeichnung – allein auf diejenigen Sozien fokussiert, die bei einer ex-post-Betrachtung mit der Auftragsbearbeitung befaßt waren, so wird man sein Verhalten zunächst einmal häufig als (gegebenenfalls konkludent erklärte) Abstandnahme von der Ausübung des ihm in § 421 Satz 1 BGB eingeräumten Rechts auf Auswahl einzelner Primärleistungsschuldner interpretieren dürfen. Der Auftraggeber gibt auf diese Weise zu erkennen, daß für ihn weniger die konkrete Person des späterhin tätig werdenden Architekten/Ingenieurs als vielmehr allein das fachkundig erstellte Ergebnis der Planungs-/Bauüberwachungsleistung von Bedeutung ist. In diesem Fall verbleibt es sodann denkrichtig bei einer eigenen Befugnis der Sozietät, anhand interner Geschäftsverteilungskriterien autonom über die Person desjenigen Gesellschafters zu entscheiden, der die freiberufliche Planungsleistung anschließend zweckmäßigerweise erbringen oder eigenverantwortlich leiten und überwachen soll.

In einer solchen Konstellation, in welcher der Auftraggeber eine nähere Bestimmung einzelner Primärleistungsschuldner nicht vorgenommen und statt dessen schlicht in eine abstrakt-generelle Bündelung der persönlichen Ersatzhaftung auf die nachfolgend handelnden Sozien eingewilligt hat, läßt sich bei sorgsamer Analyse aber nicht erkennen, daß das anschließende Auftreten ersatzpflichtiger beruflicher Fehlleistungen tatsächlich ein untragbares Prozeßrisiko für ihn aufwerfen würde. Ein geschädigter Besteller wäre im Zuge einer derart vereinbarten Haftungskonzentration bei einer nachfolgenden eigenen Ungewißheit über die Person des/der ihm so ersatzpflichtig gebliebenen Gesellschafter(s) nämlich durchaus nicht auf den risikobehafteten und kostenträchtigen Weg verwiesen, nunmehr durch Klageerhebung willkürlich einen der assoziierten Berufsvertreter persönlich auf Schadensersatz in Anspruch nehmen zu müssen und zusätzlich – zwecks Unterbrechung einer insoweit ansonsten gegebenenfalls drohenden Verjährung – auch gegenüber allen übrigen Teilhabern der Architekten- bzw.- Ingenieur-Sozietät eine Streitverkündung nach den §§ 72 ff. ZPO zu erklären.

Denn sollte der geschädigte Besteller ausnahmsweise wirklich einmal außerstande sein, den/die späterhin in concreto tätig gewordenen Gesellschafter aus eigenem Wissen ermitteln zu können, so bleibt statt dessen vielmehr zu bedenken, daß ihm – vergleichbar zur Rechtslage bei der ärztlichen Gemeinschaftspraxis – aus dem zur Sozietät hin bestehenden Vertragsverhältnis alsdann auch ein schuldrechtlicher Auskunftsanspruch auf Benennung der zuvor mit der konkreten Auftragsbearbeitung befaßt gewesenen Berufsvertreter erwächst. Ein derartiger, sowohl gegen die gesamthänderische Vermögensmasse als auch gesamtschuldnerisch gegen alle Teilhaber persönlich gerichteter Auskunftsanspruch legitimiert sich hier als vertragliche Nebenpflicht aus dem Umstand heraus, daß die Ermittlung der späteren konkreten Auftragsbearbeiter nach der gewählten Vertragsgestaltung allein dem internen Organisations- und Verantwortungsbereich der Sozietät zuzurechnen ist, der Besteller aber die Binnenstruktur der Gesamthand nicht in gleicher Weise übersehen kann wie die daran beteiligten Architekten und Ingenieure.[303]

Gegenüber dem so deduzierten Auskunftsanspruch vermag im folgenden auch die ausbedungene Haftungskonzentrationsklausel ersichtlich keinerlei Rechtswirkung zu entfalten. Denn eine vorformulierte Bündelung der persönlichen Ersatzhaftung wegen Schäden aus fehlerhafter Berufsausübung kann inhaltlich nur solche berufsbezogenen Sekundärverbindlichkeiten erfassen, die eigens aus einer fachlich mangelhaften Berufstätigkeit entstanden sind. Bei der Pflicht zur Auskunfterteilung über die Person des/der ex post tatsächlich tätig gewordenen Architekten- bzw. Ingenieur-Gesellschafter(s) handelt es sich demgegenüber aber zum einen schon um eine Primärverbindlichkeit und nicht um einen Schadensersatzanspruch, und zum anderen betrifft die Auskunftsverpflichtung – weit bedeutsamer – bereits per se nicht die von der Haftungskonzentrationsabrede nach ihrem spezifischen materiellen Gehalt allein tangierte Ebene der fachlich fehlerhaften Berufsausübung.

Bei theoretischer Unkenntnis über den bzw. die mit der konkreten Auftragsbearbeitung befaßt gewesenen Gesellschafter wäre der geschädigte Auftraggeber mithin vorprozessual ohne weiteres in der Lage, sowohl gegenüber der gesamthänderisch gebundenen Vermögensmasse als auch persönlich gegenüber allen assoziierten Architekten und Ingenieuren als Gesamtschuldnern eine dementsprechende Auskunfterteilung anzumahnen. Dabei dürften aller Voraussicht nach spätestens zu diesem Zeitpunkt gerade die an der früheren tatsächlichen Mandatsbearbeitung unbeteiligten Gesellschafter aufgrund der ihnen anderenfalls selbst drohenden Sekundärhaftung ein erhebliches Interesse daran haben, den Auftraggeber wahrheitsgemäß über die in die vormalige Auftragsdurchführung konkret eingeschalteten Sozien zu unterrichten.

Im Fall einer dessen ungeachtet weiter anhaltenden Untätigkeit der Sozietät bei der Erfüllung der Auskunftsverpflichtung könnte der Besteller sodann auch alle zur gemeinsamen Berufsausübung verbundenen Berufsvertreter persönlich auf Auskunfterteilung über die im Rahmen der Auftragsbearbeitung tatsächlich tätig gewordenen Teilhaber in Anspruch nehmen. Die Vollstreckbarkeit dieses Anspruchs würde sich wiederum nach § 888 ZPO richten; die damit verbundenen, wiederholt festsetzungsfähigen Druckmittel des Zwangsgeldes bzw. der Zwangshaft dürften wegen ihrer empfindlichen Sanktionswirkungen – ebenso wie schon auf dem heilkundlichen Sektor – auch hier einen allgemein ausrei-

---

[303] Ebenso zuvor schon *Oertmann* in LZ 1916, 199 (204); *Kaufmann* in JW 1916, 883 (884); *Plass*, S. 146, die – freilich auf der Basis eines ansonsten vollständig abweichenden Haftungsansatzes – für den Parallelfall einer Ungewißheit des Mandanten über die Person des ersatzpflichtigen Rechtsanwalts gleichermaßen eine gesamtschuldnerische Auskunftshaftung aller Anwaltssozien auf namentliche Benennung des verantwortlich tätig gewordenen Gesellschafters bejahen.

Dem entspricht es ferner, daß die zivilgerichtliche Rechtsprechung das Bestehen einer rechtsverbindlichen Auskunftsverpflichtung allgemein dann annimmt, wenn die zwischen den Parteien bestehenden Rechtsbeziehungen es mit sich bringen, daß der Berechtigte in entschuldbarer Weise über Bestehen und Umfang seines Rechts im Ungewissen ist, er sich die zur Vorbereitung und Durchsetzung seines Anspruchs notwendigen Auskünfte nicht auf zumutbare Weise selbst beschaffen kann und der Verpflichtete die zur Beseitigung der Ungewißheit erforderliche Auskunft unschwer, d. h. ohne unbillig belastet zu sein, geben kann; vgl. dazu nur BGHZ 97, 188 (192); BGH in NJW 1995, 386 (387) sowie Palandt-*Heinrichs*, Rn. 8 zu § 261 BGB.

chenden Handlungsantrieb für die zusammengeschlossenen Architekten und Ingenieure zur ordnungsgemäßem Erfüllung des Auskunftsanspruchs begründen.[304]

Benennen die Gesellschafter hiernach in der Folge die im Rahmen der gegenständlichen Auftragsbearbeitung in concreto tätig gewordenen Sozien, so kann der geschädigte Auftraggeber im weiteren Verlauf – kumulativ zu dem gesamthänderisch gebundenen Gesellschaftsvermögen – nunmehr auch die Teilhaber, die ihm auf diese Weise bezeichnet worden sind, persönlich auf Ersatz des durch die fehlerhafte Berufsausübung entstandenen Schadens in Anspruch nehmen.

In dem Zeitraum bis zur ordnungsgemäßen Erfüllung der Auskunftsverpflichtung bestünde für den Besteller daneben auch nicht die Gefahr, daß er die Schadensersatzansprüche, die ihm nach der vereinbarten Haftungskonzentrationsklausel gegen die späterhin zwecks Vertragserfüllung tatsächlich initiativ gewordenen Architekten- bzw. Ingenieur-Gesellschafter zustehen, wegen einer diesbezüglich inzwischen eventuell eingetretenen Verjährung nicht mehr rechtzeitig und mit materiellem Erfolg durchsetzen könnte. Zwar werden dem Besteller einer freiberuflich erbrachten Planungsleistung im Fall des Auftretens eines ersatzpflichtigen Berufsfehlers – insoweit anders als dem Patienten einer ambulanten Gemeinschaftspraxis – nicht stets auch gleichgerichtete deliktische Schadensersatzansprüche erwachsen, deren dreijährige Verjährungsfrist gemäß § 852 I BGB schon kraft Gesetzes erst ab Kenntnis von der Person des Ersatzpflichtigen zu laufen beginnt. Statt dessen dürften für den Auftraggeber eines Architekten- oder Ingenieurwerks aus einer fehlerhaften Leistungserbringung häufig genug allein vertragliche Regreßansprüche gegen die Angehörigen der freien Konstruktionsberufe entspringen, bei denen der Lauf der Verjährungsfrist jeweils unabhängig von dem Wissen des Auftraggebers um eine schuldhafte Pflichtverletzung und die Person des Anspruchsverpflichteten an andere, rein äußerliche Umstände (z. Bsp. an die Abnahme des erstellten Werks gemäß § 640 BGB) anknüpft.

Gleichwohl wäre ein mit der tatsächlichen Auftragsbearbeitung befaßt gewesener Architekten- oder Ingenieur-Gesellschafter, dessen personelle Identität dem Auftraggeber erst sehr viel später im Laufe eines langwierigen Auskunftsprozesses zur Kenntnis käme, selbst dann nicht in der Lage, sich seiner materiellen Ersatzpflicht für den aus fehlerhafter Berufsausübung entstandenen Schaden zu entziehen, wenn die dem Besteller insoweit zustehenden vertraglichen Ersatzansprüche zwischenzeitlich bereits objektiv verjährt sein sollten. Insoweit ist daran zu erinnern, daß den Architekten als wissensüberlegenen Sachkenner nach der höchstrichterlichen Rechtsprechung kraft der berufsmäßigen Vertrauensstellung, die ihm der Bauherr eingeräumt hat, unaufgefordert eine selbständige Offenbarungspflicht dahin trifft, daß er letzterem im Zuge einer Mängelursachenprüfung auch Mängel des eigenen Architektenwerks so rechtzeitig mitteilen muß, daß der Bauherr seine Auftraggeberrechte gegen den Architekten noch früh genug vor Eintritt der Verjährung wahrnehmen kann.[305] Verletzt der Architekt diese vertragliche Nebenpflicht, so steht dem Bauherrn wie bereits dargelegt ein sog. sekundärer Schadensersatzanspruch zu, der darauf

---

[304] Vgl. zu der Möglichkeit eines Gläubigers, wegen einer unerfüllt gebliebenen Auskunftsverpflichtung im Rahmen der Zwangsvollstreckung gegen einzelne Mitglieder einer Freiberufler-Sozietät ein Zwangsgeld nach § 888 ZPO festsetzen zu lassen, jüngst OLG Frankfurt in NJW-RR 1997, 567.

[305] Vgl. BGHZ 71, 144 (148 f.); 92, 251 (258 f.); BGH in VersR 1985, 474 (475); 1986, 37 (38); siehe dazu auch schon oben Seite 193.

gerichtet ist, daß die Verjährung der primären, gegen den Architekten gegebenen Schadensersatzansprüche als nicht eingetreten gilt und der seinerseits gemäß § 195 BGB erst in dreißig Jahren verjährt.[306]

Vor dem Hintergrund dieser Rechtsprechungslinie könnte auch die von einem verantwortlich haftenden Architekten- oder Ingenieur-Sozius gegenüber einem vertraglichen Ersatzanspruch erhobene Verjährungseinrede keinen Erfolg haben, wenn die inzwischen tatsächlich eingetretene Verjährung allein darauf beruhen würde, daß die assoziierten Berufsvertreter den geschädigten Auftraggeber während des gesamten Zeitraums bis zum rechtskräftigen Abschluß des Auskunftsprozesses schuldhaft über den Namen und die personelle Identität des entsprechenden, im Zuge der konkreten Auftragsbearbeitung tätig gewordenen Gesellschafters im unklaren gelassen hätten.

Insbesondere die seinerzeit bei der Auftragsausführung wirklich agierenden Architekten- bzw. Ingenieur-Gesellschafter, die dem Auftraggeber nach der übereinstimmend gewählten abstrakten Haftungskonzentrationsklausel unverändert ersatzpflichtig geblieben sind, wird man – falls der Besteller erkennbar nicht um ihre Namen und ihre personelle Identität weiß – aufgrund ihrer beruflichen Autorität ohne weiteres für verpflichtet halten müssen, den Auftraggeber unaufgefordert und rechtzeitig vor einem möglichen Verjährungseintritt über ihre eigene Mitwirkung an der früheren tatsächlichen Auftragsbearbeitung, die dieserhalb bestehende Ersatzpflicht und die drohende Verjährung der erwachsenen Ersatzansprüche zu informieren. Das entgegenstehende Interesse der betreffenden Berufsvertreter, sich einer eigenen Haftung möglichst zu entziehen, vermag das Unterlassen einer zutreffenden Unterrichtung des Auftraggebers insofern sicherlich nicht zu rechtfertigen.[307] Die fortwährende pflichtwidrige Unterlassung einer zutreffenden Aufklärung des Bestellers über die eigene Mitwirkung an der vormaligen tatsächlichen Auftragsbearbeitung, mittels derer die fraglichen Architekten- bzw. Ingenieur-Sozien die Verjährung der gegen sie selbst bestehenden Ansprüche wissentlich und eigenverantwortlich herbeiführen könnten, müßte also auch hier zur Begründung eines weiteren (sekundären) Schadensersatzanspruchs dahingehend führen, daß die an sich objektiv eingetretene Verjährung dieser (primären) Schadensersatzansprüche sodann als nicht eingetreten zu behandeln wäre.

Maßgebend für eine derartige Rechtsbewertung spricht hierbei, daß die seinerzeit im Zuge der konkreten Auftragsabwicklung verantwortlich initiativ gewordenen Gesellschafter, die dem Auftraggeber nach dem beiderseits vereinbarten Vertragsinhalt unvermindert ersatzpflichtig geblieben sind, im weiteren Verlauf keinen Rechtsvorteil aus einem neuerlich unredlichen, wiederum zum Schadensersatz verpflichtenden Verhalten – nämlich der bewußt verzögerten Auskunfterteilung über die vormalige eigene Mitwirkung an der tatsächlichen Leistungserbringung – ziehen dürfen.

Sollte sich die erteilte Auskunft über die Person der verantwortlich haftenden Gesellschafter im übrigen in einem anschließend wegen der Schäden, die aus der fehlerhaften

---

[306] BGHZ 71, 144 (149); 92, 251 (258 f.); BGH in VersR 1985, 474 (475); 1986, 37 (38).

[307] Ebenso für die von der Judikatur wiederholt bejahte vertragliche Offenbarungspflicht des Architekten, den Bauherrn wegen erkannter eigener Mängel des Architektenwerks und drohender Verjährung der insoweit gegebenen Ersatzansprüche rechtzeitig und sachlich zutreffend zu unterrichten, auch BGHZ 71, 144 (149); 92, 251 (258); BGH in VersR 1986, 37 (38).

Berufsausübung entstanden sind, geführten Ersatzprozeß als vollständig oder teilweise unrichtig erweisen, so müßten dem Besteller sowohl das Gesamthandsvermögen der Sozietät als auch alle assoziierten Berufsvertreter persönlich wegen positiver Verletzung der Auskunftspflicht auf Ausgleich sämtlicher Rechtsverfolgungskosten haften, die bis dahin aus dem erfolglosen vorprozessualen und prozessualen Vorgehen gegen die an der konkreten Auftragsbearbeitung tatsächlich unbeteiligten Architekten- bzw. Ingenieur-Gesellschafter entsprungen sind. Die ausbedungene Haftungskonzentrationsklausel würde gegenüber dem insoweit materiell-rechtlich bestehenden Kostenerstattungsanspruch abermals nicht eingreifen, da die schuldhafte Verletzung der Auskunftsverpflichtung seitens der zusammengeschlossenen Berufsvertreter von vornherein keinen Pflichtenverstoß zum Gegenstand hätte, der auf der Ebene der fachlich-inhaltlichen Berufsausübung angesiedelt ist und demgemäß in den Anwendungsbereich der Haftungskonzentrationsabrede fallen könnte. Die Beweislast für eine unverschuldet fehlerhafte Auskunfterteilung läge im Rahmen eines danach gegebenenfalls noch notwendigen Kostenerstattungsprozesses zudem stets auf seiten der Sozietät und ihrer Gesellschafter, weil die Ursache für die vormalige Schlechterfüllung des Auskunftsanspruchs (selbstverständlich) allein der Risikosphäre und dem exklusiven Gefahren- und Verantwortungsbereich des freiberuflichen Zusammenschlusses zuzurechnen wäre.[308]

Sofern sich schließlich im Laufe eines Auskunftsprozesses gar nicht mehr ermitteln ließe, welche Berufsvertreter innerhalb der Sozietät vormals mit der konkreten Auftragsbearbeitung befaßt gewesen sind, so daß die Benennung von verantwortlich haftenden Gesellschaftern infolgedessen vollständig unterbliebe, träfe die Gesamthand und ihre Teilhaber endlich der Vorwurf eines *vertraglichen* Organisationsverschuldens wegen mangelnder interner Dokumentation. Wenn eine Architekten- oder Ingenieur-Sozietät mit dem Besteller wegen Schäden aus fehlerhafter Berufsausübung ohne nähere namentliche Bezeichnung eine rein abstrakte (formular-)vertragliche Bündelung der persönlichen Ersatzhaftung auf den oder die späterhin tatsächlich handelnden Gesellschafter vereinbart, muß sie kraft ihrer Binnenstruktur naturgemäß für eine ordnungsgemäße ex-post-Bestimmbarkeit der entsprechenden Gesellschafter Sorge tragen.

Falls die Gesamthand und ihre Teilhaber dazu im nachhinein nicht mehr in der Lage wären, bliebe es – neben der fortdauernden Einstandspflicht des gesamthänderisch gebundenen Gesellschaftsvermögens – mangels sachlicher Anwendbarkeit der vereinbarten Haftungskonzentrationsklausel folgerichtig auch für schuldhaft verursachte Berufsausübungsfehler bei dem von der Judikatur herausgebildeten Grundprinzip einer vertraglichen Sekundärhaftung sämtlicher assoziierter Freiberufler mit ihrem Privatvermögen. Der geschädigte Klient könnte in einem anschließenden Ersatzprozeß wegen der erlittenen Schäden aus fehlerhafter Berufsausübung sodann also unbedenklich auch gegen alle Architekten- bzw. Ingenieur-Gesellschafter als Gesamtschuldner in persona vorgehen,[309] und für die

---

[308] Vgl. zu einer entsprechenden gegenseitigen Beweislastverteilung zwischen Gläubiger und Schuldner nach den jeweiligen Gefahr- und Verantwortungsbereichen bei positiver Vertragsverletzung allgemein nur Palandt-*Heinrichs*, Rn. 6 ff. zu § 282 BGB.

[309] Dabei ist auch hier zu bedenken, daß die entstandene Unklarheit über die Person des/der vormals tatsächlich tätig gewordenen Gesellschafter im Ersatzprozeß beweisrechtlich ausschließlich zu Lasten der Sozietäts-Teilhaber, nicht aber zum Nachteil der Auftraggeberseite wirken kann. Denn diejenigen Architekten- bzw. Ingenieur-Sozien, die sich nunmehr auf die vertragliche Haftungsfrei-

daneben zusätzlich angefallenen Kosten des ergebnislosen Auskunftsprozesses würden die BGB-Gesamthand und ihre Sozien wegen des Unvermögens zu sachlicher Auskunftserteilung ohnedies kraft positiver Vertragsverletzung als Gesamtschuldner haften.

Alles in allem zeigt sich somit, daß ein geschädigter Auftraggeber auch bei einer im Vorfeld (formular-)vertraglich ausbedungenen abstrakten Haftungskonzentration allein auf „diejenigen Architekten- oder Ingenieur-Gesellschafter, die es späterhin angeht", in sämtlichen denkbaren Fallgestaltungen keinen dauerhaften qualitativen Rechtsnachteil hinnehmen müßte. Auch in dieser Konstellation bliebe im Ergebnis stets eine prozessual effektiv durchsetzbare persönliche Sekundärhaftung zumindest der im weiteren Verlauf tatsächlich handelnden Sozien bestehen, ohne daß dem Besteller aus einer diesbezüglich gegebenenfalls erforderlichen Rechtsverfolgung eine anhaltende zusätzliche Kosteneinbuße erwüchse. Daneben würde eine entsprechende Klauselgestaltung im übrigen ersichtlich auch weiterhin das vom Normgeber für die Freiberufler-Sozietät stillschweigend vorausgesetzte Rechtsprinzip wahren, nach dem in jedem Fall wenigstens der in concreto agierende Berufsvertreter gegenüber dem ratsuchenden Publikum für schuldhaft verursachte Berufsfehler persönlich ersatzpflichtig bleiben sollte.

Bei abschließender Betrachtung läßt sich demnach nicht feststellen, daß eine von den Angehörigen der freien Konstruktionsberufe mittels vorformulierter Vertragsbedingungen im voraus herbeigeführte abstrakte Zuweisung der Sekundärhaftung schlicht an die Sozien, die in der Folge die konkrete Auftragsbearbeitung gegenständlich ausführen oder verantwortlich leiten, für einen geschädigten Auftraggeber im Haftpflichtfall ein unzumutbares oder inakzeptables Prozeßrisiko begründen würde. Im Zuge einer näherer Rechtsprüfung lassen sich in der Tat keine durchgreifenden Gegenargumente anführen, die sachlich zwingend ergeben könnten, daß eine derart allgemein gefaßte Haftungskonzentrationsklausel in der Rechtspraxis wegen unangemessener Benachteiligung der Auftraggeberseite für kategorisch unwirksam und deshalb nichtig zu erachten wäre.

Gleichwohl dürfte es unter dem Gesichtspunkt eines ausreichenden Verkehrsschutzes freilich auch hier für fragwürdig zu erachten sein, daß im Berufsrecht der freien Konstruktionsberufe derzeit keine spezifischen Formvorschriften existieren, die im Fall einer Verwendung vorformulierter Vertragsbedingungen geeignet wären, die Auftraggeberseite ausdrücklich auf die vom gesamtschuldnerischen Grundprinzip abgehende personale Haftungsbegrenzung hinzuweisen. Für die Berufsgruppen der freischaffenden Architekten und beratenden Ingenieure läßt sich, anders als vielleicht im Bereich der Wirtschaftsprüfung, nicht generell feststellen, daß die Mandatsstruktur der einzelnen Praxen eine vorwiegend kaufmännisch geprägte Klientel erkennen ließe, die mit dieserart vorformulierten Haftungskonzentrationsklauseln ohnehin rechnen werde.

In Anbetracht dessen wäre – wie bei den rechts- und steuerberatenden Professionen bereits geschehen – de lege ferenda unter Umständen auch für jene Professionen an die berufsgesetzliche Verabschiedung besonderer Formvorschriften zu denken, mittels derer die

stellung berufen wollten, träfe sodann ohne weiteres die – kraft des erfolglos gebliebenen Auskunftsbegehrens kaum noch einlösbare – Darlegungs- und Beweislast dafür, daß sie zuvor *nicht* auch in eigener Person an der gegenständlichen Auftragsbearbeitung mitgewirkt haben; vgl. so – im Kontext mit einer abstrakten Haftungskonzentration bei der Partnerschaft – allgemein auch *Bösert/Braun/Jochem*, S. 167.

Bündelung der persönlichen Ersatzhaftung wegen Schäden aus fehlerhafter Berufsausübung explizit an die namentliche Bezeichnung des bzw. der ex ante für die Auftragsbearbeitung vorgesehenen Gesellschafter(s) und/oder eine gesondert unterschreibungspflichtige Zustimmungserklärung des Bestellers geknüpft wird. Im übrigen sollte auf dem Boden des geltenden Rechts immerhin erwogen werden, ob die Vorschrift des § 3 AGBG nicht doch ein wenigstens beschränkt wirksames Regulativ dahingehend bilden kann, daß de lege lata jedenfalls eine Haftungskonzentrationsklausel, die nach den konkreten Umständen des Einzelfalls „versteckt“ und unauffällig zwischen einer Vielzahl weiterer allgemeiner Geschäftsbedingungen plaziert ist, von einer wirksamen Einbeziehung in den Vertragsinhalt ausgeschlossen bleibt.[310]

Ebenso wie bei den freien Heilberufen bleibt vor diesem Hintergrund daher letztlich auch für die freien Konstruktionsberufe abzuwarten, ob die weitere rechtstatsächliche Entwicklung den Architekten- und Ingenieurkammern bzw. den einzelnen Landesgesetzgebern in Zukunft gegebenenfalls einen näheren Anlaß bieten wird, um die zivilrechtlich vorhandenen Haftungsbegrenzungsmöglichkeiten, die gegenwärtig für die in einer Sozietät zusammengeschlossenen freischaffenden Architekten und Ingenieure bestehen, de lege ferenda einer näheren berufsrechtlichen Überprüfung zu unterziehen.

Unbeschadet der nach alledem verschieden weit reichenden rechtlichen Spielräume, die für die Angehörigen der freien Professionen bei einer gemeinschaftlichen Berufsausübung in der BGB-Gesellschaft im Punkte einer (formular-)vertraglichen Haftungsbegrenzung bestehen, stellt sich nachfolgend sicherlich auch die wichtige Frage nach der praktischen Durchsetzbarkeit und der Effektivität entsprechender Haftungsbeschränkungsvereinbarungen. Erst die zweckdienliche Einsatzmöglichkeit in der täglichen Praxis entscheidet faktisch über die eigentliche Qualität einer rechtlich vorhandenen Haftungsbegrenzungsoption.

d) *Die eingeschränkte Praktikabilität vertraglicher Haftungsfreizeichnungsmöglichkeiten*

Aus der Perspektive der assoziierten Freiberufler ist für den praktischen Nutzen einer rechtlich zulässigen (formular-)vertraglichen Haftungsbegrenzung vor allem entscheidend, ob sie sich gegenüber dem ratsuchenden Publikum realisieren läßt, ohne das zwischen den Vertragschließenden bestehende besondere Vertrauensverhältnis inadäquat zu beeinträch-

---

[310] Auch hier sollten die allgemeinen zivilrechtlichen Schranken des AGB-Gesetzes indes nicht überbewertet werden. Soweit die Haftungskonzentrationsklausel deutlich sichtbar auf dem Briefbogen aufgebracht ist oder sich zwar innerhalb allgemeiner Geschäftsbedingungen befindet, aber drucktechnisch (etwa durch gesonderte Umrandung und Fettdruck) augenfällig hervorgehoben wird, dürfte es im Ergebnis schwerfallen, ihr die Miteinbeziehung in den Vertragsinhalt nach § 3 AGBG wegen überraschenden Charakters versagen zu wollen.

Mit Blick auf die in umfangreiche allgemeine Geschäftsbedingungen eingearbeitete Bezeichnung als „Sozietät mit beschränkter Gesellschafterhaftung“ würde sich demgegenüber, schon weil sie auf der Rechtsfolgenseite sogar die persönliche Ersatzhaftung des handelnden Gesellschafters vollständig entfallen läßt, eine spürbar striktere rechtliche Beurteilung rechtfertigen; vgl. dazu näher unten Seite 268 ff.

tigen. Daneben ist gleichermaßen von Interesse, ob sich auf diese Weise die wesentlichen berufstypischen Schadensrisiken in angemessener Weise erfassen und eingrenzen lassen.

aa) Die rechtstatsächlichen Schwierigkeiten des Einsatzes vertraglicher Haftungsbegrenzungsvereinbarungen

Die primäre und hauptsächliche Crux vertraglicher Haftungsbeschränkungsabreden besteht für die Angehörigen der Freien Berufe in der diffizilen Aufgabe, dem Vertragspartner zum einen das Einverständnis in den Verzicht ihm zustehender Rechtspositionen abringen zu müssen, ohne zum anderen zugleich sein Zutrauen in die beruflichen Fähigkeiten der Sozien zu schmälern. Gerade das für die Sozietät geltende Regelprinzip einer gesamtschuldnerischen Sekundärhaftung sämtlicher Mitgesellschafter für schuldhaft verursachte Berufsfehler auch nur eines Teilhabers ist auf konsensualer Grundlage lediglich korrigierbar, falls sich das ratsuchende Publikum zu einer solchen Minderung der potentiellen Haftungsschuldner ohne Argwohn bereit findet.

In diesem Zusammenhang dürfte die Akzeptanz eines solcherart von den Sozien gestellten Ansinnens nicht zuletzt von der generellen Verkehrsüblichkeit des Einsatzes (formular-) vertraglicher Haftungsbegrenzungsvereinbarungen in der betreffenden freien Profession abhängen. Schon unter diesem Aspekt ergeben sich für die Berufsangehörigen einiger Freier Berufe bestimmte Schwierigkeiten, die einer Durchsetzbarkeit von Haftungsbeschränkungsabreden gegenüber dem ratsuchenden Publikum abträglich scheinen.

So ist der Einsatz formularvertraglicher Haftungsfreizeichnungsklauseln, die sich auf Schäden aus fehlerhafter Berufsausübung beziehen, zwar im Bereich der Wirtschaftsprüfung[311] oder bei den freien Konstruktionsberufen[312] weit verbreitet, doch gilt dies insbesondere für die klassischen freien Professionen der niedergelassenen Ärzte[313] und Rechtsanwälte[314] nicht in gleicher Weise.

Mit Blick auf die Angehörigen dieser Berufsgruppen wird das ratsuchende Publikum dem Wunsch nach einer vertraglichen Begrenzung der Berufshaftung – die sich auf dem heilkundlichen Sektor ohnehin nicht auf den Sorgfalts- und Verschuldensmaßstab des behandelnden Mediziners beziehen dürfte[315] – daher im Regelfall weniger Verständnis entgegenbringen als anderen freiberuflich Tätigen. Die im Bereich der Rechtsberatung und der Heilbehandlung als besonders sensibel einzustufende Vertrauensbeziehung zwischen praktizierendem Arzt oder Rechtsanwalt einerseits und seinen Patienten/Mandanten andererseits könnte durch das unerwartete Nachsuchen um eine Haftungseinschränkung nach-

---

[311] Vgl. dazu bereits oben S. 210 in Fn. 195 – Auch auf dem steuerberatenden Sektor setzt sich die Verwendung von Freizeichnungsklauseln in den letzten Jahren immer stärker durch; vgl. hierzu *Junge-Ilges*, S. 151.

[312] Siehe dazu bereits die Nachweise oben auf Seite 240.

[313] Siehe dazu schon oben Seite 239 f.

[314] Bezeichnend für die generelle Haltung vieler anwaltlicher Berufsvertreter dürfte auch heute noch eine von *Mittelstein* in MDR 1958, 743 (744) verwandte Formulierung sein: „Man kann sich als Anwalt kaum vorstellen, daß man bei Beginn des Mandats mit einer besonderen Vereinbarung über die Haftungsbeschränkung beginnt."; vgl. zur fehlenden Verkehrsüblichkeit des Einsatzes vorformulierter Haftungsbeschränkungsbedingungen innerhalb der Anwaltschaft im übrigen nur *Schroeder* in AnwBl. 1984, 522 (523 f.); *Poll*, S. 140; *Junge-Ilges*, S. 151.

[315] Siehe dazu oben Seite 226 f.

haltig belastet werden.[316] Möglicherweise würde das ratsuchende Publikum sogar dazu motiviert, von der zunächst beabsichtigten Inanspruchnahme der so agierenden Berufsvertreter ganz Abstand zu nehmen.[317] Das potentielle Risiko, auf diese Weise den Ratsuchenden als Auftraggeber zu verlieren, der damit verbundene Vertrauensverlust und eine eventuell drohende Minderung der beruflichen Reputation dürften die Angehörigen der klassischen freien Professionen aus Sorge um die Erhaltung der eigenen Wettbewerbsposition vermutlich häufig dazu veranlassen, das Mittel der vertraglichen Haftungsbeschränkung entweder nur sehr behutsam und allenfalls in Ausnahmesituationen oder aber gar nicht zum Einsatz zu bringen.[318] Zu oft könnte das ratsuchende Publikum ansonsten geneigt sein, das Verlangen nach Haftungslimitierung als Eingeständnis mangelnden Zutrauens in die eigenen Fähigkeiten zu mißdeuten.[319]

Vergleichbare Schwierigkeiten bei der praktischen Durchsetzung einer Haftungsbegrenzungsklausel können sich im Fall des Fehlens einer spezifischen eigenen Marktmacht daneben aber auch in anderen freien Professionen zeigen. So besteht im Bereich der freiberuflichen Leistungserbringung gegenüber der öffentlichen Hand – beispielsweise für Architekten – häufig das Problem, daß die öffentlichen Auftraggeber selbst über vorformulierte Vertragsbedingungen verfügen, deren Vereinbarung sie zur Grundbedingung für einen Vertragsabschluß machen.[320]

Die Eignung individualvertraglicher Abreden für eine Einschränkung der Haftung in der Freiberufler-Sozietät wird unabhängig davon bei allen Professionen durch (naturgemäß) besonders strenge Anforderungen begrenzt.[321] Zwar sind die Haftungsbegrenzungsbefugnisse der Berufstätigen bei individuellen Vereinbarungen gemeinhin am weitreichendsten.[322] Dies setzt zum Schutz der Auftraggeberseite andererseits aber auch besonde-

---

[316] So zutreffend *Henssler* in JZ 1993, 155 (157); *ders.* in AnwBl. 1993, 541 (545); *Stuber* in WiB 1994, 705 (709); *Dauner-Lieb* in GmbHR 1995, 259 (263); *Junge-Ilges*, S. 151; *Römermann*, S. 32 u. S. 131 f. – jeweils in bezug auf die anwaltliche Berufstätigkeit –. Auch *Schroeder* bezeichnet in AnwBl. 1984, 522 (524) das dem Auftraggeber vom Anwalt angetragene Ersuchen um eine Haftungsbeschränkung als „nicht immer tunlich"; ebenso unter Miteinbeziehung der Ärzteschaft *Lenz* in MDR 1994, 741 (745); siehe allgemeiner auch *Sotiropoulos* in ZIP 1995, 1879 (1885), wonach sich der Rechtsverkehr bei Freiberuflern nur ungern auf Haftungsbegrenzungsabreden einlasse und deren Praktikabilität daher „dürftig" sei; ähnlich *Michalski/Römermann*, Rn. 32 zu § 8 PartGG.

[317] Vgl. dazu etwa BGH in NJW 1992, 3037 (3039) für die anwaltliche Berufstätigkeit: „Nach der Lebenserfahrung ist davon auszugehen, daß der Rechtsanwalt, der die von ihm gewünschte Haftungsbeschränkung offenlegt, dadurch potentielle Mandanten abschrecken kann."; zustimmend *Henssler* in AnwBl. 1993, 541 (545); *Lenz* in MDR 1994, 741 (745); *Dauner-Lieb* in GmbHR 1995, 259 (263); *Junge-Ilges*, S. 151; *Römermann*, S. 32 u. S. 131 f.; siehe auch *Hellwig* in ZHR 161 (1997), 337 (344 u. 361) mit entsprechenden Beispielen aus der Praxis. Im heilkundlichen Bereich darf diese Feststellung aufgrund der Wertigkeit der betroffenen Rechtsgüter erst recht Gültigkeit beanspruchen.

[318] Ähnlich *Henssler* in FS für Vieregge (1995), 361 (371); ebenso *Römermann*, S. 32 f. u. S. 131 f. sowie *Wellensiek* in FS für Brandner (1996), 727 (734) für die Anwaltssozietät bzw. die Anwaltspartnerschaft.

[319] So zutreffend *Wellensiek* in FS für Brandner (1996), 727 (734); *Michalski/Römermann*, Rn. 32 zu § 8 PartGG.

[320] Vgl. *Michalski/Römermann*, Rn. 32 zu § 8 PartGG.

[321] Siehe dazu nur Meilicke/v.Westphalen/Hoffmann/Lenz-*v.Westphalen*, Rn. 111 zu § 8 PartGG.

[322] Vgl. dazu beispielhaft nur die oben auf Seite 212 ff. vorbeschriebenen berufsrechtlichen Regelungen bei den rechts- und wirtschaftsberatenden Freien Berufen.

re Rechtsvorkehrungen voraus, die gewährleisten, daß die vertragliche Übereinkunft tatsächlich von der Privatautonomie *beider* Parteien getragen wird. Folgerichtig erfordert die Annahme einer Individualabrede ein realiter freies, „wirkliches" Aushandeln der einzelnen Vertragsbedingungen unter den Vertragschließenden; bloß einseitige Belehrungen über die Bedeutung und Tragweite einer ins Auge gefaßten Regelung genügen nicht.[323] Der freiberuflich Tätige muß in Entsprechung dessen den vom rechtlichen Regelfall abweichenden Haftungsbegrenzungswunsch ernstlich zur Disposition stellen und dem Auftraggeber die reale Möglichkeit einräumen, den Inhalt der Haftungsbeschränkung zu beeinflussen.[324] Maßgebend dafür, daß dem ratsuchenden Publikum tatsächlich eine privatautonome Gestaltungsfreiheit zwecks Wahrung der eigenen Interessen zuteil geworden ist, sind hierbei sämtliche Umstände des Einzelfalls.[325]

Das somit zwingend erforderliche „echte" Aushandeln einer individuellen Haftungsbegrenzungsabrede verlangt von den assoziierten Berufsvertretern im Zuge dessen mitunter eingehende und umfangreiche Erörterungen mit den einzelnen Klienten, die in Abhängigkeit von deren jeweiliger Ausbildung, Erfahrung, Geschäftsgewandtheit und Lebenssituation gegebenenfalls auch in eine umfassende Pflicht zur ausdrücklichen Aufklärung über sämtliche potentiellen Risiken und Nachteile einer derartigen Vereinbarung einmünden können.[326] Ungeachtet der insoweit denkbaren Komplikationen, dem potentiellen Auftraggeber die Notwendigkeit des Ersuchens um Haftungslimitierung ausdrücklich plausibel machen zu müssen, bringt die stets geforderte zweiseitige Dialogbereitschaft für die Gesellschafter der Freiberufler-Sozietät dadurch in jedem Fall einen erhöhten Zeitaufwand mit sich.[327] Die damit verbundene Mühsal läßt das Instrument der Individualabrede vorab als durchgängige Methode der Haftungsbegrenzung ausscheiden und beschränkt den Anwendungsbereich auf eng umrissene Ausnahmefälle.[328] Ein „Rationalisierungseffekt" im Sinne einer standardisierten Risikovorsorge ist auf diese Weise durch die freiberuflich Tätigen keinesfalls zu erreichen.[329]

Bei den berufsrechtlich gebundenen rechts- und wirtschaftsberatenden Freien Berufen stellt die kategorisch notwendige Einhaltung der Schriftform darüber hinaus ein bereits gesetzlich bestimmtes Wirksamkeitserfordernis der individuellen Haftungsbegrenzungsvereinbarung dar,[330] so daß ein diesbezüglicher Verstoß unweigerlich die Formnichtigkeit der Abrede nach sich zieht (§ 125 Satz 1 BGB). Doch auch bei den übrigen freien Professionen scheint die schriftliche Niederlegung einer haftungsbeschränkend wirkenden Individualab-

---

[323] Vgl. zu näheren Einzelheiten nur Palandt-*Heinrichs*, Rn. 15 ff. zu § 1 AGBG.

[324] *Borgmann/Haug*, Rn. 57 zu § 41; *Niebling* in AnwBl. 1996, 20 (21); *Kleine-Cosack*, Rn. 5 zu § 51a BRAO; Henssler/Prütting-*Stobbe*, Rn. 36 zu § 51a BRAO.

[325] Palandt-*Heinrichs*, Rn. 18 zu § 1 AGBG.

[326] Henssler/Prütting-*Stobbe*, Rn. 43 zu § 51a BRAO.

[327] *Junge-Ilges*, S. 151.

[328] zutreffend *Busse* in DStR 1995, 660 (662); *Reiff* in AnwBl. 1997, 3 (4).

[329] *Junge-Ilges*, S. 151.

[330] Die §§ 67a I Nr. 1 StBerG; 54a I Nr. 1 WPO; 51a I Nr. 1 BRAO; 45a I Nr. 1 PatAnwO fordern diesbezüglich übereinstimmend eine „schriftliche Vereinbarung im Einzelfall"; entsprechend handelt es sich hier um einen Fall der gesetzlich angeordneten Schriftform (§ 126 BGB); vgl. zu den damit verbundenen, inhaltlich an die haftungsbeschränkende Individualvereinbarung zu stellenden Anforderungen nur Henssler/Prütting-*Stobbe*, Rn. 41 zu § 51a BRAO.

rede schon aus Gründen der Möglichkeit zur Beweisführung in einem etwaigen späteren Konfliktfall für die Berufstätigen unverzichtbar.

Daneben stellt sich im Streitfalle gleichwohl das Problem der Beweisbarkeit eines wirklichen Aushandelns der Haftungsbeschränkungsabrede unter den Vertragschließenden. Im Regelfall wird der – insoweit beweispflichtige[331] – Freiberufler nicht den Nachweis führen können, daß die Haftungslimitierungsklausel en detail tatsächlich ausgehandelt worden ist.[332]

Die Individualabrede wird daher letztlich nur als eine bedingt erfolgversprechende Strategie zur Minimierung des freiberuflichen Ersatzhaftungsrisikos in der Sozietät bewertet werden können.

Einfacher handhabbar erscheinen demgegenüber einstweilen die Möglichkeiten, in der Sozietät mittels vorformulierter Vertragsbedingungen eine freiberufliche Haftungsfreizeichnung für Berufsausübungsfehler erreichen zu können. Die damit erzielbare Standardisierung der Haftungsbegrenzung erlaubt den einzelnen Gesellschaftern zumindest im Grundsatz eine größere Kalkulierbarkeit der gegebenenfalls drohenden Haftungssanktionen und entbindet sie zugleich von der Pflicht, dem ratsuchenden Publikum im Einzelfall explizit die Unerläßlichkeit einer Haftungslimitierungsabrede unter Einschluß einer eingehenden Belehrung über deren etwaige Tragweite sowie ihre potentiellen Risiken darlegen zu müssen.

Allerdings divergieren die Voraussetzungen, unter denen die miteinander verbundenen Berufsvertreter eine entsprechende Haftungserleichterung für Schäden aus fehlerhafter Berufsausübung herbeiführen können, zwischen den einzelnen freien Professionen wie vorbeschrieben erheblich.

So stellen sich die Möglichkeiten, die persönliche Ersatzhaftung innerhalb der Sozietät formularvertraglich auf einzelne Gesellschafter zu konzentrieren, prima vista in den Berufsgruppen am weitgehendsten dar, in denen es de lege lata wie bei niedergelassenen Ärzten oder freischaffenden Architekten vollkommen an diesbezüglich einschlägigen berufsrechtlichen Vorschriften fehlt.[333] Doch resultieren hier nicht unerhebliche Restriktionen aus der umfassend möglichen Inhaltskontrolle nach dem AGB-Gesetz. Die vorbeschriebene Anwendbarkeit des § 11 Nr. 7 AGBG bzw. – gegenüber Kaufleuten – des § 9 I AGBG führt dazu, daß die übrigen assoziierten Freiberufler gegenüber dem ratsuchenden Publikum mittels vorformulierter Vertragsbedingungen keinen Ausschluß ihrer Sekundärhaftung wegen beruflicher Fehlleistungen erreichen können, falls den verantwortlich handelnden Gesellschafter der Vorwurf einer vorsätzlichen oder grob fahrlässigen Vertragsverletzung trifft.[334]

Vergleichsweise noch wirkungsvoller erscheinen vor diesem Hintergrund daher die rechtlich vorhandenen Optionen einer vorformulierten Haftungskonzentration im Bereich

---

[331] Allg. Meinung; vgl. nur Henssler/Prütting-*Stobbe*, Rn. 42 zu § 51a BRAO; *Michalski/Römermann*, Rn. 26 zu § 8 PartGG.

[332] So die zutreffende Einschätzung von *Niebling* in AnwBl. 1996, 20 (21) mit Blick auf den Rechtsanwalt.

[333] Freilich sind dort – quasi spiegelbildlich – aufgrund des konstatierten Normenmangels andererseits auch die von der Judikatur im Streitfall gezogenen rechtlichen Grenzen einer personalen Haftungsfreizeichnung weniger exakt prognostizierbar.

[334] Vgl. dazu oben Seite 236 und Seite 245.

der Wirtschaftsprüfung. Dort genügt bereits eine namentliche Bezeichnung des ex ante für die Mandatsbearbeitung vorgesehenen Sozius, um die Rechtswirksamkeit einer standardisierten personalen Haftungsbegrenzungsabrede zu wahren.[335] Weitere normative Erfordernisse, die neben den allgemeinen zivilrechtlichen Vorgaben für eine wirksame Einbeziehung der Haftungskonzentrationsklausel zu beachten wären, bestehen nicht. Insbesondere findet für den wirtschaftsprüfenden Berufsstand, da das Berufsrecht über § 54a II WPO expressis verbis einen entsprechenden kautelarjuristischen Gestaltungsspielraum eröffnet, auf der Grundlage des § 8 AGBG auch keine weitere AGB-rechtliche Inhaltskontrolle nach Maßgabe der §§ 9-11 AGBG mehr statt.[336]

In den vorbezeichneten Berufsgruppen dürfte das Fehlen weiterer Einschränkungen den Einsatz vorformulierter Haftungskonzentrationsbedingungen für die assoziierten Freiberufler daher – soweit nicht andere Faktoren wie die vorerwähnte mangelnde Verkehrsüblichkeit im heilkundlichen Bereich entgegenstehen – immerhin erwägenswert erscheinen lassen.

Weniger attraktiv und ungleich risikobehafteter stellen sich hingegen die allgemeinvertraglichen Haftungskonzentrationsmöglichkeiten bei den rechtsberatenden Professionen (einschließlich der Steuerberatung) dar. Zwar besteht auch dort keine besondere – der haftungsbeschränkend wirkenden Individualvereinbarung vergleichbare – Pflicht der Berufstätigen zur umfassenden und ausdrücklichen Belehrung über Bedeutung und Tragweite einer personalen Haftungsbegrenzungsklausel.[337] Aber das statt dessen zum Schutz des Auftraggebers normierte Erfordernis einer gesondert unterschreibungspflichtigen Zustimmungserklärung ist unter dem Gesichtspunkt der Praktikabilität kaum dazu angetan, die Berufstätigen zur Verwendung vorformulierter Vertragsbedingungen zu motivieren.[338]

---

[335] Siehe dazu bereits oben Seite 213 f. mit Fußnote 207.

[336] Vgl. hierzu schon die näheren Ausführungen oben auf Seite 223 f.

[337] A. A. allerdings Henssler/Prütting-*Stobbe*, Rn. 65 zu § 51a BRAO. Dieser hält aaO eine explizite und detaillierte Aufklärung des ratsuchenden Publikums über die potentiellen Risiken und Nachteile einer formularvertraglichen Bündelung der Ersatzhaftung auf ein einzelnes Sozietätsmitglied für notwendig, weil diese Form der Haftungsbegrenzung den Schutz des Mandanten verkürze, ohne ihm wie im Falle der §§ 51a I Nr. 2 BRAO, 45a I Nr. 2 PatAnwO; 67a I Nr. 2 StBerG; 54a I Nr. 2 WPO ein Äquivalent in Gestalt eines erhöhten Versicherungsschutzes über den vierfachen Betrag der Mindestversicherungssumme zu geben.

Diese Argumentation übersieht jedoch, daß die formularvertraglichen Haftungskonzentrationsbestimmungen darauf abzielen, die Sekundärhaftung innerhalb der Sozietät prinzipiell der Haftungslage anzugleichen, wie sie bei Beauftragung eines einzelnen selbständig Berufstätigen bestehen würde. Auch dieser ist aber keineswegs verpflichtet, einen über die Mindestversicherungssumme hinausgehenden Berufshaftpflichtversicherungsschutz zu unterhalten. Gerade das vom Gesetzgeber speziell bei den rechts- und steuerberatenden Professionen aufgestellte Erfordernis einer gesondert unterschreibungspflichtigen Zustimmungserklärung des Mandanten wäre im übrigen kaum plausibel zu begründen, wollte man daneben ohnedies eine umfassende Aufklärungs- und Belehrungspflicht der assoziierten Berufsvertreter über den Sinngehalt und die Reichweite der so beabsichtigten Haftungsbeschränkung bejahen.

[338] Zutreffend *Wellensiek* in FS für Brandner (1996), 727 (737); *Vorbrugg/Salzmann* in AnwBl. 1996, 129 (132); *Wolf* in FS für Schneider (1997), 349 (355); schärfer – und in der Sache wohl bewußt etwas überspitzt – demgegenüber *Henssler* in DB 1995, 1549 (1553); *ders.* in GmbHR 1995, 756 (758); *ders.* in AnwBl. 1996, 3 (10), wonach der Gesetzgeber den Gebrauch von Mandatsbedingungen durch Rechtsanwälte in diesem Punkt erkennbar so unattraktiv wie nur möglich habe ausge-

Daneben sind die Handlungsspielräume beim Gebrauch einer personalen Haftungsfreizeichnungsklausel für Rechtsanwälte und Steuerberater freilich auch inhaltlich schwieriger einzuschätzen. Die Gesetzgebungsmaterialien enthalten sich einer näheren Aussage darüber, in welchen Situationen die vom Gesetz kumulativ geforderte Personenidentität zwischen dem namentlich bezeichneten Sozius und dem späteren tatsächlichen Mandatsbearbeiter weiterhin zu bejahen ist.[339] Es steht zu vermuten, daß es längere Zeit in Anspruch nehmen wird, bis die Rechtsprechung die sich hieran vielfältig anknüpfenden Fragestellungen einer fallgruppenartigen und kalkulierbaren Systematisierung zugeführt haben dürfte. So scheint gegenwärtig beispielsweise noch fraglich, ob lediglich die exklusive Mandatsbearbeitung durch den namentlich bezeichneten Sozius die Rechtswirksamkeit der vertraglichen Haftungskonzentration bestehen läßt oder ob der entsprechende Gesellschafter weiterhin berechtigt sein soll, einen ihm intern zuarbeitenden angestellten Berufskollegen mit Teilen der Auftragsausarbeitung zu betrauen.[340] Die Grenzziehung dürfte hier im Einzelfall häufiger Probleme bereiten[341] und ist dadurch kaum geeignet, um für die betreffenden Berufsgruppen eine effiziente und berechenbare Haftungskonzentration durch vorformulierte Vertragsbedingungen auf ein bestimmtes Sozietätsmitglied sicherzustellen.

Die voneinander abweichenden berufsrechtlichen Voraussetzungen für eine personale Haftungsbegrenzung wegen Schäden aus fehlerhafter Berufsausübung komplizieren schließlich auch die Erreichbarkeit einer vertraglichen Haftungskonzentration in der interprofessionellen Sozietät. Vor allem für die untereinander sozietätsfähigen rechts- und wirtschaftsberatenden Freien Berufe stellen sich insoweit Erschwernisse ein. Hat man nach den bereits dargelegten allgemeinen Grundsätzen davon auszugehen, daß durch den Vertragsschluß mit dem Auftraggeber sämtliche Gesellschafter der interprofessionellen Sozietät im Rahmen ihrer eigenen beruflichen Befugnisse als Gesamtschuldner zur Erfüllung und gegebenenfalls zum Schadensersatz verpflichtet werden, so liegt es nahe, zu fordern, daß eine formularvertragliche Beschränkung der persönlichen Ersatzhaftung nur unter

---

stalten wollen und nur der Anschein einer gesetzlichen Vergünstigung gegenüber der Individualabrede geblieben sei.

339 Der Gesetzgeber hat eine nähere Stellungnahme zu diesem Problemkreis gänzlich vermieden und die Klärung der entsprechenden Rechtsfragen – unter dem Blickwinkel des Gewaltenteilungsprinzips wohl konsequent – dadurch im Ergebnis ausschließlich der Judikatur überantwortet; vgl. BT-Drucksache 12/4993, S. 33; BT-Drucksache 12/6753, S. 19; siehe zum Erfordernis der Personenidentität im übrigen bereits die Darlegungen oben auf Seite 213 f. mit Fußnote 206.

340 Vgl. hierzu etwa *Busse* in DStR 1995, 738 (743); *Kleine-Cosack*, Rn. 17 zu § 51a BRAO – Ebenso unklar sind bislang auch die Folgen einer Mandatsbetreuung durch einen anderen Berufsvertreter im Zuge einer länger währenden urlaubs- oder krankheitsbedingten Abwesenheit des eigentlich vorgesehenen und namentlich bezeichneten Sozius. Will man hier die mit dem Sozietätsbetrieb unter anderem bezweckten Vorteile einer arbeitsteiligen Kooperation und einer gegenseitigen Vertretung unter den Berufsangehörigen nicht über Gebühr einschränken, wird man im Rahmen der formularvertraglichen Haftungskonzentrationsregelung wohl kaum auf einer strikten Höchstpersönlichkeit der Leistungserbringung durch den namentlich bezeichneten Gesellschafter bestehen können; ebenso *Busse*, aaO; *Wolf* in FS für Schneider (1997), 349 (356), wohl auch Henssler/Prütting-*Stobbe*, Rn. 61 zu § 51a BRAO.

341 *Busse* in DStR 1995, 738 (743); *Wellensiek* in FS für Brandner (1996), 727 (737).

Zugrundelegung der Anforderungen des jeweils strengsten Berufsrechts zu realisieren ist.[342]

Vergleichbare Schwierigkeiten ergeben sich, soweit die verbundenen Berufsvertreter über vorformulierte Vertragsbedingungen eine Beschränkung der Schadensersatzhaftung auf sog. Haftungshöchstsummen herbeiführen wollen. Falls nicht die spezifischen Eigenheiten der jeweiligen Berufstätigkeit ein solches Vorgehen ohnehin ausschließen,[343] sind neben dem durch das Zivilrecht allgemein gesteckten Rahmen stets die etwaigen besonderen berufsrechtlichen Voraussetzungen für eine derartige Haftungslimitierung zu beachten. So können sich die Angehörigen der rechts- und wirtschaftsberatenden Freien Berufe eine entsprechende Haftungsbegrenzungsoption wie vorbeschrieben allein dadurch „erkaufen", daß sie den Berufshaftpflichtversicherungsschutz generell auf den vierfachen Betrag der gesetzlich vorgeschriebenen Mindestversicherungssumme aufstocken.

Vor allem bei Rechts- und Patentanwälten, daneben aber auch bei Steuerberatern und Wirtschaftsprüfern, existieren diesbezüglich zudem Unklarheiten, welche konkreten inhaltlichen Anforderungen nach Maßgabe des AGB-Gesetzes an die rechtswirksame Einbeziehung einer solcherart der Höhe nach vorformulierten Haftungsbegrenzungsklausel zu stellen sind. Mit Rücksicht auf das charakteristische persönliche Vertrauensverhältnis, das bei typisierender Betrachtung gerade im Verhältnis zwischen Anwalt und Mandant besonders ausgeprägt ist, wird man hier im Ergebnis auf einer ausnahmslos ausdrücklichen Mitteilung der vorformulierten Mandatsbedingungen bestehen müssen (§ 2 I Nr. 1 Alt. 1 AGBG), so daß ein schlichter Aushang der betreffenden Klauseln im Wartezimmer oder

---

[342] Ebenso Henssler/Prütting-*Hartung*, Rn. 77 zu § 59a BRAO; inzidenter wohl auch *Ulmer/Habersack* in FS für Brandner (1996), 151 (155 f.).

Die alternativ in Betracht kommende Ausrichtung der berufsrechtlichen Voraussetzungen danach, welcher Profession konkret derjenige Sozius angehört, auf den die Haftung mittels vorformulierter Vertragsbedingungen im Einzelfall konzentriert werden soll, erschiene demgegenüber kaum einsichtig. Abgesehen von den Problemen, die sich sodann bei einer beruflichen Doppelqualifikation ergeben würden, ist zu bedenken, daß mit der Bündelung der persönlichen Ersatzhaftung auf ein bestimmtes Sozietätsmitglied umgekehrt zugleich immer eine „Enthaftung" aller übrigen verbunden ist. In Anbetracht dessen würde es wenig überzeugend anmuten, wenn beispielsweise die einer interprofessionellen Sozietät angehörenden Steuerberater und Rechtsanwälte im Fall der regelmäßig zu bejahenden Gesamtmandatierung einen Ausschluß ihrer Ersatzhaftung dadurch herbeiführen könnten, daß die Sekundärhaftung nach den Regeln der WPO auf einen ebenfalls assoziierten Wirtschaftsprüfer konzentriert würde. Erst die Anwendung des jeweils strengsten in Betracht kommenden Berufsrechts stellt hier sicher, daß kein Sozietätsmitglied einen Ausschluß seiner persönlichen Ersatzhaftung ohne Einhaltung der spezifisch für seine Berufstätigkeit geltenden Rechtsregeln erreichen kann.

Die Entstehungsgeschichte der einschlägigen berufsrechtlichen Vorschriften ist für die Lösung des vorstehend erörterten Problems im übrigen unergiebig. Der Normgeber will zwar erkennbar auch für die interprofessionelle Sozietät zwischen Rechtsanwälten, Steuerberatern und Wirtschaftsprüfern die Haftungskonzentrationsmöglichkeit mittels vorformulierter Mandatsbedingungen eröffnen; vgl. BT-Drucksache 12/5685, S. 30 zur WPO. Die jeweiligen Gesetzgebungsmaterialien besagen aber nichts darüber, wie die zwischen den einzelnen Berufsrechten entstehenden Friktionen rechtlich aufgelöst werden sollen; vgl. BT-Drucksache 12/5685, aaO; BT-Drucksache 12/4993, S. 33 zur BRAO; BT-Drucksache 12/6753, S. 19 zum StBerG.

[343] Zumindest für die freien Heilberufe käme eine derartige Verfahrensweise wegen der damit mittelbar verbundenen Gefahr einer Aufweichung ärztlicher Sorgfaltsmaßstäbe ersichtlich nicht in Betracht; vgl. dazu schon oben, S. 226 f.

ihr bloßer Abdruck in einer allgemeinen Praxisinformationsbroschüre, die jedem neuen Mandanten bei der Entgegennahme des Auftrags ausgehändigt wird, insoweit generell nicht für ausreichend erachtet werden kann.[344]

Weitere Restriktionen resultieren speziell für die rechtsberatenden Professionen aus dem Umstand, daß eine allgemeinvertraglich vereinbarte summenmäßige Beschränkung der Ersatzhaftung lediglich solche Berufsversehen zu erfassen vermag, die auf ein leicht fahrlässiges Fehlverhalten zurückgehen.[345] Auf diese Weise ist die Rechtspraxis mit nur schwer auflösbaren Abgrenzungsfragen belastet worden, die für die betreffenden Rechtsanwälte und Patentanwälte eine Effektivität des Einsatzes vorformulierter Vertragsbedingungen, die sich auf Schäden aus fehlerhafter Berufsausübung beziehen, spürbar vermindern.[346] Die hierdurch begründeten Imponderabilien dürften dabei auch zukünftig kaum einer näheren Klärung durch die Judikatur zugänglich sein. Die höchstrichterliche Rechtsprechung steht zu Recht auf dem Standpunkt, daß der Anwaltsvertrag häufig so sehr von den Einzelheiten des konkreten Lebenssachverhalts geprägt wird, daß derselbe Fehler je nach den Umständen als eine leichte, mittlere oder grobe Verletzung vertraglicher Pflichten erscheinen kann.[347] Auf die richterliche Entwicklung einer transparenten und vorhersehbaren Kasuistik können die anwaltlichen Berufsvertreter in diesem Zusammenhang daher nicht hoffen.

Nicht zu verkennen ist, daß die strikten Anforderungen des anwaltlichen Berufsrechts diesbezüglich wiederum mittelbar auch die in der interprofessionellen Sozietät bestehenden Haftungsbeschränkungsoptionen beeinflussen. Aufgrund der im Fahrlässigkeitsgrad

---

[344] Vgl. so richtig Henssler/Prütting-*Stobbe*, Rn. 47 zu § 51a BRAO; *ders.* in AnwBl. 1997, 16; a. A. – ausdrückliche Bezugnahme auf Aushang im Wartezimmer ausreichend – offenbar *Henssler*, Rn. 61 zu § 8 PartGG, im Kontext mit der parallelen Verwendung von Haftungsbegrenzungsklauseln innerhalb einer Partnerschaft – Auch bei den entstehungsgeschichtlich jüngeren rechts- und wirtschaftsberatenden freien Professionen erfordert das den Berufstätigen vom ratsuchenden Publikum entgegengebrachte Vertrauen in ihre berufliche Kompetenz und Integrität eine offen geführte Verhandlung bei Vertragsabschluß, so daß allgemeine Auftragsbedingungen dem Klienten nicht in der oben geschilderten Weise lediglich mittelbar untergeschoben werden dürfen.

Nicht ausgeschlossen wird durch die Regelung des § 2 I Nr. 1 AGBG freilich die Möglichkeit zu einer ausdrücklichen Bekanntgabe der summenmäßigen Haftungsbegrenzungsklausel auf einem einzelnen Merkblatt, welches den jeweiligen Klienten – gegebenenfalls in Verbindung mit weiteren Mandatsbedingungen – anläßlich des Vertragsschlusses überreicht wird und ihnen die von den assoziierten Berufsvertretern angestrebte Haftungsbeschränkung offen und unmißverständlich zur Kenntnis bringt; vgl. zur parallelen Rechtslage für eine vorformulierte Haftungskonzentrationsklausel auf dem heilkundlichen Sektor bereits oben Seite 239 in Fn. 285.

[345] Siehe dazu bereits oben Seite 212 f. mit Fn. 204.

[346] Schon *Mertens* gab in VersR 1974, 509 (518) zu bedenken, daß eine klare Abgrenzung der groben von der leichten Fährlässigkeit im Bereich freiberuflicher Berufshaftung oftmals problematisch bleibe. Das rechtswissenschaftliche Schrifttum und die Kommentarliteratur stehen der lediglich in das anwaltliche Berufsrecht eingefügten Differenzierung nach Fahrlässigkeitsgraden bei vorformulierten Haftungshöchstsummenbeschränkungen demgemäß einhellig kritisch gegenüber; vgl. *Borgmann/Haug*, Rn. 42 ff. zu § 41; *Kleine-Cosack*, Rn. 12 f. zu § 51a BRAO; Feuerich/Braun-*Braun*, Rn. 6 zu § 51a BRAO; Henssler/Prütting-*Stobbe*, Rn. 50 f. zu § 51a BRAO; *Wellensiek* in FS für Brandner (1996), 727 (734); *Henssler* in AnwBl. 1996, 3 (9).

[347] So explizit BGH in NJW 1994, 3295 (3298); dem zustimmend *Henssler* in AnwBl. 1996, 3 (9) unter Hinweis darauf, daß die Rechtsprechung wohl zumindest Fristversäumnisse häufig als grob fahrlässig einstufen werde.

unterschiedlich weit reichenden Haftungsbegrenzungsbefugnisse bleiben die Rechtsanwälte einer fachübergreifend zusammengesetzten Sozietät im Fall einer formularvertraglichen Begrenzung der Ersatzhaftung auf Höchstsummen einem ungleich höheren Haftungsrisiko ausgesetzt als die beteiligten Steuerberater oder Wirtschaftsprüfer.[348] Diese mißliche Haftungssituation läßt sich im Ergebnis nur dadurch abwenden, daß die Sozien entweder die formularvertragliche Haftungsbeschränkung auf Höchstsummen stets mit einer formularvertraglichen Haftungskonzentration auf ein einzelnes Sozietätsmitglied verbinden oder ihre Ersatzhaftung für berufliche Fehlleistungen über Mandatsbedingungen einheitlich nur für Fälle leichter Fahrlässigkeit auf Haftungshöchstsummen eingrenzen.

Zieht man an dieser Stelle ein knappes Resümee, so zeigt sich mithin, daß die im einzelnen (formular-)vertraglich vorhandenen Haftungsbegrenzungsoptionen für die assoziierten Freiberufler in praxi nur mit Einschränkungen nutzbar sind, um in der Sozietät insbesondere eine Limitierung der Sekundärhaftung für Berufsausübungsfehler zu verwirklichen.

Der Umstand, eine Abkehr vom schrankenlosen Solidarhaftungsprinzip aller zur gemeinsamen Berufsausübung verbundenen Sozien nur im Einverständnis mit dem Auftraggeber erlangen zu können, stellt die Gesellschafter vor grundlegende Schwierigkeiten. Es gilt, vor dem Hintergrund eines generell zunehmenden Konkurrenzdrucks das psychologische Kunststück zu vollbringen, dem Ratsuchenden einerseits die Preisgabe eigener Rechte abzufordern, ohne andererseits den vollständigen Verlust des Mandats zu riskieren. Hierbei kann, vor allem bei den klassischen freien Professionen, bereits die fehlende Verkehrsüblichkeit (formular-)vertraglicher Haftungsbeschränkungsabreden ein starkes Argument bilden, das aus Sicht der betroffenen Sozien gegen den Einsatz entsprechender vertraglicher Instrumentarien spricht.

Unbeschadet dessen erweisen sich Individualabreden aufgrund der daran geknüpften besonders strengen Anforderungen nur in spezifisch gelagerten Ausnahmefällen als geeignetes Mittel der Haftungslimitierung. Formularvertragliche Haftungsbegrenzungsklauseln ermöglichen demgegenüber zwar eine fast vollständige Standardisierung der vertraglichen Haftungsbeschränkung für Schäden aus fehlerhafter Berufsausübung, doch reichen hier schon kraft des allgemeinen Zivilrechts die freiberuflichen Ausgestaltungsbefugnisse weniger weit. Zudem bestehen insbesondere bei den rechtsberatenden Freien Berufen vielfältige berufsrechtliche Einschränkungen, die in diesem Bereich nicht nur für monoprofessionell, sondern auch für interprofessionell zusammengesetzte Sozietäten die Möglichkeiten

[348] Dieses in der Tat unbefriedigend anmutende Ergebnis fußt auf folgender Erwägung: Die anwaltlichen Berufsvertreter einer interprofessionellen Sozietät können eine formularvertragliche Haftungsbegrenzung auf Höchstsummen ausschließlich auf der Grundlage des für sie geltenden Berufsrechts und damit also nur für leichte Fahrlässigkeit erreichen. Selbst wenn die mit ihnen assoziierten Steuerberater oder Wirtschaftsprüfer also Haftungsbegrenzungsklauseln zum Einsatz brächten, die – in Übereinstimmung mit deren jeweiligen Berufsrechten – alle Fahrlässigkeitsgrade erfassen, blieben die Rechtsanwälte bei einem als grob fahrlässig einzustufenden Berufsversehen nach allgemeinen Grundsätzen weiterhin uneingeschränkt gegenüber dem Auftraggeber ersatzpflichtig. Diese fortbestehende unbegrenzte Schadensersatzhaftung der anwaltlichen Berufsvertreter müßte vor allem dort als Kuriosum erscheinen, wo der eigentliche, die Ersatzpflicht auslösende Berufsfehler auf einer grob fahrlässigen Pflichtverletzung eines – selbst im Außenverhältnis sodann nur begrenzt haftenden – Wirtschaftsprüfers oder Steuerberaters beruhen würde.

einer typisierten Begrenzung der Ersatzhaftung mittels vorformulierter Vertragsbedingungen fühlbar erschweren.

bb) Die partielle Nichtabdeckbarkeit berufstypischer Schadensrisiken durch vertragliche Haftungsbeschränkungsvereinbarungen

Die vorstehend erörterten Praktikabilitätsprobleme erfahren in einigen freien Professionen zudem dadurch eine weitere Verschärfung, daß sich über (formular-)vertragliche Haftungslimitierungsabreden nicht sämtliche berufstypischen Schadensrisiken abdecken lassen. Merkliche Lücken im System der vertraglichen Haftungsbegrenzung drohen hier vornehmlich den Angehörigen der rechts- und wirtschaftsberatenden Freien Berufe, soweit eine quasivertragliche Haftung für Vermögensschäden Dritter in Rede steht.

Die seitens der Judikatur in Teilbereichen vollzogene Zubilligung eigener, vertraglichen Grundsätzen folgender Schadensersatzansprüche an dritte Personen, die nicht unmittelbar Vertragspartner des freiberuflich Tätigen geworden sind, bringt die Frage auf, ob eine gegenüber dem eigentlichen Auftraggeber ausbedungene Haftungsbegrenzung auch diesem Gläubigerkreis erfolgreich entgegengehalten werden kann. Die sich insofern ergebenden Konstellationen verlangen nach einer differenzierten rechtlichen Betrachtung.

Soweit der Freiberufler im Rahmen seiner Berufstätigkeit erkennen kann, daß seinem Vertragspartner daran gelegen ist, die Ergebnisse der geschuldeten Dienstleistung bestimmungsgemäß auch einem Angehörigen oder einem ihm sonst nahestehenden Dritten mit gleichgerichteten Interessen nutzbar zu machen,[349] steht grundsätzlich nichts entgegen, eine (formular-)vertraglich vereinbarte Haftungsbegrenzung in entsprechender Anwendung des § 334 BGB auch gegenüber dem Dritten gelten zu lassen.[350]

In dieser Konstellation, die dogmatisch dem Rechtsinstitut des Vertrages mit Schutzwirkung zugunsten Dritter zuzurechnen ist, hat der Anspruch des Dritten seinen Rechtsgrund in dem Auftragsverhältnis zwischen dem freiberuflich Tätigen und seinem Auftraggeber.[351] Dem Dritten kann der freiberuflich Tätige hier an sich nicht mehr schulden als seinem eigenen Vertragspartner; infolgedessen wäre kaum einzusehen, weshalb der Dritte diesem gegenüber haftungsrechtlich privilegiert werden sollte.[352] Einen nach der Rechts-

---

[349] Eine solche Fallgestaltung wird z. B. häufig in Betracht kommen, wenn ein Rechtsanwalt mit der vorbereitenden Abfassung und Ausarbeitung eines Rechtsgeschäfts befaßt wird, dessen Rechtswirkungen nachfolgend voraussehbar nahe Anverwandte des Mandanten oder – bei juristischen Personen – deren Gesellschafter und Gründer treffen; vgl. hierzu etwa BGH in NJW 1977, 2073 (2074); 1983, 1053 (1054); 1986, 581 (582); 1995, 51 (52 f.); 2551 (2552) sowie näher *Borgmann/Haug*, Rn. 25 ff. zu § 33.

[350] So richtig *Lang*, S. 17; *Löffelmann/Fleischmann*, Rn. 1654; im Ergebnis ebenso *Kleine-Cosack*, Rn. 19 zu § 51a BRAO; *Borgmann/Haug*, Rn. 54 zu § 41; Henssler/Prütting-*Stobbe*, Rn. 32 zu § 51a BRAO; *Geuer*, S. 112; *Junge-Ilges*, S. 42; *Brandner* in ZIP 1984, 1186 (1193); *Hübner* in NJW 1989, 5 (10); *Ebke/Fechtrup* in JZ 1986, 1112 (1114); *Ebke/Scheel* in WM 1991, 389 (393 u. 396); *Busse* in DStR 1995, 660 (662); *Wellensiek* in FS für Brandner (1996), 727 (737); *Knoll/Schüppen* in DStR 1995, 646 (648); *Otto/Mittag* in WM 1996, 377 (382); ähnlich – wenn auch von einem konstruktiv abweichenden Ansatz ausgehend – *Hirte*, S. 450 ff.

[351] *Lang*, S. 17; *ders.* in Wpg. 1989, 57 (63).

[352] Vgl. dazu grundlegend BGHZ 56, 269 (272): „Da sich beim Vertrag mit Schutzwirkung zugunsten Dritter deren Rechte aus dem zwischen dem Gläubiger und dem Schuldner geschlossenen Ver-

ordnung unzulässigen Vertrag zu Lasten Dritter wird man in der Erstreckung der Haftungsbeschränkung auf den außenstehenden Anspruchsinhaber regelmäßig nicht erblicken können. Denn es geht in der Person des Dritten nicht um die Konstituierung eines eigenständigen Rechtsnachteils, sondern lediglich um die Verkürzung der ihm – als (einseitige) Begünstigung – im übrigen gewährten eigenen Anspruchsberechtigung.[353]

Gleichwohl kann ausnahmsweise auch in der Fallgruppe des Vertrags mit Schutzwirkung für Dritte ein Nichteingreifen der Haftungsbegrenzungsabrede gegenüber dem außenstehenden Geschädigten in Betracht kommen.[354] Eine solche Durchbrechung des Grundsatzes, daß die Haftung des Schutzpflichtigen gegenüber dem Dritten nicht weiter reicht als gegenüber dem unmittelbaren Vertragspartner, ist von der neueren höchstrichterlichen Rechtsprechung insbesondere für solche Konstellationen erwogen worden, in denen das Produkt der (freiberuflichen) Dienstleistung gerade zur Vorlage an den Dritten eingeholt wird und die Interessen zwischen Auftraggeber und Drittem divergieren.[355] Mit

---

trage herleiten, können sie grundsätzlich nicht weitergehen als die Rechte des Gläubigers als des Vertragspartners des Schädigers." In Entsprechung dessen brachte der BGH aaO, 274, auch eine vorformulierte Haftungsbeschränkungsklausel zu Lasten des Dritten zur Anwendung; dem allgemein zustimmend BGH in NJW 1987, 1758 (1760); 1995, 392 (393); OLG Köln in NJW-RR 1988, 157; OLG München in WM 1997, 613 (616); *Ebke/Fechtrup* in JZ 1986, 1112 (1114); *Busse* in DStR 1995, 660 (662); *Wellensiek* in FS für Brandner (1996), 727 (737).

[353] So zutreffend *Wellensiek* in FS für Brandner (1996), 727 (737); *Ebke/Scheel* in WM 1991, 389 (391).

[354] Ebenso für die eigenständige Unterart des „Vertrags mit Schutzwirkung für Dritte bei gegenläufigen Interessen" im Ergebnis auch *Canaris* in JZ 1995, 441 (442); vgl. zu dessen ansonsten grundlegend abweichendem dogmatischen Lösungsansatz im übrigen sogleich in Fn. 355.

[355] Siehe dazu unlängst BGH in NJW 1995, 392 (393 f.): In dem dort entschiedenen Sachverhalt war ein Architekt und Bausachverständiger seitens des Verkäufers eines Hausgrundstücks mit der Erstellung eines Wertermittlungsgutachtens beauftragt worden, welches nachfolgend zur Vorlage (auch) an den späteren Käufer bestimmt war. Der BGH entschied, daß in derartigen Gutachterverträgen nach der Interessenlage auch mögliche Käufer in den Schutzbereich des Vertrages fielen und aus der „Natur des Vertrags" ein stillschweigender Ausschluß des § 334 BGB dergestalt folgen könne, daß das Vertrauen des Dritten (Käufers) in die Richtigkeit der gutachterlichen Aussagen auch dann geschützt werden solle, wenn der Auftraggeber die Unrichtigkeit des Gutachtens (mit-)veranlaßt habe und diese (Mit-)Veranlassung Auswirkungen auf die Haftung des Auftragnehmers gegenüber dem Auftraggeber zeige. Die Gegenläufigkeit der Interessen zwischen Auftraggeber und Drittem kann hier also eine – vom Deckungsverhältnis unabhängige – „Abkopplung" und rechtliche Verselbständigung der Einstandspflicht des sachverständigen Gutachters gegenüber dem Dritten zur Folge haben; dem allgemein folgend auch das OLG München in WM 1997, 613 (616).

Medicus weist in JZ 1995, 308 (309) zutreffend nach, daß die Regelung des § 334 BGB auf den „Vertrag mit Schutzwirkung für Dritte bei gegenläufigen Interessen" von vornherein nicht paßt und sich das gewünschte Auslegungsergebnis in dieser Fallgruppe dogmatisch überzeugender aus einer vollständigen Nichtanwendbarkeit der Vorschrift begründen ließe. Demgegenüber sieht *Canaris* in JZ 1995, 441 (444 ff.) schon kaum überwindbare argumentative Schwierigkeiten, um bei derartigen Sachverhalten eine quasi-vertragliche Dritthaftung des Versprechenden über das Rechtsinstitut des „Vertrags mit Schutzwirkung für Dritte" zu begründen. Er plädiert aaO – in Anlehnung an die richterrechtlich entwickelte Garantieprospekthaftung – statt dessen für eine dogmatische Einordnung der Problematik unter die Fallgruppe der Eigenhaftung Dritter aus culpa in contrahendo wegen enttäuschter Inanspruchnahme sachverständigen (berufsmäßigen) Vertrauens; siehe zu den allgemeinen schuldrechtssystematischen Bedenken, die gegen einen solch verselbständigten „überpositiven" Lösungsansatz sprechen, jedoch bereits oben Seite 186 f. in Fn. 98.

dieser neuartigen Interessenbewertung hat die Judikatur ihren ursprünglich eingenommenen Rechtsstandpunkt modifiziert, nach dem eine von assoziierten Freiberuflern (formular-)vertraglich ausbedungene Haftungsbegrenzung im allgemeinen auch dann Rechtswirkungen gegenüber dem geschädigten Dritten zeigte, wenn dessen Interessen zu denen des eigentlichen Auftraggebers gegenläufig waren.[356]

In Anbetracht der gewandelten neuen Rechtsprechungslinie wird man hiernach davon ausgehen müssen, daß eine Freiberufler-Sozietät einem außerhalb des Vertragsverhältnisses stehenden Dritten fortan nicht mehr mit Erfolg eine vereinbarte Haftungsbeschränkung entgegenhalten kann, falls der eigentliche Auftraggeber und der Dritte unterschiedliche Erwartungen an das Ergebnis der Dienstleistung knüpfen und zwischen beiden ein Interessengegensatz besteht. Eine derartige, aus konsensualen Vertragsgrundlagen herausgelöste und damit rechtsgeschäftlich unbeschränkbare Einstandspflicht der assoziierten Berufsvertreter gegenüber einem geschädigten Dritten könnte in Zukunft – neben der von der Judikatur behandelten Gutachtenerstattung durch Architekten und öffentlich bestellte Bausachverständige – vor allem auf dem Sektor der Wirtschaftsprüfung und Steuerberatung relevant werden, da insbesondere Bilanzierungsgutachten und Testate von Jahresabschlußprüfern häufig zur Vorlage an Dritte (insbesondere Kreditinstitute) eingeholt werden[357] und durch deren Unrichtigkeit der Sache nach im wesentlichen die Dritten (hauptsächlich kreditierende Banken) und weniger der eigentliche Prüfungsauftraggeber, d. h. also die freiwillig geprüfte Kapitalgesellschaft, belastet werden.[358]

Eine vergleichbare Nichtgeltung von Haftungsbegrenzungsabsprachen ergibt sich für die ebenfalls bereits in anderem Zusammenhang behandelten Problemkreise der Garantieprospekthaftung von Angehörigen der wirtschaftsnahen freien Professionen und der –

---

[356] Vgl. so noch BGH in NJW 1987, 1758 (1760): prinzipielle Geltung der in den AAB der Steuerberater enthaltenen summenmäßigen Haftungsbegrenzung auch zu Lasten eines geschädigten Kreditinstituts, welches durch die Vorlage einer seitens der geprüften Gesellschaft in Auftrag gegebenen unrichtigen Zwischenabschlußprüfung zur Darlehensgewährung veranlaßt worden war.

[357] Die Kreditinstitute sind bei der Vergabe von Krediten über insgesamt mehr als 250.000 DM gemäß § 18 Satz 1 KWG im Grundsatz verpflichtet, die wirtschaftlichen Verhältnisse der Kreditnehmer insbesondere anhand von (testierten) Jahresabschlüssen zu überprüfen. Hier liegt es nahe, aus dieser öffentlich-rechtlich statuierten Pflicht eine prinzipielle Einbeziehung von Kreditinstituten in den Schutzbereich von Prüfungsverträgen abzuleiten, sofern dem Prüfer jene Verpflichtungen, die dem Kreditgewerbe aus den aufsichtsrechtlichen Vorschriften erwachsen, nur positiv bekannt sind. Eine solche Kenntnis wird man bei den großen Wirtschaftsprüfungsgesellschaften – schon aufgrund der dort feststellbaren Konzentration von (Pflicht-)Prüfungsmandaten (siehe dazu oben im 1. Teil, Seite 92 ff.) – aber problemlos bejahen können, so daß für die dort beschäftigten Abschlußprüfer ohne weiteres erkennbar ist, daß die kreditgebenden Banken des geprüften Unternehmens das Ergebnis ihrer Abschlußprüfung zu einer maßgeblichen Entscheidungsgrundlage für ihr Kreditengagement überhaupt machen, ebenso *Otto/Mittag* in WM 1996, 325 (330).

[358] So bereits richtig *Hopt* in FS für Pleyer (1985), 341 (368); in dieser Richtung ersichtlich auch *Otto/Mittag* in WM 1996, 377 (382 f.); zweifelnd allerdings OLG München in WM 1997, 613 (616 f.), wonach der mit der Erstellung eines Jahresabschlusses beauftragte Steuerberater seiner Auswertung in der Regel zulässigerweise Mandantenangaben zugrunde legen dürfe, während ein mit der Erstattung eines Gutachtens betrauter (Bau-)Sachverständiger auch zu einer Prüfung der Anknüpfungstatsachen selbst aufgerufen sei.

teilweise auch als Haftung aus fingiertem Auskunftsvertrag eingeordneten – freiberuflichen Sachwalterhaftung aus culpa in contrahendo.[359]

Eine drittwirkende Beschränkung der Prospekthaftung scheitert für die betreffenden Wirtschaftsprüfer, Rechtsanwälte und Steuerberater schon deshalb, weil es sich hierbei um eine im Wege richterlicher Rechtsfortbildung entwickelte typisierte Vertrauenshaftung handelt, die nicht an die konkreten Umstände des einzelnen Rechtsgeschäfts anknüpft. Die Herauslösung aus vertraglichen Grundlagen hat demgemäß zur Folge, daß eine mit dem Auftraggeber vereinbarte rechtsgeschäftliche Haftungsbegrenzung per se keine Rechtswirkungen gegenüber dem geschädigten Anleger entfalten kann.[360] Setzt eine Freiberufler-Sozietät hier ihren guten Namen bewußt dazu ein, Interessenten für Kapitalanlagen zu werben, so haben folgerichtig – neben dem Gesamthandsvermögen – auch alle Gesellschafter persönlich und unbeschränkbar für die Richtigkeit und Vollständigkeit der im Prospekt enthaltenen Angaben einzustehen.[361]

Ebenso stellt sich die Situation dar, wenn einer der Sozien im Rahmen von Vertragsverhandlungen kraft seiner besonderen Sachkunde und seiner beruflichen Autorität bestimmte Auskünfte erteilt, die den Geschäftspartnern seines Auftraggebers erkennbar als Grundlage für wesentliche Vermögensdispositionen dienen sollen, sich nachfolgend sodann aber als unrichtig erweisen. Sind die entsprechenden Informationen hier dem beruflichen Betätigungsfeld der assoziierten Berufsvertreter zuzurechnen und standen sie im unmittelbaren Zusammenhang mit der konkreten Mandatswahrnehmung,[362] trifft ebenfalls alle assoziierten Berufsvertreter eine gesamtschuldnerische Schadensersatzpflicht, die der vertraglichen Haftungsbegrenzung nicht zugänglich ist.[363]

Eine etwaige, mit dem Auftraggeber vereinbarte Konzentration der persönlichen Ersatzhaftung auf den handelnden Sozius könnte für die übrigen Gesellschafter hier schon deshalb keine Entlastungswirkung haben, weil die geschädigten Geschäftspartner ihre Rechtsposition nicht aus dem Mandatsvertrag zwischen Sozien und Auftraggeber ableiten, sondern aus einem davon zu unterscheidenden eigenständigen, den Grundsätzen der culpa in contrahendo folgenden Ersatzanspruch. Zudem scheitert eine diesbezügliche Beschränkbarkeit der Berufshaftung an der Tatsache, daß die Konstituierung der selbständigen Ersatzpflicht erst konkludent aus den konkreten Umständen des Einzelfalls folgt und daneben – will man das so erzielte Auslegungsergebnis nicht selbst wieder ad absurdum führen – für die Konstruktion einer stillschweigenden Haftungsbegrenzungsabrede zwangsläufig kein Raum mehr bleibt.[364]

---

[359] Siehe dazu bereits grundlegend oben Seite 187 f.

[360] So richtig *Lang*, S. 18; *Brandner* in ZIP 1984, 1186 (1193); *Ebke/Scheel* in WM 1991, 389 (394 u. 396); *Busse* in DStR 1995, 660 (662); ähnlich *Hopt* in FS für Pleyer (1985), 341 (368); ferner *Henssler* in NJW 1993, 2137 (2142 f.); *Stuber* in WiB 1994, 705 (709); *Carl* in NWB 1995, Fach 18, 3421 (3428); *Knoll/Schüppen* in DStR 1995, 646 (648).

[361] Vgl. *Wellensiek* in FS für Brandner (1996), 727 (737).

[362] Vgl. zu diesen einschränkenden Voraussetzungen RGZ 88, 342 (344).

[363] *Stuber* in WiB 1994, 705 (709); *Ebke/Scheel* in WM 1991, 389 (396); *Henssler* in AnwBl. 1993, 541 (546); *ders.* in NJW 1993, 2137 (2142 f.); *Borgmann/Haug*, Rn. 40 zu § 40; *Sotiropoulos* in ZIP 1995, 1879 (1885); *Carl* in NWB 1995, Fach 18, 3421 (3428).

[364] Vgl. *Ebke/Scheel* in WM 1991, 389 (396); *Geuer*, S. 111 f.; *Otto/Mittag* in WM 1996, 377 (382); ähnlich *Henssler* in NJW 1993, 2137 (2143).

Diese aus Sicht der Sozien hiernach in einem Teil der praxisrelevanten Fallgruppen feststellbare vertragliche Unbeschränkbarkeit der (quasi-)vertraglichen Dritthaftung wird in der Rechtswissenschaft teilweise kritisch bewertet.[365] Auf Zurückhaltung stößt dabei in erster Linie der Umstand, daß neben dem handelnden Freiberufler stets und unterschiedslos auch seine Mitgesellschafter haften sollen. In der Tat ist nicht zu verkennen, daß die übrigen Sozien aufgrund der fehlenden Option einer vertraglichen Haftungsbegrenzung damit im Ergebnis für vertragsähnliche Verbindlichkeiten potentiell strenger haften könnten als für vertraglich begründete Gesellschaftsschulden.[366]

Doch stellt sich – wollte man speziell in diesen Konstellationen vom Grundprinzip der gesamtschuldnerischen Ersatzhaftung abgehen – andererseits die Frage nach einer überzeugenden rechtsdogmatischen Alternativkonzeption.

Der in diesem Zusammenhang geäußerte Gedanke, der geschädigte Dritte entwickle in den Dritthaftungsfällen keine besondere Vertrauensbeziehung zur Sozietät, so daß auch eine Verschuldenszurechnung an die Mitgesellschafter nicht in Betracht komme,[367] scheint kaum tragfähig, um eine konstruktive Durchbrechung des Solidarhaftungsprinzips zu rechtfertigen. Auch für jene problematisch erscheinenden Sachverhalte bleibt zu bedenken, daß die aus der beruflichen Tätigkeit des handelnden Gesellschafters erwachsenden Entgelte einheitlich den Sozien zur gesamten Hand zufließen. Der Vergemeinschaftung der Einnahmen auf der einen Seite entspricht nach den von der Judikatur allgemein entwickelten Grundsätzen eine prinzipielle gemeinsame Einstandspflicht aller Sozien auf der anderen Seite. Ob die im Rahmen der Auftragsabwicklung eintretenden Vermögensschäden dabei den Auftraggeber selbst oder – in bestimmten richterlich statuierten Fallgruppen – ausnahmsweise einen Dritten treffen, erscheint in Anbetracht des nach außen einheitlichen Auftretens der Sozietät demgegenüber eher sekundärer Natur.

Zum anderen ist es auch inhaltlich für fragwürdig zu erachten, ob der geschädigte Dritte sein Vertrauen bei typisierender Betrachtung tatsächlich allein dem handelnden Sozius entgegenbringt. Insbesondere in den Prospekthaftungsfällen wirkt diese Einschätzung nur wenig plausibel. Hier müßte es eher befremdlich anmuten, wollte man an die Zurverfügungstellung des Sozietätsnamens nicht auch den Erklärungswert einer gesamtschuldnerischen Ersatzhaftung aller Gesellschafter anknüpfen. Auch sonst scheint es allgemein ausgeschlossen, der Vertrauensbeziehung zwischen Geschädigtem und handelndem Gesellschafter in den Dritthaftungsfällen eine gewichtigere Bedeutung zumessen zu wollen als in den übrigen, „normalen" Haftungskonstellationen. Das – in seiner konkreten Intensität an sich ohnehin nur einzelfallbezogen feststellbare – Vertrauenskriterium zeigt für die Bereiche der Prospekt- und der Sachwalterhaftung keine Eigentümlichkeiten, die gerade insoweit eine generelle Ausnahme von dem Grundsatz der gesamtschuldnerischen Einstandspflicht sämtlicher Sozien rechtfertigen würden.

Es wird im Ergebnis daher dabei bleiben müssen, daß in den zuletzt beschriebenen Dritthaftungskonstellationen weiterhin eine unterschiedslose Einstandspflicht aller Sozien auch mit ihrem Privatvermögen Platz greift. An der vertraglichen Unbeschränkbarkeit dieser solidarischen Sekundärhaftung wird de lege lata zumindest solange festzuhalten

[365] Vgl. *Henssler* in NJW 1993, 2137 (2143); *Arnold* in BB 1996, 597 (601).
[366] Vgl. *Henssler* in NJW 1993, 2137 (2143).
[367] So *Arnold* in BB 1996, 597 (601).

sein, als zugkräftige und plausible dogmatische Alternativkonstruktionen nicht in Sicht scheinen.

Freilich hat diese Feststellung zugleich zur Folge, daß insbesondere die in Sozietäten zusammengeschlossenen Angehörigen der rechts- und wirtschaftsberatenden freien Professionen über das Instrument der (formular-)vertraglichen Haftungsbegrenzung keine vollständige Erfassung ihrer berufstypischen Schadensrisiken erreichen können. Neben der in vielen Freien Berufen nur eingeschränkten Praktikabilität rechtlich zulässiger Haftungsfreizeichnungsoptionen verbleiben somit partiell auch bestimmte inhaltliche Lücken im Gefüge der vertraglich erzielbaren Risikominimierung.

Aus der Perspektive der assoziierten Berufsvertreter erweisen sich zweiseitige Haftungsbeschränkungsabreden nach alledem nur als begrenzt geeignet, um bei einer gemeinsamen Berufsausübung in der Gesellschaft bürgerlichen Rechts eine Reduktion potentieller freiberuflicher Haftungsgefahren zu realisieren.

cc) Die rechtlichen Einwände gegenüber „einseitigen" Haftungsbegrenzungsoptionen

Dieses von seiten der Berufstätigen empfundene „Manko" ließe sich an sich nur dadurch vermeiden, daß die Sozien kraft einseitiger Rechtsmacht insbesondere für Schäden aus fehlerhafter Berufsausübung eine quasi institutionalisierte Begrenzung ihrer Ersatzhaftung gegenüber dem ratsuchenden Publikum durchsetzen. Eine derart „einseitige" Haftungsbeschränkung wäre auf dem Boden der von der Judikatur gebilligten Doppelverpflichtungslehre zwar an sich dadurch zu erreichen, daß die zusammengeschlossenen Berufsvertreter unter Ausnutzung der sich kautelarjuristisch bietenden Gestaltungsoptionen im Rechtsverkehr als „Freiberufler-Sozietät mit beschränkter Gesellschafterhaftung" auftreten.

Einer solchen Vorgehensweise steht in vielen freien Professionen jedoch wie vorbeschrieben das Berufsrecht entgegen. Die unlängst kodifizierten Normen, die für die wirtschaftsnahen Freien Berufe die rechtsgeschäftlichen Möglichkeiten einer Begrenzung der Ersatzhaftung für Berufsausübungsfehler regeln, sollen durch ihren abschließenden Charakter innerhalb der Sozietät erkennbar zumindest die – allenfalls auf Höchstsummen begrenzbare – persönliche Einstandspflicht eines bestimmten Gesellschafters auch mit seinem Privatvermögen sicherstellen. Zudem soll die Verwirklichung entsprechender Haftungskonzentrationsabreden allgemein von der namentlichen Bezeichnung des für die Mandatsbearbeitung vorgesehenen Sozietätsmitglieds sowie speziell bei den rechts- und steuerberatenden Professionen von der Einhaltung weiterer, den Schutz der Auftraggeberseite bezweckender Erfordernisse abhängig sein. Für die von den berufsrechtlichen Novellierungen betroffenen Berufsgruppen der Wirtschaftsprüfer, vereidigten Buchprüfer, Steuerberater, Rechts- und Patentanwälte scheidet die Option des Betriebs einer „Sozietät mit beschränkter Gesellschafterhaftung" mithin ohne weiteres aus.[368]

Aber auch dort, wo es wie bei den freien Heilberufen und den freien Konstruktionsberufen an unmittelbar einschlägigen berufsrechtlichen Regelungen fehlt, sieht sich eine Berufsausübung, durch welche die Sozien ihre Haftung im Rechtsverkehr „einseitig" auf

---

[368] Vgl. dazu näher oben Seite 218 ff.

das Gesamthandsvermögen der BGB-Gesellschaft beschränken wollen, in ihrer praktischen Ausgestaltung zumindest merklichen Unwägbarkeiten ausgesetzt.

So hat die höchstrichterliche Judikatur bislang schon unter allgemeinen zivilrechtlichen Aspekten offen gelassen, ob etwa die bloße Bezeichnung als „BGB-Gesellschaft mit Haftungsbeschränkung" am unteren Rand der im Geschäftsverkehr verwendeten Briefbögen genügen kann, um mit Blick auf potentielle Vertragspartner dem Erfordernis der Erkennbarkeit einer in dieser Weise beschränkten Vertretungsmacht gerecht zu werden.[369] Selbst eine uneingeschränkte Anwendbarkeit des AGB-Gesetzes auf gleichlautende standardisierte Klauselvordrucke im Briefkopf erschiene durchaus diskutabel und wäre aufgrund der beabsichtigten Abweichung vom gesetzlich unterstellten Regelfall einer persönlichen Gesellschafterhaftung an sich nur folgerichtig.[370] Dem entspricht es, daß die höchstrichterli-

---

[369] Vgl. BGH in NJW 1992, 3037 (3039); siehe zu der im Schrifttum teilweise umfassend bejahten firmenrechtlichen Unzulässigkeit eines entsprechenden Vorgehens bereits die Nachweise oben auf S. 207 f. in Fn. 187.

Die Unbedenklichkeit eines so vorformulierten Haftungsbeschränkungshinweises wird sich in diesem Zusammenhang kaum isoliert aus der sinngemäßen Einhaltung der gesetzlichen Erfordernisse ableiten lassen, die gemäß den §§ 35a GmbHG, 80 AktG hinsichtlich der Angabe der Rechtsform, des Sitzes und der Vertretungsbefugnisse von Kapitalgesellschaften auf Geschäftsbriefen gelten; so aber *Stork* in NWB 1993, Fach 18, 3269 (3271). Hier gilt es zu beachten, daß standardisierte Vordrucke auf Geschäftsbriefen bei den kapitalgesellschaftlichen Rechtsformen lediglich eine zusätzliche Information zur Registerpublizität darstellen, während es bei der BGB-Gesellschaft schon grundlegend an der Einsichtsmöglichkeit in ein über die Gesellschaftsverhältnisse Aufschluß gebendes Register fehlt; so auch *Schwark* in DWiR 1992, 441 (444). Einer unbesehenen Übertragbarkeit der für die Kapitalgesellschaften geltenden Rechtsregeln steht zudem entgegen, daß entsprechende Haftungsbeschränkungshinweise bei der BGB-Gesellschaft dazu eingesetzt werden sollen, eine „einseitige" Abweichung von der ansonsten zumindest für Erwerbsgesellschaften vermuteten persönlichen Einstandspflicht aller Sozien herbeizuführen. Anders als bei den Kapitalgesellschaften geht es hier also auch um eine Umgestaltung der materiellen Haftungslage; entsprechend schiene es im Ergebnis durchaus konsequent, an die Erkennbarkeit eines derartigen Haftungsbeschränkungshinweises im Recht der BGB-Gesellschaft allgemein noch strengere Maßstäbe anzulegen als im Bereich des Kapitalgesellschaftsrechts.

[370] Eine eventuelle Anwendung des AGB-Gesetzes, die über § 11 Nr. 7 AGBG wohl eine regelmäßige Unwirksamkeit entsprechender Haftungsbeschränkungsklauseln nach sich zöge, wird in diesem Zusammenhang von der Rechtsprechung jedenfalls erwogen; vgl. BGH in NJW 1992, 3037 (3039).

Kritisch dazu *Kögel* in DB 1995, 2201 (2205 f.); *Arnold* in BB 1996, 597 (601 f.) unter Hinweis darauf, daß der Verwender bei der Firmierung als „Gesellschaft bürgerlichen Rechts mit Haftungsbeschränkung" keine fremde, sondern ausschließlich eigene Gestaltungsmacht in Anspruch nehme und sich hiernach in dem – auch vom AGB-Gesetz zu respektierenden – autonom gestaltbaren rechtlichen Innenbereich der Bekanntgabe seiner Vertretungsverhältnisse halte. Demgegenüber bleibt jedoch zu bedenken, daß eine entsprechende Firmierung in praxi stets dazu dienen soll, die bei Erwerbsgesellschaften in der Rechtsform der Gesellschaft bürgerlichen Rechts ansonsten allgemein vermutete persönliche Einstandspflicht aller Sozien (vgl. zu der entsprechenden Vermutungswirkung bereits die Nachweise oben S. 207 f. in Fn. 187) kraft einseitiger Gestaltung auszuschließen. Eine solche Abweichung vom rechtlichen Regelprinzip ist aber – wie das gemeinhin vorausgesetzte Merkmal der Erkennbarkeit anschaulich aufzeigt – auch im Falle des Auftretens als „BGB-Gesellschaft mit beschränkter Gesellschafterhaftung" wenigstens von der stillschweigenden Billigung des Vertragspartners abhängig; vgl. dazu schon oben Seite 219 mit Fn. 231. Anders als bei den Kapitalgesellschaften ist die Beschränkung der Haftung auf das Gesellschaftsvermögen bei der BGB-Gesellschaft gerade nicht institutioneller Art. Will der Erwerbstätige hier seine persönliche Einstandspflicht mittels eines standardisierten Aufdrucks auf den im Rechtsverkehr verwendeten Briefbögen ausschließen, so nimmt er

che Rechtsprechung auch in anderen vergleichbaren Fällen bereits einen standardisierten Aufdruck *im Briefkopf*, der die Angabe des Gerichtsstands betraf, als eine in vollem Umfang an den Vorgaben des AGB-Gesetzes zu messende vorformulierte Klausel bewertete.[371]

Soweit die Kennzeichnung als „BGB-Gesellschaft mit Haftungsbeschränkung" lediglich in einem umfangreichen Regelungspaket unter einer Vielzahl weiterer allgemeiner Geschäftsbedingungen niedergelegt ist, führt dies – wiederum unabhängig von den etwaigen Besonderheiten einer freiberuflichen Leistungserbringung – gleichermaßen schon nach den Wertungen des allgemeinen Zivilrechts zu einer regelmäßigen rechtlichen Unwirksamkeit der betreffenden Klausel. Diese rechtliche Beurteilung beruht maßgeblich auf dem Gedanken, daß der Rechtsverkehr bei BGB-Erwerbsgesellschaften neben der Haftung des Gesellschaftsvermögens generell auch auf eine persönliche und gesamtschuldnerische Einstandspflicht sämtlicher Gesellschafter vertraut.[372] Die Einarbeitung einer vorformulierten Regelung, welche die Vertretungsmacht der Gesellschafter lediglich auf das Gesamthandsvermögen beschränkt, würde hier, weil derartige allgemeine Geschäftsbedingungen von der Vertragsgegenseite erfahrungsgemäß nur unzulänglich zur Kenntnis genommen werden, dementsprechend schon nicht das Erfordernis einer hinreichenden Erkennbarkeit der Haftungsbeschränkung wahren.[373] Im übrigen schiene eine solcherart „versteckt" plazierte Klausel aufgrund ihrer weitreichenden Rechtsfolgen – nicht einmal die persönliche Einstandspflicht des handelnden Sozius bliebe gegenüber dem ratsuchenden Publikum nach diesseitiger Auffassung erhalten – jedenfalls überraschend im Sinne des § 3 AGBG.[374]

Zudem stößt die Kenntlichmachung der „einseitigen" Haftungsbegrenzung dort auf praktische Schwierigkeiten, wo es an einer dem Vertragsschluß vorausgehenden schriftlichen Korrespondenz zwischen Freiberufler und Ratsuchendem regelmäßig fehlt.[375] Bei einer solchen Sachlage bliebe im maßgeblichen Zeitpunkt des Vertragsschlusses für einen vorformulierten Haftungsbeschränkungshinweis an exponierter Stelle im Briefbogen oder im Briefkopf ersichtlich kein Raum.[376] Hier wären die assoziierten Berufsvertreter weiter-

im Verhältnis zu seinen Geschäftspartnern eine einseitig determinierte Korrektur des normativ vorausgesetzten Regelfalls vor. Der entsprechende Aufdruck erschöpft sich mithin nicht in der Kenntlichmachung bloßer Innenrechtsbeziehungen, sondern soll im Gegenteil gerade Außenrechtswirkungen herbeiführen, durch die aufgrund einseitiger Vorgaben vom rechtlich unterstellten Grundprinzip der gesamtschuldnerischen Gesellschafterhaftung abgewichen wird. Die so vom Verwender über die Firmierungsklausel bewirkte Festschreibung des Vertragsinhalts stellt sich damit der Sache nach als einseitige Inanspruchnahme der Vertragsfreiheit dar, die zu revidieren gerade Anliegen des AGB-Gesetzes ist; ebenso für die grundsätzliche Anwendung des AGB-Gesetzes wohl auch *Heermann* in BB 1994, 2421 (2432); aus der Zeit vor dessen Verabschiedung schon *Sandberger/Müller-Graff* in ZRP 1975, 1 (3).

[371] Vgl. dazu BGH in NJW 1987, 2867.

[372] Vgl. dazu bereits oben Seite 207 f. in Fn. 187.

[373] Zutreffend *Kögel* in DB 1995, 2201 (2205).

[374] So richtig *Kögel* in DB 1995, 2201 (2205); zurückhaltender hinsichtlich der Anwendbarkeit des § 3 AGBG demgegenüber *Heermann* in BB 1994, 2421 (2432). Dieser kommt aaO aufgrund der ansonsten eingreifenden Regelung des § 11 Nr. 7 AGBG im Ergebnis freilich ebenso zur regelmäßigen Unwirksamkeit entsprechender Haftungsbeschränkungshinweise.

[375] Eine solche Konstellation dürfte für den heilkundlichen Sektor typisch sein. Der Abschluß des ärztlichen Behandlungsvertrags geschieht im Regelfall durch eine unmittelbare persönliche Kontaktaufnahme zwischen niedergelassenem Arzt und Patient.

[376] So auch *Ring*, Rn. 28 Einl. zum PartGG.

hin gehalten, die Ratsuchenden entweder jeweils persönlich und mit Nachdruck auf die begrenzte Haftung hinzuweisen, oder sie müßten durch gesonderte Merkblätter, die dem Publikum im Rahmen der Vertragsanbahnung ausgehändigt werden, ausdrücklich und unmißverständlich auf die limitierte Haftung aufmerksam machen.[377] In beiden Fällen ginge der erstrebte Effekt einer diskret und unauffällig herbeigeführten „einseitigen" Haftungsbegrenzung weitgehend wieder verloren, und ein potentieller Auftraggeber dürfte sich durch das so offen kundgetane Ansinnen einer auf das Gesamthandsvermögen beschränkten Haftung nicht selten abgeschreckt fühlen.[378]

Darüber hinaus würde auch ein Auftreten als „Sozietät mit beschränkter Gesellschafterhaftung" nichts daran ändern, daß die zur gemeinsamen Berufsausübung verbundenen Freiberufler zumindest in den vorerwähnten Problemfällen einer quasivertraglichen Dritthaftung weiterhin mit dem Risiko einer gesamtschuldnerischen persönlichen Einstandspflicht belastet blieben. Der Umstand, daß die den Geschäftspartnern des eigentlichen Auftraggebers hier unter dem Gesichtspunkt der culpa in contrahendo zuerkannten Ersatzansprüche bloß vertrags*ähnlicher* Natur sind, läßt den Einwand der assoziierten Berufsvertreter, ihre Haftung beschränke sich lediglich auf das Gesamthandsvermögen, insoweit wenig erfolgversprechend erscheinen.[379] Denn auch die „einseitige" Haftungsbegrenzung ist als Abweichung von dem ansonsten für BGB-Erwerbsgesellschaften rechtlich vermuteten Regelprinzip einer persönlichen Haftung aller Gesellschafter lediglich auf rechtsgeschäftlicher Grundlage erreichbar und somit stets von einer wenigstens stillschweigenden Billigung seitens des anderen Teils abhängig.[380] Der bloß vertrags*ähnliche*

---

377 Ähnlich die für den allgemeinen gewerblichen Wirtschaftsverkehr von *Heermann* in BB 1994, 2421 (2431) vorgeschlagenen Gestaltungsmöglichkeiten. Bei einer auf Merkblättern bekanntgegebenen Beschränkung der Haftung auf das Gesamthandsvermögen wären dabei nach diesseitiger Auffassung freilich ebenfalls durchweg die generellen zivilrechtlichen Vorgaben des AGB-Gesetzes, insbesondere § 11 Nr. 7 AGBG, zu beachten.

Die Mitteilung des Betriebs einer „BGB-Gesellschaft mit beschränkter Gesellschafterhaftung" durch bloße Aushänge der Mandatsbedingungen in den Warte- oder Geschäftsräumen bzw. durch Praxisbroschüren dürfte in dieser Konstellation demgegenüber allgemein an der insoweit zum Zuge kommenden Subsidiaritätsregel des § 2 I Nr. 1 AGBG scheitern. Die von den Angehörigen der freien Professionen erbrachten Dienstleistungen sind bei typisierender Betrachtung generell nicht den Geschäften des Massenverkehrs zuzurechnen, so daß den Berufstätigen üblicherweise ohne Bedenken ein ausdrücklicher Hinweis auf den so intendierten vollständigen Ausschluß der persönlichen Gesellschafterhaftung zugemutet werden kann.

378 Diese tatsächliche Abschreckungswirkung ist auf dem Sektor der gewerblichen Wirtschaft für besondere Absprachen, durch die im Einzelfall eine Begrenzung der Haftung auf das Gesamthandsvermögen herbeigeführt werden soll, in praxi schon häufig beobachtet worden; vgl. *Kögel* in DB 1995, 2201. Für die freiberufliche Tätigkeit stünde ein ähnlicher Effekt aufgrund der vergleichsweise eher stärker ausgeprägten Erwartungshaltung des Rechtsverkehrs in eine persönlichen Haftung der Berufstätigen damit wohl erst recht zu erwarten.

379 Gleiches würde an sich auch für die Fallgruppe der Garantieprospekthaftung gelten. Weil den Angehörigen der rechts- und wirtschaftsberatenden Berufe als dem spezifisch von diesem Haftungsinstitut betroffenen Personenkreis ein Kanzleibetrieb als „Sozietät mit beschränkter Gesellschafterhaftung" aber ohnehin schon kraft Berufsrechts untersagt ist, erübrigen sich nähere Ausführungen diesbezüglich.

380 Das von Judikatur und Schrifttum auf dem Boden der Doppelverpflichtungstheorie zu Recht einhellig geforderte Kriterium einer „Erkennbarkeit" der Haftungsbeschränkung für den potentiellen Vertragspartner macht deutlich, daß auch die „einseitige" Haftungsbegrenzung auf das Gesamthands-

Charakter des dem geschädigten Dritten in diesen Konstellationen zugestandenen Ersatzanspruchs schließt die rechtliche Konstruktion eines in seiner Person vorliegenden stillschweigenden vertraglichen Einverständnisses mit der Haftungsbeschränkung aber von selbst aus.[381]

Schließlich wird man generell Zweifel hegen müssen, ob die Rechtsprechung die in erster Linie zu sonstigen BGB-Erwerbsgesellschaften[382] skizzierten Rechtsgrundsätze einer statthaften „einseitigen" Haftungsbegrenzung auf das Gesamthandsvermögen unbesehen auch auf eine Sozietät von Freiberuflern übertragen würde. Bedenken gegenüber einer pauschalen Übertragbarkeit meldet die höchstrichterliche Rechtsprechung hier vor allem unter dem Aspekt der Verkehrserwartung, die auf einer grundsätzlich unbeschränkten persönlichen Haftung des freiberuflich Tätigen aufbaue, an.[383]

In der Tat erlauben die diesbezüglich unlängst im Bereich der rechts- und wirtschaftsberatenden freien Professionen erlassenen Haftungskonzentrationsvorschriften[384] die rechtliche Schlußfolgerung, daß der Gesetzgeber eine formularvertragliche Durchbrechung des Solidarhaftungsprinzips bei der Freiberufler-Sozietät allgemein lediglich auf der Sekundärebene zulassen will und dabei jedenfalls die persönliche Ersatzhaftung des mit der Auftragsbearbeitung konkret betrauten Gesellschafters für schuldhaft verursachte Berufsfehler zwingend erhalten bleiben soll. In gleicher Weise ergibt auch die Regelung des § 8 II PartGG, daß Freiberufler, die sich zur gemeinsamen Berufsausübung in einer Personengesellschaft verbunden haben, nach dem Willen des Normgebers durch ein standardisiertes kautelarjuristisches Vorgehen weder dazu berechtigt sein sollen, ihre gesamtschuldnerische

---

vermögen der Sache nach stets auf einer zumindest konkludenten Willensübereinkunft *beider* Parteien beruht und die für Erwerbsgesellschaften ansonsten rechtlich als Regelfall vermutete persönliche Einstandspflicht aller BGB-Gesellschafter für Schulden der Gesamthand nur ausnahmsweise auf *zweiseitiger* Grundlage abbedungen wird; vgl. dazu bereits oben Seite 219 mit Fn. 231.

[381] In Übereinstimmung hiermit betont das OLG Hamm in NJW-RR 1996, 482 (483), daß eine gesellschaftsvertragliche Beschränkung der Geschäftsführungs- und Vertretungsbefugnis auf das BGB-Gesellschaftsvermögen naturgemäß nur Rechtswirkungen zeitigen kann, wenn zwischen der BGB-Gesellschaft und einem Dritten *rechtsgeschäftliche* Beziehungen bestehen. Für gesetzlich entstehende Verbindlichkeiten komme eine „einseitige" Haftungsbeschränkung auf das Vermögen der BGB-Außengesellschaft von vornherein nicht in Betracht; entsprechend könnten die BGB-Gesellschafter bei gemeinsamer Übernahme eines GmbH-Anteils die damit gemäß § 18 II GmbHG verknüpfte persönliche und solidarische Haftung gegenüber der GmbH nicht rechtswirksam auf das Gesamthandsvermögen beschränken. Diese zutreffenden Rechtsprechungsgrundsätze wird man gleichermaßen auf die bloß rechtsgeschäftsähnlich begründeten Dritthaftungstatbestände übertragen können. Ebenso wie bei gesetzlich statuierten Verbindlichkeiten fehlt es auch bei nur rechtsgeschäftsähnlich begründeten Schulden an dem Erfordernis einer beiderseitigen Willensübereinkunft, um den betreffenden Haftungstatbestand zu verwirklichen. Damit ist für eine rechtsgeschäftliche Begrenzung der Ersatzhaftung durch ein Auftreten als „BGB-Gesellschaft mit beschränkter Gesellschafterhaftung" in den problematischen Dritthaftungskonstellationen zwangsläufig kein Raum mehr; a. A. *Arnold* in BB 1996, 597 (601); siehe dazu aber auch bereits die oben auf Seite 267 f. dargelegten Überlegungen.

[382] Nach einer Auswertung der Arbeitsgemeinschaft der baden-württembergischen Industrie- und Handelskammern (Stand 1994) sollen ca. 25 % aller gewerblichen Unternehmen in der Rechtsform einer BGB-Gesellschaft gegründet werden; vgl. *Kögel* in DB 1995, 2201 in Fn. 1.

[383] Vgl. so etwa BGH in NJW 1992, 3037 (3039) im Zusammenhang mit einer Anwaltssozietät.

[384] Siehe dazu die bereits oben auf Seite 213 ff. behandelten §§ 51a II 2, 3 BRAO; 45a II 2, 3 PatAnwO; 54a II WPO; 67a II StBerG.

Erfüllungshaftung noch die persönliche Ersatzhaftung des verantwortlich handelnden Gesellschafters gegenüber dem ratsuchenden Publikum auszuschließen. Die gesetzliche Regelungsintention geht also ersichtlich dahin, daß im Rahmen eines personengesellschaftlichen freiberuflichen Zusammenschlusses neben der Primärhaftung aller assoziierten Berufsvertreter gerade die persönliche Einstandspflicht des unmittelbar mit der Auftragsbearbeitung befaßten Freiberuflers für berufliche Fehlleistungen weiterhin stets und umfassend gewährleistet bleiben soll.

Vor diesem legislativen Hintergrund scheint es gerechtfertigt, den Angehörigen der freien Professionen wegen Schäden aus fehlerhafter Berufsausübung nach Maßgabe des AGB-Gesetzes zwar generell eine formularvertragliche Bündelung der persönlichen Ersatzhaftung auf den mit der konkreten Auftragsbearbeitung befaßten Sozius zu gestatten, aber den Betrieb einer „Sozietät mit beschränkter Gesellschafterhaftung" wegen des damit verbundenen vollständigen Ausschlusses einer persönlichen Gesellschafterhaftung gemeinhin weit strikteren rechtlichen Maßstäben zu unterwerfen.

Jedenfalls in den Berufsgruppen, in denen der Verkehr bei dem Herantreten an eine freiberufliche Berufsausübungsgesellschaft bislang wie selbstverständlich von einer unmittelbaren vertraglichen Einstandspflicht der assoziierten Berufsvertreter auch mit ihrem Privatvermögen ausgegangen ist, stünde daher zu erwarten, daß die von der Kautelarpraxis in Form der „BGB-Gesellschaft mit beschränkter Gesellschafterhaftung" entwickelten rechtlichen Gestaltungsspielräume realiter einer strengen richterlichen Überprüfung unterzogen würden.[385] Die Annahme eines wettbewerbswidrigen Handelns, mit dem sich die so agierenden Sozien unter Verstoß gegen §§ 1, 3 UWG einen ungerechtfertigten Wettbewerbsvorteil vor den übrigen Mitbewerbern verschaffen wollen, dürfte seitens der Judikatur nicht selten naheliegen.[386]

Auch in den übrigen freien Professionen bleiben demnach Zweifel, ob nicht die Judikatur entsprechenden, auf den Betrieb einer „Sozietät mit beschränkter Gesellschafterhaftung" abzielenden Bestrebungen im Einzelfall höher bewertete Verkehrsschutzinteressen entgegensetzen wird. Die konkreten Grenzen der für die Berufstätigen insoweit vorhandenen Ausgestaltungsbefugnisse lassen sich ex ante jedenfalls kaum verläßlich prognostizieren.[387]

Daneben bleibt allgemein zu bedenken, daß sich insbesondere in wirtschaftlichen Angelegenheiten erfahrene Auftraggeber nur selten zu einer Auftragserteilung an einen frei-

---

[385] Strikte richterliche Maßstäbe stünden hier – wohl schon aufgrund der Wertigkeit der betroffenen Rechtsgüter – insbesondere für die Angehörigen der freien Heilberufe zu erwarten, soweit sie die Vertragshaftung innerhalb einer ambulanten Gemeinschaftspraxis oder einer als Gesellschaft bürgerlichen Rechts betriebenen medizinischen Kooperationsgemeinschaft „einseitig" auf das Gesamthandsvermögen beschränken wollten.

[386] Vgl. BGH in NJW 1992, 3037 (3039); *K. Schmidt* in NJW 1995, 1 (6); *Ring*, Rn. 29 Einl. PartGG.

[387] Ebenso schon *Sandberger/Müller-Graff* in ZRP 1975, 1 (3); aus dem neueren Schrifttum nur *K. Schmidt* in NJW 1995, 1 (6); Meilicke/v.Westphalen/Hoffmann/Lenz-*v.Westphalen*, Rn. 4 zu § 1 PartGG; *ders.*, Rn. 121 zu § 8 PartGG; *Bösert/Braun/Jochem*, S. 25; *Knoll/Schüppen* in DStR 1995, 646 (648); *van der Horst* in DStR 1995, 2027 (2029); *Römermann/Spönemann* in NZG 1998, 15 (16); vgl. auch die diesbezüglichen Ausführungen in der Begründung zum Regierungsentwurf des PartGG, BT-Drucksache 12/6152, S. 17, wo in Ansehung der Gesellschaft bürgerlichen Rechts von „wenig klaren Konturen" einer derartigen Haftungsbegrenzung die Rede ist.

beruflichen Leistungserbringer bereit finden werden, der seine Haftung ausschließlich auf eine Vermögensmasse beschränkt, deren Bestand und Entwicklung – im Unterschied zum Stamm- bzw. Grundkapital bei den Kapitalgesellschaften – nicht auch nur ansatzweise zu überblicken ist.[388]

Im Ergebnis wird man daher nicht umhin kommen, die freiberuflichen Möglichkeiten einer „einseitigen" Begrenzung der Haftung auf das Gesamthandsvermögen der BGB-Gesellschaft in praxi allgemein skeptisch zu bewerten.

4. Zwischenergebnis

Im Rahmen einer zusammenfassenden Beurteilung bleibt nach alledem festzuhalten, daß die rechtlichen Rahmenbedingungen, die gegenwärtig für eine kooperative freiberufliche Leistungserbringung im Recht der BGB-Gesellschaft bestehen, in wesentlichen Punkten aus einer richterlichen Rechtsfortbildung hervorgegangen sind.

Die seit Anfang der siebziger Jahre feststehende Rechtsprechung differenziert im Grundsatz strikt zwischen einer Büro- oder Praxisgemeinschaft als bloßer Organisationsgesellschaft und einer Sozietät bzw. Gemeinschaftspraxis als echter Berufsausübungsgesellschaft unter den freiberuflich Tätigen. Die Unterscheidung zwischen beiden Formen der Leistungserbringung knüpft rein formal an die im Außenverhältnis bestehenden Rechtsbeziehungen zum ratsuchenden Publikum an. Soweit die Berufsangehörigen dem Auftraggeber erkennbar auch die Vorteile anbieten wollen, die aus einer internen Beratung sowie einer arbeitsteiligen Spezialisierungs- und Vertretungsmöglichkeit resultieren, soll dies im Prinzip stets einen Vertragsschluß des Auftraggebers mit sämtlichen Gesellschaftern nach sich ziehen und zum Vorliegen einer Berufsausübungsgesellschaft führen.

Eine andere rechtliche Bewertung setzt im Falle einer gemeinsamen Berufsausübung ansonsten voraus, daß die einzelnen Sozien mit dem ratsuchenden Publikum unmißverständlich und beweiskräftig eine abweichende Vereinbarung treffen. Geht die Initiative zur Einzelbeauftragung dabei von seiten der freiberuflich Tätigen aus, trifft diese die Verpflichtung, den Auftraggeber ausdrücklich auf die damit verbundene Minderung der Haftungsschuldner und die alleinige Empfangszuständigkeit des betreffenden Sozius an dem entstehenden Honoraranspruch hinzuweisen.

Auch die Konstituierung einer formalisierten gegenseitigen Verschuldenszurechnung unter den Sozien bei einem Auftreten vorsätzlich oder fahrlässig herbeigeführter beruflicher Fehlleistungen beruht in bewußter Abweichung von der anderslautenden Auslegungsregel des § 425 BGB praktisch ausschließlich auf Richterrecht. Ausgehend von der Dop-

[388] Vgl. dazu etwa *Gummert* in ZIP 1993, 1063; *Saller* in DStR 1995, 183 (187) – Dieser Gesichtspunkt könnte insbesondere bei einer Auftragsvergabe großer Planungs- oder Konstruktionsprojekte mit entsprechenden Schadensrisiken an freischaffende Architekten oder beratende Ingenieure relevant werden. Hier wird es ein im Geschäftsleben entsprechend versierter gewerblicher Auftraggeber ebenso wie die öffentliche Hand nicht selten kategorisch ablehnen, einer bloßen, nach Maßgabe der §§ 705 ff. BGB gebildeten Gesamthand mit völlig ungesichertem Vermögensbestand den Auftrag zu erteilen. Dies gilt um so mehr, als in dieser Konstellation auch eine Eintrittspflicht der von den Berufsangehörigen persönlich unterhaltenen Berufshaftpflichtversicherung im Schadensfall fragwürdig scheint; vgl. dazu bereits oben Seite 243 f. mit Fn. 298.

pelverpflichtungstheorie hat die Rechtsprechung hierbei den Grundsatz einer solidarischen Schadensersatzpflicht aller assoziierten Berufsvertreter mit dem jeweiligen Privatvermögen entwickelt und im weiteren Verlauf gleichermaßen sowohl auf die überörtliche wie auf die interprofessionelle Sozietät ausgedehnt.

Der Normgeber hat diese Rechtsprechungsergebnisse im Rahmen der Berufsrechtsnovellierungen des Jahres 1994 nun erstmals auch einer eigenständigen gesetzlichen Kodifikation zugeführt. Die Unterscheidung zwischen Sozietät und Bürogemeinschaft findet sich in den §§ 56 StBerG; 59a BRAO; 52a PatAnwO; das Grundprinzip einer persönlichen gesamtschuldnerischen Haftung aller Sozien sowohl für Primär- als auch für Sekundärverbindlichkeiten der Gesamthand ist in den §§ 51a II 1 BRAO, 45a II 1 PatAnwO niedergelegt. In Anbetracht der legislativen Bestätigung der von der Judikatur eingenommenen Rechtsstandpunkte steht eine grundlegende Änderung der vorstehend dargelegten Haftungsgrundsätze seitens der Rechtsprechung damit auch künftig kaum mehr zu erwarten.

III. Zusammenfassende Bewertung der freiberuflichen Haftungssituation in der Gesellschaft bürgerlichen Rechts

Eine abschließende Würdigung der Haftungslage bei einer kooperativen freiberuflichen Leistungserbringung im Recht der BGB-Gesellschaft muß aus der Perspektive der Berufstätigen nach alledem eher negativ ausfallen.

Läßt man die Fälle einer bloß gemeinsamen Nutzung apparativer Einrichtungen, von Büroräumen und anderen Instrumentarien sowie einer gemeinschaftlichen Anstellung von nachgeordnetem Personal, die jeweils lediglich zum Betrieb einer Büro- oder Praxisgemeinschaft führen, außer Betracht, so ermöglicht erst die Sozietät eine wirkliche Zusammenarbeit und Arbeitsteilung auf der Ebene der Berufsausübung unter den Freiberuflern. Die sich an eine gemeinsame Berufsausübung als Grundprinzip anknüpfenden Haftungsfolgen sind ebenso eingängig wie strikt. Alle Sozien haften neben dem Gesamthandsvermögen der BGB-Gesellschaft mit ihrem gesamten Privatvermögen als Gesamtschuldner für Primär- wie für Sekundärverbindlichkeiten.

Die daraus resultierende unterschiedslose persönliche Einstandspflicht sämtlicher Gesellschafter für schuldhafte Pflichtverletzungen nur eines assoziierten Berufsvertreters sah sich schon anläßlich ihrer Statuierung durch das Reichsgericht zahlreichen kritischen Stimmen aus der Rechtswissenschaft ausgesetzt. Das Eingehen einer Sozietätsverbindung wirkte sich so für die an der konkreten Auftragsbearbeitung unbeteiligten Gesellschafter im Regreßfall praktisch stets als verschuldensunabhängige Garantiehaftung aus. Auf eine gemeinsame Berufsausübung konnte sich der einzelne Sozius damit seit jeher nur einlassen, wenn er ein besonderes Zutrauen in die Fähigkeiten und die ordnungsgemäße Berufsausübung seiner Mitgesellschafter setzte. Freilich ließ die starre Haltung der höchstrichterlichen Rechtsprechung in den darauffolgenden Jahrzehnten den Gedanken an eine grundlegende Hinterfragung des Solidarhaftungsprinzips kaum noch aufkommen. Im Gegenteil stieß eine zur Mitte der sechziger Jahre kurzzeitig abweichende Judikatur nun sogar umgekehrt auf den Widerspruch der rechtswissenschaftlichen Literatur, und der Bundesgerichtshof sah sich sehr bald veranlaßt, zu den Grundsätzen der reichsgerichtlichen Rechtsprechung zurückzukehren.

In dem Maße, in dem in den Folgejahren eine zunehmende Komplexität der verschiedenen freiberuflichen Tätigkeitsfelder den Zwang zur arbeitsteiligen Spezialisierung auslöste und der Gedanke einer interprofessionellen Kooperation innerhalb der einzelnen Freien Berufe zunehmend Befürworter fand, erfuhr die personelle Stärke der Sozietäten schließlich eine immer weiterreichende Ausdehnung. Die insbesondere bei den rechts- und wirtschaftsberatenden Professionen stärker einsetzende Internationalisierung des Dienstleistungsangebots, die Schaffung eines Gemeinsamen EU-Binnenmarktes sowie der zunehmende Konkurrenzdruck mit in- und ausländischen, teilweise auch gewerblichen Leistungsanbietern förderte dort die Bildung überörtlich und teilweise auch international agierender Sozietäten zusätzlich. Das Bestreben der freiberuflich Tätigen, in einem sich – nicht zuletzt durch eine überproportional anschwellende Zahl von Berufszugängern – drastisch verschärfenden Wettbewerb eigene Marktanteile zu sichern und weiter auszubauen, brachte mitunter schließlich Berufsausübungsgesellschaften mit einer Mitgesellschafterzahl hervor, die praktisch kaum noch auf einer persönlichen Verbundenheit unter den Sozien aufbauten.

Die auf diese Weise angewachsene Unkontrollierbarkeit des Mitgesellschafterhandelns, ein auf empirischer Grundlage über die steigende Inanspruchnahme der Berufshaftpflichtversicherung nachweisbar anschwellender Haftungsdruck sowie partielle Lücken im Haftpflichtversicherungsschutz mußten gegen Ende der achtziger Jahre sodann beinahe zwangsläufig vermehrt freiberufliche Vorbehalte gegenüber der gesamtschuldnerischen Ersatzhaftung sämtlicher Sozien auch mit ihrem Privatvermögen für auftretende Berufsfehler wecken. Die generelle persönliche Einstandspflicht für berufliche Pflichtverletzungen anderer Gesellschafter wurde hierbei vor allem innerhalb der wirtschaftsnahen Freien Berufe zunehmend als überschießende Privilegierung der Auftraggeberseite empfunden, die es kautelarjuristisch zu korrigieren gelte.

Die daraufhin im Rahmen der Berufsrechtsnovellierungen 1994 geschaffenen Rechtsregeln ermöglichen den assoziierten Berufsvertretern innerhalb der berufsrechtlich gebundenen rechts- und wirtschaftsberatenden Professionen nunmehr zwar ausdrücklich eine formularvertragliche Konzentration der persönlichen Ersatzhaftung wegen schuldhaft verursachter Berufsfehler auf ein einzelnes, namentlich bezeichnetes Sozietätsmitglied. Ähnliche kautelarjuristische Handlungsspielräume bestehen auch in den übrigen Freien Berufen, bei denen spezifische berufsrechtliche Vorschriften zu diesem Punkt fehlen. Gleichwohl entbindet dies die zur gemeinsamen Berufsausübung verbundenen Freiberufler generell nicht von der Verpflichtung, die Mandatsbeziehung zum Auftraggeber von vornherein mit Haftungsbeschränkungshinweisen belasten zu müssen. Insbesondere in den freiberuflichen Sparten, in denen der Einsatz vorformulierter Haftungsbegrenzungsabreden wie bei den niedergelassenen Ärzten oder innerhalb der Anwaltschaft nicht verkehrsüblich ist, wird die praktische Durchsetzung einer vertraglichen Haftungskonzentration demgemäß nicht selten auf gravierende tatsächliche Schwierigkeiten stoßen.

Individualvertragliche Haftungsbegrenzungsvereinbarungen stellen unabhängig davon schon aufgrund der an sie geknüpften strengen rechtlichen Voraussetzungen einen allenfalls in Ausnahmekonstellationen gangbaren Weg dar, mit dem die zur gemeinsamen Berufsausübung verbundenen Sozien ihre Ersatzhaftung für berufliche Fehlleistungen limitieren können.

Die Reichweite einer formularvertraglichen Haftungskonzentration wird in den Professionen, in denen einschlägige, zu einem solchen Vorgehen ausdrücklich ermächtigende berufsrechtliche Bestimmungen nicht vorhanden sind, durch die Anwendbarkeit des § 11 Nr. 7 AGBG (kaufmännischer Verkehr: § 9 I AGBG) begrenzt. Den übrigen Mitgesellschaftern ist es nicht möglich, mittels vorformulierter Vertragsbedingungen ihre solidarische Einstandspflicht für diejenigen Konstellationen auszuschließen, in denen den verantwortlich handelnden Sozius der Vorwurf einer vorsätzlichen oder grob fahrlässigen Pflichtverletzung trifft.

Haftungskonzentrationsklauseln der berufsrechtlich gebundenen wirtschaftsnahen Freien Berufe unterliegen, soweit sie den besonderen durch das Berufsrecht statuierten Anforderungen genügen, demgegenüber zwar nicht einer zusätzlichen AGB-rechtlichen Inhaltskontrolle nach den §§ 9 – 11 AGBG. Die Praktikabilität des Einsatzes entsprechender Klauseln wird aus Sicht der Berufsangehörigen speziell bei den rechts- und steuerberatenden Professionen aber dadurch gemindert, daß ihre Rechtswirksamkeit aus Verkehrsschutzgründen an eine gesondert unterschriebene Zustimmungserklärung des Auftraggebers sowie eine Identität von namentlich bezeichnetem Sozietätsmitglied sowie späterem tatsächlichen Mandatsbearbeiter geknüpft ist.

Auf diese Weise werden im rechts- und wirtschaftsberatenden Bereich mittelbar auch die freiberuflichen Handlungsspielräume für die in einer interprofessionellen Sozietät zusammengeschlossenen Berufsvertreter beschnitten. Eine „Enthaftung" der übrigen Mitgesellschafter ist hier nur unter Wahrung der Voraussetzungen des jeweils strengsten Berufsrechts zu erreichen. Der Einsatz vorformulierter Vertragsbedingungen, die eine Begrenzung der Ersatzhaftung auf Haftungshöchstsummen zum Gegenstand haben, führt in diesem Zusammenhang dazu, daß die einer interprofessionellen Sozietät angehörenden Rechtsanwälte prinzipiell einer strengeren Sekundärhaftung für Schäden aus fehlerhafter Berufsausübung ausgesetzt sind als mit ihnen verbundene Wirtschaftsprüfer oder Steuerberater.

Ein weiterer Nachteil der rechtsgeschäftlich vorhandenen Haftungsbegrenzungsoptionen besteht allgemein darin, daß sich durch sie nicht sämtliche berufstypischen Schadensrisiken der Freiberufler erfassen lassen. Die richterlich entwickelte Garantieprospekthaftung von Steuerberatern, Wirtschaftsprüfern und Rechtsanwälten bleibt aufgrund ihrer Herauslösung aus konsensualen Grundlagen einer vertraglichen Haftungskonzentration per se entzogen; entsprechendes gilt für die den Grundsätzen der culpa in contrahendo folgende quasivertragliche Sachwalterhaftung für Vermögensschäden Dritter sowie für die eigenständige Fallgruppe des Vertrags mit Schutzwirkung für Dritte bei gegenläufiger Interessenlage.

Die auf dem Boden der herrschenden Doppelverpflichtungslehre von der Kautelarpraxis daneben weiterhin geschaffene Option, wonach die Gesellschafter einer BGB-Gesellschaft ihre Haftung im Rechtsverkehr „einseitig" auf das Gesamthandsvermögen beschränken können, ist für die Freien Berufe allgemein zurückhaltend zu bewerten.

Für die Angehörigen der berufsrechtlich gebundenen wirtschaftsnahen freien Professionen scheidet ein entsprechendes Auftreten gegenüber dem ratsuchenden Publikum bereits kraft Berufsrechts aus. Durch die im Rahmen der Berufsrechtsnovellierungen des Jahres 1994 verabschiedeten Bestimmungen, die sich mit der vertraglichen Begrenzung der Ersatzhaftung in der Sozietät befassen, sind die in dieser Beziehung zwingend einzuhaltenden kautelarjuristischen Mindeststandards ersichtlich abschließend festgelegt worden. Der Betrieb einer „Sozietät mit beschränkter Gesellschafterhaftung" wahrt jene berufsrechtlich statuierten Erfordernisse nicht und ist somit ohne weiteres unzulässig.

Auch in den übrigen freien Professionen, in denen vergleichbare berufsrechtliche Vorschriften fehlen, verbleiben grundlegende rechtliche Zweifel, ob die assoziierten Freiberufler im Wege einer „einseitigen" Haftungsbegrenzung auf das Gesamthandsvermögen den rechtsverbindlichen Ausschluß ihrer persönlichen Einstandspflicht erreichen können.

Schon die allgemeinen zivilrechtlichen Anforderungen, die an die rechtswirksame Bekanntgabe eines entsprechenden Haftungsbeschränkungshinweises im Außenverhältnis zu stellen sind, können bislang nicht für hinreichend geklärt erachtet werden. Eine umfassende Anwendung des AGB-Gesetzes auf derartige Firmierungsklauseln liegt zumindest nahe, weil im Verhältnis zum anderen Vertragsteil eine einseitig determinierte Abweichung von dem für die BGB-Erwerbsgesellschaft gesetzlich unterstellten Regelfall einer persönlichen Gesellschafterhaftung realisiert werden soll. Im Zuge dessen würde auch der standardisierte Aufdruck „BGB-Gesellschaft mit beschränkter Gesellschafterhaftung" im Briefkopf gegen § 11 Nr. 7 AGBG verstoßen, und lediglich „versteckt" in allgemeinen Geschäftsbedingungen enthaltene gleichlautende Klauseln wären für den potentiellen Auftraggeber einerseits schon nicht hinreichend erkennbar und andererseits jedenfalls überraschend im Sinne des § 3 AGBG.

Der Umstand, daß auch die „einseitige" Haftungsbeschränkung nur auf rechtsgeschäftlicher Grundlage und mit stillschweigender Billigung des anderen Teils („Erkennbarkeit") erreichbar ist, hat zudem zur Folge, daß die Gesellschafter selbst bei einem Auftreten als „Sozietät mit beschränkter Gesellschafterhaftung" in den vorstehend erörterten problematischen Dritthaftungskonstellationen weiterhin einer gesamtschuldnerischen persönlichen Einstandspflicht ausgesetzt bleiben. Der bloß vertragsähnliche Charakter des dem Dritten im Einzelfall zugebilligten Ersatzanspruchs schließt seine rechtsgeschäftliche Beschränkbarkeit eo ipso aus.

Schließlich ist davon auszugehen, daß die Rechtsprechung die bislang vornehmlich zu sonstigen Erwerbsgesellschaften entwickelten Grundsätze einer „BGB-Gesellschaft mit beschränkter Gesellschafterhaftung" aller Voraussicht nach kaum in gleicher Weise auf die Freiberufler-Sozietät übertragen, sondern generell stärker die Interessen des Verkehrsschutzes betonen wird. Auch das richterliche Verdikt eines wettbewerbswidrigen Handelns im Verhältnis zu den übrigen freiberuflichen Mitbewerbern wird häufig naheliegen.

Die rechtlich vorhandenen Haftungsbegrenzungsoptionen erweisen sich für die assoziierten Freiberufler daher im Ergebnis nur als eingeschränkt praktikabel, um bei einer gemeinsamen Berufsausübung in der Gesellschaft bürgerlichen Rechts das Prinzip der solidarischen und persönlichen Einstandspflicht für schuldhaft verursachte Berufsfehler anderer Mitgesellschafter rechtsgeschäftlich korrigieren zu können.

Die demnach aus Sicht der Berufstätigen zu konstatierenden haftungsrechtlichen Nachteile der Sozietät bringen zwangsläufig die Frage auf, ob und gegebenenfalls unter welchen Aspekten sich die übrigen Gesellschaftsformen tendenziell eher für eine kooperative freiberufliche Leistungserbringung eignen könnten. Dabei sollen fürs erste zunächst die EWIV, die Genossenschaft und andere Organisationsgesellschaften einer intensiveren Rechtsprüfung unterzogen werden.

B. Die Europäische Wirtschaftliche Interessenvereinigung, die Genossenschaft und andere Organisationsgesellschaften

Bei der Suche nach einer geeigneten Rechtsform, die im Verhältnis zum Auftraggeber mit Blick auf ein gegenseitiges arbeitsteiliges Zusammenwirken potentiell noch zugkräftiger und leistungsfähiger erscheinen kann als eine gemeinsame berufliche Verbindung in einer Sozietät, sind – vom Standpunkt der Berufstätigen aus betrachtet – im weiteren vorab diejenigen Gesellschaftstypen auszuscheiden, die entweder nach ihrer normativen Ausgestaltung oder nach ihrer gesellschaftsrechtlichen Zweckbestimmung nicht für eine gemeinsame freiberufliche Berufsausübung konzipiert sind.

I. Die Europäische Wirtschaftliche Interessenvereinigung (EWIV)

In diesem Zusammenhang ist an erster Stelle die supranationale, auf europäischer Ebene geschaffene Kooperationsform der EWIV zu nennen.[1] Entsprechend der normgeberischen Intention, zur Förderung und Verwirklichung des einheitlichen Europäischen Binnenmarktes ein spezifisches Rechtsinstrument zur grenzüberschreitenden Zusammenarbeit zur Verfügung zu stellen, bleibt der Zweck einer so gegründeten EWIV bereits kraft ausdrücklicher gesetzlicher Anordnung auf eine reine Hilfsfunktion neben der ansonsten ausgeübten wirtschaftlichen Tätigkeit beschränkt.[2] In Übereinstimmung hiermit enthält der Erwägungsgrund Nr. 5 zur einschlägigen EWG-Verordnung sogar explizit den Passus, daß „... die Vereinigung selbst insoweit zum Beispiel keinen Freien Beruf gegenüber Dritten ausüben ..." kann.[3]

In Anbetracht dieser eindeutigen gesetzlichen Vorgaben mutet die EWIV nach der Gestalt ihrer Außenrechtsbeziehungen – in Anknüpfung an die zur Bürogemeinschaft entwickelte Terminologie – nur als eine Art europäische Organisationsgesellschaft an, die sich in ihren Einsatzmöglichkeiten lediglich auf den internen Bereich und die Binnensphäre unter

---

[1] Vgl. zu dieser auch bereits die Ausführungen im 1. Teil, S. 123 ff.

[2] Siehe dazu den Wortlaut des Art. 3 I der EWG-Verordnung des Rates vom 25.7.1985: „Die Vereinigung hat den Zweck, die wirtschaftliche Tätigkeit ihrer Mitglieder zu erleichtern oder zu entwickeln sowie die Ergebnisse dieser Tätigkeit zu verbessern oder zu steigern; sie hat nicht den Zweck, Gewinn für sich selbst zu erzielen. Ihre Tätigkeit muß im Zusammenhang mit der wirtschaftlichen Tätigkeit ihrer Mitglieder stehen und darf nur eine Hilfstätigkeit hierzu bilden."; vgl. ABlEG Nr. L 199/2 v. 31.7.1985.

[3] Vgl. ABlEG Nr. L 199/1 v. 31.7.1985 – Bemerkenswert scheint dabei, daß die Erwägungsgründe einer EG-Verordnung Teil der europäischen Rechtsnorm sind und daher, anders als gewöhnliche Gesetzesbegründungen, Gesetzeskraft haben; vgl. *Müller-Gugenberger* in NJW 1989, 1449 (1450 f.); *Nerlich*, S. 397 in Fn. 357.

ihren Mitgliedern bezieht, nicht aber selbst als eigenständiger Anbieter freiberuflicher Dienstleistungen am Markt in Erscheinung treten kann.[4]

Die EWIV mag sich demgemäß, insbesondere auf dem Sektor der international operierenden rechts- und wirtschaftsberatenden Zusammenschlüsse, mitunter zwar als kostengünstiges Mittel zur Herstellung der personellen und sachlichen Infrastruktur auswärtiger Büros (Anmietung von Büroräumen, Anstellung von Personal, Anschaffung von Büromaterialien etc.) in den Mitgliedsstaaten der Europäischen Union bewährt haben, den geeigneten Rahmen für grenzüberschreitende gemeinsame Fortbildungsveranstaltungen bieten, einen gegenseitigen Austausch einzelner Berufsangehöriger zu Fortbildungszwecken ermöglichen oder dem supranationalen Informationsaustausch in jeder Form – d. h. praktisch auch einer fortlaufenden Mandatsvermittlung – dienen.[5] Ebenso ist vorstellbar, daß der Zusammenschluß in einer EWIV für die jeweiligen Mitglieder des Gemeinsamen Binnenmarktes eine geeignete Grundlage bietet, sich miteinander vertraut zu machen, um späterhin über eine etwaige echte Verschmelzung der einzelnen nationalen Berufsausübungsgesellschaften nachdenken zu können.[6]

---

[4] allgemeine Ansicht; siehe nur *Weimar/Delp* in Wpg. 1989, 89 (91); *Zuck* in NJW 1990, 954 (956 in Fn. 20); *Grüninger* in AnwBl. 1990, 228 (230); *ders.* in DB 1990, 1449 (1450); *Gloria/Karbowski* in WM 1990, 1313 (1319); *Schardey* in FS für Quack (1991), 731 (735); *Henssler* in NJW 1993, 2137 (2144); *Lutz/App* in KÖSDI 1993, 9478 (9483); *Bösert* in ZAP 1994, Fach 15, 137 (141); *Nerlich*, S. 94; *Carl*, S. 255; *Römermann*, S. 10; *Hellwig* in AnwBl. 1996, 124 (127); *Marx* in AnwBl. 1997, 241 (243).

[5] Vgl. zu diesen Verwendungsmöglichkeiten etwa *Geiger*, S. 53 ff.; *Nerlich*, S. 94 f.; *Römermann*, S. 12 f.; *Grüninger* in AnwBl. 1990, 228 (231); *ders.* in DB 1990, 1449 (1451); *Lutz/App* in INF 1992, 419 (420); *Kappus/Eckstein* in AnwBl. 1992, 298 (299); *Vorbrugg/Salzmann* in AnwBl. 1996, 129 (131); *Zuck* in NJW 1990, 954 (957); *ders.*, Rn. 117 ff. Letzterer sieht einen maßgeblichen Antrieb zur Gründung einer EWIV aaO, Rn. 117, im übrigen gerade in dem Aufbau „internationaler Mandatsvermittlungskartelle".

Das Motiv, allein wegen eines erhofften Marketingvorteils Mitglied einer EWIV zu werden, dürfte demgegenüber für die Berufstätigen mit der gerichtlichen Zulassung von „einfachen" Kooperationshinweisen auf den Briefbögen von Freiberufler-Praxen seitens der jüngeren Judikatur (siehe dazu etwa BGH in NJW 1993, 1331, 1331 f. für eine Anwaltssozietät) keine nennenswerte Zugkraft mehr aufweisen; so zutreffend *Henssler* in NJW 1993, 2137 (2143); *Klein-Blenkers* in DB 1994, 2224 (2225); *Römermann*, S. 15 in Fn. 31.

[6] Vgl. *Zuck* in NJW 1990, 954 (958); *ders.*, Rn. 116; *Geiger*, S. 56; *Römermann*, S. 28 f.

Die eigenständige Mitgliedsfähigkeit von Freiberufler-Sozietäten als solchen in einer EWIV ist heute – a. A. zunächst noch *Müller-Gugenberger* in NJW 1989, 1449 (1456) – in der Praxis allgemein anerkannt; vgl. nur *Grüninger* in AnwBl. 1990, 228 (231 ff.); *ders.* in DB 1990, 1449 (1452 ff.); *v. Rechenberg* in ZGR 1992, 299 (302); *Nerlich*, S. 99 ff.; *Zuck* in NJW 1990, 954 (956); *ders.*, Rn. 115; *Vorbrugg/Salzmann* in AnwBl. 1996, 129 (131); MünchHdbuchGesR I/*Salger-Neye*, Rn. 3 zu § 89; *Römermann*, S. 17 f. unter zusätzlichem Hinweis darauf, daß die Registergerichte auch Eintragungen allein unter dem Sozietätsnamen anerkennen.

Ob eine in Deutschland ansässige EWIV in Abweichung von § 1 EWIV-AusführungsG i. V. m. den §§ 19, 18 II HGB allerdings auch als reine Sachfirma in das Handelsregister eingetragen werden kann (so etwa AG München in BB 1990, 160, 160 f. zur Bezeichnung „European Advertising Lawyers' Association EWIV"; vgl. auch LG Frankfurt/M. in BB 1991, 496; LG Bonn in NJW-RR 1994, 298, 299 f.), dürfte in Anbetracht des beschränkten Regelungsgehalts des vorrangigen Art. 5a) EWiV-VO, der an sich allein die Stellung des betreffenden Rechtsformzusatzes behandelt, freilich zu verneinen sein; so richtig *v. Rechenberg* in ZGR 1992, 299 (303); OLG Frankfurt in NJW-RR 1994, 300 (300 f.: „Euro-Advokaten EWIV"). Nachdem der letztgenannte Senat seinen Rechtsstandpunkt in ZIP

Ein unmittelbares Herantreten an das ratsuchende Publikum zum Zwecke der gemeinsamen Darbietung freiberuflicher Leistungen und eine direkte zivilvertragliche Abwicklung entsprechender Dienste über die Rechtsform der EWIV scheidet für die Angehörigen der freien Professionen aber ersichtlich aus. Wegen der normativ vorgegebenen Restriktion auf bloße Hilfstätigkeiten mit Unterstützungsfunktion kann jene Gesellschaftsform auf der maßgeblichen Ebene der Berufsausübung hiernach schon qua definitionem keine Rechtsformalternative zur Freiberufler-Sozietät darstellen.

II. Die Genossenschaft

Eine der EWIV vergleichbare Rechtsbewertung greift auch für die auf körperschaftlicher Grundlage organisierte Rechtsform der Genossenschaft Platz.

Eine gemeinschaftliche freiberufliche Berufsausübung in dieser Gesellschaftsform scheitert für die Angehörigen der freien Professionen zwar nicht daran, daß der Betrieb einer Genossenschaft zwingend eine gewerbliche Betätigung voraussetzen würde und deshalb für freiberufliche Zusammenschlüsse vorab ausscheiden müßte.[7] Dem steht entgegen, daß das Gesellschaftsrecht den zulässigen Zweck einer Genossenschaftsgründung prinzipiell in keiner Weise einschränkt. Demgemäß könnten im Grundsatz – jeweils für sich betrachtet – theoretisch sowohl die mit dem genossenschaftlichen Geschäftsbetrieb geförderte Erwerbstätigkeit der Mitglieder[8] als auch der gemeinschaftlich unterhaltene Geschäftsbetrieb[9] ihrer Art nach eine freiberufliche Tätigkeit zum Gegenstand haben.

Eine Nutzung der Genossenschaft als freiberuflicher Berufsausübungsgesellschaft müßte in der Rechtspraxis aber ersichtlich mit der zwingenden Zweckbestimmung des § 1 I GenG kollidieren, wonach der auf genossenschaftlicher Grundlage errichtete Geschäftsbetrieb stets nur eine Unterstützungsfunktion zu der eigentlichen Erwerbstätigkeit der Mitglieder aufweisen kann.[10] Der gemeinschaftlich unterhaltene Geschäftsbetrieb darf nach

---

1997, 591 (592 f.) erneut bestätigt und die Sache nach Art. 177 III EGV dem EuGH zur Vorabentscheidung vorgelegt hat, steht diesbezüglich in nächster Zeit eine endgültige höchstrichterliche Klärung der aufgekommenen Streitfrage zu erwarten. Die Kommission teilt hierbei die von der Bundesregierung in ihrer Stellungnahme gegenüber dem EuGH vertretene Auffassung, daß sich die zulässige Firmierung einer EWIV mit Sitz im Bundesgebiet nach deutschem Recht richtet und daher wie bei der OHG de lege lata – noch – nur eine Personenfirma möglich ist, vgl. *Neye* in DB 1997, 861 (863 in Fußnote 12); ebenso jetzt auch die zwischenzeitlich ergangene Entscheidung des EuGH in ZIP 1998, 68 (69).

[7] So aber Lingenberg/Zuck/Hummel/Eich-*Zuck*, Rn. 51 zu § 28 RiLi mit Blick auf Anwaltsverbindungen.

[8] Vgl. für die zu fördernde Erwerbstätigkeit der Genossen LG Aachen in ZfG 1975, 306 (308); *Blomeyer* in ZfG 1975, 309 (310); *Hettrich/Pöhlmann*, Rn. 5 zu § 1 GenG; *K. Müller*, Rn. 20 zu § 1 GenG – unstreitig -

[9] Siehe für den auf genossenschaftlicher Grundlage gemeinsam unterhaltenen Geschäftsbetrieb – allerdings nur im generellen gedanklichen Ansatz richtig – LG Aachen in ZfG 1975, 306 (307 f.); *Hettrich/Pöhlmann*, Rn. 11 zu § 1 GenG; *K. Müller*, Rn. 36 zu § 1 GenG; wohl auch *M. Lach*, S. 38 f.

[10] Dieser beschränkte, lediglich auf einen Förderauftrag zu der Wirtschaft der Einzelmitglieder gerichtete Gesellschaftszweck ist dem gemeinsam unterhaltenen Genossenschaftsbetrieb wesenseigen

der gesetzlichen Ausgestaltung des GenG immer nur das Hilfsmittel zur Förderung einer anderen, denklogisch davon verschiedenen wirtschaftlichen Betätigung der Einzelmitglieder bilden, jedoch nicht an deren Stelle treten oder die eigentliche Hauptbetätigung der einzelnen Genossen vollständig in sich aufnehmen.

Auf dieser Grundlage kommt eine kooperative Abwicklung freiberuflicher Leistungen in der Rechtsform einer Genossenschaft erkennbar nicht in Betracht. Denn soweit sich die freiberuflich Tätigen zum Zwecke gemeinsamer Berufsausübung in einer Genossenschaft zusammenschließen wollten, müßte sich der genossenschaftliche Geschäftsbetrieb zwangsläufig auch auf das rechtsgeschäftliche Versprechen und die Ausführung freiberuflicher Leistungen, mithin also auf die Hauptberufstätigkeit der einzelnen Mitglieder erstrecken.[11] Das genossenschaftliche Unternehmen würde also unweigerlich zugleich die – gemäß § 1 I GenG an sich nur zu fördernde – wirtschaftliche Hauptbetätigung der Einzelmitglieder miteinschließen, so daß die Beschränkung des gemeinschaftlich unterhaltenen Geschäftsbetriebs auf eine bloße Unterstützungsfunktion – wie sie dem Genossenschaftswesen systemimmanent zugrundeliegt – in dieser Konstellation durchgängig von selbst entfiele.[12] Eine kautelarjuristische Ausgestaltung derart, daß die Genossenschaft im Außenverhältnis unmittelbar selbst als vertraglicher Anbieter der freiberuflichen Leistung gegenüber dem ratsuchenden Publikum aufträte und die Berufsangehörigen nur intern als eine Art Subunternehmer mit der Auftragsbearbeitung betraut würden, müßte daher notgedrungen an dem zwingenden Charakter der Genossenschaft als einem rein hilfswirtschaftlich ausgerichteten Unternehmen für die Mitglieder scheitern.[13]

---

und kennzeichnet die Aufgabe der Genossenschaft als Rechtsinstitut überhaupt; vgl. in diesem Sinne etwa *K. Müller*, Rn. 18 zu § 1 GenG.

[11] So schon richtig *P. Goetze* in WT 1936, 450 (452); *Mayer-Wegelin* in WP 1949, 97 (100) – jeweils mit Blick auf den wirtschaftsprüfenden Berufsstand –; ebenso allgemein für jede freiberufliche Tätigkeit später *Sandberger/Müller-Graff* in ZRP 1975, 1 (5); gleichlautend wohl auch *Buchwald/Tiefenbacher/Dern*, S. 203.

[12] Wie hier *P. Goetze* in WT 1936, 450 (452); *Mayer-Wegelin* in WP 1949, 97 (100); *W. Koch*, S. 201; *Sandberger/Müller-Graff* in ZRP 1975, 1 (5); *Blomeyer* in ZfG 1975, 309 (312 f.).

Der Umstand, daß die Satzung einer Genossenschaft nach § 1 I GenG im weiteren auch keine geschlossene Mitgliederzahl aufweisen darf (vgl. dazu näher nur *K. Müller*, Rn. 5 zu § 1 GenG), so daß die Genossen den Beitritt neuer Mitglieder nicht grundsätzlich ausschließen können, mag daneben sicherlich auch auf eine fehlende Eignung dieser Rechtsform zur gemeinschaftlichen Darbietung freiberuflicher Leistungen hinweisen; vgl. in dieser Richtung etwa *Wollert* in WP 1949, 66 (67); *W. Koch*, S. 199, sowie *Spitzl*, S. 72. Doch erscheint dieses Kriterium in dem vorstehend behandelten Kontext verzichtbar, da eine Verwendung der genossenschaftlichen Rechtsform als freiberuflicher Berufsausübungsgesellschaft nach der oben aufgezeigten normativen Konzeption des genossenschaftlichen Gesellschaftszwecks ohnehin ausgeschlossen ist.

[13] A. A. im Anschluß an LG Aachen in ZfG 1975, 306 (308 f.) allerdings *Neuenfeld*, Band 1, Rn. 106 ff. zu Teil 1; *Michalski*, Gesellschafts- und KartellR, S. 121 ff.; *ders.* in AnwBl. 1989, 65 (66).

Das LG Aachen sprach sich aaO ausdrücklich für die Zulässigkeit einer Genossenschaftsgründung durch freie Architekten und Ingenieure aus, bei welcher der genossenschaftliche Geschäftsbetrieb im Außenverhältnis zur eigenständigen Beschaffung und rechtsgeschäftlichen Abwicklung von Architektenaufträgen dienen sollte. Die so erzielten Aufträge wiederum sollten im Innenverhältnis – gleichsam auf einer zweiten Stufe – von der Genossenschaft als Generalunternehmerin sodann weiter an ihre Mitglieder zur nachgeordneten selbständigen Bearbeitung vergeben werden. Die Kammer stützte ihre Rechtsfindung hierbei vornehmlich auf allgemeine mit der Genossenschaftsidee in Zusammenhang stehende Rechtserwägungen. Die Wertgrundlagen des GenG bestünden in der Billigung und Erleich-

Die Gründung einer Genossenschaft kann für die beteiligten Freiberufler danach lediglich in organisatorischen Angelegenheiten oder vermöge einer *unter ihnen* stattfindenden Mandatsvermittlung einen Kooperationseffekt durch Kräftebündelung und eine Besserstellung im Wettbewerb auf dem Dienstleistungsmarkt erzeugen, sofern der genossenschaftliche Geschäftsbetrieb parallel dazu auch geeignet ist, durch eine gleichberechtigte Beteiligung sowohl am wirtschaftlichen Ergebnis wie am Willensbildungsprozeß ein besonderes Engagement bei seinen Mitgliedern zu wecken.[14] Nach der bindenden Regelungskonzeption des § 1 I GenG darf die Genossenschaft den einzelnen Mitgliedern im Außenverhältnis aber auf keinen Fall durch das eigenständige Feilbieten der freiberuflichen Leistung ihre souveräne berufliche Existenz streitig machen oder gar deren freiberufliche Kanzlei- bzw. Praxisbetriebe umfassend vereinnahmen.[15]

---

terung des Zusammenschlusses wirtschaftlicher Einzelpersönlichkeiten mit dem Ziele, die Betriebe oder Wirtschaften dieser einzelnen zu unterstützen und ihre ökonomische Stellung gegenüber sonstigen Kräften des Wirtschaftslebens zu stärken. Die vollständige rechtliche Abwicklung von Architektenaufträgen über eine Genossenschaft sei geeignet, die innerbetriebliche Rationalisierung von der Buchhaltung bis hin zum internen Bedarfs- und Erfahrungsaustausch zu fördern. Die Ausgestaltung der Genossenschaft sei auf diese Weise den speziellen beruflichen Bedürfnissen angepaßt und schaffe die Grundlagen dafür, daß das einzelne Mitglied seine eigentliche Berufsaufgabe unter günstigen Bedingungen verwirklichen könne, um so bei Wahrung beruflicher Eigenständigkeit und Unabhängigkeit, beispielsweise gegenüber den großen Planungs- und Bauausführungsunternehmen, wettbewerbsfähig zu bleiben.

Dieser Argumentation ist jedoch entgegenzuhalten, daß durch den zivilrechtlichen Abschluß von Verträgen, die unmittelbar im Verhältnis zwischen Genossenschaft und ratsuchendem Publikum auf die Erbringung freiberuflicher Leistungen gerichtet sind, die erwerbswirtschaftliche Tätigkeit der Berufsangehörigen nicht bloß gefördert, sondern gänzlich ersetzt wird. Aus der Sicht des Auftraggebers ist es hier nicht mehr der freiberuflich Tätige, sondern allein die auf körperschaftlicher Grundlage organisierte Genossenschaft, die ihm zur Leistung verpflichtet ist. Wollte man es zulassen, daß die juristische Person der Genossenschaft als Vertragspartner so umfassend an die Stelle des einzelnen Berufsangehörigen treten dürfte, so wäre im Zuge einer derart weitreichenden Bestimmung des genossenschaftlichen Förderzwecks selbst die völlige Aufgabe eines eigenen Praxisbetriebs durch das genossenschaftliche Mitglied noch vom GenG gedeckt. Die in § 1 I GenG systemimmanent vorausgesetzte Inkongruenz zwischen genossenschaftlichem Geschäftsbetrieb und zu fördernder Erwerbstätigkeit der Mitglieder ließe sich dadurch in rechtlich unzulässiger Weise übergehen, und die Genossenschaft würde entgegen dem gesetzgeberischen Willen ihrer Funktion als lediglich hilfswirtschaftliches Unternehmen entkleidet; in diesem Sinne auch *Blomeyer* in ZfG 1975, 309 (312 f.).

[14] Vgl. *Lutz/App* in KÖSDI 1993, 9478 (9481 f.), die als markantes Beispiel einer intakten genossenschaftlichen Zusammenarbeit aaO die DATEV-Genossenschaft anführen.

[15] Die vorstehende Begründung, die in Anbetracht der auf einen bloßen Förderzweck beschränkten Ausrichtung der genossenschaftlichen Rechtsform juristisch zwingend scheint, läßt den an früherer Stelle (siehe dazu oben im 1. Teil, S. 29 f.) erwähnten Gedanken *Feuchtwangers*, der anno 1922 für eine stärker genossenschaftliche Organisation der Anwaltschaft eintrat, um im Sinne zunftmäßiger Tradition eine wirtschaftliche Versorgung der weiterhin in persönlicher Ausführung tätigen Rechtsanwälte zu gewährleisten, unberührt. Denn *Feuchtwanger* verstand seine Idee einer anwaltlichen Genossenschaft ohnehin nicht im strengen Sinne einer juristischen Rechtsform, sondern mehr als politische Aufforderung an die Anwaltschaft, sich in einer Zeit wachsender wirtschaftlicher Not eigenständig und schlagkräftig im Wege der Selbsthilfe zu organisieren, vgl. so ausdrücklich *ders.*, Die freien Berufe, S. 457; *ders.* in JW 1927, 2601 (2603).

Ein Zusammenschluß der Berufstätigen in einer Genossenschaft zum unmittelbaren Zweck der gemeinschaftlichen Darbietung freiberuflicher Leistungen gegenüber dem ratsuchenden Publikum scheidet bei abschließender Betrachtung somit ebenfalls aus.

III. Die bloße Besitzgesellschaft im Fall einer Betriebsaufspaltung

Desgleichen sind aus dem Kreis möglicher gesellschaftsrechtlicher Gestaltungen, die für eine gemeinsame freiberufliche Berufsausübung potentiell noch geeigneter sein könnten als die Sozietät, diejenigen kautelarjuristischen Erscheinungsformen auszusondern, die den Angehörigen der freien Professionen bereits nach ihrer konkreten funktionalen Zweckausrichtung keinen Spielraum mehr zur Ausübung einer freien Berufstätigkeit belassen.

Dabei handelt es sich in erster Linie um solche Fallkonstellationen, in denen die Berufstätigen schon selbst eine willentliche Aufspaltung ihres Vermögens auf unterschiedliche Gesellschaften – namentlich eine Besitz- und eine Betriebsgesellschaft – vornehmen, um auf diese Weise gegebenenfalls steuerliche Vorteile zu erreichen[16] und eine Minderung ihrer Haftungsmasse auf der Ebene der Berufsausübung herbeizuführen. Solche Kostenvorteile und etwaige Rationalisierungseffekte lassen sich von den Berufsangehörigen insbesondere dann erzielen, wenn die freiberufliche Tätigkeit in eigenen Liegenschaften der Gesellschafter ausgeübt wird oder anderes Anlagevermögen, etwa hochwertige medizinische Apparate und Gerätschaften, Computeranlagen, Patente etc., im Eigentum einzelner oder mehrerer Gesellschafter verbleiben sollen und eine Einbringung dieser Vermögensgegenstände in die Berufsausübungsgesellschaft von vornherein nicht beabsichtigt ist.[17]

Im Fall einer derartigen Betriebsaufspaltung haben die betreffenden Teilhaber sodann zusätzlich die Option, den gesamten Bereich der ausgabenrelevanten Büroorganisation (Anstellung von Personal, Anschaffung von Büromaterialien sowie fachlicher Informationsquellen wie Zeitschriften, CD-Rom-Datenbanken etc.) mit dem Ziel einer Kostenersparnis auf die Besitzgesellschaft auszulagern.[18] Parallel dazu sind die Berufstätigen sogar in der Lage, der Besitzgesellschaft noch zu eigenen Einkünften zu verhelfen, indem jene Trägergesellschaft die in ihrem Besitz verbliebenen Räumlichkeiten und Betriebsmittel

---

[16] Diesbezüglich steht bei Immobilienbesitz einzelner Teilhaber oftmals die Vermeidung einer zusätzlich anfallenden Grunderwerbsteuerpflicht im Vordergrund; vgl. nur *Stehle/Longin*, S. 43.

[17] Vgl. *Stehle/Longin*, S. 43; *Michalski* in AnwBl. 1989, 65 (66 f.).

[18] Dabei erschiene die Überlassung des Büropersonals durch die Besitzgesellschaft an die Mitglieder der Berufsausübungsgesellschaft insoweit (selbstverständlich) nicht als eine erlaubnispflichtige Arbeitnehmerüberlassung im Sinne des § 1 I AÜG. Denn nach der amtlichen Begründung zum Regierungsentwurf der ursprünglichen Fassung des Gesetzes zur Regelung der gewerbsmäßigen Arbeitnehmerüberlassung (AÜG) ist die gewerbsmäßige Verleihereigenschaft nach § 1 I AÜG schon dann nicht erfüllt, wenn der Arbeitnehmer bei wirtschaftlicher Betrachtungsweise (d. h. bei Bestehen einer einheitlichen Leitungsmacht) auch weiterhin im Betrieb des „Verleihers" tätig ist; vgl. dazu näher BR-Drucksache 200/71, S. 10. Letzteres ist in bezug auf Personal, welches eine von Angehörigen der freien Professionen betriebene Besitzgesellschaft denselben zur Unterstützung bei ihrer eigentlichen Berufstätigkeit zur Verfügung stellen würde, indes ohne weiteres der Fall; ebenso auch bereits *Michalski*, Gesellschafts- und KartellR, S. 110.

zugleich an die Betriebsgesellschaft vermietet oder verpachtet, wobei beide Gesellschaften mit Blick auf die beteiligten Gesellschafter auch personenidentisch sein können.[19]

In der Praxis des gewerblichen Wirtschaftsverkehrs hat sich für eine derartige Form der Betriebsaufspaltung zumeist die Variante einer Kombination aus Besitz-Personengesellschaft und Betriebs-Kapitalgesellschaft durchgesetzt, weil auf diese Weise das im Außenverhältnis auf der Produktions- und Vertriebsseite bestehende größere Haftungsrisiko auf die mit einer institutionellen Haftungsbeschränkung ausgestattete Kapitalgesellschaft abgewälzt werden kann.[20]

Eine gleichlautende gesellschaftsrechtliche Gestaltung kann im Bereich freier Berufstätigkeit dort, wo der Einsatz der kapitalgesellschaftlichen Rechtsformen zur Darbietung freiberuflicher Leistungen seitens der Rechtsordnung eine ausdrückliche Billigung erfahren hat oder doch jedenfalls nicht mit der rechtsstaatlich gebotenen Bestimmtheit untersagt worden ist, ohne weiteres ebenfalls in Betracht kommen.[21] Daneben sind die Angehörigen der freien Professionen, falls sie sich zu einer derartigen Betriebsaufspaltung entschließen, freilich auch nicht gehindert, für die Besitzgesellschaft statt dessen eine andere Rechtsform – gegebenenfalls sogar (gleichermaßen) die der Kapitalgesellschaft[22] – zu wählen.

---

[19] Vgl. nur *Henssler* in JZ 1992, 697 (705).

[20] Vgl. so für den allgemeinen gewerblichen Wirtschaftsverkehr etwa *Buchwald/Tiefenbacher/Dern*, S. 65 f.; *Stehle/Longin*, S. 43.

[21] Vgl. dazu näher *Stehle/Longin*, S. 43 ff.

Allerdings reicht der Umstand, daß die Betriebs-Kapitalgesellschaft schon kraft ihrer Rechtsform als Gewerbebetrieb gilt, bei einer gleichzeitigen personellen und sachlichen Verflechtung von Besitz- und Betriebsgesellschaft bereits aus, um auch die aus der Verpachtung wesentlicher Betriebsgrundlagen erzielten, an sich nichtgewerblichen Einkünfte der Besitzgesellschaft gleichlautend mit der Gewerbesteuer zu belegen; vgl. so etwa BFHE 131, 388 (390); FG Düsseldorf in DStRE 1997, 13 (14); BFH in DStR 1998, 200 (201); Schmidt-*Seeger*, Rn. 18 zu § 18 EStG; Blümich-*Hutter*, Rn. 85 zu § 18 EStG; Herrmann/Heuer/Raupach/Brandt-*Brandt*, Rn. 17 zu § 18 EStG. Dahinter dürfte nicht zuletzt die zutreffende Erwägung stehen, daß überhaupt erst die Ausgliederung wesentlicher Vermögenswerte auf die Besitzgesellschaft deren anschließende Überlassung an die Betriebsgesellschaft und eine solche Form der Pachtziehung erlaubt. Hätten die Gesellschafter statt dessen nämlich sämtliche wesentlichen Betriebsgrundlagen in die Betriebs-Kapitalgesellschaft eingebracht, so wären die dann allein seitens der Kapitalgesellschaft erzielten Einkünfte ebenfalls ausschließlich gewerblicher Natur gewesen.

[22] Vgl. für eine reine Besitzgesellschaft erstmals in dieser Richtung *Friedlaender/Friedlaender*, Rn. 13 im Exkurs II zu § 28 RAO; aus neuerer Zeit etwa *M. Lach*, S. 64 (Rechtsanwälte), S. 96 (Ärzte), S. 106 f. (Wirtschaftsprüfer), S. 124 f. (Architekten); *Michalski*, Gesellschafts- und KartellR, S. 120; *Henssler* in JZ 1992, 697 (705); *Donath* in ZHR 156 (1992), 134 (138 f.); siehe dazu auch die Ausführungen im Regierungsentwurf anläßlich der Verabschiedung des PartGG, BT-Drucksache 12/6152, S. 8: „... Zudem ist auch die Aufspaltung in eine Kapitalgesellschaft (als Besitzgesellschaft) und eine Partnerschaft (als Berufsausübungsgesellschaft) denkbar."

Die letztgenannte Form einer „umgekehrten" Betriebsaufspaltung (Besitz-Kapitalgesellschaft, Betriebs-Personengesellschaft) dürfte in der Rechtswirklichkeit freilich kaum einmal auf praktisches Interesse stoßen, weil bei einer fortbestehenden persönlichen Haftung des Freiberuflers aus den vertraglichen Beziehungen zum ratsuchenden Publikum die Ausgliederung bestimmter Haftungsmassen in eine juristische Person weitgehend ihren Sinn verliert; so richtig *Henssler* in JZ 1992, 697 (705); *ders.* in ZHR 161 (1997), 305 (317 mit Fn. 61); ähnlich *Zuck*, Rn. 30. Der geschädigte Auftraggeber könnte in diesem Fall gemäß § 857 ZPO i. V. m. § 829 ZPO problemlos auch in den Geschäftsanteil, den der ersatzpflichtige Freiberufler an der körperschaftlich organisierten Besitzgesellschaft hält, vollstrecken; vgl. dazu näher nur Zöller-*Stober*, Rn. 12 f. zu § 859 ZPO.

Doch führt die beschränkte Zweckrichtung, welche die Besitzgesellschaft im Rahmen jenes Betriebsaufspaltungsmodells organisch auszufüllen hat, naturgemäß dazu, daß diese nicht mit der Sozietät als einer echten Berufsausübungsgesellschaft konkurrieren kann. Eben weil der Sinn einer Betriebsaufspaltung in einer Ausklammerung verschiedenster Vermögenswerte und gegebenenfalls auch diverser Organisationsbereiche aus der eigentlichen Berufsausübungsgesellschaft liegt, weist die Besitzgesellschaft denknotwendig keinerlei Überschneidungen mit der maßgeblichen Ebene der Berufsausübung auf. Aufgrund ihres eingegrenzten, eng umrissenen Gesellschaftszwecks ähnelt die Besitzgesellschaft in ihrer rechtlichen Struktur und Funktion vielmehr einer Büro- oder Apparategemeinschaft und ist wie diese dem Kreis der sog. Organisationsgesellschaften zuzurechnen.[23]

Das übereinstimmende und charakteristische Kennzeichen all dieser organisationsrechtlichen Zusammenschlüsse besteht dabei darin, daß sie sich im Außenverhältnis gerade nicht auf die vertraglichen Rechtsbeziehungen zwischen den Freiberuflern einerseits und den Nachfragern nach der freiberuflichen Dienstleistung andererseits erstrecken.[24] Der schuldrechtliche Kontrakt, der unmittelbar auf die Erbringung der freiberuflichen Dienstleistung gerichtet ist, bleibt bei sämtlichen Organisationsgesellschaften gleichlautend sowohl aus dem Gesellschaftszweck wie auch aus dem Unternehmensgegenstand des betreffenden Zusammenschlusses ausgespart.[25] Dementsprechend tritt die Organisationsgesellschaft im Rechtsverkehr auch niemals selbst als Anbieter der freiberuflichen Dienstleistung auf.[26]

Für die freiberuflich Tätigen mag danach im Bereich der Organisationsgesellschaften zwar durchgängig eine uneingeschränkte Freiheit in der Wahl der optimal geeigneten Rechtsform bestehen,[27] welche in der kautelarjuristischen Gestaltungsvariante des Betriebs-

---

[23] Ausführlich dazu *Michalski*, Gesellschafts- und KartellR, S. 96 ff.; *M. Lach*, S. 43 ff., 83 ff., 102 ff., 119 ff.; siehe auch *Henssler* in JZ 1992, 697 (705).

[24] Siehe dazu für die Büro- bzw. Praxisgemeinschaft bereits die entsprechenden Ausführungen oben im 1. Teil, Seite 172 ff.; vgl. im übrigen nur *M. Lach*, S. 43; *Henssler* in JZ 1992, 697 (705).

[25] Siehe zur allgemeinen Unterscheidung zwischen Gesellschaftszweck und Unternehmensgegenstand in diesem Zusammenhang nur *Winkler* in NJW 1970, 449 (449 f.), Beck-GmbH-Hdbuch/*Schwaiger*, Rn. 60 zu § 2 – Der Gesellschaftszweck umschreibt das abstrakte Ziel, welches die Gesellschafter mit der Gründung und dem Gesellschaftsbetrieb verwirklichen wollen, während der Unternehmensgegenstand die konkreten Mittel zur Erreichung dieses Zieles bezeichnet.

[26] Vgl. so schon *M. Lach*, S. 43.

[27] So der Sache nach auch *Michalski*, Gesellschafts- und KartellR, S. 97 und S. 272 ff.

Allerdings sieht *ders.*, aaO, S. 274, bei Beteiligung von berufsfremden dritten Personen insbesondere an körperschaftlich verfaßten Organisationsgesellschaften theoretische Gefahren für die Freiberuflichkeit unter dem Aspekt eines sachwidrigen Fremdeinflusses, welcher in einigen freien Professionen die dort bestehenden berufsrechtlichen Schweigepflichten oder das Gebot einer weitgehenden Weisungsunabhängigkeit tangieren könne. Dem wird man jedoch entgegenhalten müssen, daß die bewußt vollständige Aussparung der Sphäre der Berufsausübung aus dem Tätigkeitskreis einer Organisationsgesellschaft generell einen hinreichenden Schutz gegenüber einer unzulässigen Fremdbestimmung der Berufstätigen bei der eigentlichen freiberuflichen Leistungserbringung bietet. Ein mittelbarer Fremdeinfluß, wie er im Einzelfall unter Umständen auch aus der Gesellschafterstellung eines berufsfremden Dritten in einem organisationsrechtlichen Zusammenschluß resultieren kann, ist an sich allenfalls faktischer Natur und insoweit ohnehin niemals auszuschließen. Dies zeigt augenfällig das Beispiel einer Besitzgesellschaft, die sich in concreto darauf beschränkt, bestimmte Liegenschaften an eine personenidentische Freiberufler-Betriebsgesellschaft zu verpachten. Hier wären die freiberuflich

aufspaltungsmodells – schon mangels näherer berufsrechtlicher Restriktionen – bedenkenlos auch für die Fallgruppe der Besitzgesellschaften Gültigkeit beanspruchen kann. Doch hilft die auf jenem organisationsrechtlichen Sektor gemeinhin feststellbare Ausgestaltungsfreiheit bei der Suche nach einer potentiell attraktiveren Gesellschaftsform, die auf der entscheidenden Ebene der Berufsausübung gegenüber der Sozietät vorzugswürdig sein könnte, im Ergebnis nicht weiter.

Die Tatsache, daß erst eine Assoziation, die – im Unterschied zu einer bloßen Besitz- oder Organisationsgesellschaft – nach ihrer inhaltlichen Zweckausrichtung auch unmittelbar die Sphäre der freiberuflichen Leistungserbringung gegenüber dem ratsuchenden Publikum miteinschließt, ein sinnvolles arbeitsteiliges Zusammenwirken im Rahmen der eigentlichen Berufsausübung ermöglicht, muß die Freiberufler daher notgedrungen nach anderen Rechtsformen Ausschau halten lassen, die in dieser Beziehung gegebenenfalls noch wirkungsvoller erscheinen könnten als das bisherige tradierte Kooperationsmuster der Sozietät. Dabei bietet sich, vor allem unter Miteinbeziehung der für die Rechtsformwahl primär ausschlaggebenden haftungs- und steuerrechtlichen Momente, zunächst eine rechtliche Analyse der Personenhandelsgesellschaften OHG und KG auf ihre konzeptionelle Eignung zur gemeinsamen Darbietung freiberuflicher Dienste an.

Tätigen, wenn das betreffende Grundvermögen oder die zum Bürobetrieb benötigten Räumlichkeiten nicht schon selbst in ihrem Eigentum stünden, anderenfalls gehalten, die notwendigen Lokalitäten von dritter Seite anzumieten. Für die letztgenannte Konstellation ließe sich aber wohl kaum ernsthaft vertreten, daß der Abschluß eines Pacht- oder Mietvertrags mit einem berufsfremden Dritten die assoziierten Freiberufler anschließend der relevanten Gefahr eines sachwidrigen und korrekturbedürftigen Fremdeinflusses aussetzen würde. Nichts anderes kann in Anbetracht dessen aber prinzipiell auch für die gesellschaftsrechtliche Beteiligung berufsfremder Dritter an einer Besitzgesellschaft oder einer sonstigen Organisationsgesellschaft gelten.

C. Die Personenhandelsgesellschaften OHG und KG

Eine Untersuchung der handelsrechtlichen Gesellschaftsformen OHG und KG auf ihre Tauglichkeit zur kooperativen freiberuflichen Leistungserbringung scheint zunächst überraschend und wenig einsichtig.

Die von der Judikatur durchgängig vertretene Aussparung der Freien Berufe aus dem handelsrechtlichen Gewerbebegriff[1] sollte an sich den Schluß nahelegen, daß die Personenhandelsgesellschaften für eine gemeinschaftliche freiberufliche Berufsausübung in praxi schon deshalb nicht zur Verfügung stehen, weil jene Rechtsformen bereits kraft Gesetzes und gleichsam diametral den Betrieb eines (vollkaufmännischen) Handelsgewerbes erfordern.[2] An dem dadurch festgeschriebenen rechtlichen Antagonismus zwischen Freiem Beruf und Handelsgewerbe wird auch die in naher Zukunft anstehende Handelsrechtsreform nichts ändern, weil die freien Professionen – trotz einer vollständigen Neubestimmung des Kaufmannsbegriffs – nach dem Willen des Gesetzgebers über die Gewerbedefinition der Rechtsprechung weiterhin unbesehen und ohne Umschweife aus dem Anwendungsbereich des Handelsrechts ausgeklammert bleiben.[3] Danach müßte sich eine auf die freien Professionen bezogene Beschäftigung mit den handelsrechtlichen Gesellschaftsformen auf den ersten Blick von selbst erübrigen.

I. Die ausnahmsweise Zugänglichkeit der Personenhandelsgesellschaften für die Angehörigen der freien Professionen

Diese fürs erste durchaus naheliegende Einschätzung entspricht bei näherer Prüfung indessen nicht in allen Punkten den tatsächlichen rechtlichen Gegebenheiten. In der Frage einer Nutzbarkeit der gewerblichen Rechtsformen OHG und KG zur freiberuflichen Berufsausübung ergeben sich vor allem zwischen den entstehungsgeschichtlich jüngeren steuer- und

---

[1] Vgl. dazu schon oben in der Einleitung Seite 6 mit Fn. 19 unter Nachweis auch der teilweise kritischen Gegenstimmen in der Literatur.

[2] Vgl. dazu die §§ 105 I, 161 I HGB i. V. m. § 4 II HGB – Im Zuge der anstehenden Handelsrechtsreform sollen die Personenhandelsgesellschaften de lege ferenda freilich für alle Gewerbetreibenden geöffnet werden, gleich, ob diese ein Grundhandelsgewerbe betreiben oder nicht. Damit würden auch die gewerblichen Kleinbetriebe zukünftig fakultativ Zugang zu den Rechtsformen der OHG und KG erhalten. Zu diesem Zweck soll dem § 105 HGB ein neuer Absatz folgenden Wortlauts eingefügt werden: „Eine Gesellschaft, deren Gewerbebetrieb nach Art oder Umfang einen in kaufmännischer Weise eingerichteten Geschäftsbetrieb nicht erfordert, kann als offene Handelsgesellschaft durch Eintragung der Firma des Unternehmens in das Handelsregister begründet werden." Die gleiche Option ergäbe sich für die Kommanditgesellschaft auf der Grundlage der Verweisungsvorschrift des § 161 II HGB; siehe hierzu näher den auszugsweisen Abdruck des Referentenentwurfs eines Handelsrechtsreformgesetzes in ZIP 1996, 1485 (1485 ff.).

[3] Vgl. diesbezüglich die bereits oben auf Seite 7 in Fn. 21 im einzelnen wiedergegebenen Ausführungen im Referentenentwurf des Handelsrechtsreformgesetzes in ZIP 1996, 1401 (1406).

wirtschaftsberatenden Berufen und den übrigen freien Professionen bemerkenswerte Unterschiede. Zudem lohnen auch die gegenwärtigen rechtlichen Verhältnisse im Bereich der Anwaltschaft eine eingehendere Befassung, weil sich dort in naher Zukunft unter Umständen eine den Wirtschaftsprüfern, vereidigten Buchprüfern und Steuerberatern vergleichbare Situation mit ähnlichen Folgewirkungen einstellen könnte.

1. Die Rechtslage bei den freien Professionen im allgemeinen

Das vertraute Prinzip einer vollkommenen rechtlichen Geschlossenheit der Personenhandelsgesellschaften besteht für die Angehörigen der Freien Berufe stets, soweit sich diese ausschließlich auf die Erbringung freiberuflicher Leistungen beschränken. So kann etwa die Ausübung der Heilkunde durch den Arzt sicherlich niemals dazu führen, daß derselbe auf diese Weise zum gewerbetreibenden Kaufmann nach den Vorschriften des Handelsgesetzbuchs wird. Diesbezüglich läßt sich generell feststellen, daß die Vertreter der freien Professionen, sofern die von ihnen im Einzelfall erbrachten Dienstleistungen ihrer abstrakten Natur nach allein freiberuflichen Charakters sind, im handelsrechtlichen Sinne unter keinem Gesichtspunkt – auch nicht über § 2 HGB – ein Handelsgewerbe betreiben können oder eine Eintragung im Handelsregister herbeizuführen in der Lage sind.[4]

Eine andere rechtliche Beurteilung kann hingegen daraus resultieren, daß die freiberuflich Tätigen *zusätzlich* zu der nach ihrer Art ausschließlich freiberuflichen Dienstleistung weitere Tätigkeiten ausüben, die als solche per se gewerblicher Natur sind oder jedenfalls gewerblich erbracht werden können.

Ein anschauliches Beispiel hierfür liefert der Arzt, welcher eine stationäre Privatkrankenanstalt unterhält und der seinen Patienten im Zuge dessen über die ärztliche Behandlung hinaus zudem auch Unterkunfts- und Verpflegungsleistungen gewährt.[5] Die Darrei-

---

[4] Vgl. so ausdrücklich BFHE 80, 154 (159) – Unrichtig daher *M. Lach*, S. 36 f., sowie *Borggreve*, S. 83 f., wonach ein Angehöriger eines Freien Berufs, der seine freiberufliche Tätigkeit nicht eigenverantwortlich i. S. d. § 18 I 3 EStG ausübe und infolgedessen der Gewerbesteuerpflicht unterliege, seinen Praxisbetrieb über § 2 HGB auch als handelsrechtlichen Gewerbebetrieb zur Eintragung im Handelsregister bringen könne. Dem steht entgegen, daß der handelsrechtliche Begriff des Handelsgewerbes nicht völlig mit dem Begriff des Gewerbes im steuerrechtlichen Sinn übereinstimmt; vgl. so explizit BFH, aaO; *Hopt* in ZGR 1987, 145 (151). Die in dieser Beziehung als rechtliche Sanktionierung intendierte Belegung mit der Gewerbesteuerpflicht ist daher keinesfalls geeignet, einem Angehörigen der freien Professionen andererseits zugleich den Weg zu den handelsrechtlichen Gesellschaftsformen der OHG und KG zu öffnen.

[5] Die kumulative Gewährung von Unterbringungs- und Verpflegungsleistungen bildet das entscheidende Abgrenzungskriterium für die Differenzierung zwischen den beiden tragenden Säulen des kurativen Gesundheitswesens, nämlich dem ambulanten Heilbehandlungssektor einerseits und dem Bereich der stationären Krankenbehandlung andererseits. Erst die mit der stationären Patientenaufnahme bestimmungsgemäß verbundene, über die ambulante Krankenbehandlung hinausgehende zusätzliche Darreichung entsprechender Hotellerieleistungen begründet die Eigenschaft einer Behandlungsstätte als Krankenhaus; vgl. so im Zusammenhang mit dem Begriff der Privatkrankenanstalt nach § 30 GewO allgemein BVerwG in GewArch 1985, 58 (59); ähnlich schon die Vorinstanz OVG Münster in GewArch 1984, 84 (86); zustimmend ferner OVG Münster in GewArch 1990, 210; *Sieg/Leifermann/Tettinger*, Rn. 2 zu § 30 GewO; Landmann/Rohmer-*Marcks*, Rn. 8 zu § 30 GewO; *Gitter*, S. 23; *Diefenbach* in GewArch 1991, 281 (285); wohl auch BGH in NJW 1996, 3083 (3084);

chung der entsprechenden Unterbringungs- und Verköstigungsleistungen ist als solche nicht freiberuflicher Art und kann für sich betrachtet einen eigenständigen Gegenstand gewerblicher Betätigung bilden (z. B. Hotelleriegewerbe).[6] Die Kopplung der originär freiberuflichen ärztlichen Heilbehandlungsleistungen mit derlei artverschiedenen, gewerblich erbringbaren Hotellerieleistungen eröffnet dem betreffenden Mediziner in tatsächlicher Hinsicht beachtliche Handlungsspielräume, an die sich je nach Ausgestaltung durchaus weitreichende Rechtsfolgen anknüpfen können.

Erste potentielle Konsequenzen kann die so bewirkte sachliche Verknüpfung von freiberuflicher und nicht freiberuflicher Betätigung auf dem Gebiet des allgemeinen Wirtschaftsverwaltungsrechts hervorbringen. Dort kommt nunmehr eine ausnahmsweise Anwendbarkeit gewerberechtlicher Vorschriften auf den Arzt als Angehörigen einer freien Profession in Betracht. Sofern der stationäre Anstaltsbetrieb, d. h. also die zusätzliche Darbietung der Unterbringungs- und Verköstigungsleistungen, für den betreffenden Arzt ein selbständiges Mittel zur Erzielung einer dauernden Einnahmequelle darstellen soll, trifft auch ihn als Inhaber eines Privatkrankenhauses fortan die gewerberechtliche Konzessionspflicht nach § 30 GewO.[7] Einer entsprechenden gewerberechtlichen Erlaubnis bedarf der ärztliche Klinikinhaber lediglich dann nicht, falls die stationäre Aufnahme der Patienten nur ein notwendiges Hilfsmittel zur Ausübung der originär freiberuflichen ärztlichen Berufstätigkeit bildet und die aus dem Unterbringungs- und Verpflegungsbetrieb erzielten Einnahmen, gemessen an den tatsächlichen Verhältnissen mehrerer Jahre, lediglich zur Deckung der in diesem Bereich anfallenden Unkosten dienen.[8]

Entsprechende Handlungsoptionen mit gleichgelagerten Rechtswirkungen ergeben sich auch auf dem Gebiet des Handelsrechts. Soweit bereits der Anstaltsbetrieb, d. h. also die bloße Erbringung der Unterbringungs- und Verpflegungsleistungen, für den Arzt eine eigenständige und dauernden Einnahmequelle eröffnen soll und nicht lediglich dem Zwecke untergeordnet ist, die Ausübung der ärztlichen Berufstätigkeit zu fördern oder zu ermöglichen, kann daher auch ein ärztlich geführtes Privatkrankenhaus unter den Voraus-

---

a. A. – allerdings unter zu weitgehender Aufweichung der Begriffsmerkmale – vormals VG Hannover in GewArch 1978, 56 (57); OLG Frankfurt in NJW 1979, 2361 (2362); *Fröhler/Kormann*, Rn. 1 zu § 30 GewO; *Schober* in GewArch 1977, 115 (116 ff.), wonach für die Trennung zwischen ambulanter Ebene und stationärem Anstaltsbetrieb allein die bei letzterem gesteigerte Notwendigkeit und Intensität der ärztlichen Betreuung und Beaufsichtigung maßgebend sein sollte.

Dem an der allgemeinen Verkehrsanschauung orientierten Auslegungsverständnis der höchstrichterlichen Rechtsprechung entspricht im übrigen die Legaldefinition des Krankenhausbegriffs in § 2 Nr. 1 KHG, die da lautet: „Einrichtungen, in denen durch ärztliche und pflegerische Hilfeleistung Krankheiten, Leiden, Körperschäden festgestellt, geheilt oder gelindert werden sollen oder Geburtshilfe geleistet wird und in denen die zu versorgenden Personen *untergebracht und verpflegt* werden können."; vgl. zu der weitreichenden Anwendbarkeit dieser gesetzlichen Begriffsbestimmung in anderen Rechtsgebieten nur Laufs/Uhlenbruck-*Genzel*, Rn. 6 zu § 83. Ebenso rekurriert auch die Norm des § 107 I Nr. 4 SGB V bei der Bestimmung des Krankenhausbegriffs für den Bereich der gesetzlichen Krankenversicherung auf die zusätzlich vorgesehenen Unterbringungs- und Verpflegungsleistungen als ausschlaggebendes Abgrenzungsmerkmal zum ambulanten Heilbehandlungssektor.

6 *Baumbach/Hopt*, Rn. 1 zu § 2 HGB.

7 Vgl. VG Hannover in GewArch 1978, 56 (58); *Braun* in NJW 1985, 2739 (2741); Landmann/Rohmer-*Marcks*, Rn. 5 zu § 30 GewO.

8 Vgl. *Braun* in NJW 1985, 2739 (2741); Landmann/Rohmer-*Marcks*, Rn. 5 zu § 30 GewO.

setzungen des § 2 HGB einheitlich als (handels-)gewerbliches Unternehmen im Handelsregister eingetragen werden.[9] Der gemeinschaftliche Anstaltsbetrieb durch mehrere zur gemeinsamen Berufsausübung verbundene Ärzte führt hier im Fall einer Handelsregistereintragung somit je nach Ausformung zum Vorliegen einer offenen Handelsgesellschaft oder einer Kommanditgesellschaft.[10]

Bemerkenswert bleibt dabei, daß die Ausübung der ärztlichen Heilkunde auch in dieser Konstellation niemals den tauglichen Gegenstand einer Handelsregistereintragung bilden kann. Dies folgt für die Personenhandelsgesellschaften an sich bereits aus der Besonderheit, daß eine OHG/KG weder mit ihrem Gesellschaftszweck noch – anders als eine Kapitalgesellschaft (§§ 39 I 1, 278 III AktG; 10 I 1 GmbHG) – mit ihrem Unternehmensgegenstand im Handelsregister einzutragen ist.[11]

Darüber hinaus würde aber selbst die irrtümliche (Mit-)Eintragung auch des Unternehmensgegenstands einer als OHG/KG ausgestalteten Privatkrankenanstalt nicht dazu führen, daß auf diese Weise die ärztliche Berufsausübung selbst im Handelsregister eintragungsfähig wäre. Dies zeigt die korrespondierende Rechtslage bei Kapitalgesellschaften. Denn auch dort wird im Handelsregister als Gegenstand des Unternehmens jeweils ausschließlich der Betrieb und – teilweise – die Verwaltung der Krankenanstalt, eines Sanatoriums, einer Kurklinik bzw. der Wirtschafts- und Badebetrieb eines Sanatoriums eingetragen, nicht aber die eigentliche Heilbehandlung bzw. die ärztliche Behandlung.[12] Die genuin als freiberuflich geltende ärztliche Berufstätigkeit bildet demnach auch in diesen Fällen keine im Handelsregister eintragungsfähige Tatsache; sondern es wird – ohne zwingendes Präjudiz für die Ausgestaltung der zivilrechtlichen Vertragsbeziehungen – lediglich das Krankenhaus als Organisationsform für die Patientenbehandlung eingetragen.[13]

Ungeachtet dieser erwähnenswerten registerrechtlichen Lage verhält es sich in der Rechtspraxis freilich regelmäßig so, daß bei einem als OHG/KG betriebenen Privatkrankenhaus – gerade wenn die Patienten nur ein einheitliches Entgelt für die ärztliche Behandlung sowie für die stationäre Unterbringung und Verköstigung entrichten – nachfolgend auch die originär freiberuflichen Dienste des Arztes aus zivilvertraglicher Sicht vollständig über den so entstandenen Handelsbetrieb geleistet werden.[14]

Dieselben Grundsätze gelten auch für andere freiberufliche Tätigkeiten. Demgemäß eröffnet beispielsweise die Verknüpfung einer als freiberuflich eingeordneten erzieherischen Tätigkeit mit einer Beherbergung und Beköstigung der Schüler den zur gemeinsamen

---

[9] Vgl. RGZ 94, 109, (110) – Privatkrankenanstalt –; RGZ 109, 73 (75 f.) – Sanatorium –; *Josef* in Gruchot 48 (1904), 263 (275); Heymann-*Emmerich*, Rn. 7 u. Rn. 20 zu § 1 HGB.

[10] So schon *Josef* in Gruchot 48 (1904), 263 (275).

[11] Vgl. dazu nur KG in JW 1934, 1730 f.; OLG Hamm in MDR 1952, 549; *Baumbach/Hopt*, Rn. 2 zu § 106 HGB.

[12] Vgl. OLG Hamm in Rpfl. 1986, 435 (436); AG Saarbrücken in GmbHR 1989, 297; AG Hannover in GmbHR 1994, 120 (121) jeweils für den Unternehmensgegenstand einer Privatkrankenanstalt in der Rechtsform einer GmbH.

[13] Vgl. OLG Hamm in Rpfl. 1986, 435 (436); AG Saarbrücken in GmbHR 1989, 297; AG Hannover in GmbHR 1994, 120 (121).

[14] Vgl. so etwa die dahin gehenden Sachverhalte in RGZ 94, 109 (109 f.) und RGZ 109, 73 (75 f.); ebenso wohl auch *Fröhler/Kormann*, Rn. 4 zu § 30 GewO: „Leistet der Unternehmerarzt in seiner Anstalt gleichzeitig ärztliche Dienste, so werden auch diese als gewerblich zu werten sein, da es sich um eine einheitliche Tätigkeit handelt."

Berufsausübung verbundenen Erziehern die Option, den entstehenden Internatsbetrieb einheitlich als OHG/KG im Handelsregister eintragen zu lassen, sofern sie aus der Unterbringung und Verpflegung einen besonderen Gewinn erstreben.[15] Ebenso können auch assoziierte Architekten, falls sie sich nicht auf die (originär freiberufliche) bloße Planung und Bauüberwachung beschränken, sondern daneben zugleich gewerblich als bauausführende Unternehmer auftreten, einen entsprechenden Betrieb nach Maßgabe des § 2 HGB insgesamt zur Eintragung im Handelsregister anmelden und auf diese Weise eine OHG/KG mit einem umfänglichen Leistungsangebot gründen.[16]

In diesen Konstellationen ist es im Ergebnis also nicht die genuin freiberufliche Komponente, sondern das für die Angehörigen der freien Professionen an sich *berufsuntypisch* zusätzlich hinzutretende gewerbliche Element, welches ihnen den umfassenden Zugang zu den gewerblichen Rechtsformen der Personenhandelsgesellschaften öffnet. Die parallele Aufnahme einer gewerblichen Betätigung kann dabei durchaus dazu führen, daß die so agierenden Berufsangehörigen ihren berufsrechtlichen Status als Freiberufler einbüßen.[17]

Gleichwohl versetzt die dieserart bewirkte Handelsregistereintragung des Geschäftsbetriebs als OHG/KG die Berufstätigen sodann in die Lage, einheitlich neben der gewerblichen Betätigung ausnahmsweise auch die ausschließlich als freiberuflich geltenden Leistungen zivilvertraglich umfassend über die Personenhandelsgesellschaft abzuwickeln.[18] Die betreffenden Ärzte, Architekten, Erzieher etc. sind in dieser besonderen Konstellation – bei einer sachlichen Verknüpfung ihrer originär freiberuflichen Dienstleistungen mit einer ergänzend hinzutretenden gewerblichen Betätigung – also ohne weiteres berechtigt, auch die genuin freiberuflichen Heilbehandlungsleistungen, die Planungs- und Bauüberwa-

---

[15] Vgl. *K. Schmidt* in ZIP 1993, 633 (642 f.).

[16] Vgl. in diesem Sinne etwa BGH in WM 1979, 559 für den Fall, daß sich Architekten über die Planungs- und Überwachungstätigkeit hinaus auch dauerhaft und mit Gewinnerzielungsabsicht als „private Erschließungsträger" betätigen würden.

[17] So unterscheiden die Architektengesetze der Länder zum Teil ausdrücklich zwischen freischaffenden und baugewerblich tätigen Architekten; vgl. § 3 I-III SächsArchG vom 19.4:1994 (GVBl. Sachsen 1994, 765 ff.); § 2 IV, V ABKG Berlin vom 19.7.1994 (GVBl. Berlin 1994, 253 ff.); § 6 ArchG DDR vom 19.7.1990 (GBl. DDR 1990 I, 921 ff.) – Das Architektengesetz der DDR gilt in den neuen Bundesländern, soweit sie nicht wie Sachsen vollständig neue Bestimmungen geschaffen haben, weiterhin als Landesrecht fort; vgl. etwa für Thüringen das Gesetz zur Änderung u. a. des ArchG vom 27.5.1994, GVBl. Thüringen 1994, 521 ff. (542 f.).

Dabei ist die Eintragung als „Freier Architekt" in der Architektenliste regelmäßig dann zu löschen, wenn der Eingetragene nicht mehr frei, sondern beispielsweise baugewerblich tätig ist; vgl. so etwa § 8 III SächsArchG; § 2 IV, V ABKG Berlin, § 5 I ArchG DDR, jeweils aaO. Der mit dem Statuswechsel für die betreffenden Berufsangehörigen in der Regel verbundene Prestigeverlust mag durchaus als Indiz dafür gelten, daß die jeweiligen Landesgesetzgeber über die entsprechende Differenzierung berufspolitisch eine grundsätzlich strikte Trennung zwischen freiberuflich Tätigen und Gewerbetreibenden anstreben.

[18] Allg. Meinung; vgl. so für den Betrieb einer Privatkrankenanstalt durch mehrere Ärzte, falls diese aus der Unterbringung und Verpflegung der Patienten eine selbständige und dauernde Einnahmequelle machen wollen, bereits *Josef* in Gruchot 48 (1904), 263 (275 und 282): „In diesem Fall (soll heißen: soweit unter den Voraussetzungen des § 2 HGB durch Eintragung in das Handelsregister eine OHG entstanden ist) gehört nicht nur die Aufnahme Kranker in die Heilanstalt, sondern auch die Behandlung der in die Anstalt aufgenommenen Kranken zu den Geschäften der Gesellschaft."

chungsleistungen oder die erzieherische Tätigkeit etc. vertraglich über die gewerblichen Rechtsformen der OHG/KG gegenüber dem ratsuchenden Publikum anzubieten.

Dabei ist es mit Blick auf die zivilrechtlichen Vertragsbeziehungen dann auch grundsätzlich irrelevant, ob die originär freiberuflichen Dienstleistungen im konkreten Einzelfall stets mit der gewerblichen Betätigung, wegen derer die Eintragung als OHG/KG im Handelsregister erfolgt ist, kombiniert werden. Haben die Berufstätigen unter Hinweis auf eine ergänzend ausgeübte gewerbliche Betätigung erst einmal eine Personenhandelsgesellschaft zur Entstehung gebracht, so sind sie nachfolgend prinzipiell nicht gehindert, ihre freiberuflichen Dienste zivilvertraglich selbst dann umfänglich über die OHG/KG abzuwickeln, wenn sich die versprochene Leistung in concreto ausschließlich in der Erbringung der freiberuflichen Tätigkeit erschöpft.

So steht beispielsweise nichts entgegen, daß mehrere assoziierte Architekten, wenn sie durch die zusätzliche Aufnahme einer bauausführenden Tätigkeit nach § 2 HGB eine OHG/KG gegründet haben, nachfolgend dennoch in erster Linie solche Aufträge über die eingetragene Personenhandelsgesellschaft abwickeln, die lediglich planerische und bauüberwachende, d. h. also rein freiberufliche Leistungen betreffen. Ebenso bleibt es mehreren zur gemeinsamen Berufsausübung verbundenen Erziehern unbenommen, in einem als OHG/KG betriebenen Internat überwiegend Personen zu erziehen und zu unterrichten, die in der Erziehungsstätte nicht zugleich auch untergebracht und verköstigt werden. Die vertraglich über die Personenhandelsgesellschaft erbrachten Leistungen müssen also durchaus nicht generell oder auch nur zum größten Teil die gewerbliche Betätigung als Verpflichtungsgegenstand miteinschließen, sondern sie können im konkreten Fall ihrer Art nach ohne weiteres auf die Durchführung der originär freiberuflichen Dienste beschränkt bleiben.

Will der Gesetzgeber statt dessen verhindern, daß die Angehörigen der freien Professionen durch die zusätzliche Aufnahme einer gewerblichen Betätigung in die Lage versetzt werden, auch ihre rein freiberuflichen Leistungen vertraglich umfassend über die Personenhandelsgesellschaften abzuwickeln, so muß er dies durch besondere Rechtsvorschriften dezidiert anordnen.

Entsprechende Regelungen bestehen – soweit ersichtlich – derzeit allerdings nur auf dem heilkundlichen Sektor für den Bereich der ambulanten vertrags(zahn-)ärztlichen Versorgung. Aufgrund der dort existierenden spezifischen Zulassungsnormen (vgl. etwa die §§ 95, 98 SGB V i.V.m. der ZV-Ärzte) ist beispielsweise der ärztliche Inhaber eines einheitlich als Handelsbetrieb geführten Privatkrankenhauses als solcher nicht berechtigt, die Mitglieder der gesetzlichen Krankenversicherung über eine etwaige stationäre Aufnahme und Betreuung hinaus zudem auch ausschließlich ambulant, d. h. ohne eine sachliche Verknüpfung mit dem gewerblichen Hotelleriebetrieb, in der Anstalt medizinisch zu behandeln.

Die vertragsarztrechtliche Regelungskonzeption geht in ihrem Grundgedanken vielmehr davon aus, daß die ambulante ärztliche Versorgung der Versichertengemeinschaft grundsätzlich nur durch freiberuflich tätige, niedergelassene Ärzte ausgeübt werden kann, weil gerade die ambulante Versorgung ihrer Natur nach erfordert, daß der Arzt an seinem Vertragsarztsitz ärztliche Beratungen und Behandlungen durchführt oder daß er den Patienten unmittelbar am Krankenbett aufsuchen kann.[19] Die ambulante ärztliche Versorgung verlangt nach der Rechtsprechung des Bundesverfassungsgerichts ein enges Vertrauensverhältnis zwischen Arzt und Patient; sie setzt demzufolge voraus, daß der Arzt für diese Tätigkeit voll und uneingeschränkt zur Verfügung steht und nicht durch andere Aufgaben in der vollverantwortlichen Ausübung dieser Tätigkeit behindert ist.[20]

Diese Vorbedingungen lassen sich weder für den Chefarzt eines Krankenhauses, das von einem öffentlich-rechtlichen bzw. freigemeinnützigen Träger unterhalten wird, noch für den ärztlichen Inhaber eines Privatkrankenhauses mit vergleichbarer Stellung bejahen. Denn diese sind für den ärztlichen Betrieb ihrer Abteilung bzw. des ganzen Krankenhauses verantwortlich, so daß sie sich infolge ihrer umfangreichen Beanspruchung, nicht zuletzt auch durch verwaltungsmäßige und organisatorische Aufgaben, bei der persönlichen Mühewaltung auf besondere Fälle beschränken müssen und dürfen, während die ärztliche Versorgung im übrigen – unter ihrer Verantwortung und Aufsicht – weitgehend den nachgeordneten Ober- und Assistenzärzten überlassen bleibt.[21]

Die hiernach zu konstatierende eingeschränkte Verfügbarkeit selbst des leitenden Krankenhausarztes für die persönliche Behandlung der Kassenpatienten hat den Gesetzgeber deshalb dazu bewogen, die im stationären Bereich tätigen Ärzte im Grundsatz vollständig von der Teilnahme an der ambulanten vertragsärztlichen Versorgung auszuschließen. Das für die niedergelassenen Ärzte umfassend bestehende „Vorrangprinzip" bei der ambulanten vertragsärztlichen Versorgung[22] erfährt in Ansehung der Krankenhausärzte lediglich durch das Rechtsinstitut der Ermächtigung (§ 116 SGB V i.V.m. §§ 31, 31a ZV-Ärzte) eine normative Durchbrechung. Die Ermächtigung bildet gegenüber der Zulassung freilich die subsidiäre Teilnahmeform;[23] ihre ausnahmsweise Erteilung an den Krankenhausarzt

---

[19] *Schneider*, KassenarztR, Rn. 870.

[20] BVerfGE 16, 286 (299).

[21] Vgl. so BVerfGE 16, 286 (299 f.) für den Chefarzt eines Krankenhauses – Diese Erwägungen gelten für den ärztlichen Inhaber eines Privatkrankenhauses, sofern er den Anstaltsbetrieb – wie im Regelfall – in eigener Person verantwortlich leitet, aufgrund der sodann von ihm selbst wahrgenommenen Chefarztfunktion zumindest entsprechend.

[22] Vgl. zu jenem Vorrangprinzip des in eigener Praxis niedergelassenen Vertragsarztes nur BVerfGE 16, 286 (298 u. 300); BSGE 56, 295 (297 f.); *Narr/Hess/Schirmer*, Rn. 1033; *Ohl* in FS für Narr (1988), 197 (203); – jeweils noch zu § 368a VIII RVO –; zum neuen Recht etwa BSGE 70, 167 (173); BSG SozR 3-2500, Nr. 4 zu § 116 SGB V, 25 (28); SozR 3-2500, Nr. 6 zu § 116 SGB V, 37 (41 f.); SozR 3-2500, Nr. 9 zu § 116 SGB V, 48 (50); SozR 3-2500, Nr. 12 zu § 116 SGB V, 61 (63); SozR 3-2500, Nr. 1 zu § 118 SGB V, 1 (4); SozR 3-2500, Nr. 2 zu § 118 SGB V, 6 (8); aus der Literatur nur *Schneider*, KassenarztR, Rn. 883 f.; Schulin-*Funk*, Rn. 61 u. 78 zu § 32; *Hauck*, Rn. 12 ff. zu § 116 SGB V. – Auch die durch das Gesundheitsstrukturgesetz vom 21.12.1992 (BGBl. I, 2266) geschaffene, in den §§ 115a, 115b SGB V vorgesehene Berechtigung zur vor- und nachstationären Behandlung und zum ambulanten Operieren im Krankenhaus hat das Vorrangprinzip der niedergelassenen Ärzte bei der ambulanten Behandlung praktisch unangetastet gelassen. Denn die damit verbundene Erweiterung der ambulanten Behandlungsmöglichkeiten im Krankenhaus ist auf bestimmte, eng begrenzte Bereiche beschränkt und soll vor allem dem Ziel dienen, durch eine Reduzierung der vollstationären Behandlung eine Verminderung der Krankenhauskosten zu erreichen; vgl. so ausdrücklich BSG in SozR 3-2500, Nr. 4 zu § 116 SGB V, 25 (28); SozR 3-2500, Nr. 9 zu § 116 SGB V, 48 (50 f.).

[23] So ausdrücklich BSG SozR 3-2500, Nr. 1 zu § 119 SGB V, 1 (3) – Dabei stellt das BSG aaO fernerhin klar, daß die Zulassung als Vertragsarzt auf der einen Seite und die Ermächtigung nicht

kommt nur in Betracht, um eine bestehende oder drohende Unterversorgung auf dem ambulanten Sektor abzuwenden und eine entsprechende quantitativ-allgemeine oder qualitativ-spezielle Versorgungslücke zu schließen.[24] In Übereinstimmung mit dieser Zielsetzung ist die Ermächtigung an einen Krankenhausarzt nicht nur räumlich und nach ihrem sachlichen Gegenstand zu begrenzen, sondern zusätzlich zwingend zu befristen, damit den zuständigen Zulassungsausschüssen nach Ablauf einer bestimmten Zeitspanne die Gelegenheit zur Prüfung gegeben wird, ob die niedergelassenen Ärzte zwischenzeitlich in der Lage sind, selbst eine ausreichende und zweckmäßige Krankenbehandlung zu erbringen.[25]

Die vorstehend erörterten sozialrechtlichen Bestimmungen schränken die beruflichen Betätigungsmöglichkeiten der Krankenhausärzte auf dem nicht-stationären Gebiet hiernach in ganz erheblicher Weise ein. Aufgrund des bestehenden öffentlich-rechtlichen Zulassungs- und Ermächtigungssystems zur ambulanten Versorgung berechtigt die bloße Konzession nach § 30 GewO den ärztlichen Inhaber einer gewerblich betriebenen Privatkrankenanstalt demgemäß nicht dazu, gegenüber den gesetzlich Versicherten auch rein ambulante Behandlungsleistungen über den im Handelsregister eintragungsfähigen Anstaltsbetrieb zu erbringen. Vor allem aber sind infolgedessen mehrere zur gemeinsamen Berufsausübung verbundene Ärzte, die ein gewerblich geführtes Privatkrankenhaus gemeinschaftlich als OHG/KG betreiben, auf dem vertragsärztlichen Sektor außerstande, im Zusammenhang mit dem stationären Anstaltsbetrieb zugleich ausschließlich ambulante, d. h. also ihrer Natur nach rein freiberufliche ärztliche Dienste ebenfalls über die gewerblichen Rechtsformen der Personenhandelsgesellschaften abzuwickeln.

Auch wenn Ärzte als gemeinschaftliche Inhaber einer Privatkrankenanstalt somit grundsätzlich Zugriff auf die Personenhandelsgesellschaften OHG/KG nehmen können, so bleibt es ihnen durch die vertragsärztlichen Bestimmungen des SGB V doch verwehrt, in diesen Rechtsformen als Anstaltsbetreiber zugleich zum Zwecke der Erbringung rein ambulanter Behandlungsleistungen an die Mitglieder der gesetzlichen Krankenversicherung heranzutreten. Auch der als gewerblicher Unternehmer fungierende Anstaltsarzt kann im Bereich der gesetzlichen Krankenversicherung ärztliche Dienste, die einen stationären Aufenthalt der Patienten gar nicht erst erforderlich machen und mithin – mangels Verquickung mit einem gewerblichen Hotelleriebetrieb – ausschließlich freiberuflicher Natur sind, nur unter strikter rechtlicher Trennung vom Anstaltsbetrieb und der ärztlichen Betreuung der Anstaltspatienten ausführen.[26]

---

zugelassener Ärzte bzw. ärztlich geleiteter Einrichtungen auf der anderen Seite sich gegenseitig ausschließen und beide Teilnahmeformen in bezug auf denselben Arzt oder eine von ihm geleitete Gesundheitseinrichtung, jedenfalls soweit sie das gleiche Tätigkeitsfeld betreffen, nicht nebeneinander bestehen können.

[24] Vgl. BSGE 70, 167 (173); BSG Folge 3-2500, Nr. 1 zu § 119 SGB V, 1 (3).

[25] Vgl. nur BSGE 70, 167 (172 ff.); *Schneider*, KassenarztR, Rn. 887; Schulin-*Funk*, Rn. 78 zu § 32.

[26] Vgl. ähnlich VG Hannover in GewArch 1978, 56 (58) und *Fröhler/Kormann*, Rn. 4 a. E. zu § 30 GewO, wonach die Ausübung einer (ambulanten) Allgemeinpraxis nur *neben* der ärztlichen Betreuung der Anstaltspatienten in Betracht komme.

Nicht ausgeschlossen wird auf diese Weise freilich der Abschluß eines Kooperationsvertrags zwischen einem niedergelassenen, zur ambulanten vertragsärztlichen Versorgung zugelassenen Arzt einerseits und einem Krankenhaus andererseits. Die ambulante Praxis kann sich dabei sogar durchaus auch auf dem Klinikgelände befinden, räumlich mit dem Klinikum verbunden sein und in ihrer medi-

Das besondere Regelwerk des SGB V verhindert durch die grundlegende und klare Scheidung zwischen ambulantem und stationärem Behandlungssektor im Ergebnis somit, daß Klinik-Ärzte im Rahmen ihres Anstaltsbetriebs auch rein ambulante, d. h. also genuin freiberufliche Heilbehandlungsleistungen, die nicht mit gewerblich erbrachten Unterbringungs- und Verpflegungsleistungen verknüpft sind, gegenüber den gesetzlich Versicherten in den gewerblichen Rechtsformen OHG und KG anbieten können.

Fehlt es – wie bei den übrigen freien Professionen – jedoch an derartigen normativen Einschränkungen, so kann der zivilrechtliche Vertragsschluß zwischen einer Personenhandelsgesellschaft, die die Angehörigen der Freien Berufe durch die ergänzende Aufnahme einer gewerblichen Betätigung errichtet haben, und dem jeweiligen Auftraggeber seinem Gegenstand nach statt dessen auch allein auf die Erbringung der originär freiberuflichen Leistungen gerichtet sein. Die Angehörigen der freien Professionen sind also prinzipiell in der Lage, vermittels der zusätzlichen Aufnahme einer gewerblichen Beschäftigung, die sich bei abstrakt-genereller Betrachtung sachlich zweckentsprechend mit der freiberuflichen Dienstleistung verknüpfen läßt, eine OHG/KG mit einem entsprechenden gewerblichen Unternehmensgegenstand zu gründen und nachfolgend auch Verträge, die in concreto gleichwohl einen rein freiberuflichen Leistungsinhalt haben, über die so zur Entstehung gebrachte Personenhandelsgesellschaft abzuwickeln.

Die rechtlich statthafte Grenze einer Nutzung der Personenhandelsgesellschaften zur freien Berufsausübung dürfte in diesem Zusammenhang lediglich dann überschritten sein, wenn die assoziierten Berufsvertreter den Gesellschaftszweck der zu gründenden Personengesellschaft von Anfang nur zum Schein um eine „benachbarte" gewerbliche Betätigung erweitern würden, um auf diese Weise eine Eintragung der Gesellschaft in das Handelsregister zu erreichen. Sofern die handelsrechtlichen Gesellschaftsformen OHG und KG nach dem Willen der Berufstätigen in Wahrheit von Anbeginn an *ausschließlich* zur zivilvertraglichen Darbietung originär freiberuflicher Dienstleistungen gegenüber dem ratsuchenden Publikum dienen sollten, ohne daß daneben ernstlich beabsichtigt war, die Ausübung der im Gesellschaftsvertrag bezeichneten gewerblichen Tätigkeit wenigstens in geringem Umfange zu verwirklichen, so wäre eine derartige Gesellschaft aufgrund einer bewußt unrichtigen Angabe des Gesellschaftszwecks von Anfang an zu Unrecht in das Handelsregister eingetragen worden. Bei dieser Sachlage könnte sodann folgerichtig auch das Registergericht korrigierend einschreiten und auf der Grundlage des § 142 I FGG die

---

zinisch-technischen Einrichtung aus vormaligen Klinikgeräten bestehen, die – zusammen mit etwaigen zwischenzeitlich neu angeschafften Gerätschaften – im Fall einer Praxisaufgabe wiederum nach Möglichkeit auf den Krankenhausträger zurückübertragen werden sollen. Ein derartiger Nexus zwischen ambulanter Praxis und stationärem Krankenhausbetrieb ist nach der Judikatur des Bundessozialgerichts jedenfalls so lange rechtlich unbedenklich, wie der niedergelassene Arzt gegenüber seinen ambulant betreuten Patienten sowohl im Bereich der eigentlichen Behandlungstätigkeit als auch im tatsächlichen und rechtlichen Umfeld dieser Behandlung in vollem Umfang unmittelbar verantwortlich bleibt. Dazu gehört, daß er Inhalt und Umfang seiner ärztlichen Tätigkeit und den Einsatz der der Praxis zugeordneten sachlichen und persönlichen Mittel selbst bestimmt und verantwortet. Dabei soll es in diesem Zusammenhang sogar grundsätzlich unschädlich sein, daß der kleinere Teil des in seiner Praxis tätigen Personals im Wege des Gestellungsvertrags von dem Krankenhaus, mit dem die Praxis kooperiert, übernommen worden ist; vgl. zu alldem BSG SozR 3-5520, Nr. 1 zu § 20 Ärzte-ZV, 1 ff.

Eintragung dieser (gesetzlich nicht zulässigen) reinen „Freiberufler-OHG/KG" im Handelsregister wegen sachlicher Unrichtigkeit von Amts wegen löschen.[27]

2. Die besondere Gesetzeslage bei Wirtschaftsprüfern, vereidigten Buchprüfern und Steuerberatern

Der aus handelsrechtlicher Sicht umfassend mögliche Zugriff auf die Rechtsformen OHG und KG, der sich hiernach durch die Verbindung einer originär freiberuflichen mit einer gewerblichen Betätigung erzielen läßt, hat im Bereich der berufsrechtlich gebundenen jüngeren steuer- und wirtschaftsberatenden Freien Berufe im Zuge dessen zur Verabschiedung erstaunlicher, auf den ersten Blick geradezu paradox anmutender Gesetzesbestimmungen geführt. Denn die Berufsordnungen der Wirtschaftsprüfer, vereidigten Buchprüfer und Steuerberater enthalten mit den §§ 27 ff., 130 II WPO; 49 ff. StBerG unter diesem Aspekt zugleich Rechtsnormen, die sich explizit mit der Ausübung einer freiberuflichen Tätigkeit in den gewerblichen Rechtsformen der Personenhandelsgesellschaften befassen.

Diese Gesetzeslage beschert den Angehörigen der betreffenden Berufsgruppen eine eigentümliche und bemerkenswerte Sonderstellung unter den freien Professionen. Auf diese Weise wird im steuer- und wirtschaftsberatenden Sektor die grundsätzliche Scheidung zwischen freiberuflicher und gewerblicher Betätigung schon durch das Berufsrecht nicht mit Stringenz verfolgt, und die Grenzen zwischen beiden Tätigkeitsfeldern verwischen in ihren Konturen.[28]

So hat der Gesetzgeber zwar als Regelprinzip ausgesprochen, daß eine gewerbliche Tätigkeit mit dem Freien Beruf eines Steuerberaters, Wirtschaftsprüfers oder vereidigten Buchprüfers im Grundsatz unvereinbar sein soll.[29] Das in dieser Weise normativ postulierte Unvereinbarkeits-Axiom erfährt aber im gleichen Augenblick eine bedeutsame und systemwidrig anmutende Einschränkung, soweit die als gewerblich zu qualifizierende rechtsgeschäftliche Treuhandtätigkeit in Rede steht.[30]

---

[27] Vgl. zu der weitreichenden Löschungsbefugnis des Registergerichts bei sachlich unzulässigen Eintragungen nur allgemein *Baumbach/Hopt*, Rn. 12 zu § 8 HGB.

[28] So zutreffend schon *Hermann*, S. 128.

[29] Vgl. dazu die §§ 57 IV Nr. 1 StBerG, 43a III Nr. 1 WPO, 130 I 1 WPO.

[30] Vgl. zum gewerblichen Charakter der rechtsgeschäftlichen, als fremdnützige Vermögensverwaltung unter Vollrechtsübertragung definierten Treuhandtätigkeit bereits die zahlreichen Nachweise oben im 1. Teil, Seite 43 in Fn. 63. Diese gewerbliche Form der Treuhand ist im übrigen strikt zu unterscheiden von solchen Formen der fremdnützigen Vermögensverwaltung, die – wie die Tätigkeit als Nachlaß-, Konkurs-, Vergleichs- und Zwangsverwalter – mit einer amtsähnlichen Stellung einhergehen und infolgedessen als sonstige selbständige Tätigkeiten i. S. d. § 18 I Nr. 3 EStG anerkannt sind; vgl. dazu nur Schmidt-*Seeger*, Rn. 141 zu § 18 EStG; Blümich-*Hutter*, Rn. 175 zu § 18 EStG; Herrmann/Heuer/Raupach/Brandt-*Brandt*, Rn. 264 zu § 18 EStG. Während bei einer selbständigen Tätigkeit nach § 18 I Nr. 3 EStG – neben den Fällen einer geordneten Vermögensabwicklung – bestenfalls die Nutzung vorhandenen Vermögens zwecks Fruchtziehung aus zu erhaltender Substanz im Vordergrund steht, geht es bei der gewerblichen Treuhandtätigkeit kraft Vertrags regelmäßig um die Umschichtung vorhandenen Vermögens zum Zwecke der Erschließung einer neuen Einkunftsquelle für den Treugeber; vgl. hierzu näher BFHE 157, 155 (158 f.); erneut bestätigt in BFHE 160, 21 (23).

Denn mit Blick auf jene gewerbliche Betätigung ordnet die Wirtschaftsprüferordnung nach der Berufsrechtsnovellierung im Jahr 1994 nunmehr ausdrücklich an, daß den Angehörigen der wirtschafts- und buchprüfenden freien Professionen ohne weiteres die Befugnis zur treuhänderischen Verwaltung zukommt.[31] Auf diese Weise rechnet die Berufsordnung die rechtsgeschäftliche Treuhandtätigkeit als gewerbliches Handeln also zum *typischen* (!) Berufsbild der Wirtschaftsprüfer und vereidigten Buchprüfer.

Dieses rechtliche Paradoxon läßt sich wohl in der Tat allein dadurch erklären, daß der Normgeber hier der besonderen, gewerblich geprägten Entstehungsgeschichte jener Freien Berufe Rechnung getragen hat. Die auf Vertrag beruhende Treuhandtätigkeit zählte wie vorbeschrieben von Anfang an zu dem vielfältigen Tätigkeitsfeld, mit dem sich im ausgehenden 19. Jahrhundert zunächst der neu aufgekommene Berufsstand der gewerblichen Bücherrevisoren und alsbald nachfolgend insbesondere die sodann gegründeten Treuhandgesellschaften befaßten.[32]

Die im weiteren Verlauf durch das EStG 1934 erfolgte Aufnahme der Wirtschaftsprüfer und Buchprüfer in den Kreis der freien Professionen hatte ihren unmittelbaren historischen Hintergrund demgegenüber vornehmlich in der Einführung der gesetzlichen Pflichtprüfung des Jahresabschlusses von Aktiengesellschaften und KGaA durch die NotVO vom 19.9.1931.[33] Hätte der Gesetzgeber den dadurch erstmalig entstandenen rechtlichen Wertungswiderspruch zwischen der als freiberuflich anerkannten Wirtschafts- und Buchprüfungstätigkeit einerseits und dem Handeln als gewerblicher Treuhänder andererseits vermeiden wollen, so wäre es einleuchtend gewesen, die mit der eigentlichen Pflichtprüfung gar nicht in Zusammenhang stehende gewerbliche Treuhandtätigkeit fortan als berufsuntypisch aus dem Aufgabenkreis der Wirtschafts- und Buchprüfer auszuscheiden. Dazu konnte sich der Normgeber im weiteren Verlauf anläßlich der Verabschiedung der Wirtschaftsprüferordnung im Jahre 1961 freilich nicht entschließen. Statt dessen erklärte er die Tätigkeit als Treuhänder explizit für mit dem Beruf des Wirtschaftsprüfers vereinbar (vgl. § 43 III Nr. 4 WPO a. F.), ohne auf den damit verbundenen rechtlichen Systembruch näher einzugehen.[34]

Die nachfolgende rechtstatsächliche Entwicklung hat dann dazu geführt, daß sich der Berufsstand dem Aufgabenfeld der treuhänderischen Verwaltung fremden Vermögens immer mehr angenommen hat und diese Tätigkeit mittlerweile zu den Beschäftigungen zählt, die das Berufsbild des Wirtschaftsprüfers bzw. des Buchprüfers prägen. In Reaktion darauf hat der Gesetzgeber beiden Berufsgruppen anno 1994 schließlich die explizite gesetzliche Befugnis zur Wahrnehmung von rechtsgeschäftlichen Treuhandgeschäften eingeräumt. Zu der dadurch weiter intensivierten Vermengung des als freiberuflich dekla-

---

[31] Vgl. so explizit die (Neu-)Fassung der §§ 2 III Nr. 3, 129 III Nr. 3 WPO im Zuge des 3. WPO-ÄndG vom 15.7.1994; BGBl. I, 1569; siehe dazu auch bereits oben im 1. Teil, Seite 100.

[32] Siehe oben im 1. Teil, Seite 41 ff.

[33] Vgl. dazu RGBl. I, S. 493.

[34] Die Gesetzesmaterialien führen hierzu lediglich aus: „Die treuhänderische Verwaltung gehört nach der historischen Entwicklung, insbesondere bei den Wirtschaftsprüfungsgesellschaften, zu den Aufgaben, mit denen der Beruf von der Wirtschaft betraut wird. Sie ist deshalb als vereinbar mit der Tätigkeit als Wirtschaftsprüfer anzusehen."; vgl. den Regierungsentwurf einer Wirtschaftsprüferordnung; BT-Drucksache III/201, S. 55 f.

rierten Berufsbildes mit dem des Gewerbetreibenden finden sich in den Gesetzesmaterialien freilich keine näheren Ausführungen.[35]

Auch das Berufsrecht der Steuerberater enthält im Punkte der gewerblichen Treuhandtätigkeit eine der Wirtschaftsprüferordnung ähnliche, lediglich sprachlich etwas moderater gefaßte Regelung. Die Vorschrift des § 57 III Nr. 3 StBerG spricht in Übereinstimmung mit der früher sinngleichen Fassung der WPO davon, daß eine treuhänderische Tätigkeit mit dem Beruf des Steuerberaters bzw. des Steuerbevollmächtigten vereinbar ist.

Der vergleichsweise maßvollere Gesetzeswortlaut sollte hierbei jedoch nicht darüber hinwegtäuschen, daß die steuerberatenden Professionen damit sachlich in gleicher Weise wie die wirtschafts- und buchprüfenden Berufsstände zur Durchführung gewerblicher Treuhandgeschäfte berechtigt sind. Schon der Entwurf zum 1961 verabschiedeten Steuerberatungsgesetz bemerkte im Zusammenhang mit der damaligen Parallelvorschrift des späteren § 22 III Nr. 3 StBerG, daß die unter Absatz 3 aufgeführten Tätigkeiten von Steuerberatern bereits ausgeübt würden, nicht als nebenberufliche Tätigkeiten anzusehen seien und in Zukunft also auch den überwiegenden Teil der Gesamttätigkeit des Steuerberaters oder Steuerbevollmächtigten ausmachen könnten.[36]

Demnach geht das Berufsrecht der steuerberatenden Professionen davon aus, daß selbst eine überwiegende Betätigung des Steuerberaters als gewerblicher Treuhänder mit dem Berufsbild ohne weiteres kompatibel ist. Die dadurch aufgeworfenen rechtlichen Friktionen, die im Ergebnis eine exakte Grenzziehung zwischen freiberuflichem und gewerblichem Handeln kaum noch zulassen, sind ebenfalls in erster Linie auf die vormals gewerblichen Ursprünge des steuerberatenden Berufsstandes zurückzuführen. Ähnlich wie bei Wirtschaftsprüfern und Buchprüfern gilt auch hier, daß nicht zuletzt das allmähliche Herauswachsen der Berufsgruppe aus den Steuerabteilungen der früheren Treuhandgesellschaften dazu beigetragen hat, daß gewerbliche Treuhandgeschäfte zu dem berufsrechtlich anerkannten Tätigkeitsfeld des Steuerberaters zählen.[37]

Die hiernach auf dem Sektor der jüngeren wirtschaftsnahen Freien Berufe allgemein feststellbare rechtliche Inkonsequenz bei der Scheidung der freiberuflichen Prüfungs- und Beratungsaufgaben von der gewerblichen Treuhandtätigkeit setzt sich auch auf der Ebene der gemeinschaftlichen Berufsausübung fort. Die mangelnde Grenzziehung äußert sich in dem bereits angeklungenen bemerkenswerten Umstand, daß den Berufsangehörigen schon kraft Gesetzes auch die gewerblichen Rechtsformen der Personenhandelsgesellschaften zur Erbringung freiberuflicher Leistungen offenstehen.

So enthält die Wirtschaftsprüferordnung bereits seit ihrem Inkrafttreten im Jahr 1961 eine Regelung, wonach auch offene Handelsgesellschaften und Kommanditgesellschaften als Wirtschaftsprüfungsgesellschaften anerkannt werden können, wenn sie wegen ihrer

---

[35] Vgl. dazu bereits oben im 1. Teil, Seite 100. Im übrigen hebt der Gesetzgeber lediglich hervor, daß auch die Rechtsprechung – siehe dazu etwa BGH in NJW 1987, 3135 (3136) – die Treuhandtätigkeit in der Vergangenheit wiederholt als berufstypische Betätigung des Wirtschaftsprüfers angesehen habe; vgl. den Regierungsentwurf zum 3. WPO-ÄndG, BT-Drucksache 12/5685, S. 18.

[36] Vgl. die Begründung zum Entwurf des Steuerberatungsgesetzes, BT-Drucksache III/128, S. 32.

[37] Vgl. zur diesbezüglichen Entstehungsgeschichte des Steuerberaterberufs bereits oben im 1. Teil, Seite 48 f.

Treuhandtätigkeit im Handelsregister eingetragen worden sind.[38] Die seinerzeit gesetzlich bestätigte Kompatibilität zwischen freiem Wirtschaftsprüferberuf und gewerblicher Treuhand veranlaßte den Normgeber also, den Berufsvertretern unter diesem Aspekt zugleich auch ausdrücklich die Nutzung der Personenhandelsgesellschaften zur freien Berufsausübung zuzugestehen.[39] Erstaunlich scheint, daß das Berufsrecht der Steuerberater im Gegensatz dazu zunächst keine gleichlautenden Vorschriften zur expliziten Anerkennung einer OHG oder KG als Steuerberatungsgesellschaft enthielt. Obwohl das Steuerberatungsgesetz von Anfang an eine sinnentsprechende Vorschrift zur Vereinbarkeit von Steuerberaterberuf und gewerblicher Treuhandtätigkeit aufwies, entschied sich der Normgeber hier erst 1975 dazu, daß Personenhandelsgesellschaften, die aufgrund einer treuhänderischen Betätigung im Handelsregister eingetragen worden sind, nachfolgend auch förmlich als Steuerberatungsgesellschaften zugelassen werden können.[40] Die damalige Angleichung des StBerG an die Vorschriften der WPO begründete der Gesetzgeber mit zwischenzeitlich sichtbar gewordenen Bedürfnissen der Praxis, die ein Interesse an der Bildung sog. Doppelgesellschaften habe, damit eine OHG/KG im Rechtsverkehr künftig zugleich unter der amtlich anerkannten Bezeichnung als Wirtschaftsprüfungs- und Steuerberatungsgesellschaft auftreten könne.[41]

Aufgrund dessen enthalten die Berufsordnungen der wirtschaftsnahen freien Professionen im Ergebnis nunmehr einheitlich Vorschriften, die es den Berufstätigen im Fall einer gleichzeitigen gewerblichen Betätigung als Treuhänder ermöglichen, eine mit diesem Unternehmensgegenstand im Handelsregister eingetragene OHG/KG auch berufsrechtlich als Wirtschaftsprüfungs- bzw. als Steuerberatungsgesellschaft anerkennen zu lassen. Damit ergibt sich das rechtliche Kuriosum, daß die Angehörigen der jüngeren steuer- und wirtschaftsberatenden Freien Berufe unter dem Gesichtspunkt einer parallel ausgeübten privaten treuhänderischen Vermögensverwaltung schon kraft Berufsrechts ausdrücklich dazu befugt sind, ihre freiberuflichen Prüfungs- und Beratungsleistungen gegenüber dem ratsuchenden Publikum in den gewerblichen Rechtsformen der Personenhandelsgesellschaften anzubieten.

Dabei gilt auch hier, daß der zivilrechtliche Vertragsschluß zwischen einer entsprechenden OHG/KG, die wegen ihrer gewerblichen Treuhandtätigkeit im Handelsregister eingetragen worden ist, und dem jeweiligen Auftraggeber im weiteren Verlauf keineswegs stets oder auch nur in der überwiegenden Anzahl der übernommenen Mandate das schuldrechtliche Versprechen zur Erbringung treuhänderischer Dienste als Leistungsinhalt miteinschließen muß. Die betreffenden Wirtschaftsprüfer oder Steuerberater sind vielmehr ohne weiteres berechtigt, nachfolgend auch größtenteils oder sogar beinahe ausschließlich Verträge, die rein freiberufliche Prüfungs- und Beratungsleistungen zum Gegenstand haben, über die so gegründeten Personenhandelsgesellschaften abzuwickeln.

---

[38] Vgl. § 27 I, II WPO – Für Buchprüfungsgesellschaften gilt auf der Grundlage des § 130 II WPO entsprechendes.

[39] Vgl. so auch die amtliche Begründung zum Regierungsentwurf der WPO, BT-Drucksache III/201, S. 50.

[40] Vgl. dazu die durch das Dritte Gesetz zur Änderung des StBerG vom 24.6.1975 (BGBl. I, 1509) neu gefaßte und um die Personenhandelsgesellschaften ergänzte Regelung des § 49 I, II StBerG.

[41] Vgl. so die amtliche Begründung zum Regierungsentwurf des 3. ÄndG zum StBerG, BT-Drucksache 7/2852, S. 35.

Im übrigen hat der Gesetzgeber den berufsrechtlichen Normen, die eine Nutzung der gewerblichen Rechtsformen OHG und KG zur Ausübung des Wirtschaftsprüfer- bzw. des Steuerberaterberufs zum Gegenstand haben, erkennbar einen abschließenden Regelungscharakter beigemessen. Die §§ 27 ff. WPO; 49 ff. StBerG regeln also nicht nur, unter welchen Voraussetzungen die Personenhandelsgesellschaften von den obersten Landesbehörden förmlich als Berufsausübungsgesellschaften anerkannt werden können, sondern sie bestimmen zugleich, daß die entsprechenden Rechtsformen von Wirtschaftsprüfern, vereidigten Buchprüfern und Steuerberatern *ausschließlich* unter Wahrung der dort aufgestellten Prämissen zur Berufsausübung eingesetzt werden können.[42] Die Berufsangehörigen sind demgemäß außerstande, ihrer freien Berufstätigkeit unter Mißachtung der insoweit statuierten berufsrechtlichen Vorgaben statt dessen in einer OHG/KG nachzugehen, die nicht als Wirtschaftsprüfungs- bzw. Steuerberatungsgesellschaft anerkannt worden ist.

3. Die rechtliche Situation bei der Anwaltschaft

Die besonderen Zugriffsmöglichkeiten auf die Personenhandelsgesellschaften, die aus der ergänzenden Aufnahme einer zwar gewerblichen, aber doch berufstypischen treuhänderischen Betätigung neben einer originär freiberuflichen (Steuer-)Beratungstätigkeit folgen, sind auf dem rechts- und steuerberatenden Sektor an sich nicht auf die Angehörigen der entstehungsgeschichtlich jüngeren wirtschaftsnahen Freien Berufe beschränkt. Keinesfalls zu unterschätzen sind die potentiellen rechtlichen Folgewirkungen, die – zumindest mittel- bis langfristig – auch in Ansehung der klassisch freiberuflichen Profession der Rechtsanwälte aus der sachlichen Verflechtung von rechtsgeschäftlicher (gewerblicher) Treuhand und genuin freiberuflicher Rechtsberatungstätigkeit resultieren könnten.

---

[42] Vgl. zu dem generellen Ausschließlichkeitscharakter der §§ 49 ff. StBerG etwa *Gehre*, Rn. 3 u. 5 zu § 49 StBerG (vor der Anerkennung als Steuerberatungsgesellschaft darf von Gesellschaften, die in den dort bezeichneten Rechtsformen organisiert sind, gar keine steuerberatende Tätigkeit ausgeübt werden); ebenso *Mittelsteiner* in DStR 1994, Beihefter zu Heft 37, S. 37; *Bayer/Imberger* in DZWiR 1993, 309 (316); für die §§ 27 ff. WPO etwa *Burret* in WPK-Mitt. 1994, 201 (206 f.); WP-Hdbuch-*Kaminski*, Bd. 1, Teil A, Rn. 107; offen hingegen Kuhls-*Meurers*, Rn. 13 a. E. zu § 49 StBerG.

Auch die Materialien zur WPO und zum StBerG machen deutlich, daß die in den §§ 27 ff. WPO bzw. 49 ff. StBerG aufgeführten Gesellschaftsformen den jeweiligen Berufsgruppen *nur* unter Einhaltung der ebenda aufgestellten Voraussetzungen zur Berufsausübung offenstehen sollen. Schon der schriftliche Bericht des Wirtschaftsausschusses (16. Ausschuß) zum Regierungsentwurf der WPO bemerkte in diesem Zusammenhang: „In § 27 wird die Wirtschaftsprüfungsgesellschaft als Kapitalgesellschaft wie auch als Personengesellschaft (offene Handelsgesellschaft und Kommanditgesellschaft) ermöglicht. (...) Diese Bestimmungen sichern dem Wirtschaftsprüfer oder einer Mehrzahl von Wirtschaftsprüfern *je nach der Rechtsform in jedem Falle* die innere und äußere Unabhängigkeit, die für die Berufsausübung erforderlich ist."; vgl. den Bericht des Abgeordneten Lange zu BT-Drucksache III/2565, S. 6 – textliche Hervorhebung vom Verf. –; ebenso die gleichlautenden, seinerzeit allerdings noch allein auf die Kapitalgesellschaften bezogenen Formulierungen im Bericht des Wirtschaftsausschusses (16. Ausschuß) zum Entwurf des StBerG; vgl. dazu die Ausführungen des Berichterstatters Lange zu BT-Drucksache III/2859, S. 7 f. Der Gesetzgeber ging bei Verabschiedung der entsprechenden Berufsordnungen also wie selbstverständlich davon aus, daß die betreffenden Rechtsformen den Berufstätigen lediglich unter Beachtung der in den §§ 27 ff. WPO, 49 ff. StBerG zusätzlich angeordneten berufsrechtlichen Restriktionen für eine gemeinsame Berufsausübung zur Verfügung stehen.

Zwar fehlt es im anwaltlichen Berufsrecht bis zur Gegenwart an einer vergleichbaren gesetzlichen Bestimmung, die expressis verbis eine anwaltliche Befugnis zur Vornahme privater treuhänderischer Verwaltungen ausspricht oder eine gewerbliche Treuhandtätigkeit für mit dem Anwaltsberuf vereinbar erklärt. Gleichwohl entspricht es *einhelliger* Auffassung in Rechtsprechung und Literatur, daß die Betätigung als rechtsgeschäftlicher Treuhänder, jedenfalls soweit sie auch eine Rechtsberatung zum Gegenstand hat,[43] ebenso zum herkömmlichen Aufgabengebiet des Rechtsanwalts zählt.[44]

In Übereinstimmung hiermit hat der Bundesgerichtshof vor nicht allzu langer Zeit explizit dahin entschieden, daß die vertraglich vereinbarte treuhänderische Verwaltung von Anlagebeteiligungen an einem Kapitalanlagemodell, das durch eine besondere zivilrechtliche Gestaltung eine wirtschaftlich und steuerlich günstige Geldanlagemöglichkeit schaffen soll, aufgrund der dafür erforderlichen zivil- und steuerrechtlichen Kenntnisse sowie der üblicherweise geschuldeten Beratung der Anleger in den mit der Beteiligung und deren Verwaltung auftretenden Rechtsfragen zum *typischen* (!) Berufsbild des Rechtsanwalts gehört und etwaige Schadensersatzansprüche des Anlegers aus dem Treuhandvertrag demgemäß der dreijährigen Verjährungsfrist des § 51b BRAO (n. F.) unterliegen.[45] Nur wenn die auf Vertrag beruhende Treuhandtätigkeit des Rechtsanwalts sich ausnahmsweise einmal nicht auf eine Beratung des Treugebers in den mit einer Beteiligung und deren Verwaltung zusammenhängenden Rechtsfragen erstreckt, sondern lediglich auf eine Hinweispflicht über die charakteristischen wirtschaftlichen Risiken der Anlage beschränkt bleibt, unterfällt sie als berufsuntypisch nicht mehr dem anwaltlichen Berufsbild, so daß dann auch weiterhin ausschließlich die allgemeinen zivilrechtlichen Verjährungsvorschriften gelten.[46]

Der Umstand, daß eine private treuhänderische Vermögensverwaltung hiernach nur unter qualifizierten Voraussetzungen – die bei der anwaltlichen Betreuung von Kapitalanla-

---

[43] Ohne eine damit sachlich und inhaltlich einhergehende Rechtsberatung ist die private treuhänderische Vermögensverwaltung in der Regel keine Anwaltstätigkeit und steht daher auch nicht unter dem Schutz der anwaltlichen Berufshaftpflichtversicherung; vgl. *Borgmann* in AnwBl. 1997, 112 (113).

[44] Vgl. so etwa BGHZ 120, 157 (159 f.); BGH in NJW 1994, 1405 (1408); 1995, 1025 (1027); *Kunz*, S. 178; Feuerich/Braun-*Braun*, Rn. 5 zu § 1 BRAO u. Rn. 4 zu § 3 BRAO; *Isele*, Anm. II 3. a) zu § 1 BRAO; Henssler/Prütting-*Prütting*, Rn. 31 zu § 51b BRAO. Letzterer will im Fall einer treuhänderischen Tätigkeit kraft Vertrags aaO in der Regel schon nach den Umständen eine zugleich (konkludent) mitübernommene Rechtsberatungspflicht des Rechtsanwalts gegenüber dem jeweiligen Treugeber bejahen; ebenso – selbst bei einer reinen Mittelverwendungskontrolle durch den Anwalt – auch *Borgmann* in AnwBl. 1994, S. 236.

Verwiesen sei an dieser Stelle daneben auch auf die Ausführungen oben im 1. Teil, Seite 30 mit dortigen Fn. 4 u. 14, wonach sich Teile der Anwaltschaft schon in früherer Zeit des öfteren mit privaten treuhänderischen Betätigungen weitläufigster Art befaßten und zum Ende der Weimarer Republik vereinzelt sogar die Gründung anwaltlicher Treuhandgesellschaften zu beobachten war, siehe dazu auch näher unten Seite 318 ff.

[45] Vgl. dazu ausführlich BGHZ 120, 157 (159 f.); als obiter dictum vom BGH erneut bestätigt in NJW 1995, 1025 (1027); zustimmend auch Feuerich/Braun-*Braun*, Rn. 5 zu § 51b BRAO; *Kleine-Cosack*, Rn. 9 zu § 51b BRAO; Henssler/Prütting-*Prütting*, Rn. 31 zu § 51b BRAO.

[46] Vgl. zu diesem einschränkenden Erfordernis mit Blick auf die Anwendbarkeit der Verjährungsregelung des § 51b n. F. BGH in NJW 1995, 1025 (1027).

gebeteiligungen freilich regelmäßig erfüllt sind[47] – dem typischen anwaltlichen Tätigkeitskreis zuzuordnen ist, ändert freilich nichts daran, daß auch eine solche Form der rechtsgeschäftlichen Treuhand einen gewerblichen Charakter aufweist.[48]

Damit stellt sich zwangsläufig die Frage, ob auf dieser Grundlage nicht de lege lata konsequenterweise auch Rechtsanwälte dazu autorisiert sein müßten, unter Hinweis auf eine berufstypische rechtsgeschäftliche Treuhandtätigkeit zunächst eine OHG/KG mit einem entsprechenden gewerblichen Unternehmensgegenstand im Handelsregister zur Eintragung zu bringen, um nachfolgend – gleichsam auf einer zweiten Stufe – die gesamten (!) anwaltlichen Leistungen über die so eingetragene Personenhandelsgesellschaft abzuwickeln. Dieser rechtliche Befund würde in bezug auf seine praktischen Ergebnisse – die realiter vorhandene Option zum Betrieb einer „Anwalts-OHG/KG" – prima vista zwar überraschend wirken, entspräche im Grunde aber letztlich „nur" der parallelen Rechtslage bei Wirtschaftsprüfern, vereidigten Buchprüfern und Steuerberatern.

Ebenso wie die Angehörigen anderer Freier Berufe bei einer Kombination ihrer freiberuflichen Dienste mit einer inhaltlich „benachbarten" gewerblichen Betätigung prinzipiell dazu berechtigt sind, eine auf diese Weise gegründete Personenhandelsgesellschaft im nachhinein ganz überwiegend oder sogar beinahe ausschließlich zur vertraglichen Erbringung rein freiberuflicher Leistungen einzusetzen, ließe sich auch gegen ein entsprechendes Vorgehen anwaltlicher Berufsvertreter kein rechtlicher Einwand vorbringen, wenn nicht – ähnlich wie im Bereich der ambulanten vertragsärztlichen Versorgung – besondere Rechtsvorschriften existieren sollten, die der Anwaltschaft mit hinreichender Bestimmtheit eine derartige Nutzung der Personenhandelsgesellschaften zur weitgehend isolierten Ausführung originär freiberuflicher Rechtsberatungsdienstleistungen untersagen.

Ein in dieser Beziehung womöglich bestehendes legislatives Verbot zur umfassenden anwaltlichen Berufsausübung in einer OHG/KG, die wegen ihrer berufstypischen gewerblichen Treuhandtätigkeit im Handelsregister eingetragen worden ist, könnte dabei zunächst aus der Bundesrechtsanwaltsordnung selbst zu entnehmen sein.

---

47 Vgl. dazu ausdrücklich BGHZ 120, 157 (160): „Der Treuhänder, der sich im Interesse der Anleger an einem Kapitalanlagemodell beteiligt, hat dabei deren Belange wahrzunehmen: *dazu gehört auch die Beratung der Anleger in den mit der Beteiligung und deren Verwaltung auftretenden Rechtsfragen.*" – textliche Hervorhebung vom Verfasser – Demzufolge schließt eine entsprechende Vermögensverwaltung, die der Anwalt im Interesse des Treugebers ausübt, nach der höchstrichterlichen Judikatur stets (auch) die vom anwaltlichen Berufsbild geforderte Rechtsberatung des Mandanten mit ein. Auch *Borgmann* sieht in AnwBl. 1994, 236, die steuerliche Rechtsberatung bei den entsprechenden Treuhandverträgen als immanent an.

48 Dem entspricht es, daß der Bundesfinanzhof – im Anschluß an einen vergleichbar für einen Steuerberater entschiedenen Fall (vgl. dazu BFHE 157, 155, 157 ff.) – auch die private, auf Rechtsgeschäft beruhende Treuhandtätigkeit eines Rechtsanwalts für eine Bauherrengemeinschaft ohne weiteres als gewerbliche Betätigung behandelt und die daraus erzielten Einkünfte mit der Gewerbesteuerpflicht belegt; vgl. BFHE 160, 21 (26 f.). Auch das BVerwG führt in GewArch 1993, 156 (157) zum Punkt der treuhänderischen Übernahme eines Gesellschaftsanteils durch einen Rechtsanwalt schlicht aus: „Es versteht sich von selbst, daß eine gewerbliche Tätigkeit ihren rechtlichen Charakter nicht dadurch verliert, daß sie von einem Rechtsanwalt ausgeübt wird."

Siehe zu der – gerade auch steuerrechtlich relevanten – Unterscheidung zwischen solchen treuhänderischen Betätigungen, die auf privatem Vertrag beruhen und gewerblichen Charakter tragen, sowie anderen fremdnützigen Vermögensverwaltungen, die für ihren Träger eine amtsähnliche Stellung begründen und unter § 18 I Nr. 3 EStG fallen, im übrigen bereits oben Seite 297 in Fn. 30.

a) *Verbot zum Betrieb einer „Anwalts-OHG/KG" durch berufsrechtliche Normen?*

Ein erster Punkt, der einer solcherart, d. h. durch die zusätzliche Aufnahme einer berufstypischen treuhänderischen Vermögensverwaltung, erreichbaren vollständigen anwaltlichen Berufsausübung in den Rechtsformen der Personenhandelsgesellschaften entgegengehalten werden könnte, besteht eventuell darin, daß die Bundesrechtsanwaltsordnung bislang keine besonderen Vorschriften enthält, die sich näher mit der berufsrechtlichen Zulässigkeit einer Nutzung der Personenhandelsgesellschaften zur anwaltlichen Rechtsberatung befassen. Das im Unterschied zur Wirtschaftsprüferordnung und zum Steuerberatungsgesetz zu konstatierende Fehlen einschlägiger berufsrechtlicher Bestimmungen könnte bei erstem Ansehen immerhin die Schlußfolgerung nahelegen, eine vertragliche Abwicklung sämtlicher anwaltlicher Leistungen, gleich ob diese nun im Einzelfall mit der berufstypischen treuhänderischen Betätigung kombiniert werden oder nicht, über die gewerblichen Rechtsformen der Personenhandelsgesellschaften sei bereits aus diesem Grunde unzulässig.

Einer derartigen Argumentation kann inhaltlich jedoch keine Überzeugungskraft zukommen. Übertragt man den Gedankengang der neueren Rechtsprechung zur Zulässigkeit der „Freiberufler-GmbH", nach der das bloße Fehlen einschlägiger berufsrechtlicher Vorschriften in Anbetracht des Grundrechts der Berufsfreiheit zumindest aus Sicht der Berufsangehörigen keine genügende Verbotsgrundlage für eine bestimmte Form der gesellschaftsrechtlichen Darbietung freiberuflicher Leistungen abgeben kann,[49] auf die vorstehende Problematik, so erweist sich das zu beobachtende berufsrechtliche Regelungsdefizit per se als unschädlich. In der Tat ist in Ansehung der durch Art. 12 I GG umfassend verbürgten Freiheitsgarantie grundsätzlich nicht danach zu fragen, ob die Bundesrechtsanwaltsordnung eine erschöpfende anwaltliche Berufstätigkeit in einer OHG/KG, die durch die sachliche Verknüpfung mit einer berufstypischen gewerblichen Treuhandtätigkeit herbeigeführt werden kann, ausdrücklich zuläßt, sondern es ist umgekehrt lediglich zu prüfen, ob es rechtliche Regelungen gibt, die den Berufsvertretern eine entsprechende Form der kooperativen anwaltlichen Berufsausübung mit hinreichender Deutlichkeit verbieten.

Der im anwaltlichen Berufsrecht in dieser Beziehung zu verzeichnende Normenmangel kann für sich genommen daher keine ausreichende Rechtsgrundlage bilden, um Rechtsanwälten eine solcherart bewirkte umfassende Berufsausübung in den handelsrechtlichen Gesellschaftsformen OHG bzw. KG zu untersagen.

Eine andere rechtliche Beurteilung könnte lediglich angebracht sein, wenn sich der anwaltlichen Berufsordnung mit hinlänglicher Bestimmtheit ein abschließender Regelungscharakter dahingehend entnehmen ließe, daß die den Berufsvertretern für eine gemeinsame Berufsausübung zur Verfügung stehenden Gesellschaftsformen dort erschöpfend bestimmt worden sind. Sofern der Normgeber den Kreis der für eine kooperative anwaltliche Leistungserbringung in Betracht kommenden Rechtsformen berufsrechtlich erkennbar abschließend festlegen wollte, bliebe – die Verfassungsmäßigkeit einer so verabschiedeten

---

[49] Vgl. dazu ausführlich oben im 1. Teil, Seite 148 ff., insb. S. 150 ff.

Regelung vorausgesetzt – für das Verdikt einer Statthaftigkeit des Betriebs einer „Anwalts-OHG/KG" im Ergebnis kein Raum mehr.

Einer solchen Wertung scheint das anwaltliche Berufsrecht in concreto aber schon deshalb nicht zugänglich, weil die im Jahre 1994 novellierte Gesetzesfassung nach ihrem mindestens mißverständlichen Wortlaut lediglich die Sozietät – nach herkömmlichem Sprachverständnis also allein die Gesellschaft bürgerlichen Rechts – zum Regelungsgegenstand hat und andere Rechtsformen der gemeinsamen anwaltlichen Berufsausübung (wie etwa die nach geltendem Recht zweifellos gleichermaßen wählbare Partnerschaft) dort jedenfalls nicht explizit angesprochen werden.

Mit Rücksicht hierauf scheint es im Gegenteil sogar geboten, insbesondere den Sozietätsbegriff des § 59a BRAO betreffend die berufliche Zusammenarbeit de lege lata erweiternd dahin auszulegen, daß darunter auch neuere Rechtsformen, die für eine gemeinsame freiberufliche Berufsausübung unter Rechtsanwälten zur Verfügung stehen, zu subsumieren sind.[50] Diese sub specie des § 59a BRAO ausnahmsweise „untechnische", weite Interpretation des Sozietätsbegriffs trägt hierbei erkennbar dem Regelungsziel des Gesetzgebers Rechnung, der den Kreis der zur interprofessionellen Kooperation zugelassenen („sozietätsfähigen") Berufe auf diese Weise abschließend festlegen wollte.[51] Die danach vor allem mit Blick auf die Rechtsform der Partnerschaft erforderliche extensive Auslegung einzelner berufsrechtlicher Bestimmungen macht deutlich, daß der Normgeber im Jahre 1994 gewiß nicht beabsichtigte, den Kreis der nach der BRAO für eine gemeinschaftliche anwaltliche Berufsausübung in Betracht kommenden Rechtsformen auf die Sozietät im Sinne einer Gesellschaft bürgerlichen Rechts zu beschränken.[52] Eine letztgültige Bestimmung derjenigen Rechtsformen, die für eine kooperative anwaltliche Berufsausübung zur Verfügung stehen, ist demnach seinerzeit durch das anwaltliche Berufsrecht ersichtlich nicht erfolgt.

Diese Auffassung findet im allgemeinen Begründungsteil des früheren Regierungsentwurfs zur Novellierung des anwaltlichen Berufsrechts eine zusätzliche, an sich eindeutige

---

[50] Ebenso im Hinblick auf die Partnerschaft als Personengesellschaft auch *Ahrens*, Rn. 279; *Arnold* in BB 1996, 597 (600 in Fn. 47); *Michalski/Römermann* in NJW 1996, 3233 (3237); *dies.*, Rn. 80 zu § 8 PartGG; *Bösert/Braun/Jochem*, S. 101; *Gail/Overlack*, S. 116 f.; *Ulmer/Habersack* in FS für Brandner (1996), 151 (155); *Casper* in ZIP 1996, 1501 (1505); *Henssler*, Rn. 149 zu § 1 PartGG; *Prohaska* in MDR 1997, 701; *Römermann/Spönemann* in NZG 1998, 15; weitergehend unter Einbeziehung auch von Anwalts-Kapitalgesellschaften *Nerlich* in WiB 1996, 1149 (1154); *Henssler* in ZHR 161 (1997), 305 (314 f.); wohl auch *Piper* in FS für Odersky (1996), 1063 (1081).

[51] Der allgemeine Teil des Gesetzentwurfs der Bundesregierung bringt mit Blick auf die Vorschrift des § 59a BRAO zum Ausdruck, daß die Professionen, mit denen sich Rechtsanwälte zur gemeinsamen Berufsausübung verbinden können, im Rahmen dieser Vorschrift abschließend aufgezählt werden; vgl. BT-Drucksache 12/4993, S. 23. Diesem abschließenden Regelungscharakter würde es nachhaltig zuwiderlaufen, wollte man im Wege einer teleologischen Extension nicht auch andere Rechtsformen, die ebenfalls eine interprofessionelle Kooperation zwischen anwaltlichen Berufsvertretern und den Angehörigen anderer Freier Berufe ermöglichen, als von dem Regelungsgehalt der Vorschrift mitumfaßt ansehen. Der vom Normgeber besonders herausgestellte Gesetzeszweck rechtfertigt es in diesem Zusammenhang also, nicht nur die Gesellschaft bürgerlichen Rechts, sondern auch weitere Rechtsformen wie beispielsweise die Partnerschaft unter den Sozietätsbegriff des § 59a BRAO zu subsumieren.

[52] Dem allgemein zustimmend auch AnwGH Baden-Württemberg in NJW-RR 1995, 1017 (1019); vgl. zur ausnahmsweise extensiven Auslegung des Sozietätsbegriffs im anwaltlichen Berufsrecht im übrigen bereits oben Seite 173 f. in Fn. 47.

Bestätigung. Denn dort hieß es ausdrücklich: „Die Vorschriften über die gemeinsame Berufsausübung und die interprofessionelle Sozietät sind nicht zwingend verknüpft mit der Gesellschaft bürgerlichen Rechts als Form der Zusammenarbeit. Zur Frage, in welcher Rechtsform die gemeinsame Berufsausübung zulässigerweise möglich ist, treffen sie keine Aussage, sondern lassen insoweit bereits Raum für weitere Entwicklung“.[53]

Lediglich die Kapitalgesellschaften sollten den Berufsangehörigen nach dem damaligen Willen des Gesetzgebers ausdrücklich nicht für eine gemeinsame anwaltliche Berufsausübung verfügbar sein.[54] Denn diesbezüglich enthielten die Gesetzesmaterialien folgenden, sich an das vorstehend Zitierte unmittelbar anschließenden weiteren Passus: „Den von Teilen der Rechtsanwaltschaft gemachten Vorschlag, die GmbH mit ergänzenden Sonderbestimmungen als mögliche Form der gemeinsamen anwaltlichen Berufsausübung zu öffnen, greift der Entwurf nicht auf. Trotz der Erfahrungen, die in anderen Beratungsberufen gemacht worden sind, verbleiben Zweifel, ob die Form einer Kapitalgesellschaft den besonderen Strukturen der anwaltlichen Tätigkeit gerecht werden kann, in deren Mittelpunkt das persönliche Vertrauensverhältnis vom Mandant zu seinem Anwalt steht“.[55]

Für die ebenfalls gewerblichen Rechtsformen der Personenhandelsgesellschaften fehlt es demgegenüber an einer vergleichbar ablehnenden Willensbekundung des Gesetzgebers. In dieser Hinsicht existieren somit nicht die notwendigen Anhaltspunkte in der gesetzlichen Entstehungsgeschichte, die einen schlüssigen und nachhaltigen Beleg dafür liefern könnten, daß der Normgeber eine gemeinschaftliche anwaltliche Berufsausübung in den handelsrechtlichen Gesellschaftsformen OHG bzw. KG für die Zukunft rechtsverbindlich hat ausschließen wollen. Die Bundesrechtsanwaltsordnung tritt einer vollständigen Erbringung anwaltlicher Leistungen in den Rechtsformen der Personenhandelsgesellschaften, die über die Verknüpfung mit einer berufstypischen anwaltlichen Treuhandtätigkeit herbeigeführt werden kann, hiernach zumindest nicht eindeutig und bestimmt entgegen.

Auch der im weiteren Verlauf sodann zunächst vorgelegte Referentenentwurf zur Regelung der „Rechtsanwaltsgesellschaft mit beschränkter Haftung“ mit Stand vom 17.3.1997 hat sich inhaltlich an keiner Stelle mit einer möglichen anwaltlichen Berufsausübung in den Rechtsformen der Personenhandelsgesellschaften befaßt. Zwar sollte ehedem nach Art. 1 des Entwurfs in § 59a I 1 BRAO das Wort „Sozietät“ zukünftig durch die Wörter „in einer Gesellschaft bürgerlichen Rechts oder in einer Partnerschaftsgesellschaft (Sozietät)“ ersetzt werden.[56] Auf diese Weise wäre der weite Sozietätsbegriff der Bundesrechtsanwaltsordnung inhaltlich de lege ferenda zwar in der Tat im Sinne einer präzisen und eindeutigen Regelung legaldefiniert worden.

Aber eine hinreichend bestimmte, über jeden Zweifel erhabene legislatorische Ablehnung einer anwaltlichen Berufsausübung in den gewerblichen Rechtsformen der Perso-

---

[53] Vgl. BT-Drucksache 12/4993, S. 23; dem folgend auch AnwGH Baden-Württemberg in NJW-RR 1995, 1017 (1019).

[54] In diesem Sinne auch *Carl*, S. 248.

[55] Vgl. BT-Drucksache 12/4993, S. 23.

[56] Vgl. dazu den Abdruck der ursprünglich so konzipierten Gesetzesänderung in „Blick durch die Wirtschaft“ v. 25.4.1997, Seite 10 – Eine sachlich gleichlautende Gesetzesmodifikation strebte der Gesetzgeber daneben erwartungsgemäß auch für den Sozietätsbegriff der Patentanwaltsordnung an; vgl. dazu die damals geplante Neufassung des § 52a I 1 PatAnwO; abgedruckt in „Blick durch die Wirtschaft“ v. 29.4.1997; Seite 9.

nenhandelsgesellschaften OHG und KG, die über eine berufstypische treuhänderische Vermögensverwaltung kraft Rechtsgeschäfts erreicht werden kann, wäre selbst mit diesem gesetzgeberischen Votum nicht verbunden (gewesen[57]). Denn auch nach einer entsprechenden Neufassung des § 59a I 1 BRAO würde diese Vorschrift die für eine gemeinsame anwaltliche Berufsausübung zur Verfügung stehenden Rechtsformen ersichtlich nicht abschließend festlegen. Einer solchen Rechtsinterpretation steht zum einen schon entgegen, daß die §§ 59c ff. BRAOE daneben alsdann ohne weiteres auch die Zulässigkeit einer anwaltlichen Berufstätigkeit in einer „Rechtsanwaltsgesellschaft mit beschränkter Haftung" vorsehen,[58] und zum anderen hätte die Regelung des § 59a I 1 BRAO auch nach der im Referentenentwurf vorgesehenen Gesetzesmodifikation keinen grammatikalischen Zusatz derart enthalten, daß eine Verbindung zur gemeinschaftlichen Berufsausübung in Zukunft „nur" in einer Gesellschaft bürgerlichen Rechts oder in einer Partnerschaftsgesellschaft (Sozietät) statthaft gewesen wäre.

Auch nach der zunächst geplanten gesetzlichen Neufassung durch den Referentenentwurf zur Regelung der „Rechtsanwaltsgesellschaft mit beschränkter Haftung" hätte die Bundesrechtsanwaltsordnung hiernach keinen abschließenden Regelungscharakter in dem Sinne aufgewiesen, daß die Gesellschaftsformen, die den Berufsangehörigen für eine gemeinsame anwaltliche Berufsausübung zur Verfügung stehen sollen, dort für die Zukunft erkennbar erschöpfend bestimmt worden wären.[59] Der zwischenzeitlich unter dem

---

[57] In dem unlängst am 18.11.1997 vom Bundeskabinett beschlossenen Regierungsentwurf zur Regelung der „Anwalts-GmbH" ist von der zunächst beabsichtigten Legaldefinition des weiten Sozietätsbegriffs in § 59a I 1 BRAO inzwischen ohne nähere Begründung wieder Abstand genommen worden, vgl. dazu den Entwurf eines Gesetzes zur Änderung der Bundesrechtsanwaltsordnung, der Patentanwaltsordnung und anderer Gesetze, BR-Drucksache 1002/97, S. 12 ff.

[58] Vgl. dazu den entsprechenden Abdruck des Referentenentwurfs in „Blick durch die Wirtschaft" v. 25.4.1997, Seite 10, sowie v. 29.4.1997, Seite 9, sowie die auszugsweise Dokumentation in ZIP 1997, 1518 ff.; ebenso nunmehr auch der Regierungsentwurf zur Regelung der „Anwalts-GmbH"; vgl. dazu näher BR-Drucksache 1002/97, S. 5 ff., sowie den auszugsweisen Abdruck in ZIP 1998, S. 221 ff.

[59] Dem entspricht es, daß die Rechtsliteratur im Referentenentwurf des weiteren auch nähere Regelungen zum Betrieb einer „Anwalts-AG" vermißt hat, obwohl diese Form der anwaltlichen Berufsausübung vor dem Hintergrund der grundgesetzlich garantierten Berufsfreiheit des Art. 12 I GG de lege lata von einigen Autoren ebenfalls für zulässig gehalten wird; vgl. so etwa von *Römermann* in GmbHR 1997, 530 (532); *ders.* in NZG 1998, 81 (82); *Römermann/Spönemann* in NZG 1998, 15 (18 f.); ebenso auch von *Henssler* in ZHR 161 (1997), 305 (329); *ders.* in ZIP 1997, 1481 (1488 f.); a. A. zur Zulässigkeit einer „Anwalts-AG" nach geltendem Recht hingegen *Hommelhoff/Schwab* in WiB 1995, 115 (117 f.). In der Tat beschränkte sich bereits der Referentenentwurf ausschließlich auf die gesetzliche Regelung der „Anwalts-GmbH", ohne daß sich an irgendeiner Stelle im Entwurfstext oder in der Gesetzesbegründung nähere Ausführungen zu den anderen kapitalgesellschaftlichen Rechtsformen AG und KGaA gefunden hätten. Diese legislative Enthaltsamkeit wird in Anbetracht der im Schrifttum teilweise bereits geführten Diskussion über die inhaltliche Ausgestaltung einer „Anwalts-AG" oder einer „Anwalts-KGaA" (siehe dazu etwa *Römermann*, S. 182 ff. u. S. 190 f.) zu Recht als „Vogel-Strauß-Politik" gewertet; vgl. so etwa ausdrücklich *Römermann* in GmbHR 1997, 530 (532); *Römermann/Spönemann* in NZG 1998, 15 (19). In Übereinstimmung damit hat auch die Bundesrechtsanwaltskammer kritisiert, das vorgelegte Regelwerk enthalte keinerlei Vorschriften über die Möglichkeit eines Zusammenschlusses in Form der Aktiengesellschaft oder einer anderen gesellschaftsrechtlichen Variante (z. B. GmbH & Co. KGaA); vgl. dazu den Wochenspiegel in Heft 26 der NJW 1997, Seite XXXII.

18.11.1997 vom Bundeskabinett verabschiedete Regierungsentwurf zur Regelung der „Anwalts-GmbH" betont nunmehr in Übereinstimmung hiermit in seinem allgemeinen Begründungsteil denn auch ausdrücklich, daß „der Entwurf (...) sich auf die Regelung der Rechtsanwalts- und Patentanwaltsgesellschaft mit beschränkter Haftung (beschränkt, sic!). Zur Frage der Zulassung auch anderer Gesellschaftsformen – insbesondere von Aktiengesellschaften – als Anwaltsgesellschaften macht der Entwurf keine Aussage."[60]

Eine hinreichend deutlich und zweifelsfrei artikulierte ablehnende Haltung des Gesetzgebers gegenüber einer anwaltlichen Berufsausübung in den Rechtsformen der Personenhandelsgesellschaften, die den Anforderungen des verfassungsrechtlichen Gesetzesvorbehalts nach Art. 12 I GG Genüge leisten würde, kommt somit weder im Gesetzestext noch in der legislativen Entstehungsgeschichte der Bundesrechtsanwaltsordnung in dem dafür erforderlichen Maße zum Ausdruck.

Zwar wird eine entsprechende Form anwaltlichen Handelns aufgrund der sonstigen Gegensätzlichkeit von freiem Anwaltsberuf (§ 2 II BRAO) und Handelsgewerbe bislang vermutlich außerhalb der Vorstellung des Gesetzgebers gelegen haben.[61] Allein die Tatsache, daß der Normgeber bislang offenbar den Konnex zwischen der unter bestimmten Voraussetzungen für berufstypisch erachteten und im Handelsregister eintragungsfähigen gewerblichen Treuhandtätigkeit einerseits und der sonstigen, originär freiberuflichen anwaltlichen Rechtsberatung andererseits nicht bedacht hat, dürfte jedoch nicht ausreichen, um gegenwärtig eine dieserart bewirkte zivilvertragliche Abwicklung der gesamten anwaltlichen Leistungen über die Rechtsformen der OHG/KG für berufsrechtlich unzulässig anzusehen. Die anwaltlichen Berufsvertreter wären im Zuge dessen also durchaus auch dazu legitimiert, im Verhältnis zum ratsuchenden Publikum in großem Umfang rein freiberufliche Rechtsberatungsleistungen über die mit eigener Rechtsfähigkeit ausgestatteten Personenhandelsgesellschaften zu erbringen.

Freilich könnte man im weiteren noch versucht sein, aus der Regelung des § 51a BRAO, welche die Begrenzung von Ersatzansprüchen wegen Schäden aus fehlerhafter Berufsausübung betrifft, wenigstens ein mittelbares legislatives Verbot insbesondere zum

---

[60] Vgl. so explizit die Begründung zum Regierungsentwurf eines Gesetzes zur Änderung der Bundesrechtsanwaltsordnung, der Patentanwaltsordnung und anderer Gesetze, BR-Drucksache 1002/97, S. 12.

[61] Für diese Einschätzung spricht mittelbar auch ein Passus aus der Begründung des Referentenentwurfs zur Regelung der „Anwalts-GmbH". Denn dort hieß es – anders als im jetzigen Regierungsentwurf – in der allgemeinen Einleitung noch ausdrücklich: „Die Bundesregierung hatte sich in ihrer Begründung zum Entwurf eines Gesetzes zur Neuordnung des Berufsrechts der Rechtsanwälte und der Patentanwälte (BT-Drucksache 12/4993, S. 23) gegen die gesetzliche Zulassung der Rechtsanwalts-GmbH ausgesprochen. Die Bundesregierung hielt die Partnerschafts-Gesellschaft für vorzugswürdig, um auch den Angehörigen der Anwaltsberufe eine weitere Gesellschaftsform – *neben der Gesellschaft bürgerlichen Rechts* – an die Hand zu geben."; vgl. dazu den auszugsweisen Abdruck der Entwurfsbegründung in ZIP 1997, 1518 – textliche Hervorhebung vom Verfasser – Diese Formulierung legt zumindest nahe, daß der Gesetzgeber die kautelarjuristischen Möglichkeiten, die für die anwaltlichen Berufsvertreter schon nach geltendem Recht aus der parallelen Aufnahme einer berufstypischen treuhänderischen Vermögensverwaltung von zivilrechtlich besonders ausgestalteten Kapitalanlagebeteiligungen erwachsen und im Ergebnis auch den Betrieb einer „Anwalts-OHG/KG" erlauben, bis zur Gegenwart offenbar weder in seinen Regelungswillen mit aufgenommen noch überhaupt in Erwägung gezogen hat.

Betrieb einer „Anwalts-KG" herleiten zu wollen. Immerhin ermöglicht die Rechtsform der KG einem als Kommanditisten beteiligten Gesellschafter eine institutionelle Haftungsbeschränkung auf ein begrenztes Garantiekapital, dessen Höhe sich ausschließlich nach der jeweiligen, im Handelsregister eingetragenen Kommanditeinlage bestimmt (§ 172 I HGB). Die eingetragene Haftungssumme könnte dabei durchaus unterhalb der Mindestversicherungssumme der anwaltlichen Berufshaftpflichtversicherung von derzeit 500.000 DM liegen, so daß sich die Frage stellt, ob auf diese Weise nicht die berufsrechtlich statuierten Mindeststandards, die ein selbständig tätiger Berufsvertreter nach dem Willen des Normgebers bei einer Haftungsreduktion gegenüber dem ratsuchenden Publikum bindend zu wahren hat, unterschritten werden.

Auch diese Hypothese dürfte sich bei der gebotenen, streng juristischen Interpretation indes nicht als stichhaltig erweisen. Zwar scheint im anwaltlichen Berufsrecht aufgrund der gesetzlichen Entstehungsgeschichte ausnahmsweise eine extensive, „unorthodoxe" Auslegung des Sozietätsbegriffs möglich,[62] so daß dort nicht nur Gesellschaften bürgerlichen Rechts, sondern – in Anlehnung an die freiberufliche „Schwesterfigur" der Partnerschaft – gegebenenfalls auch zur Berufsausübung dienende Personenhandelsgesellschaften den berufsrechtlichen Restriktionen des § 51a II BRAO unterworfen werden könnten. Aber auch Gründung und Betrieb einer „Anwalts-OHG/KG" führen zu einer prinzipiell gesamtschuldnerischen Haftung aller Gesellschafter gegenüber dem Auftraggeber,[63] so daß in dieser Beziehung ein Verstoß gegen die Vorschrift des § 51a II 1 BRAO nicht vorliegt. Der Umstand, daß die Haftung der anwaltlichen Kommanditisten der Höhe nach sowohl für Primär- als auch für Sekundärverbindlichkeiten auf den Betrag einer bestimmten Vermögenseinlage limitiert ist, ändert nichts daran, daß auch für diese handelsrechtlichen Gesellschaftsformen dem Grunde nach zunächst einmal umfassend das Solidarhaftungsprinzip gilt.

Ebenso läßt sich auch keine Verletzung des § 51a I BRAO feststellen, soweit Rechtsanwälte eine wegen ihrer berufstypischen Treuhandtätigkeit im Handelsregister eingetragene OHG/KG insgesamt zur anwaltlichen Berufsausübung einsetzen wollen.

Zu beachten bleibt, daß die Bestimmung des § 51a BRAO bereits ausweislich ihrer amtlichen Überschrift lediglich die *vertragliche* Begrenzung von Ersatzansprüchen für schuldhaft verursachte Berufsfehler zum Gegenstand hat. Die Regelung des § 51a I BRAO betrifft nach ihrem eindeutigen Wortlaut sowie nach Sinn und Zweck allein den Komplex einer individual- bzw. formular*vertraglich* herbeigeführten Limitierung der beruflichen Sekundärhaftung. Auch die Gesetzesmaterialien lassen im weiteren keinen Zweifel daran, daß der Normgeber hier nur legislative Vorgaben für eine mit dem Mandanten rechtsgeschäftlich besonders vereinbarte Haftungsbegrenzung hat aufstellen wollen. Schon der Eingangssatz in der Begründung zum damaligen Regierungsentwurf führt zu diesem Punkt aus. „Mit der Einführung einer *vertraglichen* Haftungsbeschränkung soll dem Rechtsanwalt ermöglicht werden, ein hohes, möglicherweise existenzgefährdendes Haftungsrisiko in vertretbaren Grenzen zu halten".[64]

---

[62] Siehe dazu bereits oben Seite 305 f.

[63] Vgl. dazu die §§ 161 I, II; 128 Satz 1 HGB.

[64] Vgl. hierzu den entsprechenden Wortlaut in BT-Drucksache 12/4993, S. 32 – Hervorhebung vom Verf. -

Demgegenüber beruht die Haftungsbeschränkung des Kommanditisten auf eine präzis festgelegte Vermögenseinlage schon unmittelbar auf einer *gesetzlichen* Anordnung und den allgemeinen Regeln des Gesellschaftsrechts. Sie muß gegenüber dem ratsuchenden Publikum also nicht erst vertraglich besonders ausbedungen werden, sondern ist jedem einzelnen Mandatsverhältnis kraft der legislativen Ausformung des Gesellschaftstyps „systemimmanent" zugrunde zu legen und mithin *institutioneller* Art.

In Anbetracht dessen stellt sich auch die Regelung des § 51a I BRAO vorab als ungeeignet dar, um darüber eine Abwicklung der gesamten anwaltlichen Berufstätigkeit über die Rechtsformen der Personenhandelsgesellschaften für berufsrechtlich unstatthaft erklären zu wollen.

Die diesbezüglichen Vorschriften des Berufsrechts untersagen den anwaltlichen Berufsvertretern zwar ein kautelarjuristisches Auftreten als „Anwaltssozietät mit beschränkter Gesellschafterhaftung", weil die Rechtsform der BGB-Gesellschaft eine gesetzliche Haftungsbeschränkung auf das Gesamthandsvermögen nicht kennt und eine derartige Firmierung somit in praxi stets dazu dienen soll, die anderenfalls regelmäßig entstehende persönliche Gesellschafterhaftung von vornherein auf *zweiseitiger rechtsgeschäftlicher* Grundlage auszuschließen.[65] Doch der Betrieb einer „Anwalts-KG", der durch die Verknüpfung mit einer berufstypischen anwaltlichen Treuhandtätigkeit zur Entstehung gebracht werden kann, bleibt aufgrund der dort für die Stellung als Kommanditist schon *gesetzlich* und *institutionell* vorgegebenen Haftungsbeschränkung vorab aus dem Anwendungsbereich jener Norm ausgespart. Während bei der ersten Fallgestaltung („Sozietät mit beschränkter Gesellschafterhaftung") in der Tat lediglich eine Sonderform der vertraglichen Haftungsbegrenzung in Rede steht, ist die Haftungslimitierung in der zweiten Gestaltungsvariante („Anwalts-KG") gesetzlicher Natur und in dieser Eigenschaft somit unter keinem Aspekt an berufsrechtlichen Bestimmungen zu messen, die lediglich eine vertragliche Begrenzung von Ersatzansprüchen betreffen.

Die hiernach prinzipiell bestehende Unanwendbarkeit des § 51a I BRAO auf eine „Anwalts-KG", die mit dem Unternehmensgegenstand einer berufstypischen Treuhandtätigkeit im Handelsregister eingetragen worden ist und sodann auch umfassend zur anwaltlichen Berufsausübung dienen kann, provoziert unter haftungsrechtlichen Aspekten sicherlich ein gewisses Unbehagen. So wird man durchaus berechtigte Zweifel hegen dürfen, ob die Option zur Abwicklung sämtlicher anwaltlicher Leistungen über eine Kommanditgesellschaft nicht indirekt in Widerspruch zu Regelungsvorstellungen tritt, die der Normgeber im Rahmen der Berufsrechtsnovellierung des Jahres 1994 offenbar unausgesprochen der Schaffung der formularvertraglichen Haftungskonzentrationsvorschriften (§§ 51a II 2 BRAO, 8 II PartGG) zugrunde gelegt hat.

Angesichts der bis dahin kaum ins Bewußtsein gedrungenen Tatsache, daß eine private treuhänderische Vermögensverwaltung von Kapitalanlagebeteiligungen aufgrund der hierfür im Regelfall erforderlichen zivil- und steuerrechtlichen Kenntnisse sowie der notwendigen Beratung der Anleger in den mit der Beteiligung und deren Verwaltung auftretenden Rechtsfragen dem typischen anwaltlichen Berufsbild zuzurechnen ist,[66] liegt es immerhin

---

[65] Vgl. dazu bereits eingehend oben Seite 219 mit Fn. 231.

[66] Vgl. so ausdrücklich die schon vorzitierte Entscheidung BGHZ 120, 157 (159 f.); insoweit vom BGH als obiter dictum erneut bestätigt in NJW 1995, 1025 (1027).

nahe, daß der Gesetzgeber die damit einhergehenden Möglichkeiten einer Nutzung der Personenhandelsgesellschaften zur umfassenden anwaltlichen Berufsausübung seinerzeit überhaupt nicht gesehen und ein solches anwaltliches Vorgehen demgemäß auch gar nicht ernsthaft in Erwägung gezogen hat. Weil ausweislich der damaligen Gesetzesmaterialien daneben auch eine gemeinsame Berufsausübung in kapitalgesellschaftlichen Rechtsformen nicht zur Disposition stehen sollte, ging der Gesetzgeber vormals im Ergebnis wohl davon aus, daß eine eigenverantwortliche anwaltliche Berufstätigkeit auch künftig stets das Vorliegen einer unmittelbaren und grundsätzlich unbeschränkten vertraglichen Haftung des souverän und selbständig handelnden Rechtsanwalts gegenüber dem Mandanten voraussetzen sollte.[67]

Gerade die (formularvertraglichen) Haftungskonzentrationsvorschriften der §§ 51a II 2 BRAO, 8 II PartGG lassen in diesem Zusammenhang darauf schließen, daß der Gesetzgeber im Jahre 1994 für eine anwaltliche Personengesellschaft im Minimum jedenfalls die grundsätzlich unbeschränkte persönliche Ersatzhaftung des handelnden bzw. des verantwortlich leitenden Gesellschafters wegen auftretender Schäden aus fehlerhafter Berufsausübung erhalten wollte. Zumindest der in concreto mit der Auftragsbearbeitung befaßte Gesellschafter sollte nach dem Zusammenspiel der berufsrechtlichen Vorschriften also im Prinzip weiterhin unbeschränkt haften müssen und seine persönliche Ersatzhaftung für berufliche Fehlleistungen lediglich nach Maßgabe des § 51a I BRAO gegenüber dem ratsuchenden Publikum begrenzen dürfen. Ausgehend von dieser legislativen Grundannahme war die Regelung des § 51a I BRAO sodann offenbar so konzipiert, daß sie den Berufsangehörigen bei gleichzeitig bestehendem Haftpflichtversicherungsschutz einheitlich nur eine vertragliche Beschränkung der Sekundärhaftung auf bestimmte Haftungshöchstsummen gestatten sollte.

In bemerkenswertem Gegensatz dazu haften die an einer „Anwalts-KG" als Kommanditisten beteiligten Berufsvertreter jedoch bereits kraft des gewählten Gesellschaftstyps *von*

---

[67] Dies bestätigen mittelbar auch die ursprünglich im Referentenentwurf zur Regelung einer „Rechtsanwaltsgesellschaft mit beschränkter Haftung" enthaltenen §§ 59p BRAOE, 52o PatAnwO, die im Hinblick auf die mit der Auftragsbearbeitung befaßten Geschäftsführer zunächst noch eine unmittelbare persönliche Einstandspflicht für berufliche Fehlleistungen neben der Rechtsanwaltsgesellschaft einführen wollten. Damit deckte sich die diesbezügliche Haltung des Gesetzgebers bis vor kurzem praktisch noch mit der zu Beginn der sechziger Jahre entwickelten und seither – sogar nach der Erst-Entscheidung des BayObLG zur „Anwalts-GmbH" – in ständiger Rechtsprechung fortgeführten Judikatur des Bundesgerichtshofs, nach der nur die persönliche vertragliche Rechtsbeziehung (und damit zugleich eine vertragliche Haftung) die notwendige Eigenverantwortlichkeit des Rechtsanwalts im Verhältnis zum Ratsuchenden begründen konnte; vgl. dazu etwa BGH in BGHZ 63, 377 (379); 65, 238 (241); 68, 62 (63) und zuletzt das obiter dictum des BGH in NJW 1996, 1954 (1955). Der Bundesfinanzhof hat sich diesem Verständnis der anwaltlichen Eigenverantwortlichkeit ebenfalls angeschlossen; vgl. BFHE 133, 234 (236); siehe zu letzterem im übrigen bereits ausführlich und m. w. N. oben im 1. Teil, Seite 79 f. und Seite 151 f. Der am 18.11.1997 verabschiedete Regierungsentwurf zur Regelung der „Anwalts-GmbH" rechnet die unbeschränkte persönliche Haftung des Anwalts für seine berufliche Tätigkeit indes nicht mehr zu den notwendigen berufsbildprägenden Elementen und verzichtet folgerichtig auch auf eine gesetzliche Bestimmung, die abweichend vom allgemeinen GmbH-Recht die persönliche Haftung des mit der Bearbeitung des Auftrags befaßten Geschäftsführers anordnet; vgl. dazu die amtliche Begründung zum Entwurf eines Gesetzes zur Änderung der Bundesrechtsanwaltsordnung, der Patentanwaltsordnung und anderer Gesetze, BR-Drucksache 1002/97, S. 13.

vornherein nur *beschränkt* auf die im Handelsregister eingetragene Kommanditeinlage gegenüber dem ratsuchenden Publikum. Dabei gilt dies vollkommen unabhängig davon, welcher Gesellschafter anläßlich des Vertragsschlusses für die Mandatsbearbeitung vorgesehen war und wer das Mandat nachfolgend tatsächlich autonom und selbstverantwortet bearbeitet hat. Auch wenn über den gesamten Zeitraum hinweg ausschließlich ein als Kommanditist beteiligter Rechtsanwalt verantwortlich mit der konkreten Mandatsabwicklung befaßt war, ändert dies nichts daran, daß *ihn* wegen schuldhaft verursachter Berufsfehler im Verhältnis zum Auftraggeber vorab und stets nur eine institutionell beschränkte persönliche Ersatzhaftung auf die Kommanditeinlage treffen kann.

Das ansonsten vormals vom Gesetzgeber unausgesprochen unterstellte rechtliche Grundprinzip, wonach zumindest der mit der tatsächlichen Auftragsabwicklung betraute Gesellschafter einer anwaltlichen Personengesellschaft grundsätzlich unbeschränkt (und nur nach Maßgabe des § 51a I BRAO beschränkbar) gegenüber dem ratsuchenden Publikum haften sollte, würde daher für den verantwortlich handelnden Kommanditisten keine Geltung beanspruchen können. Dieser Umstand ließe sich wohl durchaus als eine systemwidrige Durchbrechung der ehedem zwar nicht direkt zum Ausdruck gebrachten, aber doch immerhin in verschiedenen berufs- und gesellschaftsrechtlichen Normen angedeuteten Regelungsvorstellungen des Gesetzgebers charakterisieren.

Damit stellt sich unweigerlich die Frage, ob bereits diese Abweichung von einer bloß stillschweigend zugrunde gelegten gesetzgeberischen Regelungserwartung für sich genommen eine hinreichende Rechtsgrundlage bieten kann, um auf dem Boden des *geltenden Rechts* die Existenz eines ungeschriebenen gesetzlichen Verbots zum Betrieb einer „Anwalts-KG" zu bejahen.[68]

Die in diesem Kontext zu berücksichtigenden verfassungsrechtlichen Bezüge stimmen insoweit wohl eher skeptisch. Eine derart weitreichende rechtliche Schlußfolgerung dürfte sich vor allem in Ansehung des Grundrechts der Berufsfreiheit im Ergebnis kaum treffen lassen. Zu bedenken ist an dieser Stelle nämlich, daß anwaltliche Berufsvertreter, sofern sie unter Hinweis auf eine berufstypische gewerbliche Treuhandtätigkeit eine KG gründen und nachfolgend auch sämtliche originär freiberuflichen Anwaltsdienstleistungen über diese Rechtsform abwickeln wollen, diesbezüglich (selbstredend) den Schutz des Art. 12 I GG für sich in Anspruch nehmen können.

Denn ordnet man eine per se gewerbliche Betätigung – wie im Bereich der berufsrechtlich gebundenen rechts- und wirtschaftsberatenden Freien Berufe generell die treuhänderische Vermögensverwaltung kraft Rechtsgeschäfts – dem berufstypischen Tätigkeitskreis einer freien Profession zu, so ist es nur folgerichtig, daß den Berufsangehörigen unter diesem Gesichtspunkt sodann zunächst einmal auch jene Gesellschaftsformen, die ansonsten exklusiv den Gewerbetreibenden vorbehalten sind, umfassend zur Berufsausübung

[68] Gegen den Betrieb einer „Anwalts-OHG" lassen sich diese Bedenken haftungsrechtlicher Natur ohnehin nicht in vergleichbarer Weise anführen, weil die mit der konkreten Mandatsbearbeitung befaßten Gesellschafter dort allemal auch der Höhe nach einer grundsätzlich unbeschränkten gesamtschuldnerischen Haftung ausgesetzt bleiben (§ 128 Satz 1 HGB). Ein Verstoß gegen das vom Normgeber im Jahre 1994 offenbar noch stillschweigend zugrunde gelegte Haftungsmodell, wonach jedenfalls der verantwortlich handelnde Anwalts-Gesellschafter prinzipiell unbeschränkt gegenüber dem Auftraggeber haften sollte, kommt bei der offenen Handelsgesellschaft also von vornherein nicht in Betracht.

offenstehen.[69] Will der Normgeber in dieser Konstellation also die im konkreten Einzelfall prinzipiell ebenso zulässige isolierte Abwicklung rein freiberuflicher Leistungen über die gewerblichen Rechtsformen ausschließen, so hat sein Handeln Eingriffsqualität im Sinne des Art. 12 I GG. Das vom rechtlichen Grundprinzip abweichende legislative Verbot einer entsprechenden Art der Darbietung auch rein freiberuflicher Leistungen, die in concreto durchaus nicht stets mit der treuhänderischen (gewerblichen) Betätigung kombiniert zu werden brauchen, würde aus Sicht der Berufsangehörigen die Ebene der Berufsausübung berühren.

Der Gesetzesvorbehalt des Art. 12 I 2 GG erfordert in dieser Beziehung nun allgemein, daß Eingriffe in die Berufsfreiheit nur auf der Grundlage einer hinreichend erkennbaren Regelung erfolgen dürfen, aus der sich die gesetzgeberische Entscheidung über den Umfang und die Grenzen des Eingriffs ergibt.[70] Danach wären gerade an ein ungeschriebenes legislatives Verbot, das eine umfassende Erbringung anwaltlicher Leistungen über die Rechtsform einer KG untersagen wollte, wegen des damit verbundenen Eingriffs in das Grundrecht der Berufsfreiheit besonders strenge Maßstäbe unter dem Gesichtspunkt der Bestimmtheit und Normenklarheit anzulegen.

Nach der Rechtsprechung des Bundesverfassungsgerichts muß ein rechtsstaatlichen Anforderungen genügendes gesetzliches Verbot, welches sich aus berufsrechtlichen Normen ergeben soll, sowohl nach seinen Voraussetzungen als auch nach seinem Inhalt so klar formuliert sein, daß die davon Betroffenen die Rechtslage erkennen und ihr Verhalten danach bestimmen können; der Gesetzgeber hat den Grundgedanken seiner Gesetzesregelung und das Ziel seines gesetzgeberischen Wollens demgemäß vollkommen deutlich zu machen.[71] Auch wenn gesetzliche Berufsordnungen in diesem Zusammenhang gewiß nicht alle Einzelheiten der Berufsausübung regeln können,[72] so bleibt doch andererseits gerade mit Blick auf die anwaltliche Berufstätigkeit zu berücksichtigen, daß dort Ausschlußtatbestände, die nur „in Umrissen", also nur unvollkommen und lückenhaft aus Sinn und Zweck einer Reihe gesetzlicher Vorschriften zu gewinnen wären, dem verfassungsrechtli-

---

69 Diese Erwägungen zum rechtlichen Konnex zwischen parallel ausgeübter freiberuflicher und ergänzend hinzutretender gewerblicher Betätigung basieren auf allgemeinen Rechtsgrundsätzen und gelten in gleicher Weise etwa auch für eine von Ärzten betriebene Privatkrankenanstalt, ein stationär geführtes Sanatorium oder eine Kurklinik; vgl. dazu schon die entsprechenden Darlegungen oben Seite 289 ff. Soweit die betreffenden Mediziner aus der stationären Unterbringung und Verpflegung der Patienten einen besonderen Gewinn erstreben, sind sie im Fall einer gemeinsamen Berufsausübung ohne weiteres befugt, eine OHG/KG mit einem dahinlautenden Unternehmensgegenstand (Hotelleriegewerbe) zu gründen und nachfolgend auch die originär freiberuflichen ärztlichen Behandlungsleistungen vertraglich über die Personenhandelsgesellschaften abzuwickeln. Gleiches gilt – wie die dort vorhandenen berufsrechtlichen Regeln eindrucksvoll belegen – für die Synthese zwischen gewerblicher treuhänderischer Vermögensverwaltung und der sonstigen, vom Gesetzgeber als freiberuflich eingeordneten wirtschaftsprüfenden bzw. steuerberatenden Tätigkeit; vgl. hierzu bereits oben Seite 297 ff.

70 Vgl. so etwa BVerfGE 54, 237 (245 f.) – Sozietätsverbot zwischen Anwaltsnotar und Wirtschaftsprüfer -

71 Vgl. so ausdrücklich BVerfGE 54, 237 (247) zum notariellen Berufsrecht.

72 BVerfGE 54, 237 (247).

chen Gesetzesvorbehalt des Art. 12 I 2 GG nach der maßgebenden Ansicht der Bundesverfassungsgerichts keinesfalls genügen können.[73]

In Anbetracht jener grundgesetzlichen Vorgaben scheint es kaum möglich, allein aus der vormaligen bloßen Regelungs*erwartung* des Gesetzgebers, wonach zumindest der mit der konkreten Mandatsbearbeitung betraute Gesellschafter einer anwaltlichen Personengesellschaft für schuldhaft verursachte Berufsfehler grundsätzlich unbeschränkt (und nur nach Maßgabe des § 51a I BRAO beschränkbar) gegenüber dem ratsuchenden Publikum haften sollte, ein hinreichend deutlich erkennbares legislatives Verbot zum Betrieb einer „Anwalts-KG" herleiten zu wollen.

Einer derartigen Interpretation steht schon entgegen, daß sich die entsprechenden, vom Normgeber hier lediglich stillschweigend und unausgesprochen zugrunde gelegten Regelungsvorstellungen nicht bloß allein aus berufsrechtlichen Vorschriften, sondern erst aus einer Gesamtschau und dem komplexen Zusammenwirken verschiedener berufs- *und* gesellschaftsrechtlicher Normen erschließen lassen. Bereits dieser Umstand läßt eine ausreichende Transparenz eines etwaigen ungeschriebenen gesetzlichen Verbots zur Darbietung anwaltlicher Leistungen in einer KG, die zuvor wegen einer berufstypischen anwaltlichen Treuhandtätigkeit im Handelsregister eingetragen worden ist, fragwürdig erscheinen.

Vor allem aber könnte eine solche, lediglich aus dem Gesamtzusammenhang der berufs- und gesellschaftsrechtlichen Regeln ableitbare Rechtsfindung dem verfassungsrechtlichen Gebot der Normenklarheit allenfalls dann entsprechen, wenn *sämtliche* im Rahmen der Gesetzesauslegung zu berücksichtigenden Indizien den beinahe sicheren Schluß darauf zuließen, daß der Normgeber einer anwaltlichen Berufsausübung in der Rechtsform der KG mit Blick auf die damit einhergehenden Haftungsfolgen bewußt ablehnend gegenüber gestanden hat. Ein derart eindeutiges, sich bei einer Gesamtschau aufdrängendes willentliches Negativ-Votum des Gesetzgebers gegen eine „Anwalts-KG" läßt sich jedoch nicht ausmachen.

Denn im Zusammenhang mit der Neuordnung des anwaltlichen Berufsrechts im Jahre 1994 hat sich der Gesetzgeber einer abschließenden Aussage über die zulässigen Rechtsformen der gemeinsamen anwaltlichen Berufsausübung im Gegenteil gerade ausdrücklich enthalten. Zwar sollten die Kapitalgesellschaften nach dem damaligen, expressis verbis artikulierten Willen des Normgebers nicht für eine kooperative anwaltliche Berufstätigkeit bereitstehen. Im übrigen ergeben die bereits vorzitierten Gesetzesmaterialien jedoch, daß der Gesetzgeber mit der Einfügung der Vorschriften zur gemeinsamen Berufsausübung und zur interprofessionellen Sozietät die weiteren Entwicklungsmöglichkeiten für eine nachfolgende Rechtsfortbildung explizit und ganz bewußt nicht hat einschränken wollen.[74] In Übereinstimmung hiermit betont der nunmehr am 18.11.1997 vom Bundeskabinett

---

[73] Vgl. so im Kontext mit der seinerzeit für verfassungswidrig erachteten, weil ehedem noch ohne gesetzliche Grundlage ergangenen Entziehung der anwaltlichen Verteidigungsbefugnis durch Richterspruch ausführlich BVerfGE 34, 293 (301 f.); siehe ähnlich auch BVerfGE 54, 224 (235 f.), wonach es den Anforderungen des verfassungsrechtlichen Gesetzesvorbehalts gemäß Art. 12 I GG nicht entspreche, wenn eine kassenärztliche Vereinigung einem Mitglied einzelne Mitteilungen im Arzt-Patienten-Verhältnis unter bloßem Rückgriff auf „die Grundstruktur der sozialen Krankenversicherung" untersagen wolle.

[74] Vgl. dazu den bereits oben auf Seite 306 in seinem genauen Wortlaut wiedergegebenen Passus aus dem Gesetzentwurf der Bundesregierung; BT-Drucksache 12/4993, S. 23.

verabschiedete Regierungsentwurf zur Regelung der „Anwalts-GmbH" denn auch ausdrücklich, daß der Entwurf zur Frage der Zulassung auch anderer Gesellschaftsformen – insbesondere von Aktiengesellschaften – als Anwaltsgesellschaften keine Aussage treffe.[75]

Damit liefert die – in dieser Frage sehr gewichtige – historische Interpretationsmethode keinen zureichenden Anhaltspunkt dafür, daß der Normgeber eine „Anwalts-KG", die durch die Verknüpfung mit einer berufstypischen gewerblichen Treuhandtätigkeit zur Entstehung gebracht werden kann, für die Zukunft dezidiert als zulässige Rechtsform der gemeinsamen Berufsausübung hat ausschließen wollen. Der in diesem Punkte von der Gesetzgebung bewußt nicht abschließend gehaltene Regelungscharakter des anwaltlichen Berufsrechts ließe sich umgekehrt sogar eher für eine spiegelbildliche Argumentation fruchtbar machen.

Daneben kann des weiteren auch nicht verläßlich ausgeschlossen werden, daß der Gesetzgeber die aus der Synthese von berufstypischer treuhänderischer Vermögensverwaltung und Gründung einer Personenhandelsgesellschaft rechtlich resultierenden Gestaltungsspielräume – namentlich die Abwicklung der gesamten anwaltlichen Leistungen über jene gewerblichen Rechtsformen – im Rahmen der bisherigen Reform des anwaltlichen Berufsrechts noch gar nicht realisiert hat. Sollte der Normgeber – wofür manches spricht – bislang statt dessen davon ausgegangen sein, daß die Personenhandelsgesellschaften OHG und KG aufgrund des prinzipiell bestehenden rechtlichen Antagonismus zwischen freier Berufstätigkeit und Handelsgewerbe ohnehin keine (kautelar-)juristische „Schnittstelle" mit der anwaltlichen Berufsausübung aufweisen würden, so ginge es erst recht nicht an, die dann offenkundig vorliegende *Nichtentscheidung des Regelungskomplexes durch den Gesetzgeber* nunmehr ex post in ein stillschweigendes legislatives Verbot einer anwaltlichen Berufstätigkeit in den handelsrechtlichen Gesellschaftsformen OHG und KG uminterpretieren zu wollen.

Die mit dem Betrieb einer „Anwalts-KG" verbundene Modifikation der vom Gesetzgeber ehedem unausgesprochen unterstellten Regelungserwartung, wonach zumindest der mit der konkreten Mandatsbearbeitung befaßte Gesellschafter einer anwaltlichen Personengesellschaft für Schäden aus fehlerhafter Berufsausübung grundsätzlich unbeschränkt gegenüber dem Auftraggeber haften sollte, kann für sich genommen somit keine hinreichende Argumentationsgrundlage bilden, um daraus *de lege lata* ein ungeschriebenes gesetzliches Verbot einer umfassenden Darbietung anwaltlicher Leistungen in der Rechtsform einer KG zu folgern.

Hätte der Normgeber den anwaltlichen Berufsvertretern eine umfassende Berufsausübung in den Personenhandelsgesellschaften, die über die Verknüpfung mit einer berufstypischen gewerblichen Treuhandtätigkeit zu realisieren ist, tatsächlich legislativ untersagen wollen, so wäre er aufgrund des Gesetzesvorbehalts des Art. 12 I 2 GG in jedem Fall verpflichtet gewesen, diese Haltung im Rahmen der bisherigen Neuordnung des anwaltlichen Berufsrechts deutlicher und präziser zum Ausdruck zu bringen.

Der Rechtsanwender mag daher durchaus berechtigte Zweifel hegen, ob die institutionelle Haftungsbeschränkung auf den Betrag einer Kommanditeinlage, soweit der mit der

---

[75] Siehe hierzu die amtliche Begründung zum Entwurf eines Gesetzes zur Änderung der Bundesrechtsanwaltsordnung, der Patentanwaltsordnung und anderer Gesetze, BR-Drucksache 1002/97, S. 12.

konkreten Mandatsbearbeitung befaßte Anwalts-Kommanditist in Rede steht, nicht in Widerspruch zu dem bisherigen Verständnis der anwaltlichen Eigenverantwortlichkeit tritt und ob sie der anwaltlichen Berufstätigkeit grundsätzlich adäquat und angemessen scheint. Doch darf dies schon unter Berücksichtigung des Gewaltenteilungsprinzips (Art. 20 III GG) nicht dazu verleiten, einen an sich originär dem Gesetzgeber zur Entscheidung zugewiesenen Regelungskomplex[76] unter Rückgriff auf rechtliche Grundprinzipien, die sich nur unvollkommen und andeutungsweise aus dem Gesamtzusammenhang verschiedener berufs- und gesellschaftsrechtlicher Normen gewinnen lassen, vorab und nach eigenem Ermessen im Sinne eines stillschweigenden kategorischen Gesetzesverbots lösen zu wollen. Die bisherige Zurückhaltung des Gesetzgebers in der Frage, welche Rechtsformen für eine gemeinsame anwaltliche Berufsausübung zulässigerweise in Betracht kommen, ist auf der Grundlage des geltenden Rechts vielmehr als Faktum hinzunehmen und zu respektieren.

Das anwaltliche Berufsrecht untersagt den Berufsangehörigen nach alledem zur Zeit nicht mit der rechtsstaatlich gebotenen Klarheit und Bestimmtheit die vollständige Erbringung anwaltlicher Leistungen in den gewerblichen Rechtsformen OHG und KG, soweit diese zuvor mit dem Unternehmensgegenstand einer berufstypischen anwaltlichen Treuhandtätigkeit in das Handelsregister eingetragen worden sind.

b) Verbot zum Betrieb einer „Anwalts-OHG/KG" kraft vorkonstitutionellen Gewohnheitsrechts?

Zu erwägen wäre im weiteren freilich noch, ob sich die Unzugänglichkeit der Personenhandelsgesellschaften zur umfassenden anwaltlichen Berufsausübung nicht unter Hinweis auf ein dahin lautendes vorkonstitutionelles Gewohnheitsrecht festschreiben ließe. Doch auch dieser Versuch scheint im Ergebnis kaum erfolgversprechend.

Zwar hat das Bundesverfassungsgericht gerade im Zusammenhang mit der anwaltlichen Berufstätigkeit wiederholt ausgesprochen, daß auch die Rechtsquelle des vorkonstitutionellen Gewohnheitsrechts als Grundlage für die Einschränkung der anwaltlichen Berufsausübung dienen könne, soweit eine ungeschriebene Rechtssetzung durch längere tatsächliche Übung entstanden sei, dauernd, gleichmäßig und allgemein praktiziert werde sowie unter den Beteiligten als verbindliche Rechtsnorm anerkannt sei.[77]

Doch sieht sich eine Ableitung von grundrechtlichen Eingriffstatbeständen aus dieser Rechtsfigur nach annähernd fünfzigjährigem Bestehen des Grundgesetzes heutzutage schon generell zunehmenden Legitimationsschwierigkeiten ausgesetzt. Denn die mit der Anerkennung eines vorkonstitutionellen Gewohnheitsrechts ursprünglich verfolgte Zielsetzung bestand darin, die Gesetzgeber in Bund und Ländern in den ersten Jahren nach

[76] Die entsprechenden Vorschriften im Berufsrecht der Wirtschaftsprüfer und Steuerberater (§§ 27 ff. WPO; 49 ff. StBerG) dokumentieren, daß es primär Sache der Legislative ist, darüber zu befinden, ob und gegebenenfalls mit welchen berufsrechtlichen Restriktionen den Angehörigen der freien Professionen auch die Personenhandelsgesellschaften zur Berufsausübung zu belassen sind, wenn sie zusätzlich zu ihren originär freiberuflichen Betätigung eine berufstypische gewerbliche Treuhandtätigkeit aufnehmen.

[77] Vgl. BVerfGE 15, 226 (232 f.); 22, 114 (121 f.); 28, 21 (28 ff.); 34, 293 (303 ff.); 57, 121 (134 f.); 76, 171 (189).

Inkrafttreten des Art. 12 I GG vor der undurchführbar scheinenden Aufgabe zu bewahren, zunächst alles ältere, nicht in formellen Gesetzen enthaltene Recht auf seine Weitergeltung prüfen zu müssen, um den etwa notwendigen Ersatz im Wege förmlicher Gesetzgebung zu schaffen.[78] Nur auf diese Weise glaubte die verfassungsgerichtliche Judikatur, einen rechtlosen Zustand *in der Zeit bis zum Zustandekommen solcher Neuregelungen* vermeiden zu können.[79]

Spätestens mit der detaillierten gesetzlichen Regelung der anwaltlichen Berufspflichten im Rahmen der Neuordnung des anwaltlichen Berufsrechts dürften die dogmatischen Grundlagen für eine weitere Fortgeltung dieser Rechtsquelle jedoch entfallen sein.[80] Die im Zuge dessen erfolgte eingehende positiv-rechtliche Bestimmung der anwaltlichen Verhaltenspflichten durch Gesetz und Berufsordnung ist an die Stelle der vormals ungeschriebenen Rechtsregeln getreten und hat diese nunmehr jedenfalls umfänglich abgelöst.

Die gleichwohl aufrechterhaltene These einer Fortgeltung eines Gewohnheitsrechts aus vorkonstitutioneller Zeit müßte künftig zwangsläufig in Konflikt sowohl mit dem rechtsstaatlichen Bestimmtheitsgebot als auch mit dem Prinzip der Gewaltenteilung treten.[81] Nachdem zunächst der Gesetzgeber und in seinem Gefolge die anwaltliche Satzungsversammlung umfassend von den ihnen zukommenden Rechtssetzungskompetenzen Gebrauch gemacht haben,[82] würde ein weiterer Rückgriff auf jenes Rechtsinstitut in seinen tatsächlichen Wirkungen auf eine unstatthafte Korrektur des zwischenzeitlich legislativ erklärten Regelungswillens hinauslaufen.[83]

Darüber hinaus müßte dem Ansatz, ein ungeschriebenes normatives Verbot zur Abwicklung sämtlicher anwaltlicher Leistungen über die gewerblichen Rechtsformen OHG und KG aus vorkonstitutionellem Gewohnheitsrecht deduzieren zu wollen, in concreto aber auch aus anderen Gründen ein Scheitern prophezeit werden.

So wird man es zwar sicherlich für zutreffend erachten können, daß die von der ständigen Rechtsprechung seit über einem Jahrhundert vertretene Aussparung der Freien Berufe aus dem handelsrechtlichen Gewerbebegriff[84] bis zur Gegenwart daneben auch die ganz überwiegende[85] Billigung der Rechtslehre und ebenso die der freiberuflich Tätigen selbst gefunden hat. Auch die legislative Entstehung der Partnerschaft, die nach dem Willen des

---

[78] So ausdrücklich BVerfGE 9, 338 (343).

[79] Vgl. BVerfGE 9, 338 (343) – Hervorhebung vom Verf. -

[80] Ebenso *Kleine-Cosack*, Rn. 14 zu § 43 BRAO; wohl auch *Eylmann* in AnwBl. 1996, 190; ähnlich kritisch vormals bereits *Jarass* in NJW 1982, 1833 (1835); *Pietzcker* in NJW 1988, 513 (519 f.).

[81] *Kleine-Cosack*, Rn. 14 zu § 43 BRAO.

[82] Die anwaltliche Satzungsversammlung hat am 29.11.1996 gemäß den §§ 59b, 191a ff. BRAO eine anwaltliche Berufsordnung (BORA) beschlossen, die als Beilage zu Heft 19 der NJW 1997 veröffentlicht worden ist.

[83] In Übereinstimmung hiermit hat das Bundesverfassungsgericht bereits in einer sehr frühen Entscheidung aufschlußreich formuliert: „Zudem sprechen grundsätzliche Erwägungen dagegen, im Bereiche eines kodifizierten Rechtsgebiets ein Gewohnheitsrecht anzunehmen ...“; vgl. BVerfGE 9, 109 (117).

[84] Vgl. dazu nur die zahlreichen Nachweise oben auf S. 6 in Fn. 19 der Einleitung.

[85] Vgl. zur kontinuierlich steigenden Zahl abweichender Literaturstimmen in der jüngeren Vergangenheit allerdings die Nachweise in der Einleitung, Seite 6 in Fn. 19 sowie S. 13 in Fn. 48 f.

Normgebers ausdrücklich als freiberufliche „Schwesterfigur zur OHG" konzipiert ist,[86] wäre schlechterdings nicht zu erklären, wollte man die sachlichen Ergebnisse der Judikatur, wonach die ausschließliche Darbietung originär freiberuflicher Dienstleistungen unter keinem Gesichtspunkt zum Betrieb eines Handelsgewerbes führen und dementsprechend niemals zu einer Nutzung der Personenhandelsgesellschaften berechtigen kann, nicht vorab als einen unserer Rechtsordnung allgemein als feststehend zugrunde gelegten Regelungsbestandteil ansehen. Demgemäß besteht unter den Beteiligten auch heute noch breite Übereinstimmung darin, daß die gewerblichen Rechtsformen OHG/KG für eine vollkommen isolierte Erbringung originärer, d. h. ausnahmslos rein freiberuflicher anwaltlicher Rechtsberatungsleistungen schlechterdings nicht zur Verfügung stehen.[87]

Eine *gänzlich andere Frage* ist es hingegen aber, ob die Personenhandelsgesellschaften den Rechtsanwälten auch dann nicht zur gemeinsamen Berufsausübung zugänglich sind, wenn die Berufsangehörigen *zusätzlich* zu ihrer genuin freiberuflichen Beratungs- und Vertretungstätigkeit eine berufstypische, aber gleichwohl als gewerblich eingeordnete Betätigung als rechtsgeschäftliche Treuhänder von solchen Anlagebeteiligungen aufnehmen, die dem Treugeber aufgrund ihrer besonderen zivilrechtlichen Ausgestaltung eine wirtschaftlich und steuerlich günstige Geldanlagemöglichkeit verschaffen sollen, demgemäß zivil- und steuerrechtliche Kenntnisse des Rechtsanwalts bei der treuhänderischen Verwaltung erfordern und eine Beratung der Anleger in den mit der Beteiligung und deren Verwaltung auftretenden Rechtsfragen voraussetzen. Dazu, ob den Rechtsanwälten auch unter *diesem* Aspekt – nämlich bei einer Verknüpfung der anwaltlichen Berufsausübung mit einer berufstypischen gewerblichen Treuhandtätigkeit – die gewerblichen Rechtsformen OHG und KG zur umfassenden Berufsausübung verschlossen bleiben sollen, existiert – soweit ersichtlich – kein sicher feststellbares vorkonstitutionelles Gewohnheitsrecht.

Dem steht schon entgegen, daß sich bis zum Ende der Weimarer Republik selbst innerhalb der Anwaltschaft keine eindeutige Standesauffassung zu den mit einer rechtsgeschäftlichen Treuhandtätigkeit verbundenen Rechtsfragen zu bilden vermochte. Um diese These verifizieren zu können, scheint es an dieser Stelle geboten, einmal die damalige Einstellung der Anwaltschaft zu treuhänderischen Vermögensverwaltungen kraft Vertrags etwas eingehender zu untersuchen.

Erste anwaltliche Bestrebungen, die darauf abzielten, die eigenen Beziehungen zur Wirtschaft fortan enger auszugestalten und insbesondere die Besorgung rechtswirtschaftlicher Angelegenheiten nicht ausschließlich den verschiedenen, seinerzeit in erster Linie von Großbanken gegründeten Treuhandgesellschaften zu überlassen, datieren bereits auf den Zeitraum unmittelbar vor dem Ausbruch des Ersten Weltkriegs.

Im Jahre 1911 wartete zunächst *Soldan* mit dem Vorschlag zur Gründung einer ausschließlich von Rechtsanwälten und Notaren zu bildenden „Treuhandgesellschaft mit eigener Rechtspersönlichkeit" auf, um der Wirtschaft und Kapitalanlegern eine unabhängige Stelle zur Verfügung zu stellen, die ihr Kapital verwaltete und dadurch kapitalkräftig

[86] Vgl. so die amtliche Begründung zum Gesetzentwurf der Bundesregierung; BT-Drucksache 12/6152, S. 8.

[87] Vgl. so etwa *Kornblum* in AnwBl. 1973, 153 (158); *Winters* in NJW 1988, 521 (524); Lingenberg/Hummel/Zuck/Eich-*Zuck*, Rn. 50 zu § 28 RiLi; *Hartstang*, Anwaltsrecht, S. 34; *Boele*, S. 214; *Ahrens*, Rn. 280.

genug werden sollte, um mit den verschiedenen, bereits auf Initiative einer Reihe von Kreditinstituten entstandenen Treuhandgesellschaften in Konkurrenz zu treten.[88]

Die Befürworter dieses Vorschlags legten im weiteren Verlauf Anfang des Jahres 1913 einen Organisationsplan vor, der auf einer ersten Stufe die Gründung eines Idealvereins mit der Zielsetzung in Aussicht nahm, die Ausbildung und Organisation einer in Wirtschaftsfragen besonders bewanderten „Geschäftsanwaltschaft" in die Wege zu leiten.[89] Letzten Endes sollte die Bildung des Vereins im Sinne seiner Verfechter in die nachgeschaltete Gründung einer „Treuhand deutscher Anwälte, Aktiengesellschaft" einmünden. Von dieser versprach man sich, daß sie als Tochterunternehmen die ideellen Ziele des Vereins praktisch am besten umsetzen könne und die wirtschaftlichen Möglichkeiten für eine Stärkung der anwaltlichen Konkurrenzfähigkeit gegenüber den entstandenen Treuhandgesellschaften an die Hand geben würde.

Die Aufgabe jener Treuhand-AG hätte im Ergebnis schließlich darin bestehen sollen, nicht nur die Anwaltschaft bei der Erledigung rechtswirtschaftlicher Aufgaben zu unterstützen, sondern auch selbst Treuhandgeschäfte im weitesten Sinne zu übernehmen und durchzuführen (Vermögensverwaltungen aller Art, aber auch „Liquidation, Auseinandersetzung, Gründung, Sanierung, Akkord und Moratorium, Kartelle und Syndikate, Revisionen von Büchern und Bilanzen, Steuererklärungen usw.").[90] Die Satzung der geplanten Aktiengesellschaft war hierbei darauf zugeschnitten, daß dem Verein die absolute Stimmenmehrheit gesichert bleiben sollte; während für die restlichen Aktien eine Zeichnung durch die Vereinsmitglieder erfolgen konnte. Diese Form der Doppelgesellschaft hatte man seitens der Befürworter ins Auge gefaßt, um einerseits das Unternehmen auf einer möglichst breiten Basis aufbauen und andererseits die Haftung mit Rücksicht auf weniger bemittelte Rechtsanwälte auf bestimmte Höchstbeträge limitieren zu können. Denn grundsätzlich sollte möglichst jeder deutsche Anwalt Mitglied des Vereins werden.[91]

Doch schon beinahe zeitgleich entflammte innerhalb der Anwaltschaft eine heftige Diskussion über den Sinn und die etwaigen Gefahren eines solchen Projekts, in deren Verlauf sich neben einigen Befürwortern des Gedankens mehr noch dessen Gegner zu Wort meldeten.

Dabei hob insbesondere *Soldan* als Urheber der Idee hervor, die Anwaltschaft werde bei einer weiteren eigenen Untätigkeit den lukrativen Bereich der kaufmännisch-juristi-

---

88 Vgl. dazu die eingehende historische Zusammenfassung von *Fiedler* in: Materialien zum Problem der Anwaltsgenossenschaft; S. 11 ff.

89 Diesem „Treuhänderverein deutscher Anwälte und Notare" sollte jeder Angehörige dieser Berufsgruppen gegen einen Jahresbeitrag von 30 RM beitreten können. § 1 der vorgeschlagenen Vereinssatzung lautete entsprechend der vorerwähnten Zweckrichtung: „Der Zweck des Vereins ist, das Arbeitsfeld der deutschen Rechtsanwaltschaft nach der Richtung zu sichern und zu erweitern, daß die Besorgung rechtswirtschaftlicher Angelegenheiten, als zum eigentlichen Tätigkeitsgebiet der Anwaltschaft gehörig, ihr nicht verloren geht, sondern mehr als bisher zugeführt werde; der Verein fördert daher Bestrebungen, durch geeignete Maßnahmen der Ausbildung und Organisation die Anwaltschaft besser als bisher zur Übernahme der sogenannten Geschäftsanwaltstätigkeit auszurüsten, und unterstützt sie in ihrer rechtswirtschaftlichen Tätigkeit."; zit. nach *Fiedler* in: Materialien zum Problem der Anwaltsgenossenschaft, S. 12 f.

90 *Fiedler* in: Materialien zum Problem der Anwaltsgenossenschaft, S. 13.

91 Vgl. zu alldem *Fiedler* in: Materialien zum Problem der Anwaltsgenossenschaft, S. 13.

schen Angelegenheiten in Zukunft vollständig den Treuhandgesellschaften preisgeben;[92] dies könne nur dadurch verhindert werden, daß sich der Anwalt bei der Wahrnehmung treuhänderischer Aufgaben der Beihilfe eines großen organisierten, kapitalistisch konstruierten Gesellschaftsapparats bediene.[93]

Demgegenüber wandten die Gegner einer anwaltlichen Treuhandgesellschaft ein, viele Berufsvertreter beschränkten sich auf eine rein juristische Tätigkeit und verfügten mitunter nicht über genügend Einblick in das Wirtschaftsleben, um die Aufgaben einer privativen treuhänderischen Vermögensverwaltung mit dem gewünschten Erfolg ausführen zu können.[94] Vor allem aber bilde nach der Verkehrsanschauung das persönliche Vertrauensverhältnis zwischen Anwalt und Mandant den Mittelpunkt der anwaltlichen Berufstätigkeit; die Beauftragung einer unpersönlichen Anwalts-Treuhandgesellschaft trete demgemäß unweigerlich in Widerspruch zu der sonstigen Individualität anwaltlichen Handelns und gefährde auf diese Weise deren Grundlagen.[95] Im übrigen sei es grundsätzlich für bedenklich zu erachten, wenn ein Anwalt in einem gewerblichen Unternehmen eine Anstellung nehme und so aus seiner Stellung als freier Rechtsberater in die eines Angestellten einer Gesellschaft – sei es auch einer dem anwaltlichen Interesse dienenden Gesellschaft – gerate.[96] Der Anwalt müsse vielmehr einen Gegenpol gegen die „nivellierende Tätigkeit reiner Vermögenswirtschaft“ darstellen.[97]

Nachdem verschiedene Gutachter das Projekt nachfolgend ebenfalls eher moderat bewerteten und lediglich darin übereinstimmten, daß innerhalb der Anwaltschaft ein Bedürfnis nach besserer rechtswirtschaftlicher Ausbildung bestehe, glaubte der vom Vorstand des Deutschen Anwaltvereins zum Treuhandproblem eingesetzte Gesamtausschuß die Verwirklichung des Gesamtvorhabens nicht mehr empfehlen zu können. Statt dessen schlug er dem Vorstand vor, „für die rechtswirtschaftliche Tätigkeit der Anwälte einen Treuhänderverein deutscher Anwälte zu schaffen, der eine Belehrungs-, Beratungs- und Verwaltungsstelle einzurichten und zu erhalten hat“, und diesen Verein durch ein Darlehn zu unterstützen.[98] Auf die Schaffung der eigentlichen Treuhand-Aktiengesellschaft sollte hiernach also verzichtet werden.

Doch auch diese bescheidenere Form der Gründung fand nicht die Billigung der Vertreterversammlung des Deutschen Anwaltvereins vom 7.3.1914. Nach lebhaften Auseinandersetzungen einigte man sich im Versammlungskreis schließlich auf einen noch reservierteren Beschluß, in dem die Vertreterversammlung die Förderung der rechtswirtschaftlichen Ausbildung der Anwälte und die Zuweisung rechtswirtschaftlicher Tätigkeit an solche für wünschenswert hielt und den Vorstand ermächtigte, derartige Bestrebungen finanziell zu unterstützen.[99]

Die offizielle Standesvertretung begegnete dem Gedanken an ein weiterreichendes und offenes treuhänderisches Engagement der anwaltlichen Berufsvertreter demnach mit deut-

---

92 *Soldan* in JW 1912, 330 (332).
93 *Soldan* in JW 1912, 379 (380).
94 *Henschel* in DJZ 1911, 1053 (1055); *Harnier* in JW 1912, 334.
95 *Heilberg* in JW 1912, 210 (213); *Harnier* in JW 1912, 334 (335).
96 *Heilberg* in JW 1912, 210 (214 f.).
97 *Heilberg* in JW 1912, 210 (213).
98 *Fiedler* in: Materialien zum Problem der Anwaltsgenossenschaft, S. 14.
99 Vgl. *Fiedler* in: Materialien zum Problem der Anwaltsgenossenschaft; S. 14 f.

lich sichtbarer Zurückhaltung. Offenbar wogen die vorerwähnten Bedenken gegenüber einer groß angelegten, auf Rechtsgeschäft beruhenden treuhänderischen Betätigung innerhalb der Anwaltschaft so schwer, daß die Berufstätigen mehrheitlich nicht bereit waren, gleichermaßen in eine gewerbliche Rechtsform auszuweichen, um mit den in dieser Form entstandenen Treuhandgesellschaften in Wettbewerb treten zu können. Eine im selben Jahr (1914) von *Soldan* gleichwohl gegründete „Treuhand deutscher Rechtsanwälte" blieb im Zuge des Ausbruchs des Ersten Weltkriegs stecken und zerschlug sich alsbald.[100]

In der Zeit der Weimarer Demokratie keimte die Idee einer verstärkten treuhänderischen Betätigung der Anwaltschaft sodann erneut auf. Die sich spürbar verschlechternde wirtschaftliche Situation vieler Berufsangehöriger ließ den Ruf nach einer Rückgewinnung solcher anwaltlicher Betätigungsfelder immer lauter werden, für die es an einer eigenen Monopolstellung fehlte.[101] Der immer weiter um sich greifende Einbruch nichtanwaltlicher Mitbewerber – unter anderem auch der Banken und Treuhandgesellschaften – in ehedem anwaltliches Terrain reanimierte unter Teilen der Berufsvertreter den Gedanken zur Gründung eigener, in gleicher Weise in gewerblicher Rechtsform organisierter Inkasso- und Treuhandgesellschaften, die ausdrücklich nicht den standesrechtlichen Restriktionen des Werbeverbots und der anwaltlichen Gebührenordnung unterworfen sein sollten.[102]

Nachdem eine Arbeitsgemeinschaft, basierend auf den vorangegangenen Überlegungen *Feuchtwangers*, anno 1928 eingehende Musterverträge zur örtlichen Gründung von kapitalgesellschaftlich ausgestalteten „Anwaltsgenossenschaften" erarbeitet hatte, die neben der Einziehung fremder und eigener Außenstände auch die Unterstützung der Rechtsanwaltschaft bei der Erledigung von Treuhandgeschäften im weitesten Sinne sowie die Besorgung solcher Geschäfte umfassen sollten,[103] kam es wie vorbeschrieben im Jahr 1932 schließlich zur Gründung einer Treuhand-Aktiengesellschaft durch rheinisch-westfälische Rechtsanwälte sowie zum Abschluß eines Kooperationsvertrags zwischen der bayerischen Anwaltschaft und einer Treuhand-AG in München.[104]

Doch auch in diesem Stadium allgemeiner wirtschaftlicher Not enthielt sich die anwaltliche Standesvertretung einer abschließenden Stellungnahme dazu, ob ein solches, sich auf

100 Vgl. *Fiedler* in: Materialien zum Problem der Anwaltsgenossenschaft, S. 15; *Ostler*, S. 212.

101 Vgl. zu dem damaligen Aufkommen einer wachsenden nichtanwaltlichen Konkurrenz im Bereich der Forderungsbeitreibung, der Vollstreckung sowie der treuhänderischen Betätigung hier nur *Feuchtwanger* in JW 1927, 2601 (2604); *Harten* in: Materialien zum Problem der Anwaltsgenossenschaft, S. 42 f.; siehe zu diesem Problemkreis im übrigen bereits oben im 1. Teil, S. 27 in Fn. 4.

102 Siehe dazu *Harten* in: Materialien zum Problem der Anwaltsgenossenschaft, S. 52.

103 Vgl. hierzu schon die entsprechenden Ausführungen oben im 1. Teil, S. 29 f.

Zu den Treuhandgeschäften zählten die Mitglieder der Arbeitsgemeinschaft hierbei ausdrücklich nicht nur die dem Rechtsanwalt oftmals übertragenen Mandate mit amtsähnlicher Funktion wie Testamentsvollstreckung, Konkursverwaltung, Nachlaßverwaltung, Vormundschaft etc., sondern insbesondere auch sämtliche anderen Formen treuhänderischer Vermögensverwaltungen, die auf privatem Rechtsgeschäft beruhen und also gewerblicher Natur sind. Nur rein kaufmännische Tätigkeiten, zu denen die Revisionstätigkeit und Bankgeschäfte gerechnet wurden, sollten aus dem Kreis des Unternehmensgegenstandes einer so konzipierten Anwaltsgenossenschaft ausgespart bleiben; vgl. hierzu *Harten* in: Materialien zum Problem der Anwaltsgenossenschaft, S. 47 f. sowie § 2 des Mustervertrags aaO, S. 63.

104 Siehe dazu bereits oben im 1. Teil, S. 30.

anwaltliche Selbsthilfe gründendes Handeln wegen seiner Nähe zum Gewerbe für standesrechtlich unbedenklich erachtet werden könne oder nicht. Zwar hielt der Vorstand des Deutschen Anwaltvereins die Befassung mit dem Treuhandproblem und eine Lösung desselben für vordringlich,[105] doch noch bevor er hierüber näher und endgültig befinden konnte, schloß die Machtübernahme durch die Nationalsozialisten eine selbstverantwortete und autonome Entscheidungsfindung in dieser Richtung aus.[106]

Die durch NotVO vom 18.3.1933[107] gegründete Reichs-Rechtsanwaltskammer stellte am 2.7.1934 statt dessen „Richtlinien für die Ausübung des Anwaltsberufs" auf, die in diesem Zusammenhang in Nr. 27 lediglich dunkel und undeutlich bestimmten: „Besondere Sorgfalt hat der Rechtsanwalt als Treuhänder anzuwenden. Als Treuhänder hat der Anwalt Pflichten gegenüber allen am Treuhandverhältnis Beteiligten. Sonderinteressen des Mandanten sind dabei nicht zu bevorzugen".[108] Eine weitere anwaltliche Diskussion über die Berechtigung des Einsatzes gewerblicher Rechtsformen zur Abwicklung von auf Vertrag beruhenden Treuhandgeschäften fand in diesem Stadium nicht mehr statt; die vormals in dieser Hinsicht von Teilen der Berufsangehörigen unternommenen Selbsthilfebestrebungen wurden angesichts der nun allgemein stärker betonten Scheidung der klassischen freien Professionen vom Gewerbe[109] generell nicht weiterverfolgt.

Faßt man die vorstehend erörterten Auseinandersetzungen innerhalb der Anwaltschaft um den Sinn und den Nutzen einer intensivierten treuhänderischen Betätigung zusammen, so ergibt sich, daß die diesbezüglich sichtbar werdenden Fragen in ihrem Ausgangspunkt bereits in vorkonstitutioneller Zeit konträr und lebhaft diskutiert wurden. Der auf freier Selbstbestimmung gründende Meinungsbildungsprozeß unter den Berufsangehörigen kann bis zum Ende der Weimarer Demokratie freilich unter keinem Gesichtspunkt als abgeschlossen angesehen werden.

Augenscheinlich rechneten die anwaltlichen Berufsvertreter die rechtsgeschäftliche treuhänderische Vermögensverwaltung bereits vor dem Inkrafttreten des Grundgesetzes zu einem ihrer hergebrachten und eigentümlichen Aufgabengebiete. Doch schreckte die anwaltliche Standesvertretung wegen der befürchteten Gefährdung sonstiger freiberuflicher Grundpositionen – namentlich des Persönlichkeitsbezugs und der Vertrauensgebundenheit anwaltlicher Berufstätigkeit – erkennbar davor zurück, eine rein vermögenswirtschaftliche Beschäftigung wie die als gewerblich eingeordnete rechtsgeschäftliche Treuhandtätigkeit uneingeschränkt als angestammtes Tätigkeitsfeld für die Anwaltschaft zu reklamieren und die auf diesem Sektor tätigen Berufsangehörigen durch die Schaffung einer eigenen, groß dimensionierten Anwalts-Treuhandgesellschaft offen zu unterstützen.

Auf der anderen Seite läßt sich feststellen, daß ein gewohnheitsrechtliches Verbot zur umfangreichen anwaltlichen Darbietung treuhänderischer Dienste in gewerblichen Rechts-

[105] Vgl. den Bericht *Dittenbergers* aus der Vereinstätigkeit in AnwBl. 1932, 261 f.; siehe dazu auch schon oben im 1. Teil, S. 30.

[106] Vgl. zum vorübergehenden Ende des Deutschen Anwaltvereins sowie der Auflösung der örtlichen Anwaltvereine unter dem Herrschaftsregime des Nationalsozialismus ausführlich *Ostler*, S. 229 ff.

[107] RGBl. I, S. 109, 120.

[108] Vgl. dazu nur den Abdruck der Richtlinien bei *Noack*, RAO, im Anhang S. 151 ff.

[109] Vgl. hierzu bereits oben im 1. Teil, S. 32 ff.

formen angesichts der zum Teil unternommenen Gründungen von Treuhand-Kapitalgesellschaften ebenfalls nicht überzeugend bejaht werden könnte.

Die unterschiedlichen Meinungen zur standesrechtlichen Zulässigkeit einer Durchführung gewerblicher Treuhandgeschäfte in handelsrechtlichen Gesellschaftsformen geben mittelbar zugleich Aufschluß über die Frage, ob die anwaltlichen Berufsvertreter seinerzeit auch bereits die damit einhergehenden weiteren Möglichkeiten zu einer umfassenden beruflichen Nutzung der Personenhandelsgesellschaften ermessen haben. Diese Frage wird man im Ergebnis verneinen müssen.

Die selbstverantwortete anwaltliche Diskussion über das Treuhandproblem war bis zum Zeitpunkt der nationalsozialistischen Machtergreifung ganz offensichtlich noch nicht so weit fortgeschritten, als daß die Berufsangehörigen damals auch schon die weitläufigen rechtlichen Gestaltungsspielräume realisiert hätten, die sich – unter dem Aspekt einer berufstypischen treuhänderischen Vermögensverwaltung – aus dem nun prinzipiell umfassend möglichen Zugang zu den gewerblichen Rechtsformen OHG und KG für die anwaltliche Berufstätigkeit insgesamt ergaben. Insbesondere die aus juristischer Perspektive mit der rechtsgeschäftlichen treuhänderischen Betätigung verbundene Option, auf diese Weise nunmehr auch die sonstigen, originär freiberuflichen Rechtsberatungsleistungen zivilrechtlich vollständig über die Rechtsformen der Personenhandelsgesellschaften abwickeln zu können, erschloß sich den Berufstätigen ehedem noch nicht.

Denn nachdem in vorkonstitutioneller Zeit schon die vorgelagerte Frage einer grundsätzlichen Nutzbarkeit der gewerblichen Rechtsformen zur Erbringung rein treuhänderischer Dienste standesrechtlich umstritten blieb und bis zuletzt keine eindeutige Klärung erfahren hatte, drangen die etwaigen daran anknüpfenden Problemstellungen – namentlich ob die gewerblichen Rechtsformen nach allgemeinen Rechtsgrundsätzen dann nicht auch für eine umfassende anwaltliche Berufsausübung in Betracht kommen könnten – seinerzeit beinahe zwangsläufig gar nicht erst in das Bewußtsein der anwaltlichen Berufsvertreter.

Der de lege lata zivil- und gesellschaftsrechtlich herstellbare Konnex zwischen der gewerblichen treuhänderischen Betätigung einerseits und der sonstigen, originär freiberuflichen Rechtsberatung andererseits wurde seinerzeit von den Berufsangehörigen schlichtweg noch nicht gesehen. Der in dieser Beziehung rechtlich vorhandene Gestaltungsspielraum einer allgemeinen und einheitlichen Abwicklungsfähigkeit sämtlicher anwaltlicher Leistungen über die gewerblichen Rechtsformen OHG und KG konnte damals dementsprechend auch noch gar nicht tauglicher Gegenstand einer eigenständigen standesrechtlichen Überzeugungsbildung sein. Die vorkonstitutionell innerhalb der Anwaltschaft geführte Diskussion hatte einfach noch nicht den Entwicklungsstand erreicht, der den Berufstätigen die mit der berufstypischen treuhänderischen Vermögensverwaltung verbundene Problematik einer umfassenden Zugänglichkeit der Personenhandelsgesellschaften zur anwaltlichen Berufsausübung hätte bewußt machen und deutlich greifbar vor Augen führen können.

Vor dem Hintergrund eines insofern noch gar nicht ausgebildeten Problembewußtseins scheint es im Ergebnis aber ausgeschlossen, die tatsächliche Existenz eines vorkonstitutionellen Gewohnheitsrechts dahingehend bejahen zu wollen, daß die Erbringung originär freiberuflicher Anwaltsleistungen in den gewerblichen Rechtsformen OHG und KG nach dem damaligen Willen der Berufsangehörigen auch unter dem spezifischen Blickwinkel einer parallel ausgeübten berufstypischen Treuhandtätigkeit späterhin keinesfalls in Betracht kommen sollte.

Der Umstand, daß die gewerbliche Rechtsnatur der privaten treuhänderischen Vermögensverwaltung den anwaltlichen Berufsvertretern nach allgemeinen Rechtsgrundsätzen zunächst einmal umfänglich den Zugang zu den Personenhandelsgesellschaften eröffnen würde und demgemäß prinzipiell sogar eine vollständige anwaltliche Berufsausübung in diesen Rechtsformen ermöglichte, war in Anbetracht des damals zum Treuhandproblem erreichten Diskussionsstandes seinerzeit noch in keiner Weise geistiges Allgemeingut in den Kreisen der Anwaltschaft. Die verbreitete Unkenntnis dieser Rechtslage konnte sich ehemals dementsprechend auch noch gar nicht in der tatsächlichen Bildung eines gemeinhin praktizierten, entgegenstehenden vorkonstitutionellen Gewohnheitsrechts unter den Beteiligten manifestieren.

Waren sich die anwaltlichen Berufsvertreter bis zum Erlaß des Grundgesetzes aber der weitreichenden potentiellen Zugriffsmöglichkeiten, die aus der treuhänderischen Betätigung kraft Vertrags mit Blick auf die gewerblichen Rechtsformen OHG/KG resultierten, tatsächlich gar nicht bewußt geworden, so würde die gleichwohl vertretene Auffassung, wonach eine umfassende anwaltliche Berufsausübung in den Personenhandelsgesellschaften auch unter dem Gesichtspunkt einer berufstypischen Treuhandtätigkeit durch vorkonstitutionelles Gewohnheitsrecht bindend ausgeschlossen sei, in Wahrheit auf einer bloßen Fiktion beruhen und einen rein hypothetischen Charakter haben.

Demgemäß mag es zwar ohne weiteres angehen, die durch Rechtsprechung, Rechtslehre und Anwaltschaft gemeinhin gebilligte Geschlossenheit der gewerblichen Rechtsformen OHG und KG im Fall einer isolierten und ausnahmslosen Erbringung rein freiberuflicher Anwaltsleistungen ergänzend auch auf ein vorkonstitutionelles Gewohnheitsrecht zu stützen. Wollte man jenen Gewohnheitsrechtssatz nunmehr ex post jedoch auch dahin weiterentwickeln, daß den Berufsangehörigen – in Abweichung von allgemeinen Rechtsgrundsätzen – die Personenhandelsgesellschaften selbst unter dem Aspekt einer parallel aufgenommenen berufstypischen gewerblichen Treuhandtätigkeit nicht zur umfänglichen Darbietung anwaltlicher Leistungen offenstehen sollen, so läge darin im Ergebnis die Schaffung eines neuartigen Eingriffstatbestandes mit einer erweiterten Eingriffsqualität. Die Rechtsprechung des Bundesverfassungsgerichts hat aber wiederholt ausgesprochen, daß die Weiterentwicklung bereits bestehenden Gewohnheitsrechts durch eine ergänzende und verfeinernde Auslegung im Bereich des Art. 12 I 2 GG jedenfalls dort eine Grenze finden müsse, wo sie im Ergebnis einen neuen Eingriffstatbestand mit selbständigem Belastungscharakter hervorbrächte.[110]

Die nach dem derzeitigen Berufsrecht umfassend mögliche anwaltliche Berufsausübung in einer „Anwalts-OHG/KG", welche mit dem Unternehmensgegenstand einer berufstypischen gewerblichen Treuhandtätigkeit zur Entstehung gebracht werden kann, läßt sich bei abschließender Betrachtung demnach auch nicht durch den verfehlten Hinweis auf das angebliche Bestehen eines abweichenden vorkonstitutionellen Gewohnheitsrechts unterbinden.

Ein den Anforderungen des Art. 12 I GG standhaltendes normatives Verbot zur zivilvertraglichen Abwicklung der gesamten anwaltlichen Leistungen über eine derart im Handelsregister eintragungsfähige Personenhandelsgesellschaft folgt also gleichermaßen auch nicht aus der ungeschriebenen Rechtsquelle eines vorkonstitutionellen Gewohnheitsrechts.

---

[110] Vgl. BVerfGE 15, 226 (233 f.); 22, 114 (122).

Dies gilt um so mehr, als sich jenes Rechtsinstitut nach den vorstehenden Ausführungen heutzutage in seinem prinzipiellen rechtlichen Fortbestand ohnehin schon generell durchgreifenden juristischen Bedenken ausgesetzt sieht.

c) Erlaubnispflicht einer „Anwalts-OHG/KG" nach dem RBerG?

Denkbar bliebe hiernach allenfalls, daß wenigstens die Vorschriften des RBerG einer von Rechtsanwälten in dieser Form zur umfassenden Berufsausübung gegründeten Personenhandelsgesellschaft mit Erfolg entgegengehalten werden können. Immerhin ordnet die Regelung des § 3 der 1. AVO zum RBerG ausdrücklich an, daß auch offene Handelsgesellschaften und ähnliche Vereinigungen als solche einer Erlaubnispflicht nach dem RBerG unterliegen, soweit sie eine Rechtsbesorgung als eigene vertragliche Leistung anbieten und erbringen wollen. Dabei sind unter „ähnlichen Vereinigungen" im Sinne des Gesetzes nach allgemeiner Auffassung auch Kommanditgesellschaften zu verstehen.[111]

Eine Erlaubnispflicht kann sich in diesem Zusammenhang aus § 3 1. AVO RBerG aber freilich nur ergeben, sofern die Bestimmungen des RBerG auf eine anwaltlich betriebene OHG/KG, die wegen ihrer berufstypischen Treuhandtätigkeit im Handelsregister eingetragen worden ist und umfänglich zur anwaltlichen Berufsausübung dient, überhaupt anzuwenden sind.

Dazu bestimmt die Vorschrift des Art. 1 § 3 Nr. 2 RBerG, daß die anwaltliche Berufstätigkeit von den Bestimmungen des Gesetzes nicht berührt wird. Die dadurch bewirkte Aussparung der freien Anwaltstätigkeit aus dem Anwendungsbereich des RBerG ist eine Folge des Umstands, daß der Rechtsanwalt kraft seiner langjährigen beruflichen Ausbildung ohnehin als der originär berufene unabhängige Berater und Vertreter in allen Rechtsangelegenheiten gilt (§ 3 I BRAO) und seine Unterstellung unter das RBerG aufgrund der bereits bestehenden berufsrechtlichen Bindungen weder geboten noch zweckmäßig erscheint, um für das ratsuchende Publikum einen Schutz vor unqualifizierter Rechtsbesorgung zu gewährleisten. Hinzu tritt die mit der Entstehungsgeschichte in Zusammenhang stehende Erwägung, wonach das RBerG dem Anwaltsstand zumindest im Sinne einer objektiven Reflexwirkung Schutz gegen den Wettbewerb solcher die Rechtsbesorgung ausübender Personen vermitteln sollte, die keinen berufsrechtlichen, gebührenrechtlichen oder ähnlichen im Interesse der Rechtspflege gesetzten Schranken unterliegen.[112] Mit dieser legislativen Zielsetzung wäre es nur schwer vereinbar gewesen, wenn man daneben auch die anwaltliche Berufstätigkeit selbst dem Geltungsbereich des RBerG hätte unterstellen wollen.

---

[111] *Altenhoff/Busch/Chemnitz*, Rn. 927 zu § 3 1. AVO RBerG; *Rennen/Caliebe*, Rn. 1 zu § 3 1. AVO RBerG.

[112] Vgl. dazu den bereits oben im 1. Teil, Seite 32 in Fn. 2, zitierten Passus aus der amtlichen Begründung zum RBerG; siehe ferner nur BGHZ 15, 315 (317 u. 321); BGH in NJW 1967, 1558 (1559 f.); *Dumoulin* in NJW 1966, 810, sowie aus neuerer Zeit BVerwG, Beschluß v. 6.12.1988, – Az: 1 B 157.88 –, veröffentlicht in Buchholz, Abt. 35-5, Nr. 43 zum RBerG, 8 (9); KG in BRAK-Mitt. 1997, 132 (133 f.); *Zuck* in JZ 1988, 558; Henssler/Prütting-*Weth*, Rn. 7 ff. Einl zum RBerG; *Piper* in FS für Odersky (1996), 1063 (1078 f.).

Demnach lassen sich aus dem RBerG grundsätzlich keine weiteren rechtlichen Restriktionen für eine anwaltliche Berufsausübung ableiten, es sei denn, der betroffene Rechtsanwalt übt seine Berufstätigkeit nicht als freier Anwalt, sondern als sog. angestellter Syndikus im Rahmen eines ständigen Dienst- oder Beschäftigungsverhältnisses zu einem berufsfremden Dritten aus.[113] Die für den Syndikus geltende Einschränkung rechtfertigt sich hierbei aus der Überlegung heraus, daß die von ihm aufgrund des Anstellungsverhältnisses geleistete Rechtsberatung nicht im eigenen Namen erfolgt, sondern rechtlich dem berufsfremden Dienstherrn zuzurechnen ist.[114] Der berufsfremde Dienstherr wiederum soll eine ihm gegebenenfalls fehlende Rechtsbesorgungsbefugnis aber nicht allein dadurch „ersetzen" können, daß er zur uneingeschränkten Rechtsberatung befugte Rechtsanwälte beschäftigt, sondern er muß in eigener Person zu einer entsprechenden Rechtsbesorgung nach dem RBerG autorisiert sein.[115] Demgemäß kann der Syndikus in seiner Eigenschaft als Angestellter des berufsfremden Dritten Rechtsangelegenheiten für diesen nur in dem gleichem Umfang erledigen, in welchem auch der Dienstherr selbst rechtsbesorgend tätig werden darf.[116]

Auf der Grundlage dieser Norminterpretation ist davon auszugehen, daß eine von Rechtsanwälten gegründete, wegen ihrer berufstypischen Treuhandtätigkeit im Handelsregister eingetragene OHG/KG gemäß Art. 1 § 3 Nr. 2 RBerG selbst dann keiner Erlaubnispflicht nach dem RBerG unterliegt, wenn die assoziierten Berufsvertreter ihre gesamten anwaltlichen Rechtsberatungsleistungen vertraglich über diese Rechtsformen abwickeln. Denn die so zur gemeinsamen Berufsausübung verbundenen Rechtsanwälte bleiben auch in dieser Konstellation selbständig und auf eigene Rechnung tätig. Die bloße Nutzung der an sich den Gewerbetreibenden vorbehaltenen Personenhandelsgesellschaften führt nicht dazu, daß die Berufstätigen dadurch in ein abhängiges Beschäftigungsverhältnis zu einem berufsfremden Dritten treten, der auf diese Weise die Pflicht zur Einholung einer ihm selbst fehlenden Rechtsbesorgungsbefugnis umgehen könnte.

Diese Gesetzesauslegung erfährt eine zusätzliche Bestätigung durch den Umstand, daß auch Anwaltssozietäten und Anwaltspartnerschaften nicht den Bestimmungen des RBerG unterfallen und mithin keiner gesonderten Erlaubnispflicht nach diesem Gesetz unterliegen. Zwar entspricht es allgemeiner Meinung, daß grundsätzlich auch eine nach den §§ 705 ff. BGB gebildete Gesellschaft bürgerlichen Rechts im Fall einer geschäftsmäßigen Rechtsbesorgung einer eigenständigen Erlaubnis gemäß § 3 der 1. AVO zum RBerG bedarf.[117] Ein in dieser Form zur anwaltlichen Berufsausübung gebildeter Zusammenschluß bleibt aber über die Regelung des Art. 1 § 3 Nr. 2 RBerG gleichwohl vollständig von dem

---

[113] Vgl. zu diesem einschränkenden Erfordernis im Hinblick auf die Anwendbarkeit des Art. 1 § 3 Nr. 2 RBerG *Altenhoff/Busch/Chemnitz*, Rn. 379 zu Art. 1 § 3 Nr. 2 RBerG; *Rennen/Caliebe*, Rn. 23 zu Art. 1 § 3 Nr. 2 RBerG; Henssler/Prütting-*Weth*, Rn. 19 zu Art. 1 § 3 RBerG.

[114] *Altenhoff/Busch/Chemnitz*, Rn. 379 zu Art. 1 § 3 RBerG.

[115] *Altenhoff/Busch/Chemnitz*, Rn. 379 zu Art. 1 § 3 RBerG; vgl. dazu im übrigen die Regelung des § 6 RBerG und insbesondere das in § 6 II RBerG niedergelegte Umgehungsverbot.

[116] Henssler/Prütting-*Weth*, Rn. 8 f. zu Art. 1 § 6 RBerG.

[117] *Rennen/Caliebe*, Rn. 1 zu § 3 1. AVO RBerG; *Altenhoff/Busch/Chemnitz*, Rn. 927 zu § 3 1. AVO RBerG; *Taupitz* in JZ 1994, 1100 (1106); *Piper* in FS für Odersky (1996), 1063 (1080).

Geltungsbereich des RBerG ausgenommen.[118] Gleiches gilt für eine von Rechtsanwälten zur gemeinsamen Berufsausübung gegründete Partnerschaft, und dies, obwohl jene spezifisch den Angehörigen der Freien Berufe vorbehaltene Rechtsform ebenso wie die Personenhandelsgesellschaften ansonsten schon kraft Gesetzes über eine *eigene* Rechtsfähigkeit verfügt.[119]

Der Referentenentwurf zur Regelung der „Rechtsanwaltsgesellschaft mit beschränkter Haftung" mit Stand vom 17.3.1997 wollte in seinem Art. 3 die Anwalts-Partnerschaft ursprünglich sogar ausdrücklich vom Anwendungsbereich des RBerG ausnehmen. Zu diesem Zweck sollte Art. 1 § 3 Nr. 2 RBerG wie folgt geändert werden: „Durch dieses Gesetz werden nicht berührt ... 2. die Berufstätigkeit der Notare und sonstigen Personen, die ein öffentliches Amt ausüben, der Rechtsanwälte, *Rechtsanwaltsgesellschaften mit beschränkter Haftung*, Patentanwälte, *Patentanwaltsgesellschaften mit beschränkter Haftung sowie die geschäftsmäßige Rechtsbesorgung von Partnerschaftsgesellschaften, die durch im Rahmen ihrer beruflichen Befugnisse handelnde Rechtsanwälte oder Patentanwälte tätig werden*".[120]

Nach den vorstehenden Ausführungen zum Schutzzweck des RBerG hätte die zunächst beabsichtigte Gesetzesfassung nun freilich nicht den juristischen Umkehrschluß erlaubt, daß Personenhandelsgesellschaften, die von Rechtsanwälten über die Verknüpfung mit einer berufstypischen gewerblichen Treuhandtätigkeit auch zur allgemeinen Rechtsberatung eingesetzt werden können, infolge ihrer Nichtaufführung in Art. 3 Nr. 2 RBerG fortan einer selbständigen Erlaubnispflicht nach dem RBerG unterfallen wären. Denn für die generelle Unanwendbarkeit des RBerG ist es nach dem Vorstehenden grundsätzlich ohne Belang, in welcher Rechtsform Rechts- und Patentanwälte ihre juristischen Dienstleistungen gegenüber dem ratsuchenden Publikum anbieten; eine Erlaubnispflicht greift nach der ratio legis des Gesetzes vielmehr erst dort ein, wo die Rechtsberatung aufgrund eines abhängigen Beschäftigungsverhältnisses für einen berufsfremden Dienstherrn geleistet wird und daher rechtlich dem Dritten zuzurechnen ist. Diese Situation ist mit Blick auf die

---

118 Ebenso *Piper* in FS für Odersky (1996), 1063 (1080); im Ergebnis auch *Taupitz* in JZ 1994, 1100 (1106) – Eine andere rechtliche Bewertung würde zu dem gänzlich unhaltbaren Ergebnis führen, daß eine von Rechtsanwälten zwecks gemeinsamer Berufsausübung gegründete Sozietät um eine Rechtsbesorgungserlaubnis nach dem RBerG nachsuchen müßte, die ihr von der zuständigen Justizbehörde nachfolgend nicht einmal erteilt werden könnte. Denn das 5. BRAGOÄndG v. 18.8.1980 (BGBl. I, 1503) hat in seinem Art. 2 den Beruf des Vollrechtsbeistands in verfassungsrechtlich unbedenklicher Weise geschlossen (vgl. dazu BVerfGE 75, 246, 264 ff.), so daß seither nur noch Teilerlaubnisse zur Rechtsbesorgung für die in Art. 1 § 1 I 2 RBerG abschließend aufgeführten Sachbereiche beantragt und bewilligt werden können, vgl. *Rennen/Caliebe*, Rn. 51 zu Art. 1 § 1 RBerG; *Altenhoff/Busch/Chemnitz*, Rn. 8 in der Vorbem. zum RBerG sowie Rn. 245, 249 zu Art. 1 § 1 RBerG. Die Option, dem Antragsteller eine Erlaubnis zur umfassenden und uneingeschränkten Rechtsbesorgung auf allen Rechtsgebieten zu gewähren, sieht das RBerG als zulässige Rechtsfolge also schon seit längerem nicht mehr vor. Vor diesem Hintergrund sowie in Anbetracht der Entstehungsgeschichte und Zielrichtung des RBerG erschiene es schlicht sinnwidrig, eine Anwaltssozietät den Vorschriften dieses Gesetzes unterfallen zu lassen.

119 Vgl. dazu nur § 7 II PartGG i. V. m. § 124 HGB.

120 Vgl. den Abdruck in „Blick durch die Wirtschaft" v. 29.4.1997, Seite 9 sowie in ZIP 1997, 1518 (1522).

selbständige Berufstätigkeit als Gesellschafter einer „Anwalts-OHG/KG" aber, ebenso wie bei einer Anwalts-Partnerschaft oder einer Anwaltssozietät, von vornherein nicht gegeben.

Die anfänglich geplante Neufassung des Art. 1 § 3 Nr. 2 RBerG und die dort vorgesehene explizite Aussparung der Anwalts-Partnerschaft aus dem Anwendungsbereich des Gesetzes hätte, in Übereinstimmung mit der Begründung des Referentenentwurfs, folglich nur klarstellenden Charakter haben können;[121] für eine „Anwalts-OHG/KG" und eine Anwaltssozietät hätte – trotz ihrer Nichtaufführung in Art. 3 Nr. 2 RBerG – hiernach ohne weiteres dasselbe wie für eine Anwalts-Partnerschaft gelten müssen. In Ansehung der zunächst geplanten Gesetzesänderung des Art. 1 § 3 Nr. 2 RBerG hätte sich für Personenhandelsgesellschaften und Gesellschaften bürgerlichen Rechts, die von Rechtsanwälten zur gemeinschaftlichen anwaltlichen Berufsausübung genutzt werden, fortan also keinesfalls ein Umkehrschluß zu der dort explizit aufgeführten Anwalts-Partnerschaft gerechtfertigt, sondern es wäre statt dessen allenfalls ein Analogieschluß zu dieser spezifisch freiberuflichen Rechtsform in Betracht gekommen.

In Erkenntnis dessen verzichtet der zwischenzeitlich am 18.11.1997 vom Bundeskabinett gebilligte Regierungsentwurf in seinem Art. 3 nunmehr auch ausdrücklich darauf, die Anwalts-Partnerschaft explizit vom Anwendungsbereich des RBerG auszunehmen. Die jetzt vorgesehene Änderung des Art. 1 § 3 Nr. 2 RBerG beschränkt sich statt dessen zu Recht allein auf die Feststellung, daß die Berufstätigkeit der Rechtsanwalts- und Patentanwaltsgesellschaften mit beschränkter Haftung durch das RBerG nicht berührt wird.[122]

Hiernach läßt sich generell feststellen, daß die anwaltliche Berufstätigkeit, soweit sie nicht aufgrund einer abhängigen Syndikusstellung im Namen und für Rechnung eines berufsfremden Dienstherrn geleistet wird, auch im Fall einer kooperativen Leistungserbringung unter keinem Gesichtspunkt an den Vorschriften des RBerG zu messen ist. Dabei ist es für die Nichtanwendbarkeit des RBerG im übrigen ohne Belang, in welchen Rechtsformen sich die Berufsvertreter zusammengeschlossen haben, um ihre anwaltlichen Leistungen gegenüber dem ratsuchenden Publikum anzubieten.[123] Ebenso wie die Partnerschaft, die nach dem Willen des Gesetzgebers ohnehin als freiberufliche „Schwesterfigur zur OHG" konzipiert ist,[124] unterfallen daher auch die Personenhandelsgesellschaften nicht dem Anwendungsbereich des RBerG, sofern sie wegen einer berufstypischen anwaltlichen Treuhandtätigkeit im Handelsregister eingetragen worden sind und von Rechtsanwälten umfassend zur anwaltlichen Berufsausübung genutzt werden.

---

[121] Siehe dazu die entsprechende Dokumentation der Entwurfsbegründung in ZIP 1997, 1518 (1523): „Zudem wird *klargestellt*, daß die von Anwaltspartnerschaften ausgeübte geschäftsmäßige Rechtsbesorgung nicht den Bestimmungen des Rechtsberatungsgesetzes unterfällt, wenn sie von in der Partnerschaft tätigen Rechts- oder Patentanwälten im Rahmen ihrer beruflichen Befugnisse erbracht wird." – textliche Hervorhebung vom Verfasser.

[122] Vgl. dazu das entsprechend veränderte Regelungskonzept des Regierungsentwurfs zur Regelung der „Anwalts-GmbH" in BR-Drucksache 1002/97, S. 10, mit diesbezüglicher Begründung, S. 21 f.

[123] Ebenso – allerdings im Kontext mit der insoweit durchaus fragwürdigen „Anwalts-GmbH", die als eigenständige juristische Person (bislang) nicht unter das anwaltliche Berufsrecht fällt und gleichwohl den abhängig beschäftigten Rechtsanwalt kennt – auch *Henssler* in DB 1995, 1549; *Bellstedt* in AnwBl. 1995, 573 (577); *Kaiser/Bellstedt*, Rn. 568; *Piper* in FS für Odersky (1996), 1063 (1078).

[124] Vgl. die amtliche Begründung zum Gesetzentwurf der Bundesregierung; BT-Drucksache 12/6152, S. 8.

d) *Zwischenergebnis und Ausblick*

Das apodiktische Verdikt, wonach sich Rechtsanwälte de lege lata zwecks gemeinsamer Berufsausübung weder zu einer OHG noch zu einer KG zusammenschließen können,[125] dürfte sich in dieser undifferenzierten Form nach alledem daher zukünftig nicht weiter aufrechterhalten lassen. Weil etwa die gewerbliche treuhänderische Vermögensverwaltung von solchen Kapitalanlagebeteiligungen, die dem Treugeber nach ihrer besonderen zivilrechtlichen Gestaltung eine wirtschaftlich und steuerlich günstige Geldanlagemöglichkeit verschaffen sollen, im Regelfall auch eine entsprechende Beratung der Anleger in zivil- und steuerrechtlichen Rechtsfragen erfordert und aufgrund dessen dem berufstypischen anwaltlichen Tätigkeitskreis zuzurechnen ist,[126] besteht für anwaltliche Berufsvertreter zur Zeit die Option, eine OHG/KG mit einem dahin lautenden treuhänderischen Unternehmensgegenstand im Handelsregister eintragen zu lassen und sodann – mangels einschlägiger Verbotsregeln – auch die sonstige, ausschließlich als freiberuflich zu qualifizierende anwaltliche Rechtsberatung vollständig über die Personenhandelsgesellschaft zu leisten.

Die den Berufsangehörigen hieraus sodann potentiell erwachsenden rechtlichen Gestaltungsspielräume lassen sich aufgrund des berufsrechtlich weithin vorhandenen Regelungsvakuums freilich nur schwer einschätzen. Immerhin ergäbe sich aus § 59a BRAO über den dort zugrunde zu legenden weiten Sozietätsbegriff, daß neben Rechtsanwälten lediglich die Angehörigen anderer sozietätsfähiger Freier Berufe als persönlich haftende Gesellschafter oder Kommanditisten in Betracht kommen. Die in der Anwaltschaft teilweise erhobenen und in erster Linie rechtspolitisch motivierten Forderungen, auch eine gemeinsame Berufsausübung mit den Angehörigen weiterer freier Professionen berufsrechtlich zuzulassen,[127] wären auf dem „Umweg" über eine Personenhandelsgesellschaft, die wegen

---

125 Vgl. so – freilich unter Außerachtlassung der Handlungsspielräume, die sich aus der Verbindung der originär freiberuflichen Anwaltstätigkeit mit einer berufstypischen rechtsgeschäftlichen Treuhand erzielen lassen – noch die oben auf Seite 318 in Fn. 87 genannten Autoren.

126 Vgl. BGHZ 120, 157 (159 f.); BGH in NJW 1995, 1025 (1027).

127 Vgl. so etwa *Busse* in AnwBl. 1994, 482 (486); *Redeker* in AnwBl. 1996, 503 (511), die aaO de lege ferenda für erweiterte Assoziierungsmöglichkeiten mit Ärzten, Architekten, Ingenieuren und Unternehmensberatern eintreten; ähnlich *Römermann*, S. 91 ff.; *Michalski/Römermann* in NJW 1996, 3233 (3234 ff.) unter Hinweis darauf, daß eine Wahrung des anwaltlichen Berufsgeheimnisses hinsichtlich der vorgenannten, teilweise nicht unter die §§ 53 I Nr. 3, 97 I, II StPO; 203 I Nr. 1 -3 StGB fallenden Berufsgruppen auch in befriedigender Weise über die §§ 53a, 97 IV StPO, 203 III StGB erreicht werden könne. Ob man einen gleichberechtigten und zur gemeinsamen Berufsausübung verbundenen Mitgesellschafter eines anderen Freien Berufs allerdings tatsächlich als „Gehilfen" des Rechtsanwalts im Sinne dieser strafrechtlichen Vorschriften wird ansehen können, dürfte angesichts der bloßen Unterstützungstätigkeit, die der Gehilfeneigenschaft nach dem Wortsinn immanent ist (vgl. dazu nur *Dreher/Tröndle*, Rn. 11 zu § 203 StGB), zumindest fragwürdig erscheinen.

Der Gesetzgeber jedenfalls ist davon ausgegangen, daß ein effektiver Geheimnisschutz für den Mandanten nur dadurch zu erreichen ist, daß die mit dem Rechtsanwalt in einem Büro tätigen Angehörigen anderer Berufe in gleicher Weise wie dieser der Verschwiegenheitspflicht und den damit korrespondierenden Aussageverweigerungsrechten und Beschlagnahmeverboten unterfallen; vgl. so ausdrücklich BT-Drucksache 12/4993, S. 34. Dabei ist auch zu bedenken, daß die berufsrechtlich begründeten Verschwiegenheitspflichten, die den Angehörigen der gegenwärtig mit dem Rechtsanwalt sozietätsfähigen freien Professionen auferlegt sind, über die in § 203 StGB strafrechtlich sanktionierte Geheimhaltungspflicht weit hinausgehen und insbesondere schon ein fahrlässiger Pflichtenver-

ihrer berufstypischen anwaltlichen Treuhandtätigkeit im Handelsregister eingetragen worden ist, daher gewiß ebenfalls nicht zu realisieren.

Des weiteren ließe sich aus § 59a BRAO ableiten, daß ausschließlich natürliche Personen als Gesellschafter einer derart zur anwaltlichen Berufsausübung gegründeten Personenhandelsgesellschaft in Betracht kommen. Ebensowenig wie eine Anwaltssozietät oder eine Anwalts-Partnerschaft die Mitgesellschafterstellung einer juristischen Person kennen,[128] könnten sich auch an einer entsprechenden OHG/KG keine Kapitalgesellschaften als Komplementäre bzw. Kommanditisten beteiligen. Insbesondere der Betrieb einer Rechtsanwaltsgesellschaft in der Gestalt einer GmbH & Co KG stünde somit, geradeso wie dies vergleichbar auch in den Bereichen der Steuerberatung und Wirtschaftsprüfung gilt, unter keinem Aspekt als gangbare rechtliche Handlungsalternative zur Diskussion.[129]

---

stoß eine berufsgerichtliche Ahndung nach sich ziehen kann; vgl. dazu die §§ 57 I, 89 I StBerG, 43 I, 67 I, 130 I 1 WPO. Die Reichweite des berufsrechtlichen Geheimnisschutzes entspricht bei den heute assoziierungsfähigen rechts- und wirtschaftsberatenden Berufen somit den gleichlautenden Vorgaben des anwaltlichen Berufsrechts, das die Verschwiegenheitspflicht in § 43a II BRAO ausdrücklich zu den anwaltlichen Grundpflichten rechnet und über § 113 I BRAO ebenfalls bereits eine fahrlässige Pflichtverletzung genügen läßt, um daran berufsgerichtliche Maßnahmen anzuknüpfen; vgl. nur Feuerich/Braun-*Braun*, Rn. 12 zu § 43a BRAO; *Haas* in FS für Schippel (1996), 631 (632 in Fn. 5). Bei anderen freien Professionen, die zum Teil keine Verkammerung und keine näheren berufsrechtlichen Bindungen aufweisen (z. B. Unternehmensberater), fehlt es demgegenüber an einer derart umfassenden rechtlichen Absicherung des Geheimnisschutzes; vgl. zur verfassungsrechtlichen Unbedenklichkeit des Sozietätsverbots zwischen Rechtsanwalt und Unternehmensberater im übrigen auch AnwGH Baden-Württemberg in NJW-RR 1995, 1017 (1018 f.).

[128] Mit Blick auf die Partnerschaft gilt dies – unabhängig von einzelnen Berufsrechten – kraft der Regelung des § 1 I 3 PartGG im übrigen bereits auf gesellschaftsrechtlicher Grundlage für die Angehörigen aller freien Professionen.

[129] Unrichtig in diesem Zusammenhang *Sproß* in AnwBl. 1996, 201 (203 ff.), wonach das Verfassungsrecht über Art. 12 I GG i. V. m. Art. 3 GG unter anderem auch die Zulassung einer Rechtsanwalts-Kommanditgesellschaft in Form einer GmbH & Co KG gebiete (!), da den entstehungsgeschichtlich jüngeren Freien Berufen der Wirtschaftsprüfer und Steuerberater diese Handlungsform ebenfalls zur Verfügung stehe.

Unbeschadet des Umstands, daß der Gesetzgeber aufgrund des ihm zukommenden legislativen Gestaltungsspielraums ohnehin dazu berechtigt wäre, verschiedene berufliche Tätigkeitsfelder normativ unterschiedlich auszugestalten, geht diese Argumentation in concreto schon deshalb fehl, weil auch das Berufsrecht der Steuerberater seit dem 4. StBerGÄndG v. 9.6.1989 (BGBl. I, 1062) generell nur natürliche Personen als taugliche Gesellschafter von neu gegründeten Steuerberatungsgesellschaften zuläßt; vgl. dazu die seitherige Regelung des § 50a I Nr. 1, 3, 4 StBerG sowie *Gehre*, Rn. 5 u. 7 zu § 50a StBerG; Kuhls-*Meurers*, Rn. 9 zu § 50a StBerG. Aber selbst vor diesem Zeitpunkt war es den Berufsangehörigen unstreitig verwehrt, eine Steuerberatungs-KG in der Form einer GmbH & Co KG zu errichten. Denn die Vorschrift des § 50 I-III StBerG sieht als persönlich haftende Gesellschafter lediglich natürliche Personen vor, so daß eine juristische Person auch unter diesem Gesichtspunkt nicht zum Komplementär einer Steuerberatungs-KG bestellt werden kann; vgl. *Gehre*, Rn. 8 zu § 49 StBerG; Kuhls-*Meurers*, Rn. 9 zu § 49 StBerG; *Meng*, S. 58; *Mittelsteiner* in DStR 1978, 123 in Fn. 5; *Ring* in StB 1991, 41 (42); *Bayer/Imberger* in DZWiR 1993, 309 (316 in Fn. 106); *Stehle/Longin*, S. 23 f.; *Stehle* in FS der Berufsakademie Villingen-Schwenningen (1995), 458 (466). Gleiches gilt über die §§ 28 I-III, 130 II WPO im übrigen auch für Wirtschafts- und Buchprüfungsgesellschaften in der Rechtsform einer KG; vgl. dazu WP-Hdbuch-*Kaminski*, Bd. I, Teil A, Rn. 104. Der Hinweis von *Sproß*, aaO, auf eine entsprechende Rechtslage bei anderen wirtschaftsnahen freien Professionen

Im übrigen wirft das Fehlen einschlägiger berufsrechtlicher Vorschriften allerdings eine Reihe weiterer Rechtsfragen auf, deren Klärung sich nicht ohne weiteres aus den Wertungen des anwaltlichen Berufsrechts deduzieren läßt. So erscheint beispielsweise ungewiß, ob bei einer interprofessionell zusammengesetzten KG die Mehrheit der im Handelsregister eingetragenen Kommanditeinlagen – ähnlich der vergleichbaren Regelung des § 28 IV Nr. 4 WPO – von Rechtsanwälten übernommen werden müßte, oder ob ein solcher Vorbehalt entsprechend der Bestimmung des § 50a I Nr. 4 StBerG nicht zu fordern wäre. Ebenso offen mutet an, ob die Majorität der Kommanditisten-Stimmrechte sinngleich zur Vorschrift des § 28 IV Nr. 5 WPO bei den anwaltlichen Berufsvertretern zu verbleiben hat oder eine derartige Einschränkung wie im Berufsrecht der Steuerberater (vgl. § 50a IV Nr. 5 StBerG) keine Geltung beanspruchen dürfte.[130]

Aufgrund des Umstands, daß einige anwaltliche Berufsvertreter in neuerer Zeit insbesondere die KG aufgrund ihrer Haftungsbeschränkungsmöglichkeiten als adäquate Rechtsform zur anwaltlichen Berufsausübung ansehen,[131] dürfte abzuwarten bleiben, ob die Rechtspraxis dem Gesetzgeber Anlaß geben wird, sich in Zukunft näher mit der Thematik einer Personenhandelsgesellschaft zu befassen, die mit dem Unternehmensgegenstand einer berufstypischen anwaltlichen Treuhandtätigkeit im Handelsregister eingetragen worden ist und von den betreffenden Berufsangehörigen sodann umfassend zur Erbringung anwaltlicher Leistungen genutzt wird. Dabei würde sich im Ergebnis zum einen die Frage stellen, ob den Berufsvertretern die gegenwärtig vorhandenen rechtlichen Gestaltungsspielräume überhaupt belassen werden sollten, und zum anderen bliebe – bei positivem Entscheid dieses Sachverhalts – auf einer zweiten Stufe zu klären, welche weiteren berufsrechtlichen Restriktionen gegebenenfalls de lege ferenda für eine anwaltliche Berufsausübung in den gewerblichen Rechtsformen der Personenhandelsgesellschaften zu gelten hätten.

---

erweist sich daher bei näherer Betrachtung schon im Ausgangspunkt als sachlich unzutreffend und deshalb nicht zugkräftig.

[130] Der Gesetzgeber begründete die Einführung einer entsprechenden Kapital- und Stimmrechtsmehrheit im Bereich der Wirtschaftsprüfung durch Art. 6 des Bilanzrichtlinien-Gesetzes v. 19.12.1985 (BGBl. I, 2355) vornehmlich mit der Erwägung, daß die Beteiligung Berufsfremder an solchen Gesellschaften generell nur schwer mit der Ausübung eines Freien Berufs zu vereinbaren sei; vgl. die Beschlußempfehlung und den Bericht des Rechtsausschusses (6. Ausschuß) zum Entwurf des Gesetzes zur Durchführung u. a. der Achten EG-Richtlinie zur Koordinierung des Gesellschaftsrechts, BT-Drucksache 10/4268, S. 136 f. i. V. m. S. 93 f. Auf der Grundlage dieser Argumentation, die allgemein die Prinzipien der Freiberuflichkeit betont, schiene es an sich nur folgerichtig, auch in Ansehung der klassisch freiberuflichen Profession des Rechtsanwalts für das Erfordernis einer gleichlautenden Kapital- und Stimmrechtsmehrheit der anwaltlichen Berufsvertreter an den Kommanditeinlagen einer „Anwalts-KG" einzutreten.

[131] Vgl. *Jungk* in AnwBl. 1996, 297 (301 f.); *Sproß* in AnwBl. 1996, 201 (203 ff.).

Die vorgenannten Autoren treten freilich entweder lediglich de lege ferenda für eine sog. „Anwalts-KG" ein (so *Jungk*, aaO), oder sie leiten die Zulässigkeit einer entsprechenden anwaltlichen Berufsausübung unter Verweis auf die Rechtslage bei Wirtschaftsprüfern und Steuerberatern unmittelbar aus dem Verfassungsrecht ab (so zu Unrecht *Sproß*, aaO; vgl. dazu auch schon oben Fn. 129). Die bereits de lege lata vorhandenen kautelarjuristischen Gestaltungsmöglichkeiten, die aus dem Konnex zwischen einer berufstypischen anwaltlichen Treuhandtätigkeit einerseits und der sonstigen, originär freiberuflichen Anwaltsbetätigung andererseits resultieren, scheinen daher von diesem Teil der Anwaltschaft bislang (noch) nicht erkannt worden zu sein.

In Anbetracht der vorstehend erörterten, in bezug auf die Rechtsformen der OHG und KG en detail jeweils verschieden weit reichenden freiberuflichen Handlungsoptionen taucht nachfolgend unweigerlich das Problem auf, ob die Personenhandelsgesellschaften nicht im Einzelfall durch die sinnvolle Kombination mit einer „passenden“ gewerblichen Betätigung potentiell auch für die Angehörigen der freien Professionen als interessante Alternative zur freiberuflichen Leistungserbringung in der Gesellschaft bürgerlichen Rechts erscheinen könnten. Wesentliche Prüfsteine, die aus der Warte der Freiberufler maßgeblich zu einer Klärung jener Frage beitragen dürften, ergeben sich hierbei einerseits aus den haftungsrechtlichen und andererseits aus den steuerrechtlichen Folgewirkungen, die mit einer etwaigen Berufstätigkeit in den Rechtsformen der OHG und KG einhergehen.

II. Die Haftungssituation bei der Erbringung freiberuflicher Leistungen in den Rechtsformen der Personenhandelsgesellschaften

Bei der rechtlichen Beurteilung der Haftungslage, wie sie sich für die Angehörigen der freien Professionen im Fall einer Berufsausübung in den Personenhandelsgesellschaften ergibt, bietet sich naturgemäß eine Differenzierung nach den beiden Gesellschaftstypen OHG und KG an. Dabei kann sich die nähere Darstellung der Haftungsfolgen bei der Kommanditgesellschaft im wesentlichen auf eine Schilderung der Unterschiede beschränken, wie sie im Verhältnis zur offenen Handelsgesellschaft bestehen.

1. Die Haftungssituation in der „Freiberufler-OHG“

Nimmt man bei der rechtlichen Bewertung der Haftungslage in den Personenhandelsgesellschaften die Position der freiberuflich Tätigen zum Maßstab, so wird sich für die OHG wohl nur schwerlich die Feststellung einer erhöhten Attraktivität im Vergleich zur Freiberufler-Sozietät treffen lassen.

a) Die grundsätzliche Haftungslage in einer „Freiberufler-OHG“

Auch bei einer gemeinsamen Berufsausübung in einer offenen Handelsgesellschaft, die von den Angehörigen der freien Professionen wie vorbeschrieben lediglich durch die ergänzende Aufnahme einer sachlich „benachbarten“ gewerblichen Betätigung gegründet und zur Eintragung im Handelsregister gebracht werden kann, haften die assoziierten Berufsvertreter dem Auftraggeber – „akzessorisch“ neben dem mit eigener Rechtsfähigkeit ausgestatteten Gesamthandsvermögen – als Gesamtschuldner persönlich, unmittelbar und unbeschränkt für die Verbindlichkeiten der Gesellschaft (§ 128 Satz 1 HGB). Zudem kann die persönliche Gesellschafterhaftung gegenüber dem Ratsuchenden schon kraft ausdrücklicher gesetzlicher Anordnung nicht durch eine interne Vereinbarung unter den Berufstätigen begrenzt oder ausgeschlossen werden (§ 128 Satz 2 HGB).

Im Zuge dessen hat hiernach selbst die Kenntnis des Auftraggebers von der Existenz einer solch internen, auf Haftungsbeschränkung abzielenden Übereinkunft zwischen den Gesellschaftern für sich betrachtet keinerlei Bedeutung für deren fortbestehende Haftung im Außenverhältnis.[132] Auch die Frage nach der rechtlichen Zulässigkeit des „einseitigen“ Betriebs einer „OHG mit beschränkter Gesellschafterhaftung“ stellt sich aufgrund der eindeutigen Gesetzeslage gar nicht erst. In Anbetracht der Regelung des § 128 Satz 2 HGB ist der Möglichkeit zu einem solchen Auftreten im Rechtsverkehr bereits von vornherein die denkbare rechtliche Grundlage entzogen.[133] Ein merklicher Unterschied zu der für eine Freiberufler-Sozietät geltenden Rechtslage, bei der eine vergleichbar „einseitige“ Beschränkung der Haftung auf das Gesamthandsvermögen der BGB-Gesellschaft entweder bereits berufsrechtlich ausgeschlossen ist oder doch als rechtlich sehr unsicher und weitgehend unpraktikabel bewertet werden muß, läßt sich insofern nicht ausmachen.

Ein gleichlautender Befund ergibt sich auch im Punkte der prinzipiellen Mithaftung eines neu eintretenden Gesellschafters für solche Verbindlichkeiten, die noch in der Zeit vor seiner Aufnahme in die entsprechende Berufsausübungsgesellschaft begründet worden sind. Zwar trifft es insoweit sicherlich zu, daß § 130 HGB bereits kraft Gesetzes eine grundsätzlich zwingende persönliche Einstandspflicht des neu eintretenden Freiberuflers für die Altschulden einer OHG konstituiert. Doch gilt es andererseits zu bedenken, daß die jüngere Judikatur nach der Interessenlage auch für die Gesellschaft bürgerlichen Rechts auf dispositiver Grundlage eine gleichsam „automatische“ Mitbeauftragung des neu eintretenden Sozius und also dessen umfassende Mithaftung für Verpflichtungen bejaht, die bereits zeitlich früher gegenüber dem ratsuchenden Publikum eingegangen wurden.[134]

Auch die Tatsache, daß die Haftungszuweisungsnorm des § 31 BGB nach überwiegender Auffassung zwar analog auf die rechtsfähigen Gesamthandsgesellschaften OHG und KG,[135] nicht aber auf die Rechtsform der BGB-Gesellschaft anzuwenden ist,[136] sollte bei einem Haftungsvergleich der verschiedenen Gesellschaftstypen in ihren praktischen Auswirkungen nicht überschätzt werden. So führt die entsprechende Geltung des § 31 BGB bei der offenen Handelsgesellschaft zwar gewiß dazu, daß das deliktische Fehlverhalten eines assoziierten Berufsvertreters auf diese Weise – anders als bei der Sozietät – zunächst einmal eine Verbindlichkeit für das rechtsfähige OHG-Gesamthandsvermögen entstehen läßt, für die qua Akzessorietät sodann auch alle übrigen OHG-Gesellschafter mit ihrem jeweiligen Privatvermögen einstehen müssen (§ 128 Satz 1 HGB).

Doch bleibt auf der anderen Seite zu berücksichtigen, daß die Judikatur immerhin auch für die Freiberufler-Sozietät eine solidarische *vertragliche* Einstandspflicht aller Mitgesell-

---

132 MünchHdbuchGesR I/*Neubauer*, Rn. 26 zu § 62; *Baumbach/Hopt*, Rn. 37 zu § 128 HGB.

133 Ergänzend sei an dieser Stelle bemerkt, daß sich aus den §§ 161 II; 128 Satz 2 HGB daneben auch für die Rechtsform der KG in gleicher Weise die rechtliche Unmöglichkeit einer „einseitigen“ Beschränkbarkeit der Haftung auf das rechtsfähige Gesamthandsvermögen ergibt.

134 Vgl. BGH in NJW 1994, 257 (258); siehe dazu auch schon oben Seite 179.

135 Vgl. zur allgemein anerkannten analogen Anwendbarkeit des § 31 BGB auf das rechtsfähige Gesamthandsvermögen einer Personenhandelsgesellschaft nur RGZ 76, 35 (48) für eine OHG; BGH in NJW 1952, 537 (538); BGH in VersR 1962, 664 (665) – jeweils für eine KG –; *Henssler* in FS für Vieregge (1995), 361 (362).

136 Siehe zur Nichtanwendbarkeit der betreffenden Haftungszurechnungsnorm auf die BGB-Gesellschaft etwa BGHZ 45, 311 (312); BGH in NJW 1975, 533 (534); Palandt-*Heinrichs*, Rn. 3 zu § 31 BGB; *Henssler* in FS für Vieregge (1995), 361 (362 f.); mit guten Gründen teilweise a. A. – entsprechende Anwendbarkeit des § 31 BGB zumindest auf das mit eigener Rechtssubjektivität ausgestattete Gesamthandsvermögen der Gesellschaft bürgerlichen Rechts – etwa *Kornblum* in BB 1973, 218 (225 f.); *Beuthien* in DB 1975, 725 (729 f.); MünchHdbuchGesR I/*Gummert*, Rn. 15 zu § 12.

schafter mit ihrem Privatvermögen annimmt, wenn das assoziierte Mitglied die im Verhältnis zum Auftraggeber vereinbarungsgemäß übernommenen Pflichten vorsätzlich verletzt hat und jene Vertragsverletzung zugleich eine strafbare deliktische Handlung darstellt.[137] In Anbetracht dieser für den eingetretenen Schaden bestehenden, inhaltlich fast vollständig kongruenten persönlichen Ersatzpflicht aller Sozien aus Vertrag dürfte es sich in der Rechtspraxis aber als weitgehend unschädlich erweisen, daß die freiberuflich tätigen Teilhaber einer BGB-Gesellschaft für das deliktische Fehlverhalten eines anderen Mitgesellschafters nicht auch unmittelbar selbst mit ihrem jeweiligen Privatvermögen aus Delikt haften.[138]

Eine qualitative Inkongruenz in der materiellen Haftungsreichweite besteht zwischen den Personenhandelsgesellschaften und der Freiberufler-Sozietät hiernach de facto lediglich auf dem Gebiet der Schmerzensgeldhaftung nach § 847 BGB. Denn hier haften die übrigen Mitglieder einer Sozietät per se nicht persönlich für die deliktischen Pflichtverletzungen eines anderen assoziierten Berufsvertreters,[139] während die freiberuflich tätigen Mitgesellschafter einer OHG über die §§ 124 I, 128 Satz 1 HGB i. V. m. § 31 BGB analog auch gesamtschuldnerisch für solche Schmerzensgeldansprüche einzustehen haben, die lediglich ein anderer Teilhaber durch Verwirklichung eines Haftungstatbestands nach den §§ 823 ff. BGB ausgelöst hat. Eine praktische Relevanz dürfte dieser Unterschied freilich in erster Linie nur bei Ärzten oder anderen freien Heil(hilfs)berufen erlangen, für die sich schuldhafte Pflichtverstöße in der Regel unmittelbar auch in Körper- und Gesundheitsschäden, d. h. also in der Verletzung absolut geschützter Rechtsgüter, ausdrücken.[140]

In ihren praktischen Ergebnissen entspricht die grundsätzliche Haftungslage in der OHG somit fast ausnahmslos derjenigen in einer Freiberufler-Sozietät. Ebenso wie bei einer gemeinschaftlichen Berufsausübung in der Gesellschaft bürgerlichen Rechts trifft die assoziierten Berufsvertreter – hier freilich unter dem Gesichtspunkt der Akzessorietät – auch in der offenen Handelsgesellschaft eine auf Vertrag gründende, prinzipiell unterschiedslose und unbeschränkte persönliche Einstandspflicht sowohl für Primär- als auch für Sekundärverbindlichkeiten.[141] Im Rahmen der Auftragsabwicklung zutage tretende

---

[137] Vgl. dazu BGHZ 70, 247 (252); OLG Koblenz in NJW-RR 1997, 952 (953) jeweils im Zusammenhang mit einer Anwaltssozietät; siehe dazu auch bereits oben Seite 182.

[138] Der Vollständigkeit halber sei in diesem Kontext nur daran erinnert, daß sich die Vorschrift des § 831 BGB nach allgemeiner Meinung im Verhältnis der BGB-Gesellschafter untereinander nicht zur Anwendung bringen läßt, weil es zwischen ihnen an dem insoweit vorausgesetzten weisungsgebundenen Subordinationsverhältnis fehlt; vgl. nur BGHZ 45, 311 (313); MünchHdbuchGesR I/*Gummert*, Rn. 15 zu § 12; *Wellensiek* in FS für Brandner (1996), 727 (744 in Fn. 69).

[139] Vgl. *Henssler* in FS für Vieregge (1995), 361 (363).

[140] Ebenso für die parallele Rechtslage bei der Partnerschaft auch *Henssler* in FS für Vieregge (1995), 361 (363).

[141] Der in der Rechtswissenschaft seit langem geführte Streit zwischen „Erfüllungstheorie" und „Haftungstheorie" um den rechtlichen Inhalt der Gesellschafterhaftung bei der OHG (vgl. dazu nur MünchHdbuchGesR I/*Neubauer*, Rn. 14 ff. zu § 62) wirft mit Blick auf eine Berufsausübungsgesellschaft unter den Angehörigen der freien Professionen dabei übrigens keine besonderen praktischen Komplikationen auf.

Soweit die originär als freiberuflich zu qualifizierende Leistungskomponente in Rede steht, scheint es selbstverständlich, daß die Berufstätigen im Prinzip stets eine mit der Gesellschaft rechtlich inhaltsgleiche Haftung auf das Erfüllungsinteresse trifft. Diese rechtliche Bewertung ist schon deshalb ge-

berufliche Fehlleistungen führen demgemäß, selbst wenn lediglich einem der Mitgesellschafter ein schuldhaftes Handeln anzulasten ist, auch bei der OHG zu einer gleichlautenden solidarischen Ersatzpflicht sämtlicher Teilhaber mit ihrem Privatvermögen.

b) Der Einsatz von personalen Haftungskonzentrationsklauseln in einer „Freiberufler-OHG"

Eine Korrektur dieser für Berufsfehler eingreifenden gesamtschuldnerischen Ersatzhaftung aus Vertrag können die Berufstätigen auch hier – geradeso wie bei der Sozietät – lediglich auf rechtsgeschäftlichem Wege durch eine abweichende Vereinbarung mit dem Auftraggeber erreichen.[142] Doch sind dabei, unbeschadet der etwaigen weiteren Besonderheiten einer freiberuflichen Leistungserbringung, bereits nach allgemeinen Rechtsgrundsätzen vor allem an stillschweigende Haftungsbeschränkungsabreden, die den Teilhabern einer OHG/KG solcherart zugute kommen sollen, strenge Anforderungen zu stellen. So lassen sich insbesondere konkludente Haftungsbegrenzungsabsprachen, die im Verhältnis zwischen den Gesellschaftern einer Personenhandelsgesellschaft und dritten Gläubigern bestehen sollen, als ungewöhnlich nur dann annehmen, wenn die besonderen Umstände nach Treu und Glauben eine Erklärung des Gläubigers erfordern, daß er an der Haftung des Gesellschafters festhalte; eine Vermutung für eine derartige haftungslimitierende Vereinbarung mit dem außenstehenden Gläubiger besteht zugunsten der Mitinhaber einer Personenhandelsgesellschaft aber schon auf handelsrechtlicher Grundlage keinesfalls.[143]

Bei einer Berufsausübung in der offenen Handelsgesellschaft bliebe es den Angehörigen der freien Professionen somit ebenfalls nicht erspart, die vertraglichen Beziehungen zum ratsuchenden Publikum von Anbeginn an mit dem *ausdrücklichen* Ersuchen um eine rechtsgeschäftliche Haftungsbeschränkung belasten zu müssen. Der damit potentiell verbundene Vertrauensverlust, der sich im Zuge dessen auf der Auftraggeberseite einstellen könnte und der im weiteren Verlauf sogar das Risiko eines vollständigen Mandatsverlusts in sich bergen kann, ist vom Standpunkt der Berufstätigen aus sicherlich nur wenig geeignet, um die OHG im Verhältnis zur Sozietät als vorzugswürdige Rechtsform erscheinen zu lassen.

---

rechtfertigt, weil nur die Berufsvertreter persönlich in dieser Beziehung zur tatsächlichen Leistungserbringung befähigt sind, nicht aber das rechtsfähige Gesamthandsvermögen. Lediglich in den Fällen, in denen einzelne Gesellschafter wie innerhalb einer interprofessionell zusammengesetzten Verbindung aufgrund besonderer Rechtsvorschriften nicht zur Leistungserbringung berechtigt sind, scheint zwecks Vermeidung von Wertungswidersprüchen eine Auslegung geboten, die – akzessorisch neben der Haftung des Gesellschaftsvermögens – eine Erfüllungsverpflichtung der Berufsvertreter lediglich „im Rahmen der eigenen beruflichen Befugnisse" zur Entstehung gelangen läßt. Doch beruht diese Rechtsfindung sodann nicht speziell auf den rechtlichen Eigenheiten der offenen Handelsgesellschaft, sondern es handelt sich um Auslegungsgrundsätze, die in vergleichbarer Weise auch in Ansehung der Sozietät gelten (siehe dazu bereits oben Seite 180).

[142] Vgl. zu allgemeinen Beispielsfällen, in denen die akzessorische Haftung einzelner Gesellschafter für Verbindlichkeiten einer Personenhandelsgesellschaft durch eine im Einzelfall getroffene Vereinbarung mit dem Gesellschaftsgläubiger tatsächlich einmal abbedungen worden war, etwa BGH in WM 1956, 1089 (1090); BGH in BB 1975, 975.

[143] MünchHdbuchGesR I/*Neubauer*, Rn. 26 zu § 62; *Baumbach/Hopt*, Rn. 38 zu § 128 HGB.

Auch im übrigen gleicht die Haftungslage bei der OHG im wesentlichen derjenigen bei der Freiberufler-Sozietät. Eine individualvertragliche Modifikation des Solidarhaftungsprinzips stellt sich aus den gleichen Gründen, die schon für die gemeinsame Berufsausübung in der Gesellschaft bürgerlichen Rechts galten, für die Berufsvertreter lediglich in Ausnahmesituationen als probates Mittel dar, um eine „Entlassung" einzelner Gesellschafter aus der normativ als Grundmaxime angeordneten persönlichen und gesamtschuldnerischen Sekundärhaftung realisieren zu können.[144]

Aber auch der Einsatz vorformulierter Haftungsbegrenzungsklauseln, mit denen die Berufstätigen wegen Schäden aus fehlerhafter Berufsausübung anläßlich des Vertragsschlusses eine Vorab-Konzentration der persönlichen Ersatzhaftung auf einen bestimmten, für die Auftragsbearbeitung vorgesehenen und im Zuge der späteren Vertragserfüllung auch tatsächlich handelnden „echten" Gesellschafter[145] anstreben, bereitet bei einer Abwicklung freiberuflicher Leistungen über die Rechtsform der OHG erhebliche Schwierigkeiten.

Diese Komplikationen haben ihre Ursache in einem diesbezüglich gemeinhin zu konstatierenden berufsrechtlichen Normenmangel. Denn im Unterschied zu den Rechtsformen der Partnerschaft (§ 8 II PartGG) sowie – bei den berufsrechtlich gebundenen wirtschaftsnahen freien Professionen – der Sozietät[146] existieren in bezug auf die Personenhandelsgesellschaften keine spezifischen Bestimmungen in den einzelnen Berufsrechten, die den Berufstätigen ein solche Form der personalen Haftungsbegrenzung ausdrücklich gestatten würden. Das generelle Fehlen einschlägiger berufsrechtlicher „Öffnungsvorschriften" belastet die Verwendung vorformulierter Vertragsbedingungen in diesem Punkt daher mit einigen rechtlichen Unsicherheiten.

---

[144] Vgl. zu den allgemein strengen rechtlichen Anforderungen an das Vorliegen einer Individualabrede bereits oben Seite 255 ff.

Eine rechtswirksame Beschränkung der Ersatzhaftung allein auf das rechtsfähige OHG/KG-Gesamthandsvermögen unter gleichzeitigem vollständigen Ausschluß jeglicher persönlicher Gesellschafterhaftung dürfte für die Berufstätigen im übrigen auch auf individualvertraglicher Grundlage nur schwerlich zu erreichen sein. Die in einer Personenhandelsgesellschaft zur gemeinsamen Berufsausübung verbundenen Berufsvertreter werden sich hier in praxi häufig dem Risiko ausgesetzt sehen, daß die Judikatur in der isolierten Beschränkung der Einstandspflicht auf eine in ihrem Bestand völlig ungesicherte gesamthänderische Vermögensmasse jedenfalls dann eine unangemessene Benachteiligung des ratsuchenden Publikums erblicken wird (§ 242 BGB), wenn damit im Haftpflichtfall zugleich der Verlust eines adäquaten Berufshaftpflichtversicherungsschutzes verbunden wäre. Bei den berufsrechtlich gebundenen rechts- und wirtschaftsberatenden freien Professionen ist zudem zu bedenken, daß die selbständig tätigen Berufsvertreter auch bei einer individuell vereinbarten Haftungsbeschränkungsabrede keinesfalls die Schwelle der gesetzlich vorgeschriebenen Mindesthaftpflichtversicherungssumme unterschreiten dürfen. Eine individualvertraglich herbeigeführte Beschränkung der Ersatzhaftung für schuldhaft verursachte Berufsfehler ausschließlich auf das rechtsfähige Gesamthandsvermögen könnte daher leicht als verbotswidrige Umgehung der diesbezüglich bestehenden berufsrechtlichen Vorgaben erscheinen; vgl. zur vergleichbaren Rechtslage bei der Freiberufler-Sozietät bereits oben Seite 220 f. in Fn. 232.

[145] Ebenso wie in der Freiberufler-Sozietät könnten die Angehörigen der freien Professionen auch bei einer gemeinsamen Berufsausübung in den Rechtsformen der Personenhandelsgesellschaften lediglich eine Bündelung der persönlichen Ersatzhaftung für Berufsfehler auf einen „wirklichen" Sozius, nicht aber auf einen im Innenverhältnis lediglich angestellten Mitarbeiter erreichen; vgl. zu den diesbezüglichen Gründen, die hier entsprechend gelten, bereits oben Seite 218.

[146] Vgl. die §§ 51a II 2, 3 BRAO; 45a II 2, 3 PatAnwO; 54a II WPO; 67a II StBerG.

Unter Zugrundelegung des dort vom Normgeber ausnahmsweise präferierten weiten Sozietätsbegriffs[147] ließe sich wohl nur für den Bereich der anwaltlichen Berufsausübung überzeugend vertreten, daß auch Personenhandelsgesellschaften, die wegen einer berufstypischen gewerblichen Treuhandtätigkeit im Handelsregister eingetragen worden sind, im Zusammenhang mit einer personalen Haftungsbegrenzung gleichermaßen die weiter reichenden Voraussetzungen der §§ 51a II BRAO, 45a II PatAnwO wahren müßten. Damit wäre eine rechtswirksame Konzentration der persönlichen Ersatzhaftung für berufliche Fehlleistungen auch in diesen Fällen davon abhängig, daß der betreffende Gesellschafter vorab namentlich bezeichnet wird, mit dem späteren tatsächlichen Mandatsbearbeiter personenidentisch ist und der Auftraggeber eine hierauf bezogene gesonderte Zustimmungserklärung unterschrieben hat. Eine zusätzliche AGB-rechtliche Inhaltskontrolle nach den §§ 9-11 AGBG könnte neben jenen durch das anwaltliche Berufsrecht statuierten Restriktionen sodann freilich nicht mehr stattfinden (§ 8 AGBG).

In den übrigen freiberuflichen Sparten gelten demgegenüber – schon mangels erkennbar eingreifender, dem Gesetzesvorbehalt des Art. 12 I GG entsprechender berufsrechtlicher Verbotsregelungen – lediglich die allgemeinen zivilrechtlichen Schranken des AGB-Gesetzes, soweit mittels vorformulierter Vertragsbedingungen eine Vorab-Beschränkung der persönlichen Sekundärhaftung für Berufsausübungsfehler auf einzelne OHG-Gesellschafter, die ex ante vereinbarungsgemäß für die nachfolgende konkrete Auftragsbearbeitung vorgesehen worden sind, bewirkt werden soll.

Fraglich könnte in diesem Kontext allenfalls sein, ob dem Fehlen einschlägiger Haftungskonzentrationsbestimmungen in denjenigen Berufsgesetzen, die explizit auch eine freiberufliche Berufsausübung in den Personenhandelsgesellschaften regeln, nicht eine generelle legislative Indizwirkung dahingehend zukommt, daß eine entsprechende Klausel nach dem Willen des Gesetzgebers tendenziell eher als überraschend (§ 3 AGBG) oder als unangemessene Benachteiligung des ratsuchenden Publikums (§ 9 AGBG) bewertet werden sollte. Für diese Interpretation ließe sich eventuell anführen, daß der Gesetzgeber auf den freiberuflichen Sektoren der Wirtschaftsprüfung und Steuerberatung unlängst nur für die Sozietät als Gesellschaft bürgerlichen Rechts entsprechende Haftungskonzentrationsvorschriften erlassen hat,[148] obwohl den Berufsangehörigen in jenen Bereichen unter dem Aspekt einer berufstypischen gewerblichen Treuhandtätigkeit ansonsten schon kraft Berufsrechts ebenso die Personenhandelsgesellschaften zur freien Berufsausübung offenstehen. Die hier mit Blick auf die Rechtsformen der OHG und KG festzustellende legislative Untätigkeit[149] könnte zumindest bei erstem Ansehen den Umkehrschluß nahelegen, daß

---

[147] Siehe dazu bereits oben Seite 173 f. in Fn. 47 sowie Seite 305 f.

[148] Vgl. dazu die §§ 56, 67a StBerG; 44b, 54a WPO, die in Übereinstimmung mit dem herkömmlichen Begriffsverständnis eine Sozietät ausschließlich als eine Berufsausübungsgesellschaft deuten, die in der Rechtsform einer Gesellschaft bürgerlichen Rechts betrieben wird.

[149] Eine berufsgesetzliche Erstreckung der spezifisch für die Sozietät als Gesellschaft bürgerlichen Rechts erlassenen Haftungskonzentrationsvorschriften auch auf diejenigen Berufsvertreter, die in einer als Wirtschaftsprüfungs- und/oder Steuerberatungsgesellschaft anerkannten Personenhandelsgesellschaft assoziiert sind, hat der Gesetzgeber im Rahmen der Berufsrechtsnovellierungen des Jahres 1994 ersichtlich nicht ausgesprochen. Denn die seinerzeit neu gefaßten §§ 56 I WPO, 72 I StBerG ordnen ausschließlich für die mit eigener Rechtsfähigkeit ausgestatteten Wirtschaftsprüfungs- bzw. Steuerberatungsgesellschaften, nicht aber auch für die darin zusammengeschlossenen Berufsangehöri-

die freiberuflichen Befugnisse zur Konstituierung einer formularvertraglichen personalen Haftungsbegrenzung nach dem Willen des Gesetzgebers bei der BGB-Gesellschaft bewußt weiter reichen sollen als bei den Personenhandelsgesellschaften.

Indes finden sich in den jeweiligen Gesetzgebungsmaterialien zum StBerG und zur WPO keine näheren Hinweise, die mit der erforderlichen Deutlichkeit den Schluß darauf erlauben würden, daß der Normgeber mit der positiv-rechtlichen Verabschiedung besonderer Regelungen, die spezifisch die Haftungsbegrenzungsmöglichkeiten in der Sozietät betreffen, zugleich die negative Feststellung verbinden wollte, wonach ein solches kautelarjuristisches Vorgehen in Ansehung der gewerblichen Rechtsformen OHG und KG berufsrechtlich unstatthaft sein sollte oder doch zumindest nach allgemeinen zivilrechtlichen Grundsätzen strengeren Maßstäben zu unterziehen wäre. Für die auf dem Fehlen einschlägiger Gesetzesbestimmungen aufbauende conclusio einer strikteren Bewertung der Rechtswirksamkeit vergleichbarer Haftungskonzentrationsklauseln bei OHG und KG mangelt es an den notwendigen Anhaltspunkten, die der Gesetzgeber im Rahmen der Verabschiedung der zur Sozietät ergangenen Berufsrechtsregelungen unschwer hätte treffen können.[150] Die in jenen Berufsordnungen mit Blick auf die Gesellschaft bürgerlichen Rechts ausdrücklich erlassenen berufsrechtlichen Vorschriften sind in Anbetracht dessen

---

gen eine sinngemäße Geltung der Haftungsbegrenzungsregelungen gemäß den §§ 54a WPO, 67a StBerG an. Da eine Haftungskonzentrationsregelung, wie sie im jeweiligen Absatz 2 der letztgenannten Normen enthalten ist, nach ihrem Sinngehalt freilich allein den Teilhabern einer Wirtschaftsprüfungs- oder Steuerberatungsgesellschaft, nicht aber der Gesellschaft selbst zugute kommen kann, muß die in den §§ 56 I WPO, 72 I StBerG für Wirtschaftsprüfungs- und Steuerberatungsgesellschaften insoweit uneingeschränkt ausgesprochene Verweisung auf die §§ 54a WPO, 67a StBerG im Hinblick auf den jeweils ebenfalls in bezug genommenen Absatz 2 unweigerlich ins Leere stoßen.

Eine andere Auslegung, die die Haftungskonzentrationsvorschriften der §§ 54a II WPO, 67a II StBerG kraft der Bezugnahme in den §§ 56 I WPO, 72 I StBerG auch auf die persönlich haftenden Gesellschafter einer als Wirtschaftsprüfungs- und/oder Steuerberatungsgesellschaft anerkannten Partnerschaft oder Personenhandelsgesellschaft zur Anwendung bringen wollte, findet in den Gesetzgebungsmaterialien keine Stütze. So heißt es im Gesetzentwurf der Bundesregierung zum 3. WPO-ÄndG mit Blick auf die dort vorgenommene redaktionelle Neufassung des § 56 WPO denn auch lediglich: „Es handelt sich um eine Folgeänderung, die aufgrund der Neuordnung des Dritten Teils der Wirtschaftsprüferordnung notwendig ist. *Materiellrechtliche Änderungen sind damit nicht verbunden.*"; vgl. BT-Drucksache 12/5685, S. 30. – textliche Hervorhebung vom Verfasser -

[150] Die amtliche Begründung des Regierungsentwurfs u. a. zur Einfügung der §§ 44b, 54a WPO in das Berufsrecht der Wirtschaftsprüfer beschränkt sich ausschließlich auf die Erläuterung der mit der Sozietät in Zusammenhang stehenden Rechtsfragen, ohne diese in eine irgendeine Korrelation zu der Gesetzeslage und insbesondere den Haftungsbegrenzungsoptionen bei anderen berufsrechtlich wählbaren Rechtsformen zu setzen; vgl. dazu BT-Drucksache 12/5685, S. 27 f. u. 29 f.

Gleiches gilt für die Aufnahme der §§ 56, 67a StBerG in die Berufsordnung der steuerberatenden Professionen. Der Normgeber beschränkt sich in diesem Zusammenhang auf die allgemeine Feststellung, daß das Gesetz neben der Sozietät und der Bürogemeinschaft als möglichen Kooperationsformen nach § 56 StBerG auch die Beratungsgesellschaften in den Rechtsformen des Handelsrechts gemäß § 49 StBerG zulasse; vgl. BT-Drucksache 12/6753, S. 16. Im weiteren befassen sich die Materialien sodann lediglich noch mit den für die Sozietät geltenden Rechtsregeln, ohne auf die Rechtslage bei den übrigen vom Berufsrecht vorgesehenen Gesellschaftsformen einzugehen oder gar eine Verbindung zu der dort geltenden Haftungssituation herzustellen; vgl. BT-Drucksache 12/6753, S. 16 f. u. S. 19.

für die Beurteilung der Rechtslage bei den Personenhandelsgesellschaften ohne nachteilige Aussagekraft.

Umgekehrt spricht der Umstand, daß die Rechtsform der Partnerschaft nach der Intention des Gesetzgebers als freiberufliche „Schwesterfigur" zur OHG konzipiert ist[151] und in dieser Eigenschaft wegen Schäden aus fehlerhafter Berufsausübung gleichwohl eine spezifische Konzentration der persönlichen Ersatzhaftung auf einen einzelnen Gesellschafter erlaubt, gerade dafür, daß die Angehörigen der freien Professionen, soweit sie ihre freiberuflichen Leistungen durch die Verknüpfung mit einer gewerblichen Betätigung ausnahmsweise unmittelbar über eine OHG/KG abwickeln können, dann im Grundsatz ebenso zu einer entsprechenden Form der personalen Haftungsbegrenzung berechtigt sein sollen. Den besonderen, für die Partnerschaft sowie – im Bereich der wirtschaftsnahen freien Professionen – für die Freiberufler-Sozietät erlassenen Haftungskonzentrationsregelungen ist im Rahmen einer Gesamtschau durchaus der allgemeine Rechtsgedanke zu entnehmen, daß der Gesetzgeber, sofern die gemeinschaftliche freiberufliche Berufsausübung in der Rechtsform einer Personengesellschaft geschieht, einen ausreichenden Schutz des ratsuchenden Publikums generell dadurch gewährleistet sieht, daß – neben der stets eingreifenden Haftung des Gesamthandsvermögens – auf der Primärebene zwar alle Gesellschafter als Gesamtschuldner auf das Erfüllungsinteresse haften sollen, hingegen auf der Sekundärebene die prinzipiell unbeschränkte Ersatzhaftung eines Gesellschafters auf das Kompensationsinteresse genügen können soll.

Es wäre dogmatisch kaum einsichtig, wollte man diesen legislativen Regelungsgedanken nicht gleichermaßen in den selteneren Fällen zum Zuge kommen lassen, in denen die Angehörigen der freien Professionen aufgrund der sachlichen Verquickung mit einer gewerblichen Tätigkeit ausnahmsweise dazu berechtigt sind, auch die gewerblichen Rechtsformen der Personenhandelsgesellschaften zur freiberuflichen Berufsausübung zu nutzen. Auf dieser Grundlage scheint es folgerichtig, einer formularvertraglichen Klausel, mittels derer die Berufstätigen die persönliche Ersatzhaftung vorab auf einen bestimmten, für die spätere Auftragsbearbeitung vorgesehenen Gesellschafter einer „Freiberufler-OHG" bzw. -KG konzentrieren wollen, nicht pauschaliter wegen überraschenden Charakters oder wegen Verstoßes gegen wesentliche Grundgedanken der gesetzlichen Regelung die Rechtswirksamkeit zu versagen (§§ 3, 9 AGBG). Die Rechtslage hinsichtlich der Partnerschaft und der Freiberufler-Sozietät belegt vielmehr, daß die den freiberuflich Tätigen kraft ihres Berufs oftmals zukommende qualifizierte Vertrauensstellung nicht zwingend mit einer unterschiedslosen persönlichen Ersatzhaftung sämtlicher Gesellschafter für Berufsfehler verknüpft sein muß, sondern insoweit durchaus anhand vorformulierter Vertragsbedingungen auf eine singuläre Einstandspflicht eines einzelnen Berufsvertreters zurückgeführt werden kann.

Soweit eine dementsprechende personale Haftungsbegrenzungsklausel daher drucktechnisch deutlich hervorgehoben wird und so angeordnet ist, daß eine Kenntnisnahme durch den Auftraggeber verständigerweise erwartet werden darf,[152] steht im Ergebnis

---

[151] Vgl. so die Formulierung im Gesetzentwurf der Bundesregierung, BT-Drucksache 12/6152, S. 8.

[152] Anders als im Hinblick auf die Bezeichnung als „Sozietät mit beschränkter Gesellschafterhaftung" (siehe dazu oben Seite 269) wird man in diesem Zusammenhang einen drucktechnisch deutlich

prinzipiell nichts entgegen, auch im Fall einer Erbringung originär freiberuflicher Leistungen über eine Personenhandelsgesellschaft eine Vorab-Konzentration der persönlichen Ersatzhaftung wegen Schäden aus fehlerhafter Berufsausübung auf den ex ante vorgesehenen, späterhin auch tatsächlich mit der konkreten Mandatsbearbeitung betrauten Gesellschafter der „Freiberufler-OHG/KG" zuzulassen.[153]

Dabei hat das gegenwärtig bestehende berufsrechtliche Regelungsdefizit freilich zur Folge, daß – vom Bereich der anwaltlichen Berufsausübung abgesehen – de lege lata keine zusätzlichen formellen Sicherungsinstrumentarien existieren, die im Vorfeld des Vertragsschlusses gegebenenfalls geeignet wären, dem ratsuchenden Publikum die Tragweite einer derartigen personalen Haftungsbegrenzungsklausel noch eindringlicher bewußt zu machen.[154] Die allgemeinen zivilrechtlichen Vorgaben des AGB-Gesetzes dürften hier aller Voraussicht nach nur einen unvollkommenen Ersatz für eine gesondert unterschreibungspflichtige Zustimmungserklärung bieten, die – freilich nur de lege ferenda – dem Auftraggeber die mit der Bündelung der persönlichen Ersatzhaftung einhergehende Abweichung von dem ansonsten für berufliche Fehlleistungen normativ umfassend unterstellten Solidarhaftungsprinzip aller OHG-Gesellschafter noch prägnanter vor Augen führen könnte.[155]

---

herausgestellten Haftungsbegrenzungshinweis am unteren Rand der im Rechtsverkehr verwendeten Briefbögen in Ansehung des AGB-Gesetzes für rechtlich zulässig halten können. Der Umstand, daß die Haftungsbegrenzungsklausel hier allein dazu dienen soll, die persönliche Sekundärhaftung der übrigen, nicht in die Mandatsbearbeitung eingeschalteten Mitgesellschafter rechtsgeschäftlich auszuschließen, birgt nicht das Risiko, daß dem Auftraggeber diesbezüglich der Sache nach die Existenz einer Gesellschaftsform suggeriert werden soll, die es in dieser Form in der Rechtswirklichkeit gar nicht gibt.

Zweifelhaft dürfte hingegen sein, ob bereits die „versteckte" Plazierung einer Haftungskonzentrationsklausel unter einer Vielzahl weiterer vorformulierter Vertragsbedingungen den Anforderungen, die nach dem AGB-Gesetz an eine wirksame Einbeziehung in den Vertrag zu stellen sind, gerecht werden würde. Aufgrund des Umstands, daß umfangreichere allgemeine Geschäftsbedingungen von der Vertragsgegenseite in praxi erfahrungsgemäß nur unzulänglich und allenfalls kursorisch zur Kenntnis genommen werden, dürfte es in dieser Beziehung auf die konkreten Umstände des Einzelfalls ankommen, ob eine entsprechende Klausel nach ihrer sprachlichen Fassung, ihrer Stellung im Text sowie ihrer drucktechnischen Hervorhebung noch als hinreichend erkennbar für das ratsuchende Publikum gelten kann. Sollte eine genügende Kenntnisnahme durch den Auftraggeber nach den konkreten Verhältnissen nicht mehr gewährleistet sein, so stünde im Ergebnis nichts entgegen, einer solchen Bestimmung aufgrund einer – sodann allerdings strikt einzelfallbezogenen – Bewertung doch einen überraschenden Charakter beizumessen und der Klausel über § 3 AGBG die wirksame Einbeziehung in den Vertrag zu versagen.

[153] Vgl. zu der diesbezüglich für den Kommanditisten geltenden Einschränkung allerdings unten Seite 350 ff.

[154] Die Gegenäußerung der Bundesregierung im Gesetzgebungsverfahren zum PartGG hebt in diesem Zusammenhang ausdrücklich hervor, daß die vertraglichen Haftungskonzentrationsmöglichkeiten bei einer offenen Handelsgesellschaft nach geltendem Recht nicht an das Formerfordernis einer besonderen Zustimmungserklärung geknüpft sind; vgl. BT-Drucksache 12/6152, S. 30 f.

[155] Daneben würde sich im Zuge einer berufsrechtlichen Kodifikation vor allem in den freien Professionen, die bei typisierender Betrachtung – wie etwa die Steuerberater – ein stärker ausgeprägtes Vertrauensverhältnis zwischen den einzelnen Berufstätigen und dem ratsuchenden Publikum erkennen lassen, ebenso die Frage stellen, ob nicht – wie bei der Gesellschaft bürgerlichen Rechts – de lege ferenda auch bei einer Berufsausübung in den Personenhandelsgesellschaften eine zwingende Perso-

Andererseits bedingt das außerhalb der anwaltlichen Berufstätigkeit generell zu konstatierende Fehlen näherer berufsrechtlicher Bestimmungen, daß der Einsatz vorformulierter Haftungskonzentrationsklauseln in den übrigen freien Professionen ergänzend an dem allgemeinen Klauselverbot des § 11 Nr. 7 AGBG (gegenüber Kaufleuten: § 9 I AGBG) zu messen wäre.[156] Danach würden sich die Angehörigen der Freien Berufe auch bei einer ausnahmsweisen vertraglichen Abwicklung ihrer freiberuflichen Leistungen über die Rechtsformen der Personenhandelsgesellschaften außerstande sehen, ihre gesamtschuldnerische Ersatzhaftung mittels vorformulierter Vertragsbedingungen für diejenigen Schadensfälle auszuschließen, in denen der vorgesehene, mit der späteren konkreten Auftragsbearbeitung befaßte Berufsvertreter die den Gesellschaftern obliegenden Vertragspflichten vorsätzlich bzw. grob fahrlässig verletzt hat.

Ebenso wenig könnte der Einsatz personaler Haftungsbegrenzungsklauseln im weiteren dazu führen, daß auf diese Weise auch das gesamthänderisch gebundene und mit eigener Rechtsfähigkeit ausgestattete OHG/KG-Gesellschaftsvermögen von einer Schadensersatzhaftung für Berufsfehler gegenüber dem ratsuchenden Publikum ausgenommen wird.[157] Die allgemeinvertraglich herbeigeführte „Enthaftung" dürfte sich lediglich auf das Privatvermögen der unbeteiligten, wie vereinbart nicht für die konkrete Auftragsbearbeitung in Aussicht genommenen Gesellschafter, nicht jedoch darüber hinausgehend auch auf das rechtsfähige Gesamthandsvermögen der Personenhandelsgesellschaft, beziehen.[158]

Sieht man einmal davon ab, daß für den Betrieb einer „Anwalts-OHG/KG" aufgrund des dort zugrunde zu legenden atypisch weiten Sozietätsbegriffs gemäß den §§ 51a II BRAO, 45a II PatAnwO wohl ohnehin etwas abweichendes gelten würde, so bleibt schließlich noch zu klären, ob nicht zumindest die Angehörigen der übrigen freien Professionen bei einer gemeinsamen Erbringung freiberuflicher Leistungen über die gewerblichen Rechtsformen OHG/KG auch dazu berechtigt sein könnten, die persönliche Ersatzhaftung wegen Schäden aus fehlerhafter Berufsausübung im Vorfeld mittels vorformulierter Vertragsbedingungen rein abstrakt, d. h. ohne irgend eine nähere namentliche Festle-

---

nenidentität zwischen dem zunächst benannten und dem späteren tatsächlichen Mandatsbearbeiter als Wirksamkeitserfordernis für die vertragliche Haftungskonzentration zu fordern wäre.

[156] Vgl. zu den Gründen für die in dieser Konstellation umfassend mögliche AGB-rechtliche Inhaltskontrolle bereits oben Seite 236 in Fn. 280.

[157] Siehe dazu bereits die entsprechenden Darlegungen oben Seite 236 f., die nicht nur für die Freiberufler-Sozietät und die Partnerschaft, sondern in gleicher Weise auch für die Personenhandelsgesellschaften gelten.

[158] Die fortbestehende Sekundärhaftung des rechtsfähigen Gesamthandsvermögens verschafft den Gesellschaftsgläubigern freilich auch hier keine mittelbare Zugriffsmöglichkeit auf das Privatvermögen derjenigen Teilhaber, die aufgrund einer formularvertraglich ausbedungenen Haftungskonzentration von einer persönlichen Einstandspflicht im Außenverhältnis befreit sind. Denn im (Sonder-) Konkurs der OHG/KG gehört nur das gesellschaftsgebundene Sondervermögen der Gesellschafter zur Konkursmasse, und eine Pflicht zur Auffüllung einer bereits geleisteten Einlage besteht für die Teilhaber nicht (§ 707 BGB); vgl. dazu nur MünchHdbuchGesR I/*Butzer*, Rn. 18 zu § 78. Im Rahmen einer (nachrangigen) Liquidation der Gesellschaft bleibt demgegenüber zwar auch Raum für die Anwendung des § 735 BGB (vgl. dazu nur *Baumbach/Hopt*, Rn. 3 zu § 155 HGB), doch ist die dort dispositiv angeordnete unbeschränkte Nachschußpflicht für Gesamthandsschulden nur von Bedeutung für die Rechtsbeziehungen der Gesellschafter untereinander, so daß ein Gesellschaftsgläubiger den Anspruch der Gesellschaft aus § 735 BGB unter keinem Gesichtspunkt pfänden und sich zur Einziehung überweisen lassen kann; siehe zu letzterem bereits oben Seite 215 f.

gung, schlicht auf diejenigen Gesellschafter zu konzentrieren, die nachfolgend im Rahmen einer ex-post-Betrachtung tatsächlich mit der konkreten Auftragsbearbeitung befaßt gewesen sind.

Übergeordnete Verkehrsschutzinteressen, die einer derart allgemein gehaltenen vorformulierten Bündelung der persönlichen Ersatzhaftung ausschließlich auf „diejenigen Teilhaber, die es späterhin angeht", in Ansehung einer „Freiberufler-OHG/KG" mit rechtlich durchschlagendem Erfolg entgegengehalten werden könnten, sind bei näherer Rechtsprüfung nicht ersichtlich.

Die Gründe für diese Einschätzung entsprechen dabei im wesentlichen denjenigen, die ebenso auch schon für eine gleichartige, von den Angehörigen der freien Heil- oder der freien Konstruktionsberufe bei einer gemeinsamen Berufsausübung in einer Gesellschaft bürgerlichen Rechts verwendete abstrakte Haftungskonzentrationsklausel galten.[159]

Speziell bei einer kooperativen Abwicklung freiberuflicher Leistungen über eine Personenhandelsgesellschaft kann sich daneben bisweilen auch der Umstand auswirken, daß einem geschädigten Auftraggeber in jedem Fall weiterhin das rechtsfähige Gesellschaftsvermögen der „Freiberufler-OHG/KG" auf Ausgleich der Sekundärverbindlichkeiten haftet. Zwar wird das rechtsfähige Gesamthandsvermögen infolge des gänzlichen Fehlens gläubigersichernd wirkender Kapitalaufbringungs- und Kapitalerhaltungsvorschriften für sich betrachtet kaum als ausreichende und akzeptable Haftungsmasse zur Befriedigung des ratsuchenden Publikums angesprochen werden können. Doch hilft die fortwährende Einstandspflicht der Gesamthand in diesem Zusammenhang jedenfalls dort weiter, wo die „Freiberufler-OHG/KG" – kraft ihrer Eigenschaft als rechtsfähige Berufsausübungsgesellschaft – aufgrund berufsgesetzlicher Bestimmungen schon *selbst* verpflichtet ist, einen bestimmten Mindesthaftpflichtversicherungsschutz zu unterhalten. Eine derartige Pflicht, eine *eigene* Berufshaftpflichtversicherung abzuschließen und fortlaufend aufrechtzuerhalten, besteht gegenwärtig etwa für solche Personenhandelsgesellschaften, die als Wirtschaftsprüfungs- und/oder Steuerberatungsgesellschaften betrieben werden.[160] Diesbezüglich bliebe für einen geschädigten Auftraggeber also bereits unabhängig von der kumulativen Ermittlung und Inanspruchnahme eines in concreto ersatzpflichtigen Gesellschafters der Eintritt einer solventen, den Schaden in der Regel abdeckenden Berufshaftpflichtversicherung sichergestellt.

Sofern der Auftraggeber einer „Freiberufler-OHG/KG" im übrigen ausnahmsweise wirklich einmal nicht selbst dazu in der Lage wäre, im nachhinein anhand der geführten Gespräche, der erhaltenen Unterlagen, der getätigten Korrespondenz etc. verläßlich den Namen und die personelle Identität der zuvor während der Auftragsbearbeitung gegenständlich tätig gewordenen Gesellschafter zu ermitteln, stünde ihm selbstverständlich auch hier durchgängig ein vertraglicher, sowohl gegen die rechtsfähige Personenhandelsgesellschaft als auch – qua Akzessorietät – gegen sämtliche assoziierten Berufsvertreter persön-

---

[159] Vgl. dazu bereits ausführlich die hierauf bezogenen Darlegungen oben S. 238 und S. 245 ff.

[160] Vgl. dazu die §§ 54 I 1, 130 II WPO; 72 I StBerG i. V. m. 67 StBerG – Daneben verbleibt es in den betreffenden Berufsgruppen, weil die Gesellschafter einer als OHG/KG ausgestalteten Wirtschaftsprüfungs- und/oder Steuerberatungsgesellschaft weiterhin selbständig tätig bleiben und dem Auftraggeber prinzipiell ebenso mit ihrem jeweiligen Privatvermögen haften, zudem auch bei einer kumulativen Versicherungspflicht der einzelnen Teilhaber persönlich; vgl. dazu die §§ 54 I 1 WPO; 67 StBerG.

lich gerichteter Anspruch auf Benennung der entsprechenden, ihm kraft ihres vormaligen Handelns mit dem jeweiligen Privatvermögen ersatzpflichtig gebliebenen Teilhaber zu.

Falls der auf Ausführung der freiberuflichen Dienste gerichtete Kontrakt – wie typischerweise bei Rechtsanwälten, Steuerberatern und Wirtschaftsprüfern sowie häufig auch bei Architekten – hinsichtlich einzelner Leistungselemente eine entgeltliche Geschäftsbesorgung nach § 675 BGB zum Gegenstand hat,[161] ergäbe sich für einen Auftraggeber ein umfassender Auskunftsanspruch, vermöge dessen er zugleich die Benennung der zuvor zum Zwecke der Vertragserfüllung tatsächlich tätig gewordenen Gesellschafter verlangen kann, bereits ohne weiteres aus § 666 BGB.[162] Aber auch in den übrigen Fällen träfe eine „Freiberufler-OHG/KG" und ihre Gesellschafter aufgrund des Umstands, daß die im Vorfeld vereinbarte Haftungskonzentrationsklausel bewußt abstrakt ausgestaltet worden ist und die Auswahlbefugnis in bezug auf die späteren wirklichen Mandatsbearbeiter also eigens bei den assoziierten Berufsvertretern verblieben ist, stets eine vertragliche Nebenpflicht dahin, daß dem Auftraggeber, wenn er insofern zu einer eigenständigen Feststellung außerstande wäre, im nachhinein diejenigen Gesellschafter mit Namen zu bezeichnen sind, die vormals tatsächlich an der konkreten Auftragsdurchführung mitgewirkt haben.[163]

Diesen – von der vereinbarten Haftungskonzentrationsabrede sachlich nicht erfaßten – Auskunftsanspruch kann der Auftraggeber sodann zunächst vorprozessual, in der Folge aber notfalls auch gerichtlich sowohl gegenüber der rechtsfähigen Gesamthand als auch gegenüber allen Gesellschaftern persönlich durchsetzen, ohne daß ihm hieraus oder aus einer weiteren, sich eventuell noch anschließenden Zwangsvollstreckung gemäß § 888 ZPO ein bleibender Kostennachteil entstünde.[164] Für die in diesem Rahmen gegebenenfalls zusätzlich anfallenden Rechtsverfolgungskosten, die per se keinen Schaden aus einer fachlich fehlerhaften Berufsausübung zum Gegenstand hätten, würden die Personenhandelsgesellschaft und ihre sämtlichen Teilhaber nach wie vor uneingeschränkt einstehen müssen.

In der Zeit bis zur ordnungsgemäßen Auskunfterteilung drohte dem geschädigten Auftraggeber einer „Freiberufler-OHG/KG" überdies schon deshalb keine Verjährung derjenigen Ersatzansprüche, die ihm nach dem Inhalt der vereinbarten abstrakten Haftungskonzentrationsklausel gerade gegen die vormals in concreto tätig gewordenen Gesellschafter zustehen, weil eine in dieser Beziehung – etwa durch Erhebung einer Schadensersatzklage

---

[161] Vgl. für die anwaltliche Rechtsberatung nur Palandt-*Putzo*, Rn. 21 Einf. vor § 611 BGB, für die steuerberatende und wirtschaftsprüfende Tätigkeit Palandt-*Thomas*, Rn. 18 und Rn. 22 Einf. vor § 631 BGB.

Soweit einem Architekten im Verhältnis zum Besteller nach dem gewählten Vertragsinhalt neben der Planung und Bauaufsicht auch vereinbarungsgemäß die Ausschreibung, Vergabe und Schlußabrechnung mit den Handwerkern obliegt, hat der zugrunde liegende Architektenvertrag in dem Umfang, in dem er die Verhandlungen mit dritten Personen betrifft, auch eine Geschäftsbesorgung im Sinne des § 675 BGB zum Gegenstand, die den Architekten nachfolgend zur Auskunfterteilung nach § 666 BGB verpflichtet; vgl. dazu etwa BGHZ 41, 318 (320).

[162] Insoweit zutreffend – freilich in anderem Zusammenhang (Beauftragung einer Anwaltssozietät) und auf der Grundlage eines fundamental abweichenden Haftungsmodells – auch *Plass*, S. 146.

[163] Vgl. zu den Argumenten, die jener Rechtsbewertung zugrunde liegen, bereits ausführlich die oben auf S. 247 f. für eine Architekten- und Ingenieur-Sozietät angestellten, hier in gleicher Weise geltenden Überlegungen.

[164] Vgl. dazu schon die eingehende, hier sinngleich Geltung beanspruchende Darstellung oben auf S. 248 f.

– gegenüber dem rechtsfähigen OHG/KG-Gesamthandsvermögen ausgelöste Verjährungsunterbrechung in gleicher Weise auch gegenüber den persönlich ersatzpflichtig gebliebenen Teilhabern wirken würde (§ 129 I HGB).[165]

Soweit eine „Freiberufler-OHG/KG" einem geschädigten Auftraggeber im nachhinein schließlich gar keine oder nur die falschen Berufsvertreter als verantwortlich haftende, im Rahmen der vormaligen Auftragsbearbeitung tatsächlich tätig gewordene Gesellschafter benennen könnte, blieben die rechtsfähige Gesamthand und alle ihre Teilhaber endlich unter dem Gesichtspunkt eines vertraglichen Organisationsverschuldens für den gesamten, aus der fachlich fehlerhaften Berufsausübung entstandenen Schaden verantwortlich. Sähe sich eine „Freiberufler-OHG/KG" infolge einer mangelnden internen Dokumentation nämlich außerstande, eine ordnungsgemäße ex-post-Bestimmung der ehemals realiter mit der Auftragsbearbeitung befaßt gewesenen Gesellschafter vorzunehmen, müßte eine abstrakt auf eben diese Teilhaber bezogene Haftungskonzentrationsklausel notgedrungen ins Leere gehen. Hier bliebe es sodann – mangels sachlicher Anwendbarkeit der ausbedungenen personalen Haftungsbündelung – über § 128 Satz 1 HGB auch für schuldhaft verursachte Berufsfehler bei einer akzessorischen Sekundärhaftung sämtlicher zusammengeschlossenen Berufsvertreter mit ihrem jeweiligen Privatvermögen, die im Außenverhältnis gesamtschuldnerisch zu der fortdauernden Einstandspflicht der Personenhandelsgesellschaft hinzutreten würde.[166]

Angesichts des Umstands, daß ein geschädigter Auftraggeber hiernach auch im Falle einer formularvertraglich vorab vereinbarten abstrakten Haftungskonzentration allein auf „diejenigen Teilhaber, die es späterhin angeht", in sämtlichen denkbaren Fallkonstellationen keinen unzumutbaren Prozeßrisiken oder dauerhaften Rechtsnachteilen ausgesetzt wäre, wird man zusammenfassend in der Tat konstatieren müssen, daß auch eine derart abgefaßte Haftungskonzentrationsklausel in der Rechtspraxis durchaus Bestand haben dürfte und nicht pauschal wegen einseitiger Zurücksetzung schutzwürdiger Auftraggeberinteressen für kategorisch rechtsunwirksam befunden werden könnte.

Der Gebrauch vorformulierter Vertragsbedingungen, die eine Bündelung der persönlichen Ersatzhaftung wegen Schäden aus fehlerhafter Berufsausübung auf den bzw. die handelnden Gesellschafter zum Gegenstand haben, ist im Rahmen einer kooperativen Abwicklung freiberuflicher Leistungen über eine Personenhandelsgesellschaft nach alledem zwar ebenfalls möglich. Doch zeichnet sich die Rechtslage, soweit die konkreten rechtlichen Grenzen einer solchen Variante der Haftungsbeschränkung in Rede stehen, für die Berufstätigen angesichts des weithin existenten berufsrechtlichen Regelungsvakuums wie vorbeschrieben durch merkliche Unwägbarkeiten aus.

---

[165] Vgl. dazu allgemein BGHZ 73, 217 (223 ff.); 78, 114 (119 ff.); *Baumbach/Hopt*, Rn. 2 zu § 129 HGB; MünchHdbuchGesR I/*Neubauer*, Rn. 56 zu § 62.

In Anbetracht der Regelung des § 129 I HGB erschiene daher beispielsweise auch eine Streitverkündung nach den §§ 72 ff. ZPO, die der geschädigte Auftraggeber im Laufe eines gegen die „Freiberufler-OHG/KG" geführten Schadensersatzprozesses zur Wahrung seiner Rechte gegenüber den einzelnen Gesellschaftern erklärt, von vornherein als unnötig.

[166] Vgl. zur parallel gelagerten Rechtslage, soweit die in einer Freiberufler-Sozietät verbundenen Angehörigen der freien Heil- oder der freien Konstruktionsberufe abstrakte Haftungskonzentrationsklauseln verwenden, bereits ausführlich oben S. 238 i.V.m. S. 233 f. sowie S. 250 ff.

c) *Die Verwendung summenmäßiger Haftungsbegrenzungsklauseln in einer „Freiberufler-OHG"*

Diese Imponderabilien dürften die assoziierten Freiberufler im Bedarfsfall daher nicht selten dazu motivieren, im Verhältnis zum Auftraggeber gänzlich auf den Gebrauch einer derartigen personalen Haftungskonzentrationsklausel zu verzichten und statt dessen schlicht eine vorformulierte Haftungsbeschränkungsabrede zu verwenden, mittels derer die Ersatzhaftung für schuldhaft verursachte Berufsfehler auf eine bestimmte Haftungshöchstsumme limitiert wird, die ihrerseits wiederum durch einen damit korrespondierenden Berufshaftpflichtversicherungsschutz abgedeckt ist.

Dieser Befund mag auf den ersten Blick zwar überraschend scheinen, doch dürfte er für die überwiegende Mehrzahl der Fälle, bei der das freiberufliche Haftungsrisiko erkennbar hinter der Deckungssumme des von den Berufstätigen gewählten Berufshaftpflichtversicherungsschutzes zurückbleibt, durchaus naheliegen. Zu bedenken bleibt nämlich, daß die freiberuflich Tätigen auch bei einer gemeinsamen Berufsausübung in einer Personenhandelsgesellschaft grundsätzlich weiterhin zum selbständigen Einsatz einer summenmäßigen Haftungsbegrenzungsklausel autorisiert bleiben, die entweder kumulativ zu der personalen Haftungsbündelung wegen beruflicher Fehlleistungen hinzutreten oder aber alternativ zu dieser vereinbart werden kann.

Die rechtliche Unbedenklichkeit eines solchen Vorgehens läßt sich eindrucksvoll am Beispiel der Berufsrechte der rechts- und wirtschaftsberatenden Professionen aufzeigen. Im Zuge der Gesetzesnovellierungen des Jahres 1994 sind dort, wie bereits im Kontext mit der Freiberufler-Sozietät ausgeführt, erstmals einheitlich Rechtsvorschriften eingefügt worden, die – ein Novum in der Geschichte freier Berufstätigkeit überhaupt – explizit eine vertragliche Begrenzung der Ersatzpflicht wegen Schäden aus fehlerhafter Berufsausübung auf bestimmte Haftungshöchstsummen regeln. Dabei ist der unmittelbare Anwendungsbereich der betreffenden Normen nach ihrem übereinstimmenden Wortlaut zwar auf solche Konstellationen bezogen, in denen die beiderseitige Willensübereinkunft stets eine unmittelbare Vertragsbeziehung zwischen dem kontrahierenden Freiberufler zum einen und seinem jeweiligen Auftraggeber zum anderen begründet.[167] Damit räumen die entsprechenden Bestimmungen zunächst einmal nur den selbständig Berufstätigen, die entweder allein praktizieren oder die sich – unter Zugrundelegung der herrschenden Doppelverpflichtungslehre – in einer Sozietät zur gemeinsamen Berufsausübung verbunden haben, ausdrücklich eine Rechtsmacht zur (formular-)vertraglichen Limitierung ihrer Ersatzhaftung auf bestimmte Haftungshöchstsummen ein.

Unter dem Gesichtspunkt, daß vertragliche Haftungsbegrenzungsoptionen bei Berücksichtigung des verfassungsrechtlichen Gleichbehandlungsgrundsatzes (Art. 3 I GG) an sich jedoch einheitlich allen am Markt auftretenden Angehörigen der freien Professionen in gleicher Weise zugute kommen müssen,[168] wäre es freilich kaum nachvollziehbar gewesen,

---

[167] Vgl. dazu die jeweils gleichlautende grammatikalische Fassung der §§ 51a I BRAO, 45a I PatAnwO; 67a I StBerG; 54a I WPO: „Der Anspruch des Auftraggebers *aus dem zwischen ihm und dem Rechtsanwalt* (bzw. Patentanwalt, Steuerberater, Wirtschaftsprüfer) *bestehenden Vertragsverhältnis* ... kann beschränkt werden ..." – textliche Hervorhebung vom Verf. -

[168] In diesem Zusammenhang ist nochmals daran zu erinnern, daß es nicht zuletzt auch verfassungsrechtliche Bedenken wegen einer ansonsten befürchteten sachwidrigen Ungleichbehandlung der

wenn der Gesetzgeber die so konstituierten Möglichkeiten einer summenmäßigen Haftungsbeschränkung daneben nicht auch solchen Zusammenschlüssen zugestanden hätte, in denen ein rechtliches Band nicht direkt zwischen den assoziierten Freiberuflern und dem jeweiligen Mandanten geknüpft wird, sondern der Dienstleistungsvertrag ausschließlich zwischen einer rechtsfähigen Berufsausübungsgesellschaft, deren Teilhaber der freiberuflich Tätige ist, und dem einzelnen Auftraggeber zustande kommt.

Ein Bedürfnis, bei Bestehen eines korrelierenden Berufshaftpflichtversicherungsschutzes gleichlautende summenmäßige Haftungsbeschränkungsabreden mit dem ratsuchenden Publikum vereinbaren zu können, besteht naturgemäß ebenso für diejenigen Berufstätigen, die sich in einer rechtsfähigen Berufsausübungsgesellschaft, d. h. also in einer Personenhandelsgesellschaft, in einer Partnerschaft oder in einer Kapitalgesellschaft zur Darbietung freiberuflicher Dienste zusammengeschlossen haben. Aufgrund des in einer rechtsfähigen Personengesellschaft[169] geltenden Akzessorietätsprinzips, das zunächst einmal umfassend eine gleichlautende persönliche Einstandspflicht aller Gesellschafter als Gesamtschuldner neben der Haftung des rechtsfähigen Gesamthandsvermögens begründet,[170] dürften gerade die so assoziierten Berufsvertreter ein gewichtiges und nachvollziehbares Interesse daran haben, jene strikte Haftpflicht – vergleichbar den Mitgliedern einer Sozietät oder einem in Einzelpraxis Berufstätigen – weiter auf bestimmte Haftungshöchstbeträge einzugrenzen.

Um den insoweit gleichgerichteten Interessen der übrigen freiberuflichen Zusammenschlüsse in adäquater Weise Rechnung zu tragen, enthalten die Berufsordnungen der entstehungsgeschichtlich jüngeren rechts- und wirtschaftsberatenden Berufe mit den §§ 56 I, 130 II WPO; 72 I StBerG daher auch ausdrücklich Vorschriften, die für rechtsfähige Berufsausübungsgesellschaften, d. h. also für anerkannte Wirtschaftsprüfungs-, Buchprüfungs- und Steuerberatungsgesellschaften in der Rechtsform einer Kapitalgesellschaft, einer Personenhandelsgesellschaft oder einer Partnerschaft explizit die entsprechende Geltung derjenigen Regelungen anordnen, die eine (formular-)vertragliche Beschränkung der Ersatzhaftung auf bestimmte, durch den flankierenden Schutz einer Berufshaftpflichtversicherung abgedeckte Haftungshöchstsummen betreffen.[171]

Damit ist gesetzlich expressis verbis anerkannt, daß die im Zuge der Berufsrechtsnovellierungen des Jahres 1994 kodifizierten summenmäßigen Haftungsbeschränkungsoptionen auch unmittelbar mit Wirkung für und gegen eine Steuerberatungs- und/oder Wirtschafts-

in Einzelpraxis tätigen Freiberufler waren, die den Rechtsausschuß des Deutschen Bundestages während des in den siebziger Jahren gescheiterten Gesetzgebungsverfahrens zur Partnerschaft schließlich dazu bewogen, eine allein auf diese Rechtsform bezogene summenmäßige Begrenzung der Ersatzhaftung wegen fahrlässig verursachter Berufsausübungsfehler ganz aufzugeben; vgl. dazu den Bericht des Rechtsausschusses, BT-Drucksache 7/5413, S. 2; siehe zum Ganzen auch bereits näher oben im 1. Teil, Seite 85.

[169] Vgl. zum Begriff der rechtsfähigen Personengesellschaft die durch Gesetz vom 17.7.1996 (BGBl. I, S. 990) neu eingefügte Legaldefinition in § 1059a II BGB; siehe dazu auch näher unten, Seite 375 in Fn. 285.

[170] Vgl. dazu die §§ 128 Satz 1, 161 II HGB; 8 I 1 PartGG.

[171] Siehe dazu im übrigen auch *Mittelsteiner* in DStR 1994, S. 32 im Beihefter zu Heft 37, wonach die legislativ eingeräumten Optionen einer summenmäßigen Haftungsbegrenzung nach § 67a I Nr. 1 und Nr. 2 StBerG sinngemäß auch auf Steuerberatungsgesellschaften, d. h. also auf gemäß den §§ 49 ff. StBerG ausgestaltete Kapitalgesellschaften, Personenhandelsgesellschaften und Partnerschaften, anzuwenden seien.

prüfungs-OHG/KG vereinbart werden können. Von einer derartigen Form der Haftungslimitierung zugunsten der rechtsfähigen Personenhandelsgesellschaft profitieren sodann – der akzessorischen Haftung wegen – freilich auch ohne weiteres ihre Gesellschafter.

In Entsprechung dessen wird man daher auch in den anderen freien Professionen keine durchgreifenden rechtlichen Bedenken dagegen vorbringen können, daß die Teilhaber einer „Freiberufler-OHG/KG", soweit sie die einschlägigen berufsrechtlichen Vorschriften beachten, auch unmittelbar mit Wirkung für und gegen die Personenhandelsgesellschaft eine summenmäßige Begrenzung der Sekundärhaftung für Berufsausübungsfehler mit dem ratsuchenden Publikum verabreden können. Auch die Gesellschafter einer „Anwalts-OHG/KG" wären demgemäß wegen Schäden aus fehlerhafter Berufsausübung also problemlos berechtigt, schon die Ersatzhaftung der Personenhandelsgesellschaft selbst unter Einhaltung der Vorgaben des § 51 I Nr. 1, Nr. 2 BRAO im Einverständnis mit der Auftraggeberseite vertraglich weiter auf den Betrag der Mindestversicherungssumme bzw. der vierfachen Mindestversicherungssumme zu limitieren.

Soweit es in den übrigen freiberuflichen Sparten derzeit schließlich noch gemeinhin an vergleichbaren berufsrechtlichen Regelungen fehlt, wird man in Anlehnung an den in § 8 III PartGG enthaltenen allgemeinen Rechtsgedanken davon ausgehen dürfen, daß die Haftung einer Freiberufler-Personenhandelsgesellschaft jedenfalls für leicht fahrlässig verursachte Berufsfehler durch eine vorformulierte Klausel der Höhe nach unbedenklich auf den Betrag einer angemessenen, das voraussichtliche Schadensrisiko deckenden Berufshaftpflichtversicherungssumme begrenzt werden kann.[172]

Die Effektivität des Einsatzes von Haftungsbegrenzungsklauseln wird im Fall einer gemeinsamen Berufsausübung in der offenen Handelsgesellschaft im übrigen allerdings generell weiter dadurch gemindert, daß sich dort – ebenso wie schon bei der Freiberufler-Sozietät – über (formular-)vertragliche Haftungslimitierungsabreden nicht sämtliche berufstypischen Schadensrisiken der freien Professionen erfassen lassen. Wie bereits vorbeschrieben, bleiben bestimmte Fallgruppen der quasi-vertraglichen Haftung für Vermögensschäden Dritter aufgrund ihrer Herauslösung aus konsensualen Grundlagen einer rechtsgeschäftlichen Beschränkbarkeit von vornherein entzogen. So sind im Ergebnis beispielsweise weder die den Grundsätzen der culpa in contrahendo folgende Sachwalterhaftung noch die richterlich entwickelte, spezifisch die Angehörigen der wirtschaftsnahen Freien Berufe treffende Garantieprospekthaftung einer vertraglichen Risikominimierung durch Bündelung der persönlichen Ersatzhaftung auf den handelnden Gesellschafter zugänglich.[173] Auch in einer Freiberufler-Personenhandelsgesellschaft müßte es in jenen Dritthaftungskonstellationen daher bei einer nicht weiter korrigierbaren gesamtschuldnerischen Einstandspflicht aller assoziierten Berufsvertreter in persona bleiben.

Bei abschließender Betrachtung bietet die OHG den Angehörigen der freien Professionen daher unter haftungsrechtlichen Gesichtspunkten keine nennenswerten Vorteile gegenüber einer kooperativen freiberuflichen Leistungserbringung in der Rechtsform der BGB-Gesellschaft. Zwischen beiden Gesellschaftsformen bestehen in dieser Beziehung

---

172 Vgl. in dieser Richtung unter ausdrücklicher Bezugnahme auf eine OHG auch *Henssler*, Rn. 71 f. zu § 8 PartGG.

173 Vgl. dazu schon die entsprechenden Ausführungen zur Freiberufler-Sozietät oben Seite 263 ff.

eher marginale Unterschiede. Eine strukturelle Vorzugswürdigkeit der an sich den Gewerbetreibenden vorbehaltenen offenen Handelsgesellschaft, die den freiberuflich Tätigen nur im Einzelfall durch die Verknüpfung mit einer „passenden" gewerblichen Betätigung zur freien Berufsausübung offensteht, ist insoweit nicht zu ersehen.

2. Die Haftungssituation in der „Freiberufler-KG"

Eine andere rechtliche Bewertung könnte sich in diesem Kontext allerdings für die ebenfalls gewerbliche Rechtsform der KG rechtfertigen. Auch wenn gerade den rechts- und wirtschaftsberatenden freien Professionen, die unter dem Gesichtspunkt einer berufstypischen gewerblichen Treuhandtätigkeit praktisch am unkompliziertesten Zugriff auf die Personenhandelsgesellschaften nehmen können, der Betrieb einer GmbH & Co. KG berufsrechtlich einhellig verwehrt ist,[174] so bietet doch selbst die Stellung als Kommanditist einer „normalen" KG immerhin noch den wesentlichen Vorteil einer beschränkten, allein auf die im Handelsregister eingetragene Summe lautenden Einlagenhaftung (§ 172 I HGB).

Zudem braucht sich auch der als Kommanditist beteiligte Berufsangehörige trotz der Regelung des § 170 HGB nicht auf eine bloß passive Rolle zu beschränken, sondern ihm kann durch die Erteilung einer Prokura oder einer Generalvollmacht[175] de facto durchaus eine den persönlich haftenden Gesellschaftern inhaltlich gleichkommende Berufstätigkeit in der KG ermöglicht werden. Auch im Innenverhältnis kann die dispositive Regel des § 164 HGB ohne weiteres der Einräumung einer weitreichenden Geschäftsführungsbefugnis an den Kommanditisten weichen,[176] so daß sich im Ergebnis komplikationslos eine gleichberechtigte Berufsausübung zwischen allen assoziierten Berufsvertretern, gleich ob sie nun eine Stellung als Komplementär oder als Kommanditist in der Gesellschaft einnehmen, herstellen läßt.

Soweit die „Freiberufler-KG" für den als Kommanditisten beteiligten Berufsangehörigen hiernach also einerseits eine institutionelle Haftungsbeschränkung auf die geleistete Einlage vorsieht, die sich andererseits ohne Schwierigkeiten mit einer dem Komplementär ebenbürtigen Gesellschafterstellung verbinden läßt, muß sie – vom Standpunkt der Berufstätigen aus gesehen – unter Haftungsaspekten zweifellos als eine der Freiberufler-Sozietät oder der „Freiberufler-OHG" strukturell überlegene Rechtsform erscheinen.

Die haftungsrechtlichen Vorteile einer Berufsausübung in der KG zeigen sich aus der Perspektive der Berufstätigen insbesondere in den vorerwähnten Dritthaftungskonstellationen des Vertrags mit Schutzwirkung für Dritte bei gegenläufiger Interessenlage, einer Garantieprospekthaftung und der quasi-vertraglichen Sachwalterhaftung aus culpa in contrahendo. Aufgrund des bloß vertragsähnlichen Charakters der dem geschädigten Dritten im Einzelfall zugestandenen Ersatzansprüche verbleibt es insofern zwar auch für die „Freiberufler-KG" bei einer nicht durch Rechtsgeschäft beschränkbaren gesamtschuldneri-

---

[174] Siehe dazu oben Seite 330 mit Fn. 129.

[175] Vgl. zu den weitreichenden Möglichkeiten einer Vollmachtserteilung an den Kommanditisten nur *Baumbach/Hopt*, Rn. 3 zu § 170 HGB.

[176] Vgl. nur *Baumbach/Hopt*, Rn. 7 zu § 164 HGB.

schen Haftpflicht sämtlicher Gesellschafter mit ihrem Privatvermögen; doch greift hier zugunsten der Kommanditisten sodann die institutionelle Haftungslimitierung auf die im Handelsregister eingetragene Einlage als maximalen Haftungshöchstbetrag ein.

Soweit die Stellung als Kommanditist in Rede steht, beruht dessen beschränkte Einlagenhaftung bereits auf der legislativen Ausprägung des in dieser Form vom Normgeber geschaffenen Gesellschaftstyps. Die Haftungsbegrenzung ist somit gesetzlicher Natur und birgt aus Sicht der freiberuflich Tätigen den entscheidenden Vorteil, daß sie mit dem ratsuchenden Publikum nicht erst auf zweiseitiger Grundlage vereinbart werden muß, sondern dem Auftragsverhältnis schon per se und vorab – quasi „systemimmanent" – zugrunde liegt. Insoweit entfällt für die assoziierten Berufsvertreter daher auch das Erfordernis, die Mandatsbeziehung zum Auftraggeber zu Beginn auf irgendeine Art und Weise mit dem ausdrücklichen Ersuchen um eine (formular-)vertragliche Haftungsbeschränkung belasten zu müssen.

Die für die Berufstätigen infolgedessen unter Haftungsgesichtspunkten bestehenden beachtlichen Vorteile einer „Freiberufler-KG" werfen gleichzeitig die Frage nach den Grenzen einer rechtlich zulässigen Haftungsbeschränkung in dieser Gesellschaftsform auf. Dieses Problem stellt sich insbesondere im Zusammenhang mit dem Einsatz vorformulierter Vertragsbedingungen, die im Verhältnis zum Auftraggeber eine Vorab-Konzentration der persönlichen Ersatzhaftung wegen Schäden aus fehlerhafter Berufsausübung auf einzelne Gesellschafter der KG herbeiführen sollen.

Gegen ein solches Vorgehen wird man gewiß keine grundlegenden Einwände erheben können, falls lediglich eine (konkrete oder abstrakte) Bündelung der persönlichen Ersatzhaftung auf einzelne, späterhin an der tatsächlichen Mandatsbearbeitung mitwirkende *Komplementäre* zur Diskussion steht und die fortbestehende Haftung der rechtsfähigen Gesamthand für Berufsausübungsfehler daneben unberührt bleibt.[177] Zwar würde selbstverständlich auch hier gelten, daß eine mittels vorformulierter Vertragsbedingungen herbeigeführte Haftungskonzentration im Bereich der Anwaltschaft aufgrund des dort ausnahmsweise zugrunde zu legenden weiten Sozietätsbegriffs die besonderen berufsrechtlichen Voraussetzungen der §§ 51a II 2, 3 BRAO; 45a II 2, 3 PatAnwO wahren müßte, während in den übrigen freien Professionen diesbezüglich de lege lata allein die allgemeinen zivilrechtlichen Vorgaben des AGB-Gesetzes, d. h. vor allem das Klauselverbot des § 11 Nr. 7 AGBG (bzw. für den kaufmännischen Verkehr: § 9 I AGBG), zu beachten wären.[178]

Ansonsten bliebe für Berufsausübungsfehler aber auch in dieser Konstellation unverändert das rechtliche Prinzip einer unmittelbaren, zunächst einmal schrankenlos eingreifenden persönlichen Ersatzhaftung des mit der konkreten Auftragsbearbeitung befaßten Gesellschafters erhalten, welches so im Bereich der freien Beratungsberufe erkennbar auch den zur Freiberufler-Sozietät sowie allgemein den zur Partnerschaft erlassenen Haftungskonzentrationsvorschriften zugrunde liegt. Auch für den in die tatsächliche Auftragsbear-

---

177 Vgl. zur zivilrechtlichen Unwirksamkeit einer vorformulierten Klausel, die auch das gesamthänderisch gebundene Gesellschaftsvermögen von der Ersatzhaftung für schuldhaft verursachte Berufsfehler gegenüber dem ratsuchenden Publikum ausnehmen wollte, bereits die diesbezüglichen Ausführungen zur „Freiberufler-OHG" oben Seite 341.

178 Vgl. hierzu bereits die entsprechenden Darlegungen zur „Freiberufler-OHG" oben Seite 337 und Seite 341.

beitung eingeschalteten *Komplementär* einer „Freiberufler-KG" wäre mithin sichergestellt, daß sich seine Haftpflicht (formular-)vertraglich allenfalls unter Beachtung der zum Teil bestehenden besonderen berufsrechtlichen Bestimmungen oder – bei deren Fehlen – in den Schranken des allgemeinen Zivilrechts weiter auf bestimmte Haftungshöchstsummen eingrenzen ließe.

Eine andere rechtliche Beurteilung rechtfertigt sich hingegen, soweit die assoziierten Berufsvertreter einer „Freiberufler-KG" die persönliche Ersatzhaftung für schuldhaft verursachte Berufsfehler gegenüber dem ratsuchenden Publikum vertraglich vorab (konkret oder abstrakt) ausschließlich auf einen einzelnen, im weiteren Verlauf mit der tatsächlichen Mandatsbearbeitung betrauten *Kommanditisten* bündeln wollen.

Insofern ist zu bedenken, daß den Kommanditisten einer „Freiberufler-KG" im Außenverhältnis schon kraft der legislativen Ausgestaltung des Gesellschaftstyps lediglich eine auf die Summe der eingetragenen Kommanditeinlage begrenzte Haftung gegenüber dem Auftraggeber trifft. Das auf diese Weise mit den Mitteln des Gesellschaftsrechts institutionell beschränkte Haftkapital kann innerhalb der jeweiligen freiberuflichen Berufsgruppe dabei betragsmäßig auch durchaus unterhalb der Mindestversicherungssumme einer daneben zugleich obligatorisch abzuschließenden Berufshaftpflichtversicherung liegen. So darf die gesellschaftsrechtliche Einlagenhaftung eines Kommanditisten – obwohl nur sie für seine persönliche Einstandspflicht im Außenverhältnis maßgebend ist – etwa bei den berufsrechtlich gebundenen rechts- und wirtschaftsberatenden freien Professionen gegenwärtig ohne weiteres weniger als 500.000 DM betragen, auch wenn die selbständig Berufstätigen in diesen Berufen derzeit einheitlich einen in dieser Höhe bestehenden Mindestdeckungsschutz je Versicherungsfall nachweisen müssen.[179]

Mit dem bloßen Betrieb einer „Freiberufler-KG" ist für sich genommen zwar noch kein Verstoß gegen solche Berufsrechtsnormen verbunden, die für Berufsausübungsfehler in Festlegung der kautelarjuristisch zwingend einzuhaltenden Mindeststandards eine vertragliche Begrenzung von Ersatzansprüchen äußerstenfalls auf den Betrag einer gesetzlich vorgeschriebenen Mindesthaftpflichtversicherungssumme erlauben. Denn der Umstand, daß die summenmäßige Haftungsbeschränkung auf eine in ihrer Höhe frei bestimmbare Kommanditeinlage bereits *gesetzlich* durch das Gesellschaftsrecht eröffnet wird und damit institutionellen Charakter trägt, schließt es generell aus, darauf auch Bestimmungen anwenden zu wollen, die – wie die §§ 54a I WPO; 67a I StBerG; 51a I BRAO; 45a I PatAnwO – ausschließlich eine *vertragliche* Beschränkung der Schadensersatzhaftung auf Haftungshöchstsummen regeln.[180]

Wollen die assoziierten Berufsvertreter einer „Freiberufler-KG" die persönliche Ersatzhaftung für schuldhaft verursachte Berufsfehler nun freilich *mit den Mitteln des Vertragsrechts* weitergehend auf einen Gesellschafter bündeln, der ausschließlich als Kommanditist beteiligt ist, so greift diese Form der Haftungsreduktion allerdings sichtlich über den berufsrechtlich grundsätzlich zulässigen Betrieb einer Kommanditgesellschaft hinaus. Weil die persönliche Einstandspflicht des Kommanditisten ohnedies schon institutionell auf den

---

[179] Siehe zu den (gegenwärtig noch) gleichlautenden Mindestdeckungssummen des Berufshaftpflichtversicherungsschutzes bei Rechtsanwälten, Steuerberatern und Wirtschaftsprüfern bereits oben Seite 202 f.

[180] Vgl. dazu bereits die entsprechenden Ausführungen zu § 51a I BRAO oben Seite 308 ff.

Betrag der im Handelsregister eingetragenen Einlage begrenzt ist, würde die kumulativ hinzutretende Vereinbarung einer personalen Haftungskonzentration hier faktisch jedesmal *zugleich* auch als *vertragliche Beschränkung* der Sekundärhaftung *der Höhe nach* wirken. Eine entsprechende Haftungskonzentrationsabrede würde den zur gemeinsamen Berufsausübung verbundenen Berufstätigen in praxi also stets dazu dienen, um *mit den Mitteln des Vertragsrechts uno acto gleichzeitig auch eine summenmäßige Haftungsbegrenzung* auf den alleinigen, im Handelsregister eingetragenen Betrag der Kommanditeinlage herbeizuführen.

Aufgrund dieser januskÖpfigen Doppelwirkung müßte sich eine Haftungskonzentrationsvereinbarung, die auf den Kommanditisten einer „Freiberufler-KG" bezogen ist, daher stets auch an solchen berufsrechtlichen Vorschriften messen lassen, die eine (allgemein-)vertragliche Limitierung der Ersatzhaftung auf bestimmte, durch Berufshaftpflichtversicherungen abgedeckte Haftungshöchstsummen zum Gegenstand haben. Nur auf diese Weise bliebe gewährleistet, daß ausnahmslos jede vertragliche Vereinbarung, die aus Sicht des ratsuchenden Publikums in ihrem praktischen Ergebnis zu einer betragsmäßigen Haftungslimitierung führt, auch tatsächlich den normativen Mindestanforderungen entspricht, die nach der ratio legis der einschlägigen berufsrechtlichen Vorschriften durchgängig und unbedingt für eine vertragliche Beschränkung der Ersatzhaftung auf Haftungshöchstsummen gelten sollten. Dementsprechend wären etwa die Angehörigen der berufsrechtlich gebundenen rechts- und wirtschaftsberatenden freien Professionen einheitlich nur dann imstande, die Ersatzhaftung wegen Schäden aus fehlerhafter Berufsausübung rechtswirksam auf einen als Kommanditisten beteiligten Berufstätigen zu konzentrieren, wenn dessen gesellschaftsrechtliche Einlagenhaftung bei individualvertraglichen Vereinbarungen 500.000 DM[181] und bei formularvertraglichen Abreden 2.000.000 DM[182] nicht unterschreitet.[183] Diese strikten haftungsrechtlichen Vorgaben rechtfertigen sich aus der Überlegung heraus, daß der Gesetzgeber eine summenmäßige Limitierung der Sekundärhaftung, die auf vertraglicher Grundlage durch eine Vereinbarung mit dem Auftraggeber herbeigeführt wird, insofern stets und ohne Ausnahme von dem Bestand eines entsprechend korrelierenden Berufshaftpflichtversicherungsschutzes hat abhängig machen wollen.

Auch in anderen Freien Berufen, bei denen es bislang an näheren Vorschriften, die sich mit einer vertraglichen Beschränkung der Ersatzhaftung auf bestimmte Höchstbeträge befassen, fehlt, wird man in konsequenter Fortentwicklung des Rechtsgedankens des § 8 III PartGG eine rechtlich bindende Konzentration der Sekundärhaftung auf den Komman-

---

[181] Vgl. dazu die §§ 54a I Nr. 1 WPO; 67a I Nr. 1 StBerG; 51a I Nr. 1 BRAO; 45a I Nr. 1 PatAnwO – Höhe der Mindestversicherungssumme -

[182] Vgl. dazu die §§ 54a I Nr. 2 WPO; 67a I Nr. 2 StBerG; 51a I Nr. 2 BRAO; 45a I Nr. 2 PatAnwO – vierfacher Betrag der Mindestversicherungssumme -

[183] Auf dieser Grundlage dürfte für die Berufsgruppen der Wirtschaftsprüfer, Steuerberater und Rechtsanwälte eine (formular-)vertragliche Bündelung der Ersatzhaftung auf den Gesellschafter-Kommanditisten in der Rechtspraxis freilich regelmäßig ausscheiden. Die gesellschaftsrechtliche Hafteinlage eines Kommanditisten wird tatsächlich kaum einmal an die Höhe der Mindestversicherungssumme heranreichen, und eine über den Mindestbetrag hinausgehende Vermögenseinlage dürfte – wenn überhaupt – allenfalls im Bereich der Wirtschaftsprüfung in Betracht kommen, soweit eine kapitalkräftige Wirtschaftsprüfungsgesellschaft eine Kommanditistenstellung in einer zweiten, entsprechend organisierten Wirtschaftsprüfungs-KG innehätte.

ditisten einer „Freiberufler-KG" allenfalls dann zulassen können, wenn die von diesem kraft des Gesellschaftsrechts eingebrachte Einlage ihrer Höhe nach an die im jeweiligen Berufsstand übliche Mindestdeckungssumme der Berufshaftpflichtversicherung heranreicht.

Ungeachtet dieser Besonderheiten im Zusammenhang mit einer rechtsgeschäftlichen Bündelung der persönlichen Ersatzhaftung auf den Kommanditisten einer „Freiberufler-KG" bleiben die Gesellschafter eines derartigen Zusammenschlusses im übrigen freilich ohne weiteres berechtigt, wegen beruflicher Fehlleistungen *unmittelbar im Vertragsverhältnis zwischen der Kommanditgesellschaft und dem Auftraggeber* eine (formular-) vertragliche Limitierung der Ersatzhaftung auf bestimmte Haftungshöchstsummen zu vereinbaren, falls diese ihrerseits wiederum durch einen damit korrespondierenden Berufshaftpflichtversicherungsschutz abgedeckt sind. Eine solcherart direkt mit Wirkung für die „Freiberufler-KG" vereinbarte summenmäßige Haftungsbegrenzung, die von verschiedenen Berufsrechten sogar ausdrücklich gebilligt wird,[184] würde sich sodann – über das Akzessorietätsprinzip – freilich wiederum von selbst auch zum Vorteil aller assoziierten Berufsvertreter persönlich auswirken.

In Anbetracht dessen werden die Angehörigen der freien Professionen, auch soweit sie sich in einer Kommanditgesellschaft zur gemeinsamen Berufsausübung verbunden haben, zumindest in den zahlenmäßig überwiegenden Sachverhaltsgestaltungen, in denen das freiberufliche Haftungsrisiko erkennbar hinter dem ausbedungenen Deckungsschutz einer unterhaltenen Berufshaftpflichtversicherung zurückbleibt, im Außenverhältnis nicht selten ganz von der Vereinbarung einer personalen Haftungskonzentrationsklausel für Berufsausübungsfehler absehen und statt dessen lediglich versuchen, mit dem ratsuchenden Publikum eine vertragliche Begrenzung der Sekundärhaftung auf bestimmte Haftungshöchstsummen zu verabreden.

Im Ergebnis erweist sich die Kommanditgesellschaft aus der Warte der Berufstätigen somit unter Haftungsgesichtspunkten durchaus als eine der Freiberufler-Sozietät oder der „Freiberufler-OHG" vorzugswürdige Rechtsform. Sollten die steuerrechtlichen Rahmenbedingungen eine Berufsausübung in der Kommanditgesellschaft daher ebenfalls nicht unattraktiv erscheinen lassen, könnte gerade diese Gesellschaftsform durch die sachliche Verknüpfung mit einer parallel aufgenommenen gewerblichen Betätigung für die Angehörigen der freien Professionen eine interessante Alternative zur freiberuflichen Leistungserbringung in der Sozietät oder in der Partnerschaft darstellen.

III. Die steuerrechtlichen Folgen einer Erbringung freiberuflicher Leistungen in den Rechtsformen der Personenhandelsgesellschaften

Will man mit Blick auf die jeweilige Eignung zur gemeinsamen freiberuflichen Berufsausübung einen allgemeinen steuerrechtlichen Leistungsvergleich zwischen den Rechtsformen der Personenhandelsgesellschaften einerseits und der klassischen Freiberufler-Sozietät an-

---

[184] Vgl. dazu für die Berufsgruppen der Steuerberater, Wirtschaftsprüfer und vereidigten Buchprüfer etwa die §§ 72 I StBerG i. V. m. 67a I StBerG; §§ 56 I, 130 II WPO i. V m. 54a I WPO; siehe zu diesem Punkt im übrigen auch schon näher oben Seite 346 f.

dererseits anstellen, so bietet es sich zunächst an, kurz die Rechtslage für die kooperative Darbietung freiberuflicher Leistungen in der Gesellschaft bürgerlichen Rechts zu skizzieren.

1. Die prinzipielle Gewerbesteuerfreiheit der Freiberufler-Sozietät

Ein herausragendes, bereits an früherer Stelle angeklungenes Privileg der Freien Berufe besteht in ihrer zunächst einmal umfassend angeordneten Freistellung von der Pflicht zur Entrichtung von Gewerbesteuern (§§ 15 II 1 EStG; 2 I 2 GewStG). Die nach Maßgabe des § 18 I Nr. 1 EStG selbständig tätigen Freiberufler bleiben, falls sie sich auf die Ausführung genuin freiberuflicher Leistungen beschränken, anders als die Gewerbetreibenden im Grundsatz vollständig von dem Obligo zur Zahlung sowohl der Gewerbeertrag- als auch der (zum 1.1.1998 ohnehin weggefallenen) Gewerbekapitalsteuer ausgenommen.[185]

Jene weitreichende „Freiheit von der Gewerbesteuer" gilt dabei nicht nur für die in einer Einzelpraxis selbständig Berufstätigen, sondern ebenso auch für die zur gemeinsamen Berufsausübung in einer BGB-Gesellschaft zusammengeschlossenen Berufsvertreter.[186] Die Berufstätigkeit in einer Sozietät kann, falls alle Gesellschafter aufgrund eigener Fachkenntnisse leitend und eigenverantwortlich tätig werden, insoweit aus naheliegenden Gründen der Gleichbehandlung nicht anders behandelt werden, als würde sie von jedem der beteiligten Freiberufler einzeln ausgeübt.[187]

Für die leitende und eigenverantwortliche Leistungserbringung aller Gesellschafter (§ 18 I Nr. 1 Satz 3 EStG) kann dabei sinnvollerweise nicht gefordert werden, daß jeder von ihnen in allen Arbeitsbereichen leitend tätig ist und an jedem Auftrag eigenverantwortlich mitarbeitet. Um eine zweckmäßige Arbeitsteilung unter den Sozien zu ermöglichen, reicht es vielmehr aus, wenn sich die gemeinsam tätigen Berufsträger die mit der Leitung des Unternehmens und der eigenverantwortlichen Bearbeitung der Aufträge verbundenen Aufgaben untereinander aufteilen und jeder von ihnen in seinem Aufgabenbe-

---

[185] Das Ausmaß dieser Privilegierung läßt sich anschaulich ermessen, indem man einen Blick auf die jährlich aus der Erhebung der Gewerbesteuer resultierenden Staatseinnahmen wirft. So beliefen sich die Einnahmen aus der Gewerbesteuer nach Angaben des Bundesministeriums der Finanzen allein im Jahr 1996 auf bundesweit insgesamt 46,3 Mrd. DM. Davon entfielen dem Deutschen Städtetag zufolge etwa 15 % auf die Gewerbekapital- und der Rest auf die Gewerbeertragsteuer; vgl. dazu *Herz* in „Darmstädter Echo" v. 22.2.1997, S. 3.

Als Vergleichsmaßstab seien daneben ferner auch noch die Zahlen aus dem Jahre 1994 genannt: Danach betrug das Aufkommen zur Gewerbesteuer seinerzeit im ganzen 44,1 Mrd. DM; dabei war die Gewerbesteuer (nach der Lohn-, der Umsatz- und der Mineralölsteuer) die Steuer mit dem vierthöchsten Gesamtaufkommen. Sie ließ im Zuge dessen sowohl die veranlagte Einkommensteuer (damaliges Aufkommen: 25,9 Mrd. DM) als auch die Körperschaftsteuer (damaliges Aufkommen: 19,6 Mrd. DM) weit hinter sich; vgl. hierzu näher das von *Krebs* in FS für Ritter (1997), 397 (399 f.) mitgeteilte statistische Material.

[186] Allg. Meinung; vgl. nur BFHE 86, 305 (307); Schmidt-*Seeger*, Rn. 39 zu § 18 EStG; Blümich-*Hutter*, Rn. 71 zu § 18 EStG; *Glanegger/Güroff*, Rn. 101 zu § 2 GewStG; *Schick*, S. 91 ff.; *Heidel/Pauly*, Rn. 52 zu § 1.

[187] Statt aller nur Kirchhof/Söhn-*Stuhrmann*, Rn. A 120 zu § 18 EStG; *Korn* in DStR 1995, 1249 (1253).

reich aufgrund seiner Fachkenntnis leitend und eigenverantwortlich tätig ist.[188] Demgemäß erzielen selbstredend auch interprofessionelle Sozietäten dann freiberufliche Einkünfte, wenn an ihnen Freiberufler unterschiedlicher Fachrichtungen beteiligt sind, die einander ergänzen und ihre Fachbereiche jeweils leitend und eigenverantwortlich betreiben.[189]

Die Personenhandelsgesellschaften können aus Sicht der freiberuflich Tätigen demnach auf steuerrechtlichem Felde nur mit der Sozietät als Berufsausübungsgesellschaft konkurrieren, falls sie den assoziierten Berufsvertretern ebenfalls die Geltendmachung freiberuflicher Einkünfte gestatten und die Entstehung einer Gewerbesteuerpflicht also in entsprechender Weise vermieden werden kann.

2. Gewerbesteuerpflicht einer „Freiberufler-OHG/KG" kraft Rechtsform?

Die Erreichung dieses Ziels – Freistellung von der Gewerbesteuer trotz Berufsausübung in einer an sich den Gewerbetreibenden vorbehaltenen Gesellschaftsform – scheint auf den ersten Blick freilich kaum realisierbar.

In diesem Zusammenhang sei nur nochmals daran erinnert, daß die Personenhandelsgesellschaften OHG und KG allgemein bereits kraft Gesetzes und per definitionem auf den Betrieb eines (vollkaufmännischen) Handelsgewerbes gerichtet sind.[190] Schon unter handelsrechtlichen Gesichtspunkten ergibt sich für die Angehörigen der freien Professionen eine Zugänglichkeit zu diesen gewerblichen Rechtsformen lediglich, soweit sie kumulativ zu ihren originär freiberuflichen Dienstleistungen – d. h. also den Heilbehandlungsleistungen, den Rechts- und Steuerberatungsleistungen, den Planungs- und Bauüberwachungsleistungen etc. – eine weitere Tätigkeit aufnehmen, die entweder selbst gewerblicher Natur ist oder jedenfalls gewerblich erbracht werden kann. Nur auf diese Weise besteht etwa für Steuerberater, Wirtschaftsprüfer und Rechtsanwälte unter dem Gesichtspunkt einer berufstypischen gewerblichen Treuhandtätigkeit eine Zugriffsmöglichkeit auf die Personen-

---

[188] Vgl. so ausdrücklich BFHE 157, 106 (108 f.) – Ebenso wenig kommt es darauf an, daß jedem Gesellschafter von Anfang an ein bestimmter Aufgabenbereich zugewiesen wird; die Aufgabenverteilung kann auch von Fall zu Fall erfolgen. Selbst quantitative und qualitative Unterschiede im Rahmen der Auftragsbearbeitung (z. B. einige Gesellschafter beschäftigen sich nur mit besonders wichtigen oder besonders schwerwiegenden, andere Gesellschafter hingegen nur mit einfachen, weniger bedeutsamen Aufträgen) sind für das Vorliegen einer leitenden und eigenverantwortlichen Tätigkeit aller Sozien grundsätzlich unschädlich; vgl. zu alldem BFH, aaO; dem zustimmend auch das Schrifttum; siehe nur *Gail/Overlack* (steuerrechtlicher Teil), S. 23.

[189] Vgl. dazu nur *Korn* in DStR 1995, 1249 (1253 f.), der aaO die kooperative Berufsausübung von Rechtsanwälten, Steuerberatern und Wirtschaftsprüfern als „Paradebeispiel" anführt.

Fraglich könnte in diesem Zusammenhang allenfalls sein, ob das Vorliegen freiberuflicher Einkünfte für solche Sozietätsverbindungen zu verneinen ist, in denen sich die Angehörigen völlig heterogener freier Professionen (wie etwa Arzt und Rechtsanwalt) zusammenschließen würden, weil diese untereinander kein gemeinsames „Oberberufsbild" aufweisen; so etwa *Schick*, S. 91 ff. Dem wird man jedoch entgegenhalten müssen, daß die Frage einer Sozietätsfähigkeit zwischen verschiedenen Freien Berufen ausschließlich Sache der einzelnen Berufsrechte ist, so daß für eine steuerrechtliche Sanktionierung einer berufsrechtlich unzulässigen Verbindung daneben weder eine überzeugende Legitimationsgrundlage besteht noch diese überhaupt geboten scheint; ebenso auch *Schaper/Neufang* in INF 1992, 154 (156).

[190] §§ 105 I, 161 I HGB i. V. m. § 4 II HGB.

handelsgesellschaften, und nur unter diesem Aspekt können Ärzte (zum Beispiel mit Blick auf gewerblich erbringbare Hotellerieleistungen) sowie Architekten (etwa durch eine parallele Mitübernahme gewerblich erbringbarer Bauausführungsleistungen) nach Maßgabe des § 2 HGB eine OHG/KG im Handelsregister zur Eintragung bringen.

Allerdings sind die Angehörigen der Freien Berufe – vom Bereich der ambulanten vertragsärztlichen Versorgung abgesehen – sodann von Rechts wegen bemerkenswerterweise durchaus nicht gehindert, im nachhinein, d. h. wenn eine OHG/KG unter Hinweis auf eine ergänzend aufgenommene, sachlich „benachbarte" gewerbliche Betätigung erst einmal zur Entstehung gelangt ist, zivilvertraglich größtenteils oder sogar beinahe ausschließlich rein freiberufliche Dienste über die so gegründete Personenhandelsgesellschaft abzuwickeln.[191]

Auf dem Gebiete des Steuerrechts setzt sich die Einordnung der Personenhandelsgesellschaften als charakteristisch gewerblicher Rechtsformen nun auf erste Sicht durchaus in einer dem Handelsrecht vergleichbaren Weise fort. So rechnet das Steuerrecht die Tätigkeit als Gesellschafter einer OHG/KG immerhin typischerweise den Einkünften aus Gewerbebetrieb zu (vgl. § 15 I Nr. 2 EStG). Doch führt ein Wirtschaften in den handelsrechtlichen Personengesellschaften nach den geltenden Steuergesetzen nicht stets dazu, daß im Zuge dessen unweigerlich und gleichsam zwangsläufig das Vorliegen gewerblicher Einkünfte mit der Folge einer uneingeschränkten Gewerbesteuerpflicht zu bejahen wäre.

Denn anders als bei den Kapitalgesellschaften, die unabhängig von ihrem jeweiligen Gesellschaftszweck bereits kraft Rechtsform als Gewerbebetrieb gelten (§ 2 II GewStG), existiert eine ähnlich weitreichende Gesetzesfiktion für eine Personengesellschaft unter Einschluß von OHG und KG allgemein nur unter den einschränkenden Voraussetzungen des § 15 III Nr. 2 EStG, also vor allem dann, wenn innerhalb der Personengesellschaft – wie bei einer sog. echten GmbH & Co. KG – ausschließlich eine oder mehrere Kapitalgesellschaften die Stellung als geschäftsführungsbefugte, persönlich haftende Gesellschafter einnehmen.[192] Im übrigen muß bei jeder Personengesellschaft (und damit insbesondere auch bei den Personenhandelsgesellschaften) stets zumindest ein Teil der Tätigkeit, die alle Gesellschafter in ihrer gemeinsamen Verbundenheit entwickeln, in concreto sämtliche Merkmale eines Gewerbebetriebs im Sinne des § 15 I Nr. 1, II EStG ausfüllen, damit aus rechtlicher Sicht auch tatsächlich das Vorliegen von Einkünften aus Gewerbebetrieb bejaht werden kann.[193]

In Anknüpfung an diese Gesetzeslage, die mit Blick auf die konzeptionelle Bereitstellung der Personenhandelsgesellschaften für die Gewerbetreibenden doch etwas verwunderlich anmutet, sah sich die finanzgerichtliche Rechtsprechung praktisch von Anfang an

---

[191] Vgl. zu alldem schon ausführlich oben Seite 289 ff.

[192] Vgl. zu den im einzelnen diskutierten Fallgruppen der gewerblich geprägten Personengesellschaft gemäß § 15 III Nr. 2 EStG näher *Felix* in NJW 1997, 1040 (1041 ff.); Schmidt-*Schmidt*, Rn. 211 ff. und insb. Rn. 226 ff. zu § 15 EStG – Der Fall einer sog. „doppelstöckigen" GmbH & Co KG, bei der alleiniger Komplementär der ersten KG wiederum eine sog. echte GmbH & Co. KG ist, wird in diesem Kontext ergänzend über den Satz 2 der entsprechenden Vorschrift erfaßt.

[193] Vgl. dies klarstellend nur den bedeutenden Beschluß des BFH in BFHE 141, 405 (427 f.), der für die spätere Schaffung des § 15 III EStG durch das SteuerBereinigungsG v. 19.12.1985 (Art. 7 Nr. 6, BGBl. I, 2436) maßgeblich war; siehe im übrigen lediglich BFHE 162, 439 (440), aus der Kommentarliteratur nur Schmidt-*Schmidt*, Rn. 180 zu § 15 EStG; *Heidel/Pauly*, Rn. 95 zu § 1.

gehindert, den handelsrechtlichen Gesellschaftsformen OHG und KG allein aufgrund ihrer Rechtsform und der Eintragung im Handelsregister die Eigenschaft als Gewerbebetrieb beizulegen.[194] Auf der Grundlage sinngleicher Vorschriften des EStG 1925[195] mußte der Reichsfinanzhof vielmehr schon zur Mitte der dreißiger Jahre feststellen, daß für die steuerrechtliche Behandlung der Personenhandelsgesellschaften statt dem Inhalt und der Eintragung im Handelsregister allein maßgebend sei, ob die Tätigkeit der OHG/KG-Gesellschafter sich nach der konkreten Gestaltung der Verhältnisse im Einzelfall tatsächlich als eine gewerbliche Beschäftigung darstelle oder nicht.[196]

Dieses richterliche Verdikt erscheint um so bemerkenswerter, als der RFH noch kurz zuvor in einem Urteil vom 7.2.1934 den allgemeinen Rechtssatz aufgestellt hatte, daß offene Handelsgesellschaften und Kommanditgesellschaften *nur* gewerbliches Einkommen haben könnten.[197] Jene zunächst anderslautende Rechtsauffassung wurde, weil mit solcher Striktheit aus den steuerrechtlichen Bestimmungen nicht deduzierbar, im weiteren Verlauf in der vorerwähnten Entscheidung vom 8.8.1934 aber als zu weitgehend korrigiert und der Sache nach vollständig wieder aufgegeben.[198]

Die differenzierende, auf die konkreten Verhältnisse des Einzelfalls abstellende Behandlung der handelsrechtlichen Gesellschaftsformen OHG und KG im Steuerrecht zeigte in der Folge sehr bald auch Auswirkungen bei solchen freien Professionen, die aufgrund ihrer vormals gewerblichen Ursprünge von Anfang keine oder nur vergleichsweise geringe Vorbehalte gegenüber der Ausübung einer freien Berufstätigkeit in den Personenhandelsgesellschaften hegten. Die Frage, ob sich die Angehörigen der freien Professionen trotz einer gemeinsamen Berufsausübung in den gewerblichen Rechtsformen OHG und KG auf eine Gewerbesteuerfreiheit der so erzielten Einkünfte berufen konnten, stellte sich dem RFH schließlich erstmals im Jahre 1938.[199]

In Anbetracht der gewerblich geprägten Entstehungsgeschichte der jüngeren steuer- und wirtschaftsberatenden Berufe kann es hierbei kaum überraschen, daß Anlaß zu der entsprechenden Entscheidung gerade zwei Buchsachverständige und Helfer in Steuersachen gaben, die – vornehmlich zum Zwecke der Buchführung und Steuerberatung – eine offene Handelsgesellschaft mit gleichlautender Firma gegründet und im Handelsregister zur Eintragung gebracht hatten. Der rechtstatsächlich besonders verbreitete Einsatz der gewerblichen Rechtsformen zur Berufsausübung in jenen wirtschaftsnahen Berufsgruppen, die vom Gesetzgeber wie vorbeschrieben erst durch das EStG 1934 zu freien Professionen erklärt worden waren,[200] mußte hier an sich nahezu zwangsläufig eine rasche höchstrichterliche Klärung der insoweit neu aufkommenden steuerrechtlichen Fragen bewirken.

---

194 Vgl. so für den Betrieb einer Landwirtschaft in der Rechtsform einer eingetragenen OHG erstmals RFH in RStBl. 1935, 773; ebenso das entsprechende obiter dictum des RFH in RStBl. 1935, 920 (921) mit Blick auf eine eigennützige, rein private Vermögensverwaltung.

195 RGBl. I, S. 189.

196 RFH in RStBl. 1935, 773; 920 (921 f.).

197 Vgl. so ausdrücklich RFHE 35, 254 (260) – Das Gericht hielt diese Feststellung – obwohl inhaltlich nur als Hilfsbegründung verwendet – seinerzeit sogar für so bedeutsam, daß sie dem Urteil zugleich als allgemeiner Leitsatz vorangestellt wurde.

198 Vgl. RFH in RStBl. 1935, 920 (921).

199 Vgl. RFHE 43, 138 f.; siehe dazu auch schon oben im 1. Teil, Seite 55 f.

200 Vgl. dazu bereits ausführlich oben im 1. Teil, S. 35 ff., 45 ff.

Der Sache nach knüpfte die höchstrichterliche Judikatur für die freien Professionen sodann konsequent an die zuvor zum Betrieb einer Landwirtschaft sowie zur rein privaten, nicht gewerblichen Vermögensverwaltung entwickelte differenzierende Rechtsprechungslinie an. Der RFH führte aus, anders als die Gründung einer Kapitalgesellschaft beschränke sich die Bildung einer OHG/KG zur gemeinschaftlichen Ausübung eines Freien Berufs im wesentlichen auf die schuldrechtlichen Beziehungen zu den Gläubigern und zu den anderen Gesellschaftern; ihre Gründung ändere aber nichts an der inneren Wesensart der beruflichen Tätigkeit.[201] Die Rechtsform einer Personenhandelsgesellschaft sei, ohne daß die Voraussetzungen für eine Eintragungsfähigkeit der Gesellschaft nach dem HGB daneben überhaupt der Prüfung bedürften, aus steuerrechtlicher Sicht grundsätzlich bedeutungslos; die Ausübung einer freien Berufstätigkeit unterliege daher auch in der Form einer OHG nicht der Gewerbesteuer, falls sie von den Berufstätigen in eigener Person ausgeführt werde.[202]

Diese Judikatur ist, wenn auch in etwas relativierter Form, anschließend gleichermaßen vom Bundesfinanzhof fortgeführt[203] und bis zur Gegenwart sodann kontinuierlich immer weiter ausgebaut und verfeinert worden.

Danach führt die Eintragung einer aus Angehörigen der Freien Berufe bestehenden OHG/KG im Handelsregister für sich allein betrachtet nicht ohne weiteres zu einer Gewerbesteuerpflicht der entsprechenden Gesellschaft, sondern maßgeblich bleibt stets die Art der in concreto von den Gesellschaftern entwickelten Tätigkeit.[204] Allerdings wertet die ständige Rechtsprechung des BFH den Umstand der handelsrechtlichen Registereintragung der Gesellschaft – insoweit in Abweichung von der Judikatur des Reichsfinanzhofs – durchgängig als starkes Beweisanzeichen für die Ausübung einer gewerblichen Tätigkeit.[205]

Die assoziierten Berufsvertreter können das Vorliegen freiberuflicher Einkünfte und eine Freiheit von der Gewerbesteuer in dieser Konstellation somit nur erfolgreich geltend machen, wenn sie das von ihnen selbst im Wege der Registereintragung geschaffene Indiz für eine auch im steuerlichen Sinne gewerbliche Tätigkeit der OHG/KG nachfolgend überzeugend zu entkräften vermögen.

Diese vergleichsweise strengere Rechtsauslegung durch den BFH gründet dabei ersichtlich auf der Erwägung, daß die Angehörigen der freien Professionen, soweit sie sich auf die ausschließliche Erbringung rein freiberuflicher Leistungen beschränken, unter keinem rechtlichen Gesichtspunkt Zugriff auf die Personenhandelsgesellschaften nehmen kön-

---

201 RFHE 43, 138 (139).

202 RFHE 43, 138 (139).

203 Vgl. so zunächst BFHE 80, 154 ff.; ebenso – unter ausdrücklicher Bezugnahme auf die vorerwähnte Rechtsprechung des RFH – zuvor auch schon die unteren Instanzgerichte; siehe etwa das in Wpg. 1961, 670 f. abgedruckte FG-Urteil v. 29.9.1961 Az: – VII 74/61 F – (ohne nähere Angabe des Gerichtssitzes).

204 BFHE 80, 154 (159); 101, 115 (119); 130, 58 (60); 144, 62 (64); 146, 32 (35); 166, 443 (445); siehe aus dem allgemein zustimmenden Schrifttum nur *Bayer/Imberger* in DZWiR 1993, 309 (316); Blümich-*Hutter*, Rn. 72 zu § 18 EStG; Herrmann/Heuer/Raupach/Brandt-*Brandt*, Rn. 444 zu § 18 EStG; *Schulze-Osterloh* in Gedächtnisschrift für Knobbe-Keuk (1997), 531 (535 f.).

205 BFHE 80, 154 (159 f.); 101, 115 (119); 123, 470 (473); 144, 62 (64); 146, 32 (35); 166, 443 (445); ebenso die Kommentarliteratur, vgl. nur Schmidt-*Schmidt*, Rn. 181 zu § 15 EStG; Kirchhof/Söhn-*Stuhrmann*, Rn. A 122 zu § 18 EStG; *Glanegger/Güroff*, Rn. 170 u. 173 zu § 2 GewStG.

nen.[206] Die freiberuflich Tätigen sind also, wenn sie dem Handelsregister gegenüber in der gleichen Weise wie gegenüber dem Finanzamt ihre Tätigkeit als ausschließlich freiberuflich darstellen, niemals – auch nicht unter den Voraussetzungen des § 2 HGB – dazu imstande, eine Eintragung ins Handelsregister zu erreichen.[207] Sofern assoziierte Freiberufler daher einerseits eine Eintragung ihrer Gesellschaft als OHG/KG im Handelsregister erwirkt haben, sodann aber andererseits ihre gemeinschaftlich entwickelte Tätigkeit aus Sicht des Steuerrechts gleichwohl als rein freiberuflich behandelt wissen wollen, ergibt sich im Zuge einer Gesamtschau eine nachhaltige, an sich unauflöslich scheinende Diskrepanz im Erklärungswert ihres Verhaltens.[208]

Vor diesem Hintergrund verlangt die höchstrichterliche Finanzrechtsprechung, rechtlich durchaus folgerichtig und konsequent, von einer eingetragenen „Freiberufler-OHG/KG“ in der Regel nähere Darlegungen dazu, aufgrund welcher Darstellung ihrer Betätigung sie überhaupt die Eintragung im Handelsregister erreicht hat, weshalb diese Betätigung nicht auch unter steuerrechtlichen Aspekten als gewerbliche zu klassifizieren sein soll oder in welcher Weise sich ihre Betätigung gegebenenfalls im nachhinein geändert hat.[209]

Der so besonders statuierte Substantiierungszwang setzt die assoziierten Berufsvertreter in der Rechtspraxis freilich permanent dem Risiko aus, in einen gravierenden, kaum jemals befriedigend und widerspruchsfrei auflösbaren Erklärungsnotstand zu geraten. Sofern die Berufstätigen den Zweck der von ihnen gegründeten Personengesellschaft über die Darbietung rein freiberuflicher Leistungen hinaus auch um eine sachlich „benachbarte“ gewerbliche Betätigung erweitert haben, ist nach der Judikatur des BFH grundsätzlich davon auszugehen, daß die Steuerpflichtigen die zwischen ihnen geschlossenen Verträge auch unter diesem Gesichtspunkt ernstlich wollen und durchzuführen beabsichtigen.[210] Diese Vermutungswirkung gilt hierbei um so mehr, als alle Gesellschafter im Regelfall nicht nur beim Abschluß des Gesellschaftsvertrags, sondern zudem auch bei der Anmeldung der Gesellschaft zum Handelsregister mitwirken müssen (§ 108 I HGB).[211] Die Eintragung einer aus Freiberuflern bestehenden Personengesellschaft als OHG/KG im Handelsregister bildet demgemäß ein starkes Indiz dafür, daß die Gesellschaft entsprechend der Registereintragung und der im Gesellschaftsvertrag niedergelegten Zweckbestimmung nachfolgend auch tatsächlich eine teilweise als gewerblich zu qualifizierende Tätigkeit entfaltet hat.[212]

Auf dem Boden dieser schlüssig und stichhaltig anmutenden Finanzrechtsprechung scheint es in praxi ausgeschlossen, daß die Angehörigen der freien Professionen bei einer gemeinsamen Berufsausübung in den Rechtsformen der Personenhandelsgesellschaften mit

---

[206] Vgl. so bereits ausdrücklich die Begründung des BFH in BFHE 80, 154 (159); siehe hierzu im übrigen auch schon die entsprechenden Ausführungen oben auf Seite 289 mit Fn. 4.

[207] BFHE 80, 154 (159).

[208] *Schick*, S. 98, sieht in derart gegenläufigen Angaben der Berufsvertreter gegenüber dem Registergericht auf der einen und den Finanzbehörden auf der anderen Seite durchaus zutreffend ein Verhalten, welches unter dem Gesichtspunkt des Verbots eines venire contra factum proprium (§ 242 BGB) im Einzelfall auch als rechtsmißbräuchlich sanktioniert werden könne.

[209] BFHE 80, 154 (160).

[210] BFHE 123, 470 (473 f.).

[211] BFHE 123, 470 (474).

[212] BFHE 80, 154 (161).

dauerhaftem Erfolg vorbringen könnten, die von ihnen entwickelte Tätigkeit trage ausschließlich freiberuflichen Charakter und die erzielten Einkünfte entstammten nicht wenigstens auch zu einem geringen Teil aus der im Gesellschaftsvertrag ergänzend vereinbarten gewerblichen Betätigung.[213] Denn sofern die Gesellschafter einer eingetragenen „Freiberufler-OHG/KG“ ihre Einkünfte gegenüber den Finanzbehörden als ausschließlich auf freiberuflicher Tätigkeit beruhend deklarieren würden, müßte die vormals erreichte Eintragung im Handelsregister im gleichen Augenblick unweigerlich als entweder von Anfang an unrichtig oder doch jedenfalls als nachträglich fehlerhaft geworden erscheinen.[214]

Demzufolge mag es den Berufstätigen in seltenen Ausnahmefällen zwar bisweilen einmal gelingen, trotz der Eintragung der Gesellschaft als OHG/KG im Handelsregister erfolgreich einen rein freiberuflichen Charakter der gemeinschaftlich erzielten Einkünfte geltend zu machen, falls *sämtliche* Berufsvertreter (d. h. in einer KG auch die als Kommanditisten beteiligten Gesellschafter) nicht lediglich kapitalistisch beteiligt sind, sondern nach Maßgabe des § 18 I Nr. 1 EStG jeweils in eigener Person leitend und eigenverantwortlich freiberuflich tätig werden.[215] Eine länger währende, anhaltende Berufsausübung in den handelsrechtlichen Gesellschaftsformen OHG und KG ohne eine parallel damit einhergehende Gewerbesteuerpflicht scheidet demgegenüber aber rechtlich ohne weiteres aus.

Denn entweder entfalten die Angehörigen der freien Professionen in Übereinstimmung mit dem im Gesellschaftsvertrag so angegebenen Gesellschaftszweck und entsprechend der Indizwirkung der Handelsregistereintragung auch eine teilweise gewerbliche Betätigung, die sodann zu Einkünften aus Gewerbebetrieb gemäß § 15 I Nr. 1, II EStG führt; oder die eingetragene Personenhandelsgesellschaft entwickelt in offenkundiger Abweichung von ihrer gesellschaftsvertraglichen Zweckbestimmung späterhin eine ausschließlich freiberufliche Tätigkeit, die anschließend – wenn die Berufstätigen die Vermutungswirkung des Handelsregisters überzeugend widerlegen können – zwar unter Umständen gewerbesteuerfrei bleibt, zugleich aber wegen des in diesem Fall augenscheinlichen Nicht(mehr)vorliegens der handelsrechtlichen Eintragungsvoraussetzungen zwangsläufig die Löschung der Gesellschaft als OHG/KG im Handelsregister auslösen muß. Dabei ist das Registergericht in dieser Konstellation gemäß § 142 I FGG stets von Amts wegen zur Löschung der unrichtig eingetragenen, weil nicht (mehr) auf Ausübung eines Handelsgewerbes gerichteten Gesellschaft aufgerufen, gleich, ob die Eintragungsvoraussetzungen nun von Anfang an nicht vorlagen oder ob die Eintragung erst nachträglich unzulässig geworden ist.[216]

---

[213] a. A. – allerdings ohne Angabe von Gründen und unter Vernachlässigung des unmittelbaren Konnexes mit der zugleich ausgeübten handelsgewerblichen Betätigung – offenbar *Stehle* in FS der Berufsakademie Villingen-Schwenningen (1995), 458 (466), wonach die Tätigkeit grundsätzlich als freiberuflich gelte, so daß Gewerbesteuer vermieden werden könne.

[214] Vgl. so bereits BFHE 80, 154 (161); ebenso wohl auch *Jäger*, S. 17 in Fn. 24.

[215] Vgl. so speziell für den Kommanditisten einer „Freiberufler-KG“ etwa BFHE 101, 115 (119); 130, 58 (61); 144, 62 (64); BFH in BFH/NV 1987, 509; dem zustimmend auch die Literatur; vgl. nur *Schick*, S. 100; *Glanegger/Güroff*, Rn. 101 zu § 2 GewStG.

[216] Vgl. zur entsprechenden Anwendbarkeit des § 142 FGG auf später unzulässig gewordene Handelsregistereintragungen allgemein nur *Baumbach/Hopt*, Rn. 13 zu § 8 HGB m. w. N.

Der Umstand, daß die Angehörigen der freien Professionen eine umfassende Berufsausübung in den Rechtsformen der Personenhandelsgesellschaften nur durch die zusätzliche Aufnahme einer sachlich „benachbarten" gewerblichen Betätigung realisieren können, erzeugt hiernach also, falls die assoziierten Berufsvertreter eine alsbaldige Löschung der OHG/KG im Handelsregister als bloßen „Scheineintrag" vermeiden wollen, binnen kurzer Zeit auch den faktischen Zwang zur tatsächlichen Ausführung entsprechender gewerblicher Leistungen.

3. Die ausnahmslos vollständige Gewerbesteuerpflicht einer „Freiberufler-OHG/KG" gemäß der gesetzlichen Teilfiktion des § 15 III Nr. 1 EStG

Die in Ansehung jener ergänzend aufgenommenen gewerblichen Betätigung sodann notwendig entstehende Gewerbesteuerpflicht bräuchte die freiberuflich Tätigen im weiteren Verlauf indes nicht zu schrecken, wenn der Umfang der diesbezüglichen Besteuerung nachfolgend auch weiterhin allein auf das Ergebnis derjenigen Einnahmen beschränkt bliebe, die wirklich aus der Abwicklung der übernommenen Aufträge mit im Einzelfall (zumindest teilweise) gewerblichem Leistungsgegenstand herrühren würden. Sofern die abgewickelten Mandate mit rein freiberuflichem Leistungsinhalt steuerrechtlich nach wie vor als freiberufliche Einkünfte der Gesellschafter gemäß § 18 I Nr. 1 EStG behandelt werden könnten, bestünden im Ergebnis keine erheblichen Unterschiede in der Besteuerung der freien Berufsausübung in einer Sozietät bzw. in einer Personenhandelsgesellschaft. Gerade die Kommanditgesellschaft müßte in diesem Fall daher aus Sicht der Berufstätigen aufgrund ihrer weiterreichenden Haftungsbeschränkungsmöglichkeiten als vorzugswürdige und strukturell überlegene Rechtsform gegenüber der Gesellschaft bürgerlichen Rechts erscheinen.

Damit ist das allgemeine Problem der einkommen- und gewerbesteuerrechtlichen Behandlung sog. Mischtatbestände angesprochen, bei denen die Steuerpflichtigen innerhalb desselben Veranlagungszeitraums miteinander in Zusammenhang stehende Einkünfte aus unterschiedlichen Einkunftsarten im Sinne des § 2 EStG erzielen. Diesbezüglich entspricht es im Grundsatz sicherlich sowohl dem Prinzip der Tatbestandsmäßigkeit der Besteuerung als auch dem Gebot gleichmäßiger Steuererhebung, die Einkünfte aus verschiedenen Einkunftsarten jeweils getrennt und nach den spezifisch für sie geltenden Rechtsregeln zu besteuern.[217]

a) *Die Rechtslage bei selbständig tätigen Einzelfreiberuflern*

Auf dieser Grundlage geht die Rechtsprechung des Bundesfinanzhofs beispielsweise davon aus, daß eine natürliche Person, die eine gewerbliche und daneben zugleich eine freiberufliche Betätigung ausübt, infolgedessen sowohl Einkünfte aus Gewerbetrieb wie auch aus freiberuflicher Tätigkeit erzielen kann, wenn zwischen den Betätigungen kein sachlicher

---

[217] *Glanegger/Güroff*, Rn. 99 zu § 2 GewStG; *Schick*, S. 101.

und wirtschaftlicher Berührungspunkt besteht.[218] Aber auch soweit zwischen den Betätigungen gewisse sachliche und wirtschaftliche Verbindungspunkte bestehen – also eine gemischte Tätigkeit vorliegt –, sind die Betätigungen bei Einzelunternehmern regelmäßig getrennt zu erfassen.[219] Eine steuerrechtlich einheitliche Erfassung der gesamten Tätigkeit ist bei einem einzelnen Erwerbstätigen nach der Judikatur ausnahmsweise nur dann geboten, wenn die Tätigkeiten sich gegenseitig bedingen und derart miteinander verflochten sind, daß der gesamte Betrieb nach der Verkehrsauffassung als einheitlicher Betrieb anzusehen ist.[220] In diesen selteneren Fällen entscheidet für die steuerrechtliche Einordnung sodann, welche Tätigkeit unter Würdigung der Umstände des Einzelfalls überwiegt und der Gesamttätigkeit jeweils das Gepräge gibt.[221]

Der Ausnahmefall einer untrennbaren sachlichen und wirtschaftlichen Verflechtung zwischen freiberuflicher und gewerblicher Betätigung ist im Zuge dessen etwa für die von einem Arzt stationär betriebene Privatklinik, ein so geführtes Kurheim oder ein Sanatorium bejaht worden, falls der Arzt aus der Beherbergung und Verpflegung der Kranken einen besonderen Gewinn erstrebt und der Betrieb der Klinik also eine besondere Einnahmequelle *neben* dem ärztlichen Beruf bildet.[222] Hier kann der betreffende Arzt eine einheitliche Heranziehung sämtlicher Einnahmen, die sowohl aus dem (gewerblichen) Hotelleriebetrieb wie auch aus der (originär freiberuflichen) medizinischen Heilbehandlung erwirtschaftet worden sind, zur Gewerbesteuer nur vermeiden, falls er ganz auf eine besondere Gewinnschöpfung aus den erbrachten Unterkunfts- und Verpflegungsleistungen verzichtet und der stationäre Anstaltsbetrieb also lediglich ein notwendiges Hilfsmittel für

---

[218] BFHE 139, 380 (384); ebenso bereits die Judikatur des RFH; siehe dazu erstmals RFH in RStBl. 1942, 907 (908); siehe aus dem allgemein zustimmenden Schrifttum nur Kirchhof/Söhn-*Stuhrmann*, Rn. B 31 u. B 34 zu § 18 EStG; *Hartmann/Christians* in DB 1984, 1365 (1366); *Kupfer* in KÖSDI 1990, 8066 (8068).

[219] Ständige Rspr. des BFH; vgl. etwa BFHE 77, 750 (753); 117, 247 (249); 135, 175 (177 f.); 139, 380 (384); 160, 21 (23); 166, 443 (447); 174, 347 (349 f.); BFH in NJW 1997, 2404 (2405); ebenso Blümich-*Hutter*, Rn. 65 zu § 18 EStG; Schmidt-*Seeger*, Rn. 50 zu § 18 EStG; Herrmann/Heuer/Raupach/Brandt-*Brandt*, Rn. 76 zu § 18 EStG; *Hartmann/Christians* in DB 1984, 1365 (1366); *Kupfer* in KÖSDI 1990, 8066 (8068).

[220] Siehe aus dem reichhaltigen Entscheidungsmaterial nur BFHE 77, 750 (753); 117, 247 (249); 139, 380 (384); 159, 535 (542); 160, 21 (24); 166, 443 (447); 174, 347 (349 f.); BFH in NJW 1997, 2404 (2405); für § 18 I Nr. 3 EStG ebenso BFHE 141, 505 (509); dem zustimmend auch die Literatur; siehe so bereits *E. Becker* in StuW 1940, 67 (80); aus dem gegenwärtigen Schrifttum nur Blümich-*Hutter*, Rn. 65 u. 68 zu § 18 EStG.

[221] Vgl. so etwa BFHE 135, 175 (178); BFH in NJW 1997, 2404 (2405); Herrmann/Heuer/Raupach/Brandt-*Brandt*, Rn. 77 zu § 18 EStG; Blümich-*Hutter*, Rn. 68 zu § 18 EStG; *Schick*, S. 109 f.; *Hartmann/Christians* in DB 1984, 1365 (1366).

Nur sofern ein Steuerpflichtiger gegenüber seinem Auftraggeber einen einheitlichen Erfolg schuldet, der sich zwangsläufig gleichermaßen aus freiberuflichen wie aus gewerblichen Leistungselementen zusammensetzt, soll die zur Durchführung des Auftrags erforderliche gemischte Tätigkeit in der Regel geschlossen entweder als freiberufliche oder als gewerbliche zu beurteilen sein; siehe so z. B. BFH in NJW 1997, 2404 (2405).

[222] Vgl. so etwa BFH in HFR 1963, 393 (394) – Kurheim –; BFHE 81, 246 (248) – Klinik, Kurheim, Sanatorium –; ebenso die obiter dicta des BFH in BFHE 178, 69 (72 f.) sowie in NJW 1997, 2404 (2405); siehe aus der Literatur ferner nur *Hopt* in ZGR 1987, 145 (151).

die (genuin freiberufliche) ärztliche Tätigkeit darstellt, so daß primär allein der vom Arzt erstrebte Heil- oder Forschungszweck den stationären Aufenthalt erforderlich macht.[223]

In anderen Teilbereichen hat die Rechtsprechung für Einzelpersonen demgegenüber häufig auch bei Bestehen eines engen sachlichen und wirtschaftlichen Zusammenhangs bereitwillig eine Aufteilbarkeit der erzielten Gewinne in solche aus freiberuflicher Tätigkeit und solche aus Gewerbebetrieb zugelassen, so beispielsweise für originär freiberufliche Steuerberatungsleistungen, die – inhaltlich und rechnerisch abgrenzbar – im unmittelbaren Kontext mit gewerblichen Treuhänderleistungen erbracht werden und in concreto sogar in einem einheitlichen Vertragswerk niedergelegt waren.[224]

b) Die Rechtslage in einer Freiberufler-Personengesellschaft

In bemerkenswertem Gegensatz zu der rechtlichen Bewertung, wie sie hiernach hinsichtlich sog. gemischter Tätigkeiten für einen *einzelnen* Freiberufler Platz greift, steht dagegen die Rechts- und Gesetzeslage bei einer zeitgleichen kooperativen Darbietung freiberuflicher und gewerblicher Leistungen in personengesellschaftlicher Rechtsform durch *mehrere* Berufstätige. Die historischen Wurzeln für jene abweichende rechtliche Beurteilung gemischter Tätigkeiten bei Personengesellschaften reichen dabei bereits bis in die dreißiger Jahre dieses Jahrhunderts zurück.

aa) Die Konstituierung der sog. Abfärbetheorie durch die Rechtsprechung

So ordnete diesbezüglich schon § 2 II Nr. 1 GewStG v. 1.12.1936[225] an, daß die Tätigkeit einer OHG, KG und anderer Gesellschaften, bei denen die Gesellschafter als Unternehmer (Mitunternehmer) des Gewerbebetriebs anzusehen sind, „stets und in vollem Umfang" als Gewerbebetrieb gelten müsse.

In Anknüpfung an diese Gesetzeslage sah der Reichsfinanzhof bereits im Jahre 1937 die Teilhaber einer Gesellschaft bürgerlichen Rechts, die zum einen (als Minderkaufleute) tatsächlich ein Gewerbe ausübten und in ihrer gesamthänderischen Verbundenheit zum anderen auch nichtgewerbliche Einkünfte aus land- und forstwirtschaftlicher Betätigung

---

[223] Im Anschluß an die oben im 1. Teil, S. 22 in Fn. 17, dargelegte Judikatur des Preuß. OVG in Staatssteuersachen verneint die höchstrichterliche Finanzrechtsprechung diesbezüglich eine Veranlagung zur Gewerbesteuer durchgehend, wenn die Einnahmen aus dem stationären Anstaltsbetrieb, d. h. für Unterkunft und Verpflegung – gemessen an den tatsächlichen Verhältnissen mehrerer Jahre – nur die Unkosten der Anstalt (einschließlich der Absetzung für Abnutzung) decken oder, falls die ärztliche Behandlung im Verpflegungssatz inbegriffen ist, wenn die erzielten Überschüsse das Maß der üblichen Vergütung für die geleisteten ärztlichen Dienste nicht übersteigen; vgl. etwa RFH in RStBl. 1932, 491; RFHE 46, 291 (293); BFH in HFR 1963, 393 (393 f.); BFHE 81, 246 (248); diese Grundsätze erneut bestätigend auch das obiter dictum des BFH in NJW 1997, 2404 (2405).

[224] Vgl. so etwa BFHE 174, 347 (350); siehe zu den Voraussetzungen, unter denen ausnahmsweise ein gänzlich untrennbarer Zusammenhang zwischen einer gewerblichen (Vermittlungs-)Tätigkeit und der darauf bezogenen steuerlichen Beratung anzunehmen ist, BFHE 139, 380 (385 f.). Freilich bleiben selbst in einem derartigen Fall solche Einkünfte, die aus Mandaten mit rein steuerberatendem Leistungsgegenstand erzielt worden sind, steuerrechtlich in jedem Fall solche aus freiberuflicher Tätigkeit; vgl. BFHE 139, 380 (383); ebenso mit Blick auf den Rechtsanwalt BFHE 160, 21 (25).

[225] RGBl. I, S. 979.

erzielten, aus steuerlicher Sicht *einheitlich* als Gewerbetreibende an, so daß letztlich das *gesamte* Betriebsergebnis der BGB-Gesellschaft der Gewerbesteuerpflicht unterlag.[226] Diese Grundsätze mußten nach der Rechtsprechung des RFH im weiteren Verlauf erst recht für eine offene Handelsgesellschaft gelten, die – entsprechend der Regelungskonzeption des HGB – einerseits ein vollkaufmännisches Handelsgewerbe verrichtete, zudem aber in gleicher Weise nichtgewerbliche Einkünfte aus Land- und Forstwirtschaft erwirtschaftete. Auch hier hielt die Judikatur in Anbetracht des Gesetzeswortlauts allein eine Auslegung für angemessen, nach der der *gesamte* Gewinn, welcher bei der Personenhandelsgesellschaft (als Gewinnermittlungssubjekt) aus der gemischten Tätigkeit angefallen sei, nachfolgend von den Gesellschaftern als gewerbliches Einkommen versteuert werden müsse.[227]

Vor diesem Hintergrund kann es kaum überraschen, daß der Bundesfinanzhof später auch für den Fall einer parallelen Abwicklung freiberuflicher und gewerblicher Leistungen über die Rechtsformen der Personen(handels)gesellschaften einen gleichlautenden Rechtsstandpunkt einnahm. Schon frühzeitig entschied die höchstrichterliche Judikatur hierzu, daß eine von Angehörigen der freien Professionen gegründete Personengesellschaft (unter Einschluß von OHG und KG) ausweislich der textlichen Fassung des § 2 II Nr. 1 GewStG a. F. selbst bei einer nur teilweise verwirklichten gewerblichen Betätigung im Hinblick auf *sämtliche* Einnahmen *ausschließlich* gewerbliche Einkünfte erzielen könne.[228]

Diese Rechtsprechungslinie ist vom BFH für die Personengesellschaften sodann bis zur Gegenwart ausnahmslos fortgeführt worden. Auch heute noch geht die ständige Finanzrechtsprechung – mittlerweile auf der Grundlage des inzwischen ersatzweise geschaffenen § 15 III Nr. 1 EStG – inhaltlich durchweg dahin, daß eine Personen(handels)gesellschaft, sofern sie bei tatsächlicher Betrachtungsweise auch nur zum Teil eine gewerbliche Tätigkeit entfaltet, dadurch *in vollem Umfang* gewerbliches Einkommen erzielt und somit *insgesamt* mit der Gewerbesteuerpflicht zu belegen ist (sog. Abfärbetheorie).[229]

Für eine von Angehörigen der Freien Berufe gebildete Personengesellschaft hat dies – gleich, ob die Berufstätigen sich nun in einer BGB-Gesellschaft, in einer Partnerschaft[230]

---

[226] Vgl. erstmals RFH in RStBl. 1937, 1129 (1130) – Vorbescheid –; bestätigt in RStBl. 1938, 107 (108).

[227] Vgl. so zunächst das obiter dictum des RFH in RStBl. 1939, 264; ebenso später die Entscheidung in RStBl. 1940, 713 – Dort führte die Rechtsprechung zudem aus, an dieser Beurteilung könne auch der Umstand nichts ändern, daß bei einer OHG die Einnahmen aus dem Betrieb und die aus der Landwirtschaft buchhalterisch getrennt ermittelt würden.

[228] Vgl. so im Jahre 1964 etwa BFHE 80, 154 (161 f.) im Zusammenhang mit einer Kommanditgesellschaft, die von einem Steuerberater und einem Helfer in Steuersachen – unter Hinweis auf die gleichfalls angestrebte Durchführung berufstypischer treuhänderischer Verwaltungen – zum Zwecke gemeinsamer Berufsausübung errichtet worden war.

[229] Fortwährende Rechtsprechung des BFH; vgl. zu § 2 II Nr. 1 GewStG a. F. erstmals das obiter dictum in BFHE 56, 35 (37); siehe ferner nur BFHE 80, 154 (161 f.); BFH in BStBl. 1977 II, 660 (661); BFHE 123, 505 (506); 130, 58 (61); 140, 44 (47 f.); 157, 155 (160); 166, 443 (447 f.); 178, 69 (71); zu dem ersatzweise durch das SteuerbereinigungsG 1986 v. 19.12.1985 (BGBl. I, 2436) neu eingefügten § 15 III Nr. 1 EStG ausführlich BFHE 175, 357 (358 ff.); ferner BFH in NJW-RR 1997, 349 (350); BFH in NJW 1997, 2404 (2405); FG Schleswig-Holstein in DStRE 1997, 448 sowie BFH in DStR 1998, 200 (201 f.).

[230] Der Umstand, daß die Rechtsform der Partnerschaft gemäß § 1 I 2 PartGG explizit kein Handelsgewerbe ausübt, ist steuerlich ohne materielle Bedeutung und kann in diesem Kontext daher auch unter keinem Aspekt vor der Gewerbesteuer schützen; vgl. nur *K. Schmidt* in NJW 1995, 1 (3);

oder in einer Personenhandelsgesellschaft zur gemeinsamen Berufsausübung zusammengefunden haben – in praxi zur Konsequenz, daß selbst eine nach ihrem wirtschaftlichen Umfang an sich sehr geringfügige gewerbliche Betätigung sämtliche aus freiberuflicher Tätigkeit erzielten Einkünfte der Gesellschaft infizieren muß und diese im Ergebnis für alle Gesellschafter in gewerbesteuerpflichtiges Einkommen umqualifiziert werden.[231]

bb) Die Kritik von Teilen des Schrifttums an der Abfärbetheorie

Diese ständige Rechtsprechung ist in der rechtswissenschaftlichen Literatur teils auf Zustimmung,[232] zum anderen aber auch auf deutlichen Widerspruch gestoßen.[233] Dabei geben die Kritiker der Judikatur insbesondere zu bedenken, daß die so in typisierender Weise festgeschriebene einheitlich gewerbliche Behandlung einer faktisch nur teilweise gewerblich tätigen Personengesellschaft eine sachlich nicht zu rechtfertigende Benachteiligung von Mitunternehmern gegenüber Einzelunternehmern darstelle, die im Ergebnis als Verstoß gegen das Willkürverbot des Art. 3 I GG erscheinen müsse.[234] Auch nehme die Verweisungsregelung des § 18 IV EStG für die freiberufliche Tätigkeit den § 15 III EStG gerade nicht in Bezug, so daß die Gesetzessystematik, die gemäß § 15 II 1 EStG von einer Subsidiarität gewerblicher Einkünfte gegenüber anderen Einkunftsarten ausgehe, einer Anwendung dieser Vorschrift auf freiberuflich tätige Personengesellschaften ersichtlich entgegenstehe.[235] Der Wortlaut des § 15 III Nr. 1 EStG stelle des weiteren auf eine Tätigkeit der *Gesellschaft* ab, so daß dort, wo – wie etwa bei Freiberufler-Sozietäten – die persönliche Tätigkeit der einzelnen *Gesellschafter* den Ausschlag gebe, eine Regelung, die in

---

Müller in FR 1995, 402 (403); *Burret* in WPK-Mitt. 1994, 201 (203); *Meyer-Landrut/Feddersen*, Rn. 8 zu § 1 PartGG; a. A. – unter Hintanstellung der Tatsache, daß sich der handelsrechtliche und der steuerrechtliche Gewerbebegriff nicht vollständig decken – allerdings *Knoll/Schüppen* in DStR 1995, 608 (613).

[231] So ausdrücklich BFHE 175, 357 (358 f.); BFH in DStR 1998, 200 (201 f.); siehe im übrigen nur *Herzig/Kessler* in DStR 1986, 451 (454); *Kupfer* in KÖSDI 1990, 8066 (8069 f.); *Streck* in AnwBl. 1991, 449 (450); *Korn* in DStR 1995, 1249 (1254); *Ehlers* in NWB 1995, Fach 3, 9499 (9517); *Schulze-Osterloh* in Gedächtnisschrift für Knobbe-Keuk (1997), 531 (533); vgl. dazu auch das – freilich bewußt extrem gehaltene – Beispiel von *Neu* in DStR 1995, 1893 (1895), wonach eine Steuerberater-Sozietät mit einem jährlichen Umsatz von 20 Mio. DM zukünftig als OHG firmieren wolle, zu diesem Zweck in Entsprechung des § 49 II StBerG einen gewerblichen Treuhandauftrag mit einem Volumen von 2.500 DM abwickle und auf diese Weise hinsichtlich sämtlicher Einnahmen gewerbesteuerpflichtig werde.

[232] Blümich-*Hutter*, Rn. 83 f. zu § 18 EStG; Herrmann/Heuer/Raupach/Brandt-*Brandt*, Rn. 79 zu § 18 EStG; *Herzig/Kessler* in DStR 1986, 451 (454); vgl. auch *Schick*, S. 96.

[233] Siehe etwa *Glanegger/Güroff*, Rn. 100 u. 173 zu § 2 GewStG; *Weber-Grellet* in DStZ 1982, 228 (230 f.); *Stadie* in FR 1989, 93 (94 ff.); *Korn* in DStR 1995, 1249 (1254 f.); *Neu* in DStR 1995, 1893 (1895 ff.); Schmidt-*Schmidt*, Rn. 188 zu § 15 EStG; *Schulze-Osterloh* in Gedächtnisschrift für Knobbe-Keuk (1997), 531 (535 ff.).

[234] *Weber-Grellet* in DStZ 1982, 228 (230); *Stadie* in FR 1989, 93 (95); *Korn* in DStR 1995, 1249 (1254); *Sauren/Haritz* in MDR 1996, 109 (112); *Schulze-Osterloh* in Gedächtnisschrift für Knobbe-Keuk (1997), 531 (538).

[235] *Glanegger/Güroff*, Rn. 100 zu § 2 GewStG; *Korn* in DStR 1995, 1249 (1254); *Sauren/Haritz* in MDR 1996, 109 (112).

erster Linie den Betrieb als wirtschaftlichen Organismus erfassen wolle, nicht in gleicher Weise Geltung beanspruchen könne.[236]

Soweit eine Mitunternehmerschaft darüber hinaus gemäß § 18 I Nr. 1 EStG insgesamt andere als gewerbliche Einkünfte erzielen könne, müsse – zumindest falls eine getrennte Behandlung der Einkunftsarten nach der Verkehrsauffassung ohne besondere Schwierigkeiten zu realisieren ist – im Wege eines argumentum a maiore ad minus erst recht die Möglichkeit bestehen, daß die Einkünfte nur zum Teil nichtgewerblicher Natur seien.[237] In jedem Fall aber erweise es sich als unverhältnismäßig, einem einzelnen gewerblichen Geschäft eine Infektionswirkung hinsichtlich des gesamten Jahresgewinns einer Personengesellschaft beizulegen.[238] Hier sei im Wege einer teleologischen Reduktion de lege lata die Bildung kürzerer Gewinnermittlungszeiträume zur Erfassung des gewerblichen Gewinns geboten,[239] während de lege ferenda die legislative Einführung einer Bagatellgrenze mit einem für die steuerliche Infektion unschädlichen Schwellenwert von bis zu ca. 10 % gewerblicher Einkünfte zu favorisieren sei.[240]

Die danach beachtliche Argumentationsbreite des abweichenden Schrifttums bringt unweigerlich die Frage auf, ob die strikte Haltung der finanzgerichtlichen Judikatur im Zusammenhang mit gemischten Tätigkeiten von Personengesellschaften insgesamt noch auf einer rechtlich plausiblen und hinreichenden Legitimationsgrundlage aufbaut.

cc) Die juristische Rechtfertigung der Abfärbetheorie

Dabei ist zunächst festzustellen, daß die grammatikalische Auslegungsmethode die von der RFH- und BFH-Rechtsprechung mit der sog. Abfärbetheorie erzielten Ergebnisse ohne weiteres stützt.[241] Denn soweit eine Personengesellschaft nach § 2 II Nr. 1 GewStG a. F. „stets und in vollem Umfang“ und nach § 15 III Nr. 1 EStG „in vollem Umfang“ als Gewerbetrieb gilt, falls sie „auch“ (so die heutige Formulierung) eine gewerbliche Tätigkeit verrichtet, kann es hinsichtlich der Einbeziehung sämtlicher Einnahmen in die Gewerbesteuerpflicht auf den Umfang der hierbei tatsächlich entfalteten gewerblichen Tätigkeit schlechterdings nicht ankommen. Die Finanzgerichte können daher durchaus zutreffend den Wortlaut des Gesetzes für ihre feste und unnachgiebige Rechtsauslegung in Anspruch nehmen.[242]

Aber auch die historische Auslegungsmethode spricht in Übereinstimmung mit der Rechtsprechung vorbehaltlos für eine uneingeschränkte Anwendung der Abfärbetheorie

---

[236] *Glanegger/Güroff*, Rn. 100 zu § 2 GewStG.

[237] *Weber-Grellet* in DStZ 1982, 228 (230 f.); *Stadie* in FR 1989, 93 (94).

[238] *Glanegger/Güroff*, Rn. 173 zu § 2 GewStG; *Korn* in DStR 1995, 1249 (1254); *Sauren/Haritz* in MDR 1996, 109 (112).

[239] Schmidt-*Seeger*, Rn. 50 zu § 18 EStG; *Korn* in DStR 1995, 1249 (1254); *Sauren/Haritz* in MDR 1996, 109 (112).

[240] Vgl. so etwa *Neu* in DStR 1995, 1893 (1897 f.).

[241] Dies konzedieren zum Teil auch die Gegner der starren Rechtsprechungslinie, vgl. so etwa *Stadie* in FR 1989, 93 und *Neu* in DStR 1995, 1893 (1894), wonach der Wortlaut des § 15 III Nr. 1 EStG in der Tat „eindeutig“ sei.

[242] Vgl. maßgeblich auf den Wortlaut des § 2 II Nr. 1 GewStG rekurrierend schon die erste Entscheidung des RFH in RStBl. 1937, 1129 (1130); aus der späteren Judikatur nur BFHE 80, 154 (162); zu § 15 III Nr. 1 EStG („auch“) siehe etwa BFHE 166, 443 (447 f.); 175, 357 (358 f.).

auf alle Arten von Personengesellschaften. So enthielt bereits die Regelung des § 4 Nr. 3 GewStRahmenG i. d. F. der NotVO v. 1.12.1930,[243] die den historischen Vorläufer für den späteren § 2 II Nr. 1 GewStG a. F. sowie für den heutigen § 15 III Nr. 1 EStG bildete, die inhaltliche Aussage, daß die Tätigkeit der offenen Handelsgesellschaften, Kommanditgesellschaften und anderer Gesellschaften des Handelsrechts, bei denen die Gesellschafter Mitunternehmer seien, stets als Gewerbe gelten sollte.[244] In den Gesetzesmaterialien hieß es hierzu, auf diese Weise solle der Einwand abgeschnitten werden, daß ein Teil des Betriebs anderen Zwecken diene; bisher hätten in dieser Hinsicht nach den Erfahrungen langwierige und unfruchtbare Erörterungen zwischen Finanzamt und Steuerschuldner bestanden.[245] Gerade für die Personenhandelsgesellschaften suchte der Gesetzgeber also eine Aufspaltung der Besteuerung in teils gewerbliche, teils nichtgewerbliche Einkünfte von Anfang an bewußt und mit Bedacht zu vermeiden. Diese Regelung ist sodann, vornehmlich aus Gründen der Rechtsklarheit, nachfolgend bei der Verabschiedung des § 2 II Nr. 1 GewStG v. 1.12.1936 auch auf die Gesellschaften bürgerlichen Rechts ausgedehnt worden.[246]

Noch eindringlicher läßt im weiteren freilich die Entstehungsgeschichte des nunmehr maßgebenden § 15 III Nr. 1 EStG erkennen, daß die von der finanzgerichtlichen Judikatur eingenommenen Rechtsstandpunkte sich vollumfänglich mit dem Willen des Gesetzgebers decken. Die Rechtsprechung des BFH war bis zur beiläufig abweichenden Anmerkung des Großen Senats im Beschluß vom 25.6.1984[247] stets dahin gegangen, daß die gewerbesteuerrechtliche Bestimmung des § 2 II Nr. 1 GewStG a. F. mit Blick auf die Qualifizierung und Abgrenzung der Einkunftsarten auch für das Einkommensteuerrecht ausschlaggebend sei.[248] Nachdem diese Rechtspraxis durch die gegenteilige Äußerung des Großen Senats sodann zumindest zweifelhaft geworden war,[249] sah sich der Gesetzgeber alsbald veranlaßt, die Norm des § 2 II Nr. 1 GewStG a. F. im Rahmen des SteuerBereinigungsG 1986[250] in das Einkommensteuergesetz zu verlagern.[251]

---

[243] RGBl. I, 517, 537.

[244] Dem entsprach es, daß der Reichsfinanzhof schon in einem vorhergehenden Urteil aus dem Jahre 1924 die Auffassung vertreten hatte, eine gewerblich tätige OHG oder KG könne insgesamt nur gewerbliche Einkünfte erzielen; vgl. RFHE 15, 111 (112).

[245] Siehe dazu die Verhandlungen des Reichstags, IV. Wahlperiode 1928, Bd. 432, Berlin 1928, Anlage zu Drucksache Nr. 568, Begründung zu dem Entwurf eines Gewerbesteuerrahmengesetzes, S. 109 (110 f.).

[246] Vgl. dazu näher BFHE 140, 44 (47) m. w. N.

[247] Vgl. BFHE 141, 405 (429): „... Etwas anderes ist auch nicht aus § 2 II Nr. 1 GewStG zu entnehmen. Diese Vorschrift setzt eine mindest(ens) teilweise gewerbliche Tätigkeit der Personengesellschaft voraus *und gilt nur für die Gewerbesteuer.*" – textliche Hervorhebung vom Verf. -

[248] Siehe etwa BFHE 140, 44 (48); vgl. so für § 2 II Nr. 1 GewStG a. F. später auch noch BFHE 157, 155 (160).

[249] Vgl. dazu etwa *Herzig/Kessler* in DB 1985, 2528 (2528 f.), die aaO dafür eintraten, die Reichweite des § 2 II Nr. 1 GewStG a. F. fortan auf das Gewerbesteuerrecht zu begrenzen und bei gleichzeitigem Zusammentreffen gewerblicher und nichtgewerblicher Einkünfte in einer Personengesellschaft einkommensteuerlich eine getrennte Beurteilung vorzunehmen.

[250] Vom 19.12.1985; BGBl. I, 2436.

[251] Die Wirkung für das Gewerbesteuerrecht ergibt sich nunmehr aus der Blankettvorschrift des § 2 I 2 GewStG.

Dabei war dem Normgeber die damals schon in Jahrzehnten gewachsene RFH- und BFH-Judikatur, wonach bei Personengesellschaften jede nur teilweise gewerbliche Tätigkeit sämtliche Einkünfte in gewerbliche umqualifiziere, selbstverständlich nur allzu bekannt. Gerade in Kenntnis dessen enthielt die Begründung im Gesetzentwurf den Passus, wonach § 15 III Nr. 1 EStG nur der rechtssystematischen Klarstellung diene und eine materielle Rechtsänderung nicht eintreten solle.[252] Das aus den Gesetzesmaterialien zu ersehende Anliegen des Gesetzgebers bei Schaffung des § 15 III Nr. 1 EStG bestand somit erkennbar darin, die vormaligen Rechtsprechungsergebnisse ausdrücklich in das Gesetz zu transformieren und legislativ festzuschreiben. Besonders deutlich folgt diese Regelungsintention auch aus der eigentlichen Gesetzesentwicklung: Während das Wort „auch" in § 15 III Nr. 1 EStG zunächst nur in der Gesetzesbegründung, nicht aber als Tatbestandsmerkmal in der textlichen Fassung des ursprünglichen Gesetzentwurfs enthalten war,[253] wurde es im weiteren Verlauf des Gesetzgebungsverfahrens auf Betreiben des Finanzausschusses unmittelbar in den Gesetzeswortlaut eingefügt.[254] Der Zweck dieser Ergänzung kann – im Einklang mit gleichlautenden Rechtsbewertung durch den BFH[255] – in der Tat lediglich darin gesehen werden, sprachlich den Willen zu verdeutlichen, daß unterschiedslos *jede* (noch so geringe) gewerbliche Tätigkeit *sämtliche* Einkünfte einer Personen(handels)gesellschaft infizieren und der Gewerbesteuerpflicht unterfallen lassen sollte.

Damit untermauern im Ergebnis sowohl die grammatikalische als auch die historische Auslegungsmethode uneingeschränkt die Rechtsposition, die mit der sog. Abfärbetheorie von der finanzgerichtlichen Judikatur in ständiger Rechtsprechung vertreten wird.

Der teleologische Sinn und Zweck des § 15 III Nr. 1 EStG liegt sodann augenscheinlich darin, die steuerrechtliche Einkünfteermittlung bei Personengesellschaften allgemein praktikabel und vergleichsweise unkompliziert auszugestalten, damit eine ansonsten einzelfallabhängige, mit erheblichen Schwierigkeiten verbundene Aufspaltung des Gesellschaftsvermögens in Einkünfte unterschiedlicher Einkunftsarten vermieden werden kann.[256]

Eine solche Zielsetzung leuchtet vor allem im Bereich der Personenhandelsgesellschaften OHG und KG unmittelbar ein, weil bei einer Bildung unterschiedlicher gesamthänderischer Vermögensmassen für jene andernfalls entgegen § 5 I EStG nicht mehr an die nach

---

[252] Vgl. so ausdrücklich die Begründung zum Regierungsentwurf des Gesetzes zur vordringlichen Regelung von Fragen der Besteuerung von Personengesellschaften im Anschluß an die Aufgabe der Geprägerechtsprechung, BT-Drucksache 10/3663, S. 8.

[253] Vgl. BT-Drucksache 10/3663, S. 4 und S. 8.

[254] Vgl. dazu die Beschlußempfehlung des Finanzausschusses (7. Ausschuß); BT-Drucksache 10/4498, S. 19.

[255] Vgl. dazu BFHE 175, 357 (358 f.); dem folgend auch FG Schleswig-Holstein in DStRE 1997, 448.

[256] So zutreffend BFHE 140, 44 (47 f.); *Herzig/Kessler* in DStR 1986, 451; *Söffing* in FR 1994, 805 (807); siehe hierzu auch die amtliche Begründung im Regierungsentwurf, die im Zusammenhang mit der legislativen Einfügung des § 15 III Nr. 1 EStG darauf abhebt, daß ansonsten trotz in gleicher Rechtsform ausgeübter Tätigkeiten eine doppelte Ergebnisermittlung erforderlich würde, die sowohl für die Gesellschafter wie auch für die Steuerverwaltung zu erheblichen Komplikationen führen müsse; vgl. BT-Drucksache 10/3663, S. 6 f.; kritisch dazu nunmehr jedoch FG Niedersachsen in NJW 1997, 3399 (3400), wonach § 15 III Nr. 1 EStG Tätigkeiten ohne Gewinnerzielungsabsicht ausdrücklich ausnehme, so daß auch in diesem Fall unterschiedliche Vermögensmassen gebildet und unterschiedliche Einkünfteermittlungen vorgenommen werden müßten.

den §§ 6 I, 238 ff. HGB vorgeschriebene Gewinnermittlung angeknüpft werden könnte, die sich gerade auf den gesamten Tätigkeitskreis der Gesellschaft erstreckt.[257] Die Unbedenklichkeit einer entsprechenden Typisierung bei Personenhandelsgesellschaften läßt sich zudem auch aus der Parallelregelung des § 8 II KStG erschließen, die im Zusammenhang mit der Körperschaftsteuer auf Kapitalgesellschaften und andere nach den §§ 238 ff. HGB buchführungspflichtige Körperschaften Anwendung findet. Diese Vorschrift läßt im Zusammenspiel mit § 15 III Nr. 1 EStG zwanglos das einheitliche legislative Grundprinzip erkennen, daß jedenfalls bei Gesellschaften und Vereinigungen, die nach den Vorschriften des Handelsgesetzbuchs zur Führung von Büchern verpflichtet sind, unabhängig von ihrer tatsächlichen Betätigung steuerrechtlich immer von einem Gewerbebetrieb auszugehen sein soll und das gesamte wirtschaftliche Ergebnis zu gewerblichen Einkünften führt.[258]

Damit korrespondiert auf handelsrechtlichem Gebiet die typisierende Entscheidung des Gesetzgebers, daß *sämtliche* Tätigkeiten einer Personenhandelsgesellschaft gemäß § 6 I HGB in Verbindung mit den §§ 343 ff. HGB als Handelsgeschäfte zu behandeln sind, sofern nur die Gesellschafter im Namen der OHG/KG (und nicht ausschließlich als Privatpersonen im eigenen Namen) gehandelt haben.[259] Auch das Handelsrecht zählt also, da eine OHG oder KG keine private Sphäre haben kann, *unterschiedslos alle* von einer Personenhandelsgesellschaft entwickelten Tätigkeiten ohne Rücksicht darauf, ob die Betätigung in concreto überhaupt die Merkmale der §§ 1- 3 HGB ausfüllt, zu den Handelsgeschäften der Gesellschaft, auf die sodann umfänglich die §§ 343 ff. HGB Anwendung finden.[260] Sofern der Gesetzgeber hiernach in Ansehung der Personenhandelsgesellschaften auch auf anderen Rechtsgebieten eine ähnlich weitreichende Gewerblichkeitstypisierung vorgenommen hat, wird sich daher gegen eine gleichlautende steuerrechtliche Behandlung der entsprechenden Gesellschaftsformen OHG und KG im Ergebnis ebenfalls nichts einwenden lassen.[261]

Aber auch bei den übrigen Personengesellschaften, d. h. insbesondere in bezug auf BGB-Gesellschaften und freiberufliche Partnerschaften, scheint das mit der Schaffung des § 15 III Nr. 1 EStG primär verfolgte Regelungsziel, die Gewinnermittlung hinsichtlich des gesamthänderisch gebundenen Gesellschaftsvermögens praktikabel und handhabbar auszugestalten, noch tragfähig genug, um im Falle einer teilweise gewerblichen Betätigung der Gesellschaft eine einheitliche Umqualifizierung sämtlicher Einkünfte in solche aus Gewerbebetrieb zu rechtfertigen. Dies ergibt vor allem ein rechtlicher Vergleich mit der Regelung des § 2 II 1 GewStG. Denn nach dieser Vorschrift knüpft sich bei Kapitalgesellschaften und anderen näher aufgeführten Körperschaften im Wege einer Gesetzesfiktion („gilt") bereits an die Rechtsform der Gesellschaft als solche eine umfassende Gewerbesteuerpflicht („stets und in vollem Umfang") an, ohne daß es daneben materiell noch weiter auf den tatsächlich verfolgten Gesellschaftszweck ankäme.[262] Demgemäß sind die Einkünfte einer Kapitalgesellschaft auch dann *vollständig* gewerbesteuerpflichtig, wenn sich

---

257 So richtig BFHE 140, 44 (48).
258 Insoweit zustimmend auch *Stadie* in FR 1989, 93 (95).
259 BGH in NJW 1960, 1852 (1853); *Baumbach/Hopt*, Rn. 1 zu § 344 HGB; *Stadie* in FR 1989, 93 (96).
260 BGH in NJW 1960, 1852 (1853); *Stadie* in FR 1989, 93 (96).
261 Vgl. in diesem Sinne ersichtlich auch BFH in DStR 1998, 200 (202).
262 Unstr.; vgl. nur *Glanegger/Güroff*, Rn. 186 zu § 2 GewStG; *Stadie* in FR 1989, 93 (95).

die Gesellschaft in praxi *ausschließlich nichtgewerblich* betätigt[263] oder wenn sie mit ihrer Tätigkeit inhaltlich gar keine Einkunftsart im Sinne des § 2 I EStG verwirklicht.[264] In Übereinstimmung hiermit hat der BFH explizit dahin entschieden, daß auch die Ausführung und vertragliche Abwicklung genuin freiberuflicher Leistungen über die Rechtsform einer Kapitalgesellschaft gemäß § 2 II 1 GewStG in verfassungsrechtlich unbedenklicher Weise mit der Gewerbesteuerpflicht zu belegen ist.[265]

Anders als bei § 2 II 1 GewStG, der hiernach – gesetzestechnisch und rechtsdogmatisch gesehen – eine vollständige Rechtsfiktion begründet, handelt es sich bei der Regelung des § 15 III Nr. 1 EStG demgegenüber lediglich um eine Teilfiktion.[266] Denn die Anwendbarkeit des § 15 III Nr. 1 EStG setzt immerhin voraus, daß zumindest ein geringfügiger Anteil der entfalteten Tätigkeit auch tatsächlich alle Merkmale eines Gewerbebetriebs im Sinne des § 15 I Nr. 1, II EStG ausfüllt.[267] Auf dieser Grundlage läßt sich bei rein materieller Betrachtungsweise und unbeschadet der sonst grundlegenden Rechtsunterschiede zwischen Personengesellschaften und Körperschaften wohl durchaus argumentieren, daß der Gesetzgeber, wenn er im einen Fall auch inhaltlich vollends nichtgewerbliche Tätigkeiten mit der Gewerbesteuer belasten kann, er im anderen Fall an sich erst recht dazu berechtigt sein muß, an das Vorliegen einer realiter wenigstens teilweise gewerblichen Betätigung eine ebenso weitreichende Gewerbesteuerpflicht anzuknüpfen.[268]

Dieser Gesichtspunkt scheint um so gewichtiger, als Personengesellschaften bei Anlegung typisierender Maßstäbe durch den Gesellschaftsvertrag häufig ungleich markanter auf einem einheitlichen und gemeinschaftlichen Organisationsakt all ihrer Gesellschafter aufbauen als dies andernfalls beispielsweise für Kapitalgesellschaften Geltung beanspruchen kann. Eine Personengesellschaft zeichnet sich in dieser Beziehung nach der Gesetzeskonzeption im Regelfall durch eine größere persönliche Verbundenheit unter den Sozien aus und ist mithin generell durch ihre vergleichsweise stärker ausgeprägte personale Struktur gekennzeichnet. Soweit die Inhaber einer Personengesellschaft daher auch die Aufnahme einer gewerblichen Betätigung untereinander vereinbart haben, ließe sich – isoliert unter diesem Aspekt betrachtet – infolgedessen sogar eher noch als bei einer gemeinsamen Tätigkeit in einer Kapitalgesellschaft die These rechtfertigen, daß der so einträchtig verabredete, auf Gewinnerzielung gerichtete Betätigungswille notgedrungen alle Tätigkeitsbereiche der Gesellschaft erfassen muß und der durch den gemeinschaftlichen Organisations-

---

263 Vgl. etwa BVerfG in HFR 1977, 256, wonach es verfassungsrechtlich unbedenklich sei, daß die Einkünfte der nach Handelsrecht buchführungspflichtigen Kapitalgesellschaften gemäß § 6 I Nr. 1 KStG a. F. stets und in vollem Umfang solche aus Gewerbebetrieb darstellten, selbst wenn sich die Kapitalgesellschaft in concreto ausschließlich mit der Verwaltung eigenen Grundbesitzes befasse; sachlich gleichlautend für § 2 II Nr. 1 GewStG BFHE 120, 265 (268); BVerfG in HFR 1977, 255 f.

264 So BFHE 162, 439 (439 f.); erneut bestätigt und in seiner Aussage auch auf § 8 II KStG erweitert durch BFH in NJW 1997, 2004 (2005); siehe ferner *Glanegger/Güroff*, Rn. 5 zu § 2 GewStG.

265 Vgl. so ausdrücklich BFH in BStBl. 1977 II, 668 (670) für eine in der Rechtsform der GmbH betriebene Wirtschaftsprüfungs- und Steuerberatungsgesellschaft.

266 So zutreffend *Stadie* in FR 1989, 93 (95).

267 Allg. Meinung; vgl. nur Schmidt-*Schmidt*, Rn. 186 zu § 15 EStG.

268 Diese Argumentationslinie wird vom FG Niedersachsen in NJW 1997, 3399 (3400) zu Unrecht übersehen, soweit es für Gesellschaften bürgerlichen Rechts eine Verfassungswidrigkeit der in § 15 III Nr. 1 EStG niedergelegten Abfärbetheorie bejaht.

akt geprägte Wille der Personengesellschaft daher nur einheitlich als gewerblich beurteilt werden kann.[269]

Die Rechtsnatur des § 15 III Nr. 1 EStG als gesetzlicher Teilfiktion bedingt bei Vorliegen sog. gemischter Tätigkeiten im folgenden ohne weiteres die logische vorrangige Geltung dieser Vorschrift im Verhältnis zu § 18 EStG, der allein die Einkünfte aus freiberuflicher oder sonst selbständiger Tätigkeit zum Gegenstand hat. Die Art der Ermittlung der Einkünfte nach § 2 II EStG läßt sich erst vornehmen, nachdem eine Tätigkeit einer bestimmten Einkunftsart zugeordnet worden ist.[270] Erst dann kann die Einkünfteerzielungsabsicht in der für die jeweilige Einkunftsart geltenden Form als Überschuß- oder Gewinnerzielungsabsicht geprüft und auch erst dann kann endgültig über die Zuordnung der Tätigkeit zu einer steuerbaren Einkunftsart entschieden werden.[271] In Anbetracht der in diesen Konstellationen durch § 15 III Nr. 1 EStG vorab fingierten Umqualifizierung *sämtlicher* Gesellschaftseinkünfte in solche aus Gewerbebetrieb ist dessen fehlende Aufnahme in die Verweisungsnorm des § 18 IV EStG hiernach nicht nur in jeder Beziehung unschädlich, sondern die dortige Aufführung müßte – wegen der schon im vorhinein bewirkten vollständigen Unanwendbarkeit des § 18 EStG – umgekehrt sogar als rechtssystematisch verfehlt und dogmatisch folgewidrig erscheinen.[272]

Den zum Teil erhobenen Forderungen nach Bildung abgekürzter Gewinnermittlungszeiträume, um bei vereinzelten und sachlich geringfügigen gewerblichen Betätigungen eine vollständige Heranziehung des Jahresgewinns einer Personengesellschaft zur Gewerbesteuer vermeiden zu können, steht die zwingende Gesetzesvorschrift des § 14 II 2 GewStG entgegen. Die Finanzverwaltung ist aufgrund der ihr kraft des Rechtsstaatsprinzips verfassungsrechtlich vorgegebenen Bindung an Gesetz und Recht (Art. 20 III GG) außerstande, den maßgebenden Erhebungszeitraum des jeweiligen Kalenderjahrs nach eigenem Ermessen weiter einzugrenzen und unter Hintanstellung des Gesetzeszwecks willkürlich in verschiedene zeitliche Unterabschnitte zu untergliedern.

Aber auch die in erster Linie de lege ferenda gewünschte Einführung einer Bagatellgrenze, bis zu der eine teilweise gewerbliche Betätigung als wirtschaftlich unbedeutend und deshalb steuerlich unschädlich anzusehen sein soll, müßte sich nachhaltigen rechtlichen Bedenken ausgesetzt sehen. Denn hier stünde zu befürchten, daß die Finanzverwaltung, will sie die Einhaltung des Schwellenwerts in concreto überprüfen, zur Ermittlung des Verhältnisses der gewerblichen zu den nichtgewerblichen Einkünften sodann wieder-

---

[269] In dieser Richtung auch BFHE 123, 505 (507); kritisch demgegenüber jedoch FG Niedersachsen in NJW 1997, 3399 (3400); *Schulze-Osterloh* in Gedächtnisschrift für Knobbe-Keuk (1997), 531 (533), jeweils unter Hinweis darauf, daß eine vergleichbare Einheitsbetrachtung bei einer Kombination anderer Einkunftsarten, die eine Personengesellschaft gleichzeitig verwirkliche – etwa bei einer teilweise land- und forstwirtschaftlichen und zum anderen Teil freiberuflichen Betätigung – vom Gesetz nicht vorgesehen werde.

[270] So richtig BFH in NJW-RR 1997, 349 (350).

[271] BFH in NJW-RR 1997, 349 (350).

[272] Dem entspricht es, daß beispielsweise auch die sinngleiche Verweisungsvorschrift des § 13 V EStG betreffend die Einkünfte aus Land- und Forstwirtschaft nicht auf § 15 III Nr. 1 EStG Bezug nimmt, obwohl selbstverständlich auch hier das Zusammentreffen von gewerblicher und land- und forstwirtschaftlicher Betätigung innerhalb derselben Personengesellschaft einheitlich für alle Gesellschafter zu vollständig gewerblichen Einkünften führt; vgl. dazu bereits die Rechtsprechungsnachweise oben Seite 362 f. in Fn. 226 u. 227.

um häufig doch jene Aufspaltung des einheitlichen Gesellschaftsvermögens in verschiedene Einkunftsarten vornehmen müßte, die § 15 III Nr. 1 EStG an sich aus Praktikabilitätsgründen gerade zu vermeiden sucht. Die legislative Schaffung einer entsprechenden Bagatellgrenze würde daher den angestrebten Effekt einer Verwaltungsvereinfachung bei gemischten Tätigkeiten von Personengesellschaften aller Voraussicht nach grundlegend in Frage stellen und müßte im Ergebnis sodann wohl auch Zweifel an dem weiteren Fortbestand der Norm schlechthin wecken.

Schließlich wird sich, trotz der durch § 15 III Nr. 1 EStG erkennbar hervorgerufenen Ungleichbehandlung von selbständigen Einzelunternehmern und Mitunternehmern bei der Durchführung sog. gemischter Tätigkeiten, auch das Verdikt einer Verfassungswidrigkeit der Vorschrift wegen Verstoßes gegen Art. 3 I GG nicht überzeugend begründen lassen.

Denn obgleich es aus rechtsdogmatischer Sicht sicherlich nicht unproblematisch scheint, die verfassungsrechtliche Unbedenklichkeit einer Rechtsnorm mit der Möglichkeit einer zivilrechtlich leicht realisierbaren Ausweichkonstruktion zu rechtfertigen,[273] so bleibt doch zu betonen, daß die Gesellschafter es regelmäßig ohne weiteres in der Hand haben, für trennbare Unternehmenstätigkeiten jeweils gesonderte, auch vollkommen personengleiche Personengesellschaften zu errichten.[274] Da der Abschluß von Personengesellschaftsverträgen im allgemeinen nicht der Schriftform bedarf[275] und die formalen Anforderungen jedenfalls an die Gründung einer Gesellschaft bürgerlichen Rechts auch sonst sehr niedrig sind, besteht in diesem Bereich also eine gewisse Flexibilität und ein seitens der Steuerpflichtigen nutzbarer Gestaltungsspielraum.[276] Die von den Erwerbstätigen unerwünschte Rechtsfolge einer vollständigen Gewerbesteuerbelastung des Gesellschaftsgewinns kann demgemäß in der Regel mit verhältnismäßig einfachen und zumutbaren Mitteln durch eine Vorabaufspaltung in verschiedene, nach außen hin erkennbare Personengesellschaften vermieden werden.[277] In Anbetracht dieses – in der Kautelarpraxis tatsächlich weit verbreiteten – sog. „Ausgliederungsmodells" ist eine Grundgesetzwidrigkeit der Rechtslage, wie sie bei gemischten Tätigkeiten durch die gesetzliche (Teil-)Fiktion des

---

[273] Kritisch etwa FG Niedersachsen in NJW 1997, 3399 (3400); *Stadie* in FR 1989, 93 (94); *Korn* in DStR 1995, 1249 (1254); *Sauren/Haritz* in MDR 1996, 109 (112); *Schulze-Osterloh* in Gedächtnisschrift für Knobbe-Keuk (1997), 531 (537 f.); ähnlich auch die Red.-Anm. in DStR 1995, 1623.

[274] Vgl. so schon RFH in RStBl. 1937, 1129 (1130); später BFH in BFHE 123, 505 (507); 140, 44 (48); 175, 357 (360); BFH in BFH/NV 1991, 319 (320); FG Schleswig-Holstein in DStRE 1997, 448 (449); BFH in NJW 1997, 2404 (2405 f.); BFH in DStR 1998, 200 (202); siehe aus der Literatur des weiteren nur Schmidt-*Schmidt*, Rn. 193 zu § 15 EStG; Schmidt-*Seeger*, Rn. 50 zu § 18 EStG; *Neubrand* in BB 1982, 552 (553 f.); *Kupfer* in KÖSDI 1990, 8066 (8070); *Ehlers* in NWB 1995, Fach 3, 9499 (9518); *Söffing* in NJW 1998, 511 (512); dies konzedierend im übrigen auch FG Niedersachsen in NJW 1997, 3399 (3400); *Korn* in DStR 1995, 1249 (1255).

[275] Vgl. für die BGB-Gesellschaft nur Palandt-*Thomas*, Rn. 4 zu § 705 BGB; für die offene Handelsgesellschaft *Baumbach/Hopt*, Rn. 54 zu § 105 HGB; für die Kommanditgesellschaft *Baumbach/Hopt*, Rn. 7 zu § 161 HGB; anders nunmehr jedoch § 3 I PartGG für die Partnerschaft.

[276] Ähnlich *Neu* in DStR 1995, 1893 (1896).

[277] *Herzig/Kessler* in DStR 1986, 451 (454); *Heidel/Pauly*, Rn. 17 zu § 1; MünchHdbuchGesR I/*Rodin*, Rn. 10 zu § 59; *Söffing* in NJW 1998, 511 (512); insoweit zustimmend auch *Weber-Grellet* in DStZ 1982, 228 (231); vgl. auch *Korn* in DStR 1995, 1249 (1255), wonach das Studium der einschlägigen Verwaltungspraxis den Eindruck einer großzügigen Anerkennung derartiger Gestaltungen vermittele.

§ 15 III Nr. 1 EStG für Personengesellschaften im Unterschied zu selbständigen Einzelunternehmern typisierend festgeschrieben wird, im Ergebnis aber nicht gegeben.[278]

Bei abschließender Betrachtung läßt sich mithin konstatieren, daß die vom Bundesfinanzhof zur Auslegung des § 15 III Nr. 1 EStG in ständiger Rechtsprechung vertretene Abfärbetheorie keinen durchgreifenden rechtlichen Bedenken ausgesetzt ist. Wortlaut, Entstehungsgeschichte und Zielsetzung der Vorschrift lassen letztlich allein eine solche – auch in dieser Schärfe noch verfassungsgemäße – Gesetzesinterpretation zu, wie sie die Judikatur praktisch schon seit jeher ebenso für § 2 II Nr. 1 GewStG a. F. vorgenommen hatte.

dd) Die steuerlichen Konsequenzen der Abfärbetheorie für eine „Freiberufler-OHG/KG"

In Anwendung des nach alledem uneingeschränkt als rechtsverbindlich zugrunde zu legenden § 15 III Nr. 1 EStG beantwortet sich nunmehr auch die Frage nach einer Besteuerung solcher Einkünfte, welche die Angehörigen der freien Professionen bei einer kooperativen Berufsausübung in der Rechtsform einer Personenhandelsgesellschaft erwirtschaften. Diesbezüglich läßt sich allgemein feststellen, daß die eingangs angedachte Option einer separaten, nach Einkunftsarten getrennten steuerlichen Erfassung einerseits der Aufträge mit ausschließlich freiberuflichem Leistungsgegenstand und andererseits der Mandate mit (zumindest teilweise) gewerblichem Leistungsinhalt steuerrechtlich schlechterdings nicht zu verwirklichen ist.

Da die handelsrechtlichen Gesellschaftsformen OHG und KG den freiberuflich Tätigen wie vorbeschrieben überhaupt nur auf dem „Umweg" über die zusätzliche Aufnahme einer sachlich „benachbarten" gewerblichen Betätigung zugänglich sind und die Berufsangehörigen, wollen sie eine unverzügliche Löschung der Personenhandelsgesellschaft im Handelsregister als bloßen Scheineintrag vermeiden, binnen kurzer Zeit auch zur tatsächlichen Aufnahme einer wenigstens geringfügigen gewerblichen Betätigung gezwungen sind,[279] muß das Eingreifen der gesetzlichen Teilfiktion des § 15 III Nr. 1 EStG hier unweigerlich *stets und ausnahmslos* zu einer Umqualifizierung *sämtlicher* Gesellschaftsgewinne in gewerbliche Einkünfte führen. Auch die Einnahmen aus Aufträgen mit rein freiberuflichem Leistungsinhalt werden in diesem Fall also über die Blankettvorschrift des § 2 I 2 GewStG, der diesbezüglich schlicht auf die einkommensteuerrechtliche Begriffsbildung des Gewerbebetriebs verweist, vollständig zur Gewerbesteuer herangezogen.

Zwar haben auch die assoziierten Freiberufler selbstredend die Möglichkeit, von der allgemein üblichen steuerlichen Ausweichstrategie Gebrauch zu machen und die gewerbliche Betätigung in eine eigenständige zweite Personengesellschaft (namentlich in eine OHG oder KG) auszugliedern. Doch würden sie sich auf diese Weise im gleichen Augenblick selbst des Mittels berauben, welches sie überhaupt in die Lage versetzt, originär freiberufliche Leistungen in den Rechtsformen der Personenhandelsgesellschaften anzubieten. Eben

[278] Ebenso BFHE 175, 357 (360); BFH in DStR 1998, 200 (202); FG Schleswig-Holstein in DStRE 1997, 448 (449); Schmidt-*Seeger*, Rn. 50 zu § 18 EStG; a. A. demgegenüber allerdings FG Niedersachsen in NJW 1997, 3399 (3400).

[279] Siehe dazu bereits die entsprechenden Ausführungen oben Seite 357 ff.

weil – vom Standpunkt des Handelsrechts aus betrachtet – allein die ergänzend aufgenommene gewerbliche Betätigung für die assoziierten Berufsvertreter die Möglichkeit schafft, auch genuin freiberufliche Dienste zivilvertraglich über die Personenhandelsgesellschaften abwickeln zu können, würde eine Aufspaltung der beiden Tätigkeitsarten in verschiedene Personengesellschaften hier das kautelarjuristisch notwendig zu wahrende „Junktim" zwischen gewerblicher und freiberuflicher Betätigung unwiderruflich zu Fall bringen, so daß eine Darbietung rein freiberuflicher Leistungen in den gewerblichen Rechtsformen OHG und KG dann nachfolgend gar nicht mehr in Betracht käme.

Für die Rechtspraxis folgt daraus, daß die Berufstätigen eine zivilrechtliche Abwicklung freiberuflicher Leistungen über die handelsrechtlichen Gesellschaftsformen OHG und KG generell *nur* unter der Voraussetzung erreichen können, daß die *gesamten* aus der gemeinsamen Erwerbstätigkeit erwirtschafteten Einnahmen anschließend der Gewerbesteuer unterfallen. Der aus handelsrechtlicher Sicht zwingend zu wahrende Konnex zwischen freiberuflicher und kumulativ hinzutretender gewerblicher Tätigkeit löst auf steuerrechtlichem Felde in Verbindung mit der gesetzlichen Teilfiktion des § 15 III Nr. 1 EStG also unausweichlich eine umfassende Gewerbesteuerpflicht hinsichtlich sämtlicher von den Gesellschaftern entfalteten Tätigkeiten aus.

Dieses Ergebnis ist wegen seiner materiellen Auswirkungen – unentwegt umfängliche Gewerbesteuerpflicht einer „Freiberufler-OHG/KG" trotz im konkreten Einzelfall womöglich geringfügigster gewerblicher Betätigung – zuweilen auch als „fatal und absurd" kritisiert worden.[280] Bei näherem Hinsehen ergibt sich jedoch, daß gegen eine solch typisierende Rechtssetzung seitens des Gesetzgebers keine prinzipiellen juristischen Einwände vorgebracht werden können.

Zu bedenken bleibt, daß der Gesetzgeber kraft des ihm im Rahmen des Gewaltenteilungsprinzips (Art. 20 II, III GG) zukommenden legislativen Gestaltungsspielraums grundsätzlich dazu berechtigt ist, rechtlich zwischen verschiedenen Gruppen von Erwerbstätigen zu differenzieren und diese jeweils unterschiedlichen Rechtsregeln zu unterwerfen, soweit sich dafür hinreichende, sachlich einleuchtende Gründe finden lassen. In Wahrnehmung dieses legislativen Ausgestaltungsspielraums hat der Normgeber die handelsrechtlichen Gesellschaftsformen OHG und KG de lege lata als Gesellschaftstypen konzipiert, die qua definitionem den Betrieb eines (vollkaufmännischen) Handelsgewerbes voraussetzen und also in erster Linie den Gewerbetreibenden zur Leistungserbringung vorbehalten sein sollen. Für die Darbietung freiberuflicher Leistungen sollen nach dem Willen des Gesetzgebers an Personengesellschaften demgegenüber vor allem die klassische Sozietät (als besondere Ausgestaltungsvariante der Gesellschaft bürgerlichen Rechts) und die neuartige Rechtsform der Partnerschaft (als freiberufliche Schwesterfigur zur OHG) zur Verfügung stehen.

An dieser prinzipiellen „Zweiteilung" der für Freiberufler und Gewerbetreibende vorgesehenen Personengesellschaftstypen will der Normgeber erkennbar auch de lege ferenda festhalten. So sollen die Personenhandelsgesellschaften im Rahmen der alsbald anstehenden Handelsrechtsreform zwar fakultativ auch für Kleingewerbetreibende geöffnet wer-

---

[280] So etwa *Neu* in DStR 1995, 1893 (1895).

den;[281] doch bleiben die Angehörigen der freien Professionen – trotz einer vollständigen Neubestimmung des Kaufmannsbegriffs – über die Gewerbedefinition der Rechtsprechung auch weiterhin aus dem Geltungsbereich des Handelsgesetzbuchs ausgespart.[282]

Gerade diese grundlegende gesellschaftsrechtliche Differenzierung ist ursächlich dafür, daß die Angehörigen der Freien Berufe eine umfassende Berufsausübung in den gewerblichen Rechtsformen OHG und KG von der Warte des Handelsrechts aus überhaupt nur durch die zusätzliche Aufnahme einer gewerblichen Betätigung erreichen können.

Sofern die in der Rechtsordnung allgemein angelegte, elementare Unterscheidung zwischen Freiem Beruf und Gewerbe daher ihrerseits auf einer ausreichenden sachlichen Legitimationsgrundlage im Sinne des Art. 3 I GG aufbaut und unter anderem auch eine gesellschaftsrechtliche Differenzierung zwischen diesen beiden Gruppen von Erwerbstätigen rechtfertigt,[283] wird sich im Ergebnis kaum etwas dagegen einwenden lassen, daß die Angehörigen der freien Professionen dann, wenn sie freiberufliche Dienste – statt wie vom Normgeber vorgesehen über eine Sozietät oder über eine Partnerschaft – über eine Personenhandelsgesellschaft als spezifisch gewerbliche Rechtsform leisten wollen, sie auch die gleichlautenden steuerrechtlichen Folgen – nämlich die typisierend umfassende Belegung mit der Gewerbesteuerpflicht – in Kauf nehmen müssen. Der Gesetzgeber verfolgt hier, wenn er über die Regelung des § 15 III Nr. 1 EStG die Wertungen des Handelsgesetzbuchs, wonach die Personenhandelsgesellschaften OHG und KG durchgängig als gewerbliche Rechtsformen konzipiert sind, in gleicher Weise in das Steuerrecht übernimmt, ersichtlich nur das ordnungspolitisch durchaus anerkennenswerte Regelungsziel, die Einheit der Rechtsordnung zu bewahren und diese weitgehend frei von inneren Wertungswidersprüchen zu erhalten.

IV. Die sonstigen Vor- und Nachteile einer „Freiberufler-OHG/KG" im Verhältnis zur Sozietät

Die weiteren rechtlichen Strukturmerkmale, die – neben den zweifellos beherrschenden haftungs- und steuerrechtlichen Aspekten – aus Sicht der Freiberufler bei der Entscheidung über die Wahl der geeigneten Rechtsform im Einzelfall von Bedeutung sein können, dürften sich unter Anlegung typisierender Maßstäbe[284] zwischen der Sozietät auf der einen und

---

281 Vgl. dazu den auszugsweisen Abdruck des Referentenentwurfs eines Handelsrechtsreformgesetzes in ZIP 1996, 1485 (1485 ff.); siehe dazu auch schon oben Seite 288 in Fn. 2.

282 Vgl. die entsprechenden Ausführungen im Referentenentwurf zum Handelsrechtsreformgesetz, auszugsweise wiedergegeben in ZIP 1996, 1401 (1401 f. u. 1405 f.); siehe dazu im übrigen bereits ausführlich in der Einleitung, Seite 7 mit Fn. 21.

283 Diese Frage ist ausführlicher Gegenstand der Erörterungen im Schlußteil (Nachbetrachtung und Ausblick), unten Seite 531 ff., und soll an dieser Stelle daher zunächst noch unbeantwortet bleiben.

284 Der Klarstellung halber sei in diesem Zusammenhang betont, daß die nachstehend erörterten Kriterien für eine Rechtsformwahl in ihrer Wertigkeit ohnehin stets von den Besonderheiten des jeweiligen Einzelfalls abhängen und sie einer typisierenden Rechtsbewertung daher (selbstverständlich) nur in einem sehr eingeschränkten Umfang zugänglich sein können.

den Personenhandelsgesellschaften auf der anderen Seite mit Blick auf die jeweils zu konstatierenden Vor- bzw. Nachteile weitgehend die Waage halten.

Spricht man die prinzipiellen Mängel der Gesellschaft bürgerlichen Rechts als Unternehmensträger an, so fehlt es ihr nach ganz überwiegender Auffassung an einer eigenen Rechtsfähigkeit mit der Folge, daß sie als solche weder grundbuch- noch namensrechtsfähig ist, keine Partei- oder Prozeßfähigkeit besitzt, nicht deliktsfähig ist und weder über eine eigene Konkurs- noch über eine Vergleichsfähigkeit verfügt.[285]

Diese strukturellen Schwächen der Sozietät haben – etwa soweit der mit dem Weitergebrauch des Namens eines ausgeschiedenen Gesellschaftsgründers verbundene „good will" in Rede steht – aus Gründen der Zweckmäßigkeit zum Teil eine stillschweigend geduldete Korrektur dahingehend erfahren, daß sich die Rechtspraxis bisweilen sogar vollständig über die für die Gesellschaft bürgerlichen Rechts geltenden Rechtsregeln hinweggesetzt hat und auch einer Sozietät contra legem ein beständiges Firmenrecht im Sinne einer rechtlich anerkannten Kurzbezeichnung zuerkennt.[286]

---

[285] Vgl. nur die entsprechenden Ausführungen im Referentenentwurf eines Handelsrechtsreformgesetzes; auszugsweise abgedruckt in ZIP 1996, 1485 (1485 f.); ebenso BT-Drucksache 12/6152, S. 7 zum Regierungsentwurf des PartGG; siehe aus der Literatur im übrigen nur *Sandberger/Müller-Graff* in ZRP 1975, 1 (1 f.); *Seibert*, S. 43; *ders.* in AnwBl. 1993, 155; *ders.* in NWB 1994, Fach 18, 3365 (3366); *ders.* in MDR 1996, 785; *Bösert/Braun/Jochem*, S. 23; *Römermann*, S. 31; *Michalski/Römermann*, Rn. 27 Einf. zum PartGG; *Bösert* in DStR 1993, 1332; *ders.* in WPrax 12/94, 2; *ders.* in ZAP (1994), Fach 15, 137 (139); MünchHdb.GesR I/*Schmid*, Rn. 5 zu § 19; *Leutheusser-Schnarrenberger* in der freie beruf 7-8/94, 20 (21); *dies.* in FS für Helmrich (1994), 677 (679); *Driesen* in GmbHR 1993, R 25 (25 f.); *Hornung* in Rpfl. 1995, 481 (482); *Piper* in FS für Odersky (1996), 1063 (1064 f.); siehe zur fehlenden Grundbuchfähigkeit einer BGB-Gesellschaft auch OLG Düsseldorf in NJW 1997, 1991 f. sowie LG Wuppertal in WiB 1997, 759 (760) – In bewußter Abkehr von seiner vormals anderslautenden Rechtsprechung (vgl. so noch BGHZ 61, 59, 63) erkennt der BGH seit neuestem allerdings eine eigenständige Wechsel- und Scheckfähigkeit der Gesellschaft bürgerlichen Rechts an; vgl. dazu BGH in ZIP 1997, 1496 (1496 f.); noch weitergehend *Timm* in NJW 1995, 3209 (3209 ff.), der unter Rekurs auf die §§ 191 II Nr. 1, 202 I Nr. 1 UmwG generell von der Existenz einer eigenständigen Rechtsfähigkeit auch der Gesellschaft bürgerlichen Rechts ausgeht.

Letzterer Auffassung wird man jedoch entgegenhalten müssen, daß die aaO ausgesprochene Anerkennung einer eigenen Rechtsträgerschaft der BGB-Gesellschaft auf die Regelungsmaterie des Umwandlungsrechts beschränkt bleibt und darüber hinaus nicht verallgemeinerungsfähig ist. Im Gegenteil lassen die §§ 7 I Nr. 3 MarkenG; 1059a II BGB ihrerseits erkennen, daß die BGB-Gesellschaft allgemein *nicht* dem Kreis der rechtsfähigen Personengesellschaften zugerechnet werden kann. Die diesbezüglich – in § 1059a II BGB sogar als Legaldefinition – gewählten Formulierungen („Personengesellschaften, sofern sie mit der Fähigkeit ausgestattet sind, Rechte zu erwerben und Verbindlichkeiten einzugehen") lehnen sich ersichtlich an die Regelung des § 124 HGB an, und in den Gesetzesmaterialien zu § 7 I Nr. 3 MarkenG heißt es hierzu ausdrücklich: „Zu den Personengesellschaften, die diese Voraussetzungen erfüllen, gehören insbesondere die offene Handelsgesellschaft und die Kommanditgesellschaft und künftig voraussichtlich auch die Partnerschaft. Demgegenüber können Gesellschaften bürgerlichen Rechts als solche nicht Inhaber von Marken sein."; vgl. die amtliche Begründung zum Entwurf eines Markenrechtsreformgesetzes (BGBl. 1994 I, S. 3082); BT-Drucksache 12/6581, S. 69. *Seibert* weist in MDR 1996, 785, Fn. 16, zu Recht darauf hin, daß auf der Grundlage dieser Vorschriften der Theorie einer eigenen Rechtsfähigkeit der BGB-Gesellschaft praktisch der Boden entzogen ist.

[286] Die BGB-Gesellschaft kann nach allgemeinem Zivilrecht an sich nur einen bürgerlichrechtlichen Namen tragen, während ihr die Befugnis zur Führung einer handelsrechtlichen Firma versagt bleibt; vgl. nur *Bayer/Imberger* in DZWiR 1993, 309 (314). Obwohl angesichts des aus-

Abgesehen davon kann das Fehlen einer eigenen Rechtsfähigkeit für die BGB-Gesellschaft durch eine mitunter komplizierte Kautelarpraxis zwar weitgehend abgemildert werden, doch dies zumeist nur um den Preis eines erhöhten Arbeits- und Kostenaufwands.[287] Überdies muß eine kautelarjuristische Korrektur der mangelnden Eignung zu selbständiger Rechtsträgerschaft speziell bei zahlenmäßig großen, interlokal und international agierenden Freiberufler-Zusammenschlüssen – zumal wenn sie mit hohem Kapitaleinsatz operieren – zwangsläufig an bestimmte Grenzen der Zweckmäßigkeit und Realisierbarkeit stoßen.[288]

Gerade auf diesem Sektor erweisen sich die Personenhandelsgesellschaften daher im Vergleich als hinreichend ausgebaute und rechtlich verselbständigte Rechtsformen, die über eine eigene, prinzipiell unbegrenzte Rechtsfähigkeit verfügen, ohne daß sie dadurch zugleich zu juristischen Personen würden.[289] Der Umstand, daß die handelsrechtlichen Gesellschaftsformen OHG und KG vor allem zivilrechtlich (nicht aber steuerrechtlich!) in jeder Beziehung selbst als Rechtsträger fungieren können, führt so beispielsweise zu Verwaltungs- und Kostenersparnissen, falls zum Gesamthandsvermögen der Gesellschaft auch Immobilien mit den Büro- bzw. Praxisräumen zählen, weil Veränderungen im Gesellschafterbestand hier im Unterschied zur Sozietät keine fortlaufende Grundbuchberichtigung mehr erforderlich machen.[290]

Ähnliche Vorteile erwachsen den Mitinhabern einer Personenhandelsgesellschaft in der Relation aus dem Umstand der dort geltenden Handelsregisterpublizität (vgl. die §§ 15 II, 159 f. HGB). Hier kann die fehlende Registerfähigkeit der BGB-Gesellschaft im Falle des

---

schließlich Vollkaufleuten vorbehaltenen Rechts zur Firmenfortführung damit in praxi streng genommen keine befriedigende Möglichkeit besteht, den mit dem Namen der Gesellschaftsgründer verbundenen „good will" auch nach deren Ausscheiden für die verbleibenden und nachrückenden Gesellschafter nutzbar zu machen (vgl. allgemein MünchHdb.GesR I/*Schmid*, Rn. 5 u. Rn. 20 f. zu § 19), sieht die als Beilage zu Heft 19 der NJW 1997 veröffentlichte, nach den §§ 59b, 191a ff. BRAO erlassene anwaltliche Berufsordnung in § 10 IV BORA nunmehr auch für die Sozietät ausdrücklich die Möglichkeit vor, die Namen ausgeschiedener Gesellschafter auf den Briefbögen weiterzuführen, soweit ihr Ausscheiden kenntlich gemacht wird. Für Kurzbezeichnungen besteht diese Option gemäß § 9 II BORA weitergehend sogar ohne eine solche Einschränkung. Auf diese Weise soll wohl dem Umstand Rechnung getragen werden, daß die Namen großer Anwaltssozietäten in der Praxis längst firmenartigen Charakter haben; vgl. *Steindorff*, S. 28; *Grüninger* in DB 1990, 1449 (1454); *Stuber* in WiB 1994, 705 (707); *Knoll/Schüppen* in DStR 1995, 608 (611); *Römermann*, S. 75 f. Nicht ganz zu Unrecht formuliert *ders.*, S. 37, für die anwaltliche BGB-Gesellschaft denn auch, daß sich „...die Praxis insoweit noch nie an die geltenden Bestimmungen gehalten hat".

Demgegenüber geht die Regelung in § 34 VII 3 der Musterberufsordnung (MBO) 1995 der deutschen Ärzte nach wie vor davon aus, daß die Fortführung des Namens eines nicht mehr berufstätigen, ausgeschiedenen oder verstorbenen Partners unzulässig ist; vgl. den Abdruck der MBO in DÄBl. 1996, A 407 ff.; ebenso auch die jetzige Nachfolgeregelung in Kapitel D. I. Nr. 2 (9) Satz 3 der MBO 1997; siehe dazu NJW 1997, 3076 ff.

[287] Vgl. dazu näher *Bösert/Braun/Jochem*, S. 23 f. mit entsprechenden Beispielen; ähnlich *Seibert*, S. 43; *Bösert* in ZAP 1994, Fach 15, 137 (139); *Michalski/Römermann*, Rn. 27 Einf. zum PartGG.

[288] *Seibert*, S. 43; ähnlich *Bösert* in ZAP 1994, Fach 15, 137 (139).

[289] So richtig *Seibert*, S. 43 – *Ders.* bemerkt in MDR 1996, 785, mit Blick auf die Legaldefinition des § 1059a II BGB n. F. ergänzend, daß man von der häufig kolportierten Formulierung, die OHG bzw. KG sei lediglich „teilrechtsfähig", fortan wohl getrost Abschied nehmen dürfe; ebenso für die Personenhandelsgesellschaften ersichtlich auch MünchHdbuchGesR I/*Neubauer*, Rn. 1 f. zu § 61.

[290] Vgl. nur MünchHdbuchGesR I/*Neubauer*, Rn. 7 zu § 61.

Ausscheidens eines Sozius aus der Gesellschaft mitunter spürbar größere (Nach-)Haftungsrisiken mit sich bringen. Der ausscheidende Sozietätsgesellschafter ist außerstande, sich in vergleichbarer Weise der positiven Publizitätswirkung eines Registers zu bedienen, um der vormaligen Klientel den genauen Zeitpunkt seines Ausscheidens aus der Gesellschaft entgegenzuhalten.[291] Statt dessen muß er, um in den Genuß der unlängst[292] mit § 736 II BGB eingefügten Nachhaftungsbegrenzungsregelung zu kommen, dafür Sorge tragen, daß jeder der Gläubiger auf einem anderen, entsprechend beweiskräftigen Wege von seinem Ausscheiden Kenntnis erlangt.[293]

Doch stoßen auch bei den Personenhandelsgesellschaften die Vorteile einer Registerpublizität an bestimmte rechtliche Grenzen. So ist in einer „Freiberufler-OHG/KG" beispielsweise ebenso wie für eine Sozietät vorstellbar, daß die Gesellschafter nicht darauf verzichten wollen, auch jene Mitarbeiter werbewirksam im Briefkopf aufzuführen, die an der Personenhandelsgesellschaft nicht als Teilhaber beteiligt sind. Während sich eine gesamtschuldnerische Mithaftung der so nach außen wahrheitswidrig als Gesellschafter auftretenden Nicht-Sozien bei der Gesellschaft bürgerlichen Rechts ohne Schwierigkeiten aus Rechtsscheinsgrundsätzen deduzieren läßt,[294] könnte bei einer OHG/KG der gegenüber dem ratsuchenden Publikum erweckte Anschein mit der gegenläufigen Eintragung im Handelsregister kollidieren, die – bei Befolgung sämtlicher Eintragungspflichten – gegebenenfalls den „echten", tatsächlichen Gesellschafterbestand wiedergibt.

In diesem Fall wird das ratsuchende Publikum zwar aller Voraussicht nach bereits häufig mit Erfolg vorbringen können, daß die tatsächliche Nichtgesellschafter-Eigenschaft der aufgeführten Mitarbeiter schon gar keine im Handelsregister eintragungsfähige Tatsache darstellt, die im Sinne des § 15 II 1 HGB geeigneter Anknüpfungspunkt einer positiven, zugunsten der Scheingesellschafter wirkenden Publizitätswirkung sein könnte.[295]

Aber auch wenn sich, beispielsweise infolge einer den Scheingesellschaftern tatsächlich eingeräumten und auch ebenso eingetragenen Prokura, im Wege einer mittelbaren Gesamtschau die wirkliche Rechtslage vollständig aus dem Handelsregister ersehen ließe, kann eine Argumentation, die hier den Publizitätswirkungen des Handelsregisters den Vorrang vor den Interessen des Verkehrsschutzes einräumen wollte, kaum überzeugend anmuten. Denn auf diese Weise würde die Tatsache vernachlässigt, daß es insofern die

---

[291] *Bösert* in ZAP (1994), Fach 15, 137 (139); zustimmend *Michalski/Römermann*, Rn. 30 Einf zum PartGG.

[292] BGBl 1994 I, S. 560.

[293] *Bösert/Braun/Jochem*, S. 19; *K. Schmidt* in ZIP 1993, 633 (644); *van der Horst* in DStR 1995, 2027 (2028), Palandt-*Thomas*, Rn. 14 zu § 736 BGB.

[294] Vgl. etwa BGHZ 70, 247 (249); BGH in NJW 1994, 257 (258) jeweils im Zusammenhang mit Anwaltssozietäten; siehe dazu auch schon oben Seite 172 in Fn. 43.

[295] Eine gemäß § 15 HGB in das Handelsregister eintragungsfähige Tatsache bildet in diesem Zusammenhang (selbstverständlich) nur die Stellung als wirklicher OHG/KG-Gesellschafter. Bedenkt man, daß bereits die Funktion als gesetzlicher oder organschaftlicher Vertreter eines Teilhabers nicht mehr im Handelsregister eingetragen werden kann (vgl. dazu etwa *Baumbach/Hopt*, Rn. 2 zu § 106 HGB), so gilt dies, vom Sonderfall einer ausdrücklich erteilten und nach § 53 HGB eingetragenen Prokura einmal abgesehen, für die gewillkürte Vertreterstellung sonstiger Mitarbeiter einer Personenhandelsgesellschaft naturgemäß erst recht. Nicht eintragungsfähige Tatsachen können aber von vornherein nicht an den Rechtswirkungen des Handelsregisters teilnehmen; vgl. nur *Baumbach/Hopt*, Rn. 5 zu § 8 HGB.

OHG/KG-Gesellschafter und ihre Mitarbeiter selbst waren, die durch eine *bewußt* unrichtige Briefkopfgestaltung einen Irrtum der Auftraggeberseite über die Zusammensetzung des wirklichen Gesellschafterkreises erzeugt haben. Entsprechend dem handelsrechtlichen Grundsatz, wonach derjenige, der im Geschäftsverkehr wahrheitswidrig als Gesellschafter einer Personenhandelsgesellschaft auftritt, sich nachfolgend gegenüber gutgläubigen Dritten auch tatsächlich als solcher behandeln lassen muß,[296] wird man daher nicht umhin kommen, auch für den im Briefkopf aufgeführten Scheingesellschafter einer OHG/KG unabhängig von einem abweichenden Registerinhalt eine der Sozietät vergleichbare Rechtsscheinshaftung zu bejahen.[297]

Will man die weitgehend dispositiven Gesetzesbestimmungen der §§ 705 ff. BGB als normativ vorgesehenes Leitbild zugrunde legen, so läßt sich als weitere strukturelle Schwäche der BGB-Gesellschaft im folgenden eventuell auch ihre rechtlich vergleichsweise weniger verfestigte und nicht auf Dauer angelegte Innenstruktur anführen.[298] Im Zuge dessen geht die gesetzliche Regelungskonzeption beispielsweise vom Grundsatz der gemeinschaftlichen Geschäftsführung und Vertretung (§§ 709 I; 714 BGB), d. h. also dem Einstimmigkeitsprinzip aus, welches – jedenfalls für Mandate im normalen Geschäftsbetrieb[299] – bereits für örtliche, erst recht aber für überörtliche Zusammenschlüsse von Freiberuflern unangemessen und nicht praktikabel ist.[300]

Auch passen die gesetzlichen Regelungen betreffend das Ausscheiden und die Auflösung der Gesellschaft nicht für die auf Dauer angelegte Freiberufler-Sozietät.[301] Demgemäß bedarf etwa das in § 723 I BGB vorgesehene jederzeitige Kündigungsrecht des BGB-Gesellschafters der vertraglichen Einschränkung, damit die verbleibenden Sozien sich längerfristig auf das Ausscheiden eines Gesellschafters einstellen und entsprechend disponieren können.[302] Gleiches gilt für die Konstellationen bei Konkurs oder Tod eines Sozius, die nach dem gesetzlichen Regelfall eine von den verbleibenden Berufsangehörigen unerwünschte Auflösung der Gesellschaft nach sich ziehen würden (§§ 727 I; 728, 1 BGB) und in praxi deshalb ebenfalls eine gesellschaftsvertragliche Korrektur erforderlich machen.[303] Ebenso abänderungsbedürftig sind die Rechtsfolgen einer Gesellschaftskündigung gemäß § 725 I BGB, nachdem ein privater Gesellschaftergläubiger den Gesellschaftsanteil des ihm

---

296 Vgl. BGHZ 17, 13 (13 u. 15); 61, 59 (64 f.); MünchHdbuchGesR I/*Neubauer*, Rn. 88 f. zu § 62.

297 Ebenso im Zusammenhang mit der Partnerschaft als freiberuflicher „Schwesterfigur" zur OHG auch *Henssler* in FS für Vieregge (1995), 361 (367 f.).

298 So etwa der Regierungsentwurf zum PartGG, BT-Drucksache 12/6152, S. 7; *Sandberger/Müller-Graff* in ZRP 1975, 1; *K. Schmidt* in ZIP 1993, 633 (637); *Bösert* in DStR 1993, 1332; *Gres* in der freie beruf 6/94, 22; *Hornung* in Rpfl. 1995, 481 (482); *Sommer* in GmbHR 1995, 249 (250); *Meilicke/v. Westphalen/Hoffmann/Lenz-Lenz*, Rn. 4 zu § 1 PartGG; *Michalski/Römermann*, Rn. 28 Einf zum PartGG.

299 Soll heißen für solche Aufträge, die ersichtlich keine überdurchschnittlichen Haftungsrisiken bergen und durch den „normalen" Berufshaftpflichtversicherungsschutz, den alle Sozien ohnehin als Durchschnittsdeckungssumme unterhalten, vollständig abgedeckt werden.

300 *Grüninger* in DB 1990, 1449 (1451); MünchHdb.GesR I/*Schmid*, Rn. 27 zu § 19; *Römermann*, S. 42 f.

301 *Römermann*, S. 71 f.

302 MünchHdb.GesR I/*Schmid*, Rn. 60 zu § 19.

303 MünchHdb.GesR I/*Schmid*, Rn. 65 ff. u. Rn. 74 ff. zu § 19.

ausschließlich persönlich verpflichteten Sozius gepfändet hat. Die hier vom Gesetz vorgesehene Auflösung der Gesellschaft setzt eine anderslautende gesellschaftsvertragliche Regelung voraus, damit die Gesellschaft unter Ausscheiden des Gesellschafterschuldners unter den verbliebenen Berufsangehörigen fortbestehen kann.[304]

Im Gegensatz dazu erheben die §§ 115 I, 125 I HGB für die unbeschränkt haftenden Gesellschafter einer OHG/KG die grundsätzlich umfassende Einzelgeschäftsführungs- und Vertretungsbefugnis schon von Rechts wegen zum normativen Regelprinzip.[305] Die zukünftige Handelsrechtsreform will darüber hinaus auch mit dem bisher in § 131 HGB niedergelegten Grundsatz der Personenkontinuität („Auflösung der Gesellschaft durch Austritt eines Gesellschafters") brechen und diesen durch das sachgerechte, der Rechtswirklichkeit weit mehr entsprechende Prinzip der Unternehmenskontinuität („Fortführung der Gesellschaft und Ausscheiden des Gesellschafters") ersetzen.[306] Zu diesem Zweck sollen aus § 131 HGB alle Auflösungsgründe herausgenommen werden, die in der Person eines Gesellschafters begründet sind, namentlich die Eröffnung des Konkurses über das Vermögen eines Gesellschafters (Nr. 5), der Tod eines Gesellschafters (Nr. 4) sowie die Kündigung eines Gesellschafters (Nr. 6) oder die eines seiner Privatgläubiger nach § 135 HGB. Diese Tatbestände werden statt dessen aller Voraussicht nach als gesellschafterbezogene Ausscheidensgründe sämtlich in einen neu anzufügenden § 131 II HGB übernommen.[307]

In Anbetracht dessen könnte man gegebenenfalls argumentieren, die vergleichsweise stärkere Notwendigkeit zu gesellschaftsvertraglichen Sonderregelungen rufe für die Gesellschafter einer Sozietät mitunter größere Risiken und Unsicherheiten bei der Schaffung adäquater interner Organisationsstrukturen hervor. Insoweit trifft es sicherlich zu, daß mit der relativ größeren Zahl der durch das Gesetz unbefriedigend geregelten Problempunkte prinzipiell auch die Gefahr steigen kann, daß die Sozietäts-Teilhaber wesentliche Fragen im Gesellschaftsvertrag nur einer unzureichenden oder gar keiner Regelung zugeführt haben. Die in vielen Punkten unangemessene Gesetzesregelung in den §§ 705 ff. BGB mag durch den Zwang zu gesellschaftsvertraglicher Abweichung somit zumindest potentiell auch das spätere Entstehen von Unstimmigkeiten unter den Gesellschaftern fördern.

Gleichwohl sollten diese tendenziell größeren Binnenstrukturprobleme der Freiberufler-Sozietät in ihrer praktischen Relevanz nicht überschätzt werden. Denn die zwischen den Sozien zu vereinbarenden Abweichungen vom gesetzlichen Leitbild der BGB-Gesellschaft können von der Kautelarjurisprudenz – zumal diese insoweit auf einen jahrzehntelang gewachsenen Erfahrungsschatz zurückgreifen kann – zum größten Teil ohne

---

304 Vgl. *Stuber* in WiB 1994, 705 (709); Palandt-*Thomas*, Rn. 3 a. E. zu § 725 BGB.

305 Vgl. näher *Baumbach/Hopt*, Rn. 1 zu § 115 HGB u. Rn. 10 zu § 125 HGB.

306 Der Referentenentwurf weist in diesem Kontext zu Recht darauf hin, daß es keinen Sinn mache, rechtssoziologisch eine gesetzliche Regel aufrechterhalten zu wollen, die durch die Kautelarpraxis in ihr Gegenteil verkehrt worden sei; vgl. hierzu den auszugsweisen Abdruck in ZIP 1996, 1485 (1486 f.). Freilich würde es den Gesellschaftern hiernach auch weiterhin obliegen, bei Ausscheiden eines Gesellschafters im Gesellschaftsvertrag die Berechnungsgrundlagen des aus § 738 I 2 BGB folgenden Abfindungsanspruchs festzulegen; vgl. *Weber/Jacob* in ZRP 1997, 152 (155); *Gustavus* in GmbHR 1998, 17 (20 f.).

307 Siehe hierzu näher die Darlegungen im Referentenentwurf eines Handelsrechtsreformgesetzes; ZIP 1996, 1485 (1488 f.).

erhebliche Schwierigkeiten aufgelöst werden.[308] Von der im wohlverstandenen Eigeninteresse liegenden Obliegenheit, sich selbst eine angemessene und stabile innere Ordnung zu geben, kann der Gesetzgeber die betreffenden Berufsvertreter letztlich ohnehin in keinem Fall und hinsichtlich keiner Gesellschaftsform entheben.[309]

Auf der anderen Seite mag insbesondere der gemäß § 6 I HGB für die Personenhandelsgesellschaften – nicht aber für eine Sozietät – bestehende Zwang zur umfassenden Rechnungslegung nach den §§ 238 ff., 242 ff. HGB[310] für solche Freiberufler abschrekkend wirken, die sich in kleineren Zusammenschlüssen zur gemeinsamen Berufsausübung verbunden haben und die eine damit oftmals verbundene finanzielle Mehrbelastung wegen weiterreichender Buchführungspflichten scheuen. Dies gilt um so eher, als dadurch auf steuerlichem Gebiet die ansonsten für die Freiberufler-Sozietät bestehende Wahlmöglichkeit zwischen einer Gewinnermittlung durch Betriebsvermögensvergleich (§ 4 I EStG) und einer Gewinnermittlung durch einfache Überschußrechnung (§ 4 III EStG) entfällt. Die statt dessen durchgängig Platz greifende Gewinnermittlung im Sinne der ersten Alternative (vgl. § 5 I EStG) erfordert hier nicht nur einen erheblich größeren organisatorischen Aufwand,[311] sondern sie begründet beispielsweise auch eine stete Verpflichtung zur sofortigen Aktivierung der noch offenen Honorarforderungen (keine vergleichbare Möglichkeit zur Nutzung zeitlicher Gewinnverschiebungen durch das sog. Zuflußprinzip; vgl. § 11 I EStG).[312]

Im Ergebnis wird sich unter Berücksichtigung all dessen daher die allgemeine Feststellung rechtfertigen, daß die weiteren, neben den Haftungs- und Steueraspekten zu verzeichnenden rechtlichen Charakteristika der Personenhandelsgesellschaften keine eindeutige Präferenz und strukturelle Überlegenheit dieser Rechtsformen gegenüber der Freiberufler-Sozietät erkennen lassen.

---

[308] So richtig *v. Falkenhausen* in AnwBl. 1993, 479 (480); *Stuber* in WiB 1994, 705 (709); *Römermann*, S. 101 f., wonach für Anwaltssozietäten „die dispositiv für die Gesellschaft bürgerlichen Rechts geltende Rechtslage der Praxis durch eine entsprechende vertragliche Gestaltung keine nennenswerten Probleme bereitet" habe; ähnlich auch *Knoll/Schüppen* in DStR 1995, 646 (651); *Lenz* in MDR 1994, 741 (742); *Sauren/Haritz* in MDR 1996, 109 (113); *Henssler*, Rn. 23 Einf. zum PartGG; lediglich für kleinere Freiberufler-Zusammenschlüsse zustimmend *Seibert*, S. 43; *Bösert* in ZAP 1994, Fach 15, 137 (139); *Leutheusser-Schnarrenberger* in FS für Helmrich (1994), 677 (679).

[309] So zutreffend *Römermann*, S. 101.

[310] Vgl. dazu ausführlich nur MünchHdbuchGesR I/*Bezzenberger*, Rn. 1 ff. zu § 56 – Die entsprechenden Buchführungs- und Rechnungslegungspflichten gelten selbstverständlich auch für eine „Freiberufler-OHG/KG"; vgl. nur *Bayer/Imberger* in DZWiR 1993, 309 (316); *Stehle* in FS der Berufsakademie Villingen-Schwenningen (1995), 458 (466).

[311] Allg. Meinung; vgl. MünchHdbuchGesR I/*Schmid*, Rn. 93 zu § 19; Kirchhof/Söhn-*Stuhrmann*, Rn. A 97 zu § 18 EStG; Blümich-*Hutter*, Rn. 211 zu § 18 EStG; Herrmann/Heuer/Raupach/Brandt-*Brandt*, Rn. 29 zu § 18 EStG; *Stehle/Longin*, S. 23; *Sommer* in GmbHR 1995, 249 (256); *Gail/Overlack* (steuerrechtlicher Teil), S. 3; *Schick*, S. 131.

[312] So zutreffend MünchHdbuchGesR I/*Schmid*, Rn. 93 f. zu § 19; Kirchhof/Söhn-*Stuhrmann*, Rn. A 85 zu § 18 EStG; Herrmann/Heuer/Raupach/Brandt-*Brandt*, Rn. 29 zu § 18 EStG; *Stehle/Longin*, S. 23; *Stehle* in DStR 1983, 100 (103); *ders.* in FS der Berufsakademie Villingen-Schwenningen (1995), 458 (465 f.); *Schick*, S. 131; *Sommer* in GmbHR 1995, 249 (256); *Sauren/Haritz* in MDR 1996, 109 (113); *Vorbrugg/Salzmann* in AnwBl. 1996, 129 (133).

V. Zusammenfassende Bewertung einer Eignung der Personenhandelsgesellschaften zur kooperativen freiberuflichen Leistungserbringung

Im Rahmen einer Gesamtwürdigung kommt man nach alledem nicht umhin, den Personenhandelsgesellschaften eine Tauglichkeit zur gemeinsamen freien Berufsausübung im Verhältnis zur Freiberufler-Sozietät weitgehend abzusprechen. Dies gilt aus der Warte der freiberuflich Tätigen vor allem unter Berücksichtigung der beiden für eine Rechtsformwahl ausschlaggebenden Gesichtspunkte, nämlich dem haftungs- und dem steuerrechtlichen Leistungsvergleich.

Zwar erweist sich gerade die Kommanditgesellschaft als eine der Sozietät strukturell überlegene Gesellschaftsform, soweit die institutionell beschränkte Haftung des Kommanditisten-Gesellschafters auf die im Handelsregister eingetragene Einlage in Rede steht. Diese haftungsrechtlichen Vorteile der KG bleiben auch dort bestehen, wo – wie im Bereich der berufsrechtlich gebundenen rechts- und wirtschaftsberatenden freien Professionen – der Betrieb einer GmbH & Co. KG durch das Berufsrecht häufig gänzlich untersagt wird.

So entfällt für die Berufstätigen wegen des institutionellen Charakters der limitierten Kommanditistenhaftung diesbezüglich generell die Notwendigkeit, das Vertragsverhältnis zum ratsuchenden Publikum zu Beginn mit dem ausdrücklichen Ersuchen um eine rechtsgeschäftliche Haftungsbeschränkung belasten zu müssen. Der Vorteil einer derart begrenzten persönlichen Einstandspflicht zeigt sich für den Kommanditisten zudem etwa in den Dritthaftungskonstellationen einer Garantieprospekthaftung und der quasi-vertraglichen Sachwalterhaftung aus culpa in contrahendo, die daneben – aufgrund ihrer jeweils nur vertragsähnlichen Haftungstatbestände – einer (formular-)vertraglichen Haftungsbegrenzung per se unzugänglich sind.

Die unter Haftungsaspekten zu konstatierenden Vorzüge einer „Freiberufler-KG" werden jedoch durch den steuerrechtlichen Nachteil einer ausnahmslosen Gewerbesteuerpflicht auch der abgewickelten Mandate mit rein freiberuflichem Leistungsinhalt mehr als ausgeglichen und praktisch vollständig wieder aufgehoben. Der Umstand, daß die Angehörigen der freien Professionen nach Maßgabe des Handelsrechts *nur* durch die ergänzende Aufnahme einer sachlich benachbarten gewerblichen Betätigung Zugriff auf die Personenhandelsgesellschaften nehmen können, zieht auf steuerrechtlichem Gebiet über § 15 III Nr. 1 EStG *stets* eine umfassende Gewerbesteuerpflicht sämtlicher Gesellschaftereinnahmen, die im Rahmen der gemeinsamen Berufsausübung erwirtschaftet worden sind, nach sich.

Diese gravierende, im Vergleich zu den haftungsrechtlichen Vorteilen weit überwiegende steuerrechtliche „Schwachstelle" der KG kann aus Sicht der Berufsangehörigen in der Regel auch durch die sonstigen rechtlichen Unterschiede zwischen einer Freiberufler-Sozietät und einer Personenhandelsgesellschaft nicht ausgeglichen werden.

So zeichnen sich die handelsrechtlichen Gesellschaftsformen OHG und KG im Gegensatz zur BGB-Gesellschaft zwar durch eine umfassende eigene Rechtsfähigkeit und eine schon nach dem gesetzlichen Leitbild vergleichsweise stärker verfestigte rechtliche Binnenstruktur aus. Doch können die insofern existierenden konstruktiven Nachteile der Freiberufler-Sozietät, wenn auch teilweise nur unter Inkaufnahme eines erhöhten Arbeits- und Kostenaufwands, in vielen Fällen – insbesondere bei kleinen und mittleren Zusammenschlüssen – mit den rechtlichen Gestaltungsmitteln der Kautelarpraxis auf befriedigende Art und Weise ausgeräumt werden.

Auf der anderen Seite erzeugt die generelle Buchführungs- und Rechnungslegungspflicht der Personenhandelsgesellschaften für die OHG/KG-Gesellschafter oftmals einen relativ höheren Verwaltungsaufwand, der für eine Freiberufler-Sozietät nicht zwangsläufig in solchem Ausmaß entstehen muß. Auf steuerrechtlichem Gebiet knüpft sich an die entsprechende Buchführungspflicht der OHG/KG überdies eine verhältnismäßig stärkere Einschränkung der Gestaltungsmöglichkeiten bei der Gewinnermittlung an, weil hier die Methode der einfachen Überschußrechnung, die den Gesellschaftern einer Sozietät ebenfalls offensteht, neben dem Betriebsvermögensvergleich prinzipiell nicht in Betracht gezogen werden kann.

Die Personenhandelsgesellschaften könnten hiernach – vom Standpunkt der Berufstätigen aus betrachtet – aufgrund ihrer weiter reichenden rechtlichen Verselbständigung an sich gerade für größere freiberufliche Zusammenschlüsse einen geeigneten rechtlichen Gestaltungsrahmen abgeben. Doch weisen sie im Verhältnis zur Sozietät so gravierende steuerrechtliche Nachteile auf, daß die Angehörigen der freien Professionen in praxi nur selten ernsthaft die Gründung einer „Freiberufler-OHG/KG" erwägen werden, um durch die ergänzende Aufnahme einer sachlich benachbarten gewerblichen Betätigung eine Ausübung ihrer freien Berufstätigkeit in jenen handelsrechtlichen Gesellschaftsformen zu erreichen.

Als empirischer Beleg für diese Einschätzung mag abschließend auch der Umstand gelten, daß auf dem Sektor der Wirtschaftsprüfung, auf dem der Gesetzgeber den Einsatz der Personenhandelsgesellschaften zur Darbietung freiberuflicher Prüfungs- und Beratungsleistungen unter dem Aspekt der berufstypischen (gewerblichen) Treuhandtätigkeit bekanntlich explizit gebilligt hat, zum 1.1.1996 lediglich 28 Kommanditgesellschaften und 36 offene Handelsgesellschaften als Wirtschaftsprüfungsgesellschaften anerkannt waren.[313] Die Personenhandelsgesellschaften stellten damit umgerechnet nur knapp 4 % der seinerzeit insgesamt 1.615 Wirtschaftsprüfungsgesellschaften.[314] Dieser Befund erscheint um so bedeutsamer, als das Berufsrecht der Wirtschaftsprüfer die Gründung einer Wirtschaftsprüfungsgesellschaft in der Rechtsform einer Gesellschaft bürgerlichen Rechts nicht zuläßt[315] und solcherart gebildete Zusammenschlüsse daher schon im Vorfeld gar keinen Eingang in die entsprechende Statistik gefunden haben.

Die nach alledem insbesondere aus steuerlicher Sicht zu konstatierende weitgehende Unattraktivität einer „Freiberufler-OHG/KG" muß die Berufstätigen daher beinahe zwangsläufig nach anderen Gesellschaftsformen Ausschau halten lassen, die vor allem im Punkte der Haftungsbegrenzung eine der Sozietät überlegene Rechtsstruktur aufweisen, steuerlich aber eine ähnlich vorteilhafte Gestaltung erlauben und auf der Ebene der Berufsausübung eine vergleichbare Arbeitsteilung unter den Berufsangehörigen gestatten.

---

313 Vgl. dazu die entsprechenden Angaben in WPK-Mitt. 1996, 49.

314 Vgl. hierzu die Statistik der Wirtschaftsprüfungsgesellschaften in WPK-Mitt. 1996, 49.

315 Vgl. § 27 I WPO; siehe dazu im übrigen auch bereits die Nachweise oben auf Seite 12 in Fn. 43 der Einl.

D. Die Partnerschaft

Eine auf die freiberuflich Tätigen unter Umständen maßgeschneidert passende Berufsausübungsgesellschaft,[1] mittels derer sich möglicherweise einerseits die gravierenden steuerrechtlichen Nachteile einer „Freiberufler-OHG/KG" vermeiden lassen und die andererseits eventuell fühlbare haftungsrechtliche Vorteile gegenüber der Freiberufler-Sozietät bietet, könnte in diesem Kontext die neuartige, spezifisch den Angehörigen der freien Professionen vorbehaltene Rechtsform der Partnerschaft darstellen.

Ob dieser Gesellschaftstyp, der zuweilen auch überschwenglich als neues „Grundgesetz" für eine den Freien Berufen angemessene Rechtsform bezeichnet worden ist,[2] aus Sicht der Berufstätigen eine vergleichsweise größere Eignung zur kooperativen Abwicklung freiberuflicher Dienstleistungen aufweist als die Gesellschaft bürgerlichen Rechts, dürfte sich wiederum in erster Linie anhand von haftungs- und steuerrechtlichen Kriterien entscheiden, die in dieser Beziehung erfahrungsgemäß als primär maßgebende Beurteilungsgrundlage heranzuziehen sind.[3] Daneben können bei der Rechtsformwahl im einzelnen noch weitere strukturelle Rechtsunterschiede zwischen der Sozietät und der Partnerschaft eine Rolle spielen, die demgemäß ebenso als zusätzliche Prüfsteine mit in die juristische Bewertung der Leistungsfähigkeit der neuen Gesellschaftsform einfließen müssen.

Dabei sollen am Anfang der rechtswissenschaftlichen Analyse nachfolgend zuerst die haftungsrechtlichen Aspekte untersucht werden, die für die Mitglieder der freien Professionen aus der kooperativen Berufstätigkeit in einer partnerschaftlichen Verbindung entspringen.

I. Die Haftungssituation bei einer gemeinsamen Berufsausübung in der Partnerschaft

Bei der Beurteilung der freiberuflichen Haftungslage innerhalb einer Partnerschaft bietet es sich an, an den Anfang der Darstellung das haftungsrechtliche Grundmodell zu setzen, welches dieser Rechtsform nach der Gesetzeskonzeption allgemein zugrunde liegt.

---

[1] Die Eigenschaft der Partnerschaft als einer Berufsausübungsgesellschaft im Sinne der vorbezeichneten Terminologie ist vollkommen unstreitig; vgl. nur *K. Schmidt* in NJW 1995, 1 (2); *Coester-Waltjen* in Jura 1995, 666; *Seibert* in DB 1994, 2381 (2382); *ders.* in MünchHdbuchGesR I, Rn. 15 zu § 30; *Leutheusser-Schnarrenberger* in BRAK-Mitt. 1995, 90 (91); *Kupfer* in KÖSDI 1995, 10130 (10131); *Ulmer/Habersack* in FS für Brandner (1996), 151 (152), wonach die Mandatsverträge, Behandlungsverträge etc. nach der Berufsausübungsseite hin unmittelbar mit der Partnerschaft, d. h. also mit dem rechtsfähigen gesellschaftsrechtlichen Zusammenschluß selbst, abgeschlossen werden.

[2] So *Deneke* in der freie beruf 7-8/1994, S. 7.

[3] So richtig *Henssler* in FS für Vieregge (1995), 361.

1. Die grundsätzliche Haftungslage in einer Partnerschaft

Die zivilvertragliche Abwicklung freiberuflicher Leistungen über eine Partnerschaft begründet im Außenverhältnis gegenüber dem jeweiligen Auftraggeber – neben der Haftung des rechtsfähigen Gesamthandsvermögens – zunächst eine inhaltlich synchrone („akzessorische") persönliche Erfüllungsverpflichtung aller Gesellschafter als Gesamtschuldner auf tatsächliche Ausführung der partnerschaftlich versprochenen Dienste (vgl. § 8 I 1 PartGG). Lediglich für fachübergreifend zusammengesetzte ärztliche oder sonstige interprofessionelle Partnerschaften ist zwecks Vermeidung von rechtlichen Wertungswidersprüchen eine zurückhaltende Norminterpretation geboten, die – entsprechend dem allgemeinen Rechtsgedanken der §§ 59a I 1 BRAO; 52a I 1 PatAnwO; 56 I 2 StBerG – eine gesamtschuldnerische Erfüllungsverpflichtung sämtlicher Gesellschafter gegenüber dem ratsuchenden Publikum jeweils nur „im Rahmen der eigenen beruflichen Befugnisse" zur Entstehung bringt.[4]

Neu eintretende Partner haften wegen der in § 8 I 2 PartGG ausgesprochenen Verweisung auf § 130 HGB zwingend auch für solche Gesamthandsverbindlichkeiten mit ihrem Privatvermögen, die zeitlich vor ihrem Eintritt in die betreffende Partnerschaft begründet worden sind.[5] Die Rechtslage entspricht in diesem Punkt also vollständig derjenigen in einer „Freiberufler-OHG/KG". Aber auch im Vergleich zur Haftungssituation in einer Freiberufler-Sozietät lassen sich aus der entsprechenden Anwendbarkeit des § 130 HGB kaum sachlich relevante Unterschiede zwischen den verschiedenen Personengesellschaftstypen herleiten, weil die neuere Judikatur[6] – wenn auch nur auf dispositiver Grundlage – bei einer personellen Erweiterung des Gesellschafterkreises für die Sozietät nach der Interessenlage ebenso eine regelmäßige und gleichsam „automatische" Mitbeauftragung des neu eintretenden Sozius für solche Mandatsverpflichtungen bejaht, die noch in der Zeit vor seiner Aufnahme in die besagte Gesellschaft bürgerlichen Rechts zur Entstehung gelangt sind.[7]

---

[4] Die Motive, die oben auf Seite 180 f. schon in Ansehung der interprofessionellen Sozietät für eine derartige Auslegung sprachen, lassen sich sinngemäß ohne Schwierigkeiten auch für eine fachübergreifend zusammengesetzte Partnerschaft anführen; vgl. so nur *Schirmer* in MedR 1995, 341 (349) im Zusammenhang mit interdisziplinär gebildeten Ärztepartnerschaften; siehe allgemein auch *Bösert/Braun/Jochem*, S. 158; *Michalski/Römermann*, Rn. 11 zu § 8 PartGG; *Ulmer/Habersack* in FS für Brandner (1996), 151 (154). Eine auf diese Weise einschränkend praktizierte Bestimmung der Primärleistungsschuldner innerhalb einer interprofessionell zusammengesetzten Partnerschaft impliziert für sich betrachtet freilich noch kein zwingendes rechtliches Präjudiz für die Bewertung der partnerschaftlichen Haftungslage in puncto Sekundärverbindlichkeiten; siehe dazu sogleich unten im Text, S. 385 mit Fußnote 8.

[5] Vgl. zur abweichenden Rechtslage, soweit die persönliche Ersatzhaftung wegen Schäden aus fehlerhafter Berufsausübung zuvor nach § 8 II PartGG auf einen handelnden Alt-Gesellschafter beschränkt worden ist, allerdings unten Seite 389 mit Fn. 21.

[6] Vgl. für eine Anwaltssozietät etwa BGH in NJW 1994, 257 (258); siehe dazu auch bereits oben, S. 179.

[7] Ebenso bei einem Rechtsformvergleich zwischen Sozietät und Partnerschaft wohl auch die Einschätzung von *Henssler* in DB 1995, 1549 (1554); *ders.* in FS für Vieregge (1995), 361 (367); *Gail/Overlack*, S. 113; Münch-HdbuchGesR I/*Seibert*, Rn. 4 zu § 37; a. A. im Sinne eines spürbaren Haftungsnachteils der Partnerschaft allerdings *Stuber* in WiB 1994, 705 (708); *K. Schmidt* in NJW 1995, 1 (5 f.); *Michalski/Römermann*, Rn. 15 zu § 8 PartGG; *Bayer/Imberger* in DZWiR 1995, 177

In Anbetracht der normativ angeordneten persönlichen und gesamtschuldnerischen Haftung aller Gesellschafter auf das Erfüllungsinteresse gleicht die vertragliche Einstandspflicht der Berufstätigen im Fall einer gemeinsamen partnerschaftlichen Berufsausübung somit im Ergebnis ohne weiteres der entsprechenden Haftungslage in einer Freiberufler-Sozietät oder derjenigen in einer „Freiberufler-OHG/KG".

Daneben spricht die Regelung des § 8 I 1 PartGG im Grundsatz gleichlautend auch für Sekundärverbindlichkeiten der Partnerschaft, einerlei aus welchem Rechtsgrund sie herrühren, eine akzessorische, persönliche und solidarische Einstandspflicht sämtlicher Partner in prinzipiell unbegrenzter Höhe aus. Selbst für solche Ersatzansprüche, die lediglich aus einer fehlerhaften Berufsausübung einzelner, mit der konkreten Mandatsbearbeitung betrauter Gesellschafter resultieren, verbleibt es somit im Ausgangspunkt bei einer unterschiedslosen persönlichen Einstandspflicht aller assoziierten Berufsvertreter als Gesamtschuldner.[8]

Der Umstand, daß die Haftungszuweisungsnorm des § 31 BGB auf die Partnerschaft analog anzuwenden ist,[9] läßt bei deliktischem Fehlverhalten eines Gesellschafters infolgedessen eine Verpflichtung für das rechtsfähige Partnerschaftsvermögen entstehen, für die sodann akzessorisch auch alle übrigen Partner mit ihrem jeweiligen Privatvermögen einstehen müssen. Auch hier ergibt sich also eine komplette Deckungsgleichheit mit der haftungsrechtlichen Situation in einer Personenhandelsgesellschaft.

Im Verhältnis zur Freiberufler-Sozietät erwächst aus der Geltung des § 31 BGB für die Partnerschaft ansonsten lediglich im Punkte der Schmerzensgeldhaftung nach § 847 BGB eine fühlbare materielle Divergenz in der beiderseitigen qualitativen Haftungsreichweite. Die Partnerschaft begründet hier – im Gegensatz zur Gesellschaft bürgerlichen Rechts – zusätzlich die Möglichkeit eines gesamtschuldnerischen Einstehenmüssens auch für solche Schmerzensgeldansprüche, die aus dem beruflichen Fehlverhalten nur eines der Partner herrühren.[10] Diese partielle haftungsrechtliche Verschärfung dürfte indes in erster Linie nur auf dem Sektor der freien Heil(hilfs-)berufe praktisch relevant werden, weil sich ein

---

(180); *Knoll/Schüppen* in DStR 1995, 646 (647); *Mahnke* in WM 1996, 1029 (1034); *Ulmer/Habersack* in FS für Brandner (1996), 151 (163); *Wellensiek* in FS für Brandner (1996), 727 (740 f. u. 744); *Mazza* in BB 1997, 746 (750), freilich alle jeweils unter Vernachlässigung der vorbezeichneten jüngeren Rechtsprechungslinie zur Freiberufler-Sozietät.

8 Die solcherart auch für berufliche Fehlleistungen als Grundmaxime angeordnete gesamtschuldnerische Ersatzpflicht aller Partner in persona greift gemäß § 8 I 1 PartGG also ohne weiteres auch dann ein, wenn die zur gemeinsamen Berufsausübung verbundenen Freiberufler unterschiedlichen Fachberufen angehören; vgl. statt aller nur *Schirmer* in MedR 1995, 383 (386); *Henssler*, Rn. 16 zu § 8 PartGG.

9 Die entsprechende Geltung des § 31 BGB resultiert aus der rechtlichen Klassifikation der Partnerschaft als einer rechtsfähigen Gesamthand und ist in Anbetracht ihrer Eigenschaft als „Schwesterfigur" zur OHG allgemein anerkannt; vgl. dazu nur den Gesetzentwurf der Bundesregierung zur Schaffung des PartGG; BT-Drucksache 12/6152, S. 18; *Stuber* in WiB 1994, 705 (709); *Henssler* in DB 1995, 1549 (1554); *ders.* in FS für Vieregge (1995), 361 (362); *Wellensiek* in FS für Brandner (1996), 727 (744); *Mahnke* in WM 1996, 1029 (1035); *Gail/Overlack*, S. 112; *Feddersen/Meyer-Landrut*, Rn. 2 zu § 7 PartGG.

10 *Henssler* in DB 1995, 1549 (1554); *ders.* in FS für Vieregge (1995), 361 (363); *ders.*, Rn. 7 zu § 8 PartGG; *ders.* in ZIP 1997, 1481 (1489).

schuldhafter Berufsausübungsfehler erfahrungsgemäß nur dort gleichzeitig auch in der Verletzung absolut geschützter Rechtsgüter (namentlich Körper und Gesundheit) äußert.[11]

Damit gilt zunächst einmal auch hinsichtlich jener neuartigen Rechtsform, daß für Gesellschaftsschulden auf der Primär- wie auf der Sekundärebene unterschiedslos sowohl die gesamthänderisch gebundene Vermögensmasse als auch unmittelbar alle Gesellschafter mit ihrem Privatvermögen persönlich und unbeschränkt haften. Ein einschneidender Unterschied zu den vorbehandelten Personengesellschaftstypen der Sozietät oder der „Freiberufler-OHG" ist im Punkte der grundsätzlich waltenden Haftungslage für die Partnerschaft demnach auf erste Sicht nicht auszumachen.[12]

2. Die Verwendung personaler Haftungskonzentrationsklauseln in einer Partnerschaft

Allerdings können die assoziierten Freiberufler im folgenden nach § 8 II PartGG eine rechtsgeschäftliche Reduktion ihrer persönlichen Sekundärhaftung für Ansprüche aus Schäden wegen fehlerhafter Berufsausübung erreichen, wenn sie ihre individuelle Einstandspflicht durch eine Vereinbarung mit dem Auftraggeber insoweit vorab auf den bzw. die Partner konzentrieren, die die berufliche Leistung im weiteren Verlauf konkret zu erbringen oder verantwortlich zu leiten und zu überwachen haben.[13] Wegen der weiterhin (kumulativ oder alternativ) bestehenden Befugnis, durch eine vertragliche Übereinkunft mit dem ratsuchenden Publikum die Ersatzhaftung der Partnerschaft und ihrer Gesell-

---

[11] So zutreffend *Henssler* in DB 1995, 1549 (1554), *ders.* in FS für Vieregge (1995), 361 (363); *ders.*, Rn. 8 zu § 8 PartGG; *Schirmer* in MedR 1995, 341 (345); weitergehend offenbar *Stuber* in WiB 1994, 705 (709); *Michalski/Römermann*, Rn. 20 zu § 8 PartGG; *Gail/Overlack*, S. 112 f., die in der analogen Anwendbarkeit des § 31 BGB auf die Partnerschaft jeweils allgemein eine „ganz erhebliche Haftungsverschärfung gegenüber der Rechtslage bei der BGB-Gesellschaft" sehen.

[12] Ebenso *Wellensiek* in FS für Brandner (1996), 727 (740).

[13] Die rechtstatsächlichen Hintergründe, die den Gesetzgeber zur Rezeption einer vertraglichen Haftungskonzentrationsregelung in das PartGG veranlaßten, entsprechen hierbei im wesentlichen denen, die schon für die ergänzende Aufnahme paralleler Vorschriften zur Freiberufler-Sozietät bei den berufsrechtlich gebundenen rechts- und wirtschaftsberatenden Professionen ausschlaggebend waren; vgl. dazu bereits ausführlich oben S. 184 ff. Der Regierungsentwurf zum PartGG führte zu diesem Punkt lediglich ergänzend aus: „... Eine persönliche Haftung einer Vielzahl von Partnern ist auch im Vergleich zur Haftungssituation des Auftraggebers gegenüber einem in Einzelpraxis tätigen Angehörigen eines Freien Berufs nicht erforderlich. Dies gilt natürlich auch in interprofessionellen Partnerschaften. Es erscheint deshalb sachlich nicht gerechtfertigt, daß in jedem Fall jeder Partner mit seinem Privatvermögen für Ansprüche aus fehlerhafter Berufsausübung eines anderen Partners haftet."; vgl. BT-Drucksache 12/6152, S. 17.

Die akzessorische und gesamtschuldnerische Haftung aller Partner für sonstige Verbindlichkeiten der Partnerschaft (z. B. für Schulden aus der Anmietung der Büroräume, aus der Anstellung von Büropersonal etc.) bleibt von der Haftungskonzentrationsregelung des § 8 II PartGG ohnehin unberührt. Das Haftungsrisiko für derartige Verbindlichkeiten, die ausschließlich der Sphäre der Büroorganisation zuzurechnen sind, stellt sich seinem Umfang nach jedoch im allgemeinen als hinreichend kalkulierbar dar, so daß – auch aus Sicht der assoziierten Freiberufler – auf diesem Sektor ein ähnlich dringendes und praktisch relevantes Bedürfnis auf Limitierung der persönlichen Einstandspflicht schon vorab nicht zu verzeichnen ist.

schafter für berufliche Fehlleistungen auf bestimmte Haftungshöchstsummen zu limitieren, verweist § 8 III PartGG daneben auf die entsprechenden Vorschriften in den einzelnen Berufsrechten, die bis zur Gegenwart allerdings nur auf dem Sektor der berufsrechtlich gebundenen rechts- und wirtschaftsberatenden Freien Berufe existieren.[14]

Die Gesetzessystematik des § 8 PartGG läßt augenscheinlich einen abschließenden Regelungscharakter im Punkte derjenigen vertraglichen Haftungsbeschränkungsmöglichkeiten erkennen, die den zusammengeschlossenen Berufsvertretern vom Normgeber wegen schuldhaft verursachter Berufsfehler eingeräumt worden sind. Die mit dem Akzessorietätsmodell legislativ statuierte, prinzipiell umfassende persönliche Einstandspflicht sämtlicher Gesellschafter für Schulden der Partnerschaft soll auf der Ebene der Berufsausübung nach dem Willen des Gesetzgebers ersichtlich allein unter den Voraussetzungen des § 8 II, III PartGG rechtsgeschäftlich korrigiert werden können.

Der Gesetzgeber will durch eine ausdrückliche Festlegung der zwingend einzuhaltenden normativen Mindeststandards also, geradeso wie für die Sozietät, spürbar auch für die Partnerschaft zunächst einmal umfassend wenigstens die persönliche Einstandspflicht des vorgesehenen, in der Folge gleichermaßen real mit der konkreten Mandatsbearbeitung befaßten Gesellschafters gegenüber dem Auftraggeber erhalten.[15] Dem vereinbarungsgemäß tatsächlich tätig werdenden Partner soll im Verhältnis zum ratsuchenden Publikum wegen schuldhaft verursachter Berufsfehler ausnahmslos nur eine Begrenzung seiner persönlichen Ersatzhaftung auf bestimmte, berufsrechtlich festgelegte Haftungshöchstsummen erlaubt sein, die flankierend durch einen damit korrespondierenden Berufshaftpflichtversicherungsschutz abgedeckt werden.

Diese Rechtslage schließt für die assoziierten Freiberufler von vornherein jede Möglichkeit aus, mittels vorheriger interner Absprachen die Berufshaftung innerhalb einer Partnerschaft gegenüber dem ratsuchenden Publikum „einseitig" ausschließlich auf das rechtsfähige Gesamthandsvermögen zu begrenzen. Dem Betrieb einer freiberuflichen Partnerschaft, die nach der Intention ihrer Gründer – vergleichbar dem Modell einer „BGB-

---

[14] Vgl. dazu die §§ 51a I BRAO, 45a I PatAnwO; 67a I StBerG; 54a I WPO, die bereits im Kontext mit der Sozietät ausführlich behandelt worden sind.

[15] So auch *Bösert* in DStR 1993, 1332 (1336); *Seibert*, S. 57; *ders.* in MünchHdbuchGesR I, Rn. 10 zu § 37; *Kempter* in BRAK-Mitt. 1994, 122 (124); *Stuber* in WiB 1994, 705 (709); *K. Schmidt* in NJW 1995, 1 (6); *van der Horst* in DStR 1995, 2027 (2030); *Sotiropoulos* in ZIP 1995, 1879 (1880); *Römermann*, S. 129 u. S. 136; *Ulmer/Habersack* in FS für Brandner (1996), 151 (162); *Mazza* in BB 1997, 746 (748).

Der Umstand, daß § 8 II PartGG „auch" eine Bündelung der persönlichen Ersatzhaftung mittels vorformulierter Vertragsbedingungen erlaubt, hat hiernach nicht zur Folge, daß individualvertragliche Vereinbarungen in diesem Punkt inhaltlich weiter reichen könnten und den Berufstätigen – unter Ausschluß jeglicher persönlicher Ersatzhaftung – über Individualabreden auch eine Beschränkung der Ersatzhaftung allein auf das rechtsfähige Partnerschaftsvermögen gestattet wäre; so aber *Knoll/Schüppen* in DStR 1995, 646 (647); wohl auch *Feddersen/Meyer-Landrut*, Rn. 7 zu § 8 PartGG; *Gail/Overlack*, S. 117. Die Befugnis, die personale Haftungskonzentration „auch" formularvertraglich vereinbaren zu können, stellt sich lediglich als eine den freiberuflich Tätigen vom Gesetzgeber zusätzlich eingeräumte legislative Wohltat dar und darf nicht zu dem Umkehrschluß verleiten, durch Einzelabreden ließe sich diesbezüglich der Sache nach auch ein völliger Ausschluß der persönlichen Haftung des handelnden Partners herbeiführen; ebenso *Stuber* in WiB 1994, 705 (709); *Carl* in NWB 1995, Fach 18, 2247 (2254); vgl. zur entsprechenden Rechtslage bei der Freiberufler-Sozietät schon oben, S. 220 in Fn. 232.

Gesellschaft mit beschränkter Gesellschafterhaftung" – eine rein auf das Gesamthandsvermögen beschränkte Haftung aufweisen soll, ist in Anbetracht der eindeutigen und zwingend abschließenden Gesetzesregelung damit vorab das notwendige rechtliche Fundament entzogen.[16]

Ebenso wenig sind die Partner auch dazu berechtigt, die persönliche Ersatzhaftung durch eine bloß interne Vereinbarung unter den Gesellschaftern „einseitig" auf einzelne, nach der inneren Geschäftsverteilung für die tatsächliche Auftragsbearbeitung vorgesehene Berufsvertreter zu bündeln, über die der Auftraggeber in der Folge sodann lediglich noch zu unterrichten wäre.[17] Eine rechtswirksame Haftungskonzentration kann statt dessen ersichtlich nur auf vertraglicher Grundlage durch eine im Außenverhältnis Platz greifende, ausdrückliche Vereinbarung mit dem ratsuchenden Publikum erreicht werden.

Die vertragliche Bündelung der persönlichen Ersatzhaftung auf einen mit der konkreten Auftragsbearbeitung befaßten „echten" Partner[18] hat daneben ersichtlich keinerlei Einfluß auf die gegenüber einem geschädigten Auftraggeber nach wie vor fortbestehende Haftung des partnerschaftlichen Gesamthandsvermögens.[19] Auch im Fall einer rechtswirksam ver-

---

[16] Ebenso *Stuber* in WiB 1994, 705 (709); *Henssler* in FS für Vieregge (1995), 361 (365 f.); *Arnold* in BB 1996, 597 (604), wonach die zwingend durch Gesetz angeordnete akzessorische Haftung aller Gesellschafter bei der Partnerschaft eine „einseitige" Haftungsbegrenzung nach dem Muster einer „Sozietät mit beschränkter Gesellschafterhaftung" von vornherein nicht zulasse; in dieser Richtung wohl auch *Sotiropoulos* in ZIP 1995, 1879 (1882 u. 1884) und *Feddersen/Meyer-Landrut*, Rn. 5 zu § 8 PartGG, nach deren Ansicht eine bloß intern unter den Partnern getroffene Haftungsvereinbarung – der Bestimmung des § 128 Satz 2 HGB vergleichbar – nach außen hin keine Wirkung haben kann.

Eine andere rechtsdogmatische Konstruktion zur argumentativen Rechtfertigung desselben Ergebnisses wählen demgegenüber *Schirmer* in MedR 1995, 341 (351) sowie *Michalski/Römermann*, Rn. 8 zu § 8 PartGG. Nach deren Ansicht soll die Verweisung des § 7 III PartGG auf § 126 II HGB, aus der eine Unbeschränkbarkeit der den Partnern eingeräumten Vertretungsmacht im Verhältnis zu Dritten folgt, der Ausgestaltung einer Partnerschaft zu einer „einseitig" auf das Partnerschaftsvermögen beschränkten Gesellschaft entgegenstehen. Die Richtigkeit dieses Ansatzes einmal unterstellt, wäre sodann allerdings zu fragen, weshalb der Normgeber bei der gewerblichen „Schwesterfigur" der OHG gleichwohl ausdrücklich die Regelung des § 128 Satz 2 HGB mit in das Gesetz aufgenommen hat, um deutlich zu machen, daß interne Vereinbarungen unter den OHG-Gesellschaftern ohne Einfluß auf deren fortbestehende Haftung im Außenverhältnis sind.

[17] So aber *Mittelsteiner* in DStR 1994, Beihefter zu Heft 37, S. 38, und *Kupfer* in KÖSDI 1995, 10130 (10135), die dies jeweils zu Unrecht aus dem Wortlaut des § 8 II PartGG („innerhalb der Partnerschaft") ableiten wollen.

[18] Eine mittels Individualabrede oder vorformulierter Vertragsbedingungen vereinbarte Konzentration der persönlichen Ersatzhaftung läßt sich, ebenso wie bei der Freiberufler-Sozietät, auch innerhalb einer Partnerschaft rechtswirksam allein auf einen „wirklichen" Partner, nicht aber auf einen im Innenverhältnis lediglich angestellten Mitarbeiter vornehmen; so zutreffend *Seibert*, S. 60; Meilicke/v.Westphalen/Hoffmann/Lenz-*v.Westphalen*, Rn. 63 zu § 8 PartGG unter zusätzlichem Hinweis auf die Nichtigkeit einer anderslautenden Abrede. Zu den diesbezüglichen Gründen, die für die Partnerschaft inhaltlich sinngemäß gelten, vgl. bereits die entsprechenden Darlegungen zur Freiberufler-Sozietät oben auf Seite 218.

[19] Allg. Meinung; vgl. neben den Gesetzesmaterialien BT-Drucksache 12/6152, S. 17, nur *K. Schmidt* in ZIP 1993, 633 (648); *Coester-Waltjen* in Jura 1995, 666 (667); *Bayer/Imberger* in DZWiR 1995, 177 (180 in Fn. 70); *v.Westphalen* in ZIP 1995, 546 (548); *Feddersen/Meyer-Landrut*, Rn. 6 zu § 8 PartGG; *Michalski/Römermann*, Rn. 20 u. Rn. 72 zu § 8 PartGG; *Henssler* in FS für Vieregge

einbarten Haftungskonzentration kann das ratsuchende Publikum wegen beruflicher Fehlleistungen, die der handelnde Partner im Rahmen der Auftragsabwicklung verschuldet hat, weiterhin uneingeschränkt auf das rechtsfähige Partnerschaftsvermögen als zusätzliches Haftungsobjekt Zugriff nehmen.[20] Allerdings führt die fortdauernde Haftung der Gesamthand nicht dazu, daß über § 8 I 2 PartGG i. V. m. § 130 HGB auch ein späterhin neu in die Partnerschaft eintretender Teilhaber für solche Schäden aus fehlerhafter Berufsausübung haften würde, wegen der zuvor bereits eine rechtswirksame Bündelung der persönlichen Ersatzhaftung auf einen Alt-Gesellschafter erfolgt ist.[21]

Im übrigen sind die Berufstätigen kraft ausdrücklicher gesetzlicher Anordnung ohne weiteres dazu autorisiert, die Bündelung der persönlichen Ersatzhaftung „auch" unter Verwendung vorformulierter Vertragsbedingungen herbeizuführen. Wegen der Haftung für Berufsausübungsfehler kann die strukturell der OHG angenäherte Rechtsform der Partnerschaft auf diese Weise also – bildlich gesprochen – durch eine (formular-)vertragliche Vereinbarung mit der Auftraggeberseite in eine KG umgestaltet werden, bei welcher der betreuende Freiberufler als Komplementär und das rechtsfähige Partnerschaftsvermögen als Kommanditist fungiert.[22]

Eine zusätzliche AGB-rechtliche Inhaltskontrolle nach den §§ 9-11 AGBG findet für solche Haftungskonzentrationsklauseln, die den durch § 8 II PartGG konstituierten recht-

---

(1995), 361 (365 u. 376); *Hornung* in Rpfl. 1996, 1 (4); *Wellensiek* in FS für Brandner (1996), 727 (741); *Mazza* in BB 1997, 746; *Ring*, Rn. 1 zu § 8 PartGG.

[20] Ebenso wie bei einer „Freiberufler-OHG/KG" verschafft die fortbestehende Sekundärhaftung des Partnerschaftsvermögens den Gesellschaftsgläubigern freilich auch in dieser Konstellation keine mittelbare Zugriffsmöglichkeit auf das Privatvermögen derjenigen Partner, die aufgrund der (formular-)vertraglich ausbedungenen Haftungskonzentration von einer persönlichen Einstandspflicht im Außenverhältnis befreit sind. Denn im (Sonder-)Konkurs der Partnerschaft gehört nur das gesellschaftsgebundene Sondervermögen der Partner zur Konkursmasse, und eine Pflicht zur Auffüllung einer bereits geleisteten Einlage besteht für die Gesellschafter gemäß § 1 IV PartGG i. V. m. § 707 BGB nicht. Im Rahmen einer (nachrangigen) Liquidation der Partnerschaft bleibt demgegenüber zwar auch Raum für die Anwendung des § 735 BGB (vgl. dazu nur MünchHdbuchGesR I/*Salger*, Rn. 15 zu § 38), doch ist die dort dispositiv angeordnete unbeschränkte Nachschußpflicht für Gesamthandsschulden nur von Bedeutung für die Rechtsbeziehungen der Gesellschafter untereinander, so daß ein Partnerschaftsgläubiger den Anspruch der Gesellschaft aus § 735 BGB unter keinem Gesichtspunkt pfänden und sich zur Einziehung überweisen lassen kann; siehe zu letzterem bereits die sinngleichen Darlegungen zur Freiberufler-Sozietät, oben Seite 215 f.

[21] Soweit in § 130 I HGB eine Haftung *gleich den anderen Gesellschaftern* angeordnet wird, ist für den neu eintretenden Partner selbstredend eine teleologische Zuordnung zu der Kategorie der übrigen, durch die vormals vereinbarte Haftungskonzentrationsabrede aus der Ersatzhaftung entlassenen Alt-Gesellschafter geboten. Denn der Sinn einer personalen Haftungsbündelung besteht gerade darin, die an der konkreten Auftragsbearbeitung unbeteiligten Partner nicht an einem Ersatzhaftungsrisiko teilnehmen zu lassen, das sie selbst nicht kontrollieren und beeinflussen können. Diese Erwägungen müssen für einen späterhin neu eintretenden Teilhaber, der der Schadensquelle insoweit noch ferner steht als die vormaligen Alt-Gesellschafter, naturgemäß ebenso zum Tragen kommen; vgl. so zutreffend *Mazza* in BB 1997, 746 (749 f.); desgleichen auch *Ulmer/Habersack* in FS für Brandner (1996), 151 (164 f.); *Feddersen/Meyer-Landrut*, Rn. 2 zu § 8 PartGG; a. A. offenbar *Ring*, Rn. 11 zu § 8 PartGG; Meilicke/v.Westphalen/Hoffmann/Lenz-*v.Westphalen*, Rn. 39 zu § 8 PartGG.

[22] So zutreffend *Wellensiek* in FS für Brandner (1996), 727 (741).

lichen Vorgaben entsprechen, nicht mehr statt (§ 8 AGBG).[23] Ebenso wie schon bei den gleichgerichteten berufsrechtlichen Regelungen, die der Bundesgesetzgeber im Bereich der rechts- und wirtschaftsberatenden freien Professionen zur Sozietät erlassen hat,[24] bringt das PartGG durch die explizite Aufnahme des Merkmals „unter Verwendung vorformulierter Vertragsbedingungen" in den eigentlichen Normtext auch für die Partnerschaft unmittelbar zum Ausdruck, daß Klauseln, die in Gemäßheit der gesetzlichen Regelung ergehen, lediglich einen schon in dieser Form legislativ eingeräumten Freiraum ausfüllen.[25] Auch die Gesetzgebungsmaterialien ergeben zweifelsfrei, daß der Normgeber mit der Regelung des § 8 II PartGG bereits selbst eine antizipierte Interessenabwägung vornehmen wollte, neben der nach seinem ausdrücklich verlautbarten Willen eine weitere Inhaltskontrolle gemäß den §§ 9-11 AGBG nicht mehr erfolgen kann.[26]

Gewisse Anwendungsschwierigkeiten bereitet nachfolgend indes die Bestimmung des/der verantwortlich handelnden Partner(s), auf welche(n) die persönliche Ersatzhaftung wegen Schäden aus fehlerhafter Berufsausübung in praxi zulässigerweise konzentriert werden kann. Im Rahmen des parlamentarischen Gesetzgebungsverfahrens hatte sich der Bundesrat noch dafür ausgesprochen, die Rechtswirksamkeit der (formular-)vertraglichen Haftungsbündelung stets an das Erfordernis einer namentlichen Bezeichnung der betreffenden Gesellschafter anzubinden und dies auch im Gesetzeswortlaut unmißverständlich zum Ausdruck zu bringen.[27] Demgegenüber beließ es der Rechtsausschuß bei der ursprünglichen, später auch so verabschiedeten Gesetzesfassung und hob hervor, daß neben einer namentlichen Nennung des/der verantwortlichen und persönlich haftenden Partner

---

[23] So richtig *Seibert* in AnwBl. 1993, 155 (156); *ders.*, S. 59; *ders.* in NWB 1994, Fach 18, 3365 (3368); *ders.* in DB 1994, 2381 (2382 u. 2384); *ders.* in PatAnwMitt. 1996, 107 (110); *Bösert* in DStR 1993, 1332 (1333); *ders.* in WPrax 12/94, 2 (3); *ders.* in ZAP 1994, Fach 15, 137 (147); *Kempter* in BRAK-Mitt. 1994, 122 (124); *Stuber* in WiB 1994, 705 (709); *Stucken* in WiB 1994, 744 (748); *Lenz* in MDR 1994, 741 (745); *Henssler* in FS für Vieregge (1995), 361 (374 u. 376); *Bayer/Imberger* in DZWiR 1995, 177 (180 in Fn. 69); *Schirmer* in MedR 1995, 341 (351); *Sotiropoulos* in ZIP 1995, 1879 (1883); *Coester-Waltjen* in Jura 1995, 666 (668); *Carl* in NWB 1995, Fach 18, 3421 (3428); *Feddersen/Meyer-Landrut*, Rn. 10 zu § 8 PartGG; *Hornung* in Rpfl. 1996, 1 (3); *Niebling* in AnwBl. 1996, 20 (21); *Arnold* in BB 1996, 597 (602); *Mahnke* in WM 1996, 1029 (1034); *Ring*, Rn. 25 ff. zu § 8 PartGG; *Jawansky* in DNotZ 1997, 938 (939); für die Partnerschaft zustimmend auch *Wellensiek* in FS für Brandner (1996), 727 (742); teilweise abweichend demgegenüber *Römermann*, S. 132 f.; *Michalski/Römermann*, Rn. 36 f. zu § 8 PartGG, die zwar eine Inhaltskontrolle nach § 11 Nr. 7 AGBG ablehnen, im übrigen aber – rechtsdogmatisch fragwürdig – weiterhin eine Anwendbarkeit der Generalklausel des § 9 AGBG bejahen wollen; ähnlich wohl auch *Ulmer/Habersack* in FS für Brandner (1996), 151 (153 in Fn. 10); MünchKommBGB-*Ulmer*, Rn. 2 zu § 8 PartGG.

[24] Vgl. zur parallelen Unanwendbarkeit der §§ 9-11 AGBG auf vorformulierte Klauseln, die auf dem Sektor der wirtschaftsnahen freien Professionen berufsrechtskonform eine Konzentration der persönlichen Ersatzhaftung für Berufsausübungsfehler auf einzelne Gesellschafter einer Sozietät herbeiführen wollen, bereits ausführlich oben Seite 223 f.

[25] Vgl. dazu *Bösert* in DStR 1993, 1332 (1333); *ders.* in ZAP 1994, Fach 15, 137 (147); *Seibert* in NWB 1994, Fach 18, 3365 (3368); *ders.* in MünchHdbuchGesR I, Rn. 22 zu § 37, *Kupfer* in KÖSDI 1995, 10130 (10135), die zutreffend anmerken, daß der Gesetzgeber durch die bewußt gewählte Gesetzesfassung die „Inhaltskontrolle pauschalierend vorweggenommen" habe.

[26] Vgl. die Ausführungen im Gesetzentwurf der Bundesregierung zur Schaffung des PartGG; BT-Drucksache 12/6152, S. 17; ebenso die Gegenäußerung der Bundesregierung, BT-Drucksache 12/6152, S. 30.

[27] Vgl. die Stellungnahme des Bundesrats in BT-Drucksache 12/6152, S. 27.

auch eine abstrakte Formulierung dergestalt gewählt werden könne, daß lediglich eine bestimmte Gruppe von Partnern ohne namentliche Bezeichnung umschrieben werde.[28]

Ein Vergleich mit den ähnlichen, im Bereich der berufsrechtlich gebundenen rechts- und wirtschaftsberatenden Professionen zur Freiberufler-Sozietät ergangenen Haftungskonzentrationsvorschriften ergibt, daß das Gesetz in der Tat nur dort eine namentliche Benennung des für die konkrete Auftragsbearbeitung vorgesehenen Gesellschafters verlangt.[29] Der bewußte Verzicht des Normgebers auf eine gleichlautende Gesetzesfassung des § 8 II PartGG läßt mithin lediglich den Schluß zu, daß eine wirksame Bündelung der persönlichen Ersatzhaftung innerhalb der Partnerschaft prinzipiell nicht von einer derartigen Voraussetzung abhängig sein soll.[30] Diese Feststellung rechtfertigt sich um so mehr, als der Gesetzgeber mit der Regelung des § 8 II PartGG ausweislich der Gesetzgebungsmaterialien gerade für überregionale, internationale und interprofessionelle Zusammenschlüsse die Möglichkeiten einer Haftungskonzentration wegen beruflicher Fehlleistungen verbessern wollte.[31] Vor allem bei Partnerschaften dieses größer dimensionierten Zuschnitts ist aber im Zeitpunkt des Vertragsschlusses häufig noch nicht abzusehen, ob der das Mandat annehmende bzw. ex ante für die Ausführung vorgesehene Gesellschafter späterhin auch tatsächlich mit dem konkreten Auftragsbearbeiter übereinstimmen wird.[32]

Eine gleichlautende Rechtsbewertung greift auch im Punkte einer vom Auftraggeber gesondert unterschreibungspflichtigen Zustimmungserklärung als Wirksamkeitserfordernis der (formular-)vertraglichen Haftungskonzentration ein. Dem Verlangen des Bundesrats, die personale Haftungsbündelung ebenso wie in den §§ 51a II 3 BRAO, 45a II 3 PatAnwO, 67a II 2 StBerG auch bei der Partnerschaft allgemein an die Einhaltung eines entsprechenden Formenzwangs zu koppeln,[33] ist der Gesetzgeber im weiteren Verlauf des Normsetzungsverfahrens ebenfalls bewußt nicht gefolgt.[34] Für die Forderung auf Einhaltung zusätzlicher Förmlichkeiten bei Verabredung einer Haftungskonzentration nach § 8 II PartGG bietet das Gesetz somit keine argumentativen Anhaltspunkte.[35]

---

[28] Vgl. die Beschlußempfehlung und den Bericht des Rechtsausschusses (6. Ausschuß), BT-Drucksache 12/7642, S. 12.

[29] Vgl. dazu die §§ 51a II 2 BRAO; 45a II 2 PatAnwO; 54a II WPO; 67a II 1 StBerG.

[30] Ebenso *Stuber* in WiB 1994, 705 (709); *Knoll/Schüppen* in DStR 1995, 646 (647); *Henssler* in FS für Vieregge (1995), 361 (371 f.); *ders.*, Rn. 40 zu § 8 PartGG; *Ulmer/Habersack* in FS für Brandner (1996), 151 (158); *Seibert* in PatAnwMitt. 1996, 107 (110); *Vorbrugg/Salzmann* in AnwBl. 1996, 129 (133); *Bösert/Braun/Jochem*, S. 166; *Jawansky* in DNotZ 1997, 938 (940); a. A. – stets namentliche Bezeichnung erforderlich – hingegen *Feddersen/Meyer-Landrut*, Rn. 8 zu § 8 PartGG; *v.Westphalen* in ZIP 1995, 546 (548); *ders.* in Meilicke/v.Westphalen/Hoffmann/Lenz, Rn. 63 u. Rn. 68 zu § 8 PartGG; *Kaiser/Bellstedt*, Rn. 219; *Mahnke* in WM 1996, 1029 (1034); *Maaßen*, S. 29 in Rn. 115; wohl auch *K. Schmidt* in NJW 1995, 1 (6); dem folgend bei Beschränkung der Ersatzhaftung auf einen einzelnen Partner *Sommer* in GmbHR 1995, 249 (251); *Ring*, Rn. 12 u. Rn. 24 zu § 8 PartGG.

[31] Vgl. dazu die Begründung im Regierungsentwurf, BT-Drucksache 12/6152, S. 17.

[32] So richtig *Ulmer/Habersack* in FS für Brandner (1996), 151 (158); *Mahnke* in WM 1996, 1029 (1034); ebenso für eine Rechtsanwalts-Partnerschaft zuvor auch schon *Michalski* in ZIP 1993, 1210 (1213).

[33] Siehe hierzu die Stellungnahme des Bundesrats in BT-Drucksache 12/6152, S. 27.

[34] Vgl. die Gegenäußerung der Bundesregierung in BT-Drucksache 12/6152, S. 30 f.

[35] So zutreffend *Wellensiek* in FS für Brandner (1996), 727 (742); *Bösert/Braun/Jochem*, S. 167; *Knoll/Schüppen* in DStR 1995, 646 (649); *Vorbrugg/Salzmann* in AnwBl. 1996, 129 (133); Münch-HdbuchGesR I/*Seibert*, Rn. 19 zu § 37.

In Anbetracht der vergleichsweise weniger strengen Anforderungen, die das PartGG hiernach an die Bestimmung der die berufliche Leistung erbringenden bzw. verantwortlich leitenden und überwachenden Partner stellt, kann die Ersatzhaftung für schuldhaft verursachte Berufsfehler innerhalb einer überörtlichen oder interprofessionellen Partnerschaft infolgedessen also ohne Schwierigkeiten auch auf die – namentlich nicht näher bezeichneten – Gesellschafter einzelner Kanzleiorte und/oder auf die Angehörigen einzelner Berufsgruppen, in deren berufliches Tätigkeitsfeld die versprochene Leistung fällt, beschränkt werden.[36] Die Bestimmung der so ausgewählten Partner erfolgt auch bei einer derartigen Umschreibung weiterhin anhand objektiv nachprüfbarer Kriterien, die das ratsuchende Publikum nicht darüber im unklaren lassen, an wen es sich in einem anschließenden Haftpflichtfall wegen seiner Ersatzansprüche halten kann.[37] Freilich muß sich die spätere tatsächliche Auftragsbearbeitung hier auch an der zuvor gewählten Vertragsgestaltung orientieren, so daß die vereinbarte Haftungskonzentration nur dann Rechtsfolgen zeigt, wenn der spätere Leistungserbringer wirklich der bezeichneten Niederlassung und/oder der benannten Berufsgruppe zuzurechnen ist.[38]

Verbleibt es demgegenüber, etwa weil der Klient auf eine tatsächliche Mandatsbearbeitung durch bestimmte Partner Wert legt, im Vorfeld anläßlich des Vertragsschlusses bei einer namentlichen Bezeichnung des verantwortlich leitenden Partners, so muß, falls es im weiteren Verlauf dennoch zu einem Bearbeiterwechsel kommt, statt dessen jeweils eine einverständliche Änderung/Erweiterung der Haftungskonzentrationsabrede erfolgen, damit deren Rechtswirksamkeit im Verhältnis zum ratsuchenden Publikum gewahrt werden kann.[39] Allzu unbillige Ergebnisse, die in diesem Zusammenhang aus einer gänzlichen

Obwohl die Bündelung der persönlichen Ersatzhaftung auf den verantwortlich handelnden Partner mithin im Grundsatz sogar formfrei mit dem Auftraggeber vereinbart werden kann, scheint in praxi – schon aus Beweisgründen – freilich gemeinhin auch für eine individualvertragliche Abrede deren schriftliche Niederlegung unabweisbar geboten; vgl. in diesem Sinne auch schon die Regierungsbegründung, BT-Drucksache 12/6152, S. 17; dem folgend *Ring*, Rn. 21 zu § 8 PartGG; *Feddersen/Meyer-Landrut*, Rn. 9 zu § 8 PartGG.

[36] So auch ausdrücklich der Regierungsentwurf zur Schaffung des PartGG, BT-Drucksache 12/6152, S. 17; ebenso *Burret* in WPK-Mitt. 1994, 201 (205); *Sommer* in GmbHR 1995, 249 (251); *Henssler* in DB 1995, 1549 (1554); *ders.* in FS für Vieregge (1995), 361 (372); *ders.*, Rn. 44 zu § 8 PartGG; *Sotiropoulos* in ZIP 1995, 1879 (1881); *Hornung* in Rpfl. 1996, 1 (3); *Ulmer/Habersack* in FS für Brandner (1996), 151 (158); *Seibert* in PatAnwMitt. 1996, 107 (110); *Bösert/Braun/Jochem*, S. 163; *Michalski/Römermann*, Rn. 28 zu § 8 PartGG; *Römermann*, S. 136; insoweit zustimmend auch *Ring*, Rn. 15 u. Rn. 23 zu § 8 PartGG; *v.Westphalen* in ZIP 1995, 546 (548); wohl auch *Feddersen/Meyer-Landrut*, Rn. 8 zu § 8 PartGG.

[37] *Henssler* in DB 1995, 1549 (1554); *Ulmer/Habersack* in FS für Brandner (1996), 151 (158).

[38] So richtig *Henssler* in FS für Vieregge (1995), 361 (372 f.).

[39] So zutreffend *v.Westphalen* in ZIP 1995, 546 (548); *ders.* in Meilicke/v.Westphalen/Hoffmann/Lenz, Rn. 61 u. Rn. 64 zu § 8 PartGG; *Henssler* in FS für Vieregge (1995), 361 (373 u. 375); *ders.*, Rn. 49, 51, 53 zu § 8 PartGG; *Feddersen/Meyer-Landrut*, Rn. 8 zu § 8 PartGG; *Ring*, Rn. 32 zu § 8 PartGG; *Bösert/Braun/Jochem*, S. 167; *Michalski/Römermann*, Rn. 62 ff. zu § 8 PartGG; *Römermann*, S. 137; offen *Mahnke* in WM 1996, 1029 (1034); abweichend demgegenüber *Knoll/Schüppen* in DStR 1995, 646 (647) und *Sotiropoulos* in ZIP 1995, 1879 (1881), die bei einer fehlenden Identität von zunächst benanntem Partner und späterem tatsächlichen Mandatsbearbeiter eine kumulative Ersatzhaftung beider unter weiterem Fortbestand der Haftungskonzentrationsabrede im übrigen annehmen. Dieser Ansatz nähert sich in seinen praktischen Rechtsfolgen jedoch der Ausle-

Nichtigkeit der betreffenden Vereinbarung zu resultieren drohen, können in atypischen Ausnahmesituationen – etwa bei krankheitsbedingtem Ausfall oder Tod des namentlich benannten Partners – durch die Statuierung einer Rechtspflicht vermieden werden, die den Auftraggeber nach Treu und Glauben zur Zustimmung in eine entsprechende Vertragsänderung verpflichtet.[40]

Fraglich könnte danach allenfalls noch sein, ob die assoziierten Berufsvertreter auch dazu befugt sind, vorab an Hand von vorformulierten Vertragsbedingungen mit dem ratsuchenden Publikum eine abstrakte Konzentration der persönlichen Ersatzhaftung schlicht auf diejenigen Partner zu vereinbaren, die es späterhin im Zuge der konkreten Vertragserfüllung „tatsächlich angeht".

Bei erstem Ansehen mag es zwar so scheinen, als ob einem geschädigten Auftraggeber auf diese Weise unzumutbare Prozeßrisiken auferlegt würden, weil er die Person des in der Folge tatsächlich leistenden bzw. des verantwortlich leitenden und überwachenden Gesellschafters im nachhinein unter Umständen nicht ohne weiteres selbst ermitteln kann.[41] Gleichwohl werden sich bei einer näheren Rechtsprüfung auch hier keine durchgreifenden Sachargumente anführen lassen, die überzeugend ergeben könnten, daß eine Haftungskonzentrationsklausel dann zwingend für rechtsunwirksam zu erachten wäre, wenn sie die persönliche Sekundärhaftung im Vorfeld ausschließlich abstrakt-generell auf diejenigen Partner beschränkt, die im Rahmen einer ex-post-Bewertung tatsächlich an der vormaligen gegenständlichen Leistungserbringung mitgewirkt haben.

---

gungsmethode der geltungserhaltenden Reduktion an, die bei der Verwendung vorformulierter Vertragsbedingungen generell nicht in Betracht zu ziehen ist. Zudem würde auf diese Weise auch über Gebühr die Sanktionswirkung verringert, die mit der partnerschaftlichen Verletzung des beiderseits anerkannten, vom Auftraggeber – in Gestalt der namentlichen Benennung – auch ausdrücklich artikulierten Interesses an der Auftragsbearbeitung durch bestimmte Gesellschafter verbunden ist.

Ulmer/Habersack in FS für Brandner (1996), 151 (160 f.) sowie MünchKommBGB-*Ulmer*, Rn. 24 f. zu § 8 PartGG, wollen bei einer Divergenz von namentlich benanntem und späterhin handelndem Partner statt dessen danach differenzieren, ob die Verlagerung der Mandatsbearbeitung seitens der Partner bereits im Zeitpunkt des Vertragsschlusses beabsichtigt war oder lediglich auf späteren, seinerzeit noch nicht absehbaren partnerschaftsinternen Gründen beruhte. Eine solche Interpretation, die nur im ersten Fall eine Unwirksamkeit der namensbezogenen Haftungskonzentrationsklausel bejahen möchte, muß sich jedoch entgegenhalten lassen, daß ein isoliertes Abstellen auf die innere Willensrichtung der Partner im Moment der Auftragsannahme inhaltlich kaum praktikabel erscheint. Hier stünde zu befürchten, daß die Teilhaber aufgrund ihrer alleinigen Dispositionsgewalt über die partnerschaftliche Binnenorganisation im Haftpflichtfall stets mit Erfolg vorbringen könnten, die spätere Mandatsverlagerung sei anfangs nicht geplant gewesen, sondern gründe auf plötzlich aufgetretenen, zunächst nicht einkalkulierten praxisinternen Umständen. Auf diese Weise liefe die Rechtsauslegung im Ergebnis sodann sehr wahrscheinlich Gefahr, das in der namentlichen Benennung zum Ausdruck kommende besondere Interesse des Auftraggebers an der Leistungserbringung durch bestimmte Partner in der Rechtspraxis in unverhältnismäßiger Weise zu vernachlässigen.

[40] So richtig *Henssler* in FS für Vieregge (1995), 361 (376); *Arnold* in BB 1996, 597 (603).

[41] So etwa die Einschätzung von *K. Schmidt* in ZIP 1993, 633 (648); *ders.* in NJW 1995, 1 (6); *v.Westphalen* in ZIP 1995, 546 (548); *ders.* in Meilicke/v.Westphalen/Hoffmann/Lenz, Rn. 63 zu § 8 PartGG; *Knoll/Schüppen* in DStR 1995, 646 (647); *Sotiropoulos* in ZIP 1995, 1879 (1881); *Ulmer/Habersack* in FS für Brandner (1996), 151 (158); *Feddersen/Meyer-Landrut*, Rn. 8 zu § 8 PartGG; *Ring*, Rn. 32 zu § 8 PartGG; *Michalski/Römermann*, Rn. 18 u. Rn. 29 zu § 8 PartGG; *Römermann*, S. 135; ebenso zunächst auch noch *Seibert* in AnwBl. 1993, 155 (156 f.).

Die insoweit zu beurteilende Rechtslage entspricht exakt derjenigen, wie sie zuvor auch schon für eine „Freiberufler-Personenhandelsgesellschaft" zu begutachten war. Soweit sich demnach im Ergebnis bereits in Ansehung einer „Freiberufler-OHG/KG" nichts gegen den Einsatz einer abstrakt vorformulierten Klausel, die eine Bündelung der persönlichen Ersatzhaftung auf die späterhin realiter tätig werdenden Teilhaber vorsieht, einwenden ließ,[42] kann für die Partnerschaft – als einer freiberuflichen „Schwesterfigur" zur OHG – vernünftigerweise nichts anderes gelten.

Auch hier bliebe es dabei, daß einem geschädigten Auftraggeber in jedem Fall weiterhin das rechtsfähige Gesamthandsvermögen auf Ersatz des aus der fehlerhaften Berufsausübung entstandenen Schadens haften würde. Damit könnte ein Auftraggeber zumindest dort, wo eine Partnerschaft – wie derzeit etwa im Bereich der Wirtschaftsprüfung oder der Steuerberatung – infolge ihrer Eigenschaft als rechtsfähige Berufsausübungsgesellschaft berufsrechtlich *selbst* verpflichtet ist, einen bestimmten Mindesthaftpflichtversicherungsschutz zu unterhalten,[43] regelmäßig sogar dann mit dem Eintritt einer solventen Berufshaftpflichtversicherung rechnen, wenn er nicht ergänzend auch noch einen ersatzpflichtigen Partner persönlich auf Ausgleich des erlittenen Schadens in Anspruch nähme.

In dennoch verbleibenden atypischen Ausnahmesituationen, in denen der Klient wirklich einmal außerstande wäre, die vormals an der realen Auftragsbearbeitung mitwirkenden Teilhaber anhand der näheren Umstände selbständig zu ermitteln, stünde ihm nach der gewählten Vertragsgestaltung auch hier sowohl gegenüber dem Partnerschaftsvermögen als auch – kraft Akzessorietät – gegenüber sämtlichen Partnern in persona durchgängig ein vertraglicher Auskunftsanspruch auf Benennung der zuvor tatsächlich tätig gewordenen Gesellschafter zu.[44] Diesen Auskunftsanspruch, für den die vereinbarte Haftungskonzentrationsabrede wegen Schäden aus fehlerhafter Berufsausübung nicht eingreift,[45] könn-

---

[42] Vgl. zur Zulässigkeit des Einsatzes abstrakt vorformulierter Haftungskonzentrationsklauseln in einer Personenhandelsgesellschaft, die von den Angehörigen der freien Professionen durch die ergänzende Aufnahme einer sachlich „benachbarten" gewerblichen Betätigung auch umfassend zur Abwicklung rein freiberuflicher Dienstleistungen genutzt werden kann, bereits ausführlich oben, Seite 341 ff.

[43] Vgl. für eine Partnerschaft, die als Wirtschaftsprüfungsgesellschaft bzw. als Steuerberatungsgesellschaft nach den §§ 27 ff. WPO; 49 ff. StBerG betrieben werden soll, hierzu die §§ 54 I 1, 130 II WPO; 72 I StBerG i. V. m. 67 StBerG.

Daneben verbleibt es in den betreffenden Berufsgruppen, weil die Gesellschafter einer Partnerschaft weiterhin selbständig tätig bleiben und dem Auftraggeber prinzipiell ebenso mit ihrem jeweiligen Privatvermögen haften, zudem auch bei einer kumulativen Versicherungspflicht der Partner persönlich; vgl. dazu die §§ 54 I 1 WPO; 67 StBerG. Von der in § 8 III PartGG alternativ eingeräumten Befugnis, eine Pflicht zum Abschluß einer Berufshaftpflichtversicherung *entweder* allein für die Partner *oder* lediglich für die Partnerschaft begründen zu können, machen die Berufsrechte der Steuerberater, Wirtschaftsprüfer und vereidigten Buchprüfer somit ersichtlich keinen Gebrauch; unklar demgegenüber *Burret* in WPK-Mitt. 1994, 201 (206), der – entgegen der eindeutigen berufsgesetzlichen Regelung – offenbar auch den Abschluß einer Berufshaftpflichtversicherung allein durch die Partnerschaft für berufsrechtlich ausreichend erachten möchte.

[44] Ebenso *Jawansky* in DNotZ 1997, 938 (940 f.).

[45] Eine den Vorgaben des § 8 II PartGG entsprechende Haftungskonzentrationsvereinbarung soll ausweislich der gesetzlichen Entstehungsgeschichte zwar alle vertraglichen Ansprüche erfassen, die auf Unmöglichkeit, Verzug, positiver Vertragsverletzung, Gewährleistungsrecht oder culpa in contrahendo beruhen; vgl. hierzu die Begründung des Regierungsentwurfs zum PartGG, BT-Drucksache

te der Auftraggeber im Streitfall sodann sogar bis hin zu einer etwaigen noch erforderlichen Vollstreckung nach § 888 ZPO vorantreiben, ohne daß ihm aus der weiteren diesbezüglichen Rechtsverfolgung ein zusätzlicher und dauerhafter Kostennachteil erwüchse.[46]

Eine im Konfliktfall parallel dazu gegen die Partnerschaft erhobene Schadensersatzklage würde daneben – ebenso wie schon für die „Freiberufler-OHG" dargestellt – gleichsam „automatisch" auch die Verjährung gegenüber denjenigen Gesellschaftern unterbrechen, die vormals an der konkreten Auftragsbearbeitung beteiligt waren und dem Auftraggeber also entsprechend der vereinbarten Haftungskonzentrationsklausel weiterhin persönlich auf Schadensersatz haften. Die Unterbrechung der Verjährung gegenüber der Partnerschaft wirkt gemäß § 8 I 2 PartGG i. V. m. § 129 I HGB allgemein auch gegenüber sämtlichen Partnern, die kraft ihres vormaligen Handelns mit ihrem jeweiligen Privatvermögen einstandspflichtig geblieben sind.[47] Ein geschädigter Auftraggeber müßte demgemäß keinesfalls befürchten, daß ihm bis zum Zeitpunkt einer ordnungsgemäßen Auskunfterteilung wegen der vorübergehenden Unkenntnis der ersatzpflichtig gebliebenen Partner ein materieller Verlust seiner Haftpflichtansprüche drohte.

Soweit die Partnerschaft und ihre Teilhaber nachfolgend eine ausschließlich oder doch zumindest teilweise fehlerhafte Auskunft über die Person der vormals verantwortlich handelnden Gesellschafter erteilen würden, hafteten sie wegen positiver Verletzung dieser vertraglichen Nebenpflicht als Gesamtschuldner auf Ersatz sämtlicher Rechtsverfolgungskosten, die dem Auftraggeber im weiteren Verlauf gegebenenfalls noch aus dem erfolglosen Vorgehen gegen die an der konkreten Auftragsbearbeitung tatsächlich unbeteiligten Partner entstehen sollten.[48]

Wenn die Gesamthand und ihre Gesellschafter im nachhinein statt dessen gar keine Partner mehr benennen könnten, die zuvor mit der gegenständlichen Auftragsbearbeitung befaßt gewesen sind, träfe sie wegen mangelnder interner Dokumentation schließlich eine selbständige vertragliche Einstandspflicht unter dem Gesichtspunkt eines Organisationsverschuldens. Sofern eine Partnerschaft mit dem Auftraggeber eine Vorab-Bündelung der persönlichen Ersatzhaftung auf den/die in concreto handelnden Partner vereinbart, muß sie kraft ihrer Binnenstruktur naturgemäß für eine ordnungsgemäße ex-post-Bestimmbarkeit der entsprechenden Gesellschafter Sorge tragen. Die Bestimmung des verantwortlich leistenden Gesellschafters obliegt hier nach der gewählten Vertragsgestaltung allein der rechtsfähigen Berufsausübungsgesellschaft, die im Wege eines rein internen Organisa-

---

12/6152, S. 18. Doch muß es sich dabei nach dem unmißverständlichen Gesetzeswortlaut freilich stets um Ansprüche handeln, die ihrem Inhalt nach auf Ersatz eines Schadens wegen fehlerhafter Berufsausübung gerichtet sind. Eben dies ist für den hier behandelten Auskunftsanspruch, der schlicht die namentliche Benennung der tatsächlich tätig gewordenen Gesellschafter zum Gegenstand hat, aber von vornherein nicht der Fall; siehe dazu im übrigen auch schon oben, Seite 248.

[46] Vgl. zu alldem bereits eingehend die entsprechenden Ausführungen zu einer „Freiberufler-OHG" oben Seite 343, die hier vollumfänglich in gleicher Weise Geltung beanspruchen.

[47] Vgl. dazu allgemein auch *Bösert/Braun/Jochem*, S. 157.

[48] Vgl. zu näheren Einzelheiten bereits die gleichlautenden Darlegungen zur „Freiberufler-OHG" oben Seite 344, die ihrerseits in Teilbereichen wiederum an die Ausführungen zur Verwendung einer abstrakten Haftungskonzentrationsklausel in einer Architekten- bzw. Ingenieur-Sozietät oben Seite 250 f. anknüpfen.

tionsaktes[49] über die Person des späteren tatsächlichen Mandatsbearbeiters entscheidet. Die Auswahl des/der entsprechenden Partner(s) und deren Dokumentation fallen mithin ausschließlich in den exklusiven Gefahren- und Verantwortungsbereich der Partnerschaft, so daß diese und ihre Teilhaber auch die Darlegungs- und Beweislast für eine ordnungsgemäße Erfüllung jener Vertragspflicht trifft. Die vereinbarte Haftungskonzentrationsabrede könnte auf eine diesbezügliche Pflichtverletzung von vornherein nicht zur Anwendung kommen, weil das spätere Unvermögen zu einer namentlichen Benennung der verantwortlich tätig gewordenen Partner keinen Sorgfaltsverstoß zum Gegenstand hat, der auf der Ebene der von § 8 II PartGG allein erfaßten fachlich-inhaltlichen Berufsausübung angesiedelt wäre. In diesem Fall bliebe es sodann folgerichtig auch für Berufsausübungsfehler – neben der fortdauernden Einstandspflicht der Partnerschaft – ohne weiteres bei dem gesetzlichen Grundprinzip einer akzessorischen Sekundärhaftung sämtlicher Partner mit ihrem Privatvermögen.[50]

In summa zeigt sich somit, daß ein geschädigter Auftraggeber auch bei einer abstrakten (formular-)vertraglichen Haftungskonzentration schlicht auf „die Partner, die es späterhin angeht", in allen potentiell denkbaren Fallgestaltungen keinen qualitativen Rechtsnachteil hinnehmen müßte. Auch in dieser Konstellation bliebe stets eine prozessual effektiv durchsetzbare persönliche Sekundärhaftung zumindest der gegenständlich handelnden Partner bestehen, ohne daß dem ratsuchenden Publikum aus der erforderlichen Rechtsverfolgung zudem eine bleibende, zusätzliche Kosteneinbuße erwachsen würde. Daneben würde eine entsprechende Klauselgestaltung ersichtlich weiterhin das vom Normgeber in § 8 II PartGG stillschweigend vorausgesetzte Regelungsprinzip wahren, wonach in jedem Fall wenigstens der in concreto agierende Freiberufler gegenüber dem ratsuchenden Publikum für schuldhaft verursachte Berufsfehler persönlich ersatzpflichtig bleiben sollte.

Im Ergebnis rechtfertigt sich daher die Bewertung, daß die persönliche Ersatzhaftung innerhalb einer Partnerschaft über vorformulierte Vertragsbedingungen auch vorab und ohne nähere Präzisierung rein abstrakt auf diejenigen Partner beschränkt werden kann, die in der Folge an der späteren realen Mandatsbearbeitung als tatsächliche Leistungserbringer

---

[49] Vgl. dazu bereits den Wortlaut des § 8 II PartGG („*innerhalb* der Partnerschaft"); siehe im übrigen auch die Begründung des Regierungsentwurfs, BT-Drucksache 12/6152, S. 17: „Die Haftung für derartige Ansprüche soll aber nur auf solche Partner beschränkt werden können, die innerhalb der Partnerschaft die berufliche Verantwortung für das Vertragsverhältnis übernehmen, d. h. die die Dienstleistung selbst erbringen oder zur verantwortlichen Leitung überwachen und übernehmen. Die <Übernahme> beruht auf einem Organisationsakt der Partnerschaft und begründet keine zusätzliche Verbindlichkeit gegenüber dem Vertragspartner (insbesondere kein abstraktes Leistungsversprechen)."

In Übereinstimmung damit gehen *Ulmer/Habersack* in FS für Brandner (1996), 151 (160 f.) sogar allgemein davon aus, daß im Fall der Beauftragung einer Anwalts-Partnerschaft eine einseitig bei der Gesamthand belassene Befugnis zur Auswahl des späteren Mandatsbearbeiters das regelmäßig praktizierte rechtliche Grundprinzip darstelle; ebenso allgemein auch *Michalski/Römermann*, Rn. 43 zu § 8 PartGG.

[50] Vgl. dazu im übrigen auch schon die entsprechenden Ausführungen zur „Freiberufler-OHG" oben S. 344, die teilweise auf den diesbezüglichen Darlegungen zu einer Architekten- bzw. Ingenieur-Sozietät oben S. 251 f. aufbauen.

oder als verantwortliche Leiter mitwirken.[51] Da die Bestimmung des/der entsprechenden Gesellschafter(s) hierbei zwangsläufig nur aus dem ex-post-Blickwinkel erfolgen kann, vermag in dieser Konstellation auch das ansonsten bedeutsame Erfordernis einer personellen Identität von vorab bezeichnetem und späterhin tatsächlich handelndem Partner per se keine Relevanz mehr zu entwickeln.

Unter Praktikabilitätsgesichtspunkten dürfte den partnerschaftlich verbundenen Freiberuflern der Einsatz einer derart abstrakt gehaltenen Haftungskonzentrationsklausel nach alledem sicherlich am vorzugswürdigsten erscheinen.

Auf der anderen Seite wird man die Möglichkeit zur Vereinbarung einer solch universell abgefaßten Haftungsbündelung jedoch kaum als einen herausragenden Vorteil der partnerschaftlichen Rechtsform an sich ansehen können. Denn immerhin bestehen für die Angehörigen der freien Professionen beim Betrieb einer „Freiberufler-OHG/KG" sowie – zumindest außerhalb des berufsgesetzlich abweichend geregelten Sektors der rechts- und wirtschaftsberatenden freien Professionen – für eine Freiberufler-Sozietät wie vorbeschrieben ebenfalls weitreichende abstrakte Haftungskonzentrationsbefugnisse, die denen in einer Partnerschaft durchaus vergleichbar sind. Eine entscheidende, strukturelle Vorzugswürdigkeit jener neuartigen Rechtsform der Partnerschaft gegenüber den anderen, bereits vorbehandelten Personengesellschaftstypen ist in diesem Punkte hiernach jedenfalls nicht anzuerkennen.[52]

Die Effektivität der Verwendung (konkret oder abstrakt) abgefaßter Haftungskonzentrationsklauseln könnte im übrigen auch noch weiter dadurch geschmälert werden, daß die in den einzelnen Berufsrechten enthaltenen, zu diesem Sachkomplex ergangenen Bestimmungen auch bei einer gemeinsamen Berufsausübung in einer Partnerschaft ergänzend Anwendung finden.

3. Das Verhältnis der partnerschaftlichen Haftungskonzentrationsregelung zu den einzelnen berufsrechtlichen Haftungsbündelungsvorschriften

Eine sachliche Modifikation der rechtsgeschäftlichen Haftungskonzentrationsbefugnisse nach dem PartGG, die der Normgeber aus Sicht der Berufstätigen somit insgesamt eher aufgeschlossen konzipiert hat, droht im weiteren freilich aus der kumulativen Anwendung des spezifischen Berufsrechts der einzelnen freien Professionen zu resultieren. Eine materielle Restriktion der vorstehend aufgezeigten freiberuflichen Handlungsspielräume wäre hierbei insbesondere dergestalt denkbar, daß einzelne Berufsrechte strengere Anforderun-

---

[51] der Sache nach ebenso *Seibert*, S. 60; *ders.* in PatAnwMitt. 1996, 107 (110); *ders.* in MünchHdbuchGesR I, Rn. 12 zu § 37; *Bösert/Braun/Jochem*, S. 166 f.; *Carl*, S. 277; *Sommer* in GmbHR 1995, 249 (251); *Henssler* in DB 1995, 1549 (1553); *ders.* in FS für Vieregge (1995), 361 (372 f. u. 378); *ders.*, Rn. 43 zu § 8 PartGG (unklar aber Rn. 42, aaO); *Jawansky* in DNotZ 1997, 938 (940 f.); in dieser Richtung wohl anfangs auch noch *Michalski* in ZIP 1993, 1210 (1213).

[52] ähnlich *Stuber* in WiB 1994, 705 (709); im Ergebnis – nicht allerdings in der jeweiligen Begründung – ebenso die Einschätzung von *Lenz* in MDR 1994, 741 (745); Meilicke/v.Westphalen/Hoffmann/Lenz-*v.Westphalen*, Rn. 126 zu § 8 PartGG; *Arnold* in BB 1996, 597 (605); *Gail/Overlack*, S. 115; *Geiger*, S. 148 sowie *Mahnke* in WM 1996, 1029 (1036).

gen an die Zulässigkeit einer (formular-)vertraglichen Bündelung der persönlichen Ersatzhaftung innerhalb einer Partnerschaft stellen. Immerhin bestimmt die Regelung des § 1 III PartGG in dieser Beziehung sogar ausdrücklich, daß die Berufsausübung in der Partnerschaft in den jeweiligen Berufsrechten ausgeschlossen oder von weiteren Voraussetzungen abhängig gemacht werden kann.

Bis zum gegenwärtigen Zeitpunkt existieren gleichartige Haftungskonzentrationsvorschriften, die sich auf Schäden aus fehlerhafter Berufsausübung beziehen, freilich allein auf dem Gebiet der berufsrechtlich gebundenen rechts- und wirtschaftsberatenden freien Professionen.[53] Nur dort kommt derzeit also eine konfliktträchtige Überlappung zwischen gesellschafts- und berufsrechtlichen Normen in Betracht, die geeignet sein kann, weitere Auswirkungen auf die rechtlichen Rahmenbedingungen einer (formular-)vertraglichen Haftungsbündelung in einer Partnerschaft hervorzubringen.

Dabei bereitet die Bestimmung des rechtlichen Verhältnisses der §§ 54a II WPO; 67a II StBerG zu der Regelung des § 8 II PartGG ersichtlich keinerlei Schwierigkeiten. Denn der in den entsprechenden Berufsrechtsvorschriften verwandte Begriff der Sozietät wird an anderer Gesetzesstelle in den Berufsordnungen jeweils explizit als Gesellschaft bürgerlichen Rechts definiert (vgl. dazu die §§ 44b WPO, 56 I StBerG). Daraus ergibt sich, daß die in den Berufsgesetzen der Wirtschaftsprüfer, vereidigten Buchprüfer und Steuerberater enthaltenen Haftungskonzentrationsvorschriften in Übereinstimmung mit dem tradierten Auslegungsverständnis des Sozietätsbegriffs allein rechtsformabhängig zu interpretieren sind und mithin ausschließlich die rechtsgeschäftliche Bündelung der persönlichen Ersatzhaftung für Berufsfehler in einer als BGB-Gesellschaft organisierten Berufsausübungsgesellschaft zum Gegenstand haben.[54]

Das in den betreffenden Berufsrechtsnormen für die Sozietät statuierte Erfordernis einer namentlichen Benennung des später vorgesehenen Mandatsbearbeiters sowie – eigens im steuerberatenden Berufsrecht – die zusätzlich abverlangte Einhaltung weiterer Voraussetzungen (gesondert unterschreibungspflichtige, nicht mit anderen Zusätzen versehene Zustimmungserklärung der Auftraggeberseite; Wahrung einer Personenidentität zwischen zunächst benanntem und späterem tatsächlichen Mandatsbearbeiter) gilt mithin vorab nicht für eine kooperative Berufsausübung der Berufsangehörigen in einer Partnerschaft. Eine spannungsgeladene Konfliktsituation zwischen den verschiedenen berufs- und gesellschaftsrechtlichen Haftungskonzentrationsvorschriften hat der Gesetzgeber hier durch eine strikte Rechtsformbezogenheit der jeweiligen Regelungen gar nicht erst aufkommen lassen. Die vergleichsweise höhere Praktikabilität der partnerschaftlichen Haftungskonzentrationsbestimmung wird bei den entstehungsgeschichtlich jüngeren steuer- und wirtschaftsberatenden freien Professionen also abschließend nicht durch eine kumulative Überdeckung seitens des formenstrengeren Berufsrechts beeinträchtigt.

---

[53] Vgl. dazu die schon oben auf Seite 213 ff. näher behandelten §§ 51a II 2, 3 BRAO; 45a II 2, 3 PatAnwO; 54a II WPO; 67a II StBerG.

[54] Ebenso *Burret* in WPK-Mitt. 1994, 201 (205); *Seibert*, S. 59; *ders.* in NWB 1994, Fach 18, 3365 (3368); *ders.* in DB 1994, 2381 (2384); *ders.* in MünchHdbuchGesR I, Rn. 20 zu § 37; *Ulmer/Habersack* in FS für Brandner (1996), 151 (154 f.); *Bösert/Braun/Jochem*, S. 168; *Bösert* in DStR 1993, 1332 (1338); *ders.* in ZAP 1994, Fach 15, 137 (148); *ders.* in WPrax 12/1994, 2 (4); a. A. – zusätzliche Anwendbarkeit auch der berufsrechtlichen Regelungen – unter Vernachlässigung eben dieser Gesetzessystematik allerdings *Michalski/Römermann*, Rn. 76 i. V. m. Rn. 81 ff. zu § 8 PartGG.

Anders verhält es sich demgegenüber mit den diesbezüglich in das anwaltliche Berufsrecht implementierten Bestimmungen der §§ 51a II 2, 3 BRAO; 45a II 2, 3 PatAnwO. Der in Anbetracht des gesetzgeberischen Willens dort zugrunde zu legende, atypisch weite Sozietätsbegriff, nach dem die Vorschriften über die gemeinsame Berufsausübung und die interprofessionelle Sozietät nicht zwingend mit der Gesellschaft bürgerlichen Rechts verknüpft sein sollten, sondern bereits Raum für weitere Entwicklung ließen,[55] legt an sich nahe, daß die fraglichen Haftungskonzentrationsregelungen extensiv auszulegen sind und somit nicht nur für anwaltliche Berufsausübungsgesellschaften in Gestalt einer BGB-Gesellschaft, sondern auch für vergleichbare Zusammenschlüsse in anderen Rechtsformen Geltung beanspruchen.[56] Dieses Auslegungsverständnis würde sich zudem mit der parallelen, soweit ersichtlich gemeinhin gebilligten Lesart des § 59a BRAO decken, derzufolge unter den dortigen Sozietätsbegriff auch neuere Rechtsformen einer gemeinsamen anwaltlichen Berufsausübung (darunter gerade auch die Kooperationsform der Partnerschaft) zu subsumieren sind.[57]

Hier dürfte es sowohl aus rechtssystematischer Sicht wie auch aus Gründen der Rechtsklarheit wenig konsequent anmuten, wollte man den Sinngehalt des Sozietätsbegriffs innerhalb der verschiedenen Normen des anwaltlichen Berufsrechts jeweils unterschiedlich weit fassen und einmal nur die Gesellschaft bürgerlichen Rechts berücksichtigt sehen, das andere mal hingegen auch andere Kooperationsformen miteinbezogen wissen. Dem entspricht es, daß auch die Gesetzesmaterialien keine Anhaltspunkte für eine uneinheitliche Definition des Sozietätsbegriffs innerhalb des anwaltlichen Berufsrechts hergeben.

Für eine geschlossen extensive Auslegung der anwaltlichen Haftungskonzentrationsregelungen spricht überdies auch ihr Wortlaut. Soweit danach „die Mitglieder einer Sozietät ... aus dem zwischen *ihr* und dem Auftraggeber bestehenden Vertragsverhältnis als Gesamtschuldner“ (haften), bleibt zu betonen, daß sich die persönliche Einstandspflicht der Sozien einer Gesellschaft bürgerlichen Rechts im Anschluß an die maßgebend praktizierte Doppelverpflichtungslehre gerade nicht aus einem Vertragsschluß mit dem nicht selbst rechtsfähigen BGB-Gesamthandsvermögen ableitet, sondern aus einem daneben kumulativ und selbständig hinzutretenden Vertragsschluß des Auftraggebers mit sämtlichen Gesellschaftern in persona.[58] Eine abgeleitete („akzessorische“) Haftung der Gesellschafter für Verbindlichkeiten der Gesamthand existiert nur dort, wo die Rechtsordnung dem Gesamthandsvermögen wie bei den Personenhandelsgesellschaften bzw. der Partnerschaft eine eigene Rechtsfähigkeit zuerkannt hat.[59] Wenn die §§ 51a II 1, 45a II 1 PatAnwO also gleichwohl nur von einer mittelbar über die Sozietät begründeten persönlichen Ein-

---

[55] Vgl. dazu die Ausführungen im Gesetzentwurf der Bundesregierung, BT-Drucksache 12/4993, S. 23; siehe hierzu auch schon die Darlegungen oben auf Seite 305 f.

[56] Vgl. zur möglichen und diesseits befürworteten Anwendbarkeit der betreffenden berufsrechtlichen Vorschriften auf eine „Anwalts-OHG/KG“ bereits oben auf Seite 337.

[57] Vgl. zur allgemein anerkannten, „untechnisch“ weiten Interpretation des Sozietätsbegriffs im Rahmen des § 59a BRAO bereits die Nachweise oben auf Seite 305 in Fn. 50.

[58] Vgl. für eine von Freiberuflern zwecks gemeinsamer Berufsausübung gegründete BGB-Gesellschaft nur die zahlreichen Rechtsprechungs-Nachweise oben auf Seite 207 in Fn. 187.

[59] Vgl. dazu die §§ 124 I, 128, 161 II HGB; 7 II, 8 I 1 PartGG.

standspflicht der Gesellschafter sprechen, so weist die grammatikalische Gesetzesfassung ebenfalls auf ein weites berufsrechtliches Verständnis des Begriffs der Sozietät hin.[60]

Im Ergebnis wird man daher konstatieren müssen, daß der Sozietätsbegriff des anwaltlichen Berufsrechts entgegen dem sonst gewohnten Sinngehalt einheitlich extensiv zu interpretieren ist. Die Regelungen der Bundesrechtsanwalts- sowie der Patentanwaltsordnung, die sich mit einer rechtsgeschäftlichen Bündelung der persönlichen Ersatzhaftung für berufliche Fehlleistungen auf einzelne Gesellschafter befassen, gelten somit allgemein für sämtliche anwaltlichen Berufsausübungsgesellschaften in personengesellschaftlicher Rechtsform. Auch die rechtsgeschäftliche Haftungskonzentration in einer Anwalts-Partnerschaft unterfällt im Grundsatz also uneingeschränkt dem Anwendungsbereich der vergleichsweise strengeren berufsrechtlichen Vorschriften.

Jenes in der Sache feststellbare Nebeneinander zum einen der partnerschaftlichen, zum anderen der berufsrechtlichen Vorgaben für eine Bündelung der persönlichen Ersatzhaftung innerhalb einer Anwalts-Partnerschaft ist im Rahmen der beinahe zeitgleich abgeschlossenen Gesetzgebungsverfahren zum PartGG und zur Neuordnung des anwaltlichen Berufsrechts[61] auch vom Normgeber gesehen worden. Dieser glaubte indessen, eine Nichtanwendbarkeit der berufsrechtlichen Vorschriften lasse sich argumentativ daraus deduzieren, daß die Norm des § 8 II PartGG den Haftungskonzentrationsbestimmungen des anwaltlichen Berufsrechts als lex specialis vorgehe.[62] Diese Gesetzesinterpretation ist erkennbar von der Absicht getragen, eine (formular-)vertragliche Haftungskonzentration für Berufsfehler in einer interprofessionell zusammengesetzten Partnerschaft nicht durch die zusätzliche Geltung divergierender Berufsrechte zu erschweren.[63]

In der Tat verfolgte der Normgeber mit der legislativen Realisierung des Partnerschaftsgedankens das Ziel, gerade für personell größere, überregional und international agierende freiberufliche Zusammenschlüsse eine leistungsfähige Rechtsform zur gemein-

---

[60] So richtig *Wellensiek* in FS für Brandner (1996), 727 (743).

[61] Die Verkündung des PartGG datiert auf den 25.7.1994 (BGBl. I, S. 1744); das Gesetz zur Neuordnung des Berufsrechts der Rechts- und Patentanwälte auf den 2.9.1994 (BGBl. I, S. 2278).

[62] Vgl. so explizit die Beschlußempfehlung und den Bericht des Rechtsausschusses (6. Ausschuß) zum Gesetzentwurf des PartGG, BT-Drucksache 12/7642, S. 12; in diesem Sinne auch bereits die Begründung im Regierungsentwurf, BT-Drucksache 12/6152, S. 18; ebenso ein Teil des Schrifttums, vgl. so etwa *Bösert* in ZAP 1994, Fach 15, 137 (148); *ders.* in WPrax 12/1994, 2 (3 f.); *Seibert*, S. 59; *ders.* in NWB 1994, Fach 18, 3365 (3368); *ders.* in DB 1994, 2381 (2384); *ders.* in PatAnwMitt. 1996, 107 (110); *ders.* in MünchHdbuchGesR I, Rn. 20 zu § 37; *Kupfer* in KÖSDI 1995, 10130 (10135); *Carl* in NWB 1995, Fach 18, 3421 (3428); *ders.*, S. 277; *Knoll/Schüppen* in DStR 1995, 646 (648 f.); *Jürgenmeyer* in BRAK-Mitt. 1995, 142 (143), *Ulmer/Habersack* in FS für Brandner (1996), 151 (155); *Hornung* in Rpfl. 1996, 1 (4); *Casper* in ZIP 1996, 1501 (1505); *Bösert/Braun/Jochem*, S. 168; *Ring*, Rn. 43 zu § 8 PartGG; im Ergebnis auch *Henssler* in DB 1995, 1549 (1553); *ders.*, Rn. 66 zu § 8 PartGG; *ders.* in FS für Vieregge (1995), 361 (370 f.), der die rechtliche Qualifikation des § 8 II PartGG als lex specialis aaO insoweit allerdings als „fragwürdig" bezeichnet.

[63] Vgl. so auch die Argumentation des Rechtsausschusses bei Verabschiedung des PartGG; BT-Drucksache 12/7642, S. 12; dem folgend *Bösert* in ZAP 1994, Fach 15, 137 (148); MünchHdbuchGesR I/*Seibert*, Rn. 20 zu § 37; *Henssler* in DB 1995, 1549 (1553); *ders.* in FS für Vieregge (1995), 361 (370 f.); *ders.*, Rn. 67 zu § 8 PartGG; *Kupfer* in KÖSDI 1995, 10130 (10135); *Ulmer/Habersack* in FS für Brandner (1996), 151 (155); *Bösert/Braun/Jochem*, S. 168; *Feddersen/Meyer-Landrut*, Rn. 9 zu § 8 PartGG, die aaO freilich kritisch anmerken, daß es „... dem Gesetzgeber allerdings angestanden (hätte, sic!), diesen ... Gedanken auch im Gesetzestext zu verankern."

samen fachübergreifenden Berufsausübung zur Verfügung zu stellen.[64] Dieser normativen Regelungsintention liefe es gewiß zuwider, sollte sich eine rechtsgeschäftliche Haftungsbündelung bei Beteiligung eines anwaltlichen Partners zudem stets an den strengen Anforderungen des anwaltlichen Berufsrechts (förmliche Zustimmungserklärung der Auftraggeberseite, Wahrung der Personenidentität zwischen zunächst namentlich bezeichnetem und späterem tatsächlichen Mandatsbearbeiter) messen lassen müssen.[65]

Fraglich scheint allerdings, ob das Argument einer angeblichen Spezialität der partnerschaftlichen Haftungskonzentrationsregelung im Verhältnis zu den Vorschriften des anwaltlichen Berufsrechts geeignet ist, das vom Normgeber gewünschte Auslegungsergebnis juristisch stichhaltig zu begründen.

Diese Frage wird man in Anbetracht der klar anderslautenden Gesetzessystematik des PartGG verneinen müssen. Die Bestimmung des § 1 III PartGG konstituiert, sofern eine sachlich-inhaltliche Überschneidung beider Normkomplexe in Rede steht, im Gegenteil vielmehr umgekehrt einen umfassenden Anwendungsvorrang des Berufsrechts gegenüber den partnerschaftlichen Gesetzesregelungen.[66] Im Innenverhältnis unter den Partnern entspricht dem die Vorschrift des § 6 I PartGG, die von jedem Gesellschafter eine Beachtung des für ihn geltenden Berufsrechts fordert.[67] Die hiernach umfassend geltende, vom PartGG selbst anerkannte Priorität der berufsrechtlichen Vorschriften kann aber allgemein nur durch einen eindeutigen legislatorischen Eingriff, der insoweit im Einzelfall ausdrücklich ein Primat der gesellschaftsrechtlichen Regelung aussprechen müßte, inhaltlich plausibel durchbrochen und korrigiert werden.

Die Hypothese einer vorgeblichen Spezialität der Haftungskonzentrationsregel des § 8 II PartGG erweist sich wegen ihrer rechtsmethodischen Unhaltbarkeit demgegenüber als ungeeignet, um auf diese Weise der normgeberischen Intention, durch die Partnerschaftsgesetzgebung gerade auch die rechtlichen Rahmenbedingungen einer interprofessionellen freien Berufsausübung zu erleichtern, de lege lata zum Durchbruch verhelfen zu können. Der rechtlich überzeugende Weg zur Verwirklichung dieser gesetzgeberischen Zielvorstellungen kann insofern – freilich nur de lege ferenda – allein in einer präzisen und unmißverständlichen Gesetzesmodifikation entweder der partnerschaftlichen oder der anwaltsrechtlichen Haftungskonzentrationsvorschriften bestehen, nicht aber in der systemwidrigen Behauptung eines Anwendungsvorrangs des § 8 II PartGG gegenüber einem anderslautenden anwaltlichen Berufsrecht.

---

[64] Vgl. nur die Begründung zum Regierungsentwurf des PartGG, BT-Drucksache 12/6152, S. 7; siehe hierzu im übrigen bereits ausführlich im 1. Teil, oben Seite 130 ff.

[65] Ebenso wie bei einer gemeinsamen Berufsausübung in einer interprofessionell zusammengesetzten Sozietät gilt auch für eine fachübergreifend gebildete Partnerschaft, daß eine rechtswirksame vertragliche Haftungskonzentration für alle Partner generell nur unter Zugrundelegung des jeweils strengsten, daneben unter Umständen ebenfalls einschlägigen Berufsrechts zu erreichen ist; vgl. für die Partnerschaft nur *Michalski/Römermann*, Rn. 78 zu § 8 PartGG; siehe sinngleich auch bereits die entsprechenden Darlegungen zur Freiberufler-Sozietät oben Seite 259 f. in Fn. 342.

[66] Insofern richtig auch *Michalski/Römermann*, Rn. 75 i. V. m. Rn. 80 zu § 8 PartGG; *Römermann*; S. 139; *Römermann/Spönemann* in NZG 1998, 15 (17); ebenso der Sache nach auch *Gail/Overlack*, S. 116.

[67] Zutreffend *Wellensiek* in FS für Brandner (1996), 727 (742 f.); *Michalski/Römermann*, Rn. 75 i. V. m. Rn. 80 zu § 8 PartGG; *Römermann*, S. 139.

Im Fall der Beteiligung von Rechtsanwälten an einer Partnerschaft ist somit abschließend davon auszugehen, daß die Partner auf der Grundlage des geltenden Rechts eine Bündelung der persönlichen Ersatzhaftung wegen Schäden aus fehlerhafter Berufsausübung einheitlich nur unter den zusätzlichen Voraussetzungen der §§ 51a II 2, 3 BRAO; 45a II 2, 3 PatAnwO erreichen können.[68] Die Praktikabilität des Einsatzes personaler Haftungsbegrenzungsklauseln wird dadurch gerade auch für eine von den Angehörigen der rechts- und wirtschaftsberatenden Freien Berufe gegründete, interprofessionell zusammengesetzte Partnerschaft merklich vermindert.[69]

4. Der Einsatz summenmäßiger Haftungsbeschränkungsklauseln in einer Partnerschaft

Vor dem Hintergrund der vielfältigen Unwägbarkeiten, die nach alledem mit einer Bündelung der persönlichen Ersatzhaftung innerhalb einer Partnerschaft verbunden sind, kann es daher durchaus naheliegen, daß die Gesellschafter in praxi häufig ganz auf eine derartige Form der rechtsgeschäftlichen Haftungsbegrenzung für Berufsausübungsfehler verzichten werden und statt dessen ausschließlich eine summenmäßige Haftungsbeschränkung *im Verhältnis unmittelbar zwischen Partnerschaft und Auftraggeber* vereinbaren.[70] Soweit die Spezifika der freiberuflichen Leistungserbringung eine Begrenzung der Ersatzhaftung auf bestimmte Haftungshöchstbeträge nicht ohnehin vorab von selbst ausschließen,[71] bleiben die Partner nämlich ohne weiteres dazu berechtigt, alternativ oder kumulativ zur Verabredung einer personalen Haftungsbündelung auch eine derartige summenmäßige Haftungslimitierung mit dem ratsuchenden Publikum auszumachen.[72] Gerade die Regelung des § 8 III PartGG belegt zu diesem Punkt, daß den Berufstätigen eine solche Möglichkeit der (formular-)vertraglichen Haftungsbegrenzung unbesehen auch bei einer gemeinsamen Berufsausübung in einer Partnerschaft zustehen soll, falls parallel dazu eine gesetzliche Pflicht zum Abschluß einer Berufshaftpflichtversicherung (entweder der Partner oder der Partnerschaft) statuiert wird.

In Entsprechung dessen ordnen die §§ 56 I, 130 II WPO; 72 I StBerG für Partnerschaften, die als Wirtschaftsprüfungs-, Buchprüfungs- und/oder Steuerberatungsgesellschaften betrieben werden sollen, denn auch ausdrücklich eine sinngemäße Geltung derjenigen

---

[68] Ebenso *Wellensiek* in FS für Brandner (1996), 727 (743); *Michalski/Römermann*, Rn. 80 zu § 8 PartGG; *Römermann*, S. 138 f.; *Gail/Overlack*, S. 116 f.; *Kaiser/Bellstedt*, Rn. 219; *Römermann/Spönemann* in NZG 1998, 15 (17).

[69] Insoweit richtig auch *Michalski/Römermann*, Rn. 79 zu § 8 PartGG.

[70] So auch *Henssler* in FS für Vieregge (1995), 361 (377); *ders.*, Rn. 71 f. zu § 8 PartGG; MünchHdbuchGesR I/*Seibert*, Rn. 23 zu § 37.

[71] Vgl. dazu wegen der Wertigkeit der betroffenen Rechtsgüter (Leben und Gesundheit) für den heilkundlichen Sektor bereits oben Seite 226 f.; ähnlich zurückhaltend insoweit auch *Schirmer* in MedR 1995, 341 (345); a. A. – für die Möglichkeit einer summenmäßigen Haftungsbegrenzung auch bei ärztlicher Berufstätigkeit – allerdings *Henssler*, Rn. 76 zu § 8 PartGG, freilich ohne nähere Begründung und unter Außerachtlassung der Besonderheiten heilkundlichen Handelns.

[72] So zutreffend *Henssler* in FS für Vieregge (1995), 361 (377); *Knoll/Schüppen* in DStR 1995, 646 (648); Meilicke/v.Westphalen/Hoffmann/Lenz-*v.Westphalen*, Rn. 107 zu § 8 PartGG; MünchHdbuchGesR I/*Seibert*, Rn. 23 zu § 37; *Ulmer/Habersack* in FS für Brandner (1996), 151 (156).

(formular-)vertraglichen Haftungsbegrenzungsoptionen an, die in den §§ 54a I WPO; 67a I StBerG für solche Berufsvertreter existieren, die in einer selbständig geführten Einzelkanzlei oder gemeinschaftlich in einer Sozietät praktizieren. Ebenso bestehen auch keine Bedenken, daß Rechts- oder Patentanwälte, die sich in einer Partnerschaft zusammengeschlossen haben, mit dem ratsuchenden Publikum nach Maßgabe der §§ 51a I BRAO; 45a I PatAnwO eine summenmäßige Haftungsbeschränkung vereinbaren, die nachfolgend unmittelbar im Vertragsverhältnis zwischen dem Mandanten und der rechtsfähigen Gesamthand Rechtswirkungen entfaltet.[73] Freilich würde eine derartige, direkt zugunsten der Partnerschaft ausbedungene Limitierung der Ersatzhaftung für schuldhaft verursachte Berufsfehler sodann über den Akzessorietätsgrundsatz – gleichermaßen „automatisch" – wiederum auch sämtlichen Partnern persönlich zugute kommen.[74]

Selbst in den übrigen freien Professionen, in denen berufsrechtliche Sonderregelungen bislang fehlen, wird man daneben keine stichhaltigen Bedenken gegen eine Haftungsbeschränkungsklausel vorbringen können, mittels derer die Ersatzhaftung der Partnerschaft für leicht fahrlässig herbeigeführte Berufsfehler (formular-)vertraglich auf den Betrag einer angemessenen, das voraussichtliche Schadensrisiko deckenden Berufshaftpflichtversicherungssumme limitiert wird.[75] Für diese Gesetzesinterpretation spricht dabei maßgeblich, daß die haftungsrechtliche Situation der Angehörigen der Freien Berufe gegenüber dem Rechtszustand vor Inkrafttreten des PartGG insgesamt eher verbessert werden sollte.[76]

Die Schwierigkeiten, für eine interprofessionell gebildete Partnerschaft eine summenmäßige Haftungsbegrenzung mit dem ratsuchenden Publikum zu verabreden (nach den Vorgaben welchen Berufsrechts?),[77] entsprechen dabei ansonsten exakt denjenigen in einer fachübergreifend zusammengesetzten Sozietät.[78] Demgemäß werden etwa die Partner einer zwischen Wirtschaftsprüfern, Steuerberatern und Rechtsanwälten gegründeten Partnerschaft mißliche Haftungsfolgen, die beim Einsatz vorformulierter Vertragsbedingungen aus den im Fahrlässigkeitsgrad weniger weit reichenden anwaltlichen Haftungsbeschränkungsbefugnissen zu resultieren drohen, im Ergebnis nur dadurch abwenden können, daß sie entweder die formularvertragliche Haftungsbeschränkung auf Höchstsummen stets mit einer formularvertraglichen Haftungskonzentration auf einen einzelnen Gesellschafter verknüpfen oder die Ersatzhaftung der Partnerschaft für berufliche Fehlleistungen über Mandatsbedingungen einheitlich nur für Fälle leichter Fahrlässigkeit auf Haftungshöchstsummen eingrenzen.

Im übrigen gilt es auch in diesem Kontext festzustellen, daß den assoziierten Berufsvertretern im Ergebnis praktisch gleichlautende Möglichkeiten, die Ersatzhaftung (formular-) vertraglich auf bestimmte Haftungshöchstsummen zu beschränken, ebenso in den übrigen

---

[73] Vgl. dazu *Ulmer/Habersack* in FS für Brandner (1996), 151 (156); *Arnold* in BB 1996, 597 (604); *Henssler*, Rn. 70 u. 72 zu § 8 PartGG.

[74] So richtig *Henssler* in FS für Vieregge (1995), 361 (376); *ders.*, Rn. 29 u. 69 zu § 8 PartGG; MünchHdbuchGesR I/*Seibert*, Rn. 23 zu § 37; *Krieger* in MedR 1995, 95 (97); *Ring*, Rn. 45 zu § 8 PartGG.

[75] So zutreffend *Henssler*, Rn. 72 zu § 8 PartGG.

[76] Ebenso *Henssler*, Rn. 71 zu § 8 PartGG.

[77] Vgl. dazu auch Meilicke/v.Westphalen/Hoffmann/Lenz-*v.Westphalen*, Rn. 108 f. zu § 8 PartGG; *Henssler*, Rn. 77 zu § 8 PartGG.

[78] Siehe diesbezüglich zur interprofessionellen Sozietät bereits oben Seite 261 f.

vorbehandelten Personengesellschaftstypen zustehen.[79] Auch insoweit ergeben sich aus Sicht der freiberuflich Tätigen also keine spezifischen Haftungsvorteile, die im Wettbewerb der verschiedenen Gesellschaftsformen gerade zugunsten einer gemeinsamen Berufsausübung in der Rechtsform der Partnerschaft sprechen könnten.[80]

Ein spürbarer, von den Berufstätigen nicht auszuräumender Nachteil der durch § 8 II, III PartGG eröffneten Gestaltungsspielräume besteht im weiteren schließlich darin, daß die danach möglichen personalen und/oder summenmäßigen Haftungsbeschränkungsabreden aufgrund ihres rechtsgeschäftlichen Charakters gegenüber bloß rechtsgeschäfts*ähnlich* konstituierten Dritthaftungstatbeständen zwangsläufig wirkungslos bleiben müssen.[81] So werden die bereits an anderer Stelle behandelten, durchaus praxisrelevanten Fallgruppen des Vertrags mit Schutzwirkung für Dritte bei gegenläufiger Interessenlage, der Garantieprospekthaftung und der quasi-vertraglichen Sachwalterhaftung aus culpa in contrahendo von vertraglichen Haftungsbegrenzungsregelungen ausnahmslos nicht berührt.[82] Hier müßten die assoziierten Freiberufler einem geschädigten Dritten also nach wie vor uneingeschränkt persönlich und gesamtschuldnerisch neben dem rechtsfähigen Partnerschaftsvermögen auf Ersatz des erlittenen Vermögensnachteils haften.

Daneben bleiben zudem schließlich die bereits in anderem Zusammenhang abgehandelten allgemeinen Schwierigkeiten bei der praktischen Durchsetzung vertraglicher Haftungsbegrenzungsabsprachen im Bereich freier Berufsausübung. So wird insbesondere eine von den Angehörigen der klassischen freien Professionen dem ratsuchenden Publikum angetragene Haftungsbegrenzungsvereinbarung nicht selten auf dessen Argwohn und spürbare Ablehnung stoßen, weil die Verabredung entsprechender Haftungsreduktionen dort bislang allgemein (noch) nicht verkehrsüblich ist. Auch der Abschluß individuell ausgehandelter Haftungsbeschränkungsverträge dürfte aufgrund der damit verbundenen Mühewaltung sowie der generellen Beweisschwierigkeiten allenfalls in Ausnahmesituationen als gangbarer Weg eines von den Berufstätigen angestrebten umfassenden Risikomanagements erscheinen. Daneben besteht allgemein die Gefahr, daß der zumeist wissensunterlegene Auftraggeber das ausnahmslos notwendige *ausdrückliche* Ansinnen einer rechtsgeschäftlichen Haftungsbeschränkung oftmals als verstohlenes Eingeständnis des Freiberuflers in eine fehlende eigene Berufskompetenz mißdeuten könnte.[83]

Nach alledem wird sich wohl nur schwerlich resümieren lassen, daß die speziell den Angehörigen der Freien Berufe vorbehaltene Rechtsform der Partnerschaft derzeit unter haftungsrechtlichen Aspekten erhebliche Rechtsvorteile gegenüber den übrigen, ansonsten

---

[79] Siehe dazu für eine Freiberufler-Sozietät bereits oben S. 212 f., S. 225 f., sowie S. 240 f.; für eine „Freiberufler-Personenhandelsgesellschaft" vgl. oben S. 345 ff. und S. 352.

[80] So auch *Feddersen/Meyer-Landrut*, Rn. 12 zu § 8 PartGG; *Mahnke* in WM 1996, 1029 (1036).

[81] So richtig *Stuber* in WiB 1994, 705 (709); *Feddersen/Meyer-Landrut*, Rn. 5 zu § 8 PartGG; *Sotiropoulos* in ZIP 1995, 1879 (1885); *Carl* in NWB 1995, Fach 18, 3421 (3428); *ders.*, S. 277; *Knoll/Schüppen* in DStR 1995, 646 (648); *Mahnke* in WM 1996, 1029 (1035); *Henssler*, Rn. 28 zu § 8 PartGG; unklar *Ulmer/Habersack* in FS für Brandner (1996), 151 (153); a. A. – ausschließliche Haftung nur des Handelnden auch in den Fällen der quasi-vertraglichen Dritthaftung – *Arnold* in BB 1996, 597 (603); ähnlich wohl auch MünchHdbuchGesR I/*Seibert*, Rn. 16 zu § 37; siehe dagegen aber bereits oben Seite 267 f.

[82] Vgl. hierzu schon eingehend oben Seite 263 ff. im Kontext mit der Freiberufler-Sozietät.

[83] Vgl. an dieser Stelle nur *Stuber* in WiB 1994, 705 (709); *Lenz* in MDR 1994, 741 (745); *Römermann*, S. 131 f.; siehe zu alldem im übrigen schon ausführlich oben Seite 254 f.

für eine zivilvertragliche Abwicklung freiberuflicher Dienstleistungen bereitstehenden Personengesellschaftstypen erkennen ließe.[84] Die Möglichkeiten einer vertraglichen Haftungsbegrenzung reichen, von kleineren Divergenzen im Punkte der vorformulierten Haftungskonzentration einmal abgesehen, bei der Partnerschaft kaum weiter als bei einer Sozietät oder bei einer „Freiberufler-OHG".

5. Die geplante Neufassung des § 8 II PartGG de lege ferenda

Ein merklicher Vorteil gegenüber den vorerwähnten Berufsausübungsgesellschaften könnte für die Partnerschaft zukünftig indes daraus resultieren, daß der Gesetzgeber die gegenwärtige, auf Vertrag gründende Haftungskonzentrationsregelung des § 8 II PartGG de lege ferenda durch eine gesellschaftsrechtliche, d. h. also eine kraft Rechtsform institutionell vorgegebene Bündelung der persönlichen Ersatzhaftung auf die tatsächlich handelnden Partner ersetzt. Eine solche gesellschaftsrechtliche Modifikation der Partnerschaft erwies sich während der vergangenen 12. Legislaturperiode als (noch) nicht konsensfähig, war aber seinerzeit bereits ins Auge gefaßt worden.[85]

Der auf dem Stand vom 17.3.1997 befindliche Referentenentwurf eines „Gesetzes zur Regelung der Anwaltsgesellschaft mit beschränkter Haftung"[86] sieht in Entsprechung dessen nunmehr in Art. 4 eine vollständige Neufassung des § 8 II PartGG folgenden Wortlauts vor: „*Waren nur einzelne Partner mit der Bearbeitung eines Auftrags befaßt, so haften nur sie gemäß Absatz 1 Satz 1 für berufliche Fehler neben der Partnerschaft; ausgenommen sind Bearbeitungsbeiträge von untergeordneter Bedeutung.*". Eine gleichlautende Gesetzesbestimmung ist nunmehr auch in Art. 6 des zwischenzeitlich unter dem 18.11.1997 vom Bundeskabinett verabschiedeten Regierungsentwurfs zur Regelung der „Anwalts-GmbH" enthalten.[87]

Die beabsichtigte Gesetzesänderung will damit auch in Zukunft unverändert an dem vorerwähnten Rechtsprinzip festhalten, wonach – neben dem rechtsfähigen Partnerschaftsvermögen – zumindest die an der konkreten Auftragsbearbeitung tatsächlich beteiligten Gesellschafter gegenüber dem jeweiligen Auftraggeber als Gesamtschuldner persönlich, unmittelbar und allenfalls auf bestimmte Haftungshöchstsummen beschränkbar für

---

[84] Ebenso *Stuber* in WiB 1994, 705 (709); *Lenz* in MDR 1994, 741 (745); *K. Schmidt* in NJW 1995, 1 (6); *Gerken* in Rpfl. 1995, 217 (218); *Henssler* in DB 1995, 1549 (1556); *ders.* in FS für Vieregge (1995), 361 (379); *ders.*, Rn. 25 Einf. zum PartGG; *Knoll/Schüppen* in DStR 1995, 646 (651); *Sotiropoulos* in ZIP 1995, 1879 (1885 f.); *Römermann*, S. 139 f.; *Wellensiek* in FS für Brandner (1996), 727 (744).

[85] Vgl. dazu *Gres* in der freie beruf 6/1994, 22 (24): „Sollte sich in der Praxis zeigen, daß die jetzt vorgesehenen Haftungskonzentrationsmöglichkeiten nicht ausreichen, wird in der nächsten (13.) Legislaturperiode über eine entsprechende Novellierung nachzudenken sein."; ebenso *ders.* vor dem Deutschen Bundestag; Stenographische Berichte, Plenarprotokoll 12/230, 20017 (A); letzteres zit. nach *Seibert*, S. 58; *ders.* in MünchHdbuchGesR I, Rn. 9 zu § 37; *Michalski/Römermann*, Rn. 6 zu § 8 PartGG; vgl. in diesem Sinne auch bereits die Forderung von *U. Müller* in FR 1995, 402 (406).

[86] Veröffentlicht in „Blick durch die Wirtschaft" v. 25.4.1997, Seite 10 (Teil 1); „Blick durch die Wirtschaft" v. 29.4.1997, Seite 9 (Teil 2) sowie auszugsweise (mit Begründung) in ZIP 1997, 1518 ff.

[87] Vgl. dazu die Veröffentlichung des Regierungsentwurfs in BR-Drucksache 1002/97, S. 10, mit diesbezüglicher Begründung, S. 22 f.

berufliche Fehlleistungen einzustehen haben. Damit wird sowohl im Referenten- wie auch im Regierungsentwurf zugleich weitergehenden rechtspolitischen Forderungen eine Absage erteilt, die zuvor auch für die Partnerschaft als Personengesellschaft eine kraft Rechtsform rein auf das Gesamthandsvermögen beschränkte, lediglich um den Abschluß einer obligatorischen Berufshaftpflichtversicherung ergänzte Haftung gegenüber dem ratsuchenden Publikum befürwortet hatten.[88]

Die so für Ersatzansprüche aus Schäden wegen fehlerhafter Berufsausübung konzipierte, rein gesellschaftsrechtliche Haftungsbündelung soll hiernach für die Zukunft also diejenigen Ergebnisse unmittelbar in das Gesetz transformieren, die sich auf dem Boden des geltenden Rechts schon bislang aus der zulässigen Verwendung einer abstrakten, allein auf die späterhin tatsächlich handelnden Partner bezogenen Haftungskonzentrationsklausel erzielen ließen.[89] Von dieser Warte aus gesehen dürfte mithin selbst eine derart institutionell ausgestaltete Handelndenhaftung für Berufsausübungsfehler kaum als untragbare und einseitige Zurücksetzung schutzwürdiger Auftraggeberinteressen erscheinen.

Auch hier bliebe es durchgehend dabei, daß ein geschädigter Vertragspartner – selbst in den praktisch eher seltenen Konstellationen einer vorübergehenden eigenen Ungewißheit über die Person des/der vormals im Zuge der Vertragserfüllung realiter tätig gewordenen

---

[88] Vgl. so etwa *Michalski* in ZIP 1993, 1210 (1214); *Busse* in AnwBl. 1997, 1 (2).
Eine solche institutionelle Haftungsbeschränkung auf eine in ihrem Bestand vollkommen ungesicherte gesamthänderische Vermögensmasse ist dem deutschen Personengesellschaftsrecht – auch in der Sonderform der sog. „echten" GmbH & Co. KG – bislang gänzlich fremd. Sie würde auch ersichtlich mit der aus dem Kapitalgesellschaftsrecht zu entnehmenden legislativen Grundsatzentscheidung kollidieren, daß eine isolierte Haftungsbeschränkung auf ein Gesellschaftsvermögen kraft Rechtsform nur dort in Betracht kommen kann, wo das Gesetz zugunsten der Gesellschaftsgläubiger zugleich umfassende Kapitalaufbringungs- und Kapitalerhaltungsvorschriften zur Sicherung wenigstens eines bestimmten Mindesthaftungsgrundstocks normiert; vgl. dazu auch bereits oben, Seite 208 in Fußnote 191. Ein vergleichbarer Mindestschutz für die Gläubigerseite läßt sich insoweit auch nicht dadurch erreichen, daß der erforderliche Haftungsgrundstock schlicht durch eine seitens der Partnerschaft kraft Gesetzes obligatorisch abzuschließende Berufshaftpflichtversicherung substituiert wird. Denn für einen geschädigten Auftraggeber – der im Haftpflichtfall ohnehin keinen unmittelbaren Direktanspruch gegen den Berufshaftpflichtversicherer hätte – ist letztlich nicht entscheidend die Pflicht zum Abschluß einer Berufshaftpflichtversicherung, auch nicht die bestehende Versicherung, sondern allein deren konkrete Leistungspflicht im Versicherungsfall; so richtig *Carl* in NWB 1995, Fach 18, 3421 (3427). Diese Eintrittspflicht kann aber – selbst bei einer Pflichtversicherung nach den §§ 158b ff. VVG – durchaus fehlen, etwa wenn der Versicherer den Ausschluß eines Deckungsschutzes in zulässiger Weise auch auf einen bewußten Pflichtenverstoß ausgedehnt hat; vgl. dazu nur Prölss/Martin-*Knappmann*, Anm. 6b) zu § 158c VVG i. V. m. Prölss/Martin-*Voit*, Anm. 3) zu § 152 VVG. Im übrigen bleibt zu bedenken, daß für eine Partnerschaft eine berufsgesetzliche Verpflichtung, einen *eigenen* Mindesthaftpflichtversicherungsschutz zu unterhalten, bislang lediglich im Bereich der Wirtschaftsprüfung und Steuerberatung besteht; siehe dazu schon oben Seite 394. Auf allen anderen freiberuflichen Sektoren, für die zum Teil nicht einmal ein eigenständiges Berufsrecht existiert, könnte eine solche *berufsrechtliche* Lösung ohnehin nicht in Betracht kommen. Soweit für die Partnerschaft aber eine gesetzliche Modifikation der Haftungslage kraft Rechtsform angestrebt wird, kann die danach allein gebotene *gesellschaftsrechtliche* Lösung zwangsläufig nur für alle freien Professionen einheitlich ausfallen. In diesem Fall kann freilich auf die weiter fortbestehende *persönliche* Ersatzhaftung auch der im Rahmen der konkreten Auftragsbearbeitung tatsächlich tätig gewordenen Partner schlechterdings nicht verzichtet werden.

[89] Ebenso *Jawansky* in DNotZ 1997, 938 (943).

Partner – im Ergebnis niemals einen materiellen Verlust der ihm insofern zustehenden Ersatzansprüche befürchten müßte. Eine gegenüber der Partnerschaft bewirkte Verjährungsunterbrechung würde über § 8 I 2 PartGG i. V. m. § 129 I HGB ohne weiteres auch gegenüber den mit ihrem jeweiligen Privatvermögen einstandspflichtig gebliebenen Gesellschaftern wirken.

Im Bedarfsfall wäre der Auftraggeber zudem stets imstande, durch eine (wenn nötig auch prozessuale) Verfolgung eines vertraglichen Auskunftsanspruchs den Namen der ihm – neben dem rechtsfähigen Gesamthandsvermögen – persönlich ersatzpflichtig gebliebenen Gesellschafter in Erfahrung zu bringen. Für eine diesbezüglich teilweise oder vollständig fehlerhafte Handelnden-Benennung würden die Partnerschaft und alle ihre Teilhaber wegen schuldhafter Verletzung einer vertraglichen Nebenpflicht überdies als Gesamtschuldner auf Erstattung sämtlicher Rechtsverfolgungskosten haften, die im weiteren Verlauf gegebenenfalls noch aus dem Vorgehen gegen die an der früheren Auftragsbearbeitung tatsächlich unbeteiligten Partner entstünden. Im Fall einer vollständigen Unaufklärbarkeit der vormals wirklich handelnden Partner könnte der Auftraggeber – in Übereinstimmung mit dem Grundprinzip des § 8 I 1 PartGG – schließlich unverändert auch sämtliche Gesellschafter persönlich auf Ausgleich des aus der fehlerhaften Berufsausübung erlittenen Schadens in Anspruch nehmen;[90] und für die Kosten eines daneben eventuell notwendigen Auskunftsprozesses bliebe es ohnehin bei einer gesamtschuldnerischen Einstandspflicht sowohl der rechtsfähigen Gesamthand als auch aller Partner mit ihrem Privatvermögen.[91]

Die Vorzüge, die für die assoziierten Freiberufler aus der nunmehr vom Gesetzgeber geplanten institutionellen Konzentration der persönlichen Ersatzhaftung allein auf die handelnden Partner fließen könnten, zeigen sich insbesondere in den problematischen, von der bislang geltenden vertraglichen Lösung nicht erfaßten rechtsgeschäfts*ähnlichen* Dritthaftungstatbeständen. Hier würde in den Fällen des Vertrags mit Schutzwirkung für Dritte bei gegenläufiger Interessenlage, der Garantieprospekthaftung sowie der freiberuflichen Sachwalterhaftung aus culpa in contrahendo zukünftig ausschließlich eine Einstandspflicht des bzw. der tatsächlich handelnden Partner mit ihrem Privatvermögen Platz greifen[92] – ein Vorteil, der in dieser Form ansonsten nicht einmal für eine „Freiberufler-

---

[90] Dabei läge im Ersatzprozeß die prozessuale Darlegungs- und Beweislast für eine eigene *Nicht*-Mitwirkung an der vormaligen gegenständlichen Auftragsbearbeitung auch in dieser Konstellation allein bei den assoziierten Freiberuflern, da sowohl die frühere Auswahl des tatsächlichen Mandatsbearbeiters wie auch die Dokumentation dieses internen Organisationsaktes allein dem exklusiven Gefahren- und Verantwortungsbereich des freiberuflichen Zusammenschlusses zuzurechnen wären; siehe dazu auch schon oben Seite 395 f. Für die Rechtspraxis bedeutet dies, daß die zur gemeinsamen Berufsausübung verbundenen Berufsvertreter bei einem non liquet, d. h. also bei einem zuvor ergebnislos gebliebenen Auskunftsverfahren über die Person des bzw. der verantwortlich tätig gewordenen Partner, den ihnen im Anschluß daran jeweils obliegenden Negativ-Beweis eines früheren persönlichen Nicht-Befaßtseins mit dem Auftrag praktisch niemals würden führen können. Auch hier bliebe es daher gemäß § 8 I 1 PartGG im Ergebnis sodann stets bei einer uneingeschränkten gesamtschuldnerischen Einstandspflicht sämtlicher Partner in persona.

[91] Vgl. zu alldem bereits eingehend oben Seite 394 f. unter ergänzendem Verweis auf die diesbezüglichen Ausführungen zur „Freiberufler-Personenhandelsgesellschaft" oben Seite 342 f. und zu einer Architekten- bzw. Ingenieur-Sozietät oben Seite 248 ff.

[92] Ebenso *Jawansky* in DNotZ 1997, 938 (942).

KG" existiert, da auch jener Rechtsform (trotz ihrer strukturellen Haftungsvorteile für den Kommanditisten) eine kraft Gesetzes vorgegebene Bündelung der persönlichen Ersatzhaftung auf einzelne Gesellschafter von vornherein unbekannt ist.

Daneben entfiele für die freiberuflich Tätigen bei einer gemeinsamen partnerschaftlichen Berufsausübung fortan auch generell die Notwendigkeit, anläßlich des Vertragsschlusses das besondere Vertrauensverhältnis, welches zum ratsuchenden Publikum hin oftmals besteht, mit dem ausdrücklichen Ersuchen um eine personale Haftungsbündelung belasten zu müssen. Dieser Vorteil würde sich künftig voraussichtlich insbesondere in denjenigen freiberuflichen Sparten positiv auswirken, in denen der Einsatz von vertraglichen Haftungsbegrenzungsklauseln wie bei niedergelassenen Ärzten oder Rechtsanwälten bislang generell nicht verkehrsüblich ist.

Ein weiteres Plus ergäbe sich aus der Warte der Berufstätigen speziell für den Sachkomplex einer interprofessionellen partnerschaftlichen Kooperation zwischen Rechtsanwälten und den Angehörigen der entstehungsgeschichtlich jüngeren freien Professionen der Wirtschaftsprüfer und Steuerberater. Denn eine institutionelle personale Ersatzhaftungsbündelung würde hier praktisch von selbst einen „automatischen" Anwendungsvorrang des § 8 II PartGG gegenüber den lediglich eine vertragliche Haftungskonzentration regelnden §§ 51a II 2, 3 BRAO; 45a II 2, 3 PatAnwO zur Folge haben, so daß die betreffenden Berufsgruppen bei einer gemeinschaftlichen Berufsausübung in einer Partnerschaft fortan nicht mehr zusätzlich auch die strengen formellen Anforderungen beachten müßten, die das anwaltliche Berufsrecht einheitlich an eine mittels vorformulierter Vertragsbedingungen bewirkte Bündelung der persönlichen Ersatzhaftung in einer Personengesellschaft stellt.[93]

---

[93] Nach der ursprünglichen Fassung des Referentenentwurfs zur Regelung der „Anwalts-GmbH" sollte den §§ 51a II BRAO, 45a II PatAnwO in diesem Zusammenhang jeweils noch folgender Satz 4 angefügt werden: „*Die Vorschrift des § 8 II PartGG bleibt unberührt.*"; vgl. dazu die entsprechende Dokumentation in „Blick durch die Wirtschaft" vom 25.4.1997, S. 10, sowie vom 29.4.1997, S. 9. Diese Zusätze sollten augenscheinlich den notwendigen legislatorischen Eingriff bilden, der nach diesseitiger Auffassung (siehe dazu schon oben Seite 401) erforderlich ist, um den vom Normgeber gewünschten Anwendungsvorrang des § 8 II PartGG gegenüber den vertraglichen Haftungskonzentrationsvorschriften des anwaltlichen Berufsrechts im Sinne einer Abweichung von § 1 III PartGG anzuordnen.

Doch bedarf es eines solchen gesetzlichen Ausspruchs richtiger Ansicht nach schon gar nicht mehr, wenn die bislang eine vertragliche Haftungskonzentration regelnde Vorschrift des 8 II PartGG parallel dazu ohnehin so gefaßt werden soll, daß sie für Ansprüche aus Schäden wegen fehlerhafter Berufsausübung in Zukunft bereits vorab eine institutionelle personale Haftungsbündelung auf die tatsächlich handelnden Partner festlegt. Denn ein weiterhin auflösungsbedürftiges echtes Konkurrenzverhältnis würde – wie soeben im Text ausgeführt – zwischen den verschiedenen Haftungskonzentrationsvorschriften aufgrund der alsdann jeweils unterschiedlich gearteten Regelungsbereiche – einmal vorab institutionelle Ersatzhaftungsbündelung (Partnerschaft), das andere Mal lediglich vertragliche Ersatzhaftungsbündelung (anwaltliches Berufsrecht) – fortan schließlich ohnehin nicht mehr bestehen; wie hier auch *Römermann* in GmbHR 1997, 530 (536); a. A. demgegenüber *Henssler* in ZIP 1997, 1481 (1490), wonach die Regelung des § 51a II 1 BRAO aufgrund der dort angeordneten, auch für die Partnerschaft geltenden gesamtschuldnerischen Haftung aller Sozietätsmitglieder ansonsten über § 1 III PartGG auch zukünftig der beabsichtigten gesetzlichen Haftungskonzentration nach § 8 II PartGG n. F. vorgehen könnte. Der am 18.11.1997 vorgelegte Regierungsentwurf zur Regelung der „Anwalts-GmbH" verzichtet nun freilich ersatzlos auf die Anfügung eines entsprechenden Satzes 4 in

Darüber hinaus wären die assoziierten Berufsvertreter im Rahmen einer schon institutionell durch die Rechtsform vorgegebenen Haftungskonzentration fortan auch im Verhältnis untereinander der Sorge entledigt, daß die an der konkreten Auftragsbearbeitung unbeteiligten Partner einen Ausschluß ihrer persönlichen Ersatzhaftung wegen Schäden aus fehlerhafter Berufsausübung tatsächlich nur dann erreichen können, wenn die anläßlich des Vertragsschlusses agierenden Mitgesellschafter zu diesem Zeitpunkt auch wirklich eine vertragliche Bündelung der Sekundärhaftung mit dem ratsuchenden Publikum vereinbaren.[94]

Der im Referenten- wie im Regierungsentwurf enthaltene Passus, wonach Bearbeitungsbeiträge von untergeordneter Bedeutung nachfolgend keine Handelndenhaftung gegenüber der Auftraggeberseite auslösen sollen, stellt im übrigen klar, daß zum Beispiel eine bloß vorübergehende Urlaubs- oder Krankheitsvertretung ohne eine zwischenzeitlich sachlich gebotene Auftragsbearbeitung mangels eigener „Tatherrschaft" vernünftigerweise keine persönliche Einstandspflicht des betreffenden Partners im Verhältnis zum ratsuchenden Publikum zur Folge haben kann.[95]

Fraglich scheint in diesem Kontext jedoch, ob auch die konsiliarische Beiziehung eines weiteren Partners gegebenenfalls noch als ein untergeordneter Bearbeitungsbeitrag im Sinne jener Geringfügigkeitsklausel eingestuft werden kann, welcher in der Folge keine eigene persönliche Ersatzhaftung des beigezogenen Konsiliarius auslöst.[96]

Diesbezüglich dürfte allgemein zu bedenken sein, daß eines der wesentlichen Motive, sich zur gemeinsamen Berufsausübung in einer Gesellschaft zu verbinden, für die Angehörigen der freien Professionen auch heute noch darin besteht, im Verhältnis untereinander eine effektive arbeitsteilige Kooperation sowie eine effiziente gegenseitige Vertretung zu ermöglichen. Diese Zielsetzung einer erleichterten wechselseitigen Unterstützung und Beistandsleistung würde – unabhängig von der im einzelnen gewählten Rechtsform – jedoch generell über Gebühr beschränkt, wollte man im konkreten Einzelfall selbst solche Bearbeitungsbeiträge, die für den später sichtbar gewordenen Berufsfehler ganz und gar unbedeutend waren, pauschal ausreichen lassen, um daran sogleich unbesehen eine persönliche Schadensersatzhaftung auch der insoweit tätig gewordenen Berufsvertreter anzuknüpfen. Diese Erwägung prinzipieller Natur spricht grundsätzlich gegen eine allzu re-

---

den §§ 51a II BRAO, 45a II PatAnwO. Die legislative Abstandnahme von einer solchen Regelung zeigt, daß inzwischen offenbar auch der Gesetzgeber – ganz im Einklang mit der hier vertretenen Auffassung – eine derartige Ergänzung für überflüssig erachtet, sofern die Vorschrift des § 8 II PartGG ohnedies dahin umgestaltet werden soll, daß sie de lege ferenda eine institutionelle Bündelung der persönlichen Ersatzhaftung auf die handelnden Partner ausspricht.

94 So zutreffend *Henssler* in ZIP 1997, 1481 (1489).

95 Im übrigen dürfte die Definition des Tatbestandsmerkmals „untergeordnete Bedeutung" in der rechtswissenschaftlichen Diskussion der nächsten Jahre sicherlich eine wichtige Rolle einnehmen, bis von der Judikatur schließlich einigermaßen handhabbare und verläßliche Kriterien zur Bestimmung eines nachrangigen, keine persönliche Einstandspflicht auslösenden Bearbeitungsbeitrags entwickelt worden sind; vgl. so auch die Einschätzung von *Römermann* in GmbHR 1997, 530 (537).

96 Dies verneinend etwa die einschlägige Beschlußempfehlung des federführenden Rechtsausschusses und des Finanzausschusses auf seiten Bundesrates vom 27.1.1998; vgl. dazu die entsprechende Ausschußempfehlung zum Entwurf eines Gesetzes zur Änderung der Bundesrechtsanwaltsordnung, der Patentanwaltsordnung und anderer Gesetze, BR-Drucksache 1002/1/97, S. 7 f.

striktive Interpretation der vorgesehenen Geringfügigkeitsklausel im Rahmen der nunmehr bei der Partnerschaft beabsichtigten gesetzlichen Haftungskonzentration.

Ein gegenseitiger Meinungsaustausch unter den Berufstätigen, der während der konkreten Auftragsbearbeitung erfahrungsgemäß des öfteren erforderlich werden kann und sodann zumeist auch im direkten Interesse des Mandanten liegt, droht daher durch eine zu engherzige Begriffsbestimmung des persönlichen „Befaßt-Seins" innerhalb einer Partnerschaft ohne Not negativ belastet zu werden, wenn ein Partner in diesem Kontext stets sofort und einschränkungslos mit dem Risiko einer unmittelbaren persönlichen Außenhaftung konfrontiert würde. Hier besteht die Gefahr, daß sich die betreffenden Gesellschafter auf diese Weise statt dessen sogar umgekehrt dazu veranlaßt sehen könnten, von bislang kanzlei-intern praktizierten Sicherungsmaßnahmen (wie z. B. dem „Vier-Augen-Prinzip") vollends Abstand zu nehmen, um auf diesem Wege nicht in Zukunft der Gefahr einer weitreichenden persönlichen Ersatzpflicht für die Berufsfehler der jeweils anderen, um Rat nachsuchenden Partner ausgesetzt zu sein.[97]

Zur Vermeidung solch kontraproduktiver Auslegungsergebnisse liegt es folglich nahe, für eine Partnerschaft auch de lege ferenda im Grundsatz eine eher maßvolle Auslegung der einschlägigen Haftungskonzentrationsvorschrift zu favorisieren. Zumindest für solche nachrangigen Bearbeitungsbeiträge, die nach der allgemeinen „condicio sine qua non"-Formel hinweggedacht werden können, ohne daß der die Ersatzpflicht auslösende Berufsfehler in concreto entfiele, wird eine persönliche Ersatzpflicht des handelnden Partners daher regelmäßig auszuscheiden haben, wenn dieser, etwa in seiner Funktion als bloßer Urlaubs- oder Krankheitsvertreter, daneben auch sonst keinerlei sachlich begründeten Anlaß hatte, das Mandat inhaltlich zu bearbeiten oder die Arbeit des vertretenen Kollegen näher auf ihre sachliche Ordnungsgemäßheit hin zu überprüfen.

Die Grenze zur Handelndenhaftung dürfte innerhalb einer Partnerschaft somit auch künftig allgemein erst dann überschritten sein, falls der Bearbeitungsbeitrag eines Gesellschafters den Berufsfehler selbst mitgesetzt hat.[98] Eine lediglich konsiliarische Beiziehung eines weiteren geschäftsführenden Partners sollte dessen persönliche Ersatzpflicht gegenüber dem ratsuchenden Publikum hingegen nur begründen, wenn seine Unterstützungsleistung über eine bloß periphere Mitwirkung, die auf am Rande mitbetroffene Berufsfelder beschränkt blieb, spürbar hinausgegangen ist und sich statt dessen auch auf wesentliche Teilkomplexe der eigentlichen Mandatsbearbeitung erstreckt hat.

Alles in allem zeigt sich somit, daß die geplante Neufassung des § 8 II PartGG vom Standpunkt der Berufstätigen aus betrachtet eine erhebliche Verbesserung der freiberuflichen Haftungslage bei einer gemeinsamen Berufsausübung in der Rechtsform der Partnerschaft bedeuten würde.[99] Die dort bestehende Haftungssituation würde insbesondere im Vergleich zu den vorbehandelten Personengesellschaftstypen der Sozietät und der „Freibe-

---

[97] So richtig *Henssler* in ZIP 1997, 1481 (1490).

[98] Vgl. so auch die in der Begründung des Referentenentwurfs zu § 8 II PartGG n. F. gezogene Trennungslinie zwischen einem haftungsauslösendem und einem haftungsrechtlich irrelevanten Verursachungsbeitrag; siehe dazu die entsprechende Dokumentation in ZIP 1997, 1518 (1523); siehe ebenso nunmehr auch die einschlägige Begründung in dem zwischenzeitlich am 18.11.1997 vom Bundeskabinett verabschiedeten Regierungsentwurf eines Gesetzes zur Änderung der Bundesrechtsanwaltsordnung, der Patentanwaltsordnung und anderer Gesetze, BR-Drucksache 1002/97, S. 22.

[99] So auch die Einschätzung von *Römermann* in NZG 1998, 81 (83).

rufler-OHG" eine entscheidende Attraktivitätssteigerung erfahren und in diesem Punkt zweifellos eine strukturelle Überlegenheit und damit eine generelle Vorzugswürdigkeit der partnerschaftlichen Rechtsform bewirken.

Selbst im Verhältnis zur „Freiberufler-KG" erwiese sich die institutionelle Bündelung der persönlichen Ersatzhaftung ausschließlich auf die tatsächlich an der konkreten Auftragsbearbeitung mitwirkenden Partner als ein neuartiger, bislang unbekannter haftungsrechtlicher Vorteil. Den Teilhabern einer freiberuflichen Partnerschaft bliebe hiernach allein das Privileg vorenthalten, daß die an sich den Gewerbetreibenden zugedachte personengesellschaftliche Rechtsform der KG einem beteiligten Kommanditisten als Spezifikum schon kraft Gesetzes eine summenmäßige Limitierung seiner persönlichen Haftung auf den Betrag einer im Handelsregister eingetragenen Kommanditeinlage erlaubt. Doch wiegt dieser Nachteil im Vergleich nicht gar so schwer, bedenkt man, daß die Partner in Anlehnung an § 8 III PartGG immerhin allgemein dazu berechtigt sind, mittels vorformulierter Vertragsbedingungen auch unmittelbar im Vertragsverhältnis zwischen der Partnerschaft und dem jeweiligen Auftraggeber eine summenmäßige Begrenzung der Ersatzhaftung für leicht fahrlässig verursachte Berufsfehler auf einen Betrag zu vereinbaren, der das voraussichtliche Schadensrisiko deckt und von einer obligatorisch abzuschließenden Berufshaftpflichtversicherung in gleicher Höhe flankiert wird.

Auf der Grundlage der im Referenten- und im Regierungsentwurf enthaltenen Neufassung des § 8 II PartGG kann der Partnerschaft für die Zukunft daher im Ergebnis unbedenklich eine spürbar gesteigerte haftungsrechtliche Attraktivität attestiert werden, die so in ihrem Grundtypus von keiner anderen personengesellschaftlichen Rechtsform erreicht wird.

Abzuwarten bleibt allerdings, ob sich die angedachte grundlegende Umgestaltung der Haftungskonzentrationsvorschrift des § 8 II PartGG nun nachfolgend auch im (noch laufenden) Gesetzgebungsverfahren erfolgreich wird behaupten können. Immerhin geht auf seiten des Bundesrates die diesbezügliche Empfehlung des federführenden Rechtsausschusses und des Finanzausschusses übereinstimmend dahin, die geplante Neufassung des § 8 II PartGG wegen einer befürchteten unangemessenen Zurücksetzung der Auftraggeberinteressen wieder vollständig und ersatzlos aus dem Regierungsentwurf zur Regelung der „Anwalts-GmbH" zu streichen.[100]

[100] Vgl. dazu die entsprechende, unter dem 27.1.1998 abgegebene Empfehlung des Rechts- und des Finanzausschusses gegenüber dem Bundesrat betreffend den Regierungsentwurf eines Gesetzes zur Änderung der Bundesrechtsanwaltsordnung, der Patentanwaltsordnung und anderer Gesetze, BR-Drucksache 1002/1/97, S. 6 ff., in der unter anderem ausgeführt wird: „... Es ist das Prinzip der Personengesellschaft, daß alle Gesellschafter mit ihrem Vermögen für die Schulden der Gesellschaft haften. (...) Die Haftung nur eines Gesellschafters entspricht nicht dem Bild der Personengesellschaft."

II. Die steuerrechtlichen Folgen einer freien Berufsausübung in der Partnerschaft

Aus steuerrechtlicher Sicht ist festzuhalten, daß die Abwicklung freiberuflicher Leistungen über eine Partnerschaft ausnahmslos denselben Besteuerungsregeln folgt wie sie auch für eine Freiberufler-Sozietät gelten.[101]

Die einkommensteuerliche Abgrenzung zwischen freiberuflicher und gewerblicher Betätigung wird durch die Eintragung einer Partnerschaft in das Partnerschaftsregister nicht präjudiziert.[102] Zwar gilt für die Partnerschaft ebenso wie für eine Freiberufler-Sozietät, daß sie nicht bereits kraft ihrer Rechtsform gewerbesteuerpflichtig ist, sondern bei den Gesellschaftern in der Regel nur Einkünfte aus selbständiger Arbeit nach § 18 I Nr. 1 EStG anfallen.[103] Aber die Anwendbarkeit der gesetzlichen Teilfiktion des § 15 III Nr. 1 EStG auf jene neuartige, spezifisch den Angehörigen der Freien Berufe vorbehaltene personengesellschaftliche Rechtsform hat – in verfassungsrechtlich haltbarer Weise – auch hier zur Folge, daß jede noch so geringfügige gewerbliche Betätigung das gesamte wirtschaftliche Ergebnis der Partnerschaft in Einkünfte aus Gewerbebetrieb umqualifiziert und einheitlich der Gewerbesteuer unterfallen läßt (sog. Abfärbetheorie).[104]

Unter Hinweis auf die Formulierung in § 1 I 2 PartGG ist zwar vereinzelt dahin argumentiert worden, die dort postulierte „Nichtgewerblichkeit kraft Rechtsform" habe zur Folge, daß nur untergeordnete gewerbliche Tätigkeiten nicht zu einer Infizierung der gesamten Einnahmen einer Partnerschaft als gewerblich führen könnten.[105] Dieser Einschätzung steht jedoch entgegen, daß sich der handels- und der steuerrechtliche Gewerbebegriff nicht vollständig decken, so daß die Tatsache, wonach die Partnerschaft gemäß § 1 I 2 PartGG kein Handelsgewerbe ausübt, steuerlich irrelevant ist und daher in einem konkreten Einzelfall keinesfalls vor einer vollständigen Veranlagung sämtlicher Einnahmen zur Gewerbesteuer schützen kann.[106]

---

[101] Allg. Meinung; vgl. nur Blümich-*Hutter*, Rn. 73 zu § 18 EStG; *Lenz* in MDR 1994, 741 (746); *Stehle* in FS der Berufsakademie Villingen-Schwenningen (1995), 458 (469); *Henssler* in DB 1995, 1549 (1555); *ders.* in FS für Vieregge (1995), 361; *Korn* in DStR 1995, 1249 (1253); *Schirmer* in MedR 1995, 341 (345); *Mahnke* in WM 1996, 1029 (1036); *Vorbrugg/Salzmann* in AnwBl. 1996, 129 (134); *Wellensiek* in FS für Brandner (1996), 727 (744); siehe zur steuerrechtlichen Behandlung einer Freiberufler-Sozietät bereits oben Seite 353 f.

[102] Vgl. so schon der Regierungsentwurf zur Schaffung des PartGG, BT-Drucksache 12/6152, S. 10; *Hornung* in Rpfl. 1995, 481 (483); *Maaßen*, S. 30 in Rn. 120.

[103] Allg. Meinung; vgl. nur *Seibert*, S. 44; *Siepmann* in FR 1995, 601 (602); *Kupfer* in KÖSDI 1995, 10130 (10137); *Bayer/Imberger* in DZWiR 1995, 177 (182); *Heidel/Pauly*, Rn. 157 zu § 1.

[104] Vgl. dazu nur Stucken in WiB 1994, 744 (747); *Kupfer* in KÖSDI 1995, 10130 (10137); *Siepmann* in FR 1995, 601 (602); *Gail/Overlack* (steuerrechtlicher Teil), S. 24; Meilicke/v.Westphalen/Hoffmann/Lenz-*Lenz*, Rn. 79 zu § 1 PartGG; *Henssler*, Rn. 17 Einf zum PartGG; siehe zu den Ergebnissen und der verfassungsrechtlichen Haltbarkeit der Abfärbetheorie bei der steuerlichen Behandlung von Personengesellschaften im übrigen bereits ausführlich oben Seite 362 ff.

[105] So *Knoll/Schüppen* in DStR 1995, 608 (613); *Heidel/Pauly*, Rn. 161 f. zu § 1.

[106] So zutreffend *Burret* in WPK-Mitt. 1994, 201 (203); *K. Schmidt* in NJW 1995, 1 (3); *Müller* in FR 1995, 402 (403); *Meyer-Landrut/Feddersen*, Rn. 8 zu § 1 PartGG; siehe dazu auch schon oben Seite 363 f. in Fußnote 230.

Gleichwohl ist zu konstatieren, daß die Partnerschaft – ähnlich der Sozietät – für die Angehörigen der freien Professionen gerade gegenüber einer „Freiberufler-Personenhandelsgesellschaft" unzweifelhaft als die steuerlich überlegene und vorzugswürdige Rechtsform zur Erbringung freiberuflicher Dienstleistungen erscheinen muß. Denn während eine „Freiberufler-OHG/KG" – kraft des ihr aus handelsrechtlicher Sicht denknotwendig anhaftenden Junktims zwischen freiberuflicher und gewerblicher Betätigung – über § 15 III Nr. 1 EStG binnen kurzem unweigerlich *stets* und wegen ihrer *gesamten* Einkünfte mit der Gewerbesteuerpflicht belegt wird,[107] bleibt es für die Partnerschaft im allgemeinen bei dem rechtlichen Grundprinzip einer umfassenden Gewerbesteuerfreiheit.

Abschließend rechtfertigt sich unter dem Blickwinkel des Steuerrechts somit die Feststellung, daß die Partnerschaft der Sozietät hier vollends ebenbürtig ist und in jedem Fall gravierende strukturelle Vorteile gegenüber den Personenhandelsgesellschaften erkennen läßt. Im Vergleich zu den übrigen Personengesellschaftstypen ist der neuartigen, spezifisch freiberuflichen Rechtsform folgerichtig auch steuerrechtlich ohne weiteres eine hervorgehobene Anziehungskraft zuzusprechen.

III. Die sonstigen Vor- und Nachteile einer Partnerschaft im Verhältnis zu den anderen Personengesellschaftstypen

1. Allgemeine rechtliche Strukturmerkmale

Unter den übrigen Entscheidungskriterien, die bei der Wahl der geeigneten Rechtsform daneben im Einzelfall mitunter noch relevant werden können, steht zunächst sicherlich die aus zivilrechtlicher Sicht zu bejahende vollständige eigene Rechtsfähigkeit der Partnerschaft im Vordergrund. Der Umstand, daß jene speziell den Angehörigen der Freien Berufe vorbehaltene Gesellschaftsform als freiberufliche „Schwesterfigur zur OHG" über eine eigene Partei-, Prozeß-, Namens-, Delikts-, Konkurs-, Vergleichs- und Registerfähigkeit verfügt,[108] läßt sie insbesondere im Verhältnis zur BGB-Gesellschaft als leistungsfähigere Rechtsform erscheinen.

Auf diese Weise sind bisweilen fraglos gewisse Rationalisierungseffekte zu erzielen, so daß etwa ein Wechsel im Gesellschafterbestand nicht automatisch eine Grundbuchberichtigung erfordert, falls zum Partnerschaftsvermögen auch Grundbesitz gehört.[109] Des weiteren ergeben sich für einen Teilhaber im Falle seines Ausscheidens aus der Partnerschaft bestimmte Vorteile, weil er sich hier die Registerpublizität des Partnerschaftsregisters zunutze machen kann, um gegenüber dem ratsuchenden Publikum durch Eintragung seines genauen Austrittszeitpunkts eine besser kalkulierbare Begrenzung seiner (Nach-) Haftungsrisiken herbeizuführen (§ 5 II PartGG i. V. m. § 15 II HGB).[110]

---

107 Siehe dazu bereits eingehend oben Seite 372 f.

108 Vgl. nur *Kupfer* in KÖSDI 1995, 10130 (10131); *Sauren/Haritz* in MDR 1996, 109 (113); *Vorbrugg/Salzmann* in AnwBl. 1996, 129 (134); *Nießen*, S. 156; *Henssler*, Rn. 7 Einf zum PartGG.

109 Vgl. nur *Henssler* in DB 1995, 1549 (1552).

110 Vgl. zu den diesbezüglich für eine Freiberufler-Sozietät bestehenden Komplikationen bereits oben Seite 376 f.

Den Vorteilen der Partnerschaft, wie sie aufgrund der eigenen Registerfähigkeit hiernach gerade im Verhältnis zur Freiberufler-Sozietät bestehen, sind im Ergebnis freilich auch Grenzen gesetzt. So kann beispielsweise die werbewirksame Aufnahme sog. Scheinpartner in den Briefkopf einer Partnerschaft – ebenso wie bei einer „Freiberufler-OHG/KG“ – auch hier nicht dazu führen, daß der im Innenverhältnis lediglich angestellte Mitarbeiter in einem anschließenden Haftpflichtfall mit Erfolg einen registerrechtlich abweichenden Gesellschafterbestand einwenden könnte. Denn in Übereinstimmung mit dem handelsrechtlichen Grundsatz, daß sich derjenige, der im Geschäftsverkehr als Gesellschafter einer Personenhandelsgesellschaft auftritt, unabhängig vom Registerinhalt nachfolgend auch an dem so von ihm gesetzten Erklärungstatbestand festhalten lassen muß,[111] besteht hier aus Sicht des ratsuchenden Publikums eine vergleichbar schutzwürdige Erwartungshaltung dahin, daß der im Briefkopf aufgeführte Scheinpartner kraft des selbstverantwortlich gesetzten Rechtsscheins auch im Außenverhältnis unmittelbar zur Vertragserfüllung und gegebenenfalls – bei einer eigenen Beteiligung an der tatsächlichen Auftragsbearbeitung – auch zum Schadensersatz verpflichtet ist.[112]

Daneben läßt sich als weiterer Vorteil gegenüber der Freiberufler-Sozietät die Tatsache anführen, daß die Partnerschaft schon von Gesetzes wegen über eine vergleichsweise stärker verfestigte rechtliche Binnenstruktur verfügt, so daß hier eine gesellschaftsvertragliche Abweichung vom gesetzlich vorgesehenen internen Organisationsgefüge in relativ geringerem Maße notwendig ist. Die Partnerschaft geht insofern bereits normativ vom Grundprinzip einer jeweiligen Einzelgeschäftsführungs- und Vertretungsbefugnis der Partner aus;[113] eine Regelung, die so zumindest für Mandate im normalen Geschäftsgang als die allein praktikable und angemessene Lösung erscheint. Des weiteren ordnet § 9 II PartGG für die Fälle der Kündigung und des Todes eines Gesellschafters, der Eröffnung des Konkursverfahrens über sein Privatvermögen sowie der Kündigung seitens eines seiner Privatgläubiger schon vorab ein Ausscheiden nur des betreffenden Partners aus der Gesellschaft unter gleichzeitigem Fortbestand der Partnerschaft im übrigen an. Damit trägt die partnerschaftliche Gesetzesregelung – anders als das Recht der BGB-Gesellschaft[114] – von vornherein dem Umstand Rechnung, daß mittlerweile auch im freiberuflichen Sektor in der Rechtspraxis das Prinzip des „Ausscheidens statt der Auflösung“ unbedingt vorherrscht und die Berufstätigen eine andernfalls drohende Einstellung des gesamten Praxisbetriebs allgemein zu vermeiden suchen.[115]

Speziell im Verhältnis zur „Freiberufler-OHG/KG“ dürfte die Partnerschaft zudem, insbesondere aus der Sicht zahlenmäßig kleinerer und überschaubarer Verbindungen, den Vorteil aufweisen, daß sie – weil keine Handelsgesellschaft – nicht schon kraft Rechtsform

---

[111] Vgl. BGHZ 17, 13 (13 u. 15); 61, 59 (64 f.); siehe dazu auch schon oben, Seite 377 f.

[112] So richtig *Henssler* in FS für Vieregge (1995), 361 (367 f.); *ders.*, Rn. 25 zu § 8 PartGG; MünchKommBGB-*Ulmer*, Rn. 13 zu § 8 PartGG; offen *Vorbrugg/Salzmann* in AnwBl. 1996, 129 (134); a. A. – allerdings unter Vernachlässigung der diesbezüglich einschlägigen, unter Vertrauensschutzgesichtspunkten analog anwendbaren handelsrechtlichen Judikatur – offenbar *Carl* in NWB 1995, Fach 18, 3421 (3428); *ders.*, S. 278.

[113] Vgl. dazu § 6 III PartGG i. V. m. § 115 I HGB; § 7 III PartGG i. V. m. § 125 I HGB.

[114] Siehe dazu bereits näher oben Seite 378 ff.

[115] Siehe nur *Kupfer* in KÖSDI 1995, 10130 (10136).

zur kaufmännischen Rechnungslegung nach den §§ 238 ff, 242 ff. HGB verpflichtet ist.[116] Dadurch verbleibt es – neben einem unter Umständen geringeren buchführungstechnischen Aufwand – für die neue Gesellschaftsform auch auf steuerlichem Gebiet bei vergleichsweise weiter reichenden Gestaltungsspielräumen, da eine Gewinnermittlung hier statt durch Betriebsvermögensvergleich (§ 4 I EStG) – ebenso wie bei der Sozietät – auch durch einfache Überschußrechnung (§ 4 III EStG) vorgenommen werden kann.[117]

Die sonstigen juristischen Strukturmerkmale, die im Rahmen einer Rechtsformwahl neben den haftungs- und steuerrechtlichen Kriterien mitunter ebenfalls bedeutsam werden können, lassen bei abschließender Betrachtung somit durchaus gewisse Vorteile der Partnerschaft gegenüber den bereits behandelten Personengesellschaftstypen der Sozietät und der „Freiberufler-OHG/KG" erkennen. Speziell im Verhältnis zur Sozietät verfügt die Partnerschaft über den Vorzug einer uneingeschränkten eigenen Zivilrechtsfähigkeit und über eine verhältnismäßig stärker ausgeprägte rechtliche Binnenstabilität, während gegenüber einer „Freiberufler-OHG/KG" andererseits vor allem die fehlende Pflicht zur kaufmännischen Bilanzierung und Rechnungslegung sowie die damit einhergehenden größeren Möglichkeiten einer flexiblen steuerlichen Gewinnermittlung ins Gewicht fallen.

2. Die interprofessionell zusammengesetzte Partnerschaft

Eine erhebliche praktische Bedeutung dürfte – nicht zuletzt wegen der damit oftmals verbundenen Wettbewerbsvorteile – aus Sicht der freiberuflich Tätigen schließlich auch der Frage zukommen, in welchem Umfang die neuartige Rechtsform der Partnerschaft für eine fachübergreifende gemeinschaftliche Berufsausübung verschiedener freier Professionen zur Verfügung steht.

Dabei gilt es für den heilkundlichen Sektor zunächst festzuhalten, daß die §§ 23, 23a der ärztlichen Musterberufsordnung (MBO) 1995 und Kapitel D. II. Nr. 7 ff. der MBO 1997 unproblematisch sowohl den Betrieb einer fachübergreifend gebildeten Ärzte-Partnerschaft wie auch – als sog. medizinische Kooperationsgemeinschaft – den Betrieb einer interprofessionellen Partnerschaft zwischen Medizinern und den Angehörigen anderer freier Heil(hilfs-)berufe ermöglichen, falls diese in ihrer Verbindung mit dem Arzt einen gleichgerichteten oder integrierenden diagnostischen oder therapeutischen Zweck bei der Heilbehandlung einschließlich der Prävention und der Rehabilitation erfüllen können.[118]

Ähnlich weit reichen an sich auch die Möglichkeiten einer interprofessionellen partnerschaftlichen Kooperation im Bereich der freien Konstruktionsberufe. Hier existieren in den einzelnen Landesgesetzen zumeist keine besonderen Bestimmungen, die eine gemein-

---

[116] Vgl. dazu nur *Kupfer* in KÖSDI 1995, 10130 (10137); *Seibert* in PatAnwMitt. 1996, 107 (110 f.); *Henssler*, Rn. 20 Einf zum PartGG.

[117] Vgl. zu den daraus resultierenden Möglichkeiten einer zeitlichen Gewinnverschiebung hier nur *Sommer* in GmbHR 1995, 249 (256); *Gail/Overlack* (steuerrechtlicher Teil), S. 6; siehe dazu im übrigen auch bereits oben Seite 380.

[118] Vgl. dazu den entsprechenden Abdruck der MBO 1995 in DÄBl. 1996, Teil A, S. 407 ff., und der MBO 1997 in NJW 1997, 3076 ff.; siehe ferner nur *Bösert/Braun/Jochem*, S. 110 ff.; *Henssler*, Rn. 125 ff. zu § 1 PartGG; vgl. zum Ganzen auch bereits näher oben im 1. Teil, Seite 136 ff.

same Berufsausübung zwischen freischaffenden Architekten und (beratenden) Ingenieuren oder ein gemeinsames Arbeiten mit den Angehörigen anderer freier Professionen in irgend einer Weise näher einschränken.

Allerdings ist die Verwendung der Berufsbezeichnung „(Beratender) Ingenieur" durch eine Gesellschaft in einigen Berufsgesetzen zusätzlich allgemein an die einschränkende Voraussetzung geknüpft, daß innerhalb des betreffenden beruflichen Zusammenschlusses „... die Mehrheit der Mitglieder des Vorstands, der Geschäftsführer oder der persönlich haftenden Gesellschafter in die Liste der (Beratenden) Ingenieure eingetragen ..." sein muß.[119] Die entsprechenden berufsrechtlichen Restriktionen gelten sodann aber freilich nicht nur für den Betrieb einer interprofessionellen Partnerschaft, sondern rechtsform-unspezifisch beispielsweise auch gleichermaßen für eine interprofessionell gebildete Sozietät. Des weiteren ist zu betonen, daß durch diese Bestimmungen nicht durchgängig und pauschal für jede berufliche Verbindung eine zahlenmäßige Majorität der (beratenden) Ingenieure unter den Teilhabern gefordert wird, sondern jeweils nur die Befugnis zur gesellschaftlichen Namensgebung eine entsprechende Einschränkung erfährt.[120]

Noch weiterreichende, auch materielle Beschneidungen einer interprofessionellen Kooperation finden sich im Berufsrecht der freien Konstruktionsberufe demgegenüber nur höchst selten. Soweit ersichtlich, fordern lediglich § 21 II lit b) BauKaG NRW und die §§ 4 III, 6 II Nr. 2 IngG M-V für eine eigenverantwortliche Berufsausübung beratender Ingenieure zwingend, daß innerhalb eines beruflichen Zusammenschlusses entweder diesen oder in gleicher Weise wie diesen tätigen Architekten die Mehrheit der Stimmrechte zustehen muß.[121] Als inhaltlich strengste Regelungen verlangen § 15 II Nr. 2 SächsIngKG und § 33 II ABKG Berlin schließlich, daß die Berufsgruppe der beratenden Ingenieure zur Wahrung einer hinreichenden beruflichen Eigenverantwortlichkeit innerhalb eines beruflichen Zusammenschlusses stets selbst über die Stimmenmehrheit verfügen muß.[122] Auch für diese singulären Vorschriften ist aber hervorzuheben, daß die darin postulierten Mehrheitserfordernisse sodann wiederum nicht nur für eine Partnerschaft, sondern ganz allgemein und rechtsform-unspezifisch gelten, weshalb sie von den Berufstätigen beispielsweise geradeso auch in einer interprofessionellen Sozietät beachtet werden müssen.[123]

Auf sichtbare Erschwernisse stößt in der Praxis gegenwärtig allerdings eigens die gemeinsame Berufsausübung von Rechtsanwälten mit Wirtschaftsprüfern und/oder Steuerberatern in einer Partnerschaft.[124] Die hier feststellbaren Komplikationen im Punkte der

---

[119] Vgl. so wort- bzw. sinngleich etwa § 1 III ThürIngKG v. 6.8.1993; GVBl. Thüringen 1993, 462 ff.; § 22 III BauKaG NRW v. 15.12.1992; GVBl. Nordrhein-Westfalen 1992, S. 534 ff.; § 4 III 1 IngG M-V v. 8.11.1993; GVBl. Mecklenburg-Vorpommern 1993, 878 ff.; § 10 III 1 IngG-LSA v. 15.11.1991; GVBl. Sachsen-Anhalt 1991, 440 ff.; § 14 III SächsIngKG v. 19.10.1993; GVBl. Sachsen 1993, 989 ff.; § 33 II ABKG Berlin v. 19.7.1994; GVBl. Berlin 1994, 253 ff.

[120] So zutreffend *Bösert/Braun/Jochem*, S. 116.

[121] BauKaG NRW v. 15.12.1992; GVBl. Nordrhein-Westfalen 1992, 534 ff.; IngG M-V v. 8.11.1993; GVBl. Mecklenburg-Vorpommern 1993, 878 ff.

[122] SächsIngKG v. 19.10.1993; GVBl. Sachsen 1993, 989 ff.; ABKG Berlin v. 19.7.1994; GVBl. Berlin 1994, 253 ff.

[123] So richtig *Bösert/Braun/Jochem*, S. 116.

[124] Insbesondere die Wirtschaftsprüferkammer verlangt bei Beteiligung von Wirtschaftsprüfern an einer Partnerschaft eine strikte Einhaltung der §§ 27 ff. WPO und also eine ausnahmslose Anerken-

interprofessionellen Kooperation erklären sich aus der vom Normgeber beschlossenen legislativen Eingliederung der Partnerschaft in den Kreis derjenigen Gesellschaftsformen, die nach den §§ 27 ff. WPO; 49 ff. StBerG als Wirtschaftsprüfungs- bzw. als Steuerberatungsgesellschaften anerkannt werden können.[125]

Die in dieser Form realisierte Aufnahme der Partnerschaft in die Berufsgesetze der entstehungsgeschichtlich jüngeren steuer- und wirtschaftsberatenden freien Professionen hat im weiteren Verlauf nämlich die Frage aufkommen lassen, ob die Angehörigen der betreffenden Berufsgruppen ihre Tätigkeit nur dann in einer Partnerschaft ausüben können, wenn diese zugleich als Wirtschaftsprüfungs- und/oder Steuerberatungsgesellschaft anerkannt ist,[126] oder ob daneben zudem auch die Möglichkeit zur Berufsausübung in einer sog. „Nur-Partnerschaft" besteht, welche nicht die besonderen Voraussetzungen der §§ 27 ff. WPO; 49 ff. StBerG wahren muß.[127] Die besondere Relevanz dieser Streitfrage zeigt sich vor allem darin, daß die Partnerschaft für ein gemeinsames fachübergreifendes Wirken im ersten Falle nur bereit stünde, wenn – bei einer Beteiligung von Wirtschaftsprüfern – diese zugleich die Mehrheit unter den Partnern stellen (§ 28 I 3 WPO) bzw. wenn – bei einer Beteiligung von Steuerberatern – zumindest die Hälfte aller Partner dem steuerberatenden Berufsstand angehört (§ 50 IV StBerG).

Dabei scheint die Auflösung dieser Problematik auf erste Sicht an sich keine größeren Schwierigkeiten zu bereiten. Denn in Anbetracht der vorausgegangenen Vollendung des gemeinsamen EU-Binnenmarkts bestand das gesetzgeberische Anliegen anläßlich der Verabschiedung des PartGG ersichtlich darin, mit der Partnerschaft die wirtschaftliche Wettbewerbsfähigkeit der Freien Berufe und insbesondere die Möglichkeiten einer überregionalen und grenzüberschreitenden interprofessionellen Kooperation nachhaltig zu verbessern.[128] Diesem Ziel entspräche es sicherlich, die fachübergreifende Zusammenarbeit in der partnerschaftlichen Rechtsform nicht zusätzlich von der Wahrung bestimmter Mehrheitsverhältnisse unter den einzelnen Berufsgruppen abhängig zu machen, da die Bildung

---

nung der Partnerschaft auch als Wirtschaftsprüfungsgesellschaft; vgl. dazu den Tätigkeitsbericht des Präsidenten der WPK anläßlich der Beiratssitzung am 6.12.1995; WPK-Mitt. 1996, 35 (38).

[125] Vgl. dazu BT-Drucksache 12/7642, S. 12 f.

[126] So die Auffassung des Bundesministeriums der Wirtschaft und der Wirtschaftsprüferkammer; vgl. dazu den Tätigkeitsbericht des Präsidenten der WPK anläßlich der Beiratssitzung am 6.12.1995; WPK-Mitt. 1996, 35 (38); ebenso AG Mannheim in BRAK-Mitt. 1997, 93 (93 f.); *Burret* in WPK-Mitt. 1994, 201 (206 f.); *Mittelsteiner* in DStR 1994, Beihefter zu Heft 37, S. 37; *Gehre*, Rn. 14 Einl zum StBerG sowie Rn. 9 zu § 49 StBerG; *Stehle* in FS der Berufsakademie Villingen-Schwenningen (1995), 458 (468).

[127] So die Meinung des Bundesministeriums der Justiz; vgl. den Tätigkeitsbericht des Präsidenten der WPK anläßlich der Beiratssitzung am 6.12.1995; WPK-Mitt. 1996, 35 (38); ebenso *Seibert* in DB 1994, 2381 (2383 f.); *ders.* in PatAnwMitt. 1996, 107 (109); *ders.* in BRAK-Mitt. 1997, 94 (94 f.); *Knoll/Schüppen* in DStR 1995, 608 (610); *Funke* in der freie beruf 3/1995, 9; *Leutheusser-Schnarrenberger* in BRAK-Mitt. 1995, 90; *Jürgenmeyer* in BRAK-Mitt. 1995, 142 (144 f.); *Bösert/Braun/Jochem*, S. 101 f.; *Eggesiecker/Keuenhof* in BB 1995, 2049 ff.; *Henssler*, Rn. 156 u. Rn. 170 zu § 1 PartGG; *ders.* in ZHR 161 (1997), 305 (318); *Gail/Overlack*, S. 25; *Römermann/Spönemann* in NZG 1998, 15 (17); wohl auch Kuhls-*Maxl*, Rn. 108 f. zu § 56 StBerG.

[128] Vgl. dazu nur die entsprechenden Darlegungen im Regierungsentwurf, BT-Drucksache 12/6152, S. 7, sowie den Bericht des Rechtsausschusses, BT-Drucksache 12/7642, S. 11; vgl. dazu im übrigen auch schon oben im 1. Teil, Seite 130 ff.

interprofessioneller Zusammenschlüsse dadurch erkennbar kompliziert würde.[129] In Übereinstimmung damit ist der Rechtsausschuß des Deutschen Bundestages im Rahmen des Gesetzgebungsverfahrens zum PartGG denn auch ersichtlich davon ausgegangen, daß die von ihm selbst initiierte Einordnung der Partnerschaft in den Kreis der anerkennungsfähigen Wirtschaftsprüfungs- und/oder Steuerberatungsgesellschaften keine Exklusivitätswirkung in dem Sinne entfalten sollte, daß daneben nicht auch die Bildung sog. „Nur-Partnerschaften" möglich wäre, bei denen die Mehrheitsverhältnisse unter den einzelnen „sozietätsfähigen" Berufsgruppen der Rechtsanwälte, Wirtschaftsprüfer und Steuerberater jeweils bedeutungslos bleiben.[130]

Zu prüfen ist jedoch, ob das vom Gesetzgeber hiernach unzweifelhaft gewollte Ergebnis einer doppelten Einsatzmöglichkeit der Partnerschaft einerseits als anerkannte Wirtschaftsprüfungs- bzw. Steuerberatungsgesellschaft wie auch – alternativ dazu – andererseits als sog. „Nur-Partnerschaft" in den einschlägigen Berufsgesetzen der WPO und des StBerG normativ hinreichend zum Ausdruck gekommen ist.

Diesbezüglich wird man nolens volens konstatieren müssen, daß die §§ 27 ff. WPO; 49 ff. StBerG sowohl nach ihrer Gesetzessystematik als auch nach ihrer legislativen Entstehungsgeschichte erkennbar einen abschließenden Regelungscharakter aufweisen.[131] Die dort aufgeführten Gesellschaftsformen sollten für die Ausübung einer wirtschaftsprüfenden bzw. einer steuerberatenden Tätigkeit *ausschließlich* unter den dort zusätzlich aufgestellten Voraussetzungen zur Verfügung stehen, um den zusammengeschlossenen Berufsvertretern *in jedem Fall* die für ihre Berufstätigkeit erforderliche innere und äußere Unabhängigkeit zu gewährleisten.[132] Demzufolge ist – soweit ersichtlich – bislang auch noch nie die Auffassung vertreten worden, eine Kapitalgesellschaft oder eine Personenhandelsgesellschaft könne unter anderen als den in den §§ 27 ff. WPO; 49 ff. StBerG normierten Vorgaben zur Wirtschaftsprüfung oder zur Steuerberatung gegründet und betrieben werden.[133]

---

[129] So richtig *Seibert* in BRAK-Mitt. 1997, 94.

[130] Siehe hierzu die folgenden Ausführungen des Rechtsausschusses (6. Ausschuß) in seinem Bericht, BT-Drucksache 12/7642, S. 12 f.: „Bei einer Partnerschaft, in der z. B. Anwälte mit Steuerberatern zusammengeschlossen sind, *und die nicht als Steuerberatungsgesellschaft anerkannt ist,* gilt für den Namen § 2 PartGG-Entwurf unverändert. *Es handelt sich dann um eine normale Partnerschaft, zu der der Steuerberater schon nach § 1 II PartGG-Entwurf Zugang hat.*" – textliche Hervorhebung vom Verf. – Entsprechendes sollte auch für die Beteiligungsfähigkeit von Wirtschaftsprüfern an einer sog. „Nur-Partnerschaft" gelten; vgl. BT-Drucksache 12/7642, S. 13.

[131] Vgl. zu dem generellen Ausschließlichkeitscharakter der §§ 49 ff. StBerG etwa *Gehre*, Rn. 3 u. 5 zu § 49 StBerG (vor der Anerkennung als Steuerberatungsgesellschaft darf von Gesellschaften, die in den dort bezeichneten Rechtsformen organisiert sind, gar keine steuerberatende Tätigkeit ausgeübt werden); ebenso z. B. *Bayer/Imberger* in DZWiR 1993, 309 (316); vgl. für die §§ 27 ff. WPO desgleichen WP-Hdbuch-*Kaminski*, Bd. 1, Teil A, Rn. 107; siehe dazu auch schon oben Seite 301 in Fußnote 42.

[132] Vgl. zu den diesbezüglich einschlägigen Feststellungen in den Gesetzesmaterialien der WPO und des StBerG bereits eingehend oben Seite 301 in Fußnote 42 im Zusammenhang mit Personenhandelsgesellschaften, die zur Steuerberatung bzw. zur Wirtschaftsprüfung eingesetzt werden sollen.

[133] Vgl. dazu nur *Henssler* in ZIP 1997, 1481 (1486): „Die Berufsordnungen der verwandten Berufe (gemeint: Steuerberater und Wirtschaftsprüfer) lassen die Berufsausübung in einer nicht als Steuer-

Soweit der Gesetzgeber nunmehr also auch die Rechtsform der Partnerschaft in diesen Normenkomplex mit aufgenommen hat, so hat er sie damit *objektiv* zunächst einmal denselben Rechtsregeln unterworfen, wie sie auch für die übrigen dort aufgeführten Gesellschaftsformen gelten. Auch eine Partnerschaft kann hiernach kraft Berufsrechts somit nur zur Wirtschaftsprüfung oder zur Steuerberatung genutzt werden, wenn die Berufstätigen strikt die rechtlichen Prämissen der §§ 27 ff. WPO; 49 ff. StBerG beachten.

Eine andere Gesetzesinterpretation wäre an sich allenfalls möglich, wenn der Normgeber – um in Abweichung von der gewohnten Normsystematik außerdem auch sog. „Nur-Partnerschaften" zu ermöglichen – des weiteren noch *zusätzlich* außerhalb der §§ 27 ff. WPO; 49 ff. StBerG besondere Regelungen geschaffen hätte, die sich ausdrücklich mit der alternativen berufsrechtlichen Zulässigkeit von sog. „Nur-Partnerschaften" befassen. Diesen aus Sicht des Berufsrechts zu beschreitenden Weg ist der Gesetzgeber bei der Implementation der Partnerschaft jedoch nicht gegangen. Außerhalb der §§ 27 ff. WPO; 49 ff. StBerG existieren in den einschlägigen Berufsordnungen ansonsten lediglich noch Bestimmungen, die die Sozietät als Gesellschaft bürgerlichen Rechts zum Regelungsgegenstand haben (vgl. die §§ 44b, 54a II WPO; 56, 67a II StBerG). Eine Erstreckung jener Vorschriften auf sog. „Nur-Partnerschaften" ist augenscheinlich nicht erfolgt.

Damit ergibt sich, daß der Gesetzgeber im Zuge der Rezeption der Partnerschaft in die Berufsgesetze der WPO und des StBerG berufsrechtlich offenkundig unbeabsichtigt das Gegenteil dessen angeordnet hat, was er im Grunde *subjektiv* festlegen wollte.

Freilich könnte man vor diesem Hintergrund nunmehr versucht sein, dem eigentlichen Willen des Gesetzgebers ex post dadurch zum Erfolg verhelfen zu wollen, daß man die zur Sozietät ergangenen Berufsrechtsregelungen analog auch auf sog. „Nur-Partnerschaften" zur Anwendung bringt.[134] Doch muß sich dieses Unterfangen unter dem Aspekt der Rechtssicherheit als ausgesprochen fragwürdig erweisen. Denn hiernach würde sich sogleich die Frage stellen, ob unterschiedslos sämtliche die Sozietät betreffenden Vorschriften – also beispielsweise auch die besonderen berufsrechtlichen Haftungskonzentrationsvorschriften der §§ 54a II WPO; 67a II StBerG – entsprechend auf die „Nur-Partnerschaft" anzuwenden wären, ob auch die „Nur-Partnerschaft" weiterhin eine *eigene* Berufshaftpflichtversicherung unterhalten müßte[135] oder ob es schlicht bei einer analogen Geltung derjenigen Normen verbleiben könnte, die die „Sozietätsfähigkeit" mit anderen freien Professionen regeln (d. h. also den §§ 44b WPO; 56 StBerG).[136]

---

beratungs- oder Wirtschaftsprüfungsgesellschaft anerkannten GmbH ... von vornherein nicht zu."; ebenso *ders.* in ZHR 161 (1997), 305 (318 f.).

[134] So insbesondere der Lösungsansatz von *Eggesiecker/Keuenhof* in BB 1995, 2049 (2051); ähnlich auch *Jürgenmeyer* in BRAK-Mitt. 1995, 142 (145 in Fn. 13); wohl auch *Kupfer* in KÖSDI 1995, 10130 (10134) und *Henssler*, Rn. 157, 161, 172 zu § 1 PartGG.

[135] Die analoge Anwendung des § 54 WPO (Berufshaftpflichtversicherung) auf die interprofessionell zusammengesetzte „Nur-Partnerschaft" hält *Jürgenmeyer* in BRAK-Mitt. 1995, 142 (145 in Fn. 13) für „zwingend"; demgegenüber soll nach *Eggesiecker/Keuenhof* in BB 1995, 2049 (2052) auch der Abschluß einer Berufshaftpflichtversicherung allein durch den beteiligten Wirtschaftsprüfer-Partner als selbständigen Wirtschaftsprüfer i. S. d. § 54 I WPO ausreichen können.

[136] Von letzterem gehen wie selbstverständlich *Eggesiecker/Keuenhof* in BB 1995, 2049 (2051); MünchHdbuchGesR I/*Seibert*, Rn. 8 zu § 34, sowie im Ergebnis auch *Michalski/Römermann*, Rn. 113 zu § 1 PartGG, aus. Dieses – in seinen praktischen Folgen sicherlich wünschenswerte – Ergebnis ist mit dieser Stringenz aber aus den Berufsgesetzen kaum ableitbar. Denn auf diese Weise würden der

Abgesehen davon würde sich in der Folge beinahe zwangsläufig auch die – sehr viel grundlegendere – Problematik ergeben, aus welchen Gründen die etwaigen, für die sog. „Nur-Partnerschaft" geltenden Ausnahmen nicht beispielsweise ebenso auch für eine zur Steuerberatung bzw. Wirtschaftsprüfung eingesetzte „Nur-OHG" gelten sollten. Denn der Sache nach ließe sich alsdann wohl kaum plausibel begründen, weshalb die für eine „Nur-Partnerschaft" entwickelten Analogien anschließend nicht auch auf ihre handelsrechtliche Schwesterfigur der OHG zur Anwendung kommen sollten und den Betrieb einer sog „Nur-OHG" gestatten könnten.

Im Ergebnis zeigt sich somit, daß in Anbetracht des für eine „Nur-Partnerschaft" bestehenden berufsrechtlichen Regelungsvakuums eine lückenschließende, um Verwirklichung des eigentlichen gesetzgeberischen Regelungswillens bemühte Rechtsauslegung sehr schnell an ihre interpretatorischen Grenzen stoßen muß. Eine Fortentwicklung des Berufsrechts der Wirtschaftsprüfer und Steuerberater durch analoge Erstreckung bestimmter zur Sozietät ergangener Regelungen auch auf sog. „Nur-Partnerschaften" ließe unweigerlich Fragen aufkommen, die in ihrer rechtlichen Tragweite zweifellos nach einer unmittelbaren gesetzlichen Regelung verlangen und also einer ausdrücklichen gesetzgeberischen Entscheidung vorbehalten bleiben müssen. Eine hier statt dessen vom Rechtsanwender praktizierte Lückenschließung liefe de facto auf eine unzulässige Vorwegnahme einer noch ausstehenden, in ihren Einzelheiten allein vom Normgeber zu treffenden Entscheidung hinaus und müßte zudem zu einer erheblichen Einbuße an Rechtssicherheit führen.

Der Gesetzgeber wird daher, will er seinem ursprünglichen legislativen Anliegen gemäß auch den Betrieb einer sog. „Nur-Partnerschaft" in der WPO und im StBerG ermöglichen, nicht umhin kommen, die damit verbundenen Rechtsprobleme, die mit Blick auf die daneben ebenso denkbare Zulässigkeit einer sog. „Nur-OHG" letztlich sehr viel weiter reichen, einer erneuten, nunmehr freilich endgültigen Klärung zuzuführen. Bleibt der Gesetzgeber in der Zukunft hingegen untätig, wird es ansonsten indes notgedrungen weiterhin dabei bleiben müssen, daß eine Partnerschaft – entsprechend der bisherigen berufsrechtlichen Regelungssystematik – ausschließlich unter Beachtung der in den §§ 27 ff. WPO; 49 ff. StBerG normierten zusätzlichen Voraussetzungen zur Wirtschaftsprüfung bzw. zur Steuerberatung eingesetzt werden kann.

Der Umstand, daß im übrigen auch die Regelung des § 5 II PRV, die ausdrücklich zwischen der Eintragung von gemischten Partnerschaften mit und ohne Zulassung nach den §§ 27 ff. WPO und den §§ 49 ff. StBerG differenziert, offenkundig von einer Zulässigkeit

WPO und dem StBerG im nachhinein normabhängig Sozietätsbegriffe mit jeweils unterschiedlichem Sinngehalt unterlegt. Während die §§ 44b WPO; 56 StBerG sodann von einem weiten, auch die „Nur-Partnerschaft" miteinschließenden Sozietätsbegriff ausgingen, würde für die Haftungskonzentrationsvorschriften der §§ 54a II WPO; 67a II StBerG wiederum abweichendes gelten. Eine sachliche Legitimation für eine derartige berufsrechtliche Differenzierung müßte sich aber auch unmittelbar aus den betreffenden Berufsordnungen *selbst* ableiten lassen; allein die offensichtliche Praktikabilität des angestrebten Auslegungsergebnisses dürfte insofern kaum ausreichen, um nachträglich im Wege freier Rechtsschöpfung eine so weitreichende materielle Korrektur beider Berufsgesetze vornehmen zu können.

sog. „Nur-Partnerschaften" mit Wirtschaftsprüfern und Steuerberatern ausgeht,[137] vermag an dem vorstehenden Ergebnis nichts zu ändern. Denn partnerschaftliche Regelungen sind in Anbetracht der vordringlichen Kollisionsregel des § 1 III PartGG, die einen umfassenden Anwendungsvorrang zugunsten des Berufsrechts ausspricht, schon vorab ungeeignet, um ein gegenwärtig anderslautendes Berufsrecht außer Kraft zu setzen.

Die hier vertretene Auslegung hat sicherlich zur Folge, daß die Spielräume einer interprofessionellen Zusammenarbeit zwischen Rechtsanwälten, Wirtschaftsprüfern und Steuerberatern innerhalb einer Partnerschaft in einer Form beschnitten werden, die der Normgeber so anläßlich der Verabschiedung des PartGG nicht hat herbeiführen wollen. Doch lassen sich die mißlichen berufsrechtlichen Vorgaben, mit denen der *Gesetzgeber selbst* die Partnerschaft in die Berufsordnungen der Wirtschaftsprüfer und Steuerberater legislativ eingeordnet hat, auch ihrerseits wiederum nur durch einen ebenso eindeutigen und präzisen legislatorischen Eingriff korrigieren. Eine der bisherigen berufsrechtlichen Gesetzessystematik erkennbar widersprechende, der Rechtssicherheit abträgliche Norminterpretation kann dem vielseits erwünschten Ergebnis einer weiter reichenden partnerschaftlichen Kooperation zwischen den betreffenden Berufsgruppen demgegenüber de lege lata – so schwer diese Feststellung im Ergebnis auch fallen mag – nicht zum Durchbruch verhelfen.

Speziell im Punkte der gemeinsamen Berufsausübung zwischen den Angehörigen der berufsrechtlich gebundenen rechts- und wirtschaftsberatenden freien Professionen bietet die Sozietät derzeit also vergleichsweise (immer noch) deutlich weitergehende Gestaltungsmöglichkeiten als eine interprofessionell gebildete Partnerschaft.[138]

IV. Zusammenfassende Bewertung einer Eignung der Partnerschaft zur kooperativen freiberuflichen Leistungserbringung

Aus der Warte der freiberuflich Tätigen ist somit abschließend zu resümieren, daß sich die neuartige Rechtsform der Partnerschaft – insbesondere unter Berücksichtigung der im Referenten- und im Regierungsentwurf zur Regelung einer „Rechtsanwalts-GmbH" enthaltenen Neufassung des § 8 II PartGG – sowohl unter haftungs- als auch unter steuerrechtlichen Gesichtspunkten unbedingt als die vorzugswürdigste und attraktivste Personengesellschaft zur gemeinsamen Ausübung einer freien Berufstätigkeit erweist.

So verbindet die Partnerschaft auf der einen Seite die beträchtlichen steuerlichen Vorteile einer Freiberufler-Sozietät und deren buchführungstechnische Flexibilität mit den konstruktiven Vorzügen einer vollständigen zivilrechtlichen Rechtsfähigkeit, wie sie bislang auf der anderen Seite allein für eine „Freiberufler-Personenhandelsgesellschaft" bestanden hat. Dazu werden in Zukunft aller Voraussicht nach noch die spezifischen, in dieser Form einzigartigen Haftungsvorteile treten, die aus der bereits kraft Gesetzes vorgesehenen Vorab-Konzentration der persönlichen Ersatzpflicht für Berufsausübungsfehler

---

[137] Dies betonen etwa *Eggesiecker/Keuenhof* in BB 1995, 2049 (2051); *Leutheusser-Schnarrenberger* in BRAK-Mitt. 1995, 90; *Jürgenmeyer* in BRAK-Mitt. 1995, 142 (145); *Seibert* in BRAK-Mitt. 1997, 94 (95) sowie *Römermann/Spönemann* in NZG 1998, 15 (17).

[138] So auch *Mittelsteiner* in DStR 1994, Beihefter zu Heft 37, S. 37.

auf die tatsächlich mit der konkreten Auftragsbearbeitung befaßten Gesellschafter resultieren.

Vor diesem Hintergrund stellt die Partnerschaft aus Sicht der Berufstätigen unter allen Personengesellschaftstypen fraglos die strukturell leistungsfähigste Rechtsform dar, die im Rahmen einer Gesamtwürdigung für eine gemeinsame freiberufliche Berufsausübung zur Verfügung steht. Für die Zukunft läßt sich bei unverändertem Fortbestand der vorstehend aufgezeigten normativen Rahmenbedingungen damit ohne weiteres prognostizieren, daß die Rechtsform der Partnerschaft anderen personengesellschaftlichen Zusammenschlüssen unter den Angehörigen der Freien Berufe – d. h. also praktisch vor allem der Freiberufler-Sozietät – allgemein den Rang ablaufen wird.

Ein einschränkender Vorbehalt ist in diesem Zusammenhang lediglich angebracht, soweit die interprofessionelle Kooperation von Rechtsanwälten mit Steuerberatern und Wirtschaftsprüfern in Rede steht. Denn hier wird die partnerschaftliche Rechtsform lediglich auf ein begrenztes Interesse stoßen, falls der Normgeber – neben der gegenwärtig ausschließlich bestehenden Anerkennungsmöglichkeit als Wirtschaftsprüfungs- bzw. Steuerberatungsgesellschaft nach den §§ 27 ff. WPO; 49 ff. StBerG – in den betreffenden Berufsordnungen nicht de lege ferenda auch die berufsrechtliche Zulässigkeit von sog. „Nur-Partnerschaften" gestattet, bei denen das zahlenmäßige Verhältnis der Partner zwischen den einzelnen Berufsgruppen sodann keine Rolle mehr spielen würde.

Abschließend befinden läßt sich über das rechtliche Schicksal und die generelle Akzeptanz der freiberuflichen Partnerschaft im übrigen aber freilich nur, wenn diese Rechtsform auch im Verhältnis zur sog. „Freiberufler-Kapitalgesellschaft" eine konkurrenzfähige und vorzugswürdige Alternative zur kooperativen Abwicklung freiberuflicher Leistungen bieten kann. In Anbetracht der neueren Rechtsprechung zur generellen Zulässigkeit der ambulanten „Heilkunde-GmbH" und der „Anwalts-GmbH"[139] sowie der diesbezüglich vorgesehenen Bestimmungen im Referenten- und im Regierungsentwurf eines Gesetzes zur Regelung der „Anwalts-GmbH"[140] wird auch der Erfolg der leistungsfähigsten Personengesellschaft letztlich allein davon abhängen, ob sie sich gleichermaßen ebenso gegenüber den Kapitalgesellschaften als eine vorteilhafte und empfehlenswerte Rechtsform zu behaupten vermag. Insoweit geht es bei der nachfolgenden Untersuchung, unter welchen Aspekten die Kapitalgesellschaften – vom Standpunkt der freiberuflich Tätigen aus betrachtet – für eine gemeinsame Berufsausübung potentiell noch erstrebenswerter erscheinen könnten als die neu geschaffene Rechtsform der Partnerschaft, daher nicht nur um einen spezifisch die Freien Berufe betreffenden Leistungsvergleich zwischen mehreren unterschiedlichen Gesellschaftsformen, sondern es steht im Ergebnis zweifellos auch das personengesellschaftsrechtliche Gesamtsystem als solches mit auf dem Prüfstand.[141]

---

[139] Siehe dazu bereits ausführlich oben im 1. Teil, Seite 148 ff.
[140] Vgl. hierzu näher unten Seite 473 ff., 481 ff.
[141] So auch zutreffend *Damm* in FS für Brandner (1996), 31 (45).

E. Die Kapitalgesellschaften (AG, GmbH, KGaA)

Wendet man sich im Rahmen eines allgemeinen Vergleichs der verschiedenen rechtlichen Rahmenbedingungen, die für eine zivilvertragliche Abwicklung freiberuflicher Dienstleistungen in den einzelnen Gesellschaftsformen bestehen, nunmehr abschließend den kapitalgesellschaftlichen Rechtsformen zu, so liegt es auch hier wiederum nahe, einerseits die haftungsrechtlichen und andererseits die steuerrechtlichen Parameter in den Mittelpunkt der Darstellung zu rücken, da jene Kriterien erfahrungsgemäß die beiden entscheidenden Punkte bei der Wahl der geeignetsten Rechtsform bilden.

Eine Aufspaltung der Schilderung nach den verschiedenen Kapitalgesellschafts-Typen AG, GmbH und KGaA kann in diesem Zusammenhang indes unterbleiben, weil die kapitalgesellschaftlichen Rechtsformen in puncto Haftung und Besteuerung – insoweit anders als die verschiedenen vorbehandelten Personengesellschaftstypen – eine beinahe vollständige Strukturgleichheit im Verhältnis untereinander aufweisen. Soweit der vom Bundesministerium der Justiz ursprünglich verfaßte, inzwischen jedoch schon wieder überholte Referentenentwurf eines Gesetzes zur Regelung einer „Anwalts-GmbH" mit Stand vom 17.3.1997 im Punkte der Außenhaftung einzelner Gesellschafter-Geschäftsführer vorübergehend spezifische, in dieser Form vollkommen neuartige Bestimmungen enthielt,[1] sollen diese im Anschluß an die gewohnten haftungsrechtlichen Vorgaben, die allgemein für eine gemeinsame Berufsausübung in den Kapitalgesellschaften existieren und hier am Anfang der Darstellung stehen, aus Gründen der Vollständigkeit ebenfalls erörtert werden.

I. Die generelle Haftungssituation bei einer Abwicklung freiberuflicher Leistungen über eine Kapitalgesellschaft

Aus haftungsrechtlicher Sicht scheinen die Angehörigen der freien Professionen, sofern sie ihre beruflichen Leistungen zivilvertraglich über eine Kapitalgesellschaft anbieten, prima vista in der Tat im gelobten Land angekommen zu sein.[2]

Sieht man vom Bereich der heilkundlichen Berufstätigkeit, für die wegen des prinzipiellen Gleichlaufs zwischen vertraglicher und außervertraglicher (deliktischer) Haftung eine unmittelbare persönliche Einstandspflicht des tatsächlich behandelnden Arztes gegenüber dem ratsuchenden Publikum nach den §§ 823, 847 BGB in jedem Fall weiterhin erhalten

---

[1] Siehe zur zwischenzeitlich erfolgten Rückkehr des Gesetzgebers zum allgemeinen Haftungsprinzip der Kapitalgesellschaften im Regierungsentwurf eines Gesetzes zur Änderung der Bundesrechtsanwaltsordnung, der Patentanwaltsordnung und anderer Gesetze (BR-Drucksache 1002/97) näher unten Seite 481 ff.

[2] So die Formulierung von *Wellensiek* in FS für Brandner (1996), 727 (746).

bleibt,[3] einmal ab, so scheint der einzelne Berufstätige bei einer Berufsausübung in einer Kapitalgesellschaft doch zumindest in den übrigen Konstellationen in der Regel weitgehend davor gefeit zu sein, im Außenverhältnis wegen beruflicher Fehlleistungen direkt und persönlich von einem geschädigten Auftraggeber in Anspruch genommen werden zu können.

1. Die Haftung von Gesellschaftern und Geschäftsführern einer Kapitalgesellschaft nach der gesetzlichen Grundkonzeption

a) *Die normative Ausgangslage*

Die Kapitalgesellschaften, die aus rechtssystematischer Sicht dem Kreis der Körperschaften mit dem bürgerlich-rechtlichen Verein als Grundtypus zuzurechnen sind,[4] hat der Normgeber bewußt als rechtlich völlig verselbständigte juristische Personen ausgestaltet.[5] Im Zuge dessen kommt ihnen daher auch auf allen Rechtsgebieten eine eigene, grundsätzlich uneingeschränkte Rechtsfähigkeit zu, sofern nicht eine bestimmte Rechts- oder Pflichtenstellung ausnahmsweise gerade die menschliche Natur ihres Trägers voraussetzt.[6] Dieser Umstand bringt es zugleich mit sich, daß die Rechte und Pflichten einer Kapitalgesellschaft nicht von selbst kongruent mit denen ihrer Gesellschafter (Aktionäre) sind. Im Gegenteil soll den Gesellschaftsgläubigern kraft ausdrücklicher gesetzlicher Anordnung für die Verbindlichkeiten, welche die Gesellschaft als solche eingegangen ist, *ausschließlich* und nur das ihr zugehörige Gesellschaftsvermögen haften (sog. Trennungsprinzip; vgl. hierzu die §§ 1 I 2; 278 I Hs. 2 AktG; 13 II GmbHG).

Für die Gesellschafter einer Kapitalgesellschaft existiert demzufolge nur im Innenverhältnis gegenüber der jeweiligen AG/KGaA/GmbH eine besondere persönliche Einstandspflicht, die ihrer Höhe nach freilich strikt auf den Betrag der übernommenen Stammeinlage bzw. auf den Nennwert (oder den höheren Ausgabebetrag, d. h. den Nennbetrag zuzüglich Agio) der übernommenen Aktien beschränkt ist.[7] Ein weiter reichender Zugriff auf sonstiges Vermögen der Gesellschafter soll nach dem eindeutigen Willen des Gesetz-

---

3 Vgl. dazu nur *Taupitz* in NJW 1992, 2317 (2324); *ders.* in NJW 1996, 3033 (3037); *Laufs* in MedR 1995, 11 (14); *Rieger* in MedR 1995, 87 (88 f.); *Damm* in FS für Brandner (1996), 31 (55); *Meyer/Kreft* in GmbHR 1997, 193 (195).

4 Vgl. nur *Raiser*, Rn. 1 zu § 3 – Die Rechtsform des privatrechtlichen Vereins nach den §§ 21 ff. BGB steht den Angehörigen der freien Professionen zur Erbringung freiberuflicher Dienstleistungen in der Rechtspraxis nicht zur Verfügung, weil die hierfür erforderliche staatliche Verleihung (vgl. § 22 BGB) nach dem sog. Subsidiaritätsprinzip nicht erteilt zu werden pflegt, wenn ein wirtschaftlicher Geschäftsbetrieb bereits nach den vorrangigen bundesgesetzlichen Normativbestimmungen des AktG, des GmbHG, des GenG oder des VVaG eine eigenständige Rechtsfähigkeit erlangen kann; vgl. hierzu nur Palandt-*Heinrichs*, Rn. 1 zu § 22 BGB; siehe zur Nichteintragung eines Ärztevereins in das Vereinsregister wegen Verfolgung wirtschaftlicher Zwecke zuletzt auch OLG Hamm in DB 1997, 418 (419).

5 Vgl. dazu nur die §§ 1 I 1, 278 I AktG; 13 I Hs. 1 GmbHG.

6 Palandt-*Heinrichs*, Rn. 8 Einf. vor § 21 BGB.

7 Vgl. nur *Lutter/Hommelhoff*, Rn. 9 zu § 13 GmbHG; *Sommer* in GmbHR 1995, 249 (252).

gebers auch in dem praktisch wichtigen Fall einer Insolvenz der Kapitalgesellschaft für die Gesellschaftsgläubiger nicht in Betracht kommen.

Selbst wenn die Gesellschafter hiernach also im Einzelfall noch Resteinlagen, Nachschüsse oder die Erstattung verbotswidriger Auszahlungen gegenüber der Kapitalgesellschaft schulden sollten, bleiben die Gesellschaftsgläubiger gemeinhin darauf angewiesen, wegen ihrer offenen Forderungen gegen die AG/GmbH/KGaA zunächst einmal in das Gesellschaftsvermögen vollstrecken zu müssen, um sodann – gleichsam in einem zweiten Schritt – durch Pfändung und Überweisung nach den §§ 829, 835 ff. ZPO mittelbar auch auf diese, lediglich im internen Verhältnis zwischen Gesellschaft und Gesellschafter bestehenden Erstattungsansprüche Zugriff nehmen zu können.[8] Eine eng begrenzte Ausnahme von diesem Grundsatz enthalten lediglich die §§ 62 II 1, 278 III AktG, wonach die Gesellschaftsgläubiger die Ansprüche einer AG/KGaA gegen deren (Kommandit-)Aktionäre dann im eigenen Namen geltend machen können, wenn sie von der Gesellschaft selbst (bzw. bei einer KGaA auch von deren Komplementär) keine Befriedigung mehr erlangen können.

Im Ergebnis läßt sich somit feststellen, daß die Einstandspflicht der Gesellschafter einer Kapitalgesellschaft nach der gesetzlichen Grundkonzeption strikt auf die Erbringung der im Verhältnis zur Gesellschaft bestehenden Einlageverpflichtung limitiert ist. Die Erfüllung dieser Einlagepflicht ist durch die Prinzipien der Kapitalaufbringung und der Kapitalerhaltung zwar von Rechts wegen umfassend abgesichert und darüber hinaus – aus naheliegenden Gründen des Gläubigerschutzes – zwischen der Kapitalgesellschaft und ihren Gesellschaftern unter keinen Umständen dispositiv.[9] Doch kann der Gesellschafter seine Haftung auf diese Weise ohne weiteres hinreichend übersehen und das ausschließlich in Höhe der Einlageverpflichtung übernommene unternehmerische Risiko sicher abschätzen und kalkulieren.

---

[8] Baumbach/Hueck-*Hueck*, Rn. 8 zu § 13 GmbHG; *Hüffer*, Rn. 6 f. zu § 63 AktG – Ein zusätzlicher Einforderungsbeschluß der Gesellschafter nach § 46 Nr. 2 GmbHG ist hier bei der GmbH freilich weder für die Pfändung noch für die anschließende Einziehung der Einlageforderung erforderlich; vgl. nur Baumbach/Hueck-*Hueck*, Rn. 33 zu § 19 GmbHG m. w. N.

[9] Siehe dazu aus dem Recht der AG zur Kapitalaufbringung nur das zwingende Verbot der Unterpariemmission (§ 9 I AktG), die Satzungspublizität von Sondervorteilen, Gründungsaufwand, Sacheinlagen und -übernahmen (§§ 26, 27 AktG), die Gründungsprüfung (§§ 32 II, 33 II Nr. 4, 34 AktG), die gerichtliche Prüfung des Gründungsvorgangs (insb. § 38 II AktG) und die Regeln betreffend die Gründerhaftung (§§ 46 ff. AktG); zur Kapitalerhaltung vgl. das strikte Verbot jeglicher Einlagenrückgewähr an die Aktionäre (§ 57 I, II AktG), das für die Gesellschaft geltende prinzipielle Verbot, eigene Aktien zu erwerben (§§ 71-71e AktG) sowie das Verbot, vor Auflösung der AG mehr Dividende auszuschütten, als dies dem Bilanzgewinn entspricht (§ 57 III AktG); aus dem Recht der GmbH zur Kapitalaufbringung die Publizität der von den Gesellschaftern bei Gründung übernommenen Stammeinlagen in Höhe des vollen Stammkapitals (§§ 3 I Nr. 4; 5 GmbHG), die präzise Bezeichnung der Sacheinlagen (§ 5 IV GmbHG), die Differenzhaftung bei deren Überbewertung (§ 9 GmbHG), die Mindesteinlageverpflichtung vor Anmeldung zum Handelsregister (§ 7 II, III GmbHG), das Aufrechnungs- und Erlaßverbot in bezug auf die Einlagepflicht (§§ 19-23 GmbHG), die Ausfallhaftung aller Gesellschafter für anderweitig nicht zu erbringende Einlagen (§ 24 GmbHG), zur Kapitalerhaltung das strikte Verbot einer Rückzahlung des Gesellschaftsvermögens an die Gesellschafter (§ 30 GmbHG) sowie die Anordnung einer entsprechenden Rückzahlungspflicht und eine subsidiäre Ausfallhaftung aller Gesellschafter im Fall des Verstoßes (§ 31 GmbHG); vgl. zu alldem näher MünchHdbuchGesR IV/*Wiesner*, Rn. 1 ff. zu § 16; Beck-GmbH-Hdbuch/*Schwaiger*, Rn. 116 ff. zu § 2; Beck-GmbH-Hdbuch/*Hense*/*Gandenberger*, Rn. 1 ff. zu § 8.

Eine ähnliche Bewertung rechtfertigt sich auch für den bzw. die Geschäftsführer einer GmbH sowie für den Vorstand einer AG. Auch diese kraft Gesetzes zur Unternehmensleitung berufenen Gesellschaftsorgane,[10] die nach den Vorgaben des Gesellschaftsrechts durchaus nicht selbst Anteilseigner der von ihnen geführten Gesellschaft zu sein brauchen,[11] trifft im Fall einer Sorgfaltspflichtverletzung nach dem gesetzlich festgelegten Grundmodell keine unmittelbare persönliche Verantwortlichkeit im Außenverhältnis, sondern lediglich eine im Innenverhältnis zur jeweiligen Kapitalgesellschaft eingreifende Ersatzpflicht (vgl. dazu allgemein die §§ 43 II GmbHG; 93 II AktG; als Sondertatbestände ferner die §§ 9a I, 31 VI, 57 IV, 64 II GmbHG; 53, 117 II, 310 I, 318 I AktG).[12]

Lediglich für den Komplementär einer KGaA – also das besondere, bei diesem Gesellschaftstyp an die Stelle des Vorstands tretende Leitungsorgan – ordnet das Gesetz eine etwas eigentümlich anmutende Ausnahme an. Denn der Komplementär der KGaA soll gegenüber den Gesellschaftsgläubigern nach § 278 I Hs. 1, II AktG i. V. m. § 128 Satz 1 HGB auch unmittelbar persönlich und unbeschränkt, d. h. inhaltlich synchron („akzessorisch") für die Verbindlichkeiten der Gesellschaft einstehen müssen. Da zum alleinigen Komplementär einer KGaA nach der neueren höchstrichterlichen Rechtsprechung indes ohne weiteres auch eine Kapitalgesellschaft bestellt werden kann[13] und im Zuge dessen damit zu rechnen ist, daß die Kautelarpraxis in Zukunft beinahe ausschließlich von dieser oder von vergleichbar atypischen Gestaltungsvarianten (z. B. GmbH & Co. KGaA) Gebrauch machen wird,[14] dürfte fortan in der Rechtswirklichkeit freilich auch die unmittelbare persönliche Außenhaftung des Komplementärs einer KGaA im Ergebnis keine nennenswerte Abweichung mehr von der allgemein geltenden Haftungssituation in den übrigen kapitalgesellschaftlichen Rechtsformen AG und GmbH implizieren.

Von der Sonderstellung des KGaA-Komplementärs einmal abgesehen, können Gesellschaftsgläubiger wegen eigener Forderungen gegen eine AG/KGaA/GmbH somit also auch in Ansehung der handelnden Geschäftsführer bzw. Vorstandsmitglieder gewöhnlich nur in das Gesellschaftsvermögen der betreffenden Kapitalgesellschaft vollstrecken. Ein Zugriff

---

[10] Vgl. die §§ 6, 35 ff. GmbHG; 76 ff. AktG.

[11] Im Gegenteil soll das für die Kapitalgesellschaften geltende Prinzip der Fremdorganschaft (vgl. dazu § 6 III 1 GmbHG; arg. e contrario aus § 76 III 1 AktG) allgemein sicherstellen, daß die Unternehmensleitung auch in die Hände von professionellen Unternehmensführern (den sog. Managern) gelangen kann, die ihre Legitimation nicht aus dem Kapitaleigentum, sondern allein aus ihren unternehmerischen Fähigkeiten ableiten; vgl. *Raiser*, Rn. 3 zu § 6.

[12] Siehe hierzu mit unmißverständlicher Deutlichkeit ferner nur OLG Köln in NJW-RR 1993, 865 (866): „Nach § 43 II GmbHG haften Geschäftsführer bei Verletzung ihrer Obliegenheiten nur der Gesellschaft auf Ersatz, nicht aber den Gläubigern der Gesellschaft."

Die (ebenfalls nur interne) Haftung des Aufsichtsrats, also desjenigen Gesellschaftsorgans, welches nach den §§ 95 ff. AktG in erster Linie für die Überwachung der Geschäftsführung durch den Vorstand zuständig ist, folgt gemäß § 116 AktG im übrigen den gleichen rechtlichen Regeln wie die Haftung des Vorstands gegenüber der von ihm geleiteten Aktiengesellschaft. Auf eine gesonderte Betrachtung auch der Aufsichtsratshaftung, für die aufgrund der entsprechenden Gesetzesverweisung die Grundsätze des § 93 II-VI AktG ohne weiteres sinngemäß gelten (vgl. nur *Hüffer*, Rn. 8 f. zu § 116 AktG), soll an dieser Stelle daher unbesehen verzichtet werden.

[13] Vgl. BGH in ZIP 1997, 1027 ff.; siehe dazu auch schon ausführlich oben Seite 2, Fußnote 9 in der Einleitung.

[14] Vgl. so erkennbar auch die Einschätzung von *Hennerkes/Lorz* in DB 1997, 1388 (1393 f.); *Herfs* in WiB 1997, 688 (691).

auf das Privatvermögen der Leitungsorgane kommt hier, ebenso wie dies auch schon für die Gesellschafter einer AG/KGaA/GmbH gegolten hat, regelmäßig nur mittelbar in der Form in Betracht, daß die außenstehenden Gesellschaftsgläubiger nach Maßgabe der §§ 829, 835 ff. ZPO die Möglichkeit haben, solche Ersatzansprüche, die der Kapitalgesellschaft im Innenverhältnis gegen pflichtwidrig handelnde Geschäftsführer bzw. Vorstandsmitglieder erwachsen sind, alsbald zu pfänden und sich zur Einziehung überweisen zu lassen.[15]

Eine originäre Befugnis, die Gesellschaftsansprüche gegenüber ersatzpflichtig gewordenen Vorstandsmitgliedern unmittelbar in eigener Person verfolgen zu können, gewährt § 93 V AktG als eng umrissene Ausnahmevorschrift lediglich den Gesellschaftsgläubigern einer AG, sofern diese wegen ihrer Forderungen von der Gesellschaft selbst keine Befriedigung erlangen können. Überdies setzt jene direkte Zugriffsmöglichkeit, falls nicht die Sondertatbestände des § 93 III AktG vorliegen, nach § 93 V 2 AktG stets ein grob fahrlässiges Handeln der betreffenden Vorstandsmitglieder voraus, wodurch das eigenständige Verfolgungsrecht der Gesellschaftsgläubiger im Ergebnis noch weiter eingeschränkt wird.

b) Die eingeschränkte Rechtswirksamkeit von weiter reichenden internen Haftungsmilderungsabreden

Fraglich scheint, ob die Leitungsorgane einer Kapitalgesellschaft darüber hinaus durch eine vertragliche Übereinkunft mit der betreffenden AG/GmbH auch rechtswirksam eine zu ihren Gunsten wirkende Haftungsmilderung oder gar einen Haftungsausschluß für den Fall einer fehlerhaften eigenen Berufstätigkeit vereinbaren können. Dieser Umstand dürfte im Bereich der freiberuflichen Leistungserbringung insbesondere unter dem Aspekt von Interesse sein, daß für einen späterhin geschädigten Auftraggeber dadurch die Möglichkeit entfallen könnte, im Rahmen der Zwangsvollstreckung diejenigen Ersatzansprüche zu pfänden und sich überweisen zu lassen, die der Gesellschaft aufgrund der vorangegangenen fehlerhaften Berufsausübung an sich im Innenverhältnis gegen den betreffenden, vormals pflichtwidrig handelnden Geschäftsführer bzw. das entsprechende Vorstandsmitglied zustehen.

In dieser Beziehung ist zunächst vorauszuschicken, daß insbesondere die allgemeinen Haftungstatbestände der §§ 93 II AktG, 43 II GmbHG als gesetzliche Anspruchsgrundlagen und Spezialregelungen andere, bloß vertragliche Haftungsgrundlagen (wie etwa eine

---

[15] Vgl. zu einer derartigen Vollstreckungsmöglichkeit des außenstehenden Gesellschaftsgläubigers etwa KG in JW 1930, 2685 (betreffend Liquidator); siehe auch BGH in WM 1986, 789 f. (in concreto freilich zurückverwiesen zwecks weiterer Sachverhaltsaufklärung); BGH in NJW-RR 1994, 806 f. (daselbst mangels pflichtwidrigen Handelns des Geschäftsführers im Ergebnis erfolglos geblieben); aus dem Schrifttum nur *U. Schneider* in FS für Werner (1984), 795 (799); *Raiser*, Rn. 69 zu § 32; *Schaub* in DStR 1992, 1766 (1770); *Haack* in NWB 1994, Fach 18, 3355 (3360); *Henssler* in ZHR 161 (1997), 305 (322); *ders.* in ZIP 1997, 1481 (1484); *Sommer* in PatAnwMitt. 1998, 41 (46).

Im übrigen gilt im Fall einer GmbH auch hier wiederum, daß der dritte Gesellschaftsgläubiger den Ersatzanspruch der Gesellschaft gegen den sorgfaltswidrig agierenden Geschäftsführer pfänden und sich überweisen lassen kann, ohne daß es insofern zudem noch eines vorhergehenden Gesellschafterbeschlusses nach § 46 Nr. 8 GmbHG bedürfte; vgl. so schon KG, aaO; ferner Scholz/*U. Schneider*, Rn. 209 zu § 43 GmbHG; Baumbach/Hueck-*Zöllner*, Rn. 20 zu § 43 GmbHG.

schuldhafte Verletzung des Geschäftsführervertrags) mit in sich aufnehmen.[16] Die von der Judikatur entwickelten arbeitsrechtlichen Grundsätze, die für Arbeitnehmer bei betrieblich veranlaßten Arbeiten eine Haftungsmilderung vorsehen,[17] sind auf das Vertretungsorgan einer juristischen Person, das wegen der Verletzung seiner normalen Vorstandspflichten in Anspruch genommen wird, nicht anwendbar.[18] Somit haften die Leitungsorgane im Innenverhältnis gegenüber der geschädigten Kapitalgesellschaft nach der gesetzlichen Regelung ausnahmslos für jede, d. h. auch für eine nur leicht fahrlässig verursachte Pflichtverletzung in vollem Umfang auf Schadensersatz.[19]

Eine davon abweichende Haftungsmilderung oder gar ein vollständiger Haftungsausschluß kann im Verhältnis zwischen einem Geschäftsführer/Vorstandsmitglied auf der einen Seite und der von ihm geführten GmbH/AG auf der anderen Seite freilich nur verabredet werden, wenn beide Parteien auch zur freien Disposition über entsprechende Ersatzansprüche der Kapitalgesellschaft gegen das Leitungsorgan berechtigt sind. Einer derart freien rechtsgeschäftlichen Verfügbarkeit könnte insoweit immerhin der Umstand entgegenstehen, daß die Pflichtenbindung der gesetzlichen Leitungsorgane nicht nur im Interesse der Gesellschaft besteht, sondern daß der Vorstand bzw. die Geschäftsführer mit dem Gesellschaftsvermögen daneben vielmehr stets zugleich auch einen Vermögensbestandteil der jeweils beteiligten Gesellschafter und die Haftungsmasse der Gläubiger als Treuhänder verwalten.[20] Das Risiko pflichtwidriger Handlungen der Leitungsorgane ist folglich nicht nur zwischen den Vertragspartnern, sondern auch unter Berücksichtigung der mittelbar mitberührten Drittinteressen aufzuteilen.[21]

Dabei läßt das Recht der Kapitalgesellschaften (etwa in den §§ 9b I, 43 III 2 i.V.m. § 9b I, 57 IV i.V.m. 9b I, 64 II 3 i.V.m. § 43 III 2 GmbHG, 93 V 3 AktG) zu diesem Punkt erkennen, daß ein Verzicht oder ein Vergleich der Gesellschaft auf interne Ersatzansprüche vor allem dann keine Rechtswirkungen gegenüber den außenstehenden Gesellschaftsgläubigern entfalten können soll, wenn die vom Leitungsorgan verletzte Pflicht gerade das Ziel hat, das Gesellschaftsvermögen durch die Regeln über die Kapitalaufbringung, die Kapitalerhaltung, die Risikotrennung oder die Liquiditätssicherung im Interesse der Gläu-

---

16 Vgl. für § 43 II GmbHG etwa BGH in WiB 1997, 247 (247 f.); *Fleck* in WM 1994, 1957 (1961); *Reese* in DStR 1995, 532 (534); *Lutter/Hommelhoff*, Rn. 3 zu § 43 GmbHG; MünchHdbuch-GesR III/*Marsch-Barner/Diekmann*, Rn. 57 zu § 46; *Henssler* in ZHR 161 (1997), 305 (322).

17 Vgl. dazu nur BAG in NJW 1995, 210 (211 f.).

18 Siehe etwa BGH in WM 1975, 467 (469) betreffend das Vorstandsmitglied einer Genossenschaftsbank; ferner *Schaub* in DStR 1992, 985 (987); *Westermann* in FS für Beusch (1993), 871 (880 in Fn. 32); *Reese* in DStR 1995, 532 (534); *Wimmer* in NJW 1996, 2546 (2550); *Hüffer*, Rn. 14 zu § 93 AktG; *Lutter/Hommelhoff*, Rn. 2 zu § 43 GmbHG; Baumbach/Hueck-*Zöllner*, Rn. 9 zu § 43 GmbHG; MünchHdbuchGesR III/*Marsch-Barner/Diekmann*, Rn. 12 zu § 46; a. A. – partielle Anwendbarkeit der Grundsätze über den innerbetrieblichen Schadensausgleich auch auf einen GmbH-Geschäftsführer, soweit er in seiner Tätigkeit mit einem „normalen" Arbeitnehmer vergleichbar ist – allerdings *Köhl* in DB 1996, 2597 (2601 ff.).

19 Vgl. so zu § 93 II AktG nur *Horn* in ZIP 1997, 1129 (1132).

20 *U. Schneider* in FS für Werner (1984), 795 (807); *Schlechtriem* in Kreuzer (Hrsg.), 9 (70); *Ebenroth/Lange* in GmbHR 1992, 69 (76); *Reese* in DStR 1995, 532 (535); *Lutter/Hommelhoff*, Rn. 2 zu § 43 GmbHG.

21 So richtig *U. Schneider* in FS für Werner (1984), 795 (807 f.).

biger zu erhalten.[22] Sowohl die von § 43 III GmbHG behandelten Pflichtenverstöße gegen die §§ 30, 33 GmbHG als auch die Vorgaben der §§ 9a; 57 I, II; 64 II GmbHG knüpfen, geradeso wie der von § 93 V AktG in erster Linie in bezug genommene Katalog des § 93 III AktG, vornehmlich an Verhaltensregeln an, die den Vorstand bzw. die Geschäftsführer eigens zum Erhalt des gebundenen Gesellschaftsvermögens auffordern sollen und damit gerade dem Schutz der Gesellschaftsgläubiger dienen.[23] In diesen Konstellationen soll einer Kapitalgesellschaft nach der verbindlichen Wertentscheidung des Gesetzgebers also speziell wegen der besonderen Betroffenheit der Gesellschaftsgläubiger keine privatautonome Dispositionsbefugnis über den entstandenen Ersatzanspruch zukommen.

Aus dieser gesetzlichen Wertung läßt sich im Wege einer generalisierenden Abstraktion darüber hinaus aber auch ohne weiteres der allgemeine legislatorische Regelungsgedanke entnehmen, daß eine Kapitalgesellschaft durchgängig jedenfalls dann nicht zu einer Verfügung über den ihr im Innenverhältnis gegen das Leitungsorgan zustehenden Ersatzanspruch berechtigt sein soll, wenn der Schutzzweck der vom Leitungsorgan verletzten Verhaltenspflicht vornehmlich auf eine Sicherung von dritten Gesellschaftsgläubigerinteressen abzielt und also in einer vergleichbaren Weise einen gläubigerschützenden Charakter aufweist.[24]

---

[22] So zutreffend *U. Schneider* in FS für Werner (1984), 795 (809); *Ebenroth/Lange* in GmbHR 1992, 69 (76), *Schaub* in DStR 1992, 985 (988); *Westermann* in FS für Beusch (1993), 871 (877 f.); *Reese* in DStR 1995, 532 (536); *Lutter/Hommelhoff*, Rn. 2 zu § 43 GmbHG; MünchHdbuchGesR III/*Marsch-Barner/Diekmann*, Rn. 43 zu § 46; *Köhl* in DB 1996, 2597 (2598); *Henssler* in ZHR 161 (1997), 305 (322 f.).

[23] Siehe dazu ferner nur *K. Schmidt* in ZIP 1994, 837 (843), wonach die gläubigerschützende Funktion der Geschäftsführerhaftung nach § 43 II GmbHG schon im Hinblick auf § 43 III 3 GmbHG „unbestritten" sei.

[24] So richtig *U. Schneider* in FS für Werner (1984), 795 (809 f.); *ders.* in Scholz, Rn. 185 zu § 43 GmbHG; wohl auch *Schlechtriem* in Kreuzer (Hrsg.), 9 (74 f.); vgl. dazu ferner die amtliche Begründung zu § 44 des Entwurfs eines Gesetzes betreffend die Gesellschaft mit beschränkter Haftung von 1891, S. 94 f. (heute: § 43 GmbHG): „Ein geringerer Maßstab darf an die Verantwortlichkeit nicht gelegt werden, zumal es sich dabei nicht bloß um die Interessen der Gesellschafter, sondern auch um diejenigen der Gesellschaftsgläubiger handelt."; zit. nach *U. Schneider* in FS für Werner (1984), 795 (801).

Unter Rekurs auf die Vorschrift des § 93 IV 3 AktG, welche die privatautonome Verfügbarkeit der juristischen Person über Ersatzansprüche nach § 93 II AktG auch sonst allgemein an strenge Voraussetzungen knüpft (Verzicht oder Vergleich erst möglich drei Jahre nach Anspruchsentstehung; daneben Zustimmung der Hauptversammlung erforderlich, wobei kein Widerspruch durch Minderheit mit mind. 10 %-igem Anteil am Grundkapital erfolgt sein darf), wird ferner zumindest für die Aktiengesellschaft allseitig davon ausgegangen, daß eine vertragliche oder satzungsmäßige Milderung der Haftungsmaßstäbe für Vorstand und Aufsichtsrat gar nicht – also sogar unabhängig vom Schutzzweck der konkret verletzten Verhaltenspflicht – in Betracht kommen kann und eine gleichwohl auf Haftungseinschränkung abzielende Vereinbarung mithin in jedem Fall ungültig wäre; vgl. so etwa *U. Schneider* in FS für Werner (1984), 795 (803 f.); *ders.* in Scholz, Rn. 184 zu § 43 GmbHG; MünchHdbuchGesR IV/*Wiesner*, Rn. 4 zu § 26; *Ebenroth/Lange* in GmbHR 1992, 69 (76); *Westermann* in FS für Beusch (1993), 871 (879); *Reese* in DStR 1995, 532 (535). Darüber hinaus will ein Teil des Schrifttums auch bei der GmbH, ohne daß es auf eine Berücksichtigung der Schutzrichtung der verletzten Verhaltenspflicht noch weiter ankommen soll, eine rechtsgeschäftliche Haftungsmilderung zugunsten des Geschäftsführers stets für rechtsunwirksam erachten; vgl. so etwa *Raiser*, Rn. 64 zu § 32; *Lutter/Hommelhoff*, Rn. 2 zu § 43 GmbHG; *Ebenroth/Lange* in GmbHR 1992, 69 (76); wie

Beurteilt man vor diesem Hintergrund nun eine rechtsgeschäftliche Haftungsmilderung, die im internen Verhältnis zwischen einer „Freiberufler-Kapitalgesellschaft" und ihrem Vorstand bzw. ihrer Geschäftsführung gerade für einen solchen Ersatzanspruch nach den §§ 43 II GmbHG, 93 II AktG vereinbart werden soll, der eine fehlerhafte Dienstleistungserbringung des Leitungsorgans gegenüber dem außenstehenden ratsuchenden Publikum zum Gegenstand hat, so handelt es sich bei der vom Vorstandsmitglied/Geschäftsführer insoweit verletzten Verhaltenspflicht fraglos um eine solche, deren Schutzzweck speziell auf die Sicherung von Drittgläubigerinteressen abzielt. Denn der vom Leitungsorgan zu verantwortende Pflichtenverstoß ist in diesem Fall stets in einer konkreten, direkten vertraglichen Außenrechtsbeziehung zwischen der „Freiberufler-AG/GmbH" auf der einen und dem durch die fehlerhafte Berufsausübung unmittelbar geschädigten Auftraggeber der Gesellschaft auf der anderen Seite angesiedelt. Die Sorgfaltspflichtverletzung des als Geschäftsführer bzw. als Vorstandsmitglied fungierenden Berufsträgers bezieht sich zwangsläufig jedesmal auf die Pflicht zur ordnungsgemäßen und fehlerfreien Ausführung freiberuflicher Dienste, deren vertragliche Erfüllung die Kapitalgesellschaft im Außenverhältnis unmittelbar gegenüber dem ratsuchenden Publikum übernommen hat.

Die in dieser Konstellation konkret verletzten Organpflichten zeichnen sich mithin durchgängig durch eine besondere Drittbezogenheit und eine denknotwendige Drittbetroffenheit gerade der jeweils geschädigten Auftraggeber der „Freiberufler-Kapitalgesellschaft" aus. In Anbetracht dessen muß eine am Schutzzweck der verletzten Verhaltenspflicht orientierte Gesetzesinterpretation daher unwillkürlich zu dem Ergebnis gelangen, daß rechtsgeschäftliche Haftungsbeschränkungs- oder Haftungsausschlußabreden, die eine „Freiberufler-AG/GmbH" mit ihren Leitungsorganen im Innenverhältnis für Ersatzansprüche nach den §§ 43 II GmbHG, 93 II AktG vereinbart, allgemein zumindest dann keine Rechtswirkungen entfalten können, soweit sie auch Regreßforderungen miteinschließen, die aus einer fehlerhaften freiberuflichen Leistungserbringung gegenüber den vertraglichen Auftraggebern der Kapitalgesellschaft hervorgegangen sind.[25]

In Konsequenz dessen kann im gleichen Umfang freilich auch eine anderweitige rechtsgeschäftliche Disposition der „Freiberufler-Kapitalgesellschaft" über entsprechende Ersatzansprüche (Vergleich, Verzicht, Entlastung nach § 46 Nr. 5 GmbHG oder sog. „Generalbereinigung") keinerlei Rechtswirkungen gegenüber der geschädigten Auftraggeberseite hervorbringen.[26]

---

hier nach dem Schutzzweck der verletzten Verhaltenspflicht differenzierend (Dispositionsbefugnis, soweit primär nur Interessen der Gesellschafter berührt sind) hingegen *U. Schneider* in FS für Werner (1984), 795 (809 ff.); *ders.* in Scholz, Rn. 185 zu § 43 GmbHG; Beck-GmbH-Hdbuch/*Axhausen*, Rn. 216 zu § 5; wohl auch *Schaub* in DStR 1992, 985 (987) und *Reese* in DStR 1995, 532 (536).

[25] Unklar demgegenüber *Henssler* in ZHR 161 (1997), 305 (323), der im Hinblick auf eine „Anwalts-GmbH" die gläubigerschützende Funktion des § 43 II GmbHG zwar ebenfalls anspricht, den Schutzzweckgedanken sodann aber nicht konsequent weiterverfolgt und die rechtsgeschäftlichen Verfügungsmöglichkeiten der Gesellschaft über den internen Ersatzanspruch im Ergebnis schließlich als „nicht kalkulierbar" bezeichnet.

[26] Bei einer Aktiengesellschaft folgt die Tatsache, daß eine Entlastung des Vorstands durch die Hauptversammlung nicht die Wirkung eines Verzichts auf etwaige Ersatzansprüche hat, bereits unmittelbar und allgemein für alle Arten von Ersatzforderungen aus § 120 II 2 AktG. Im übrigen erklärt sich die mangelnde Verfügungsbefugnis einer „Freiberufler-AG/GmbH" über solche Ersatzansprüche, die ihr im Innenverhältnis wegen einer fehlerhaften Verrichtung freiberuflicher Dienstleistungen

Das ratsuchende Publikum kann im Ergebnis hiernach also auch bei Beauftragung einer „Freiberufler-Kapitalgesellschaft" mit einiger Sicherheit davon ausgehen, daß die im Zuge der konkreten Vertragserfüllung tätig werdenden Geschäftsführer oder Vorstandsmitglieder sich wenigstens im Innenverhältnis gegenüber der AG/GmbH nicht rechtswirksam von einer Ersatzpflicht wegen der schuldhaft verursachten beruflichen Fehlleistungen befreien können. Eine mittelbare Zugriffsmöglichkeit auf das Privatvermögen der pflichtwidrig handelnden Geschäftsführer/Vorstandsmitglieder bleibt für die geschädigte Auftraggeberseite somit immerhin dadurch weiter gewährleistet, daß sie die Ersatzansprüche, die der Kapitalgesellschaft diesbezüglich intern nach den §§ 43 II GmbHG, 93 II AktG zustehen, pfänden und sich zur Einziehung überweisen lassen kann.

Freilich besteht eine gleichlautende Zugriffsmöglichkeit auf jene internen Ausgleichsansprüche der „Freiberufler-AG/GmbH" gegen ihre Leitungsorgane auch für sonstige Gläubiger der betreffenden Kapitalgesellschaft. Infolgedessen ist das ratsuchende Publikum also auch bei einer fehlerhaften Dienstleistungserbringung insofern stets und unablässig dem Risiko ausgesetzt, daß eine nach den §§ 829, 835 ff. ZPO auf den Weg gebrachte Zwangsvollstreckung aufgrund des Prioritätsprinzips (§ 804 III ZPO) wegen einer zeitlich früher erfolgten Pfändung und Überweisung derselben Ansprüche durch andere Kapitalgesellschaftsgläubiger rechtlich ins Leere geht, so daß – gerade in einem Krisenfall der AG/GmbH – letztlich doch keine materielle Befriedigung des auf der Auftraggeberseite eingetretenen Schadens stattfindet.

Darüber hinaus ist zu bedenken, daß ein Vorstandsmitglied bzw. ein Geschäftsführer im Innenverhältnis nach den §§ 43 II GmbHG, 93 II AktG stets nur für eigene Pflichtverletzungen gegenüber der betreffenden Kapitalgesellschaft, nicht aber für ein Fehlverhalten anderer haftet.[27]

Auch wenn demnach in einem konkreten Einzelfall mehrere Mitglieder eines kapitalgesellschaftlichen Leitungsorgans an der tatsächlichen Erbringung der freiberuflichen Leistung gegenüber dem ratsuchenden Publikum mitgewirkt haben sollten, hätte das Auftreten eines ersatzpflichtigen Schadens anschließend im Innenverhältnis also keinesfalls zwangsläufig eine gesamtschuldnerische Einstandspflicht sämtlicher insofern tätig gewordener Geschäftsführer/Vorstandsmitglieder gegenüber der geleiteten Kapitalgesellschaft

---

gegen einzelne Vorstandsmitglieder bzw. Geschäftsführer erwachsen, wiederum aus dem drittschützenden Charakter, den die von den Leitungsorganen verletzten Verhaltenspflichten insofern stets gegenüber dem ratsuchenden Publikum aufweisen. Denn die den Ersatzanspruch im Innenverhältnis auslösende Sorgfaltspflichtverletzung nach den §§ 43 II GmbHG, 93 II AktG ist hier ausnahmslos identisch mit der beruflichen Fehlleistung, die in der vertraglichen Außenrechtsbeziehung zwischen der Kapitalgesellschaft und den Ratsuchenden zugleich unmittelbar zu einer Schädigung der Auftraggeberseite geführt hat; vgl. hingegen auch insoweit unscharf im Kontext mit der „Anwalts-GmbH" wiederum *Henssler* in ZHR 161 (1997), 305 (323).

Siehe zur Ungültigkeit der Verzichtswirkung einer Entlastung nach § 46 Nr. 5 GmbHG für solche Ersatzansprüche, die auf einer Verletzung des § 30 GmbHG als einer gläubigersichernd wirkenden Kapitalerhaltungsvorschrift beruhen, ferner allgemein BGH in WM 1986, 789 (790) sowie besonders deutlich BGH in WM 1986, 790 (791): „Die Verzichtswirkung (der Entlastung, sic!) endet im GmbH-Recht ... dort, wo Ansprüche im Interesse der Gesellschaftsgläubiger unverzichtbar sind (§§ 43 III, 9 I, 30, 31 GmbHG)."

[27] Vgl. statt aller nur *Schaub* in DStR 1992, 985 (986); *Köhl* in DB 1996, 2597 (2598); Scholz/U. *Schneider*, Rn. 30 zu § 43 GmbHG.

zur Folge. Vielmehr verbliebe es hier statt dessen prinzipiell bei einer ausschließlichen persönlichen Einstandspflicht lediglich der unmittelbar selbst und in eigener Person pflichtwidrig handelnden Führungskräfte. Sofern ein an der konkreten Auftragsbearbeitung beteiligtes Mitglied des Leitungsorgans also nicht auch unmittelbar selbst nachlässig agiert und den Berufsfehler höchstpersönlich verursacht hat, könnte seine interne Haftung gegenüber der betreffenden „Freiberufler-AG/GmbH" nach den §§ 43 II GmbHG, 93 II AktG ansonsten nur in Betracht kommen, wenn es im Zuge der tatsächlichen Leistungserbringung außerdem auch etwaige Überwachungspflichten, die ihm unter Umständen noch zusätzlich gegenüber den anderen, gleichermaßen an der Mandatsbearbeitung mitwirkenden Vorstandsmitgliedern bzw. Geschäftsführern oblagen, verletzt hätte.[28]

c) *Zwischenergebnis*

In Anbetracht dessen bestehen nach der gesetzlichen Ausgangslage augenscheinlich gleich mehrere gravierende Haftungsvorteile, die eine „Freiberufler-AG/GmbH" im Verhältnis zu der Haftungssituation in einer freiberuflich tätigen Personengesellschaft aufweist.

Der eine Punkt betrifft dabei die prinzipielle vertragliche Außenhaftung der Berufstätigen gegenüber dem ratsuchenden Publikum. Denn selbst bei der neuartigen Rechtsform der Partnerschaft, die zumindest in Kürze – unter Zugrundelegung der beabsichtigten, bereits vorbeschriebenen Neufassung des § 8 II PartGG – fraglos als die haftungsrechtlich attraktivste Personengesellschaft zur Ausübung eines Freien Berufs angesprochen werden kann,[29] bleibt es für Schäden aus fehlerhafter Berufsausübung bei einer gesetzlich angeordneten, unmittelbaren vertraglichen Außenhaftung jedenfalls der tatsächlich handelnden Partner gegenüber dem ratsuchenden Publikum.

Demgegenüber droht bei den Kapitalgesellschaften weder den kapitalmäßig beteiligten Gesellschaftern noch den als Geschäftsführern und Vorstandsmitgliedern tätig werdenden Berufsangehörigen nach dem legislativen Grundmodell im Außenverhältnis eine direkte persönliche Einstandspflicht gegenüber der Auftraggeberseite. Dem ratsuchenden Publikum erwachsen in einem potentiellen Regreßfall – soweit die im Zuge der Vertragserfüllung tatsächlich tätig werdenden Berufsvertreter nicht zugleich (ausnahmsweise) auch in eigener Person einen deliktischen Haftungstatbestand verwirklichen – im allgemeinen lediglich vertragliche Ersatzansprüche, die sich ausschließlich gegen die Kapitalgesellschaft als alleinige Vertragspartnerin richten. Die Haftung der Gesellschafter beschränkt sich statt dessen strikt auf die im internen Verhältnis zur AG/KGaA/GmbH übernommene Kapitaleinlage, und die als Leitungsorgane handelnden Berufsvertreter trifft auch im Fall des

---

[28] Siehe zur Möglichkeit einer entsprechenden Einstandspflicht nach den §§ 43 II GmbHG, 93 II AktG wegen einer Verletzung der Pflicht zur Überwachung des Mitgeschäftsführerhandelns allgemein Baumbach/Hueck-*Zöllner*, Rn. 17 zu § 43 GmbHG; Scholz/*U. Schneider*, Rn. 30 zu § 43 GmbHG; MünchHdbuchGesR III/*Marsch-Barner*/*Diekmann*, Rn. 18 zu § 46.

Die höchstrichterliche Rechtsprechung geht davon aus, daß auch dann, wenn einem GmbH-Geschäftsführer ein eigenes Arbeitsgebiet zugewiesen worden ist, die übrigen eine Überwachungspflicht haben, welche sie zum Eingreifen zwinge, falls sich Anhaltspunkte dafür ergeben, daß der zuständige Geschäftsführer in seinem Arbeitsbereich die Geschäfte nicht ordnungsgemäß führt; vgl. so etwa ausdrücklich BGH in WM 1986, 789.

[29] Vgl. dazu bereits ausführlich oben Seite 383 ff.

Auftretens schuldhaft verursachter Berufsfehler regelmäßig lediglich eine auf das Innenverhältnis beschränkte Ersatzpflicht gegenüber der Gesellschaft.

Zum zweiten führt – von untergeordneten Bearbeitungsbeiträgen abgesehen – bei der Partnerschaft bereits das unmittelbare persönliche Befaßt-Sein eines Partners *als solches* zu seiner akzessorischen persönlichen Außenhaftung gegenüber dem Auftraggeber. Das die Ersatzpflicht auslösende Moment liegt also schon isoliert in der tatsächlichen Mitwirkung an der konkreten Auftragsbearbeitung; hingegen ist nicht erforderlich, daß der so in die Vertragserfüllung eingeschaltete Gesellschafter den beruflichen Fehler auch unmittelbar in eigener Person begangen und schuldhaft herbeigeführt hat. In der Partnerschaft haften hiernach also einheitlich alle Partner, die den Auftrag tatsächlich bearbeiten, als Gesamtschuldner mit ihrem jeweiligen Privatvermögen auf Schadensersatz. Irrelevant ist demgegenüber, welcher der Bearbeiter die berufliche Fehlleistung in concreto vorwerfbar verursacht hat; dieser Umstand ist bestenfalls für eventuelle Ausgleichsansprüche der betroffenen Partner im Innenverhältnis zueinander von Interesse.

Dagegen eröffnet sich für den Auftraggeber einer „Freiberufler-AG/GmbH" eine vollstreckungsrechtliche Zugriffsmöglichkeit auf das Privatvermögen der einzelnen Gesellschafter und der Leitungsorgane nur bei Pfändung und Überweisung solcher Erstattungs- oder Ersatzansprüche, die der Kapitalgesellschaft gegebenenfalls im Innenverhältnis gegen einen mit der Leistung seiner Einlage säumigen Anteilseigner oder gegen einen zuvor schuldhaft handelnden Geschäftsführer bzw. gegen ein sorgfaltswidrig agierendes Vorstandsmitglied zustehen. Dabei ist die Entstehung eines internen Ersatzanspruchs gegen ein Mitglied eines kapitalgesellschaftlichen Leitungsorgans zudem ausnahmslos davon abhängig, daß das betreffende Vorstandsmitglied oder der betreffende Geschäftsführer den beruflichen Fehler entweder unmittelbar in eigener Person begangen oder doch wenigstens eine etwaige Überwachungspflicht, die ihm persönlich gegenüber dem konkret pflichtwidrig handelnden Organmitglied oblag, verletzt hat. Die bloße Mitwirkung an der tatsächlichen Mandatsbearbeitung reicht hier – anders als bei der Partnerschaft – für sich betrachtet also noch nicht aus, um einen internen Ersatzanspruch der Kapitalgesellschaft nach den §§ 43 II GmbHG, 93 II AktG, den der geschädigte Auftraggeber im Anschluß pfänden und sich zur Einziehung überweisen lassen kann, gegen ein handelndes Vorstandsmitglied bzw. einen gegenständlich agierenden Geschäftsführer zur Entstehung zu bringen.

Vor dem Hintergrund dieser haftungsrechtlichen Grundkonzeption scheint es daher nur allzu verständlich, daß die Kapitalgesellschaften – vom Standpunkt der Berufstätigen aus betrachtet – auf den ersten Blick tatsächlich als ausnehmend attraktive Rechtsformen zur gemeinsamen Erbringung freiberuflicher Dienstleistungen erscheinen müssen.

Da die Entscheidung über Art und Umfang der Kapitalausstattung, soweit sie über die gesetzlich vorgeschriebenen Mindestbeträge hinausreicht, ansonsten vollständig dem freien Ermessen der Gesellschafter überlassen ist,[30] verbleibt es für das ratsuchende Publikum im übrigen allein bei dem durch das Gesellschaftsrecht allgemein garantierten Mindesthaf-

---

30 Siehe allgemein nur *Wüst* in JZ 1995, 990 (991); speziell für die AG etwa MünchHdbuchGesR IV/*Wiesner*, Rn. 3 zu § 11; für die GmbH z. B. Baumbach/Hueck-*Hueck*, Rn. 5 zu § 5 u. Rn. 2 zu § 32a GmbHG.

tungsstock von 50.000 DM für die GmbH (vgl. § 5 I 1 GmbHG) bzw. 100.000 DM für die AG (vgl. § 7 AktG).[31]

Auf eine weitergehende tatsächliche Befriedigung von Schäden, die aus einer fehlerhaften Berufsausübung seitens der in einer „Freiberufler-Kapitalgesellschaft" zusammengeschlossenen Berufsvertreter resultieren, kann ein geschädigter Auftraggeber ansonsten lediglich vertrauen, wenn die Kapitalgesellschaft daneben auch noch selbst eine *eigene*, auf sie lautende Berufshaftpflichtversicherung unterhalten muß. Eine unmittelbare berufsgesetzliche Verpflichtung, eine derartige eigene Berufshaftpflichtversicherung abzuschließen und aufrechtzuerhalten, besteht auf dem freiberuflichen Sektor bislang allerdings – soweit ersichtlich – nur im Bereich der Wirtschaftsprüfung (einschließlich der Buchprüfung) und der Steuerberatung. Danach sind Kapitalgesellschaften, die als Wirtschaftsprüfungs-, als Buchprüfungs- oder als Steuerberatungsgesellschaften zur entsprechenden Berufsausübung eingesetzt werden sollen, in jedem Fall verpflichtet, eine Berufshaftpflichtversicherung in Höhe der jeweils allgemein gesetzlich vorgeschriebenen Mindestversicherungssumme (gegenwärtig noch einheitlich 500.000 DM[32]) abzuschließen und für die Dauer ihrer Bestellung oder Anerkennung fortlaufend beizubehalten.[33] Für die Berufsgruppen der Rechts- und der Patentanwälte sieht der Regierungsentwurf zur Regelung der „Rechtsanwaltsgesellschaft mit beschränkter Haftung" in diesem Kontext sogar vor, daß eine Rechts- oder Patentanwalts-GmbH de lege ferenda einen gesetzlichen Berufshaftpflichtversicherungsschutz in Höhe von mindestens 5 Mio. DM pro Versicherungsfall aufweisen und fortwährend unterhalten muß.[34]

---

[31] Vgl. so auch *Wellensiek* in FS für Brandner (1996), 727 (746).

[32] Vgl. zur bevorstehenden Anhebung der Mindestversicherungssummen auf dem Sektor der Wirtschaftsprüfung (vier bzw. acht Mio. DM) allerdings den Referentenentwurf eines „Gesetzes zur Kontrolle und Transparenz im Unternehmensbereich (KonTraG)" mit Stand vom 22.11.1996; siehe dazu auch schon oben S. 198 f. in Fn. 159.

[33] Vgl. dazu die §§ 54 I WPO i.V.m. § 323 II 1 HGB; § 130 II WPO; § 72 I StBerG i.V.m. § 67 StBerG i.V.m. § 52 I DVStB.

Dabei kann gemäß § 52 III DVStB auch für Steuerberatungsgesellschaften in der Rechtsform einer Kapitalgesellschaft eine Jahreshöchstleistung für alle in einem Versicherungsjahr verursachten Schäden vereinbart werden, soweit sich die Höchstleistung auf mindestens zwei Mio. DM. per annum beläuft. Demgegenüber sind Wirtschaftsprüfungs- und Buchprüfungsgesellschaften nach § 2 II der VO über die Berufshaftpflichtversicherung der Wirtschaftsprüfer und vereidigten Buchprüfer einheitlich verpflichtet, die Mindestversicherungssumme (von derzeit noch 500.000 DM) bei unbegrenzter Jahreshöchstleistung, d. h. für *jeden* Versicherungsfall im Versicherungsjahr, vorzuhalten. Demnach besteht speziell im Bereich der Steuerberatung bei Beauftragung einer Kapitalgesellschaft für das ratsuchende Publikum zusätzlich das Risiko, daß der Berufshaftpflichtversicherer mit Erfolg den Einwand einer bereits ausgeschöpften Jahreshöchstleistung erheben kann. In diesem Fall könnte sich ein geschädigter Auftraggeber sodann – trotz der berufsgesetzlich angeordneten Pflicht zum Abschluß einer Berufshaftpflichtversicherung – in der Tat nur an das Stamm- bzw. Grundkapital der beauftragten Steuerberatungs-AG/GmbH als der ausschließlichen Haftungsmasse halten.

[34] Vgl. dazu die §§ 59j II BRAOE, 52j II PatAnwOE des am 18.11.1997 vom Bundeskabinett verabschiedeten Regierungsentwurfs eines Gesetzes zur Änderung der Bundesrechtsanwaltsordnung, der Patentanwaltsordnung und anderer Gesetze, BR-Drucksache 1002/97, S. 6 und S. 9 mit entsprechender Begründung auf S. 18 f.; siehe ebenso auch bereits die §§ 59q BRAO-E; 52p PatAnwO-E des vormaligen Referentenentwurfs; abgedruckt in „Blick durch die Wirtschaft" v. 25.4.1997, Seite 10, und v. 29.4.1997, Seite 9, sowie in ZIP 1997, 1518 (1522).

In den vorbezeichneten Berufsgruppen entsprechen die Anforderungen, die im Punkte eines obligatorischen Berufshaftpflichtversicherungsschutzes für eine zur Berufsausübung eingesetzte Kapitalgesellschaft gelten, somit entweder den Vorgaben, die insoweit auch für selbständig tätige Berufsvertreter Platz greifen (so bei Wirtschaftsprüfern und Steuerberatern), oder sie gehen zum Teil sogar noch deutlich darüber hinaus (so bei Rechts- und Patentanwälten).[35] Unter diesen Voraussetzungen kann das ratsuchende Publikum – trotz eines in der Krise eventuell nicht ausreichenden Stamm- oder Grundkapitals der „Freiberufler-AG/GmbH" – mithin auch in einem potentiellen Haftpflichtfall in der Regel weiterhin mit einer vollständigen Befriedigung seiner Ersatzansprüche rechnen.

Alles in allem ergeben sich für die Angehörigen der freien Professionen unter haftungsrechtlichen Aspekten somit nach der legislativen Grundkonzeption ausschließlich Vorteile, soweit sie ihre freiberuflichen Dienstleistungen zivilvertraglich über eine Kapitalgesellschaft abwickeln. In Anbetracht dieser prinzipiell sehr günstigen Haftungslage ist für das ratsuchende Publikum auf der anderen Seite freilich von besonderem Interesse, in welchen Fallkonstellationen es die Gesellschafter und Geschäftsführer einer „Freiberufler-AG/GmbH" wegen einer fehlerhaften Berufsausübung auch unmittelbar persönlich, d. h. unter Einschluß ihres gesamten Privatvermögens, auf Ersatz eines erlittenen Schadens in Anspruch nehmen kann.

Aus diesem Grunde stellt sich nachfolgend die Frage, unter welchen rechtlichen Prämissen für den Auftraggeber einer „Freiberufler-Kapitalgesellschaft" auch ein Durchgriff auf das Privatvermögen einzelner Gesellschafter oder der als Geschäftsführer bzw. Vorstandsmitglieder eingesetzten Berufsvertreter in Betracht kommt.

Um bei in der Rechtsform einer GmbH organisierten Großkanzleien mit einer Vielzahl von Anwälten, die alle als potentielle Schadensverursacher in Betracht kommen, einen Erschöpfungseinwand des Berufshaftpflichtversicherers weitestgehend auszuschließen, sah der Referentenentwurf aaO zudem vor, daß der Versicherer seine Leistungen für alle innerhalb eines Versicherungsjahres verursachten Schäden durchgehend bestenfalls auf den *vierfachen* Betrag der Mindestversicherungssumme von 5 Mio. DM, vervielfacht mit der Zahl der Geschäftsführer, die Rechts- bzw. Patentanwälte sind, sollte begrenzen können. Der Regierungsentwurf orientiert sich insoweit hingegen nur noch an dem *einfachen* Betrag der Mindestversicherungssumme und läßt ergänzend auch eine ausdrückliche Begrenzung der Jahreshöchstleistung des Berufshaftpflichtversicherers auf einen Mindestbetrag von 20 Mio. DM zu; siehe zu dem – wiederum abweichenden, statt dessen stärker am eigentlichen Tätigkeitsumfang der einzelnen Gesellschaft orientierten – Regelungsvorschlag des Rechts- und des Finanzausschusses auf seiten des Bundesrates nun schließlich auch BR-Drucksache 1002/1/97, S. 2 ff. – Trotz der spürbaren versicherungsrechtlichen Lockerungen im Regierungsentwurf und des in diesem Kontext von den Ausschüssen des Bundesrates neu eingebrachten differenzierten Lösungsansatzes bleibt es augenfällig, welche erhebliche Diskrepanz hier auf dem anwaltlichen Sektor nach wie vor im Vergleich zu den weniger strengen Berufshaftpflichtversicherungsregelungen besteht, die andererseits für kapitalgesellschaftlich ausgestaltete Steuerberatungsgesellschaften gelten; siehe dazu nur soeben in Fußnote 33; ähnlich kritisch auch *Sommer* in PatAnwMitt. 1998, 41 (47 f.).

[35] Die gesetzliche Mindestversicherungssumme für eine Berufshaftpflichtversicherung, die von einem Rechts- oder Patentanwalt, d. h. von einer natürlichen Person, zu unterhalten ist, liegt gemäß § 51 IV 1 BRAO bei 500.000 DM pro Versicherungsfall. Eine Anwalts-GmbH wäre als juristische Person nach den Regelungen des Referenten- wie des Regierungsentwurfs demgegenüber zukünftig verpflichtet, berufsgesetzlich mit 5 Mio. DM einen in der Relation zehnfach höheren Deckungsschutz als Mindesthaftpflichtversicherungssumme zu unterhalten.

2. Die richterrechtlich entwickelten Fallgruppen einer Durchgriffs- und Eigenhaftung bei den Kapitalgesellschaften und ihr praktischer Stellenwert auf dem freiberuflichen Sektor

Bei der juristischen Analyse der verschiedenen Fallgestaltungen, in denen die höchstrichterliche Judikatur eine Durchbrechung des Prinzips der fehlenden persönlichen Eigenhaftung von Anteilseignern und Leitungsorganen gegenüber den Gläubigern einer Kapitalgesellschaft zugelassen oder doch zumindest in Erwägung gezogen hat, bietet sich – entsprechend der jeweils unterschiedlichen Stellung und Funktion innerhalb der Gesellschaft – eine abgestufte Untersuchung einerseits der Zugriffsmöglichkeiten auf das Privatvermögen der Anteilseigner und andererseits der Zugriffsmöglichkeiten auf dasjenige der Geschäftsführer und Vorstandsmitglieder an.

a) *Die Möglichkeiten des Gläubigerdurchgriffs auf das Gesellschaftervermögen*

Ein unmittelbarer Zugriff der Gesellschaftsgläubiger auf das Privatvermögen der Anteilseigner ist zum einen in Form eines allgemeinen Durchgriffstatbestandes und zum anderen speziell unter konzernrechtlichen Haftungsaspekten denkbar.

aa) *Die sog. allgemeine „Durchgriffshaftung"*

Soweit zwischen einem Gesellschaftsgläubiger und den Anteilseignern nicht im Wege eines separaten Rechtsgeschäfts zusätzlich ein eigenständiger Verpflichtungsgrund für Schulden der Kapitalgesellschaft begründet worden ist (z. B. Bürgschaft, Schuldbeitritt, Garantieversprechen etc.), läßt sich feststellen, daß die Rechtsprechung ansonsten kaum dazu neigt, eine davon unabhängige sog. allgemeine „Durchgriffshaftung" der Anteilseigner für Gesellschaftsverbindlichkeiten anzuerkennen. Das maßgebliche Motiv für diese richterliche Zurückhaltung liegt hierbei augenscheinlich in der Mißachtung des sog. Trennungsprinzips, welche mit der Anerkennung einer unmittelbaren persönlichen Gesellschafter-Außenhaftung für kapitalgesellschaftliche Verpflichtungen andernfalls unweigerlich verbunden wäre.[36]

Demgemäß betont die Judikatur in ständiger Rechtsprechung, daß über die Rechtsfigur der juristischen Person nicht leichtfertig und schrankenlos hinweggegangen werden darf.[37] Eine Ausnahme von diesem Grundsatz könne vielmehr nur in Betracht kommen, wenn seine Anwendung ansonsten zu Ergebnissen führen würde, die mit Treu und Glauben

---

[36] Vgl. hierzu besonders aussagekräftig BSG in NJW-RR 1997, 94: „... Dabei ist allerdings zu beachten, daß von dem Rechtsinstitut der Durchgriffshaftung nur mit aller Vorsicht Gebrauch gemacht werden kann. Es darf nicht dazu führen, die Regeln des § 13 II GmbHG aufzuheben und das darin vom Gesetzgeber geschaffene Haftungsprivileg der Gesellschafter seiner grundsätzlichen Geltung zu entkleiden."

[37] Vgl. etwa BGHZ 54, 222 (224); 61, 380 (383); 78, 318 (333); 102, 95 (101); BGH in ZIP 1981, 1076 (1078), BSGE 56, 76 (82); BAG in ZIP 1991, 884 (888); BSG in NJW-RR 1997, 94; siehe ferner auch BVerfGE 13, 331 (340), wonach es zum Wesen juristischer Personen wie der AG und der GmbH gehöre, daß diese Kapitalgesellschaften aufgrund ihrer Verselbständigung gegen Durchgriffe auf das Privatvermögen ihrer Gesellschafter grundsätzlich „abgeschirmt" seien.

nicht in Einklang stehen, und wenn die Ausnutzung der rechtlichen Verschiedenheit zwischen der juristischen Person und den hinter ihr stehenden natürlichen oder juristischen Personen einen Rechtsmißbrauch bedeutet.[38] Soweit ein derart rechtsmißbräuchliches Verhalten freilich nach den konkreten Gesamtumständen im Einzelfall ausnahmsweise bejaht werden könne, hafte ein Gesellschafter in entsprechender Anwendung der §§ 128, 129 I HGB auch unmittelbar persönlich für die Verbindlichkeiten der Gesellschaft.[39]

Eine derartige Durchgriffshaftung zieht die Rechtsprechung in Entsprechung dessen etwa in Betracht, wenn das Gesellschaftsvermögen in den Büchern der Gesellschaft unzureichend ausgewiesen ist, die Buchführung aus anderen Gründen undurchsichtig oder die Vermögensabgrenzung zwischen Gesellschaft und Gesellschaftern sonst verschleiert worden ist, so daß sich im Ergebnis nicht mehr ermitteln läßt, welcher Vermögensgegenstand zum Gesellschafts- und welcher zum Privatvermögen gehört (sog. „Vermögensvermischung").[40] In einem solchen Fall könne ein Durchgriff als seltene Ausnahme gerechtfertigt sein, weil dann die Kapitalerhaltungsvorschriften, deren Einhaltung einen unverzichtbaren Ausgleich für die Beschränkung der Haftung auf das Gesellschaftsvermögen bilde, nicht funktionieren könnten.[41]

Dabei vermögen einzelne Privatentnahmen der Gesellschafter, auch wenn diese weit über den Bezug von Jahresgewinnen hinausgehen, jedoch nicht ohne weiteres einen Durchgriffstatbestand zu bilden, sondern sie lösen regelmäßig nur Ansprüche der betroffenen Kapitalgesellschaft auf Rückzahlung (etwa gemäß den §§ 30, 31 GmbHG) aus.[42] Ferner kann die persönliche Haftung nur diejenigen Gesellschafter treffen, die aufgrund des ihnen in dieser Stellung gegebenen Einflusses in der Gesellschaft für den Vermögensvermischungstatbestand verantwortlich sind; wer wegen geringer Beteiligung und fehlender interner Mitspracherechte einen solchen Einfluß nicht ausüben kann, soll für den Tatbestand, der die Voraussetzungen für die Beschränkung der Haftung auf das Gesellschaftsvermögen entfallen läßt, demgegenüber nicht verantwortlich gemacht werden können.[43]

Bemerkenswert scheint dabei, daß die höchstrichterliche Rechtsprechung das so zur „Vermögensvermischung" postulierte Durchgriffsprinzip in der Rechtswirklichkeit bislang allerdings noch nicht positiv zur Anwendung gebracht hat.[44] Der die Haftung auslösende „ständige Griff in die Kasse der Kapitalgesellschaft ohne entsprechende Buchung" behandelt in der Rechtspraxis also eher seltene Extremfälle, in denen der Gesellschafter einer

---

[38] So ausdrücklich BGHZ 54, 222 (224); BGH in WM 1977, 73 (75); BGHZ 78, 318 (333).

[39] Vgl. BGHZ 95, 330 (332).

[40] Vgl. BGH in ZIP 1985, 29 (30); BGHZ 90, 330 (334); BAG in ZIP 1991, 884 (889); BGH in ZIP 1994, 867 (867 f.); BSGE 75, 82 (84); BSG in NJW-RR 1997, 94 (95).

[41] BGH in ZIP 1985, 29 (30); 1994, 867 (868); BAG in ZIP 1991, 884 (889); BSG in NJW-RR 1997, 94 (95).

[42] BGH in ZIP 1985, 29 (30); BGHZ 95, 330 (333 f.); zustimmend etwa *Raiser*, Rn. 22 zu § 29; Baumbach/Hueck-*Hueck*, Rn. 15 zu § 13 GmbHG – Auch im Verhältnis mehrerer Gesellschaften einer Unternehmensgruppe zueinander kann, selbst wenn diese eng miteinander verflochten sind und gemeinsam „aus einem großen Topf" gewirtschaftet worden ist, eine Durchgriffshaftung unter dem Gesichtspunkt der Vermögensvermischung nicht begründet werden, wenn die Vermögensbewegungen nicht verdeckt, sondern ordnungsgemäß verbucht worden sind; vgl. BGH in ZIP 1985, 29 (30 f.).

[43] Vgl. BGH in ZIP 1994, 867 (868); ebenso MünchHdbuchGesR III/*Schiessl*, Rn. 19 zu § 35; *Rehbinder* in FS für Kübler (1997), 493 (501).

[44] *K. Schmidt* in ZIP 1994, 837 (838).

AG/GmbH mindestens an der Grenze zur Kriminalität gehandelt hat.[45] Nicht ohne Grund hat die BGH-Judikatur deshalb auch erwogen, ob im Falle einer „Vermögensvermischung" nicht schon das Recht der unerlaubten Handlungen, etwa über die §§ 823 BGB, 283 StGB, ähnlich befriedigende Lösungen erlaube.[46]

In Ansehung dessen rechtfertigt sich abschließend die allgemeine Feststellung, daß die Gefahr einer Durchgriffshaftung wegen „Vermögensvermischung" für die Gesellschafter einer „Freiberufler-Kapitalgesellschaft" in der Realität ohne respektable praktische Bedeutung ist und im Hinblick auf die damit verbundene Risikoerhöhung eher vernachlässigenswert erscheint. Überhaupt stellt sich die Frage, ob die vorbeschriebenen Durchgriffsvoraussetzungen einer „Vermögensvermengung" bei näherem Hinsehen nicht eher bloß durchgriffsindizierende Problembeschreibungen darstellen, denen eine eigene Tatbestandsqualität mit subsumtionsfähigen Tatbestandsmerkmalen streng genommen gar nicht zugesprochen werden kann.[47]

Eine ganz ähnliche Bewertung dürfte in diesem Zusammenhang auch für eine weitere richterrechtlich entwickelte Fallgruppe der Durchgriffshaftung, die sog. „offenbare materielle Unterkapitalisierung", Geltung beanspruchen.

Danach soll das haftende Kapital einer AG/GmbH seitens der beteiligten Gesellschafter nicht rechtsfolgenlos ganz ohne Rücksicht auf das für die satzungsmäßigen Gesellschaftszwecke benötigte Kapital festgesetzt werden dürfen.[48] Statt dessen müsse vielmehr eine gewisse Relation zwischen dem nach Art und Umfang der beabsichtigten oder der tatsächlichen Geschäftstätigkeit bestehenden Finanzbedarf einerseits und dem haftenden Eigenkapital andererseits gewährleistet sein.[49] Anderenfalls würde durch das Institut der juristischen Person die Möglichkeit geschaffen, Unternehmen mit einem für ihre Zwecke offensichtlich unzureichenden Kapital zu betreiben und das Risiko allein auf die Gläubiger der Gesellschaft abzuwälzen.[50] Die Rechtsfolge eines solchen Mißbrauchs bestehe darin, daß die rechtliche Verselbständigung der juristischen Person anschließend als nicht wirksam eingetreten gelte, so daß der Gesellschafter sich so behandeln lassen muß, als wenn er sich dem Gesellschaftsgläubiger gegenüber selbst verpflichtet hätte.[51]

Unbeantwortet gelassen hat die Rechtsprechung bis heute jedoch, unter welchen Voraussetzungen eine derartige „qualifizierte Unterkapitalisierung" konkret und für den Einzelfall inhaltlich handhabbar soll bejaht werden können.

Denn auf der anderen Seite betont die Judikatur fortlaufend, daß das Recht der Kapitalgesellschaften lediglich die Aufbringung eines bestimmten Mindeststamm- bzw. Mindestgrundkapitals vorschreibe und davon absehe, daß die Gesellschaft mit einem ihrem Geschäftszweig und Geschäftsumfang angemessenen Eigenkapital ausgestattet werden

---

45 So zutreffend *Lutter* in DB 1994, 129.

46 So BGH in ZIP 1985, 29 (30); in diesem Sinne ersichtlich auch *Haack* in NWB 1994, Fach 18, 3355 (3359); vgl. für das Aktienrecht ferner *Hüffer*, Rn. 20 zu § 1 AktG, der insoweit sogar bereits das Lösungsinstrumentarium der §§ 57, 58 V, 62 AktG für ausreichend hält.

47 So die – der Sache nach wohl zutreffende – Einschätzung von *K. Schmidt* in ZIP 1994, 837 (838 u. 840).

48 BGHZ 31, 258 (268); BSGE 56, 77 (83); BSG in NJW-RR 1997, 94 (95).

49 BSGE 56, 77 (83); BSG in NJW-RR 1997, 94 (95).

50 BSGE 56, 77 (83); OLG Hamburg in BB 1973, 1231 (1232).

51 Vgl. BSGE 56, 77 (87 f.).

müsse.[52] Einer AG/GmbH stehe es vielmehr grundsätzlich frei, eine Unterkapitalisierung oder einen bloß vorübergehenden Geldbedarf durch Darlehen ihrer Gesellschafter zu decken oder sich die benötigten Wirtschaftsgüter durch Miete oder Pacht von ihren Gesellschaftern zu beschaffen.[53] Aus der Verantwortung der Gesellschafter für eine ordnungsgemäße Unternehmensfinanzierung folge indes aber keine Pflicht, in der Krise fehlendes Kapital aus ihrem Vermögen nachzuschießen.[54] Folgerichtig gehe es auch nicht an, allgemein in solchen Fällen, in denen die im Rechtsverkehr auftretende Kapitalgesellschaft nicht mehr über die erforderliche Kreditunterlage verfüge, einen Gesellschafter schon deshalb mithaften zu lassen, weil er der Gesellschaft mit Kapital ausgeholfen habe.[55] Die Grenze könne erst dort gezogen werden, wo ein Gesellschafter entgegen dem Zweck der Schutzvorschriften über die Aufbringung und Erhaltung des Stamm- bzw. Grundkapitals der Gesellschaft Mittel entziehe, die wirtschaftlich als Kapitalgrundlage zu betrachten seien.[56] Freilich sei die Lösung alsdann jedoch nicht in einem direkten Zugriff der Gläubiger gegen die Gesellschafter zu suchen, sondern in den – eine Erstattungspflicht *an die Gesellschaft* vorsehenden – einschlägigen Rückgewährvorschriften (etwa den §§ 30, 31 GmbHG) sowie in den Bestimmungen des Insolvenzrechts.[57]

Diese relativierenden Aussagen machen deutlich, daß auch der Haftungsdurchgriff wegen einer „offenbaren materiellen Unterkapitalisierung" der Sache nach eher eine ultima-ratio-Formel darstellt, derer sich die Rechtsprechung lediglich in ganz und gar außergewöhnlich gelagerten Sachverhaltsgestaltungen bedient, um einen ansonsten offenkundig drohenden Mißbrauch der Rechtsform der juristischen Person unter Rückgriff auf die Grundsätze von Treu und Glauben argumentativ ausschließen zu können. Dem entspricht es, daß der Durchgriff infolge fehlender Kapitalausstattung vom Bundesgerichtshof auch erst einmal bejaht worden ist,[58] während das Bundessozialgericht die Tatsache einer praktisch fehlenden Kapitalausstattung ebenfalls nur einmal und lediglich in Verbindung mit weiteren Umständen für durchgriffsbegründend erachtet hat.[59]

Auch für diese Fallkonstellation bleibt mithin zu konstatieren, daß die Angehörigen der freien Professionen, soweit sie ihre beruflichen Leistungen über eine Kapitalgesellschaft erbringen, in der Rechtspraxis kaum einmal ernstlich Gefahr laufen würden, wegen einer „materiellen Unterkapitalisierung" in ihrer Eigenschaft als Gesellschafter unmittelbar

---

[52] Vgl. so etwa ausdrücklich BGHZ 68, 312 (319); OLG Hamburg in BB 1973, 1231 (1232); dem zustimmend auch MünchHdbuchGesR III/*Schiessl*, Rn. 17 zu § 35 unter zusätzlichem Hinweis darauf, daß ansonsten schier unlösbare Abgrenzungsschwierigkeiten drohten, falls man mit den Mitteln der Betriebswirtschaftslehre zuverlässig bestimmen wollte, wie hoch das Stamm- bzw. Grundkapital im Verhältnis zur Unternehmensgröße sein müsse.

[53] BGHZ 31, 258 (268); BGH in WM 1977, 73 (75); BGHZ 68, 312 (318); BSG in NJW-RR 1997, 94 (95).

[54] Vgl. BGHZ 31, 258 (269); 90, 381 (389).

[55] BGHZ 68, 312 (318).

[56] BGHZ 68, 312 (319).

[57] BGHZ 68, 312 (319).

[58] Vgl. BGHZ 54, 222 (224 ff.) – von Anfang an vermögensloser Verein, der auch keine Aussicht hatte, jemals Vermögen zu erwerben -

[59] Vgl. BSGE 56, 77 (83 ff.) – Die Frage, ob die materielle Unterkapitalisierung der Gesellschaft für sich allein ausreiche, um einen Haftungsdurchgriff gegen den Gesellschafter zu tragen, ließ das Gericht aaO, 84, ausdrücklich dahinstehen.

persönlich für die Verbindlichkeiten der „Freiberufler-AG/GmbH" in Anspruch genommen zu werden. Dies gilt um so mehr, als die freiberufliche Leistungserbringung in vielen Sparten primär auf dem besonderen persönlichen Bemühen der einzelnen Berufsangehörigen aufbaut, während auf sehr kostenintensives Anlagevermögen häufig verzichtet werden kann, so daß eine „Freiberufler-Kapitalgesellschaft" ohnehin des öfteren mit einer relativ geringen Eigenkapitalausstattung auskommen wird.[60]

Soweit in der Rechtsliteratur schließlich auch unter verschiedenen weiteren Gesichtspunkten (wie beispielsweise dem Aspekt des sog „Institutsmißbrauchs"[61] oder der sog. „Sphärenvermischung", d. h. der äußerlich scheinbaren Identität zwischen Gesellschaft und Gesellschafter[62]) ein Haftungsdurchgriff auf das Privatvermögen der Anteilseigner diskutiert wird, scheint bereits fraglich, ob sich die entsprechenden Fallgestaltungen nicht ebenso befriedigend schon über andere rechtsdogmatische Lösungswege (Eigenhaftung des Gesellschafters nach § 826 BGB oder nach den Grundsätzen der Rechtsscheinshaftung) erfassen lassen.[63] In jedem Fall ist die Bedeutung auch dieser übrigen im Schrifttum behandelten Durchgriffstatbestände in praxi außerordentlich gering;[64] eine einschlägige höchstrichterliche Entscheidung, die explizit auf die Existenz solcher weiterer verselbständigter Fallgruppen des Haftungsdurchgriffs hinweisen würde, ist nicht ersichtlich.[65]

Bei abschließender Betrachtung rechtfertigt sich hiernach ohne weiteres der Befund, daß die Tatbestände der sog. „Durchgriffshaftung" für den Gesellschafter einer „Freiberufler-AG/GmbH" durchgängig keine nennenswerten zusätzlichen Haftungsrisiken begründen, die seine prinzipiell auf die Leistung der übernommenen Kapitaleinlage begrenzte Einstandspflicht gegenüber der Gesellschaft ernsthaft in Frage stellen könnten. Der gegenwärtige Stand der in Rechtsprechung und Schrifttum anerkannten bzw. behandelten Durchgriffskonstellationen ist somit keinesfalls geeignet, die bislang festgestellte besondere haftungsrechtliche Attraktivität der Kapitalgesellschaften aus Sicht der Angehörigen der Freien Berufe in negativer Art und Weise zu beeinträchtigen.

bb) Die Durchgriffshaftung im sog. „qualifiziert faktischen GmbH-Konzern"

Einige Schwierigkeiten bereitete bis vor wenigen Jahren freilich – wenn auch unter einem ganz anderen Gesichtspunkt – speziell die Beurteilung der Außenhaftungsrisiken eines herrschenden GmbH-Gesellschafters, der außerhalb dieser Gesellschaft auch noch andere

---

60 Vgl. so etwa *Wellensiek* in FS für Brandner (1996), 727 (746) in bezug auf eine Anwalts-GmbH.

61 Unter dieser Bezeichnung werden in der Literatur Fälle erörtert, in denen die durch Gründung einer juristischen Person bewirkte Haftungsfreistellung des Gesellschafters bewußt zum Nachteil der Gesellschaftsgläubiger eingesetzt wird; vgl. dazu beispielsweise *Lutter/Hommelhoff*, Rn. 17 zu § 13 GmbHG; *Raiser*, Rn. 23 ff. zu § 29.

62 Vgl. dazu etwa *Lutter/Hommelhoff*, Rn. 16 zu § 13 GmbHG; Baumbach/Hueck-*Hueck*, Rn. 15 zu § 13 GmbHG.

63 So etwa die Einschätzung von *Haack* in NWB 1994, Fach 18, 3355 (3359); MünchHdbuch-GesR III/*Schiessl*, Rn. 20 zu § 35.

64 Siehe dazu nur allgemein und sehr pointiert *Lutter* in DB 1994, 129: „Die Existenz und die Erörterung dieses Tatbestands (der Durchgriffshaftung, sic!) in Büchern und Aufsätzen steht in einem ganz und gar umgekehrten Verhältnis zu seiner realen Bedeutung."

65 Vgl. *Haack* in NWB 1994, Fach 18, 3355 (3359).

unternehmerische Interessen verfolgte. Diese Unsicherheiten gründeten auf einem besonderen Haftungstatbestand, den die Judikatur in Ermangelung insoweit einschlägiger Gesetzesvorschriften durch eine analoge Anwendung der §§ 302, 303 AktG zum sog. „qualifiziert faktischen GmbH-Konzern“ entwickelt hat. Danach soll der eine GmbH beherrschende Unternehmensgesellschafter[66] vor allem dann dem Risiko einer vollen persönlichen Haftung für die Gesellschaftsschulden ausgesetzt sein, wenn er – bei gleichzeitiger Verfolgung anderweitiger unternehmerischer Interessen – die Konzernleitungsmacht in einer Weise ausübt, die keine angemessene Rücksicht auf die eigenen Belange der abhängigen Gesellschaft nimmt, ohne daß sich der ihr insgesamt zugefügte Nachteil durch Einzelausgleichsmaßnahmen kompensieren läßt.[67]

Bei der Statuierung dieser Haftung geht die Judikatur zunächst von der Erkenntnis aus, daß ein gewisser Gläubigerschutz in der Regel schon dadurch gewährleistet ist, daß die Gesellschaft und die Gesellschafter im Fall einer selbständig geführten Gesellschaft übereinstimmend ein gemeinsames Interesse an einer erfolgreichen Geschäftstätigkeit der, wenn auch beschränkt haftenden, Gesellschaft haben.[68] Dieses für den Rechtsverkehr wesentliche Regulativ sei jedoch nicht mehr vorhanden, wenn einer der Gesellschafter noch anderweitige (durchaus auch branchenfremde) Unternehmensinteressen verfolge und innerhalb der Gesellschaft zugleich die Einwirkungsmöglichkeit besitze, um deren Geschäftstätigkeit an seinen anderen unternehmerischen Interessen auszurichten.[69] Die sich hieraus ergebende Gefährdungslage, die zu einer schwerwiegenden Beeinträchtigung der abhängigen Gesellschaft führen könne, sei das Motiv für die aktienrechtliche Gesetzgebung zu den verbundenen Unternehmen mit Schutzvorschriften zugunsten u. a. der Gläu-

---

[66] Die tatsächliche Herrschaftsstellung der Konzernspitze muß sich hierbei nicht zwangsläufig in einer direkten und unmittelbaren Mehrheitsbeteiligung an der abhängigen Gesellschaft ausdrücken, sondern kann auch auf andere Weise durch die Mitwirkung von Dritten, etwa durch Stimmbindungsverträge oder Treuhandabreden (mittelbare Abhängigkeit) herbeigeführt werden; vgl. dazu etwa BGHZ 90, 330 (335 ff.); 107, 7 (9 ff.); 122, 123 (125 f.); *Hüffer*, Rn. 6 zu § 17 AktG. Des weiteren kann ein beherrschender Einfluß im Sinne des § 17 AktG auch von mehreren gleichgeordneten Unternehmen ausgehen, wenn im konkreten Fall eine ausreichend sichere Grundlage für die Ausübung gemeinsamer Herrschaft besteht, vgl. BGHZ 95, 330 (349); BGH in DZWiR 1995, 69 (71); BGH in NJW 1995, 1544 (1545); *Michalski/Zeidler* in NJW 1996, 224 (225); *Brandes* in WM 1998, 1 (2).

[67] BGHZ 122, 123 (130); BGH in NJW 1994, 446; BAG in ZIP 1994, 729 (731); BAG in NJW 1994, 3244 (3245); OLG München in NJW 1994, 2900 (2901); BGH in NJW 1995, 1544 (1545); BGH in AG 1997, 180 (180 f.); OLG Köln in WiB 1997, 528; OLG Dresden in DZWiR 1997, 200 (203); *Brandes* in WM 1998, 1 (2).

Im Fall einer abhängigen Einpersonengesellschaft verneint die Rechtsprechung eine angemessene Rücksichtnahme, wenn die Gesellschaft infolge der im Konzerninteresse ausgeübten Einwirkungen ihren Verbindlichkeiten nicht mehr nachkommen kann; vgl. BGHZ 122, 123 (130); BSGE 75, 82 (90); BSG in NJW-RR 1997, 94 (96); BGH in AG 1997, 180 (181); *Brandes* in WM 1998, 1 (3).

[68] BGHZ 95, 330 (334); 122, 123 (126); BAG in NJW 1994, 3244 (3245); BSGE 75, 82 (87); BSG in NJW-RR 1997, 94 (96); OLG Dresden in DZWiR 1997, 200 (203).

[69] BGHZ 95, 330 (334 f.); 122, 123 (126); BAG in NJW 1994, 3244 (3245); BSGE 75, 82 (87); BSG in NJW-RR 1997, 94 (96); OLG Dresden in DZWiR 1997, 200 (203).

Die konzernspezifischen Gefährdungen und Interessenkollisionen sind nach der Rechtsprechung auch bei ganz unterschiedlichen Tätigkeitsbereichen der einzelnen Unternehmen denkbar; weil Konzernzusammenschlüsse, insbesondere bei einheitlicher Leitung im finanziellen Bereich, ohne weiteres auch zwischen branchenfremden Unternehmen möglich seien; vgl. BGHZ 115, 187 (191).

biger gewesen.[70] Für derartige Sachverhalte halte das Aktienrecht insbesondere mit den §§ 302 und 303 AktG Lösungen bereit, wonach bei Bestehen eines Beherrschungs- oder Gewinnabführungsvertrags das herrschende Unternehmen Jahresfehlbeträge auszugleichen (§ 302 AktG) und nach dem Ende eines derartigen Vertrags den Gläubigern der abhängigen Gesellschaft Sicherheit zu leisten habe (§ 303 AktG).[71] Daraus wiederum lasse sich ein auch auf volle Befriedigung zielender direkter Zahlungsanspruch der betreffenden Gesellschaftsgläubiger ableiten, wenn die abhängige Gesellschaft vermögenslos ist und deshalb die Forderung nicht mehr erfüllen kann.[72]

Allerdings könne eine unmittelbare persönliche Einstandspflicht des herrschenden Gesellschafters nach Konzernhaftungsgrundsätzen nur dort bejaht werden, wo infolge der Dichte der Einflußnahme des herrschenden Unternehmens die Verhältnisse so unübersichtlich geworden seien, daß sich einzelne schädigende Eingriffe nicht mehr isolieren ließen und deshalb die sonstigen Haftungsnormen des Gesellschaftsrechts (Schadensersatzpflicht wegen Treuepflichtverletzung, Kapitalerhaltungsrecht) und des allgemeinen bürgerlichen Rechts (insbesondere deliktische Anspruchsgrundlagen) als Schutzinstrumente nicht mehr ausreichten.[73]

Die auf dieser Basis entwickelte Konzernhaftung des herrschenden GmbH-Gesellschafters hatte die höchstrichterliche Judikatur in den ersten einschlägigen Urteilen dabei noch sehr weit gefaßt. Diese besondere Haftungsreichweite ergab sich aus einer von seiten des BGH stillschweigend zugrunde gelegten doppelten Vermutungswirkung. Danach begründete das tatsächliche Vorliegen eines Abhängigkeitsverhältnisses zwischen Gesellschaft und herrschendem Gesellschafter (§ 17 I, II AktG) gemäß den einschlägigen Gesetzesregelungen zunächst die Vermutung einer entsprechenden faktischen Konzernbildung unter einer ständigen und umfassenden einheitlichen Leitungsmacht (vgl. § 18 I AktG).[74] Aus jener dauernden und umfassenden Leitungsmacht entnahm die Rechtsprechung sodann aber wiederum eine zweite Vermutungsfolge dahingehend, daß der herrschende Unternehmensgesellschafter auf die eigenen Belange der abhängigen Gesellschaft keine Rücksicht genommen und das übergeordnete Konzerninteresse ihre Geschäftstätigkeit entscheidend bestimmt habe.[75]

Um den dieserart begründeten konzernrechtlichen Ansprüchen zu entgehen, so die anfängliche Rechtsprechung weiter, müsse der herrschende Gesellschafter dartun und gegebenenfalls beweisen, daß der pflichtgemäß handelnde Geschäftsführer einer selbständigen GmbH deren Geschäfte unter den gegebenen Umständen nicht anders geführt haben wür-

---

70 BGHZ 95, 330 (335); 107, 7 (17); 115, 187 (193); 122, 123 (126); BSG in NJW-RR 1997, 94 (96); OLG Dresden in DZWiR 1997, 200 (203).

71 BGHZ 95, 330 (346 f.); 107, 7 (16); BSGE 75, 82 (87); BSG in NJW-RR 1997, 94 (96).

72 BGHZ 95, 330 (347); 115, 187 (200); BAG in ZIP 1991, 884 (889); OLG München in NJW 1994, 2900 (2901); BAG in NJW 1994, 3244 (3246); BSGE 75, 82 (87); BSG in NJW-RR 1997, 94 (96); OLG Dresden in DZWiR 1997, 200 (206); zustimmend auch das Schrifttum; vgl. nur Beck-GmbH-Hdbuch/*Rosenbach*, Rn. 166 f. zu § 17.

73 BGHZ 122, 123 (127 u. 132); OLG Dresden in DZWiR 1997, 200 (203).

74 BGHZ 95, 330 (344); 107, 7 (17); 115, 187 (193); BAG in ZIP 1991, 884 (888 f.); 1992, 1566 (1569).

75 BGHZ 95, 330 (344); 107, 7 (17); 115, 187 (193 f.); BAG in ZIP 1992, 1566 (1570).

de.[76] In nachfolgenden Entscheidungen korrigierte die Judikatur diesen Standpunkt alsdann dahin, daß dem herrschenden Unternehmen ein Entlastungsbeweis dergestalt obliege, zu behaupten und im Streitfall auch zu belegen, daß die bei der abhängigen Gesellschaft eingetretenen Verluste auf Umständen beruhten, die mit der Ausübung der Leitungsmacht nichts zu tun hatten.[77]

Diese strikten Rechtsprechungsvorgaben mußten indes dazu führen, daß bei Gesellschaften mit beschränkter Haftung jedenfalls ein mehrheitlich beteiligter Gesellschafter, der gleichzeitig alleiniger Geschäftsführer war, immer schon dann persönlich für die Verluste der Gesellschaft einzustehen und – wegen der entsprechenden Anwendung des § 303 AktG – unter Umständen den Gläubigern zu haften hatte, wenn er sich noch anderweit unternehmerisch betätigte.[78] Auf die Kritik des Schrifttums hin, das in dieser Haftungsausdehnung einen Wertungswiderspruch zum gesetzlichen Ausschluß der persönlichen Haftung des GmbH-Gesellschafters (§ 13 II GmbHG) erblickte und eine Umkehrung des Regel-Ausnahme-Verhältnisses von regulärer Haftungsbefreiung und ausnahmsweiser Konzernhaftung rügte,[79] sah sich der BGH im Jahre 1992 schließlich veranlaßt, den so ausformulierten Haftungstatbestand zum qualifizierten faktischen GmbH-Konzern auf eine neue, im Ergebnis spürbar restriktivere Grundlage zu stellen.

Seither soll der abhängigen Gesellschaft und im Fall ihrer Vermögenslosigkeit ihren Gläubigern ein Zugriff auf das Vermögen des herrschenden Unternehmens nur noch dann gestattet sein, wenn die abhängige Gesellschaft in einer Weise behandelt wird, die einen objektiven Mißbrauch der beherrschenden Gesellschafterstellung darstellt.[80] Die bis dato postulierte tatsächliche Vermutung, wonach eine dauernd und umfassend ausgeübte Leitung einer abhängigen GmbH bereits eine haftungsauslösende Beeinträchtigung ihrer Interessen indizierte, gab die höchstrichterliche Rechtsprechung nunmehr ausdrücklich auf.[81]

---

[76] BGHZ 95, 330 (344); BAG in ZIP 1991, 884 (888 f.).

[77] BGHZ 107, 7 (18); 115, 187 (194); BAG in ZIP 1992, 1566 (1570) – Dabei sollten Forderungsausfälle der abhängigen Gesellschaft, die sich in dem in der jeweiligen Branche und dem speziellen Kundenkreis üblichen und einkalkulierten Umfang hielten, für den herrschenden Gesellschafter freilich kein taugliches Beweismittel darstellen, um zu dokumentieren, daß bei deren Entstehung das Konzerninteresse keine Rolle gespielt hatte. Vielmehr sollte ein Entlastungsbeweis bei Forderungsausfällen nur zu bejahen sein, wenn sie in einem außergewöhnlichen Ausmaß infolge eines plötzlichen Vermögensverfalls der betroffenen Schuldner eingetreten waren; vgl. BGHZ 115, 187 (196 f.).

[78] Vgl. so auch ausdrücklich BGHZ 115, 187 (195).

[79] Vgl. dazu (schon rückblickend) nur *Lutter* in DB 1994, 129 (130) sowie *Haack* in NWB 1994, Fach 18, 3355 (3360), der von einer vormals reinen „Konzernzustandshaftung" des herrschenden Unternehmens „kraft seiner ausgeübten Leitungsmacht" sprach; siehe ferner den zusammenfassenden Überblick über das vormalige Schrifttum durch MünchHdbuchGesR III/*Decher*, Rn. 7 zu § 71.

[80] Vgl. BGHZ 122, 123 (130); BAG in NJW 1994, 3244 (3245); BSGE 75, 82 (90); BGH in DZWiR 1995, 69 (71); LG Frankfurt/M. in NJW-RR 1997, 796 (797).

[81] Vgl. BGHZ 122, 123 (131); BGH in NJW 1994, 446; BAG in ZIP 1994, 729 (731).

Daraus folgert die neuere Rechtsprechung, daß das Merkmal einer umfassenden und dauernden Leitung der abhängigen Gesellschaft im Rahmen des Konzernhaftungstatbestandes gänzlich verzichtbar ist und ausschließlich die objektiv mißbräuchliche Ausübung der Konzernleitungsmacht (keine angemessene Rücksichtnahme auf die Belange der abhängigen Gesellschaft, zugefügter Nachteil nicht durch Einzelmaßnahmen ausgleichsfähig) haftungsbegründend wirkt; vgl. BAG in NJW 1994, 3244

Statt dessen verlangt sie von diesem Zeitpunkt an jetzt umgekehrt, daß der Anspruchssteller seinerseits die Umstände darlegen und beweisen muß, die zumindest die Annahme nahelegen, daß bei der Unternehmensführung im Hinblick auf das Konzerninteresse die eigenen Belange der abhängigen GmbH über bestimmte, konkret ausgleichsfähige Einzeleingriffe hinaus beeinträchtigt worden sind.[82] Dabei sollen dem Anspruchssteller, weil er als außenstehender Gläubiger in der Regel keinen Einblick in die inneren Angelegenheiten des herrschenden Unternehmens und erst recht nicht in diejenigen der übrigen Konzernglieder hat, indes Erleichterungen hinsichtlich seiner Substantiierungslast in der Weise gewährt werden, daß das herrschende Unternehmen nähere Angaben zu machen hat, wenn es im Gegensatz zum Anspruchssteller die maßgebenden Tatsachen kennt und ihm die Darlegung des Sachverhalts zumutbar ist.[83]

Diese Darlegungs- und Beweiserleichterungen zugunsten eines Anspruchsstellers sind nach einer jüngeren instanzgerichtlichen Rechtsprechung jedoch insoweit nicht anwendbar, als die abhängige Gesellschaft bzw. ihre Gläubiger zu Anfang jedenfalls immer erst diejenigen Umstände darlegen und beweisen müssen, die das Vorliegen eines objektiven Mißbrauchs und die Unmöglichkeit, einzelne Weisungen eines herrschenden Unternehmens einzelnen Schadensfolgen zuzuordnen, zumindest nahelegen.[84]

Soweit die prozessuale Darlegungs- und Beweislast für ein objektiv mißbräuchliches Verhalten des herrschenden Unternehmens und eine mangelnde Isolierbarkeit der einzelnen Schadensfolgen inzwischen also primär auf seiten der abhängigen GmbH bzw. ihrer Gläubiger angesiedelt ist, erweisen sich die Haftungsrisiken eines Mehrheitsgesellschafters, der zugleich auch anderweitige Unternehmensinteressen verfolgt, generell wieder als deutlich stärker kalkulierbar.[85] Diese Feststellung rechtfertigt sich um so mehr, als die Judikatur mittlerweile auch die materiellen Voraussetzungen einer faktischen GmbH-Konzernhaftung weiter präzisiert und beispielsweise dahin entschieden hat, daß allein die begrenzte Zuweisung einer Einzelfunktion innerhalb des wirtschaftlichen Gesamtunternehmens an die abhängige Gesellschaft noch keine konzernrechtliche Haftung begründet, solange eine

---

(3245 f.); OLG Dresden in DZWiR 1997, 200 (204); OLG Köln in WiB 1997, 528; dem zustimmend auch *Wilken* in WiB 1997, 453 (456).

[82] BGHZ 122, 123 (131 f.); BAG in ZIP 1994, 729 (731); BAG in NJW 1994, 3244 (3245); BSGE 75, 82 (91 f.); LG Frankfurt/M. in NJW-RR 1997, 796 (797).

[83] BGHZ 122, 123 (133); BAG in ZIP 1994, 729 (731); BAG in NJW 1994, 3244 (3245).

Soweit ein Anspruchssteller seiner primären Behauptungslast etwa durch Darlegung konkreter Umstände entsprochen hat, die in ihrer Gesamtschau den Schluß darauf erlauben, daß die vom herrschenden Unternehmen gegründete Tochtergesellschaft ohne ihre Muttergesellschaft nicht überlebensfähig war und lediglich gegründet wurde, um als haftungsrechtliches Zuordnungsobjekt eines zeitgleich erworbenen risikobehafteten Unternehmens zu fungieren, wechselt die Darlegungs- und Beweislast auf die Seite des herrschenden Unternehmens über. Dieses hat nunmehr seinerseits ein plausibles unternehmerisches Konzept vorzutragen und konkret darzulegen, aus welchen Gründen die für die abhängige Gesellschaft gewählte Eigenkapitalausstattung gleichwohl als angemessen und sachgerecht zu betrachten war; vgl. dazu OLG Dresden in DZWiR 1997, 200 (205).

[84] So LG Frankfurt/M. in NJW-RR 1997, 796 (797).

[85] Ebenso *Lutter* in DB 1994, 129 (130 f.); *K. Schmidt* in ZIP 1994, 1741 (1745); *Haack* in NWB 1994, Fach 18, 3355 (3360) – Dafür steht auch, daß der BGH den Haftungstatbestand jedenfalls in den ersten vier Jahren seit der Änderung seiner Rechtsprechung in keinem Fall mehr bejahte; vgl. *Michalski/Zeidler* in NJW 1996, 224.

solche Gesellschaft weiterhin unter Wahrung ihres Eigeninteresses geleitet und so geführt wird, daß sie, wenn nicht unvorhergesehene Entwicklungen eintreten, ihren Verbindlichkeiten nachkommen kann.[86]

Will man vor diesem Hintergrund nunmehr die praktische Relevanz des zum qualifiziert faktischen GmbH-Konzern entwickelten Haftungstatbestandes speziell für den freiberuflichen Sektor ermessen, so ist zunächst vorauszuschicken, daß auch eine natürliche Person ohne weiteres Unternehmen im konzernrechtlichen Sinne sein kann.[87] Eine Inanspruchnahme der Angehörigen der freien Professionen nach den Grundsätzen der GmbH-Konzernhaftung scheitert also nicht bereits daran, daß nur eine juristische Person als herrschende Konzernspitze haftbar gemacht werden könnte.

Im Zuge dessen existieren auch bereits mehrere einschlägige Gerichtsentscheidungen, in denen über eine Einstandspflicht der Berufstätigen wegen Vorliegens eines sog. „qualifiziert faktischen freiberuflichen GmbH-Konzerns" zu befinden war.[88] Die entsprechenden Urteile behandelten bisher freilich ausnahmslos Fallkonstellationen, in denen innerhalb der GmbH nicht die freiberufliche, sondern eine andere unternehmerische Tätigkeit verfolgt wurde.[89] Demgemäß hat sich die höchstrichterliche Rechtsprechung bislang auch auf

---

[86] Vgl. dazu BGH in DZWiR 1995, 69 (71).

Daneben hat die höchstrichterliche Rechtsprechung inzwischen auch bereits zum Ausdruck gebracht, daß die bloße Veräußerung von Gesellschaftsanteilen, durch die der Zustand der faktischen Konzernierung beendet wird, als solche gleichermaßen keinerlei nachteilige Einwirkungen auf die Belange der (bis dahin) abhängigen Gesellschaft enthält und demgemäß für sich allein genommen ebenfalls nicht ausreichen kann, um den Konzernhaftungstatbestand auszulösen; vgl. hierzu BGH in AG 1997, 180 (181); *Brandes* in WM 1998, 1 (3).

[87] BGHZ 95, 330 (337); 115, 187 (189); 122, 123 (127); BAG in ZIP 1991, 884 (888); BGH in NJW 1994, 446; BAG in NJW 1994, 3244 (3245); BSGE 75, 82 (87); BGH in AG 1997, 180 (181); *Kulka* in DZWiR 1995, 45 (48 f.); *Michalski/Zeidler* in NJW 1996, 224 (225); *Brandes* in WM 1998, 1 (2).

Soweit die Eigenschaft einer natürlichen Person als herrschendes Konzernunternehmen bejaht werden kann, beschränkt sich deren Konzernhaftung analog den §§ 302, 303 AktG auch nicht auf die jeweiligen Beteiligungen an den verschiedenen Konzerngesellschaften, sondern sie erstreckt sich auch auf das Privatvermögen der natürlichen Person als Konzernspitze; vgl. BGH in NJW 1994, 446; OLG Köln in WiB 1997, 528 (529). Denn eine Ausklammerung des Privatvermögens würde zu einer nicht zu rechtfertigenden Bevorzugung der Privatgläubiger gegenüber der abhängigen Gesellschaft und deren Gläubigern führen, während sich das Beteiligungsvermögen des Gesellschafters umgekehrt nicht vor dem Zugriff jener Privatgläubiger schützen ließe; so zutreffend BGH, aaO; vgl. auch OLG Köln aaO („Grundsatz der Gleichwertigkeit der Vermögensgüter des Schuldners"); kritisch demgegenüber *Kulka* in DZWiR 1995, 45 (49); *Gummert* in WiB 1997, 529 (529 f.); differenzierend MünchHdbuchGesR III/*Decher*, Rn. 43 zu § 71.

[88] Vgl. BGH in DZWiR 1995, 69 ff.; OLG München in NJW 1994, 2900 f.; BGH in NJW 1995, 1544 ff. (Revisionsinstanz zu OLG München aaO) – Die fraglichen Entscheidungen betrafen in tatsächlicher Hinsicht jeweils ausschließlich Sachverhalte, in denen der Konzernhaftungstatbestand für Angehörige des freien Architektenberufs relevant geworden war.

[89] Die betroffenen Architekten erbrachten ihre freiberuflichen Planungs- und Bauüberwachungsleistungen in den jeweils zugrunde liegenden Sachverhalten ausschließlich über Gesellschaften bürgerlichen Rechts, während sie zur tatsächlichen Ausführung der im Außenverhältnis zugleich mitübernommenen (gewerblichen) Bauleistungen Gesellschaften mbH errichtet hatten, die von ihnen teils mittelbar über „Strohmänner", teils unmittelbar kraft einer eigenen Gesellschafterstellung be-

die bloße Feststellung beschränken können, daß die anderweitige unternehmerische Betätigung, die zur Begründung der konzernrechtlichen Unternehmenseigenschaft führt und eventuell eine unmittelbare persönliche Einstandspflicht nach Konzernhaftungsgrundsätzen auslöst, ohne weiteres auch in der Ausübung einer freiberuflichen Tätigkeit bestehen kann.[90] Indes ist wegen der insoweit vollständig inhaltsgleichen Gefährdungslage kein plausibler Grund ersichtlich, weshalb die Angehörigen der freien Professionen im umgekehrten Fall – also bei einer Abwicklung der freiberuflichen Tätigkeit über die GmbH und einer Verfolgung der anderweitigen unternehmerischen Interessen außerhalb derselben – nicht ebenfalls eine unmittelbare Haftung mit ihrem gesamten Vermögen nach den Grundsätzen des qualifiziert faktischen GmbH-Konzerns sollte treffen können, wenn sie parallel dazu in der Lage sind, auf die „Freiberufler-GmbH" kraft einer offenen oder verdeckten Anteilsmehrheit einen beherrschenden Einfluß auszuüben.[91]

Dennoch wird man bei abschließender Betrachtung guten Gewissens konstatieren dürfen, daß die Risiken einer unmittelbaren persönlichen Inanspruchnahme der Berufstätigen, auch soweit sie ihre freiberuflichen Leistungen über eine GmbH erbringen, zumindest nach der mittlerweile gefestigten neueren Judikatur zur Haftung im faktischen GmbH-Konzern fast vollständig berechenbar bleiben. Denn eine derartige Konzernhaftung kann zum einen überhaupt nur dort in Frage kommen, wo sich die Angehörigen der freien Professionen auch noch außerhalb ihrer Gesellschafterstellung in der „Freiberufler-GmbH" anderweitig unternehmerisch engagieren. Und zum anderen obliegt es nach der veränderten höchstrichterlichen Rechtsprechung nunmehr durchgängig der abhängigen Gesellschaft bzw. deren Gesellschaftsgläubigern (d. h. also im Ergebnis dem ratsuchenden Publikum), zunächst konkrete Tatsachen vorzutragen und gegebenenfalls auch zu beweisen, die einen objektiven Mißbrauch der konzernrechtlichen Leitungsmacht sowie eine mangelnde Isolierbarkeit der dadurch auf seiten der abhängigen „Freiberufler-GmbH" eingetretenen Vermögensnachteile wenigstens nahelegen.

Selbst wenn danach also tatsächlich einmal bedeutsame Vermögensverschiebungen innerhalb eines „Freiberufler-Konzerns" stattfänden und durch diese finanziellen Transaktionen auch das Vermögen der abhängigen Gesellschaft berührt würde, schiede eine direkte Außenhaftung der herrschenden Gesellschafter gegenüber dem geschädigten ratsuchenden Publikum in jedem Fall aus, wenn die entsprechenden Eingriffe in den Büchern und Schriften der abhängigen „Freiberufler-GmbH" jeweils ordnungsgemäß dokumentiert und festgehalten worden sind.[92] Zumindest in einer hinlänglich korrekt und regulär geführten „Freiberufler-GmbH" lassen sich hiernach keine globalen Konzernhaftungsrisiken des bzw. der als Mehrheitsgesellschafter fungierenden Berufsangehörigen ausmachen.

---

herrscht wurden; vgl. die Sachverhaltsschilderungen in BGH in DZWiR 1995, 69 ff.; OLG München in NJW 1994, 2900 f.; BGH in NJW 1995, 1544 ff.

[90] Vgl. BGH in DZWiR 1995, 69 (70 f.); BGH in NJW 1994, 1544 (1545); dem zustimmend auch das Schrifttum; vgl. so etwa *K. Schmidt* in ZIP 1994, 1741 (1742); *Kulka* in DZWiR 1995, 45 (51); *Hirte* in JZ 1995, 521 (523); *Michalski/Zeidler* in NJW 1996, 224 (225); Beck-GmbH-Hdbuch/*Rosenbach*, Rn. 165 zu §17; *Brandes* in WM 1998, 1 (2).

[91] So auch *Kulka* in DZWiR 1995, 45 (52); *Bösert/Braun/Jochem*, S. 27.

[92] Ebenso zur Haftung im sog. qualifiziert faktischen GmbH-Konzern allgemein auch *Lutter* in DB 1994, 129 (130); MünchHdbuchGesR III/*Decher*, Rn. 48 ff. zu § 71.

Soweit die verhältnismäßig strengeren Voraussetzungen der neueren Rechtsprechung zum qualifiziert faktischen GmbH-Konzern ansonsten in einem konkreten Einzelfall ausnahmsweise gleichwohl zu bejahen wären, schiene dann – von dem subjektiven Element einer Schädigungsabsicht einmal abgesehen – im übrigen wohl auch der Unterschied zu einer persönlichen Haftung aus § 826 BGB nicht mehr allzu groß.[93]

cc) Zwischenergebnis

Im Rahmen eines zusammenfassenden Fazits läßt sich somit feststellen, daß die Gesellschafter einer „Freiberufler-AG/GmbH", soweit sie nur für eine ordnungsgemäße Buchführung innerhalb der Gesellschaft Sorge tragen und daneben das in der Satzung bzw. im Gesellschaftsvertrag ausgewiesene Grund- bzw. Stammkapital unangetastet lassen, in praxi unschwer dazu in der Lage sind, die Risiken eines Haftungsdurchgriffs durch außenstehende Gesellschaftsgläubiger weitgehend zu minimieren und letztlich beinahe sicher auszuschließen. Weder die sog. allgemeine Durchgriffshaftung auf das Gesellschaftervermögen noch die richterrechtlich entwickelten Haftungsgrundsätze zum sog. qualifiziert faktischen Konzern sind im Ergebnis geeignet, die bedeutenden haftungsrechtlichen Vorteile, die für die Angehörigen der freien Professionen aus einem Einsatz der Kapitalgesellschaften zur Erbringung freiberuflicher Leistungen resultieren, in nennenswerter und nachhaltiger Weise zu beeinträchtigen.

b) Die unmittelbare persönliche Eigenhaftung von Geschäftsführern und Vorstandsmitgliedern gegenüber den Vertragspartnern der geleiteten Kapitalgesellschaft

Auch soweit eine direkte persönliche Einstandspflicht der Leitungsorgane einer „Freiberufler-AG/GmbH" gegenüber dem ratsuchenden Publikum in Rede steht, kann diese prinzipiell gleich unter mehreren rechtlichen Gesichtspunkten (d. h. sowohl unter vertragsähnlichen wie auch unter deliktischen) in Betracht kommen. Im Mittelpunkt des Interesses stehen aber freilich Fallkonstellationen, in denen nicht nur die Kapitalgesellschaft als alleinige Vertragspartnerin, sondern zusätzlich auch ihre Geschäftsführer bzw. Vorstandsmitglieder unmittelbar nach Vertragsgrundsätzen für berufsbezogene Verpflichtungen und insbesondere für Schäden, die aus einer fehlerhaften Berufsausübung hervorgegangen sind, gegenüber der ratsuchenden Auftraggeberseite einstehen müssen.

aa) Persönliche Haftung kraft Rechtsscheins

Einer eigenständigen und unmittelbaren rechtsgeschäftlichen Haftung können die Geschäftsführer bzw. die Vorstandsmitglieder einer Kapitalgesellschaft im Außenverhältnis zunächst ausgesetzt sein, wenn sie durch ihr Verhalten kraft Rechtsscheins in zurechenbarer Weise einen dahin lautenden Vertrauenstatbestand gesetzt haben.

Grundlegend für eine derartige direkte Einstandspflicht mit dem Privatvermögen ist hierbei die Erwägung, daß der Gesetzgeber für alle juristischen Personen mit beschränkter

---

[93] So zutreffend *Lutter* in DB 1994, 129 (130 f.).

Haftung im wesentlichen einheitlich die Verlautbarung der Gesellschaftsform in der Firma, auf Geschäftsbriefen oder im Verbandsnamen vorschreibt (vgl. die §§ 4 II, 35 III, 35a GmbHG; 4, 79, 80, 279 AktG; 3 II, 25 IV, 25a GenG; 65 BGB; 18 II VAG). Das gesetzliche Gebot, gerade innerhalb schriftlicher Geschäftsbeziehungen das Fehlen einer unbeschränkten persönlichen Haftung offenzulegen,[94] geht dabei von dem Gedanken aus, daß im Rechtsverkehr ein Bedürfnis besteht, die Geschäftspartner auf das Vorhandensein einer auf das Gesellschaftsvermögen beschränkten Haftung aufmerksam zu machen, sei es, weil es ihnen auf die Haftung einer weiteren Vermögensmasse neben dem Geschäftsvermögen ankommen kann, sei es, weil man erwartet, daß die persönliche Einstandspflicht mit dem Privatvermögen einen Unternehmer im allgemeinen zu einer behutsameren, auch für die Gläubiger weniger risikoreichen Geschäftsführung veranlassen werde.[95] Sofern daher gegen diese Pflichten zur Offenlegung der Verhältnisse über die Vertragsparteien bzw. der Vertretungsverhältnisse verstoßen wird, können beim Geschäftspartner unzutreffende Vorstellungen über den Anspruchsverpflichteten aufkommen, und es besteht die Gefahr, daß der Geschäftspartner Dispositionen trifft, die er bei Kenntnis der wahren Sachlage sonst nicht oder jedenfalls nicht in dieser Form getroffen hätte.[96]

Demgemäß hat die Rechtsprechung vor allem im schriftlichen Geschäftsverkehr – quasi als Korrelat für eine unterlassene Aufdeckung der fehlenden Mithaftung einer natürlichen Person – daneben noch eine zusätzliche persönliche Haftung auch des handelnden Leitungsorgans gegenüber dem Geschäftspartner der Gesellschaft konstituiert.[97] Gegen diese Haftung des tatsächlich handelnden Geschäftsführers bzw. Vorstandsmitglieds[98] spricht

---

[94] Im mündlichen (telefonischen) Geschäftsverkehr fehlt es demgegenüber an einer vergleichbar strengen gesetzlichen Offenlegungspflicht (vgl. etwa § 35 III GmbHG: „Zeichnung"). Folgerichtig können mündliche Geschäftsabschlüsse, die unter Fortlassung eines kapitalgesellschaftlichen Rechtsformzusatzes erfolgen, für sich genommen auch noch keinen hinreichenden Anknüpfungspunkt für eine persönliche Eigenhaftung der tatsächlich handelnden Geschäftsführer bzw. Vorstandsmitglieder kraft Rechtsscheins bilden. Hier kann sich eine entsprechende persönliche Einstandspflicht der in concreto agierenden Leitungsorganmitglieder vielmehr lediglich ergeben, falls sie auf ausdrückliche Nachfrage eine fehlerhafte Auskunft über das Vorhandensein der nur beschränkt haftenden gesellschaftlichen Vermögensmasse erteilen; vgl. dazu näher BGH in ZIP 1981, 983 (984).

[95] Vgl. BGHZ 62, 216 (226 f.); 64, 11 (17 f.); BGH in NJW 1991, 2627 (2627 f.); zustimmend auch das Schrifttum; siehe etwa *Impelmann* in WiB 1994, 801.

[96] BGHZ 64, 11 (18); *Impelmann* in WiB 1994, 801; *Wellkamp* in DB 1994, 869.

[97] Vgl. BGHZ 62, 216 (223); 64, 11 (18); BGH in WM 1976, 770; 1990, 600 (601); BGH in ZIP 1981, 983 (984); OLG Naumburg in GmbHR 1997, 445 (446); LG Heidelberg in GmbHR 1997, 446 (447).

Dabei ist es für die Verwirklichung des Haftungstatbestandes im weiteren unerheblich, ob der konkret agierende Geschäftsführer bzw. das betreffende Vorstandsmitglied den fehlerhaften Rechtsschein auf seiten des Vertragspartners durch die Benutzung einer Personenfirma oder einer Sachfirma hervorgerufen hat; vgl. so explizit BGH in ZIP 1981, 983 (984). Ebenso wenig kommt es darauf an, ob der Vertragspartner infolge der unrichtigen Firmierung das handelnde Mitglied des Leitungsorgans selbst oder einen beliebigen Dritten für die unbeschränkt haftende natürliche Person gehalten hat; siehe BGH, aaO; *Impelmann* in WiB 1994, 801; *Wellkamp* in DB 1994, 869.

[98] Eine entsprechende Rechtsscheinshaftung ist bei Geschäften mit einer Kapitalgesellschaft an sich nicht auf die Mitglieder des jeweiligen Leitungsorgans beschränkt, sondern sie kann darüber hinaus auch jeden anderen Vertreter einer AG/GmbH treffen, sofern jener nur durch Zeichnung der Firma unter Weglassung des vorgeschriebenen Rechtsformzusatzes bei einem Geschäftspartner in

auch nicht, daß sich die wirklichen Verhältnisse der Kapitalgesellschaft eventuell aus dem Handelsregister entnehmen lassen und Dritte die gemäß § 15 II HGB bekanntgemachten Handelsregistereintragungen für gewöhnlich gegen sich gelten lassen müssen. Denn der Zweck der §§ 4 II GmbHG, 4, 279 AktG, die beschränkte Haftung einer Gesellschaft schon aus der Firma, d. h. ohne Einsichtnahme in das Handelsregister erkennbar werden zu lassen, würde nachhaltig vereitelt, wollte man den entsprechenden Offenlegungsvorschriften hier nicht ausnahmsweise den Vorrang vor der Regelung des § 15 II HGB einräumen.[99]

Die persönliche Haftung des handelnden Leitungsorgans aus zurechenbar gesetztem Rechtsschein hängt in einem solchen Fall dann auch nicht weiter davon ab, daß zuvor die Zahlungsunfähigkeit der betreffenden Kapitalgesellschaft festgestellt worden ist.[100] Die so begründete Rechtsscheinshaftung ist keine subsidiäre Ausfallhaftung für den wirklichen Unternehmensträger; vielmehr haben der wirkliche, nach den Grundsätzen des unternehmensbezogenen Handelns ermittelte Unternehmensträger (d. h. die AG/GmbH) und der/die betreffende(n) Geschäftsführer/Vorstandsmitglieder dem Geschäftspartner nebeneinander als Gesamtschuldner für die vertragsgemäß übernommenen Verbindlichkeiten einzustehen.[101] Auf diese Weise ist sichergestellt, daß der außenstehende Vertragspartner die geschuldete Leistung nach seiner Wahl von dem einen oder dem anderen fordern kann, ohne Gefahr zu laufen, mit Prozeßkosten belastet zu werden, nur weil er den „falschen Beklagten" in Anspruch genommen hat.[102] Bei Inanspruchnahme des handelnden Geschäftsführers/Vorstandsmitglieds ist es also allein dessen Sache, anschließend im Innenverhältnis Ausgleich von der geführten Kapitalgesellschaft als dem wirklichem Rechtsträger zu verlangen, so daß letztlich auch nur das entsprechende Mitglied des Leitungsorgans das volle Insolvenzrisiko der Gesellschaft zu tragen hat.[103]

Einer Rechtsscheinshaftung nach diesen Grundmaximen kann ein handelnder Geschäftsführer bzw. ein Vorstandsmitglied, falls er/es eine ordnungsgemäße Offenlegung der Firmen- und Vertretungsverhältnisse unterlassen hat, im übrigen nur durch den Nachweis entgehen, daß der Vertragspartner die wahren Verhältnisse (d. h. die Haftungsbeschränkung auf seiten der Kapitalgesellschaft als dem wirklichen Unternehmensträger) kannte oder das Vertrauen auf die unbeschränkte Haftung des anderen Vertragsteils bei ihm anläßlich des Vertragsschlusses aus sonstigen Gründen keine Rolle spielte.[104]

---

gleicher Weise das Vertrauen auf die Haftung zumindest einer natürlichen Person begründet hat; vgl. dazu BGH in NJW 1991, 2627 (2627 f.); zweifelnd hingegen *Reese* in DStR 1995, 688.

[99] BGHZ 62, 216 (223); BGH in ZIP 1981, 983 (984); BGH in WM 1990, 600 (601); *Impelmann* in WiB 1994, 801 (801 f.).

[100] BGH in WM 1990, 600 (602); *Wellkamp* in DB 1994, 869; a. A. – Nachrangigkeit der Haftung eines GmbH-Geschäftsführers – aber offenbar *Medicus* in GmbHR 1993, 533 (534), allerdings ohne nähere Begründung.

[101] BGH in WM 1990, 600 (602); BGH in NJW 1991, 2627 (2628); *Impelmann* in WiB 1994, 801 (802); *Wellkamp* in DB 1994, 869.

[102] BGH in WM 1990, 600 (602); BGH in NJW 1991, 2627 (2628); *Impelmann* in WiB 1994, 801 (802).

[103] BGH in WM 1990, 600 (602); *Impelmann* in WiB 1994, 801 (802).

[104] Vgl. BGHZ 64, 11 (18 f.); BGH in ZIP 1981, 983 (985); BGH in WM 1990, 600 (602); BGH in NJW 1991, 2627 (2628); LG Heidelberg in GmbHR 1997, 446 (447).

Die vorstehend aufgezeigten Haftungsgrundsätze gelten uneingeschränkt auch für Angehörige der freien Professionen, sofern diese innerhalb einer „Freiberufler-AG/GmbH" als Leitungsorganmitglieder agieren und bei einem Herantreten an das ratsuchende Publikum die Firma der Kapitalgesellschaft ohne den gebotenen, die Haftungsbeschränkung anzeigenden Rechtsformzusatz zeichnen.[105]

Gleichwohl wird man auch die Gefahren einer derartigen Rechtsscheinshaftung im Ergebnis kaum als ein maßgebliches Kriterium ansehen können, welches die bisher festgestellte besondere haftungsrechtliche Anziehungskraft einer „Freiberufler-Kapitalgesellschaft" aus der Warte der Berufstätigen in beachtenswerter Weise beschränken könnte. Denn das quasi-vertragliche Haftungsrisiko, das einen Berufsangehörigen, der als GmbH-Geschäftsführer bzw. als AG-Vorstandsmitglied im Außenverhältnis gegenüber dem ratsuchenden Publikum tätig wird, insoweit im Hinblick auf berufsbezogene Verbindlichkeiten unmittelbar persönlich treffen kann, erweist sich jederzeit und ohne Ausnahme als durch eigene Verhaltenssteuerung voll beherrschbar. Die Haftung nach Rechtsscheinsgrundsätzen kann stets nur dort eingreifen, wo der Berufstätige die Anforderungen, die das Recht der Kapitalgesellschaften ganz allgemein und unspezifisch an jeden Geschäftsführer bzw. an jedes Vorstandsmitglied stellt, aufgrund eigener Nachlässigkeit außer acht gelassen hat.

Besondere oder gar ex ante weithin unkalkulierbare Haftungsgefahren drohen den Angehörigen der Freien Berufe, soweit sie sich zwecks gemeinsamer Berufsausübung in einer AG/GmbH zusammengeschlossen haben, letztlich also auch unter dem Gesichtspunkt der Rechtsscheinshaftung in keinem Fall.

bb) Persönliche Haftung aus culpa in contrahendo

Eine unmittelbare Einstandspflicht mit ihrem Privatvermögen kann die Berufstätigen, die im Außenverhältnis als Geschäftsführer und Vorstandsmitglieder einer „Freiberufler-Kapitalgesellschaft" gegenüber dem ratsuchenden Publikum tätig werden, des weiteren auch unter dem Blickwinkel einer quasi-vertraglichen Haftung aus Verschulden bei Vertragsverhandlungen treffen.

Der Statuierung einer entsprechenden Ersatzpflicht scheint auf erste Sicht zwar zunächst entgegenzustehen, daß die Mitglieder der kapitalgesellschaftlichen Leitungsorgane – kraft ihrer Stellung als gesetzliche (organschaftliche) Vertreter der jeweiligen AG/GmbH (vgl. die §§ 35 I GmbHG, 78 I AktG) – im Rechtsverkehr in der Regel jeweils ausschließlich für die von ihnen geführte Kapitalgesellschaft auftreten, so daß durch ihr rechtsgeschäftliches Handeln an sich auch nur die juristische Person als solche berechtigt und verpflichtet werden kann. Diese Betrachtungsweise billigt im Grundsatz auch die Rechtsprechung, wenn sie davon ausgeht, daß ein Verschulden des Vertreters beim Vertrags-

---

[105] Vgl. dazu auch den ähnlich gelagerten, vom BGH in NJW 1991, 2627 f. entschiedenen Sachverhalt: im Grundsatz erfolgreiche persönliche Inanspruchnahme eines Architekten, der zwar nicht als Geschäftsführer, wohl aber als sonstiger Angestellter einer „Architekten-GmbH" einen Einheits-Architektenvertrag mit dem Auftraggeber abschloß, wobei weder das beidseits unterzeichnete Vertragsformular noch der Briefkopf des mitübersandten Begleitschreibens den erforderlichen Rechtsformzusatz („GmbH") aufwiesen.

schluß nach § 164 I 1 BGB im allgemeinen nur den Vertretenen, nicht aber auch den Vertreter selbst auf vertragsähnlicher Grundlage schadensersatzpflichtig macht.[106]

Doch ließ schon das Reichsgericht eine Ausnahme von diesem Grundsatz für den Fall zu, daß der Vertreter bei einer wirtschaftlichen Betrachtungsweise gleichsam in eigener Sache handelte („procurator in rem suam")[107] und ein eigenes Interesse am Zustandekommen des Vertrags hatte.[108] In diesen Ausnahmekonstellationen sollte dann auch eine unmittelbare Vertreter-Eigenhaftung nach den Regeln der culpa in contrahendo gegenüber dem Vertragspartner des Vertretenen in Betracht kommen können.[109] Jene Rechtsprechungslinie ist im weiteren Verlauf sehr bald ebenso vom Bundesgerichtshof aufgegriffen worden,[110] und im Jahr 1962 erörterte das höchste Zivilgericht schließlich erstmals die Möglichkeit, daß auch der Geschäftsführer einer GmbH in seiner Stellung als deren organschaftlicher Vertreter persönlich für ein Verschulden im Rahmen von Vertragsverhandlungen haften könne, wenn er an dem Abschluß des betreffenden Vertrags wirtschaftlich selbst stark interessiert sei und aus dem Geschäft persönlichen Nutzen erstrebe, *oder* wenn er in besonderem Umfang persönliches Vertrauen in Anspruch genommen habe.[111]

Dieses *alternativ* „zweispurige" Haftungsmodell ist vom BGH seitdem in ständiger Judikatur fortgeführt und – mit im einzelnen wechselnden Formulierungen – dahin verallgemeinert worden, daß ein Vertreter aus Verschulden bei Vertragsverhandlungen ausnahmsweise persönlich haften kann, wenn er entweder dem Vertragsgegenstand besonders nahesteht und bei wirtschaftlicher Betrachtung gleichsam in eigener Sache handelt *oder* wenn er gegenüber dem Verhandlungspartner in besonderem Maße persönliches Vertrauen in Anspruch genommen und dadurch die Vertragsverhandlungen beeinflußt hat.[112]

Dabei hat die höchstrichterliche Rechtsprechung inzwischen auch wiederholt dahin entschieden, daß die beiden so definierten Fallgruppen einer ausnahmsweisen Vertreter-Eigenhaftung aus culpa in contrahendo an sich uneingeschränkt ebenso für die organschaftliche Vertretung einer GmbH durch ihre Geschäftsführer wie auch für die organschaftliche Vertretung einer AG durch ihre Vorstandsmitglieder gelten.[113]

---

[106] Vgl. so schon RGZ 132, 76 (80); ferner BGHZ 14, 313 (318); BGH in NJW 1963, 2166 (2167); BGHZ 56, 81 (83); 88, 67 (68); BGH in ZIP 1981, 1076 (1077); BGH in WM 1985, 384 (385); BGH in ZIP 1986, 26 (28); BGH in WM 1986, 854; BGH in NJW-RR 1988, 615 (616); BGH in ZIP 1988, 1576 (1577); BGH in GmbHR 1990, 296 (297); BGH in ZIP 1990, 659 (661); 1402 (1403); 1991, 1140 (1141); BGH in WM 1991, 1730; 1992, 699 (700); BGH in ZIP 1993, 363 (365); 763; BGHZ 126, 181 (183), OLG Köln in BB 1997, 112; dem uneingeschränkt zustimmend auch die Literatur; siehe nur *Schaub* in DStR 1992, 1728 (1731); *Medicus* in GmbHR 1993, 533 (535); *Impelmann* in WiB 1994, 801 (802).

[107] RGZ 120, 249 (252 f.).

[108] RGZ 132, 76 (81).

[109] Vgl. RGZ 120, 249 (252 f.); 132, 76 (81).

[110] Vgl. BGHZ 14, 313 (318).

[111] BGH in WM 1963, 160 (161).

[112] Vgl. allgemein nur BGH in NJW 1963, 2166 (2167); BGHZ 56, 81 (83); 63, 382 (383 ff.); 70, 337 (341); 88, 67 (68 f.); BGH in NJW-RR 1988, 328; 365 (366); BGH in ZIP 1988, 1576 ff.; 1990, 659 (661); BGH in WM 1991, 1730 f.; BGH in ZIP 1993, 363 (365 f.).

[113] Vgl. BGH in VersR 1978, 59 (60); BGH in ZIP 1981, 1076 (1077); BGH in NJW 1983, 676 (677); BGHZ 87, 27 (32 ff.); BGH in WM 1985, 384 (385); BGH in ZIP 1986, 26 (28 ff.); BGH in WM 1986, 854 (856); BGH in NJW-RR 1988, 615 (616); BGH in ZIP 1988, 505 (506 ff.); BGH in NJW 1989, 292 f.; 1990, 389 f.; BGH in GmbHR 1990, 296 (297); BGH in ZIP 1990, 1402 (1403);

Indes stellt sich das persönliche Haftungsrisiko, welches die Leitungsorganmitglieder einer Kapitalgesellschaft bei der Wahrnehmung ihrer Führungsaufgaben zu gewärtigen haben, in Abhängigkeit von dem jeweils zu erörternden vertragsähnlichen Eigenhaftungs-Tatbestand – entweder starkes wirtschaftliches Eigeninteresse oder Inanspruchnahme eines besonderen persönlichen Vertrauens – aus praktischer Sicht durchaus unterschiedlich dar.

(1) cic-Vertreter-Eigenhaftung wegen wirtschaftlichen Eigeninteresses

Auf eine ausgesprochen wechselvolle Geschichte kann hierbei zunächst vor allem die cic-Eigenhaftung von GmbH-Geschäftsführern wegen wirtschaftlichen Eigeninteresses zurückblicken.[114] Hatte die Judikatur in diesem Punkt zu Anfang noch betont, daß allein die Stellung als Geschäftsführer und Gesellschafter einer Einmann-GmbH nicht ausreiche, um eine Haftung kraft wirtschaftlichen Eigeninteresses zu begründen,[115] so stellte sie sich kurze Zeit später auf den Standpunkt, daß zwar ein mittelbares wirtschaftliches Interesse (wie etwa ein Provisionsinteresse) noch nicht geeignet sei, um den Tatbestand der Vertreter-Eigenhaftung auszulösen,[116] daß aber das wirtschaftliche Interesse des geschäftsführenden (Allein-)Gesellschafters einer GmbH keineswegs nur ein mittelbares sei.[117] Ein geschäftsführender (Allein-)Gesellschafter sei deshalb verpflichtet, vorleistungspflichtige Vertragspartner der GmbH auf deren bedrohliche Vermögenslage und fehlende Kreditwürdigkeit hinzuweisen, wenn die Gesellschaft für ihn erkennbar überschuldet oder zahlungsunfähig geworden sei.[118] Entspreche er dieser Verpflichtung nicht, so müsse er nach den Grundsätzen der culpa in contrahendo auch persönlich für den Schaden einstehen, der dem Dritten nachfolgend aufgrund seines Vertragsschlusses mit der konkursreifen Gesellschaft entstanden sei.[119]

Diese Rechtsprechung mußte in praxi freilich zur Folge haben, daß – insbesondere in der Einmann-GmbH – der geschäftsführende (Allein-)Gesellschafter im Fall der Insolvenzreife allein schon deshalb mit einer quasi-vertraglichen Vertreter-Eigenhaftung aus culpa in contrahendo konfrontiert wurde, weil sich sein – haftungsauslösend wirkendes – wirt-

---

1991, 1140 (1141 ff.); BGH in WM 1992, 699 (700 f.); BGH in ZIP 1992, 694 f.; OLG München in NJW-RR 1993, 491 (492); BGH in ZIP 1993, 763 (764 ff.); 1543 ff.; BGHZ 126, 181 (183 ff.); BGH in GmbHR 1995, 125 f.; 130 f. u. 226 f.; OLG Köln in BB 1997, 112 ff.

[114] Die Möglichkeit einer etwaigen cic-Eigenhaftung von AG-Vorstandsmitgliedern wegen wirtschaftlichen Eigeninteresses spielte in der Rechtspraxis schon angesichts der dort zumeist sehr viel höheren Grundkapitalsummen verständlicherweise kaum eine Rolle. Soweit ersichtlich, hatte sich die höchstrichterliche Rechtsprechung bislang überhaupt nur einmal mit einer entsprechenden Fallkonstellation zu befassen. Dabei wurde die persönliche Einstandspflicht für ein Vorstandsmitglied, das in concreto über einen Aktienanteil von 5,88 % des Grundkapitals der Gesellschaft verfügte und darüber hinaus noch eine nicht näher spezifizierte Gewinnbeteiligung bezog, zutreffend ohne weiteres verneint; vgl. BGH in WM 1985, 384 (385).

[115] Vgl. BGH in VersR 1978, 59 (60); BGH in ZIP 1981, 1076 (1077).

[116] Vgl. so im Anschluß an BGHZ 56, 81 (84) seither die ständige Rechtsprechung; siehe etwa BGHZ 87, 27 (33); 88, 67 (70); BGH in ZIP 1986, 26 (29); BGH in NJW-RR 1988, 328; BGH in ZIP 1988, 1576 (1577); BGH in NJW 1990, 389 (390); BGH in WM 1991, 1730 (1731), 1992, 699 (700); BGH in ZIP 1992, 694 (695), BGH in NJW 1995, 1544.

[117] Vgl. BGH in NJW 1983, 676 (677); BGHZ 87, 27 (33 f.).

[118] BGH in NJW 1983, 676 (677); BGHZ 87, 27 (34).

[119] BGH in NJW 1983, 676 (677); BGHZ 87, 27 (34 f.).

schaftliches Eigeninteresse am Vertragsschluß stets und ohne weiteres bereits aus seiner Gesellschaftsbeteiligung als solcher ergab.[120]

In Erkenntnis dessen, daß eine derartige Rechtsfolge zwangsläufig einen Wertungswiderspruch zu der Haftungsordnung gemäß § 13 II GmbHG hervorrufen mußte, wonach auch den Gläubigern einer Einmann-Gesellschaft prinzipiell nur die GmbH mit dem Gesellschaftsvermögen, nicht aber zusätzlich der Gesellschafter-Geschäftsführer persönlich haften soll, sah sich der BGH im Jahre 1985 schließlich zu einer ersten Einschränkung seiner Rechtsprechung veranlaßt.[121] Er konzedierte, daß der Gesichtspunkt der wirtschaftlichen Einheit für sich allein betrachtet eine Durchbrechung des Trennungsprinzips nicht rechtfertigen könne; statt dessen müsse das besondere wirtschaftliche Eigeninteresse des Vertreters am Zustandekommen des vermittelten Vertrags jeweils noch aus weiteren Umständen gefolgert werden, die über die bloße Beteiligung an der vertretenen Gesellschaft hinausgingen.[122] Der Tatbestand einer Vertreter-Eigenhaftung wegen wirtschaftlichen Eigeninteresses könne fortan lediglich noch bejaht werden, wenn der geschäftsführende (Allein-)Gesellschafter etwa zusätzliche Sicherheiten (z. B. eine unbeschränkte selbstschuldnerische Bürgschaft) für die Verbindlichkeiten der Gesellschaft übernommen habe oder er bei Vertragsabschluß die Absicht habe, die vom Vertragspartner zu erbringende vertragliche Leistung nicht ordnungsgemäß an die vertretene Gesellschaft weiterzuleiten, sondern sie zum eigenen Nutzen von ihm selbst bestimmten Zwecken zuzuführen.[123]

In diesen Konstellationen bleibe der handelnde Gesellschafter-Geschäftsführer bei erkennbarer Überschuldung der GmbH nach wie vor in eigener Person verpflichtet, vorleistungspflichtige Warenlieferanten wegen der besonderen Gefährdung der Vertragsdurchführung auf die bedrückende Vermögenslage der Gesellschaft hinzuweisen.[124] Da ein Neugläubiger, wäre ihm die Überschuldung der GmbH offenbart worden, das Geschäft sodann regelmäßig nicht abgeschlossen und die Ware nicht – gegen Erwerb einer lediglich wertlosen Forderung – geliefert hätte, müsse eine Verletzung der so begründeten vorvertraglichen Aufklärungspflicht dazu führen, daß der Geschäftsführer den Vertragspartner der GmbH unter Aufbietung seines Privatvermögens so stellen müsse, wie wenn dieser das für ihn nachteilige Geschäft nicht abgeschlossen hätte.[125]

Doch unter dem Eindruck anhaltender Kritik von seiten des Schrifttums[126] rückte der BGH anno 1993/94 auch von diesem Standpunkt wieder ab, und er faßte den Tatbestand

---

[120] Dies explizit einräumend später BGH in ZIP 1986, 26 (29); BGH in NJW 1989, 292 (293).

[121] Vgl. zuerst BGH in ZIP 1986, 26 (29 f.) und im Anschluß daran später auch BGH in WM 1986, 854 (856); BGH in NJW 1989, 292 (293); OLG Köln in BB 1997, 112.

[122] BGH in ZIP 1986, 26 (29 f.); BGH in WM 1986, 854 (856); BGH in ZIP 1988, 505 (506 f.); BGH in NJW-RR 1988, 615 (616); BGH in NJW 1989, 292; BGH in ZIP 1991, 1140 (1142); später auch noch OLG München in NJW 1994, 2900 (2901); OLG Köln in BB 1997, 112; die engere Rechtsprechungslinie seinerzeit ausdrücklich begrüßend, aber als noch nicht restriktiv genug charakterisierend etwa *Kort* in DB 1990, 921 (922); *Medicus* in FS für Steindorff (1990), 725 (729); *Schaub* in DStR 1992, 1728 (1732).

[123] Vgl. BGH in ZIP 1986, 26 (30); 1988, 505 (507); BGH in NJW-RR 1988, 615 (616).

[124] BGH in ZIP 1988, 505 (507).

[125] BGH in ZIP 1988, 505 (507 f.).

[126] Vgl. etwa *Kort* in DB 1990, 921 (922): „Es ist jedoch zweifelhaft, ob aus der Bereitstellung einer Bürgschaft oder Schuldmitübernahme Pflichten erwachsen können, die über die Pflichten des Bürgen oder des Schuldmitübernehmers hinausgehen und zu einer Eigenhaftung (auch) aus culpa in

der Vertreter-Eigenhaftung aus culpa in contrahendo wegen wirtschaftlichen Eigeninteresses im Ergebnis noch enger. So kann seither vor allem die Tatsache, daß ein geschäftsführender Gesellschafter zugunsten der Gesellschaft Bürgschaften oder sonstige (dingliche) Sicherheiten zur Absicherung von anderweitigen Gesellschaftsverbindlichkeiten zur Verfügung gestellt hat, keinen geeigneten Anknüpfungspunkt mehr bilden, um in seiner Person eine vertragsähnliche cic-Eigenhaftung wegen fehlender Offenbarung der Konkursreife der Gesellschaft zur Entstehung zu bringen.[127]

Insofern sei schon unklar, von welcher Größenordnung an bestellte Sicherheiten das „mittelbare" Interesse des Gesellschafters am Erfolg der Gesellschaft in ein „unmittelbares" persönliches Interesse umqualifizieren sollten; zudem sei rechtlich nicht einleuchtend, weshalb einzelnen Gläubigern, d. h. praktisch in der Regel kreditgebenden Banken oder Großlieferanten, gewährte Sicherheiten daneben auch anderen Gesellschaftsgläubigern, die von jenen Sicherheiten im allgemeinen gar nichts wüßten, zugute kommen könnten.[128] Wenn nicht einmal die kapitalmäßige Beteiligung an der Gesellschaft – auch als Alleingesellschafter – ein die persönliche Haftung auslösendes Eigeninteresse zu begründen vermöge, lasse sich schwerlich eine rechtlich tragfähige Begründung dafür finden, daß das Interesse des Gesellschafter-Geschäftsführers, bei wirtschaftlich schlechter Lage des Unternehmens nicht aus den Sicherheiten in Anspruch genommen zu werden, ein die Haftung mit dem sonstigen Privatvermögen rechtfertigendes „unmittelbares" Interesse sei.[129]

Ausschlaggebend müsse im übrigen die Erwägung sein, daß es zu einer persönlichen Inanspruchnahme des Geschäftsführers aus Verschulden bei Vertragsverhandlungen wegen wirtschaftlichen Eigeninteresses stets erst dann zu kommen pflege, wenn die Gesellschaft bereits das Stadium der Insolvenzreife erreicht habe.[130] In diesem Moment würden Gesellschaftersicherheiten, wenn sie nicht vorher abgezogen worden sind, aber ohnehin einen eigenkapitalersetzenden Charakter aufweisen, so daß der Anspruch auf Rückgewähr im wirtschaftlichen Ergebnis ab dem letzten Jahr vor Konkurseröffnung nicht mehr durchgesetzt werden könne (§§ 32a, 32b GmbHG; 32a KO) und ansonsten die Rückforderung

---

contrahendo führen können."; die vertragsähnliche cic-Eigenhaftung eines GmbH-Geschäftsführers wegen wirtschaftlichen Eigeninteresses ganz ablehnend ferner *Medicus* in FS für Steindorff (1990), 725 (729 ff.).

[127] Vgl. BGH in ZIP 1993, 763 (765); 1543; BGHZ 126, 181 (186 ff.).

Schon in einem Urteil aus dem Jahre 1991 hatte der BGH zuvor erkennen lassen, daß die Pflicht zur etwaigen Offenbarung der wirtschaftlichen Verhältnisse einer GmbH ausschließlich eine solche der Gesellschaft selbst sei, die ihr Geschäftsführer allein in ihrem Namen erfülle. Unterlasse er es, als Vertretungsorgan der Gesellschaft die für die Entscheidung des Vertragspartners maßgebenden Erklärungen abzugeben, habe dementsprechend auch nur die Gesellschaft für diese Pflichtverletzung einzustehen. Bei dieser Sachlage könne stets nur das Verhandlungsvertrauen enttäuscht werden, das im Verhältnis zwischen Vertragspartner und Gesellschaft besteht oder bestehen sollte; vgl. BGH in ZIP 1991, 1140 (1142); ebenso OLG Köln in BB 1997, 112 (113 f.); dies im weiteren Verlauf übersehend allerdings die Entscheidungen des OLG München in NJW-RR 1993, 491 (492); NJW 1994, 2900 (2901), die – trotz der sichtlich gewandelten BGH-Rechtsprechung – nach wie vor unverändert auch eine eigenständige cic-Aufklärungspflicht im unmittelbaren Verhältnis zwischen den einzelnen Gesellschaftsgläubigern und dem GmbH-Geschäftsführer persönlich bejahten.

[128] BGH in ZIP 1993, 763 (765); zustimmend *Medicus* in GmbHR 1993, 533 (536); *Lutter* in DB 1994, 129 (133); *Impelmann* in WiB 1994, 801 (804).

[129] BGH in ZIP 1993, 763 (765).

[130] BGH in ZIP 1993, 763 (765).

den Beschränkungen unterliege, welche die Rechtsprechung zu den §§ 30, 31 GmbHG entwickelt habe.[131] Von dieser Einbeziehung der Gesellschafterleistungen in den Haftungsfonds der Gesellschaft bleibe das sonstige Privatvermögen des Gesellschafters indessen unberührt.[132] Es stelle einen Wertungswiderspruch dar, wenn jenes Privatvermögen gerade und allein wegen der der Gesellschaft zur Verfügung gestellten Sicherheiten auf dem Weg über das Rechtsinstitut der Haftung wegen Verschuldens bei Vertragsschluß dem Zugriff der Vertragsgläubiger unterworfen werde.[133] Wären jene Leistungen der Gesellschaft auch formell als das zur Verfügung gestellt worden, was sie materiell seien – nämlich als Einlage –, so könne dies die Haftung des Gesellschafters nicht begründen; nichts anderes dürfe aber freilich auch dann gelten, wenn der Gesellschaft das Kapital nicht formell, sondern durch Leistung von Sicherheiten zugeführt werde.[134]

Ein hinreichender Schutz der Neugläubiger einer konkursreifen Gesellschaft sei – von den generellen deliktischen Haftungstatbeständen der §§ 823 II BGB i.V.m. 263 bzw. 283 StGB, 826 BGB einmal abgesehen – statt dessen vielmehr durch die Zubilligung eines unmittelbar gegen den Geschäftsführer gerichteten deliktischen Schadensersatzanspruchs nach § 823 II BGB i. V. m. § 64 I GmbHG zu gewährleisten.[135] Denn der Schutzzweck des § 64 I GmbHG erschöpfe sich – entgegen einer vormals anderslautenden Rechtsprechung – nicht allein darin, das Vertrauen einheitlich aller Gesellschaftsgläubiger auf eine im Zeitpunkt des Vertragsschlusses vorhandene Konkursmasse zu schützen, welche durch eine Verzögerung des Konkursantrags nicht noch weiter vermindert werden solle;[136] sondern er bestehe auch darin, konkursreife Gesellschaften mit einem beschränkten Haftungsfonds von vornherein vollständig vom Geschäftsverkehr fernzuhalten, damit durch das Auftreten solcher Gebilde nicht Gläubiger geschädigt oder gefährdet werden.[137] Demzufolge beschränke sich der aus dieser Norm fließende Schadensersatz zwar für Altgläubiger auf die Differenz zwischen dem Masseerlös, der sich bei rechtzeitiger Konkursanmeldung ergeben hätte, und dem später im Konkurs tatsächlich erzielten Erlös (sog. Konkursquotenschaden).[138]

Die Neugläubiger würden dagegen, wenn die Geschäftsführer die ihnen durch § 64 I GmbHG auferlegte Pflicht zur rechtzeitigen Konkursanmeldung ordnungsgemäß erfüllt hätten, von vornherein erst gar nicht mit der konkursreifen Gesellschaft kontrahiert und also auch gar keinen Schaden erlitten haben; entsprechend sei es ihnen gegenüber auch

---

131 BGH in ZIP 1993, 763 (765); BGHZ 126, 181 (187).

132 BGH in ZIP 1993, 763 (765); BGHZ 126, 181 (187).

133 BGH in ZIP 1993, 763 (765).

134 BGH in ZIP 1993, 763 (765); BGHZ 126, 181 (187 f.); ebenso *Lutter* in DB 1994, 129 (133); *Impelmann* in WiB 1994, 801 (803); *Westermann/Mutter* in DZWiR 1995, 184 (188).

135 Für andere Gesellschafts- und Verbandsformen mit beschränktem Haftungsfonds ergibt sich die gleiche Wirkung aus § 823 II BGB in Verbindung mit denjenigen Vorschriften, die der Regelung des § 64 I GmbHG jeweils entsprechen (vgl. die §§ 92 II AktG, 278 III AktG; 99 I GenG, 42 II BGB, 130a I, 177a HGB); siehe so etwa BGH in ZIP 1993, 763 (766); 1543 (1544).

136 Vgl. so vormals noch BGHZ 29, 100 (103 ff.); aus der späteren Judikatur etwa BGH in WM 1985, 384 (385); BGH in NJW-RR 1988, 615 (616).

137 BGH in ZIP 1993, 763 (767); 1543 (1545); BGHZ 126, 181 (194); zustimmend *Lutter* in DB 1994, 129 (135); *ders.* in GmbHR 1997, 329 (332).

138 BGH in ZIP 1993, 763 (767); 1543 (1546); BGHZ 126, 181 (195 f.); BGH in NJW 1997, 3021; *Brandes* in WM 1998, 1 (15).

nicht gerechtfertigt, den aus § 823 II BGB i.V.m. § 64 I GmbHG folgenden Schadensersatzanspruch auf den Ersatz einer bloßen Konkursquote zu beschränken.[139] Nur auf diese Weise sei sichergestellt, daß ein Verstoß gegen das Gebot der rechtzeitigen Konkursantragsstellung als Instrument des Gläubigerschutzes nicht nur strafrechtlich, sondern auch schadensersatzrechtlich wirksam sanktioniert werde.[140]

Die so gewandelten Haftungsgrundsätze – einerseits die Einschränkung der quasi-vertraglichen Vertreter-Eigenhaftung des GmbH-Geschäftsführers aus culpa in contrahendo wegen wirtschaftlichen Eigeninteresses und andererseits die gleichzeitige Anerkennung seiner uneingeschränkten persönlichen Ersatzpflicht aus § 823 II BGB i.V.m. § 64 I GmbHG gegenüber den Neugläubigern der Gesellschaft, sofern er die ihm obliegende Pflicht zur rechtzeitigen Stellung des Konkursantrags schuldhaft verletzt hat – sind von der höchstrichterlichen Judikatur mittlerweile bereits mehrfach bestätigt worden.[141]

In Anbetracht dieser schon gefestigten neueren Rechtsprechung, die überdies auch im Schrifttum ganz überwiegend auf Zustimmung gestoßen ist,[142] erweisen sich die verbliebenen Haftungsrisiken, die den Mitgliedern eines kapitalgesellschaftlichen Leitungsorgans heute noch aus einer vertragsähnlichen cic-Eigenhaftung wegen wirtschaftlichen Eigeninteresses drohen, allgemein als nahezu vernachlässigenswert.

Eine quasi-vertragliche Eigenhaftung wegen wirtschaftlichen Eigeninteresses müssen Geschäftsführer und Vorstandsmitglieder derzeit – allenfalls – noch befürchten, wenn ihre Tätigkeit auf die Beseitigung von Schäden abzielt, für die sie ansonsten ohnehin von der Gesellschaft in Anspruch genommen werden könnten[143] oder wenn die Leitungsorganmit-

---

[139] BGH in ZIP 1993, 763 (768); 1543 (1545 f.); BGHZ 126, 181 (193 ff.); *Lutter* in GmbHR 1997, 329 (332).

Ein Neugläubiger ist im Gefolge dieser neuen Rechtsprechung also schon nach allgemeinen Grundsätzen nicht gehindert, den ihm so gegen den Geschäftsführer persönlich zustehenden unbeschränkten Ersatzanspruch aus § 823 II BGB i.V.m. § 64 I GmbHG auch während eines laufenden Konkursverfahrens gegen die insolvente Gesellschaft geltend zu machen; vgl. BGHZ 126, 181 (201); ebenso *Lutter* in DB 1994, 129 (135); *ders.* in GmbHR 1997, 329 (333); *Reese* in DStR 1995, 688 (690).

[140] Vgl. BGHZ 126, 181 (197 f.).

Freilich liegt die Darlegungs- und Beweislast für das Vorhandensein der objektiven Voraussetzungen der Konkursantragspflicht zunächst auf seiten des Gesellschaftsgläubigers. Erst wenn feststeht, daß die Gesellschaft zu einem bestimmten Zeitpunkt rechnerisch überschuldet war, ist es anschließend Sache des Geschäftsführers, die Umstände darzulegen und gegebenenfalls zu beweisen, die es aus damaliger Sicht rechtfertigten, das Unternehmen gleichwohl fortzuführen; vgl. dazu BGHZ 126, 181 (200); ebenso OLG Köln in BB 1997, 112 (114).

[141] Siehe etwa BGH in GmbHR 1995, 125 (126); BGH in GmbHR 1995, 130 f. (zur GmbH & Co. KG); BGH in GmbHR 1995, 226 f; BGH in NJW 1995, 1544; OLG Düsseldorf in GmbHR 1997, 699 (700 f.).

[142] Vgl. *Medicus* in GmbHR 1993, 533 (536); *Lutter* in DB 1994, 129 (133 u. 135); *ders.* in GmbHR 1997, 329 (330 ff.); *Wellkamp* in DB 1994, 869 (873); *Impelmann* in WiB 1994, 801 (803 ff.); *Wimmer* in NJW 1996, 2546 (2548 u. 2550); nur in bezug auf die veränderte Judikatur zur cic-Vertreter-Eigenhaftung wegen wirtschaftlichen Eigeninteresses zustimmend allerdings *Ulmer* in ZIP 1993, 769 (770 ff.); *G. Müller* in ZIP 1993, 1531 (1533 ff.); *K. Schmidt* in NJW 1993, 2934 f.; Baumbach-Hueck/*Schulze-Osterloh*, Rn. 26, 33 zu § 64 GmbHG.

[143] Vgl. BGH in ZIP 1986, 26 (30); 1993, 763 (764); BGHZ 126, 181 (185); zustimmend *Haack* in NWB 1994, Fach 18, 3355 (3362); *Reese* in DStR 1995, 688; auch insofern kritisch *Medicus* in FS für Steindorff (1990), 725 (729 ff.); *ders.* in GmbHR 1993, 533 (536).

glieder schon beim Vertragsschluß die Absicht hatten, die Leistung pflichtwidrig an der Gesellschaft vorbei zum eigenen Nutzen einzusetzen.[144] Doch handelt es sich hierbei jeweils um atypische Ausnahmesituationen, die entweder – wie in der ersten Variante – an eine dann im konkreten Einzelfall ohnedies schon bestehende Ersatzpflicht anknüpfen oder – so in der zweiten Fallgruppe – regelmäßig auch das Eingreifen deliktischer Haftungstatbestände (§§ 823 II BGB i.V.m. 263 StGB, 826 BGB) zur Folge haben werden. Dieser Einschätzung entspricht es zudem, daß – soweit ersichtlich – auch einschlägige höchstrichterliche Entscheidungen, die über eine bloß theoretische (Mit-)Erwähnung dieser besonderen Sachverhaltsgestaltungen in Form gelegentlicher obiter dicta hinausgingen, durchgängig zumindest aus den letzten Jahrzehnten nicht mehr vorliegen.[145]

Nach alledem mag es sich zwar so verhalten, daß jene bis dato noch verbliebenen Fallgruppen einer cic-Vertreter-Eigenhaftung von Geschäftsführern und Vorstandsmitgliedern wegen wirtschaftlichen Eigeninteresses grundsätzlich auch für die Angehörigen der freien Professionen Geltung beanspruchen können, sofern diese ihre freiberuflichen Leistungen über eine Kapitalgesellschaft abwickeln.[146] Doch entfalten diese Haftungstatbestände in

---

[144] BGH in ZIP 1986, 26 (30); 1993, 763 (764); BGHZ 126, 181 (185); BGH in NJW 1995, 1544; ebenso *Haack* in NWB 1994, Fach 18, 3355 (3362); *Reese* in DStR 1995, 688 (689); auch insoweit ablehnend *Medicus* in FS für Steindorff (1990), 725 (729 ff.); *ders.* in GmbHR 1993, 533 (536).

[145] Vgl. dazu die Rechtsprechungsnachweise in den beiden vorhergehenden Fußnoten.

In praxi hielt der Bundesgerichtshof bislang überhaupt erst einmal eine Vertreter-Eigenhaftung aus culpa in contrahendo wegen wirtschaftlichen Eigeninteresses unter dem Gesichtspunkt für möglich, daß ein Vertreter gegenüber einem Dritten unmittelbar für solche Verbindlichkeiten einstehen sollte, die auf Beseitigung von Schäden abzielten, für welche der Vertreter ansonsten von dem Vertretenen persönlich hätte verantwortlich gemacht werden können. Doch betraf die damalige Entscheidung lediglich einen allgemeinen, nicht spezifisch auf die Kapitalgesellschaften bezogenen Sachverhalt (Bauherr als Vertretener; Architekt als Vertreter; mit der Beseitigung von Mängeln, welche gegebenenfalls der Architekt zu verantworten hatte, beauftragter Handwerker als Dritter), und der BGH sah sich seinerzeit mangels näheren Parteivortrags zudem zu einer Zurückverweisung zwecks weiterer Sachaufklärung veranlaßt; vgl. BGH in NJW 1963, 2166 (2167).

[146] Vgl. dazu auch OLG München in NJW 1994, 2900 (2901); BGH in NJW 1995, 1544 – Revisionsinstanz -

In dem Sachverhalt, der beiden Entscheidungen zugrunde lag, boten freischaffende Architekten allerdings nicht ihre freiberuflichen Planungs- und Bauüberwachungsleistungen, sondern nur gewerbliche Bauausführungsleistungen über eine von ihnen gegründete und geführte GmbH auf dem Markt an. Die Architektenleistungen erbrachten die Berufsträger statt dessen in einer Gesellschaft bürgerlichen Rechts ausschließlich gegenüber der GmbH; dabei ließen sie sich zur Sicherung ihrer Honorarforderungen von der GmbH zeitgleich (sehr viel höhere) Werklohnforderungen abtreten, welche die GmbH im Außenverhältnis gegenüber den einzelnen Bauherrn erworben hatte. Der BGH brachte auf die beklagten Architekten aaO auch uneingeschränkt seine geänderte Judikatur zur vertragsähnlichen cic-Eigenhaftung eines GmbH-Geschäftsführers wegen wirtschaftlichen Eigeninteresses zur Anwendung. Dabei betonte er nochmals, daß sich die anno 1994 beschlossene Aufgabe der Eigeninteresse-Rechtsprechung seinerzeit nur auf Fallgestaltungen erstreckte, in denen der kapitalmäßig beteiligte Geschäftsführer zugunsten der Gesellschaft zusätzlich persönliche oder dingliche Sicherheiten gestellt hatte. Aber selbst wenn man daran festhalten wolle, daß ein Geschäftsführer, der bei Vertragsschluß die Absicht habe, die vom Vertragspartner zu erbringende Leistung nicht ordnungsgemäß an die vertretene Gesellschaft weiterzuleiten, sondern pflichtwidrig zu eigenen Zwecken zu nutzen, auch nach den Grundsätzen des Verschuldens bei Vertragsschluß wegen wirtschaftlichen Eigeninteresses haften könne, reiche im konkreten Fall das nur mittelbare Interesse, das die beklagten Architekten an

der Rechtspraxis keinerlei tatsächliches Gewicht, so daß den Berufstätigen zumindest heute auch unter dem Gesichtspunkt der vertragsähnlichen Haftung aus culpa in contrahendo wegen wirtschaftlichen Eigeninteresses keine ernstzunehmenden persönlichen Haftungsgefahren mehr drohen.

(2) cic-Vertreter-Eigenhaftung wegen Inanspruchnahme besonderen persönlichen Vertrauens

Eine abweichende Bewertung könnte sich auf den ersten Blick indes für die andere der beiden vorerwähnten Fallgruppen einer Vertreter-Eigenhaftung aus Verschulden bei Vertragsschluß – nämlich die persönliche Einstandspflicht der Leitungsorganmitglieder einer „Freiberufler-Kapitalgesellschaft“ wegen Inanspruchnahme besonderen persönlichen Vertrauens – rechtfertigen.

Um den prinzipiellen Ausnahmecharakter der insoweit allgemein anerkannten vertragsähnlichen Vertreter-Eigenhaftung aus culpa in contrahendo zu unterstreichen,[147] betont der BGH in diesem Kontext freilich zunächst einmal, daß der Geschäftsführer einer GmbH, wenn er für die Gesellschaft in Vertragsverhandlungen eintrete, grundsätzlich nur das normale Verhandlungsvertrauen in Anspruch nehme, das bei der Anbahnung von Geschäftsbeziehungen immer gegeben ist oder vorhanden sein sollte.[148] Unterlasse er es, als Vertretungsorgan der Gesellschaft die für die Entscheidung des Vertragspartners maßgebenden Erklärungen abzugeben, verletze er also regelmäßig nur eine Pflicht der Gesellschaft, wofür folgerichtig auch allein diese einzustehen habe.[149] Bei dieser Sachlage sei dann lediglich das Verhandlungsvertrauen enttäuscht worden, das im Verhältnis zwischen Vertragspartner und Gesellschaft besteht oder bestehen sollte.[150]

Eine eigene Haftung des Leitungsorganmitglieds erscheine vor diesem Hintergrund nur gerechtfertigt, wenn es über das normale Verhandlungsvertrauen im vorbeschriebenen Sinne hinausgehe.[151] Dabei reiche weder der allgemeine Hinweis des Vertreters auf die bei

---

der tatsächlichen Durchführung der Bauvorhaben durch die GmbH gehabt hätten, um wegen ihrer Honorarforderungen befriedigt zu werden, nicht aus, um damit auch ihre unmittelbare persönliche Haftung gegenüber den Vertragspartnern der GmbH zu begründen; a. A. – freilich unter Verkennung der geänderten Rechtsprechung zur cic-Vertreter-Eigenhaftung wegen wirtschaftlichen Eigeninteresses – noch die Vorinstanz OLG München, aaO.

[147] Der Ausnahmecharakter einer Eigenhaftung des Vertreters oder Vermittlers wegen der Inanspruchnahme besonderen persönlichen Vertrauens ist von der höchstrichterlichen Rechtsprechung verschiedentlich ausdrücklich hervorgehoben worden; vgl. so etwa BGH in WM 1991, 1730; 1992, 699 (700); dem einhellig beipflichtend auch die Literatur; vgl. etwa *Schaub* in DStR 1992, 1728 (1731); *Medicus* in GmbHR 1993, 533 (537); *ders.* in FS für Steindorff (1990), 729 (740 f.); *Impelmann* in WiB 1994, 801 (802); *Haack* in NWB 1994, Fach 18, 3355 (3362); *Westermann/Mutter* in DZWiR 1995, 184 (186).

[148] Vgl. BGH in ZIP 1991, 1140 (1142); 1993, 1543 (1546); BGHZ 126, 181 (189); BGH in GmbHR 1995, 130 (131); OLG Köln in BB 1997, 112 (113); ebenso *Kort* in DB 1990, 921; *Impelmann* in WiB 1994, 801 (802).

[149] BGH in NJW 1990, 389 (390); BGH in ZIP 1991, 1140 (1142); 1993, 1543 (1546); BGHZ 126, 181 (189); OLG Köln in BB 1997, 112 (113).

[150] BGH in GmbHR 1990, 296 (297); BGH in ZIP 1991, 1140 (1142); *Schaub* in DStR 1992, 1728 (1731); *Lutter* in DB 1994, 129 (133); *Impelmann* in WiB 1994, 801 (802).

[151] BGHZ 56, 81 (84 f.); BGH in NJW-RR 1988, 615 (616); BGH in ZIP 1988, 1576 (1578).

ihm vorhandene Sachkunde noch der Umstand, daß der Vertragspartner dem Verhandelnden tatsächlich besonderes Vertrauen entgegenbringe, aus, um den entsprechenden Vertrauenshaftungstatbestand auszulösen.[152] Denn daß der Geschäftsherr einen sachkundigen Vertreter eingesetzt habe, dürfe der Geschäftspartner ohnedies erwarten.[153] Persönliches Vertrauen könne ein Geschäftsführer vielmehr nur in Anspruch nehmen, wenn er dem Verhandlungsgegner eine zusätzliche, von ihm persönlich ausgehende Gewähr für die Richtigkeit und Vollständigkeit seiner Erklärungen sowie für den Bestand und die Erfüllung des in Aussicht genommenen Geschäfts geboten habe, die für den Willensentschluß des anderen Teils bedeutsam war.[154] Dies könne etwa bei einer außergewöhnlichen Sachkunde oder bei großer persönlicher Zuverlässigkeit des Vertreters/Sachwalters[155] der Fall sein, wie auch bei einem auf engen persönlichen Bindungen (z. B. Verwandtschaft oder intimen Beziehungen) beruhenden besonderen Vertrauensverhältnis.[156] Maßgebend für die Herleitung des besonderen Vertrauens seien stets die Umstände des konkreten Einzelfalls; worauf es abziele, richte sich durchgängig nach dem Inhalt des beabsichtigten Vertrags.[157]

Vor diesem Hintergrund könnte man leicht geneigt sein, eine persönliche Haftung wegen Inanspruchnahme besonderen persönlichen Vertrauens vor allem für solche freiberuflichen Berufsgruppen zu bejahen, in denen die Geschäftsbeziehungen in besonderem Maße von der Integrität, Kompetenz und Persönlichkeit der einzelnen geschäftsführenden Personen geprägt sind. In der Tat finden sich daher auch durchaus Stimmen, die annehmen, daß beispielsweise gerade die Angehörigen der rechts- und wirtschaftsberatenden freien Professionen (d. h. in erster Linie Wirtschaftsprüfer, Steuerberater und Rechtsanwälte) das Mandat für die Gesellschaft vornehmlich aufgrund ihrer besonderen Sachkunde erhalten und folglich in beinahe idealtypischer Weise potentielle Adressaten einer vertragsähnli-

---

[152] BGHZ 88, 67 (69 f.); BGH in NJW 1990, 389; BGH in GmbHR 1990, 296 (297); BGH in ZIP 1990, 659 (661); BGH in WM 1991, 1730 (1731); BGH in ZIP 1993, 363 (365); zustimmend *Lutter/Hommelhoff*, Rn. 30 zu § 43 GmbHG.

[153] BGHZ 88, 67 (70); BGH in NJW 1990, 389; BGH in GmbHR 1990, 296 (297).

[154] BGHZ 56, 81 (85); 88, 67 (69); BGH in NJW-RR 1988, 615 (616); BGH in ZIP 1988, 1576 (1578); BGH in NJW 1990, 389; BGH in ZIP 1990, 659 (661); 1991, 1140 (1142); BGH in WM 1991, 1730 (1731); 1992, 699 (700); BGH in ZIP 1993, 363 (365); 1543 (1546); BGHZ 126, 181 (189); BGH in GmbHR 1995, 130 (131); OLG Köln in BB 1997, 112 (113); OLG Düsseldorf in GmbHR 1997, 699 (700); zustimmend auch das Schrifttum; vgl. nur *Schaub* in DStR 1992, 1728 (1731); *Impelmann* in WiB 1994, 801 (802 f.); *Wellkamp* in DB 1994, 869 (870); *Reese* in DStR 1995, 688 (689); *Wimmer* in NJW 1996, 2546 (2550); *Lutter/Hommelhoff*, Rn. 29 zu § 43 GmbHG; Scholz/*U. Schneider*, Rn. 224 zu § 43 GmbHG; *Brandes* in WM 1998, 1 (15).

[155] Vgl. zum Begriff des Sachwalters näher BGHZ 56, 81 (85 f.); BGH in WiB 1997, 823: Danach handelt als Sachwalter, wer bei Vertragsverhandlungen zwar nicht als Vertreter der einen Partei aufgetreten ist, sondern sich selbst im Hintergrund hält und eigene Beziehungen zu dem Verhandlungsgegner nur mittelbar über den von ihm betreuten Verhandlungspartner insofern herstellt, als er zu dem beabsichtigten Vertragsschluß seine Zustimmung erteilt, diese seine Erklärung dem anderen Teil zur Kenntnis gebracht wird, für letzteren auch maßgeblich ist und ihn zum Abschluß des Vertrags bestimmt. Für den Sachwalter gelten in puncto vertragsähnlicher Eigenhaftung aus Verschulden bei Vertragsschluß ausnahmslos die gleichen Regeln, wie sie auch zum gesetzlich oder rechtsgeschäftlich bestellten Vertreter entwickelt worden sind; vgl. BGHZ 56, 81 (86).

[156] BGHZ 56, 81 (85); 87, 27 (33); BGH in NJW-RR 1988, 615 (616); BGH in ZIP 1990, 1402 (1403); OLG Köln in BB 1997, 112 (113).

[157] BGHZ 87, 27 (33); BGH in WM 1992, 699 (701).

chen Geschäftsführer-Eigenhaftung aus culpa in contrahendo seien.[158] Für diese Einschätzung ließe sich ferner anführen, daß die Rechtsprechung auch im Rahmen der – inhaltlich gleichartigen – sog. Sachwalterhaftung, d. h. bei der Zuziehung eines sachkundigen Experten zu Vertragsverhandlungen durch die eine Vertragspartei, allgemein davon ausgeht, daß eine Auskunft, die kraft der Autorität einer freiberuflichen Vertrauensstellung erteilt wird, ein gewichtiges Indiz für die Statuierung einer vertraglichen Eigenhaftung gegenüber der anderen Vertragspartei bilden kann.[159]

In bemerkenswertem Gegensatz zu der somit fürs erste durchaus naheliegenden praktischen Relevanz, welche die quasi-vertragliche cic-Vertreter-Eigenhaftung wegen Inanspruchnahme besonderen persönlichen Vertrauens hiernach an sich für die Leitungsorgane einer „Freiberufler-AG/GmbH“ aufweisen müßte, steht demgegenüber jedoch der in der tatsächlichen gerichtlichen Spruchpraxis feststellbare empirische Befund. Denn obwohl beispielsweise gerade die Berufsgruppen der Wirtschaftsprüfer, vereidigten Buchprüfer und Steuerberater aufgrund ihrer stärker gewerblich geprägten Entstehungsgeschichte schon seit jeher auf kapitalgesellschaftliche Rechtsformen Zugriff nehmen konnten, existieren – soweit ersichtlich – praktisch keine höchstrichterlichen Entscheidungen, die für solche Berufsangehörige, die als Geschäftsführer bzw. Vorstandsmitglieder einer entsprechenden Kapitalgesellschaft fungieren, eine persönliche Einstandspflicht aus culpa in contrahendo wegen Inanspruchnahme eines besonderen *berufsbezogenen* Vertrauens bejaht oder auch nur in Erwägung gezogen hätten.

Soweit sich dies übersehen läßt, hatte der Bundesgerichtshof bislang tatsächlich überhaupt erst einmal über eine Fallgestaltung zu befinden, in welcher das Leitungsorganmitglied einer „Freiberufler-Kapitalgesellschaft“ (konkret: der Geschäftsführer einer Steuerberatungs-GmbH) von einer Vertragspartnerin der Gesellschaft wegen Inanspruchnahme besonderen Vertrauens aus Verschulden bei Vertragsschluß in eigener Person ersatzpflichtig gemacht worden ist.[160] Dabei stand der BGH einer cic-Eigenhaftung des betreffenden Berufsangehörigen im konkreten Einzelfall zwar durchaus positiv gegenüber – doch das höchste Zivilgericht erblickte das haftungsauslösende Moment gerade nicht in einer beruflichen Vertrauensstellung, die es aus einer typisierend unterstellten Sachkunde oder einer besonderen fachlichen Autorität des freien Berufsträgers hätte folgern können, sondern es bejahte eine etwaige persönliche Einstandspflicht ausschließlich wegen enger persönlicher (konkret: intimer) Beziehungen, welche der Berufstätige zu der ihm infolgedessen blind vertrauenden Vertragspartnerin der Steuerberatungs-GmbH unterhielt.[161]

---

[158] Vgl. so etwa *Westermann/Mutter* in DZWiR 1995, 184 (187); *Dauner-Lieb* in GmbHR 1995, 259 (263); *Henssler* in DB 1995, 1549 (1551); *Wellensiek* in FS für Brandner (1996), 727 (748); *Dietlmeier* in ZIP 1996, 1800 (1808); wohl auch *Wimmer* in NJW 1996, 2546 (2550); in dieser Richtung zuvor bereits *Kunz*, S. 174 f.

[159] Vgl. zu der Indizwirkung, die der beruflichen Vertrauensstellung von Wirtschaftsprüfern, Rechtsanwälten, Steuerberatern und Steuerbevollmächtigten bei der Begründung einer persönlichen Einstandspflicht im Rahmen der sog. Sachwalterhaftung (als Unterfall der culpa in contrahendo) zukommt, bereits die zahlreichen Rechtsprechungsnachweise oben Seite 188 f. in Fußnote 106.

[160] Vgl. BGH in ZIP 1990, 1402 ff.

[161] Vgl. BGH in ZIP 1990, 1402 (1403) – Die Möglichkeit, daß der Angehörige des steuerberatenden Berufs in seiner Eigenschaft als Geschäftsführer der Steuerberatungsgesellschaft mbH auch aufgrund einer typisierend angenommenen freiberuflichen Vertrauensstellung persönlich zum Schadensersatz verpflichtet gewesen sein könnte, ist dabei vom BGH aaO gar nicht erst erörtert worden. Im

Diese spürbare richterliche Zurückhaltung bei der Statuierung einer unmittelbaren persönlichen Haftpflicht von Geschäftsführern und Vorstandsmitgliedern einer „Freiberufler-AG/GmbH" gegenüber dem ratsuchenden Publikum deckt sich mit der vom BGH bereits in anderem Zusammenhang getroffenen Feststellung, wonach weder Rechtsanwälte noch Steuerberater allein aufgrund ihres Berufes Vertrauenspersonen darstellen, die für die mittelbaren Folgen ihrer Erklärungen und Handlungen unter allen Umständen persönlich einstehen müssen.[162] Die Rechtsprechung ist sich des spezifischen Ausnahmecharakters der Geschäftsführer-Eigenhaftung aus Verschulden bei Vertragsschluß wegen einer Inanspruchnahme besonderen persönlichen Vertrauens also vollends bewußt; dementsprechend findet sich in neueren Entscheidungen auch häufiger der Passus, daß die Erklärungen von Mitgliedern kapitalgesellschaftlicher Leitungsorgane im allgemeinen nur dann deren quasi-vertragliche Eigenhaftung neben der Gesellschaft begründen könnten, wenn sie sich „im Vorfeld einer Garantiezusage" bewegten.[163]

Die Annahme, der Geschäftsführer bzw. das Vorstandsmitglied einer „Freiberufler-Kapitalgesellschaft" habe Vertrauen für sich und nicht nur für die vertretene Gesellschaft in Anspruch genommen, läßt sich auf dieser Grundlage danach nur rechtfertigen, wenn der tatsächlich Handelnde dem ratsuchenden Publikum in zurechenbarer Weise zusätzlich den Eindruck vermittelt, er werde persönlich mit seiner Sachkunde die ordnungsgemäße Abwicklung des Geschäfts selbst dann gewährleisten, wenn das Publikum der Gesellschaft nicht oder nur wenig vertraut oder sein Verhandlungsvertrauen sich als nicht gerechtfertigt erweist.[164] Für die Leitungsorganmitglieder einer Kapitalgesellschaft kann in dieser Beziehung auch nicht etwa deshalb etwas anderes gelten, weil das Vertrauen in eine juristische Person weitgehend an die natürlichen Personen, die für sie handeln, anknüpft.[165] Denn dem steht die gesetzliche Haftungsordnung bei AG (§ 1 I AktG) und GmbH (§ 13 I, II GmbHG) entgegen, die nicht durch eine Ausweitung der Haftung ihrer gesetzlichen Vertreter aus Verschulden bei Vertragsverhandlungen umgangen werden darf.[166] Wer mit einer AG/GmbH in geschäftlichen Kontakt tritt, muß nach der Rechtsprechung des BGH davon ausgehen, daß auch die Verpflichtungen aus dem gesetzlichen Schuldverhältnis, das durch Handeln eines gesetzlichen Vertreters der Gesellschaft bei der Anbahnung von Vertragsverhandlungen entsteht, grundsätzlich nur die vertretene Gesellschaft treffen.[167] Eine andere Beurteilung ließe sich nicht einmal dann rechtfertigen, wenn das handelnde

---

übrigen erfolgte – zwecks weiterer Sachverhaltsaufklärung – in concreto eine Zurückverweisung des Falls an das untergeordnete Berufungsgericht.

[162] Vgl. BGH in NJW 1989, 293 (294); 1992, 2080 (2083); siehe dazu im übrigen auch schon oben Seite 191 mit Fußnote 118.

[163] Vgl. BGH in ZIP 1993, 1543 (1546); BGHZ 126, 181 (189); beinahe gleichlautend auch BGH in GmbHR 1995, 130 (131) – Erfordernis einer „garantieähnlichen Erklärung" –; ebenso *Lutter/Hommelhoff*, Rn. 30 zu § 43 GmbHG.

[164] Vgl. so allgemein BGH in NJW 1990, 389 (390); BGH in ZIP 1990, 659 (661); BGH in WM 1992, 699 (700); *Lutter/Hommelhoff*, Rn. 30 zu § 43 GmbHG.

[165] So explizit BGH in NJW 1990, 389 (390).

[166] BGH in NJW 1990, 389 (390).

[167] BGH in NJW 1990, 389 (390).

Organmitglied daneben zusätzlich auch noch der alleinige Anteilseigner der Gesellschaft wäre.[168]

Auch in den rechts- und wirtschaftsberatenden Freien Berufen, in denen die Berufstätigen aufgrund ihres beruflichen Expertenwissens – gerade in sensiblen Vermögensfragen – oftmals eine besondere Vertrauensstellung gegenüber dem wissensunterlegenen ratsuchenden Publikum einnehmen, können den Geschäftsführern und Vorstandsmitgliedern einer „Freiberufler-AG/GmbH" hiernach somit allenfalls ausnahmsweise und lediglich in atypischen Ausnahmesituationen persönliche Haftungsgefahren aus dem Rechtsinstitut der cic-Vertreter-Eigenhaftung wegen Inanspruchnahme besonderen persönlichen Vertrauens drohen.[169] Ein derartiger Sonderfall könnte etwa in Betracht kommen, wenn der Gesellschaft in einer komplizierten und bedeutsamen Vermögensangelegenheit das Mandat lediglich deshalb erteilt worden ist, weil ein Mitglied des Leitungsorgans sich im Vorfeld einer besonderen persönlichen Zuverlässigkeit und Integrität berühmt hat, dabei aber wesentliche besondere Umstände, die mit dem übertragenen Pflichtenkreis in unmittelbarem Zusammenhang stehen und der behaupteten persönlichen Verläßlichkeit erkennbar entgegenstehen (z. B. rechtskräftige Verurteilung wegen eines Vermögensdelikts; Vortäuschung besonderer beruflicher Erfolge durch gefälschte Zeugnisse und Empfehlungsschreiben; gravierende eigene finanzielle Schwierigkeiten etc.), wahrheitswidrig verschwiegen hat.[170]

Im übrigen ist – will man die gesetzliche Haftungsordnung der Kapitalgesellschaften auf dem Sektor der freiberuflichen Leistungserbringung nicht contra legem bewußt in ihr Gegenteil verkehren – nicht ersichtlich, weshalb den Angehörigen der Freien Berufe in ihrer Stellung als Leitungsorganmitglieder einer „Freiberufler-Kapitalgesellschaft" weiterreichende persönliche Haftungsrisiken unter dem Aspekt einer cic-Eigenhaftung wegen Inanspruchnahme besonderen persönlichen Vertrauens sollten erwachsen können. Die Ableitung einer vertragsähnlichen Vertreter-Eigenhaftung, die – beispielsweise aufgrund einer typisierend unterlegten berufsbezogenen Vertrauensstellung – über solcherart eng umrissene Ausnahmefälle hinausgehen und pauschal für ganze freiberufliche Berufsstände eine regelmäßige persönliche Einstandspflicht von GmbH-Geschäftsführern und AG-Vorstandsmitgliedern aus Verschulden bei Vertragsschluß gegenüber der Auftraggeberseite konstituieren wollte, findet in der Rechtsordnung offenkundig keine Stütze.

---

[168] BGH in NJW 1990, 389 (390) – Eine „Zusammenrechnung" der beiden Fallgruppen des wirtschaftlichen Eigeninteresses und der Inanspruchnahme besonderen persönlichen Vertrauens in dem Sinne, daß zwar die Anforderungen keines der beiden Tatbestände für sich allein genommen erfüllt wären, sie aber in ihrem Zusammenwirken eine Vertreter-Eigenhaftung aus Verschulden bei Vertragsschluß ergeben könnten, kommt angesichts der Verschiedenartigkeit der ihnen jeweils zugrunde liegenden Ausprägungen des Gerechtigkeitsgedankens ohnehin nicht in Betracht; vgl. so explizit BGH in WM 1992, 699 (701).

[169] im Ergebnis ebenso *Gail/Overlack*, S. 123.

[170] Vgl. zu einem ähnlich gelagerten Sachverhalt etwa BGH in ZIP 1990, 659 ff. – unter dem Gesichtspunkt der culpa in contrahendo wegen Inanspruchnahme besonderen persönlichen Vertrauens erfolgreiches Vorgehen gegen einen Unternehmensberater, der durch wahrheitswidrige Hinweise auf frühere Sanierungserfolge und das Verschweigen von Umständen, die seine Eignung für die Sanierungsaufgabe sichtlich in Frage stellten (Vorstrafe wegen Betrugs, eidesstattliche Versicherung nach § 807 ZPO, Fälschung von Dienstzeugnissen) eine Dritte zur Kreditgewährung an die von ihm vertretene, später in Konkurs gefallene Gesellschaft bewegte -

Im Ergebnis zeigt sich somit, daß auch das Rechtsinstitut der quasi-vertraglichen Eigenhaftung aus culpa in contrahendo wegen Inanspruchnahme besonderen persönlichen Vertrauens für die Leitungsorganmitglieder einer „Freiberufler-AG/GmbH" keine persönlichen Haftungsgefahren hervorbringt, denen in der Rechtspraxis ein maßgebliches und entscheidendes Gewicht beizulegen wäre. Die bislang konstatierte besondere haftungsrechtliche Attraktivität der Kapitalgesellschaften, die aus Sicht der freiberuflich Tätigen so von keiner personengesellschaftlichen Rechtsform einschließlich der Partnerschaft erreicht wird, erfährt bei abschließender Betrachtung also auch unter dem Gesichtspunkt der zweiten anerkannten Fallgruppe einer Vertreter-Eigenhaftung wegen Verschuldens bei Vertragsschluß keinen grundlegenden Abbruch.

cc) Persönliche Haftung aus Delikt

Eine unmittelbare persönliche Einstandspflicht kann die Geschäftsführer bzw. Vorstandsmitglieder einer „Freiberufler-AG/GmbH" des weiteren freilich auch kraft Deliktsrechts treffen, soweit sie im Zuge der tatsächlichen freiberuflichen Leistungserbringung auf Seiten des Auftraggebers selbst ein absolut geschütztes Rechtsgut i. S. d. § 823 I BGB verletzen. Das zum Schadensersatz verpflichtende deliktische Handeln führt über die Haftungszuweisungsnorm des § 31 BGB hier nicht nur zu einer Ersatzpflicht der Gesellschaft,[171] sondern das betreffende Mitglied des Leitungsorgans haftet für sein eigenes deliktisches Fehlverhalten selbstredend auch uneingeschränkt mit seinem Privatvermögen gegenüber dem so geschädigten Publikum.[172]

Doch werden sich die Fälle einer so begründeten Deliktshaftung im Bereich freier Berufsausübung – schon weil das Vermögen kein absolut geschütztes Rechtsgut i. S. d. § 823 I BGB darstellt – im wesentlichen zumeist auf den Sektor der heilkundlichen Berufstätigkeit beschränken. Denn nur dort äußert sich ein schuldhaft verursachter Berufsfehler praktisch durchgängig zugleich auch in einer Körper- und Gesundheitsverletzung des Patienten, die den allgemeinen Deliktstatbestand des § 823 I BGB ausfüllt. Im Regelfall wird daher nur ein fehlsam behandelnder Arzt/Zahnarzt/Heilpraktiker etc., der zum Mitglied des Leitungsorgans einer Heilkunde-Kapitalgesellschaft bestellt worden ist, nach den §§ 823 I, 847 BGB neben der Gesellschaft zusätzlich auch persönlich für den eingetretenen Schaden inklusive eines angemessenen Schmerzensgeldes haften müssen.

Die im allgemeinen Haftungsrecht der Kapitalgesellschaften daneben heftig und kontrovers diskutierte Frage, ob die Vorstandsmitglieder bzw. die Geschäftsführer einer GmbH/AG kraft einer Garantenstellung auch dann wegen einer Verletzung von Organisationspflichten persönlich aus dem allgemeinen Deliktstatbestand des § 823 I BGB haften können, wenn sie an der konkreten Verletzungshandlung weder selbst mitgewirkt haben noch überhaupt um die konkreten Umstände wußten, die ihre Garantenpflicht für das

---

[171] Vgl. nur BGH in ZIP 1996, 786; *Medicus* in GmbHR 1993, 533 (534 u. 539); *Lutter* in DB 1994, 129 (131); *ders.* in GmbHR 1997, 329 (333); *Westermann/Mutter* in DZWiR 1995, 184 (188); *Reese* in DStR 1995, 688 (689); *Brandes* in WM 1998, 1 (15).

[172] Vgl. allgemein nur *Medicus* in GmbHR 1993, 533 (539); *Lutter* in DB 1994, 129 (131); *ders.* in GmbHR 1997, 329 (334); *Haack* in NWB 1994, Fach 18, 3355 (3361); *Westermann/Mutter* in DZWiR 1995, 184 (188); *Brandes* in WM 1998, 1 (15).

Schutzgut begründeten,[173] wird im Bereich freier Berufsausübung dagegen kaum einmal praktisch relevant werden. Denn die insoweit umstrittenen Sachverhaltsgestaltungen betreffen ausnahmslos Situationen, in denen die Mitglieder eines kapitalgesellschaftlichen Leitungsorgans aufgrund ihrer Führungsaufgaben eine *persönliche* Garantenstellung für solches Fremdeigentum i. S. d. § 823 I BGB einnehmen sollen, das außenstehende Dritte der Gesellschaft mit der Maßgabe einer bestimmten – lediglich eingeschränkten – Verwendung (z. B. unter verlängertem Eigentumsvorbehalt) anvertraut haben.[174]

Auf dieser Grundlage können – will man der Rechtsprechung des BGH folgen – besondere *persönliche* Haftungsgefahren für Geschäftsführer und Vorstandsmitglieder sodann vor allem aus vertragswidrig durchgeführten Warenumsatzgeschäften entstehen, die zwar ohne ihre Mitwirkung und ohne ihr Wissen stattgefunden haben, aber auf seiten des Dritten zu einem (z. B. infolge eines vorrangigen Abtretungsverbots) ersatzlosen Verlust des in die kapitalgesellschaftliche Herrschaftssphäre gegebenen Eigentums führten. Der die Eigenhaftung aus unerlaubter Handlung tragende Beweggrund sei in einem solchen Fall darin zu sehen, daß der Geschäftsführer, auch wenn er die unternehmerische Entscheidung zum Verkauf nicht selbst getroffen habe, er diese doch zumindest im Rahmen der ihm als Leitungsorgan obliegenden Organisationspflichten *persönlich* zu verantworten habe.[175]

Konstellationen dieser Art, die für Geschäftsführer und Vorstandsmitglieder in der Tat spezifische und potentiell kaum kontrollierbare persönliche Haftungsgefahren implizieren können, sind auf dem freiberuflichen Sektor demgegenüber jedoch von vornherein nicht auszumachen. Denn der Unternehmensgegenstand einer „Freiberufler-AG/GmbH" zielt gerade nicht auf die Ausführung vergleichbarer gewerblicher Warenumsatzgeschäfte ab, sondern ausschließlich auf das Versprechen und die Leistung immaterieller höchstpersönlicher Dienste (z. B. Rechts- oder Steuerberatungsleistungen, Ausübung der Heilkunde, Vornahme einer erzieherischen oder unterrichtenden Tätigkeit etc.). Das Risiko der persönlichen Einstandspflicht eines Leitungsorganmitglieds aus § 823 I BGB für den ersatzlosen Verlust selbst solchen Dritteigentums, dessen abredewidrige Veräußerung ohne eigene

[173] In neueren Entscheidungen hat die Judikatur gelegentlich auch in derartigen Fällen eine deliktische *Eigen*haftung eines GmbH-Geschäftsführers bejaht, weil ihm – zum Schutz vor einer Gefährdung oder Verletzung der Eigentumspositionen außenstehender Dritter i. S. d. § 823 I BGB – aus seinen Geschäftsführeraufgaben eine *persönliche* Garantenstellung mit entsprechenden Organisationspflichten erwachse; vgl. so vor allem BGHZ 109, 297 (302 ff.) sowie das gleichlautende obiter dictum des BGH in ZIP 1996, 786 (788). Demgegenüber befürchtet der ganz überwiegende Teil des Schrifttums auf diese Weise – wohl zu Recht – eine konturlose Ausweitung der unmittelbaren persönlichen Außenhaftung von Geschäftsführern und Vorstandsmitgliedern auf dem Umweg über das Deliktsrecht; vgl. so etwa *Kort* in DB 1990, 921 (923), *Medicus* in GmbHR 1993, 533 (540); *Lutter* in DB 1994, 129 (132); *ders.* in GmbHR 1997, 329 (334 f.); *Lutter/Hommelhoff*, Rn. 38 zu § 43 GmbHG; *Haack* in NWB 1994, Fach 18, 3355 (3361); *Wellkamp* in DB 1994, 869 (873); *Westermann/Mutter* in DZWiR 1995, 184 (189); *Reese* in DStR 1995, 688 (689); Baumbach-Hueck/*Schulze-Osterloh*, Rn. 35a zu § 64 GmbHG; MünchHdbuchGesR III/*Marsch-Barner/Diekmann*, Rn. 67 zu § 46; der Rechtsprechung zustimmend hingegen Scholz/*U. Schneider*, Rn. 230 zu § 43 GmbHG sowie *Wimmer* in NJW 1996, 2546 (2549).

[174] Vgl. so etwa der zugrunde liegende Sachverhalt in BGHZ 109, 297 (302 ff.).

[175] Vgl. BGH in ZIP 1996, 786 (788).

Mitwirkung und Wissen des Vorstands bzw. der Geschäftsführer erfolgt ist, besteht im Bereich freier Berufstätigkeit somit allgemein nicht in gleicher Art und Weise.

Besondere persönliche Haftungsgefahren könnten, gerade in den berufsrechtlich gebundenen freien Professionen, für die handelnden Organmitglieder des weiteren freilich unter dem Gesichtspunkt des § 823 II BGB vorhanden sein. Hier scheint auf den ersten Blick die Vermutung naheliegend, die berufsrechtlich festgelegten Verhaltenspflichten, insbesondere aber die allgemeinen Generalklauseln (vgl. so etwa die §§ 57 I StBerG, 43 BRAO, 43 I WPO) könnten aufgrund der dort normierten Verhaltensanforderungen, den Beruf „unabhängig, gewissenhaft, verschwiegen und eigenverantwortlich" auszuüben, als den Individualschutz bezweckende Normen im Sinne des § 823 II BGB zu qualifizieren sein.[176]

Dem steht bei näherer Prüfung jedoch entgegen, daß die Rechtsprechung beispielsweise die §§ 2, 43 und 48 WPO ausdrücklich nicht als entsprechende Schutzgesetze anerkannt hat, weil jene Bestimmungen den Inhalt der Tätigkeit eines Wirtschaftsprüfers und dessen Berufspflichten lediglich in allgemeiner Weise umschreiben und kennzeichnen würden, aber nicht dazu bestimmt seien, dem einzelnen darüber hinaus auch einen individuellen Rechtsschutz zu verleihen.[177] Im übrigen steht die Judikatur zu Recht auf dem Standpunkt, daß bei der Bejahung einer deliktsrechtlichen Ersatzpflicht aus § 823 II BGB i. V. m. einzelnen Vorschriften eines berufsgesetzlich normierten Ausbildungs- und Berufsbildes auch deshalb große Zurückhaltung geboten sei, weil den Berufstätigen anderenfalls eine haftungsrechtliche Inanspruchnahme durch eine nicht abzusehende Zahl Dritter drohen würde und das damit einhergehende Haftungsrisiko den betroffenen Berufsgruppen im Ergebnis nicht zugemutet werden könne.[178]

Eine inhaltsgleiche Bewertung rechtfertigt sich uneingeschränkt ebenso für berufsordnende Regelungen, welche Ärzte-, Ingenieur- oder Architektenkammern auf Landesebene im Rahmen der ihnen gesetzlich eingeräumten Satzungsgewalt verabschiedet haben. Auch hier ist – schon aus den vorerwähnten Gründen – eine zurückhaltende Praxis bei der Qualifikation einer Norm als Schutzgesetz zugunsten der Auftraggeberseite geboten.[179] Abgesehen davon, daß eine entsprechende Satzung bereits aus verfassungsrechtlichen Erwägun-

---

[176] Vgl. so etwa die Mutmaßung von *Wellensiek* in FS für Brandner (1996), 727 (748 mit Fn. 89) in bezug auf § 43 BRAO.

[177] Vgl. so BGH in NJW 1973, 321 – zu § 48 WPO –; OLG Saarbrücken in BB 1978, 1434 (1436); LG Mönchengladbach in NJW-RR 1991, 415 (417) – jeweils zu den §§ 2, 43, 48 WPO -

Eine entsprechende Individualschutzwirkung dürfte den berufsrechtlichen Generalklauseln ferner auch deshalb abzusprechen sein, weil § 823 II BGB nur Rechtsnormen erfaßt, die ein *bestimmtes* Gebot oder Verbot aussprechen; vgl. so etwa BGH in NJW 1965, 2007 im Zusammenhang mit Vorschriften für die damalige Berufsordnung der Ärzte in Bayern. Normen, die die Berufsangehörigen statt dessen lediglich allgemein zu einer „gewissenhaften" Ausübung des Berufs und zu einem Verhalten verpflichten, das dem Vertrauen entspreche, welches dem Beruf gemeinhin entgegengebracht werde, beinhalten als solche aber ebenso wenig ausreichend konkretisierte Gebote oder Verbote wie bloße „Sollvorschriften", die die Berufstätigen eher im Sinne eines bloß sittlichen Verhaltenskodex zu einem allgemein erwünschten Auftreten anhalten; so zutreffend *Taupitz* in FS für Steffen (1995), 489 (498).

[178] Vgl. so explizit OLG Saarbrücken in BB 1978, 1434 (1436) für den wirtschaftsprüfenden Berufsstand.

[179] Ebenso *Taupitz* in FS für Steffen (1995), 489 (501).

gen nicht die privatrechtlichen (deliktsrechtlichen) Beziehungen der Kammerangehörigen zu Außenstehenden wird regeln wollen und dürfen,[180] erschöpft sich die Schutzrichtung von Berufsordnungsvorschriften darüber hinaus zumeist in einer kollektivbezogenen Sicherstellung von Allgemeininteressen; ein Individualschutz bestimmter außenstehender Personen ist vom Normzweck dagegen regelmäßig nicht erfaßt.[181]

Die Bereitschaft zu altruistischem Handeln eines Berufsstandes würde überschätzt (und gleichzeitig unterminiert und konterkariert), würde man dem Berufsstand ohne konkrete Anhaltspunkte unterstellen, mit den eigenen Normen die Grundlage für Schadensersatzansprüche Außenstehender gegen die eigenen Mitglieder schaffen zu wollen.[182] Denn müßte ein Berufsstand befürchten, an den eigenen Normen im Sinne der Schaffung einer Anspruchsberechtigung festgehalten zu werden, hätte dies zweifellos den Rückzug auf allgemeine Appelle und die Abschaffung konkreter Verhaltensanforderungen zur Folge.[183]

Vor diesem Hintergrund mag ein drittgerichteter Individualschutz einer einzelnen Satzungsbestimmung zwar in (sehr seltenen) Ausnahmefällen nicht gänzlich auszuschließen sein, soweit Wortlaut, Entstehungsgeschichte, Normzusammenhang und Normstruktur an sich nur den eindeutigen Schluß auf einen zumindest auch bezweckten Individualschutz Dritter zulassen. Ansonsten aber läßt sich ohne weiteres feststellen, daß im allgemeinen eine starke Vermutung *dagegen* spricht, daß einzelne Vorschriften einer berufsordnenden Kammersatzung zugunsten der Auftraggeber eines Kammermitglieds die Eigenschaft als Schutzgesetz i. S. d. § 823 II BGB aufweisen sollen.[184]

Im Ergebnis zeigt sich somit, daß die Geschäftsführer und Vorstandsmitglieder einer „Freiberufler-AG/GmbH" in der Rechtswirklichkeit praktisch keinen ernsthaften persönlichen Haftungsrisiken aus § 823 II BGB i. V. m. einzelnen berufsrechtlichen Vorschriften ausgesetzt sind. Sollte eine berufsrechtliche Norm in einem konkreten Einzelfall schließlich ausnahmsweise doch einmal einen individualschützenden Charakter aufweisen, ist im übrigen daran zu erinnern, daß die über § 823 II begründeten Haftungsgefahren sodann nicht nur spezifisch die Leitungsorgane einer „Freiberufler-Kapitalgesellschaft" treffen würden, sondern selbstverständlich gleichermaßen auch gegenüber allen übrigen Berufsangehörigen, einerlei in welcher Rechtsform sie ihre freiberuflichen Leistungen gegenüber dem ratsuchenden Publikum erbringen, zum Tragen kämen. Die unmittelbare delikts-

---

180 Diese Erwägung hat die höchstrichterliche Judikatur bisweilen schon ausreichen lassen, um daraus die fehlende Schutzgesetz-Eigenschaft einer bestimmten, von einer Landesärztekammer im Rahmen ihrer Satzungsgewalt erlassenen Berufsordnungsvorschrift i. S. d. § 823 II BGB zugunsten außenstehender, nicht der Kammer angehörender Anspruchsteller zu folgern; vgl. BGH in NJW 1981, 2007 (2008); kritisch dazu *Taupitz* in FS für Steffen (1995), 489 (495 f.), wonach § 823 II BGB keineswegs auf solche Rechtsvorschriften beschränkt sei, bei denen dem Urheber eine Befugnis zur Rechtssetzung gerade auch gegenüber dem geschützten Personenkreis zustehe. Zwar sei es richtig, daß eine Kammerordnung außenstehenden Dritten mangels einer so weit reichenden Satzungsgewalt keine Schutzpflichten zuweisen könne, doch könnten umgekehrt dritte Personen durchaus vom Schutzzweck einer an die Kammermitglieder gerichteten Norm umfaßt sein, so daß die Verletzung der Schutzpflicht dann grundsätzlich auch zu einem Schadensersatzanspruch des Dritten nach § 823 II BGB *gegen* ein Kammermitglied führen könne.

181 *Taupitz* in FS für Steffen (1995), 489 (502).

182 So treffend *Taupitz* in FS für Steffen (1995), 489 (502).

183 So richtig *Taupitz* in FS für Steffen (1995), 489 (502).

184 So zutreffend *Taupitz* in FS für Steffen (1995), 489 (503 u. 506).

rechtliche Einstandspflicht würde in einem solchen Fall dann also auch keine Besonderheit darstellen, die speziell auf Berufsangehörige beschränkt bliebe, die als Geschäftsführer bzw. Vorstandsmitglieder einer Kapitalgesellschaft gegenüber dem ratsuchenden Publikum tätig werden.

Dieselbe rechtliche Bewertung ist in der Folge ohne weiteres auch für den allgemeinen deliktsrechtlichen Haftungstatbestand des § 826 BGB gerechtfertigt. Zwar läßt sich nicht verkennen, daß die Rechtsprechung die Anforderungen an das Vorliegen einer vorsätzlichen sittenwidrigen Schädigung im Laufe der Zeit verhältnismäßig weit herabgesenkt hat.[185] Demgemäß soll schon ein leichtfertiges oder gewissenloses Verhalten einen Sittenverstoß begründen können,[186] so daß beispielsweise bereits eine Auskunft, die im Bewußtsein einer möglichen Schädigung – also mit lediglich bedingtem Schädigungsvorsatz – grob fahrlässig unrichtig erteilt worden ist, dann haftungsauslösend wirken kann, wenn ein wissensüberlegener Auskunftgeber, der typischerweise besondere berufliche Kompetenz für sich in Anspruch nimmt, Behauptungen „ins Blaue hinein" aufgestellt, sich hierbei über erkannte Bedenken leichtfertig und gewissenlos hinweggesetzt und bewußt auf eine unerläßliche eigene Prüfung verzichtet hat.[187]

Trotz dieser extensiven, aus einer richterlichen Rechtsfortbildung hervorgegangenen Norminterpretation läßt sich aber dennoch feststellen, daß die – vergleichsweise seltenen – Fälle, in denen die Judikatur bislang in der Rechtspraxis tatsächlich einmal zur Bejahung einer deliktischen Haftung aus § 826 BGB tendierte, zumeist so gelagert waren, daß den Berufstätigen daneben zugleich ein Verhalten mit kriminellem Unrechtsgehalt zur Last fiel, welches ebenso auch die Voraussetzungen eines deliktsrechtlichen Anspruchs aus § 823 II BGB i. V. m. strafrechtlichen Vermögensschutzvorschriften ausfüllte.[188]

Eine persönliche Einstandspflicht der freiberuflich Tätigen bleibt somit faktisch auch im Rahmen des § 826 BGB gemeinhin auf eng umrissene Ausnahmekonstellationen beschränkt.[189] Nach den Erfahrungen der bisherigen Gerichtspraxis scheitert eine deliktsrechtliche Inanspruchnahme der Berufsangehörigen zumeist schon an den subjektiven Voraussetzungen dieses Tatbestandes;[190] nur in relativ wenigen Urteilen hielt der Bundes-

---

185 Vgl. dazu näher *Borgmann/Haug*, Rn. 9 ff. zu § 32.

186 Vgl. nur BGH in BB 1956, 865 (866); BGH in VersR 1961, 1148 (1150); OLG Karlsruhe in WM 1985, 940 (942); BGH in NJW 1986, 180 (181); 1987, 1758; 1992, 2821 (2822); OLG München in WM 1997, 613 (620); LG Frankfurt/M. in BB 1997, 1682 (1683).

187 Vgl. BGH in NJW 1973, 321 (322); OLG Saarbrücken in BB 1978, 1434 (1436); BGH in NJW 1986, 180 (181); OLG Köln in VersR 1991, 564 (566); OLG München in WM 1997, 613 (620); OLG Düsseldorf in ZIP 1997, 787 (791) – jeweils zu Wirtschaftsprüfern bzw. Steuerberatern/Steuerbevollmächtigten -

188 Siehe dazu etwa BGH in NJW 1992, 2821 (2822 f.): Möglichkeit einer deliktischen Haftung des Rechtsanwalts wegen Mitwirkung an unzulässigen Abfindungsverträgen (einer sog. „räuberischen Aktionärsklage") nicht nur aus den §§ 826, 830 BGB, sondern auch aus § 823 II BGB i. V. m. den §§ 253, 25, 27 StGB sowie aus § 823 II BGB i. V. m. den §§ 266, 27 StGB.

189 Vgl. so allgemein auch *Westermann/Mutter* in DZWiR 1995, 184 (191).

190 Vgl. BGH in VersR 1961, 1148 (1150); BGH in NJW 1973, 321 (322); OLG Saarbrücken in BB 1978, 1434 (1436); OLG Köln in VersR 1991, 564 (566); OLG Hamm in VersR 1995, 800; OLG München in WM 1997, 613 (620 f.); bereits eine objektive Pflichtverletzung verneinend OLG Düsseldorf in ZIP 1997, 787 (791) – jeweils zu Wirtschaftsprüfern bzw. Steuerberatern –; ebenso allge-

gerichtshof statt dessen eine Verwirklichung der haftungsauslösenden Tatbestandsmerkmale durch vorsätzliches Handeln für möglich, so daß alsdann zwecks näherer Aufklärung der inneren Tatseite auch nochmals eine Zurückverweisung an das untergeordnete Instanzgericht notwendig war.[191]

Im übrigen ist auch für die Regelung des § 826 BGB zu betonen, daß die dadurch begründeten persönlichen Haftungsrisiken sämtliche Angehörigen der freien Professionen im Rahmen ihrer Berufsausübung jeweils in gleicher Weise treffen. Die aus § 826 BGB folgenden Haftungsgefahren bilden also kein haftungsrechtliches Spezifikum, das speziell gerade der Tätigkeit eines Geschäftsführers bzw. Vorstandsmitglieds einer „Freiberufler-Kapitalgesellschaft“ inhärent wäre.

Der einzige deliktische Haftungstatbestand, der für die Leitungsorganmitglieder einer „Freiberufler-AG/GmbH“ nach alledem wirklich beachtenswert und praktisch bedeutsam erscheint, dürfte im Anschluß an die bereits vorbeschriebene neuere BGH-Rechtsprechung somit ausschließlich in § 823 II BGB i. V. m. § 64 I GmbHG zu sehen sein, wonach die Geschäftsführer und Leitungsorganmitglieder einer Kapitalgesellschaft den Neugläubigern der Gesellschaft wegen verspäteter Konkursantragstellung in vollem Umfang persönlich auf Ersatz desjenigen Schadens haften, der diesen aus dem Vertragsschluß mit der bereits überschuldeten bzw. zahlungsunfähig gewordenen juristischen Person entstanden ist.[192]

Doch erweisen sich die auf diese Art neu geschaffenen persönlichen Haftungsgefahren bei näherem Hinsehen durchaus als hinreichend kalkulier- und damit zumutbar. Denn zum einen wird den Leitungsorganmitgliedern einer „Freiberufler-AG/GmbH“ insoweit nur das abverlangt, was ebenso auch jedem anderen Geschäftsführer oder Vorstandsmitglied einer Kapitalgesellschaft abgefordert wird. Folgerichtig handelt es sich bei der unbeschränkten persönlichen Ersatzpflicht aus § 823 II BGB i. V. m. § 64 I GmbHG von vornherein nicht um einen Deliktstatbestand, der seine Ursache speziell in den Besonderheiten der freiberuflichen Leistungserbringung hätte und dieserhalb auf die Angehörigen der freien Professionen beschränkt wäre.

Und zum anderen mag es sich zwar so verhalten, daß die Geschäftsführer bzw. Vorstandsmitglieder einer Kapitalgesellschaft im Gefolge der gewandelten Judikatur fortan allgemein ein doppeltes persönliches Haftungsrisiko zu tragen haben. Denn melden sie einen Konkurs zu früh an, so laufen sie Gefahr, sich gemäß den §§ 93 II AktG, 43 II GmbHG gegenüber der Gesellschaft schadensersatzpflichtig zu machen; melden sie die Insolvenz hingegen zu spät an, so kann eine unbeschränkte persönliche Einstandspflicht gegenüber den Neugläubigern aus § 823 II BGB i. V. m. § 64 I GmbHG die Folge sein.[193] Gleichwohl bedeutet diese Haftungserweiterung mit dem Privatvermögen keine unzumutbare Belastung für die Mitglieder kapitalgesellschaftlicher Leitungsorgane. Denn die ge-

---

mein auch *Medicus* in GmbHR 1993, 533 (538), wonach der Schädigungsvorsatz als das wesentliche Merkmal des § 826 BGB häufig kaum nachzuweisen sei.

[191] Vgl. so – jeweils zu Wirtschaftsprüfern bzw. Steuerberatern/Steuerbevollmächtigten – BGH in BB 1956, 865 (866); BGH in NJW 1986, 180 (182); BGH in JZ 1986, 1111; BGH in NJW 1987, 1758 (1759) – In den beiden letztgenannten Fällen erfolgte die Zurückverweisung im übrigen aber auch wegen einer unterlassenen Prüfung vorrangiger quasi-vertraglicher Ansprüche aus Vertrag mit Schutzwirkung für Dritte bei gegenläufiger Interessenlage.

[192] Vgl. dazu bereits näher oben Seite 455 f.

[193] *Lutter* in DB 1994, 129 (134); *Haack* in NWB 1994, Fach 18, 3355 (3364).

steigerte Haftung aus verspäteter Konkursantragstellung setzt Verschulden voraus, und die Sorgfalt eines ordentlichen Geschäftsleiters gebietet es Geschäftsführern und Vorstandsmitgliedern ohnehin, die wirtschaftliche Lage des Unternehmens laufend zu beobachten.[194] Bei Anzeichen einer Krise müssen sie sich daher durch die Aufstellung eines Vermögensstatus in jedem Fall einen Überblick über den Vermögensstand verschaffen; stellt sich dabei eine rechnerische Überschuldung heraus, so sind sie – notfalls unter Zuziehung fachkundiger Beratung – zu der Prüfung verpflichtet, ob sich für das Unternehmen eine positive Fortbestehensprognose stellt.[195] Gibt es begründete Anhaltspunkte, die *aus damaliger Sicht* eine Fortsetzung des Unternehmensbetriebs rechtfertigten – bei dieser Entscheidung billigt die Rechtsprechung den Geschäftsführern und Vorstandsmitgliedern durchaus einen gewissen Beurteilungsspielraum zu –, so entfällt im Ergebnis eine persönliche Ersatzpflicht aus § 823 II BGB i. V. m. § 64 I GmbHG.[196]

Unter diesen Voraussetzungen ist aber nicht ersichtlich, unter welchem Gesichtspunkt die Gefahren, wegen verspäteter Konkursantragstellung persönlich belangt zu werden, für die Mitglieder kapitalgesellschaftlicher Leitungsorgane untragbar groß sein könnten. Im Rahmen der deliktischen Haftung aus § 823 II BGB i. V. m. § 64 I GmbHG werden den Geschäftsführern und Vorstandsmitgliedern einer Kapitalgesellschaft allgemein nur diejenigen Verhaltenspflichten auferlegt, die für die Unternehmensleiter einer mit einem beschränkten Haftungsvermögen ausgestatteten Gesellschaft „... eigentlich selbstverständlich sind".[197] Auch die Gefahr, daß sich ein seriöser Geschäftsleiter durch die drohende persönliche Haftung von aussichtsreichen Sanierungsbemühungen abhalten läßt, ist durch die anno 1993/1994 geänderte Rechtsprechung nicht begründet worden. Denn für solche Sanierungsversuche, die auf einem unternehmerisch vertretbaren Konzept beruhen, soll es nach der höchstrichterlichen Judikatur grundsätzlich ohne weiteres bei der Drei-Wochen-Frist der §§ 92 II AktG, 64 I GmbHG bleiben.[198]

3. Zwischenergebnis

Nach alledem läßt sich im Rahmen eines zusammenfassenden Fazits bedenkenlos feststellen, daß die Kapitalgesellschaften aus der Sicht der Berufstätigen die haftungsrechtlich mit Abstand attraktivsten Rechtsformen zur zivilvertraglichen Abwicklung freiberuflicher Dienstleistungen gegenüber dem ratsuchenden Publikum darstellen.

Wirklich relevante Haftungsgefahren, die eine unmittelbare persönliche Einstandspflicht im Außenverhältnis zur Folge haben können, bestehen – vom Bereich der heilkundlichen Berufsausübung abgesehen – in einer „Freiberufler-AG/GmbH" für die Berufstätigen lediglich, soweit sie als Geschäftsführer bzw. Vorstandsmitglieder im Fall einer Überschuldung oder einer Zahlungsunfähigkeit der Gesellschaft schuldhaft verspätet Konkurs anmelden. Doch handelt es sich bei der sodann gemäß § 823 II BGB i. V. m. § 64 I GmbHG eingreifenden unbeschränkten persönlichen Haftung gegenüber neuen Gesell-

---

[194] So richtig BGHZ 126, 181 (199).
[195] Vgl. BGHZ 126, 181 (199); ebenso *Lutter* in GmbHR 1997, 329 (332).
[196] BGHZ 126, 181 (199); zustimmend *Lutter* in DB 1994, 129 (135).
[197] So auch ausdrücklich BGHZ 126, 181 (199).
[198] Vgl. BGHZ 126, 181 (199 f.); ebenso *Lutter* in DB 1994, 129 (135).

schaftsgläubigern nicht um ein spezifisch freiberufliches Haftungsrisiko, sondern eine entsprechende Ersatzpflicht trifft unterschiedslos jedes Mitglied eines kapitalgesellschaftlichen Leitungsorgans, das im Falle der Insolvenz des geführten Unternehmens in vorwerfbarer Weise eine rechtzeitige Konkursantragstellung unterläßt.

Im übrigen lassen sich weder für die Gesellschafter noch für die Leitungsorganmitglieder einer „Freiberufler-Kapitalgesellschaft" praktisch bedeutsame Risiken einer unmittelbaren Außenhaftung mit dem Privatvermögen ausmachen.

Einen sog. allgemeinen Haftungsdurchgriff der Gesellschaftsgläubiger auf das Privatvermögen der Gesellschafter wegen „Vermögensvermischung" oder wegen einer „offenbaren materiellen Unterkapitalisierung" zieht die Judikatur mit Recht allenfalls in ganz und gar atypischen Ausnahmekonstellationen in Betracht, und auch die richterrechtlich entwickelte Durchgriffshaftung im sog. qualifiziert faktischen Konzern begründet – jedenfalls in ihrer Ausprägung durch die neuere Rechtsprechung – heute keine besonderen persönlichen Haftungsgefahren dergestalt mehr, daß ein herrschender Gesellschafter allein schon wegen der von ihm einheitlich ausgeübten Leitungsmacht, d. h. gleichsam in Form einer bloßen Konzernzustandshaftung, mit seinem sonstigen Vermögen für die Verbindlichkeiten der abhängigen Gesellschaft einzustehen hätte.

Des weiteren hat die neuere Judikatur inzwischen aus sachlich zutreffenden Gründen auch die Vertreter-Eigenhaftung aus culpa in contrahendo wegen wirtschaftlichen Eigeninteresses für die Mitglieder kapitalgesellschaftlicher Leitungsorgane allgemein auf eng umrissene Ausnahmefälle zurückgeführt. Die insoweit – wenn überhaupt – noch verbliebenen Fallkonstellationen entfalten in der Rechtspraxis nun freilich keinerlei nennenswertes Gewicht mehr; infolgedessen läßt sich die persönliche Einstandspflicht von Geschäftsführern und Vorstandsmitgliedern wegen wirtschaftlichen Eigeninteresses im Anschluß an den 1993/1994 endgültig vollzogenen Rechtsprechungswandel nunmehr unbedenklich als tatsächlich völlig bedeutungslos charakterisieren.

Eine quasi-vertragliche Eigenhaftung von Geschäftsführern und Vorstandsmitgliedern aus Verschulden bei Vertragsschluß wegen Inanspruchnahme besonderen persönlichen Vertrauens kommt daneben zwar unverändert nach wie vor in Betracht. Doch läßt sich eine solcherart statuierte unmittelbare persönliche Außenhaftung auch auf dem freiberuflichen Sektor nur ausnahmsweise in Erwägung ziehen, sofern die betreffenden Berufsangehörigen im konkreten Einzelfall eine garantieähnliche Erklärung abgegeben haben und dem ratsuchenden Publikum unter Berücksichtigung aller erkennbaren Umstände der Eindruck vermittelt worden ist, die Leitungsorganmitglieder würden aufgrund ihrer besonderen persönlichen Zuverlässigkeit eine ordnungsgemäße Abwicklung der Dienstleistung selbst dann unmittelbar in eigener Person gewährleisten, wenn das Publikum der Leistungsfähigkeit der juristischen Person nicht oder nur wenig vertraut oder wenn sich sein Verhandlungsvertrauen im weiteren Verlauf als nicht gerechtfertigt erweisen sollte.

Demgegenüber scheidet eine Bejahung der vertragsähnlichen Vertreter-Eigenhaftung wegen der Inanspruchnahme besonderen persönlichen Vertrauens von vornherein aus, falls die Vertrauensbeziehung – selbst bei einem dahin lautenden Hinweis des handelnden Geschäftsführers – allein aus einer typisierend unterstellten besonderen beruflichen Sachkunde des freien Berufsträgers abgeleitet werden soll. Denn eine derartige, im Wege offener Rechtsfortbildung geschaffene allgemeine Haftungsausweitung, die in ihren praktischen Folgen zwangsläufig zu Lasten ganzer freiberuflicher Berufsstände wirken müßte, findet in der Rechtsordnung keine Stütze; im Gegenteil würde auf diese Weise vielmehr ein unauflöslicher Wertungswiderspruch zu der bindenden, auch von der rechtsprechenden Gewalt grundsätzlich uneingeschränkt zu respektierenden gesetzlichen Haftungsordnung der kapitalgesellschaftlichen Rechtsformen hervorgerufen.

Die im allgemeinen Haftungsrecht der Kapitalgesellschaften daneben viel diskutierte deliktische Ersatzpflicht von Geschäftsführern und Vorstandsmitgliedern aus § 823 I BGB auch für solche Dritteigentumsverletzungen, die zwar ohne ihre Mitwirkung und ohne ihr Wissen erfolgt sind, für die sie aber – folgt man der Rechtsprechung – aufgrund einer Garantenstellung wegen Außerachtlassung der ihnen obliegenden Organisationspflichten gleichwohl persönlich einzustehen haben, kommt im Bereich freier Berufstätigkeit praktisch schon deshalb nicht zum Tragen, weil der Unternehmensgegenstand einer „Freiberufler-Kapitalgesellschaft" ausschließlich auf die Erbringung höchstpersönlicher immaterieller Dienste abzielt, während gewerbliche Warenumsatzgeschäfte, bei denen in der Tat entsprechende Haftungsrisiken auftreten können, vom Unternehmensgegenstand der „Freiberufler-AG/GmbH" an sich von vornherein nicht erfaßt werden.

Soweit vereinzelt schließlich auch noch persönliche Außenhaftungsrisiken der Geschäftsführer und Vorstandsmitglieder einer „Freiberufler-AG/GmbH" kraft Rechtsscheins, aus § 823 II BGB i. V. m. berufsrechtlichen Vorschriften oder wegen vorsätzlicher sittenwidriger Schädigung nach § 826 BGB in Betracht kommen, handelt es sich hierbei durchgehend um in der Rechtspraxis selten auftretende Haftungskonstellationen, die von den Berufstätigen zudem durch eine eigene Verhaltenssteuerung voll beherrscht und hinsichtlich ihrer jeweiligen Gefahrenpotentiale gänzlich ausgeschaltet werden können.

Damit verbleibt es für den Regelfall ohne weiteres dabei, daß die Anteilseigner und Leitungsorganmitglieder einer „Freiberufler-Kapitalgesellschaft" ausschließlich im Innenverhältnis gegenüber der juristischen Person mit rechtserheblichen Einlage- bzw. Leistungspflichten konfrontiert werden. Während sich die Einstandspflicht der Gesellschafter hierbei allerdings strikt auf den Nennbetrag der übernommenen Einlage beschränkt, haften die Geschäftsführer und Vorstandsmitglieder auf der Grundlage der §§ 93 II AktG, 43 II GmbHG intern grundsätzlich unbegrenzt für eigene berufliche Fehlleistungen, die eine Ersatzpflicht der Kapitalgesellschaft im Außenverhältnis ausgelöst und im Zuge dessen auch zu einem gleichlautenden Regreßanspruch im Innenverhältnis geführt haben.

Aufgrund des Umstands, daß die von den Leitungsorganmitgliedern insoweit verletzten Verhaltenspflichten stets eine unmittelbare Schädigung des ratsuchenden Publikums nach sich ziehen und also ausnahmslos einen drittschützenden Charakter zugunsten außenstehender Gesellschaftsgläubiger aufweisen, steht der „Freiberufler-AG/GmbH" in diesem Zusammenhang auch keinerlei Rechtsmacht zu, mit Wirkung gegenüber der geschädigten Auftraggeberseite über jenen internen Regreßanspruch zu verfügen. Etwaige diesbezüglich im Innenverhältnis gleichwohl vereinbarte Haftungsmilderungen sowie sonstige rechtsgeschäftliche Dispositionen (Verzicht, Vergleich, Entlastung, Generalbereinigung) braucht ein geschädigter Auftraggeber, der den Ersatzanspruch der Gesellschaft nach den §§ 829, 835 ff. ZPO im Wege der Zwangsvollstreckung pfänden und sich zur Einziehung überweisen lassen kann, daher nachfolgend durchweg nicht gegen sich gelten zu lassen.

Im Zuge dessen stellt sich das mittelbare Haftungsrisiko, welches die Leitungsorganmitglieder einer „Freiberufler-AG/GmbH" zu gewärtigen haben, im Ergebnis in der Tat als sehr viel gravierender dar als dasjenige, welches im Vergleich dazu die nur kapitalmäßig beteiligten Gesellschafter tragen müssen.

Gleichwohl vermag dieser Befund nichts daran zu ändern, daß die Kapitalgesellschaften im Rahmen einer haftungsrechtlichen Analyse eine eindeutige strukturelle Überlegenheit gegenüber allen vorbehandelten personengesellschaftlichen Rechtsformen aufweisen, soweit diese ebenfalls zur freien Berufsausübung eingesetzt werden können. Denn selbst bei der neuartigen Rechtsform der Partnerschaft, die zumindest in Kürze – unter Zugrundelegung der beabsichtigten, bereits vorbeschriebenen Neufassung des § 8 II PartGG – fraglos als die haftungsrechtlich attraktivste Personengesellschaft zur Ausübung eines Freien Berufs angesprochen werden kann, bleibt es für Schäden aus fehlerhafter Berufsausübung weiterhin bei einer gesetzlich angeordneten, unmittelbaren vertraglichen *Außenhaftung* unterschiedslos *sämtlicher* tatsächlich *handelnder Partner* gegenüber dem ratsuchenden Publikum.

Demgegenüber reicht bei einer „Freiberufler-AG/GmbH" die bloße Mitwirkung an der tatsächlichen Mandatsbearbeitung für sich genommen noch nicht aus, um einen – lediglich *internen* – Ersatzanspruch der Kapitalgesellschaft nach den §§ 43 II GmbHG, 93 II AktG gegen ein handelndes Vorstandsmitglied bzw. einen gegenständlich agierenden Geschäftsführer zur Entstehung zu bringen. Die Bejahung einer Ersatzpflicht ist statt dessen vielmehr ausnahmslos daran geknüpft, daß das betreffende Vorstandsmitglied oder der betreffende Geschäftsführer den konkreten beruflichen Fehler *unmittelbar in eigener Person* vorwerfbar begangen oder doch wenigstens schuldhaft eine etwaige Überwachungspflicht, die ihm *höchstpersönlich* gegenüber dem konkret pflichtwidrig handelnden Organmitglied oblag, verletzt hat.

Schließlich ist zu bedenken, daß auch die persönlichen Regreßhaftungsrisiken, die für die Leitungsorganmitglieder einer „Freiberufler-Kapitalgesellschaft" wegen schuldhaft verursachter Berufsfehler im Innenverhältnis bestehen, durchaus nicht in jedem Falle schrankenlos zu sein brauchen. Denn auch bei einer Berufsausübung in einer AG/GmbH/KGaA haben die Angehörigen der freien Professionen allgemein die Möglichkeit, für berufliche Fehlleistungen mit dem ratsuchenden Publikum eine vertragliche, zugunsten der Kapitalgesellschaft wirkende Haftungsbeschränkung auf bestimmte, das typische Schadensrisiko abdeckende Haftungshöchstsummen zu vereinbaren, falls die juristische Person in diesem Umfang daneben zugleich auch einen damit korrespondierenden Berufshaftpflichtversicherungsschutz unterhält.

Es würde schon in Anbetracht des verfassungsrechtlichen Gleichbehandlungsgrundsatzes (Art. 3 I GG) kaum vertretbar erscheinen, wenn vertragliche Haftungsbegrenzungsoptionen innerhalb derselben freiberuflichen Berufsgruppe nicht einheitlich allen am Markt auftretenden Berufsangehörigen, gleich in welcher Rechtsform sie ihre Leistungen gegenüber dem ratsuchenden Publikum anbieten, zugute kämen. In Übereinstimmung hiermit existieren mit den §§ 56 I, 130 II WPO, 72 I StBerG beispielsweise ausdrücklich Vorschriften, die für anerkannte Wirtschaftsprüfungs-, Buchprüfungs- und Steuerberatungsgesellschaften geschlossen – d. h. auch wenn sie in der Rechtsform einer Kapitalgesellschaft organisiert sind – eine entsprechende Geltung derjenigen Regelungen anordnen, die für in Einzelpraxen oder in Sozietäten praktizierende Berufsvertreter eine (formular-)vertragliche Beschränkung der Ersatzhaftung auf bestimmte, durch den flankierenden Schutz einer Berufshaftpflichtversicherung abgedeckte Haftungshöchstsummen gestatten.

Soweit nach diesen Grundsätzen aber ein vertraglicher Ersatzanspruch, der dem ratsuchenden Publikum aus einem schuldhaft verursachten Berufsfehler gegen die beauftragte Kapitalgesellschaft erwächst, schon im Vorfeld anläßlich des Vertragsschlusses rechtswirksam auf bestimmte Haftungshöchstsummen limitiert worden ist, bleibt in der Folge selbstverständlich auch der – von dritter Seite pfändbare – interne Regreßanspruch, welcher der Gesellschaft dieserhalb im Innenverhältnis gegen den konkret pflichtwidrig handelnden Geschäftsführer bzw. gegen das konkret pflichtwidrig handelnde Vorstandsmitglied zusteht, ohne weiteres auf den so vereinbarten maximalen Haftungsbetrag beschränkt.

II. Die besondere Haftungssituation in einer „Anwaltsgesellschaft mit beschränkter Haftung" nach der vormaligen Regelungskonzeption des Referentenentwurfs

In bemerkenswertem Gegensatz zu der prinzipiell sehr günstigen Haftungslage, wie sie nach den vorstehenden Ausführungen für die Angehörigen der freien Professionen im allgemeinen zu verzeichnen ist, soweit diese ihre freiberuflichen Dienstleistungen zivilvertraglich über eine Kapitalgesellschaft abwickeln, stand demgegenüber nun allerdings die zunächst im Referentenentwurf des Bundesministeriums der Justiz vorgesehene Regelung zur gesetzlichen Ausgestaltung einer „Anwaltsgesellschaft mit beschränkter Haftung".

Denn der auf dem Stand vom 17.3.1997 befindliche Referentenentwurf enthielt in seinen ersten beiden Artikeln speziell für die Berufsgruppen der Rechts- und der Patentanwälte noch besondere Vorschriften, die für solche Berufsangehörige, die als Geschäftsführer einer „Anwalts-GmbH" an der tatsächlichen Mandatsbearbeitung mitwirken sollten, unterschiedslos eine unmittelbare persönliche Außenhaftung für berufliche Fehlleistungen gegenüber dem ratsuchenden Publikum anordneten. So lautete etwa § 59p BRAOE zur Rechtsanwaltsgesellschaft: „*Für berufliche Fehler haften die mit der Bearbeitung des Auftrags befaßten Geschäftsführer neben der Rechtsanwaltsgesellschaft persönlich als Gesamtschuldner. Eine Beschränkung der Haftung der Rechtsanwaltsgesellschaft nach § 51a Absatz 1 gilt auch für die in Satz 1 genannten Personen.*"[199]

Eine in dieser Form konzipierte Gesetzesregelung mußte bei erstem Ansehen naturgemäß Erstaunen hervorrufen, sollte auf diese Weise doch augenscheinlich erstmals das Kernstück der kapitalgesellschaftlichen Rechtsformen an sich – nämlich die ausschließliche und institutionell vorgegebene Beschränkung der Haftung auf ein Stamm- bzw. Grundkapital als alleinige Haftungsmasse für die Gesellschaftsgläubiger – für einen spezifischen Regelungsbereich durch explizit abweichende und das Gegenteil anordnende legislative Bestimmungen durchbrochen werden.

Ohne daß an dieser Stelle näher auf die Frage eingegangen werden soll, ob eine solche, allein auf die freiberuflichen Berufsgruppen der Rechts- und Patentanwälte beschränkte Sonderregelung vor dem Hintergrund des Art. 3 I GG verfassungsrechtlich hätte Bestand haben können,[200] läßt sich bei näherer Betrachtung indes feststellen, daß die Anordnung

[199] Vgl. den entsprechenden Abdruck in „Blick durch die Wirtschaft" v. 25.4.1997, Seite 10 sowie in ZIP 1997, 1518 (1521); siehe sinngemäß ebenso auch die Formulierung des § 52o PatAnwOE, abgedruckt in „Blick durch die Wirtschaft" v. 29.4.1997, Seite 9.

[200] Insoweit Zweifel anmeldend *Goette* in DStR 1997, 1052, wonach alsdann wohl auch für die steuerberatende Berufsgruppe vergleichbare Regelungen wie für die Rechts- und Patentanwälte hätten geschaffen werden müssen; ähnlich *Henssler* in ZHR 161 (1997), 305 (326); *ders.* in ZIP 1997, 1481

einer zusätzlichen persönlichen Ersatzpflicht der als Geschäftsführer handelnden Rechts- bzw. Patentanwälte neben der juristischen Person auf den zweiten Blick wohl doch keine so spektakuläre Neuerung dargestellt hätte, als daß man sie im Rahmen einer berufsgesetzlichen Kodifikation nicht in gewisser Form auch hätte erwarten können.

Denn auf diese Weise wollte der Gesetzgeber der Sache nach anfangs offensichtlich an eine schon in den sechziger Jahren entwickelte und seither – sogar nach der Erstentscheidung des BayObLG zur „Anwalts-GmbH" – fortgeführte Judikatur des Bundesgerichtshofs anknüpfen, nach der nur die persönliche vertragliche Rechtsbeziehung (und damit zugleich eine vertragliche Haftung) die notwendige Eigenverantwortlichkeit des Rechtsanwalts im Verhältnis zum Ratsuchenden begründen konnte.[201]

Daneben ist nicht zu verkennen, daß eine gesetzlich angeordnete Handelndenhaftung der Geschäftsführer einer „Anwalts-GmbH" in gleicher oder in ähnlicher Weise auch in den meisten anderen ausländischen Nationen, in denen die Anwalts-Kapitalgesellschaft bislang im Wege einer expliziten normativen Zulassung ihre positiv-rechtliche Anerkennung erfahren hat, viele entsprechende Vorbilder gefunden hätte.

1. Rechtsvergleichende Betrachtung

So haften beispielsweise in den benachbarten EU-Mitgliedsstaaten Dänemark und Frankreich die handelnden Rechtsanwälte für Berufsausübungsfehler jeweils in vergleichbarer Weise gesamtschuldnerisch neben der von ihnen vertretenen Rechtsberatungs-AG/GmbH gegenüber dem ratsuchenden Publikum.[202] Ebenso bestehen auch in den meisten Bundes-

(1487 f.), der das Haftungsmodell des Referentenentwurfs nur bei einer Gleichbehandlung auch der Steuerberater und der Wirtschaftsprüfer in diesem Punkt für rechtspolitisch überzeugend hielt; eine „systemwidrige" Schlechterstellung der Rechtsanwälte bemängelte auch *Driesen* in GmbHR 1997, R 165.

[201] Vgl. dazu etwa BGHZ 63, 377 (379); 65, 238 (241); 68, 62 (63); BFHE 133, 234 (236) und zuletzt das obiter dictum des BGH in NJW 1996, 1954 (1955); siehe zu alldem auch bereits ausführlich und m. w. N. oben im 1. Teil, Seite 79 f. und Seite 151 f. in Fn. 280.

[202] Vgl. für Dänemark die Vorschrift des § 124 II des dänischen Rechtspflegegesetzes, eingefügt durch Gesetz Nr. 403 v. 13.6.1990, mit folgendem Wortlaut: „Ein Rechtsanwalt, der in einer Anwaltsgesellschaft tätig ist, haftet zusammen mit der Gesellschaft persönlich für alle Schulden, die infolge des Beistandes des Rechtsanwalts entstanden sind."; zit. nach *Kespohl-Willemer* in AnwBl. 1990, 457 (458); siehe dort auch den Abdruck der erläuternden Gesetzesbegründung; vgl. ferner *Donath* in ZHR 156 (1992), 134 (161); *Hoj* in AnwBl. 1995, 361 (362); *Nerlich*, S. 139; *ders.* in AnwBl. 1994, 529 (534); *ders.* in PatAnwMitt. 1995, 92 (97); *ders.* in Henssler/Nerlich (Hrsg.), 37 (55); *Henssler* in JZ 1992, 697 (708 f.); *ders.*, Rn. 36 Einf. zum PartGG – In Anlehnung an das dänische Modell haben zwischenzeitlich auch Finnland und Norwegen eine anwaltliche Berufsausübung in kapitalgesellschaftlichen Rechtsformen dergestalt zugelassen, daß allein der für die Pflichtverletzung verantwortliche Anwalts-Gesellschafter neben der Gesellschaft im Außenverhältnis persönlich gegenüber dem ratsuchenden Publikum haftet; vgl. dazu näher *Henssler*, Rn. 37 Einf. zum PartGG; *Hellwig* in ZHR 161 (1997), 337 (359); beide jeweils m. w. N.

Siehe zur französischen Regelung Art. 16 des Gesetzes Nr. 90-1258 v. 31.12.1990, J.O. v. 5.1.1991, S. 216; vgl. dazu näher *Weil* in BRAK-Mitt. 1991, 20 (21); *Maier* in AnwBl. 1991, 182; *Donath* in ZHR 156 (1992), 134 (157); *Schmuck* in RIW 1993, 983 (986 f.); *Nerlich*, S. 143 f.; *ders.*

staaten der U.S.A. entsprechende, mit der ursprünglichen deutschen Gesetzeskonzeption durchaus korrespondierende Regelungen.[203]

In einigen anderen U.S.-amerikanischen Bundesstaaten (Arizona, Colorado, Oregon, Wisconsin und Wyoming) sowie in Australien, den Niederlanden und in Schweden existieren im Vergleich dazu sogar noch strengere Haftungsvorschriften. Denn in diesen ausländischen Rechtsordnungen haften neben der Kapitalgesellschaft unterschiedslos *alle* Rechtsanwälte als Gesamtschuldner für solche Gesellschaftsverbindlichkeiten, die aus beruflichen Fehlleistungen hervorgegangen sind.[204] Um die gesamtschuldnerische persönliche Einstandspflicht sämtlicher Berufsangehöriger im Außenverhältnis auszulösen, ist es insoweit also von Rechts wegen völlig irrelevant, welche Anwälte in einem konkreten Einzelfall an der tatsächlichen Mandatsbearbeitung beteiligt waren und welcher Berufsvertreter den ersatzpflichtigen Berufsfehler durch sein berufswidriges Verhalten in persona herbeigeführt hat. Demgemäß macht es in diesen ausländischen Nationen im Ergebnis sodann auch keinen großen haftungsrechtlichen Unterschied mehr, ob sich die Berufstäti-

---

in AnwBl. 1994, 529 (535 f.); *ders.* in Henssler/Nerlich (Hrsg.), 37 (60); *ders.* in PatAnwMitt. 1995, 92 (99); *Nießen*, S. 146; *Henssler* in JZ 1992, 697 (709); *ders.*, Rn. 34 Einf. zum PartGG.

[203] Im einzelnen sehen die „professionnel corporation statutes" von insgesamt zwölf Bundesstaaten (Alabama, Alaska, Hawaii, Kentucky, Louisiana, Maine, Minnesota, Nevada, North Dakota, South Dakota, South Carolina und Texas) vor, daß ein Rechtsanwalt (ausschließlich) für Schäden aus eigenen Beratungsfehlern gesamtschuldnerisch neben der Gesellschaft haftet. In 16 weiteren Bundesstaaten (Conneticut, Delaware, Florida, Idaho, Illinois, Indiana, Michigan, Missouri, Montana, Nebraska, New Hampshire, New Jersey, New York, Pennsylvannia, Virginia, Washington sowie im District of Columbia) haften die Anwälte sowohl für eigene Beratungsfehler wie auch für Berufsfehler anderer angestellter Anwälte, die sie im Rahmen ihrer Tätigkeit beaufsichtigt haben, neben der jeweiligen Kapitalgesellschaft persönlich; siehe dazu sowie zur Rechtsunsicherheit, die in 14 (wieder anderen) Bundesstaaten durch die sog. „saving clause" begründet worden ist und dort zu einer jeweils unterschiedlichen Rechtslage infolge uneinheitlicher Rechtsprechung geführt hat, ausführlich *Donath* in ZHR 156 (1992), 134 (150 ff.); ferner – freilich sehr viel knapper – auch *Gatto*, S. 169 f.; *Hölscher* in RIW 1995, 551 (553); *Bellstedt* in AnwBl. 1995, 573 (575); *Kaiser/Bellstedt*, Rn. 556; *Henssler*, Rn. 48 Einf. zum PartGG.

[204] Vgl. zu entsprechenden Regelungen in den vorgenannten U.S.-amerikanischen Bundesstaaten näher *Donath* in ZHR 156 (1992), 134 (150) sowie knapper *Hölscher* in RIW 1995, 551 (553) – In diesen Staaten beschränkt sich die gesamtschuldnerische Haftung darüber hinaus auch gar nicht auf bloße Sekundärverbindlichkeiten, sondern die Rechtsanwälte müssen neben der Gesellschaft als Gesamtschuldner für alle Ansprüche – d. h. auch für Primärverpflichtungen – einstehen, die aus der anwaltlichen Tätigkeit irgend eines im Namen der Gesellschaft agierenden Anwalts (partner oder associate) herrühren; vgl. *Donath*, aaO.

Siehe zu den vier australischen Bundesstaaten South Australia, Northern Territory, Victoria und New South Wales, die ebenfalls die Anwalts-Kapitalgesellschaft kennen und eine gesamtschuldnerische Haftung aller Berufsangehörigen für fehlerhafte Berufshandlungen ausgesprochen haben, näher *Donath* in ZHR 156 (1992), 134 (160). Zu den gleichartigen Haftungsregelungen in Schweden vgl. *Schroeder* in AnwBl. 1984, 522 (524); *Henssler*, Rn. 37 Einf. zum PartGG; zur entsprechenden Regelung in den Niederlanden – Art. 6 der Verordening op de Praktijkvennootschap v. 1.8.1981 – siehe *Nerlich*, S. 147 f.; *ders.* in AnwBl. 1994, 529 (534); *ders.* in PatAnwMitt. 1995, 92 (99); *ders.* in Henssler/Nerlich (Hrsg.), 37 (61); *Henssler*, Rn. 43 Einf. zum PartGG.

gen in einer Kapitalgesellschaft oder aber in einer Personengesellschaft zur gemeinsamen anwaltlichen Berufsausübung verbunden haben.[205]

Lediglich in Großbritannien (einschließlich Wales und Nordirland) sowie in drei weiteren Bundesstaaten der U.S.A. (Iowa, New Mexico und Rhode Island) hat sich der jeweilige nationale Gesetzgeber bereit gefunden, den Rechtsanwälten eine Berufsausübung in einer Kapitalgesellschaft auch unter vollständigem Ausschluß jeglicher persönlicher Haftung zu gestatten.[206]

Allerdings ist diese Regelung im amerikanischen Bundesstaat Rhode Island von der Rechtsprechung bereits frühzeitig dahingehend korrigiert worden, daß sich der persönliche Haftungsausschluß nicht auf Ansprüche aus Schäden wegen selbstverschuldeter Berufsfehler beziehen darf, sondern nur für Ansprüche aus dem Berufsverschulden anderer Anwälte sowie für Ansprüche, die sich aus der allgemeinen Geschäftstätigkeit der Gesellschaft (zum Beispiel mietvertragliche Ansprüche) ergeben, Rechtswirkungen entfalten kann.[207] In der amerikanischen Rechtsliteratur werden die ähnlich konzipierten Vorschriften der Staaten New Mexico und Iowa mit der gleichen Einschränkung ausgelegt.[208] Vor dem Hintergrund dieses empirischen Befunds rechtfertigt sich demnach ohne weiteres die Feststellung, daß eine anwaltliche Rechtsberatungs-Kapitalgesellschaft, bei der dem ratsuchenden Publikum ausschließlich das limitierte Gesellschaftsvermögen als alleiniger Haftungsstock zur Verfügung stehen soll, in der U.S.-amerikanischen Rechtspraxis bislang nirgendwo tatsächlich hat Fuß fassen können.

---

[205] Auch im Ausland haften Rechtsanwälte, zumindest soweit sie sich in einer traditionellen personengesellschaftlichen Rechtsform zur gemeinsamen Berufsausübung zusammenschließen, in der Regel – ähnlich wie in einer deutschen Anwaltssozietät – persönlich und gesamtschuldnerisch sowohl für primäre wie auch für sekundäre Leistungsverpflichtungen; vgl. so zur „general partnership" in den Vereinigten Staaten von Amerika beispielsweise *Gatto*, S. 164 f.; für sozietätsähnliche Berufsausübungsgesellschaften in den Niederlanden *Henssler*, Rn. 43 Einf. zum PartGG; für „partnerships" in Großbritannien und Irland etwa *Nerlich*, S. 129; *ders.* in AnwBl. 1994, 529 (533); *ders.* in PatAnwMitt. 1995, 92 (96); ferner *Remmertz*, S. 164 f.; *Henssler*, Rn. 39 Einf. zum PartGG sowie *Boin* in NJW 1997, 1543 (1544); für die dänische Partnerschaft schließlich *Henssler*, Rn. 36 Einf. zum PartGG.

[206] Vgl. zur entsprechenden Regelung in den drei vorbezeichneten amerikanischen Bundesstaaten *Donath* in ZHR 156 (1992), 134 (150); zur Gesetzeslage in England, Wales und Nordirland siehe näher *Bakker* in AnwBl. 1993, 245 (248 ff.); *Nerlich*, S. 139 ff.; *ders.* in AnwBl. 1994, 529 (534 f.); *ders.* in PatAnwMitt. 1995, 92 (98); *Remmertz*, S. 175 ff.

Im englischen Rechtskreis hat sich der Gesetzgeber in der virulenten Frage der gesellschaftsrechtlichen Haftungsbeschränkung für eine Lösung entschieden, die allein am obligatorischen Berufshaftpflichtversicherungsschutz der Rechtsanwalts-Kapitalgesellschaft ansetzt. So ist dieselbe zum Abschluß einer Zusatzversicherung (sog. „top-up insurance": Aufstockung des Mindestversicherungsschutzes von 1 Mio. Pfund pro Schadensfall entweder um weitere 500.000 Pfund pro Schadensfall oder zusätzliche 2 Mio. Pfund für alle Schadensfälle) verpflichtet, und der einzelne Rechtsanwalt kann sich der persönlichen Haftung durch einen anteilsmäßigen Beitrag zu jener Zusatzversicherung entziehen; vgl. *Bakker* in AnwBl. 1993, 245 (251 f.); *Nerlich*, S. 142 f.; *ders.* in AnwBl. 1994, 529 (535); *ders.* in PatAnwMitt. 1995, 92 (98); *ders.* in Henssler/Nerlich (Hrsg.), 37 (58); *Remmertz*, S. 179; *Hellwig* in ZHR 161 (1997), 337 (361); *Prohaska* in MDR 1997, 701 (702).

[207] Vgl. *Donath* in ZHR 156 (1992), 134 (150 m.w.N. in Fn. 94); *Henssler* in ZHR 161 (1997), 305 (328 m.w.N. in Fn. 111).

[208] Vgl. *Donath* in ZHR 156 (1992), 134 (150 m.w.N. in Fn. 95); *Henssler* in ZHR 161 (1997), 305 (328 m.w.N. in Fn. 112).

Auf ähnliche Schwierigkeiten in der praktischen Akzeptanz ist in den ersten Jahren seit ihrer gesetzlichen Zulassung offenbar auch die Anwalts-Kapitalgesellschaft in England gestoßen. So hat es dort in den ersten drei Jahren nach der Öffnung der kapitalgesellschaftlichen Rechtsformen zur anwaltlichen Berufsausübung überhaupt nur 33 Neu- und Umgründungen gegeben.[209] Eine der Hauptursachen für diese bislang geringe Verbreitung soll hierbei – neben besonderen steuerlichen Belastungen im Fall einer Umwandlung[210] – vor allem darin bestehen, daß das für die Genehmigung der Anwaltsgesellschaften zuständige Gremium (der Council of the Law Society) gegenwärtig wohl nur sog „unlimited companies", d. h. also dem deutschen Rechtskreis unbekannte *Kapitalgesellschaften mit unbeschränkter Haftung*, zulassen würde.[211] Demnach ist es in England sogar ein anwaltliches Standesorgan selbst, das in der Rechtswirklichkeit durch seine bislang sehr restriktive Genehmigungspraxis einen tatsächlichen Einsatz der kapitalgesellschaftlichen Rechtsformen zur anwaltlichen Berufsausübung, soweit damit eine institutionelle Beschränkung der Haftung allein auf das Gesellschaftsvermögen verbunden wäre, erfolgreich zu verhindern wußte. Auch für die englische Rechtsordnung ist somit abschließend zu konstatieren, daß sich Rechtsberatungs-Kapitalgesellschaften, die keine persönliche Eigenhaftung des handelnden Rechtsanwalts kennen, in der Rechtspraxis bis dato nicht haben durchsetzen können.

In Anbetracht dieses rechtsvergleichenden Überblicks dürfte es hiernach kaum mehr überraschend wirken, daß sich auch der deutsche Gesetzgeber im Referentenentwurf zur Regelung der „Anwalts-GmbH" zunächst nicht zu einer berufsgesetzlichen Regelung entschließen konnte, bei welcher die Haftung für Schäden aus fehlerhafter Berufsausübung im Außenverhältnis ausschließlich auf das Stammkapital der Rechtsberatungs-GmbH beschränkt blieb und lediglich um einen Berufshaftpflichtversicherungsschutz mit deutlich erhöhter Mindestversicherungssumme ergänzt wurde. Das ursprünglich im Referentenentwurf entwickelte Haftungsmodell entsprach demjenigen, das so in den meisten ausländischen Nationen, soweit sie die Anwalts-Kapitalgesellschaft ebenfalls kennen, in gleicher Weise umgesetzt worden ist. Die ausländischen Regelungen machen auf diese Weise zugleich deutlich, daß die legislative Einführung einer Handelnden-Haftung für die

---

[209] Vgl. *Henssler* in DB 1995, 1549 (1556 m.w.N. in Fn. 80).

[210] So *Stuber* in WiB 1994, 705 (706 in Fn. 24).

[211] So *Boin* in NJW 1997, 1543 (1544 m.w.N. in Fn. 19); vgl. zu der besonderen gesamtschuldnerischen Haftungsstruktur einer „unlimited company" im übrigen nur *Bakker* in AnwBl. 1993, 245 (252); *Remmertz*, S. 180.

Das englische Kapitalgesellschaftsrecht kennt neben der company limited by shares (private limited company), die in ihrer Funktion und Struktur der deutschen GmbH entspricht, sowie der public limited company, die in etwa der Aktiengesellschaft nach deutschem Recht vergleichbar ist, zusätzlich auch die unlimited company, eine rechtsfähige Körperschaft mit unbeschränkter persönlicher Haftung der Gesellschafter. Vor der Aufnahme einer anwaltlichen Tätigkeit muß eine Kapitalgesellschaft in Form der limited oder unlimited company von der Law Society als für die gemeinsame Berufsausübung geeignet anerkannt werden. Sie erhält dann den Status recognised body. Auf die Anerkennung besteht allerdings kein Rechtsanspruch; sie wird im übrigen nur befristet erteilt und muß nach einem Zeitraum von drei Jahren wieder erneuert werden; vgl. zu alldem *Remmertz*, S. 176 f. Aufgrund dieser rechtlichen Ausgestaltung hat es der für die Anerkennung zuständige Council of the Law Society somit also ohne weiteres in der Hand, die von ihm ganz offenbar nicht erwünschten Rechtsberatungs-Kapitalgesellschaften, soweit sie eine ausschließliche Haftungsbeschränkung auf das Gesellschaftsvermögen vorsehen, vollständig vom Rechtsverkehr fernzuhalten.

Geschäftsführer einer Rechtsberatungs-GmbH durchaus keinen Systembruch im Recht der Kapitalgesellschaften insgesamt hätte bedeuten müssen.[212]

2. Die materielle Ausgestaltung der gesetzlichen Handelnden-Haftung in einer „Anwaltsgesellschaft mbH" nach dem ursprünglichen Referentenentwurf

Mit Blick auf die ehedem beabsichtigte inhaltliche Ausgestaltung der Geschäftsführer-Eigenhaftung in einer deutschen „Anwalts-GmbH" fällt im weiteren auf, daß die diesbezüglich vorgesehene Haftungsregelung materiell eine deutliche Nähe und eine hervorstechende Kongruenz zu der ebenfalls schon im Referentenentwurf enthaltenen, bereits in anderem Zusammenhang näher analysierten Neufassung des § 8 II PartGG betreffend die freiberufliche Partnerschaft erkennen ließ. In dem gleichen Maße, in dem – selbst nach der geplanten Änderung des § 8 II PartGG – ein an der tatsächlichen Auftragsbearbeitung mitwirkender Partner auch weiterhin stets unmittelbar und persönlich für Berufsfehler gegenüber dem ratsuchenden Publikum haften soll, hätte auch der handelnde Gesellschafter-Geschäftsführer einer „Anwaltsgesellschaft mit beschränkter Haftung" einen Mandanten wegen etwaiger beruflicher Fehlleistungen nicht ausschließlich auf die Haftung der im Außenverhältnis beauftragten Rechtsberatungs-GmbH verweisen können.

Das so von ihm angestrebte Regelungsziel suchte der Normgeber hierbei konkret dadurch zu verwirklichen, daß er – abweichend vom Prinzip der Fremdorganschaft, welches dem Recht der Kapitalgesellschaften ansonsten gemeinhin zugrunde liegt – im anwaltlichen Berufsrecht durch besondere berufsspezifische Regelungen zunächst einmal eine durchgehende personelle Identität von Gesellschaftern und Geschäftsführern einer „Anwalts-GmbH" vorschreiben wollte. Zu diesem Zweck sahen die §§ 59g I BRAOE, 52g I PatAnwOE des Referentenentwurfs ausdrücklich vor, daß prinzipiell jeder zur Berufsausübung berechtigte Gesellschafter bereits kraft Gesetzes zugleich auch die Stellung eines Geschäftsführers der Rechtsberatungs-GmbH innegehabt hätte.[213] Zum zweiten sollte ein Geschäftsführer – ganz so wie der handelnde Partner einer Partnerschaftsgesellschaft – nach den §§ 59p Satz 1 BRAOE, 52o Satz 1 PatAnwOE allein schon kraft seiner Teilnah-

[212] Ebenso *Henssler* in ZHR 161 (1997), 305 (328), der aaO zutreffend weiter bemerkte: „Es fällt schwer, sich von einer derart weit verbreiteten internationalen Entwicklung abzukoppeln. Jedenfalls benötigt die deutsche Anwaltschaft das volle Haftungsprivileg der Kapitalgesellschaften nicht, um international wettbewerbsfähig zu bleiben."; in gleicher Richtung auch *ders.* in ZIP 1997, 1481 (1487); zu Unrecht kritisch demgegenüber *Hellwig* in ZHR 161 (1997), 337 (360), wonach das rechtsvergleichende Argument nur wenig Überzeugungskraft habe; ebenfalls a. A. *Römermann* in GmbHR 1997, 530 (533 f.); *Römermann/Spönemann* in NZG 1998, 15 (18); *Sommer* in PatAnwMitt. 1998, 41 (47), wonach die isolierte Handelnden-Haftung „systemfremd, praktisch überflüssig und aus diesen Gründen in Anbetracht von Art. 3, 12 I GG verfassungswidrig" sei; in diesem Sinne ersichtlich auch die Stellungnahme des Deutschen Anwaltvereins; vgl. AnwBl. 1997, 405 (406) sowie *Prohaska* in MDR 1997, 701 (702 ff.).

[213] Siehe dazu den Abdruck der ehedem so konzipierten Vorschriften in „Blick durch die Wirtschaft" vom 25.4.1997, Seite 10 (Teil 1), sowie vom 29.4.1997, Seite 9 (Teil 2); kritisch dazu *Sommer* in PatAnwMitt. 1998, 41 (46), wonach die mit dieser Konzeption verbundene unmotivierte Ausdehnung der Anzahl der Geschäftsführer zur völligen Unpraktikabilität der Organisation einer „Anwalts-GmbH" geführt hätte.

me an der gegenständlichen Auftragsbearbeitung für berufliche Fehler neben der Gesellschaft als Gesamtschuldner haften. Das die unmittelbare persönliche Einstandspflicht im Außenverhältnis auslösende Moment hätte also nicht erst in der eigenhändigen sorgfaltswidrigen Verursachung des Berufsfehlers gelegen, sondern bereits in der Mitwirkung des Geschäftsführers an der tatsächlichen Auftragsbearbeitung als solcher.

Damit ergibt sich, daß die jeweiligen Haftungsverfassungen von Partnerschaft und „Rechtsanwalts- bzw. Patentanwalts-GmbH" nach der ursprünglichen gesetzgeberischen Regelungsintention offenkundig miteinander koordiniert und für die Zukunft der Sache nach einander weitgehend angeglichen werden sollten.[214]

Aufgrund des Umstands, daß eine „Anwaltsgesellschaft mit beschränkter Haftung" nach den Bestimmungen des Referenten- und des Regierungsentwurfs künftig berufsgesetzlich auch zum Abschluß einer *eigenen*, auf sie lautenden Berufshaftpflichtversicherung mit deutlich erhöhtem Mindestversicherungsschutz (konkret: 5 Mio. DM pro Versicherungsfall) verpflichtet werden soll,[215] hätte den handelnden Geschäftsführern in der Rechtspraxis indes nur höchst selten wirklich einmal eine fühlbare haftungsrechtliche Inanspruchnahme durch einen geschädigten Auftraggeber gedroht. Eine solche Ausnahmesituation wäre voraussichtlich allenfalls in Betracht gekommen, soweit die von der Gesellschaft unterhaltene Berufshaftpflichtversicherung (z. B. wegen einer wissentlichen Pflichtverletzung des handelnden Geschäftsführers) für den entstandenen Schaden von vornherein nicht ausgleichspflichtig gewesen wäre oder aber wenn der eingetretene Schaden die von der Gesellschaft vereinbarte Deckungssumme überstiegen hätte.

Erst in diesen Fällen hätte ein geschädigter Auftraggeber daher auch ein nachhaltiges Interesse daran entwickelt, zwecks Kompensation des erlittenen Schadens unmittelbar persönlich gegen diejenigen Geschäftsführer der beauftragten „Anwalts-GmbH" vorzugehen, die zuvor mit der gegenständlichen Bearbeitung seines Auftrags befaßt gewesen wären. In der Rechtswirklichkeit hätte die an sich als gleichrangig konzipierte persönliche Ersatzpflicht, die der Normgeber zunächst für Schäden aus fehlerhafter Berufsausübung zu Lasten der handelnden Leitungsorganmitglieder aussprechen wollte, faktisch also nur einen rein subsidiären Charakter neben der Haftung der juristischen Person aufgewiesen.

Bevor es in praxi zu einem substantiell spürbaren haftungsrechtlichen Zugriff auf das Privatvermögen der tatsächlich agierenden Geschäftsführer gekommen wäre, hätte das ratsuchende Publikum wegen seiner Ersatzansprüche zum einen also oftmals bereits durch die vorgeschaltete, mit einem umfassenden eigenen Deckungsschutz ausgestattete Berufshaftpflichtversicherung der „Anwalts-GmbH" eine vollständige Befriedigung erlangt. Zum anderen hätte jeder einzelne Geschäftsführer daneben jeweils noch über eine zweite Absicherung in Gestalt einer separaten Berufshaftpflichtversicherung verfügt, die auf ihn per-

---

[214] Vgl. so allgemein auch *Henssler* in ZHR 161 (1997), 305 (329): „Ziel der Neuordnung des Rechts der Freiberufler-Gesellschaften muß es sein, die Haftungsverfassung von Freiberufler-Kapitalgesellschaft und Partnerschaft aufeinander abzustimmen."; vgl. in diesem Sinne erkennbar auch *Damm* in FS für Brandner (1996), 31 (52).

[215] Vgl. dazu zunächst die §§ 59q BRAOE, 52p PatAnwOE des Referentenentwurfs; abgedruckt in „Blick durch die Wirtschaft" v. 25.4.1997, Seite 10, und v. 29.4.1997, Seite 9 sowie in ZIP 1997, 1518 (1522); ebenso nunmehr die §§ 59j BRAOE, 52j PatAnwOE des Regierungsentwurfs, BR-Drucksache 1002/97, S. 6, 9, 18 f.; siehe hierzu im übrigen auch bereits oben, Seite 434 f. mit Fußnote 34.

sönlich lautet und die von ihm auch bei einer Berufstätigkeit in einer Rechtsberatungs-GmbH weiterhin beibehalten werden muß.[216] In Ansehung dieses doppelten versicherungsrechtlichen Schutzes läßt sich hiernach ohne weiteres feststellen, daß die direkte persönliche Einstandspflicht, die ein mit der gegenständlichen Mandatsbearbeitung befaßter Geschäftsführer einer „Anwalts-GmbH" nach der ursprünglichen gesetzlichen Regelungskonzeption im Hinblick auf Berufsfehler gewärtigen sollte, für ihn keinesfalls ein untragbares Außenhaftungsrisiko begründet hätte, welches ihm in dieser Form letztlich gar nicht mehr hätte zugemutet werden können.

Dies gilt um so mehr, als nach dem vormaligen Referentenentwurf eine Haftungsbegrenzungsabrede, die (formular-)vertraglich unmittelbar im Verhältnis zwischen Auftraggeber und „Anwalts-GmbH" zugunsten der Gesellschaft vereinbart worden wäre und hierbei die berufsbezogene Sekundärhaftung auf die berufsrechtlich vorgesehenen Haftungshöchstsummen limitieren sollte, zugleich auch unmittelbar zugunsten der handelnden Geschäftsführer gewirkt hätte (vgl. dazu die früheren §§ 59p Satz 2 BRAOE, 52o Satz 2 PatAnwOE). Die damit verbundene, gleichsam „automatische" Geltung einer rechtsgeschäftlichen Haftungsbeschränkungsklausel auch zugunsten derjenigen Leitungsorganmitglieder, die späterhin an der konkreten Auftragsbearbeitung mitwirken sollten, hätte für diese zur Folge gehabt, daß ihr persönliches Haftungsrisiko für auftretende Berufsfehler in der Regel ohne weiteres überschaubar und damit auch hinreichend kalkulierbar geblieben wäre.

Eine „Anwaltsgesellschaft mit beschränkter Haftung" wird künftig vor ihrer berufsrechtlichen Zulassung eine im Vergleich zehnmal höhere obligatorische Mindestdeckungssumme pro Versicherungsfall nachweisen müssen als beispielsweise die Gesellschafter einer Anwalts-Partnerschaft.[217] Vor diesem Hintergrund hätte sich die Gefahr, von einem geschädigten Auftraggeber wegen einer fehlerhaften Berufsausübung in empfindlicher und vielleicht sogar existenzbedrohender Weise unmittelbar persönlich auf Schadensersatz in Anspruch genommen zu werden, für die vormals an der tatsächlichen Auftragsbearbeitung beteiligten Geschäftsführer einer „Anwalts-GmbH" im praktischen Ergebnis hiernach zumeist sogar deutlich geringer dargestellt als dies gegenwärtig etwa umgekehrt für solche anwaltlichen Berufsvertreter zu verzeichnen ist, die sich statt dessen in einer Personengesellschaft mit einer deutlich geringeren versicherungsrechtlichen Durchschnittsdeckungssumme zur gemeinsamen Berufsausübung zusammenschließen.

---

[216] Die für die „Anwaltsgesellschaft mit beschränkter Haftung" gleichermaßen im Referenten- wie im Regierungsentwurf niedergelegte Verpflichtung, fortlaufend einen eigenen Berufshaftpflichtversicherungsschutz zu unterhalten, läßt die Pflicht eines anwaltlichen Geschäftsführers, daneben auch eine auf sich selbst bezogene Berufshaftpflichtversicherung nach den §§ 51 BRAO, 45 PatAnwO abzuschließen, selbstverständlich unberührt; vgl. ebenso auch *Prohaska* in MDR 1997, 701 (703).

[217] Vgl. für die „Anwalts-GmbH" als juristische Person einerseits die §§ 59j II 1 BRAOE, 52j II 1 PatAnwOE des Regierungsentwurfs (jeweils 5 Mio. DM), für Rechts- und Patentanwälte als natürliche Personen andererseits die §§ 51 IV 1 BRAO, 54 IV 1 PatAnwO (jeweils 500.000 DM).

3. Zwischenergebnis

Bei abschließender Betrachtung läßt sich somit ohne weiteres konstatieren, daß die Haftungssituation für Berufsfehler in einer „Anwalts-GmbH" keine durchgreifenden rechtlichen Unterschiede mehr gegenüber der entsprechenden Haftungslage in einer Partnerschaft aufgewiesen hätte, sofern es im weiteren Verlauf tatsächlich noch zu einer Umsetzung der vormals im Referentenentwurf enthaltenen Gesetzeskonzeption gekommen wäre. Beide Haftungsverfassungen hätten sich fortan nach ihrer grundlegenden normativen Ausgestaltung – insbesondere was die im Mittelpunkt des praktischen Interesses stehende vertragliche Sekundärhaftung der geschäftsführenden Gesellschafter für berufliche Fehlleistungen angeht – als beinahe vollständig deckungsgleich dargestellt. Demzufolge hätten sich, gerade von der Warte assoziationswilliger Rechts- und Patentanwälte aus betrachtet, sodann wohl auch keine nennenswerten haftungsrechtlichen Vorteile mehr ausmachen lassen, die zukünftig noch in besonderer Weise einen anwaltlichen Zusammenschluß eigens in der Rechtsform der GmbH nahegelegt hätten.

Im Verhältnis zu den sonstigen, bereits an früherer Stelle behandelten traditionellen Personengesellschaftstypen – der herkömmlichen Freiberufler-Sozietät und der ohnedies eher atypischen „Freiberufler-OHG/KG" – wäre es im übrigen dabei geblieben, daß nach der Regelungskonzeption des Referentenentwurfs in der Relation sowohl die Partnerschaft als auch die „Anwaltsgesellschaft mbH" zweifellos als haftungsrechtlich strukturell überlegene und damit ohne weiteres vorzugswürdige Rechtsformen einzustufen gewesen wären.[218] Beiden Rechtsformen hätte für die Zukunft somit unbedenklich eine untereinander gleichberechtigte, im Vergleich zu den übrigen personengesellschaftlichen Rechtsformen hingegen deutlich hervorgehobene haftungsrechtliche Attraktivität bescheinigt werden können. Gerade für die Rechtsform der Partnerschaft hätte im Zuge dessen auch zu erwarten gestanden, daß sie von der Anwaltschaft anschließend in größerem Maße als bisher angenommen und zur gemeinsamen Berufsausübung eingesetzt worden wäre.

III. Die Rückkehr zum allgemeinen Haftungskonzept der Kapitalgesellschaften im Regierungsentwurf zur „Anwalts-GmbH"

Der zwischenzeitlich unter dem 18.11.1997 vom Bundeskabinett verabschiedete Gesetzentwurf zur Schaffung der „Anwalts-GmbH"[219] enthält nun allerdings gerade in der virulenten Haftungsfrage nochmals erhebliche Änderungen gegenüber dem vormaligen Referentenentwurf. So will der Gesetzgeber nunmehr zum einen ersatzlos auf die normative Anordnung einer besonderen Handelnden-Haftung für den als Gesellschafter-Geschäftsführer agierenden Anwalt verzichten, während der „Anwaltsgesellschaft mbH" über die

---

[218] Vgl. zu den Gründen, die dieser Rechtsbewertung zugrunde liegen, bereits die entsprechenden Darlegungen zur angestrebten gesetzlichen Neufassung des § 8 II PartGG oben Seite 405 ff.

[219] Siehe dazu den entsprechenden Abdruck des Regierungsentwurfs in „Blick durch die Wirtschaft" vom 5.12.1997, S. 4 (1. Teil), vom 9.12.1997, S. 4 (2. Teil) sowie vom 12.12.1997, S. 4 (3. und letzter Teil).

§§ 59l BRAOE, 52l PatAnwOE zum anderen definitiv auch eine eigene Vertretungsbefugnis (Postulationsfähigkeit) vor den Gerichten eingeräumt werden soll.

Diese „Kehrtwende" des Normgebers in der Haftungsfrage mag für den einen oder anderen vielleicht überraschend wirken, sprachen sich doch gewichtige Stimmen im rechtswissenschaftlichen Schrifttum sogar noch bis in die jüngste Zeit hinein dafür aus, daß jedenfalls der tatsächlich an der Mandatsbearbeitung mitwirkende Anwalt de lege ferenda auch weiterhin persönlich mit seinem Privatvermögen für auftretende berufliche Fehlleistungen neben der Kapitalgesellschaft haften sollte.[220]

Die ersatzlose Streichung einer direkten persönlichen Einstandspflicht des handelnden Gesellschafter-Geschäftsführers gegenüber dem ratsuchenden Publikum läßt aus rechtspolitischer Sicht immerhin darauf schließen, daß der Gesetzgeber im Ergebnis – wenngleich erst nach einigem inneren Schwanken und länger währendem Zögern – offenbar auch auf dem Sektor der freiberuflichen Leistungserbringung durchgängig und uneingeschränkt am herkömmlichen Haftungssystem der Kapitalgesellschaften festhalten möchte.

Darüber hinaus scheint der Normgeber mit der parallelen Zuerkennung einer eigenen Postulationsfähigkeit an die „Anwalts-GmbH" zugleich sicherstellen zu wollen, daß künftig auch der vor Gericht auftretende Berufsträger unter keinen Umständen mit dem Risiko einer unmittelbaren persönlichen Ersatzpflicht im Außenverhältnis belastet wird.[221]

---

[220] Vgl. so für die „Freiberufler-Kapitalgesellschaft" generell etwa *Damm* in FS für Brandner (1996), 31 (51); *Henssler* in ZHR 161 (1997), 305 (328 f.); *ders.* in ZIP 1997, 1481 (1487 f.); ebenso speziell für die „Anwalts-GmbH" auch bereits *ders.* in NJW 1993, 2137 (2141); *ders.* in ZIP 1994, 844 (849); *Nießen*, S. 161; desgleichen der Bericht der Deregulierungskommission (unabhängige Expertenkommission zum Abbau marktwidriger Regelungen), Sechstes Kapitel: Die Märkte für Rechtsberatung und Wirtschaftsberatung, S. 110, Vorschlag 64, Rn. 453, Marktöffnung und Wettbewerb, Stuttgart 1991; anders – d. h. im Sinne einer alleinigen Haftung der juristischen Person – aber bereits der Regelungsvorschlag des DAV zur Rechtsanwaltsgesellschaft aus dem Jahre 1990; veröffentlicht als Beilage zu Heft 4 des AnwBl. 1990, S. 16 ff., sowie der daran anknüpfende Regelungsvorschlag, den der Vorstand des DAV anläßlich seiner Sitzung am 8.3.1995 verabschiedete; siehe dazu den entsprechenden Abdruck in AnwBl. 1995, S. 251 ff.; ebenso ferner auch *Hirte*, S. 436 f., sowie der (unveröffentlichte) Entwurf eines Gesetzes über Rechtsanwaltsgesellschaften, erarbeitet vom Ausschuß Gesellschaftsrecht der Bundesrechtsanwaltskammer, vom Mai 1995.

[221] Ob die gesetzliche Zuerkennung einer eigenen Postulationsfähigkeit an die juristische Person von Rechts wegen allerdings wirklich notwendig ist, um in praxi auch für den forensisch auftretenden Berufsangehörigen der „Anwalts-GmbH" ein persönliches Haftungsrisiko auszuschließen (vgl. in diesem Sinne etwa *Kaiser/Bellstedt*, Rn. 576; *Dietlmeier* in ZIP 1996, 1800, 1808; *Henssler* in ZHR 161, 1997, 305, 321 f.; *ders.* in ZIP 1997, 1481, 1488; *Dittmann* in ZHR 161, 1997, 332, 336; *Funke* in AnwBl. 1998, 6, 8), erscheint bei näherer Prüfung durchaus fraglich. Zu bedenken ist in diesem Zusammenhang immerhin, daß die Prozeßvollmacht, die den anwaltlichen Mitgliedern einer „Anwalts-GmbH" von seiten eines Auftraggebers erteilt wird, stets abstrakter Natur ist und somit strikt von dem ihrer Erteilung zugrunde liegenden schuldrechtlichen Kausalverhältnis zu trennen ist; vgl. so bereits zutreffend *Ahlers* in AnwBl. 1991, 226 (228); *Heinemann* in AnwBl. 1991, 233 (233 f.). Durch die persönliche Bevollmächtigung werden die betreffenden Rechtsanwälte bei verständiger Würdigung also ohnehin nicht zugleich auch persönlich Auftragnehmer des Mandanten, sondern der Anwaltsvertrag kommt gleichwohl ausschließlich im Verhältnis zwischen dem ratsuchenden Publikum und der (organschaftlich) vertretenen juristischen Person zustande. Selbst wenn danach also der „Anwalts-GmbH" de lege ferenda eine eigene Postulationsfähigkeit vollständig versagt bliebe, würde ein ausgleichungspflichtiger Fehler, der exklusiv von einem vor Gericht auftretenden Anwalt zu

Bei einer Umsetzung des so im Regierungsentwurf enthaltenen legislativen Haftungskonzepts würde die einheimische Anwaltschaft damit im internationalen Vergleich fortan auf dauerhafter und berufsgesetzlich abgesicherter Grundlage geradezu einzigartige rechtliche Rahmenbedingungen für den Betrieb einer „Anwalts-GmbH" vorfinden. Denn in keinem anderen Land der Welt können die in einer Kapitalgesellschaft tätigen anwaltlichen Gesellschafter-Geschäftsführer in der Rechtspraxis gegenwärtig ähnlich mühelos den Ausschluß einer unmittelbaren persönlichen Vertragshaftung für eigene Berufsfehler gegenüber dem ratsuchenden Publikum erreichen wie hierzulande.[222]

Im Verhältnis zur Rechtsform der Partnerschaft, die spätestens nach der geplanten Neufassung des § 8 II PartGG die haftungsrechtlich attraktivste Personengesellschaft zur Ausübung eines Freien Berufs darstellen wird, zeichnet sich die „Anwalts-GmbH" in der Version des Regierungsentwurfs nun aus Sicht der Berufsangehörigen auch wiederum durch ihre fundamental günstigere Haftungsstruktur aus.[223] Mit Rücksicht auf die dadurch erzielbare Minimierung des persönlichen Haftungsrisikos ist folglich zu erwarten, daß die Berufsvertreter einer so ausgestalteten „Anwalts-GmbH" unter Haftungsgesichtspunkten in Zukunft fraglos den Vorzug gegenüber der Anwalts-Partnerschaft einräumen werden.

---

verantworten wäre, haftungsrechtlich in der Regel dennoch allein eine unmittelbare vertragliche Ersatzpflicht der juristischen Person auslösen; vgl. so auch *Prohaska* in MDR 1997, 701 (703).

Die Richtigkeit der hier vertretenen Rechtsauffassung wird ferner bestätigt durch die parallele Rechtslage, wie sie ebenso bereits seit vielen Jahren für die zeichnungsberechtigten Vertreter von Wirtschaftsprüfungs- und/oder Steuerberatungsgesellschaften bei einem Auftreten vor dem Bundesfinanzhof gilt. Denn obwohl eine Wirtschaftsprüfungs- und/oder Steuerberatungsgesellschaft als solche nach Art. 1 Nr. 1 Satz 1 des Gesetzes zur Entlastung des Bundesfinanzhofs v. 8.7.1975 (BGBl. I, S. 1861) – BFH-EntlastG – vor dem BFH nicht selbst postulationsfähig ist (vgl. dazu nur BFHE 120, 335, 336 ff.; 128, 342, 343 f.; BFH in StB 1987, 111; BFH in WPK-Mitt. 1992, 137), sehen die Berufshaftpflichtversicherer jene Steuerberater oder Wirtschaftsprüfer, die als Organe, Gesellschafter, Geschäftsführer oder sonstige Angestellte einer solchen Gesellschaft handeln und im Zuge dessen vor dem BFH als *persönlich* Bevollmächtigte eines Mandanten der Gesellschaft auftreten, auch insofern ohne weiteres als über die Berufshaftpflichtversicherung der betreffenden Wirtschaftsprüfungs- und/ oder Steuerberatungsgesellschaft mitversichert an; vgl. dazu die entsprechende Erklärung der Berufshaftpflichtversicherer, veröffentlicht in StB 1988, 416 f. Das Bestehen eines solchen Fremdversicherungsschutzes für die Geschäftsführer bzw. für sonstige zeichnungsberechtigte Vertreter einer Wirtschaftsprüfungs- und/oder Steuerberatungsgesellschaft ist jedoch nur dann plausibel, wenn bei einem forensischen Auftreten vor dem BFH strikt zwischen der schuldrechtlichen Mandatierung der – selbst nicht postulationsfähigen – Gesellschaft auf der einen Seite und der gleichzeitigen abstrakten Bevollmächtigung des – in eigener Person postulationsfähigen – Geschäftsführers/Angestellten auf der anderen Seite differenziert wird.

[222] Vgl. zu den verhältnismäßig strengen haftungsrechtlichen Vorgaben, die in jenen ausländischen Nationen Platz greifen, welche ebenfalls den Betrieb einer Anwalts-Kapitalgesellschaft kennen, näher den entsprechenden rechtsvergleichenden Überblick oben auf Seite 474 ff.

[223] Siehe zu den bedeutenden haftungsrechtlichen Vorzügen, die eine „Freiberufler-Kapitalgesellschaft" herkömmlicher Prägung auch weiterhin im Verhältnis zu einer Partnerschaft mit neuartiger gesetzlicher Haftungsverfassung gemäß § 8 II PartGG n. F. aufweisen wird, bereits eingehend oben Seite 432 f.

IV. Die steuerrechtlichen Folgen einer freien Berufsausübung in der Rechtsform einer Kapitalgesellschaft

Bei der juristischen Analyse, in welchem Umfang sich die Kapitalgesellschaften allgemein für eine kooperative Erbringung freiberuflicher Leistungen eignen, sind im weiteren selbstverständlich auch die damit einhergehenden steuerrechtlichen Implikationen von besonderem Interesse. Vor allem im Verhältnis zu den vorbehandelten Personengesellschaftstypen der Freiberufler-Sozietät und der Partnerschaft dürfte erst die Miteinbeziehung auch der steuerlichen Folgewirkungen ein aussagekräftiges Urteil darüber ermöglichen, ob und gegebenenfalls unter welchen Voraussetzungen die Kapitalgesellschaften – bei Anlegung eines typisierenden Maßstabs[224] – für assoziierungswillige Angehörige der freien Professionen eine im Einzelfall vorzugswürdige Rechtsformalternative darstellen können.

Dabei erweist sich auch im Rahmen der steuerlichen Betrachtung eine nähere Differenzierung nach den einzelnen Kapitalgesellschafts-Typen AG, KGaA und GmbH als vollständig entbehrlich, weil die Besteuerung der Kapitalgesellschaften im Verhältnis untereinander jeweils einheitlich denselben Rechtsregeln folgt.[225]

1. Die steuerliche Rechtslage (laufende Besteuerung) nach der grundsätzlichen Gesetzeskonzeption

Wenn eine freiberufliche Betätigung von einer Kapitalgesellschaft vertraglich als eigene Leistung angeboten und erbracht werden soll, so verlagert sich die laufende Besteuerung der diesbezüglich entwickelten Geschäftstätigkeit in der Folge auch unweigerlich auf die entsprechende, zu diesem Zweck gegründete juristische Person als solche. Anders als die Personenhandelsgesellschaften und die Partnerschaft verfügen die Kapitalgesellschaften auch auf steuerrechtlichem Gebiet über eine prinzipiell unbegrenzte eigene Rechtsfähigkeit, so daß das von ihnen erwirtschaftete Einkommen im Zuge dessen nicht anteilig bei den einzelnen assoziierten Freiberuflern zur Einkommensteuer, sondern statt dessen vollkommen eigenständig zur Körperschaftsteuer herangezogen wird (vgl. § 1 I Nr. 1 KStG).

---

[224] Der Klarstellung halber sei in diesem Kontext nochmals betont, daß die Entscheidung darüber, welche Gesellschaftsform aus steuerlicher Sicht in concreto am attraktivsten für die gemeinsame Ausübung eines Freien Berufs erscheint, stets von den besonderen Verhältnissen des einzelnen Sachverhalts (z. B. Ausschüttungsverhalten, Überlassung von Wirtschaftsgütern durch die Gesellschafter an die Gesellschaft etc.) mitbestimmt wird; vgl. dazu nur *Gail/Overlack* (steuerrechtlicher Teil), S. 67. Im Zuge dieser Ausarbeitung lassen sich daher (selbstverständlich) auch nur allgemeine rechtliche Rahmenbedingungen aufzeigen, die bei der kooperativen Abwicklung freiberuflicher Leistungen jeweils Einfluß auf die steuerliche Behandlung des erwirtschafteten Ergebnisses nehmen und insoweit im Bereich freier Berufstätigkeit gegebenenfalls den Schluß auf prinzipiell bestehende steuerliche Vor- bzw. Nachteile der Kapitalgesellschaften gegenüber den personengesellschaftlichen Rechtsformen nahelegen.

[225] Siehe nur *Heidel/Pauly*, Rn. 1 zu § 2; *Stehle* in FS der Berufsakademie Villingen-Schwenningen (1995), 458 (471).

Dabei gilt für das gleichwohl in erster Linie nach den Vorschriften des EStG zu ermittelnde steuerpflichtige Einkommen einer „Freiberufler-Kapitalgesellschaft" ein regelmäßiger Steuertarif von 45 % (vgl. § 23 I KStG), während der Spitzensteuersatz für Einkünfte aus selbständiger freiberuflicher Tätigkeit nach § 18 I Nr. 1 EStG im Vergleich dazu bei 53 % liegt (vgl. § 32a I Nr. 4 EStG). Soweit der steuerpflichtige Gewinn der „Freiberufler-Kapitalgesellschaft" an ihre Anteilseigner ausgeschüttet wird, vermindert sich der auf den Ausschüttungsbetrag entfallende Körperschaftsteuertarif im Ergebnis sogar weiter auf lediglich noch 30 % (vgl. § 27 I KStG).

Die an ihn ausgeschütteten Gewinne hat der einzelne Gesellschafter allerdings im Rahmen seiner Veranlagung zur Einkommensteuer wiederum als Einkünfte aus Kapitalvermögen zu versteuern (§ 20 I Nr. 1 EStG). Um einerseits eine hierdurch drohende steuerliche Doppelbelastung des ausgeschütteten Gewinns zu vermeiden, andererseits aber zugleich eine Steuerbelastung des anteilig auf den einzelnen Gesellschafter entfallenden Ausschüttungsgewinns nach Maßgabe seines persönlichen Einkommensteuersatzes zu ermöglichen, sehen die §§ 20 I Nr. 3 EStG, 36 II Nr. 3 EStG vor, daß ein Gesellschafter die auf die Ausschüttung entfallende Körperschaftsteuer (d. h. die 30 %-ige Ausschüttungsbelastung) vollständig auf seine persönliche Einkommensteuerschuld anrechnen kann. Durch dieses Anrechnungsverfahren bleibt im Ergebnis sichergestellt, daß auch die ausgeschütteten Gewinne einer „Freiberufler-Kapitalgesellschaft" stets nur entsprechend dem persönlichen Einkommensteuersatz des jeweiligen Anteilseigners belastet werden.[226]

Je nach der Höhe der persönlichen Einkommensteuersätze der einzelnen Gesellschafter kann es sich bei kleineren Gesellschaften daher durchaus lohnen, das Anrechnungsguthaben zunächst durch Ausschüttung zu realisieren und der Gesellschaft die ausgeschütteten Gewinne alsdann als Fremdkapital (z. B. als Gesellschafterdarlehen) oder im Wege der Kapitalerhöhung sogleich wieder zur Verfügung zu stellen (sog. „Schütt-Aus-Hol-Zurück"-Verfahren).[227] Der steuerliche Vorteil eines solchen Vorgehens kann hierbei darin bestehen, daß der betreffende Gewinn im Ergebnis zwar der „Freiberufler-AG/KGaA/GmbH" zugute kommt, dabei aber nicht mit dem 45 %-igen Körperschaftsteuersatz für thesaurierte Gewinne belastet ist, sondern lediglich mit den vielleicht niedrigeren Einkommensteuertarifen der einzelnen Gesellschafter.[228]

Ein merklicher Unterschied zu einer Freiberufler-Sozietät oder zu einer Partnerschaft resultiert für eine „Freiberufler-Kapitalgesellschaft" im weiteren fraglos daraus, daß diese ohne Rücksicht auf den tatsächlich verfolgten, nicht-gewerblichen Gesellschaftszweck bereits kraft Rechtsform als Gewerbebetrieb gilt und somit – in verfassungsrechtlich unbedenklicher Weise[229] – der Gewerbesteuer unterliegt (vgl. § 2 II 1 GewStG). Auch unter Berücksichtigung des Umstands, daß der von Bundestag und Bundesrat eingesetzte Vermittlungsausschuß nunmehr einvernehmlich die vollständige Abschaffung der Gewerbeka-

---

[226] Vgl. dazu nur *Gail/Overlack* (steuerrechtlicher Teil), S. 58 f.; *Scheuffler* in MedR 1995, 99 (100); *Sommer* in GmbHR 1995, 249 (257); *ders.* in PatAnwMitt. 1998, 41 (48); *Heidel/Pauly*, Rn. 87 ff. zu § 2, zum Teil auch unter Darlegung einzelner Beispielsfälle.

[227] Vgl. *Scheuffler* in MedR 1995, 99 (100); *Heidel/Pauly*, Rn. 104 f. zu § 2.

[228] Vgl. *Heidel/Pauly*, Rn. 105 zu § 2; Beck-GmbH-Hdbuch/*Ahrenkiel*, Rn. 59 zu § 10.

[229] Vgl. dazu BFH in BStBl. 1977 II, 668 (670).

pitalsteuer zum 1.1.1998 beschlossen hat,[230] begründet die nach wie vor bestehenbleibende Belastung mit der Gewerbeertragsteuer auf diese Weise zunächst einmal einen erheblichen Steuernachteil einer „Freiberufler-Kapitalgesellschaft" gegenüber den soeben erwähnten Personengesellschaftstypen.

Diese Feststellung ist nicht nur deshalb gerechtfertigt, weil die freiberufliche Tätigkeit in einer Sozietät oder in einer Partnerschaft nach dem gesetzlichen Grundprinzip gewöhnlich vollständig von einer Gewerbesteuerbelastung ausgenommen bleibt.[231] Sie gilt sogar auch in den – praktisch eher seltenen – Fällen, in denen die Einkünfte der in dieser Form verbundenen Freiberufler aufgrund einer (wenn auch nur in geringem Umfang) zugleich für die Gesellschaft ausgeübten gewerblichen Betätigung gemäß § 15 III Nr. 1 EStG einheitlich und vollständig in gewerbliches Einkommen umqualifiziert werden. Denn in einer solchen Konstellation kommt einer Personengesellschaft bei der Ermittlung des Steuermeßbetrags nach dem Gewerbeertrag jedesmal vorab ein genereller Freibetrag in Höhe von 48.000 DM zugute,[232] und auch für die darüber hinaus erzielten gewerbesteuerpflichtigen Gewinne ist – ausgehend von dem Anfangswert 1 % – bei einer Personengesellschaft für den Gewerbeertrag bis zur höchsten Verhältniszahl von 5 % jeweils eine gestaffelte Anwendung der Steuermeßzahl in Schritten zu je 24.000 DM vorzunehmen.[233]

Für eine Kapitalgesellschaft existiert bei der Ermittlung ihrer Gewerbesteuerlast demgegenüber schon von vornherein kein vergleichbarer Freibetrag, und auch die Steuermeßzahl für den Gewerbeertrag liegt in Ansehung einer Kapitalgesellschaft gemäß § 11 II Nr. 2 GewStG stets sogleich einheitlich bei der höchstmöglichen Verhältniszahl von 5 %.[234]

Nach der gesetzlichen Grundkonzeption weist eine „Freiberufler-Kapitalgesellschaft" somit vor allem im Hinblick auf ihre zusätzliche Belastung mit der Gewerbeertragsteuer

---

[230] Vgl. dazu die entsprechende Mitteilung in Heft 35 der NJW 1997, Seite XXXVII, sowie *Stuhrmann* in NJW 1998, 573; siehe zu der bereits im Jahre 1994 veranlaßten Einsetzung einer mit der Reform der Gewerbesteuer befaßten Arbeitsgruppe durch das Bundesministerium der Finanzen, die sich im Vorfeld ebenfalls mehrheitlich für eine umfassende Abschaffung der Gewerbekapitalsteuer ausgesprochen hatte, ferner ergänzend *Beichelt* in FS für Ritter (1997), 321 (328); *Krebs* in FS für Ritter (1997), 397 (403).

[231] Vgl. dazu nur die Regelung des § 15 II 1 EStG i. V. m. § 2 I 2 GewStG.

[232] Vgl. § 11 I Nr. 1 GewStG; siehe dazu im übrigen nur *Gail/Overlack* (steuerrechtlicher Teil), S. 36; *Krebs* in FS für Ritter (1997), 397 (400 f.); MünchHdbuchGesR III/*Wrede*, Rn. 8 zu § 3.

[233] Vgl. dazu die Regelung des § 11 II Nr. 1 GewStG; siehe aus dem Schrifttum ferner nur *Gail/Overlack* (steuerrechtlicher Teil), S. 36.

Die Vertreter der Wirtschaft sind innerhalb der vorerwähnten, anno 1994 vom BMF eingesetzten Arbeitsgruppe zur Reform der Gewerbesteuer zu diesem Punkt im übrigen dafür eingetreten, daß die Staffelungsbeträge für natürliche Personen und Personengesellschaften de lege ferenda oberhalb des Freibetrags von 48.000 DM von bisher 24.000 DM auf zukünftig 30.000 DM erhöht werden sollten; vgl. dazu *Krebs* in FS für Ritter (1997), 397 (403). Darüber hinaus ist in Zukunft auch eine Erweiterung der Freibetragsgewährung speziell bei Personengesellschaften geplant; siehe dazu MünchHdbuchGesR III/*Wrede*, Rn. 8 zu § 3 in Fn. 10.

[234] Vgl. dazu etwa *Stehle* in FS der Berufsakademie Villingen-Schwenningen (1995), 458 (475); *Gail/Overlack* (steuerrechtlicher Teil), S. 60; *Korts/Rodenbusch*, S. 26; *Heidel/Pauly*, Rn. 154 zu § 2; siehe zur verfassungsrechtlichen Haltbarkeit jener Differenzierung, die bei der Gewerbeertragsteuer im Punkte der Freibetragsregelung und bei der Anwendung der gestaffelten Steuermeßbeträge zwischen natürlichen Personen und Personengesellschaften einerseits sowie Kapitalgesellschaften andererseits gilt, ausführlich *Rodi*, S. 221 ff.

nach wie vor erhebliche steuerliche Nachteile gegenüber den gewerbesteuerfreien Personengesellschaften Sozietät und Partnerschaft auf.[235] Danach würde sich, ebenso wie dies schon für eine „Freiberufler-OHG/KG" gegolten hatte, auf den ersten Blick somit ohne weiteres auch für eine AG/KGaA/GmbH die Feststellung rechtfertigen, daß die ergänzend hinzutretende Gewerbesteuerpflicht einen Einsatz der Kapitalgesellschaften zur freien Berufsausübung im allgemeinen sehr unattraktiv erscheinen läßt.

2. Die spezifischen kautelarjuristischen Gestaltungsmöglichkeiten zur weiteren Minderung der Steuerbelastung in einer „Freiberufler-Kapitalgesellschaft"

Dieses auf erste Sicht durchaus naheliegende Judiz einer weitgehenden steuerlichen Unattraktivität der „Freiberufler-Kapitalgesellschaft" gerade im Verhältnis zu einer Sozietät oder zu einer Partnerschaft erweist sich bei näherer Betrachtung jedoch nicht als in diesem Maße stichhaltig. Denn im Gegensatz zu den Personengesellschaften und deren Teilhabern stehen sich die Kapitalgesellschaften und ihre Anteilseigner nicht nur zivilrechtlich, sondern auch steuerrechtlich als verschiedene, prinzipiell vollkommen eigenständige Rechtsträger gegenüber.[236] Die auch für die Zwecke des Steuerrechts im Grundsatz uneingeschränkt anerkannte eigene Rechtsfähigkeit der Kapitalgesellschaften hat zur Folge, daß schuldrechtliche Verträge zwischen einer Kapitalgesellschaft und ihren Gesellschaftern – im Unterschied zur Rechtslage bei den Personengesellschaften – gemeinhin geeignet sind, auch auf steuerrechtlicher Ebene eigenständige Rechtswirkungen hervorzubringen und das jeweilige Besteuerungsergebnis nachhaltig zu beeinflussen.[237]

a) Die steuerliche Behandlung separater schuldrechtlicher Verträge zwischen einer Personengesellschaft und einzelnen ihrer Gesellschafter

Nach der ständigen Rechtsprechung des BFH ist eine Sozietät, eine Partnerschaft oder eine „Freiberufler-OHG/KG" als Personengesellschaft außerstande, einem ihrer Teilhaber für seine Tätigkeit, die er im Dienste der Gesellschaft leistet, für eine Darlehensgewährung oder für die Überlassung von Wirtschaftsgütern steuerwirksam eine separate Vergütung zuzuweisen, die sich einerseits auf seiten der Gesellschaft gewinnmindernd auswirken könnte und andererseits auf seiten des Berufstätigen als eigenständige, vom Gesellschaftsverhältnis unabhängig steuerbare Einkunftsquelle zu behandeln wäre.[238]

---

[235] So auch zutreffend *Sommer* in PatAnwMitt. 1998, 41 (48).

[236] Vgl. nur *Gail/Overlack* (steuerrechtlicher Teil), S. 48; *Wochinger*, Rn. 1; *Korts/Rodenbusch*, S. 26.

[237] Siehe dazu nur *Gail/Overlack* (steuerrechtlicher Teil), S. 49.

[238] Vgl. dazu etwa BFH in BStBl. 1970 II, 43 f.; 1979 II, 757 (759 ff.); 763 (765 ff.); 767 (768); 1980 II, 269 (270 f.); BFHE 154, 536 (538); *Heidel/Pauly*, Rn. 223 zu § 13.

Die Entscheidungen betreffen jeweils Sachverhalte, in denen ein Freiberufler zugleich Mitunternehmer einer gewerblich tätigen Personengesellschaft war, für diese freiberufliche Leistungen erbrachte und dafür jeweils eine gesonderte Vergütung erhielt. Der BFH sprach den Rechtsgeschäften, die der Vergütungsgewährung jeweils zivilrechtlich zugrunde lagen, aaO unter Hinweis auf die Vorschrift des § 15 Nr. 2 EStG a. F. jedwede eigenständige steuerrechtliche Bedeutung ab und rechnete

Diesbezüglich steht die finanzgerichtliche Judikatur zu Recht auf dem Standpunkt, daß die Regelung des § 15 I Nr. 2 Satz 1 Hs. 2 EStG, die über § 18 IV EStG ohne weiteres auch für die selbständig ausgeübte freiberufliche Tätigkeit gilt, schon nach ihrem Wortsinn extensiv gefaßt sei[239] und in ihrem Grundprinzip erkennbar auf der Vorstellung des Gesetzgebers beruhe, daß – unabhängig von der zivilrechtlichen Beurteilung – jeder Gesellschafter einer Personengesellschaft einen eigenen Betrieb belastet durch die Rechte seiner Mitgesellschafter führe.[240] Dementsprechend gehöre aus steuerrechtlicher Sicht auch grundsätzlich alles, was der Gesellschafter von der Personengesellschaft beziehe, zu seinem Gewinnanteil.[241] Diese Folgerung rechtfertige sich ferner aus der Erwägung heraus, daß ein Personengesellschafter im Rahmen des gesetzlich Zulässigen nach Möglichkeit so gestellt werden solle, wie er als selbständiger Einzelunternehmer stünde.[242] Auch ein selbständiger Einzelunternehmer sei aber schon nach zivilrechtlicher Betrachtungsweise nicht dazu in der Lage, rechtswirksam Verträge mit sich selbst zu schließen und dadurch sein steuerliches Ergebnis in eine bestimmte Richtung hin zu beeinflussen.[243]

Entsprechend der daraus abgeleiteten Zielsetzung, steuerlich wirksame Geschäfte eines Personengesellschafters mit seiner Gesellschaft nach Möglichkeit auszuschließen, interpretiert die höchstrichterliche Finanzrechtsprechung die Tatbestände des § 15 I Nr. 2 Satz 1 Hs. 2 EStG ausnahmslos im Sinne eines weiten und ausgedehnten Begriffsverständnisses.[244] Danach erfordert die Zuordnung der Vergütungen, die einem Personengesellschafter von seiner Gesellschaft gewährt werden, zu den Einkünften gemäß § 15 I Nr. 2 Satz 1 Hs. 2 EStG lediglich, daß die betreffende Tätigkeit des Gesellschafters durch das Gesellschaftsverhältnis veranlaßt worden ist.[245] Irrelevant ist demgegenüber, welches schuldrechtliche Kausalverhältnis die Beteiligten der Vergütungsgewährung in concreto zugrunde gelegt haben oder statt dessen zugrunde legen wollten (entweder das Gesellschaftsverhältnis oder einen anderen Schuldgrund wie ein Arbeits- oder Dienstverhältnis, einen Werk-

---

die erhaltene Vergütung statt dessen jedesmal dem Gewinnanteil des betreffenden Freiberuflers an der gewerblich tätigen Personengesellschaft zu.

Sofern ein Angehöriger eines Freien Berufs eine derartige Sondervergütung nun nicht von einer gewerblich, sondern von einer freiberuflich tätigen Personengesellschaft erhielte, an der er selbst als Mitunternehmer beteiligt wäre, könnte das Ergebnis aufgrund der in § 18 IV EStG niedergelegten Verweisungsregel, die ausdrücklich auf die Vorschrift des § 15 I Nr. 2 EStG Bezug nimmt, zu diesem Punkt freilich kein anderes sein.

239 Siehe so etwa BFH in HFR 1965, 159 (160); BFH in BStBl. 1980 II, 269 (270).

240 Vgl. so – freilich auf der Grundlage der zwischenzeitlich überkommenen Bilanzbündeltheorie – noch explizit BFHE 66, 171 (173); BFH in BStBl. 1970 II, 43; BFHE 101, 62 (64).

241 Vgl. BFHE 66, 171 (173); BFH in HFR 1965, 159 (160) u. 210; BFHE 86, 131 (135); 87, 531 (534); BFH in BStBl. 1970 II, 43; BFHE 101, 62 (64).

242 BFH in HFR 1965, 210 (211); BFHE 87, 531 (534); BFH in BStBl. 1970 II, 43; BFHE 101, 62 (64); 107, 564 (569); BFH in BStBl. 1980 II, 269 (270); 1991 II, 691 (698); 1992 II, 798 (800); dem folgend *Heidel/Pauly*, Rn. 21 zu § 1; *Gail/Overlack* (steuerrechtlicher Teil), S. 26.

243 Unstreitig; vgl. nur BFH in HFR 1965, 159 (160); BFHE 86, 131 (134); 101, 62 (65); BFH in BStBl. 1991 II, 691 (698); 1992 II, 798 (800); *Paus* in BB 1993, 692 (694); *Heidel/Pauly*, Rn. 21 zu § 1; *Gail/Overlack* (steuerrechtlicher Teil), S. 26.

244 Vgl. so auch ausdrücklich BFH in HFR 1965, 159 (160); BFH in BStBl. 1979 II, 757 (763); 763 (765); 767 (768); BFHE 133, 526 (530).

245 Vgl. BFH in BStBl. 1975 II, 437 (439); 1979 II, 757 (761 ff.); 763 (766); 767 (768); BFHE 133, 526 (530 ff.); BFH in BStBl. 1983 II, 570 (571).

vertrag oder einen Geschäftsbesorgungsvertrag).[246] Eine gesellschaftsrechtliche Veranlassung bestehe für die Vergütungsgewährung daher nicht nur, wenn unmittelbar aufgrund einer im Gesellschaftsvertrag enthaltenen Regelung Leistungspflichten durch schuldrechtliche Verträge zwischen Gesellschaft und Gesellschafter begründet würden, sondern vielmehr auch dann, wenn die nur auf einem sonstigen schuldrechtlichen Vertrag (einem sog. Drittverhältnis) beruhende Leistung des Gesellschafters an die Gesellschaft gegen besondere Vergütung der Sache nach der Verwirklichung des Gesellschaftszwecks diene.[247]

Darüber hinaus erweise sich der Wortlaut des § 15 I Nr. 2 Satz 1 Hs. 2 EStG aber ohnedies als nicht hinreichend präzise, soweit er lediglich auf Vergütungen abstelle, die ein Gesellschafter von einer Personengesellschaft für seine Tätigkeit im Dienste der Gesellschaft „... bezogen hat".[248] Der Regelung des § 15 I Nr. 2 Satz 1 Hs. 2 EStG sei nach ihrem Sinn und Zweck vielmehr ein generelles Abzugsverbot dahingehend zu entnehmen, daß schuldrechtliche Verpflichtungen, die nach ihrem wirtschaftlichen Gehalt einer Gewinnverteilungsabrede entsprächen, unabhängig vom Zeitpunkt eines tatsächlichen Wertzuflusses auf seiten eines Gesellschafters im Rahmen der steuerlichen Gewinnermittlung bei der Personengesellschaft in keinem Fall als abzugsfähig berücksichtigt werden könnten.[249] Auch eine Pensionszusage stelle sich bei der gebotenen wirtschaftlichen Betrachtungsweise daher lediglich als eine bloße Gewinnverteilungsabrede dar, bei der es der Sache nach gar nicht um die Feststellung des richtigen Gewinns durch Rückstellungen und Abgrenzungen gehe, sondern ausschließlich um die Korrektur der Gewinnverteilung in dem einen Zeitraum zugunsten der Gewinnverteilung in einem anderen Zeitraum.[250]

Im übrigen könne bei der steuerlichen Gewinnermittlung innerhalb einer Personengesellschaft eine von der Gesellschaft erteilte Pensionszusage in jedem Falle nur einheitlich gegenüber ihren sämtlichen Gesellschaftern beurteilt werden.[251] Es erscheine im Ergebnis aber untragbar, einen begünstigten Mitunternehmer, soweit er danach wirtschaftlich nach Maßgabe seiner Beteiligung selbst belastet würde, in der Frage der Altersversorgung durch die Anerkennung einer steuerlichen Abzugsfähigkeit der Pensionsrückstellung steuerlich besser zu stellen als einen vergleichbaren Einzelunternehmer, der über eine entsprechende Gestaltungsmöglichkeit von vornherein nicht verfüge.[252]

Vor dem Hintergrund dieser zu § 15 I Nr. 2 Satz 1 Hs. 2 EStG ständig vertretenen Rechtsprechung läßt sich im Ergebnis mithin unbedenklich feststellen, daß gesonderte vertragliche Rechtsbeziehungen zwischen einer Personengesellschaft und einzelnen ihrer Gesellschafter die Höhe des für die Besteuerung der Gesellschafter maßgebenden Gesell-

---

[246] Siehe etwa BFH in BStBl. 1970 II, 43 f.; BFHE 107, 564 (571); BFH in BStBl. 1975 II, 437 (438); 1979 II, 757 (762); 763 (765 f.); 1980 II, 269 (270); BFHE 133, 526 (533); BFH in BStBl. 1987 II, 553 (555); aus dem zustimmenden Schrifttum z. B. MünchHdbuchGesR I/*Rodin*, Rn. 35 zu § 59.

[247] Vgl. BFH in HFR 1965, 159 (160); BFH in BStBl. 1975 II, 437 (438); 1979 II, 757 (762 f.); 763 (766); 767 (768); 1980 II, 269 (271); BFHE 133, 526 (534); BFH in BStBl. 1983 II, 570 (571).

[248] So explizit BFHE 107, 564 (571).

[249] Vgl. BFHE 107, 564 (571); ferner auch BFHE 170, 169 (172 f.).

[250] BFHE 87, 531 (536); 98, 479 (480); 107, 564 (568); siehe ferner auch *Heidel/Pauly*, Rn. 26 zu § 9; *Langohr-Plato* in ZAP 1996, Fach 15, 197 (213).

[251] BFHE 107, 564 (568 f.).

[252] BFHE 107, 564 (569); ähnlich zuvor auch bereits BFHE 64, 275 (278); vgl. außerdem nur *Langohr-Plato* in ZAP 1996, Fach 15, 197 (213).

schaftsgewinns im allgemeinen nicht beeinflussen können und demgemäß z. B. zwischen Gesellschaft und Gesellschafter vereinbarte Dienst- oder Arbeitsverhältnisse, besondere Gewinntantiemen oder Pensionszusagen steuerlich praktisch durchgängig unbeachtlich sind.[253] Die in einer Sozietät, in einer Partnerschaft oder in einer „Freiberufler-OHG/KG" assoziierten Angehörigen der freien Professionen sind nach alledem also regelmäßig nicht imstande, durch den zusätzlichen Abschluß sonstiger schuldrechtlicher Verträge im Verhältnis zwischen der Gesellschaft und dem einzelnen Teilhaber ihre Steuerlast weiter zu modifizieren und zu ihren Gunsten zu verringern.

b) *Die steuerliche Behandlung separater schuldrechtlicher Verträge zwischen einer Kapitalgesellschaft und einzelnen ihrer Gesellschafter-Geschäftsführer*

In markantem Gegensatz zu der vorbeschriebenen Rechtslage bei den Personengesellschaften sind gesonderte schuldrechtliche Vereinbarungen (z. B. Anstellungsverträge, Darlehensverträge, Miet- und Pachtverträge etc.), die eine Kapitalgesellschaft mit einem ihrer Anteilseigner oder mit einem Vorstandsmitglied/Geschäftsführer abschließt, demgegenüber auch auf steuerrechtlichem Gebiet im allgemeinen als eigenständig rechtsverbindlich und steuerlich uneingeschränkt wirksam zugrunde zu legen.

aa) *Die besonderen Möglichkeiten einer Gewinnverschiebung im Verhältnis zwischen einer juristischen Person und ihren Gesellschafter-Geschäftsführern*

Die auch steuerrechtlich uneingeschränkt anerkannte eigene Rechtsfähigkeit der Kapitalgesellschaften hat zunächst einmal zur Folge, daß die von der AG/KGaA/GmbH erwirtschafteten Einnahmen seitens der Gesellschafts-Geschäftsführer durch den Abschluß separater schuldrechtlicher Verträge vorab minimiert und nach Möglichkeit optimal auf verschiedene Steuerschuldner – nämlich einerseits auf die juristische Person und andererseits auf sich selbst als natürliche Person – verteilt werden können.

Demgemäß sind beispielsweise Tätigkeitsvergütungen, die eine Kapitalgesellschaft einem Vorstandsmitglied bzw. einem Geschäftsführer für die Wahrnehmung entsprechender Leitungsaufgaben gewährt, aus *steuerlicher* Sicht (nicht aber vom Standpunkt des Arbeitsrechts aus; vgl. dazu nur § 5 I 3 ArbGG) in der Regel als Gehaltszahlungen an einen Arbeitnehmer zu qualifizieren.[254] Diesen Verdienst hat das betreffende Leitungsorganmitglied in der Folge also einerseits als Einkünfte aus nichtselbständiger Arbeit nach § 19 EStG zu versteuern,[255] während die betreffende AG/GmbH/KGaA das so von ihr entrichtete Entgelt andererseits steuermindernd als Betriebsausgabe verbuchen kann.[256]

---

[253] Vgl. dazu auch *Bösert/Braun/Jochem*, S. 66 ff.

[254] Vgl. etwa BFHE 70, 575 (577); BFH in BStBl. 1969 II, 185 (186); 1970 II, 824 (825); FG Hamburg in EFG 1971, 108; BFH in BStBl. 1975 II, 358 (359); FG Rheinland-Pfalz in EFG 1995, 29; *Wochinger*, Rn. 277; siehe speziell für den Geschäftsführer einer „Freiberufler-GmbH" (konkret: einer Steuerberatungs-GmbH) außerdem FG Köln in GmbHR 1996, 474 (475 f.).

[255] Siehe dazu etwa BFH in BStBl. 1970 II, 824 (825); 1975 II, 358 (359); FG Rheinland-Pfalz in EFG 1995, 29; vgl. speziell für den Geschäftsführer einer „Freiberufler-GmbH" (konkret: einer

Die derart entwickelten Leitlinien zur steuerlichen Einordnung von Entgeltzahlungen an die Mitglieder kapitalgesellschaftlicher Leitungsorgane gelten – unabhängig vom Umfang ihrer gesellschaftsrechtlichen Beteiligung – grundsätzlich auch für sog. Gesellschafter-Geschäftsführer, und dies für gewöhnlich selbst dann, wenn diese lediglich einer sog. Einmann-Kapitalgesellschaft vorstehen.[257] Auch in diesen Fällen kann die juristische Person bei der Ermittlung ihres steuerpflichtigen Gewinns also grundsätzlich alle Vergütungen, die sie an den Gesellschafter-Geschäftsführer entweder für dessen Organtätigkeit (Gehälter, Gewinntantiemen, etc.) oder für die Überlassung bestimmter Wirtschaftsgüter (z. B. Miete oder Pacht) zahlt, vollständig von ihrem steuerbaren Einkommen in Abzug bringen.

Der Abschluß eines Arbeitsvertrags zwischen Anteilseigner und Kapitalgesellschaft kann im Zuge dessen vor allem dann steuerlich vorteilhaft erscheinen, wenn das betreffende Arbeitsverhältnis daneben auch aus der Perspektive des Sozialrechts als versicherungspflichtige Beschäftigung zu klassifizieren ist. Denn sofern beispielsweise ein GmbH-Gesellschafter nicht über mehr als die Hälfte des Stammkapitals verfügt und seine tatsächlichen Einflußmöglichkeiten – insbesondere auf die Stimmverhältnisse innerhalb der Gesellschafterversammlung – auch sonst nicht so weit reichen, daß ihm innerhalb der Gesellschaft eine beherrschende Stellung zukäme, kann durch einen entsprechenden Arbeitsvertrag nach der Judikatur des Bundessozialgerichts ohne weiteres auch ein nichtselbständiges Beschäftigungsverhältnis im Sinne des § 7 I SGB IV begründet werden, welches alsdann eigenständig der Sozialversicherungspflicht unterliegt.[258] In einem solchen Fall würde sich

---

Steuerberatungs-GmbH) FG Köln in GmbHR 1996, 474 (476); siehe aus dem Schrifttum ferner nur *Korts/Rodenbusch*, S. 30; *Vorbrugg/Salzmann* in AnwBl. 1996, 129 (135).

Dem entspricht es, daß die finanzgerichtliche Judikatur die Tätigkeit als Vorstandsmitglied bzw. als Geschäftsführer einer Kapitalgesellschaft auch für den Bereich des Umsatzsteuerrechts als unselbständiges Handeln einstuft, welches im Verhältnis zu der jeweils vertretenen juristischen Person nicht zum Vorsteuerabzug berechtigen könne; vgl. so speziell für den Geschäftsführer einer „Freiberufler-GmbH" (konkret: einer Steuerberatungs-GmbH) etwa FG Düsseldorf in GmbHR 1997, 91 (92 f.) sowie als Revisionsinstanz BFH in GmbHR 1997, 374 f.

[256] Vgl. nur *Gail/Overlack* (steuerrechtlicher Teil), S. 49; *Heidel/Pauly*, Rn. 219 zu § 13; *Römermann/Spönemann* in NZG 1998, 15 (19).

[257] Vgl. so explizit BFH in BStBl. 1975 II, 358 (359); *Heidel/Pauly*, Rn. 219 zu § 13; *Wochinger*, Rn. 275.

[258] Vgl. dazu – noch zur Rechtslage nach der RVO – etwa BSGE 13, 196 (199 f.) betreffend die gesetzliche Rentenversicherung; aus neuerer Zeit siehe etwa BSG in ZIP 1995, 1179 (1180 f.) sowie BSG in GmbHR 1997, 696 (697 f.), jeweils betreffend die gesetzliche Arbeitslosenversicherung; aus dem Schrifttum ferner *Stehle* in DStR 1983, 100 (102); *ders.* in FS der Berufsakademie Villingen-Schwenningen (1995), 458 (474); *Plagemann* in WiB 1994, 223 (224).

Ein sozialversicherungspflichtiges Beschäftigungsverhältnis kann im Zuge der jüngeren sozialgerichtlichen Rechtsprechung darüber hinaus sogar auch dann vorliegen, wenn der Geschäftsführer mehr als die Hälfte des Stammkapitals der Gesellschaft auf sich vereinigt, aber in der Ausübung seiner Gesellschafterrechte durch treuhänderische Bindungen eingeschränkt ist. In diesem Fall soll der Status des Geschäftsführers im Rahmen einer Gesamtbetrachtung sowohl auf der Grundlage seines Anstellungsvertrags als auch unter Berücksichtigung der ihn betreffenden gesellschaftsrechtlichen Maßgaben (also der daneben bestehenden treuhänderischen Pflichten) zu ermitteln sein; vgl. dazu – unter Fortentwicklung der zunächst in ZIP 1995, 1179 (1180 f.) aufgestellten Grundsätze – nunmehr näher BSG in GmbHR 1997, 696 (697 f.).

das steuerpflichtige Einkommen der Gesellschaft nachfolgend nicht nur um die vereinbarten Gehaltszahlungen, sondern zudem auch noch um den weiter anfallenden Arbeitgeber-Anteil am Sozialversicherungsbeitrag vermindern, während dem Gesellschafter der Vorteil der Mitfinanzierung der Sozialversicherung auf der anderen Seite (wie jedem Arbeitnehmer) sogar einkommensteuerfrei zuflösse (vgl. § 3 Nr. 62 EStG).[259]

Besonders weitreichende Steuerersparnisse können für die mitarbeitenden Gesellschafter ferner aus dem Umstand resultieren, daß die „Freiberufler-Kapitalgesellschaft" prinzipiell ohne Schwierigkeiten dazu in der Lage ist, ihnen eine Pensionszusage im Hinblick auf eine gesonderte Alters-, Invaliditäts- und Hinterbliebenenversorgung zu erteilen und dafür mit steuerlicher Wirkung eine Pensionsrückstellung nach § 6a EStG zu bilden.[260] Denn die Übernahme einer entsprechenden Verpflichtung wirkt sich auf seiten der Gesellschaft zum einen aktuell einkommensmindernd aus, so daß sich dort die Bemessungsgrundlage für die Erhebung der Körperschaft- und der Gewerbesteuer vermindert.[261] Zum anderen führt die Pensionszusage auf seiten des begünstigten Gesellschafter-Geschäftsführers noch nicht zu einer gegenwärtigen Einkommensteuerbelastung, sondern bei ihm fallen steuerpflichtige Einkünfte erst im Zeitpunkt der tatsächlichen Auszahlung und auch dann – jeweils gemindert um den sog. Versorgungsbeitrag von derzeit maximal 6.000 DM (vgl. § 19 II 1 EStG) – stets nur in Höhe des im veranlagten Kalenderjahr konkret erhaltenen Auszahlungsbetrags an (vgl. § 19 I Nr. 2 EStG i. V. m. § 11 I EStG).[262]

Auf diese Weise lassen sich bei geschickter kautelarjuristischer Gestaltung de facto beträchtliche Steuerstundungseffekte erzielen, die ausweislich verschiedentlich durchgeführter Modellrechnungen durchaus geeignet sein können, den rechtlichen Nachteil der zusätzlichen Gewerbesteuerpflicht, den die „Freiberufler-Kapitalgesellschaft" im Verhältnis zur Freiberufler-Sozietät und zur Partnerschaft aufweist, im tatsächlichen Ergebnis zumindest vollständig zu egalisieren[263] oder gar umgekehrt in einen zugunsten der Kapitalgesellschaft wirkenden Besteuerungsvorteil umzuwandeln.[264]

---

[259] So zutreffend *Heinemann* in AnwBl. 1991, 233 (237); *Scheuffler* in MedR 1995, 99 (101); *Stehle* in FS der Berufsakademie Villingen-Schwenningen (1995), 458 (474).

[260] Siehe dazu nur *Stehle* in DStR 1983, 100 (102); *ders.* in FS der Berufsakademie Villingen-Schwenningen (1995), 458 (474); *Römermann*, S. 177; *Gail/Overlack* (steuerrechtlicher Teil), S. 50 f.; *Gerken* in Rpfl. 1995, 217 (218); *Korts/Rodenbusch*, S. 28 f.; *Henssler* in DB 1995, 1549 (1552); MünchKommBGB-*Ulmer*, Rn. 20a vor § 1 PartGG; *Römermann/Spönemann* in NZG 1998, 15 (19); vgl. allgemein auch MünchHdbuchGesR III/*Wrede*, Rn. 7 zu § 3; *Langohr-Plato* in ZAP 1996, Fach 15, 197.

[261] *Scheuffler* in MedR 1995, 99 (101); *Römermann/Spönemann* in NZG 1998, 15 (19).

[262] Siehe dazu nur *Scheuffler* in MedR 1995, 99 (101).

[263] Vgl. dazu etwa den von *Cramer* in MedR 1995, 104 (105) durchgeführten Steuerbelastungsvergleich, bei dem eine ärztliche Gemeinschaftspraxis einmal als Gesellschaft bürgerlichen Rechts und das andere Mal als sog. „Heilkunde-GmbH" betrieben wurde. *Cramer* errechnete aaO – allerdings noch unter Berücksichtigung der nunmehr entfallenden Gewerbekapitalsteuer – lediglich einen sehr geringfügigen steuerlichen Nachteil zu Lasten der ambulanten „Heilkunde-GmbH" (konkret: 160.780 DM bei der GmbH gegenüber 159.556 DM bei der Gesellschaft bürgerlichen Rechts). Unter Abzug des seinerzeit für die Gewerbekapitalsteuer angesetzten Betrages von 2.040 DM ergäbe sich nach dieser Modellrechnung heute statt dessen umgekehrt ein geringer Steuervorteil für die „Heilkunde-GmbH".

[264] Siehe dazu beispielsweise die anno 1996 von *Gail/Overlack* (steuerrechtlicher Teil), S. 69 ff., durchgeführte empirische Belastungsvergleichsrechnung, die bei gleichen Ausgangsdaten für eine

bb) Die eingeschränkte Reichweite sog. „verdeckter Gewinnausschüttungen"

Dabei ist die finanzgerichtliche Judikatur durchaus bestrebt, unberechtigte Steuervorteile, die aus einem gesonderten Vertragsschluß zwischen einem Anteilseigner und einer Kapitalgesellschaft zu resultieren drohen, nach Möglichkeit vollkommen auszuschließen. Diesem Zweck soll vor allem das auf der Vorschrift des § 8 III 2 KStG gründende, beinahe ausschließlich durch die Rechtsprechung des Bundesfinanzhofs konkretisierte Rechtsinstitut der verdeckten Gewinnausschüttung dienen. Danach ist nicht nur der (etwa nach § 29 I 2 GmbHG) „offen" ausgeschüttete Bilanzgewinn unter keinen Umständen geeignet, das steuerpflichtige Einkommen der Gesellschaft zu mindern, sondern gleiches gilt ebenso für sog. „verdeckte" Vermögensverschiebungen, die ihre Ursache im Gesellschaftsverhältnis haben und auf eine ungerechtfertigte Verkürzung des Besteuerungsergebnisses der betreffenden Kapitalgesellschaft abzielen.

Dementsprechend definiert der BFH eine verdeckte Gewinnausschüttung bei einer Kapitalgesellschaft in ständiger Rechtsprechung als eine Vermögensminderung oder verhinderte Vermögensmehrung, die durch das Gesellschaftsverhältnis veranlaßt ist, sich auf die Höhe des Einkommens auswirkt und in keinem Zusammenhang mit einer offenen Ausschüttung steht.[265] Für den größten Teil der entschiedenen Fälle hat der BFH hierbei eine Veranlassung durch das Gesellschaftsverhältnis angenommen, wenn die Kapitalgesellschaft ihrem Gesellschafter einen Vermögensvorteil zuwendet, den sie bei der Sorgfalt eines ordentlichen und gewissenhaften Geschäftsleiters (§§ 93 I 1 AktG, 43 I GmbHG) einem Nichtgesellschafter nicht gewährt hätte.[266] Nur in Ausnahmekonstellationen wurde die

---

„Anwalts-GmbH" eine Gesamtsteuerbelastung von 217.244 DM gegenüber einer Gesamtsteuerpflicht von 270.658 DM bei einer Anwalts-Partnerschaft errechnet. Danach ergäbe sich binnen eines vergleichsweise knappen Zeitraums von nur einem Jahr ein Steuervorteil von sage und schreibe mehr als 50.000 DM (!) zugunsten der „Anwalts-GmbH"; vgl. aus etwas länger zurückliegender Zeit ferner auch *Scharl* in StB 1989, 397 (402), der – ausgehend von gleichen Anfangswerten – im Rahmen einer Gegenüberstellung der jeweiligen Steuerabzüge einen Nettoeinkommenszuwachs von 5.042 DM einer Einmann-"Freiberufler-GmbH" (134.097 DM) im Verhältnis zu einer Besteuerung nach § 18 I Nr. 1 EStG (129.055 DM) errechnete.

[265] Vgl. so die vom BFH erstmals in BStBl. 1989 II, 475 (476) vorgenommene Neubestimmung, die seitdem der ständigen Judikatur entspricht; siehe dazu ferner nur BFH in BStBl. 1989 II, 636 (636 f.); 854 (855); 1990 II, 595 (596); 1994 II, 479 (480); BFHE 175, 412 (413); 176, 413 (414); 523 (525); 178, 203 (205); 371 (373); 180, 272 (273); BFH in GmbHR 1997, 315; 609 (610); BFH in DStR 1997, 1161 (1162); BFH in DB 1997, 1798; BFH in NJW 1997, 2198; aus dem zustimmenden Schrifttum vgl. nur *Wassermeyer* in FR 1989, 218 (221); *ders.* in GmbHR 1989, 298; *Winter* in GmbHR 1992, 32; *Goecke* in BB 1995, 2467; *Wochinger*, Rn. 16; *Heidel/Pauly*, Rn. 45 zu § 2; *Langohr-Plato* in ZAP 1996, Fach 15, 197 (209); *Ahrenkiel/Peters* in DStR 1997, 1349; *Mahlow* in DB 1997, 1640; siehe zu einem sprachlich weiter vereinfachten Definitionsansatz nunmehr jedoch auch den entsprechenden Vorschlag von *Wassermeyer* in GmbHR 1998, 157 (159).

[266] Vgl. so zunächst BFH in BStBl. 1967 III, 626 (627); aus der späteren Rechtsprechung etwa BFHE 98, 470 (472); 538 (541); 121, 343 (345); 124, 164 (166); 154, 316 (318); BFH in BStBl. 1987 II, 461 (462); 1989 II, 854 (855); 1990 II, 595 (596); 1994 II, 479 (480); BFHE 176, 413 (414); 523 (525); 178, 371 (373); 180, 272 (273); BFH in GmbHR 1997, 315 (316); 609 (610); BFH in DStR 1997, 1161 (1162); BFH in DB 1997, 1798; BFH in NJW 1997, 2198; siehe aus der Literatur ferner nur *Wassermeyer* in FR 1989, 218 (219); *Winter* in GmbHR 1992, 32 (32 f.); *Goecke* in BB 1995, 2467; MünchHdbuchGesR III/*Wrede*, Rn. 14 zu § 61; *Langohr-Plato* in ZAP 1996, Fach 15, 197 (209).

Denkfigur des ordentlichen und gewissenhaften Geschäftsleiters nicht herangezogen und die Veranlassung der Vermögensminderung durch das Gesellschaftsverhältnis nach einem anderen Maßstab beurteilt.[267]

Ist allerdings der begünstigte Anteilseigner zugleich ein beherrschender Gesellschafter, so kann eine verdeckte Gewinnausschüttung auch dann anzunehmen sein, wenn die Kapitalgesellschaft eine Leistung an ihn erbringt, für die es an einer klaren, im voraus getroffenen, zivilrechtlich wirksamen (vgl. dazu etwa die Regelung des § 181 BGB) und tatsächlich durchgeführten Vereinbarung fehlt.[268] Denn hier besteht im Verhältnis zwischen der Gesellschaft und dem beherrschenden Gesellschafter wegen des fehlenden Interessengegensatzes ansonsten die Möglichkeit, den Gewinn der Gesellschaft mehr oder weniger beliebig festzusetzen und ihn im Rahmen einer steuerlichen Gesamtbetrachtung zugunsten des Gesellschafters und zuungunsten der Gesellschaft zu beeinflussen.[269]

Darüber hinaus kann eine verdeckte Gewinnausschüttung aber allgemein auch dann vorliegen, wenn eine Kapitalgesellschaft mit ihrem Gesellschafter Bedingungen vereinbart, die von denen abweichen, die voneinander unabhängige Dritte unter gleichen oder unter ähnlichen Verhältnissen vereinbart hätten.[270] In diesen Fällen indiziert das vom Fremdvergleich abweichende Verhalten der Kapitalgesellschaft und ihres Gesellschafters die Veranlassung im Gesellschaftsverhältnis.[271]

Auf dieser Grundlage hat die höchstrichterliche Finanzrechtsprechung beispielsweise wiederholt dahin entschieden, daß es für die Angemessenheit der Bezüge eines Gesellschafter-Geschäftsführers keine festen Regeln gebe.[272] Im Rahmen einer Gesamtbetrachtung seien als maßgebliche Beurteilungskriterien vielmehr Art und Umfang der Tätigkeit, die künftigen Ertragsaussichten des Unternehmens, das Verhältnis des Geschäftsführerge-

---

[267] Vgl. zu einem ausnahmsweise abweichenden Maßstab bei Erstausstattung einer Kapitalgesellschaft beispielsweise BFH in BStBl. 1984 II, 673 (675 f.); *Winter* in GmbHR 1992, 32 (33).

[268] Siehe dazu etwa BFH in BStBl. 1974 II, 497 (498) – nachträgliche Gehaltszahlungen als verdeckte Gewinnausschüttung –; BFH in BStBl. 1985 II, 345 (346 f.) – Sondervergütungen, die nach Grund und Höhe nicht vorab eindeutig bestimmt waren, als verdeckte Gewinnausschüttung –; BFH in BStBl. 1987 II, 461 (463) – freiwillige Übernahme von Arbeitgeberanteilen zur Sozialversicherung als verdeckte Gewinnausschüttung, wenn es hierfür an einer zuvor klar und eindeutig abgeschlossenen Vereinbarung fehlt –; BFH/NV 1990, 64 (65 f.) – Gehaltszahlungen als verdeckte Gewinnausschüttung, wenn diese entgegen einer vertraglichen Vereinbarung nicht auch tatsächlich monatlich geleistet werden –; BFH in BStBl. 1994 II, 479 (482) – Umsatzrückvergütungen, die nach ihrer Höhe nicht vorab eindeutig bestimmt waren, als verdeckte Gewinnausschüttung –; vgl. ferner nur BFHE 124, 164 (168 f.); 135, 519 (522 f.); BFH in BStBl. 1989 II, 475 (476); 636 (637); BFHE 178, 371 (373); BFH in GmbHR 1997, 315 (316); 609 (610); BFH in DStR 1997, 1161 (1162); BFH in DB 1997, 1798; *Wassermeyer* in FR 1989, 218 (219); *Winter* in GmbHR 1992, 32 (33 f.); *Mink* in GmbHR 1995, 644; *Wochinger*, Rn. 49; *Heidel/Pauly*, Rn. 49 zu § 2; MünchHdbuchGesR III/*Wrede*, Rn. 25 zu § 61; *Langohr-Plato* in ZAP 1996, Fach 15, 197 (202); *Neumann* in GmbHR 1997, 292 (294).

[269] So zutreffend BFH in BStBl. 1985 II, 345 (346); 1987 II, 461 (463); 1989 II, 636 (637); 1994 II, 479 (480); *Winter* in GmbHR 1992, 32 (33).

[270] Vgl. dazu nur BFH in DStR 1997, 1161 (1162); *Ahrenkiel/Peters* in DStR 1997, 1349.

[271] BFH in DStR 1997, 1161 (1162); *Ahrenkiel/Peters* in DStR 1997, 1349.

[272] Vgl. so etwa BFHE 124, 164 (166); BFH in BStBl. 1989 II, 854 (855); BFHE 176, 523 (526); dem zustimmend auch das Schrifttum; siehe dazu nur *Langohr-Plato* in ZAP 1996, Fach 15, 197 (207).

halts zum Gesamtgewinn und zur verbleibenden Kapitalverzinsung sowie Art und Höhe der Vergütungen, die gleichartige Betriebe ihren Geschäftsführern für entsprechende Leistungen gewähren würden, zu berücksichtigen.[273]

Allein der Umstand, daß eine freiberufliche Tätigkeit im allgemeinen durch eine sehr starke Personenbezogenheit gekennzeichnet ist und der Fremdvergleich mit selbständig tätigen Steuerberatern, Architekten, Ingenieuren etc. häufig auf ein höheres Gehaltsniveau schließen läßt, kann insoweit aber nicht dazu führen, daß im Falle einer „Freiberufler-Kapitalgesellschaft" ein über den angemessenen „Mindestgewinn" hinausgehendes Einkommen in vollem Umfang als Tätigkeitsvergütung an die Gesellschafter-Geschäftsführer ausgekehrt werden dürfte.[274] Auch eine „Freiberufler-AG/KGaA/GmbH" hat als Erwerbsunternehmen die bestimmungsgemäße Aufgabe, Gewinne zu erzielen und die Gewinne nach Möglichkeit zu steigern.[275] Folgerichtig würde ein nur kapitalistisch beteiligter Gesellschafter dem erfolgreichen (Fremd-)Geschäftsführer einer „Freiberufler-Kapitalgesellschaft" in der Regel zwar gegebenenfalls eine höhere Tätigkeitsvergütung zahlen, aber gleichwohl nicht das gesamte über den angemessenen „Mindestgewinn" der juristischen Person hinausgehende Einkommen überlassen.[276] Die Qualifizierung als „Freiberufler-Kapitalgesellschaft" mag daher bestenfalls zur Konsequenz haben, daß die Obergrenze für die Angemessenheit der Bezüge der Gesellschafter-Geschäftsführer etwas großzügiger festgelegt werden kann.[277] Eine „Freigabe" der Bezüge etwa in dem Sinne, daß Tätigkeitsvergütungen der Gesellschafter-Geschäftsführer von „Freiberufler-Kapitalgesellschaften" vollends „immun" gegen das Rechtsinstitut der verdeckten Gewinnausschüttung wären, kommt aber ersichtlich nicht in Betracht.[278]

Im Zuge dessen können nach der allgemein zu § 8 III 2 KStG ergangenen Judikatur des BFH beispielsweise *umsatzabhängige* Tantiemen steuerrechtlich nur ausnahmsweise Berücksichtigung finden, falls der Steuerpflichtige imstande ist, besondere Gründe vorzubringen, weshalb die angestrebten Ziele durch die Gewährung einer gewinnabhängigen

---

[273] BFHE 124, 164 (166); BFH in BStBl. 1989 II, 854 (855 f.); BFHE 176, 523 (526); *Langohr-Plato* in ZAP 1996, Fach 15, 197 (206); vgl. speziell zur Angemessenheit der von einer „Freiberufler-GmbH" (konkret: einer Steuerberatungs-GmbH) an ihre Gesellschafter-Geschäftsführer gezahlten Gehälter BFH in BFH/NV 1995, S. 440 f.

[274] So richtig *Wochinger*, Rn. 267.

[275] Vgl. so – unter Rückgriff auf den bestimmungsgemäßen Zweck, den eine Kapitalgesellschaft nach der höchstrichterlichen Finanzrechtsprechung allgemein hat (vgl. dazu etwa BFH in BStBl. 1989 II, 854, 857) – zutreffend *Wochinger*, Rn. 267.

[276] *Wochinger*, Rn. 267.

[277] Vgl. *Wochinger*, Rn. 268; wohl auch *Gail/Overlack* (steuerrechtlicher Teil), S. 53.
Nach den Ausführungen von *Sommer* in PatAnwMitt. 1998, 41 (49) geht die Praxis der Finanzbehörden teilweise dahin, daß bei einer „Freiberufler-Kapitalgesellschaft" Gesamtvergütungen von bis zu 300.000 DM jährlich noch als in der Regel angemessen behandelt werden, während Gesamtvergütungen von über 800.000 DM pro Jahr – zumindest im mittelständischen Bereich – nicht mehr als betrieblich veranlaßt angesehen und demzufolge regelmäßig als verdeckte Gewinnausschüttung behandelt werden. Als allgemeine Faustregel dürfe für die Höhe des angemessenen Jahresüberschusses einer „Freiberufler-Kapitalgesellschaft" vor Ertragsteuer gelten, daß das gezeichnete Kapital mit 15 v. H. jährlich verzinst werde und der Kapitalgesellschaft darüber hinaus noch ein Betrag von 5 v. H. der Summe der an die Gesellschafter für das jeweilige Wirtschaftsjahr gewährten Tantieme verbleibe; vgl. *Sommer*, aaO.

[278] So zutreffend *Wochinger*, Rn. 268.

Vergütung nicht zu erreichen seien.[279] Soweit *gewinnabhängige* Tantiemeversprechen gegenüber mehreren Gesellschafter-Geschäftsführern insgesamt den Satz von 50 v. H. des Jahresüberschusses überstiegen, spreche der Beweis des ersten Anscheins für die Annahme einer verdeckten Gewinnausschüttung, da derart hohe Gewinntantiemen im Zweifel den Charakter einer „Gewinnabschöpfung" aufwiesen.[280] Bei der Beurteilung der Angemessenheit einer Gewinntantieme sei statt dessen von der Höhe der angemessenen Jahresbezüge auszugehen, welche die GmbH bei normaler Geschäftslage ihrem Geschäftsführer zu zahlen bereit und in der Lage sei.[281] Im allgemeinen sollten die Jahresbezüge wenigstens zu rund 75 v. H. aus einem festen und höchstens zu rund 25 v. H. aus einem erfolgsabhängigen Bestandteil bestehen; im übrigen müsse, damit das Verdikt einer verdeckten Gewinnausschüttung hinreichend sicher vermieden werden könne, der variable Tantiemeteil auch noch in einer bestimmten Relation zu dem erwarteten Durchschnittsgewinn ausgedrückt werden.[282]

Eine Vereinbarung, welche die besondere Vergütung von Überstunden zum Gegenstand habe, vertrage sich schon vorweg nicht mit dem Aufgabenbild eines Geschäftsführers; das Verhältnis zwischen einer Kapitalgesellschaft und ihrem Leitungsorgan werde vielmehr durchgehend von dem Vertrauen der Gesellschafter getragen, daß ein Vorstandsmitglied bzw. ein Geschäftsführer – wann auch immer – seine Arbeit verrichte.[283] Demgemäß sind nach der Rechtsprechung des BFH auch die an einen Gesellschafter-Geschäftsführer geleisteten Überstundenvergütungen steuerlich im allgemeinen als verdeckte Gewinnausschüttungen im Sinne des § 8 III 2 KStG zu behandeln.[284] Ebenso stellen auch die an die Gesellschafter-Geschäftsführer zusätzlich gezahlten Tätigkeitsentgelte durchgängig eine verdeckte Gewinnausschüttung dar, soweit sie sich ihrem Umfang nach nicht an dem tatsächlich erbrachten Arbeitseinsatz des einzelnen Geschäftsführers, sondern statt dessen schlicht an den jeweils bestehenden gesellschaftsrechtlichen Beteiligungsverhältnissen ausrichten.[285]

Das Risiko der Bejahung einer verdeckten Gewinnausschüttung durch die Finanzverwaltung und die Gerichte ist aus materieller Sicht im übrigen freilich keineswegs allein auf solche Vermögensvorteile beschränkt, die einem Anteilseigner nach dem Inhalt eines separat abgeschlossenen schuldrechtlichen Vertrages mit „seiner" Kapitalgesellschaft de facto sofort und unmittelbar zufließen sollen. Die Regelung des § 8 III 2 KStG erfaßt daneben vielmehr auch in die Zukunft gerichtete Pensionszusagen sowie sonstige Vermögenswerte, die entweder dem Gesellschafter persönlich *oder einer anderen, ihm sonst nahestehenden Person* zeitnah oder später zuteil werden sollen.[286]

---

[279] Vgl. BFHE 124, 164 (168); BFH in BStBl. 1989 II, 854 (856).

[280] Siehe dazu BFHE 176, 523 (526 f.); *Sommer* in PatAnwMitt. 1998, 41 (49).

[281] BFHE 176, 523 (527).

[282] BFHE 176, 523 (527 f.); *Sommer* in PatAnwMitt. 1998, 41 (49).

[283] BFH in DStR 1997, 1161 (1162).

[284] Vgl. BFH in DStR 1997, 1161 (1162 f.).

[285] Vgl. dazu BFH in DB 1998, S. 111.

[286] Vgl. speziell zu verdeckten Gewinnausschüttungen an nahestehende Personen etwa BFHE 98, 470 (472) – keine Möglichkeit einer Kapitalgesellschaft, steuerlich wirksam Rückstellungen für Leistungen an eine dem Gesellschafter nahestehende Person zu bilden, auf die diese keinen schuldrechtlichen Anspruch hat –; BFHE 121, 343 (345) – Zusage einer Witwenrente an geschiedene Ehefrau als verdeckte Gewinnausschüttung, sofern der Gesellschafter-Geschäftsführer sich später wieder anderweitig verheiratet –; BFHE 154, 316 (320 f.) – nachträgliches Versprechen einer Pensionserhöhung

Demgemäß stellt die Finanzrechtsprechung etwa bei der Beurteilung der Frage, ob die einem Gesellschafter-Geschäftsführer erteilte Pensionszusage dem Grunde nach angemessen erscheint, neben anderen Kriterien (wie z. B. der wirtschaftlichen Leistungskraft des Unternehmens) entscheidend darauf ab, ob ein gesellschaftsfremder Geschäftsführer die Pension in vergleichbarer Situation ebenfalls noch erdienen könnte.[287] In Anlehnung an den Rechtsgedanken des § 1 I BetrAVG sei davon auszugehen, daß die Zusage einer Pension an einen Gesellschafter-Geschäftsführer generell eine verdeckte Gewinnausschüttung darstelle, falls der Zeitraum zwischen dem Zeitpunkt der Zusage der Pension und dem vorgesehenen Zeitpunkt des Eintritts in den Ruhestand weniger als zehn Jahre betrage.[288] Bei einem nicht beherrschenden Gesellschafter-Geschäftsführer scheide eine steuerliche Abzugsfähigkeit der Pensionszusage ferner dann aus, wenn die Zeitspanne zwischen der Erteilung der Pensionszusage und dem vorgesehenen Zeitpunkt des Eintritts in den Ruhestand zwar mindestens drei Jahre betrage, der Gesellschafter-Geschäftsführer dem Betrieb aber zuvor weniger als zwölf Jahre angehört habe.[289] Sobald ein Gesellschafter-Geschäftsführer im Zeitpunkt der Pensionszusage bereits das 60. Lebensjahr überschritten habe, steige das Risiko einer kurzfristigen Inanspruchnahme der Pension im übrigen freilich in

---

an eine dem Gesellschafter nahestehende Person als verdeckte Gewinnausschüttung, sofern die Pensionen der übrigen Arbeiter und Angestellten des Unternehmens an die gestiegenen Lebenshaltungskosten nicht in gleicher Weise angepaßt werden –; sowie unlängst wieder BFH in NJW 1997, 2198 f.

Nach der letztgenannten Entscheidung ist der unmittelbaren Zuwendung eines Vermögensvorteils an einen Gesellschafter die an einen Dritten für gewöhnlich gleichzusetzen, falls sie gleichermaßen durch das Gesellschaftsverhältnis veranlaßt worden ist. Sofern der Dritte einem Gesellschafter nahestehe, sei dies als Indiz für die Veranlassung durch das Gesellschaftsverhältnis zu bewerten. Zur Begründung des „Nahestehens" reiche jede Beziehung des Gesellschafters zu dem Dritten aus, die den Schluß zulasse, sie habe die Vorteilszuwendung der Kapitalgesellschaft an den Dritten beeinflußt. Derartige Beziehungen könnten nicht nur familienrechtlicher oder gesellschaftsrechtlicher, sondern ebenso allgemein schuldrechtlicher oder auch nur rein tatsächlicher Art sein. Eine verdeckte Gewinnausschüttung an eine nahestehende Person setze – entgegen einer vormals anderslautenden Judikatur – auch nicht voraus, daß die Zuwendung daneben noch einen Vorteil für den Gesellschafter selbst zur Folge habe; kritisch gegenüber dieser Rechtsprechungsänderung etwa *Mahlow* in DB 1997, 1640 (1641 f.); wie dieser *Heidel/Pauly*, Rn. 54 zu § 2; MünchHdbuchGesR III/*Wrede*, Rn. 19 zu § 61.

[287] Siehe etwa BFHE 176, 413 (414 f.); 177, 427 (428); 180, 272 (273); zustimmend *Mink* in GmbHR 1995, 644 (645).

[288] Vgl. für den beherrschenden Gesellschafter-Geschäftsführer BFHE 176, 413 (415 f.); *Mink* in GmbHR 1995, 644 (645); *Heidel/Pauly*, Rn. 28 zu § 9; *Neumann* in GmbHR 1997, 292 (293); insoweit Zweifel an der sinngemäßen Anwendbarkeit des § 1 BetrAVG anmeldend allerdings *Langohr-Plato* in ZAP 1996, Fach 15, 197 (203 f.) sowie *Kreppel* in WiB 1996, 1112 (1112 f.); für den nicht beherrschenden Gesellschafter-Geschäftsführer siehe ferner BFHE 180, 272 (274).

[289] Siehe dazu unlängst BFHE 180, 272 (274); *Neumann* in GmbHR 1997, 292 (294).

Einem beherrschenden Gesellschafter-Geschäftsführer kann eine Kapitalgesellschaft im Vergleich dazu schon von vornherein keine steuerlich wirksame Pensionszusage erteilen, falls diese vergangenheitsbezogen auch an die bisherige Dauer der Betriebszugehörigkeit anknüpfen soll. Denn insoweit ist zu bedenken, daß die Leistungen einer Kapitalgesellschaft an ihren beherrschenden Gesellschafter wegen des zwischen beiden fehlenden Interessengegensatzes bereits prinzipiell und von Haus aus einem umfassenden Nachzahlungsverbot unterliegen; vgl. so richtig BFHE 176, 413 (416); 180, 272 (274).

einem solchen Maße an, daß die Pension auch von einem noch rüstig erscheinenden Arbeitnehmer wegen nachlassender Arbeitsfähigkeit nicht mehr erdient werden könne.[290]

Eine verdeckte Gewinnausschüttung nimmt die finanzgerichtliche Judikatur des weiteren auch an, sofern eine Kapitalgesellschaft ihrem Gesellschafter-Geschäftsführer als Gegenleistung für seine Geschäftsführertätigkeit kein laufendes Gehalt, sondern nur eine Pension zusagt, die im folgenden nicht einmal durch eine zusätzliche Rückdeckungsversicherung abgesichert wird.[291] Denn ein fremder Angestellter würde sich hier anstelle des Gesellschafter-Geschäftsführers gleichfalls nicht mit einer derart einseitigen Risikoverteilung einverstanden erklären, die ihn mit der Gefahr belasten würde, für eine unter Umständen jahrzehntelang ausgeübte Tätigkeit letzten Endes keinerlei Vergütung zu erhalten.[292] Im übrigen hält der BFH eine Pensionszusage an einen Gesellschafter-Geschäftsführer in der Regel ohnehin nur für angemessen, wenn sie sich nach ihrer relativen Höhe auf maximal 75 % der letzten Aktivlöhne beschränkt.[293] Ansonsten sei jedoch nichts dagegen einzuwenden, daß die Pensionsvereinbarung für die Zeit nach Rentenbeginn eine kontinuierliche Erhöhung der Pensionssumme um jährlich 2 % vorsehe.[294]

Die vorstehenden, hier in erster Linie zu Gehaltszahlungen und Pensionszusagen herausgesuchten finanzgerichtlichen Entscheidungen belegen exemplarisch, daß sich das Risiko des Vorliegens einer verdeckten Gewinnausschüttung im Ergebnis wohl kaum für alle Sachverhaltskonstellationen zuverlässig ausschließen läßt, in denen die Angehörigen der freien Professionen kraft ihrer Eigenschaft als Gesellschafter-Geschäftsführer in besondere vertragliche Beziehungen zu der von ihnen betriebenen „Freiberufler-Kapitalgesellschaft" treten. Auf diese Weise mag die steuerliche Einordnung eines Rechtsgeschäfts als verdeckte Gewinnausschüttung für die Betroffenen zwar im Einzelfall durchaus einmal den Charakter eines „unkalkulierbaren Zufallsergebnisses" tragen.[295] Auf der anderen Seite läßt sich aber auch nicht verkennen, daß gerade die fortschreitende und beständige richterrechtliche Präzisierung des Tatbestandes der verdeckten Gewinnausschüttung nach § 8 III

---

[290] Vgl. dazu BFHE 176, 413 (416); 177, 427 (429); *Mink* in GmbHR 1995, 644 (646); *Heidel/Pauly*, Rn. 28 zu § 9; *Langohr-Plato* in ZAP 1996, Fach 15, 197 (203 f.).

Die so präzisierte Rechtsprechung scheint um so bemerkenswerter, als der Bundesfinanzhof bis zum Jahre 1982 sogar noch davon ausgegangen war, daß Rückstellungen für die Verpflichtung zur Zahlung einer Pension an den beherrschenden Gesellschafter-Geschäftsführer einer Kapitalgesellschaft unter der Annahme zu bemessen seien, daß der Pensionsberechtigte erst mit der Vollendung des 75. Lebensjahres in den Ruhestand trete; vgl. zur Aufgabe dieser Judikatur schließlich BFHE 135, 519 (524 ff.). Seitdem veranschlagt der BFH das regelmäßige Ruhestandsalter, an dem sich die vertragliche Pensionszusage einer Kapitalgesellschaft an ein Leitungsorganmitglied ihrer Höhe nach auszurichten habe, bei typisierender Betrachtungsweise auf die Vollendung des 65. Lebensjahrs; siehe dazu etwa BFHE 135, 519 (526); BFH in BStBl. 1991 II, 379 (380 f.); *Mink* in GmbHR 1995, 644 (645); *Langohr-Plato* in ZAP 1996, Fach 15, 197 (204).

[291] Vgl. BFHE 178, 203 (206); dem folgend *Langohr-Plato* in ZAP 1996, Fach 15, 197 (207 f.).

[292] BFHE 178, 203 (206 f.); ebenso *Langohr-Plato* in ZAP 1996, Fach 15, 197 (207).

[293] Vgl. BFH in GmbHR 1995, 830 (833); BFHE 178, 203 (205); *Langohr-Plato* in ZAP 1996, Fach 15, 197 (198 u. 205); a. A. – Angemessenheitsprüfung anhand des Verhältnisses von Aktiv- und Pensionsbezügen ist nicht erforderlich – offenbar *Mink* in GmbHR 1995, 644 (646).

[294] BFHE 178, 313 (315 f.); ebenso auch *Langohr-Plato* in ZAP 1996, Fach 15, 197 (209).

[295] So etwa die Einschätzung von *Bellstedt* in AnwBl. 1995, 573 (574 u. 580); *Kaiser/Bellstedt*, Rn. 543 u. 616; ähnlich auch *Vorbrugg/Salzmann* in AnwBl. 1996, 129 (136).

2 KStG im Ergebnis eine zunehmende Rechtssicherheit zur Folge hat,[296] welche die Kautelarpraxis doch weitgehend in die Lage versetzt, die in dieser Beziehung mitunter noch feststellbaren Restrisiken sukzessive mehr und mehr in Richtung hin auf eine steuerlich optimale Gestaltung zu minimieren.

Darüber hinaus bleibt zu bedenken, daß die Vorschrift des § 8 III 2 KStG nach ihrem legislativen Regelungsgehalt lediglich eine Gewinnkorrekturfunktion aufweist.[297] Demgemäß beschränkt sich die Rechtsfolge der verdeckten Gewinnausschüttung allgemein darauf, daß im Hinblick auf steuerlich an sich abzugsfähige Positionen (Gehalt, Gewinntantieme, Pensionszusage) jeweils nur der seiner Höhe nach unangemessene Teil der Vergütung dem steuerpflichtigen Einkommen der Kapitalgesellschaft zugerechnet wird.[298] Nur dieser „überschießende" Entgeltanteil wirkt bei der Festsetzung der Gewerbe- und gegebenenfalls der Körperschaftsteuer also steuererhöhend für die fragliche Kapitalgesellschaft, und nur dieser inadäquate Vergütungsteil (inkl. der anzurechnenden Körperschaftsteuer) ist auf seiten des betreffenden Gesellschafters – je nachdem, ob er die Beteiligung im Privat- oder im Betriebsvermögen hält – zusätzlich bei seinen Einkünften aus Kapitalvermögen (§ 20 I Nr. 1 Satz 2, Nr. 3 EStG) oder aber bei seinen gewerblichen Einkünften (§ 20 III EStG) zu berücksichtigen.[299]

Durch die regelmäßige Umqualifizierung allein des unangemessenen Vergütungsteils in eine verdeckte Gewinnausschüttung vermindert sich auf diese Weise die Sanktionswirkung des § 8 III 2 KStG deutlich, und der von der Regelung ausgehende Abschreckungseffekt stellt sich aus der Sicht der Gesellschafter-Geschäftsführer mithin lediglich als ein begrenzter dar. Das Risiko, im nachhinein wegen einer unverhältnismäßigen, zum Nachteil der Kapitalgesellschaft durchgeführten Gewinnabschöpfung mit steuerlichen Mehrforderungen belastet zu werden, erweist sich für die Berufstätigen in Anbetracht der vom BFH insoweit praktizierten geltungserhaltenden Reduktion also durchaus als hinreichend kalkulier- und damit letztlich auch als ohne weiteres tragbar.

c) Zwischenergebnis

Unbeschadet des eingangs betonten Umstandes, wonach generalisierende Aussagen auf dem Gebiet des Steuerrechts nur in sehr eingeschränktem Maße möglich sind, wird man hiernach – bei aller gebotenen Vorsicht – im Ergebnis doch konstatieren dürfen, daß die im Recht der Kapitalgesellschaften zusätzlich bestehende Möglichkeit, auch im Verhältnis zwischen der juristischen Person und ihren einzelnen Gesellschafter-Geschäftsführern Rechtsgeschäfte mit steuerlich beachtlicher Wirkung vornehmen zu können, im allgemeinen einen spürbaren steuerrechtlichen Vorteil der „Freiberufler-AG/GmbH" gegenüber

---

[296] So auch *Mink* in GmbHR 1995, 644 (646).

[297] Vgl. so ausdrücklich BFH in GmbHR 1997, 315 (316); 609 (610); siehe ferner nur *Wassermeyer* in FR 1989, 218 (220 f.); *ders.* in GmbHR 1998, 157 (159).

[298] Siehe dazu etwa BFHE 124, 164 (168); 176, 523 (527); 179, 88 (90) – jeweils zu umsatz- bzw. gewinnabhängigen Tantiemeversprechen –; aus dem Schrifttum z. B. *Heidel/Pauly*, Rn. 220 zu § 13; *Langohr-Plato* in ZAP 1996, Fach 15, 197 (209).

[299] Vgl. dazu nur *Gail/Overlack* (steuerrechtlicher Teil), S. 56 f.; *Heidel/Pauly*, Rn. 58 f. zu § 2; MünchHdbuchGesR III/*Wrede*, Rn. 42 zu § 61.

den vorbehandelten Personengesellschaftstypen der Sozietät und der Partnerschaft zu begründen vermag.[300]

Die auf erste Sicht durchaus mißlichen Auswirkungen einer zusätzlichen Gewerbesteuerpflicht lassen sich für eine „Freiberufler-Kapitalgesellschaft" in der Regel dadurch kompensieren, daß die betreffende Dienstleistungs-GmbH/AG von den Gesellschaftern nur mit einem verhältnismäßig geringen Eigenkapital ausgestattet wird und mittels einer geschickten, aber gleichwohl die Grenzen der verdeckten Gewinnausschüttung wahrenden kautelarjuristischen Gestaltung steuerlich abzugsfähige Gehälter und Gewinntantiemen gezahlt sowie entsprechende, ebenfalls den Gesellschaftsgewinn mindernde Pensionsrückstellungen für die Gesellschafter-Geschäftsführer und ihnen nahestehende Personen gebildet werden.[301] Dabei dürfte insbesondere die steuerliche Privilegierung der Altersversorgung in der „Freiberufler-Kapitalgesellschaft" den unwillkommenen Nachteil der parallel hinzutretenden Gewerbeertragsteuerpflicht zumeist nicht nur ausgleichen, sondern oft genug – wegen des mitunter beachtlichen Steuerstundungseffekts sowie der damit verbundenen Zins- und Liquiditätssteigerungen – sogar in einen zugunsten der juristischen Person und ihrer Gesellschafter-Geschäftsführer wirkenden Steuervorteil umwandeln.[302]

3. Sonstige steuerlich relevante Kriterien

Eine juristische Analyse der übrigen steuerrechtlichen Rahmenbedingungen für den Betrieb einer „Freiberufler-Kapitalgesellschaft" läßt gleichfalls bestimmte steuerliche Vorzüge dieser Rechtsform gegenüber den personengesellschaftlichen Typen der Freiberufler-Sozietät und der Partnerschaft erkennen.

---

[300] Ebenso *Gail/Overlack* (steuerrechtlicher Teil), S. 67; *Korts/Rodenbusch*, S. 25; *Römermann/Spönemann* in NZG 1998, 15 (19 f.).

[301] Vgl. so auch die Red.-Anm. in GmbHR 1990, R 77, zum Stichwort „Freiberufler-GmbH"; *Scharl* in StB 1989, 397 (402); *Cramer* in MedR 1995, 104: „... Idealziel ist dabei eine GmbH, die aus ihrem Geschäftsbetrieb keinen Gewinn erwirtschaftet, sondern bei der die Geschäftsführerbezüge dem Überschuß der Gesellschaft entsprechen."; ähnlich *Korn* in DStR 1995, 1249 (1256): „Eine Alternative ist ... die Flucht in die (Freiberufler-, sic!)GmbH, deren Gewerbesteuerbelastung durch hohe Arbeitsvergütungen minimiert werden kann."; ebenso *Römermann*, S. 177; *Oppermann* in AnwBl. 1995, 453 (456); *Ehlers* in NWB 1995, Fach 3, 9499 (9415); *Römermann/Spönemann* in NZG 1998, 15 (19 f.); siehe allgemein für den Rechtsformvergleich zwischen Personen- und Kapitalgesellschaft auch *Giere* in DB 1997, 1351 (1353); a. A. aber offenbar *Rabe* in NJW 1989, 1113 (1117); *Neuenfeld-Neuenfeld*, Band 1, Rn. 103 f. zu Teil I sowie *Sommer* in GmbHR 1995, 249 (258), wonach die steuerrechtlichen Nachteile der GmbH im Einzelfall gegen den Vorteil einer gesellschaftsrechtlichen Haftungsbeschränkung abzuwägen seien.

[302] Ebenso *Henssler* in ZIP 1994, 1871 (1872); *ders.* in DB 1995, 1549 (1555); *ders.*, Rn. 31 Einf zum PartGG; *ders.* in Henssler/Prütting (Hrsg.), Rn. 16 im Anhang zu § 59a BRAO; *Scharl* in StB 1989, 397 (402); *Hellwig*, Verhandlungen des 58. DJT (1990), Teil M, 82 (84); *Korts/Rodenbusch*, S. 25 u. S. 28 f.; desgleichen *Römermann*, S. 177: „... für viele größere Anwaltskanzleien das entscheidende Motiv zugunsten der Gründung einer Kapitalgesellschaft ..."; *Römermann/Spönemann* in NZG 1998, 15 (19 f.); wohl auch *Gail/Overlack* (steuerrechtlicher Teil), S. 67; a. A. – allerdings ohne nähere Begründung – die Red.-Anm. in DStR 1995, 1623 (1624); *Sauren/Haritz* in MDR 1996, 109 (113); ähnlich zurückhaltend auch *Vorbrugg/Salzmann* in AnwBl. 1996, 129 (136).

So ist der Gewinn aus der Veräußerung eines Gesellschaftsanteils an einer Sozietät oder einer Partnerschaft, sofern er die Freibeträge des § 16 IV EStG übersteigt, gemäß § 18 III EStG i.V.m. § 34 EStG in der Regel zumindest mit dem halben Steuersatz einkommensteuerpflichtig.[303] Demgegenüber unterliegen Gewinne aus der Veräußerung der Beteiligung an einer Kapitalgesellschaft im allgemeinen lediglich dann der Einkommensteuer, wenn der Veräußerer zu mehr als einem Viertel an der betreffenden AG/KGaA/GmbH beteiligt war (vgl. § 17 I 4 EStG). Insbesondere in größeren „Freiberufler-Kapitalgesellschaften" mit fünf und mehr Gesellschaftern resultiert daraus im direkten Vergleich die vorteilhaftere Möglichkeit eines regelmäßig gänzlich steuerfreien Veräußerungsgewinns.[304]

Die spezielle Attraktivität der Kapitalgesellschaften gerade für zahlenmäßig große überörtliche und internationale Freiberufler-Zusammenschlüsse zeigt sich daneben vor allem an den nachteiligen Auswirkungen, die in dieser Beziehung über § 15 III Nr. 1 EStG spiegelbildlich im Recht der Personengesellschaften aus der Geltung der sog. Abfärbetheorie zu erwachsen drohen. Denn übt beispielsweise innerhalb einer überörtlichen oder internationalen Sozietät bzw. Partnerschaft auch nur einer der Gesellschafter eine (sei es auch noch so geringfügige) gewerbliche Betätigung aus, so werden in der Folge stets und unweigerlich sämtliche Einkünfte der Sozietät/Partnerschaft unterschiedslos für alle Teilhaber in gewerbliches (und damit auch der Gewerbeertragsteuer unterliegendes) Einkommen umqualifiziert.[305] Ein solches permanent-latentes Gewerbesteuerrisiko wird ein größer dimensionierter Freiberufler-Zusammenschluß, dem letztlich an einer dauerhaften und beständigen internationalen Expansion gelegen ist, auf längere Sicht aber kaum zu tragen

---

[303] Vgl. *Heinemann* in AnwBl. 1991, 233 (237); *Henssler* in DB 1995, 1549 (1552); MünchKommBGB-*Ulmer*, Rn. 22 vor § 1 PartGG; *Römermann/Spönemann* in NZG 1998, 15 (20).

[304] *Heinemann* in AnwBl. 1991, 233 (237); *Scheuffler* in MedR 1995, 99 (102); *Sommer* in GmbHR 1995, 249 (257); *ders.* in PatAnwMitt. 1998, 41 (48); *Henssler* in DB 1995, 1549 (1552); *ders.* in GmbHR 1995, 756 (757); *ders.*, Rn. 21 Einf. zum PartGG; MünchKommBGB-*Ulmer*, Rn. 22 vor § 1 PartGG; *Römermann/Spönemann* in NZG 1998, 15 (20).

Etwas anderes müßte freilich gelten, falls es sich bei den zur Veräußerung anstehenden Kapitalanteilen um sog. einbringungsgeborene Anteile i. S. d. § 21 I UmwStG handelt, bei denen anläßlich der vormaligen Einbringung eines Sozietätsvermögens in eine Kapitalgesellschaft lediglich eine Fortschreibung zu den niedrigeren Buchwerten erfolgte und also bislang keine Aufdeckung der stillen Reserven, d. h. insbesondere des immateriellen freiberuflichen Praxiswerts, stattgefunden hat. Bei einer solchen Sachlage würde ein späterer Verkauf der einbringungsgeborenen Kapitalanteile anschließend in jedem Fall eine – allerdings gleichfalls tarifermäßigte – Steuerpflicht des Gesellschafters bei der Einkommensteuer auslösen, die sich alsdann jedoch nicht nur auf die ursprünglich unbesteuert gebliebene Wertdifferenz (d. h. vor allem auf die vorige Aussparung des eingebrachten Praxiswerts) bezöge, sondern daneben auch etwaige zusätzliche Wertsteigerungen der Kapitalanteile in der Zeit zwischen der Einbringung und dem späteren Verkauf miteinschlösse; siehe dazu näher *Scheuffler* in MedR 1995, 99 (103); *Sauren/Haritz* in MDR 1996, 109 (111); *Vorbrugg/Salzmann* in AnwBl. 1996, 129 (140); *Gail/Overlack* (steuerrechtlicher Teil), S. 62 f.; *Kaiser/Bellstedt*, Rn. 673.

[305] Vgl. dazu auch den von *Portner/Bödefeld* in IWB 1993, Gruppe 3, 1037 (1046) angeführten Beispielsfall, wonach einer inländischen Rechtsanwaltssozietät mit Auslandsbüro das Risiko einer umfassenden Gewerbesteuerpflicht drohe, soweit in der ausländischen Niederlassung ausschließlich angestellte Rechtsanwälte tätig würden. In einer solchen Konstellation bestehe ohne weiteres die Gefahr, daß die selbständige freiberufliche Arbeit für alle Teilhaber einheitlich in eine gewerbliche Tätigkeit umschlage, weil nur schwer vorstellbar sei, daß die Kontrolle der im Ausland tätigen angestellten Arbeitskräfte entsprechend den Vorgaben des § 18 I Nr. 1 Satz 3 EStG weiterhin unter der leitenden und eigenverantwortlichen Kontrolle der inländischen Sozien stehe.

bereit sein. Hier bietet erst die zu einer eigenen juristischen Person verselbständigte Kapitalgesellschaft eine strukturell verfestigte Rechtsform mit konstant kalkulierbaren steuerrechtlichen Rahmenbedingungen, bei der das Manko einer generellen Gewerbesteuerpflicht durch die vergleichsweise deutlich weiter reichenden, kautelarjuristisch entwickelten Steuerersparnismöglichkeiten (d. h. insbesondere durch den Abschluß steuerlich wirksamer Rechtsgeschäfte im Verhältnis zwischen Gesellschaft und Gesellschafter-Geschäftsführern) im Durchschnitt mehr als ausgeglichen wird.[306]

Dagegen dürfte der Umstand, daß eine Kapitalgesellschaft – anders als eine Sozietät oder eine Partnerschaft – nach den §§ 6 I, 238 ff., 242 ff. HGB bereits kraft Gesetzes zu einer umfassenden Buchführung und Rechnungslegung verpflichtet ist, in erster Linie wohl nur kleinere freiberufliche Verbindungen davon abhalten, sich in einer AG/KGaA/GmbH zur gemeinsamen Berufsausübung zusammenzuschließen. So mag die für die „Freiberufler-Kapitalgesellschaft" über § 5 I EStG vorgezeichnete steuerliche Gewinnermittlung durch Betriebsvermögensvergleich nach § 4 I EStG für die beteiligten Gesellschafter in der Tat einen verhältnismäßig höheren organisatorischen Aufwand und eine gewisse finanzielle Mehrbelastung zur Folge haben.[307] Auch ist nicht zu verkennen, daß durch die zwingend vorgegebene ausschließliche Geltung des sog. Bilanzstichtagsprinzips für eine „Freiberufler-AG/KGaA/GmbH" die Möglichkeit entfällt, ebenso wie eine Sozietät oder eine Partnerschaft nach § 4 III EStG durch die Wahl des Zeitpunktes von Honorareinnahmen und die Zahlung von Betriebsausgaben das steuerliche Jahresergebnis zu beeinflussen.[308] Doch wird man sich auf der anderen Seite bewußt machen müssen, daß gerade in mitgliederstarken überörtlichen und internationalen Freiberufler-Sozietäten, wie sie zu Beginn der neunziger Jahre insbesondere auf dem anwaltlichen Sektor entstanden sind, aus Gründen einer intern leichter überschaubaren Betriebsstruktur und einer besseren Übersichtlichkeit des Rechnungswesens ohnehin üblicherweise eine kaufmännische Buchführung erfolgt.[309]

Die sonstigen steuerlich relevanten Kriterien legen somit durchaus die Grundthese nahe, daß ein Einsatz der kapitalgesellschaftlichen Rechtsformen zur zivilvertraglichen Erbringung freiberuflicher Dienstleistungen – zumindest von der Warte der Berufstätigen aus betrachtet – tendenziell um so vorzugswürdiger erscheinen muß, je größer und flächendeckender ein Freiberufler-Zusammenschluß die von ihm versprochenen Dienstleistungen auf überregionaler oder gar internationaler Ebene gegenüber der Nachfragerseite anbieten will.[310]

Der Betrieb einer AG/KGaA/GmbH hat im übrigen bilanzrechtlich zwar zur Folge, daß eine „Freiberufler-Kapitalgesellschaft" ihren Jahresabschluß, d. h. ihre Bilanz, die Gewinn- und Verlustrechnung sowie den Anhang, – in der jeweiligen Aussagekraft abgestuft nach der einzelnen Unternehmensgröße (vgl. § 267 HGB) – spätestens binnen neun bzw. zwölf

---

306 Vgl. in diesem Sinne ersichtlich auch *Korts/Rodenbusch*, S. 27.

307 Vgl. *Scheuffler* in MedR 1995, 99 (103); *Sommer* in GmbHR 1995, 249 (256); *Sauren/Haritz* in MDR 1996, 109 (113); *Bösert/Braun/Jochem*, S. 33; *Römermann*, S. 176.

308 *Heinemann* in AnwBl. 1991, 233 (237); *Sommer* in GmbHR 1995, 249 (256); *Stehle* in FS der Berufsakademie Villingen-Schwenningen (1995), 458 (476); *Sauren/Haritz* in MDR 1996, 109 (113); *Vorbrugg/Salzmann* in AnwBl. 1996, 129 (136); *Bösert/Braun/Jochem*, S. 33; *Römermann*, S. 176.

309 Vgl. *Maier-Bridou* in AnwBl. 1993, 264 (266); ähnlich *Sauren/Haritz* in MDR 1996, 109 (113).

310 Ebenso *Ahlers* in AnwBl. 1991, 10 (12); *Kaiser/Bellstedt*, Rn. 546; *Bellstedt* in AnwBl. 1995, 573 (574).

Monaten nach Abschluß des betreffenden Geschäftsjahres beim Handelsregister einreichen muß (§§ 325 ff. HGB). Durch diese Registerpublizität wird gegenüber jedermann (vgl. § 9 I HGB) das Unternehmensergebnis einschließlich so sensibler betrieblicher Informationen wie Darlehensumfang, Wert des Anlage- und Umlaufvermögens, Ergebnisverwendung etc. offengelegt.[311] Dieser Umstand mag von einigen Angehörigen der freien Professionen durchaus als unerwünscht oder gar abschreckend empfunden werden.

Doch wird sich die Frage stellen, ob diese eher unwillkommene Begleiterscheinung auf Dauer ernstlich geeignet ist, um ein tragendes Argument gegen einen ansonsten steuerlich interessant und im Mittel wohl oftmals finanziell vorteilhafter scheinenden Betrieb einer „Freiberufler-Kapitalgesellschaft" zu bilden. Die empirischen Erfahrungen auf dem Gebiet der Wirtschaftsprüfung – dort waren zum 1.1.1996 beispielsweise beinahe 96 % aller Wirtschaftsprüfungsgesellschaften als Kapitalgesellschaften organisiert[312] – belegen anschaulich, daß die bilanzrechtliche Registerpublizität samt ihrer nachteiligen Folgen dort, wo sich die Gründung einer „Freiberufler-AG/KGaA/GmbH" im übrigen als lukrativer und marktstrategisch sinnvoller erwiesen hat, von den Angehörigen der Freien Berufe offenbar anstandslos in Kauf genommen zu werden pflegt.[313]

Berücksichtigt man schließlich, daß sich der Wegfall der Vermögensteuer zum 1.1.1997 im Rahmen des Wettbewerbs der verschiedenen Gesellschaftsformen fraglos allgemein und nachhaltig zum Vorteil der Kapitalgesellschaften (und also umgekehrt zum Nachteil der Personengesellschaften) ausgewirkt hat,[314] so wird man bei abschließender Betrachtung kaum umhin kommen, der „Freiberufler-AG/KGaA/GmbH" eine im Mittel wenigstens gleichwertige, wenn nicht sogar oftmals fühlbar erhöhte steuerliche Anziehungskraft im Vergleich zu den grundsätzlich gewerbesteuerfreien Personengesellschaftstypen der Sozietät und der Partnerschaft attestieren zu müssen.

---

[311] *Heinemann* in AnwBl. 1991, 233 (234); *Henssler* in DB 1995, 1549 (1552); *Bellstedt* in AnwBl. 1995, 573 (574); *Kaiser/Bellstedt*, Rn. 543 u. 648 ff.

[312] Vgl. die statistischen Angaben in WPK-Mitt. 1996, 49.

[313] Vgl. ähnlich – aus der Perspektive der Rechtsvergleichung – für das französische Recht auch die Einschätzung von *Schmuck* in RIW 1993, 983 (987), wonach die dort bestehenden, vergleichbaren publizitätsrechtlichen Vorschriften wohl kaum einen Umstand bildeten, der maßgeblich gegen die Gründung einer „Freiberufler-Kapitalgesellschaft" angeführt werden könne.

[314] Vgl. dazu nur *Sommer* in PatAnwMitt. 1998, 41 (48) sowie die Ergebnisse der von *Giere* in DB 1997, 1351 (1352 f.) durchgeführten Teilsteuerrechnung.

Der frühere Vorteil einer Freiberufler-Sozietät oder einer Partnerschaft im Verhältnis zu einer „Freiberufler-AG/KGaA/GmbH" resultierte mit Blick auf die Vermögensteuer daraus, daß jene Steuer bei der Personengesellschaft jeweils nur von den einzelnen Gesellschaftern erhoben wurde, während im Falle der Kapitalgesellschaften sowohl die juristische Person als auch ihre Anteilseigner vermögensteuerpflichtig waren. Anders als im Rahmen der Besteuerung nach dem KStG erfolgte anschließend auch keine Anrechnung der von der Kapitalgesellschaft entrichteten Vermögensteuer auf die diesbezügliche Steuerschuld des einzelnen Teilhabers, so daß sich im Verhältnis zu den personengesellschaftlichen Rechtsformen im Ergebnis eine echte vermögensteuerliche Doppelbelastung einerseits der juristischen Person und andererseits ihrer Gesellschafter ergab; vgl. zur vormaligen Rechtslage nach dem VStG näher *Heinemann* in AnwBl. 1991, 233 (237); *Scheuffler* in MedR 1995, 99 (101 f.); *Sommer* in GmbHR 1995, 249 (257); *Henssler* in DB 1995, 1549 (1552); *Vorbrugg/Salzmann* in AnwBl. 1996, 129 (136); *Bösert/Braun/Jochem*, S. 34; *Gail/Overlack* (steuerrechtlicher Teil), S. 60 f.; *Kaiser/Bellstedt*, Rn. 696.

V. Weitere Vor- und Nachteile einer „Freiberufler-Kapitalgesellschaft" gegenüber einer Sozietät oder einer Partnerschaft

1. Allgemeine rechtliche Kennzeichen

Ein eher ungünstiges Charakteristikum der kapitalgesellschaftlichen Rechtsformen besteht allgemein sicherlich in dem vergleichsweise höheren Verwaltungsaufwand, der mit der Errichtung und dem Betrieb einer „Freiberufler-AG/KGaA/GmbH" verbunden ist.[315] So bedarf hier nicht nur der anfänglich von den Gründern vereinbarte Gesellschaftsvertrag, sondern auch jede spätere Satzungsänderung durch Gesellschafterbeschluß der notariellen Beurkundung (vgl. dazu etwa die §§ 23 I 1, 130 i.V.m. 179 AktG; 2 I, 53 II 1 GmbHG). Im Falle einer Gesellschaft mbH ist zudem auch die rechtsgeschäftliche Übertragung von Geschäftsanteilen sowohl hinsichtlich des Verfügungs- als auch hinsichtlich des Verpflichtungsgeschäfts jeweils an die Einhaltung der notariellen Form geknüpft (§ 15 III, IV GmbHG). Entsprechende Formerfordernisse, die stets und unwillkürlich auch gewisse Mehrkosten zur Folge haben, existieren für eine Freiberufler-Sozietät oder eine Partnerschaft demgegenüber nicht. Ein Partnerschaftsvertrag bedarf gemäß § 3 I PartGG lediglich der Schriftform, und der Abschluß eines Sozietätsvertrags ist an sich sogar formlos möglich.[316]

Allerdings vermag eine „Freiberufler-AG/KGaA/GmbH" einen – wenn auch nur geringen – Kosteneinsparungseffekt speziell im Verhältnis zu einer Partnerschaft dort zu erzielen, wo das Berufsrecht einer Gründung der Kapitalgesellschaft auch in der Form nicht entgegensteht, daß – statt der verschiedenen einzelnen Berufstätigen – lediglich eine aus ihnen gebildete Gesellschaft bürgerlichen Rechts als alleiniger Gesellschafter der juristischen Person fungiert. Diese von der Rechtsprechung allgemein gebilligte[317] und in einigen Berufsrechten sogar ausdrücklich zugelassene[318] Form einer nur mittelbaren Beteiligung an

---

[315] Zutreffend *Bösert/Braun/Jochem*, S. 32 f.

[316] *Gail/Overlack*, S. 35.

[317] Vgl. dazu etwa BGHZ 78, 311 (312 ff.) für die GmbH; BGHZ 118, 83 (99 f.) für die AG.

[318] Siehe dazu für die wirtschafts- und buchprüfenden Berufsstände beispielsweise die Regelung des § 28 IV 2 WPO; vgl. für die Steuerberatungsgesellschaft ferner die Vorschrift des § 50a II 1 StBerG.

Sowohl nach dem Referenten- als auch nach dem Regierungsentwurf zur Regelung der „Anwaltsgesellschaft mit beschränkter Haftung" soll den Rechts- und Patentanwälten im Gegensatz dazu die gleichlautende Möglichkeit einer kostensparenden, lediglich mittelbaren Beteiligung an einer „Anwalts-GmbH", die an sich unschwer über die Mitgliedschaft in einer ausschließlich die GmbH-Anteile haltenden BGB-Gesellschaft bewerkstelligt werden kann, ganz vorenthalten werden. Bereits in der einschlägigen Gesetzesbegründung zu den §§ 59d I BRAOE, 52d I PatAnwOE des Referentenentwurfs hieß es hierzu explizit, daß „... ausschließlich natürliche Personen Gesellschafter kraft Rechtsgeschäfts (sollen, sic!) werden können."; vgl. dazu die entsprechende Dokumentation in ZIP 1997, 1518 (1519); ebenso nunmehr auch der unter dem 18.11.1997 vom Bundeskabinett verabschiedete Regierungsentwurf zur Regelung der „Anwalts-GmbH"; siehe dazu BR-Drucksache 1002/97, S. 15; dem ausdrücklich zustimmend etwa *Dittmann* in ZHR 161 (1997), 332 (333); *Funke* in AnwBl. 1998, 6 (7); kritisch hingegen *Henssler* in ZIP 1997, 1481 (1484 f.); *Sommer* in PatAnwMitt. 1998, 41 (43), wonach diese Restriktion eine übergroße Schwerfälligkeit der Binnenorganisation einer „Anwalts-GmbH" zur Folge haben werde.

der „Freiberufler-Kapitalgesellschaft" hat für die Berufsangehörigen den Vorteil, daß sich der Gesellschafterwechsel auch im Falle einer GmbH auf indirekte Weise kostengünstig durch die stets mögliche formlose Abtretung der Anteile an der BGB-Gesellschaft vollziehen kann.[319] Denn der Übergang eines – bloß ideellen – GmbH-Geschäftsanteils auf einen neu eintretenden Gesamthands-Teilhaber erfolgt hier sodann lediglich mittelbar kraft Gesetzes durch Anwachsung (§ 738 BGB), so daß die Kosten einer ansonsten notwendigen notariellen Beurkundung sowohl des schuldrechtlichen als auch des dinglichen Übertragungsgeschäfts nach § 15 III, IV GmbHG vollständig vermieden werden können.[320]

Demgegenüber kommen bei einer Partnerschaft schon aufgrund der eindeutigen Gesetzesfassung des § 1 I 3 PartGG ausschließlich natürliche Personen als taugliche Gesellschafter in Betracht. Die Möglichkeit, daß eine BGB-Gesellschaft als einziger Teilhaber einer Partnerschaft auftritt, scheidet danach von vornherein aus.[321] Anders als in einer entsprechend ausgestalteten „Freiberufler-Kapitalgesellschaft" löst ein Gesellschafterwechsel bei der Partnerschaft daher folgerichtig auch jedesmal eine kostenpflichtige Eintragung der betreffenden personellen Veränderung im Partnerschaftsregister aus (vgl. § 5 III, IV PRV).[322]

Im Unterschied zu einer Partnerschaft unterbleibt bei einer Kapitalgesellschaft daneben auch eine vergleichbare Eintragung der einzelnen Gesellschafter in das Handelsregister.[323] Der Geschäftsverkehr ist insoweit – geradeso wie bei der ohnehin nicht registerfähigen Freiberufler-Sozietät – also außerstande, die Anteilseigner einer „Freiberufler-AG/KGaA/GmbH" in derselben Weise zu überblicken wie bei einer Partnerschaft.[324] Auch dies dürfte ein Umstand sein, der für einige Angehörige der Freien Berufe bei der Wahl der optimal geeigneten Rechtsform durchaus eine gewisse Relevanz haben mag.

Dagegen wird man den Umstand, daß eine „Freiberufler-Kapitalgesellschaft" ab einer bestimmten Größenordnung eine obligatorische Pflichtprüfung ihres Jahresabschlusses vornehmen lassen muß (vgl. dazu die §§ 267, 316 ff. HGB), kaum als gravierenden Nachteil im Verhältnis zu den personengesellschaftlichen Rechtsformen bewerten können. Zwar unterliegt eine Partnerschaft oder eine Sozietät – abgesehen von einem etwaigen Eingreifen des § 1 I PublG – an sich keinen vergleichbaren Prüfungspflichten, so daß die

---

[319] *Sommer* in GmbHR 1995, 249 (253 f.); *Henssler* in DB 1995, 1549 (1551); *ders.* in ZHR 161 (1997), 305 (316); *ders.* in ZIP 1997, 1481 (1484); *Gail/Overlack*, S. 31 f.; *Vorbrugg/Salzmann* in AnwBl. 1996, 129 (135).

[320] Beim Ein- und Austritt eines Mitglieds sowie bei der Übertragung der Mitgliedschaft an einer Gesamthandsgemeinschaft, zu deren Vermögen ein GmbH-Geschäftsanteil gehört, sind im Rahmen des Mitgliederwechsels unstreitig weder das Verpflichtungs- noch das Erfüllungsgeschäft notariell beurkundungsbedürftig; vgl. dazu nur Baumbach/Hueck-*Hueck*, Rn. 26 u. 34 zu § 15 GmbHG; Beck-GmbH-Hdbuch/*Schacht*, Rn. 17 u. 41 zu § 12; MünchHdbuchGesR III/*Jasper*, Rn. 62, 144 u. 146 zu § 24.

[321] Vgl. nur *Hornung* in Rpfl. 1995, 481 (482); *Feddersen/Meyer-Landrut*, Rn. 6 zu § 1 PartGG; *Bösert/Braun/Jochem*, S. 80; *Henssler*, Rn. 25 zu § 1 PartGG; a. A. allerdings – freilich unter Außerachtlassung der zwingenden Gesetzesregelung des § 1 I 3 PartGG, die insoweit keiner berufsrechtlichen Umformung mehr zugänglich ist – *Gail/Overlack*, S. 32 f.

[322] Vgl. *Henssler* in DB 1995, 1549 (1551).

[323] Vgl. zum ausschließlichen Eintragungsinhalt bei der Eintragung einer AG oder einer GmbH in das Handelsregister beispielsweise die §§ 39 I AktG; 10 I GmbHG.

[324] *Henssler* in DB 1995, 1549 (1551).

gesetzlich vorgeschriebene Jahresabschlußprüfung auf erste Sicht offenbar ausschließlich einen fühlbaren Kostennachteil einer mittelgroßen bzw. großen „Freiberufler-AG/KGaA/GmbH" gegenüber einer entsprechend dimensionierten Freiberufler-Personengesellschaft zu begründen scheint.[325] Doch läßt sich die Pflichtprüfung des Jahresabschlusses andererseits auch durchaus (ähnlich einem „Gütesiegel") als eine Art vertrauensbildende Maßnahme auffassen, die dazu dienen kann, das Renommée des freiberuflichen Zusammenschlusses gegenüber Dritten im Sinne eines zusätzlichen Werbeeffekts noch weiter zu steigern.[326]

Die weiteren rechtlichen Unterschiede zwischen einer „Freiberufler-Kapitalgesellschaft" und den personengesellschaftlichen Rechtsformen der Sozietät und der Partnerschaft lassen für sich betrachtet im Ergebnis somit keine eindeutige strukturelle Vorzugswürdigkeit einer bestimmten Gesellschaftsform erkennen. Da sich die beiderseitigen Vor- und Nachteile unter den sonstigen rechtlichen Strukturmerkmalen jeweils weitgehend die Waage halten, wird man den vorstehend aufgezeigten rechtlichen Verschiedenheiten daher bei abschließender Betrachtung auch regelmäßig keine ausschlaggebende Bedeutung bei der Wahl des optimal geeigneten Gesellschaftstyps für die zivilvertragliche Erbringung freiberuflicher Dienstleistungen zusprechen können.

2. Die interprofessionell zusammengesetzte „Freiberufler-AG/KGaA/GmbH"

Weitaus größere praktische Relevanz kommt aus Sicht der Berufstätigen indes der Frage nach den Möglichkeiten einer fachübergreifenden Kooperation in kapitalgesellschaftlichen Organisationsformen zu. Diesbezüglich ergeben sich in der Tat gewichtige Komplikationen, soweit Angehörige verschiedener freier Professionen – selbst wenn sie untereinander an sich sozietätsfähig sind – ihre beruflichen Leistungen auf interprofessioneller Basis über ein- und dieselbe Kapitalgesellschaft gegenüber dem ratsuchenden Publikum anbieten wollen. Denn einer umfassenden interprofessionellen Kooperation innerhalb einer fachübergreifend zusammengesetzten „Freiberufler-AG/KGaA/GmbH" sind durch die einzelnen Berufsrechte allgemein verhältnismäßig enge Grenzen gesetzt. Diese vielfältigen berufsrechtlichen Restriktionen beziehen sich dabei sowohl auf die Stellung als Gesellschafter wie auch auf die Position als Vorstandsmitglied bzw. als Geschäftsführer einer zur freien Berufsausübung eingesetzten Kapitalgesellschaft.

So bestimmt innerhalb der berufsrechtlich gebundenen rechts- und wirtschaftsberatenden freien Professionen etwa die Regelung des § 28 IV Nr. 3, 5 WPO, daß bei Wirtschaftsprüfungsgesellschaften, die in der Rechtsform einer Kapitalgesellschaft betrieben werden, die Mehrheit der Kapitalanteile sowie der Stimmrechte zwingend Wirtschaftsprüfern oder Wirtschaftsprüfungsgesellschaften zustehen muß. Ferner darf nach § 28 II 3 WPO im Bereich der Unternehmensleitung die Zahl der berufsfremden Vorstandsmitglieder bzw. Geschäftsführer die Zahl der Wirtschaftsprüfer nicht erreichen. Lediglich in einer Wirtschaftsprüfungsgesellschaft, die überhaupt nur zwei Leitungsorganmitglieder aufweist,

---

[325] in diesem Sinne etwa *Bösert/Braun/Jochem*, S. 33.

[326] So zutreffend *Sommer* in GmbHR 1995, 249 (255); *Stehle* in FS der Berufsakademie Villingen-Schwenningen (1995), 458 (476).

ist auf der Vorstands- bzw. Geschäftsführungsebene eine zahlenmäßige Parität zwischen einem Wirtschaftsprüfer und einem Nicht-Wirtschaftsprüfer statthaft (vgl. § 28 II 3 Hs. 2 WPO).

Ähnlich restriktive Bestimmungen sind für eine Gesellschaft mit beschränkter Haftung, die von Rechts- bzw. Patentanwälten zur Rechtsberatung eingesetzt werden soll, außerdem sowohl im Referenten- wie auch in dem zwischenzeitlich unter dem 18.11.1997 vom Bundeskabinett verabschiedeten Regierungsentwurf zur Regelung einer „Anwalts-GmbH" enthalten. Danach muß die betreffende Berufsgruppe in einer „Rechts- bzw. Patentanwalts-GmbH" demnächst unter den Gesellschaftern jeweils durchgängig die Mehrheit der Kapitalanteile und der Stimmrechte innehaben.[327] Auf der Ebene der Geschäftsführung ist – damit korrespondierend – im übrigen vorgesehen, daß in einer „Rechtsanwalts-GmbH" ausnahmslos die Rechtsanwälte, in einer „Patentanwalts-GmbH" hingegen durchgehend die Patentanwälte die Mehrheit unter den Geschäftsführern, den Prokuristen und den Handlungsbevollmächtigten zum gesamten Geschäftsbetrieb stellen müssen.[328]

Vor dem Hintergrund dieser berufsrechtlichen Vorschriften wird eine gemeinsame Berufsausübung von Rechtsanwälten und Wirtschaftsprüfern in einer interprofessionell zusammengesetzten „Freiberufler-Kapitalgesellschaft" somit – durchaus in Übereinstimmung mit der bisherigen, durch die Rechtsprechung des BayObLG definierten Rechtslage[329] – auch in Zukunft de facto weitgehend ausgeschlossen bleiben.

---

[327] Vgl. dazu die §§ 59e III 1 BRAOE, 52e III 1 PatAnwOE des Regierungsentwurfs; siehe hierzu auch explizit die amtliche Begründung des Entwurfs eines Gesetzes zur Änderung der Bundesrechtsanwaltsordnung, der Patentanwaltsordnung und anderer Gesetze, BR-Drucksache 1002/97, S. 13 und S. 15; ebenso bereits die vormalige Begründung des Referentenentwurfs, auszugsweise veröffentlicht in ZIP 1997, 1518 (1519).

Bemerkenswerterweise verzichtet der Regierungsentwurf im übrigen jedoch ersatzlos auf den noch im Referentenentwurf enthaltenen Passus, wonach in einer „Rechtsanwaltsgesellschaft mbH" die Gesellschafter mehrheitlich Rechtsanwälte, in einer „Patentanwaltsgesellschaft mbH" dagegen mehrheitlich Patentanwälte sein mußten; vgl. so noch ausdrücklich die §§ 59d II BRAOE, 52d II PatAnwOE des Referentenentwurfs; veröffentlicht in „Blick durch die Wirtschaft" vom 25.4.1997, S. 10 (Teil 1), und vom 29.4.1997, Seite 9 (Teil 2). Ein danach ausnahmslos notwendiges numerisches Übergewicht der anwaltlichen Berufsgruppe, welches dazu geführt hätte, daß auch in Gesellschaften mit zwei Gesellschaftern jedesmal sämtliche Gesellschafter über eine Zulassung als Rechts- bzw. Patentanwalt hätten verfügen müssen (vgl. so noch explizit die Begründung des Referentenentwurfs in ZIP 1997, 1518, 1519), wird nun gemäß der Regelungskonzeption des Regierungsentwurfs also nicht mehr gefordert. Die Zahl der berufsfremden Gesellschafter darf – anders gewendet – die Zahl der anwaltlichen Gesellschafter in einer „Rechts- bzw. Patentanwalts-GmbH" fortan also durchaus auch übersteigen, sofern die Mehrheit der Kapitalanteile und der Stimmrechte nur stets den Anwälten verbleibt.

[328] Vgl. dazu die §§ 59f I 2, III BRAOE; 52f I 2, III PatAnwOE des Regierungsentwurfs; ebenso vordem bereits die §§ 59g III BRAOE, 52g III PatAnwOE des Referentenentwurfs.

Allerdings sollte nach der ursprünglichen normativen Ausgestaltung des Referentenentwurfs die Bestellung von Prokuristen und Handlungsbevollmächtigten zum gesamten Geschäftsbetrieb noch gänzlich unzulässig sein (vgl. dazu ehedem die §§ 59g II 2 BRAOE, 52g II 2 PatAnwOE), während der Regierungsentwurf die berufsrechtliche Statthaftigkeit der Einräumung entsprechender rechtsgeschäftlicher Vertretungsbefugnisse nun umgekehrt in den §§ 59f III BRAOE, 52f III PatAnwOE sogar ausdrücklich voraussetzt.

[329] Die gleichlautend sowohl im Referenten- wie im Regierungsentwurf zur Regelung einer „Anwaltsgesellschaft mit beschränkter Haftung" vorgesehene Festschreibung einer zwingenden Mehrheit

Zwar steht das künftige anwaltliche Berufsrecht nach den vorstehenden Ausführungen einer Beschäftigung von Rechtsanwälten in einer kapitalgesellschaftlich ausgestalteten Wirtschaftsprüfungsgesellschaft nicht grundsätzlich ablehnend gegenüber. Ebenso wenig schließt die WPO eine Tätigkeit von Wirtschaftsprüfern in einer „Anwaltsgesellschaft mit beschränkter Haftung" kategorisch aus. Doch kommt eine gleichzeitige Anerkennung einer Kapitalgesellschaft als „Wirtschaftsprüfungsgesellschaft" sowie als „Rechts- bzw. Patentanwaltsgesellschaft mbH" aufgrund der berufsrechtlich geforderten, jeweils auf die eigene Berufsgruppe bezogenen Majoritätsverhältnisse im praktischen Ergebnis nur bei einer entsprechenden beruflichen Doppelqualifikation der Gesellschafter bzw. der Geschäftsführer in Betracht.[330] In sämtlichen anderen Konstellationen sind die berufsfremden Minderheitsgesellschafter – seien es nun Wirtschaftsprüfer in einer „Anwaltsgesellschaft mbH" oder Rechts- und Patentanwälte in einer kapitalgesellschaftlich organisierten Wirtschaftsprüfungsgesellschaft – außerstande, über das Aufgabenfeld der gemäß § 3 Nr. 2 StBerG jeweils beiden Berufsgruppen erlaubten Steuerberatung hinaus außerdem auch prüfend (so der Wirtschaftsprüfer in einer „Anwalts-GmbH") bzw. allgemein rechtsberatend (so der

---

der Anwälte unter den Geschäftsführern sowie an Kapitalanteilen und Stimmrechten entspricht im Fall ihrer Umsetzung ohne weiteres dem bisherigen Rechtszustand, wie er für die Rechtspraxis bereits in ähnlicher Weise durch den Erstbeschluß des BayObLG zur „Anwalts-GmbH" festgelegt worden war. Denn schon das BayObLG hatte für die „Anwalts-GmbH" zum einen eine Beschränkung der Geschäftsführerposition auf Rechtsanwälte verlangt und zum anderen gefordert, daß sich die Mehrheit der Geschäftsanteile und Stimmrechte in der Hand von Rechtsanwälten befinden müsse, die ihren Beruf aktiv in der Gesellschaft ausüben; vgl. BayObLG in NJW 1995, 199 (201). Unter Beachtung dieser Rechtsprechungsvorgaben ist innerhalb ein- und derselben Kapitalgesellschaft auch de lege lata eine gleichzeitige Prüfungstätigkeit von vereidigten Buchprüfern bzw. Wirtschaftsprüfern einerseits und eine allgemeine Rechtsberatungstätigkeit von Rechts- bzw. Patentanwälten andererseits – von einer etwaigen beruflichen Mehrfachqualifikation der Gesellschafter-Geschäftsführer einmal abgesehen – schon rein rechnerisch nicht zu verwirklichen; so zutreffend *Hommelhoff/Schwab* in WiB 1995, 115 (117); *Sommer* in GmbHR 1995, 249 (251); *Vorbrugg/Salzmann* in AnwBl. 1996, 129 (135); *Dietlmeier* in ZIP 1996, 1800 (1805); *Gail/Overlack*, S. 26 f.; *Bösert/Braun/Jochem*, S. 30 f.; offen OLG Köln in ZIP 1997, 1502 f.; a. A. – Mehrheitsbeteiligung von Wirtschaftsprüfern und Steuerberatern an einer Anwaltsgesellschaft mbH nach gegenwärtigem Recht zulässig – hingegen *Henssler* in DB 1995, 1549 (1550); *ders.* in ZHR 161 (1997), 305 (317 f.); *ders.* in Henssler/Prütting (Hrsg.), Rn. 8 im Anhang zu § 59a BRAO; *Römermann*, S. 152 ff.; *Michalski/Römermann* in NJW 1996, 3233 (3238); ähnlich auch *Jürgenmeyer* in BRAK-Mitt. 1995, 142 (146); freilich alle unter bewußter Hintanstellung der vom BayObLG aaO aufgestellten Direktiven.

[330] So richtig *Henssler* in ZHR 161 (1997), 305 (319); *ders.* in ZIP 1997, 1481 (1485 f.); *Hellwig* in ZHR 161 (1997), 337 (352); *Römermann* in NZG 1998, 81 (82); vgl. dazu nunmehr auch ausdrücklich die einschlägigen Ausführungen in der amtlichen Begründung zum Regierungsentwurf eines Gesetzes zur Änderung der Bundesrechtsanwaltsordnung, der Patentanwaltsordnung und anderer Gesetze, BR-Drucksache 1002/97, S. 14: „... Nicht ausgeschlossen sein soll jedoch die Möglichkeit, daß eine Gesellschaft mit beschränkter Haftung neben ihrer Zulassung als Rechtsanwaltsgesellschaft auch als Patentanwalts-, Wirtschaftsprüfungs-, Buchprüfungs- und/oder Steuerberatungsgesellschaft anerkannt werden kann, wenn die jeweiligen berufsrechtlichen Voraussetzungen, insbesondere die erforderlichen Mehrheitsverhältnisse, vorliegen. Dies setzt zumindest bei einem Teil der Gesellschafter bzw. Geschäftsführer eine Mehrfachqualifikation voraus."

Rechts- bzw. Patentanwalt in einer Wirtschaftsprüfungs-AG/KGaA/GmbH) tätig zu werden.[331]

Vergleichbare Schwierigkeiten ergeben sich, wenn Architekten und (beratende) Ingenieure eine gemeinsame interprofessionelle Kooperation in der Rechtsform einer Kapitalgesellschaft anstreben. Soweit die in dieser Beziehung für das Berufsrecht zuständigen Landesgesetzgeber auf den rechtstatsächlichen Trend zur „Freiberufler-AG/KGaA/GmbH", der auf jenem Sektor schon seit etwa 30 Jahren feststellbar ist, zwischenzeitlich zum Teil reagiert und einschlägige berufsrechtliche Regelungen erlassen haben, fordern diese häufig, daß sich sowohl die Gesellschafter wie auch die gesetzlichen Vertreter einer „Architekten-GmbH" bzw. einer „Ingenieurgesellschaft mbH" ausschließlich oder doch zumindest mehrheitlich aus Angehörigen der entsprechenden Berufsgruppe zusammensetzen müssen.[332] Anderenfalls ist es einer Kapitalgesellschaft ohne weiteres verwehrt, die Berufsbezeichnung „Architekt" bzw. „(Beratender) Ingenieur" in ihrer Firma zu verwenden, und eine Eintragung in die Architektenliste bzw. in die Liste der (beratenden) Ingenieure unter-

---

[331] Vgl. so zutreffend schon *Hommelhoff/Schwab* in WiB 1995, 115 (117); ebenso bei einer Bewertung des Referentenentwurfs zur „Anwalts-GmbH" auch *Römermann* in GmbHR 1997, 530 (534).

[332] Im einzelnen weisen die berufsrechtlichen Vorgaben dabei je nach Landesgesetzgeber freilich eine recht unterschiedliche Regelungsintensität auf. So ist die Gründung und der Betrieb einer „Architekten-GmbH" in Bayern nach Art. 5 Nr. 2 BayArchG i. V. m. Art. 9 BayArchG davon abhängig, daß ausnahmslos *alle* Gesellschafter und Geschäftsführer in die Architektenliste eingetragen sind und also über eine entsprechende Berufsausbildung verfügen; vgl. BayArchG i. d. F. vom 31.8.1994; GVBl. Bayern 1994, 934 ff. Eine gleichlautende Regelung besteht auch für eine „Architekten-GmbH" mit Sitz im Bundesland Berlin; siehe dazu § 7 II ABKG i. V. m. § 4 ABKG; Berliner Architekten- und Baukammergesetz v. 19.7.1994; GVBl. Berlin 1994, 253 ff. Demgegenüber können nach § 8b I 2 des rheinland-pfälzischen ArchG neben Architekten (einschließlich Innenarchitekten, Landschaftsarchitekten und Stadtplanern) auch beratende Ingenieure Gesellschafter und Geschäftsführer einer „Architekten-GmbH" sein. Allerdings muß nach § 8b I 3 ArchG Rheinland-Pfalz sodann die Stimmenmehrheit unter den Gesellschaftern und in der Geschäftsführung den Architekten zustehen; fernerhin muß der Gesellschaftsvertrag vorsehen, daß ein zum Geschäftsführer bestellter beratender Ingenieur nur gemeinsam mit einem Architekten-Geschäftsführer gesamtvertretungsberechtigt ist (§ 8b III ArchG Rheinland-Pfalz); vgl. hierzu das Gesetz zur Änderung des ArchG Rheinland-Pfalz v. 30.3.1993; GVBl. Rheinland-Pfalz 1993, 160 ff.

Bei „Ingenieur-Kapitalgesellschaften" gestaltet sich das Bild im Vergleich dazu wie folgt: Eine sowohl anteils- wie auch zahlenmäßige Mehrheit der beratenden Ingenieure unter den Gesellschaftern und den zur Geschäftsführung befugten Personen fordert § 4 III IngG M-V, vgl. IngG Mecklenburg-Vorpommern v. 8.11.1993; GVBl. Mecklenburg-Vorpommern 1993, 878 ff. Ähnlich lautet die Regelung des § 10 III IngG LSA, wonach die beratenden Ingenieure die Mehrheit unter den zur Geschäftsführung befugten Personen stellen und ihnen zusätzlich die Mehrheit der Kapitalanteile zukommen muß; siehe dazu IngG Sachsen-Anhalt v. 15.11.1991; GVBl. Sachsen-Anhalt 1991, 440 ff. Demgegenüber schreibt § 33 II ABKG Berlin ganz allgemein für eine Ingenieurgesellschaft vor, daß deren Gesellschafter und gesetzliche Vertreter mehrheitlich beratende Ingenieure sein müssen; vgl. Architekten- und BaukammerG Berlin v. 29.7.1994; GVBl. Berlin 1994, 253 ff. In die gleiche Richtung formulieren die §§ 14 III, 15 II Nr. 2 SächsIngKG, daß in beruflichen Zusammenschlüssen, die die Bezeichnung „Beratende Ingenieure" führen wollen, die Mehrheit der Vorstandsmitglieder bzw. der Geschäftsführer aus Personen mit einer entsprechenden Berufsausbildung (und Listeneintragung) bestehen muß und die beratenden Ingenieure darüber hinaus auch über die Stimmenmehrheit innerhalb dieses Zusammenschlusses verfügen müssen; vgl. SächsIngKG v. 19.10.1993; GVBl. Sachsen 1993, 989 ff.

bleibt ebenfalls.[333] Damit ist auch das Berufsrecht der freischaffenden Architekten und der (beratenden) Ingenieure im Punkte der Mehrheitsverhältnisse, wie sie innerhalb einer AG/KGaA/GmbH an Kapitalanteilen und Stimmrechten sowie unter den Leitungsorganmitgliedern bestehen müssen, im allgemeinen jeweils ausschließlich am eigenen Berufszweig orientiert. Dementsprechend scheidet eine parallele Anerkennung einer Kapitalgesellschaft sowohl als „Architekten-GmbH" wie auch als „Ingenieur-GmbH" in der Rechtspraxis regelmäßig schon aus arithmetischen Gründen von selbst aus; eine interprofessionelle Kooperation scheint vielmehr auch hier nur in den eher seltenen Fällen einer beruflichen Doppel- bzw. Mehrfachqualifikation der Gesellschafter-Geschäftsführer denkbar.

Allerdings existieren in einzelnen Berufsrechten bisweilen auch Bestimmungen, die allein auf der Ebene der Geschäftsleitung, nicht aber zusätzlich noch unter den Anteilseignern einer „Freiberufler-Kapitalgesellschaft" ein numerisches Übergewicht von Angehörigen der jeweils eigenen Berufsgruppe vorschreiben.

So setzt die Firmierung einer „Freiberufler-AG/KGaA/GmbH" als „Ingenieurgesellschaft" nach § 22 III des nordrhein-westfälischen BauKaG beispielsweise bindend voraus, daß zwar die Mehrheit der Vorstandsmitglieder bzw. der Geschäftsführer in die Liste der beratenden Ingenieure eingetragen ist.[334] Soweit der Punkt der Gesellschafterstellung in Rede steht, können neben den beratenden Ingenieuren aber zudem auch in gleicher Weise wie diese tätige Architekten über die Stimmenmehrheit unter den Anteilseignern der juristischen Person verfügen (vgl. dazu § 21 II lit b) BauKaG NW). Vergleichsweise noch geringere Anforderungen bestehen daneben im Bundesland Thüringen, sofern eine Kapitalgesellschaft die Bezeichnung als „Ingenieurgesellschaft" mit in ihre Firma aufnehmen möchte. Denn zu diesem Zweck muß nach § 1 III ThürIngKG nur die Mehrzahl der Leitungsorganmitglieder in die Liste der beratenden Ingenieure eingetragen sein, während als Gesellschafter einer so betriebenen „Freiberufler-AG/KGaA/GmbH" auf der anderen Seite sogar jede beliebige Person zugelassen ist (§ 2 II Nr. 2 ThürIngKG e contrario).[335]

Eine ähnliche, wenn auch nicht ganz so freizügige Regelung findet sich schließlich noch im Berufsrecht der Steuerberater. Dort folgt aus § 50 II, IV StBerG, daß neben Steuerberatern auch die Angehörigen der anderen berufsrechtlich gebundenen rechts- und wirtschaftsberatenden freien Professionen als Vorstandsmitglieder bzw. als Geschäftsführer einer Steuerberatungs-Kapitalgesellschaft tätig sein dürfen, sofern auf diese Weise nur die Zahl der Steuerberater mit einer gleichlautenden Organfunktion in der betreffenden AG/KGaA/GmbH nicht überstiegen wird. Für die Stellung als Gesellschafter ergibt die Vorschrift des § 50a I Nr. 1, 3 StBerG ferner, daß neben Steuerberatern auch Rechtsanwälte, Wirtschaftsprüfer, vereidigte Buchprüfer oder Steuerbevollmächtigte Anteilseigner einer derart betriebenen Steuerberatungsgesellschaft sein können. Eine Wahrung bestimmter Mehrheitsverhältnisse, die zusätzlich auf der Gesellschafterebene unter den einzelnen Berufsgruppen einzuhalten wären, ist dabei vom Gesetzgeber allerdings nicht festgelegt

---

[333] Vgl. etwa Art. 3, 5 BayArchG; §§ 3a, 8b ArchG Rheinland-Pfalz; § 7 II, IV ABKG Berlin – jeweils für eine „Architekten-GmbH" –; für eine „Ingenieur-Kapitalgesellschaft" siehe z. B. § 33 II ABKG Berlin; §§ 14 III, 15 II Nr. 2 SächsIngKG; § 10 III IngG LSA; § 4 III IngG M-V – Gesetzesnachweise jeweils wie vor –

[334] Vgl. dazu das BauKaG NW v. 15.12.1992; GVBl. Nordrhein-Westfalen 1992, 534 ff.

[335] Siehe dazu das ThürIngKG v. 6.8.1993; GVBl. Thüringen 1993, 462 ff.

worden. In Anbetracht dieser – gemessen an den entsprechenden Regelungen in der WPO und im Referentenentwurf zur Regelung der „Anwalts-GmbH" – etwas loseren Bindungen, die das Berufsrecht der Steuerberater für den Betrieb einer Steuerberatungs-Kapitalgesellschaft einfordert, ist es daher in praxi beispielsweise auch ohne größere Schwierigkeiten möglich, eine Steuerberatungsgesellschaft mbH in der Form zu gründen, daß sich die Gesellschafter ausschließlich aus Rechtsanwälten rekrutieren.[336]

Der so in einigen Berufsrechten enthaltene Verzicht auf das Erfordernis einer Majorität des eigenen Berufszweigs an den Kapitalanteilen und den Stimmrechten einer entsprechenden „Freiberufler-Kapitalgesellschaft" ist sicherlich geeignet, die Bildung interprofessioneller freiberuflicher Zusammenschlüsse in der Rechtsform einer AG/KGaA/GmbH wenigstens partiell zu erleichtern.[337] Noch größere und spürbar weiter reichende Assoziationsmöglichkeiten ergäben sich freilich, wenn innerhalb verschiedener freiberuflicher Berufsgruppen, die untereinander an sich uneingeschränkt sozietätsfähig sind, sowohl auf der Gesellschafter- als auch auf der Geschäftsführungsebene vollständig auf die Pflicht zur Wahrung bestimmter Mehrheitsverhältnisse unter den einzelnen Berufsdisziplinen verzichtet würde. Auf diese Weise könnten sich anschließend unschwer fachübergreifend zusammengesetzte „Freiberufler-Kapitalgesellschaften" bilden, die alsdann ohne weiteres in der Lage wären, gegenüber dem ratsuchenden Publikum, insbesondere aber gegenüber der darum nachfragenden Wirtschaft, ein umfassendes Dienstleistungsangebot aus einer Hand im Sinne eines „full service"-Programms anzubieten.[338] Die dadurch ausgelösten Synergieeffekte ermöglichten im Ergebnis die Entstehung schlagkräftiger interprofessioneller Zusammenschlüsse, die sich aller Voraussicht nach auch auf internationaler Ebene durch eine gesteigerte Wettbewerbsfähigkeit auszeichnen würden und geeignet wären, für die so verbundenen Berufsangehörigen einen strukturellen Wettbewerbsvorteil gegenüber anderen, teilweise auch ausländischen Mitkonkurrenten zu begründen.

Demgemäß finden sich im Schrifttum auch zahlreiche Stimmen, die im Punkte der gesellschaftsrechtlichen Beteiligungs- und Vertretungsverhältnisse innerhalb einer interprofessionell gebildeten „Freiberufler-AG/KGaA/GmbH" de lege ferenda für eine völlige Freigabe der bisherigen berufsrechtlichen Restriktionen eintreten, sofern nur die zusammengeschlossenen Berufsgruppen ansonsten untereinander bereits rückhaltlos sozietätsfähig sind und des weiteren hinreichend sichergestellt bleibt, daß die anfallenden Berufsaufgaben im konkreten Einzelfall auch tatsächlich von einem Angehörigen desjenigen Berufs-

---

336 Vgl. dazu etwa BFH in DStR 1994, 115 (116); *Gerken* in AnwBl. 1996, 157; *Henssler* in ZHR 161 (1997), 305 (317) – Freilich müßte auch in diesem Fall innerhalb der betreffenden Steuerberatungs-GmbH durch die Anstellung von Steuerberatern als Fremd-Geschäftsführern weiterhin zumindest eine numerische Parität zwischen Rechtsanwälten und Steuerberatern auf der Ebene der Unternehmensleitung sichergestellt werden (vgl. § 50 IV StBerG).

337 Vgl. dazu auch OLG Bamberg in MDR 1996, 423: prinzipielle rechtliche Zulässigkeit der Gründung einer Gesellschaft mbH, die nachfolgend sowohl als Rechtsanwalts- wie auch als Steuerberatungsgesellschaft fungieren soll; ebenso LG Baden-Baden in AnwBl. 1996, 537 (538); *Hommelhoff/Schwab* in WiB 1995, 115 (117).

338 Vgl. *Brüderle* in ZGR 1990, 155 (159 ff.); *Hommelhoff* in liber amicorum für Hasche (1989), 101 (104 f.).

standes erbracht werden, der von Rechts wegen zur Erbringung der betreffenden Dienstleistung befugt ist.[339]

Die Forderung nach einer derart aufeinander abgestimmten, gleichlautenden Liberalisierung der einzelnen Berufsrechte, um im Ergebnis den unkomplizierten Betrieb einer fachübergreifend zusammengesetzten „Freiberufler-Kapitalgesellschaft" zu ermöglichen, erweist sich bei näherer Betrachtung jedoch als sehr problematisch.

Denn zu bedenken bleibt, daß das berufsrechtlich normierte Erfordernis einer Majorität der jeweils eigenen Berufsgruppe an Kapitalanteilen, Stimmrechten sowie unter den Mitgliedern des kapitalgesellschaftlichen Leitungsorgans vor allem dazu dient, den Charakter der betreffenden „Freiberufler-AG/GmbH/KGaA" als spezifischen Zusammenschluß eben dieser freiberuflichen Berufsgruppe zu wahren und gegenüber dem ratsuchenden Publikum zu kennzeichnen.[340] Wollte man es demgegenüber zulassen, daß eine Kapitalgesellschaft beispielsweise auch dann als „Anwalts-GmbH" firmieren dürfte, wenn die Rechtsanwälte unter den Gesellschaftern und Geschäftsführern de facto sowohl nach ihrer Zahl wie auch nach den Anteils- und Stimmrechtsverhältnissen in der Minderheit blieben, so entstünde eine nachhaltige Diskrepanz zu den Erwartungen des Rechtsverkehrs, welcher bei einer entsprechenden Firmierung an sich ohne weiteres darauf vertrauen darf, daß in der betreffenden Gesellschaft auch tatsächlich in erster Linie Rechtsanwälte berufstätig sind.[341]

Ein anderer, nicht minder wesentlicher Aspekt, der eine großzügige Handhabung bei der berufsrechtlichen Zulassung interprofessioneller „Freiberufler-Kapitalgesellschaften" rechtlich bedenklich erscheinen läßt, besteht in dem potentiellen Verlust von beruflicher Unabhängigkeit, der mit einer Mehrheitsbeteiligung berufsfremder Anteilseigner – auch wenn es sich dabei um Angehörige an sich unbeschränkt sozietätsfähiger Professionen handelt – in einer entsprechenden AG/KGaA/GmbH verbunden sein kann.[342] Die Bereitschaft zu einer objektiven und unbefangenen Berufsausübung kann erheblichen Schaden nehmen und das notwendig zu wahrende Vertrauensverhältnis der Allgemeinheit in die berufliche Integrität einer freiberuflichen Berufsgruppe – gerade wenn sie mit der Wahrnehmung besonders gemeinschaftswichtiger Aufgaben betraut ist – tiefgreifend untergra-

---

[339] Vgl. so etwa *Jürgenmeyer* in BRAK-Mitt. 1995, 142 (146); *Wolf* in FS für Schneider (1997), 349 (349 f.); *Römermann* in GmbHR 1997, 530 (534); *Henssler* in ZHR 161 (1997), 305 (319 f.); *ders.* in ZIP 1997, 1481 (1486) – anders aber noch *ders.* in JZ 1992, 697 (703) –; in dieser Richtung zuvor auch bereits *Hommelhoff* in liber amicorum für Hasche (1989), 101 (114 f.); *Brüderle* in ZGR 1990, 155 (163 f. u. 165 f.); desgleichen wohl *Schardey* in FS für Quack (1991), 731 (738); *Vorbrugg/Salzmann* in AnwBl. 1996, 129 (134); *Sommer* in PatAnwMitt. 1998, 41 (44) – jeweils für eine interprofessionelle „Freiberufler-Kapitalgesellschaft", die sich aus Angehörigen der berufsrechtlich gebundenen rechts- und wirtschaftsberatenden freien Professionen zusammensetzt (d. h. insbesondere für eine Gesellschaft mbH, die eine gleichzeitige berufsrechtliche Zulassung als Rechtsanwalts-, Wirtschaftsprüfungs- und Steuerberatungsgesellschaft anstrebt) -

[340] Vgl. so auch *Boin* in NJW 1995, 371 (372); *Dittmann* in ZHR 161 (1997), 332 (333) für die „Anwalts-GmbH"

[341] Vgl. dazu etwa *Ahlers* in AnwBl. 1991, 226 (230), der im Zusammenhang mit der „Anwalts-GmbH" zutreffend davon ausgeht, daß ansonsten – d. h. bei einer bloßen Minderheitsbeteiligung von Rechtsanwälten – eine faktische Irreführung Platz greifen würde.

[342] Vgl. so zutreffend *Nerlich*, S. 147; *ders.* in AnwBl. 1994, 529 (536); *ders.* in PatAnwMitt. 1995, 92 (99) für eine multidisziplinär zusammengesetzte Anwalts-Kapitalgesellschaft.

ben, falls die Entscheidungsgewalt in der betreffenden Kapitalgesellschaft de facto bei den Angehörigen einer anderen (wenn auch artverwandten) freiberuflichen Disziplin liegt.[343]

Vor allem dieser Gesichtspunkt – nämlich die naheliegende Berücksichtigung sachfremder Interessen im Rahmen der beruflichen Aufgabenwahrnehmung – war es, der anno 1985 den Rechtsausschuß des Deutschen Bundestags im Zusammenhang mit der Verabschiedung des Bilanzrichtliniengesetzes dazu bewogen hat, für seitdem neu gegründete Wirtschaftsprüfungsgesellschaften in der Rechtsform einer Kapitalgesellschaft berufsgesetzlich durchgängig eine ausschließliche mehrheitliche Kapitalbeteiligung von Wirtschaftsprüfern bzw. von selbst gleichermaßen kapitalgebundenen Wirtschaftsprüfungsgesellschaften unter den Gesellschaftern vorzuschreiben.[344] So begründete der Rechtsausschuß seinerzeit die Einführung einer Kapitalbindung für eine neu als AG/KGaA/GmbH gegründete Wirtschaftsprüfungsgesellschaft u. a. mit folgender tragenden Erwägung: „... In den letzten Jahren ist nunmehr zu beobachten, daß vor allem im mittelständischen Bereich Wirtschaftsprüfungsgesellschaften von jeweils Berufsfremden gegründet werden. Bei der Gründung von Wirtschaftsprüfungsgesellschaften sind es vor allen Dingen Angehörige beratender Berufe, die solche Gesellschaften gründen, um auf die Prüfung der von ihnen beratenen Mandanten Einfluß nehmen zu können oder um diesen zumindest eine Wirtschaftsprüfungsgesellschaft anbieten zu können, vor der sie Konkurrenz im Bereich der Beratung nicht befürchten müssen. Nach Auffassung des Rechtsausschusses muß der Gesetzgeber daher jetzt einschreiten, wenn er verhindern will, daß Wirtschaftsprüfer und vereidigte Buchprüfer ihren Beruf nicht mehr frei, sondern nur noch als Angestellte einer

---

[343] So richtig *Nerlich*, S. 147; *ders.* in AnwBl. 1994, 529 (536); *ders.* in PatAnwMitt. 1995, 92 (99) für eine fremdbestimmte Anwalts-Kapitalgesellschaft.

[344] Siehe für bereits vormals berufsrechtlich anerkannte Altgesellschaften allerdings die – reichlich unbefriedigende – „Übergangsregelung" des § 134a II WPO: Danach bleiben ehedem bereits zugelassene Wirtschaftsprüfungs- und Buchprüfungsgesellschaften in berufsfremdem Anteilsbesitz aus Gründen des Bestandsschutzes auch weiterhin anerkannt, und eine Ersetzung berufsfremder Gesellschafter durch einen berufsangehörigen Wirtschaftsprüfer bzw. eine kapitalgebundene Wirtschaftsprüfungsgesellschaft muß zukünftig lediglich im Falle einer Änderung im Gesellschafterbestand, die durch Rechtsgeschäft herbeigeführt wird oder aufgrund eines Erbfalles eintritt, erfolgen (ebenso für berufsrechtlich anerkannte Alt-Steuerberatungsgesellschaften im übrigen auch die weithin sinngleiche Regelung des § 155 IV StBerG).

Bedenkt man, daß eine große Zahl der bedeutenden, späterhin auch berufsrechtlich anerkannten Wirtschaftsprüfungsgesellschaften seit dem Beginn dieses Jahrhunderts vornehmlich von Kreditinstituten gegründet worden ist, die ihrerseits ebenfalls die Rechtsform einer Kapitalgesellschaft aufweisen (vgl. dazu bereits ausführlich oben im 1. Teil, Seite 42 ff.), so läßt sich erahnen, daß der Einfluß berufsfremder Kapitaleigner im Bereich der Wirtschaftsprüfung auch gegenwärtig noch ein erhebliches Gewicht haben kann. Denn eine berufsfremde Kapitalgesellschaft „stirbt" – von den praktisch überaus seltenen Fällen eines Konkurses einmal abgesehen – an sich nicht, und wenn es zwischenzeitlich nicht zu einer freiwilligen Veräußerung der an einer „Alt-Wirtschaftsprüfungsgesellschaft" gehaltenen Kapitalanteile gekommen ist, dürfen Kreditinstitute und andere berufsfremde Gesellschafter von Rechts wegen also auch heute noch einen dominierenden Einfluß in einer solchen, berufsrechtlich anerkannten Alt-Wirtschaftsprüfungs-AG/GmbH/KGaA ausüben (für eine „Alt-Steuerberatungsgesellschaft" gilt insoweit selbstverständlich uneingeschränkt entsprechendes); ähnlich kritisch zur Beibehaltung eines derart großzügigen Bestandsschutzes für berufsfremde Anteilseigner auch *Henssler* in ZIP 1996, 485 (490).

Kapitalgesellschaft mit Beteiligung Berufsfremder ausüben können. Dies wäre das Ende des Freien Berufs des Wirtschaftsprüfers und des vereidigten Buchprüfers."[345]

Der Gesetzgeber hat demnach im Rahmen der WPO anläßlich der gesetzlichen Einführung einer Kapitalbindung bei Wirtschaftsprüfungsgesellschaften ganz bewußt nicht zwischen einem berufsfremden Mehrheitsbesitz von Angehörigen anderer sozietätsfähiger freier Professionen und einer Kapitalmehrheit von sonstigen, in keiner Weise mit dem Wirtschaftsprüferberuf artverwandten dritten Anteilseignern differenziert. Die Gesetzesmaterialien ergeben vielmehr durch die explizite Bezugnahme auf konkurrierende beratende Berufsgruppen – zu denen de facto vor allem Steuerberater, Rechtsanwälte und beratende Volks- und Betriebswirte gehören –, daß auch ein berufsfremder Mehrheitsbesitz artverwandter, als freiberuflich anerkannter Berufsgruppen ohne weiteres geeignet sein kann, die notwendige Unabhängigkeit und Objektivität des Wirtschaftsprüfers bei der Wahrnehmung seiner Pflichtprüfungsaufgaben in unvertretbarer Weise zu gefährden. Diese legislative Wertung scheint durchaus zutreffend, hält man sich vor Augen, daß Form, Inhalt und Qualität der Abschlußprüfung praktisch nicht nur von berufsbezogenen Erwägungen des tatsächlich tätigen Wirtschaftsprüfers, sondern – aufgrund seiner rechtlichen und vor allem seiner wirtschaftlichen Einbindung in die Sphäre der betreffenden Wirtschaftsprüfungs-AG/KGaA/GmbH – ersichtlich auch von anderen (gegebenenfalls abweichenden) Erwägungen der kapitalgebenden Gesellschafter bestimmt werden können.[346]

Diese Überlegungen zum Aufkommen naheliegender Interessenkollisionen bei einer zahlen- und stimmrechtsmäßigen Majorität fremder Berufsdisziplinen unter den Anteilseignern und Leitungsorganmitgliedern einer „Freiberufler-Kapitalgesellschaft" gelten in dieser Form freilich nicht nur für den Bereich der Wirtschaftsprüfung, sondern sinngemäß ebenso auch für sämtliche anderen freiberuflichen Disziplinen. Der Einsatz einer AG/KGaA/GmbH zur freien Berufsausübung sollte zum Schutz einer hinreichenden beruflichen Unabhängigkeit daher von Rechts wegen im allgemeinen nur dort in Betracht kommen können, wo die zur spezifischen Leistungserbringung exklusiv befugte Berufsgruppe daneben zugleich auch die (numerische und stimmrechtliche) Mehrheit sowohl unter den Gesellschaftern wie unter den Vorstandsmitgliedern bzw. unter den Geschäftsführern stellt.

Speziell für den Bereich der Anwaltschaft würden sich zudem beinahe unlösbare Abgrenzungsprobleme zu der Regelung des § 46 BRAO ergeben, wollte der Gesetzgeber de lege ferenda auch den Betrieb einer fachübergreifend zusammengesetzten „Rechtsanwaltsgesellschaft mbH" ermöglichen, innerhalb derer die Mehrheit der Kapitalanteile und der Stimmrechte sowie der Geschäftsführer unterschiedslos ebenso von Angehörigen anderer,

---

345 Vgl. dazu die Beschlußempfehlung und den Bericht des Rechtsausschusses (6. Ausschuß) zu dem Regierungsentwurf eines Bilanzrichtlinien-Gesetzes und dem Entwurf eines Gesetzes zur Durchführung der 7. und 8. Richtlinie des Rates der Europäischen Gemeinschaften zur Koordinierung des Gesellschaftsrechts; BT-Drucksache 10/4268, S. 93.

346 Siehe dazu auch die ähnliche Argumentation, mit der der Gesetzgeber vier Jahre später – im Jahre 1989 – weitgehend sinngleich die berufsgesetzliche Einführung einer Kapitalbindung für seitdem neu gegründete Steuerberatungsgesellschaften in der Rechtsform einer Kapitalgesellschaft gerechtfertigt hat; vgl. dazu näher die allgemeine Begründung des Regierungsentwurfs eines 4. StBerÄndG; BT-Drucksache 11/3915, S. 13.

an sich uneingeschränkt sozietätsfähiger Berufsgruppen (wie z. B. von Wirtschaftsprüfern oder Steuerberatern) übernommen bzw. gestellt werden könnte.[347]

Denn zu beachten bleibt, daß die höchstrichterliche Rechtsprechung die Tätigkeit von Rechtsanwälten in kapitalgesellschaftlich organisierten Wirtschaftsprüfungs- und/oder Steuerberatungsgesellschaften seit jeher als eine Anstellung bei einem berufsfremden Dienstherrn qualifiziert hat, die anfangs an der Berufszugangsschranke des § 7 Nr. 8 BRAO gemessen wurde[348] und nunmehr – in Übereinstimmung mit der bundesverfassungsgerichtlichen „Zweitberufs-Entscheidung“[349] – zu Recht an der verfassungsrechtlich weniger einschneidenden Berufsausübungsschranke des § 46 BRAO gemessen wird.[350]

Die Tätigkeit eines Rechtsanwalts in einer mehrheitlich fremdbestimmten „Anwaltsgesellschaft mbH“ würde sich unter dem Blickwinkel der alsdann berufsrechtlich zulässigen Beteiligungsverhältnisse nun aber rechtlich und tatsächlich in nichts mehr von einer anwaltlichen Beschäftigung in einer derart tradierten, herkömmlich als AG/KGaA/GmbH ausgestalteten Wirtschaftsprüfungs- und/oder Steuerberatungsgesellschaft unterscheiden. Wollte man daher de lege ferenda berufsrechtlich auch eine interprofessionell besetzte „Anwaltsgesellschaft mbH“ zulassen, innerhalb derer die Rechtsanwälte unter den Gesellschaftern und Geschäftsführern zulässigerweise in der Minderheit bleiben könnten, so würde – weil diese Gesellschaft aufgrund ihrer personellen und kapitalmäßigen Zusammensetzung unproblematisch auch ihre gleichzeitige berufsrechtliche Anerkennung als Wirtschaftsprüfungs- und/oder Steuerberatungsgesellschaft erreichen könnte – daraus also in der Tat ein nachhaltiger und tiefgreifender Wertungswiderspruch zu der bisherigen rechtlichen Interpretation des § 46 BRAO entstehen.

Der Sache nach liefe die berufsrechtliche Anerkennung einer „Anwaltsgesellschaft mbH“, die hinsichtlich der Kapitalanteile, der Stimmrechte und der Geschäftsführungsebene von den sozietätsfähigen Professionen der Wirtschaftsprüfer, vereidigten Buchprüfer und Steuerberater dominiert würde, dann wohl fürwahr auf eine partielle Aufgabe der Bestimmung des § 46 BRAO hinaus, die ausweislich der Gesetzgebungsmaterialien an sich gerade den Sinn und Zweck haben sollte, die anwaltliche Unabhängigkeit und die für die Berufsausübung notwendige Objektivität auch für einen solchen Anwalt hinreichend zu gewährleisten, der (zugleich) in einem Angestelltenverhältnis zu einem berufsfremden Dritten steht.[351] Dieser Regelungszweck würde durch eine derartige „Rechtsanwalts-

---

[347] Die nachfolgenden Ausführungen gelten im Hinblick auf die weitgehend sinngleiche Bestimmung des § 41a PatAnwO (selbstverständlich) auch für eine „Patentanwaltsgesellschaft mbH“, sollte diese de lege ferenda von den Angehörigen anderer sozietätsfähiger freier Professionen qua Anteils- und Stimmrechtsmehrheit auf der Gesellschafter- wie auf der Geschäftsführungsebene in vergleichbarer Weise fremdbestimmt werden können.

[348] Vgl. dazu etwa BGHZ 35, 287 ff. (Tätigkeit für Steuerberatungsgesellschaft); 38, 241 ff. (Tätigkeit für Wirtschaftsprüfungsgesellschaft); 63, 377 ff.; 65, 238 ff. (jeweils Tätigkeit für Wirtschaftsprüfungs- und Steuerberatungsgesellschaft); 72, 322 ff. (Tätigkeit für Steuerberatungsgesellschaft); siehe hierzu auch schon ausführlich oben im 1. Teil, Seite 75 ff.

[349] Vgl. dazu BVerfGE 87, 287 (328); siehe hierzu auch bereits oben im 1. Teil, Seite 145.

[350] Siehe hierzu etwa BGHZ 114, 343 (347); EGH Baden-Württemberg in AnwBl. 1991, 262 (263); AGH Baden-Württemberg in ZIP 1997, 1503 (1504); vgl. dazu auch schon die entsprechenden Darlegungen oben im 1. Teil, Seite 144.

[351] Vgl. hierzu zum einen die Begründung zum Regierungsentwurf der Bundesrechtsanwaltsordnung, BT-Drucksache III/120, S. 77; siehe zum anderen auch den Bericht des Rechtsausschusses (6.

GmbH", die von den Angehörigen der anderen rechts- und wirtschaftsberatenden Berufe mehrheitlich fremdbestimmt werden könnte, fortan praktisch sogar mit der ausdrücklichen Billigung des BRAO-Gesetzgebers konterkariert werden. Eine in dieser Form interprofessionell gebildete Gesellschaft müßte im Fall ihrer zukünftigen legislativen Realisierung dann letztlich wohl in der Tat auch unverhohlen grundlegende Zweifel an der weiteren Berechtigung und Fortgeltung des § 46 BRAO überhaupt wecken.

Des weiteren mag es auch aus rechtspolitischer Sicht durchaus zweifelhaft sein, ob eine zukünftige berufsrechtliche Zulassung fachübergreifend zusammengesetzter „Freiberufler-Kapitalgesellschaften" längerfristig betrachtet wirklich gesellschaftlich und sozial wünschenswert erscheinen könnte. Betrachtet man heute etwa die schon seit vielen Jahren feststellbaren Konzentrationstendenzen auf dem wirtschaftsprüfenden Sektor, die zwischenzeitlich bereits weltumspannende multinationale Konzernstrukturen von kaum noch faßbarer Größe (mit beinahe allumfassender rechtswirtschaftlicher Beratung) hervorgebracht haben, so stellt sich tatsächlich die Frage, ob die legislative Zulassung einer noch weiter reichenden interprofessionellen Kooperation der freien Professionen in kapitalgesellschaftlichen Rechtsformen nicht binnen weniger Jahre zur Ausbildung einiger nationaler und internationaler Firmenzusammenschlüsse führen könnte, die über ein „full-service"-Angebot letztlich alle lukrativen Marktsegmente dominieren und im Verhältnis zu den übrigen Freiberufler-Verbindungen sowie der Nachfrageseite über eine außergewöhnliche, weit überproportionale Marktmacht verfügen würden. Auf diese Weise könnte über kurz oder lang wohl auch die Gefahr entstehen, daß das, was vom Normgeber ursprünglich als bloße Erleichterung einer interprofessionellen Kooperation auf dem freiberuflichen Sektor konzeptioniert war, in seinem praktischen Ergebnis alsdann auf vielen Gebieten in eine unwillkommene Marktbeherrschung durch eine verhältnismäßig kleine Gruppe überregional und supranational agierender, fachübergreifend zusammengesetzter „Freiberufler-Kapitalgesellschaften" umzuschlagen droht.

Im Fall einer prinzipiellen rechtlichen Freigabe der interprofessionellen freiberuflichen Kooperation in kapitalgesellschaftlichen Organisationsformen stünde auf nationaler Ebene darüber hinaus sehr wahrscheinlich zu befürchten, daß im rechts- und wirtschaftsberatenden Bereich die großen, nicht zuletzt aufgrund ihres bedeutenden zeitlichen Gründungsvorsprungs mit erheblich größeren Kapitalressourcen ausgestatteten Wirtschaftsprüfungsgesellschaften sehr rasch versucht sein könnten, auf diesem Wege nunmehr durchgängig sämtliche lukrativen Segmente des heiß umkämpften Rechtsberatungsmarktes an sich zu ziehen. Insbesondere die bislang aus rechtstatsächlicher Sicht nicht über ähnlich kapitalkräftige Zusammenschlüsse verfügende Anwaltschaft müßte alsdann wohl ernsthaft darum bangen, in Zukunft ihrer gegenwärtig noch gehaltenen, zum Teil sehr gewinnträchtigen Aufgabengebiete weitgehend beraubt und von den großen Wirtschaftsprüfungsgesellschaften fast vollständig absorbiert zu werden. Eben diese Sorge war es denn auch, die beispielsweise den französischen Gesetzgeber im Rahmen der dort bereits im Jahre 1990 durchgeführten Reform des anwaltlichen Berufsrechts dazu bewogen hat, für die seinerzeit erstmals zugelassene Anwalts-Kapitalgesellschaft berufsrechtlich zu fordern, daß sich die Mehrheit der Gesellschaftsanteile und Stimmrechte sowie der Leitungsorganpositionen

Ausschuß), BT-Drucksache 12/7656, S. 49 im Rahmen der Novellierung des anwaltlichen Berufsrechts; vgl. zu alldem im übrigen auch bereits näher oben im 1. Teil, Seite 77 f. und Seite 146.

ausnahmslos und zwingend in der Hand von Rechtsanwälten befinden muß, die ihren Beruf aktiv in der Gesellschaft ausüben.[352]

Die besseren Argumente dürften im Ergebnis daher durchaus dafür sprechen, die Rechtsform der Kapitalgesellschaft im wesentlichen allgemein nur monoprofessionell zusammengesetzten freiberuflichen Zusammenschlüssen vorzubehalten und eine weitergehende interprofessionelle Kooperation mit anderen freien Professionen in den einzelnen Berufsrechten jeweils nur dort zuzulassen, wo die betreffenden Gesellschafter-Geschäftsführer auch über eine entsprechende berufliche Doppelqualifikation verfügen. Nur unter diesen strikten Voraussetzungen – wenn also den zu fordernden wechselseitigen berufsrechtlichen Majoritätsvorgaben auf Gesellschafter- und Geschäftsführungsebene im konkreten Einzelfall durch eine ausreichende Zahl von Mehrfachberuflern genügt werden kann – sollte eine fachübergreifend zusammengesetzte „Freiberufler-AG/KGaA/GmbH" ausnahmsweise auch dazu berechtigt sein, gegenüber dem ratsuchenden Publikum vertraglich ein interdisziplinäres freiberufliches Leistungsangebot zu erbringen.

Gegen diese eher restriktive Betrachtungsweise bei der berufsgesetzlichen Zulassung einer „Freiberufler-Kapitalgesellschaft" mit fachübergreifender Leistungspalette läßt sich auch nicht einwenden, daß das Berufsrecht der Steuerberater einerseits schon de lege lata in § 50a I Nr. 1, 4 StBerG eine von Rechtsanwälten, Wirtschaftsprüfern oder vereidigten Buchprüfern als Allein- oder Mehrheitsgesellschaftern fremdbestimmte Steuerberatungsgesellschaft kenne und andererseits Buchprüfungsgesellschaften nach § 130 II Hs. 2 WPO ebenso auch ausschließlich von Wirtschaftsprüfern und Wirtschaftsprüfungsgesellschaften gegründet und betrieben werden können. Diese ausnahmsweise Auflockerung im Punkte der an sich streng und ausschließlich auf die eigene Berufsgruppe bezogenen Kapitalbindung bei einer „Freiberufler-AG/KGaA/GmbH" erklärt sich hier jeweils daraus, daß das betreffende Aufgabengebiet der Steuerberatung bzw. der Buchprüfung nicht exklusiv bei den Berufsdisziplinen der Steuerberater bzw. der vereidigten Buchprüfer monopolisiert ist, sondern uneingeschränkt ebenso von den übrigen, jeweils gleichfalls als Allein- oder Mehrheitsgesellschafter zugelassenen Professionen bearbeitet werden kann. So sind gemäß § 3 Nr. 2 StBerG neben Steuerberatern auch Rechtsanwälte, Wirtschaftsprüfer und vereidigte Buchprüfer uneingeschränkt zur geschäftsmäßigen Hilfeleistung in Steuersachen befugt, und die Qualifikation des umfassend zur gesetzlichen Abschlußprüfung berufenen Wirtschaftsprüfers schließt diejenige des vereidigten Buchprüfers, der gemäß § 129 I 4 WPO lediglich zur Pflichtprüfung mittelgroßer Gesellschaften mbH im Sinne des § 267 II HGB berechtigt ist, selbstverständlich ohne weiteres mit ein.[353]

Der mit einer berufsrechtlich vorgeschriebenen Kapitalbindung gemeinhin verfolgte Zweck, innerhalb einer „Freiberufler-AG/KGaA/GmbH" einen sachwidrigen Einfluß von berufsfremden Dritten auf die Art und die inhaltliche Qualität der freiberuflichen Leistungserbringung nach Möglichkeit auszuschließen, wird dort, wo die sonstigen, ebenfalls als Gesellschafter zugelassenen Berufsgruppen kraft ihrer im Verhältnis noch umfassende-

---

[352] Vgl. dazu *Maier* in AnwBl. 1991, 182.

[353] Vgl. so auch zutreffend die Gegenäußerung der Bundesregierung zur Stellungnahme des Bundesrats zum Regierungsentwurf eines 3. WPO-ÄndG, BT-Drucksache 12/5685, S. 45, betreffend die Kapitalbindung bei Buchprüfungsgesellschaften.

ren beruflichen Ausbildung in gleicher Weise zur Wahrnehmung der entsprechenden Berufsaufgaben befugt sind, aber offenkundig von vornherein nicht berührt.

Ein auf den ersten Blick schwerer wiegender Umstand, der – trotz der vorstehend aufgezeigten Gegenargumente – de lege ferenda für eine großzügigere Zulassung einer „Freiberufler-AG/KGaA/GmbH" mit interprofessionellem Leistungsangebot streiten könnte, scheint indes darin zu bestehen, daß der Gesetzgeber auch für eine interprofessionell zusammengesetzte Sozietät oder Partnerschaft im Regelfall keine Einhaltung bestimmter Mehrheitsverhältnisse unter den einzelnen sozietätsfähigen Berufsgruppen fordert.[354] So können sich beispielsweise Rechtsanwälte, Patentanwälte, Wirtschaftsprüfer, vereidigte Buchprüfer und Steuerberater nach geltendem Berufsrecht ohne weiteres zur gemeinsamen Berufsausübung in einer interprofessionellen Sozietät zusammenschließen, ohne daß es dabei zusätzlich noch der Beachtung bestimmter Anteils- oder Stimmrechtsverhältnisse unter den verschiedenen Berufsgruppen bedürfte.[355] Diese Sachlage legt bei erstem Ansehen an sich fast zwangsläufig die Schlußfolgerung nahe, daß das, was in einer interprofessionell gebildeten Sozietät oder Partnerschaft berufsrechtlich beinahe allgemein zulässig ist, mangels einer abweichenden Interessenlage innerhalb einer fachübergreifend zusammengesetzten „Freiberufler-Kapitalgesellschaft" vernünftigerweise kaum anders bewertet werden kann.[356]

Bei näherer Prüfung zeigt sich jedoch, daß zwischen einer gemeinsamen interprofessionellen Kooperation in Sozietätsform oder in einer Partnerschaft und der entsprechenden Abwicklung freiberuflicher Leistungen über eine Kapitalgesellschaft letztlich doch so gravierende inhaltliche Unterschiede bestehen, daß eine abweichende berufsrechtliche Regelung der jeweiligen Möglichkeiten einer fachübergreifenden Berufsausübung im Ergebnis durchaus gerechtfertigt erscheint. Denn zu bedenken ist, daß auch innerhalb einer interprofessionell zusammengesetzten Freiberufler-Sozietät – selbst bei einer konsequenten Nutzung der (formular-)vertraglich eingeräumten Haftungskonzentrationsoptionen – im Hinblick auf berufliche Fehlleistungen stets und in jedem Fall zumindest die unmittelbare persönliche Außenhaftung des ex ante für die Mandatsbearbeitung vorgesehenen Sozius oder doch wenigstens – im Fall der berufsrechtlichen Unbedenklichkeit auch einer rein abstrakten Haftungskonzentrationsklausel – des nachfolgend tatsächlich tätig gewordenen Gesellschafters gegenüber dem ratsuchenden Publikum erhalten bleibt.[357] Gleiches gilt in Anbetracht der gegenwärtig nur formularvertraglich ausgestalteten Haftungskonzentrationsregelung des § 8 II PartGG, die nach den übereinstimmenden Vorstellungen sowohl des Referenten- wie auch des Regierungsentwurfs zur „Anwalts-GmbH" zukünftig wahrscheinlich in eine gesetzlich angeordnete Handelnden-Haftung umgestaltet wird, ebenso für eine interprofessionell gebildete Partnerschaft.

---

[354] Vgl. dazu für die fachübergreifend zusammengesetzte Partnerschaft etwa die entsprechenden Ausführungen oben Seite 415 f.

[355] Vgl. dazu nur die §§ 59a BRAO; 52a PatAnwO; 44b WPO; 130 I 1 WPO i. V. m. 44b WPO; 56 StBerG; siehe speziell zur abweichenden Rechtslage für eine aus diesen Berufsgruppen gebildete interprofessionelle Partnerschaft allerdings oben Seite 416 ff.

[356] Vgl. in diesem Sinne etwa *Winters*, S. 183; *Römermann* in GmbHR 1997, 530 (534); *Henssler* in ZIP 1997, 1481 (1486) – jeweils für eine Gesellschaft mbH, die zugleich als Rechtsanwalts-, Steuerberatungs- und Wirtschaftsprüfungsgesellschaft betrieben werden soll -

[357] Vgl. dazu ausführlich oben Seite 218 ff., 235 ff., 244 ff.

Die unmittelbare, (formular-)vertraglich allenfalls auf bestimmte Haftungshöchstsummen beschränkbare Ersatzpflicht mit dem Privatvermögen stellt – unbeschadet des etwaigen Eingreifens einer den Schaden abdeckenden Berufshaftpflichtversicherung – insoweit aber fraglos eine empfindliche Sanktion dar, die sich für die berufstätigen Sozien bzw. Partner kraft ihrer präventiven Wirkung als ein schwer zu leugnendes Verhaltenskorrektiv erweist und der also allgemein eine besondere Disziplinierungsfunktion zukommt.[358] Die im Außenverhältnis mit Blick auf berufliche Fehlleistungen durchgängig bestehenbleibende unmittelbare persönliche Ersatzhaftung ist auf diese Weise aber durchaus geeignet, innerhalb einer interprofessionellen Sozietät oder Partnerschaft die berufliche Unabhängigkeit des an der Mandatsbearbeitung mitwirkenden Teilhabers auch und gerade gegenüber solchen sachfremden Einflüssen zu sichern, die gegebenenfalls von einer Mehrheit anderer, mit ihm assoziierter berufsfremder Gesellschafter an ihn herangetragen werden könnten. Das unverändert fortgeltende persönliche Ersatzhaftungsrisiko bildet für einen Sozius/Partner, der in einer fachübergreifend gebildeten, anteils- und stimmrechtsmäßig jedoch von einer anderen Berufsgruppe dominierten Freiberufler-Sozietät bzw. Partnerschaft seiner Berufstätigkeit nachgeht, mithin ein ebenso notwendiges wie wirksames Kontrollinstrument für den weiteren Erhalt seiner beruflichen Unabhängigkeit.[359]

Demgegenüber ist die Reichweite und Präventivwirkung einer ausschließlichen Binnenhaftung nach den §§ 93 II 1 AktG, 43 II GmbHG, wie sie im Fall eines schuldhaft verursachten Berufsfehlers in aller Regel auch für die unmittelbar in eigener Person pflichtwidrig handelnden Vorstandsmitglieder bzw. Geschäftsführer einer interprofessionell zusammengesetzten „Freiberufler-Kapitalgesellschaft" Platz greift, schon generell nicht von vergleichbarer Intensität und Schärfe.[360] Die kapitalgesellschaftliche Binnenhaftung bildet daher auch kein ähnlich wirksames Steuerungsmittel, um in einer fachübergreifend besetzten „Freiberufler-AG/KGaA/GmbH" den Minderheits-Gesellschafter-Geschäftsführer – zum Besten des ratsuchenden Publikums – vor einer eventuell drohenden sachwidrigen Beeinflussung seitens der Mehrheitsgesellschafter einer anderen sozietätsfähigen Berufs-

---

[358] Vgl. zu der disziplinierenden Funktion der persönlichen Haftung bei natürlichen Personen und ihrer daraus resultierenden spezifischen Eignung als Verhaltenskorrektiv speziell in bezug auf die freien Professionen etwa *Fuhrmann*, S. 70, der daselbst anmerkt: „Es ist wohl nicht zu krass ausgedrückt, wenn man behauptet, daß in einigen Fällen anwaltlicher Tätigkeit nur deshalb noch die notwendige Sorgfalt an den Tag gelegt wird, weil die einschneidende Haftung droht."; ebenfalls den positiven general- und spezialpräventiven Effekt einer persönlichen Haftung des Rechtsanwalts hervorhebend etwa *Prinz* in VersR 1986, 317 (319); *Donath* in ZHR 156 (1992), 134 (165); *Dauner-Lieb* in GmbHR 1995, 259 (263); siehe allgemein in diesem Sinne ferner auch *K. Schmidt* in ZHR 160 (1996), 265 (278 f.) – dort im Hinblick auf die aaO kritisierte Zulässigkeit der ausschließlichen Komplementärstellung einer juristischen Person in einer KGaA -

[359] Vgl. zu dem engen Zusammenhang zwischen freiberuflicher Unabhängigkeit und unmittelbarer persönlicher Haftung („notwendiges Korrelat") etwa *Bellstedt* in AnwBl. 1995, 573 (574); *Kaiser/Bellstedt*, Rn. 543.

[360] Siehe zur vergleichsweise günstigen Haftungslage der Gesellschafter-Geschäftsführer in einer „Freiberufler-AG/KGaA/GmbH" bereits ausführlich oben Seite 423 ff.; ebenso bei einer Gegenüberstellung der unmittelbaren Komplementärhaftung einer natürlichen Person mit der Managerhaftung in einer Komplementär-Kapitalgesellschaft auch *K. Schmidt* in ZHR 160 (1996), 265 (278 f.); vgl. ähnlich auch *ders.* in ZIP 1994, 837 (843): „Als einen dem Durchgriff ebenbürtigen Gläubigerschutz wird man die Binnenhaftung ohnehin nicht ansehen dürfen."

gruppe zu bewahren und ihn ebenso nachdrücklich zu einer sorgsamen und gewissenhaften fachlichen Berufstätigkeit anzuhalten.

Die unmittelbare persönliche Einstandspflicht eines an der konkreten Mandatsbearbeitung beteiligten Freiberuflers gegenüber der Auftraggeberseite kann in einer interprofessionellen Sozietät bzw. Partnerschaft nach alledem durchaus auch als ein effektives und erforderliches Sicherungsinstrument zur Wahrung der beruflichen Unabhängigkeit des Minderheitsgesellschafters der *einen* Profession gegenüber etwaigen *gesellschaftsinternen* Einflüssen, die mitunter von der Mehrheit sozietätsfähiger Teilhaber einer *anderen* Profession ausgehen könnten, interpretiert werden. Da eine „Freiberufler-AG/GmbH/KGaA" – im Unterschied zu einer Sozietät oder einer Partnerschaft – nach ihrer gesetzlichen Haftungsverfassung aber regelmäßig keine vergleichbare direkte Handelnden-Haftung des freien Berufsträgers gegenüber dem ratsuchenden Publikum kennt, bedarf es hier folgerichtig eines anderen rechtlichen Instrumentariums, um auch *innerhalb* der Gesellschaft eine hinreichende berufliche Unabhängigkeit der Berufstätigen *einer* freien Profession gegenüber einem ansonsten denkbaren sachwidrigen Einfluß der Mehrheitsgesellschafter einer *anderen* freien Profession zu gewährleisten. Dieses zum Erhalt der freiberuflichen Unabhängigkeit erforderliche juristische Gestaltungsmittel wird in den einzelnen Berufsrechten sodann aber freilich nur in der regelmäßigen Schaffung besonderer, jeweils spezifisch auf die eigene Berufsgruppe bezogener Kapitalbindungsvorschriften bestehen können.

So gesehen scheint es im Ergebnis also nur konsequent, daß eine uneingeschränkte interprofessionelle Kooperation zwischen artverwandten Freien Berufen de lege lata zwar in einer Freiberufler-Sozietät und teilweise – etwa auf dem medizinischen Sektor oder bei den freien Konstruktionsberufen – auch in der Rechtsform der Partnerschaft statthaft ist, während andererseits die Kapitalgesellschaften für eine fachübergreifende gemeinsame Berufsausübung im allgemeinen nicht zur Verfügung stehen. Eine vergleichbare Freigabe auch der kapitalgesellschaftlichen Organisationsformen für eine interdisziplinäre freiberufliche Leistungserbringung schiene de lege ferenda daher – sofern rechtspolitisch überhaupt erstrebenswert – lediglich angebracht, falls der Normgeber, dem Beispiel ausländischer Nationen folgend,[361] für eine „Freiberufler-AG/KGaA/GmbH" zugleich auch generell eine gesetzliche Handelnden-Haftung einführen und so die Haftungsordnung der Kapitalgesellschaften im freiberuflichen Sektor allgemein dem Haftungssystem der Personengesellschaften annähern würde. Die mit der Existenz einer solchen unmittelbaren persönlichen Außenhaftung einhergehende Disziplinierungswirkung böte alsdann aller Voraussicht nach auch für den Minderheitsgesellschafter einer interprofessionell besetzten „Freiberufler-AG/KGaA/GmbH" eine hinreichende Gewähr, daß er einem sachwidrigen Einfluß, der gegebenenfalls von den Mehrheitsgesellschaftern einer anderen freien Profession an ihn herangetragen werden könnte, in seiner fachlichen Arbeit erfolgreich widerstehen würde.

---

[361] So ordnet beispielsweise in Frankreich das Gesetz Nr. 90-1258 vom 31.12.1990 (J. O. v. 5.1.1991, S. 216), welches eine „Freiberufler-Kapitalgesellschaft" – freilich unter Einräumung eines ergänzenden Berufsrechtsvorbehalts – generell für sämtliche freien Professionen zuläßt, in seinem Art. 16 I zwingend eine unbeschränkte persönliche Haftung eines aktiven Gesellschafters mit seinem gesamten Vermögen jedenfalls für solche Haftpflichtfälle an, die er selbst in Ausübung seiner freiberuflichen Tätigkeit verursacht; vgl. dazu auch *Nerlich*, S. 145 f.; *Nießen*, S. 146; *Schmuck* in RIW 1993, 983 (986).

Im Ergebnis bleibt somit festzuhalten, daß eine nicht berufsspezifisch kapitalgebundene „Freiberufler-AG/KGaA/GmbH" mit umfassendem interprofessionellen Leistungsangebot in den einzelnen Berufsrechten zukünftig äußerstenfalls zugelassen werden sollte, wenn der Normgeber daneben durch die ergänzende Einführung einer gesetzlichen Handelnden-Haftung zugleich auch eine allgemeine Änderung der grundsätzlichen Haftungsstruktur einer „Freiberufler-Kapitalgesellschaft" realisieren würde. Unter den gegenwärtigen normativen Rahmenbedingungen scheint es auf der anderen Seite aber in jedem Fall vorzugswürdig, die Ausübung einer freiberuflichen Tätigkeit in kapitalgesellschaftlichen Rechtsformen berufsrechtlich gemeinhin an die Beachtung berufsspezifischer Kapitalbindungsvorschriften zu knüpfen, die im Hinblick auf die Stimmrechte und für die Stellung als Gesellschafter bzw. als Leitungsorganmitglied jeweils zwingend eine zahlenmäßige Majorität der eigenen freiberuflichen Berufsgruppe vorschreiben.[362] Der darüber hinausgehende Betrieb einer „Freiberufler-AG/KGaA/GmbH" mit einem fachübergreifenden Leistungsangebot kann sodann – die bestehenden, sachlich unmittelbar einleuchtenden Ausnahmeregelungen bei Steuerberatungs- und Buchprüfungsgesellschaften einmal ausgenommen – nach geltendem Recht ansonsten freilich nur ausnahmsweise in Betracht kommen, falls der Gesellschaft auch permanent eine ausreichende Zahl von Teilhabern mit der berufsrechtlich notwendigen Doppel- oder Mehrfachberuflerqualifikation angehört.

Ob die so in den einzelnen Berufsrechten bereits teilweise enthaltenen berufsspezifischen Kapitalbindungsvorschriften auf Dauer allerdings wirklich ausreichen können, um für die Zukunft wirksam auszuschließen, daß rechtstatsächlich eine Konzentration der lukrativsten Mandate bei einigen wenigen überregional und supranational agierenden „Freiberufler-Kapitalgesellschaften" stattfindet, die ungeachtet dessen auch über Berufsgrenzen hinweg personell und kapitalmäßig eng miteinander verflochten sind, wird man bei abschließender Betrachtung aber gleichwohl mit einiger Berechtigung anzweifeln dürfen.

Einen signifikanten Eindruck von der im freiberuflichen Sektor künftig allgemein denkbaren Entwicklung können insoweit exemplarisch wiederum die Verhältnisse im Bereich der berufsrechtlich gebundenen rechts- und wirtschaftsberatenden Professionen vermitteln. Denn auch wenn nach dem gegenwärtigen Stand des Gesetzgebungsverfahrens zur „Anwalts-GmbH" an einer solchen de lege ferenda lediglich noch Steuerberater und Wirtschaftsprüfer als natürliche Personen, jedoch keine Wirtschaftsprüfungs- und/oder Steuerberatungsgesellschaften mehr als Minderheitsgesellschafter beteiligt sein dürfen,[363] so wird durch die dieserart vorgesehene Regelung die kapitalmäßige Verflechtung von anwaltlichen Rechtsberatungsgesellschaften einerseits und Wirtschaftsprüfungsgesellschaften andererseits rechtlich bloß erschwert, de facto aber keinesfalls vollends ausgeschlossen.

---

[362] Ebenso – jeweils im Kontext mit der berufsrechtlichen Zulassung einer „Anwalts-GmbH" – im Ergebnis auch *Zuck* in AnwBl. 1989, 589 (593); *ders.*, Verhandlungen des 58. DJT, Teil M, 7 (20); *ders.* in MDR 1990, 891 (892); *Ahlers* in AnwBl. 1991, 226 (230); *ders.* in AnwBl. 1991, 573 (574); *ders.* in FS für Rowedder (1994), 1 (17); *Boin* in NJW 1995, 371 (372); *Dittmann* in ZHR 161 (1997), 332 (333); *Hellwig* in ZHR 161 (1997), 337 (351).

[363] In Berlin wurde alsbald nach Ergehen des ersten, die Zulässigkeit einer „Anwalts-GmbH" bejahenden Beschlusses des BayObLG (in NJW 1995, 199 ff.) sogar eine „Rechtsanwalts-GmbH" ins Handelsregister eingetragen, deren Minderheitsgesellschafter wiederum eine Steuerberatungsgesellschaft mbH war; vgl. dazu etwa *Dietlmeier* in ZIP 1996, 1800 (1804).

Denn den Angehörigen der wirtschaftsprüfenden und steuerberatenden Professionen ist es – im Gegensatz etwa zu den Rechts- und Patentanwälten[364] – nach ihren Berufsrechten ohne weiteres gestattet, sich auch an mehreren Wirtschaftsprüfungs- und/oder Steuerberatungsgesellschaften gleichzeitig als Gesellschafter-Geschäftsführer zu beteiligen.[365] Die Beteiligung eines Wirtschaftsprüfers/Steuerberaters an einer „Rechtsanwaltsgesellschaft mbH" und seine Tätigkeit darin hindert ihn also regelmäßig nicht, eine vergleichbare Funktion zugleich auch in verschiedenen anderen Wirtschaftsprüfungsgesellschaften wahrzunehmen.[366] Über die ambivalente Stellung als geschäftsführender Anteilseigner in mehreren als AG/KGaA/GmbH ausgestalteten Gesellschaften kann daher gleichwohl eine ent-

---

[364] Vgl. für die anwaltlichen Berufsgruppen jeweils die geplanten Regelungen in den §§ 59e II BRAOE, 52e II PatAnwOE des Regierungsentwurfs mit folgendem Wortlaut: *„Den Gesellschaftern ist es untersagt, ihren in der Rechtsanwaltsgesellschaft (bzw. Patentanwaltsgesellschaft) ausgeübten Beruf in einem weiteren beruflichen Zusammenschluß auszuüben."*; siehe ähnlich auch bereits die einschlägigen Bestimmungen im vormaligen Referentenentwurf, dort die §§ 59g IV BRAOE 52g IV PatAnwOE; veröffentlicht in „Blick durch die Wirtschaft" vom 25.4.1997, Seite 10 (Teil 1), und vom 29.4.1997, S. 9 (Teil 2); kritisch zu dieser Beschränkung *Sommer* in PatAnwMitt. 1998, 41 (46).

Die amtliche Begründung des Entwurfs eines Gesetzes zur Änderung der Bundesrechtsanwaltsordnung, der Patentanwaltsordnung und anderer Gesetze führt zu diesen Vorschriften aus: „(§ 59e) Absatz 2 (BRAOE) ist eine Parallelvorschrift zu § 59a Abs. 1 Satz 1 (BRAO). Nach dieser Vorschrift ist es dem Rechtsanwalt verwehrt, mehreren Sozietäten anzugehören, was der Gesetzgeber mit dem Wortlaut <in einer Sozietät> zum Ausdruck gebracht hat (vgl. Bundestags-Drucksache 12/4993 zu Nr. 25, § 59a, S. 33). In gleicher Weise ist es den Gesellschaftern einer Rechtsanwaltsgesellschaft untersagt, ihrem in der Rechtsanwaltsgesellschaft ausgeübten Beruf noch in weiteren beruflichen Zusammenschlüssen nachzugehen."; vgl. BR-Drucksache 1002/97, S. 15; siehe zum gleichgerichteten Verbot einer anwaltlichen Sternsozietät ferner ergänzend die Bestimmung des § 31 BORA v. 29.11.1996, veröffentlicht als Beilage zu Heft 19 der NJW 1997, S. 3 ff.

[365] Vgl. so für die Berufsgruppe der Wirtschaftsprüfer etwa WP-Handbuch-*Kaminski*, Band 1, Teil A, Rn. 150 f.; *Winters*, S. 184; *Markus*, S. 171; siehe für den steuerberatenden Berufsstand z. B. OLG Düsseldorf in NJW-RR 1997, 313 (314 f.); Kuhls-*Maxl*, Rn. 115 f. zu § 57 StBerG; *Meng* in StB 1989, 105 (108); *Keßler* in NWB 1995, Fach 30, 993 (996) sowie nunmehr auch ausdrücklich die zu sog. Mehrfachfunktionen ergangene Regelung des § 8 der BOStB v. 2.7.1997, abgedruckt in DStR 1997, Beihefter zu Heft 26, S. 3 ff.

[366] Vgl. so schon richtig *Winters*, S. 184 – Die amtliche Begründung des Entwurfs eines Gesetzes zur Änderung der Bundesrechtsanwaltsordnung, der Patentanwaltsordnung und anderer Gesetze bringt dies in den Materialien freilich (ganz bewußt?) nur sehr versteckt zum Ausdruck. Denn dort heißt es in BR-Drucksache 1002/97, S. 15, lediglich dunkel: „... In gleicher Weise ist es den Gesellschaftern einer Rechtsanwaltsgesellschaft untersagt, ihrem in der Rechtsanwaltsgesellschaft ausgeübten Beruf noch in weiteren beruflichen Zusammenschlüssen nachzugehen. Unter dieses Verbot fällt eine parallele Berufsausübung in Sozietäten in Form von Gesellschaften bürgerlichen Rechts, in Partnerschaftsgesellschaften, aber auch in Rechtsanwalts-, Steuerberatungs-, Wirtschafts- oder Buchprüfungsgesellschaften. *Anknüpfungspunkt ist der in § 59a Abs. 1 Satz 1, Abs. 3 (BRAO) genannte Beruf, nicht die konkret ausgeübte berufliche Tätigkeit.*" – textliche Hervorhebung vom Verfasser -

Aus dieser Formulierung läßt sich im Zusammenspiel mit den Berufsrechten der steuer- und wirtschaftsberatenden freien Professionen zwanglos ableiten, daß jedenfalls ein solcher Wirtschaftsprüfer, der – wie ca. 80 % aller Angehörigen des wirtschaftsprüfenden Berufsstandes (vgl. dazu die entsprechenden empirischen Daten in WPK-Mitt. 1996, S. 46 f.) – zugleich auch über die Berufszulassung als Steuerberater verfügt, von nun an ohne weiteres dazu berechtigt ist, einerseits einer Rechtsanwaltsgesellschaft in seiner Eigenschaft als Steuerberater anzugehören, während er andererseits in seiner Eigenschaft als Wirtschaftsprüfer parallel dazu noch an verschiedenen anderen Wirtschaftsprüfungsgesellschaften beteiligt sein kann.

sprechende (personelle und anteilsmäßige) Verflechtung zwischen einer „Rechtsanwaltsgesellschaft mbH" und verschiedenen Wirtschaftsprüfungsgesellschaften stattfinden.[367] Erst recht gilt dies freilich für eine „Anwalts-GmbH", die aufgrund einer beruflichen Doppel- bzw. Mehrfachqualifikation ihrer geschäftsführenden Gesellschafter zugleich auch unmittelbar selbst als Wirtschaftsprüfungs- und/oder Steuerberatungsgesellschaft anerkannt werden kann.[368]

Ob sich unter diesen Voraussetzungen eine intransparente Vernetzung und eine faktische Teilintegration oder gar eine noch weitergehende Eingliederung von Rechtsanwaltsgesellschaften in die Interessensphäre und in die Unternehmenspolitik großer, sowohl den Pflichtprüfungs- als auch den Beratungsmarkt dominierender internationaler Wirtschaftsprüfungsgesellschaften erfolgreich wird vermeiden lassen, muß hiernach für die Zukunft zumindest fragwürdig erscheinen. Statt dessen dürfte angesichts der vorstehend aufgezeigten Vernetzungsmöglichkeiten eher zu erwarten stehen, daß gerade die Bildung und das expandierende Wachstum solcher „Anwaltsgesellschaften mbH", die in der tatsächlichen Rechtspraxis zum Teil bereits offen in den Firmenverbund von großen und kapitalkräftigen Wirtschaftsprüfungsgesellschaften eingruppiert worden sind,[369] auch künftig unvermindert weiter anhalten wird. Es liegt durchaus nahe, daß vor allem diese faktisch (teil-) konzernierten „Anwaltsgesellschaften mbH" binnen weniger Jahre das Alltagsbild unserer Rechts- und Wirtschaftsordnung entscheidend mitbestimmen werden, weil sie – schon aufgrund der nachweislich starken Marktposition der mit ihnen verbundenen internationalen Wirtschaftsprüfungsgesellschaften – in Zukunft voraussichtlich unschwer einen ganz erheblichen Teil insbesondere der sehr lukrativen wirtschaftsnahen Rechtsberatungsmandate auf sich vereinigen dürften.

VI. Zusammenfassende Bewertung einer Eignung der Kapitalgesellschaften zur kooperativen freiberuflichen Leistungserbringung

Im Rahmen einer abschließenden Würdigung bestätigt sich somit, daß die Kapitalgesellschaften für die Angehörigen der freien Professionen sowohl unter haftungs- wie unter steuerrechtlichen Gesichtspunkten die spürbar attraktivsten Rechtsformen zur zivilverträglichen Erbringung freiberuflicher Dienstleistungen darstellen.

Spart man den Bereich der heilkundlichen Berufstätigkeit aus, so existieren für die Gesellschafter und die Leitungsorganmitglieder einer „Freiberufler-AG/KGaA/GmbH" ansonsten keine Haftungsgefahren, die im Fall einer fehlerhaften Auftragsbearbeitung aus spezi-

---

[367] So zutreffend schon *Winters*, S. 184.

[368] Vgl. so bereits den richtigen Hinweis von *Winters*, S. 184; siehe zu der unter diesen Voraussetzungen bestehenden mehrgleisigen Anerkennungsmöglichkeit einer GmbH sowohl als Rechtsanwalts-, Patentanwalts-, Wirtschaftsprüfungs-, Buchprüfungs- und/oder Steuerberatungsgesellschaft nun auch ausdrücklich die amtliche Begründung zum Entwurf eines Gesetzes zur Änderung der Bundesrechtsanwaltsordnung, der Patentanwaltsordnung und anderer Gesetze, BR-Drucksache 1002/97, S. 14, im genauen Wortlaut bereits wiedergegeben oben auf Seite 508 in Fußnote 330.

[369] Siehe dazu bereits näher oben im 1. Teil, Seite 154.

fisch „freiberuflichen" Gründen heraus zu einer erweiterten unmittelbaren persönlichen Einstandspflicht gegenüber dem ratsuchenden Publikum führen könnten.

Auch in einer „Freiberufler-AG/KGaA/GmbH" gelten für die berufstätigen Gesellschafter-Geschäftsführer vielmehr ausschließlich die allgemeinen Haftungstatbestände, in denen Rechtsprechung und Schrifttum ausnahmsweise eine direkte Einstandspflicht von kapitalgesellschaftlichen Anteilseignern und Leitungsorganmitgliedern mit ihrem Privatvermögen gegenüber den außenstehenden Gesellschaftsgläubigern zugelassen bzw. in Erwägung gezogen haben. Dabei wird man nach dem gegenwärtigen Stand der Judikatur allerdings davon ausgehen dürfen, daß in der Rechtswirklichkeit nur die Fallgruppe einer direkten persönlichen Ersatzpflicht aus § 823 II BGB i. V. m. § 64 II GmbHG, die einen GmbH-Geschäftsführer wegen einer schuldhaft verspäteten Konkursantragstellung gegenüber den Neugläubigern einer bereits überschuldeten oder zahlungsunfähigen Gesellschaft ereilen kann, eine tatsächlich nennenswerte praktische Relevanz aufweist. Doch handelt es sich bei dem insoweit bestehenden persönlichen Haftungsrisiko von vornherein um ein solches, das keinen Zusammenhang mit den Spezifika einer freiberuflichen Leistungserbringung erkennen läßt und in gleicher Weise auch für jeden Geschäftsführer einer GmbH mit einem beliebigen anderen Unternehmensgegenstand zum Tragen kommt.

Allerdings ist eine „Freiberufler-Kapitalgesellschaft" im Fall einer tatsächlich fehlerhaften Auftragsbearbeitung nach dem Schutzzweck der verletzten Verhaltenspflicht gemeinhin außerstande, über jenen Regreßanspruch, der ihr sodann im Innenverhältnis nach den §§ 93 II 1 AktG, 43 II GmbHG gegen die vormals in eigener Person pflichtwidrig handelnden Vorstandsmitglieder bzw. Geschäftsführer zusteht, zum Nachteil der geschädigten Auftraggeberseite zu verfügen. Weder mittelbare Einschränkungen wie vorab intern vereinbarte Haftungsmilderungen noch sonstige rechtsgeschäftliche Dispositionen über den Binnenanspruch wie Verzicht, Vergleich, Entlastung, Generalbereinigung etc. entfalten diesbezüglich gegenüber einem geschädigten außenstehenden Mandanten nachteilige Rechtswirkungen. Dieser kann im Bedarfsfall daher – wie jeder andere Gesellschaftsgläubiger auch – durchaus versuchen, den fraglichen Ersatzanspruch der Gesellschaft nach den §§ 829, 835 ff. ZPO im Wege der Zwangsvollstreckung zu pfänden, sich zur Einziehung überweisen zu lassen und auf diese Weise den fehlsam handelnden Gesellschafter-Geschäftsführer mitunter schließlich doch persönlich für sein Berufsversehen in Anspruch zu nehmen.

Auf steuerrechtlichem Gebiet scheint auf den ersten Blick insbesondere die zusätzliche Belastung mit der Gewerbeertragsteuer einen erheblichen steuerlichen Nachteil für eine „Freiberufler-AG/KGaA/GmbH" zu begründen. Doch lassen sich die dadurch drohenden steuerlichen Mehraufwendungen über den Abschluß separater schuldrechtlicher Verträge im Verhältnis zwischen den Gesellschafter-Geschäftsführern und der juristischen Person (etwa durch die Vereinbarung hoher Gehaltszahlungen und Gewinntantiemen) weitgehend minimieren und bei geschickter kautelarjuristischer Gestaltung sogar in einen zugunsten der Kapitalgesellschaft wirkenden Steuervorteil umwandeln. Dabei ist – wegen des damit einhergehenden beträchtlichen Steuerstundungseffekts – vor allem die exklusiv den juristischen Personen vorbehaltene Möglichkeit, durch die Gewährung von Pensionszusagen gewinnmindernde Pensionsrückstellungen bilden zu können, geeignet, den Nachteil der ergänzend hinzutretenden Gewerbeertragsteuer mehr als auszugleichen.

Das aus § 8 III 2 KStG abgeleitete Rechtsinstitut der sog. verdeckten Gewinnausschüttung weist demgegenüber nur eine begrenzte Eignung auf, um eine durch Gewinnverschiebungen auf die Gesellschafter-Geschäftsführer oder diesen nahestehende Personen bewirkte ungerechtfertigte Verkürzung des Steuerergebnisses einer „Freiberufler-AG/KGaA/GmbH" hinreichend zu sanktionieren. Denn die Rechtsfolge der verdeckten Gewinnausschüttung beschränkt sich aufgrund der bloßen Gewinnkorrekturfunktion des § 8 III 2 KStG allgemein darauf, daß im Hinblick auf steuerlich an sich abzugsfähige Positionen (Gehalt, Gewinntantieme, Pensionszusage) jeweils nur der seiner Höhe nach unangemessene Teil der Vergütung dem steuerpflichtigen Einkommen der Kapitalgesellschaft zugerechnet wird. Die so von der steuerrechtlichen Judikatur notgedrungen praktizierte geltungserhaltende Reduktion läßt folgerichtig auch gegenüber den Gesellschafter-Geschäftsführern einer „Freiberufler-AG/KGaA/GmbH" in wichtigen Teilbereichen eine ausreichende generalpräventive Wirkung vermissen.

Auch unter dem Blickwinkel der sonstigen steuerlichen Kriterien scheint der Betrieb einer „Freiberufler-Kapitalgesellschaft" durchaus lohnend. So wirkt sich die vom Gesetzgeber beschlossene Aufgabe einer weiteren Substanzbesteuerung durch die Abschaffung einerseits der Vermögensteuer bereits zum 1.1.1997 und andererseits der Gewerbekapitalsteuer zum 1.1.1998 allgemein in erster Linie zum Vorteil der Kapitalgesellschaften aus, und auch die Veräußerung eines Gesellschaftsanteils stellt sich im Falle einer unwesentlichen Beteiligung nach § 17 I 4 EStG bei einer „Freiberufler-AG/KGaA/GmbH" regelmäßig steuerlich günstiger dar als bei einer freiberuflich tätigen Personengesellschaft.

Die Tatsache, daß der Betrieb einer „Freiberufler-Kapitalgesellschaft" im allgemeinen einen vergleichsweise höheren organisatorischen Verwaltungsaufwand erfordert und damit oftmals höhere „laufende Kosten" verursacht, dürfte auf der anderen Seite hingegen nur zahlenmäßig kleinere freiberufliche Zusammenschlüsse vor einem Zugriff auf diese gewerblichen Organisationsformen zurückschrecken lassen. Die für eine AG/KGaA/GmbH gesetzlich angeordneten Buchführungs- und Rechnungslegungspflichten (§§ 238, 242 ff. HGB), die nach der jeweiligen Unternehmensgröße gestaffelte Verpflichtung zur registerrechtlichen Offenlegung des Jahresabschlusses (§§ 267, 325 ff. HGB) und der mitunter bestehende Zwang zur Jahresabschlußprüfung (§§ 267, 316 ff. HGB) können aufgrund ihrer Transparenz- und Überwachungsfunktion von den in einer Kapitalgesellschaft tätigen Berufsvertretern durchaus auch als willkommene Instrumente zu einer weiteren Optimierung der internen Unternehmensstruktur, des betriebswirtschaftlichen Ergebnisses sowie zur nachhaltigen Steigerung der beruflichen Reputation im Außenverhältnis genutzt werden.

Im Zuge dessen dürften die Kapitalgesellschaften – nicht zuletzt weil sie als völlig verselbständigte juristische Personen auch über eine umfassende eigene Rechtsfähigkeit verfügen und damit praktisch am unkompliziertesten ein fast unbegrenztes betriebliches Größenwachstum ermöglichen – im Ergebnis vor allem für größere freiberufliche Zusammenschlüsse den bestgeeigneten rechtlichen Rahmen für eine dauerhafte, auch in der Zukunft beständig anhaltende überregionale und supranationale Expansion bieten.

Vor dem Hintergrund der gegenwärtigen normativen Rahmenbedingungen steht somit zu erwarten, daß der Zug zur „Freiberufler-Kapitalgesellschaft" über kurz oder lang wahrscheinlich in beinahe allen freien Professionen nicht mehr aufzuhalten sein wird.[370]

---

[370] Ebenso auch die Einschätzung von *Sotiropoulos* in ZIP 1995, 1879 (1886); *Damm* in FS für Brandner (1996), 31 (50); *Mahnke* in WM 1996, 1029 (1037); wohl auch *Bayer/Imberger* in DZWiR 1995, 177 (183).

F. Gesamtergebnis zum 2. Teil in Thesen

Die BGB-Gesellschaft wird in Gestalt der traditionell überlieferten Sozietät künftig nur noch für kleinere bis allenfalls mittlere freiberufliche Zusammenschlüsse die geeignete Rechtsform für eine gemeinsame freie Berufsausübung darstellen. Ursächlich hierfür ist insbesondere die strikte Haftungsverfassung einer Freiberufler-Sozietät, die im Hinblick auf Gesellschaftsverbindlichkeiten grundsätzlich eine umfassende persönliche Haftung aller Teilhaber als Gesamtschuldner neben die Haftung des gesamthänderisch gebundenen Gesellschaftsvermögens treten läßt. Eine „einseitige" rechtsgeschäftliche Korrektur dieser strikten Haftungsfolgen, die auf dem Boden der herrschenden Doppelverpflichtungslehre an sich durch den kautelarjuristischen Betrieb einer „Sozietät mit beschränkter Gesellschafterhaftung" möglich schiene, wird zum Teil bereits durch das Berufsrecht ausgeschlossen und ist auch sonst mit erheblichen rechtlichen Unwägbarkeiten verbunden. Vertragliche Haftungsbegrenzungsmöglichkeiten bergen demgegenüber sowohl in der Variante einer personalen Haftungskonzentration wie auch in Gestalt einer summenmäßigen Haftungsbeschränkung den Nachteil, daß sie in einigen freien Professionen schon nicht verkehrsüblich und allgemein nur beschränkt praktikabel sind. Darüber hinaus bleibt ferner auch der Nachteil, daß sich über konsensuale Haftungsbegrenzungsoptionen nicht sämtliche berufstypischen Schadensrisiken der freien Professionen erfassen lassen.

Die „Freiberufler-OHG/KG" kann im Vergleich zur Sozietät allgemein nicht als ernsthafte Rechtsformalternative zur kooperativen Darbietung freiberuflicher Dienstleistungen in Betracht kommen. Die Angehörigen der freien Professionen können auf diese an sich den Gewerbetreibenden vorbehaltenen Gesellschaftsformen nur dadurch Zugriff nehmen, daß sie *zusätzlich* zu ihrer originär freiberuflichen Tätigkeit auch eine sachlich „benachbarte" gewerbliche Betätigung aufnehmen, sodann über deren Eintragung im Handelsregister eine Personenhandelsgesellschaft gründen und über die so eingetragene „Freiberufler-OHG/KG" neben gemischt-gewerblichen schließlich auch rein freiberufliche Dienstleistungen anbieten. Doch macht die stets notwendige zeitgleiche Aufnahme einer auch gewerblichen Betätigung den Betrieb einer „Freiberufler-Personenhandelsgesellschaft" steuerlich ausgesprochen unattraktiv. Denn der aus handelsrechtlicher Sicht zwingend zu wahrende Konnex zwischen paralleler gewerblicher und freiberuflicher Betätigung löst auf steuerrechtlichem Gebiet über die gesetzliche Teilfiktion des § 15 III Nr. 1 EStG nachfolgend unweigerlich und ausnahmslos eine umfassende Gewerbesteuerpflicht hinsichtlich *sämtlicher* erwirtschafteter Gesellschaftseinnahmen aus, gleich ob diese nun aus Aufträgen mit gewerblichem oder ausschließlich freiberuflichem Leistungsinhalt herrühren. Dieser gravierende steuerrechtliche Schwachpunkt kann im Vergleich zu der grundsätzlich gewerbesteuerfreien Rechtsform der Freiberufler-Sozietät auch durch die vorteilhafte eigene Zivilrechtsfähigkeit der Personenhandelsgesellschaften und – im Falle einer „Freiberufler-KG" – selbst durch den Vorzug einer institutionell beschränkten Kommanditistenhaftung nicht kompensiert werden. Dies gilt um so mehr, als der für eine „Freiberufler-OHG/KG" bestehende Zwang zu einer umfassenden kaufmännischen Buchführung die für eine Sozietät existierenden Wahlmöglichkeiten zwischen einer steuerlichen Gewinnermittlung entweder durch Betriebsvermögensvergleich oder durch einfache Überschußrechnung entfallen läßt und dadurch keine vergleichbaren steuerlichen Spielräume zu einer zeitlichen Gewinnverschiebung bestehen.

Die Rechtsform der Partnerschaft wird spätestens nach dem Inkrafttreten der beabsichtigten gesetzlichen Neufassung des § 8 II PartGG die attraktivste Personengesellschaft zur gemeinsamen Ausübung einer freiberuflichen Tätigkeit darstellen. Denn diese spezifisch freiberufliche Gesellschaftsform verbindet einerseits die steuerlichen Vorteile einer Sozietät – prinzipielle Gewerbesteuerfreiheit und flexible steuerliche Gewinnermittlung – mit den Vorzügen einer uneingeschränkten Zivilrechtsfähigkeit, wie sie bislang auf der anderen Seite den Personenhandelsgesellschaften vorbehalten war. Die de lege ferenda bereits abstrakt-institutionell vorgegebene Bündelung der persönlichen Ersatzhaftung auf die mit der tatsächlichen Auftragsbearbeitung befaßten Partner läßt bei einer gemeinsamen partnerschaftlichen Berufsausübung fortan die Notwendigkeit entfallen, das zum ratsuchenden Publikum hin oftmals bestehende besondere Vertrauensverhältnis mit dem ausdrücklichen Ersuchen um eine personale Haftungskonzentration belasten zu müssen. Des weiteren birgt die vorab gesetzlich angeordnete Handelnden-Haftung den Vorteil, daß sie – anders als eine rein vertragliche Haftungskonzentrationslösung – zusätzlich auch gegenüber den bloß rechtsgeschäftsähnlichen Dritthaftungstatbeständen des Vertrages mit Schutzwirkung für Dritte bei gegenläufiger Interessenlage, der Garantieprospekthaftung und der freiberuflichen Sachwalterhaftung aus culpa in contrahendo Rechtswirkungen entfaltet. Im Zuge dessen ist für die nächsten Jahre zu prophezeien, daß die neuartige Rechtsform der Partnerschaft gerade im Bereich der kleineren und mittleren freiberuflichen Zusammenschlüsse den anderen Personengesellschafts-Typen – d. h. insbesondere auch der auf diesem Sektor bislang dominierenden Freiberufler-Sozietät – allgemein den Rang ablaufen wird.

Die „Freiberufler-Kapitalgesellschaft" bildet demgegenüber vor allem für mittelgroße und größere freiberufliche Verbindungen die zweifellos leistungsfähigste und am besten geeignete Rechtsform zur kooperativen Erbringung freiberuflicher Dienstleistungen. So bietet die „Freiberufler-AG/KGaA/GmbH" unter haftungsrechtlichen Aspekten den Vorzug, daß auch im Fall einer tatsächlich fehlerhaften Auftragsbearbeitung in der Regel weder den bloß kapitalmäßig beteiligten Gesellschaftern noch den als Geschäftsführern und Vorstandsmitgliedern tätig werdenden Berufsangehörigen im Außenverhältnis eine direkte persönliche Einstandspflicht gegenüber der Auftraggeberseite droht. Zudem ist der Bestand eines *rein internen* Ersatzanspruchs, welcher der juristischen Person aus einer sorgfaltswidrigen Mandatsbearbeitung gegen ein Mitglied des kapitalgesellschaftlichen Leitungsorgans erwächst, ausnahmslos davon abhängig, daß das betreffende Vorstandsmitglied oder der betreffende Geschäftsführer den beruflichen Fehler entweder unmittelbar in eigener Person begangen oder doch wenigstens eine etwaige Überwachungspflicht, die ihm höchstpersönlich gegenüber dem konkret pflichtwidrig handelnden Organmitglied oblag, verletzt hat. Die bloße Mitwirkung an der tatsächlichen Auftragsbearbeitung reicht hier also – anders als zur Begründung einer unmittelbaren Außenhaftung bei der Partnerschaft nach § 8 II PartGG n. F. – für sich betrachtet noch nicht aus, um bei einer „Freiberufler-Kapitalgesellschaft" im Innenverhältnis jenen Ersatzanspruch gegen ein handelndes Vorstandsmitglied bzw. einen gegenständlich agierenden Geschäftsführer zur Entstehung zu bringen, den ein geschädigter Auftraggeber anschließend im günstigsten Falle pfänden und sich zur Einziehung überweisen lassen kann.

Die bei einer „Freiberufler-AG/KGaA/GmbH" im Vergleich zu einer Sozietät oder einer Partnerschaft ergänzend hinzutretende Belastung mit der Gewerbeertragsteuer bildet tatsächlich keinen so schwerwiegenden steuerlichen Nachteil, wie es auf den ersten Blick vielleicht scheinen könnte. Denn die dadurch drohenden steuerlichen Mehraufwendungen lassen sich über den Abschluß separater schuldrechtlicher Verträge im Verhältnis zwischen den Gesellschafter-Geschäftsführern und der juristischen Person (etwa durch die Vereinbarung hoher Gehaltszahlungen und Gewinntantiemen) weitgehend minimieren und bei geschickter kautelarjuristischer Gestaltung sogar in einen zugunsten der Kapitalgesellschaft wirkenden Steuervorteil umwandeln. Dabei ist – wegen des damit einhergehenden beträchtlichen Steuerstundungseffekts – vor allem die exklusiv den juristischen Personen vorbehaltene Möglichkeit, durch die Gewährung von Pensionszusagen gewinnmindernde Pensionsrückstellungen bilden zu können, geeignet, den Nachteil der ergänzend hinzutretenden Gewerbeertragsteuer mehr als auszugleichen. Das Rechtsinstitut der verdeckten Gewinnausschüttung ist demgegenüber nur begrenzt imstande, um eine durch Gewinnverschiebungen auf die Gesellschafter-Geschäftsführer oder diesen nahestehende Personen bewirkte ungerechtfertigte Verkürzung des Steuerergebnisses einer „Freiberufler-AG/KGaA/GmbH" wirkungsvoll zu sanktionieren.

Die besondere steuerliche Attraktivität der Kapitalgesellschaften gerade für zahlenmäßig größere überörtliche und internationale freiberufliche Verbindungen erklärt sich ferner aus dem Umstand heraus, daß durch den Betrieb einer „Freiberufler-AG/KGaA/GmbH" ohne weiteres die nachteiligen Auswirkungen vermieden werden, die andererseits im Recht der Personengesellschaften über § 15 III Nr. 1 EStG aus der Geltung der sog. Abfärbetheorie zu erwachsen drohen. Ein größer dimensionierter Freiberufler-Zusammenschluß, dem letztlich stets an einer dauerhaften und beständigen internationalen Expansion in einem strukturell verfestigten Rechtsträger gelegen ist, verlangt nach konstant kalkulierbaren steuerrechtlichen Rahmenbedingungen, die in einer Personengesellschaft wegen des latenten Gewerbesteuerrisikos, welches bei Ausübung einer (sei es auch noch so geringfügigen) gewerblichen Betätigung dauernd und unweigerlich hinsichtlich sämtlicher erwirtschafteter Einnahmen droht, nicht in demselben Maße hergestellt werden können.

Für eine interprofessionelle Kooperation zwischen den Angehörigen verschiedener artverwandter Freier Berufe stehen de lege lata in aller Regel sowohl die Sozietät wie auch die Partnerschaft uneingeschränkt zur Verfügung. Demgegenüber kommen die Kapitalgesellschaften für eine vergleichbar weitreichende fachübergreifende Zusammenarbeit lediglich in Betracht, wenn den untereinander gegenläufigen, in den einzelnen Berufsrechten jeweils spezifisch auf die eigene freiberufliche Berufsgruppe bezogenen Kapitalbindungsvorschriften im Einzelfall durch eine ausreichende Zahl von entsprechend qualifizierten Mehrfachberuflern entsprochen werden kann. Eine Lockerung dieser strikten berufsrechtlichen Vorgaben scheint de lege ferenda allenfalls denkbar, wenn der Normgeber, dem Beispiel ausländischer Nationen folgend, für eine „Freiberufler-AG/KGaA/GmbH" zugleich auch generell eine gesetzliche Handelnden-Haftung einführen und so die Haftungsordnung der Kapitalgesellschaften im freiberuflichen Sektor allgemein dem Haftungssystem der Personengesellschaften annähern würde. Die mit der Existenz einer solchen unmittelbaren persönlichen Außenhaftung einhergehende Disziplinierungswirkung böte alsdann aller Voraussicht nach auch für den Minderheitsgesellschafter einer interprofessionell besetzten „Freiberufler-Kapitalgesellschaft" eine hinreichende Gewähr, daß er einem sachwidrigen Einfluß, der gegebenenfalls von den Mehrheitsgesellschaftern einer anderen freien Profession an ihn herangetragen werden könnte, in seiner fachlichen Arbeit erfolgreich widerstehen würde.

Der generelle Erlaß von Kapitalbindungsvorschriften in den einzelnen Berufsrechten wird aller Voraussicht nach keinesfalls ausreichen, um für die Zukunft erfolgreich zu verhindern, daß sich in der Rechtswirklichkeit in vielen freiberuflichen Sparten vergleichsweise rasch eine Konzentration der lukrativsten Mandate bei einigen wenigen überregional und supranational agierenden „Freiberufler-Kapitalgesellschaften" einstellt, die ungeachtet dessen auch über Berufsgrenzen hinweg personell und kapitalmäßig eng miteinander verflochten sein werden.

Schlußteil
Nachbetrachtung und Ausblick

Der nach den Ergebnissen dieser Ausarbeitung bereits heute absehbare, unvermindert weiter anhaltende Siegeszug der Kapitalgesellschaften auf dem freiberuflichen Sektor wirft abschließend auch die Frage auf, welche juristischen und vielleicht sogar rechtspolitischen Konsequenzen in der Zukunft aus dem verstärkten Eindringen gewerblicher Berufsausübungsformen in die Freien Berufe gezogen werden könnten.

Diesbezüglich ist hervorzuheben, daß die Ausübung eines Freien Berufs in der Rechtsform einer Kapitalgesellschaft nach der ständigen Rechtsprechung der obersten Bundesgerichte im Grunde dem höchstpersönlichen Charakter dieser Berufe widerspricht und deshalb an sich nur eine besonders begründete Ausnahme sein darf.[1]

Fragt man nach den sachlich-inhaltlichen Erwägungen, die dieser rechtlichen Bewertung durch die höchstrichterliche Judikatur zugrunde liegen, so können diese Gründe an sich nur in solchen materiellen Kriterien gefunden werden, die die eingangs erwähnte, grundlegende Differenzierung zwischen Freiem Beruf und Gewerbe in unserer Rechtsordnung überhaupt ausmachen. Es müssen – mit anderen Worten gesprochen – also in der Tat *rechtliche* Unterscheidungsmerkmale existieren, welche die in unserer Rechts- und Gesellschaftsordnung schon seit dem 19. Jahrhundert durchgängig angelegte Trennung zwischen Freiem Beruf und Gewerbe inhaltlich tragen und eine juristische Sonderbehandlung der freien Professionen, sei es im Handelsrecht (prinzipiell vollständige Nichtgeltung des HGB), im Gesellschaftsrecht (Partnerschaft) oder im Steuerrecht (grundsätzliche Gewerbesteuerfreiheit), sachlich rechtfertigen.

---

[1] Vgl. so etwa BVerfGE 21, 227 (232); BFHE 133, 322 (328); BFH in BStBl. 1982 II, 785 (786); BFHE 150, 108 (110 f.); BFH in BStBl. 1989 II, 577 (578 f.) – jeweils zu Steuerberatungsgesellschaften in der Rechtsform einer Kapitalgesellschaft – ; vgl. ferner auch BVerfGE 21, 173 (175), wonach der Freie Beruf (in concreto: eines Steuerbevollmächtigten) nur in eng begrenzten Fällen in einem Anstellungsverhältnis ausgeübt werden dürfe; siehe aus dem zustimmenden Schrifttum im übrigen nur Kuhls-*Kuhls*, Rn. 20 zu § 32 StBerG und Kuhls-*Meurers*, Rn. 7 vor §§ 49 ff. StBerG; *Gehre*, Rn. 16 zu § 32 StBerG und Rn. 1 zu § 49 StBerG; *Karl*, S. 41 f.; *Sodan*, S. 41; *Foerster* in DB 1986, 878; *Wolter* in StB 1987, 193 (195); *Sternberg* in GewArch 1989, 374 (375); *Ring* in StB 1991, 41.

A. Die materiellen Grundlagen der rechtlichen Differenzierung zwischen Freiem Beruf und Gewerbe

Die Suche nach inhaltlich tragfähigen Argumenten, mittels derer sich die vom Gesetzgeber seit mittlerweile mehr als einem Jahrhundert durchgehaltene strikte Scheidung der freien Professionen vom Gewerbe sachlich erklären ließe, beschäftigt die Rechtswissenschaft beinahe schon über einen ebenso langen Zeitraum hinweg. Bereits im Jahre 1916 bemerkte der Autor einer wissenschaftlichen Abhandlung, die als eine der ersten überhaupt zu diesem Themenkreis gelten darf, daß „... der geläufige Begriff des <Freien Berufes> dabei jedoch nur eine überlieferte Sprachgewöhnung (ist, sic!), mit der man in concreto nicht viel anfangen kann ...“.[1] Fast scheint es, als sei die Rechtswissenschaft innerhalb der dazwischen liegenden Zeitspanne in ihrem Erkenntnisstand tatsächlich kaum erheblich über diese Feststellung hinausgekommen.

I. Die materielle Unergiebigkeit einer rein typusorientierten oder definitorischen Abgrenzung der Freien Berufe vom Gewerbe

Stellt man die Frage nach den materiell-rechtlichen Gründen, welche die elementare Unterscheidung zwischen Freiem Beruf und Gewerbe in unserer Rechtsordnung sachlich-inhaltlich tragen, so muß es wohl fürwahr beinahe resignativ wirken, wenn Teile der Rechtsprechung und des Schrifttums den Begriff des Freien Berufs lediglich als eine rein soziologische Wortschöpfung deuten wollen, bei der eine justiziable Begriffsfassung notgedrungen auf unüberwindbare Schwierigkeiten stoßen müsse.[2] Ebenso unbefriedigend

---

[1] Vgl. dazu *Heuß* in FS für Brentano (1916), 237, der aaO weiter ausführt: „Man weiß so ungefähr, welcherlei Kathegorien darunter verstanden werden dürfen: Arzt, Rechtsanwalt, Schriftsteller, der bildende Künstler, der Schauspieler, der Musiker – aber jedes dieser Worte öffnet eine soziale Atmosphäre, die mehr oder weniger abgeschieden ist: nicht nur in der gesonderten Art der Berufsausübung, vor allem auch in ihrem rechtlichen Verhältnis zum Staat, zur übrigen Volksgemeinschaft bilden diese Gruppen höchst mannigfaltige und nur gelegentlich vergleichbare ökonomische Typen.“

[2] Vgl. in diesem Sinne etwa BVerfGE 10, 354 (364); *Karl*, S. 9; *Sodan*, S. 12; *Francke*, S. 57 f.; *Gehre*, Rn. 6 zu § 32 StBerG; Meilicke/v.Westphalen/Hoffmann/Lenz-*Lenz*, Rn. 23 zu § 1 PartGG; *Bösert/Braun/Jochem*, S. 47; *Gail/Overlack*, S. 4; *Henssler* in JZ 1992, 697 (704); *ders.*, Rn. 33 zu § 1 PartGG; Seybold/Schippel-*Schippel*, Rn. 14 zu § 1 BNotO; *Hoffmann* in DVBl. 1964, 457 (459); *Krämer* in NJW 1975, 849 (851); *Harms* in NJW 1976, 1289 (1292); *Stober* in NJW 1981, 1529; *Hornung* in Rpfl. 1995, 481 (482 in Fn. 12); *v. Maydell* in NZS 1996, 243; *Zuck* in MDR 1996, 1204; *ders.* in FS für Schippel (1996), 817 (823); siehe außerdem den Regierungsentwurf zur Schaffung des PartGG, BT-Drucksache 12/6152, S. 9; den Bericht der Bundesregierung über die Lage der Freien Berufe in der Bundesrepublik Deutschland, BT-Drucksache 8/3139, S. 6; ebenfalls rein soziologisch argumentieren schließlich *Daniels/Bulling*, Anm. 24 u. Anm. 28 zu § 1 BÄO; *Lüben*, S. 9 ff.; *Stieglitz*, S. 170 ff.; *Kunz*, S. 95; im Ergebnis wohl auch *Tettinger* in NJW 1987, 294 (296); Laufs/Uhlenbruck-*Laufs*, Rn. 1 ff. zu § 3.

und wenig aussagekräftig mutet es auch an, wollte man im Erscheinungsbild eines Freien Berufs im Ergebnis nichts anderes sehen als einen rechtsmethodologischen Typus, dessen einzelne Merkmale bei den betreffenden Professionen in unterschiedlicher, nicht von vornherein festzulegender Intensität vorliegen und das eine Mal stärker, das andere Mal hingegen weniger stark ausgeprägt sein könnten.[3]

Einer solch unscharfen rechtlichen Charakterisierung steht, rein pragmatisch betrachtet, zunächst schon die schlichte Tatsache entgegen, daß die Ausübung einer freien Berufstätigkeit in der Rechtsordnung – so etwa im Hinblick auf die prinzipielle Gewerbesteuerfreiheit der freien Professionen – durchaus *konkrete Rechtsfolgen* zeitigt, welche sich wohl kaum allein durch den Rückgriff auf diffus anmutende, bloß soziologische Aspekte oder einen sachlich unbestimmten allgemeinen Typusbegriff des Freien Berufs erklären lassen.

Die materiell-rechtliche Nichtexistenz eines universellen juristischen Typus „Freier Beruf" dokumentiert sich zudem anschaulich in dem Umstand, daß der BFH eine normative Ähnlichkeitsprüfung hinsichtlich eines nicht ausdrücklich in § 18 I Nr. 1 EStG aufgeführten Berufs stets nur anhand eines *bestimmten* Katalogberufs vornimmt.[4] Die finanzgerichtliche Judikatur hat es angesichts der Verschiedenartigkeit der im Gesetz bezeichneten Professionen zu Recht ausdrücklich abgelehnt, aus dem Katalog der in § 18 I Nr. 1 EStG aufgezählten Freien Berufe gemeinsame Tatbestandsvoraussetzungen abzuleiten und an diesen die ähnlichen Berufe zu messen.[5] Sie verlangt statt dessen durchgängig, daß der ähnliche Beruf einem *bestimmten* Katalogberuf in allen wesentlichen Punkten vergleichbar ist und in all seinen Merkmalen mit dem Gesamtbild des betreffenden Katalogberufs übereinstimmt (sog. Grundsatz der Einzelähnlichkeit).[6]

Ebenso wenig erfolgversprechend muß auf der anderen Seite freilich auch das Bestreben wirken, den Begriff des Freien Berufs in rechtlich-allgemeinverbindlicher Weise einer letztgültigen und sachlich universell verwendbaren juristischen Definition zuführen zu wollen. Die zahlreichen, aus dem Kreise der Rechts- und Sozialwissenschaft hervorgebrachten Definitionsversuche zum Begriff des Freien Berufs sind längst Legion,[7] ohne daß

---

[3] So aber *Raisch*, S. 209; *W. Müller*, S. 25 ff.; *Hummes*, S. 84 ff.; aus neuerer Zeit insbesondere *Taupitz*, S. 23 ff. unter Auflistung typischer Merkmale der Freien Berufe ab S. 38 ff.; *ders.* in NJW 1996, 3033 (3037); dem folgend etwa *Fuhrmann*, S. 32 ff.; *Breuer*, S. 124 ff.; *Mälzer*, S. 46 ff.; *Ahrens* in MedR 1992, 141 (144); *Neuner* in ZHR 157 (1993), 243 (263); *U. Müller* in FR 1995, 402 (404); Meilicke/v.Westphalen/Hoffmann/Lenz-*Lenz*, Rn. 2 und Rn. 23 zu § 1 PartGG; Schmidt/*Pitschas*, Rn. 5 ff. zu § 9; *Henssler*, Rn. 34 zu § 1 PartGG; siehe zur Bedeutung des Typus als Denkform in der Rechtswissenschaft allgemein auch *Larenz*, S. 464 ff.

[4] Vgl. dazu etwa BFH in BStBl. 1973 II, 668 (669); 1974 II, 447 (448); BFHE 141, 505 (506); 144, 62 (65); 146, 32 (35 f.); 160, 21 (27); 180, 316 (321); siehe aus dem zustimmenden Schrifttum nur Hermann/Heuer/Raupach/Brandt-*Brandt*, Anm. 215 zu § 18 EStG; *Glanegger/Güroff*, Rn. 91 zu § 2 GewStG; Blümich-*Hutter*, Rn. 157 ff. zu § 18 EStG; *Hartmann/Christians* in DB 1984, 1365 (1366); *Kupfer* in KÖSDI 1990, 8066 (8072).

[5] Vgl. so etwa BFHE 141, 505 (506 f.).

[6] Siehe dazu nur BFH in BStBl. 1973 II, 668 (669); 1974 II, 447 (448); BFHE 141, 505 (506); 144, 62 (65); 146, 32 (35 f.); 160, 21 (27); 180, 316 (321).

[7] Vgl. dazu aus dem reichhaltigen Schrifttum hier exemplarisch nur *Deneke*, Die Freien Berufe, (1956), S. 116: „Im Sinne einer nationalökonomischen (auch steuerrechtlichen) Definition (...) bilden die Angehörigen der Freien Berufe einen Teil der wirtschaftlich Selbständigen und unterscheiden sich von den sonstigen Selbständigen vor allem dadurch, daß sie – wie die Unselbständigen – Bezieher unfundierter Einkommen aus Entgelten für persönliche und zwar geistige Arbeit sind. Im Sinne einer

sich eine der entwickelten Definitionsformeln tatsächlich bewährt und von der Rechtspraxis angenommen worden wäre. In der Tat dürfte die funktionale Vielfalt der freien Professionen, zu denen neben Berufen mit vergleichsweise fest umrissenem Berufsbild (wie dem des Arztes) *schon immer* auch gleichberechtigt rein tätigkeitsbezogen umschriebene Berufsgruppen ohne nähere gesetzliche Berufsbildfestlegung (z. B. Erzieher, Künstler oder Schriftsteller) zählten, eine rechtsverbindliche Begriffsbildung der Sache nach ausschließen.[8] Dem entspricht es, daß die zum Begriff des Freien Berufes entwickelten Rechtsdefi-

---

sozialethischen (auch ständischen) Definition (...) gelten als Angehörige der Freien Berufe jedoch auch solche in abhängiger Stellung geistig Tätige, die in ihrer spezifischen Berufsausübung trotz des wirtschaftlichen Abhängigkeitsverhältnisses nicht an Weisungen ihrer Arbeitgeber oder Auftraggeber gebunden sind oder gebunden sein können."; sodann *Höppner* in BB 1961, 1209: „Freier Beruf ist die eigenverantwortliche, unabhängige und persönlichkeitsgebundene Ausübung eines Berufes auf wissenschaftlicher, künstlerischer, schriftstellerischer oder schöpferischer Grundlage, frei von gewerblichem Gewinnstreben."; *W. Müller* (1968), S. 67: „Einen Freien Beruf übt derjenige aus, der selbständig über längere Zeit hinweg durch den Einsatz seiner Persönlichkeit geistige Leistungen, die ein bestimmtes Fachwissen voraussetzen oder eine individuelle Schöpfung darstellen, hervorbringt und sie der Allgemeinheit anbietet."; *Meier-Greve* (1968), S. 140: „Derjenige übt einen Freien Beruf aus, dessen nicht gewerbliche Tätigkeit bei Unabhängigkeit in der Berufsausübung und Berufsstellung als persönliche, geistige Leistung qualifiziert werden kann."; *Deneke*, Klassifizierung, (1969), S. 24: „Eine freiberufliche Tätigkeit übt aus, wer persönliche Leistungen ideeller Art in wirtschaftlicher Selbständigkeit erbringt."; *Fleischmann* (1970), S. 92 f.: „Einen Freien Beruf übt demnach in erster Linie aus, wer als Selbständiger auf geistiger Grundlage unter Einsatz der eigenen Persönlichkeit im Rahmen eines Vertrauensverhältnisses tätig ist und dabei in geistig-ethischer und sachlicher Unabhängigkeit von privaten und staatlichen Weisungen und Anordnungen unter besonderer Verantwortung für das Gemeinwohl in erster Linie ideellen gemeinschaftswichtigen Zwecken dient. Einen Freien Beruf in einem weiteren (sozial-ethischen, ständischen) Sinn üben jedoch auch diejenigen aus, die eine solche Tätigkeit im Rahmen eines wirtschaftlichen Abhängigkeitsverhältnisses verrichten, in dem sie jedoch in ihrer spezifischen Berufsausübung nicht an Weisungen ihrer Arbeitgeber oder Auftraggeber gebunden sind."; *Kremer* (1979), S. 13: „Einen Freien Beruf übt aus, wer dauernd durch Einsatz seiner Persönlichkeit und aufgrund besonderer fachlicher Qualifikation weisungsunabhängig und eigenverantwortlich unvertretbare geistige Leistungen erbringt."; *Michalski*, Begriff (1989), S. 156: „Ein Freier Beruf ist eine sämtliche Merkmale des Gewerbebegriffs erfüllende Berufsgruppe, deren Angehörige sich dadurch von einem Gewerbetreibenden abgrenzen, daß sie eine zentralwertbezogene, gemeinschaftswichtige Tätigkeit aufgrund eines zum Vertragspartner bestehenden, durch persönliche (enger Begriff des Freien Berufs) oder sachliche Motive (weiter Begriff des Freien Berufs) begründeten Vertrauensverhältnisses verrichten, sofern ein nicht unerheblicher Teil der Berufsangehörigen bei gleichzeitig fehlender gesetzlicher Verpflichtung zu weisungsabhängigem Tätigwerden wirtschaftlich selbständig ist."; Bundesverband der Freien Berufe (1995) in der freie beruf 7-8/1995, 9: „Angehörige Freier Berufe erbringen aufgrund besonderer beruflicher Qualifikation persönlich, eigenverantwortlich und fachlich unabhängig geistig-ideelle Leistungen im Interesse ihrer Auftraggeber und der Allgemeinheit. Ihre Berufsausübung unterliegt in der Regel spezifischen berufsrechtlichen Bindungen nach Maßgabe der staatlichen Gesetzgebung oder des von der jeweiligen Berufsvertretung autonom gesetzten Rechts, welches die Professionalität, Qualität und das zum Auftraggeber bestehende Vertrauensverhältnis gewährleistet und fortentwickelt."; *Lücke* (1995), S. 72: „Freie Berufe sind (nicht im Beamtenstatus ausgeübte) berufliche Tätigkeiten, die aufgrund verfassungsrechtlicher, insbesondere grundrechtlicher Wertung besondere Sozialrelevanz aufweisen und zu deren Berufsträgern als Voraussetzung ihrer beruflichen Tätigkeit ein personenbezogenes, gesteigertes Vertrauensverhältnis besteht."

[8] Wie hier BVerfGE 46, 224 (240 f.): „Es gibt keinen einheitlichen Oberbegriff der Freien Berufe."; ebenso KG in WuW 1960, 446 (448); *Jäger*, S. 115 f.; *List* in BB 1993, 1488; *Korn* in DStR

nitionen – in Anbetracht der enormen Verschiedenheit der darunter gefaßten Professionen durchaus verständlich – ausnahmslos die Gemeinsamkeit aufweisen, daß sie sich durch die Aufnahme einer Vielzahl von Begriffsmerkmalen auszeichnen, die – wie beispielsweise das Merkmal einer „zentralwertbezogenen Tätigkeit" (besondere Gemeinschaftswichtigkeit, besondere Sozialrelevanz) – wiederum selbst ebenso konkretisierungsbedürftig anmuten.[9] Vor diesem Hintergrund scheint es nur folgerichtig, daß die wissenschaftlichen Versuche, zu einer praktikablen und letztgültigen Begriffsbestimmung des Freien Berufs zu gelangen, inhaltlich der Sache nach bis zum heutigen Tage weitgehend konturlos bleiben mußten.

Gleichwohl müssen sich dem System freier Berufstätigkeit *rechtlich faßbare Konturen* abgewinnen lassen, die eine generelle juristische Sonderbehandlung der damit bezeichneten Berufsgruppen gegenüber den sonst Erwerbstätigen plausibel machen. Der Begriff des Freien Berufs muß – nüchtern betrachtet – an sich allein schon deshalb einen *Rechtsbegriff* bezeichnen, weil sich an ihn, etwa im Hinblick auf die prinzipielle Gewerbesteuerfreiheit, tatsächlich bestimmte *rechtliche* Schlußfolgerungen knüpfen.[10]

Die rechtlichen Umrisse freier Berufstätigkeit lassen sich im Zuge dessen freilich nur dort substantiell ergründen, wo die Rechtsordnung auch wahrhaftig *unmittelbar konkrete Rechtsfolgen* an die Ausübung eines Freien Berufs anbindet. Dieses *streng juristische Verständnis freier Berufstätigkeit* schließt es mithin aus, allein schon aus den in den einzelnen Berufsgesetzen enthaltenen Postulaten, wonach der Rechtsanwalt, der Patentanwalt, der Wirtschaftsprüfer, der Steuerberater, der Arzt, der Zahnarzt, der Tierarzt etc. einen (seiner Natur nach) Freien Beruf ausübe und seine Tätigkeit kein Gewerbe sei,[11] auf das Vorliegen einer freien Berufstätigkeit im Rechtssinne schließen zu wollen. Denn aus den entsprechenden berufsgesetzlichen Festlegungen lassen sich offenkundig keine materiell greifbaren, konkreten Rechtsfolgen deduzieren;[12] es handelt sich hier – streng juristisch betrach-

---

1995, 1249; Kirchhof/Söhn-*Stuhrmann*, Rn. B 19 zu § 18 EStG; Hermann/Heuer/Raupach/Brandt-*Brandt*, Anm. 65 zu § 18 EStG; Blümich-*Hutter*, Rn. 50 zu § 18 EStG; vgl. mit Blick auf die Rechtsordnung insgesamt auch die Fortsetzung des Berichts der Bundesregierung über die Lage der Freien Berufe in der Bundesrepublik Deutschland, BT-Drucksache 12/21, S. 6; *Hermann*, S. 139 f.; *Schick*, S. 2; *Seibert*, S. 53 f.; *Stehle* in FS der Berufsakademie Villingen-Schwenningen (1995), 458 (459); *Stehle/Longin*, S. 11; siehe ferner auch *K. Schmidt* in ZIP 1993, 633 (637), der aaO gar von einem „Sammelsurium" der in § 18 I Nr. 1 EStG aufgeführten Tätigkeiten spricht.

[9] Vgl. dazu näher nur die soeben in Fußnote 7 aufgeführten Definitionsbeispiele.

[10] ähnlich Feuerich/Braun-*Braun*, Rn. 1 zu § 2 BRAO; den Terminus des Freien Berufs ebenfalls als Rechtsbegriff einstufend ferner *Meier-Greve*, S. 140; *Fleischmann*, S. 105; *Gitter*, S. 13; *Fuhrmann*, S. 28 f.; *Michalski*, Gesellschafts- und Kartellrecht, S. 13 ff.

[11] Siehe dazu bereits die zahlreichen Gesetzesnachweise oben in der Einleitung; Seite 5 in Fußnote 15.

[12] So richtig bereits *Hummes*, S. 60 u. S. 88; *nur insoweit – d. h. für die berufsgesetzlichen Folgewirkungen* – zutreffend auch BVerfGE 10, 354 (364); 11, 105 (117), wonach der „Freie Beruf" keinen eindeutigen Rechtsbegriff bezeichne und sich selbst aus der unstreitigen Zugehörigkeit eines Berufs zu den freien Professionen präzise normative Wirkungen für seine Behandlung im Recht nicht ableiten ließen; dem Bundesverfassungsgericht zustimmend etwa *Daniels/Bulling*, Anm. 28 zu § 1 BÄO; *Hoffmann* in DVBl. 1964, 457 (459); *Redeker* in NJW 1987, 2610 (2611); *Taupitz* in NJW 1996, 3033 (3037); Seybold/Schippel-*Schippel*, Rn. 14 zu § 1 BNotO; ebenso die Fortschreibung des Berichts der Bundesregierung über die Lage der Freien Berufe in der Bundesrepublik Deutschland, BT-Drucksache 12/21, S. 6; vgl. auch *Römer*, S. 40: „So gesehen muß mit ebenso vielen Begriffen des <Freien Berufs> gerechnet werden, wie es Normen gibt, die vom <Freien Beruf> sprechen."

tet – vielmehr „lediglich" um sittliche und berufsethisch motivierte Forderungen mit einem nicht justiziablen Programmsatzcharakter.[13]

Auch in anderen Rechtsgebieten – so etwa im Handelsrecht und in der Gewerbeordnung – wird die rechtliche Differenzierung zwischen Freiem Beruf und Gewerbe inhaltlich nicht näher erläutert; statt dessen setzt der Normgeber die gesetzliche Unterscheidung zwischen diesen beiden Gruppen von Erwerbstätigen hier schlicht als materiell selbstverständlich voraus, ohne sie in der Sache näher zu begründen oder gar zu legitimieren.[14]

II. Die exklusive Herausarbeitung eines praktikablen und inhaltlich handhabbaren rechtlichen Abgrenzungskriteriums durch die finanzgerichtliche Judikatur

Anders verhielt es sich hingegen bereits *seit jeher* auf dem Gebiete des Steuerrechts. Allein auf diesem Sektor sah sich die Rechtsprechung – übrigens mit ausdrücklicher Ermächtigung seitens des Gesetzgebers – schon von Anfang an veranlaßt, auch *rechtlich handhabbare Kriterien* zur sachlich-inhaltlichen Abgrenzung der Freien Berufe vom Gewerbe entwikkeln zu müssen. Ein entsprechender juristischer Argumentationszwang entsprang auf diesem Rechtsgebiet eigens aus der Notwendigkeit heraus, einerseits praktikable und andererseits inhaltlich nachvollziehbare tatbestandliche Voraussetzungen für solche Grenzfälle auszuarbeiten, in denen die Ausübung eines Freien Berufs nach der Verkehrsanschauung in

---

[13] *Insoweit* richtig folglich auch *Lindenberg* in BB 1961, 1284 (1286), wonach § 1 II WPO nur deklaratorische Bedeutung habe; vgl. dazu ferner beispielhaft die einleitenden Ausführungen in der amtlichen Begründung zu den §§ 1-3 des Regierungsentwurfs einer Bundesrechtsanwaltsordnung, BT-Drucksache III/120, S. 48 f.: „Der erste Teil des Entwurfs handelt von der Aufgabe, der Stellung und der Bedeutung der Rechtsanwaltschaft als Organ der Rechtspflege (§§ 1 bis 3). Diese einleitenden Vorschriften enthalten Grundsätze, die für das überkommene Berufsbild des Rechtsanwalts wesentlich sind. Sie gehen die Gesamtheit der Rechtsanwälte an. *Der ethische Gehalt dieser Grundsätze bestimmt das Wesen und den Umfang der Pflichten des Rechtsanwalts.* Er gibt auch die innere Begründung dafür, daß der Beruf des Anwalts im Interesse eines gesunden Rechtslebens frei sein muß. Die Bedeutung der Grundsätze rechtfertigt es, sie in das Gesetz ausdrücklich aufzunehmen ...". – textliche Hervorhebung vom Verfasser -

[14] Vgl. dazu exemplarisch die einschlägigen Ausführungen in der Denkschrift zum Entwurfe eines Handelsgesetzbuchs und eines Einführungsgesetzes; veröffentlicht in C. *Hahn*/B. *Mugdan*, Die gesamten Materialien zu den Reichs-Justizgesetzen, Band 6, Materialien zum Handelsgesetzbuch, Berlin 1897, S. 197 a. E.: „... Die Vorschriften des § 2 (HGB, sic!), welche den Kaufmannsbegriff in der oben erörterten Weise erweitern, beziehen sich nur auf <gewerbliche> Unternehmungen; eine auf Erwerb gerichtete Absicht ist demnach wesentlich. Die Ausdehnung auf alle Arten von geschäftlichen Unternehmungen würde zu weit gehen; sie hätte zur Folge, daß auch die verschiedenartigen, nicht zum Zwecke des Erwerbes dienenden Anstalten, wie Sparkassen, landschaftliche Kreditinstitute und dergl. mehr, als Kaufleute gelten müßten; hierzu besteht kein Bedürfnis. *Der Ausdruck <gewerbliches Unternehmen> braucht im Gesetz nicht näher erläutert zu werden; schon vermöge der Bedeutung, welche ihm nach dem allgemeinen Sprachgebrauche zukommt, genügt er, um die Ausübung der Kunst, der Rechtsanwaltschaft, des ärztlichen Berufs usw. auszuschließen. ...*" – textliche Hervorhebung vom Verfasser -

eine gewerbliche Tätigkeit umgeschlagen und daher – an sich nur folgerichtig – auch mit der Gewerbesteuer zu belegen war.

Diese Abgrenzungsfrage mußte sich naturgemäß insbesondere in solchen Augenblicken verschärft stellen, in denen – wie beispielsweise anno 1891 im Zuge der Miquel'schen Steuerreform in Preußen – in den einzelnen Ländern des Deutschen Reichs jeweils ein neues, reformiertes Gesetz zur Erhebung der Gewerbesteuer verabschiedet wurde.[15] Diesbezüglich ordnete, freilich nach vormals durchaus kontroverser parlamentarischer Beratung durch das Preußische Abgeordnetenhaus,[16] die Regelung des § 4 Nr. 7 des Preußischen Gewerbesteuergesetzes v. 24.6.1891 an, daß der Gewerbesteuer nicht unterliege *„die Ausübung eines amtlichen Berufes, der Kunst, einer wissenschaftlichen, schriftstellerischen, unterrichtenden oder erziehenden Tätigkeit, insbesondere auch des Berufes als Arzt, als Rechtsanwalt, als vereidigter Land- und Feldmesser, sowie als Markscheider."*[17]

Im Vorfeld der damaligen parlamentarischen Aussprache war dabei von einem Mitglied, das der XI. Kommission zur Vorberatung des Entwurfs jenes Preußischen Gewerbesteuergesetzes angehörte, zur Präzisierung der Gewerbesteuerfreiheit von Künstlern zu § 4 Nr. 7 Preuß. GewStG auch der Antrag gestellt worden, in Nr. 7 das Wort *„Kunst"* zu streichen und hinter Nr. 7 den Passus einzufügen *„sowie die Ausübung der Kunst, insoweit dieselbe auf der persönlichen Thätigkeit eines Künstlers und seiner Schüler beruht."*[18] Zu

[15] Die Gewerbesteuer wurde in Preußen als vollkommen neuartige Besteuerungsquelle erstmals durch das „Edikt über die Einführung einer allgemeinen Gewerbesteuer" v. 2.11.1810 (Preuß. GS, S. 79) eingeführt und erfaßte zunächst alle „Gewerbe", gleichgültig, ob dieselben in Handel, Fabriken oder Handwerk bestanden oder ob sie sich auf eine Wissenschaft oder Kunst gründeten. Auf diese Weise wurden anfänglich also auch die Freien Berufe (vgl. für Ärzte etwa die Regelung in § 21 Nr. 2 des Edikts) uneingeschränkt zum Gewerbe gerechnet. Erst das „Gesetz wegen Entrichtung der Gewerbesteuer" v. 30.5.1820 (Preuß. GS, S. 147) knüpfte die Gewerbesteuerpflicht in Umkehrung dieser bisherigen Übung an die Tatsache des Betriebes nur bestimmter Gewerbe an. Nach § 2 des Gesetzes waren fortan lediglich noch gewerbesteuerpflichtig Handel, Gastwirtschaft, Verfertigung von Waren auf den Kauf, der Betrieb von Handwerken mit mehreren Gehilfen, der Betrieb von Mühlenwerken, das Gewerbe der Schiffer, der Fracht- und Lohnfuhrleute, der Pferdeverleiher und diejenigen Gewerbe, die von umherziehenden Personen betrieben wurden. Die so herbeigeführte Beschränkung des Kreises der Steuerpflichtigen wurde von den Vertretern der preußischen Staatsregierung 70 Jahre später im Rahmen der Miquel'schen Steuerreform rückblickend wie folgt begründet: Die ältere Steuergesetzgebung habe allerdings auch den Beruf des Rechtsanwaltes und Arztes erfaßt, man habe aber unter dem Druck der öffentlichen Meinung, welche diese Besteuerung ablehnte, dieselbe in dem Gewerbesteuergesetze von 1820 wieder fallen lassen müssen; vgl. dazu den Bericht der XI. Kommission zur Vorberathung des Entwurfs eines Gewerbesteuergesetzes, Anlagen zu den Stenographischen Berichten über die Verhandlungen des Hauses der Abgeordneten während der 3. Session der 17. Legislaturperiode 1890/91, Zweiter Band, S. 1182 (1184), Berlin 1891.

[16] Vgl. dazu – vornehmlich mit Blick auf eine künftige Miteinbeziehung auch von Ärzten und Rechtsanwälten in die Pflicht zur Entrichtung von Gewerbesteuer – die gegensätzliche Aussprache zwischen einerseits den Abgeordneten Pleß und Schnatsmeier (pro) sowie andererseits den Abgeordneten Eberhard, v. Tiedemann, Broemel, Burghart, Hammacher, zu Limburg-Stirum, Cremer (contra), siehe hierzu die Stenographischen Berichte über die Verhandlungen der beiden Häuser des Landtags, Haus der Abgeordneten, Dritter Band, 51. Sitzung am 7.3.1891, S. 1323 ff., Berlin 1891.

[17] Vgl. Preuß. GS, S. 205.

[18] Vgl. dazu den Bericht der XI. Kommission zur Vorberatung des Entwurfs eines Gewerbesteuergesetzes (Berichterstatter: Dr. Schulz), Aktenstück Nr. 70, Anlagen zu den Stenographischen Berich-

diesem Punkt enthielt der Bericht der XI. Kommission sodann die folgende, hier explizit im genauen Wortlaut wiedergegebene Passage: „Zur Begründung wurde ausgeführt, daß der Begriff <Kunst> ein weit ausgedehnter und unsicherer sei, wenn er nicht in dem persönlichen Schaffen des Künstlers und der anschließenden Mitwirkung seiner nicht bezahlten, weil von ihm angeleiteten, Schüler sein Merkmal und seine Begrenzung finde. Die Richtigkeit dieser Definition wurde bestritten, weil dieselbe den Begriff Künstler zu eng und zu weit begrenze. Bei den Werken der Künstler, namentlich der Bildhauer, gebe es mechanische Zurichtungen, für welche keine eigentlichen Schüler verwendet würden, auf der anderen Seite sei die Mitwirkung bezahlter Schüler gerade bei großen Meistern keine Seltenheit. Der Versuch einer steuerfrei zu lassenden Kunst sei unfruchtbar, man müsse und könne vertrauen, daß die Praxis im gegebenen Fall das Rechte zu finden vermöge. Die Mehrheit der Kommission pflichtete dieser Auffassung bei; der Antrag wurde abgelehnt."[19]

Mit diesen Erwägungen wies der preußische Gesetzgeber der finanzgerichtlichen Judikatur also ausdrücklich die Entscheidung darüber zu, unter welchen Voraussetzungen der Einsatz fremder Arbeitskraft gegen Entgelt bei Künstlern zur Annahme einer Gewerbesteuerpflicht führen konnte. In Ausfüllung des so eingeräumten Beurteilungsspielraums ging die Rechtsprechung des Preußischen OVG in Staatssteuersachen schon bald dahin, daß nur die Ausübung der *eigenen* Kunst für steuerfrei erachtet werden könne, nicht aber die Verwendung fremder künstlerischer Kräfte.[20] Die Hervorbringung künstlerischer Leistungen oder Erzeugnisse müsse wesentlich auf die eigene Leistung des Steuerpflichtigen zurückgehen; seine bloße Beschränkung auf die kaufmännische Leitung des Geschäfts führe demgegenüber zu einer Gewerbesteuerpflicht; allein der Einsatz untergeordneter Hilfskräfte könne – falls die eigene persönliche Mitarbeit weiterhin im Vordergrund stehe – für steuerunschädlich erachtet werden.[21]

---

ten über die Verhandlungen des Hauses der Abgeordneten während der 3. Session der 17. Legislaturperiode 1890/91, Zweiter Band, S. 1182 (1185), Berlin 1891.

[19] Vgl. ebenda.

[20] Vgl. so etwa explizit Preuß. OVG in Staatssteuersachen 3, 290 (291) u. 379 (380); 4, 257 (258).

In die gleiche Richtung wies daneben – nur folgerichtig – auch die einschlägige Regelung in der Anweisung des preußischen Finanzministers vom 4.11.1895 zur Ausführung des Preuß. GewStG v. 24.6.1891. So enthielten die dort im einzelnen statuierten Grundsätze zur Abgrenzung der Gewerbebetriebe von den Freien Berufen in bezug auf eine etwaige Gewerbesteuerpflicht von Künstlern in Art. 9 Nr. 3 bereits die folgenden Direktiven: „a) Wenn durch Vervielfältigung der Erzeugnisse der bildenden Kunst eine Ware für den Kauf hergestellt und hiermit Handel getrieben wird, so tritt die (Gewerbe-)Steuerpflicht ein. Ist mit der Ausübung der Baukunst zugleich eine über die Grenze der Bauleitung hinausgehende Tätigkeit als Unternehmer der Ausführung verbunden, so wird gleichfalls die (Gewerbe-)Steuerpflicht begründet. b) *Die gewerbsmäßige Verwertung fremder künstlerischer oder wissenschaftlicher Erzeugnisse und Leistungen*, wie der Handel mit Kunstwerken, die Veranstaltung von Konzerten, Theater- und Zirkusvorstellungen, Kunstausstellungen und Schaustellungen jeglicher Art *begründet für den Unternehmer die (Gewerbe-)Steuerpflicht.*"; vgl. dazu den Abdruck der entsprechenden Anweisung in G. A. Grotefend/C. Cretschmar, Preussisch-deutsche Gesetzessammlung, Band I, Teilband 2 (Reichs- und Staatsfinanzwesen, Kommunalabgaben), 4. Auflage, Düsseldorf 1905, S. 828 ff.; siehe ferner auch *Jäger*, S. 50 – textliche Hervorhebung vom Verfasser -

[21] Preuß. OVG in Staatssteuersachen 4, 257 (259); siehe ferner auch Preuß. OVG in Staatssteuersachen 12, 419 (422).

An diese Judikatur des Preußischen OVG in Staatssteuersachen knüpfte in der Folge praktisch nahtlos auch der Reichsfinanzhof an. So stellte der RFH schon im Jahre 1919 fest, daß, soweit die sonstigen Voraussetzungen dazu vorliegen, einen Freien Beruf nur die *persönliche Ausübung* der Schauspielkunst durch den darstellenden Künstler bilde, nicht aber der Betrieb des Theaterunternehmens, in dem die Darstellung geboten werde.[22] Diese Rechtsprechung ist in den Folgejahren kontinuierlich fortgeführt[23] und dabei beispielsweise auch auf den Betrieb einer wissenschaftlichen Unterrichtsanstalt mit fremden Lehrkräften erweitert worden.[24] In diesem Kontext konstituierte der RFH – unter teilweise ausdrücklicher Bezugnahme auf die einschlägige Rechtsprechung des Preußischen OVG in Staatssteuersachen – auch zugleich den Rechtsgrundsatz, daß ein Freier Beruf im allgemeinen nur bei einer *persönlichen Ausübung* der betreffenden Tätigkeit vorliegen könne.[25]

Diese Rechtsprechung fand im unmittelbaren Anschluß – wie bereits an anderer Stelle vorbeschrieben – sodann auch Eingang in die amtliche Begründung zu der Vorschrift des § 18 EStG 1934 und bildete in der Folgezeit die Grundlage für die zunächst vom RFH entwickelte und späterhin schließlich gleichermaßen vom BFH in ständiger Rechtsprechung fortgeführte sog. Vervielfältigungstheorie.[26]

Doch selbst nachdem sich der Gesetzgeber im Jahre 1960 – wie dargelegt vornehmlich auf Druck der entstehungsgeschichtlich jüngeren, erst durch das EStG 1934 aus der Gewerblichkeit zu freien Professionen erhobenen steuer- und wirtschaftsberatenden Professionen – zu einer gesetzlichen Modifikation speziell des § 18 I Nr. 1 EStG entschloß,[27] erfuhr die *Anbindung der freiberuflichen Tätigkeit an die persönliche Arbeitskraft des Steuerpflichtigen als letztlich allein ausschlaggebendes rechtliches Abgrenzungsmerkmal zum Gewerbe* lediglich eine Lockerung, aber keinesfalls eine Aufgabe.[28] Im Einklang mit den

---

22 Vgl. dazu RFHE 2, 66 (67).

23 Vgl. dazu etwa RFHE 4, 14 (15); 5, 135.

24 Vgl. RFH in RStBl. 1929, 189 f.

25 RFHE 5, 135; RFH in RStBl. 1929, 19 (20) und 189 sowie aaO, 190: „Es ist ein Unterschied, ob jemand eine in den Geisteswissenschaften wurzelnde Tätigkeit selbst ausübt, oder ob er eine gleichartig vorgebildete fremde Arbeitskraft ausnutzt.“; ähnlich auch RFH in StuW 1931, 245 (246); ebenso weiterhin gerade auf die *persönliche* Ausübung des Freien Berufs abstellend übrigens auch durchgängig die spätere Rechtsprechung des Preuß. OVG; vgl. dazu – bereits aus dem Jahr 1931 – etwa Preuß. OVGE 87, 72 (74).

26 Vgl. zu alldem bereits sehr ausführlich oben im 1. Teil, Seite 57 ff.

Unrichtig in diesem Zusammenhang daher auch *Greiffenhagen*, S. 22 und S. 30; *Hoffmann* in Wpg. 1953, 256 sowie *Neuenfeld-Neuenfeld*, Band 1, Rn. 35 f. zu Teil I, sofern diese aaO davon ausgehen, daß der rechtsdogmatische Grundstein für die spätere Vervielfältigungstheorie durch die Rechtsprechung des Reichsfinanzhofs erst in entsprechenden Entscheidungen des Gerichts ab dem Jahre 1927 gelegt worden sei. Die strikte Anbindung der freien Berufstätigkeit an die persönliche Arbeitskraft des einzelnen, die einen übermäßigen Einsatz abhängig beschäftigter fremder Hilfskräfte gegen Entgelt naturgemäß von selbst ausschloß, lag statt dessen – wie soeben aufgezeigt – ersichtlich bereits der Bestimmung des § 4 Nr. 7 Preuß. GewStG aus dem Jahre 1891 zugrunde und bildete also schon seinerzeit das letztlich allein ausschlaggebende rechtliche Abgrenzungsmerkmal gegenüber einer gewerblichen Tätigkeit.

27 Siehe dazu eingehend oben im 1. Teil, Seite 61 ff.

28 Siehe dazu sehr deutlich zunächst BFHE 77, 750 (751): „Mit der Einführung dieser Vorschrift (gemeint: § 18 I Nr. 1 Satz 3 EStG) ist zwar die von der Rechtsprechung entwickelte Vervielfältigungstheorie wesentlich eingeschränkt, jedoch nicht völlig beseitigt worden. Auch jetzt noch ist für

Gesetzesmaterialien zu den seinerzeit neu eingefügten Sätzen 3 und 4 des § 18 I Nr. 1 EStG[29] verlangt die ständige höchstrichterliche Finanzrechtsprechung bis zur Gegenwart unbeeindruckt, daß die von einem freiberuflich Tätigen oder von seinen – gegebenenfalls fachlich ebenso vorgebildeten – angestellten Hilfskräften erbrachten Leistungen weiterhin *zumindest den Stempel seiner Eigenpersönlichkeit* tragen müssen.[30] Es genüge daher nicht, daß der Berufsträger seinen Auftraggebern gegenüber lediglich die *zivilrechtliche* Verantwortung für die vereinbarungsgemäße Ausführung des Auftrags übernehme[31] oder seine qualifizierten Mitarbeiter nur überwache;[32] erforderlich sei vielmehr nach wie vor, daß die freiberufliche Arbeit – wenn auch nicht mehr ausschließlich – gleichermaßen auch *tatsächlich* auf der persönlichen Arbeitsleistung des selbständig Tätigen beruhe[33] und also eine persönliche Teilnahme an der praktischen Arbeit in ausreichendem Maße gewährleistet bleibe.[34]

Diesen Charakter aber verliere eine Tätigkeit in demselben Maße, wie der unternehmerische und organisatorische Teil der Tätigkeit zunehme und nicht mehr die eigene Leistung des Freiberuflers, sondern die Bereitstellung von anderen Kräften, die einen wesent-

---

die Abgrenzung der freiberuflichen von der gewerblichen Tätigkeit wesentlich, daß die selbständige Arbeit – wenn auch nicht mehr ausschließlich – auf der persönlichen Arbeitsleistung des selbständig Tätigen beruht. Das hat die Neufassung des Gesetzes eindeutig zum Ausdruck gebracht, wenn gefordert wird, daß der Berufstätige eigene Fachkenntnisse besitzen und leitend und eigenverantwortlich tätig sein muß."; vgl. im Anschluß daran später auch BFHE 83, 154 (157) sowie gleichlautend BFH in BStBl. 1968 II, 820 (823); 1969 II, 164 (165); BFHE 94, 344 (347); 151, 147 (152):"... Vielmehr sollte durch die Hinzufügung des Begriffs der Eigenverantwortlichkeit zum Ausdruck gebracht werden, daß der Gesetzgeber grundsätzlich bei dem geschichtlich entstandenen Begriff des Freiberuflers verbleibt, dessen Tätigkeit durch den unmittelbaren, persönlichen und deshalb individuellen Einsatz und den eigenen Kontakt mit den Klienten sein besonderes Gepräge erhält."

[29] Vgl. zur ausführlichen Wiedergabe der entsprechenden Gesetzesbegründung bereits oben im 1. Teil, Seite 62 in Fn. 66.

[30] Vgl. so explizit erstmals BFHE 77, 750 (751); siehe aus der späteren Judikatur etwa BFHE 83, 154 (157); BFH in BStBl. 1968 II, 820 (822 u. 823); BFHE 94, 344 (347); 117, 247 (250); 159, 535 (538); 177, 377 (384); aus dem beipflichtenden Schrifttum etwa *Schick*, S. 84; *Hummes*, S. 75; *Fuhrmann*, S. 110; Kirchhof/Söhn-*Stuhrmann*, Rn. B 181 zu § 18 EStG; Hermann/Heuer/Raupach/Brandt-*Brandt*, Anm. 236 zu § 18 EStG; Blümich-*Hutter*, Rn. 58 zu § 18 EStG; *Kupfer* in KÖSDI 1990, 8066 (8067); *U. Müller* in FR 1995, 402 (404).

[31] BFHE 77, 750 (751); BFH in BStBl. 1968 II, 820 (822); BFHE 117, 247 (250); 151, 147 (149); 157, 106 (107); 177, 377 (383); FG Bremen in DStRE 1997, 325 (326); zustimmend *Fuhrmann*, S. 110; Kirchhof/Söhn-*Stuhrmann*, Rn. A 130 und Rn. B 181 zu § 18 EStG; Blümich-*Hutter*, Rn. 58 zu § 18 EStG – Auch die bloße Unterschrift eines Steuerpflichtigen unter dem geschuldeten Leistungsbericht verdeutlicht nach der höchstrichterlichen Judikatur lediglich, daß er für die Leistungen seiner Praxis die Verantwortung trage, sage aber nichts darüber, ob er an der Bearbeitung des einzelnen Auftrags auch in der gebotenen Weise persönlich mitgewirkt habe; vgl. so explizit BFHE 177, 377 (384); in dieser Richtung zuvor auch bereits BFHE 159, 535 (540 f.).

[32] BFH in BStBl. 1968 II, 820 (822); 157, 106 (108); vgl. dazu ferner auch BFHE 117, 247 (250); 151, 147 (149); 157, 106 (107): „Es genügt deshalb nicht, daß ein Steuerpflichtiger durch Arbeitsplanung und Arbeitsverteilung, durch stichprobenweise Überprüfung, Erteilung von Ratschlägen und Besprechung von Zweifelsfällen auf die Tätigkeit seiner Mitarbeiter einwirkt."

[33] BFHE 77, 750 (751); BFH in BStBl. 1968 II, 820 (822); BFHE 94, 344 (346); 117, 247 (251).

[34] BFHE 117, 247 (250); 151, 147 (149); 157, 106 (108); 177, 377 (383); FG Bremen in DStRE 1997, 325 (326); Hermann/Heuer/Raupach/Brandt-*Brandt*, Anm. 231 zu § 18 EStG; *Hartmann/Christians* in DB 1984, 1365 (1366).

lichen Teil der Tätigkeit übernehmen, in den Vordergrund trete.[35] Die nach Maßgabe des § 18 I Nr. 1 EStG erbrachten Leistungen müßten statt dessen stets noch als solche des Freiberuflers in Erscheinung treten;[36] die fehlende praktische Mitarbeit am *einzelnen* Auftrag müsse folgerichtig insbesondere in den Fällen einer selbständig betriebenen Einzelpraxis auf Ausnahmen wie etwa die des § 18 I Nr. 1 Satz 4 EStG beschränkt bleiben.[37] Die Grenze zum Gewerbebetrieb sei hier deshalb bereits dort überschritten, wo der Steuerpflichtige sich nur noch um besonders wichtige oder besonders schwierige Aufträge selbst kümmere, die einfachen und weniger bedeutsamen aber ganz seinen (abhängig beschäftigten) Mitarbeitern überlasse.[38] Nur bei der Bearbeitung einfacher Aufträge könne es gegebenenfalls ausreichen, wenn sich der Steuerpflichtige auf eine bloße fachliche Überprüfung der Arbeitsleistung seiner (angestellten) Mitarbeiter beschränke und sich das Ergebnis dieser Tätigkeit auf diese Weise zu eigen mache.[39]

Die Rechtsprechung des BFH hat hiernach bis heute unverändert daran festgehalten, daß das wesentliche Abgrenzungsmerkmal der freiberuflichen Tätigkeit gegenüber der gewerblichen Tätigkeit gerade in der unmittelbaren, persönlichen und individuellen Arbeitsleistung des Freiberuflers besteht.[40] Der Bundesgerichtshof teilt diese Rechtsbewer-

---

[35] BFHE 83, 154 (157); BFH in BStBl. 1968 II, 820 (823); 1969 II, 164 (165); BFHE 94, 344 (347); 157, 106 (108); 177, 377 (383); FG Bremen in DStRE 1997, 325 (326); siehe ferner auch BFHE 151, 147 (153); 159, 535 (539), wonach ein Begriffsverständnis der freiberuflichen Tätigkeit im Sinne einer bloß „geistigen Urheberschaft" in § 18 I Nr. 1 EStG keine rechtliche Grundlage finde und tendenziell zur steuerrechtlichen Privilegierung von Organisationsformen führen müsse, bei denen nicht der persönliche Arbeitseinsatz des Freiberuflers, sondern der arbeitsteilige Einsatz von Kapital und Arbeitskräften im Vordergrund stehe; aus dem beipflichtenden Schrifttum vgl. etwa *W. Müller*, S. 86 u. S. 91; *Hermann*, S. 122.

[36] BFH in BStBl. 1968 II, 820 (822); BFHE 151, 147 (150); 157, 106 (108); 159, 535 (538).

[37] BFHE 117, 247 (250 f.); 151, 147 (150); 157, 106 (108); 177, 377 (384); *Fuhrmann*, S. 111.

[38] BFHE 117, 247 (251); 151, 147 (150); 157, 106 (108); siehe ähnlich auch BFHE 159, 535 (540): „Der durch die Zahl der Aufträge und der Mitarbeiter gekennzeichnete Umfang des Unternehmens eines einzelnen Freiberuflers läßt sich nicht beliebig vergrößern, ohne daß die Freiberuflichkeit in Frage gestellt ist."; zustimmend Kirchhof/Söhn-*Stuhrmann*, Rn. B 186 zu § 18 EStG; Hermann/Heuer/Raupach/Brandt-*Brandt*, Anm. 233 zu § 18 EStG.

[39] Vgl. dazu BFHE 117, 247 (251) unter zusätzlichem Hinweis darauf, daß der Steuerpflichtige eine fachliche Verantwortung aufgrund eigener Entscheidung in diesen Fällen freilich nur tragen könne, wenn ihm in jedem Einzelfall auch die für die Entscheidung erforderlichen Tatsachen bekannt seien; ebenso FG Bremen in DStRE 1997, 325 (326); *Fuhrmann*, S. 110 f.; Hermann/Heuer/Raupach/Brandt-*Brandt*, Anm. 233 zu § 18 EStG.

Demgemäß fordert der BFH für die eigenverantwortliche Tätigkeit eines Arztes für Laboratoriumsmedizin etwa, daß der Steuerpflichtige den eingegangenen Untersuchungsauftrag nach Inhalt und Fragestellung zur Kenntnis nimmt, die Bearbeitung durch die zuständige Abteilung sowie die Auswahl und Anwendung der Untersuchungsmethode kontrolliert und die Plausibilität des Ergebnisses (Befunderhebung und Befundauswertung) nachprüft; vgl. dazu näher BFHE 117, 247 (252); 159, 535 (538); 177, 377 (383 f.).

[40] Vgl. so auch ausdrücklich BFHE 177, 377 (382); FG Bremen in DStRE 1997, 325 (326); siehe aus dem – die neuere Rechtsprechung umfänglich zusammenfassenden – Schrifttum ferner *Scharl* in StB 1989, 397 (399 f.); *Schaper/Neufang* in INF 1992, 154 (156 ff.); *Frick/Spatschek* in DB 1995, 239 ff.; speziell für die ärztliche Tätigkeit im Labor außerdem *K. Römermann* in BB 1996, 613 ff.

tung,[41] und auch das Bundesverfassungsgericht hat jene Judikatur des BFH ausdrücklich gebilligt und dahin entschieden, es stelle keinen Verstoß gegen Art. 3 I GG dar, wenn zur näheren Konkretisierung des § 18 I Nr. 1 Satz 3 EStG die Freiberuflichkeit eines Steuerpflichtigen im Gegensatz zur Gewerblichkeit davon abhängig gemacht werde, daß die Tätigkeit der eingesetzten Hilfskräfte den „Stempel seiner Persönlichkeit" tragen müsse.[42]

Im Ergebnis ergibt die Steuerrechtsprechung somit in der Tat ein eindeutiges und juristisch klar definiertes Bild von dem System freier Berufstätigkeit und von seiner rechtlichen Abgrenzung gegenüber dem Gewerbe. *Das einzig maßgebliche rechtliche Abgrenzungskriterium der freien Professionen gegenüber den Gewerbetreibenden besteht seit über 100 Jahren in der Betonung einer höchstpersönlichen Leistungserbringung, die nicht durch den unbegrenzten Einsatz fremder Arbeitskräfte über ein vertretbares Maß zurückgedrängt und dadurch im schlimmsten Falle sogar vollkommen ersetzt werden darf.*[43] Die Rechtsfigur des Freien Berufs hat ihre maßgebenden historischen Grundlagen demzufolge allein im Steuerrecht.[44] Nur der Steuerrechtsprechung ist es von Anbeginn an gelungen, wirklich praktikable und justiziable Begriffsmerkmale zur rechtlichen Scheidung der Freien Berufe vom Gewerbe hervorzubringen; in allen anderen Rechtsgebieten wird die Differenzierung zwischen diesen beiden Gruppen von Erwerbstätigen statt dessen bereits materiell vorausgesetzt, aber nicht mehr näher substantiell legitimiert.

Die strikte Anbindung der freiberuflichen Tätigkeit an die höchstpersönliche Schaffenskraft des einzelnen als letztlich allein ausschlaggebendes rechtliches Abgrenzungskriterium gegenüber dem Gewerbe äußert sich freilich auch auf anderen Rechtsgebieten in sehr konkreten Rechtswirkungen. Gerade in den klassischen freien Professionen der Ärzte und Rechtsanwälte ist die Judikatur auf vielfältige Weise bemüht, in Übereinstimmung mit dem

---

[41] Vgl. dazu etwa BGHZ 33, 321 (335 f.): „Gerade in den Fällen, in denen eine Tätigkeit nicht völlig eindeutig von anderen Leitgedanken als dem Erwerbsstreben oder der Erwerbsabsicht beherrscht wird, kann mit der ständigen Rechtsprechung (...) aus dem Umfang der technischen und kaufmännischen Gestaltung entnommen werden, ob es sich um einen Gewerbebetrieb oder eine anderweitige Tätigkeit handelt. Je stärker etwa der Arzt von der rein ärztlichen Tätigkeit zum Betriebe eines Sanatoriums, der Architekt von der entwerfenden Tätigkeit zum Betriebe eines technischen Büros, der Künstler vom Schaffen eines Einzelwerks zur Herstellung von Marktware übergeht, um so eher wird das Vorliegen eines Gewerbebetriebes bejaht. Die Verkehrsauffassung hebt damit bei ihrer Wertung auf betriebliche, organisatorische, wirtschaftliche Momente, also auf den Aufbau und die Ausgestaltung der jeweils in Betracht kommenden Tätigkeit ab."

[42] Vgl. dazu BVerfG in HFR 1990, 385; siehe ferner auch BVerfGE 43, 58 (73): „Der Bereich der freiberuflichen ärztlichen Betätigung wird jedoch verlassen und der der gewerblichen Konkurrenz betreten, wenn die Gemeinschaftseinrichtung praktisch wie ein Dienstleistungsbetrieb für eine größere Anzahl von Ärzten und möglicherweise auch für Angehörige anderer Heilberufe sowie Krankenhäuser arbeitet und sich nur noch formell von einer Kapitalgesellschaft unterscheidet."

[43] In diesem Sinne ersichtlich auch Blümich-*Hutter*, Rn. 50 u. Rn. 55 ff. zu § 18 EStG; *M. Lach*, S. 33, wonach der „... Einsatz hauptsächlich der eigenen Arbeitskraft und Persönlichkeit (...) das entscheidende Kriterium zur Unterscheidung des Gewerbes vom Freien Beruf" sei; ähnlich *Rennen/Caliebe*, Rn. 7 zu § 10 der 1. AVO zum RBerG sowie *Rittner*, S. 20 f.: „Die Leistungen, welche die Freien Berufe aufgrund der Verträge erbringen, unterscheiden sich aber dadurch von denen der Unternehmer, daß sie persönlich erbracht werden und nicht durch das Unternehmen."; dem ausdrücklich zustimmend *Deneke*, Klassifizierung, S. 26; *Rollmann* in DAB 1996, 1433.

[44] ähnlich auch *Hermann*, S. 11, wonach es sich bei dem Begriff des Freien Berufs de facto um einen Begriff des Steuerrechts handele; dies verkennend *Michalski*, Begriff, S. 15 f.; *Lücke*, S. 47 ff.

Rechtsgedanken des § 613 Satz 1 BGB die Pflicht des Freiberuflers zur höchstpersönlichen Leistungserbringung weitgehend zu erhalten und insbesondere eine Delegation der eigentlichen ärztlichen oder anwaltlichen Tätigkeit auf untergeordnete Hilfskräfte so weit als möglich auszuschließen.

Sichtbaren Ausdruck findet diese Haltung der Rechtsprechung etwa in dem Judiz, daß den Rechtsanwalt bei rechtzeitiger Aktenvorlage eine eigene und höchstpersönliche Pflicht zur Prüfung und Beachtung des Ablaufs einer (prozessualen) Frist trifft, von der er sich nicht etwa durch die bloße Anweisung an sein Büropersonal befreien kann, ihn täglich an noch unerledigte Fristsachen zu erinnern.[45]

Auch im *Vertragsarztrecht* leitet die sozialgerichtliche Judikatur aus dem – insoweit sogar ausdrücklich durch das Gesetz statuierten *Grundsatz der persönlichen Leistungserbringung*[46] – durchgängig bis zur Gegenwart das *Verbot zu einer undifferenzierten Vervielfältigung der eigenen Arbeitskraft* ab.[47] Eine die ärztliche Behandlung unterstützende Hilfelei-

---

[45] Vgl. dazu etwa BGH in MDR 1997, 396; in dieser Richtung auch bereits OLG Düsseldorf in VersR 1980, 483 (484): „Die Einhaltung gesetzlicher Fristen gehört zum ureigenen Aufgabenbereich des Rechtsanwalts."; ebenso später BGH in NJW 1992, 820; siehe ferner allgemein auch BGH in NJW-RR 1990, 459 (460): „Aus der Natur des Anwaltsvertrages folgt, daß in erster Linie der Vertragspartner des Mandanten, das heißt der Rechtsanwalt persönlich, seinem Auftraggeber zur Erfüllung der übertragenen Aufgaben verpflichtet ist."

[46] Der Grundsatz der persönlichen Leistungserbringung durchzieht das Vertragsarztrecht an vielen Stellen; vgl. dazu etwa die Regelung des § 15 I SGB V, wonach die ärztliche oder zahnärztliche Behandlung von Ärzten bzw. Zahnärzten erbracht wird, während erforderliche Hilfeleistungen anderer Personen nur zulässig sind, wenn sie vom Arzt (Zahnarzt) angeordnet und von ihm überwacht werden; ebenso auch die Vorschrift des § 28 I SGB V; siehe ferner nur die Bestimmung des § 98 II Nr. 13 SGB V i. V. m. § 32 I 1 Ärzte-ZV, wonach der Vertragsarzt die vertragsärztliche Tätigkeit persönlich in freier Praxis auszuüben hat.

Demgegenüber besagt der Grundsatz der persönlichen Leistungserbringung in dem durch die §§ 124 ff. SGB V geregelten Heilmittelbereich lediglich, daß Kräfte, die nicht zur Führung der Berufsbezeichnung berechtigt sind, nur mit untergeordneten Hilfstätigkeiten betraut werden dürfen, aber nicht selbst Heilmittel abgeben können. Hier schließt es der Grundsatz der persönlichen Leistungserbringung also – anders ausgedrückt – nicht aus, daß die Heilmittel auch durch abhängig beschäftigte Mitarbeiter eines zugelassenen Heilmittelerbringers abgegeben werden, sofern diese nur selbst gleichfalls die Zulassungsvoraussetzungen erfüllen; vgl. so explizit BSG in SozR 3-2500, Nr. 1 zu § 124 SGB V, 1 (8).

[47] Vgl. dazu bereits BSGE 8, 256 (260): „... gehört zum Wesen des Freien Berufs grundsätzlich seine persönliche Ausübung. (...) Da dieses Vertrauen in erster Linie der Person und den Fähigkeiten des Berufsträgers gilt und sich nicht ohne weiteres auf Dritte überträgt, auch wenn diese als Mitarbeiter vorgestellt werden, ist eine beliebige Verwendung von Hilfskräften mit dem Ziel der Vervielfältigung der eigenen Arbeitskraft mit der Ausübung eines Freien Berufs – anders als in der gewerblichen Wirtschaft, die immer stärker zu einer Arbeitsteilung drängt – grundsätzlich nicht vereinbar."; ähnlich später auch BSGE 20, 52 (54 f.); 35, 247 (252); 66, 6 (9 f.); siehe ferner – besonders aussagekräftig – unlängst SG Dortmund in MedR 1996, 338 (339): „Dabei findet das Gebot der persönlichen Leistungserbringung seine Grundlage zuallererst im ärztlichen Berufsrecht: § 1 II BÄO zufolge ist der ärztliche Beruf kein Gewerbe, sondern seiner Natur nach ein Freier Beruf. Schon von daher wird deutlich, daß eine beliebige Vervielfältigung der Arbeitskraft durch Einschaltung von Hilfskräften ausgeschlossen ist."; siehe aus dem zustimmenden Schrifttum ausführlich *Gitter/Köhler*, S. 12 ff. und S. 49 ff.; *Köhler-Fleischmann*, S. 47 ff. und S. 108 ff.; ferner Laufs/Uhlenbruck-*Uhlenbruck*, Rn. 1 ff. zu § 47; Laufs/Uhlenbruck-*Genzel*, Rn. 11 ff. zu § 91; *Narr/Hess/Schirmer*, Rn. 1016, jeweils unter

stung kann infolgedessen nach ständiger sozialgerichtlicher Rechtsprechung nur dann zur ärztlichen Hilfeleistung gerechnet werden, wenn der Arzt verantwortlich an dieser Hilfeleistung durch eine je nach Lage des Falles mehr oder weniger intensive persönliche Anleitung oder Beaufsichtigung der Hilfsperson mitgewirkt hat.[48] Demgemäß setzt beispielsweise die vertragsarztrechtliche Abrechenbarkeit solcher Röntgenleistungen, die durch untergeordnete Hilfspersonen erbracht worden sind, auch jeweils voraus, daß der Arzt im Einflußbereich des Hilfspersonals zum Zwecke der Überwachung ständig persönlich anwesend ist; eine bloß kurzfristige Erreichbarkeit des Vertragsarztes auf Anforderung des Hilfspersonals reicht demgegenüber nicht aus.[49]

Aus dieser Rechtsinterpretation heraus erscheint es freilich auch nur folgerichtig, wenn die höchstrichterliche Rechtsprechung bis zur Gegenwart geschlossen und weithin unbeirrt daran festgehalten hat, daß die finanzielle Erwerbsabsicht bei einem Freiberufler nicht als das beherrschende Motiv seines beruflichen Wirkens erscheinen könne und er seinen Beruf nicht unter gewerblichen Gesichtspunkten, insbesondere dem rückhaltlosen Streben nach Gewinn, ausüben dürfe.[50] Die hieran vielfach geübte Kritik von Teilen des Schrift-

---

eingehender Darstellung auch der parallelen Rechtslage für den in eigener Person liquidationsberechtigten Chefarzt eines Krankenhauses.

[48] Vgl. so etwa BSGE 29, 27 (29); 39, 288 (289); ferner LSG Nordrhein-Westfalen in MedR 1997, 94 (95), das aaO weiter ausführt: „Deswegen (...) darf sich die ärztliche Tätigkeit nicht auf das bloße Anordnen von Hilfeleistungen beschränken. Der Arzt muß die Hilfskräfte vielmehr anleiten und beaufsichtigen (...). Erforderlich ist dabei eine Überwachung *jeder einzelnen* Maßnahme ..."; siehe aus der beipflichtenden Literatur etwa *Narr/Hess/Schirmer*, Rn. 1016; Schulin-*Funk*, Rn. 59 zu § 32; *Schiller* in NZS 1997, 103 (109).

[49] Vgl. so zutreffend SG Dortmund in MedR 1996, 338 (339); LSG Nordrhein-Westfalen in MedR 1997, 94 (96); *Schiller* in NZS 1997, 103 (109); a. A. zum Erfordernis der persönlichen Anwesenheitspflicht des (Beleg-)Arztes während der Fertigung der Röntgenaufnahme allerdings *Gitter/Köhler*, S. 64 ff.; *Köhler-Fleischmann*, S. 94 ff.

[50] Vgl. dazu etwa RGZ 66, 143 (148 f.); 153, 280 (284); BVerfGE 17, 232 (239), BVerfG in NJW 1980, 633; 1996, 3067 (3068); BGHZ 33, 321 (325); 48, 313 (324 f.); 115, 106 (109); BVerwG in Buchholz, Nr. 1 zu Folge 451.30 (Steuerberater), 1 (3); OLG Hamburg in BB 1966, 1411 (1412); OLG Düsseldorf in NJW 1988, 1519; OVG Koblenz in NJW-RR 1997, 53 (54); OLG Koblenz in ZIP 1997, 377 (379); LG München I in NJW 1994, 1882 (1883); ebenso für Arzt und Rechtsanwalt auch schon der Bericht der XI. Kommission zur Vorberathung des Entwurfs eines Gewerbesteuergesetzes, Anlagen zu den Stenographischen Berichten über die Verhandlungen des Hauses der Abgeordneten während der 3. Session der 17. Legislaturperiode 1890/91, Zweiter Band, S. 1182 (1184), Berlin 1891; vgl. ferner auch die amtliche Begründung des Regierungsentwurfs zu § 2 einer Bundesrechtsanwaltsordnung; BT-Drucksache III/120, S. 49: „Das Wesen des Freien Berufs erschöpft sich aber nicht darin, daß seine Angehörigen nicht in einem Abhängigkeitsverhältnis zum Staat oder zu einem Auftraggeber stehen. Vielmehr liegt die Eigenart des Freien Berufs darin begründet, daß seine Angehörigen sich nicht vom Streben nach Gewinn bestimmen lassen dürfen."; dem folgend die amtliche Begründung zu § 1 des Regierungsentwurfs einer Wirtschaftsprüferordnung, BT-Drucksache III/201, S. 34; ebenso die amtliche Begründung zum Fraktionsentwurf einer Patentanwaltsordnung; BT-Drucksache V/276, S. 46; siehe aus dem zustimmenden Schrifttum etwa *Triepel* in FS für Binding (1911), 3 (76); *Feuchtwanger*, Die Freien Berufe, S. 17 ff.; *ders.*, Der Staat und die Freien Berufe, S. 10 ff.; *ders.* in JW 1927, 1463 (1464); *ders.* in JW 1928, 937 (937 u. 941); *ders.* in JW 1931, 1770 (1773 ff.); *Friedlaender/Friedlaender*, Rn. 11 in der allg. Einleitung zur RAO; *Wolff* in JW 1931, 2348 (2349 f.); *Daniels/Bulling*, Anm. 17 zu § 1 BÄO; *Meier-Greve*, S. 176; *Fleischmann*, S. 46 ff.; *Isele*, Anm. II. B. b) zu § 2 BRAO; *Sodan*, S. 12 f.; *Hartz* in INF 1957, 130 (133); *Stober* in NJW 1981, 1529 (1530); *Jarass* in NJW 1982, 1833 (1837); *Pfeiffer* in FS für Oppenhoff (1985), 249

tums, eine derart idealisierende Darstellung der freiberuflichen Tätigkeit verkenne die modernen wirtschaftlichen Realitäten und sei daher längst zeitlich und gesellschaftspolitisch überholt,[51] vermag bei streng juristischer Betrachtungsweise nicht zu überzeugen. Denn gerade das Steuerrecht sanktioniert für einen Freiberufler die Möglichkeiten eines unbegrenzten Einsatzes fremder Arbeitskraft *seit jeher* durch die zusätzliche Auferlegung einer ansonsten nicht anfallenden Gewerbesteuerpflicht; und die so *von Rechts wegen mißbilligte* schrankenlose Verwendung fremder Arbeitskraft gegen Entgelt dürfte – wertneutral besehen – ganz allgemein wohl in der Tat den sinnfälligsten Ausdruck für ein unverhohlenes und offenes Streben eines Menschen nach Gewinn bilden.

Die innere Rechtfertigung für das hiernach allein ausschlaggebende Kriterium der höchstpersönlichen Leistungserbringung, die bei Ausübung einer freiberuflichen Tätigkeit anders als bei einem Gewerbetreibenden nicht durch die Verwendung fremder Arbeitskraft beliebig in den Hintergrund treten oder gar vollständig ersetzt werden darf, besteht dabei ersichtlich in dem Schutz und der Sicherung einer eigenverantwortlichen schöpferischen Tätigkeit. *Denn das einzig tragfähige und gehaltvolle Merkmal, das nach der zutreffenden Rechtsprechung des BFH unterschiedslos allen freien Professionen gemein ist und ihre eigenständige rechtliche Sonderbehandlung gegenüber anderen Erwerbstätigen in unserer Rechtsordnung zu erklären vermag, besteht in dem spezifisch eigenschöpferischen Gehalt der von ihnen, sei es als Künstler, Erzieher, Schriftsteller, Rechtsanwalt oder Arzt in eigener Person erbrachten Dienstleistungen.*[52] Jene besondere schöpferische Kraft und damit die spezifische Personenbezogenheit der freiberuflichen Dienstleistung kann dabei in der

(266); *Maier* in PatAnwMitt. 1985, 1 (2); *Laufhütte* in FS für Pfeiffer (1988), 959 (963); *Henssler* in JZ 1992, 697 (704); *Ahrens* in AnwBl. 1992, 247 (248 ff.); *Bayer/Imberger* in DZWiR 1993, 309 (310); *Haas* in BRAK-Mitt. 1995, 133 (134); *Gehre*, Rn. 6 zu § 32 StBerG; Feuerich/Braun-*Braun*, Rn. 5 zu § 2 BRAO; *Ring* in NJW 1997, 768 (769 u. 772) – anders aber *ders.*, S. 151 f. –; im Ergebnis – wenngleich stärker den Charakter eines bloßen Postulats betonend – wohl auch *Taupitz*, S. 59 ff.; ihm folgend *Mälzer*, S. 51 ff.

51 Vgl. so etwa *W. Müller*, S. 60 ff.; *M. Lach*, S. 29 f., der eine fehlende Gewinnerzielungsabsicht in den Freien Berufen gar als „konventionelle Lüge“ bezeichnet; *Fischer*, S. 56 ff.; *Karl*, S. 14; *Ring*, S. 151 f.: „Anspruch und Wirklichkeit (...) klaffen demnach erheblich auseinander.“; *Sahner*, S. 146; *Michalski*, Begriff, S. 41 f.; *Gleisner-Klein*, S. 72 f.; *Breuer*, S. 131 ff.; *Hirte*, S. 350 f.; *Limmer* in FS für Schippel (1996), 741 (745); Henssler/Prütting-*Koch*, Rn. 23 zu § 2 BRAO; *Michalski/Römermann* in ZIP 1997, 315 (316); in dieser Richtung aus der Zeit der Weimarer Demokratie auch bereits *Anraths*, S. 234 ff.

52 Vgl. dazu – besonders aussagekräftig – BFHE 151, 147 (152) zu § 18 I Nr. 1 EStG: „Der BFH hat ferner zu Recht entschieden, daß die Auslegung nach dem Wortlaut durch die Zielsetzung des Gesetzes gestützt wird, die selbständige persönliche Arbeit steuerlich zu begünstigen (...). *Beabsichtigt ist der Schutz der eigenverantwortlichen schöpferischen Tätigkeit* ...“ – textliche Hervorhebung vom Verfasser –; ebenso FG Bremen in DStRE 1997, 325 (326); vgl. dazu ferner auch RFH in RStBl. 1942, 907 (908), wonach sich „... aus dem Kreis der Freien Berufe – außer der künstlerischen – gerade die wissenschaftliche und schriftstellerische Tätigkeit durch ihren eigenschöpferischen Gehalt heraushebe ...“; vgl. ähnlich auch *Hermann*, S. 90: „Das Produkt ist nicht neutral, nicht beliebig auswechselbar mit gleichartigen Erzeugnissen. In jeder Leistung verkörpert sich vielmehr ein Stück individueller Persönlichkeit.“; ebenso *Fuhrmann*, S. 42; *Fliess* in WPK-Mitt. 1992, 49 (60); *R. Jäger* in Gerling-Konzern (Hrsg.), 8 (10); wohl auch *Deneke*, Klassifizierung, S. 24 f.; siehe zu der anerkannten Urheberrechtsschutzfähigkeit eines Anwaltsschriftsatzes beispielsweise BGH in NJW 1987, 1332 f.; dieses Abgrenzungskriterium zu Unrecht negierend demgegenüber *Hirte*, S. 343 f.

Rechtswirklichkeit bei jeder Profession auf tatsächlich ganz unterschiedlichen Ursachen beruhen, sei es – wie bei den akademischen Freien Berufen häufig – einer höheren Ausbildung, die zu ideeller und nicht standardisierbarer Dienstleistung befähigen soll, sei es – wie bei einem Künstler oder Schriftsteller – dessen besonderes Talent, welches seinen Werken einen ihm eigenen Stil und eine spezifische Ausdruckskraft verleihen soll.[53]

Eben diese besondere, spezifisch an die Person des einzelnen Freiberuflers gebundene schöpferische Leistungsfähigkeit bildet denn auch den sachlichen Rechtfertigungsgrund dafür, daß die finanzgerichtliche Judikatur über § 15 III Nr. 1 EStG in ständiger Rechtsprechung eine Umqualifikation sämtlicher Einnahmen einer freiberuflich tätigen Personengesellschaft in gewerbliche Einkünfte bejaht, falls der Gesellschaft als Mitunternehmer zugleich auch eine berufsfremde Person angehört, die nicht über eine entsprechende Berufszulassung – wie sie bei einer ganzen Reihe von freien Professionen obligatorisch gefordert wird – verfügt und die infolgedessen keinen vergleichbaren eigenschöpferischen Befähigungsnachweis beibringen kann.[54]

Desgleichen erklärt sich erst aus dem besonderen eigenschöpferischen Gehalt einer freiberuflichen Tätigkeit, daß der BFH die tarifbegünstigte Veräußerung einer Praxis oder eines gesamten Praxisanteils nach den §§ 18 III, 34 EStG fortwährend nicht nur von einer Übertragung aller wesentlichen vermögensmäßigen Grundlagen einschließlich des Patienten- bzw. Mandantenstamms abhängig macht, sondern darüber hinaus – anders als bei einem Gewerbetreibenden – zusätzlich fordert, daß die freiberufliche Tätigkeit in dem bisherigen örtlichen Wirkungskreis auch für eine bestimmte Zeit eingestellt wird.[55] Denn zu den wesentlichen vermögensmäßigen Grundlagen einer freiberuflichen Praxis zählen

---

[53] Das Merkmal der streng individuumsbezogenen eigenschöpferischen Leistung ist es denn auch, welches auf der anderen Seite dazu führt, daß der Apotheker – auch wenn er gemäß § 7 Satz 1 ApothG zur persönlichen Leitung der Apotheke in eigener Verantwortung verpflichtet ist und damit das Kriterium der höchstpersönlichen Leistungserbringung an sich voll ausfüllt – im Ergebnis nicht den Freien Berufen zugerechnet werden kann. Denn die von einem Apotheker ganz überwiegend geleistete „mechanische“ An- und Verkaufstätigkeit von Arzneimitteln (Waren) entbehrt einer qualitativ vergleichbaren, strikt an die Persönlichkeit des einzelnen Berufsträgers gebundenen eigenschöpferischen Leistung; vgl. dazu auch bereits den Bericht der XI. Kommission zur Vorberathung des Entwurfs eines Gewerbesteuergesetzes, Anlagen zu den Stenographischen Berichten über die Verhandlungen des Hauses der Abgeordneten während der 3. Session der 17. Legislaturperiode 1890/91, Zweiter Band, S. 1182 (1185), Berlin 1891. Dieser rechtlichen Klassifizierung entspricht es, daß die Apotheker hierzulande auch schon seit jeher zur Gewerbesteuer herangezogen wurden; siehe dazu nur Preuß. OVG in Staatssteuersachen 8, 360 (361 f.).

[54] Vgl. zu dieser Rechtsprechung etwa BFH in BFH/NV 1991, 319 (Beteiligung einer berufsfremden Person an einer Anwaltssozietät); siehe ferner auch BFHE 174, 503 (506) sowie besonders deutlich BFHE 148, 42 (43): „Wegen der besonderen persönlichen Eigenschaften, die die Ausübung eines Freien Berufs im Sinne des § 18 I Nr. 1 EStG erfordert, kann die Tätigkeit einer Personengesellschaft nur dann als freiberuflich anerkannt werden, wenn *alle* Gesellschafter der Personengesellschaft die Voraussetzungen einer freiberuflichen Tätigkeit nach § 18 I Nr. 1 EStG erfüllen.“; siehe aus dem beipflichtenden Schrifttum nur *Schick*, S. 95 f.; Kirchhof/Söhn-*Stuhrmann*, Rn. A 124 und Rn. A 126 zu § 18 EStG; *Glanegger/Güroff*, Rn. 90 zu § 2 GewStG; Hermann/Heuer/Raupach/Brandt-*Brandt*, Anm. 16, 67 u. 445 zu § 18 EStG; *Korn* in DStR 1995, 1249 (1255).

[55] Vgl. dazu etwa BFH in BStBl. 1986 II, 335 (336); erneut bestätigt durch BFH in NJW 1997, 2480; zustimmend etwa *Schick*, S. 128; Hermann/Heuer/Raupach/Brandt-*Brandt*, Anm. 321 zu § 18 EStG; *Streck* in AnwBl. 1991, 449 (451 f.); *Ehlers* in NWB 1995, Fach 3, 9499 (9500).

aufgrund der charakteristischen höchstpersönlichen Leistungserbringung durch den Freiberufler gerade immaterielle Wirtschaftsgüter wie die Beziehungen des Praxisinhabers zu seinen bisherigen Auftraggebern und das durch den Praxisnamen bestimmte Wirkungsfeld, das die maßgebende Grundlage für die Möglichkeit darstellt, neue Aufträge zu erhalten.[56] Die Überleitung des Mandanten-/Patientenstamms auf den Anteilserwerber wäre danach aber nicht mehr hinreichend sicher gewährleistet, wenn der Veräußerer seine bisherige freiberufliche Tätigkeit alsbald in räumlicher Nähe wieder aufnehmen und auf diese Weise die höchstpersönlichen Bindungen zu den bisherigen Kunden also nicht dauerhaft lösen würde.[57]

Sonstige für die rechtliche Unterscheidung zwischen Freiem Beruf und Gewerbe oftmals herangezogene Wertungskriterien wie beispielsweise die Existenz eines prinzipiellen (und in den letzten Jahren ohnehin immer mehr gelockerten) Werbeverbots für die freiberufliche Tätigkeit,[58] die Sicherung besonderer beruflicher Standards durch detaillierte

---

[56] BFH in BStBl. 1986 II, 335 (336); BFH in NJW 1997, 2480.

[57] So zutreffend BFH in NJW 1997, 2480; vgl. dazu auch BFH in BStBl. 1986 II, 335 (337): „Die freiberufliche Tätigkeit wird entscheidend durch die persönliche Arbeitsleistung des Berufsträgers geprägt, die auch für die Auslegung des § 18 III EStG von Bedeutung sein muß."

Eine andere rechtliche Beurteilung ist lediglich geboten, wenn ein Freiberufler nur einen „Teil" seines Mitunternehmeranteils an einer freiberuflich tätigen Personengesellschaft veräußert. Dort ist die Einstellung der freiberuflichen Tätigkeit in dem bisherigen örtlichen Wirkungskreis wenigstens für eine gewisse Zeit keine Voraussetzung für die Anwendung des § 18 III EStG; vgl. BFHE 176, 520 (522 f.). Denn in den Fällen einer bloßen Änderung der Beteiligungsverhältnisse beeinträchtigt die weitere freiberufliche Tätigkeit des Veräußerers, wenn auch bei veränderter Beteiligungsquote, nicht die Chancen, die einem erworbenen Patienten-/Mandantenstamm innewohnen. Der Erwerber partizipiert vielmehr in einem größeren Umfang als vorher an dem Vertrauen des ratsuchenden Publikums zu dem Veräußerer, während dieser nach der Veräußerung des Teilanteils tatsächlich zu einem geringeren Anteil am wirtschaftlichen Ergebnis der Sozietät/Praxis beteiligt ist; so richtig BFHE 176, 520 (523); BFH in NJW 1997, 2480.

[58] So vor allem noch *Ring*, S. 575 f.; *ders.* in DÖV 1989, 838 (845), siehe zu der weitgehenden Freigabe der Werbemöglichkeiten auf dem anwaltlichen Sektor im Zuge der Berufsrechtsnovellierung des Jahres 1994 nunmehr aber nur OLG Stuttgart in NJW 1997, 2529 (2530 f.) – Zulässigkeit auch eines unaufgeforderten anwaltlichen Herantretens an Dritte durch allgemein gehaltene Serienrundschreiben mit dem Ziel der potentiellen Mandatsakquisition –; vgl. aus dem allgemeinen Schrifttum zur Anwaltswerbung weiterhin etwa *Büttner* in FS für Vieregge (1995), 99 (103 ff.); *Krämer* in FS für Piper (1996), 327 (332 ff.); *Ring* in DZWiR 1997, 337 (339 ff.) sowie – jeweils speziell zu anwaltlichen Werbemöglichkeiten im Internet – *Scheuerl* in NJW 1997, 1291 ff.; *Schmittmann* in MDR 1997, 601 (602 ff.); *ders.* in PatAnwMitt. 1997, 247 (248 ff.); *Westerwelle* in WiB 1997, 297 ff.; vgl. zur berufsrechtlichen Unbedenklichkeit der Präsentation einer Steuerberaterpraxis im Internet außerdem LG Nürnberg/Fürth in NJW-CoR 1997, 229 (230 f.); siehe zu den – deutlich stärker eingeschränkten – Außendarstellungsmöglichkeiten auf dem ärztlichen Sektor andererseits nur OVG Koblenz in NJW-RR 1997, 53 (54) – Unzulässigkeit eines sog. Praxislogos als Hinweis auf eine Tierarztpraxis –; OLG Koblenz in ZIP 1997, 377 (379 ff.) – wettbewerbswidrige Vorstellung einer Zahnarztpraxis im Internet –; a. A. demgegenüber noch die Vorinstanz LG Trier in WiB 1997, 326 ff. sowie *Ring* in ZIP 1997, 381 f.; siehe aus dem allgemeinen Schrifttum zur „Arztwerbung" schließlich auch *Piper* in FS für Brandner (1996), 449 (455 ff.).

Die so in vielen freien Professionen massiv erweiterten Werbemöglichkeiten kommen rechtstheoretisch zwar sämtlichen Angehörigen der betreffenden Berufsgruppe in gleicher Weise zugute. Faktisch dürften von dieser Öffnung aber in erster Linie zahlungskräftigere Zusammenschlüsse und Großpraxen profitieren, da sie von vornherein über einen größeren Werbeetat verfügen und somit zu befürch-

gesetzliche Berufsordnungen,[59] eine Verkammerung unter Einräumung von Selbstverwaltungsrechten (weitgehende Satzungsautonomie),[60] die Existenz von rechtsverbindlichen Gebührenordnungen,[61] eine besondere Gemeinschaftswichtigkeit der freien Professionen,[62] eine besondere Unabhängigkeit (Weisungsfreiheit) in der Berufsausübung[63] oder ein

---

ten steht, daß im Punkte der werbewirksamen Außendarstellung tatsächlich vor allem Berufsanfänger und kleinere Büros ins Hintertreffen geraten werden. Die berufsrechtliche Liberalisierung der Werbemöglichkeiten dürfte somit – zumindest indirekt – auch die zum Teil bereits feststellbaren Konzentrationstendenzen im freiberuflichen Bereich weiter verstärken und insoweit insgesamt eher mittelstandsfeindlich wirken; vgl. so für den steuerberatenden Berufsstand beispielsweise auch die zutreffende Einschätzung von *Mittelsteiner/Hund* in DStR 1997, 219 (220).

59 In dieser Richtung etwa *Henssler* in ZHR 161 (1997), 13 (25), wonach sich die Sonderstellung der Freien Berufe auf Dauer nur werde rechtfertigen lassen, wenn deren Angehörige über eine besondere Qualifikation verfügten und außerdem mit hohen ethischen und fachlichen Standards im Sinne einer verschärften Pflichtenstellung belastet würden.

60 So insbesondere *Taupitz*, S. 67 ff.; ihm folgend *Mälzer*, S. 53 f.

61 Vgl. dahingehend etwa *Schäuble*, S. 46 ff.

In den letzten Jahren mehren sich ohnedies bereits erkennbar die Stimmen, die – sogar in bezug auf die klassischen freien Professionen der Ärzte und Rechtsanwälte – für die Zulassung einer rein marktwirtschaftlichen „Preisbildung" durch prinzipiell freie Vereinbarung des Leistungsinhalts und des geschuldeten Entgelts zwischen den einzelnen Berufstätigen und dem ratsuchenden Publikum eintreten; vgl. so für die Gebührenordnung der Ärzte (GOÄ) etwa *Pitschas* in FS für Boujong (1996), 613 (627); speziell zur Vertragsfreiheit im privatärztlichen Gebührenrecht *Taupitz* in MedR 1996, 533 (534 ff.), siehe zur Forderung nach einer vollständigen Abschaffung oder doch zumindest nach einer weitgehenden Öffnung der Gebührenordnung für Rechtsanwälte (BRAGO) außerdem *Michalski/Römermann* in AnwBl. 1996, 241 ff.; *Krämer/Kohn-Lehnhof* in AnwBl. 1997, 306 ff.; vgl. allgemein zur Hinterfragung der Gebührenordnungen in den Freien Berufen auch *R. Jäger* in Gerling-Konzern (Hrsg.), 8 (15).

Demgegenüber ist jedoch daran zu erinnern, daß auf dem freiberuflichen Sektor eine transparente Preisbildung nach rein marktwirtschaftlichen Gesichtspunkten („Angebot und Nachfrage") praktisch ausgeschlossen ist. Dafür spricht zum einen, daß die freiberufliche Leistung aufgrund ihres immateriellen, individuell-personengebundenen Charakters in ihrem Wert per se nur schwer meßbar ist und zum zweiten, daß das ratsuchende Publikum wegen des strukturellen Wissensgefälles, das im Verhältnis zum freiberuflichen Leistungsanbieter besteht, die Angemessenheit des geforderten Entgelts oftmals gar nicht beurteilen kann; vgl. so schon zutreffend *Harms* in NJW 1976, 1289 (1293 f.). Es scheint daher bezeichnend, daß gerade im Wirtschaftsprüferberuf, der unter allen freien Professionen fraglos die mit Abstand stärkste gewerbliche Prägung aufweist, von der in § 55 WPO niedergelegten Ermächtigung zum Erlaß einer Gebührenordnung bis zum heutigen Tage kein Gebrauch gemacht worden ist; so richtig *F. Braun* in BB 1996, 999. Auch ist nicht zu verkennen, daß durch das Fehlen eines verbindlichen Gebührenrahmens ein ruinöser Preiswettbewerb unter den Berufsangehörigen gefördert wird, in dem größere und marktdominante Zusammenschlüsse allein kraft ihrer vergleichsweise weiter reichenden Kapitalressourcen dazu imstande sind, kleinere Anbieter aus allen lukrativen Marktsegmenten zu verdrängen; so zutreffend *Späth* in BB 1996, 2138 (2139); *Zuck* in NJW 1998, 355 (356). Die Folgeerscheinungen, die aus derart mittelstandsfeindlichen Rahmenbedingungen resultieren, dokumentieren sich wiederum anschaulich in der Ausbildung eines extrem hohen Konzentrationsgrades, wie er empirisch gerade auf dem Sektor der Wirtschaftsprüfung zu beobachten ist; vgl. so richtig *F. Braun* in BB 1996, 999 (999 mit Fn. 15); *Heni* in ZIP 1997, 791 (793); a. A. – allerdings ohne Aufzeigung greifbarer Gegenargumente – indes *Frei* in BB 1996, 1427 f.

62 So etwa *Scharl* in StB 1989, 397 (399); *Fuhrmann*, S. 34 ff.; *Michalski*, Begriff, S. 71 ff. („Zentralwertbezug"); *Gleisner-Klein*, S. 74 ff.; *Taupitz*, S. 63 ff.; *Breuer*, S. 133 ff.; *Lücke*, S. 52 ff. („besondere verfassungsrechtliche Sozialrelevanz").

besonderes persönliches Vertrauensverhältnis[64] sind entweder nur rein soziologischer Natur, oder sie erklären sich schlicht aus der spezifischen inhaltlichen Aufgabe heraus, die der *einzelne* Beruf innerhalb unserer Gesellschaftsordnung jeweils funktionell auszufüllen hat.

Dies läßt sich im Ergebnis jeweils daran festmachen, daß sämtliche vorgenannten Kriterien stets und schon immer nur bei einem Teil der als freiberuflich anerkannten Professionen anzutreffen waren. Als anschauliches Beispiel hierfür mögen wiederum die rein tätigkeitsbezogen definierten Sparten der wissenschaftlichen, künstlerischen, schriftstellerischen, unterrichtenden oder erzieherischen Tätigkeiten herhalten. In diesen Tätigkeitsbereichen, die schon im 19. Jahrhundert, d. h. also dem historischen Ausgangspunkt der modernen Unterscheidung zwischen Freiem Beruf und Gewerbe, uneingeschränkt zu den freien Professionen gerechnet wurden, fehlte es seit jeher vollständig an gesetzlich näher fixierten Berufsbildern und verbindlich gesetzten Berufsrechten, vermittels derer die Berufstätigen mit definitiv bindender Wirkung in bestimmte, sachlich noch weitergehende rechtliche Verhaltensmuster (z. B. ein eingeschränktes Werbeverhalten, eine Entlohnung nach Gebührenordnungen, eine Verkammerung, einen besonderen rechtlichen Schutz einer Vertrauensbeziehung zum Publikum etc.) eingebunden wurden.[65]

Freilich soll damit nicht in Abrede gestellt werden, daß einige der vorbezeichneten Kriterien durchaus geeignet sind, die spezifische Anbindung der freiberuflichen Tätigkeit an eine höchstpersönliche Leistungserbringung, welche durch den unbegrenzten Einsatz fremder Arbeitskraft nicht beliebig in den Hintergrund gedrängt werden darf, weiter zu verstärken. So bildet etwa die hervorgehobene Vertrauensposition, welche einigen freien Professionen aufgrund der Eigenart ihrer Tätigkeit von der Rechtsordnung zugewiesen

---

[63] Vgl. so – speziell für die ärztliche Heilbehandlungstätigkeit – in sachlich-inhaltlicher Anknüpfung an BAGE 11, 225 (227 f.) beispielsweise BGHZ 70, 158 (167): „Der Zusatz, er sei <seiner Natur nach> ein Freier Beruf, soll nur den für den Arztberuf charakteristischen Umstand zum Ausdruck bringen, daß der Arzt bei seiner eigentlichen Heilbehandlungstätigkeit unabhängig und weisungsfrei ist, wobei es gerade nicht darauf ankommt, in welchem Rechtsverhältnis und in welcher wirtschaftlichen Form er den Beruf ausübt."; ebenso – gerade im Verhältnis zu einem nichtärztlichen Dienstherrn – später auch LG Düsseldorf in MedR 1991, 149 (150); OLG Düsseldorf in MedR 1992, 46 (47); *Narr/Hess/Schirmer*, Rn. 36 sowie Rn. B11 u. B15; Laufs/Uhlenbruck-*Laufs*, Rn. 10 zu § 3; *Gitter*, S. 13 ff.; *Laufs* in FS für Geiger (1989), 228 (229); *Francke*, S. 48 f. u. S. 56; *Rieger* in MedR 1995, 87 (88); *Taupitz* in NJW 1992, 2317 (2322); *ders.* in MedR 1993, 367 (368); *ders.* in NJW 1996, 3033 (3036); vgl. dito auch den schriftlichen Bericht des Ausschusses für Gesundheitswesen (11. Ausschuß), Bericht des Abgeordneten Dr. Pohlenz, über den Regierungsentwurf einer Bundes-Tierärzteordnung, BT-Drucksache IV/2988, S. 3, zum späteren § 1 II BTÄO: „Der Ausschuß schlägt in Anpassung an die Bundesärzteordnung die Anfügung des Halbsatzes vor. <... er ist seiner Natur nach ein Freier Beruf.> Mit dieser Formulierung soll zum Ausdruck gebracht werden, daß auch der Tierarzt hinsichtlich seiner Berufsausübung an Weisungen nicht gebunden ist."; siehe für die Ausübung eines Freien Berufs allgemein in diesem Sinne etwa *Herschel*, S. 15 f., 28 ff. u. 33 ff.; *Schäuble*, S. 40 f.; *Steindorff*, S. 26; *Fuhrmann*, S. 62 ff.; *Michalski*, Begriff, S. 97 ff.; *ders.* in AnwBl. 1989, 65 (71 f.); *Gleisner-Klein*, S. 77 f.; *Taupitz*, S. 44 ff.; *Mälzer*, S. 49; *Lücke*, S. 67 ff.

[64] So beispielsweise *Deneke*, Die Freien Berufe, S. 89; *Schäuble*, S. 43 ff.; *Fleischmann*, S. 53 f.; *M. Lach*, S. 10 ff.; *Borggreve*, S. 6 f.; *Fuhrmann*, S. 45 ff.; *Michalski*, Begriff, S. 80 ff.; *ders.* in AnwBl. 1989, 65 (72); *Gleisner-Klein*, S. 79 ff.; *Taupitz*, S. 52 ff.; *Breuer*, S. 138 ff.; *Mälzer*, S. 50 f.; *Lücke*, S. 56 ff.; *R. Jäger* in Gerling-Konzern (Hrsg.), 8 (10 f.).

[65] Vgl. dazu nur *Karl*, S. 49 ff.

wird (vgl. dazu vor allem die in § 203 I Nr. 1-3 StGB aufgeführten freien Heil- und Beratungsberufe), gewiß einen Umstand, der die besondere Personenbezogenheit der betreffenden Berufe weiter betont und pointiert.

Auch berufsspezifische Gebührenordnungen und berufsgesetzlich statuierte Werbeverbote wird man dort, wo sie existieren,[66] fraglos generell als unterstützende legislative Sicherungsinstrumentarien zum Erhalt einer freiberuflichen Prägung der betreffenden Berufsgruppen interpretieren dürfen. Denn derartige berufsrechtliche Restriktionen zielen ersichtlich darauf ab, einem – gerade für das Gewerbe typischen – ungehemmten Gewinnstreben der Berufstätigen in den betreffenden Professionen entgegenzuwirken.[67] Der sachlich-inhaltliche Gehalt dieser Regelungen unterstreicht in seiner Zielrichtung somit ohne weiteres die Tatsache, daß es die Wesensart des freiberuflichen Schaffens von Grund auf ausschließt, die spezifisch eigene und höchstpersönliche schöpferische Produktivität durch einen unbegrenzten Einsatz fremder Arbeitskraft beliebig auszudehnen und zu erweitern.

Gleichwohl ist offenkundig, daß jene weiteren Faktoren – das Vorhandensein einer besonderen, von Rechts wegen geschützten Vertrauensstellung gegenüber dem ratsuchenden Publikum oder die Existenz rechtsverbindlicher Gebührenordnungen und Werbeverbote – jeweils nur dazu dienen können, um die besondere Personenbezogenheit einer freiberuflichen Tätigkeit noch weiter zu akzentuieren. Sie bilden aber ersichtlich keine unverzichtbar notwendige rechtliche Bedingung, die im Sinne einer condicio-sine-qua-non-Formel zwingend und in jedem Fall erfüllt sein müßte, um das Vorliegen einer freiberuflichen Tätigkeit im Rechtssinne bejahen zu können.

III. Zwischenergebnis

Im Rahmen eines knappen juristischen Fazits bleibt somit festzuhalten, daß das einzige materiell greifbare Rechtskriterium, welches die freien Professionen sachlich-inhaltlich gegenüber den Gewerbetreibenden abgrenzt und ihre eigenständige juristische Sonderbehandlung in unserer Rechtsordnung rechtfertigt, in dem Spezifikum einer höchstpersönlichen Leistungserbringung besteht, die nicht durch den Einsatz fremder Arbeitskraft beliebig in den Hintergrund gedrängt oder gar vollständig ersetzt werden darf. Dieses allein

[66] Das fraglos strikteste Werbeverbot findet sich gegenwärtig – in Anbetracht der erfahrungsgemäß sehr leichten Beeinflußbarkeit kranker Menschen durchaus zu Recht (so auch *Papier/Petz* in NJW 1994, 1553, 1558) – noch immer im ärztlichen Berufsrecht. So bestimmt § 25 I der Musterberufsordnung (MBO) 1995 gerade für den niedergelassenen Arzt, daß ihm jegliche Werbung für sich oder andere Ärzte untersagt ist und er eine ihm verbotene Werbung durch andere weder veranlassen noch dulden darf; vgl. dazu den entsprechenden Abdruck in DÄBl. 1996, A 407 ff.; ähnlich die Nachfolgeregelung in Kapitel B. IV. 2., § 27 I, II, der ärztlichen MBO 1997; veröffentlicht in NJW 1997, 3076 ff.

[67] Vgl. dazu auch beispielhaft die Ausführungen zu § 2 des Regierungsentwurfs einer Bundesrechtsanwaltsordnung, BT-Drucksache III/120, S. 49: „Das Wesen des Freien Berufs zu betonen, ist aber deshalb wichtig, weil es den Standespflichten im einzelnen das Gepräge gibt. So ist es einem Anwalt in seinem Beruf nicht erlaubt, Wettbewerb zu treiben, seine Kollegen zu unterbieten oder sich am Gewinn eines Prozesses zu beteiligen. Damit sind natürliche Grenzen zum Gewerbe gezogen. Deshalb rechtfertigt sich auch die Feststellung nach der negativen Seite, daß die Tätigkeit des Anwalts kein Gewerbe ist.“; zustimmend *Isele*, Anm. V. B. zu § 2 BRAO.

ausschlaggebende Charakteristikum der höchstpersönlichen Leistungserbringung erklärt sich hierbei aus dem spezifisch eigenschöpferischen Gehalt heraus, den alle freiberuflichen Tätigkeiten – mögen sie ansonsten ihrer Art nach auch noch so heterogen erscheinen – als gemeinsam verbindendes Merkmal aufweisen und das sie von den übrigen, rein gewerblichen Tätigkeiten unterscheidet.

B. Die rechtlichen Folgewirkungen für das Verhältnis zwischen Freiem Beruf und Kapitalgesellschaft

Das so ermittelte ausschließliche rechtliche Abgrenzungskriterium der Freien Berufe vom Gewerbe – Pflicht zur höchstpersönlichen Leistungserbringung aufgrund des spezifisch eigenschöpferischen Gehalts der entfalteten Tätigkeit – gibt nunmehr freilich auch Aufschluß über das grundlegende juristische Verhältnis zwischen den freien Professionen und den kapitalgesellschaftlichen Rechtsformen.

I. Die fundamentale rechtliche Unvereinbarkeit der freien Berufstätigkeit mit kapitalgesellschaftlichen Rechtsformen

Die strikte rechtliche Anbindung des freiberuflichen Schaffens an ein eigenschöpferisches und damit höchstpersönliches Wirken der Berufstätigen, welches nicht durch den Einsatz fremder Arbeitskraft beliebig in den Hintergrund treten oder gar vollständig ersetzt werden darf, muß im Zuge dessen beinahe zwangsläufig auch eindeutige Auswirkungen auf die juristische Abwicklungsfähigkeit freiberuflicher Dienstleistungen über die Gesellschaftstypen AG/KGaA/GmbH an sich haben.

So hat die finanzgerichtliche Judikatur – nach den obigen Erkenntnissen nur konsequent – bereits wiederholt ausdrücklich dahin entschieden, daß alle Freien Berufe persönliche Eigenschaften erfordern, z. B. eine wissenschaftliche Vorbildung, die nur eine natürliche Person haben kann, aber keinesfalls eine juristische Person als solche[1] und streng genommen nicht einmal eine Personengesellschaft.[2]

Die Kapitalgesellschaften erweisen sich vor dem Hintergrund der gesetzgeberischen Zielsetzung, die mit ihrer Aufnahme in die Rechtsordnung verfolgt wurde, demgegenüber ausschließlich als das Ergebnis einer juristischen Zweckschöpfung. Die Rechtsordnung verleiht ihnen allein deshalb eine uneingeschränkte eigene Rechtsfähigkeit und gestaltet sie kraft gesetzlicher Fiktion als vollkommen eigenständige juristische Personen aus, um dadurch ein erleichtertes Wirtschaften (aufgrund der besonderen Kapitalsammelfunktion) und eine erhöhte Investitionsbereitschaft bei überschaubarem unternehmerischen Risiko (kraft institutionell vorgegebener Haftungsbeschränkung) zu ermöglichen. Ein solcherart geschaffenes juristisches Kunstgebilde kann daher, anders als eine natürliche Person, indes schon denknotwendig nicht zu einer vergleichbar eigenschöpferischen, höchstpersönlichen Leistungserbringung imstande sein.

---

[1] Siehe so für Körperschaften am Beispiel der Kapitalgesellschaften bereits RFH in RStBl. 1929, 19 (20); aus späterer Zeit etwa BFHE 103, 153 (156); 111, 503 (505).

[2] Vgl. für eine aus Angehörigen der freien Professionen gebildete Personengesellschaft explizit in diesem Sinne BFHE 144, 62 (64).

Dem entspricht es, daß die höchstrichterliche Finanzrechtsprechung – nachdem sie anfänglich im Umsatzsteuerrecht einmal kurz geschwankt hatte[3] – nunmehr seit annähernd 70 Jahren kontinuierlich davon ausgeht, daß eine Kapitalgesellschaft unter gar keinem rechtlichen Gesichtspunkt Einkünfte aus freiberuflicher Tätigkeit erzielen kann.[4]

Die Nichterzielbarkeit freiberuflicher Einkünfte gilt dabei insbesondere auch in solchen Konstellationen, in denen die Gewerblichkeitsfiktion des § 2 II GewStG wegen eines Sitzes der Kapitalgesellschaft im Ausland und einer fehlenden inländischen Betriebsstätte von vornherein nicht eingreift und die Sach- und Rechtslage mithin aufgrund einer nur beschränkten Steuerpflicht der juristischen Person ausschließlich nach Maßgabe des § 49 I Nr. 3 EStG zu beurteilen ist.[5] Auch hier kann im Rahmen der sog. isolierenden Betrachtungsweise, die alsdann im Einkommensteuerrecht zur Anwendung kommt und allein an das objektive Wesen der im Inland bezogenen Einkünfte anknüpft, nach der Rechtsprechung des BFH zu Recht nicht an der Rechtsform der juristischen Person vorbeigegangen werden, weil die Ausübung einer freiberuflichen Tätigkeit schon begriffsnotwendig ausschließlich natürlichen, selbständig tätigen Personen vorbehalten ist.[6]

Folgerichtig ist auch die mitunternehmerische Beteiligung einer Kapitalgesellschaft an einer an sich ausschließlich freiberuflich tätigen Personengesellschaft aus der Perspektive des Einkommensteuerrechts durchgängig als Beteiligung einer „berufsfremden Person" einzuordnen, so daß eine derart gebildete Personengesellschaft über § 15 III Nr. 1 EStG in vollem Umfang gewerbliches Einkommen erzielt.[7]

---

[3] Vgl. dazu einerseits RFHE 4, 14 f. – eigenständige Umsatzsteuerpflicht einer Steuerberatungs-GmbH, weil die Gesellschaft selbst als Unternehmerin die angestellten und wissenschaftlich geschulten Kräfte (nach heutiger Terminologie: die angestellten Steuerberater) zu gewerblichen Zwecken verwerte –; andererseits RFHE 5, 135 f. – keine eigenständige Umsatzsteuerpflicht einer „Orchestermusik-GmbH", an der ausschließlich die musizierenden Künstler selbst beteiligt waren, weil die einheitliche künstlerische Darbietung der Orchester-Gesellschaft einen Mehrwert gegenüber der Summe der Darbietungen der einzelnen Musiker enthalte, der anders nicht zu erzielen gewesen wäre –.

Der letztgenannten Argumentation wird man allerdings entgegenhalten müssen, daß das gleiche Ergebnis unschwer auch im Rahmen eines personengesellschaftlichen Zusammenschlusses hätte verwirklicht werden können und daher nicht zwangsläufig die Gründung einer juristischen Person voraussetzte.

[4] Vgl. so – im Zusammenhang mit Vorschriften des steuerlichen Bewertungsrechts – bereits erstmals RFH in RStBl. 1929, 19 (20) für eine Aktiengesellschaft, die sich nach ihrer Satzung mit der Beratung in Wirtschafts- und Steuerfragen, der Aufstellung und Prüfung von Bilanzen etc. befaßte und zu diesem Zweck angestellte Bücherrevisoren beschäftigte; siehe zu dieser Entscheidung auch bereits oben im 1. Teil, Seite 55; siehe ferner nur BFHE 130, 58 (62); BFH in BFH/NV 1987, 509; ebenso *Schick*, S. 52 und S. 87 f.; Kirchhof/Söhn-*Stuhrmann*, Rn. A 128 zu § 18 EStG; Hermann/Heuer/Raupach/Brandt-*Brandt*, Anm. 5 zu § 18 EStG.

[5] Vgl. dazu etwa BFHE 103, 153 (156); 111, 503 (505).

[6] Vgl. so explizit BFHE 103, 153 (156); siehe ferner auch BFHE 111, 503 (505); aus dem zustimmenden Schrifttum etwa *van der Velde* in DB 1961, 716; für die Fälle einer nur beschränkten Steuerpflicht der juristischen Person zunächst noch offengelassen von RFH in RStBl. 1935, 759 (762); aus unzutreffenden Erwägungen heraus – nämlich dem erkennbaren Bestreben, die Besteuerung einer ausländischen Körperschaft im Inland in jedem Fall zu ermöglichen – vormals abweichend hingegen RFH in RStBl. 1945, 43.

[7] Vgl. dazu BFHE 130, 58 (61 ff.); BFH in BFH/NV 1987, 509; aus der zustimmenden Literatur etwa Kirchhof/ Söhn-*Stuhrmann*, Rn. A 23 und Rn. A 124 zu § 18 EStG; Blümich-*Hutter*, Rn. 77 zu

Das rechtliche Leitbild des Freien Berufs ist nach alledem somit fraglos durch den höchstpersönlich und selbständig Berufstätigen als natürliche Person gekennzeichnet.[8] Nur an das Vorliegen einer selbständig und höchstpersönlich ausgeübten freiberuflichen Tätigkeit, die nicht durch den unbegrenzten Einsatz fremder Arbeitskraft erheblich zurückgedrängt oder gar vollständig ersetzt werden darf, knüpft die Rechtsordnung in § 18 I Nr. 1 EStG mit der Freiheit von der Gewerbesteuer konkrete und unmittelbare Rechtsfolgen an. *Als Freiberufler im eigentlichen Rechtssinne kann daher ausschließlich der höchstpersönlich und selbständig Berufstätige gelten, der seine spezifisch eigenschöpferische Gestaltungskraft in aktiver Berufsausübung entfaltet.*

In bewußtem und diametralem Gegensatz dazu steht zum einen der *abhängig Beschäftigte*, für den die *institutionalisierte rechtliche und wirtschaftliche Einbindung in die Interessensphäre seines Dienstherrn* und die damit einhergehende weitreichende persönliche Abhängigkeit ein vergleichbar eigenschöpferisches und eigenverantwortliches Wirken von vornherein ausschließen.[9]

---

§ 18 EStG; *Scharpf* in BB 1974, 1248 (1249); *Kupfer* in KÖSDI 1990, 8066 (8071); *Streck* in AnwBl. 1991, 449 (451).

[8] Ebenso erkennbar auch BVerfGE 21, 227 (232 f.), wo zur freiberuflichen Tätigkeit von Steuerberatern und Steuerbevollmächtigten ausgeführt wird: „Es liegt in der Eigenart dieser Berufe, daß sie persönliche Dienstleistungen zum Gegenstand haben und deshalb grundsätzlich nur persönlich ausgeübt werden können."; vgl. ebenso für den Arzt zuvor bereits BVerfGE 5, 25 (30); siehe allgemein für eine freiberufliche Tätigkeit etwa BVerfGE 10, 354 (364 f.); ähnlich ferner auch BFHE 133, 322 (327 f.); 153, 272 (274); BFH in BStBl. 1982 II, 785 (786); 1989 II, 577 (578); BVerwG in Buchholz, Nr. 1 zu Folge 451.30 (Steuerberater), 1 (3); BVerwG in NVwZ 1984, 236 (237); BVerwGE 88, 221 (224 f.); OVG Nordrhein-Westfalen in MedR 1997, 31 (33); OLG Düsseldorf in NJW-RR 1997, 313 (314); vgl. aus dem zustimmenden Schrifttum etwa *Anraths*, S. 161 u. S. 280; *Scheuner* in FS für Hedemann (1938), 424 (437 u. 441 f.); *Benckendorff* in WuW 1956, 20; *Karl*, S. 11 f.; *Höppner* in BB 1961, 1209 (1210); *ders.* in DB 1962, 105 (107 f.); *Hoffmann* in DVBl. 1964, 457 (459); *Ohl* in FS für Narr (1988), 196 (197); *Rittner*, S. 21, der insoweit von einem „Prinzip der persönlichen Berufsverwirklichung" spricht; ähnlich *ders.* in StB 1967, 2 (3), *Deneke*, Klassifizierung, S. 25 ff.; *Bayer/Imberger* in DZWiR 1993, 309 (311 ff. u. 318); *U. Müller* in FR 1995, 402 (404); *Rollmann* in DAB 1996, 1433; Kuhls-*Kuhls*, Rn. 14 ff. zu § 32 StBerG; *Stehle/Longin*, S. 9; desgleichen ausführlich *Meier-Greve*, S. 103 ff.; *Schick*, S. 60 ff.; *Neuenfeld-Neuenfeld*, Band 1, Rn. 26 ff. zu Teil I; im Ergebnis wohl auch *Raisch*, S. 211, und *W. Müller*, S. 27 ff., wonach der einen Freien Beruf Ausübende stets selbständig und dauerhaft auf eigene Rechnung tätig sei.

[9] Wie hier im Ergebnis – sehr lesenswert – auch *Anraths*, S. 133 ff. u. S. 161 ff.; ebenso *Meier-Greve*, S. 129 ff.; *Deneke*, Klassifizierung, S. 23 u. S. 27; Kirchhof/Söhn-*Stuhrmann*, Rn. B 117 zu § 18 EStG; *Hirte*, S. 349 in Fn. 199; sehr deutlich des weiteren *Meng* in StB 1989, 105 (107): „Steuerberater, die im Anstellungsverhältnis, d. h. unselbständig tätig sind, können ihren Beruf nicht unabhängig ausüben, weil sie wirtschaftlich von ihrem Arbeitgeber abhängen und seiner Weisungsbefugnis unterstehen."; ebenso für die anwaltliche Tätigkeit *Düwell* in AnwBl. 1990, 388 (389); *Zuck* in AnwBl. 1988, 19 (22): „Ich halte den angestellten Anwalt entgegen der einhelligen Meinung nur innerhalb zeitlicher Grenzen für tolerierbar ..."; *ders.* in NJW 1990, 954 (955 in Fn. 7): „Der (...) abhängig angestellte Rechtsanwalt ist, weil er nicht, wie der Syndikusanwalt, zwei Leben führen kann, ein Zerrbild des freien und unabhängigen Anwalts, wie ihn die BRAO in den §§ 1, 2 proklamiert."; siehe dazu ferner die auch heute noch gültige Regelung des § 1 II des Gesetzes über die Führung der Berufsbezeichnung „Beratender Ingenieur" und die Errichtung einer Kammer der Beratenden Ingenieure des Saarlandes v. 31.1.1975; ABl. Saarland 1975, 362 ff. mit folgendem – sehr aufschlußreichen – Wortlaut: „Freiberuflich ist, wer seinen Beruf selbständig auf eigene Rechnung und Verantwortung ausübt. Das Bestehen eines Arbeits- oder Dienstverhältnisses schließt in der Regel freiberuf-

Die in der Rechtswissenschaft teilweise unternommenen Versuche, durch eine Differenzierung nach rechtlich zulässigen organisatorischen Weisungen, aber rechtsunwirksamen und daher nicht bindenden fachlichen Weisungen eine dem Selbständigen vergleichbare Eigenverantwortlichkeit auch für den angestellten Berufstätigen einer freien Profession zu gewährleisten,[10] finden in der Rechtsordnung offenkundig keine hinreichende materielle Grundlage. So heißt es hierzu (und zum ergänzend hinzutretenden Weisungsrecht der Gesellschafterversammlung aus § 37 I GmbHG) beispielsweise in der Begründung des Referentenentwurfs zur „Anwalts-GmbH" nur schlicht: „Der Ausschluß jeglichen Weisungsrechts wäre zu weitgehend. So genießt der angestellte Rechtsanwalt gegenüber seinem Arbeitgeber nur eine eingeschränkte Unabhängigkeit, sei es gegenüber seinem vorgesetzten Einzelanwalt, sei es in einer klassischen Sozietät oder sei es in einer Partnerschaft. Es ist kein Grund ersichtlich, warum Rechtsanwälte als Gesellschafter einer Rechtsanwalts-GmbH freier gestellt sein müßten als andere angestellte Rechtsanwälte. *Daher sind auch in einer Rechtsanwaltsgesellschaft mit beschränkter Haftung Weisungen im Einzelfall möglich.*"[11] Auch für die ärztliche Berufstätigkeit ist im übrigen in der Rechtspraxis anerkannt,

---

liche Tätigkeit aus."; a. A. unter Verkennung der rechtlichen Grundlagen freier Berufstätigkeit hingegen *Lindenberg* in BB 1961, 1284 (1286); *Lohmann* in DB 1962, 277 (278); *Fleischmann*, S. 75 f.; *M. Lach*, S. 10; *Gitter*, S. 13 ff.; *Steindorff* in FS für Fischer (1979), 747 (763 mit Fn. 55); *Laufs* in FS für Geiger (1989), 228; *Michalski* in AnwBl. 1989, 65 (71); *Taupitz* in MedR 1993, 367 (370), wonach auch der angestellte Wirtschaftsprüfer, Arzt oder Rechtsanwalt einen Freien Beruf ausübe.

[10] Vgl. so – jeweils für die in einer Wirtschaftsprüfungsgesellschaft angestellten Wirtschaftsprüfer – insbesondere *Herschel*, S. 33 ff., *Schäuble*, S. 192 ff.; *Kremer*, S. 193 f., *ders.* in GmbHR 1983, 259 (266), unter zusätzlichem Hinweis darauf, daß die Regelung des § 44 I WPO immerhin die Unzulässigkeit solcher Weisungen anordne, die einen angestellten Wirtschaftsprüfer dazu verpflichteten, Prüfungsberichte und Gutachten auch dann zu unterzeichnen, wenn sich ihr Inhalt nicht mit seiner Überzeugung decke; vgl. für den angestellten Rechtsanwalt ferner ausführlich *Fuhrmann*, S. 127 ff.; *Stehmann*, S. 77 ff., sowie *Michalski*, Begriff, S. 98; Henssler/Prütting-*Koch*, Rn. 17 zu § 2 BRAO, und *Hellwig* in ZHR 161 (1997), 337 (354) – keine Bindungswirkung jedenfalls solcher fachlicher Weisungen, mittels derer dem angestellten Berufsträger ein „nach außen" gerichtetes, aber seinen inneren Anschauungen widersprechendes Verhalten abverlangt werden soll –; siehe für den angestellten Arzt nunmehr ebenso auch *Lücke*, S. 77 ff.

[11] Vgl. dazu die auszugsweise Dokumentation der Begründung des Referentenentwurfs zur „Anwalts-GmbH" in ZIP 1997, 1518 (1521) – textliche Hervorhebung vom Verfasser –; ähnlich nunmehr auch die einschlägigen Ausführungen im Regierungsentwurf; siehe hierzu BR-Drucksache 1002/97, S. 16; ebenso zur prinzipiell uneingeschränkten Weisungsgebundenheit des angestellten Anwalts außerdem *Wettlaufer* in AnwBl. 1989, 194 (196); *Schlosser* in JZ 1995, 345 (346 f.); *Hirte*, S. 349; *Korts/Rodenbusch*, S. 19; *Ahrens*, Rn. 19. Siehe zu der fortwährenden und praktisch unvermeidlichen faktischen Gefährdung der beruflichen Unabhängigkeit des angestellten Angehörigen einer freien Profession ferner nur symptomatisch *Hermann*, S. 115 f.: „Es ist jedoch nicht auszuschließen, daß der <Chef> mitunter auf seinen <Bediensteten> Einfluß zu nehmen oder gar Druck auf ihn auszuüben versucht. Für jenen entsteht dann zwangsläufig der Konflikt, in berufliche Schwierigkeiten zu geraten oder gegen seine Überzeugung Konzessionen machen zu müssen. Sehr leicht kann so aus der wirtschaftlichen Abhängigkeit eine geistige Abhängigkeit werden, wenn er immer, aus Furcht, seine Stellung zu verlieren, den Wünschen seines Brotherrn nachgibt. Die geistige Unabhängigkeit muß aber unter allen Umständen gewährleistet sein, wenn die freiberuflichen Aufgaben zufriedenstellend erfüllt werden sollen."; in diesem Sinne ersichtlich auch *Hartstang*, Anwaltsrecht, S. 96 ff.; *Compensis* in BB 1996, 321 (322 ff.).

Der Regelung des § 44 I WPO fehlt es demgegenüber durch das bloße Abstellen auf die (innere) „Überzeugung" des angestellten Wirtschaftsprüfers bereits an einer ausreichenden und inhaltlich

daß die in abhängiger Stellung beschäftigten Ärzte die Weisungen ihrer vorgesetzten Ärzte an sich ohne jede inhaltliche Einschränkung befolgen müssen.[12]

In einem unauflösbaren Gegensatz zu den rechtlichen Prinzipien freier Berufsausübung steht auf der anderen Seite – schon weil er mangels einer aktiven persönlichen Berufstätigkeit keinerlei eigenschöpferische Produktivität (mehr) entfaltet – auch der an einer freiberuflichen Praxis lediglich kapitalmäßig Beteiligte.[13]

In Übereinstimmung mit jener rechtlichen Differenzierung sieht daher letztlich auch das Bundesverfassungsgericht in dem freiberuflich Tätigen stets nur den selbständig Berufstätigen, der sich durch ein hohes Maß an eigener Verantwortlichkeit auszeichne und das wirtschaftliche Unternehmerrisiko seines Handelns selbst trage.[14] Nur folgerichtig definie-

---

handhabbaren Justiziabilität. An der institutionell vorgegebenen rechtlichen und wirtschaftlichen Abhängigkeit des angestellten Berufsträgers vermag die Vorschrift naturgemäß nichts zu ändern; der Sache nach handelt es sich hier also eher um den Versuch, von Rechts wegen an die moralische Integrität eines angestellten Berufsangehörigen zu appellieren und diesen dazu anzuhalten, sachfremden Einflüssen, die in Form von Weisungen an ihn herangetragen werden können, nach Möglichkeit zu widerstehen. Einen vergleichbaren, de facto mehr ethisch als streng rechtlich determinierten Sinngehalt weist im übrigen erkennbar auch die Regelung des § 60 II StBerG auf, wonach ein angestellter Steuerberater nicht mehr eigenverantwortlich handelt, wenn ihm durch bindende Weisungen die Freiheit zu pflichtgemäßem Handeln genommen wird.

[12] Vgl. dazu nur *Daniels/Bulling*, Anm. 26 zu § 1 BÄO; *Bauer* in Jung/Meiser/Müller (Hrsg.), 149 (158 f.); *Köhler-Fleischmann*, S. 117 f.; *Schlosser* in JZ 1995, 345 (347); *Hirte*, S. 349 f.; Laufs/Uhlenbruck-*Laufs*, Rn. 11 f. zu § 3; *Narr/Hess/Schirmer*, Rn. B 11, die letzteren jedoch jeweils unter zusätzlichem Hinweis darauf, daß der angestellte Mediziner dadurch nicht von seiner eigenen ärztlichen (ethischen) Verantwortung entbunden werde; a. A. – fachliche Weisungsfreiheit des angestellten Arztes auch gegenüber dem übergeordneten Berufskollegen – hingegen *Lücke*, S. 77 ff., daselbst freilich unter Ableitung aus einem rechtsirrigen Verständnis der freien Berufstätigkeit.

[13] Erst diese Überlegung läßt es auch verständlich erscheinen, weshalb das BayObLG in NJW 1995, 199 (201) für den Betrieb einer „Rechtsanwalts-GmbH" – praktisch im Wege einer freien Rechtsfortbildung – zugleich forderte, daß sich die Mehrheit der Geschäftsanteile und Stimmrechte in der Hand von Rechtsanwälten befinden müsse, *die ihren Beruf aktiv in der Gesellschaft ausüben.* Durch das Erfordernis einer aktiven Berufstätigkeit, das nunmehr gleichlautend auch in die §§ 59e I 2 BRAOE, 52e I 2 PatAnwOE des Regierungsentwurfs zur Schaffung der „Anwalts-GmbH" aufgenommen worden ist (vgl. dazu näher die Ausführungen in der amtlichen Begründung in BR-Drucksache 1002/97, S. 15), sollte hier offenbar folgendes Motto verwirklicht werden: „Die Anwalts-GmbH bietet die Möglichkeit zur anwaltlichen Arbeit, nicht die Möglichkeit, sein Kapital arbeiten zu lassen."; vgl. so auch ausdrücklich *Dittmann* in ZHR 161 (1997), 332 (334); in dieser Richtung weiterhin *Schmidt-Jortzig* in AnwBl. 1997, 363 (364); *Funke* in AnwBl. 1998, 6 (7).

Demgegenüber ist es im Rahmen einer Steuerberatungs- und/oder Wirtschaftsprüfungsgesellschaft bislang bemerkenswerterweise nicht erforderlich, daß die Anteilseigner in der Gesellschaft aktiv berufstätig sind. Die Berufsangehörigen können sich an einer solchen Gesellschaft vielmehr auch dann beteiligen, wenn sie die Anteile lediglich als Vermögensanlage halten; vgl. dazu nur *Gehre*, Rn. 5 zu § 50a StBerG; *Hellwig* in ZHR 161 (1997), 337 (352).

[14] Vgl. dazu etwa BVerfGE 9, 338 (351); 10, 354 (369); 11, 30 (40); 16, 286 (294 u. 298); den Bericht der Bundesregierung über die Lage der Freien Berufe in der Bundesrepublik Deutschland, BT-Drucksache 8/3139, S. 5; die Fortschreibung des Berichts, BT-Drucksache 12/21, S. 6; desgleichen VG Düsseldorf in NVwZ-RR 1996, 386; ebenso gerade die selbständige Berufsstellung des Freiberuflers betonend BVerfGE 11, 105 (117 f.); BSGE 35, 247 (249 ff.); siehe aus der Literatur nur *Karl*, S. 12; *Sodan*, S. 12; sehr treffend schließlich auch *Neuenfeld-Neuenfeld*, Band 1, Rn. 28 zu Teil I:

ren einige jüngere landesgesetzliche Bestimmungen eine freie Berufstätigkeit deshalb auch ausdrücklich dahin, daß der Berufsträger seinen Beruf selbständig und auf eigene Rechnung ausübe, während andererseits etwa der angestellte Berufsangehörige ausschließlich oder überwiegend als Arbeitnehmer beschäftigt sei.[15]

Diesem vorbeschriebenen rechtlichen Leitbild des Freien Berufs entspricht im Fall einer gemeinsamen Berufsausübung damit ausschließlich die auf eine prinzipielle Gleichordnung unter den Berufstätigen angelegte personengesellschaftliche Rechtsform.[16] Von diesem Verständnis freier Berufstätigkeit hat sich der Gesetzgeber demgemäß auch ersichtlich bei der Verabschiedung der legislativ neu geschaffenen Gesellschaftsform der freiberuflichen Partnerschaft leiten lassen. Auch hier kommen – dem spezifisch eigenschöpferischen und damit personengebundenen Gehalt der freien Berufstätigkeit entsprechend – konsequenterweise ausschließlich natürliche Personen als taugliche Partner in Betracht (§ 1 I 3 PartGG), die ihren Beruf selbständig und aktiv in der betreffenden Gesellschaft ausüben.[17]

„Nur wer unmittelbar am Gewinn und Verlust des Büros partizipiert, wer unternehmerische Entscheidungen im eigenen Namen (mit-)trifft, ist Freiberufler."

[15] Vgl. dazu insb. die Regelung des § 3 des Sächsischen Architektengesetzes v. 19.4.1994; GVBl. Sachsen 1994, S. 765 ff., die für Architekten und Stadtplaner ausdrücklich zwischen den Tätigkeitsarten „frei", „baugewerblich", „angestellt" und „im öffentlichen Dienst tätig" unterscheidet und dabei eine freie Tätigkeit in dem oben dargelegten Sinne umschreibt; siehe ferner ebenso die Vorschrift des § 3 VI des Architektengesetzes der DDR v. 19.7.1990; GBl. DDR 1990, 921 ff., das in jenen neuen Bundesländern, die im weiteren Verlauf kein eigenes, vollständig neues Architektengesetz verabschiedet haben, nach wie vor weiter fortgilt; vgl. ähnlich schließlich auch § 31 des Berliner Architekten- und Baukammergesetzes v. 19.7.1994, GVBl. Berlin 1994, 253 ff.

[16] Ebenso *Jäger*, S. 121 f.; *Höppner* in BB 1961, 1209 (1212); dies konzedierend auch *Herschel*, S. 22 f.; vgl. dazu – besonders aussagekräftig – auch die amtliche Begründung zu § 4 I des Regierungsentwurfs über die Rechtsverhältnisse der Steuerberater und Steuerbevollmächtigten (Steuerberatungsgesetz), BT-Drucksache III/128, S. 25: „Dem Wesen des Freien Berufs entspricht es, ihn als Einzelperson auszuüben. Auch bestehen keine Bedenken gegen die Form der Sozietät, der Berufsausübung durch eine Gesellschaft bürgerlichen Rechts, bei der die Berufsangehörigen unter ihrem Namen und unter der in § 20 Abs. 1 und 2 vorgeschriebenen Berufsbezeichnung tätig werden. Wesensfremd ist dem Freien Beruf dagegen die Berufsausübung in Form einer Gesellschaft mit eigener Rechtspersönlichkeit ..."; dem beipflichtend ersichtlich auch *Mittelsteiner* in DStR 1989, 403 (405); siehe – im Hinblick auf kapitalgesellschaftlich ausgestaltete Wirtschaftsprüfungsgesellschaften – schließlich auch die Beschlußempfehlung und den Bericht des Rechtsausschusses (6. Ausschuß) zu dem Regierungsentwurf des Gesetzes zur Durchführung der 4., 7. und 8. Richtlinie des Rates der Europäischen Gemeinschaften zur Koordinierung des Gesellschaftsrechts (Bilanzrichtlinien-Gesetz), BT-Drucksache 10/4268, S. 93: „... Bereits die Zulassung von Kapitalgesellschaften für die Ausübung dieser Tätigkeiten ist bedenklich, weil eine juristische Person zwischen den Prüfer und seine Mandanten gestellt wird. Die Verantwortlichkeiten können dadurch verwischt und viele Abhängigkeiten begründet werden. Diese für Freie Berufe untypische Entwicklung mußte vom Gesetzgeber bei der rechtlichen Regelung des Wirtschaftsprüferberufs hingenommen werden, weil schon lange vor der Regelung dieses Berufs durch den Gesetzgeber Treuhandgesellschaften entstanden waren, die sich dieser Aufgabe annahmen ...".

[17] Vgl. zum Erfordernis der aktiven Berufsausübung explizit die amtliche Begründung des Regierungsentwurfs zur Schaffung einer Partnerschaftsgesellschaft, BT-Drucksache 12/6152, S. 7 sowie das Tatbestandsmerkmal „zur Ausübung ihrer Berufe" in § 1 I 1 PartGG.

Im Schrifttum mehren sich freilich bereits erkennbar die Stimmen, die das Merkmal der „Ausübung" unter Vernachlässigung des Wortlauts und der gesetzgeberischen Entstehungsgeschichte statt dessen sehr weit fassen wollen und es aus Praktikabilitätsgründen sogar für ausreichend erachten,

Demgegenüber bietet die rechtlich zu einer vollkommen eigenständigen juristischen Person verselbständigte Kapitalgesellschaft den idealen, vom Normgeber auch bewußt so zur Verfügung gestellten Rahmen für einen unbegrenzten Einsatz fremder Arbeitskraft in vertikalen und hierarchischen Ordnungsstrukturen. Die angestellten Vorstandsmitglieder und Geschäftsführer einer Kapitalgesellschaft tragen als deren Gesellschafter ein eigenes wirtschaftliches Unternehmerrisiko in der Regel allenfalls mittelbar in Höhe der übernommenen Kapitaleinlage.[18] Zudem ist es nach der Rechtsprechung des BFH gerade die bestimmungsgemäße Aufgabe einer Kapitalgesellschaft als eines Erwerbsunternehmens, Gewinne zu erzielen und diese Gewinne nach Möglichkeit zu steigern.[19] Diese Eigenschaften, vor allem aber die Tatsache, daß eine AG/KGaA/GmbH per se einen unbegrenzten Einsatz fremder Arbeitskraft in vertikal geordneten Beschäftigungsverhältnissen erlaubt, muß daher dazu führen, daß die Kapitalgesellschaft wahrhaftig auch *materiell* als *die gewerbliche Rechtsform par excellence* erscheint.

Angesichts der vorstehend gewonnenen Erkenntnis, wonach das einzig maßgebende rechtliche Abgrenzungskriterium der Freien Berufe vom Gewerbe in einer spezifisch eigenschöpferischen, nicht standardisierbaren und höchstpersönlichen Leistungserbringung besteht, die nicht durch den Einsatz fremder Arbeitskraft beliebig zurückgedrängt oder gar vollkommen ersetzt werden kann, leuchtet es folglich auch unmittelbar ein, daß der Normgeber den Kapitalgesellschaften bereits im Wege einer typisierend vorweggenommenen gesetzlichen Fiktion auf praktisch allen Rechtsgebieten die Eigenschaft als Handelsgesellschaft bzw. als Gewerbebetrieb kraft Rechtsform beigelegt hat.[20]

Zwischen Freiem Beruf und Kapitalgesellschaft besteht im Zuge dessen also augenscheinlich eine elementare und fundamentale rechtliche Gegensätzlichkeit, die juristisch nicht aufgelöst werden kann, ohne daß für diejenigen freien Professionen, in denen sich rechtstatsächlich die „Freiberufler-Kapitalgesellschaft" in breitem Umfang durchgesetzt hat, zugleich auch die grundlegende Unterscheidung zwischen Freiem Beruf und Gewerbe insgesamt zur Disposition stehen muß.

---

wenn ein Partner der Partnerschaft lediglich seinen Namen für den Briefkopf oder das Türschild zur Verfügung stellt; siehe in diesem Sinne etwa *Lenz* in WiB 1995, 529 (530 f.); *ders.* in Meilicke/v.Westphalen/Hoffmann/Lenz, Rn. 98 zu § 1 PartGG; *Gail/Overlack*, S. 15 ff.; *Michalski/Römermann*, Rn. 7 ff. zu § 1 PartGG; *Henssler*, Rn. 103 zu § 1 PartGG.

[18] Vgl. so – speziell mit Blick auf kapitalgesellschaftlich organisierte Wirtschaftsprüfungsgesellschaften – auch bereits zutreffend *W. Müller*, S. 172; im Ton zwar moderat, aber in der Sache doch sehr vielsagend außerdem BGH in NJW 1965, 1804 (1805): „Die Ausübung der Steuerberatung ist zwar kein Gewerbe, doch nähert sich die Tätigkeit eines persönlich nicht haftenden, am Gewinn der Gesellschaft interessierten sowie für ihre Geschäftsführung verantwortlichen Gesellschafters und Geschäftsführers – jedenfalls im äußeren Erscheinungsbild und in der Auffassung der Auftraggeber – in gewisser Weise einer gewerblichen Betätigung."; ebenso später BGHZ 78, 237 (243).

Siehe dazu, daß ein Angestellter aufgrund seiner fehlenden unmittelbaren Beteiligung am Gewinn oder Verlust sowie an den stillen Reserven eines Unternehmens nicht in wirtschaftlich vergleichbarer Weise wie der Gesellschafter-Geschäftsführer einer Personengesellschaft ein eigenes Mitunternehmerrisiko trägt, ferner allgemein nur BFHE 143, 247 (250).

[19] Vgl. so etwa explizit BFH in BStBl. 1989 II, 854 (857); siehe ebenso für die von einem GmbH-Geschäftsführer bestimmungsgemäß erwartete Tätigkeit auch bereits BFHE 133, 19 (20); 150, 524 (529).

[20] Vgl. dazu nur die §§ 3 AktG; 13 III GmbHG; 6 I, II HGB; 8 II KStG; 2 II 1 GewStG.

Eben diese Erkenntnis liefert denn auch ersichtlich die innere Begründung für das eingangs erwähnte höchstrichterliche Judiz, wonach die Ausübung eines Freien Berufs in der Rechtsform einer Kapitalgesellschaft im Grunde dem höchstpersönlichen Charakter dieser Berufe widerspricht und deshalb an sich nur eine besonders begründete Ausnahme sein darf.[21] Auf die schlechterdings bestehende *rechtliche Unmöglichkeit,* eine freie Berufstätigkeit in der Rechtsform einer Kapitalgesellschaft auszuüben, haben Teile der Rechtswissenschaft – wenn auch mit einer rechtsdogmatisch oftmals vergleichsweise lückenhaften Argumentation – daher bereits seit langem wiederholt und ausdrücklich hingewiesen.[22]

Bezeichnend für die materielle Gegensätzlichkeit zwischen einer freien Berufstätigkeit und der Berufsausübung in einer Kapitalgesellschaft dürfte daneben auch der Umstand sein, daß einige berufsgesetzliche Bestimmungen, die auf Landesebene für freiberuflich anerkannte Professionen gelten, – jedenfalls soweit sie neueren Datums sind – anders als die älteren Berufsordnungen auf Bundesebene teilweise explizit zwischen *freiberuflich oder sonst selbständig und auf eigene Rechnung tätigen Berufsangehörigen* einerseits und *angestellten Berufsangehörigen – dabei insbesondere auch ausdrücklich Geschäftsführern und Vorstandsmitgliedern einer Kapitalgesellschaft* – andererseits differenzieren.[23]

---

[21] Siehe dazu bereits die entsprechenden Rechtsprechungsnachweise oben Seite 531 in Fußnote 1; vgl. ähnlich auch *Rittner*, S. 25, wonach für den Freien Beruf aus dem Prinzip der persönlichen selbstverantworteten Berufsleistung folge, daß seine Entartung zum Unternehmen verhindert werden müsse.

[22] Vgl. dazu erstmals *Triepel* in FS für Binding (1911), 3 (80): „Die Stellvertreter des Rechtsanwalts (...) oder des Patentanwalts (...) sind Vertreter, wenn ich so sagen darf, im Betriebe, nicht im Berufe. Deshalb sind auch echte Berufspflichten immer höchstpersönliche Pflichten, die niemand statt seiner erfüllen kann. Darum können juristische Personen niemals einen Beruf in diesem Sinne haben, zu einem Berufe nicht zugelassen werden; es ist ausgeschlossen, daß eine Aktiengesellschaft als Inhaber eines <Patentbureaus> in die Liste der Patentanwälte eingetragen wird.“; siehe aus dem späteren Schrifttum etwa *Wolff* in JW 1931, 2348 (2350), der die damalige Zulassung von Kapitalgesellschaften zur Abschlußprüfung schlicht als „systemwidrig“ einstufte; ferner eindringlich *Rittner* (1962), S. 21: „Bei den juristischen Personen sehen wir überhaupt keinen bestimmten Menschen mehr als Unternehmer, sondern einen gegliederten Personenverband, innerhalb dessen die einzelnen natürlichen und (oft auch) juristischen Personen stets nur den ihnen verfassungsmäßig zugewiesenen Teil der gesamten juristischen Person verwirklichen. Das alles duldet der Begriff des Freien Berufs nicht, weil er voraussetzt, daß der Berufsträger, der Mensch, der den betreffenden Beruf gewählt hat, selbst die ihm übertragenen und von ihm übernommenen Aufgaben erfüllt.“; noch deutlicher *ders.* in StB 1967, 2 (3 f. u. 7): „Nur der Mensch kann deshalb einen Freien Beruf ausüben, nicht aber die AG oder die GmbH.“; ebenso mit Blick auf den Beruf des Wirtschaftsprüfers auch *Höppner* in DB 1962, 105 (108); vgl. schließlich auch *W. Müller* (1968), S. 172: „Die völlig abweichende Regelung für die in Wirtschaftsprüfungsgesellschaften tätigen Wirtschaftsprüfer ist damit eine mit den Grundsätzen der Freien Berufe nicht zu vereinbarende Besonderheit dieser Berufsträger.“; in gleicher Weise *Hummes* (1979), S. 78 in Fn. 1.

[23] Vgl. so insbesondere § 13 II Nr. 1-3 Ingenieurgesetz des Landes Sachsen-Anhalt v. 15.11.1991; GVBl. Sachsen-Anhalt 1991, 440 ff.; § 6 II Nr. 1-3 Ingenieurgesetz des Landes Mecklenburg-Vorpommern v. 8.11.1993; GVBl. Mecklenburg-Vorpommern 1993, 878 ff. – Diese Regelungen gehen durch die explizite Benennung gerade von angestellten Geschäftsführern und Vorstandsmitgliedern im Gegensatz zu den selbständig freiberuflich Tätigen in ihrem Aussagegehalt über die vorstehend auf Seite 557 in Fußnote 15 genannten landesgesetzlichen Bestimmungen also nochmals spürbar hinaus.

Soweit einige freie Professionen im Verhältnis zum ratsuchenden Publikum schließlich eine rechtlich besonders geschützte Vertrauensstellung für sich reklamieren können,[24] so läßt die Kapitalgesellschaft die materielle Unverträglichkeit zwischen Freiem Beruf und juristischer Person insoweit nur noch um so deutlicher hervortreten.[25] Denn das Vertrauen in die persönliche Arbeitsleistung eines Freiberuflers kann sich – schon aufgrund der jeder Vertrauensbeziehung wesenseigenen psychologischen Komponente – nach der zutreffenden Rechtsprechung des BFH und der Verwaltungsgerichte naturgemäß nur gegenüber einer natürlichen Person bilden, nicht aber gegenüber einer juristischen Person.[26] Sieht man von der bereits mehrfach erwähnten Ausnahme auf dem heilkundlichen Sektor ab, so führt die Leistungsabwicklung über eine Kapitalgesellschaft im übrigen dazu, daß der rechtliche (und damit in der Regel auch allein haftende) Vertragspartner AG/KGaA/GmbH und der tatsächlich handelnde Berufsträger als die eigentliche Bezugsperson, der das Vertrauen von seiten des ratsuchenden Publikums entgegengebracht wird, fortan auseinanderfallen.[27] Ein verstärkter Einsatz der Kapitalgesellschaften könnte vor diesem Hintergrund somit zukünftig wohl auch die Frage aufwerfen, ob insbesondere die Professionen der Wirtschaftsprüfer, Steuerberater und Rechtsanwälte von Gesetzgebung und Rechtsprechung nach wie vor noch uneingeschränkt als sog. freie „Vertrauensberufe"[28] angesprochen werden können.[29]

---

[24] Vgl. dazu wiederum in erster Linie die in § 203 I Nr. 1-3 StGB aufgeführten freien Heil- und Beratungsberufe.

[25] Siehe in diesem Sinne auch bereits *Voûte/Hardenberg* in *Kalsbach*, Standesrecht, 600 (618): „Das persönliche Verhältnis, das zwischen Anwalt und Klienten bestehen soll, steht einer Organisation eines Anwaltsbüros als GmbH oder in ähnlichen Formen entgegen."; ebenso für den Betrieb einer ärztlichen Gemeinschaftspraxis in der Rechtsform einer Kapitalgesellschaft später auch *Henke* in NJW 1974, 2035 (2036); vgl. für den öffentlich bestellten Vermessungsingenieur als Angehörigen eines staatlich gebundenen Berufs auch *Sodan*, S. 43 f.

[26] Vgl. so explizit BFH in BStBl. 1990 II, 595 (596); dies konzedierend auch *Remmertz*, S. 200; in diesem Sinne ferner allgemein *v. Bar* in ZGR 1983, 476 (482 f.); siehe zu § 10 I RBerV – besonders aussagekräftig – des weiteren OVG Koblenz in NJW 1980, 1866: „Der Rechtsberatung und Rechtsbesorgung, wenn sie von einer juristischen Person wahrgenommen werden, (liegt, sic!) nicht das für diese Art Tätigkeit grundsätzlich geforderte persönliche Vertrauensverhältnis zu dem Ratsuchenden zugrunde (...), weil dieses nur zwischen natürlichen Personen bestehen kann."; ebenso – jeweils ebenfalls zu § 10 I RBerV – ersichtlich auch BVerwG in NJW 1959, 1986 (1987); VG Stuttgart in AnwBl. 1974, 161; VG Stuttgart in AnwBl. 1976, 135; *Rennen/Caliebe*, Rn. 2 zu § 10 der 1. AVO; *Altenhoff/Busch/Chemnitz*, Rn. 1014 zu § 10 der 1. AVO; desgleichen schließlich BGH in NJW 1967, 1558 (1560).

[27] Vgl. dazu auch die Argumentation, mit der sich das Bundesministerium der Justiz im Referentenentwurf zur „Anwalts-GmbH" zunächst noch für eine persönliche Sekundärhaftung des handelnden Anwalts neben der Gesellschaft ausgesprochen hatte: „Diese persönliche Haftung des handelnden Anwalts ist das Korrelat seiner besonderen Vertrauensstellung. Sie akzentuiert die Besonderheit der Ausübung eines Freien Berufs in einer Kapitalgesellschaft.", so ausdrücklich *Schmidt-Jortzig* in AnwBl. 1997, 363 (364); ebenso zuvor *Kulka* in DZWiR 1995, 45 (51); dem keine Relevanz zumessend hingegen *Steindorff*, S. 29 f., weil dem ratsuchenden Publikum im Vorfeld eines Vertragsschlusses ja immerhin nach wie vor die Wahl zwischen den verschiedenen Anbietern (d. h. also auch die Möglichkeit zu einer Beauftragung selbständig tätiger Freiberufler) bleibe.

[28] Die Charakterisierung vieler freier Professionen als sog. „Vertrauensberufe" geht – soweit ersichtlich – zurück auf *Noack*, RRAO, Anm. 4 zu § 1 RRAO; vgl. ebenso des weiteren auch *Scheuner* in FS für Hedemann (1938), 424 (429); siehe zu dem „... für jede Rechtsberatung unabdingbaren

Immerhin geht die höchstrichterliche Zivilrechtsprechung seit einigen Jahren davon aus, daß solche Rechtsgeschäfte, die auf die konsensuale Übertragung einer selbständig geführten Freiberufler-Praxis abzielen, in den freien Heil- und Beratungsberufen nach § 203 I Nr. 1, 3 StGB i. V. m. § 134 BGB wegen Verstoßes gegen ein Verbotsgesetz insgesamt der Nichtigkeit verfallen können, wenn Gegenstand der Veräußerung auch die sensiblen, der beruflichen Schweigepflicht unterfallenden Mandatsunterlagen (d. h. die Patientenkartei, die Handakten etc.) sind, der Veräußerer es aber vor einer Weitergabe der betreffenden personenbezogenen Daten an den Erwerber pflichtwidrig unterläßt, in eindeutiger und unmißverständlicher Weise die Zustimmung des Mandanten zu einer Aushändigung der entsprechenden Unterlagen einzuholen.[30] Hier sei es angesichts des hohen Ver-

---

Vertrauen zwischen dem Berater und seinem Mandanten ..." ferner nur BGH in NJW 1994, 206 (208).

[29] So tritt – um nur ein Beispiel zu nennen – der Betrieb einer „Anwalts-GmbH" ersichtlich in einen tiefgreifenden juristischen Wertungswiderspruch zu dem in § 3 III BRAO niedergelegten Recht des einzelnen, sich im Rahmen der gesetzlichen Vorschriften von einem Anwalt seiner Wahl vertreten zu lassen. Denn durch den alleinigen Vertragsschluß mit der juristischen Person stehen dem Mandanten sodann keinerlei Erfüllungsansprüche mehr gegenüber den so zusammengeschlossenen Rechtsanwälten als solchen zu. Das Schrifttum und Teile der Rechtsprechung gehen aus Gründen einer geordneten Rechtspflege aber davon aus, daß sich der einzelne seines Rechts auf freie Anwaltswahl nicht im voraus durch vertragliche Übereinkunft begeben kann (vgl. so etwa OLG Karlsruhe in GRUR 1988, 703, 705; *Isele*, Anm. IV. B. 2. zu § 3 BRAO; Feuerich/Braun-*Braun*, Rn. 46 zu § 3 BRAO; Henssler/Prütting-*Koch*, Rn. 29 zu § 3 BRAO; ausdrücklich offengelassen von BGHZ 109, 153, 159). Steht es hiernach aber im freien Belieben der „Anwalts-GmbH", durch welchen Berufsvertreter sie die geschuldete Rechtsberatungsleistung nachfolgend tatsächlich erbringen will, wird die Möglichkeit des Rechtssuchenden, sich unmittelbar an den Anwalt seines Vertrauens zu wenden, aufgrund des insoweit zu verzeichnenden Fehlens eines unmittelbaren vertraglichen Bandes in nicht mehr hinnehmbarer Weise beschnitten; so zutreffend LG München I in NJW 1994, 1882 (1883).

[30] Vgl. dazu – unter Aufgabe einer vormals abweichenden Rechtsprechungslinie (siehe zu dieser noch BGH in NJW 1974, 602 f.; BGH in NJW 1986, 2360, 2361) – erstmals BGH in NJW 1992, 737 (739 f.) – (Teil-)Nichtigkeit der Veräußerung einer Arztpraxis nebst Patientenunterlagen –; ebenso später BGH in NJW 1996, 773 (774); vgl. zur Nichtigkeit einer Vereinbarung, die den Veräußerer im Fall der Übergabe einer Anwaltskanzlei zur uneingeschränkten Aktenübertragung verpflichtet, im weiteren Verlauf auch BGH in NJW 1995, 2026 (2027); siehe für die Übergabe einer Steuerberaterpraxis schließlich gleichlautend BGH in NJW 1996, 2087 (2088); kritisch zu dieser neueren Judikatur etwa *Messer* in FS für Brandner (1996), 715 (720 ff.), wonach neben dem durch § 203 StGB geschützten Geheimhaltungsinteresse des Mandanten auch das Interesse des Freiberuflers an der Verwertung seines „Unternehmens" Praxis berücksichtigt werden müsse und dieses im Rahmen einer Interessenabwägung höher zu bewerten sei.

Eine andere Beurteilung ist nach der Judikatur lediglich dann geboten, wenn der Praxiserwerber – und sei es auch nur für kurze Zeit – vor der Aktenübertragung bereits in der Kanzlei des Veräußerers, etwa als Angestellter oder freier Mitarbeiter, beschäftigt war und er infolgedessen schon vor der Praxisübernahme freien Zugang zu allen Akten und Unterlagen des Mandanten hatte; siehe dazu etwa LG Darmstadt in NJW 1994, 2962 (2963); ähnlich auch BGH in NJW 1995, 2915 f. Fraglich scheint, ob die skizzierte Rechtsprechungsänderung auch für die Gründung einer Sozietät/Gemeinschaftspraxis durch die Aufnahme eines neuen Teilhabers oder für die Fälle einer Teilveräußerung einer Arzt-, Anwalts- oder Steuerberaterpraxis gelten soll; dies bejahend etwa *Hülsmann/Maser* in MDR 1997, 111 (113). Nicht zu verkennen ist abschließend jedenfalls , daß die Verkehrsfähigkeit einer Freiberufler-Praxis durch die jüngere, auf § 203 I Nr. 1, 3 StGB i. V. m. § 134 BGB rekurrierende Rechtsprechung in praxi eine erhebliche Einschränkung erfährt.

fassungsrangs, den das Grundrecht der informationellen Selbstbestimmung gemäß Art. 2 I GG i. V. m. Art 1 I GG einnehme, in jedem Fall geboten, eine vertragliche Bestimmung, die den Veräußerer auch ohne Einwilligung der betreffenden Mandanten/Patienten zur Übergabe der Beratungskartei verpflichte, sowohl in ihrem schuldrechtlichen Teil wie auch hinsichtlich des zur Erfüllung vorgenommenen dinglichen Vollzugsgeschäfts für unwirksam zu erachten.[31] Auf diese Weise sucht die zivilgerichtliche Judikatur ganz offenkundig einen möglichst umfassenden Schutz der höchstpersönlichen Vertrauensbeziehung sicherzustellen, die zwar erkennbar zwischen dem bisherigen Praxisinhaber und dem ratsuchenden Publikum bestanden hat, aber (selbstredend) nicht in gleicher Form auch typisierend im Verhältnis zu einem späteren Praxisnachfolger unterstellt werden kann.

Wird die gleiche freiberufliche Praxis nun aber in der Rechtsform einer Kapitalgesellschaft betrieben, so führt selbst die vollständige Übertragung aller Gesellschaftsanteile auf den Erwerber nicht dazu, daß der Klient über eine entsprechende Weitergabe der sensiblen Mandatsunterlagen im Vorfeld zu unterrichten wäre und er der Aushändigung seiner personenbezogenen Daten an den Dritten berechtigterweise widersprechen könnte. Denn eine rechtlich relevante Vertragsbeziehung besteht in dieser Konstellation nur zwischen dem ratsuchenden Publikum und der juristischen Person, und auch ein beliebiger Wechsel im Gesellschafterkreis oder gar ein vollständiger Austausch aller Anteilseigner hat hier nicht zur Folge, daß sich die rechtliche Identität der juristischen Person als alleinigem Vertragspartner in irgendeiner Weise verändern würde. Ein vergleichbar effektiver Schutz des Rechts der Mandanten auf informationelle Selbstbestimmung ist in einer „Freiberufler-AG/KGaA/GmbH" vor diesem Hintergrund nicht gegeben; die Vertraulichkeit der Mandatsunterlagen wird diesbezüglich – trotz des Vorliegens eines wirtschaftlich vollkommen gleichartigen Sachverhalts – von Rechts wegen also in deutlich höherem Maße fungibel ausgestaltet und damit de facto unweigerlich spürbar entwertet.

Da nach den Ergebnissen der vorstehend durchgeführten haftungs- und steuerrechtlichen Analyse bei unveränderten normativen Rahmenbedingungen beinahe sicher mit einem weiter anhaltenden Siegeszug der Kapitalgesellschaften im Bereich freier Berufsausübung zu rechnen ist und damit einer großen Zahl freier Professionen unwillkürlich ein Verlust ihrer freiberuflichen Prägung an sich droht, bleibt im weiteren freilich noch zu prüfen, ob der Normgeber diese Entwicklung im Bedarfsfall auch legislativ korrigieren kann.

II. Der gesetzgeberische Gestaltungsspielraum bei der berufsgesetzlichen Zulassung bzw. dem Verbot einer „Freiberufler-Kapitalgesellschaft"

Bevor man sich näher mit der Frage beschäftigt, wie weit eigentlich die allgemeinen verfassungsrechtlichen Handlungsspielräume des Gesetzgebers im Punkte eines normativen Verbots oder aber bei der berufsgesetzlichen Zulassung und der konkreten inhaltlichen Ausgestaltung einer „Freiberufler-AG/KGaA/GmbH" reichen, bietet es sich zunächst erst einmal an, kurz die praktische Relevanz dieser Fragestellung zu eruieren.

---

[31] Vgl. hierzu nur BGH in NJW 1992, 737 (740); 1996, 773 (774).

Diesbezüglich fällt auf, daß es aufgrund der juristisch nicht weiter auflösbaren Antinomie zwischen Freiem Beruf und Kapitalgesellschaft in einigen freien Professionen durchaus Versuche gegeben hat (und teilweise auch heute noch gibt), die darauf abziel(t)en, die Kapitalgesellschaften als zulässige Rechtsformen zur Darbietung freiberuflicher Dienstleistungen allmählich ganz auszuscheiden und eine künftige Neugründung solcher Berufsausübungsgesellschaften durch die Statuierung eines gesetzlichen Verbots vollends zu verhindern.

1. Frühere Verbotsbestrebungen im rechtshistorischen Rückblick

Angesichts des fundamentalen rechtlichen Gegensatzes zwischen einer freien Berufstätigkeit und der Leistungserbringung über eine juristische Person scheint es nur allzu verständlich, daß die ersten Bemühungen, die in dieser Hinsicht auf ein umfassendes legislatives Verbot des Einsatzes kapitalgesellschaftlicher Rechtsformen hinsteuerten, rechtstatsächlich gerade in den jüngeren steuer- und wirtschaftsberatenden Professionen zu beobachten waren, die ohnehin eine stärker gewerblich geprägte Vorgeschichte aufwiesen und wie vorbeschrieben erst durch das EStG 1934 zu Freien Berufen erklärt worden waren.

a) Die Situation bei Wirtschaftsprüfern und vereidigten Buchprüfern

Hinsichtlich des Streits über das weitere Festhalten an kapitalgesellschaftlichen Organisationsformen ist dabei vorrangig sicherlich auf die scharfen Auseinandersetzungen im Berufsstand der Wirtschaftsprüfer hinzuweisen. Diese erstreckten sich de facto über einen Zeitraum von beinahe 30 Jahren und bildeten fraglos eine der Hauptursachen dafür, daß die Gesetzgebungsarbeiten an der WPO erst im Jahre 1961 abgeschlossen werden konnten, während im Vergleich dazu etwa die Bundesrechtsanwaltsordnung schon knapp zwei Jahre früher hatte inkrafttreten können.[32]

Die erst unter dem Eindruck der Weltwirtschaftskrise und einiger spektakulärer Firmenzusammenbrüche erfolgte Einreihung der Wirtschaftsprüfer und der vereidigten Buchprüfer in den Kreis der Freien Berufe durch die Vorschrift des § 18 I Nr. 1 EStG 1934[33] mußte hier an sich beinahe zwangsläufig erhebliche Auswirkungen auf das weitere berufliche Selbstverständnis der betreffenden Berufsgruppen zeigen. Denn jene vormals gewerblichen Berufsstände wurden nun unwillkürlich mit der Frage konfrontiert, in welchem Umfang sie trotz ihrer gesetzlichen Aufwertung zu freien Professionen gleichwohl unverändert an den gewerblichen Rechtsformen der Kapitalgesellschaften als einem rechtlich zulässigen Modell der gemeinsamen Berufsausübung festhalten wollten bzw. konnten.

Gerade der weitere Fortbestand der seit der Jahrhundertwende entstandenen großen Treuhandgesellschaften, die kapitalmäßig beinahe ausschließlich von Banken fremdbe-

---

[32] Vgl. dazu, daß die Kontroverse um den weiteren Fortbestand der Wirtschaftsprüfungsgesellschaften den wahren und eigentlichen Grund für die verzögerte Verabschiedung der WPO bildete, etwa *Andrényi* in BB 1961, 761; *W. Koch*, S. 195; *Schäuble*, S. 102 sowie *Markus*, S. 131.

[33] RGBl. I, 1005; siehe dazu im übrigen bereits ausführlich im 1. Teil oben Seite 39 f.

stimmt waren,[34] führte nun zu bitteren innerberuflichen Auseinandersetzungen.[35] Auf der einen Seite wurde – juristisch durchaus folgerichtig – die Auffassung vertreten, daß der Beruf ein freier sei, der fortan also nur noch von natürlichen Personen, nicht aber von Kapitalgesellschaften ausgeübt werden dürfe. Auf der anderen Seite standen die Vertreter der Ansicht, daß der Beruf effizienter und wirkungsvoller nur in größeren Leistungseinheiten, eben nur in der Form von Treuhandgesellschaften, ausgeübt werden könne.[36]

So konnte es nicht verwundern, daß die ersten innerberuflichen Stimmen, die auf ein umfassendes gesetzliches Verbot der Treuhandgesellschaften drängten, sich bereits in unmittelbarem zeitlichen Zusammenhang mit der normativen Anerkennung der Tätigkeit des Wirtschaftsprüfers als freiberuflich zu Wort meldeten.

Schon auf seiner Sitzung vom 3.4.1934 wies der Vorstand des Instituts der Wirtschaftsprüfer (IDW) darauf hin, daß in Frankfurt eine Anzahl von selbständigen Einzelwirtschaftsprüfern eine Resolution in Umlauf gebracht habe mit der Forderung, Wirtschaftsprüfungsgesellschaften von der Pflichtprüfung auszuschließen.[37] Der NS.-Rechtswahrer-Bund veranstaltete im Zuge dessen noch im Jahre 1934 ein Preisausschreiben zu der Frage, in welcher Rechtsform sich die Unabhängigkeit und Eigenverantwortlichkeit des Wirtschaftsprüfers (selbständiger Einzelwirtschaftsprüfer oder Treuhandgesellschaft?) am besten verwirklichen könne; der Aufsatz eines Preisträgers wurde schließlich zwei Jahre später in der Zeitschrift „Der Wirtschaftstreuhänder" veröffentlicht.[38] Dabei gelangte der Autor zu der Erkenntnis, daß allen anderen Freien Berufen, von Ausnahmefällen abgesehen, die Rechtsform der Kapitalgesellschaft unbekannt sei und man wahrscheinlich nicht auf den Gedanken kommen würde, die Kapitalgesellschaft für die Zwecke der Wirtschaftsprüfung zu wählen, wenn diese Form im Zeitpunkt des Beginns der gesetzlichen Wirtschaftsprüfung nicht bereits vorhanden gewesen wäre.[39]

Der zuständige Abteilungsleiter des BNSDJ, Dr. Mönckmeier, nahm im weiteren Verlauf in seiner Eigenschaft als Führer des Instituts der Wirtschaftsprüfer jedoch keinerlei Änderungen bei der Mandatsverteilung oder Einschnitte gegenüber den im „Reichsbund deutscher Treuhand-Aktiengesellschaften e.V." zusammengeschlossenen Wirtschaftsprü-

---

[34] Siehe auch dazu bereits umfänglich im 1. Teil oben Seite 42 ff.

[35] Vgl. dazu etwa die konträren Stellungnahmen von *Berger* in BB 1954, 389 und *Mundorf* in BB 1954, 390 f.

[36] Vgl. dazu allgemein – bereits aus der Perspektive der historischen Rückschau – etwa *Markus*, S. 10.

[37] Vgl. *Markus*, S. 53.

Der sozio-ökonomische Hintergrund dieser Bestrebungen lag hierbei augenscheinlich darin begründet, daß die Mehrzahl der selbständig tätigen Wirtschaftsprüfer auf eine eigene wirtschaftliche Notlage verwies, weil die meisten und namentlich die größeren Pflichtprüfungsaufträge vornehmlich den Treuhandgesellschaften zufallen würden. Der Vorsitzende des Reichsbundes der Einzelwirtschaftsprüfer, Geheimrat Schubert, richtete deshalb an die Vertreter des Bundes Nationalsozialistischer Deutscher Juristen (BNSDJ) die dringende Bitte, alles dafür einzusetzen, daß endlich auch die Belange der Einzelwirtschaftsprüfer gegenüber den Treuhandgesellschaften der Großbanken mit aller Energie gewahrt und nicht lediglich die Gesellschaftsinteressen berücksichtigt würden; vgl. dazu den Bericht des Wirtschaftsprüfers Dr. Bodenstein über die Sitzung der Bezirksgruppe Berlin „Das Institut der Wirtschaftsprüfer" v. 17.4.1934, vollständig wiedergegeben bei *Markus*, S. 63.

[38] Vgl. *Goetze* in WT 1936, 450 ff.

[39] *Goetze* in WT 1936, 450 (452).

fungsgesellschaften vor.[40] Es blieb statt dessen schlicht alles bei dem faktisch bereits vorgefundenen Zustand. Die Kontroversen zwischen selbständigen Einzelwirtschaftsprüfern und Treuhandgesellschaften wurden fortan zwar nicht mehr in der Öffentlichkeit ausgetragen, sie bestanden aber weiter, schwelten untergründig fort und traten nach dem Zweiten Weltkrieg, als die freie Meinungsäußerung wieder möglich war, erneut offen zu Tage.[41]

Schon im April 1948 führten die Herausgeber der Zeitschrift „Der Wirtschaftsprüfer" abermals ein Preisausschreiben mit dem Ziel durch, die „zweckmäßige Rechtsform der Wirtschaftsprüfer-Gemeinschaften" zu ermitteln.[42] Dabei hielt die Mehrzahl der Teilnehmer aufgrund des höchstpersönlichen Charakters der Wirtschaftsprüfertätigkeit konsequenterweise allein eine personengesellschaftliche Organisationsform für angemessen,[43] während andere auch die Rechtsform der GmbH für sachgerecht erachteten.[44]

In der Folge konstituierte sich eine „Aktionsgemeinschaft freier Wirtschaftsprüfer", die im Jahre 1954 erklärte, daß sich die Zulassung von Kapitalgesellschaften nicht mit der Tatsache vereinbaren lasse, daß der Beruf des Wirtschaftsprüfers ein Freier Beruf sei.[45] Wirtschaftsprüfergemeinschaften könnten statt dessen nur von natürlichen Personen gegründet werden; zu bilden seien daher mehr oder minder große Gemeinschaften etwa in der Art der Rechtsanwalts-Sozietäten; dabei könnten deren Nachteile indes durch die berufsgesetzliche Implementation einer geeigneten neuartigen Rechtsform vermieden werden.[46]

Im Januar 1957 wandte sich jene Aktionsgemeinschaft schließlich direkt an die Mitglieder des Bundestages mit dem Ziel, in einer zukünftigen gesetzlichen Berufsordnung in erster Linie nur die Gesellschaft bürgerlichen Rechts als zulässige Rechtsform eines Zusammenschlusses unter Wirtschaftsprüfern zwecks gemeinsamer Berufsausübung (Wirtschaftsprüfungsgesellschaft) vorzusehen.[47] In der Begründung zu den unterbreiteten Regelungsvorschlägen hieß es dazu: „Wir fordern als freie Wirtschaftsprüfer, daß einige der bestehenden gesetzlichen Sicherungen gegen Kommerzialisierung und Anonymisierung der Berufsausübung in der Wirtschaftsprüferordnung verankert werden (...). Zusammenschlüsse von Wirtschaftsprüfern zur gemeinsamen Berufsausübung sind notwendig. Nach einer idealen Form hierfür wird seit langem gesucht. Die Zusammenschlüsse in handelsrechtlichen Personalgeschäften, Personal- und Kapitalgesellschaften werden dem Wesen des Freien Berufs der Wirtschaftsprüfer nicht voll gerecht. Der Anspruch auf Führung eines Namens über den Tod hinaus und der Anspruch auf eigene Rechtspersönlichkeit von

[40] *Markus*, S. 69.
[41] *Markus*, S. 69.
[42] Vgl. dazu die Verlagsmitteilung in WP 1949, 65.
[43] Siehe dazu etwa *Mayer-Wegelin* in WP 1949, 97 (99 ff.), der allein die BGB-Gesellschaft für sachgemäß hielt; vgl. ferner auch *Wollert* in WP 1949, 66 (68 f.) sowie *Metzner* in WP 1949, 172 (175 ff.), die jeweils die Schaffung einer neuartigen Personalgesellschaft sui generis für vorzugswürdig erachteten.
[44] So insbesondere *Götze* in WP 1949, 136 (139); vgl. in dieser Richtung auch bereits *Eich* in WP 1948, 33 (36), der aaO aber als Ideallösung eine besondere Gesellschaftsform anstrebte, die in ähnlicher Konstruktion wie eine GmbH – aber ohne Gewerbesteuerpflicht – noch besser geeignet sein sollte, den Charakter des Freien Berufs zu wahren.
[45] W. *Koch*, S. 189; vgl. ferner auch *Schäuble*, S. 102.
[46] W. *Koch*, S. 189.
[47] Vgl. dazu W. *Koch*, S. 190 f.; *Andrényi* in BB 1961, 761.

Wirtschaftsprüferzusammenschlüssen zur Erfüllung der mit der Berufsausübung verbundenen organisatorischen und finanziellen Aufgaben sind berechtigt. Es darf aber durch die Führung eines Namens und durch die eigene Rechtsfähigkeit derartiger Zusammenschlüsse die persönliche Eigenverantwortlichkeit des einzelnen Wirtschaftsprüfers weder beeinträchtigt noch versteckt werden."[48]

Beinahe gleichzeitig – Ende Januar 1957 – verfaßten 14 führende Persönlichkeiten, die sämtlich in den bestehenden großen Wirtschaftsprüfungsgesellschaften tätig waren, mit stillschweigender Billigung des IDW eine abweichende Denkschrift unter dem Titel „Die Wirtschaftsprüfungsgesellschaften im Wirtschaftsprüferberuf". Dieses Memorandum, welches ebenfalls dem Bundestag und anderen interessierten Kreisen zugestellt wurde, sprach sich statt dessen umgekehrt für eine uneingeschränkte Beibehaltung der kapitalgesellschaftlich organisierten Wirtschaftsprüfungsgesellschaften aus und warf den Mitgliedern der Aktionsgemeinschaft vor, sie erhofften sich durch die Zerschlagung der Wirtschaftsprüfungsgesellschaften nur zusätzliche Aufträge zu erhalten.[49]

Die im Jahre 1961 verabschiedete Wirtschaftsprüferordnung[50] beließ es nachfolgend bei der Zulässigkeit der Kapitalgesellschaften als berufsrechtlich anerkennungsfähiger Wirtschaftsprüfungsgesellschaften, so daß der rechtstatsächlich vorgefundene, in dieser Form de facto bereits seit 1934 bestehende Zustand nunmehr schlicht gesetzlich ratifiziert wurde. Dabei vermied es die amtliche Begründung des Regierungsentwurfs so weit wie möglich, auf den eigenartigen rechtlichen Widerspruch einzugehen, der augenscheinlich aus der expliziten Kennzeichnung der Wirtschaftsprüfertätigkeit als freiberuflich (§ 1 II des Entwurfs) und der gleichzeitigen Zulassung auch der gewerblichen Kapitalgesellschaften zur gemeinsamen Berufsausübung (§§ 39 ff. des Entwurfs) erwachsen mußte. Eher beiläufig stellte der Regierungsentwurf hierzu nur fest, daß die Ausübung des Wirtschaftsprüferberufs durch Gesellschaften bereits seit dem Bestehen des Berufsrechts der Wirtschaftsprüfer zugelassen sei und ihre besondere Bedeutung vornehmlich in der Fähigkeit zur Durchführung sehr umfangreicher Prüfungen liege, für die gleichzeitig eine größere Zahl von Prüfern eingesetzt werden müsse.[51]

Erst der Wirtschaftsausschuß sah sich anläßlich der abschließenden Beratung des Gesetzentwurfs veranlaßt, näher zu der Frage einer weiteren Anerkennungsfähigkeit auch der Kapitalgesellschaften als Wirtschaftsprüfungsgesellschaften Stellung zu nehmen. Der Bericht des Abgeordneten Lange (Essen) führte hierzu sodann wörtlich aus: „Über die Bestimmung des Absatzes 3 ist zu sagen, daß hier der Gesetzentwurf lediglich das Instrument der Wirtschaftsprüfungsgesellschaften zur Verfügung stellen will, ohne die Gesellschaften zu Berufsausübenden im Sinne der voraufgegangenen Bestimmungen zu machen. Der

---

48 Vgl. dazu den auszugsweisen Abdruck der Begründung bei *W. Koch*, S. 191 f.

49 Vgl. dazu *W. Koch*, S. 192 ff., unter näherer Darlegung des Inhalts der Denkschrift.
Wie scharf die Auseinandersetzungen geführt wurden, geht beispielhaft aus dem Rundschreiben des Instituts der Wirtschaftsprüfer Nr. 46 v. 21.3.1958 hervor, in dem von einem Vergleich vor dem OLG Düsseldorf vom 19.3.1958 berichtet wurde. Darin kamen die Vorstände von IDW und Aktionsgemeinschaft überein, daß gewisse von ihnen abgegebene schriftliche Erklärungen nicht als Beleidigung der Gegenseite verstanden werden sollten und nahmen sie insoweit zurück; vgl. dazu *Markus*, S. 131.

50 WPO v. 24.7.1961; BGBl. I, S. 1049.

51 Vgl. dazu BT-Drucksache III/201, S. 34 u. S. 50.

Wirtschaftsausschuß legt ausdrücklich Wert auf die Feststellung, daß die Ausübung des Berufs eines Wirtschaftsprüfers nur an die natürliche, nicht jedoch an die juristische Person gebunden sein soll. Darum auch die Voraussetzung für die Anerkennung von Gesellschaften, von Wirtschaftsprüfern verantwortlich geführt zu werden (...) In § 27 wird die Wirtschaftsprüfungsgesellschaft als Kapitalgesellschaft wie auch als Personengesellschaft (...) ermöglicht. (...) Auch hier ist, wie schon zu § 1 ausgeführt, nach der Meinung des Ausschusses die Ausübung des Berufs durch die natürliche Person gewährleistet, wie umgekehrt sichergestellt ist, daß eine juristische Person nicht den Beruf ausüben kann (...) Bestätigungsvermerke von Gesellschaften dürfen nur von Wirtschaftsprüfern unterzeichnet werden (§ 32). Auch hier der Schutz der Berufsausübung durch die natürliche Person...".[52]

Aus diesen Formulierungen leiteten Teile des Schrifttums im weiteren Verlauf ab, der Gesetzgeber habe durch die explizite Betonung der Anbindung der freien Berufstätigkeit an die natürliche Person zum Ausdruck bringen wollen, daß fortan aus zivilrechtlicher Sicht nur noch natürliche Personen zu gesetzlichen Abschlußprüfern einer AG/KGaA bestellt werden dürften.[53] Eine Wirtschaftsprüfungsgesellschaft sei nach der gesetzlichen Regelung daher künftig nur noch in Gestalt eines rein organisatorischen Zusammenschlusses (d. h. der Sache nach als bloße Organisationsgesellschaft) zulässig, die sich praktisch allein auf eine interne Zur-Verfügung-Stellung von Hilfskräften und Büromitteln für die gemeinsame Berufstätigkeit von ansonsten selbständig agierenden Wirtschaftsprüfern beschränke.[54] Die schuldrechtliche Leistung, die eine Wirtschaftsprüfungsgesellschaft im Außenverhältnis gegenüber einem prüfungspflichtigen Unternehmen per Vertrag übernehme, könne in Anbetracht dessen inhaltlich äußerstenfalls noch in der Verpflichtung zur Überlassung eines zuverlässigen, sachgerechten und gut arbeitenden Prüfdienstes bestehen, nicht aber darüber hinaus auch unverändert in dem weitergehenden Versprechen zur Vornahme der Prüfungstätigkeit selbst.[55]

Dem hielten andere Stimmen entgegen, daß das Berufsbild des wirtschaftsprüfenden Berufs schon seit seiner Entstehung durch das Nebeneinander von selbständigen Wirtschaftsprüfern und Wirtschaftsprüfungsgesellschaften geprägt gewesen sei.[56] Da die Wirtschaftsprüfungsgesellschaften also seit jeher unter dieses Berufsbild fielen, komme ihnen auch eine eigene verfassungsrechtliche Bestandsgarantie zu.[57] Die WPO habe vor diesem Hintergrund selbstverständlich nichts daran ändern wollen, daß aus zivilvertraglicher Sicht eine Wirtschaftsprüfungsgesellschaft auch weiterhin in ihrer Eigenschaft als solche uneingeschränkt zum Abschlußprüfer einer gesetzlichen Pflichtprüfung bestellt werden könne

---

[52] Vgl. den schriftlichen Bericht des Wirtschaftsausschusses (16. Ausschuß) über den Regierungsentwurf einer Wirtschaftsprüferordnung, Nachtrag zu BT-Drucksache III/2565, S. 5, 6 u. 7; ebenso im Anschluß auch *Brangsch* in AnwBl. 1961, 242 (244); *Dieterich* in Wpg. 1961, 401 (407); *Andrényi* in BB 1961, 761 (761 f.); *Schäuble*, S. 156; *Fleischmann*, S. 73 f.

[53] So insbesondere *Höppner* in BB 1961, 1209 (1210 f.); *ders.* in DB 1962, 105 (105 f.); in dieser Richtung im Ergebnis wohl auch *Herschel*, S. 46 ff.

[54] *Höppner* in BB 1961, 1209 (1210 u. 1213); *ders.* in DB 1962, 105 (105 f.).

[55] So insbesondere *Herschel*, S. 55 ff.

[56] So vor allem *Lindenberg* in BB 1961, 1284 (1285).

[57] *Lindenberg* in BB 1961, 1284 (1285).

(sog. Berufsausübungsgesellschaft).[58] Das Gesetz fordere in § 32 WPO lediglich, daß der von einer Wirtschaftsprüfungsgesellschaft als juristischer Person erteilte Bestätigungsvermerk von einem Wirtschaftsprüfer, d. h. einer natürlichen Person, zu unterzeichnen sei.[59] Auch andere Vorschriften wie die Pflicht einer Wirtschaftsprüfungsgesellschaft, für ihre Tätigkeit eine *eigene* Berufshaftpflichtversicherung abzuschließen (§ 54 I WPO) oder ein *eigenes* Siegel zu führen (§ 48 I WPO), ließen keinen Zweifel an ihrer weiteren Bestellungsfähigkeit zum gesetzlichen Abschlußprüfer.[60]

Diese – im Ergebnis sicherlich zutreffende – juristische Interpretation des neu geschaffenen Berufsrechts setzte sich nachfolgend in der Praxis uneingeschränkt und vergleichsweise rasch durch. So erklärte das Bundesministerium der Justiz bereits in einer schriftlichen Stellungnahme vom 8.2.1962, daß die Wirtschaftsprüferordnung an der Fähigkeit von Wirtschaftsprüfungsgesellschaften, zu Abschlußprüfern gewählt oder bestellt zu werden, nichts geändert habe.[61] Auch der Vorstand der Wirtschaftsprüferkammer stellte am 20.2.1962 gleichlautend fest, daß sich an dem Recht der Wirtschaftsprüfungsgesellschaften, zu Abschlußprüfern gewählt oder bestellt zu werden, durch die Wirtschaftsprüferordnung nichts geändert habe und diese lediglich die innere Ordnung des Berufs regele.[62]

b) *Die Situation bei Steuerberatern und Steuerbevollmächtigten*

Eine ähnlich kontroverse und lang anhaltende Diskussion wie auf dem wirtschaftsprüfenden Sektor zeigte sich auch in den artverwandten Berufsgruppen der Steuerberater und Steuerbevollmächtigten, soweit die berufsgesetzliche Anerkennung der Kapitalgesellschaften als zulässiger Rechtsformen zur gemeinsamen Berufsausübung in Rede stand.

Die ersten speziellen Rechtsvorschriften, die insoweit auf die elementare rechtliche Unvereinbarkeit zwischen einer freien Steuerberatungstätigkeit und der Leistungserbringung über eine juristische Person hinwiesen, waren hier bereits in der *Verordnung zur Durchführung der „Steuerhelfer-Regelung" (§ 107a AO) v. 11.1.1936* enthalten,[63] die nur knapp zwei Jahre nach der Aufnahme der steuerberatenden Professionen in den Kreis der Freien Berufe durch die Regelung des § 18 I Nr. 1 EStG 1934 erging. In Entsprechung zu der beinahe zeitgleich erlassenen Verordnung zur Ausführung des RBerG v. 13.12.1935[64] verankerte der nationalsozialistische Normgeber darin den Grundsatz, daß eine gesellschaftsmäßige Steuerberatung durch Steuerhelfer in jedem Fall ein eigenverantwortliches Handeln der Berufsangehörigen voraussetzen mußte: „Bei juristischen Personen und bei offenen Handelsgesellschaften und ähnlichen Vereinigungen ermächtigt die Erlaubnis nur zur Berufsausübung durch die in der Erlaubnis namentlich bezeichneten Personen". Sinn-

[58] *Lindenberg* in BB 1961, 1284 (1285); *Lohmann* in DB 1962, 277 (277 f.); *Schäuble*, S. 157 ff.; zustimmend ferner auch *Dieterich* in Wpg. 1961, 401 (407); *Möhle* in Wpg. 1962, 197 (203).

[59] *Lindenberg* in BB 1961, 1284 (1285); *Lohmann* in DB 1962, 277.

[60] *Lindenberg* in BB 1961, 1284 (1285); *Lohmann* in DB 1962, 277 (277 f.) *Schäuble*, S. 161 f.; *M. Lach*, S. 112.

[61] Vgl. dazu *Lohmann* in DB 1962, 277 (280).

[62] Vgl. dazu die entsprechende Mitteilung in Wpg. 1962, 161 f. sowie *Lohmann* in DB 1962, 277 (280).

[63] Vgl. dazu die §§ 4, 7, 9 der VO zur Durchführung des § 107a AO v. 11.1.1936; RGBl. I, S. 11.

[64] RBerV v. 13.12.1935; RGBl. I, S. 1481.

gleich zu der Bestimmung des § 10 der RBerV betonte der Verordnungsgeber in § 9 der betreffenden VO darüber hinaus gerade für solche „Steuerhelfer-Gesellschaften", die in der Rechtsform einer Kapitalgesellschaft gebildet wurden, den besonderen Ausnahmecharakter dieser Organisationsform: „Juristischen Personen, insbesondere Gesellschaften mit beschränkter Haftung, soll die Erlaubnis nur erteilt werden, wenn besondere Umstände für diese Rechtsform der Betriebsführung sprechen".[65]

Eine gleichartige Entwicklung zeichnete sich einige Jahre später auch im Berufsrecht der höher qualifizierten Steuerberater ab. In einem Erlaß des Reichsministers der Finanzen v. 8.5.1941[66] betonte der ehedem zuständige Staatssekretär Reinhardt zu diesem Punkt, daß bei der Bearbeitung von Anträgen, die auf die Zulassung als Steuerberatungsgesellschaft gerichtet seien, fortan ein „strenger Maßstab" anzulegen sei. Er begründete dies mit dem freiberuflichen Charakter der Berufsausübung und fuhr fort: „Demgemäß muß z. B. eine Aktiengesellschaft oder eine Gesellschaft mit beschränkter Haftung, die als Steuerberatungsgesellschaft zugelassen werden will, darlegen, weshalb sie die freiberufliche Tätigkeit der Steuerberatung gewerbsmäßig (in der Form einer Aktiengesellschaft oder einer Gesellschaft mit beschränkter Haftung) ausüben will. Eine solche gewerbsmäßige Ausübung der Steuerberatung (Ausübung der Steuerberatung durch eine Aktiengesellschaft oder durch eine Gesellschaft mit beschränkter Haftung) halte ich grundsätzlich für unerwünscht. Ausnahmen von diesem Grundsatz sind erträglich (können also auch weiterhin geduldet werden) in den wenigen Fällen, in denen die Zulassung als Steuerberatungsgesellschaft erteilt worden ist. In Zukunft wird die Zulassung als Steuerberatungsgesellschaft Aktiengesellschaften und Gesellschaften mit beschränkter Haftung in der Regel zu versagen sein."[67]

Bei „Helfern in Steuersachen" kam die Rechtsform der Kapitalgesellschaft in der Folgezeit ebenfalls kaum noch in Betracht. In einem Bescheid v. 12.11.1941[68] vertrat Staatssekretär Reinhardt hierzu die Auffassung, daß eine Zulassung von Steuerhelfergesellschaften grundsätzlich unerwünscht sei und ordnete an: „Ich bitte, Anträge, die auf Zulassung als <Steuerhelfergesellschaft> abzielen, abzulehnen."[69]

Die Pläne der nationalsozialistischen Machthaber gingen demnach erkennbar dahin, die Ausübung des Steuerberaterberufs bzw. der Steuerhelfertätigkeit in einer AG/KGaA/GmbH für die Zukunft vollständig auszuschließen und darauf zu vertrauen, daß sich auch die noch bestehenden Steuerberatungsgesellschaften im Laufe der Zeit mehr und mehr auflösen würden. Dahinter stand – gleich ob bewußt oder unbewußt – augenscheinlich die sachlich zutreffende Erwägung, daß eine weitere Nutzung jener gewerblichen Rechtsformen problemlos den unbegrenzten Einsatz fremder Arbeitskraft in vertikalen und hierar-

---

[65] Diese Beschränkung entfiel nur dann, wenn die Hilfeleistung in Steuersachen (einschließlich der Hilfeleistung bei Erfüllung der Buchführungspflichten) bereits vor dem 18.12.1935 über die Rechtsform einer juristischen Person geleistet wurde; vgl. zu alldem auch *Mittelsteiner/Pausch/Kumpf*, S. 267.

[66] RdF-Erlaß v. 8.5.1941 – S 1144 – 883 III R, in: Steuerberater und Helfer in Steuersachen, Berlin, Februar 1944, S. 91 ff.; zit. nach *Mittelsteiner/Pausch/Kumpf*, S. 268 i. V. m. S. 455.

[67] Zit. nach *Mittelsteiner/Pausch/Kumpf*, S. 268.

[68] RdF-Bescheid v. 12.11.1941 – S 1145 B – 3039 III R, in: Steuerberater und Helfer in Steuersachen, Berlin, Februar 1944, S. 121; zit. nach *Mittelsteiner/Pausch/Kumpf*, S. 268 i. V. m. S. 455.

[69] Zit. nach *Mittelsteiner/Pausch/Kumpf*, S. 268.

chischen Leitungsstrukturen ermöglichte und auf diese Weise das bis dato angelegte, tradierte System freier Berufstätigkeit unweigerlich sprengen mußte. Eine überzeugende und rechtlich widerspruchsfreie Integration der steuerberatenden Berufsstände in die Riege der freien Professionen war nach Auffassung der damaligen Staatsführung also ersichtlich nur dadurch gewährleistet, daß jene vormals als gewerblich eingestuften Berufsgruppen im Zuge ihrer Anerkennung als freiberuflich zugleich auch die Kapitalgesellschaften als zulässige Rechtsformen einer gemeinsamen Berufsausübung ablegen mußten.

Dementsprechend scheint es kaum überraschend, daß auch im Rahmen der Neuordnung des steuerberatenden Berufsrechts nach dem Ende des zweiten Weltkriegs die Frage, ob Steuerberatungsgesellschaften in der Rechtsform einer Kapitalgesellschaft überhaupt im Gesetz zugelassen werden sollten, sehr umstritten war.[70]

So hob der im Jahre 1958 verfaßte Regierungsentwurf zum Steuerberatungsgesetz in seiner amtlichen Begründung ausdrücklich hervor, daß es dem Wesen des Freien Berufs entspreche, ihn als Einzelperson oder in Gestalt einer Sozietät, d. h. also in einer Gesellschaft bürgerlichen Rechts, auszuüben, während die Berufsausübung in einer Gesellschaft mit eigener Rechtspersönlichkeit dem Freien Beruf auf der anderen Seite wesensfremd sei.[71] Gleichwohl entschied sich der Gesetzgeber, in § 4 des Entwurfs auch weiterhin Steuerberatungsgesellschaften in der Rechtsform einer GmbH zur gemeinsamen Berufsausübung zuzulassen.[72] Diesen Schritt begründete der Normgeber dabei mit der Erwägung, daß der steuerberatende Berufsstand nicht bei der Beratung größerer Unternehmen benachteiligt werden solle und hierdurch – entsprechend dem Wunsch der Berufsangehörigen – ferner die Möglichkeit zu einer besseren Altersversorgung geschaffen werde.[73]

Erst der Wirtschaftsausschuß (16. Ausschuß) drängte unter Hinweis auf die Entwicklung, die künftig mit Blick auf die Europäische Wirtschaftsgemeinschaft für die steuerberatenden Berufe zu erwarten stehe, darüber hinaus auch auf die berufsgesetzliche Zulassung von Aktiengesellschaften und Kommanditgesellschaften auf Aktien als zulässigen Rechtsformen für eine gemeinsame Steuerberatungstätigkeit.[74]

Den eklatanten Widerspruch zwischen einer nach wie vor uneingeschränkten Beibehaltung der Kapitalgesellschaften als Steuerberatungsgesellschaften und der rechtlichen Klassifikation der steuerberatenden Tätigkeit als freiberuflich suchte der Wirtschaftsausschuß dabei zugleich wie folgt zu entschärfen: „Der Ausschuß legt aber Wert auf die Feststellung, daß die in den steuerberatenden Berufen Tätigen auch in den Gesellschaften uneingeschränkt persönlich und eigenverantwortlich tätig sein können. Auch hier ist die Berufs-

---

70 Vgl. so etwa *Bühring* in BB 1961, 873 (875).

71 Vgl. den Entwurf eines Gesetzes über die Rechtsverhältnisse der Steuerberater und Steuerbevollmächtigten (Steuerberatungsgesetz), BT-Drucksache III/128, Seite 25; siehe dazu auch bereits oben Seite 557 in Fußnote 16.

72 Vgl. BT-Drucksache III/128, S. 3.

73 Vgl. BT-Drucksache III/128, S. 25 – Für Steuerbevollmächtigte war die Berufsausübung in Form einer Gesellschaft mbH demgegenüber schon von vornherein nicht vorgesehen, weil sich ihr Tätigkeitsbereich als vergleichsweise enger erwies und der Berufsstand auch gar keine dahin zielenden Wünsche vorgebracht hatte; siehe dazu näher die amtliche Begründung in BT-Drucksache III/128, S. 26.

74 Vgl. dazu den schriftlichen Bericht des Wirtschaftsausschusses (16. Ausschuß), Bericht des Abgeordneten Lange (Berichterstatter), zu dem Regierungsentwurf eines Steuerberatungsgesetzes, Nachtrag zu BT-Drucksache III/2859, S. 4.

ausübung an die natürliche Person gebunden. Der juristischen Person ist die Berufsausübung verwehrt. Hier ist volle Übereinstimmung mit der Wirtschaftsprüferordnung hergestellt. (...) In Absatz 3 wird wie in der Wirtschaftsprüferordnung den Steuerberatern und Steuerbevollmächtigten lediglich das Instrument der Steuerberatungsgesellschaften zur Verfügung gestellt, ohne die Gesellschaften zu Berufsausübenden zu machen. Der Wirtschaftsausschuß legt auch hier noch einmal ausdrücklich dar, daß die Ausübung des Berufs des Steuerberaters oder des Steuerbevollmächtigten nur an die natürliche, jedoch nicht an die juristische Person gebunden sein soll. Darum auch die Voraussetzung für die Anerkennung von Gesellschaften, von Steuerberatern verantwortlich geführt zu werden. (...) Die Voraussetzungen für die Anerkennung als Steuerberatungsgesellschaft sind für die in § 16 genannten Rechtsformen in § 17 geregelt. (...) Auch hier ist, wie schon zu § 1 ausgeführt, nach der Meinung des Ausschusses die Ausübung des Berufs durch die natürliche Person gewährleistet, wie umgekehrt sichergestellt ist, daß eine juristische Person den Beruf nicht ausüben kann...“.[75]

Nach der sich unmittelbar anschließenden Verabschiedung des Steuerberatungsgesetzes im Jahre 1961[76] ist der weitere Einsatz der Kapitalgesellschaften zur Steuerberatung seitdem zu keinem Zeitpunkt mehr ernstlich in Frage gestellt worden.

2. Verbotsbestrebungen in der Gegenwart

Unter den berufspolitischen Versuchen, die in den letzten Jahren unternommen worden sind, um ein ausdrückliches berufsgesetzliches Verbot des Einsatzes der Kapitalgesellschaften zur Darbietung freiberuflicher Dienstleistungen zu erreichen, standen fraglos die entsprechenden Bestrebungen in den klassischen freien Professionen der niedergelassenen Ärzte und Rechtsanwälte im Vordergrund.

a) Die Situation innerhalb der Anwaltschaft

Kennzeichnend für das erbitterte Ringen um die berufsgesetzliche Zulassung oder das ausdrückliche berufsgesetzliche Verbot einer Rechtsberatungs-Kapitalgesellschaft waren auf dem anwaltlichen Sektor sicherlich die nachhaltigen Differenzen zwischen dem Deutschen Anwaltverein (DAV) und der Bundesrechtsanwaltskammer (BRAK), die spätestens

---

[75] Vgl. auch hierzu wiederum den schriftlichen Bericht des Wirtschaftsausschusses (16. Ausschuß), Bericht des Abgeordneten Lange (Berichterstatter), zu dem Regierungsentwurf eines Steuerberatungsgesetzes, Nachtrag zu BT-Drucksache III/2859, S. 4, 5 und 8; ausdrücklich der gesetzgeberischen Feststellung zustimmend, daß die Steuerberatungsgesellschaft den Berufsangehörigen lediglich als Instrument zur Berufsausübung zur Verfügung stehe, die Berufsausübung also ausschließlich an die natürliche Person, nicht aber an die juristische Person gebunden sei, in der Folge etwa *Foerster* in DB 1986, 878; *Wolter* in StB 1987, 193 (194); *Meng* in StB 1988, 333 (337); *ders.* in StB 1989, 217 (227); *ders.*, S. 57; *Henssler* in JZ 1992, 697 (704); *ders.* in NJW 1993, 2137 (2140); *Gehre*, Rn. 17 zu § 32 StBerG und Rn. 1 zu § 49 StBerG; Kuhls-*Kuhls*, Rn. 10 zu § 3 StBerG und Rn. 20 zu § 32 StBerG; Kuhls-*Meurers*, Rn. 3 f. vor §§ 49 ff. StBerG.

[76] StBerG vom 16.8.1961; BGBl. I, S. 1301.

seit dem Ende der achtziger Jahre verstärkt zutage traten.[77] Die langjährige Kontroverse zwischen diesen beiden berufspolitischen Führungsgremien der Anwaltschaft spiegelt insoweit zweifellos am anschaulichsten die tiefe innere Zerrissenheit eines klassisch freiberuflichen Berufsstandes wider, der in Anbetracht der sich gravierend verändernden ökonomischen Rahmenbedingungen erkennbar vor der Frage steht, ob er sein bisheriges freiberufliches Selbstverständnis generell preisgeben oder doch besser so weit als möglich daran festhalten sollte.

Die berufspolitische Diskussion um die legislative Zulassung einer „Anwalts-GmbH" setzte in den einschlägigen Fachkreisen alsbald ein, nachdem das Bundesverfassungsgericht die bis dato geltenden anwaltlichen Standesrichtlinien als rechtlich zulässige Interpretationshilfe zur Bestimmung der anwaltlichen Verhaltenspflichten in seinen Beschlüssen vom 14.7.1987[78] für prinzipiell obsolet erklärt hatte. So trat der Vorstand der Rechtsanwaltskammer Düsseldorf beispielsweise schon im Jahre 1988 offen dafür ein, in die Bundesrechtsanwaltsordnung zukünftig auch besondere Vorschriften über eine Rechtsberatungs-Kapitalgesellschaft aufzunehmen.[79] Eine ähnliche Auffassung vertrat in der Folge auch die von der Bundesregierung am 16.12.1987 eingesetzte Deregulierungskommission, die am 10.3.1988 zu ihrer ersten konstituierenden Sitzung zusammentraf.[80]

Der Ausschuß „Neues Berufsrecht" des Deutschen Anwaltvereins erwog auf seiner Plenarsitzung am 30.9/1.10.1988 ebenfalls bereits die gesetzliche Einführung einer „Rechtsanwalts-GmbH", bezeichnete dabei aber zugleich die Meinungsbildung als noch nicht hinreichend abgeschlossen.[81] Erst ein vom DAV im Jahre 1990 vorgelegter Entwurf eines Gesetzes zum Berufsrecht der Rechtsanwälte sah in seinen §§ 42a ff. BRAOE schließlich explizit die berufsgesetzliche Zulassung einer „Rechtsanwaltsgesellschaft mit beschränkter Haftung" vor, damit insbesondere im Verhältnis zu den großen Wirtschaftsprüfungsgesellschaften und zu ausländischen Anwaltskanzleien von Rechts wegen gleiche Wettbewerbsbedingungen geschaffen würden.[82] In Übereinstimmung damit sprach sich nunmehr auch der Vorstand des DAV mehrheitlich für die künftige Zulassung einer personalistisch ausgestalteten „Rechtsanwalts-GmbH" in der Bundesrechtsanwaltsordnung aus.[83] Die am 16./17.11.1990 abgehaltene außerordentliche Mitgliederversammlung des Deutschen Anwalt-

---

77 Vgl. dazu nur die offen ausgetragene Kontroverse zwischen *Koch* in MDR 1995, 446 (pro „Anwalts-GmbH") und *Braun* in MDR 1995, 447 (contra „Anwalts-GmbH") sowie die scharfe, ebenfalls auf eine berufsgesetzliche Zulassung der „Anwalts-GmbH" abzielende Replik von *Landry* in MDR 1995, 558.

78 Vgl. BVerfGE 76, 171 ff. u. 196 ff.

79 Vgl. dazu den Abdruck der sog. „Düsseldorfer Informationen" in AnwBl. 1988, 523 (526).

80 Vgl. dazu den Bericht der Deregulierungskommission (unabhängige Expertenkommission zum Abbau marktwidriger Regelungen), Sechstes Kapitel: Die Märkte für Rechtsberatung und Wirtschaftsberatung, S. 110, Vorschlag 64, Rn. 453, Marktöffnung und Wettbewerb, Stuttgart 1991.

81 Vgl. dazu den damaligen Arbeitsbericht der Arbeitsgruppe 4/5 im DAV-Ausschuß „Neues Berufsrecht"; veröffentlicht in AnwBl. 1988, 568 (570).

82 Vgl. dazu die näher die Beilage zu Heft 4 des AnwBl. 1990, S. 6 ff. (Teil 1, Begründung, Allgemeiner Teil) sowie S. 16 ff. (Teil 2a, Rechtsanwaltsgesellschaften, Regelungen des Entwurfs mit Einzelanmerkungen).

83 Vgl. dazu ebenfalls die Beilage zu Heft 4 des AnwBl. 1990, dort S. 2 – Im einzelnen votierten seinerzeit – bei nur zwei Enthaltungen – insgesamt vierzehn Vorstandsmitglieder für und sieben gegen die künftige berufsgesetzliche Zulassung einer personalistisch strukturierten „Anwalts-GmbH".

vereins zeigte indes weiterhin ein sehr gespaltenes Verhältnis der DAV-Mitglieder gegenüber der berufsrechtlichen Ermöglichung einer Berufsausübung in einer „Rechtsanwaltsgesellschaft mit beschränkter Haftung".[84]

Dem entsprach es, daß die Bundesrechtsanwaltskammer auf ihrer 67. Hauptversammlung am 18.5.1990 die Bildung einer „Anwalts-GmbH" in ihrer Mehrheit ablehnte.[85] Auch der 58. Deutsche Juristentag sprach sich anläßlich seiner Beschlußfassung am 20.9.1990 im Interesse einer Aufrechterhaltung der anwaltlichen Unabhängigkeit mehrheitlich dagegen aus, die Möglichkeit der anwaltlichen Berufsausübung in der Form einer Rechtsanwaltsgesellschaft als juristischer Person zu schaffen.[86]

Demgegenüber trat in der Folge gerade im Schrifttum eine immer größer werdende Zahl von Autoren für die berufsrechtliche Zulässigkeit einer „Anwalts-GmbH" zumindest de lege ferenda[87] bzw. zum Teil sogar bereits de lege lata[88] ein. Der Deutsche Richterbund

---

[84] Vgl. dazu das Abstimmungsergebnis zu folgendem Antrag 1 betreffend neue Rechtsformen der Zusammenarbeit: „Die Mitgliederversammlung des Deutschen Anwaltvereins empfiehlt, Rechtsanwälten die Ausübung ihres Berufs auch in Form einer (personalistisch strukturierten) Rechtsanwaltsgesellschaft mit beschränkter Haftung zu ermöglichen – mit der Maßgabe, daß nur Rechtsanwälte und Angehörige von sozietätsfähigen Freien Berufen Gesellschafter und Geschäftsführer sein können, die Postulationsfähigkeit aber an die natürliche Person der Rechtsanwälte gebunden wird." Dieser Antrag fand bei umgerechnet 16.691 vertretenen Mitgliedern (= 50,9 % aller Mitglieder, die zu diesem Punkt votierten) Zustimmung, während umgerechnet 15.873 Mitglieder (= 48,4%) gegen den Antrag stimmten und 216 repräsentierte Mitglieder (= 0,7 %) sich der Stimme enthielten; siehe dazu den Abdruck des entsprechenden Abstimmungsresultats in AnwBl. 1990, Beilage zu Heft 12, 1 (2); vgl. ferner auch die in etwa gleichlautenden Ergebnisse einer von *Hommerich* durchgeführten umfassenden empirischen Studie zum Thema „Berufsrecht im Meinungsbild der Anwaltschaft", veröffentlicht in AnwBl. 1991, Beilage zu Heft 1, 1 (12 ff.).

[85] Vgl. dazu BRAK-Mitt. 1990, 76 – Im einzelnen stimmten (bei lediglich zwei Enthaltungen) acht Rechtsanwaltskammern für die künftige berufsrechtliche Zulässigkeit einer „Anwalts-GmbH" und dreizehn dagegen. Unter den Befürwortern der GmbH befanden sich dabei unter anderem auch die Rechtsanwaltskammern Stuttgart, Hamburg, Berlin und Düsseldorf.

[86] Vgl. dazu die Verhandlungen des 58. DJT (1990), Sitzungsberichte, Teil M, S. 179 f. – Im einzelnen ergaben sich zu den betreffenden Thesen folgende Stimmverhältnisse: „7. Im Interesse der Aufrechterhaltung der anwaltlichen Unabhängigkeit wird die Berufsausübung von Rechtsanwälten in Kapitalgesellschaften und überörtlichen Sozietäten abgelehnt." – angenommen durch 194 Ja-Stimmen gegen 113 Nein-Stimmen bei 17 Enthaltungen –; „8. Der Gesetzgeber soll die Möglichkeit der anwaltlichen Berufsausübung in der Form einer Rechtsanwaltsgesellschaft als juristischer Person schaffen." – abgelehnt durch 98 Ja-Stimmen gegen 199 Nein-Stimmen bei 13 Enthaltungen -

[87] Vgl. in diesem Sinne etwa *Winters* in NJW 1988, 521 (524 f.); *ders.*, S. 182 ff.; *Hommelhoff* in liber amicorum für Hasche (1989), 101 (108 ff.); *Rabe* in NJW 1989, 1113 (1117); *Brüderle* in ZGR 1990, 155 (163 f.); *Schumann* in AnwBl. 1990, 466 (472); *ders.* in NJW 1990, 2089 (2095); *Kewenig* in JZ 1990, 782 (788 f.); *Ahlers* in AnwBl. 1991, 10 (12 f.); *Schardey* in FS für Quack (1991), 731 (738 u. 741); *Boele*, S. 215 ff.; *Donath* in ZHR 156 (1992), 134 (162 ff.); *Koch* in FS für Kolvenbach (1992), 23 (32 f.); *Henssler* in AnwBl. 1993, 541 (545); *ders.* in JZ 1994, 178 (187); Scholz/*Emmerich*, Rn. 13 zu § 1 GmbHG; *Geiger*, S. 135 ff.; *Nießen*, S. 157 ff.; so anfangs – wenn auch vergleichsweise verhalten – noch *Zuck* in AnwBl. 1988, 19 (21 f.), *ders.* in AnwBl. 1988, 351 (353); *ders.* in JZ 1989, 353 (356); *ders.* in NJW 1990, 954 (955); *ders.* in MDR 1990, 891 f.; *ders.* in AnwBl. 1990, 589 (593); offen demgegenüber *Redeker* in AnwBl. 1987, 577 (583); abweichend – d. h. kritisch gegenüber der künftigen berufsgesetzlichen Zulassung einer Anwalts-Kapitalgesellschaft – hingegen *Düwell* in AnwBl. 1990, 388 (389); *Leutheußer*, S. 181 ff.; *Löwer* in BRAK-Mitt. 1994, 186 (190), alle jeweils mit sehr beachtlichen Erwägungen.

stellte sich in einem Positionspapier aus dem Herbst 1991 diesbezüglich auf den Standpunkt, daß aus richterlicher Sicht keine grundsätzlichen Einwände gegen die Zulässigkeit einer „Rechtsanwalts-GmbH" bestünden, sofern bestimmte berufsrechtliche Essentialia (etwa eine Kapitalbindung ausschließlich an Angehörige sozietätsfähiger Berufe, ein ausreichender Haftpflichtversicherungsschutz, eine Bindung der Postulationsfähigkeit und der Standespflichten an die natürliche Person) gesetzlich fixiert würden.[89]

Der Gesetzgeber konnte sich im Rahmen der Novellierung des anwaltlichen Berufsrechts anno 1994 gleichwohl nicht dazu entschließen, eine „Rechtsanwalts-GmbH" berufsgesetzlich zuzulassen. Die Materialien ließen vielmehr erkennen, daß sowohl die Bundesregierung wie auch der Rechtsausschuß des Deutschen Bundestages einer anwaltlichen Berufsausübung in einer Kapitalgesellschaft nach wie vor eindeutig ablehnend gegenüberstanden.[90]

So blieb es im weiteren Verlauf schließlich dem BayObLG vorbehalten, durch einen aufsehenerregenden Beschluß, in dem das Gericht abweichend von der Vorinstanz[91] die Zulässigkeit einer „Anwalts-GmbH" bereits nach geltendem Recht bejahte,[92] einen – wie es rückblickend scheint – im Ergebnis wohl endgültigen berufspolitischen Meinungsumschwung herbeigeführt zu haben.

Zwar blieb die 77. Hauptversammlung der Bundesrechtsanwaltskammer am 19.5.1995 nach Diskussion mit einem Votum von vierzehn gegen sieben Stimmen (bei sieben Stimmenthaltungen) dabei, daß sich die BRAK nicht für die gesetzliche Einführung der „Rechtsanwalts-GmbH" verwenden sollte.[93] Auch einige Autoren im rechtswissenschaftlichen Schrifttum behielten nach wie vor ihre ablehnende Haltung gegenüber einer „Anwaltsgesellschaft mbH" bei.[94]

---

88 So etwa ausführlich *Ahlers* in AnwBl. 1991, 226 ff.; *ders.* in AnwBl. 1991, 573 (573 f.); *ders.* in FS für Rowedder (1994), 1 (7 ff.); ferner *Ring* in EWiR 3/1994 zu § 43 BRAO, 773 (774); wohl auch *Henssler* in JZ 1992, 697 (702 ff.); *ders.* in NJW 1993, 2137 (2140 f.); *ders.* in ZIP 1994, 844 (848 f.); *Koch* in AnwBl. 1993, 157 (158 ff.).

89 Vgl. dazu den entsprechenden Beschluß der Bundesvertreterversammlung des Deutschen Richterbundes; veröffentlicht in DRiZ 1992, 29 (32).

90 Vgl. dazu zum einen die entsprechenden Ausführungen im Regierungsentwurf eines Gesetzes zur Neuordnung des Berufsrechts der Rechtsanwälte und der Patentanwälte; BT-Drucksache 12/4993, S. 23, die in ihrem genauen Wortlaut bereits oben im 2. Teil, S. 306, wiedergegeben worden sind; siehe dazu zum zweiten auch den Bericht des Rechtsausschusses (6. Ausschuß), Bericht der Abgeordneten Eylmann, Kleinert, Lehne, von Renesse, BT-Drucksache 12/7656, S. 50: „Der Ausschuß geht davon aus, daß die in Absatz 2 Satz 1 normierte gesamtschuldnerische Haftung der <Mitglieder einer Sozietät> *für alle derzeit und künftig möglichen Formen einer beruflichen Zusammenarbeit – etwa die Partnerschaft* – gilt. Eine Beschränkung der Regelung auf Sozietäten, die als Gesellschaft bürgerlichen Rechts gebildet sind, ist nicht beabsichtigt." – textliche Hervorhebung vom Verfasser –; die weiterhin ablehnende Haltung des Gesetzgebers gegenüber der „Anwalts-GmbH" konzedierend auch *Schardey* in AnwBl. 1994, 369 (370); *Michalski* in DZWiR 1995, 114.

91 Vgl. dazu LG München I in NJW 1994, 1882 f.

92 Vgl. dazu BayObLG in NJW 1995, 199 ff. (Erstbeschluß) sowie BayObLG in ZIP 1996, 1706 ff. (Zweitbeschluß); siehe zu diesen Entscheidungen auch bereits ausführlich oben im 1. Teil; Seite 151 ff.

93 Vgl. dazu die Veröffentlichung des betreffenden Beschlusses in BRAK-Mitt. 1995, 157.

94 Vgl. so insbesondere *Kempter* in BRAK-Mitt. 1995, 4 (5); *Braun* in MDR 1995, 447; *ders.* in Feuerich/Braun, Rn. 16 zu § 59a BRAO; skeptisch nunmehr ersichtlich auch *Zuck* in ZRP 1995, 68

Doch die Mehrheit der Literaturstimmen, die fortan einer Anwalts-Kapitalgesellschaft erkennbar aufgeschlossen gegenüber stand, plädierte nunmehr schon aus Gründen der Rechtssicherheit für eine unverzügliche berufsgesetzliche Regelung und eine explizite Zulassung der „Anwalts-GmbH" in der Bundesrechtsanwaltsordnung.[95] Der Vorstand des Deutschen Anwaltvereins verabschiedete auf seiner Sitzung am 8.3.1995 demgemäß erneut einen Regelungsentwurf, der sich offenkundig an den früheren Gesetzesvorschlag aus dem Jahre 1990 anlehnte und durch den die „Rechtsanwaltsgesellschaft mit beschränkter Haftung" jetzt umgehend auch berufsgesetzlich in die anwaltliche Berufsordnung eingefügt werden sollte.[96]

Am 17.3.1997 legte das Bundesministerium der Justiz sodann einen Referentenentwurf vor, auf dessen Grundlage im Wege einer Ergänzung der Bundesrechtsanwaltsordnung um die §§ 59c ff. BRAOE sowie der Patentanwaltsordnung um die §§ 52c ff. PatAnwOE die „Anwaltsgesellschaft mit beschränkter Haftung" nunmehr definitiv und möglichst noch in dieser Legislaturperiode einer eigenständigen berufsrechtlichen Regelung zugeführt werden soll.[97]

Dabei geht der Referentenentwurf in seiner allgemeinen Begründung davon aus, daß das vom Normgeber primär verfolgte Ziel, für Rechtssicherheit zu sorgen, an sich freilich auch durch ein ausdrückliches berufsgesetzliches Verbot der „Anwalts-GmbH" hätte erreicht werden können.[98] Als Beschränkung der freien Berufsausübung im Sinne des Art. 12 I 2 GG müsse ein Verbot der „Anwalts-GmbH" allerdings durch vernünftige Erwägungen des Allgemeinwohls legitimiert sein. Das im Interesse des Gemeinwohls liegende Ziel einer Bewahrung der anwaltlichen Unabhängigkeit lasse sich jedoch auch durch weniger einschneidende Mittel als ein umfassendes legislatives Verbot der „Anwalts-GmbH" erreichen, sofern das Gesamtkonzept der Regelung die Zulassung, den Status, die Rechte und

(69) sowie *Huff* in BRAK-Mitt. 1997, 139 (142); ebenso ferner auch *Hartstang* in ZAP 1994, Fach 23, 193 (194), wonach auf diese Weise das alt hergebrachte Berufsbild des Rechtsanwalts zur Demontage freigegeben werde.

[95] Vgl. so etwa *Schlosser* in JZ 1995, 345 (346), der ansonsten das Entstehen einer „nach den Registergerichten gestreuten Anwalts-GmbH-Geographie" prophezeite; in diesem Sinne auch *Dauner-Lieb* in GmbHR 1995, 259 (260); *Boin* in NJW 1995, 371 (372 f.); *Kleine-Cosack* in EWiR 2/1995 zu Art. 12 GG, 151 (152); *Hommelhoff/Schwab* in WiB 1995, 115 (116); *Korts/Rodenbusch*, S. 4; *Henssler* in DB 1995, 1549 (1550); *Oppermann* in AnwBl. 1995, 453 (455); *Hirte*, S. 431; *Casper* in ZIP 1996, 1501 (1505); *Hellwig* in ZHR 161 (1997), 337 (349 f.); MünchKommBGB-*Ulmer*, Rn. 17 vor § 1 PartGG; offen im Hinblick auf die Erforderlichkeit einer normativen Ausgestaltung hingegen noch *Busse* in AnwBl. 1995, 1 (2); *Redeker* in NJW 1995, 1241 (1245); *Emmerich* in JuS 1995, 261 (262); anders *Ahlers* in AnwBl. 1995, 3 (4); *ders.* in FS für Rowedder (1994), 1 (12), sowie *Römermann*, S. 181, die im Ergebnis keine rechtliche Notwendigkeit bzw. keinen praktischen Bedarf für den Ruf nach dem Gesetzgeber sahen.

[96] Siehe dazu die entsprechende Dokumentation in AnwBl. 1995, 251 ff.; vgl. in derselben Richtung auch die Thesen der Hanseatischen Rechtsanwaltskammer Hamburg, veröffentlicht in BRAK-Mitt. 1995, 109 f.

[97] Vgl. den vollständigen Abdruck der Regelungen des Referentenentwurfs in „Blick durch die Wirtschaft" v. 25.4.1997, S. 10 (1. Teil), sowie v. 29.4.1997, S. 9 (2. Teil); siehe zum auszugsweisen Abdruck des Entwurfs mit Teilen seiner Begründung auch die entsprechende Dokumentation in ZIP 1997, 1518 ff.

[98] Vgl. dazu die Dokumentation in ZIP 1997, 1518.

Pflichten einer „Anwalts-GmbH" möglichst eng an die Stellung der persönlich zugelassenen Anwälte anlehne.[99]

Als bedenklich müsse ein gesetzliches Verbot der „Anwalts-GmbH" ferner auch wegen eines etwaigen Verstoßes gegen den Gleichbehandlungsgrundsatz des Art. 3 I GG erscheinen, da die mit den Rechtsanwälten zumindest in Teilbereichen konkurrierenden steuerberatenden und wirtschaftsprüfenden Berufe sich ebenfalls in einer GmbH zur gemeinsamen Berufsausübung zusammenschließen könnten.[100]

Am 18.11.1997 hat die Bundesregierung nunmehr zwischenzeitlich auch bereits den Regierungsentwurf zur Schaffung der „Anwalts-GmbH" verabschiedet.[101] Dieser Kabinettsentwurf läßt insbesondere im Punkte der ersatzlosen Streichung einer besonderen Handelnden-Haftung für den als Gesellschafter-Geschäftsführer agierenden Anwalt sowie im Punkte der ergänzend vorgesehenen Zuerkennung einer eigenständigen Postulationsfähigkeit an die juristische Person (§§ 591 BRAOE, 521 PatAnwOE) nochmals erhebliche Abweichungen gegenüber der vormaligen Regelungskonzeption des Referentenentwurfs erkennen.

Unbeschadet dieser Änderungen dürfte die rechtspolitische Grundsatzentscheidung auf seiten der Legislative damit freilich bereits erkennbar und praktisch unumstößlich zugunsten einer expliziten berufsgesetzlichen Zulassung der „Anwalts-GmbH" gefallen sein.

---

[99] Vgl. dazu den auszugsweisen Abdruck der Entwurfsbegründung in ZIP 1997, 1518; ebenso ferner die Stellungnahme des seinerzeit verantwortlichen Referatsleiters im Bundesministerium der Justiz, *Dittmann*, in ZHR 161 (1997), 332 (333).

[100] Vgl. dazu die auszugsweise Dokumentation der Begründung des Referentenentwurfs in ZIP 1997, 1518; desgleichen *Dittmann* in ZHR 161 (1997), 332 (333).

Ob diese verfassungsrechtliche Argumentation auf der Grundlage des Art. 3 I GG in der Sache allerdings rechtlich zwingend ist und inhaltlich wirklich überzeugen kann, dürfte eher zurückhaltend zu bewerten sein. Zu bedenken ist in diesem Kontext immerhin, daß die Konkurrenzsituation für die Steuerberater gerade im Vergleich zu den Wirtschaftsprüfern, von denen über 83 % zugleich die Qualifikation als Steuerberater aufweisen (vgl. dazu die entsprechenden empirischen Daten in WPK-Mitt. 1996, S. 46 f. – bei der Berufsgruppe der vereidigten Buchprüfer sind es sogar beinahe 87 %; vgl. ebenda) eine grundlegend andere ist als im Bereich der allgemeinen Rechtsberatung. Die vormalige, im Jahre 1961 erfolgte gesetzgeberische Billigung des seit jeher zulässigen Einsatzes der Kapitalgesellschaften auf dem Gebiet der Steuerberatung wird insofern gewiß durch das weite gestalterische Ermessen des Normgebers im Bereich des Art. 3 I GG gedeckt, der sich hier angesichts der vorbeschriebenen, auch seinerzeit bereits in ähnlicher Weise vorgefundenen rechtstatsächlichen Verhältnisse ausdrücklich zu einer legislativen Angleichung der Wettbewerbssituation zwischen dem wirtschaftsprüfenden und dem steuerberatenden Berufsstand entschlossen hat. Im Bereich der allgemeinen, gemäß § 3 I BRAO spezifisch der anwaltlichen Berufsgruppe zur Wahrnehmung zugewiesenen Rechtsberatung ist dies angesichts der Monopolisierung der Rechtsberatung durch das RBerG jedoch nicht ohne weiteres in gleicher Weise geboten, sofern die Rechtsbesorgungsbefugnisse von Berufsgruppen, denen die Kapitalgesellschaften zur Berufsausübung zur Verfügung stehen (d. h. also insbesondere von Steuerberatern und Wirtschaftsprüfern nach Art. 1 § 4 II bzw. § 5 Nr. 2 RBerG) nicht über Gebühr ausgedehnt, sondern – entsprechend ihrem eigentlichen beruflichen Wirkungskreis – tendenziell eher restriktiv gehandhabt werden.

[101] Siehe dazu den entsprechenden Abdruck des Regierungsentwurfs in „Blick durch die Wirtschaft" vom 5.12.1997, S. 4 (1. Teil), vom 9.12.1997, S. 4 (2. Teil) sowie vom 12.12.1997, S. 4 (3. und letzter Teil).

b) Die Situation innerhalb der Ärzteschaft

Als weit weniger eindeutig erweist sich demgegenüber die Sach- und Rechtslage auf dem heilkundlichen Sektor. Anders als innerhalb der Anwaltschaft führten die von seiten der ärztlichen Berufsverbände angestrengten berufspolitischen Bestrebungen hier in der Tat dazu, daß einige Landesgesetzgeber den Betrieb einer Arztpraxis in Form einer ambulanten Heilkunde-GmbH zwischenzeitlich entweder kategorisch untersagt oder doch zumindest erheblich eingeschränkt haben.

Ausgehend von dem höchstrichterlichen Judiz, daß ein privater Krankenversicherer nach Maßgabe des § 4 II MB/KK 1966 dazu verpflichtet sei, einem versicherten Patienten auch dann die Kosten für eine ambulante Heilbehandlung zu erstatten, wenn die betreffende kurative Maßnahme nicht von einem niedergelassenen Arzt, sondern aufgrund eines entsprechenden Vertragsschlusses mit einem Privatkrankenhaus, welches in der Rechtsform einer Kapitalgesellschaft betrieben wird, von dort angestellten Medizinern durchgeführt worden ist,[102] setzte sich in der weiteren Rechtsprechung der Zivilgerichte bis zur Mitte der neunziger Jahre schließlich auch die Auffassung durch, daß eine juristische Person sogar ausschließlich zu dem Zweck gegründet werden könne, Verträge über ambulante Heilbehandlungen abzuschließen und sich hierfür selbst Vergütungen versprechen zu lassen, soweit nur die von ihr zugesagten Leistungen in der Folge auch tatsächlich durch angestellte und fachlich weisungsfrei agierende Ärzte erfüllt würden.[103]

In unmittelbarer Reaktion auf diese zivilgerichtliche Judikatur haben mehrere Bundesländer in den letzten Jahren berufsgesetzliche Vorschriften erlassen, die den Betrieb einer ambulanten Heilkunde-GmbH ausdrücklich für unzulässig erklären.

Am weitesten gehen hierbei ersichtlich die Regelungen in Bayern und Sachsen. So hat die einschlägige Bestimmung des Art. 18 I 2 des Heilberufe-Kammergesetzes Bayern (HKaG) etwa den folgenden Wortlaut: „Die Führung einer ärztlichen Praxis in der Rechtsform einer juristischen Person des Privatrechts ist nicht statthaft".[104] Ähnlich bestimmt § 16 IV des Sächsischen Heilberufekammergesetzes (SächsHKaG): „Es ist nicht statthaft,

---

[102] Vgl. dazu BGHZ 70, 158 (160 ff.) – Deutsche Klinik für Diagnostik AG –; zu Recht kritisch gegenüber der Bejahung einer entsprechenden Erstattungspflicht des Privatkrankenversicherers allerdings *Gitter* in NJW 1980, 2745 (2746), wonach der Schutzzweck des § 4 II MB/KK durch die Anknüpfung an die niedergelassenen Ärzte erkennbar darin bestehe, einer ansonsten drohenden Institutionalisierung der ärztlichen Tätigkeit nach Möglichkeit entgegenzuwirken.

[103] Vgl. dazu zunächst LG Köln in GmbHR 1987, 269; AG Euskirchen in MedR 1988, 259 (260); später LG Düsseldorf in MedR 1991, 149 (150 f.); OLG Düsseldorf in MedR 1992, 46 ff.; LG Hannover in GmbHR 1994, 119 (120); BGHZ 124, 224 (225 ff.); siehe für Leistungen auf dem Gebiet des Heilpraktikerwesens überdies auch BGH in NJW-RR 1992, 430 f.; dieser Rechtsprechungslinie zustimmend etwa *Grüber* in WRP 1992, 115; *Brötzmann* in WiB 1994, 270 f.; *Taupitz* in EWiR 1992, § 1 UWG 3/92, 187 f.; *ders.* in MedR 1994, 154 f.; *Kleine-Cosack* in EWiR 1994, Art. 12 GG 2/94, 785 f.; zweifelnd hingegen noch BGH in NJW 1992, 1159 (1160); ausdrücklich anders – Ausübung der ärztlichen Heilkunde als unzulässiger und damit registerrechtlich nicht eintragungsfähiger Unternehmensgegenstand einer GmbH – schließlich AG Saarbrücken in GmbHR 1989, 297 f.; AG Hannover in GmbHR 1994, 120 f.

[104] Vgl. dazu das Gesetz über die Berufsausübung, die Berufsvertretungen und die Berufsgerichtsbarkeit der Ärzte, Zahnärzte, Tierärzte und Apotheker i. d. F. der Bekanntmachung vom 20.7.1994; GVBl. Bayern 1994, 854 ff. – Die betreffende Verbotsregelung gilt dabei über Art. 46 I HKaG sinngemäß auch für Zahnärzte sowie über Art. 51 I HKaG entsprechend ebenso für Tierärzte.

eine ärztliche, zahnärztliche oder tierärztliche Praxis in der Rechtsform einer juristischen Person des privaten Rechts zu führen".[105]

Die amtliche Begründung zur bayerischen Regelung lautet dabei: „Die Ausübung des ärztlichen Berufs in freier Niederlassung erfolgt entsprechend den berufsordnungsrechtlichen Vorschriften in Einzel-, Gemeinschafts- und Gruppenpraxen sowie in Praxisgemeinschaften. Bei den drei letztgenannten Praxistypen handelt es sich meist um Gesellschaftstypen des bürgerlichen Rechts. Zunehmend gibt es jedoch Bestrebungen, ärztliche, zahnärztliche und tierärztliche Praxen in der Rechtsform einer Kapitalgesellschaft, namentlich in der einer Gesellschaft mit beschränkter Haftung, zu führen. Während die Praxisführung in der Rechtsform einer BGB-Gesellschaft im Einklang mit dem persönlich-freiberuflichen Charakter der von niedergelassenen Ärzten, Zahnärzten und Tierärzten eigenverantwortlich zu erbringenden Dienstleistung steht – diese Berufe sind kraft Gesetzes Freie Berufe und kein Gewerbe (vgl. etwa § 1 II der Bundesärzteordnung) –, verträgt sich die <gemeinsame> Praxisführung in der Rechtsform einer Kapitalgesellschaft nicht mit dem aufgezeigten Charakter heilberuflicher Dienstleistungen. Damit können nicht nur – zum Nachteil der Patienten – die Bindungen an die staatlichen Gebührenordnungen für diese Heilberufe und deren unbegrenzte haftungsrechtliche Verantwortlichkeit, sondern auch wesentliche berufsrechtliche Verpflichtungen, so vor allem das berufstypische Werbeverbot, umgangen werden. Vor diesem Hintergrund läßt auch § 8 des Apothekengesetzes den Betrieb einer Apotheke durch mehrere (selbständige) Apotheker nur in der Rechtsform einer Gesellschaft bürgerlichen Rechts oder – weil der selbständige Apotheker auch Kaufmann ist – einer offenen Handelsgesellschaft zu ...".[106]

In der Begründung zur sächsischen Regelung heißt es: „Absatz 4 regelt die Ausübung des Heilberufs in freier Niederlassung. Er legt fest, daß es nicht statthaft ist, eine ärztliche, zahnärztliche oder tierärztliche Praxis in der Rechtsform einer juristischen Person des privaten Rechts zu führen. Nach gegenwärtigem Recht ist es dem Arzt, Zahnarzt oder Tierarzt nur gestattet, sich dabei der zivilrechtlichen Rechtsformen der Einzel-, Gemeinschafts- oder Gruppenpraxis sowie der Praxisgemeinschaft zu bedienen. ... Für die zunehmend zu beobachtenden Bestrebungen, ärztliche, zahnärztliche und tierärztliche Praxen in der Rechtsform einer Kapitalgesellschaft, namentlich einer Gesellschaft mit beschränkter Haftung, zu führen, gilt folgendes: Während die Praxisführung in der Rechtsform einer bürgerlich-rechtlichen Gesellschaft im Einklang mit ... (es folgen fast wörtlich die entsprechenden Ausführungen der bayerischen Gesetzesbegründung)."[107]

Im Zuge dieser Rechtslage sind in beiden Bundesländern auch ambulante „(Zahn-) Ärzte-GmbH's", die zwischenzeitlich bereits in das Handelsregister eingetragen worden sind, umgehend wieder aufzulösen und registerrechtlich schon von Amts wegen nach § 142 FGG zu löschen.[108]

---

[105] Vgl. dazu das Gesetz über Berufsausübung, Berufsvertretungen und Berufsgerichtsbarkeit der Ärzte, Zahnärzte, Tierärzte und Apotheker im Freistaat Sachsen v. 24.5.1994; GVBl. Sachsen 1994, 935 ff.

[106] Bayerischer Landtag, Drucksache 12/10455 v. 9.3.1993, S. 5, 14 f.; zit. nach *Taupitz* in NJW 1996, 3033.

[107] Sächsischer Landtag, Drucksache 1/4352 v. 9.2.1994, S. 17 f.; zit. nach *Laufs* in MedR 1995, 11 (12) und *Taupitz* in NJW 1996, 3033.

[108] Vgl. dazu LG München I in MedR 1996, 518 f.

Auch andere Bundesländer haben in die gleiche Richtung zielende, aber sachlich nicht ganz so weit reichende Verbotsregelungen mit in ihre Heilberufsgesetze aufgenommen. So bestimmen beispielsweise die §§ 29 III HeilBerG Nordrhein-Westfalen, 20 II HeilBG Rheinland-Pfalz und § 31 II HeilBerG Brandenburg beinahe wortgleich: „Die Ausübung ärztlicher und zahnärztlicher Tätigkeit außerhalb von Krankenhäusern und außerhalb von Privatkrankenanstalten nach § 30 der Gewerbeordnung ist an die Niederlassung in eigener Praxis gebunden, soweit nicht gesetzliche Bestimmungen etwas anderes zulassen oder eine weisungsgebundene ärztliche oder zahnärztliche Tätigkeit in der Praxis niedergelassener Ärzte/Zahnärzte ausgeübt wird. Ausgenommen sind Tätigkeiten bei Trägern, die nicht gewerbs- oder berufsmäßig ärztliche/zahnärztliche Leistungen anbieten oder erbringen. Die gemeinsame Führung einer Praxis ist nur zulässig, wenn jeder Beteiligte die Berechtigung zur Ausübung des ärztlichen/zahnärztlichen Berufs besitzt. Die Sätze 1 und 3 gelten für Tierärzte entsprechend. Die Kammern können in besonderen Einzelfällen Ausnahmen von Satz 1 zulassen, wenn sichergestellt ist, daß berufsrechtliche Belange nicht beeinträchtigt sind“.[109]

Eine damit vergleichbare Regelung enthält – aufbauend auf der vormaligen Bestimmung des § 13 I der ärztlichen Musterberufsordnung (MBO) aus dem Jahre 1995[110] – nunmehr auch die vom 100. Deutschen Ärztetag anno 1997 in Eisenach beschlossene neue Musterberufsordnung für die deutschen Ärzte. Dort heißt es in Kapitel B IV. § 17 zum Regelungspunkt Niederlassung und Ausübung der Praxis: „(1) Die Ausübung ambulanter ärztlicher Tätigkeit außerhalb von Krankenhäusern einschließlich konzessionierter Privatkrankenanstalten ist an die Niederlassung in eigener Praxis gebunden, soweit nicht gesetzliche Vorschriften etwas anderes zulassen. (2) Die Ausübung ambulanter ärztlicher Tätigkeit im Umherziehen, in gewerblicher Form oder bei Beschäftigungsträgern, die gewerbsmäßig ambulante heilkundliche Leistungen erbringen, ist berufswidrig, soweit nicht die Tätigkeit in Krankenhäusern oder konzessionierten Privatkrankenanstalten ausgeübt wird oder gesetzliche Vorschriften etwas anderes zulassen. (3) Auf Antrag kann die Ärztekammer von den Geboten oder Verboten der Absätze 1 und 2 Ausnahmen gestatten, wenn sichergestellt ist, daß die beruflichen Belange nicht beeinträchtigt werden und die Berufsordnung beachtet wird.“[111]

Eine spiegelbildliche, statt dessen gerade diametral auf die berufsgesetzliche Zulassung auch der ambulanten Heilkunde-GmbH gerichtete Regelung existiert – soweit ersichtlich –

---

[109] Vgl. dazu das Heilberufsgesetz Nordrhein-Westfalen v. 27.4.1994, GVBl. Nordrhein-Westfalen 1994, 204 ff.; das erste Landesgesetz zur Änderung des Heilberufsgesetzes Rheinland-Pfalz v. 22.12.1995, GVBl. Rheinland-Pfalz 1995, 526 ff.; das Heilberufsgesetz Brandenburg v. 28.1.1992; GVBl. Brandenburg 1992, 30 ff.; siehe ferner auch die ähnliche Regelung des § 4a IV Berliner Heilberufekammergesetz i. d. F. vom 30.10.1995; GVBl. Berlin 1995, 703 ff.; vgl. schließlich auch die Vorschrift des § 32 Heilberufekammergesetz Niedersachsen i. d. F. vom 19.6.1996; GVBl. Niedersachsen 1996, 259 ff.

[110] Die vormalige Vorschrift des § 13 I MBO 1995 begnügte sich in diesem Zusammenhang noch ausschließlich mit folgender Anordnung: „Die Ausübung ambulanter ärztlicher Tätigkeit außerhalb des Krankenhauses einschließlich konzessionierter Privat-Krankenanstalten ist an die Niederlassung in eigener Praxis gebunden, soweit nicht gesetzliche Vorschriften etwas anderes zulassen.“; vgl. dazu den entsprechenden Abdruck der MBO 1995 in DÄBl. 1996, A 407 ff.

[111] Vgl. dazu den Abdruck der MBO 1997 in NJW 1997, 3076 ff.

auf der anderen Seite bislang allein im Bundesland Sachsen-Anhalt.[112] Dort ordnet § 19 III des Gesetzes über die Kammern für Heilberufe (KGHB-LSA) an: „Eine ambulante ärztliche und zahnärztliche Tätigkeit ist in einer Praxis oder poliklinischen Einrichtung, im Rahmen der vor- und nachstationären Behandlung im Krankenhaus sowie mit Ermächtigung im Krankenhaus zulässig. Zugelassen sind auch Tätigkeiten bei Rechtsträgern, die im Rahmen der gesetzlichen Bestimmungen ärztliche oder zahnärztliche Leistungen anbieten oder erbringen. Diese Regelungen gelten entsprechend für Tierärzte und Tierärztinnen."[113] In Konsequenz dessen wird die zuständige Landesärztekammer hier durch die sich unmittelbar anschließende Bestimmung des § 20 I Nr. 4 KGHB-LSA auch ausdrücklich dazu ermächtigt, im Rahmen des § 19 KGHB-LSA weitere Vorschriften über die Berufspflichten hinsichtlich „der gemeinsamen Berufsausübung und der Berufsausübung in der Rechtsform einer juristischen Person" zu erlassen.

Die berufsrechtlichen Rahmenbedingungen, die für den Betrieb einer ambulanten ärztlichen Heilkunde-GmbH bestehen, reichen auf der Ebene der einzelnen Bundesländer somit im Ergebnis von einem umfassenden oder doch jedenfalls eingeschränkten berufsgesetzlichen Verbot bis hin zu einer – wenn auch nur vereinzelt feststellbaren – ausdrücklichen berufsgesetzlichen Zulassung der kapitalgesellschaftlichen Rechtsformen.

Allerdings sind gerade die vorstehend aufgeführten landesgesetzlichen Verbotsnormen von seiten des rechtswissenschaftlichen Schrifttums sehr rasch und beinahe einhellig kritisiert worden, weil sie aus verfassungsrechtlicher Sicht sehr bedenklich erscheinen müßten.[114] Die diesbezüglich entwickelten Argumentationslinien stützen sich dabei zum einen auf das Grundrecht der Berufsfreiheit aus Art. 12 I GG, zum anderen aber auch auf den verfassungsrechtlichen Gleichheitssatz des Art. 3 I GG.

Nehme man die in Art. 19 III GG verankerte Grundrechtsfähigkeit der juristischen Person, die insbesondere auch für Art. 12 I GG gelte, ernst, dann müsse es von Verfassungs wegen auch einer GmbH oder einer AG offen stehen, ihren Erwerbszweig frei zu wählen.[115] Eine Kapitalgesellschaft könne sich sodann freilich auch im Bereich ärztlicher Berufstätigkeit selbst auf eine eigene *Freiheit der Berufswahl* aus Art. 12 I GG berufen.[116] Ein generelles legislatives Verbot der ambulanten Heilkunde-Kapitalgesellschaft könne im Zuge dessen folglich nur dann vor dem Grundgesetz Bestand haben, wenn es zur Abwehr nachweisbarer und höchstwahrscheinlich schwerer Gefahren für ein überragend wichtiges Gemeinschaftsgut gerechtfertigt wäre (objektive Zulassungsschranke).[117] Eine solche Gefährdungslage zum Nachteil der Volksgesundheit sei mit dem Betrieb einer ambulanten

---

[112] So auch *Bösert/Braun/Jochem*, S. 40.

[113] Vgl. dazu das KGHB-LSA v. 13.7.1994; GVBl. Sachsen-Anhalt 1994, 832 ff.

[114] Vgl. dazu etwa *Taupitz* in NJW 1992, 2317 (2323 ff.); *Laufs* in MedR 1995, 11 (13 ff.); *ders.* in NJW 1995, 1590 (1595); *Rieger* in MedR 1995, 87 ff.; *Michalski/Römermann*, Rn. 39 mit Fn. 102 in der Einführung zum PartGG; *Meyer/Kreft* in GmbHR 1997, 193 (194).

[115] *Henssler* in ZIP 1994, 844 (846); *Laufs* in MedR 1995, 11 (13); *Elbing* in MedR 1996, 519 (521); *Taupitz* in NJW 1996, 3033 (3038); *Meyer/Kreft* in GmbHR 1997, 193 (194).

[116] *Laufs* in MedR 1995, 11 (13); *Rieger* in MedR 1995, 87 (88); *Taupitz* in JZ 1994, 1100 (1101 f.); *ders.* in NJW 1996, 3033 (3038); wohl auch *Henssler* in ZIP 1994, 844 (846); *Elbing* in MedR 1996, 519 (521); *Meyer/Kreft* in GmbHR 1997, 193 (194).

[117] *Laufs* in MedR 1995, 11 (13); *Rieger* in MedR 1995, 87 (88); *Taupitz* in NJW 1996, 3033 (3039); für die rechtsdogmatische Einstufung eines ausdrücklichen Gesetzesverbots der „Freiberufler-GmbH" als subjektive Zulassungsschranke hingegen *Henssler* in ZIP 1994, 844 (846).

Heilkunde-GmbH aber de facto durchaus nicht verbunden, weil die deliktsrechtliche Verantwortlichkeit des tatsächlich fehlbehandelnden Arztes gegenüber einem geschädigten Patienten in jedem Fall erhalten bleibe und das ärztliche Pflichtenprogramm sich im Vertrags- und im Deliktsrecht vollständig entspreche.[118]

Ferner sei auch kein sachlicher Grund dafür zu erkennen, eine ambulante ärztliche Tätigkeit innerhalb von Krankenhäusern (und zwar auch innerhalb von gewerblich in der Rechtsform einer Kapitalgesellschaft betriebenen Anstalten) ohne weiteres für erlaubt zu halten, den gleichen Dienst aber schlechthin zu untersagen, falls er bei Trägern erfolge, die in gewerblicher Form allein ambulante Leistungen anbieten wollten.[119]

Angesichts der (allerdings erfolglos gebliebenen) Bemühungen, die wie vorbeschrieben in früherer Zeit auch schon in anderen Freien Berufen unternommen worden sind, um ein ausdrückliches berufsgesetzliches Verbot der „Freiberufler-Kapitalgesellschaft" zu erreichen, liegt es nahe, die Lösung dieser nunmehr speziell zur ambulanten Heilkunde-Kapitalgesellschaft aufgekommenen verfassungsrechtlichen Fragen in einen größeren rechtlichen Rahmen einzubinden und die vergleichbare Problematik ebenso auch unter Berücksichtigung der grundgesetzlichen Wertungen in den anderen freien Professionen zu erörtern. Eine derart vorgenommene Ausweitung der Untersuchung ermöglicht einerseits eine umfassende Würdigung sämtlicher Argumentationsstränge, die in diesem Kontext bislang allgemein von Rechtsprechung und Schrifttum zum verfassungsrechtlichen Verhältnis zwischen Freiem Beruf und Kapitalgesellschaft herausgearbeitet worden sind. Andererseits dürfte umgekehrt auch gerade erst die Miteinbeziehung der verfassungsrechtlichen Erwägungen, die zu diesem Punkt vormals in den übrigen freien Professionen angestellt worden sind, eine zutreffende und erschöpfende Beurteilung der verfassungsrechtlichen Rechtslage speziell auf dem ambulanten heilkundlichen Sektor erlauben.

3. Grundrechtsträgerschaft einer Kapitalgesellschaft aus Art. 12 I, 9 I GG auch im Bereich freier Berufstätigkeit?

Die Beantwortung der Frage, wie weit denn eigentlich der konkrete verfassungsrechtliche Gestaltungsspielraum des Gesetzgebers im Punkte eines berufsgesetzlichen Verbots oder aber bei der berufsgesetzlichen Zulassung einer „Freiberufler-AG/KGaA/GmbH" reicht, ist dabei zunächst sicherlich vorrangig von der Klärung des Rechtsproblems abhängig, ob sich die juristische Person im Bereich freier Berufstätigkeit auch unmittelbar *selbst* auf das Grundrecht der Berufsfreiheit (Art. 12 I GG) und auf das Grundrecht der Vereinigungsfreiheit (Art, 9 I GG) berufen kann.

Erst die Entscheidung dieser Rechtsfrage gibt näheren Aufschluß über den weiteren verfassungsrechtlichen Prüfungsmaßstab, der an ein legislatives Verbot der „Freiberufler-Kapitalgesellschaft" inhaltlich anzulegen ist. Wäre die juristische Person über Art. 19 III

[118] *Laufs* in MedR 1995, 11 (14); *Rieger* in MedR 1995, 87 (88 f.); *Taupitz* in NJW 1992, 2317 (2324); *ders.* in NJW 1996, 3033 (3037).

[119] *Taupitz* in NJW 1992, 2317 (2323); *ders.* in MedR 1993, 367 (371 in Fn. 54); *ders.* in MedR 1994, 154 (155); *ders.* in JZ 1994, 1100 (1102); *ders.* in NJW 1996, 3033 (3041 f.); *Laufs* in MedR 1995, 11 (14); *Rieger* in MedR 1995, 87 (89); ebenso wohl auch *Meyer/Kreft* in GmbHR 1997, 193 (194).

GG bei der Erbringung freiberuflicher Dienstleistungen nämlich selbst als Träger der entsprechenden Grundrechte anzusehen, so würde ein entsprechendes berufsgesetzliches Verbot nach der vom Bundesverfassungsgericht zu Art. 12 I GG entwickelten Grundrechtsdogmatik (sog. Drei-Stufen-Theorie) in der Tat in die Freiheit der *Berufswahl* eingreifen. Ein entsprechendes gesetzgeberisches Vorgehen – d. h. also ein umfängliches berufsgesetzliches Verbot – wäre als objektive Zulassungsschranke, die von der „Freiberufler-AG/KGaA/GmbH" auch durch die Erfüllung bestimmter, von ihr aus eigener Rechtsmacht steuerbarer Kriterien nicht mehr weiter beeinflußt werden könnte, wahrhaftig an besonders strenge Anforderungen geknüpft. Ein solcher Eingriff in die Freiheit der Berufswahl könnte sodann fürwahr nur legitimiert sein, um nachweisbare oder höchstwahrscheinliche schwere Gefahren für ein überragend wichtiges Gemeinschaftsgut abzuwehren.[120]

Fehlte es der juristischen Person im Bereich freier Berufstätigkeit hingegen an einer eigenen Grundrechtsträgerschaft aus Art. 12 I, 9 I GG, so würde sich das legislative Verbot eines Einsatzes der kapitalgesellschaftlichen Rechtsformen zur Erbringung freiberuflicher Dienstleistungen aus der Sicht der Berufsangehörigen andererseits wohl lediglich als eine bloße Regelung der *Berufsausübung* darstellen. Denn in dieser Konstellation würde die Verbotsregelung an sich nur bestimmen, in welcher Art und Weise die Berufsangehörigen ihre Berufstätigkeit im einzelnen zu gestalten haben.

Die Freiheit der Berufsausübung könnte hiernach aus Sicht des Grundgesetzes im Wege der „Regelung" bereits beschränkt werden, soweit vernünftige Erwägungen des Gemeinwohls dies zweckmäßig erscheinen lassen.[121] Hier könnten also in weitem Maße auch bloße Gesichtspunkte der Zweckmäßigkeit zur Geltung kommen; nach ihnen wäre zu bemessen, welche Auflagen den Berufsangehörigen gemacht werden müssen, um Nachteile und Gefahren für die Allgemeinheit abzuwehren.[122] Auch der Gedanke einer Förderung des Berufes und damit der Erzielung einer höheren sozialen Gesamtleistung seiner Angehörigen könnte sodann schon den Erlaß gewisser, die Freiheit der Berufsausübung einengender Vorschriften rechtfertigen.[123] Der Grundrechtsschutz bliebe insoweit also auf die Abwehr in sich verfassungswidriger, weil etwa übermäßig belastender und nicht zumutbarer gesetzlicher Auflagen beschränkt.[124]

Ein Teil der Rechtsprechung und des rechtswissenschaftlichen Schrifttums neigt in diesem Zusammenhang dabei wohl in der Tat der Auffassung zu, daß sich die juristische Person im Bereich freier Berufstätigkeit auch unmittelbar selbst auf eine eigene Freiheit

---

[120] Siehe zu einem derartigen verfassungsrechtlichen Prüfungsmaßstab, soweit im Rahmen des Art. 12 I GG objektive Bedingungen für die Berufszulassung aufgestellt werden sollen, nur BVerfGE 7, 377 (408).

[121] Vgl. zu diesem verfassungsrechtlichen Prüfungsmaßstab, soweit eine bloße Beschränkung der Berufsausübung im Sinne des Art. 12 I GG in Rede steht, nur BVerfGE 7, 377 (405); 21, 227 (232); 57, 121 (136).

[122] Vgl. allgemein nur BVerfGE 7, 377 (406).

[123] Siehe dazu etwa BVerfGE 7, 377 (406).

[124] Vgl. dazu nur BVerfGE 7, 377 (406); 21, 227 (232).

der Berufswahl gemäß Art. 12 I GG und ferner – ergänzend – auch auf das Grundrecht der Vereinigungsfreiheit nach Art. 9 I GG berufen könne.[125]

Diese Ansicht geht sicherlich insoweit von einem zutreffenden Ansatzpunkt aus, als sich eine Kapitalgesellschaft nach der Rechtsprechung des Bundesverfassungsgerichts – *jedenfalls vom Grundprinzip her* – auch selbst auf das Grundrecht der Berufsfreiheit aus Art. 12 I GG berufen kann. Zwar sei eine juristische Person nicht in der Lage, einen Beruf im Sinne einer Lebensaufgabe, in der sich die menschliche Persönlichkeit voll ausforme und vollende, auszuüben.[126] Indes sei in der Berufsfreiheit auch die Freiheit enthalten, eine zu Erwerbszwecken dienende Tätigkeit, insbesondere ein Gewerbe, zu betreiben.[127] Daher sei das Grundrecht des Art. 12 I GG gemäß Art. 19 III GG jedenfalls insoweit auch auf juristische Personen anwendbar, als eine bestimmte Erwerbstätigkeit ihrem Wesen nach in gleicher Weise von einer juristischen Person wie von einer natürlichen Person ausgeübt werden könne.[128]

Im Zuge dessen geht die Rechtsprechung des Bundesverwaltungsgerichts beispielsweise ausdrücklich (und zu Recht) dahin, daß eine *gewerbliche* Tätigkeit auch unmittelbar selbst

---

[125] Vgl. in dieser Richtung (für den Betrieb einer Privatkrankenanstalt durch eine Aktiengesellschaft) aus der Rechtsprechung erstmals BGHZ 70, 158 (168): „... Aus der Sicht des Unternehmens der DKD (Deutsche Klinik für Diagnostik AG; der Verfasser) liegt die Bedeutung des Art. 12 I GG darin, daß die Berufsfreiheit in gleichem Maße auch die Gewerbefreiheit einschließt ..."; ebenso für eine ausschließlich ambulant (!) tätige Heilkunde-GmbH später auch LG Düsseldorf in MedR 1991, 149 (150 f.); OLG Düsseldorf in MedR 1992, 46 (46 f. u. 48); BGHZ 124, 224 (225 u. 229 f.); OLG Köln in NJW 1994, 3017 (3019); dem folgend für eine „Rechtsanwalts-GmbH" schließlich BayObLG in NJW 1995, 199 (200 u. 201 a. E.); LG Baden-Baden in AnwBl. 1996, 537; vgl. für eine Steuerberatungsgesellschaft mbH wohl auch das dahin gehende obiter dictum des BFH in BFHE 144, 511 (515 f.); für eine in Gründung befindliche Wirtschaftsprüfungsgesellschaft mbH zudem ferner BayVGH in StB 1989, 371 (372); siehe aus dem zustimmenden Schrifttum für eine ambulante „Ärzte-GmbH" etwa *Grüber* in WRP 1992, 115; *Taupitz* in MedR 1994, 154; *ders.* in JZ 1994, 1100 (1101 f.); *ders.* in NJW 1996, 3033 (3038); *Laufs* in MedR 1995, 11 (13); *Rieger* in MedR 1995, 87 (88); *Wertenbruch* in ZIP 1995, 712 (712 f.); im Ergebnis wohl auch *Narr/Hess/Schirmer*, Rn. 36; *Körner* in WPrax 4/1994, 13; *Henssler* in ZIP 1994, 844 (846); *Boin* in NJW 1995, 371 (372); *Elbing* in MedR 1996, 519 (521); vgl. zur Bejahung der eigenständigen Grundrechtsträgerschaft aus Art. 12 I GG für eine Wirtschaftsprüfungs-Kapitalgesellschaft außerdem *Lohmann* in DB 1962, 277 (279); wohl auch *Borggreve*, S. 105; siehe ebenso für eine Anwalts-Kapitalgesellschaft ferner *Kunz*, S. 173; *Taupitz* in JZ 1994, 1100 (1103); *ders.* in NJW 1995, 369 (371); *Ahlers* in FS für Rowedder (1994), 1 (19); *ders.* in AnwBl. 1995, 121 (124); *Kleine-Cosack* in EWiR 2/1995 zu Art. 12 GG, 151; *Oppermann* in AnwBl. 1995, 453 (455); *Ebenroth/Koos* in ZIP 1996, 1790; vgl. für einen privatrechtlichen Verein als Träger eines ambulanten Dialysezentrums schließlich *Isensee*, S. 31 ff.; offen hingegen *Bayer/Imberger* in DZWiR 1993, 309 (317).

[126] BVerfGE 21, 261 (266); OVG Koblenz in NJW 1980, 1866 (1867); OVG Nordrhein-Westfalen in GewArch 1993, 238 (240); BVerwG in GewArch 1995, 63 (66).

[127] BVerfGE 21, 261 (266); 50, 290 (363); OVG Koblenz in NJW 1980, 1866 (1867); OVG Nordrhein-Westfalen in GewArch 1993, 238 (240); BVerwG in GewArch 1995, 63 (66).

[128] BVerfGE 21, 261 (266); 50, 290 (363); dem folgend etwa OVG Koblenz in NJW 1980, 1866 (1867); OLG Hamm in Rpfl. 1986, 435; OVG Nordrhein-Westfalen in GewArch 1993, 238 (240); BVerwG in GewArch 1995, 63 (66).

von einer juristischen Person als solcher ausgeübt werden kann und hier also eine eigene Grundrechtsfähigkeit der juristischen Person aus Art. 12 I GG besteht.[129]

Fraglich muß jedoch scheinen, ob im Rahmen des Grundrechts der Berufsfreiheit darüber hinaus auch noch eine eigene Grundrechtsträgerschaft einer Kapitalgesellschaft speziell für den Bereich der *freiberuflichen Betätigung* anzuerkennen ist.

Ruft man sich insoweit nochmals in Erinnerung, daß das entscheidende Wesensmerkmal, welches die Freien Berufe vom Gewerbe unterscheidet, letztlich allein in dem spezifisch eigenschöpferischen Gehalt jener Dienstleistungen liegt, die von einem freiberuflich Tätigen in eigener Person erbracht werden und infolgedessen einen unbegrenzten Einsatz fremder Arbeitskraft per se ausschließen,[130] so dürfte es bei verständiger Würdigung wohl kaum möglich sein, einer juristischen Person auf dem freiberuflichen Sektor auch selbst die Berufung auf das Grundrecht der Berufsfreiheit gemäß Art. 12 I GG gestatten zu wollen. Denn einer Kapitalgesellschaft fehlt – schon weil sie im Ergebnis nur eine bloße Zweckschöpfung des Rechts, d. h. also de facto nur ein bloßes juristisches Kunstgebilde darstellt[131] – erkennbar jede Fähigkeit zur Hervorbringung einer vergleichbar höchstpersönlichen, eigenschöpferischen und nicht standardisierbaren (Dienst-)Leistung. Die juristische Person muß sich zur Erfüllung der von ihr übernommenen Verpflichtungen statt dessen jedesmal zwangsläufig des (nicht näher limitierten) Einsatzes fremder Arbeitskraft bedienen. Die Befähigung zu einem eigenschöpferischen, höchstpersönlichen Handeln kann aber ersichtlich nur dem Menschen als natürlicher Person zukommen.

Eben dieser Umstand dürfte denn auch ausschlaggebend dafür gewesen sein, daß der Wirtschaftsausschuß des Deutschen Bundestages anläßlich der abschließenden Beratung der Wirtschaftsprüferordnung und des Steuerberatungsgesetzes anno 1960/61 jeweils ausdrücklich, wiederholt und sehr pointiert Wert auf die Feststellung gelegt hat, daß die Ausübung der betreffenden Berufe ausschließlich an die natürliche Person, nicht aber an die juristische Person gebunden sein solle, die juristische Person den Beruf also nicht ausüben könne und den Berufsangehörigen daher lediglich das Instrument der Wirtschaftsprüfungs- bzw. Steuerberatungsgesellschaften zur Verfügung gestellt werde, ohne die Gesellschaften auf diese Weise zugleich auch selbst zu Berufsausübenden im Sinne des Gesetzes zu machen.[132]

Diese rechtliche Bewertung ist in der Folge uneingeschränkt und praktisch einhellig auch von den obersten Bundesgerichten übernommen worden. So haben beispielsweise

---

[129] Vgl. dazu etwa BVerwG in GewArch 1995, 63 (64 ff.) – Betätigung einer juristischen Person als Buchmacher unterfällt dem Schutz des Art. 12 I GG –; zustimmend *Freytag* in GewArch 1994, 95 (98 f.); *Thalmair* in GewArch 1995, 274 (275); siehe ferner auch BVerwG in GewArch 1996, 241 (242) – Gesellschaft mit beschränkter Haftung als Gewerbetreibende -

[130] Vgl. dazu ausführlich oben Seite 536 ff.

[131] Vgl. ähnlich auch OVG Koblenz in NJW 1980, 1866 (1867), wonach die juristische Person lediglich ein Produkt des positiven Gesetzesrechts darstelle und infolgedessen auch nicht über eine diesem Gesetzesrecht per se vorgegebene Rechtssubjektivität verfügen könne.

[132] Vgl. dazu zum einen den schriftlichen Bericht des Wirtschaftsausschusses (16. Ausschuß), Bericht des Abgeordneten Lange (Berichterstatter), über den Regierungsentwurf einer Wirtschaftsprüferordnung, Nachtrag zu BT-Drucksache III/2565, S. 5, 6 u. 7; zum anderen den schriftlichen Bericht des Wirtschaftsausschusses (16. Ausschuß), Bericht des Abgeordneten Lange (Berichterstatter), zu dem Regierungsentwurf eines Steuerberatungsgesetzes, Nachtrag zu BT-Drucksache III/2859, S. 4, 5 und 8; im genauen Wortlaut auch jeweils bereits wiedergegeben oben auf S. 566 f. bzw. S. 570 f.

das BVerwG und der BGH einmütig dahin entschieden, daß den Steuerberatungs- und/oder Wirtschaftsprüfungsgesellschaften kraft ihres Charakters als juristischen Personen eine Steuerberatung bzw. Abschlußprüfung verwehrt sei; statt dessen bildeten diese Gesellschaften vielmehr nur Instrumente für eine gemeinsame Berufsausübung natürlicher Personen.[133] Die geschäftsmäßige Hilfeleistung in Steuersachen durch eine Steuerberatungsgesellschaft erweist sich nach der zutreffenden Rechtsprechung des BFH folgerichtig auch nur als eine Tätigkeit der in der Gesellschaft zusammengeschlossenen Steuerberater, nicht aber – wie der Wortlaut des § 3 Nr. 1 StBerG ansonsten vermuten lassen könnte – weitergehend als eine Tätigkeit der Gesellschaft selbst.[134]

Diese Formulierungen dürften kaum noch ernstliche Zweifel daran aufkommen lassen, daß es die obersten Bundesgerichte – in Anknüpfung an das vormals inhaltsgleiche Votum des Wirtschaftsausschusses – im Ergebnis strikt ablehnen, einer Wirtschaftsprüfungs- bzw. Steuerberatungsgesellschaft im Bereich der als freiberuflich anerkannten Abschlußprüfung oder Steuerberatung den Status einer rechtlich beachtenswerten eigenen Berufsträgerschaft beizulegen. Dieses richterliche Verdikt läßt sich aus der Warte des Verfassungsrechts sodann aber schlüssig und systemgerecht nur dahin verstehen, daß eine Wirtschaftsprüfungs- und/oder Steuerberatungsgesellschaft als juristische Person schlechterdings nicht mit Erfolg vorbringen kann, sie sei auch unmittelbar selbst Inhaber des Grundrechts der Berufsfreiheit aus Art. 12 I GG. Denn wenn den entsprechenden (Kapital-)Gesellschaften die Abschlußprüfung und Steuerberatung, d. h. also die freie Berufsausübung, nach dem Votum des Gesetzgebers und der Rechtsprechung auf der einen Seite gerade verwehrt ist, so wäre es schlicht sinnwidrig und schon denklogisch nicht mehr nachvollziehbar, wenn ihnen diesbezüglich auf der anderen Seite allein aufgrund ihrer Eigenschaft als juristischen Personen über Art. 19 III GG gleichwohl eine eigene, grundrechtlich geschützte Rechtsposition im Sinne des Art. 12 I GG zustehen sollte.

Dieser rechtlichen Bewertung entspricht es, daß auch das Bundesverfassungsgericht das vormals in § 17 StBerG a. F.[135] enthaltene Verbot für Steuerbevollmächtigte, Steuerberatungsgesellschaften alleinverantwortlich zu leiten, an keiner Stelle unter dem Aspekt einer eigenen Grundrechtsträgerschaft der juristischen Person erörtert hat.[136]

Einer allgemeinen Übertragbarkeit der vorstehenden Rechtsgrundsätze – keine eigene Grundrechtsträgerschaft einer auf dem Gebiet der Steuerberatung oder Abschlußprüfung tätigen Kapitalgesellschaft aus Art. 12 I GG – auch auf sämtliche anderen freiberuflichen Tätigkeitsfelder steht erkennbar nichts entgegen. Eine gleichlautende Rechtsbewertung erscheint im Gegenteil aufgrund der vergleichbaren Interessenlage – nämlich der Tatsache, daß sich alle freiberuflichen Betätigungen, so unterschiedlich sie im übrigen auch sein mögen, jeweils durch das Erbringen einer eigenschöpferischen, höchstpersönlichen und nicht standardisierbaren (Dienst-)Leistung auszeichnen – nur konsequent und folgerichtig.

---

[133] Vgl. so etwa BVerwG in NJW 1969, 152 (153); BVerwG in Buchholz, Nr. 5 zu Folge 451.30 (Steuerberater), 15 (19); siehe nunmehr auch BGH in NJW 1996, 1833 (1835); vgl. zu den einhellig gleichlautenden Stimmen aus dem Schrifttum bereits die zahlreichen Nachweise oben Seite 571 in Fußnote 75.

[134] BFHE 133, 322 (327); BFH in BStBl. 1982 II, 785 (786); ebenso *Wolter* in StB 1987, 193 (197); *Gehre*, Rn. 5 zu § 3 StBerG.

[135] StBerG i. d. F. vom 16.8.1961; BGBl. I, S. 1301.

[136] Vgl. dazu BVerfGE 21, 227 (232 ff.).

Speziell für die anwaltliche Berufstätigkeit resultiert dies an sich bereits aus dem schlichten Faktum, daß die Steuerberatung materiell nichts anderes ist als ein Teil der allgemeinen Rechtsberatung.[137] Aber auch in sämtlichen anderen freien Professionen beanspruchen die vorstehend aufgezeigten Erwägungen, die bei der Abschlußprüfung und der Steuerberatung eine strikte Anbindung der betreffenden Betätigungen ausschließlich an die natürliche Person bedingen, aufgrund der vorbeschriebenen rechtlichen Wesenszüge des Freien Berufs uneingeschränkt in gleicher Weise Gültigkeit.

Dies muß um so mehr gerade für diejenigen freien Heil- und Beratungsberufe gelten, bei denen eine besondere, zum ratsuchenden Publikum hin bestehenden Vertrauensbeziehung auch positiv-rechtlich auf vielfältige Weise geschützt wird und über die Vorschrift des § 203 I Nr. 1-3 StGB sogar eigens mit den Mitteln des Strafrechts sanktionsbewehrt ist. Denn hier kann die betreffende freiberufliche Erwerbstätigkeit streng genommen schon deshalb nicht zu den durch Art. 12 I GG geschützten Betätigungsfeldern einer Kapitalgesellschaft gehören, weil sie wegen der für sie konstitutiven und sie gleichsam prägenden persönlichen Vertrauensbeziehung, die zwischen den einzelnen Berufsangehörigen und dem ratsuchenden Publikum bestehen muß, ihrem Wesen und ihrer Art nach nicht von einer juristischen Person wahrgenommen werden kann.[138]

Nach alledem bleibt als Zwischenergebnis somit zunächst einmal festzuhalten, daß sich eine Kapitalgesellschaft – ebenso wie dies in gleicher Weise auch für jede andere juristische Person gilt – im Bereich freiberuflicher Betätigung unter keinem denkbaren rechtlichen Gesichtspunkt selbst auf das Grundrecht der Berufsfreiheit aus Art. 12 I GG und damit auf eine irgend geartete eigene Freiheit der Berufswahl berufen kann.

Die insofern zum Teil anderslautende Rechtsprechung vor allem der Zivilgerichte[139] vermag an dem vorstehenden juristischen Befund nichts zu ändern und kann argumentativ in keiner Weise überzeugen. Denn jene abweichende zivilgerichtliche Judikatur beruht schon seit der einschlägigen Ausgangsentscheidung des BGH aus dem Jahr 1977[140] gleich in zweifacher Hinsicht auf einem – an sich offenkundig – rechtsfehlerhaften dogmatischen Ansatz.

Denn eine Kapitalgesellschaft, die nicht nur die personellen, sächlichen und räumlichen Voraussetzungen für die Berufsausübung schafft, sondern darüber hinausgehend im Wege eines direkten Vertragsschlusses mit der Auftraggeberseite auch unmittelbar selbst die betreffenden freiberuflichen Dienste als eigene vertragliche Leistung gegenüber dem ratsuchenden Publikum anbietet, beschränkt sich nach der allgemeinen, insbesondere zum Modell der Betriebsaufspaltung entwickelten juristischen Terminologie schon nicht auf

---

[137] Vgl. dazu nur BVerfGE 21, 173 (179); 54, 301 (315); 55, 185 (196); 80, 269 (280); BGHZ 65, 238 (240).

[138] Vgl. so auch explizit OVG Koblenz in NJW 1980, 1866 (1867) für eine Gesellschaft mit beschränkter Haftung, die zwecks Erweiterung ihres Tätigkeitsgebiets – im Ergebnis freilich erfolglos – um die Erteilung einer Erlaubnis zur geschäftsmäßigen Rechtsbesorgung und Rechtsberatung nach dem RBerG nachsuchte.

[139] Vgl. dazu die zahlreichen Nachweise oben auf Seite 583 in Fußnote 125; siehe ausführlich zu dieser Judikatur auch bereits oben im 1. Teil, Seite 150 ff.

[140] Vgl. dazu BGHZ 70, 158 (167 f.).

eine reine Organisationstätigkeit,[141] sondern sie greift statt dessen vielmehr auf die Ebene der Berufsausübung über. Die davon abweichende Konstruktion einer „tatsächlichen" Ausübung durch den fachlich kompetenten Berufsangehörigen einerseits und einer davon zu trennenden, nur „formalrechtlichen" Rechtsstellung einer „Freiberufler-Kapitalgesellschaft" als dem „bloßen" zivilrechtlichen Vertragspartner andererseits[142] erscheint hingegen gekünstelt und kann nicht überzeugen. Eine juristische Bewertung kann sich, will sie inhaltlich nicht dem Vorwurf eines tiefgreifenden logischen Sinnbruchs ausgesetzt sein, stets und ausschließlich nur an den vertraglichen Rechtsbeziehungen, wie sie zum ratsuchenden Publikum hin bestehen, als dem allein maßgeblichen Entscheidungskriterium ausrichten.[143]

Eine Kapitalgesellschaft läßt sich vor diesem Hintergrund folglich nur dann als eine bloße Organisationsgesellschaft charakterisieren, wenn das zivilrechtliche Angebot zur Erbringung freiberuflicher Dienste als einer eigenen vertraglichen Leistung vollständig aus ihrem Unternehmensgegenstand ausgeklammert bleibt.[144] Sobald dies nicht mehr der Fall ist und die juristische Person mit dem ratsuchenden Publikum darüber hinaus auch Verträge abschließt, die nach ihrem Inhalt unmittelbar auf die Ausführung freiberuflicher Dienste gerichtet sind, handelt es sich statt dessen – terminologisch betrachtet – jedesmal um eine echte Berufsausübungsgesellschaft.

Eine solche echte Berufsausübungsgesellschaft kann nach dem zutreffenden Votum des Gesetzgebers (Wirtschaftsausschuß) und der gleichlautenden Rechtsprechung der obersten Bundesgerichte zu Wirtschaftsprüfungs- bzw. Steuerberatungsgesellschaften sodann aber aus verfassungsrechtlicher Sicht freilich nur ein bloßes „Instrument zur Berufsausübung" für natürliche Personen bilden[145] und insoweit also unter keinem denkbaren rechtlichen Aspekt über eine eigene Grundrechtsträgerschaft aus Art. 12 I GG verfügen.

Zum zweiten differenziert die Ausgangsentscheidung des BGH, soweit sie einer Kapitalgesellschaft aus Art. 12 I GG umfassend eine *eigene* grundrechtliche Berechtigung zum

---

[141] Vgl. in diesem Sinne aber rechtsfehlerhaft BGHZ 70, 158 (167); LG Düsseldorf in MedR 1991, 149 (150); OLG Düsseldorf in MedR 1992, 46 (47); BGHZ 124, 224 (226); BayObLG in NJW 1995, 199 (201); BayObLG in ZIP 1996, 1706 (1708); LG Baden-Baden in AnwBl. 1996, 537.

[142] Vgl. in diesem Sinne – im Anschluß an die vorstehend wiedergegebene zivilgerichtliche Rechtsprechung – aber erkennbar *Ahlers* in AnwBl. 1991, 226 (227 f.); *ders.* in FS für Rowedder (1994), 1 (13 ff.); *Henssler* in JZ 1992, 697 (705); *ders.* in NJW 1993, 2137 (2140); *ders.* in ZIP 1994, 844 (848); *Koch* in AnwBl. 1993, 157 (159 f.); *Taupitz* in JZ 1994, 1100 (1101 f.); *Hommelhoff/Schwab* in WiB 1995, 115; *Dauner-Lieb* in GmbHR 1995, 259 (260); *Korts/Rodenbusch*, S. 18; *Ebenroth/Koos* in ZIP 1996, 1790; *Piper* in FS für Odersky (1996), 1063 (1071 u. 1073); *Römermann* in NZG 1998, 81 (82).

[143] Wie hier im Ergebnis ersichtlich auch AG Hannover in GmbHR 1994, 120 (121).

[144] Vgl. zu einer solchen Konstellation etwa OLG Hamburg in MedR 1995, 115 (116 f.): wettbewerbsrechtliche Zulässigkeit der Werbung durch eine Medizin-GmbH, soweit sich diese nach ihrem Unternehmensgegenstand *ausschließlich* mit der Errichtung, Vermietung und Verwaltung medizinischer Praxisräume befaßt, weil hier das Versprechen zur Erbringung ambulanter ärztlicher Heilbehandlungsleistungen gerade vollständig aus dem Spektrum der satzungsgemäß übernommenen geschäftlichen Betätigung ausgespart bleibt; dem zustimmend auch *Piper* in FS für Brandner (1996), 449 (465).

[145] Vgl. so – für den ehedem erwogenen Betrieb einer „Anwalts-GmbH" – auch bereits *Kunz*, S. 175.

Betrieb eines Privatkrankenhauses zuspricht,[146] vom Standpunkt der so vorgenommenen verfassungsrechtlichen Wertung aus auch augenfällig nicht in genügendem Maße zwischen der potentiell gewerblichen Dienstleistungskomponente eines stationären Krankenhausbetriebs – nämlich dem Unterbringungs- und Verpflegungssektor, der in der Form eines Hotelleriebetriebs in der Tat auch Gegenstand einer isolierten gewerblichen Betätigung sein kann – und der kumulativ hinzutretenden, originär freiberuflichen Dienstleistungskomponente, nämlich der Ausübung der ärztlichen Heilkunde am Menschen.

Soweit der Unterbringungs- und Verpflegungssektor einer Privatkrankenanstalt in Rede steht, mag es zwar durchaus zutreffen, daß sich eine Kapitalgesellschaft wegen der gewerblichen Ausführbarkeit dieser Leistungen *insoweit* auch unmittelbar selbst auf das Grundrecht der Berufsfreiheit gemäß Art. 12 I GG und *insoweit* also auch auf eine eigene Freiheit der Berufswahl berufen kann.

Die Tatsache, daß die gewerbliche Erbringbarkeit von Unterbringungs- und Verpflegungsleistungen im Ergebnis auch den gewerblichen Betrieb eines Krankenhauses ermöglicht, vermag – bemerkenswerterweise selbst nach der Rechtsprechung des BGH – jedoch nichts daran zu ändern, daß die dort ausgeübte ärztliche Heilbehandlung als solche niemals einen gewerblichen Charakter annehmen kann.[147] Die nicht gewerbliche ärztliche Heilbehandlung ist also stets und in jedem Falle strikt von der nichtärztlichen Betreuung (Unterbringung und Verpflegung etc.) zu unterscheiden; deren gewerblicher Charakter folglich nur *neben* der nicht gewerblichen ärztlichen Heilbehandlung bestehen kann.[148]

Diese strikt zu beachtende rechtliche Differenzierung zwischen gewerblicher und originär freiberuflicher (ärztlicher) Dienstleistungskomponente hat aus verfassungsrechtlicher Sicht indes praktisch zwangsläufig zur Folge, daß eine Privatkrankenanstalt in der Rechtsform einer Kapitalgesellschaft *ausschließlich* auf dem Unterbringungs- und Verpflegungssektor eine *eigene* Grundrechtsposition aus Art. 12 I GG für sich in Anspruch nehmen kann, wenn sie gegenüber einem behandlungsbedürftigen Patienten sowohl Unterbringungs- und Verpflegungsleistungen wie auch ärztliche Heilbehandlungsleistungen als eine eigene vertragliche Leistung anbietet (sog. totaler Krankenhausaufnahmevertrag). Soweit die nicht gewerbliche, sondern ihrer Natur nach rein freiberufliche ärztliche Berufstätigkeit in Rede steht, ist der Kapitalgesellschaft die Berufsausübung in konsequenter Fortentwicklung der rechtlichen Wertungen, wie sie der Normgeber bei Wirtschaftsprüfungs- und Steuerberatungsgesellschaften vorgenommen hat, hingegen verwehrt; die juristische Person kann insofern wiederum nur ein „Instrument zur Berufsausübung" für die so zusammengeschlossenen Angehörigen der freien Professionen als natürliche Personen darstellen.[149]

---

[146] BGHZ 70, 158 (168).

[147] Vgl. so ausdrücklich BGHZ 48, 313 (326); siehe ferner allgemein auch BFHE 80, 154 (159), wonach die Vertreter der freien Professionen im handelsrechtlichen Sinne unter keinem Gesichtspunkt – auch nicht über § 2 HGB – ein Handelsgewerbe betreiben und eine Eintragung im Handelsregister erreichen können, sofern die von ihnen im Einzelfall erbrachten Dienstleistungen ihrer abstrakten Natur nach allein einen freiberuflichen Charakter aufweisen.

[148] So explizit BGHZ 48, 313 (326).

[149] Vgl. in diesem Sinne auch bereits *Höppner* in DB 1962, 105 (107): „Das Sanatorium und das Krankenhaus bleiben innerhalb des ärztlichen Berufes immer nur ein notwendiges und höchst wichtiges Instrument zur Ausübung des ärztlichen Berufes, ohne aber selbst Berufsausübende zu werden."

Danach hat bereits die Ausgangsentscheidung des BGH die eigene Grundrechtsträgerschaft einer Kapitalgesellschaft im Zusammenhang mit dem Betrieb einer stationären Privatkrankenanstalt zu weit ausgedehnt, soweit sie der juristischen Person nicht nur auf dem Sektor der gewerblich erbringbaren Unterbringungs- und Verpflegungsleistungen, sondern darüber hinaus auch auf dem Sektor der (rein freiberuflichen) ärztlichen Heilbehandlung eine eigene Grundrechtsfähigkeit aus Art. 12 I GG zuerkannt hat.[150]

Dieser erkennbar fehlerhafte verfassungsrechtliche Ansatz ist in der Folge von der späteren zivilgerichtlichen Rechtsprechung kritiklos und ohne eine erneute eigene Reflexion – fast möchte man sagen als gedanklicher „Folgefehler" – auch auf den Betrieb zunächst einer ambulanten Heilkunde-GmbH, d. h. auf den *rein* freiberuflichen Sektor, übertragen worden[151] und schließlich durch das BayObLG bis zu der Anerkennung einer eigenen Grundrechtsträgerschaft für eine „Rechtsanwalts-GmbH" aus Art. 12 I GG fortgeführt worden.[152]

Dieser Auffassung kann aus den vorerwähnten Gründen freilich nicht gefolgt werden. Bezeichnend dafür, daß jene Rechtsprechungslinie der Zivilgerichte verfassungsrechtlich nicht zu überzeugen vermag, dürfte im übrigen auch der Umstand sein, daß das BSG den Betrieb einer Gesellschaft mit beschränkter Haftung, die auf ambulanter Ebene freiberufliche Krankengymnastikleistungen als eine eigene vertragliche Leistung anbot, nachfolgend ohne weiteres als den Betrieb einer echten Berufsausübungsgesellschaft eingeordnet hat und dabei ersichtlich an keiner Stelle von einer eigenen Grundrechtsträgerschaft der juristischen Person aus Art. 12 I GG ausgegangen ist.[153]

Soweit hiernach im gesamten Bereich der freiberuflichen Betätigung eine eigenständige Berufung der Kapitalgesellschaften auf das Grundrecht der Berufsfreiheit (Art. 12 I GG) ausscheiden muß, ist im folgenden freilich auch das Grundrecht der Vereinigungsfreiheit (Art. 9 I GG) nicht geeignet, einer juristischen Person zu diesem Punkt eine qualitativ noch weiter reichende eigene grundrechtliche Rechtsposition zu vermitteln. Diese Feststellung rechtfertigt sich insofern bereits aus der schlichten Überlegung heraus, daß Art. 9 I GG einem gemeinsam verfolgten Zweck in keinem Fall einen weitergehenden Grundrechtsschutz vermitteln kann als einem individuell verfolgten Zweck.[154] Kommt danach aber schon im Fall einer „Einmann-Freiberufler-Kapitalgesellschaft", bei welcher der Schutzbereich des Art. 9 I GG noch gar nicht tangiert ist, eine eigene Grundrechtsträgerschaft der juristischen Person aus Art. 12 I GG nicht in Betracht, so kann in der Folge konsequenterweise auch der gemeinschaftliche Zusammenschluß mehrerer Angehöriger der freien Professionen in einer „Freiberufler-AG/KGaA/GmbH" nicht dazu führen, daß die juristische Person hier eine sachlich weiter reichende eigene grundrechtliche Berechtigung aus Art. 9 I GG für sich in Anspruch nehmen kann.[155]

---

150 Vgl. dazu nochmals BGHZ 70, 158 (168).

151 Siehe dazu wiederum LG Düsseldorf in MedR 1991, 149 (150 f.); OLG Düsseldorf in MedR 1992, 46 (46 f. u. 48); BGHZ 124, 224 (225 u. 229 f.).

152 Vgl. dazu nochmals BayObLG in NJW 1995, 199 (200 u. 201 a. E.).

153 Vgl. dazu näher BSG in SozR 3-2500, Nr. 2 zu § 124 SGB V, 12 (17 ff.); siehe zu dieser Entscheidung auch bereits ausführlich oben im 1. Teil, Seite 155 f.

154 Vgl. dazu nur BVerfGE 50, 290 (353); 54, 237 (251); *Papier* in JZ 1990, 253 (260).

155 Im Ergebnis ebenso *Michalski* in AnwBl. 1989, 65 (69), wonach der (ehedem) für die meisten Freien Berufe unterstellte Rechtsformzwang von vornherein nicht den Schutzbereich des Art. 9 I GG

Der verfassungsrechtliche Gestaltungsspielraum, der dem Gesetzgeber im Punkte eines etwaigen ausdrücklichen berufsgesetzlichen Verbots oder aber bei der näheren inhaltlichen Ausgestaltung einer „Freiberufler-AG/KGaA/GmbH" zukommt, ist im Ergebnis daher ausschließlich aus Sicht der Berufsangehörigen, d. h. allein aus der Perspektive der natürlichen Person, zu bestimmen. Dagegen verfügt die juristische Person im gesamten Bereich der freiberuflichen Betätigung weder aus dem Grundrecht der Berufsfreiheit (Art. 12 I GG) noch aus dem Grundrecht der Vereinigungsfreiheit (Art. 9 I GG) über eine rechtserhebliche, von Verfassungs wegen geschützte *eigene* Grundrechtsposition.

4. Prinzipielle Verfassungsmäßigkeit eines ausdrücklichen berufsgesetzlichen Verbots der „Freiberufler-Kapitalgesellschaft"

Auch wenn berufsgesetzliche Vorschriften, die entweder ein ausdrückliches Verbot oder aber die explizite Zulassung und die nähere inhaltliche Ausgestaltung einer „Freiberufler-AG/KGaA/GmbH" zum Gegenstand haben, somit allein in die grundrechtliche Sphäre von natürlichen Personen eingreifen, bleibt gleichwohl zu klären, ob es sich dabei im Sinne des Art. 12 I GG um Regelungen handelt, die bereits auf der Ebene der Berufswahl angesiedelt sind, oder ob insoweit – wie bereits an anderer Stelle angedeutet – tatsächlich nur die (weit weniger eingriffsintensive) Ebene der Berufsausübung betroffen ist.

In diesem Kontext ist immerhin zu bedenken, daß Art. 12 I GG im Grundsatz nicht zwischen dem selbständig und dem unselbständig ausgeübten Beruf unterscheidet und daher auch eine abhängige Beschäftigung ohne weiteres als eine rechtlich zulässige Form der *Berufsausübung* gewählt werden kann.[156] Wenn aber eine bestimmte Tätigkeit sowohl der Ausübung in selbständiger wie in unselbständiger Form zugänglich ist und beide Formen der Berufsausübung ein eigenes soziales Gewicht haben, dann soll nach der Rechtsprechung des Bundesverfassungsgerichts auch die Wahl der einen oder der anderen Form der Berufstätigkeit und der Übergang von der einen zur anderen (ausnahmsweise) als ein Akt der *Berufswahl* im Sinne des Art. 12 I GG qualifiziert werden können.[157] Im Zuge dessen hat das Bundesverfassungsgericht beispielsweise den Übergang von der Tätigkeit eines angestellten Apothekers zu der Tätigkeit eines selbständigen Apothekers als einen Akt eigenständiger Berufswahl gewertet, weil der berufliche Status als angestellter Apotheker nicht nur das Vorbereitungs- und Durchgangsstadium für den Eintritt in den selbständigen Apothekerberuf bilde.[158]

Diese Erwägungen könnten bei erstem Ansehen durchaus die Schlußfolgerung nahelegen, daß sodann aber freilich auch der Übergang von einer selbständig ausgeübten freiberuflichen Tätigkeit zu einer entsprechenden Tätigkeit als angestellter Gesellschafter-Ge-

---

tangiere, sondern ausschließlich das Grundrecht der Berufsfreiheit aus Art. 12 I GG betreffe. Die Vereinigungsfreiheit des Art. 9 I GG verlange vielmehr lediglich einen gewissen Mindestbestand an Rechtsformen für die Bildung von Vereinigungen und Gesellschaften, ohne daß dem einzelnen bei einer Mehrzahl vorhandener Zusammenschlußformen auf diese Weise auch zugleich der Zugang zu allen Gesellschaftstypen garantiert werde.

[156] Vgl. dazu nur BVerfGE 7, 377 (398); 54, 301 (322).

[157] BVerfGE 7, 377 (398 f.).

[158] BVerfGE 7, 377 (399).

schäftsführer einer „Freiberufler-AG/KGaA/GmbH" – ebenso wie ein paralleler Wechsel in der umgekehrten Richtung – jeweils einen eigenständigen Akt der Berufswahl bedeuten müsse. Wäre diese rechtliche Einschätzung zutreffend, so müßten berufsrechtliche Bestimmungen, die ein explizites Verbot zum Betrieb einer „Freiberufler-Kapitalgesellschaft" enthalten, eventuell sogar trotz des Umstandes, daß sie allein die Berufsfreiheit natürlicher Personen tangieren, den erhöhten verfassungsrechtlichen Anforderungen standhalten, die im Rahmen des Art. 12 I GG an eine Regelung der Berufswahl zu stellen sind.

Doch hat die höchstrichterliche Rechtsprechung diesbezüglich insbesondere im Zusammenhang mit Steuerberatungsgesellschaften, die in der Rechtsform einer Kapitalgesellschaft organisiert waren, bereits wiederholt und zutreffend dahin entschieden, daß eine derartige Verbotsregelung aus dem Blickwinkel der Berufstätigen nicht die freie Berufswahl betreffe, sondern lediglich die Berufsausübung regele.[159] Wer eine solche Steuerberatungsgesellschaft gründe und deren Leitung übernehme, wähle also keinen neuen Beruf, sondern nur eine andere Ausübungsform seines bislang schon praktizierten Berufs.[160]

In die gleiche Richtung geht ersichtlich auch die verwaltungsgerichtliche Judikatur. Denn diese stuft die Vorschrift des § 10 I RBerV, nach der einer juristischen Person, insbesondere einer Gesellschaft mit beschränkter Haftung, die Erlaubnis zur geschäftsmäßigen Besorgung fremder Rechtsangelegenheiten nur erteilt werden soll, falls im Einzelfall besondere Umstände für diese Rechtsform der Betriebsführung sprechen, durchgängig als eine bloße Regelung der Berufsausübung ein.[161]

Dieser Rechtsbewertung ist im Ergebnis sicherlich zuzustimmen. Denn bei unbefangener Betrachtung regeln berufsrechtliche Normen, die sich mit dem Betrieb einer „Freiberufler-AG/KGaA/GmbH" befassen, aus Sicht der Berufstätigen ausschließlich das „Wie", nicht aber weitergehend auch das „Ob" der Darbietung freiberuflicher (Dienst-)Leistungen. Den Angehörigen der freien Professionen ist es selbst im Fall eines vollständigen Verbots der „Freiberufler-Kapitalgesellschaft" nach wie vor ohne weiteres möglich, ihre Dienste einzeln oder gemeinschaftlich, etwa im Rahmen einer Sozietät oder aber in einer Partnerschaft, gegenüber dem ratsuchenden Publikum anzubieten. Auch ist nicht ersichtlich, daß der beruflichen Position als Angestellter einer „Freiberufler-AG/KGaA/GmbH" (gegebenenfalls auch als deren Gesellschafter-Geschäftsführer) ein beachtenswertes eigenes soziales Gewicht gegenüber einer selbständig ausgeübten freiberuflichen Tätigkeit oder aber gegenüber der Anstellung bei einem selbständig tätigen Berufsangehörigen zuzuschreiben wäre. Die vom Bundesverfassungsgericht für den Übergang von einer unselbständigen zu einer selbständigen Tätigkeit in bezug auf den (gewerblichen) Apothekerberuf entwickelte Judikatur, wonach es sich hierbei ausnahmsweise um einen Akt der Berufswahl im Sinne des Art. 12 I GG handele, ist nach alledem auf die (entgegengesetzte) Konstellation, nämlich den Wechsel vom selbständigen Freiberufler-Status in ein abhängiges Beschäftigungsverhältnis bei einer „Freiberufler-Kapitalgesellschaft", sachlich keinesfalls übertragbar.

---

[159] Vgl. so etwa ausdrücklich BVerfGE 21, 227 (232).

[160] BVerfGE 21, 227 (232); BFHE 133, 322 (327 u. 328); 153, 272 (275); BFH in BStBl. 1989 II, 577 (578); OLG Düsseldorf in DStR 1993, 666; zustimmend *Wolter* in StB 1987, 193 (195).

[161] Vgl. so etwa BVerwG in NJW 1959, 1986; VG Stuttgart in AnwBl. 1974, 161; VG Stuttgart in AnwBl. 1976, 135; OVG Koblenz in NJW 1980, 1866 (1867); siehe aus dem beipflichtenden Schrifttum etwa *Rennen/Caliebe*, Rn. 2 zu § 10 der 1. AVO zum RBerG.

Im Einklang mit der vorzitierten höchstrichterlichen Rechtsprechung zu Steuerberatungs-Kapitalgesellschaften sowie zu § 10 I RBerV ist hiernach abschließend davon auszugehen, daß die Entscheidung des Normgebers, eine „Freiberufler-AG/KGaA/GmbH" entweder explizit zu verbieten oder aber im Berufsrecht ausdrücklich zuzulassen und inhaltlich näher auszugestalten, in Ansehung des Grundrechts der Berufsfreiheit allein die *Ebene der Berufsausübung* – und zwar ausschließlich aus der Sicht der Berufsangehörigen als natürlicher Personen – berührt. Dieser Auffassung scheint im übrigen wohl auch das Bundesministerium der Justiz zu sein, soweit dieses ein – dort vormals ganz offenkundig erwogenes – berufsgesetzliches Verbot der „Anwalts-GmbH" im betreffenden Referentenentwurf mit Stand vom 17.3.1997 seinerzeit nur unter dem Aspekt einer „*... Beschränkung der freien Berufsausübung im Sinne des Art. 12 I GG ...*" erörtert hat.[162]

Demgemäß kann ein legislatives Verbot, selbst wenn es die Gründung und den Betrieb einer „Freiberufler-Kapitalgesellschaft" zum Zwecke der (gemeinsamen) Berufsausübung vollends und ausnahmslos untersagt, im gesamten Bereich der freiberuflichen Betätigung allgemein bereits dann für verfassungsgemäß erachtet werden, wenn ein solches gesetzgeberisches Vorgehen mit Blick auf das Grundrecht der Berufsfreiheit durch *vernünftige Erwägungen des Gemeinwohls* legitimiert ist.[163]

Eine verbreitete Auffassung geht – trotz der vergleichsweise geringen verfassungsrechtlichen Anforderungen, die danach in bezug auf Art. 12 I GG für das legislative Verbot einer „Freiberufler-AG/KGaA/GmbH" gelten – gleichwohl davon aus, daß ein umfängliches Verbot des Betriebs einer entsprechenden „Freiberufler-Kapitalgesellschaft" verfassungsrechtlich bedenklich wäre und im Ergebnis wohl gegen das Grundrecht der Berufsfreiheit verstoßen würde.[164] Denn auch die vom Bundesverfassungsgericht zu Art. 12 I GG entwickelte sog. „Drei-Stufen-Theorie" sei letztlich nichts anderes als eine besondere Ausprägung des allgemeinen Verhältnismäßigkeitsgrundsatzes;[165] ein relativ milderes Mittel als ein pauschales und vollständiges Verbot der „Freiberufler-Kapitalgesellschaft" bestehe aber gewiß in ihrer berufsgesetzlichen Zulassung unter Statuierung näherer berufsrechtlicher Restriktionen.[166]

---

[162] Vgl. dazu den einschlägigen Passus aus der Begründung des vormaligen Referentenentwurfs zur „Anwalts-GmbH"; auszugsweise veröffentlicht in ZIP 1997, 1518.

[163] Ebenso auch die Begründung des Referentenentwurfs zur Regelung der „Anwalts-GmbH", soweit dort zunächst ein ausdrückliches berufsgesetzliches Verbot der Anwalts-Kapitalgesellschaft in Betracht gezogen worden ist; siehe dazu den auszugsweisen Abdruck der Entwurfsbegründung in ZIP 1997, 1518.

[164] Vgl. so – in bezug auf die „Anwalts-GmbH" – etwa *Henssler* in JZ 1992, 697 (704 u. 709); *ders.* in NJW 1993, 2137 (2140); *Boele*, S. 218 f.; *Bakker* in AnwBl. 1993, 245 (246); *Ahlers* in FS für Rowedder (1994), 1 (9 ff.); *Michalski* in DZWiR 1995, 114; *Mayen* in NJW 1995, 2317 (2320 f.); *Hellwig* in ZHR 161 (1997), 337 (349).

[165] So insbesondere *Henssler* in ZIP 1994, 844 (846 f.); *ders.* in DApothZ 1995, 17 (25); *ders.* in JZ 1996, 1186.

[166] Siehe in diesem Sinne speziell für die „Anwalts-GmbH" etwa *Henssler* in JZ 1992, 697 (704 u. 709); *ders.* in NJW 1993, 2137 (2140); *Boele*, S. 218 f.; *Bakker* in AnwBl. 1993, 245 (246); *Michalski* in DZWiR 1995, 114; *Mayen* in NJW 1995, 2317 (2321 f.); *Hellwig* in ZHR 161 (1997), 337 (349); desgleichen auch bereits *Kunz*, S. 176 ff.; vgl. für eine ambulant tätige Heilkunde-Kapitalgesellschaft ferner ebenso *Taupitz* in JZ 1994, 1100 (1102).

In sachlicher Anknüpfung an diese gedankliche Konzeption hat sich der Normgeber daher beispielsweise auch bei seiner Entscheidung, die „Anwalts-GmbH" berufsgesetzlich zuzulassen, von der Erwägung leiten lassen, daß – ausweislich der Begründung des Referentenentwurfs – die Bewahrung der anwaltlichen Unabhängigkeit zwar in der Tat als gemeinwohlorientiertes Ziel gelten müsse, dieses Ziel aber statt dessen auch durch weniger einschneidende Mittel als ein umfängliches legislatives Verbot erreicht werden könne.[167]

Fraglich ist jedoch, ob eine solche verfassungsrechtliche Argumentation wirklich zu überzeugen vermag. So dürfte es gerade mit Blick auf die „Anwalts-GmbH" bereits äußerst fragwürdig erscheinen, ob allein der Erlaß von berufsrechtlichen Kapitalbindungsvorschriften, durch die den Anwälten sowohl auf der Gesellschafter- wie auch auf der Geschäftsführungsebene stets und in jedem Falle die Mehrheit der Anteile und Stimmrechte vorbehalten wird, schon ausreichen kann, um deren berufliche Unabhängigkeit tatsächlich nachhaltig und effektiv zu wahren. Insofern ist bereits an anderer Stelle ausführlich dargelegt worden, daß auf diese Weise die personelle und kapitalmäßige Verflechtung von anwaltlichen Rechtsberatungsgesellschaften einerseits und großen, supranational agierenden Wirtschaftsprüfungsgesellschaften andererseits rechtlich bloß erschwert, de facto aber keinesfalls vollends ausgeschlossen wird.[168]

So hindert etwa die nach dem künftigen anwaltlichen Berufsrecht weiterhin zulässige (Minderheits-)Beteiligung eines Wirtschaftsprüfers/Steuerberaters an einer „Rechtsanwaltsgesellschaft mbH" und seine Tätigkeit darin diesen in der Regel durchaus nicht, eine vergleichbare Funktion zugleich auch in verschiedenen anderen Wirtschaftsprüfungsgesellschaften wahrzunehmen.[169] Über die ambivalente Stellung als geschäftsführender Anteilseigner in mehreren als AG/KGaA/GmbH ausgestalteten Gesellschaften kann daher gleichwohl eine entsprechende (personelle und anteilsmäßige) Verflechtung zwischen einer „Rechtsanwaltsgesellschaft mbH" und verschiedenen Wirtschaftsprüfungsgesellschaften stattfinden.[170] Erst recht muß dies freilich für eine „Anwalts-GmbH" gelten, die aufgrund einer beruflichen Doppel- bzw. Mehrfachqualifikation ihrer geschäftsführenden Gesellschafter zugleich auch unmittelbar selbst als Wirtschaftsprüfungs- und/oder Steuerberatungsgesellschaft anerkannt werden kann.[171]

Ob sich unter diesen Voraussetzungen eine intransparente Vernetzung und eine faktische Teilintegration oder gar eine noch weitergehende Eingliederung von Rechtsanwaltsgesellschaften in die Interessensphäre und in die Unternehmenspolitik großer, sowohl den

---

[167] Siehe dazu den auszugsweisen Abdruck der Begründung des Referentenentwurfs in ZIP 1997, 1518.

[168] Vgl. dazu sowie zu den nachfolgend angestellten Erwägungen bereits die eingehende Analyse der insoweit einschlägigen berufsrechtlichen Rahmenbedingungen oben im 2. Teil, Seite 521 ff.

[169] Vgl. so ehedem auch schon richtig *Winters*, S. 184.

[170] So zutreffend schon *Winters*, S. 184.

[171] Vgl. so auch bereits den richtigen Hinweis von *Winters*, S. 184; siehe zu der unter diesen Voraussetzungen bestehenden parallelen Anerkennungsmöglichkeit einer GmbH sowohl als Rechtsanwalts-, Patentanwalts-, Wirtschaftsprüfungs-, Buchprüfungs- und/oder Steuerberatungsgesellschaft nunmehr auch ausdrücklich die amtliche Begründung zum Entwurf eines Gesetzes zur Änderung der Bundesrechtsanwaltsordnung, der Patentanwaltsordnung und anderer Gesetze, BR-Drucksache 1002/97, S. 14.

Pflichtprüfungs- als auch den Beratungsmarkt dominierender internationaler Wirtschaftsprüfungsgesellschaften erfolgreich wird vermeiden lassen, mutet hiernach für die Zukunft eher zweifelhaft an. Angesichts der vorhandenen Vernetzungsmöglichkeiten dürfte statt dessen eher zu erwarten stehen, daß gerade die Bildung und das expandierende Wachstum solcher „Anwaltsgesellschaften mbH", die in der tatsächlichen Rechtspraxis zum Teil bereits offen in den Firmenverbund von großen und kapitalkräftigen Wirtschaftsprüfungsgesellschaften eingruppiert worden sind,[172] auch künftig unvermindert weiter anhalten wird.

Die rechtliche oder – wohl besser – rechtspolitische Bewertung, daß sich die anwaltliche Unabhängigkeit in einer „Anwalts-GmbH" bereits durch den Erlaß von strengen Kapitalbindungsvorschriften ebenso wirksam sicherstellen lassen könne wie durch das – fraglos einschneidendere – gesetzgeberische Mittel eines umfänglichen berufsgesetzliches Verbots, entbehrt vor diesem Hintergrund de facto wohl durchaus einer substantiellen Zugkraft und einer echten sachlichen Plausibilität.

In jenen freien Heil- und Beratungsberufen, in denen eine besondere, zum ratsuchenden Publikum hin bestehende Vertrauensbeziehung gemäß § 203 I Nr. 1-3 StGB sogar eigens strafrechtlichen Schutz genießt, dürfte daneben auch noch ein weiterer juristischer Aspekt für die prinzipielle Verfassungsmäßigkeit selbst eines umfassenden berufsgesetzlichen Verbots der „Freiberufler-Kapitalgesellschaft" sprechen. Denn hier lägen einer entsprechenden Verbotsregelung nach der zutreffenden verwaltungsgerichtlichen Judikatur allein schon deshalb sachgerechte und vernünftige Erwägungen des Gemeinwohls zugrunde, weil auf diese Weise die Erbringung freiberuflicher Dienstleistungen ohne ein persönliches Vertrauensverhältnis zwischen dem Ratsuchenden und dem Raterteilenden (nämlich einer „Freiberufler-AG/KGaA/GmbH") ausgeschlossen wird.[173] Die prinzipielle Fernhaltung juristischer Personen von der Abwicklung freiberuflicher (Dienst-)Leistungen stellt sich danach beispielsweise auch im Rahmen des § 10 I RBerV als geeignet und erforderlich dar, um dieses Ziel – nämlich die Sicherung eines nur zwischen natürlichen Personen denkbaren Vertrauensverhältnisses – zu erreichen.[174]

Abgesehen davon wird man ein umfängliches berufsgesetzliches Verbot der „Freiberufler-Kapitalgesellschaft" in praktisch allen freien Professionen aber auch aus einer anderen Überlegung heraus als eine – letztlich ohne weiteres – verfassungsgemäße Regelung der Berufsausübung im Sinne des Art. 12 I GG einstufen müssen.

So hat das Bundesverfassungsgericht das in den §§ 3 Nr. 5, 7 Satz 1 ApothG umrissene gesetzgeberische Leitbild des selbständigen „Apothekers in seiner Apotheke" und das daraus resultierende Verbot des Betriebs einer zweiten Apotheke unter anderem gerade mit folgender tragenden Begründung als verfassungsrechtlich unbedenkliche Berufsausübungsregelung gewertet: „Die Erwägung, die Arzneimittelversorgung in die Hand eines Standes freier, selbständiger Apotheker zu legen, wird dem Grundgedanken der Berufsfreiheit und der Freiheit des Einzelnen zu seiner wirtschaftlichen Entfaltung in besonderem Maße gerecht. Sie entspricht (...) dem allgemein gebilligten wirtschaftspolitischen Ziel

---

172 Siehe dazu bereits näher oben im 1. Teil, Seite 154.

173 Vgl. so etwa explizit OVG Koblenz in NJW 1980, 1866 (1867) zum weitgehenden Ausschluß juristischer Personen von der geschäftsmäßigen Rechtsbesorgung und Rechtsberatung durch die Regelung des § 10 I RBerV.

174 So ausdrücklich OVG Koblenz in NJW 1980, 1866 (1867).

der Förderung des Mittelstandes. Bei einer auch nur grundsätzlichen Zulassung des Mehrbetriebs wäre die Gefahr einer sich allmählich bildenden Konzentration im Apothekenwesen nicht auszuschließen. Hierdurch würde der freiberufliche Charakter des Apothekerstandes gefährdet. Der selbständige Apotheker würde mehr und mehr zurückgedrängt und die Schicht der angestellten Apotheker wachsen. Eine solche Entwicklung würde die Möglichkeit für den Apothekernachwuchs, zu einer eigenen Apotheke zu gelangen, und damit von der rechtlich bestehenden Niederlassungsfreiheit auch faktisch Gebrauch zu machen, erheblich verringern. Demgegenüber führt die jetzige Regelung in ihrer Tendenz und in ihren Auswirkungen dazu, einer möglichst großen Zahl von Apothekern den Weg zur Selbständigkeit zu eröffnen und damit die Niederlassungsfreiheit in möglichst großem Umfang zu verwirklichen. Mit diesen Erwägungen erledigt sich zugleich der Einwand, daß den Forderungen der Gesundheitspolitik Genüge getan sei, wenn jede Apotheke von einem approbierten Apotheker geleitet werde, gleichviel ob er Inhaber, Pächter oder Angestellter sei ...".[175]

Das Bundesverfassungsgericht stellt sodann zutreffend fest, daß die solcherart im ApothG getroffene Regelung „... der Wertordnung des Grundgesetzes mehr Rechnung (trägt, sic!) als andere mögliche Gestaltungen."[176]

In Übereinstimmung mit dieser Zielsetzung – nämlich der Förderung eines selbständigen Mittelstandes und dem Erhalt einer wirklichen Niederlassungsfreiheit auch für nachfolgende Apotheker-Generationen durch eine konsequente berufsrechtliche Unterbindung ansonsten naheliegender Konzentrationsprozesse – statuiert § 8 Satz 1 ApothG daher auch ausdrücklich einen Rechtsformzwang dahin, daß mehrere Personen eine Apotheke *nur* in der Rechtsform einer Gesellschaft bürgerlichen Rechts oder einer offenen Handelsgesellschaft betreiben können.[177] Der Betrieb einer Apotheke in der Rechtsform einer Kapitalgesellschaft ist danach berufsgesetzlich strikt ausgeschlossen;[178] dies gilt insbesondere auch für den normativ vorausgesetzten Regelfall der sog. „Einmann-Apotheke".[179]

---

[175] Vgl. BVerfGE 17, 232 (243 f.); dem ausdrücklich zustimmend überdies auch BVerwGE 40, 157 (164); BVerwG in GewArch 1994, 61 (63 f.); *Friauf*, S. 61; ebenso zuvor bereits *Breyer*, Anm. 4 zu §§ 6, 7 ApothG.

[176] BVerfGE 17, 232 (243).

[177] Vgl. zum eingängigen Sinn und Zweck dieser Bestimmung nur *Hoffmann*, Rn. 24 zu § 8 ApothG: „Das ApothG will den mittelständischen Charakter der Apotheke erhalten und ihre <Vertrustung> verhindern. Aus diesen Beweggründen wird die juristische Person als Rechtsform weitgehend ausgeschaltet. Der Beruf des selbständigen Apothekers ist ein Freier Beruf, den die persönliche Dienstleistung als Wesensmerkmal auszeichnet." – Die letztgenannte Feststellung ist freilich dahin zu relativieren, daß der Apotheker aufgrund des von ihm ganz überwiegend betriebenen An- und Verkaufs von Arzneimitteln (Waren) in erster Linie Gewerbetreibender ist, aber durch die normative Ausgestaltung des ApothG – insbesondere durch die Betonung einer höchstpersönlichen Leistungserbringung – den Freien Berufen vergleichsweise nahe steht; vgl. dazu auch schon oben Seite 546 in Fußnote 53.

[178] *Breyer*, Anm. 1 zu § 8 ApothG; *Hoffmann*, Rn. 24 ff. zu § 8 ApothG; *Schiedermair/Blanke*, Anm. „Allgemeines" zu § 8 ApothG; *Schiedermair* in FS für Laufke (1971), 253 (254 u. 260); *Schiedermair/Pieck*; Rn. 1 u. Rn. 8 zu § 8 ApothG.

[179] Vgl. so – im Anschluß an die ausdrückliche gesetzgeberische Zulassung der sog. „Einmann-GmbH" durch das GmbH-ÄnderungsG v. 4.7.1980 (BGBl. I, S. 836) – unter Hinweis auf die Gesetzesmaterialien des ApothG zutreffend *Schiedermair* in PharmZ 1981, 322 (323 ff.); *Fichtel* in DApothZ 1981, 566 f.; *Schiedermair/Pieck*, Rn. 73 ff. zu § 8 ApothG; dies konzedierend letztlich

Das so durch § 8 Satz 1 ApothG umfänglich begründete Verbot, die Kapitalgesellschaften zur Ausübung des Apothekerberufs einzusetzen, wird vor diesem Hintergrund im rechtswissenschaftlichen Schrifttum *einhellig* – d. h. auch seitens der grundsätzlichen rechtspolitischen Befürworter einer „Freiberufler-AG/KGaA/GmbH" – sowohl hinsichtlich des Art. 12 I GG als auch in Ansehung des Art. 3 I GG für verfassungsgemäß erachtet.[180] Dieses einmütige juristische Verdikt ist um so bemerkenswerter, als der Apotheker – wegen seiner ganz überwiegenden An- und Verkaufstätigkeit von Arzneimitteln (Waren) – von Rechts wegen seit jeher als *Gewerbetreibender* klassifiziert wird,[181] so daß für diesen Erwerbszweig über Art. 19 III GG an sich sogar uneingeschränkt auch eine *eigene* Grundrechtsträgerschaft der juristischen Person aus Art. 12 I GG bejaht werden muß.[182]

Mit anderen Worten gilt für den Bereich des Apothekenwesens demnach folgendes: Obwohl sich die juristische Person in diesem Erwerbszweig auch unmittelbar selbst auf das Grundrecht der Berufsfreiheit berufen kann und das in § 8 Satz 1 ApothG niedergelegte umfassende Verbot einer „Apotheken-AG/KGaA/GmbH" aus Sicht der Kapitalgesellschaft mithin als eine Beschränkung ihrer freien *Berufswahl* erscheinen muß,[183] ist dieses gesetzgeberische Vorgehen verfassungsrechtlich dennoch nicht zu beanstanden, weil es geeignet und erforderlich ist zur Vermeidung einer Konzentration im Apothekenwesen, zur Sicherung einer nicht nur rechtstheoretischen, sondern auch tatsächlichen Niederlassungsfreiheit für künftige Apotheker-Generationen und damit – der Werteordnung des Grundgesetzes bestmöglich entsprechend – insgesamt dem Erhalt eines gesellschaftspolitisch förderungswürdigen selbständigen Mittelstandes dient.

---

auch *Henssler* in ZIP 1994, 844 (851); *ders.* in DApothZ 1995, 17 (19); *Ahlers* in FS für Rowedder (1994), 1 (4); a. A. speziell für den Betrieb einer Apotheke in Form der „Einmann-GmbH" demgegenüber *Berberich* in DApothZ 1981, 391 ff.; *Deutsch*, S. 457, freilich beide unter Verkennung der Entstehungsgeschichte und des Regelungszwecks des § 8 ApothG.

Die Gesetzesmaterialien lassen in der Tat keinen Zweifel daran, daß der historische Normgeber des ApothG anno 1960 einer Nutzung kapitalgesellschaftlicher Rechtsformen zum Betrieb einer Apotheke vollends ablehnend gegenüber gestanden hat. So führte der seinerzeit zuständige Berichterstatter des Ausschusses für Gesundheitswesen (11. Ausschuß), Dr. Dittrich, im Rahmen der damaligen parlamentarischen Beratung zum Entwurf des späteren ApothG aus: „Dem Ausschuß ist es darum gegangen, den mittelständischen Charakter der Apotheke zu wahren und das besondere Vertrauensverhältnis, das der Apotheker zur Bevölkerung hat, unter allen Umständen im Interesse einer geordneten Arzneimittelversorgung zu erhalten. Der Ausschuß hat es in seiner Gesamtheit abgelehnt, die Apotheke zu einem Ausbeutungsobjekt für Kapitalgesellschaften zu machen."; vgl. dazu den Stenographischen Bericht über die Verhandlungen des Deutschen Bundestages in seiner 113. Sitzung am 6.5.1960; zweite und dritte Lesung des Entwurfs eines Gesetzes über das Apothekenwesen; zit. nach *Schiedermair/Pieck*, Materialien B, S. 590.

180 *Schiedermair/Blanke*, Anm. „Allgemeines" zu § 8 ApothG; *Hoffmann*, Rn. 26 f. zu § 8 ApothG; *Breyer*, Anm. 1 zu § 8 ApothG i. V. m. Anm. 4 zu §§ 6, 7 ApothG; siehe aus dem Kreis der rechtspolitischen Anhänger einer „Freiberufler-Kapitalgesellschaft" insbesondere *Henssler* in ZIP 1994, 844 (851 f.); *ders.* in DApothZ 1995, 17 (25 ff.) sowie *Ahlers* in FS für Rowedder (1994), 1 (3 ff.).

181 Vgl. dazu hier nur *Fleischmann*, S. 94 f.; siehe zu dieser Einstufung im übrigen auch bereits näher oben Seite 546 in Fußnote 53.

182 So zutreffend *Hoffmann*, Rn. 26 zu § 8 ApothG; *insoweit* richtig auch *Henssler* in ZIP 1994, 844 (851); *ders.* in DApothZ 1995, 17 (20).

183 *Insofern* zutreffend auch *Henssler* in DApothZ 1995, 17 (20).

Diese Erwägungen können freilich in exakt der gleichen Weise auch für den gesamten Sektor der Freien Berufe Gültigkeit beanspruchen. Zwar ist es insoweit durchaus richtig, daß das rechtspolitische Bestreben, tradierte Berufsbilder und die freiberufliche Prägung bestimmter Professionen nach Möglichkeit zu erhalten, für sich genommen sicherlich keinen absolut förderungswürdigen Zweck darstellen kann, welcher den Normgeber bereits per se zu einem weitgehenden berufsgesetzlichen Verbot der „Freiberufler-Kapitalgesellschaft" berechtigen könnte. Doch erweist sich das Bemühen, die juristische Person vom Bereich freiberuflicher Betätigung tunlichst auszuschließen, im Lichte des Grundgesetzes keineswegs als ein bloßer, von Verfassungs wegen unbeachtlicher Selbstzweck.

Vielmehr läßt sich ein solches legislatives Verbot ohne weiteres damit rechtfertigen, daß auf diese Weise volkswirtschaftlich bedenkliche Konzentrationsprozesse in den Freien Berufen vermieden werden, den nachwachsenden Generationen von Berufsanfängern nicht nur die theoretische, sondern auch die tatsächliche Möglichkeit zu einer selbstbestimmten Berufstätigkeit in freier Niederlassung verbleibt und so im Ergebnis der für die stabile Struktur jedes staatlichen Gemeinwesens notwendige gesellschaftliche Mittelstand erhalten bleibt. Diesem Anliegen ist im Bereich freier Berufstätigkeit vor allem deshalb besonderes Gewicht beizumessen, weil sich die betreffenden Tätigkeitsfelder aufgrund ihres spezifischen eigenschöpferischen Gehalts ausnahmslos durch eine besondere Höchstpersönlichkeit der Leistungserbringung auszeichnen und die freien Professionen – denkt man nur an die Sicherung der Volksgesundheit durch die Ärzteschaft und an die Garantie einer geordneten, von staatlicher Willkür freien Rechtspflege durch die Anwaltschaft – oftmals besonders gemeinschaftswichtige Funktionen wahrnehmen.

Gerade die bereits an anderer Stelle sehr eingehend nachgezeichnete empirische Entwicklung auf dem Sektor der Wirtschaftsprüfung belegt demgegenüber eindrucksvoll, daß die Implementation der Kapitalgesellschaft in die Freien Berufe über kurz oder lang zur Folge hat, daß letztlich alle lukrativen Marktsegmente an einen verhältnismäßig kleinen Kreis so organisierter Gesellschaften fallen. Im Zuge dessen sind – anders als bei einem ausschließlichen Einsatz personengesellschaftlicher Rechtsformen – also stets und unweigerlich massive Konzentrationstendenzen zu beobachten, die im Ergebnis bis zur Ausbildung oligopol- oder gar monopolartiger Zusammenschlüsse führen und dadurch – schon kraft ihrer überproportionalen Marktmacht – einen wirklich freien Leistungswettbewerb unter den verbleibenden Anbietern zumindest gefährden, wenn nicht sogar vollständig ausschließen. Den nachfolgenden Generationen von Berufsanfängern ist es mangels vergleichbarer Kapitalressourcen auch bei bester fachlicher Qualifikation kaum möglich, sich der langjährigen beruflichen Tätigkeit in einer dieser marktdominanten Gesellschaften zu entziehen. Die sozio-ökonomische Zweiteilung innerhalb einer freiberuflichen Berufsgruppe wird, wie die in anderem Zusammenhang vorbeschriebenen Erfahrungen im In- und Ausland zeigen, durch die Anerkennung der Kapitalgesellschaft als einer berufsrechtlich zulässigen Form der Leistungserbringung weiter forciert und intensiviert.

Zugleich droht der Siegeszug der Kapitalgesellschaft auch die innerberuflichen Strukturen der freien Professionen nachhaltig zu verändern. Denn die Entstehung einiger marktdominanter kapitalgesellschaftlicher Zusammenschlüsse mit einer großen Zahl abhängig beschäftigter Mitarbeiter löst das über die Personengesellschaft dort bisher angelegte System einer stärker horizontalen Organisation der Berufstätigen im Verhältnis untereinander ab und wandelt es unwiderruflich in ein solches der vertikalen und hierarchischen Binnenordnung um. An die Stelle eines vornehmlich selbstverantworteten beruflichen Handelns treten statt dessen fortan sehr stark gewerblich geprägte, auch im Hinblick auf das eigene Personal stets flexibel handlungsfähige Dienstleistungsunternehmen.

All diese rechtstatsächlichen Folgeerscheinungen treten in einen eklatanten Widerspruch zu der primär am menschlichen Individuum orientierten Werteordnung des Grundgesetzes. Nach der zutreffenden Interpretation des Bundesverfassungsgerichts entspricht es vielmehr dem Grundrecht der Berufsfreiheit und der Freiheit des Einzelnen zu seiner wirtschaftlichen Entfaltung in besonderem Maße, wenn durch berufsrechtliche Regelungen, die der Gefahr einer Konzentration und einer Ausweitung abhängiger Beschäftigungsverhältnisse vorbeugen, eine rechtlich garantierte Niederlassungsfreiheit für nachfolgende Generationen von Berufsanfängern auch faktisch gewährleistet wird und somit innerhalb der Gesellschaft dauerhaft ein selbständiger Mittelstand erhalten bleibt.

Das legislative Verbot der „Freiberufler-Kapitalgesellschaft" kann hiernach im gesamten Bereich der freiberuflichen Betätigung selbst dann keinen Verstoß gegen das Grundrecht der Berufsfreiheit aus Art. 12 I GG begründen, wenn im Zuge dessen der Betrieb einer entsprechenden „Freiberufler-AG/KGaA/GmbH" vollends und ohne jede Ausnahme untersagt wird.[184] Soweit sich die gleichartige Vorschrift des § 8 Satz 1 ApothG betreffend den gewerblichen Apothekerberuf nach einhelliger Auffassung als verfassungsgemäß erweist, kann für den Sektor der freiberuflichen Dienstleistung naturgemäß nichts anderes gelten. Diese Feststellung rechtfertigt sich um so mehr, als das gesetzgeberische Verbot des Einsatzes kapitalgesellschaftlicher Rechtsformen zur Leistungserbringung in den Freien Berufen ausschließlich als eine Regelung der Berufsausübung aus Sicht der natürlichen Person zu qualifizieren ist, während im gewerblichen Apothekenwesen kraft der hier zu bejahenden eigenen Grundrechtsträgerschaft der juristischen Person sogar die eingriffsintensivere Ebene der freien Berufswahl betroffen wird.

Der vorstehenden Rechtsbewertung entspricht es, daß die obersten Bundesgerichte mit Blick auf kapitalgesellschaftlich organisierte Steuerberatungsgesellschaften bis zur Gegenwart in ständiger Rechtsprechung davon ausgehen, daß der Gesetzgeber anläßlich der Verabschiedung des StBerG im Jahre 1961 für die Zukunft ebenso gut an dem Prinzip hätte festhalten können, daß die Steuerberatung höchstpersönlich auszuüben und die Gründung von Gesellschaften demgemäß ausgeschlossen sei.[185]

Im Ergebnis zeigt sich damit, daß die Entscheidung des Normgebers, den Einsatz der Kapitalgesellschaften zur Darbietung freiberuflicher Dienstleistungen entweder berufsgesetzlich explizit zuzulassen oder aber umfänglich zu verbieten, in keiner Weise durch bestimmte, aus dem Verfassungsrecht ableitbare Handlungsvorgaben determiniert ist.[186] Eine

---

[184] Ebenso erkennbar auch AG Hannover in GmbHR 1994, 120, wonach der Gesetzgeber eine im Rahmen des Art. 12 I GG zulässige Wertung vornehme, soweit er Ärzten die Gründung und den Betrieb einer juristischen Person zum Zwecke der Ausübung der ambulanten Heilkunde vollkommen untersage.

[185] Vgl. so etwa ausdrücklich BVerfGE 21, 227 (234); BVerwGE 88, 221 (225), BFH in BStBl. 1989 II, 577 (580); OLG Düsseldorf in NJW-RR 1997, 313 (314); siehe aus dem zustimmenden Schrifttum etwa *Wolter* in StB 1987, 193 (195).

[186] Diese Rechtslage wird zum Teil selbst von den rechtspolitischen Befürwortern der „Freiberufler-Kapitalgesellschaft" konzediert; siehe dazu etwa *Koch* in: Verhandlungen des 58. DJT (1990), Band II (Sitzungsberichte), Teil M, 35, mit Blick auf die „Anwalts-GmbH": „Ein verfassungs- oder

juristische Interpretation, die nur eine legislative Freigabe der „Freiberufler-AG/KGaA/GmbH" als verfassungsgemäß ansehen wollte, muß sich daher zwangsläufig als unzutreffend erweisen. Bei der Frage, ob die kapitalgesellschaftlichen Rechtsformen auch im freiberuflichen Sektor als taugliche Berufsausübungsgesellschaften Verwendung finden sollen, handelt es sich vielmehr um eine *rein wirtschafts- und rechtspolitische* Entscheidungsfindung seitens der Legislative, *nicht aber um eine solche, die vorab auch schon verfassungsrechtlich* in einem bestimmten Sinne vorgezeichnet wäre.[187]

Demgemäß mag die Bereitstellung der „Freiberufler-Kapitalgesellschaft" in den rechts- und wirtschaftsberatenden freien Professionen angesichts einer zunehmenden Internationalisierung der Wirtschaft aus *ökonomischer* Sicht gegebenenfalls zweckmäßig erscheinen, um dadurch insbesondere bei Großaufträgen die Arbeitsprozesse erfolgreicher rationalisieren zu können[188] – *juristisch* gewissermaßen zwangsläufig vorgegeben ist diese Bereitstellung nach der Werteordnung und dem Menschenbild des Grundgesetzes damit aber gleichwohl und offenkundig in keinem Fall.[189]

Soweit das in einigen Bundesländern statuierte generelle berufsgesetzliche Verbot zum Betrieb einer ambulanten ärztlichen Heilkunde-GmbH unter Hinweis auf die abweichende Rechtslage auf dem stationären Sektor im übrigen auch noch als Verstoß gegen den allgemeinen Gleichheitssatz des Art. 3 I GG bewertet wird,[190] vermag diese rechtliche Beurteilung schließlich ebenfalls nicht zu überzeugen.

Hier ist zunächst allgemein vorauszuschicken, daß dem Gesetzgeber im Rahmen des Art. 3 I GG grundsätzlich ein weiter Gestaltungsspielraum zukommt.[191] Dieses Grundrecht verbietet dem Gesetzgeber an sich nur eine willkürlich ungleiche Behandlung des in wesentlichen Punkten Gleichen. Art. 3 I GG ist daher in der Regel lediglich dann verletzt, wenn sich ein vernünftiger, aus der Natur der Sache sich ergebender oder sonst sachlich einleuchtender Grund für die gesetzliche Differenzierung nicht finden läßt.[192] Doch ist bei der Anwendung des Gleichheitsgebotes auch der jeweilige Lebens- und Sachbereich zu berücksichtigen; demgemäß können dem gesetzgeberischen Gestaltungsspielraum gegebe-

sonstiger rechtlicher Grundsatz, der den Gesetzgeber zwingt, den Anwälten zu gestatten, anders als bisher, sich nicht nur in BGB-Gesellschaften, sondern auch in Kapitalgesellschaften, so man es will, zu organisieren, ist nicht vorhanden."; vgl. ebenso auch *Henssler* in JZ 1992, 697 (709 f.); *ders.* in ZIP 1994, 844 (851), sofern der Gesetzgeber den Angehörigen der freien Professionen – wie zwischenzeitlich geschehen – mit der Partnerschaft noch eine weitere Rechtsform zur gemeinsamen Berufsausübung neben der BGB-Gesellschaft zur Verfügung stelle; dieser verfassungsrechtlichen Bewertung zustimmend auch *Seibert*, S. 41.

[187] Vgl. in diesem Sinne allgemein auch schon BVerfGE 7, 377 (400): „Das Grundgesetz ist wirtschaftspolitisch in dem Sinn neutral, daß der Gesetzgeber jede ihm sachgemäß erscheinende Wirtschaftspolitik verfolgen darf, sofern er dabei das Grundgesetz, insbesondere die Grundrechte, beachtet."; ebenso *Hoffmann* in DVBl. 1964, 457 (461).

[188] Vgl. in dieser Richtung etwa *Oberlander* in Gerling-Konzern (Hrsg.), 17 (19), wonach der zunehmende internationale Wettbewerb bei den Rechtsanwälten die Forderung nach der Zulassung handelsrechtlicher Kapitalgesellschaften verstärke, während die Partnerschaft hier andererseits eine Weichenstellung bedeute, die im Rahmen berufsrechtlicher Einschränkungen bei der Entfaltung an Grenzen stoße.

[189] Vgl. in diesem Sinne ersichtlich auch BVerfGE 21, 227 (233 f.).

[190] Vgl. dazu die zahlreichen Schrifttumsnachweise oben auf Seite 581 in Fußnote 119.

[191] Vgl. nur BVerfGE 34, 252 (256); 55, 185 (198).

[192] Siehe dazu nur BVerfGE 83, 1 (23).

nenfalls dort engere Grenzen gezogen sein, wo es sich um Regelungen handelt, die Auswirkungen auf die durch Art. 12 I GG geschützte Freiheit der beruflichen Betätigung haben.[193]

Speziell mit Blick auf die grundlegende Differenzierung zwischen dem stationären und dem ambulanten Bereich des kurativen Gesundheitswesens hat das Bundesverfassungsgericht nun aber zutreffend dahin entschieden, daß die ambulante ärztliche Versorgung ein engeres Vertrauensverhältnis zwischen Arzt und Patient verlange als die stationäre ärztliche Betreuung.[194] Das Rechtsverhältnis des niedergelassenen Arztes zum Patienten sei stets ein solches höchstpersönlicher Natur; während sich andererseits etwa der angestellte Chefarzt – schon infolge seiner umfangreichen Beanspruchung auch durch verwaltungsmäßige und organisatorische Aufgaben – in seiner persönlichen Mühewaltung auf besondere Fälle beschränken müsse und er demgemäß die ärztliche Versorgung, freilich unter seiner fortbestehenden Verantwortung und Aufsicht, auch zum großen Teil den Ober- und Assistenzärzten überlassen dürfe.[195]

Setzt danach aber die ambulante ärztliche Heilbehandlung – schon weil das Prinzip der höchstpersönlichen Leistungserbringung dort vergleichsweise stärker ausgeprägt ist – eine engere Vertrauensbeziehung zwischen Arzt und Patient voraus, so hält sich der Gesetzgeber ohne weiteres in den Grenzen des ihm eingeräumten legislativen Gestaltungsspielraums, wenn er einerseits die Entscheidung trifft, die Kapitalgesellschaften auf dem ambulanten Sektor zur Sicherung jenes (stets nur zwischen natürlichen Personen denkbaren) persönlichen Vertrauensverhältnisses als zulässiges Instrument der Berufsausübung vollends auszuschließen, er aber andererseits im stationären Bereich gleichwohl weiterhin an der juristischen Person als einer rechtlich zulässigen Betriebsform festhält. Die jeweils verschieden stark ausgeprägte Intensität des Vertrauensbandes zwischen dem Heilenden und dem Heilbedürftigen bildet insoweit fraglos einen sachlich einleuchtenden Grund für die gesetzgeberische Differenzierung. Der Normgeber ist daher – gerade wegen der insofern voneinander abweichenden Eigenheiten der beruflichen Betätigung – in diesem Punkt auch unbesehen dazu berechtigt, auf dem ambulanten Sektor eine sachlich weiter reichende Einschränkung der Berufsausübungsfreiheit vorzunehmen als auf dem stationären Sektor.

Mit der hier vertretenen Rechtsauffassung korrespondiert im übrigen die gleichgerichtete Feststellung des Bundesverfassungsgerichts, daß sich die Ärzte in Krankenhäusern und in wissenschaftlichen Forschungsanstalten in ihrer Beziehung zu den Patienten in einer von den frei praktizierenden Ärzten so verschiedenen Situation befinden, daß beispielsweise auch eine unterschiedliche normative Ausgestaltung der Versorgung mit Arzneimitteln materiell gerechtfertigt ist und keineswegs als willkürlich erscheinen kann.[196]

---

193 BVerfGE 37, 342 (353 f.); 62, 256 (274); 74, 9 (24).
194 Vgl. so explizit BVerfGE 16, 286 (299).
195 BVerfGE 16, 286 (299 f.).
196 Vgl. dazu BVerfGE 20, 283 (295).

5. Zwischenergebnis

Somit ist abschließend zu konstatieren, daß sich die juristische Person im gesamten Bereich der freiberuflichen Betätigung weder selbst auf das Grundrecht der Berufsfreiheit aus Art. 12 I GG noch (ergänzend) auf das Grundrecht der Vereinigungsfreiheit gemäß Art. 9 I GG berufen kann. Berufsgesetzliche Regelungen, welche den Betrieb einer „Freiberufler-Kapitalgesellschaft" entweder explizit zulassen oder aber umfänglich untersagen, tangieren mit Blick auf Art. 12 I GG vielmehr ausschließlich die Ebene der Berufsausübung aus Sicht der Berufsangehörigen als natürlichen Personen.

Weder aus dem Grundsatz der Verhältnismäßigkeit noch aus dem allgemeinen Gleichheitssatz des Art. 3 I GG läßt sich ein genereller, verfassungsrechtlich niedergelegter Zwang auf Bereitstellung der kapitalgesellschaftlichen Rechtsformen zur Erbringung freiberuflicher Dienstleistungen ableiten. Statt dessen hätte vor dem Grundgesetz sogar ein umfassendes, für praktisch alle freien Professionen geltendes legislatives Verbot der „Freiberufler-AG/KGaA/GmbH" Bestand, weil auf diese Weise einem sozio-ökonomisch und volkswirtschaftlich bedenklichen Konzentrationsprozeß auf dem freiberuflichen Sektor entgegengewirkt würde, für nachwachsende Generationen von Berufsanfängern nicht nur die rechtstheoretische, sondern auch die effektiv-faktische Möglichkeit zur Niederlassung in eigener Praxis erhalten bliebe und so letztlich auch der reale Fortbestand eines gesellschaftspolitisch förderungswürdigen Mittelstandes dauerhaft gewährleistet werden könnte.

Im Zuge dessen stellt es sich im Ergebnis auch als verfassungsrechtlich unbedenklich dar, daß einige Bundesländer in ihre Heilberufsgesetze zum Teil ausdrücklich das Verbot zum Betrieb einer ambulanten Heilkunde-Kapitalgesellschaft mit aufgenommen haben, soweit die betreffende juristische Person nach ihrem Unternehmensgegenstand ärztliche Heilbehandlungsleistungen auch unmittelbar als eine eigene vertragliche Dienstleistung gegenüber dem ratsuchenden Publikum anbieten will.

C. Der Siegeszug der „Freiberufler-Kapitalgesellschaft" – Synonym für das Ende der freien Professionen

Der nach den Ergebnissen dieser Ausarbeitung – zumindest bei unveränderten normativen Rahmenbedingungen – schon heute absehbare, auch in Zukunft unvermindert anhaltende Siegeszug der Kapitalgesellschaften auf dem freiberuflichen Sektor wirft damit abschließend freilich auch die Frage auf, in welchem Umfang die elementare rechtliche Differenzierung zwischen Freiem Beruf und Gewerbe in unserer Rechts- und Gesellschaftsordnung künftig sinnvollerweise überhaupt noch weiter aufrechterhalten werden kann.

Ist infolge des spezifisch eigenschöpferischen Gehalts der freiberuflichen Betätigung das maßgebliche rechtliche Abgrenzungskriterium gegenüber dem Gewerbe allein in dem Merkmal einer höchstpersönlichen Leistungserbringung zu erblicken, welche nicht durch den unbegrenzten Einsatz fremder Arbeitskraft über ein vertretbares Maß zurückgedrängt oder im schlimmsten Falle sogar vollkommen ersetzt werden darf, so muß der anhaltende Siegeszug der Kapitalgesellschaften auf vielen freiberuflichen Tätigkeitsfeldern an sich zwangsläufig dazu führen, daß die hiervon betroffenen Berufssparten in der Folge ganz aus dem Kreis der Freien Berufe ausgeschieden werden.

Denn die strukturelle Überlegenheit einer „Freiberufler-AG/KGaA/GmbH" gegenüber den vergleichbaren personengesellschaftlichen Zusammenschlüssen (Sozietät, Partnerschaft) und den selbständig tätigen Einzelfreiberuflern läßt sich insoweit nicht schon dadurch kompensieren, daß die juristische Person schlicht den selben berufsrechtlichen Restriktionen unterworfen wird wie die „echte", selbständig ausgeübte freie Berufstätigkeit. Zwar ist es – wohl schon aus Gründen der Gleichbehandlung gemäß Art. 3 I GG – sicherlich geboten, auch die juristische Person im beruflichen Wettbewerb unter den Anbietern freiberuflicher Dienstleistungen jeweils in diesbezüglich eventuell bestehende Gebührenordnungen[1] oder aber in gegebenenfalls vorhandene berufsrechtliche Werbeverbote[2] mit-

---

1 Vgl. dazu unlängst etwa BGH in NJW 1997, 2329 (2330), wonach die bindenden Honorarsätze der HOAI aufgrund ihres leistungsbezogenen Charakters durchgängig nicht nur für natürliche Personen, sondern auch für juristische Personen (im konkreten Fall: für eine Bauplanungs- und Baubetreuungs-GmbH) gelten, falls die juristische Person die entsprechenden Planungs- und Beratungsleistungen unmittelbar selbst als eine eigene vertragliche Leistung gegenüber der Auftraggeberseite anbietet.

2 Siehe zur sachlichen Erstreckung des ärztlichen Werbeverbots auf eine ambulant tätige Heilkunde-GmbH, soweit diese sich zwecks Erfüllung ihrer (in eigener Person) eingegangenen Verbindlichkeiten nachfolgend eines approbierten Arztes zur tatsächlichen Leistungserbringung bedient, etwa OLG Hamburg in WRP 1988, 548 (550); OLG Hamburg in MedR 1992, 280 (282 f.); OLG München in NJW 1993, 800 (801); OLG Hamburg in MedR 1994, 451 f.; LG Hamburg in MedR 1995, 82 f.; BGH in MedR 1995, 113 (114); ebenso für das ambulante Angebot rein kosmetischer ärztlicher Leistungen durch eine GmbH nunmehr auch LG Hamburg in MedR 1996, 522 (523 f.); siehe zur wettbewerbswidrigen Werbung einer GmbH für einen privatärztlichen Notfalldienst ferner OLG Hamburg in MedR 1997, 417 (418); der Judikatur beipflichtend beispielsweise *Brötzmann* in ArztR 3/1994, 10 (13); *Piper* in FS für Brandner (1996), 449 (464 f. u. 468); a. A. – keine Geltung des

einzubinden. Doch zeigt gerade die rechtstatsächliche Entwicklung im Bereich der Steuerberatung und der Wirtschaftsprüfung – also speziell in denjenigen freiberuflichen Sektoren, in denen die Kapitalgesellschaften den Berufsangehörigen schon seit jeher zur gemeinsamen Berufsausübung zur Verfügung gestanden haben –, daß sich kapitalgesellschaftliche Zusammenschlüsse mit einer Vielzahl angestellter Mitarbeiter auf Dauer mühelos gegen personengesellschaftliche Verbindungen sowie gegen selbständige Einzelfreiberufler durchsetzen und diese im Ergebnis beinahe ausnahmslos in weniger lukrative Randbereiche des betreffenden Dienstleistungsmarktes abgedrängt werden.

Die eingangs zitierte höchstrichterliche Judikatur, nach der die Ausübung eines Freien Berufs in der Rechtsform einer Kapitalgesellschaft im Grunde dem höchstpersönlichen Charakter dieser Berufe widerspricht und deshalb an sich nur eine besonders begründete Ausnahme sein darf, findet im Bereich der steuer- und wirtschaftsberatenden freien Professionen demnach längst keine hinreichende sachliche Entsprechung mehr in den maßgebenden Verhältnissen der Rechtswirklichkeit.

Die rechtstatsächlich zu beobachtende Entwicklung, nach der eine „Freiberufler-AG/KGaA/GmbH“ problemlos die zivilvertragliche Ausführung freiberuflicher Dienstleistungen in hierarchisch gegliederten, beliebig weiterungsfähigen abhängigen Beschäftigungsstrukturen gestattet und dadurch über kurz oder lang in praktisch sämtlichen freiberuflichen Sektoren zu einer den Nachfragemarkt dominierenden Gesellschaftsform aufsteigt, kann – wie die Verhältnisse im Bereich der Wirtschaftsprüfung und Steuerberatung anschaulich belegen – auch durch ihre Unterstellung unter das Berufsrecht nicht nachhaltig korrigiert und noch viel weniger wirksam aufgehalten werden.[3]

Es sollte nach der vorangegangenen rechtlichen Analyse daher an sich keinem Zweifel unterliegen: Die exklusiv dem Gesetzgeber vorbehaltene (ausschließlich rechtspolitische) Entscheidung, die Kapitalgesellschaften entweder ausdrücklich als zulässige Form der Leistungsabwicklung in die Freien Berufe zu implementieren oder aber den Angehörigen der freien Professionen die Nutzung dieser gewerblichen Rechtsformen zur gemeinsamen Berufsausübung weitgehend zu untersagen, bestimmt zugleich auch über das künftige rechtliche Schicksal und den Fortbestand der jeweiligen Freien Berufe an sich. Denn der weitere Aufstieg der „Freiberufler-AG/KGaA/GmbH“ droht ansonsten, den betreffenden Berufsgruppen unentrinnbar ihren freiberuflichen Charakter als solchen zu nehmen und rechtstatsächlich ihren baldigen Übertritt in das Gewerbe vorzubereiten.[4]

ärztlichen Werbeverbots für die juristische Person, sofern der Arzt, der die Heilbehandlungsleistung tatsächlich vornimmt, weder ihr Gesellschafter noch ihr Geschäftsführer ist – hingegen KG in NJW 1986, 2381 (2382); OLG Köln in NJW 1994, 3017 (3019); ähnlich *Schulte* in MedR 1992, 283 f.; differenzierend – auf eine strenge Prüfung aller Umstände des Einzelfalls abstellend – schließlich *Rieger* in MedR 1995, 468 (470 f.); wie dieser wohl auch *Ratzel* in MedR 1995, 91 (93 f.).

3 Dies konzedierend auch *Michalski*, Gesellschafts- und Kartellrecht, S. 290.

4 Vgl. in dieser Richtung bereits zutreffend *Michalski*, Gesellschafts- und Kartellrecht, S. 285 ff.; sehr deutlich auch *Neuenfeld-Neuenfeld*, Band 1, Rn. 64 zu Teil I: „Die (freiberufliche, sic!) Kooperation ist kein reines Wirtschaftsunternehmen, eine solche Entwicklung wäre das Ende der Freien Berufe.“; ebenso *Löwer* in: Verhandlungen des 58. DJT (1990), Band II (Sitzungsberichte), Teil M, 69: „Ob wir wollen oder nicht, wird der Rechtsanwaltsberuf durch die Berufsausübung in Form einer GmbH zum Gewerbe, und dies wird sich auf das Berufsbild auswirken. Eine Anwalts-GmbH verstärkt den Zug zu Anonymität, Vergewerblichung und Schwinden von Verantwortung. Trotz aller vorgesehenen Kautelen wird die Gefahr begründet, daß Gesellschafter, die nicht dem anwaltlichen Standes-

Die derzeitige Abgrenzung der Gruppe der Freien Berufe ist selbstverständlich nicht ein- für allemal gesetzlich „vorgegeben" und endgültig fixiert; vielmehr können neue Berufe hinzutreten und andere sich in ihrem rechtstatsächlichen Profil so verändern, daß sie von Rechts wegen aus dem freiberuflichen Katalog wieder herausgenommen werden müssen.[5] Das System freier Berufstätigkeit erweist sich also als ein dynamisches System, in das bestimmte Professionen zum einen hineinwachsen, aus dem sie aber späterhin ebenso gut auch wieder herauswachsen können.

Sofern die konkreten rechtlichen Folgewirkungen der hier prognostizierten Entwicklung in Rede stehen, dürfte ein weiterer Zugriff der freiberuflich Tätigen auf die kapitalgesellschaftlichen Rechtsformen dabei künftig vor allem zur Folge haben, daß die betreffenden freien Professionen vergleichsweise rasch das ihnen bisher gewährte Privileg einer grundsätzlichen Gewerbesteuerfreiheit verlieren.

Zwar bewegt sich der Gesetzgeber zunächst einmal im Bereich verfassungsrechtlich zulässiger Differenzierungen, soweit er die Einkünfte aus freiberuflicher Tätigkeit insbesondere von den Einkünften aus Gewerbebetrieb unterscheidet und an diese Unterscheidung ungleiche Rechtsfolgen anknüpft.[6] Demgemäß kommen als sachliche Gesichtspunkte, die zur legislativen Anerkennung einer Tätigkeit als freiberuflich führen können, nach der einschlägigen verfassungsgerichtlichen Rechtsprechung unter anderem in Betracht der persönliche Einsatz bei der Berufsausübung, der Charakter des jeweiligen Berufs, wie er sich in der allgemein-rechtlichen und berufsrechtlichen Ausgestaltung und in der Verkehrsanschauung darstellt, die Stellung und Bedeutung des Berufs im Sozialgefüge sowie die Qualität und die Länge der erforderlichen Berufsausbildung.[7]

Bildet im Ergebnis aus juristischer Sicht aber allein das Merkmal einer höchstpersönlichen Leistungserbringung, welche nicht durch die Verwendung fremder Arbeitskraft beliebig in den Hintergrund gedrängt oder gar vollständig ersetzt werden darf, das entscheidende rechtliche Abgrenzungskriterium der Freien Berufe gegenüber dem Gewerbe, so läßt sich eine weitere gewerbesteuerliche Sonderbehandlung eben jener freien Berufsgruppen, in denen sich rechtstatsächlich die Kapitalgesellschaft Bahn bricht, indes auch verfassungsrechtlich nicht mehr dauerhaft und plausibel vor Art. 3 I GG legitimieren.

Denn gerade die bereits in anderem Zusammenhang dokumentierte rechtstatsächliche Entwicklung auf dem wirtschaftsprüfenden Sektor belegt eindrucksvoll, daß im Laufe der Zeit – gegebenenfalls auch nach einer Reihe von regionalen und überregionalen Fusionen – jeweils eine verhältnismäßig kleine Zahl von marktdominanten Kapitalgesellschaften mit einer Vielzahl von angestellten Mitarbeitern praktisch alle lukrativen Mandate auf sich vereinigen kann. In einer solchen Konstellation läßt sich die weitere Beibehaltung einer Gewerbesteuerfreiheit, die alsdann in praxi lediglich noch den zumeist auf weniger profitablen Sektoren arbeitenden personengesellschaftlichen Zusammenschlüssen und den

recht unterworfen sind, Einfluß auf die Geschäftsführung und damit auf die anwaltliche Berufsausübung nehmen."; in diesem Sinne – allerdings bereits eher resignierend – auch *Haas* in BRAK-Mitt. 1995, 133 (134).

[5] So zutreffend *Schick*, S. 10.

[6] Vgl. so ausdrücklich BVerfGE 46, 224 (241 f.); BVerfG in HFR 1991, 614; ebenso im Ergebnis auch *Michalski*, Begriff, S. 205 ff. („Lenkungsinstrument"); *Rodi*, S. 217 ff.

[7] Vgl. dazu BVerfG in BStBl. 1974 II, 273 (276 f.); BVerfGE 46, 224 (241 f.); OLG Celle in BB 1996, 2219; *Sodan*, S. 12.

selbständig tätigen Einzelfreiberuflern zugute käme, aber wohl fürwahr nur noch als ein willkürliches Instrument zur partiellen Förderung eines Teils des selbständigen Mittelstandes interpretieren. Denn wenn alle einträglichen und lohnenden Marktsegmente ohnehin bereits auf strikt gewerblich arbeitende „Freiberufler-Kapitalgesellschaften" übergegangen sind, ist auch kein sachlich einleuchtender Grund mehr ersichtlich, die verbliebenen „echten", nach wie vor selbständig tätigen Freiberufler steuerlich gegenüber den selbständig tätigen Gewerbetreibenden zu privilegieren. Eine derartige steuerliche Vergünstigung müßte sodann vielmehr für jeden selbständig tätigen Kleinunternehmer, gleich ob er nun einer freiberuflichen oder einer gewerblichen Beschäftigung nachgeht, in gleicher Weise gelten.

Doch wäre es auf der anderen Seite nicht gerechtfertigt und fiskalpolitisch wohl allenfalls mit dem in letzter Zeit erheblich gestiegenen Finanzbedarf der öffentlichen Haushalte zu erklären, wollte man im Zuge dessen künftig pauschal sämtliche Freien Berufe in die Pflicht zur Entrichtung der Gewerbeertragsteuer miteinbeziehen.[8] Die Herauslösung bestimmter Erwerbstätigkeiten aus dem Kreis der freien Professionen muß nach den Ergebnissen der vorstehenden Ausarbeitung vielmehr gerade auf diejenigen Berufstätigkeiten beschränkt bleiben, in denen die „Freiberufler-AG/KGaA/GmbH" rechtstatsächlich einen starken Zulauf verzeichnen konnte und entsprechend organisierte Zusammenschlüsse einen wesentlichen Teil gerade der lukrativen Marktsegmente auf sich vereinigt haben.

Auf dieser Grundlage ist de lege ferenda fraglos an erster Stelle der wirtschaftsprüfende Berufsstand zwingend aus dem Kreis der Freien Berufe auszuschließen. Die legislative Aufnahme dieser Profession in den Katalog der Freien Berufe durch das EStG 1934 fußte angesichts der historischen Ursprünge jener Berufstätigkeit wohl ohnehin schon seit jeher mehr auf rein politischen Gründen denn auf juristisch tragfähigen sachlich-inhaltlichen Erwägungen.[9] Aufbauend auf der vormals gewerblichen Entstehungsgeschichte des Berufes ist der Siegeszug der „Freiberufler-Kapitalgesellschaft" auf dem wirtschaftsprüfenden Sektor rechtstatsächlich unzweifelhaft bereits am weitesten fortgeschritten.

In Übereinstimmung hiermit gestattet die Wirtschaftsprüferordnung – anders als etwa die parallele Regelung des § 56 I StBerG für den Bereich der Steuerberatung – in ihrem § 44b I WPO sogar explizit die Bildung einer Sozietät zwischen einem Wirtschaftsprüfer als natürlicher Person und einer juristischen Person, das heißt also de facto vor allem den Zusammenschluß zwischen einem Wirtschaftsprüfer und einer Wirtschaftsprüfungs- und/oder Steuerberatungs-AG/KGaA/GmbH zwecks gemeinsamer Berufsausübung. In ebenso „einzigartiger" und „einmaliger" Weise erlaubt die Vorschrift des § 28 IV WPO in ihren Nummern 1, 3, 4 und 5 außerdem auch ausdrücklich die Bildung mehrstöckiger Kapitalbeteiligungen (Holding-Konstruktionen) im Verhältnis zwischen verschiedenen Wirtschaftsprüfungsgesellschaften *untereinander*. Demnach hegt der Normgeber hier nicht einmal Bedenken, von Gesetzes wegen expressis verbis die Entstehung intransparenter „freiberuflicher" Konzernstrukturen zuzulassen – eine Rechtssetzung, die mit Blick auf die rechtlichen Grundlagen freier Berufstätigkeit wohl in der Tat nur noch als absurd bezeichnet werden kann.

---

[8] Vgl. so aber den dahin lautenden Empfehlungsbeschluß des Finanzausschusses des Bundesrates vom 20.6.1996; vgl. dazu die entsprechenden Mitteilungen in „Der Architekt" 1996, 460; der freie beruf 9/1996, 12.

[9] In dieser Richtung auch bereits *Rittner* in StB 1967, 2 (4).

Neben dem wirtschaftsprüfenden Berufsstand ist – schon weil die Steuerberatung zu einem wesentlichen Teil auch von den großen, den Pflichtprüfungsmarkt dominierenden Wirtschaftsprüfungsgesellschaften geleistet wird – zukünftig desgleichen auch die Berufsgruppe der Steuerberater unbesehen wieder aus der Riege der freien Professionen herauszunehmen. Auch in diesem Bereich dokumentiert die kontinuierlich steigende Zahl von Steuerberatungs-Kapitalgesellschaften mit dynamischem Größenwachstum, daß von einer singulären und nur ausnahmsweisen Nutzung dieser gewerblichen Berufsausübungsformen ernstlich schon lange nicht mehr gesprochen werden kann.[10]

Im Gefolge dessen steht zu erwarten, daß auch andere, bislang traditionell freiberufliche Berufsgruppen wie insbesondere die Rechts- und Patentanwälte sowie freischaffende Architekten und Ingenieure ihren überlieferten freiberuflichen Status alsbald einbüßen und statt dessen vollständig in das Gewerbe überwechseln werden.[11] Es erscheint im Ergebnis daher sogar durchaus vorstellbar, daß auf steuerrechtlichem Gebiet in Zukunft beinahe nur noch die sog. staatlich gebundenen Berufe, d. h. also insbesondere die Notare und sowie die öffentlich bestellten Vermessungsingenieure als Inhaber eines öffentlichen Amtes[12] von der Pflicht zur Entrichtung der Gewerbesteuer ausgenommen bleiben.

---

[10] Vgl. in dieser Richtung auch bereits (vielsagend) die Fortschreibung des Berichts der Bundesregierung über die Lage der Freien Berufe in der Bundesrepublik Deutschland, BT-Drucksache 12/21, S. 7 f., wonach an der Grenze zur gewerblichen Wirtschaft auch die Beratenden Ingenieure, Steuerberater und Wirtschaftsprüfer stünden, die sich nach ihren jeweiligen Berufsrechten erlaubtermaßen in der Rechtsform einer Kapitalgesellschaft organisieren könnten und dadurch ebenfalls der Gewerbesteuerpflicht unterfielen.

[11] Welche Folgewirkungen der rechtstatsächliche Übertritt speziell der Anwaltschaft in das Gewerbe mit Blick auf das in einigen Bundesländern praktizierte Rechtsinstitut des Anwaltsnotariats hervorbringen wird, dürfte sich hierbei vergleichsweise leicht erahnen lassen. Die diesbezüglich weiter fortbestehende Personalunion von öffentlich-rechtlichem Amt und gewerblichem Handelskaufmann wird zukünftig fraglos einem verstärkten – und im Ergebnis wohl kaum noch einlösbaren – rechtspolitischen Legitimationsdruck ausgesetzt sein; vgl. in diesem Sinne auch bereits richtig *Stefener* in AnwBl. 1988, 367 (369): „Mit einem Anwalt, der nach rein kaufmännischen Gesichtspunkten werbend und auf Gewinnmaximierung gerichtet tätig wird, läßt sich das Bild des Notars als eines mit staatlichen Aufgaben Beliehenen wohl kaum noch in Einklang bringen und aufrechterhalten."; desgleichen *Leutheußer*, S. 183: „Notariat und Anwaltschaft passen nicht zusammen."; vgl. – sehr deutlich – auch *Eue* in FS für Schippel (1996), 599 (628): „Es gibt meines Erachtens außer den wirtschaftlichen Interessen eines Teils der Anwaltschaft, die ihren Beruf in einem zunehmend gewerblichen Umfeld ausüben wollen, keinerlei Grund, auch das Notariat in dieser für das Amt schädlichen Umgebung (gemeint: die Großkanzlei moderner Prägung) zu belassen."

In die gleiche Richtung weist im laufenden Gesetzgebungsverfahren zur Regelung der „Anwalts-GmbH" zwischenzeitlich auch die Beschlußempfehlung, die am 27.1.1998 seitens des Bundesrates vom insoweit federführenden Rechtsausschuß sowie vom Finanzausschuß abgegeben worden ist. Denn diese Gremien haben sich übereinstimmend dafür ausgesprochen, daß sich Anwaltsnotare künftig auch in ihrer Eigenschaft als Anwälte nicht als Gesellschafter an einer Rechts- oder Patentanwaltsgesellschaft sollen beteiligen können; vgl. dazu die entsprechende Beschlußempfehlung zum Entwurf eines Gesetzes zur Änderung der Bundesrechtsanwaltsordnung, der Patentanwaltsordnung und anderer Gesetze, BR-Drucksache 1002/1/97, S. 1 f.; ausgeliefert am 27.1.1998.

[12] Vgl. zu der rechtlichen Klassifizierung der Tätigkeit eines öffentlich bestellten Vermessungsingenieurs als staatlich gebundener Beruf, der bei der Durchführung und Beurkundung von Vermessungen typische Hoheitsfunktionen wahrnimmt und demnach in Ausübung eines öffentlichen Amtes handelt, etwa BVerfGE 73, 301 (316); VGH Mannheim in NVwZ 1987, 431 (432 f.); *Sodan*, S. 17 f.

Allein mit Blick auf den klassischen Freien Beruf des Arztes wird man – zumindest nach dem gegenwärtigen Stand der Entwicklung – wohl auch in Zukunft unverändert an dem rechtlichen Status der Freiberuflichkeit festhalten können. Denn auch in jenen Bundesländern, in denen den Angehörigen des ärztlichen Berufsstandes der ambulante Betrieb einer Heilkunde-Kapitalgesellschaft (noch) nicht ausdrücklich berufsgesetzlich untersagt worden ist, stößt die ambulante Heilkunde-GmbH kaum auf einen wirtschaftlich nennenswerten und tragfähigen Anwendungsbereich.

So nehmen nach § 95 I SGB V an der vertragsärztlichen Versorgung nur zugelassene und ermächtigte Ärzte sowie ermächtigte ärztlich geleitete Einrichtungen (vgl. zu den letzteren insbesondere die in den §§ 117-119 SGB V behandelten Polikliniken, psychiatrischen Institutsambulanzen und sozialpädiatrischen Zentren) teil. Des weiteren ordnet die Vorschrift des § 98 SGB V in Verbindung mit § 32 I 1 Ärzte-ZV für den Bereich der gesetzlichen Krankenversicherung ausdrücklich an, daß der niedergelassene Vertragsarzt „... *die vertragsärztliche Tätigkeit persönlich in freier Praxis auszuüben* ..." hat. Diese Bestimmungen werden vom juristischen Schrifttum zu Recht einhellig dahin interpretiert, daß eine auf dem ambulanten Sektor tätige Heilkunde-Kapitalgesellschaft als solche regelmäßig kein geeigneter „Konzessionsträger" sein und demgemäß auch nicht selbst zur vertragsärztlichen Versorgung zugelassen werden kann.[13]

Aber auch der in einer ambulanten Heilkunde-GmbH angestellte Arzt ist nach allgemeiner Meinung außerstande, eine Teilnahme an der vertragsärztlichen Versorgung zu erreichen. Denn nach den §§ 95 IX, 98 II Nr. 13 SGB V in Verbindung mit § 32b Ärzte-ZV kann der zuständige Zulassungsausschuß die Genehmigung zur Anstellung eines ganztags beschäftigten oder zweier halbtags beschäftigter Ärzte nur erteilen, wenn das Anstellungsverhältnis zu einem seinerseits zugelassenen Vertragsarzt hin begründet wird.[14] Die Ärzte, die als Angestellte in einer ambulant tätigen Heilkunde-GmbH beschäftigt werden, sind demgemäß nicht in der Lage, über den Weg des § 32b Ärzte-ZV eine Genehmigung zu erhalten.[15]

Die Möglichkeit einer ambulanten Heilkunde-GmbH zur Teilnahme an der ärztlichen Behandlung gesetzlich versicherter Patienten bleibt nach dem Regelungswerk des SGB V damit von vornherein ausschließlich auf atypische Sonderkonstellationen beschränkt.[16]

---

[13] Vgl. dazu nur *Taupitz* in VersR 1992, 1064 (1065); *ders.* in NJW 1992, 2317 (2318 f.); *Henssler* in ZIP 1994, 844 (847); *Bösert* in ZAP 1994, Fach 15, 137 (140); *Laufs* in MedR 1995, 11 (16), *Preißler* in MedR 1995, 110; *Kupfer* in KÖSDI 1995, 10130 (10140); *Bösert/Braun/Jochem*, S. 41; *Meyer/Kreft* in GmbHR 1997, 193 (196).

[14] *Preißler* in MedR 1995, 110.

[15] *Henssler* in ZIP 1994, 844 (847); *Bösert* in ZAP 1994, Fach 15, 137 (140); *Laufs* in MedR 1995, 11 (16); *Preißler* in MedR 1995, 110; *Kupfer* in KÖSDI 1995, 10130 (10140); *Bösert/Braun/Jochem*, S. 41; *Meyer/Kreft* in GmbHR 1997, 193 (196); ebenso zur alten Rechtslage vor dem Inkrafttreten des Gesundheitsstruktur-Gesetzes v. 21.12.1992 (BGBl. I, S. 2266) vormals auch schon *Taupitz* in VersR 1992, 1064 (1064 f.).

[16] Sieht man von den zumeist ohnehin nur nachrangig und bedarfsabhängig zur vertragsärztlichen Versorgung ermächtigten Institutsambulanzen gemäß den §§ 117-119 SGB V ab, so dürfte die Heilkunde-GmbH auf der Grundlage des § 311 II SGB V in der Rechtspraxis ansonsten wohl nur für die ärztlich geleiteten Polikliniken in den neuen Bundesländern als zulässige Rechtsform zur Erbringung ambulanter Heilbehandlungsleistungen in Betracht kommen; vgl. dazu näher *Preißler* in MedR 1995, 110 (111). In diesem Anwendungsbereich wird man sodann allerdings auch gleich wieder den gesetz-

Diese normative Ausgestaltung stellt sich – entsprechend den Wertungen, die die Verfassungsmäßigkeit selbst eines vollständigen berufsgesetzlichen Verbots der ambulanten ärztlichen Heilkunde-Kapitalgesellschaft ergeben haben[17] – dabei auch im Lichte des Grundgesetzes als ganz und gar unbedenklich dar.

Darüber hinaus lehnen es im weiteren auch die *privaten Krankenversicherer* ausnahmslos ab, ihren Mitgliedern die Kosten für eine solche Heilbehandlung zu erstatten, die von einer überwiegend ambulant tätigen Heilkunde-GmbH als eigene vertragliche Leistung erbracht worden ist. Denn die allgemeinen Versicherungsbedingungen für die Krankheitskosten- und Krankenhaustagegeldversicherung (MBKK) enthalten in ihrem § 4 II ausdrücklich die Bestimmung, daß „... der versicherten Person die Wahl unter den *niedergelassenen* approbierten Ärzten und Zahnärzten frei(steht) ...". Diese Klausel wird von der Rechtsprechung zutreffend dahin ausgelegt, daß unter den Begriff der Niederlassung ausschließlich die nach außen hin ausgeübte ärztliche Berufstätigkeit in *selbständiger* Praxis fällt.[18] Da die juristische Person als solche ohnehin nicht als „niedergelassener Arzt" bezeichnet werden kann,[19] besteht für einen privaten Krankenversicherer im Ergebnis daher keine Pflicht zur Kostentragung, soweit sich der versicherte Patient auf der Grundlage eines unmittelbar mit der ambulanten Heilkunde-GmbH geschlossenen Vertrages durch einen Arzt behandeln läßt, der dort – gegebenenfalls auch in der Funktion als Gesellschafter-Geschäftsführer – ausschließlich in einem Anstellungsverhältnis beschäftigt ist.[20]

---

lichen Handlungsauftrag des § 311 X SGB V im Auge behalten müssen, wonach die Niederlassung in freier Praxis mit dem Ziel zu fördern ist, daß der freiberuflich tätige Arzt maßgeblicher Träger der ambulanten Versorgung wird und der Anteil der ärztlich geleiteten Einrichtungen im Sinne des vorhergehenden Absatzes 2 entsprechend zu verringern ist.

[17] Vgl. dazu ausführlich oben Seite 581 ff., 590 ff.

[18] Siehe dazu nur LG Köln in VersR 1977, 716 (717); OLG München in VersR 1990, 614; LG Köln in VersR 1992, 43; LG Mainz in VersR 1992, 44; LG Nürnberg-Fürth in VersR 1992, 45; OLG Hamm in NJW 1993, 801 (802); OLG München in VersR 1993, 428 (429); OLG Düsseldorf in VersR 1994, 207; *Taupitz* in VersR 1992, 1064 (1066); *ders.* in NJW 1992, 2317 (2324); *Bösert/Braun/Jochem*, S. 41; *Meyer/Kreft* in GmbHR 1997, 193 (196); *Schiller* in NZS 1997, 103 (104).

[19] LG Köln in VersR 1977, 716 (717); 1992, 43; LG Mainz in VersR 1992, 44; LG Nürnberg-Fürth in VersR 1992, 45; OLG Hamm in NJW 1993, 801 (802); OLG München in VersR 1993, 428 (430); OLG Düsseldorf in VersR 1994, 207; *Taupitz* in VersR 1992, 1064 (1066); *ders.* in NJW 1992, 2317 (2324); *Bösert/Braun/Jochem*, S. 41; *Meyer/Kreft* in GmbHR 1997, 193 (196); *Schiller* in NZS 1997, 103 (104).

[20] LG Köln in VersR 1977, 716 f.; 1992, 43 f.; LG Mainz in VersR 1992, 44 f.; LG Nürnberg-Fürth in VersR 1992, 45; OLG Köln in VersR 1992, 952 f.; OLG Hamm in NJW 1993, 801 (802); OLG München in VersR 1993, 428 (430); OLG Düsseldorf in VersR 1994, 207 f.; *Bösert* in ZAP 1994, Fach 15, 137 (140); *Preißler* in MedR 1995, 110 (111); *Bösert/Braun/Jochem*, S. 41; *Meyer/Kreft* in GmbHR 1997, 193 (196); kritisch demgegenüber *Dreher* in VersR 1995, 245 (250 ff.) sowie *Laufs* in NJW 1995, 1590 (1595 mit Fn. 127), wonach die von den Versicherern insoweit allgemein praktizierte Verweigerung der Kostenerstattung die Versicherungsnehmer und Versicherten gemäß § 9 II Nr. 2 AGBG unangemessen benachteilige.

In der Sache wird man gegen das Vorgehen der privaten Krankenversicherer jedoch nichts einwenden können, liegt doch der Schaffung des § 4 II MB/KK ersichtlich das Bestreben zugrunde, eine ansonsten drohende fortschreitende Institutionalisierung und Kommerzialisierung der ärztlichen Tätigkeit nicht auch noch mittelbar durch entsprechende Leistungen zu unterstützen; so zutreffend *Gitter* in NJW 1980, 2745 (2746).

Die ambulante Heilkunde-GmbH bzw. den für sie handelnden Arzt trifft zudem auch noch die (vor-)vertragliche Nebenpflicht, die ratsuchenden Patienten im Zuge der Vertragsanbahnung ausdrücklich auf die spätere Nichterstattungsfähigkeit der in Rechnung gestellten Leistungen gemäß § 4 II MB/KK hinzuweisen.[21] Wird diese (vor-)vertragliche Nebenpflicht verletzt, kann der Patient im Wege des Schadensersatzes die Zahlung der im weiteren Verlauf geltend gemachten Vergütung verweigern bzw. bereits geleistete Zahlungen wieder zurückverlangen.[22] Dies schränkt die praktische Bedeutung der ambulanten Heilkunde-GmbH im Ergebnis noch weiter ein.[23]

Das nahezu einzige Betätigungsfeld der ambulanten Heilkunde-GmbH wird in Zukunft daher voraussichtlich gerade bei sog. „echten“ Selbstzahlerpatienten ohne jedweden Kostenerstattungsanspruch gegen eine private Krankenversicherung liegen.[24] Auf diesem Sektor scheiden kurative Behandlungen indes von vornherein aus, die Heilkunde-GmbH wird sich deshalb in ihrem Leistungsangebot nolens volens im wesentlichen auf rein kosmetische und präventive Leistungen beschränken müssen.[25]

Eine rechtstatsächlich bedeutsame Nutzung kapitalgesellschaftlicher Rechtsformen steht für den Bereich der ambulanten ärztlichen Berufstätigkeit nach alledem auch zukünftig nicht zu erwarten. Die niedergelassene Ärzteschaft wird sich den Status der Freiberuflichkeit somit vermutlich auch weiterhin bewahren können.

Eine Entwicklung, welche die freiberufliche Prägung des ärztlichen Berufsstandes in den nächsten Jahren gleichwohl ernstlich in Frage stellen könnte, droht demgegenüber ersichtlich auf dem stationären Heilbehandlungssektor.

Zwar dürften insoweit keine grundsätzlichen Bedenken dagegen zu erheben sein, daß in letzter Zeit auch die öffentlich-rechtlichen und freigemeinnützigen Träger verstärkt dazu übergegangen sind, ihre Krankenhäuser in die Rechtsform einer Kapitalgesellschaft zu überführen.[26] Denn sofern die Kapitalanteile auch nach der Umwandlung weiterhin vollständig bei der öffentlichen Hand oder bei den freigemeinnützigen Trägern verbleiben, wird man unbedenklich davon ausgehen dürfen, daß die Klinik – trotz ihrer nunmehr gewerblichen Betriebsform – nach wie vor nicht primär als Gewinnerzielungsinstrument, sondern weiterhin ausschließlich im Gemeinwohlinteresse zur Daseinsvorsorge und zur Sicherstellung einer ausreichenden Versorgung der Bevölkerung mit stationären Leistungen dienen soll.

Anders verhält es sich demgegenüber auf dem Sektor der privat betriebenen Krankenanstalten. Der tatsächliche Anteil der Privatkliniken lag – bei weiterhin steigender Tendenz

---

[21] *Taupitz* in VersR 1992, 1064 (1067); *ders.* in NJW 1992, 2317 (2324); *Henssler* in ZIP 1994, 844 (847); *Meyer/Kreft* in GmbHR 1997, 193 (196).

[22] *Taupitz* in VersR 1992, 1064 (1067); *ders.* in NJW 1992, 2317 (2324 f.).

[23] So zutreffend *Preißler* in MedR 1995, 110 (111).

[24] *Taupitz* in VersR 1992, 1064 (1067); *Preißler* in MedR 1995, 110 (111).

[25] Vgl. so richtig *Taupitz* in VersR 1992, 1064 (1067), der aaO, 1068, zutreffend vom dadurch bewirkten „Ende der ambulanten Heilbehandlungs-GmbH durch die Hintertür“ spricht; siehe ebenso ferner auch *ders.* in NJW 1992, 2317 (2325); *Preißler* in MedR 1995, 110 (111); *Bösert/Braun/Jochem*, S. 41; *Meyer/Kreft* in GmbHR 1997, 193 (196).

[26] Vgl. hierzu etwa *Quaas* in das Krankenhaus 1992, 59 ff.; *Knorr/Wernick*, S. 65 ff u. S. 93 ff.; Baden-Württembergische Krankenhausgesellschaft e. V. (Hrsg.), S. 30 ff. In manchen Bundesländern sind mittlerweile fast die Hälfte aller kommunalen Krankenhäuser in privatwirtschaftliche Betriebsorganisationen überführt worden; so *Taupitz* in NJW 1996, 3033 (3041).

– in der Bundesrepublik zu Beginn der neunziger Jahre immerhin bereits bei 27,8 % aller Krankenhäuser und 12 % aller Klinikbetten.[27] Für diesen Bereich ist es nur schwer einsichtig, daß der Gesetzgeber bislang davon abgesehen hat, die berufliche Unabhängigkeit der dort beschäftigten angestellten Ärzte effektiver gegen sachwidrige Einflüsse berufsfremder Personen abzusichern. Die Möglichkeit, daß Berufsfremde auf die unabhängige Berufsausübung einwirken, ist insbesondere im Fall einer kapitalgesellschaftlich betriebenen Privatklinik besonders groß, da diese Rechtsform dem Kapitaleigner schon institutionell weitgehende Einflußrechte eröffnet und auf eine rechtlich nur schwer faßbare Weise verdeckte berufsfremde Einflüsse erleichtert.[28] Gleichwohl hat der Gesetzgeber hier bislang vollständig davon abgesehen, den Einfluß berufsfremder Kapitaleigner in irgendeiner Weise näher zu limitieren. Daher ist es, wie schon das Beispiel der 1970 gegründeten, mehrfach erwähnten „Deutschen Klinik für Diagnostik AG" gezeigt hat, gegenwärtig von Rechts wegen ohne weiteres zulässig, daß beispielsweise Banken, Versicherungen oder privatwirtschaftliche Konzerne jeder Art (auch Arzneimittelhersteller) als alleinige oder mehrheitliche Anteilseigner einer Privatklinik fungieren. Die Gefahr, daß berufsfremde Kapitaleigner bei einem entsprechenden wirtschaftlichen Eigeninteresse mitunter auch massiv Einfluß auf die medizinisch-technische Einrichtung der Klinik oder die Produktpalette der verabreichten Arzneien nehmen könnten, dürfte hier wohl kaum nur theoretischer Natur sein.

In bemerkenswertem Gegensatz zu den sehr offenen Beteiligungsverhältnissen, wie sie hiernach auf dem privaten Krankenhaussektor bestehen, hat der Normgeber in den Jahren 1985 bzw. 1989 die berufsgesetzliche Einführung einer Kapitalbindung für seitdem neu gegründete Wirtschaftsprüfungs- bzw. Steuerberatungsgesellschaften auf der anderen Seite aber jeweils ausdrücklich damit begründet, daß es fraglos das Ende des Freien Berufs des Wirtschaftsprüfers oder des vereidigten Buchprüfers bedeuten würde, wenn diese ihren Beruf zum großen Teil nur noch als Angestellte einer Kapitalgesellschaft mit Beteiligung Berufsfremder ausüben könnten.[29]

Weshalb die Sachlage bei dem klassisch Freien Beruf des Arztes insoweit aber anders zu bewerten sein sollte, ist nicht recht verständlich. Gegen die (rechtspolitische) Notwendigkeit einer Einführung vergleichbarer Kapitalbindungsvorschriften kann in diesem Kontext gewiß nicht eingewandt werden, daß sich der Betrieb eines privaten Krankenhauses aufgrund des kumulativen Hinzutretens einer gewerblichen Dienstleistungskomponente – nämlich des Unterbringungs- und Verpflegungssektors – grundlegend von einer rein frei-

[27] Vgl. dazu die entsprechenden statistischen Angaben in Laufs/Uhlenbruck-*Genzel*, Rn. 33 zu § 85 in Fn. 51.

[28] Vgl. so auch ausdrücklich BFH in BStBl. 1989 II, 577 (578) für eine Steuerberatungs-Kapitalgesellschaft, deren Kapitalanteile mehrheitlich bei berufsfremden, nicht sozietätsfähigen Dritten lagen; ebenso für eine derartige Konstellation zuvor auch schon *Foerster* in DB 1986, 878 (879); desgleichen *Meng* in StB 1989, 217 (227).

[29] Vgl. dazu für den wirtschaftsprüfenden Berufsstand die Beschlußempfehlung und den Bericht des Rechtsausschusses (6. Ausschuß) zu dem Regierungsentwurf eines Bilanzrichtlinien-Gesetzes und dem Entwurf eines Gesetzes zur Durchführung der 7. und 8. Richtlinie des Rates der Europäischen Gemeinschaften zur Koordinierung des Gesellschaftsrechts; BT-Drucksache 10/4268, S. 93; siehe weitgehend sinngleich auch die Argumentation, mit der der Gesetzgeber vier Jahre später – im Jahre 1989 – die berufsgesetzliche Einführung einer Kapitalbindung für seitdem neu gegründete Steuerberatungsgesellschaften in der Rechtsform einer Kapitalgesellschaft gerechtfertigt hat; vgl. dazu näher die allgemeine Begründung des Regierungsentwurfs eines 4. StBerÄndG; BT-Drucksache 11/3915, S. 13.

beruflichen Berufstätigkeit unterscheide. Denn gerade aus der Sicht eines behandlungsbedürftigen Patienten steht beim Betrieb eines Krankenhauses zweifellos die dort geleistete ärztliche Berufstätigkeit, das heißt also die originär freiberufliche Dienstleistungskomponente, im Vordergrund. Der Patient sucht ein Krankenhaus an sich nur deshalb auf, weil er der ärztlichen Behandlung bedarf, nicht aber, um dort zu speisen oder zu übernachten. Diese (gewerblich erbringbaren) Dienstleistungen nimmt er lediglich in Anspruch, weil sein Gesundheitszustand eine permanente ärztliche Betreuung erfordert und er die Klinik nicht verlassen kann.

Begibt sich ein Patient danach aber allein mit Rücksicht auf die dort ausgeübte ärztliche Heilbehandlungstätigkeit in ein Krankenhaus, so erweist sich folglich auch im Rahmen des Betriebs einer Privatkrankenanstalt die originär freiberufliche Dienstleistungskomponente als bestimmend gegenüber der gewerblichen.

Aus diesem Grunde erschiene es daher an sich nur konsequent, de lege ferenda auch auf dem privaten Krankenhaussektor an die Einführung berufsspezifischer Kapitalbindungsvorschriften zu denken. Bei einer Privatklinik, die in der Rechtsform einer Kapitalgesellschaft ärztliche Dienste auch unmittelbar als eigene vertragliche Leistung gegenüber dem Publikum anbieten will, ließe sich eine wirksame institutionelle Absicherung der ärztlichen Unabhängigkeit insoweit gewiß dadurch erreichen, daß den dort beschäftigten Ärzten im Fall einer Neugründung kraft Gesetzes jeweils die Mehrheit der Kapitalanteile und Stimmrechte zustehen müßte. Ebenso wäre bei der Neugründung eines Privatkrankenhauses in Gestalt einer KG zu prüfen, ob nicht die Mehrheit der im Handelsregister eingetragenen Kommanditeinlagen fortan von daselbst tätigen Ärzten übernommen werden müßte. Der Gedanke an die Verabschiedung derartiger Kapitalbindungsvorschriften mag auf den ersten Blick vielleicht überraschend wirken, doch fänden diese Bestimmungen ihr Gegenstück sicherlich in den entsprechenden Regelungen, die der Normgeber in vergleichbarer Weise auch im Bereich der Wirtschaftsprüfung und Steuerberatung geschaffen hat.

Freilich dürften derart strikte rechtliche Vorgaben in der Rechtspraxis nur schwer einzulösen sein, weil der Betrieb eines privaten Krankenhauses in der Regel einen riesigen Investitionsbedarf erfordert, so daß eine mehrheitliche Übernahme der Kapitalanteile durch die dort beschäftigten Ärzte wohl zumeist schon aus wirtschaftlichen Gründen ausscheiden müßte. In einer solchen Konstellation wäre indes zu überlegen, ob die Privatklinik statt dessen nicht auch als sog. reines Belegkrankenhaus betrieben werden könnte. Denn der rechtliche Organisationstyp des Belegkrankenhauses zeichnet sich eigens durch die Besonderheit aus, daß hier die Heilbehandlungstätigkeit weiterhin von ausschließlich freiberuflich tätigen Ärzten geleistet wird, die ihrerseits mit dem Krankenhausträger einen Belegarztvertrag abschließen, welcher ihnen das Recht einräumt, die von ihnen betreuten oder ihnen überwiesenen Patienten im Krankenhaus unter Inanspruchnahme der hierfür bereitgestellten Räume und Einrichtungen stationär zu behandeln.[30]

---

[30] Vgl. zur exakten juristischen Definition der belegärztlichen Tätigkeit im Rahmen der gesetzlichen Krankenversicherung etwa die einschlägige Begriffsbestimmung in § 121 II SGB V; siehe zur rechtlichen Ausgestaltung des Belegarztwesens näher *Franzki/Hansen* in NJW 1990, 737 (738 f.) sowie ausführlich *Stegers* in Arbeitsgemeinschaft Rechtsanwälte im Medizinrecht e. V. (Hrsg.), S. 3 ff., und *Ratajczak*, ebenda, S. 17 ff.

Der gegenwärtige rechtstatsächliche Übertritt insbesondere der freien Konstruktionsberufe sowie der rechts- und wirtschaftsberatenden freien Professionen in das Gewerbe wird sich de lege ferenda konsequenterweise freilich kaum auf die steuerrechtlichen Folgewirkungen, d. h. insbesondere auf die künftige Einbeziehung auch der verbliebenen „echten", nach wie vor selbständig berufstätigen Freiberufler in die Gewerbesteuer, beschränken lassen. Zu berücksichtigen ist schließlich, daß sich der Gewerbebegriff des Steuerrechts nur unwesentlich von den Gewerbebegriffen im Handelsrecht (§§ 1 und 2 HGB) und im Gewerberecht (§§ 1 und 6 GewO) unterscheidet.[31] In allen Rechtsgebieten beruht er auf denselben Grundvoraussetzungen, während die Unterschiede jeweils nur aus Besonderheiten der jeweils geltenden Materie folgen und deshalb Erweiterungen oder auch Einschränkungen bringen.[32] Demgemäß wird man die betreffenden Berufsgruppen künftig – mag den einen oder anderen die Vorstellung auch noch so schrecken, daß dadurch etwa der Anwaltsberuf zu einem bloßen kaufmännischen Gewerbebetrieb herabsinkt – unbesehen ebenso dem Anwendungsbereich des Handelsrechts unterstellen müssen.

Diese Entwicklung würde auf dem Sektor der rechts- und wirtschaftsberatenden freien Professionen ohnehin kaum gesellschaftsrechtliche Neuerungen bringen. Denn die Berufsgruppen der Wirtschaftsprüfer, der Buchprüfer sowie der Steuerberater können – seit dem Inkrafttreten ihrer Berufsordnungen im Jahr 1961 sogar mit ausdrücklicher Billigung seitens des Gesetzgebers – unter dem berufstypischen Aspekt einer gewerblichen Treuhandtätigkeit schon seit jeher auch die Personenhandelsgesellschaften zur gemeinsamen Berufsausübung einsetzen, und für die Anwaltschaft besteht aufgrund eines – bisher freilich weithin unbemerkt gebliebenen – kautelarjuristischen „Tricks" schon de lege lata praktisch die gleiche Möglichkeit.[33] Allerdings wird die Partnerschaft den entsprechenden Professionen in Zukunft, d. h. nach ihrer Überführung in das Gewerbe, sodann nicht mehr zur gemeinsamen Berufsausübung zur Verfügung stehen können, weil es sich hierbei ja nach wie vor um eine spezifisch freiberufliche Gesellschaftsform handelt.

Soweit die Berufsrechte der steuer- und wirtschaftsberatenden freien Professionen gegenwärtig schließlich explizit eine weitgehende Inkompatibilität zwischen freiberuflicher und gewerblicher Tätigkeit festschreiben,[34] werden sich diese berufsrechtlichen Restriktionen in ihrem sachlichen Gehalt voraussichtlich auch nach einem vollständigen Übertritt der betreffenden Berufe in das Gewerbe weiter aufrechterhalten lassen. Denn jene Inkompatibilitätsvorschriften beruhen in ihrer eigentlichen Zielsetzung ohnehin nicht auf dem elementaren rechtlichen Gegensatz zwischen Freiem Beruf und Gewerbe, sondern sie ziehen ihre sachliche Rechtfertigung vielmehr aus der Gefahr naheliegender Interessenkollisionen, die daraus resultieren können, daß ein Wirtschaftsprüfer, vereidigter Buchprüfer oder Steuerberater ansonsten in der Lage wäre, wirtschaftlich und finanziell sensible Kenntnisse und Informationen aus der Prüfungs- bzw. Beratungstätigkeit im Rahmen des

---

31 So explizit VG Arnsberg in GewArch 1996, 284 (285).

32 VG Arnsberg in GewArch 1996, 284 (285).

33 Siehe dazu ausführlich oben im 2. Teil, Seite 301 ff.

34 Vgl. dazu vor allem die §§ 43a III Nr. 1 WPO, 57 IV Nr. 1 StBerG, nach denen eine gewerbliche Tätigkeit mit dem Beruf eines Wirtschaftsprüfers, vereidigten Buchprüfers, Steuerberaters oder Steuerbevollmächtigten grundsätzlich unvereinbar sein soll; siehe ferner auch die §§ 43a III Nr. 2 WPO, 57 IV Nr. 2 StBerG, die eine Tätigkeit der entsprechenden Berufsangehörigen als Arbeitnehmer bei berufsfremden (gewerblichen) Dienstherrn weitgehend untersagen.

eigenen Gewerbes zum eigenen Nutzen und zum Nachteil des Mandanten umzusetzen.[35] Wollte man de lege ferenda außerdem in weiterem Umfang als bisher die Begründung eines Anstellungsverhältnisses zu einem berufsfremden Dienstherrn zulassen, so bestünde zusätzlich die Gefahr, daß die in diesem Verhältnis bestehende arbeitsrechtliche Weisungsabhängigkeit die Berufspflichten des Wirtschaftsprüfers, vereidigten Buchprüfers oder Steuerberaters zur Neutralität, zur Unparteilichkeit sowie zur Unabhängigkeit empfindlich untergraben, wenn nicht sogar völlig in Frage stellen könnte.[36]

Damit schöpfen die betreffenden Inkompatibilitätsvorschriften ihren wahren, inneren Legitimationsgrund aber ohnehin nicht aus einem (nur noch behaupteten) freiberuflichen Charakter der entsprechenden Professionen, sondern ihre Existenz rechtfertigt sich vielmehr jeweils schlicht aus der funktionellen Aufgabe heraus, die diese Berufe in unserer Rechts- und Gesellschaftsordnung inhaltlich wahrnehmen. Gerade die volkswirtschaftlich relevante Pflichtprüfungstätigkeit erfordert in besonderem Maße eine ausreichende institutionelle Sicherung der beruflichen Unabhängigkeit und Unparteilichkeit der prüfenden Berufsstände, damit das Vertrauen der Öffentlichkeit in die Aussagekraft und Richtigkeit der diesseits erteilten Testate keinen nachhaltigen Schaden nimmt, sondern im Gegenteil auch weiterhin dauerhaft gewährleistet bleibt.[37] Die entsprechenden Inkompatibilitätsvorschriften werden in ihrem sachlichen Regelungsgehalt daher auch nach einer legislativen Überführung der steuer- und wirtschaftsberatenden Professionen in das Gewerbe inhaltlich ohne weiteres beizubehalten sein.

Eine der ausschlaggebenden Ursachen für das jetzt unmittelbar bevorstehende „Sterben" der meisten freien Professionen, das mit dem anhaltenden Siegeszug der „Freiberufler-Kapitalgesellschaft" unausweichlich verbunden ist, dürfte daneben nicht zuletzt auch darin zu erblicken sein, daß die Differenzierung zwischen Freiem Beruf und Gewerbe in anderen führenden Nationen der westlichen Welt, insbesondere aber im angloamerikanischen Rechtskreis, niemals in der gleichen Intensität ausgeprägt und feststellbar war.[38]

Im Ergebnis wird man der modernen Entwicklung hin zur „Freiberufler-AG/KGaA/GmbH" und dem damit zwangsläufig verknüpften Übertritt der meisten freien Professionen in das Gewerbe fürwahr eine historische Dimension zuschreiben müssen, die sich in ihren Folgewirkungen heute gewiß noch gar nicht vollständig übersehen läßt, in jedem Fall aber eine einschneidende Wende in der gesellschaftspolitischen Stellung dieser Berufe bedeutet. Denn in diesem Punkt geht es nicht nur um den sinnbildhaften Übergang von

---

35 So zutreffend bereits BVerfGE 21, 173 (182); 22, 275 (276); siehe aus neuerer Zeit ferner nur BVerfG in NJW-RR 1996, 440 (441); BGH in NJW 1996, 1833 (1834); AG Potsdam in DStR 1996, 1063 (1064).

36 Vgl. so richtig OVG Rheinland-Pfalz in GewArch 1994, 413 (414).

37 So zutreffend OVG-Rheinland-Pfalz in GewArch 1994, 413 (414 f.).

38 Vgl. dazu nur *Kunz*, S. 94, wonach das Berufsrecht der rechts- und wirtschaftsberatenden Professionen in den U.S.A. den Begriff des Freien Berufs gar nicht kenne; siehe zu den soziologischen Ursachen, die diesen Unterschied zwischen deutschem und anglo-amerikanischem Rechtskreis bedingen, näher *Taupitz*, S. 103 ff.; vgl. ferner auch *Skaupy* in BB 1991, 2021 (2022), wonach die Unterscheidung zwischen freiberuflicher und gewerblicher Tätigkeit zwar dem deutschen Rechtsverständnis zugrunde liege, von der EU-Kommission aber bisher nicht in gleicher Weise herausgearbeitet worden sei.

einer früheren Industrie- zu einer heute überwiegenden Dienstleistungsgesellschaft, sondern de facto um eine weitreichende Integration auch der gemeinschaftswichtigsten Dienstleistungssektoren – namentlich der ärztlichen Heilbehandlung und der anwaltlichen Rechtspflege – in vornehmlich gewinnorientiert geprägte, auch im Hinblick auf das eigene Personal flexibel handlungsfähige gewerbliche Dienstleistungsunternehmen.[39]

Ärztlicher Gesundheitsschutz und anwaltliche Rechtspflege werden auf diese Weise zu beliebigen „Markt-Gegenständen" degradiert (und degeneriert), die letztlich nur noch als „Geschäft", als bloße „Ware", begriffen werden.[40] Die Kapitalgesellschaft, in ihrer klassischen Grundform von den Gesetzgebungsvätern des letzten Jahrhunderts einst mehr als Kapitalsammelinstrument zur Durchführung ansonsten kaum finanzierbarer Industrieprojekte konzipiert, hat mit den freien Professionen nunmehr auch diejenigen gesellschaftlichen Kreise erfaßt, die sich im 19. Jahrhundert – gemeinsam mit dem damals verstärkt aufgekommenen, unternehmerisch denkenden Bürgertum – erfolgreich gegen eine überkommene, noch weitgehend feudal gegliederte Gesellschaftsordnung auflehnten, untereinander aber unter Rückgriff auf die Rechtsfigur des Freien Berufs gleichwohl eine Struktur der prinzipiellen Gleichordnung wahren konnten.

Der zunächst verstärkt im Ausland zu beobachtende und sodann – aus Sorge um den Verlust eigener nationaler Wettbewerbsfähigkeit sowie bisher behaupteter Marktanteile – auch auf inländischer Ebene in breitem Umfang entfachte, scheinbar unaufhaltsame Prozeß einer Implementation der Kapitalgesellschaft in die Freien Berufe löst das dort bisher angelegte System einer stärker horizontalen Organisation der Berufstätigen untereinander ab und wandelt es unwiderruflich in ein solches der vertikalen und hierarchischen Binnenordnung um. Die Dominanz der „Freiberufler-AG/KGaA/GmbH" hat dabei zur Konsequenz, daß eine weisungsabhängige Beschäftigung im Angestelltenverhältnis, die bislang im wesentlichen auf eine Zeit der Ausbildung und des Berufseinstiegs beschränkt bleiben

---

[39] Vgl. dazu nur die Ausführungen von *Paefgen* in AnwBl. 1995, 278 (284), betreffend die – nicht weiter kommentierungsbedürftigen – „Geschäftspraktiken", wie sie diesbezüglich bereits in U.S.-amerikanischen Anwaltsfirmen Einzug gehalten haben: „Sobald also die Sozietät nach sorgfältiger Abwägung der für- und gegensprechenden Argumente keine Zukunftsperspektive mehr für einen angestellten Anwalt sieht, federt sie unter dem Gesichtspunkt der Fürsorgepflicht des Arbeitgebers die soziale Härte dergestalt ab, daß sie Kontakte innerhalb oder im Umfeld der Rechtsberatungsbranche vermittelt, wo der ehemalige Mitarbeiter seine firmenspezifischen Kenntnisse und Fähigkeiten am besten verwerten kann. Je aufnahmefähiger dieser Substitutionsmarkt für aus der Partnerlaufbahn geworfene Anwälte funktioniert, um so mehr können es sich die Kanzleien erlauben, die Partnerauslese zu verfeinern und das gewinnträchtige Verhältnis von angestellten Anwälten pro Partner nach oben zu schrauben. Beides entspricht der gängigen Praxis unter Wall Street's Megakanzleien, die aufgrund der hohen Konzentration von Banken, Handel und Industrie im Großraum New York auf ein breites Absatzreservoir ausgemusterter Anwälte zurückgreifen können."

[40] Vgl. dazu nur exemplarisch *Zuck* in JZ 1989, 353 (356): „Wir müssen uns darüber im klaren sein, daß der Anwalt eine Leistung auf einem für die staatliche Grundordnung wesentlichen Gebiet, nämlich der Rechtsordnung, erbringt. Über das Recht kann, wie schon erwähnt, nicht beliebig verfügt werden. Wer dem Recht und der Gerechtigkeit dient, ist insoweit fremdbestimmt – nämlich rechtsgebunden – und auch nicht bloßer Marktteilnehmer: trotz aller Versuche, das Recht ökonomisch zu definieren, sollte es nicht zum bloßen Bestandteil einer Marktordnung degradiert werden."; ebenso *Plaas* in AnwBl. 1988, 557 (560). Für die ärztliche Berufstätigkeit, die dem Erhalt der Volksgesundheit und damit der Sicherung eines überragend wichtigen Gemeinschaftsguts dient, beanspruchen diese Erwägungen – zumindest – in exakt derselben Weise Gültigkeit.

konnte, fortan auch in den freien Professionen zum Regelfall wird und selbst dem qualifizierten Nachwuchs kaum mehr die Chance eingeräumt wird, den Beruf späterhin mit finanziellem Erfolg in wirtschaftlicher Selbständigkeit auszuüben.[41] Die für eine freie Berufstätigkeit maßgebliche persönliche Berufsausübung in spezifischer Verantwortung und Unabhängigkeit wird statt dessen – vor allem in den lukrativen Marktsegmenten – durchgängig ersetzt durch die strikte Einbindung in die für größere Wirtschaftsunternehmen typischen Kontrollstrukturen.[42]

Ob diese Entwicklung für die Mehrzahl der betroffenen Berufsangehörigen und insbesondere auch für nachwachsende Generationen von Berufsanfängern in den betreffenden Professionen von Nutzen sein wird, dürfte abzuwarten bleiben. In Übereinstimmung mit den rechtstatsächlichen Entwicklungen, die sich in diesem Zusammenhang zumindest ansatzweise bereits in anderen ausländischen Staaten angedeutet haben, wird man jedoch die – wenig verheißungsvolle – Prognose abgeben dürfen, daß der unverminderte Siegeszug der „Freiberufler-Kapitalgesellschaft" die sozio-ökonomische Zweiteilung innerhalb der betreffenden Berufsgruppen auf absehbare Zeit eher noch vertiefen und letzten Endes wohl vollends zementieren wird.[43] Auf diese Weise dürfte der „Freiberufler-AG/KGaA/GmbH" im Ergebnis wohl auch der zweifelhafte Ruhm zukommen, de facto einen wesentlichen Beitrag zu einer weiteren Reduzierung des (gesellschaftspolitisch an sich förderungswürdigen) selbständigen Mittelstandes zu leisten bzw. bislang – zumindest in Teilbereichen – auch schon geleistet zu haben.

Daneben wird man sich ferner bewußt machen müssen, daß die gesetzgeberische Transformation einer Vielzahl freier Professionen in bloße Gewerbe, die nunmehr von Rechts wegen an sich unzweifelhaft geboten ist, gewiß den sichersten Weg bilden wird, um ein reines Gewinnstreben unter den Berufstätigen noch weiter zu fördern und die betreffenden Berufe ihres idealen Charakters – namentlich ihrer Aufgabe zur Verwirklichung und Bewahrung wesentlicher *immaterieller* Werte in einer Gesellschaft – sukzessive immer mehr zu entkleiden.[44] Hier zeigt sich, daß eine äußerst angespannte nationale wie – insbe-

---

41 So zutreffend *Braun* in MDR 1995, 447.

42 Vgl. in diesem Sinne – mit Blick auf die kontinuierlich wachsenden law firms in den Vereinigten Staaten von Amerika – bereits richtig *Stefener* in AnwBl. 1988, 367 (368).

43 Vgl. dazu – schon vor einem Jahrzehnt – zutreffend *Plaas* in AnwBl. 1988, 557 (559), wonach die Umwandlung von Anwaltskanzleien in GmbH-Beratungsgesellschaften und Aktiengesellschaften nationaler und internationaler Prägung alsbald einen „gnadenlosen Verdrängungswettbewerb" einleiten werde, in dem insbesondere für selbständig praktizierende Einzelanwälte – schon kraft ihrer marktstrategischen Unterlegenheit – selbst bei noch so großer fachlicher und persönlicher Qualifikation kein Platz mehr zu einem erfolgreichen Wirtschaften verbleiben werde; ähnlich *Leutheußer*, S. 184: „Dabei wird die Schere zwischen Gut- und Schlechtverdienenden immer breiter."

44 Vgl. so bereits die Argumentation, mit der sich im Jahre 1891 einige Mitglieder der XI. Kommission zur Vorberatung des Entwurfs eines Preußischen Gewerbesteuergesetzes gegen eine künftige Einbeziehung der Rechtsanwälte und Ärzte in die Pflicht zur Zahlung von Gewerbesteuer aussprachen; siehe dazu den Bericht der XI. Kommission zur Vorberathung des Entwurfs eines Gewerbesteuergesetzes, Anlagen zu den Stenographischen Berichten über die Verhandlungen des Hauses der Abgeordneten während der 3. Session der 17. Legislaturperiode 1890/91, Zweiter Band, S. 1182 (1185), Berlin 1891; vgl. aus der Zeit der Weimarer Demokratie ebenso später *Feuchtwanger* in JW 1928, 937 (942): „Fiskalische Angleichung fördert die wirtschaftliche und moralische Angleichung. Die kulturwirtschaftliche Aufgabe ist es aber gerade, der Unterscheidung, der Distanz, die da sein *muß*, zur realen Verwirklichung zu verhelfen. Gleiten die freien Berufe wirklich zur Zeit auf der

sondere im Bereich der rechts- und wirtschaftsberatenden Berufe – auch internationale Wettbewerbs- und Konkurrenzsituation in der Praxis offenbar keinen Raum mehr für berufsethische Erwägungen läßt.[45]

Der „homo ethicus“ scheint in den Freien Berufen der Moderne nach alledem keinen Platz mehr neben dem „homo oeconomicus“ zu haben[46] – eine fraglos bedenklich stimmende Entwicklung. Die vom Bundesfinanzhof schon in den fünfziger Jahren beklagte Gefahr einer drohenden „Vermassung“ der Freien Berufe[47] ist mit dem gegenwärtigen Siegeszug der „Freiberufler-Kapitalgesellschaft“ längst bittere Realität geworden, wird hier doch ersichtlich einer Entwicklung Vorschub geleistet, die in Abkehr von unserer tradierten kontinental-europäischen Berufs- und Kulturauffassung den Wert des Lebens fortan nur noch nach Kapital, Zins, Preis, Gewinn und Erfolg im Konkurrenzkampf bemessen will.[48]

Betrachtet man die jüngeren Entwicklungslinien im Gesellschaftsrecht der freien Professionen abschließend auch unter dem Aspekt, ob sie als Ausdruck eines „Fortschrittsgedankens im Privatrecht“ gelten können, so wird man sich davor hüten müssen, die entsprechenden Reaktionen des Gesetzgebers auf außerrechtliche, in erster Linie wirtschaftliche Veränderungen schlechthin als Verbesserung anzusehen, dem Fortschritt also zugleich auch das Prädikat einer moralischen Höherentwicklung und dem Festhalten am Bestehenden das Odium der Gestrigkeit anzuhängen.[49]

Gerade der scheinbar unaufhaltsame Siegeszug der „Freiberufler-Kapitalgesellschaft“ verdeutlicht, daß eine aus ökonomischer Sicht – vielleicht – naheliegende rechtliche Neuerung aus ethischer Sicht zugleich auch einen gravierenden Rückschritt bedeuten kann.

---

schiefen Ebene hinab zur Vergewerblichung und Kommerzialisierung, so wäre es unverantwortliche Staatspolitik, ihnen gar noch einen Stoß zu versetzen, nur damit sie um so rascher unten ankommen und in der Masse versinken.“; ähnlich *ders.* in JW 1931, 1770 (1773) sowie *Popitz* in FS für Grossmann (1932), 138 (173).

[45] Vgl. zu der – wesensimmanenten – ethischen Komponente einer freien Berufstätigkeit besonders eindringlich BVerfGE 52, 131 (170) für den Arztberuf: „Die Standesethik steht nicht isoliert neben dem Recht. Sie wirkt allenthalben fort und ständig in die rechtlichen Beziehungen des Arztes zum Patienten hinein. Was die Standesethik vom Arzt fordert, übernimmt das Recht weithin zugleich als rechtliche Pflicht. Weit mehr als sonst in den sozialen Beziehungen des Menschen fließt im ärztlichen Berufsbereich das Ethische mit dem Rechtlichen zusammen. Das gilt heute so wie ehedem.“; ebenso BFHE 151, 147 (153).

[46] Vgl. zu der terminologischen Differenzierung zwischen dem „homo ethicus“ und dem „homo oeconomicus“, die hier sinnbildhaft für den elementaren Gegensatz zwischen Freiem Beruf und Gewerbe insgesamt stehen soll, bereits treffend *Feuchtwanger*, Der Staat und die Freien Berufe, S. 46; *Wolff* in JW 1931, 2348 (2350).

[47] Vgl. dazu BFH in BStBl. 1952 III, 287 (288 a. E.).

[48] Vgl. in dieser Richtung auch bereits *Mertens* in VersR 1974, 509 (511): „Nur noch dem Namen nach würden die alten Professionen fortleben, ihren humanitären geschichtlichen Auftrag aber preisgeben, wollten sie in der heutigen Situation nicht mehr an ihrer ursprünglichen ethischen Bindung festhalten, wollten sie ihren Bezug auf die Freiheit des Menschen aufgeben und wollten sie die ihnen jeweils anvertrauten Minderheiten, zu denen potentiell jeder Mensch gehört, im Zuge der Verwirklichung des größten Glücks der größten Zahl aufzuopfern bereit sein.“; vgl. allgemein auch *Wüst* in JZ 1989, 270 (271): „Man verkennt jedoch die Zeichen der Zeit, wenn man die wachsende Freibeutergesinnung übersieht. Das Recht hat die Aufgabe der Balance, es darf sich nicht auf eine Seite schlagen.“

[49] Vgl. so – für den Fortschrittsgedanken im Privatrecht allgemein – auch die zutreffende Einschätzung von *Westermann* in NJW 1997, 1 (3).

Nachtrag

Die weitere Rechts- und Gesetzgebungsentwicklung, die sich seit März 1998, dem Zeitpunkt der Einreichung der vorstehenden Dissertation an der Universität Frankfurt am Main, im Berufs- und Gesellschaftsrecht der freien Professionen vollzogen hat, ist im Rahmen der damaligen Ausarbeitung bereits weitgehend antizipiert worden und konnte demgemäß schon seinerzeit fast vollständig entsprechende Berücksichtigung finden.

So hat der Gesetzgeber zwischenzeitlich durch das Gesetz zur Neuregelung des Kaufmanns- und Firmenrechts und zur Änderung anderer handels- und gesellschaftsrechtlicher Vorschriften (Handelsrechtsreformgesetz) vom 22.6.1998 (BGBl. I, S. 1474) die erwartete HGB-Reform, die vorbehaltlich detaillierter Übergangsregelungen zum 1.7.1998 in Kraft getreten ist, verabschiedet. Dabei hat der Normgeber – wie im Rahmen der seinerzeitigen Ausarbeitung bereits zugrunde gelegt – trotz einer vollständigen Neubestimmung des Kaufmannsbegriffs die Freien Berufe über die Gewerbedefinition der Rechtsprechung weiterhin von vornherein aus dem Anwendungsbereich des Handelsrechts ausgeschlossen.[1]

Auch die im Handelsrechtsreformgesetz niedergelegte gesetzliche Neuregelung des § 131 HGB – die Aufgabe des Grundsatzes der Personenkontinuität und dessen Ersatz durch das sachgerechte Prinzip der Unternehmenskontinuität – konnte bei der Abfassung der Arbeit bereits berücksichtigt werden.[2] Diese Neuerung ließ anläßlich der Gesetzesverabschiedung nunmehr freilich zugleich die Aufhebung des § 9 II PartGG, dessen Regelungsziele sich fortan bereits unmittelbar aus der Verweisungsvorschrift des § 9 I PartGG i. V. m. § 131 HGB ergeben, angezeigt erscheinen.[3] Bedingt durch die im Handelsrechtsreformgesetz angegangene grundlegende Modernisierung des handelsrechtlichen Firmenrechts konnte ferner die vormalige Bestimmung des § 4 II GmbHG im Wege einer redaktionellen Anpassung in der neugefaßten Vorschrift des § 4 GmbHG aufgehen.[4]

---

[1] Vgl. kritisch hierzu wiederum *K. Schmidt* in NJW 1998, 2161 (2162); ähnlich *Ammon*, der in DStR 1998, 1474 (1475) von einer „vorwiegend traditionsbedingten Ausklammerung der Freien Berufe aus dem Gewerbebegriff" spricht, die Ausdehnung des Handelsrechts auf alle Unternehmen einschließlich der Freien Berufe aaO aber ausdrücklich als wünschenswert bezeichnet; vgl. ferner auch *Heinemann* in FS für Fikentscher, Tübingen 1998, 349 (362 f. und 374), der aaO zwar eine „gewohnheitsrechtliche Erstarkung" der Herausnahme der Freien Berufe aus dem Kaufmannsbegriff auszumachen glaubt, selbst aber eine gesetzgeberische Erstreckung zumindest der allgemeinen Vorschriften über Handelsgeschäfte und über den Handelskauf (§§ 343 ff. HGB) auf die Angehörigen der Freien Berufe befürwortet; in gleicher Richtung auch *Pfeiffer* in NJW 1999, 169 (170 f.); vgl. zum Ganzen auch näher Seite 6 f. der Arbeit mit Fußnoten 19 ff.

[2] Vgl. dazu Seite 379 der Arbeit.

[3] Vgl. hierzu Seite 414 der Arbeit; siehe zur ersatzlosen Streichung des § 9 II PartGG außerdem *Römermann* in NZG 1998, 675 (678).

[4] Vgl. dazu – noch unter Zugrundelegung des § 4 II GmbHG – Seite 448 f. der Arbeit.

Das Gesetz zur Kontrolle und Transparenz im Unternehmensbereich (KonTraG) vom 27.4.1998 (BGBl. I, S. 786) brachte daneben bei der Auswahl der Abschlußprüfer die erwarteten Änderungen im Hinblick auf eine Herabsetzung des zulässigen Honoraranteils eines einzelnen prüfungspflichtigen Unternehmens an den Gesamteinnahmen des die Prüfung vornehmenden Wirtschaftsprüfers bzw. der betreffenden Wirtschaftsprüfungsgesellschaft (§ 318 II Nr. 8 HGB) sowie den faktischen Zwang zur Vornahme eines internen Prüferwechsels, falls ein Wirtschaftsprüfer in den vorhergehenden zehn Jahren den Bestätigungsvermerk nach § 322 HGB über die Prüfung der Jahres- oder Konzernabschlüsse der prüfungspflichtigen Kapitalgesellschaft bereits in sechs Fällen gezeichnet hat (vgl. § 319 III Nr. 6 HGB).[5] Des weiteren erfolgte in diesem Kontext auch die seit längerem gebotene Erhöhung der gesetzlich festgelegten Haftungshöchstsummen der wirtschafts- und buchprüfenden Berufsstände für fahrlässig begangene Berufsfehler bei der gesetzlichen Pflichtprüfung des Jahresabschlusses von prüfungspflichtigen Kapitalgesellschaften und Genossenschaften (§§ 323 II HGB, 62 II 1 GenG). Hierbei schien dem Gesetzgeber – in Abweichung von der im Referenten- und im Regierungsentwurf in bezug auf § 323 II HGB zunächst noch bestimmten Haftungsobergrenze von vier Mio. DM – eine generelle Anhebung der institutionellen Haftungsobergrenze auf einheitlich zwei Mio. DM für eine Prüfung grundsätzlich ausreichend; lediglich bei der Prüfung einer Aktiengesellschaft, die Aktien mit amtlicher Notierung ausgegeben hat, beträgt die Haftungssumme in Übereinstimmung mit den vormaligen gesetzlichen Regelungsentwürfen nunmehr acht Mio. DM.[6]

Durch das Gesetz zur Änderung des Umwandlungsgesetzes, des Partnerschaftsgesellschaftsgesetzes und anderer Gesetze vom 22.7.1998 (BGBl. I, 1878) ist die bisherige vertragliche Haftungskonzentrationsvorschrift des § 8 II PartGG – wie im Rahmen der seinerzeitigen Abfassung der Arbeit bereits antizipiert – inzwischen in eine institutionelle, kraft Rechtsform vorgegebene Konzentration der persönlichen Ersatzhaftung auf die mit der Auftragsbearbeitung befaßten Partner umgewandelt worden.[7] Dabei erhofft sich der Normgeber ausweislich der Gesetzesmaterialien von der Einführung dieser gesetzlichen

---

[5] Vgl. hierzu näher Seite 101 f. der Arbeit mit Fußnoten 53 f.

[6] Vgl. dazu Seite 198 f. der Arbeit.

Freilich hat die nunmehr vollzogene Anhebung der entsprechenden, legislativ fixierten Haftungshöchstsummen bei der Durchführung von Pflichtprüfungen insbesondere im Zusammenspiel mit § 54 I 2 WPO parallel dazu auch unmittelbar Auswirkungen auf die Möglichkeiten einer vertraglich erreichbaren Haftungsbegrenzung im Bereich der Wirtschaftsprüfung. Da die Mindestversicherungssumme für den einzelnen Versicherungsfall gemäß § 54 I 2 WPO zum einen zwingend in dem in § 323 II 1 HGB bezeichneten Umfang – fortan also in Höhe von zwei Mio. DM – bestehen muß, und § 54a I WPO die individualvertraglich bzw. durch vorformulierte Vertragsbedingungen erreichbare Begrenzung von Ersatzansprüchen zum anderen nach wie vor ausschließlich bis zur ein- bzw. vierfachen Mindesthöhe der Deckungssumme zuläßt, ergibt sich, daß die Mindesthöhe eines Schadensersatzanspruchs bei fahrlässig verursachten Schäden künftig auf dem wirtschaftsprüfenden Sektor auch individualvertraglich nicht mehr unter zwei Mio. DM beschränkt werden kann und bei der Verwendung vorformulierter Vertragsbedingungen lediglich noch eine Haftungsbegrenzung auf wenigstens acht Mio. DM statthaft ist; vgl. hierzu – freilich noch unter Zugrundelegung der vormaligen Regelungskonzeption des Regierungsentwurfs – Seite 212 der Arbeit mit Fußnoten 202 f.

[7] Vgl. dazu ausführlich Seite 405 ff. der Arbeit; siehe zu den – bislang durchweg positiven – Stellungnahmen zur legislativen Umgestaltung des § 8 II PartGG aus dem nach der Gesetzesverabschiedung veröffentlichten Schrifttum ferner *Römermann* in NZG 1998, 675 (676); *ders.* in GmbHR 1998, 966 (967); *Seibert* in BRAK-Mitt. 1998, 210 (210 f.).

Handelndenhaftung offenkundig eine spürbare Steigerung der Attraktivität der Partnerschaft als einer spezifisch den Angehörigen der Freien Berufe vorbehaltenen Personengesellschaft gegenüber den aus dem Gewerbe herrührenden kapitalgesellschaftlichen Rechtsformen.[8]

Parallel dazu suchte der Gesetzgeber auch speziell die Möglichkeiten einer gemeinschaftlichen interprofessionellen Berufsausübung zwischen Rechtsanwälten und Wirtschaftsprüfern in einer Partnerschaft zu verbessern. Zu diesem Zweck wurde anläßlich der Verabschiedung des Dritten Gesetzes zur Änderung der Bundesnotarordnung und anderer Gesetze vom 31.8.1998 (BGBl. I, S. 2585) der Bestimmung des § 44b I WPO ein Passus angefügt, wonach Wirtschaftsprüfer ihren Beruf außer in Gesellschaften bürgerlichen Rechts auch gemeinsam in „... Partnerschaftsgesellschaften, die nicht als Wirtschaftsprüfungsgesellschaft, Buchprüfungsgesellschaft, Steuerberatungsgesellschaft anerkannt sind", ausüben dürfen. In dieser Gesetzesänderung, die der Gesetzgeber freilich nur als „Klarstellung des mit dem PartGG und der damaligen ergänzenden Änderung der WPO von ihm Gewollten"[9] interpretiert sehen möchte, liegt der nach dem Ergebnis dieser Ausarbeitung konstitutiv notwendige legislatorische Eingriff, welcher den Betrieb einer sog. „Nur-Partnerschaft", die nicht die besonderen berufsrechtlichen Voraussetzungen der §§ 27 ff. WPO, 49 ff. StBerG wahren muß, überhaupt erst ermöglicht und welcher der vielseits erwünschten erleichterten fachübergreifenden Zusammenarbeit von Rechtsanwälten einerseits sowie von Wirtschaftsprüfern und Steuerberatern in einer Partnerschaft andererseits damit erstmals hinreichend gerecht wird.[10] Daß es eines derartigen gesetzgeberischen Tätigwerdens in den Berufsrechten der steuer- und wirtschaftsberatenden Berufe tatsächlich zwingend bedarf, um den Betrieb einer sog. „Nur-Partnerschaft" zu ermöglichen, zeigt die hiervon abweichende Rechtslage im Bereich der Steuerberatung. Denn hier sah sich der Normgeber trotz der parallelen Auslegungsproblematik nicht zum Eingreifen veranlaßt, augenscheinlich, weil in § 35 Nr. 6 der zum 1.9.1997 in Kraft getretenen Berufsordnung der Bundessteuerberaterkammer[11] eine Anzeigepflicht für die „Begründung, Änderung oder Beendigung einer Partnerschaftsgesellschaft, die nicht als Steuerberatungsgesellschaft anerkannt ist", niedergelegt wurde und auf diese Weise also vermeintlich die explizite Anerkennung einer „einfachen" Partnerschaft in einer berufsrechtlichen Norm erfolgte. Demgegenüber hat der Bundesfinanzhof zwischenzeitlich jedoch klargestellt, daß de

[8] Vgl. dazu den entsprechenden Passus in der Gegenäußerung der Bundesregierung zur Stellungnahme des Bundesrates zum Entwurf eines Gesetzes zur Änderung der Bundesrechtsanwaltsordnung, der Patentanwaltsordnung und anderer Gesetze, BT-Drucksache 13/10123, S. 2: „Die Regelung (die gesetzliche Handelndenhaftung, sic!) würde die Partnerschaft als speziell auf den Freien Beruf zugeschnittene Personengesellschaft unterstreichen und den Druck auf Wechsel der Freiberufler in die GmbH mildern."; vgl. in diesem Sinne auch die Stellungnahme des an der Ausarbeitung des PartGG maßgeblich beteiligten Leiters des Referats Gesellschaftsrecht im BMJ, *Seibert*, in BRAK-Mitt. 1998, 210 (211).

[9] Vgl. so explizit die vom Rechtsausschuß gegebene Begründung für die legislative Erweiterung des § 44b I WPO; vgl. dazu die Beschlußempfehlung und den Bericht des Rechtsausschusses (6. Ausschuß) zu dem Entwurf eines Dritten Gesetzes zur Änderung der Bundesnotarordnung und anderer Gesetze, BT-Drucksache 13/11034, S. 41.

[10] Vgl. dazu ausführlich Seite 416 ff. der Arbeit.

[11] Vgl. dazu den Abdruck der Berufsordnung der Bundessteuerberaterkammer – BOStB – vom 2.7.1997 als Beihefter zu DStR 1997, Heft 26.

lege lata von einer „einfachen“ Partnerschaft – d. h. selbst wenn in ihrem Namen ein entsprechend qualifizierter Berufsangehöriger tätig wird – ohne eine vorherige Anerkennung der Gesellschaft als Steuerberatungsgesellschaft nach den §§ 49 ff. StBerG keine geschäftsmäßige Hilfe in Steuersachen geleistet werden darf.[12] Der Gesetzgeber wird daher, will er auch für die Berufsgruppe der Steuerberater künftig die Berufsausübung in einer sog. „Nur-Partnerschaft“ eröffnen, nicht umhin kommen, das Steuerberatungsgesetz alsbald entsprechend der Regelung des § 44b I WPO nachzubessern.[13]

Die mit den vorstehenden Gesetzesänderungen verbundene normative Aufwertung der Partnerschaft läßt diese in Zukunft sicherlich für viele kleinere und mittlere freiberufliche Zusammenschlüsse als vorzugswürdig gegenüber der Sozietät als der traditionell überlieferten freiberuflichen Berufsausübungsgesellschaft erscheinen. Dies gilt um so mehr, als die Rechtsprechung zwischenzeitlich für eine Freiberufler-Sozietät explizit die firmenrechtliche Unzulässigkeit eines Zusatzes wie „Gesellschaft bürgerlichen Rechts mit beschränkter Haftung“ oder „GbRmbH“ bei Aufnahme in ihre Namensbezeichnung ausgesprochen hat.[14]

Ob sich die Partnerschaft auf diese Weise hingegen auch gegenüber der „Freiberufler-Kapitalgesellschaft“ als eine haftungs- und steuerrechtlich interessante alternative Rechtsform wird behaupten können, erscheint freilich äußerst fragwürdig und muß – entsprechend der Gesamtanalyse und den Ergebnissen der vorstehenden Ausarbeitung – unverändert skeptisch bewertet werden.

---

[12] Vgl. dazu BFH in NZG 1998, 900 (901 f.); anders noch die Vorinstanz FG Köln in EFG 1998, 241 (241 f.) sowie – zum Zusammenschluß von Rechtsanwälten und Wirtschaftsprüfern in einer sog. „Nur-Partnerschaft“ – LG München I in NJW 1998, 1156 (1157 f.).

[13] So zutreffend *Römermann* in NZG 1998, 941 – Eine gesetzliche Initiative wie im Bereich der Wirtschaftsprüfung hielten hinsichtlich der Steuerberater und Steuerbevollmächtigten vor der Entscheidung des BFH auch bereits *Schwedhelm/Kamps* in AnwBl. 1998, 245 (251) für „wünschenswert“.

[14] Vgl. dazu BayObLG in NJW 1999, 297 (298) unter zusätzlichem Hinweis darauf, daß der Zusatz „mit beschränkter Haftung“ oder „mbH“ als Rechtsformzusatz den nach dem GmbHG errichteten Gesellschaften vorbehalten sei und andere Gesellschaften eine etwaige Haftungsbeschränkung daher in anderer, vom Gericht freilich offengelassener Form kundtun müßten; zustimmend *Ulmer* in ZIP 1999, 509 (516); *Hennrichs/Kießling* in WM 1999, 877 (884); teilweise kritisch gegenüber dieser Begründung allerdings *Notthoff* in NZG 1999, 22 (22 f.); siehe in dieser Richtung ferner allgemein auch OLG München in ZIP 1999, 535 (535 f.) – Wettbewerbswidrigkeit des Zusatzes „mit beschränkter Haftung“ bei einer BGB-Gesellschaft wegen Verwechslungsfähigkeit mit einer GmbH – sowie ThürOLG Jena in NZG 1998, 900, wonach zumindest eine als „GbRmbH“ bezeichnete BGB-Gesellschaft bisher noch keine im Rechtsverkehr anerkannte Rechtsfigur sei und es außerhalb der gesetzlich geregelten Rechtsformen, zu denen eine „GbRmbH“ nicht gehöre, keine von Rechtsprechung und Schrifttum anerkennbare Rechtsform gebe; ähnlich kritisch zur Konzeption einer „Gesellschaft bürgerlichen Rechts mit beschränkter Haftung“ allgemein auch *Hasselbach* in MDR 1998, 1200 (1201 ff.); vgl. zur generellen berufsrechtlichen Unzulässigkeit eines Auftretens als „Sozietät mit beschränkter Gesellschafterhaftung“ für die Berufsgruppen der Wirtschaftsprüfer, vereidigten Buchprüfer, Steuerberater sowie Rechts- und Patentanwälte im übrigen eingehend Seite 218 ff. der Arbeit; siehe zu den vielfältigen rechtlichen Unwägbarkeiten des Betriebs einer „Sozietät mit beschränkter Gesellschafterhaftung“ in den übrigen freien Professionen schließlich ausführlich Seite 227 ff., 242 ff., 268 ff. der Arbeit.

Die weitere rechtstatsächliche Entwicklung bis zum Beginn des Jahres 1998 bestätigt jedenfalls insbesondere auf dem Sektor der rechts-, steuer- und wirtschaftsberatenden freien Professionen eine im Verhältnis zur Zahl der Berufsangehörigen nach wie vor überproportional stark ansteigende Nutzung der kapitalgesellschaftlichen Rechtsformen zur Berufsausübung.[15] Parallel dazu nahm auf internationaler Ebene beispielsweise auch die Konzentration im Markt und der Wettbewerb zwischen den Anbietern für anwaltliche Dienstleistungen spürbar weiter zu.[16] Lediglich auf dem Sektor der ambulanten Heilkunde ist eine zunehmende Nutzung kapitalgesellschaftlicher Rechtsformen durch niedergelassene Ärzte – schon mangels eines hinreichenden Nachfragepotentials – auch weiterhin nicht zu verzeichnen.[17]

Der sich generell verstärkende Zugriff der Angehörigen der freien Professionen auf die gewerblichen Rechtsformen der Kapitalgesellschaften wird durch die bei geschickter kautelarjuristischer Gestaltung insoweit im Verhältnis zu Sozietät und Partnerschaft erzielbaren Steuervorteile[18] sowie durch eine – zu Lasten der freiberuflich Tätigen wirkende – kontinuierliche Ausweitung der quasi-vertraglichen Dritthaftungstatbestände seitens der höchstrichterlichen Rechtsprechung[19] faktisch weiter begünstigt.

---

[15] Vgl. hierzu die wiederum sehr aufschlußreiche Statistik Freie Berufe in BRAK-Mitt. 1998, 86 f. – Die relative Zahl der selbständig in eigener Praxis berufstätigen Wirtschaftsprüfer lag danach zum 1.1.1998 etwa lediglich noch bei 37,5 % aller Berufsangehörigen (d.h. absolut bei 3.436 von insgesamt 9.156 Berufsangehörigen); siehe speziell zu der überproportionalen 56 %-igen Steigerungsrate bei der Zahl der von den Rechtsanwaltskammern im Laufe des Jahres 1998 registrierten Anwalts-GmbH's (Anstieg von vormals 50 Gesellschaften zum 1.1.1998 auf insgesamt 78 Gesellschaften zum 1.1.1999) schließlich die entsprechende Übersicht in BRAK-Mitt. 1999, 90.

[16] Vgl. dazu näher *Disterer* in BRAK-Mitt. 1999, 31 (31 f.) unter detaillierter Aufzeigung des ungebrochen anhaltenden Größenwachstums der U.S.-amerikanischen Großkanzleien.

[17] Vgl. zum geringen rechtstatsächlichen Betätigungsfeld einer ambulanten Heilkunde-GmbH aus dem neueren Schrifttum ergänzend nur *Katzenmeier* in MedR 1998, 113 (118); siehe zum Ganzen im übrigen eingehend Seite 607 ff. der Arbeit.

[18] Vgl. dazu – bereits unter Berücksichtigung des Wegfalls der Vermögensteuer und der Gewerbekapitalsteuer – die zwischen der Partnerschaft und der „Freiberufler-GmbH" modellhaft angestellte ausführliche Steuerbelastungsvergleichsrechnung von *Castan*, Die Partnerschaftsgesellschaft, 2. Auflage Bielefeld 1998, S. 185 ff., nach der sich bei konsequenter Ausnutzung der Möglichkeit zum Abschluß separater schuldrechtlicher Verträge zwischen den Gesellschafter-Geschäftsführern und der Kapitalgesellschaft sowohl bei einer Vollausschüttung der Gewinne als auch bei einer Gewinnthesaurierung eine steuerliche Minderbelastung der „Freiberufler-GmbH" von jeweils über 16 % gegenüber der Partnerschaft erreichen läßt; siehe zu den grundlegenden steuerrechtlichen Unterschieden zwischen den Personengesellschaften Sozietät und Partnerschaft einerseits und einer „Freiberufler-Kapitalgesellschaft" andererseits im übrigen ausführlich Seite 484 ff. der Arbeit.

[19] Siehe hierzu unlängst etwa BGH in NJW 1998, 1948 (1949 ff.) – prinzipielle Anerkennung einer (quasi-)vertraglichen, der Höhe nach durch § 323 II HGB (analog) beschränkten Haftung des Wirtschaftsprüfers gegenüber einem bestimmten, nicht zum Kreis der verbundenen Unternehmen im Sinne des § 323 I 3 HGB gehörenden Dritten nach den Grundsätzen des Vertrages mit Schutzwirkung für Dritte auch im Bereich der gesetzlichen Pflichtprüfung nach §§ 316 ff. HGB(!), soweit beide Vertragsteile bei Auftragserteilung übereinstimmend davon ausgegangen sind, daß die Prüfung auch im Interesse des bestimmten Dritten durchgeführt werde und das Ergebnis diesem als Entscheidungsgrundlage für wesentliche Vermögensdispositionen dienen soll; dem Bundesgerichtshof im Ergebnis zustimmend *Weber* in NZG 1999, 1 (2 ff.); zu Recht einschränkend hingegen LG Hamburg in WM 1999, 139 (141 f.) – grundsätzlich keine (quasi-)vertragliche Dritthaftung des Wirtschaftsprüfers auf dem Sektor

Durch das Gesetz zur Änderung der Bundesrechtsanwaltsordnung, der Patentanwaltsordnung und anderer Gesetze vom 31.8.1998 (BGBl. I, S. 2600) ist inzwischen schließlich auch die „Anwalts-GmbH" der erwarteten gesetzlichen Regelung zugeführt worden.[20] Die diesbezüglich verabschiedeten Bestimmungen haben gegenüber dem im Rahmen der vorstehenden Ausarbeitung eingehend gewürdigten früheren Regierungsentwurf voraussehbar lediglich noch marginale Änderungen erfahren.

Dabei besteht – im Unterschied zur noch abweichenden Regelungskonzeption des ursprünglichen Referentenentwurfs – infolge des bewußten gesetzgeberischen Verzichts auf eine berufsrechtliche Anbindung der Gesellschafterstellung an die Übernahme einer Geschäftsführerposition nunmehr auch für eine Anwalts-GmbH auf normativ abgesicherter Grundlage die kautelarjuristische Gestaltungsmöglichkeit, das im Falle eines schuldhaft verursachten Berufsfehlers gemäß § 43 II GmbHG verbleibende, nicht ausschließbare (Rest-)Risiko einer persönlichen Regreßhaftung des Geschäftsführers im gesellschaftsrechtlichen Innenverhältnis (sog. mittelbare Handelnden-Haftung)[21] dadurch zu minimieren, daß gesellschaftsvertraglich nur diejenigen Berufsvertreter zu Geschäftsführern bestellt werden, die sich als sog. managing partner tatsächlich in erster Linie nur noch mit Fragen der kanzleiinternen Organisation und der inneren Führungsstruktur des entsprechenden

---

der Pflichtprüfung – unter Hinweis auf § 323 I 3 HGB und die gesetzliche Entstehungsgeschichte; ebenso *Feddersen* in WM 1999, 105 (113 ff.); vgl. zur anhaltenden Diskussion über die allgemeinen rechtsdogmatischen Grundlagen der (meist freiberuflichen) Expertenhaftung gegenüber Dritten in diesem Kontext nur *Canaris* in ZHR 163 (1999), 206 ff.; *Schneider* in ZHR 163 (1999), 246 ff. sowie *Bosch* in ZHR 163 (1999), 274 ff.; siehe zu dem sich allgemein verschärfenden Haftungsdruck in vielen freien Professionen im übrigen ausführlich Seite 184 ff. der Arbeit sowie speziell zum Problemkreis einer (quasi-)vertraglichen Dritthaftung der Wirtschafts- und Buchprüfer im Bereich gesetzlicher Pflichtprüfungen gemäß §§ 316 ff. HGB außerdem Seite 198 f. der Arbeit in Fußnote 160.

[20] Vgl. dazu an zwischenzeitlichen Stellungnahmen aus dem Schrifttum beispielsweise die zurückhaltende Bewertung von *Zuck* in MDR 1998, 1317 ff.; positiver gegenüber den Inhalten der gesetzlichen Regelung hingegen *Römermann* („gesetzliche Kompromißlösung, mit der die Anwaltschaft insgesamt leben kann") in GmbHR 1998, 966 ff.; *Henssler* („im wesentlichen geglücktes Gesetzesvorhaben") in NJW 1999, 241 ff.; siehe außerdem – noch zum vormaligen Regierungsentwurf – kritisch *Gerlt* in MDR 1998, 259 ff.

Die weithin geäußerte Kritik an der legislativen Einführung von auf die anwaltliche Berufsgruppe bezogenen Kapitalbindungsvorschriften, wonach die Mehrheit der Geschäftsanteile und der Stimmrechte in einer Rechtsanwalts- bzw. Patentanwalts-GmbH gemäß den §§ 59e III 1 BRAO, 52e III 1 PatAnwO sowie die Mehrheit der Geschäftsführer gemäß den §§ 59f I 2 BRAO, 52f I 2 PatAnwO jeweils bei den Rechts- bzw. bei den Patentanwälten liegen muß und daher die interprofessionelle Kooperation von Anwälten insbesondere mit Steuerberatern und Wirtschaftsprüfern innerhalb einer Anwalts-GmbH ohne tragfähigen Grund behindert werde (vgl. so etwa *Droste*, Gemeinschaftliche Berufsausübung von Rechtsanwälten mit Angehörigen anderer steuer- und wirtschaftsberatender Berufe, Frankfurt/Berlin u. a. 1998, S. 269 ff.; *Gerlt* in MDR 1998, 259, 260; *Zuck* in MDR 1998, 1317, 1321; *Römermann* in GmbHR 1998, 966, 969; *ders.* in GmbHR 1999, 526, 527; *Henssler* in NJW 1999, 241, 244 f.; *ders.* in: Sozietäten und andere Zusammenschlüsse rechts- und steuerberatender Berufe, 9, 20 f., Bonn 1999), vermag in der Sache freilich nicht zu überzeugen; vgl. dazu ausführlich Seite 512 ff. der Arbeit.

[21] Vgl. zur fehlenden rechtsgeschäftlichen Ausschließbarkeit einer persönlichen Binnenhaftung der Leitungsorganmitglieder einer „Freiberufler-Kapitalgesellschaft" nach den §§ 93 II AktG, 43 II GmbHG für schuldhaft in eigener Person begangene Berufsfehler näher Seite 427 ff. der Arbeit.

Zusammenschlusses befassen, andererseits aber kaum noch in die konkrete Bearbeitung einzelner Mandate im Außenverhältnis eingebunden sind.[22]

Bemerkenswert an der Verabschiedung der gesetzlichen Regelung zur Anwalts-GmbH scheint freilich, daß der Normgeber – in bewußter Ergänzung der vormaligen Konzeption des Regierungsentwurfs – auf Initiative des Rechtsausschusses mit den §§ 59f IV BRAO, 52f IV PatAnwO nun auch erstmals Bestimmungen geschaffen hat, welche explizit die berufsrechtliche Unzulässigkeit von Einflußnahmen der Gesellschafter, namentlich durch Weisungen oder vertragliche Bindungen, auf die als Geschäftsführer, Prokuristen oder Handlungsbevollmächtigte beschäftigten Berufsangehörigen aussprechen und auf diese Weise augenscheinlich die berufliche Unabhängigkeit der in einem solchen Zusammenschluß abhängig Berufstätigen festzuschreiben suchen.[23]

Ob sich durch diese berufsrechtliche Festlegung in praxi allerdings tatsächlich eine effektive und wirksame Sicherung der geistigen und fachlichen Unabhängigkeit der in einer Kapitalgesellschaft angestellten Angehörigen der freien Professionen etwa gegenüber den betrieblich übergeordneten kapitalgebenden Gesellschaftern wird erreichen lassen, dürfte im Ergebnis eher zweifelhaft scheinen.[24]

Denn eine Kapitalgesellschaft – und dies gilt nach den Erkenntnissen der vorstehenden Ausarbeitung auch für eine „Freiberufler-Kapitalgesellschaft" – stellt nach ihrer normativen Grundstruktur einen auf wirtschaftliches Größenwachstum und Expansion angelegten verselbständigten Rechtsträger dar, der im Zuge dessen auch den am besten geeigneten rechtlichen Rahmen für die Ausbildung vertikaler und hierarchischer Ordnungsgefüge sowie für den unbegrenzten Einsatz fremder Arbeitskraft bietet. Die – juristisch nicht überzeugend auflösbare – Antinomie zwischen der Tätigkeit als Angestellter einer „Freiberufler-Kapitalgesellschaft" und den rechtlichen Grundprinzipien freier Berufstätigkeit wird mittelbar anschaulich belegt durch die jüngste Entscheidung des Bundesverwaltungsgerichts, in welcher die in § 43a III Nr. 2 WPO niedergelegte grundsätzliche Unvereinbarkeit

---

[22] Vgl. zu den aus Sicht der Gesellschafter einer „Freiberufler-GmbH" bestehenden Vorzügen einer derartigen kautelarjuristischen Ausgestaltungsvariante bereits den zutreffenden Hinweis von *Henssler*, Organisationsfreiheit für die Anwaltschaft, in: Max Hachenburg, zweite Gedächtnisvorlesung 1996; Heidelberg 1997, 13 (37 f.).

[23] Vgl. dazu die einschlägigen Ausführungen in der Beschlußempfehlung und dem Bericht des Rechtsausschusses (6. Ausschuß) zu dem Entwurf eines Gesetzes zur Änderung der Bundesrechtsanwaltsordnung, der Patentanwaltsordnung und anderer Gesetze, BT-Drucksache 13/11035, S. 24 f.: „Allgemeine Regelungen zur beruflichen Unabhängigkeit des Rechtsanwalts enthalten bereits die Vorschriften des § 1 und des § 43a Abs. 1 BRAO. Demgegenüber ergibt sich aus der Vorschrift des § 37 GmbHG ein Weisungsrecht der Gesellschafter gegenüber den Geschäftsführern. Die ergänzende Vorschrift des § 59f Abs. 4 soll deshalb klarstellen, daß auch die in der Anwaltsgesellschaft als Geschäftsführer oder in vergleichbarer Funktion tätigen Rechtsanwälte berufliche Unabhängigkeit genießen.".

[24] Vgl. ähnlich auch die Einschätzung von *Zuck* in AnwBl. 1999, 297 (300 f.), wonach das vom Gesetzgeber in § 59f IV BRAO normierte Unabhängigkeitserfordernis, welches ersichtlich auf die Wahrung der Unabhängigkeit des als Geschäftsführer, Prokurist oder Handlungsbevollmächtigter beschäftigten Rechtsanwalts innerhalb der hierarchischen Strukturen einer Firma abziele, mit Blick auf die anwaltliche Berufsausübung im Ergebnis wohl nicht mehr als ein bloßer Merkposten mit Appellfunktionen sein könne.

des Freien Berufs des vereidigten Buchprüfers mit der Tätigkeit aufgrund eines Anstellungsvertrages für verfassungsrechtlich unbedenklich erachtet wird.[25]

In dieser Entscheidung heißt es ausdrücklich: „... *Die Gesamtregelung ist geprägt von dem Leitbild, daß der vereidigte Buchprüfer einen Freien Beruf ausübt (§ 130 Abs. 1 Satz 1 i. V. m. § 1 Abs. 2 Satz 1 WPO). Dem liegt die Einschätzung des Gesetzgebers zugrunde, daß die im allgemeinen Interesse zu stellenden Anforderungen an eine unabhängige, eigenverantwortliche und unparteiische Prüfungstätigkeit am ehesten durch Selbständige erfüllt werden.* Gewerbliche Tätigkeiten sind nach diesem Grundverständnis mit der selbständigen Ausübung eines Freien Berufs ebenso unvereinbar wie Tätigkeiten aufgrund eines Anstellungsvertrags (...) Soweit die Gestaltung der Berufsausübung mit Risiken für die Unabhängigkeit und die Eigenverantwortlichkeit des vereidigten Buchprüfers behaftet ist, wie z. B. bei gesetzlichen Vertretern oder leitenden Angestellten von Wirtschaftsprüfungs- und ähnlichen Gesellschaften oder bei der gemeinsamen Berufsausübung mit anderen, sind in den §§ 43a ff. WPO Anforderungen normiert, die Einbußen an Selbständigkeit entgegenwirken sollen. (...) Die Unvereinbarkeitsvorschrift des § 43a Abs. 3 Nr. 2 WPO ist auf die allgemeine Erfahrung zurückzuführen, daß jede Anstellung zu einem Verlust an Selbständigkeit führt. Arbeits- und dienstrechtliche Beziehungen sind typischerweise auf Dauer angelegt und begründen Rücksichtnahme- und Treuepflichten. Der unselbständig Tätige wird nachhaltig in die Interessensphäre des Dienstherrn eingebunden. Im Grundsatz nicht anders als bei Beamten entsteht eine Sonderbeziehung, die zwar punktuell rechtlich greifbar sein mag, gleichwohl ein unwägbares Risiko für eine unabhängige Sachverständigentätigkeit darstellt, denn mit der Einbuße an „äußerer" Unabhängigkeit engt sich tendenziell auch die „innere" Entscheidungsfreiheit ein. (..) Nicht nur in der rechtlichen Ausgestaltung, sondern auch in der Lebenswirklichkeit und nach allgemeiner Auffassung besteht nach wie vor ein deutlicher Unterschied zwischen der Abhängigkeit eines Angestellten von seinem Dienstherrn und der nicht notwendigen, allein wirtschaftlichen und nicht berufstypischen Abhängigkeit eines Rechtsanwalts von einem oder wenigen Mandanten...".[26]

Die rechtlichen und vor allem rechtspolitischen Folgewirkungen, die – zumindest bei unveränderten normativen Rahmenbedingungen – aus dem voraussehbar weiter anhaltenden Siegeszug der aus dem gewerblichen Wirtschaftsleben herrührenden Kapitalgesellschaften im Bereich freier Berufstätigkeit resultieren können und entsprechend den Ergebnissen dieser Ausarbeitung fürwahr den Fortbestand der meisten freien Professionen an sich in Frage zu stellen drohen, sind inzwischen auch in das Bewußtsein der parlamentarischen Entscheidungsträger gelangt.[27]

---

[25] Vgl. dazu BVerwG in GewArch 1998, 150 ff.

[26] BVerwG in GewArch 1998, 150 (150 f. u. 152) – textliche Hervorhebung vom Verfasser -.

[27] Vgl. dazu etwa die Stellungnahme von *Geis* in BRAK-Mitt. 1998, 184 (186): „Die Freien Berufe sollten nicht in die Gewerbesteuer einbezogen werden. Allerdings muß man hierbei sehen, daß gerade der Weg, den manche Kanzleien mit dem Wechsel in die Rechtsform der GmbH bestritten haben, geradezu in die Gewerbesteuer führen könnte."; siehe ferner auch *Kleinert* in BRAK-Mitt. 1998, 184 (186): „Das gewachsene Bild der Freien Berufe schließt eine Einbeziehung in die Gewerbesteuer begrifflich aus. Aufweichungen dieser Position sollte durch eine bessere Ausstattung – Haftungsbeschränkung analog der Höhe der Versicherung – der Partnerschaft als freiberufstypischer Gesellschaftsform und Zurückdrängung des Unwesens der Organisation in Kapitalgesellschaften entgegengetreten werden."; ähnlich *ders.* in AnwBl. 1998, 451 (451 f.): „... Gerade im Wettbewerb zwischen

Es dürfte daher durchaus auch als ein Indiz für den Überlebenskampf und für die legislativ wahrgenommene existentielle Bedrohung der meisten freien Professionen als solcher zu werten sein, daß der Gesetzgeber sich anläßlich der Verabschiedung des Gesetzes zur Änderung des Umwandlungsgesetzes, des Partnerschaftsgesellschaftsgesetzes und anderer Gesetze vom 22.7.1998 (BGBl. I, S. 1878) derweil bereits veranlaßt gesehen hat, mit der Einfügung eines neuen Satzes 1 in die Vorschrift des § 1 II PartGG erstmals explizit eine Legaldefinition des bislang als „unfaßbar" geltenden Begriffs des Freien Berufs in eine gesetzliche Regelung mitaufzunehmen.[28] Mag auch der juristische Gehalt jener textlichen Umschreibung – wie der in die Begriffsbildung aufgenommene Passus „im allgemeinen" eindringlich belegt – begrenzt bleiben[29] und sich mehr auf einen gewissen Kristallisationspunkt des Freien Berufs in gesetzlicher Form beschränken[30], so scheint dem Normgeber auf diese Weise doch erkennbar an einer rechtlichen Skizzierung der freien Professionen, ihrem zukünftigen Erhalt sowie an ihrer auch weiterhin fortbestehenden Abgrenzung zum Gewerbe gelegen zu sein.[31]

Gleichwohl wird man eine gewisse Skepsis hegen müssen, ob die bereits seit dem 19. Jahrhundert in der nationalen Rechts- und Gesellschaftsordnung durchgängig angelegte Differenzierung zwischen Freiem Beruf und Gewerbe angesichts einer rechtstatsächlich zu erwartenden, sich weiter intensivierenden Nutzung der gewerblichen Rechtsformen der

---

Anwalts-GmbH und Partnerschaft erscheint die Verbesserung durch Beschränkung der Haftung auf den mit der Bearbeitung des konkreten Auftrages beteiligten Sozius aber noch nicht ausreichend. Es muß vielmehr alsbald eine weitere Ergänzung durch die Einführung einer Haftungsbeschränkung der Partnerschaft in Höhe der durch Eintragung in das Handelsregister nachzuweisenden Versicherung, die dann erheblich über den heutigen Sätzen liegen müßte, erreicht werden. Ich bin nach wie vor überzeugt davon, daß die Benutzung gewerblicher Gesellschaftsformen, auch wenn sie eine besondere Ausprägung erfahren haben, für die Reinhaltung der Idee einer freiberuflichen Tätigkeit im Gegensatz zur gewerblichen Tätigkeit nicht wünschenswert ist.".

[28] Vgl. dazu den Wortlaut des § 1 II 1 PartGG n. F.: „Die Freien Berufe haben im allgemeinen auf der Grundlage besonderer beruflicher Qualifikation oder schöpferischer Begabung die persönliche, eigenverantwortliche und fachlich unabhängige Erbringung von Dienstleistungen höherer Art im Interesse der Auftraggeber und der Allgemeinheit zum Inhalt."; siehe zu den zahlreichen bisherigen Definitionsversuchen eingehend Seite 533 f. der Arbeit mit Fußnote 7; vgl. zu einer Kennzeichnung des Freien Berufs als Typusbegriff ferner – in erkennbarer Anlehnung an *Taupitz*, S. 23 ff., 38 ff. – auch *Sodan*, Freie Berufe als Leistungserbringer im Recht der gesetzlichen Krankenversicherung, Tübingen 1997, S. 66 ff.

[29] Kritisch etwa *Römermann* in NZG 1998, 675 (677), wonach es sich bei der in das Gesetz aufgenommenen Definition lediglich um „einen politischen Programmsatz ohne rechtlich verbindlichen Charakter" handele und angesichts der Erosion der Freien Berufe bei den freiberuflichen Verbänden offenbar ein politisches Bedürfnis bestanden habe, die Existenz dieser Gruppe von Erwerbstätigen durch die Schaffung einer speziellen Norm zu zementieren.

[30] So zutreffend *Seibert* in BRAK-Mitt. 1998, 210 (211).

[31] Vgl. dazu auch die entsprechenden Darlegungen in den Gesetzesmaterialien, Beschlußempfehlung und Bericht des Rechtsausschusses (6. Ausschuß) zu dem Entwurf eines Ersten Gesetzes zur Änderung des Umwandlungsgesetzes, BT-Drucksache 13/10955, S. 12 f.: „In § 1 PartGG wird eine Definition des Freien Berufs eingeführt. Damit wird der Freie Beruf in seiner Bedeutung betont. Die Grenzen zur gewerblichen Tätigkeit sollen sich auch künftig nicht verwischen. Die Definition ist damit zugleich Maßstab und Appell an den Freien Beruf in seiner Besonderheit und seiner gemeinschaftswichtigen Verpflichtung. Rechtstechnisch wurde mit Rücksicht auf die außerordentliche Vielfalt des Freien Berufs eine offene Definition gewählt, eine Typusbeschreibung. (...)".

Kapitalgesellschaften zur Erbringung freiberuflicher Dienstleistungen inhaltlich auch künftig weiter aufrechterhalten werden kann. So läßt etwa die in der Rechtswissenschaft mittlerweile bereits rege geführte Diskussion um die Zulässigkeit auch der Anwalts-AG/KGaA und um den Nutzen einer darauf bezogenen berufsgesetzlichen Kodifikation[32] eher vermuten, daß der juristische Legitimationsdruck auf diejenige (rechtspolitische) Position, die auch in Zukunft für eine unveränderte Beibehaltung der grundlegenden rechtlichen Scheidung zwischen freien Professionen und Gewerbe eintritt, weiter zunehmen wird und letztlich – mit dem rechtstatsächlich kontinuierlich fortschreitenden Siegeszug der „Freiberufler-Kapitalgesellschaft" – hinsichtlich der meisten Freien Berufe argumentativ wohl nicht mehr überzeugend eingelöst werden kann.

---

[32] Vgl. zur weithin bejahten Zulässigkeit der Anwalts-AG/KGaA bereits de lege lata etwa *Boin*, Die Partnerschaftsgesellschaft für Rechtsanwälte, Münster 1996, S. 115 ff.; *Henssler*, Organisationsfreiheit für die Anwaltschaft, in: Max Hachenburg, zweite Gedächtnisvorlesung 1996; Heidelberg 1997, 13 (20 ff.); *ders.* in NJW 1999, 241 (246 f.); *Hartung/Holl-Römermann*, Rn. 205 ff., 221 ff. vor § 30 BerufsO, Kommentar zur anwaltlichen Berufsordnung, München 1997; *ders.* in MDR 1998, Heft 20, R 1; *ders.* in GmbHR 1998, 966 (967 f.); *Schwedhelm/Kamps* in AnwBl. 1998, 245 (251); *Schumacher* in AnwBl. 1998, 364 (364 f.); *Stabreit* in NZG 1998, 452 (453 f.); *Heublein* in AnwBl. 1999, 304 (304 ff.); Feuerich/Braun-*Braun*, Rn. 30 zu § 59a BRAO, 4. Auflage, München 1999; zweifelnd hingegen *Zuck* in MDR 1998, 1317 (1318 in Fn. 12 aE) unter Hinweis darauf, daß der Neuregelung des Art. 1 § 3 Nr. 2 RBerG durch die explizite Aussparung der Rechtsanwalts- und Patentanwalts-GmbH aus dem Anwendungsbereich des RBerG in einem Umkehrschluß auch die legislative Wertung entnommen werden könnte, daß für eine Anwalts-AG/KGaA, die gegenwärtig – anders als die Anwalts-GmbH – als eigenständige juristische Person nicht dem anwaltlichen Berufsrecht unterstehe und gleichwohl den abhängig beschäftigten Rechtsanwalt kenne, als „berufsfremden Dienstherrn" durchaus etwas anderes gelten solle.

Literaturverzeichnis (Auswahl)

Ahlers, Dieter, Die Rechtsanwalts-GmbH, in AnwBl. 1991, S. 10 ff.
–, Die Anwalts-GmbH nach geltendem Recht, in AnwBl. 1991, S. 226 ff.
–, Der Anwalts-Notar als Gesellschafter einer überörtlichen Sozietät und in einer Rechtsanwaltsgesellschaft mbH, in AnwBl. 1991, S. 573 ff.
–, Die GmbH als Zusammenschluß Angehöriger freier Berufe zur gemeinsamen Berufsausübung, in: Festschrift für Heinz Rowedder, S. 1 ff., München 1994
–, Die Zulässigkeit der Rechtsanwalts-GmbH, in AnwBl. 1995, S. 3 ff.
–, Rechtsanwalts-GmbH zugelassen: ein Intermezzo?, in AnwBl. 1995, S. 121 ff.
Ahrenkiel, Björn und Peters, Peter, Wende bei der Beurteilung von verdeckten Gewinnausschüttungen nach der neuen BFH-Rechtsprechung, in DStR 1997, S. 1349 ff.
Ahrens, Hans-Jürgen, Praxisgemeinschaften in Ärztehäusern mit Fremdgeschäftsführung – Voraussetzungen und Grenzen ärztlichen Unternehmertums, in MedR 1992, S. 141 ff.
–, Deregulierung für rechtsberatende freie Berufe?, in AnwBl. 1992, S. 247 ff.
–, Anwaltsrecht für Anfänger, München 1996
Altenburger, Peter C. F., Grundlagen der Dritthaftung von Sachverständigen für fahrlässig falsche Beleihungswertgutachten, in WM 1994, S. 1597 ff.
–, Die zivilrechtliche Haftung des Architekten für Vermögensschäden Dritter aufgrund unrichtig erteilter Auskünfte und Gutachten, Münster 1996
Altenhoff, Rudolf u.a., Rechtsberatungsgesetz, 10. Aufl., Münster 1993
Andrényi, Das neue Berufsrecht der Wirtschaftsprüfer, in BB 1961; S. 761 ff.
Anraths, Kaspar, Das Wesen der sogenannten freien wissenschaftlichen Berufe, Düsseldorf 1930
Arndt, Herbert, Schadensersatzpflicht verbundener Anwälte, in NJW 1969, S. 1200
Arnold, Michael, Die Tragweite des § 8 Abs. 2 PartGG vor dem Hintergrund der Haftungsverfassung der Gesellschaft bürgerlichen Rechts, in BB 1996, S. 597 ff.
Autenrieth, Karlheinz H., Die inländische Europäische Wirtschaftliche Interessenvereinigung (EWIV) als Gestaltungsmittel, in BB 1989, S. 305 ff.
Baden-Württembergische Krankenhausgesellschaft e. V., (Hrsg.), Die Rechtsform kommunaler Krankenhäuser, Kornwestheim 1992
Bakker, Rainer, Rechtsanwaltsgesellschaften in England, in AnwBl. 1993, S. 245 ff.
Bar, Christian von, Vertrauenshaftung ohne Vertrauen – Zur Prospekthaftung bei der Publikums-KG in der Rechtsprechung des BGH –, in ZGR 1983, S. 476 ff.
Bartsch, Michael, Der kommende Einheitsarchitektenvertrag für Gebäude, in BauR 1994, S. 314 ff.
Bärwinkel-Leue, Zur Frage der Gewerbesteuerpflicht der Berufsträger freier, insbesondere steuerberatender Berufe, in FR 1950, S. 181 ff.

Bauer, Johann Paul, Der Arzt im Krankenhaus, in: Jung, Heike; Meiser, Richard Johannes und Müller, Egon (Hrsg.), Aktuelle Probleme und Perspektiven des Arztrechts, S. 149 ff., Stuttgart 1989

Bayer, Hermann-Wilfried und Imberger, Frank, Die Rechtsformen freiberuflicher Tätigkeit, in DZWiR 1993, S. 309 ff.

–, Nochmals: Die Rechtsformen freiberuflicher Tätigkeit, in DZWiR 1995, S. 177 ff.

Becker, Enno, Erläuterungen zur Einkommen- und Gewerbesteuer, in StuW 1938, S. 1304 ff.

–, Erläuterungen zur Einkommen- und Gewerbesteuer, in StuW 1939, S. 696 ff.

Becker, Theodor, Die Freistellung der wirtschaftstreuhänderischen Berufe von der Gewerbesteuer, in WT 1939, S. 156 ff.

–, Grundsätzliches zur Frage der Gewerbesteuerfreiheit der Berufe im Wirtschaftsprüfungs- und Treuhandwesen, in WT 1940, S. 120 ff.

–, Zur freiberuflichen Entwicklung im Wirtschaftstreuhandwesen, in WT 1944, S. 137

Beichelt, Bernd, Abbau der Gewerbesteuer, in: Festschrift für Wolfgang Ritter, S. 321 ff., Köln 1997

Beigel, Herbert, Einheitsarchitektenvertrag – Stellungnahme zu den Empfehlungen der Bundesarchitektenkammer im Bundesanzeiger vom 10.04.1985, in BauR 1986, S. 34 ff.

Beise, Herward, Allgemeine Auftragsbedingungen für Wirtschaftsprüfer und Wirtschaftsprüfergesellschaften im kaufmännischen Verkehr, in BB 1979, S. 352 ff.

Bellstedt, Christoph, Einkommensteuer der internationalen Sozietät, in IStR 1995, S. 361 ff.

–, Die Rechtsanwalts-GmbH, in AnwBl. 1995, S. 573 ff.

Benckendorff, Gerhard, Freie Berufe und Kartellgesetz, in WuW 1956, S. 20 ff.

Berberich, Hubert, Die Gesellschaft mit beschränkter Haftung – eine neue Gesellschaftsform für Apotheken?, in DApothZ 1981, S. 391 ff.

Berg, Zur Beschränkung der Anwaltshaftung, in Nachrichten für die Mitglieder des Deutschen Anwaltvereins 1921, S. 216

Berger, Gewerbesteuerpflicht der steuerberatenden Berufe, in BB 1950, S. 115 ff.

Berger, Georg, Abschlußprüfungen durch Treuhandgesellschaften – Zur Neuordnung des Wirtschaftsprüferrechtes, in BB 1954, S. 389

Besser, Alexander, Das Reich der tausend „Aber“, in AnwBl. 1931, S. 196 ff.

Beuthien, Volker, Die Haftung von Personengesellschaftern, in DB 1975, S. 725 ff. (Teil I) und S. 773 ff. (Teil II)

Biagosch, Patrick, Die Kommanditgesellschaft auf Aktien, in NWB 1996, Fach 18, S. 3453 ff.

Biermann, Jürgen, Der Syndikusanwalt im neuen Berufsrecht, in AnwBl. 1990, S. 420 ff.

Binz, Mark K. und Sorg, Martin H., Die KGaA mit beschränkter Haftung – quo vadis?, in DB 1997, S. 313 ff.

Bischoff, Sonja, Zukunftsmodell „freier Beruf“: Qualifikation in Erfolg umsetzen, Stuttgart 1995

Bissel, Carsten, Die Rechtsstellung des Syndikusanwalts und die anwaltliche Unabhängigkeit, Erlangen 1995

Boele, Andreas, Die Organisation von Rechtsanwaltssozietäten heute und morgen: die Zulässigkeit von Organisationsformen für Rechtsanwälte, Frankfurt/Berlin/Bern/NewYork/Paris/Wien 1992

Boergen, Rüdiger, Die vertragliche Haftung des Rechtsanwalts, Berlin 1968
–, Haftungsbegrenzungen beratender Berufe, insbesondere der Rechtsanwälte, in NJW 1969, S. 913 ff.
Boin, Kai T., Weg frei für die Anwalts-GmbH?, in NJW 1995, S. 371 ff.
–, Englische Anwaltssozietäten, in NJW 1997, S. 1543 ff.
Borggreve, Carlo H., Die partnerschaftliche Ausübung freier rechts- und wirtschaftsberatender Berufe, Bielefeld 1982
–, Haftungsprobleme bei gemischten Sozietäten, in INF 1982, S. 565 ff.
Borgmann, Brigitte, Verjährung von Schadensersatzansprüchen aus Verletzung von Treuhandaufträgen und aus fehlgeschlagenen Anlagevermittlungen, in AnwBl. 1994, S. 236 f.
–, Treuhänderische Tätigkeit eines Rechtsanwalts, in AnwBl. 1997, S. 112 f.
Borgmann, Brigitte und Haug, Karl M., Anwaltshaftung, 3. Aufl., München 1995
Bösert, Bernd, Der Regierungsentwurf eines Gesetzes zur Schaffung von Partnerschaftsgesellschaften (Partnerschaftsgesellschaftsgesetz – PartGG), in DStR 1993, S. 1332 ff.
–, Das Gesetz über Partnerschaftsgesellschaften Angehöriger Freier Berufe (Partnerschaftsgesellschaftsgesetz – PartGG), in ZAP 1994, Fach 15, S. 137 ff.
–, Die Partnerschaftsgesellschaft – neue Form des Zusammenschlusses von Freiberuflern, in WPrax 12/1994, S. 2 ff.
Bösert, Bernd; Braun, Anton und Jochem, Hans Rolf, Leitfaden zur Partnerschaftsgesellschaft, Weinheim/NewYork/Basel/Cambridge/Tokyo 1996
Brandes, Helmut, Die Rechtsprechung des Bundesgerichtshofs zur Personengesellschaft, in WM 1994, S. 569 ff.
–, Die Rechtsprechung des Bundesgerichtshofs zur GmbH, in WM 1998, S. 1 ff.
Brandner, Hans Erich, Berufshaftung und Vertragsgestaltung der Wirtschaftsprüfer, in ZIP 1984, S. 1186 ff.
–, Berufshaftung und Versicherung der Wirtschaftsprüfer, in JZ 1985, S. 757 ff.
Brangsch, Heinz, Wirtschaftsprüferordnung und Steuerberatungsgesetz, in AnwBl. 1961, S. 242 ff.
Braun, Alfred, Die ärztliche Praxis und die Privatkrankenanstalt des § 30 GewO, in NJW 1985, S. 2739 ff.
Braun, Anton, Sozietäten, in BRAK-Mitt. 1993, S. 185 ff.
–, Contra Anwalts-GmbH, in MDR 1995, S. 447
Braun, Frank, Gebührendruck und Prüfungsqualität bei Pflichtprüfungen mittelständischer Unternehmen, in BB 1996, S. 999 ff.
Breuer, Stefan, Anwaltliche Werbung, Inhalt und Grenzen, Bonn 1994
Breyer, Martin, Gesetz über das Apothekenwesen, Kommentar, Köln/Berlin/München/Bonn 1961
Brötzmann, Ulrich, Ein freier Beruf im Wettbewerb – der Arzt und sein Werberecht, in ArztR 1994, S. 10 ff.
Brüderle, Rainer, Aktuelles Anwaltsrecht – Neue Gesellschaftsformen für Freie Berufe –, in ZGR 1990, S. 155 ff.
Bühring, H., Das Steuerberatungsgesetz, in BB 1961, S. 873 ff.
Bülow, Arthur, Bundesrechtsanwaltsordnung vom 1. August 1959, Berlin/Frankfurt am Main 1959

Bunte, Hermann-Josef, Allgemeine Auftragsbedingungen für Wirtschaftsprüfer und Wirtschaftsprüfungsgesellschaften und das AGB-Gesetz, in BB 1981, S. 1064 ff.
–, Mandatsbedingungen der Rechtsanwälte und das AGB-Gesetz, in NJW 1981, S. 2658 ff.
Burret, Gerhard, Das Partnerschaftsgesellschaftsgesetz: Die Partnerschaft – eine Rechtsform für die prüfenden Berufe?, in WPK-Mitt. 1994, S. 201 ff.
Busse, Alexander, Zulässigkeit und Grenzen formularmäßiger Haftungssummenbeschränkungen im Steuerberatungsvertrag, in DStR 1995, S. 660 ff.
–, Die personelle Haftungsbeschränkung in der Steuerberater-Sozietät gemäß § 67a Abs. 2 StBerG, in DStR 1995, S. 738 ff.
Busse, Felix, Anwalt 2000 – Gedanken zu einem Beruf im Wandel –, in AnwBl. 1994, S. 482 ff.
Büttner, Hermann, Anwaltswerbung zwischen Berufsrecht und Wettbewerbsrecht, in: Festschrift für Ralf Vieregge, S. 99 ff., Berlin/NewYork 1995
Canaris, Claus-Wilhelm, Schutzwirkungen zugunsten Dritter bei Gegenläufigkeit der Interessen, in JZ 1995, S. 441 ff.
Carl, Dieter, Beratende Berufe im europäischen Binnenmarkt: berufliche Perspektiven und rechtlicher Rahmen der steuer-, rechts- und wirtschaftsberatenden Tätigkeit, Bielefeld 1995
–, Praxisfragen bei der Partnerschaftsgesellschaft, in NWB 1995, Fach 18, S. 3421 ff.
Casper, Matthias, Interprofessionelle Sozietäten von Anwaltsnotaren, in ZIP 1996, S. 1501 ff.
Claussen, Carsten P., Überlegungen zur Rechtsform der GmbH – Ist die KGaA eine Alternative?, in GmbHR 1996, S. 73 ff.
Coester-Waltjen, Dagmar, Besonderheiten des neuen Partnerschaftsgesellschaftsgesetzes, in Jura 1995, S. 666 ff.
Compensis, Ulrike, Die Fürsorgepflichtverletzung im Anwaltsarbeitsverhältnis, in BB 1996, S. 321 ff.
Cramer, Udo H., Die steuerliche Behandlung der „Heilkunde-GmbH“, in MedR 1995, S. 104 f.
Damm, Reinhard, Entwicklungstendenzen der Expertenhaftung, in JZ 1991, S. 373 ff.
–, Gesellschaftsrecht der Freien Berufe im Wandel, in: Festschrift für Hans Erich Brandner, S. 31 ff., Köln 1996
Daniels, Josef und Bulling, Manfred, Bundesärzteordnung, Neuwied 1963
Dauner-Lieb, Barbara, Durchbruch für die Anwalts-GmbH?, in GmbHR 1995, S. 259 ff.
Deneke, J. F. Volrad, Die freien Berufe, Stuttgart 1956
–, Klassifizierung der freien Berufe, Köln/Berlin 1969
Deutsch, Erwin, Freizeichnung von der Berufshaftung, in VersR 1974, S. 301 ff.
–, Haftungsfreistellung von Arzt oder Klinik und Verzicht auf Aufklärung durch Unterschrift des Patienten, in NJW 1983, S. 1351 ff.
–, Arztrecht und Arzneimittelrecht, 2. Aufl., Berlin/Heidelberg/NewYork 1991
Diefenbach, Wilhelm, Die Rechtsprechung des Bundesverwaltungsgerichts zur Gewerbeordnung, in GewArch 1991, S. 281 ff.
Dieterich, Wilhelm, Die Wirtschaftsprüferordnung, in Wpg. 1961, S. 401 ff.
Dietlmeier, Stefan, Vertragsmuster für die Anwalts-GmbH, in ZIP 1996, S. 1800 ff.
Disterer, Georg, Amerikanische Großkanzleien: Die „TOP 30“, in BRAK-Mitt. 1998, S. 39

Dittenberger, Heinrich, Die Haftungsbeschränkung, in Nachrichten für die Mitglieder des Deutschen Anwaltvereins 1921, S. 211 ff.

Dittmann, Thomas, Überlegungen zur Rechtsanwalts-GmbH, in ZHR 161 (1997), S. 332 ff.

Dix, Rudolf, Die Druckschriften des Deutschen Anwaltvereins zu anwaltlichen Standesfragen, in JW 1927, S. 2090 ff.

Döhring, Erich, Geschichte der deutschen Rechtspflege seit 1500, Berlin 1953

Donath, Roland, Rechtsberatungsgesellschaften, in ZHR 156 (1992), S. 134 ff.

Dörner, Dietrich, Ändert das KonTraG die Anforderungen an den Abschlußprüfer?, in DB 1998, S. 1 ff.

Dörner, Dietrich und Schwegler, Irene, Anstehende Änderungen der externen Rechnungslegung sowie deren Prüfung durch den Wirtschaftsprüfer, in DB 1997, S. 285 ff.

Dreher, Meinrad, Die ärztliche Berufsausübung in Gesellschaften und § 4 Abs. 2 S. 1 MBKK, in VersR 1995, S. 245 ff.

Driesen, Werner G., Partnerschaftsgesellschaft – „GmbH" für freie Berufe?, in GmbHR 1993, S. R 25 f.

Düwell, Franz Josef, Zur Zulässigkeit der Berufsausübung in einer Kapitalgesellschaft (sogenannte Anwalts-GmbH), in AnwBl. 1990, S. 388 f.

Ebenroth, Carsten Thomas und Lange, Knut Werner, Sorgfaltspflichten und Haftung des Geschäftsführers einer GmbH nach § 43 GmbHG, in GmbHR 1992, S. 69 ff.

Ebke, Werner F., Die zivilrechtliche Verantwortlichkeit der wirtschaftsprüfenden, steuer- und rechtsberatenden Berufe im internationalen Vergleich, Heidelberg 1996

–, Keine Dritthaftung des Pflichtprüfers für Fahrlässigkeit nach den Grundsätzen des Vertrags mit Schutzwirkung für Dritte, in BB 1997, S. 1731 ff.

Ebke, Werner F. und Scheel, Hansjörg, Die Haftung des Wirtschaftsprüfers für fahrlässig verursachte Vermögensschäden Dritter, in WM 1991, S. 389 ff.

Ebling, Klaus (Hrsg.), Blümich – Kommentar zum Einkommensteuer-, Körperschaftsteuer- und Gewerbesteuergesetz, Band 2, §§ 9 – 21a EStG, 15. Aufl., Loseblatt, München, Stand: 52. Erg.-Lieferung, März 1996

Eckstein, Ernst, Die Haftung assoziierter Rechtsanwälte, in Johann Adam Seuffert's Blätter für Rechtsanwendung 1912 (Bd. 77), S. 427 f.

Eggesiecker, Fritz und Keuenhof, Ingo, Normale Partnerschaften auch für Wirtschaftsprüfer und Steuerberater zulässig, in BB 1995, S. 2049 ff.

Ehlers, Ernst-August, Praxisveräußerungen und Sozietätsgründungen in ertragsteuerlicher Sicht, in NWB 1995, Fach 3, S. 9499 ff.

Eich, Wilh., Zur zweckmäßigen Form der Arbeitsgemeinschaft im Wirtschaftsprüfer-Beruf, in WP 1948, S. 33 ff.

Eisfeld, Curt, Zur Entstehungsgeschichte des Wirtschaftsprüferberufes, in Wpg. 1956, S. 450 ff.

Elkart, Wolfgang, Die Zukunft der Wirtschaftsprüfer – Neue Aufgaben durch Globalisierung, in WPK-Mitt. 1993, S. 153 f.

Eue, Jens, Notariat am Scheideweg: Rechtspflege oder Rechtsbesorgungsmarkt?, in: Festschrift für Helmut Schippel, S. 599 ff., München 1996

Everling, Ulrich, Welche gesetzlichen Regelungen empfehlen sich für das Recht der rechtsberatenden Berufe, insbesondere im Hinblick auf die Entwicklung in der Europäischen Gemeinschaft?, in Verhandlungen des 58. Deutschen Juristentages, München 1990

Falkenhausen, Joachim Freiherr von, Brauchen die Rechtsanwälte ein Partnerschaftsgesetz?, in AnwBl. 1993, S. 479 ff.
Faltin, Jürgen, Freigemeinnützige Krankenhausträger im System staatlicher Krankenhausfinanzierung, Köln/Berlin/Bonn/München 1986
Felix, Günther, Gepräge-OHG, Gepräge-KG und Gepräge-GbR – Verborgene Blüten im kautelarjuristischen Blickfeld?, in NJW 1997, S. 1040 ff.
Feuchtwanger, Sigbert, Die freien Berufe – im besonderen: Die Anwaltschaft, Versuch einer allgemeinen Kulturwirtschaftslehre, München/Leipzig 1922
–, Die Neuorientierung der Standespolitik, in JW 1927, S. 2601 ff.
–, Die freien Berufe und das Steuerrecht, in JW 1928, S. 937 ff.
–, Der Staat und die freien Berufe – Staatsamt oder Sozialamt?, Königsberg 1929
–, Gewerbesteuer und freie Berufe, in JW 1931, S. 1770 ff.
–, Anwaltssozietäten, in JW 1932, S. 2847 f.
Feuerich, Wilhelm, Die überörtliche Anwaltssozietät, in AnwBl. 1989, S. 360 ff.
Feuerich, Wilhelm E. und Braun, Anton, Kommentar zur Bundesrechtsanwaltsordnung, 3. Aufl., München 1995
Fichtel, Ulrich, Kontroverse um die „Apotheken-GmbH", in DApothZ 1981, S. 566 f.
Fiedler, Die geschichtliche Entwicklung des Genossenschaftsproblems, in Materialien zum Problem der Anwaltsgenossenschaft, herausgegeben von der Arbeitsgemeinschaft zur Förderung des Problems der Anwaltsgenossenschaft, S. 5 ff., Leipzig 1928
Fischer, Friedrich-Wilhelm, Teamarbeit der Ärzte – Berufs- und gesellschaftsrechtliche Aspekte, München 1971
Fleischer, Holger, Das Doppelmandat des Abschlußprüfers – Grenzen der Vereinbarkeit von Abschlußprüfung und Steuerberatung, in DStR 1996, S. 758 ff.
Fleischmann, Eugen, Die freien Berufe im Rechtsstaat, Berlin 1970
Fliess, Wolfgang, Die Haftung des Wirtschaftsprüfers unter Berücksichtigung internationaler Entwicklungen, in WPK-Mitt. 1992, S. 49 ff.
Flume, Werner, Gewerbesteuerpflicht und freier Beruf, in DB 1950, S. 564
Foerster, Helmut, Zur Frage der Kapitalbindung bei Steuerberatungsgesellschaften, in DB 1986, S. 877 ff.
Forster, Karl-Heinz, Abschlußprüfung nach dem Regierungsentwurf des KonTraG, in Wpg. 1998, S. 41 ff.
Francke, Robert, Ärztliche Berufsfreiheit und Patientenrechte, Stuttgart 1994
Franzki, Harald und Hansen, Britta, Der Belegarzt – Stellung und Haftung im Verhältnis zum Krankenhausträger, in NJW 1990, S. 737 ff.
Frei, Jürgen, Gebührendruck und Prüfungsqualität bei Pflichtprüfungen mittelständischer Unternehmen, in BB 1996, S. 1427 f.
Freytag, Christoph, Erteilung der Buchmachererlaubnis nach dem Rennwett- und Lotteriegesetz an juristische Personen, in GewArch 1994, S. 95 ff.
Friauf, Karl Heinrich, Das apothekenrechtliche Verbot des Fremd- und Mehrbesitzes: Ein Beitrag zur Tragweite und zu den Grenzen der Niederlassungsfreiheit im freiberuflichen Bereich, Heidelberg 1992
Frick, Jörg und Spatschek, Rainer, Werden die Steuerberater gewerbesteuerpflichtig?, in DB 1995, S. 239 ff.
Friedlaender, Adolf und Friedlaender, Max, Kommentar zur Rechtsanwaltsordnung vom 1. Juli 1878, 3. Aufl., München/Berlin/Leipzig 1930

Friese, Franz-Josef, Die freie Advokatur in Deutschland im Lichte des Grundgesetzes und des EWG-Vertrages, in AnwBl. 1987, S. 3 ff.

Fröhler, Ludwig und Kormann, Joachim, Kommentar zur Gewerbeordnung, Heidelberg 1978

Fuhrmann, Markus, Rechtsstellung des angestellten Rechtsanwalts, Baden-Baden 1989

Funke, Rainer, Der Regierungsentwurf zur Rechtsanwalts-GmbH, in AnwBl. 1998, S. 6 ff.

Fürst, Friedrich, Haftungsbeschränkung der Rechtsanwälte, in AnwBl. 1929, S. 329 f.

Gail, Winfried und Overlack, Arndt, Anwaltsgesellschaften – Partnerschaft oder Anwalts-GmbH, 2. Aufl., Köln 1996

Gatto, John D., Die Anwaltshaftung im US-amerikanischen und deutschen Recht, Frankfurt am Main 1993

Gehre, Horst, Kommentar zum Steuerberatungsgesetz, 3. Aufl., München 1995

Geigel, Robert, Begrenzung der vertraglichen Haftung des Rechtsanwalts, in AnwBl. 1971, S. 29 ff.

Geiger, Andrea Elisabeth, Der Wandel im Berufsrecht des deutschen Rechtsanwalts unter dem Einfluss des europäischen Integrationsprozesses, München 1995

Geisendörfer, Ulrich, Die Entwicklung des Wirtschaftsprüferberufes im Hinblick auf den Europäischen Binnenmarkt 92, in Wpg. 1989, S. 667 ff.

Geuer, Caroline, Das Management des Haftungsrisikos der Wirtschaftsprüfer, Köln 1993

Gibbons, Thomas F., Anwaltschaft im Jahre 2001, in AnwBl. 1990, S. 282 ff.

Giere, Marco, Steuerlicher Rechtsformvergleich zwischen Personen- und Kapitalgesellschaft mit Hilfe der Teilsteuerrechnung, in DB 1997, S. 1351 ff.

Gitter, Wolfgang, Zum Privatliquidationsrecht der leitenden Krankenhausärzte, Köln 1975

–, Versicherungsschutz bei ambulanter Untersuchung in der Deutschen Klinik für Diagnostik, in NJW 1980, S. 2745 ff.

Gitter, Wolfgang und *Köhler, Gabriele,* Der Grundsatz der persönlichen ärztlichen Leistungspflicht, Berlin/Heidelberg/NewYork 1989

Glanegger, Peter und *Güroff, Georg,* Kommentar zum Gewerbesteuergesetz, 3. Aufl., München 1994

Gleichenstein (Sozietätsausschuß des Hamburgischen Anwaltvereins), Anwaltschaft auf neuen Wegen, in AnwBl. 1970, S. 5 ff.

Gleißner-Klein, Ingrid, Private Standesregeln im Wettbewerbsrecht – Die Berufsordnung der Heilpraktiker, Berlin 1990

Gloria, Christian und *Karbowski, Alexander,* Die Europäische Wirtschaftliche Interessenvereinigung (EWIV), in WM 1990, S. 1313 ff.

Goecke, Oskar, Kriterien für die steuerliche Anerkennung von Pensionszusagen für beherrschende Gesellschafter-Geschäftsführer einer GmbH, in BB 1995, S. 2467 ff.

Goertz, Otto, Nochmals: die Schadensersatzpflicht verbundener Rechtsanwälte, in JW 1912, S. 629 f.

Goetze, P., Gedanken zur Rechtsform der Ausübung des Wirtschaftsprüferberufes, in WT 1936, S. 450 ff.

Götze, Hermann, Die zweckmäßige Rechtsform der Wirtschaftsprüfer-Gemeinschaften, in WP 1949, S. 136 ff.

Gounalakis Georgios, Die Haftung des „solicitor“ und „barrister“, in Festschrift für Wolfgang Gitter, S. 295 ff., Wiesbaden 1995

Graef, Ralph Oliver, Die Notwendigkeit des Anwaltszwangs in § 78 I ZPO, in ZRP 1995, S. 450 ff.

Graf, Helmut Andreas, Die Kapitalgesellschaft & Co. KG auf Aktien, Heidelberg 1993

Greiffenhagen, Hermann, Freier Beruf und Gewerbesteuer in der Rechtsprechung, in DB 1951, S. 554 f.

–, Gegen die Heranziehung freier Berufsausübung zur Gewerbesteuer – Auseinandersetzung mit der Vervielfältigungstheorie auf den Grundlagen der Wirtschaftsprüferpraxis, Düsseldorf 1955

Gres, Joachim, Die neue Partnerschaftsgesellschaft, in der freie beruf 6/1994, S. 22 ff.

Gronwald, Siegfried, Der angestellte Arzt nach § 32 Ärzte-ZV, in ArztR 3/1994, S. 2 ff.

Grunewald, Barbara, Die Haftung des Experten für seine Expertise gegenüber Dritten, in AcP 1987, S. 285 ff.

Grüninger, Michael, Die deutsche Rechtsanwaltssozietät als Mitglied einer EWIV, in AnwBl. 1990, S. 228 ff.

–, Die deutsche Rechtsanwaltssozietät als Mitglied einer Europäischen Wirtschaftlichen Interessenvereinigung (EWIV), in DB 1990, S. 1449 ff.

–, Aspekte, Strategien und Möglichkeiten einer EWIV von Rechtsanwälten, in AnwBl. 1992, S. 111 ff.

Gummert, Hans, Zur Zulässigkeit einseitiger Haftungsbeschränkung auf das Vermögen der BGB-Außengesellschaft, in ZIP 1993, S. 1063 ff.

Haack, Hansjörg, Durchgriff und Eigenhaftung bei der GmbH, in NWB 1994, Fach 18, S. 3355 ff.

Haas, Eberhard, Neue Gesellschaftsform, in BRAK-Mitt. 1994, S. 1

–, Anwaltschaft in Zeiten des Umbruchs, in BRAK-Mitt. 1995, S. 133 f.

–, Durchbrechungen der Verschwiegenheitspflicht und des Verschwiegenheitsrechts bei Notar und Rechtsanwalt, in: Festschrift für Helmut Schippel, S. 631 ff., München 1996

Habersack, Matthias, Die Haftungsverfassung der Gesellschaft bürgerlichen Rechts, in JuS 1993, S. 1 ff.

Hadding, Walther, Haftungsbeschränkung in der unternehmerisch tätigen Gesellschaft bürgerlichen Rechts, in: Festschrift für Fritz Rittner, S. 133 ff., München 1991

Hansen, Herbert, Der GmbH-Bestand stieg auf 770.000 Gesellschaften an – Gleichzeitig Anmerkungen zu der Einstellung der statistischen Erhebungen bei den Kapitalgesellschaften, in GmbHR 1997, S. 204 ff.

Harder, Nils, Die Steuerberatung durch den Abschlußprüfer – Anmerkungen zu dem Urteil des OLG Karlsruhe vom 23.11.1995, in DB 1996, S. 717 ff.

Harms, Wolfgang, Gebührenwettbewerb unter Architekten und Rechtsanwälten?, in NJW 1976, S. 1289 ff.

Harnier, Nochmals: die Treuhandgesellschaft deutscher Rechtsanwälte, in JW 1912, S. 523 f.

Harten, Leitsätze zur Genossenschaftsgründung, in Materialien zum Problem der Anwaltsgenossenschaft, herausgegeben von der Arbeitsgemeinschaft zur Förderung des Problems der Anwaltsgenossenschaft, S. 42 ff., Leipzig 1928

Hartmann, Bernhard und *Christians, Uwe*, Steuerliche Abgrenzung zwischen freiem Beruf, nichtselbständiger Arbeit und gewerblicher Tätigkeit, in DB 1984, S. 1365 ff.

Hartmann, Erich und *Schwope, Stefan*, Prospekthaftung – ein typisches Berufsrisiko des Wirtschaftsprüfers?, in WPK-Mitt. 1993, S. 46 ff.

Hartmann, Rainer, Gewährleistung und Haftung nach den Architektenvertragsmustern der Bundesarchitektenkammer im Spiegel des AGB-Rechts, in: Festschrift für Hans Locher, S. 337 ff., Düsseldorf 1990

Hartstang, Gerhard, Zulässigkeit und Grenzen einer Haftungsbeschränkung für Rechtsanwälte, in AnwBl. 1982, S. 509 ff.

–, Der deutsche Rechtsanwalt: Rechtsstellung und Funktion in Vergangenheit und Gegenwart, Heidelberg 1986

–, Anwaltsrecht, Köln/Berlin/Bonn/München 1991

–, Anwaltliche Berufsausübung in Form einer GmbH, in ZAP 1994, Fach 23, S. 193 f.

Hartung, Wolfgang, Sozietät oder Kooperation?, in AnwBl. 1995, S. 333 ff.

Hartwig, Zur Neuregelung der Haftpflicht der Rechtsanwälte und Notare, in Nachrichten für die Mitglieder des Deutschen Anwaltvereins 1921, S. 169 ff.

Hartz, W., Zur Gewerbesteuerpflicht der freien Berufe, in INF 1957, S. 130 ff.

Heermann, Peter W., Haftungsbeschränkungen in der BGB-Außengesellschaft, in BB 1994, S. 2421 ff.

Heidel, Thomas und *Pauly, Stephan,* Steuerrecht in der anwaltlichen Praxis, Bonn 1996

Heilberg, Die Treuhand deutscher Rechtsanwälte und Notare in JW 1912, S. 210 ff.

–, Anwaltskollektiv? Anwaltsgroßbetrieb?, in JW 1932, S. 1100 f.

Heinemann, Klaus, Auf dem Wege zur europäischen Dienstleistungshaftung, in ZIP 1991, S. 1193 ff.

Heinemann, Peter, Rechtsformwahl und Anwalts-GmbH, in AnwBl. 1991, S. 233 ff.

Heinrichs, Helmut, Die Entwicklung des Rechts der Allgemeinen Geschäftsbedingungen, in NJW 1997, S. 1407 ff.

Hellwig, Hans-Jürgen, Die Rechtsanwalts-GmbH, in ZHR 161 (1997), S. 337 ff.

Heni, Bernhard, Zur Risikolage des Abschlußprüfers bei Mißachtung des Selbstprüfungsverbots, in DStR 1997, S. 1210 ff.

Henke, Norbert, Rechtsprobleme ärztlicher Zusammenarbeit im ambulanten Bereich, in NJW 1974, S. 2035 ff.

Hennerkes, Brun-Hagen und *Lorz, Rainer,* Roma locuta causa finita: Die GmbH & Co. KGaA ist zulässig, in DB 1997, S. 1388 ff.

Henrichfreise, Sabine, Frankreichs Anwaltschaft im Wandel: Die Entwicklung des französischen Anwaltsrechts, Essen 1992

Henschel, „Geschäftsanwälte", in DJZ 1911, S. 1054 ff.

Henssler, Martin, Die Rechtsanwalts-GmbH, in JZ 1992, S. 697 ff.

–, Anwaltsgesellschaften, in NJW 1993, S. 2137 ff.

–, Anwaltschaft im Wettbewerb, in AnwBl. 1993, S. 541 ff.

–, Der Regierungsentwurf eines Gesetzes über Partnerschaftsgesellschaften, in WiB 1994, S. 53 ff.

–, Haftungsrisiken anwaltlicher Tätigkeit, in JZ 1994, S. 178 ff.

–, Die Freiberufler-GmbH, in ZIP 1994, S. 844 ff.

–, Die GmbH – eine Rechtsform zur Ausübung des Apothekerberufes?, in DApothZ 1995, S. 17 ff.

–, Die Haftung der Partnerschaft und ihrer Gesellschafter, in: Festschrift für Ralf Vieregge, S. 361 ff., Berlin/NewYork 1995

–, Neue Formen anwaltlicher Zusammenarbeit, in DB 1995, S. 1549 ff.

–, Die Haftung der Rechtsanwälte und Wirtschaftsprüfer, in AnwBl. 1996, S. 3 ff.

–, Zur Drittwerbung zugunsten von Freiberuflern, in ZIP 1996, S. 485 ff.
–, Gewerbe, Kaufmann und Unternehmen, in ZHR 161 (1997), S. 13 ff.
–, Partnerschaftsgesellschaftsgesetz, München 1997
–, Die Rechtsanwalts-GmbH – Zulässigkeit und Satzungserfordernisse, in ZHR 161 (1997), S. 305 ff.
–, Der Gesetzentwurf zur Regelung der Rechtsanwalts-GmbH, in ZIP 1997, S. 1481 ff.
Henssler, Martin und Prütting, Hanns (Hrsg.), Kommentar zur Bundesrechtsanwaltsordnung, München 1997
Herfs, Achim, Die Kapitalgesellschaft & Co. KGaA als Rechtsformoptimierung für mittelständische Unternehmen, in WiB 1997, S. 688 ff.
Hermann, Heiner, Die Freien Berufe – Herkunft, Wandlung und heutiger Inhalt des Begriffs –, Frankfurt/Main 1971
Herrmann, Harald, Die Sachwalterhaftung vermögenssorgender Berufe, in JZ 1983, S. 422 ff.
Herschel, Wilhelm, Freier Beruf und Arbeitsverhältnis, Heidelberg 1964
Herweck-Behnsen, Erika, Die Legitimation der Zulassungsbeschränkungen des Gesundheitsstrukturgesetzes (GSG) für Vertragsärzte und Vertragszahnärzte durch das Grundgesetz, in NZS 1995, S. 211 ff.
Herz, Carsten, Neuer Streit um ein altes Thema – Harter Finanzpoker um die Abschaffung der Gewerbekapitalsteuer, in „Darmstädter Echo" v. 22.2.1997, S. 3
Herzig, Norbert und *Kessler, Wolfgang,* Die begrenzte Steuerrechtsfähigkeit von Personenmehrheiten nach dem Beschluß des Großen Senats des BFH vom 25.6.1984 (Teil II), in DStR 1985, S. 2528 ff.
–, Tatbestandsmerkmale und Anwendungsbereich des Gepräge-Gesetzes, in DStR 1986, S. 451 ff.
Hettrich, Eduard und *Pöhlmann, Peter,* Kommentar zum Genossenschaftsgesetz, München 1995
Heuß, Theodor, Organisationsprobleme der „freien Berufe", in: Festschrift für Lujo Brentano, S. 237 ff., München 1916
Hirschfeld, Dietrich, Die Jahresabschlüsse der Wirtschaftsprüfungs-Aktiengesellschaften, in Wpg. 1966, S. 380 ff.
Hirte, Heribert, Berufshaftung, München 1996
Hoffmann, Heinrich, Gesetz über das Apothekenwesen, Kommentar, München/Berlin 1961
–, Die Verstaatlichung von Berufen, in DVBl. 1964, S. 457 ff.
Hoffmann, Paul, Ein Vorschlag zur Überwindung der Vervielfältigungstheorie bei der gewerbesteuerlichen Behandlung der steuer- und wirtschaftsberatenden Berufe, in FR 1953, S. 186 ff.
–, Ein Vorschlag zur Überwindung der Vervielfältigungstheorie bei der gewerbesteuerlichen Behandlung der steuer- und wirtschaftsberatenden Berufe, in Wpg. 1953, S. 256 ff.
Hoffmann-Becking, Michael (Hrsg.), Münchener Handbuch des Gesellschaftsrechts, Band 4, Aktiengesellschaft, München 1988
Hoj, Karsten, Die dänische Rechtsanwalts-GmbH, in AnwBl. 1995, S. 361 f.
Hölscher, Christoph, Die Professional Corporation – die „amerikanische Form der Partnerschaft", in RIW 1995, S. 551 ff.

Hommelhoff, Peter, Für eine Anwalts-GmbH, in: liber amicorum für Walter Hasche, S. 101 ff., Heidelberg 1989
–, Zur Mitwirkung des Abschlußprüfers nach § 319 Abs. 2 Nr. 5 HGB, in: Gedächtnisschrift für Brigitte Knobbe-Keuk, S. 471 ff., Köln 1997
Hommerich, Christoph, Berufsrecht im Meinungsbild der Anwaltschaft, in AnwBl. 1991, Beilage zu Heft 1, S. 2 ff.
–, Empirische Analyse des Berufsbildes des Syndikusanwalts, in AnwBl. 1997, Beilage zu Heft 11, S. 14 ff.
Höppner, M., Problematik und Widersprüche der Wirtschaftsprüferordnung, in BB 1961, S. 1209 ff.
–, Problematik und Widersprüche der Wirtschaftsprüferordnung, in DB 1962, S. 105 ff.
Hopt, Klaus J., Nichtvertragliche Haftung außerhalb von Schadens- und Bereicherungsausgleich – Zur Theorie und Dogmatik des Berufsrechts und der Berufshaftung, in AcP 1983, S. 610 ff.
–, Die Haftung des Wirtschaftsprüfers – Rechtsprobleme zu § 323 HGB und zur Prospekt- und Auskunftshaftung, in: Festschrift für Klemens Pleyer, S. 341 ff., Köln/Berlin/Bonn/München 1986
–, Handelsgesellschaften ohne Gewerbe und ohne Gewinnerzielungsabsicht? – Abgrenzungsprobleme zum handelsrechtlichen Gewerbebegriff –, in ZGR 1987, S. 145 ff.
–, Dritthaftung für Testate, in NJW 1987, S. 1745 f.
–, Baumbach/Hopt – Kommentar zum Handelsgesetzbuch, 29. Aufl., München 1995
Horn, Norbert, Die Haftung des Vorstands der AG nach § 93 AktG und die Pflichten des Aufsichtsrats, in ZIP 1997, S. 1129 ff.
Hornung, Anton, Partnerschaftsgesellschaft für Freiberufler, in RPfl. 1995, S. 481 ff. (Teil 1) und in RPfl. 1996, S. 1 ff. (Teil 2)
Horst, Ulrich von der, Grundlagen und Umfang der Haftung des Steuerberaters und Möglichkeiten der Haftungsbeschränkung, in DStR 1995, S. 2027 ff.
Hübner, Ulrich, Die Berufshaftung – ein zumutbares Berufsrisiko?, in NJW 1989, S. 5 ff.
Hueck, Götz u. a., Baumbach/Hueck – Kommentar zum GmbH-Gesetz, 16. Aufl., München 1996
Huff, Martin W., Der Anwalt von heute – Auslaufmodell morgen?, in BRAK-Mitt. 1997, S. 139 ff.
Hüffer, Uwe, Kommentar zum Aktiengesetz, 2. Aufl., München 1995
Huffmann, Helga, Kampf um freie Advokatur, Essen 1967
Hülsmann, Christoph und Maser, Peter, Probleme der Vertragsgestaltung – Ärztliche Schweigepflicht und Praxisübergabe, in MDR 1997, S. 111 ff.
Human, Uwe, Zur Modernisierung des anwaltlichen Berufsrechts – Bewährte Strukturen erhalten oder abschaffen? – Zur Problematik der überörtlichen Sozietäten, in AnwBl. 1990, S. 387 ff.
Hummes, Wolfgang, Die rechtliche Sonderstellung der freien Berufe im Vergleich zum Gewerbe, Göttingen 1979
Impelmann, Norbert, Die Haftung des GmbH-Geschäftsführers gegenüber Dritten, in WiB 1994, S. 801 ff.
Institut der Wirtschaftsprüfer in Deutschland e.V. (Hrsg.), Wirtschaftsprüfer-Handbuch, Band 1, 10. Aufl., Düsseldorf 1992
Isele, Walter, Kommentar zur Bundesrechtsanwaltsordnung, Essen 1976

Isensee, Josef, Kassenarztmonopol und nichtärztliche Leistungserbringer, Köln/Berlin/Bonn/München 1995

Jaeger, Renate, Verfassungsrechtliche Anstöße für die Weiterentwicklung des Rechts der freien Berufe, in: Gerling-Konzern (Hrsg.), Zweites Forum Freie Berufe, S. 8 ff., Köln 1997

Jaffé, Elisabeth, Die Beziehungen zwischen verbundenen Anwälten in Rechtsprechung und Schrifttum, in: Anregungen aus der Praxis des Arbeitsamtes der Deutschen Rechtsanwaltschaft, S. 15 ff., Berlin 1932

Jäger, Oskar, Die Abgrenzung der Einkünfte aus Gewerbebetrieb von den Einkünften aus selbständiger Arbeit in der Einkommensteuer und in der Gewerbesteuer, Gelnhausen 1959

Jarass, Hans D., Die freien Berufe zwischen Standesrecht und Kommunikationsfreiheit, in NJW 1982, S. 1833 ff.

Jawansky, Martin, Wohin geht die Haftung bei der Partnerschaftsgesellschaft?, in DNotZ 1997, S. 938 ff.

Jessen, Paul, Zum Problem der Anwaltsgenossenschaft, in Materialien zum Problem der Anwaltsgenossenschaft, herausgegeben von der Arbeitsgemeinschaft zur Förderung des Problems der Anwaltsgenossenschaft, S. 20 ff., Leipzig 1928

Josef, Eugen, Die Verbindung von Rechtsanwälten zur Ausübung des Berufs unter der Geltung des Bürgerlichen Gesetzbuches, in Gruchot: Beiträge zur Erläuterung des Deutschen Rechts, 1900 (44. Jahrgang), S. 413 ff. und S. 545 ff.

–, Die Vereinigung von Ärzten zur Berufsausübung als bloße Verbindung (Innengesellschaft), als Gesellschaft des bürgerlichen Rechts und als offene Handelsgesellschaft, in Gruchot: Beiträge zur Erläuterung des Deutschen Rechts, 1904 (48. Jahrgang), S. 263 ff.

–, Die Haftpflichtversicherung verbundener Rechtsanwälte, in LZ 1908, S. 680 ff.

–, Die Schadensersatzpflicht verbundener Rechtsanwälte, in JW 1912, S. 511 ff.

Junge-Ilges, Patrick, Haftungsvereinbarungen der rechts- und wirtschaftsberatenden Berufe, Bonn 1995

Jungk, Antje, Die Rechtsanwaltssozietät als Haftungsgemeinschaft, in AnwBl. 1996, S. 297 ff.

Jürgenmeyer, Michael, Berufsrechtliche Diskriminierungen der interprofessionell tätigen Rechtsanwälte, in BRAK-Mitt. 1995, S. 142 ff.

Kaiser, Hans und Bellstedt, Christoph, Die Anwaltssozietät – GBR, Partnerschaft, Anwalts-GmbH, 2. Aufl., Herne/Berlin 1995

Kaiser, Karin, Steuerberatung als Risiko-Management, Köln 1995

Kallfelz, Walter, Die neue Berufsordnung für die deutschen Ärzte, in JW 1938, S. 97 ff.

Kalsbach, Werner, Über Fragen des rechtsanwaltlichen Standesrechts, Baden-Baden 1956

–, Standesrecht des Rechtsanwalts, Köln 1956

–, Kommentar zur Bundesrechtsanwaltsordnung, Köln 1960

Kappus, Andreas und *Eckstein, Frank,* Europäische wirtschaftliche Interessenvereinigung – Statuten einer Rechtsberater-EWIV –, in AnwBl. 1992, S. 298 ff.

Karl, Fritz, Recht der freien Berufe, Berlin 1976

Katinszky, Hausanwalt – Anwaltshaus?, in AnwBl. 1932, S. 54 ff.

Kaufmann, Willy, Haftet der Anwalt für das Verschulden seines Sozius?, in JW 1916, S. 883 ff.

Kempter, Fritz, Das Partnerschaftsgesellschaftsgesetz, in BRAK-Mitt. 1994, S. 122 ff.
–, Die Rechtsanwalts-GmbH und das Bayerische Oberste Landesgericht – was nun?, in BRAK-Mitt. 1995, S. 4 f.
Kespohl-Willemer, Annette, Rechtsanwaltsgesellschaft in Dänemark, in AnwBl. 1990, S. 457 ff.
Kewenig, Wilhelm A., Das Recht der rechtsberatenden Berufe – eine Herausforderung für den Gesetzgeber und die Standesorganisationen, in JZ 1990, S. 782 ff.
Kirchhof, Paul und Söhn, Hartmut (Hrsg.), Kommentar zum Einkommensteuergesetz, Band 9, §§ 15, 15a, 16, 18, Loseblatt, Stand zu § 18 EStG: 6. Erg.-Lieferung, März 1988
Klein-Blenkers, Friedrich, Wirtschaftliche Bedeutung und rechtliche Fragen zur Europäischen Wirtschaftlichen Interessenvereinigung, in DB 1994, S. 2224 ff.
Kleine-Cosack, Michael, Kommentar zur Bundesrechtsanwaltsordnung, 2. Aufl., München 1996
–, Lokalisationsprinzip vor dem Aus, in NJW 1996, S. 1872 f.
Kleinert, Detlef, Bilanz und Ausblick liberaler Rechtspolitik, in AnwBl. 1990, S. 546 ff.
Knoll, Christian und *Schüppen, Matthias,* Die Partnerschaftsgesellschaft – Handlungszwang, Handlungsalternative oder Schubladenmodell?, in DStR 1995, S. 608 ff. (Teil I) und S. 646 ff. (Teil II)
Knorr, Karl-Ernst und *Wernick, Jens,* Rechtsformen der Krankenhäuser, Düsseldorf 1991
Koch, Harald, Nationale und transnationale Organisations- und Kooperationsformen anwaltlicher Tätigkeit in der Bundesrepublik Deutschland, in Gilles, Peter (Hrsg.), Anwaltsberuf und Richterberuf in der heutigen Gesellschaft, S. 153 ff., Baden-Baden 1991
Koch, Ludwig, Zur Entwicklung des anwaltlichen Berufsrechts in der Bundesrepublik – ausgewählte Fragen, in: Festschrift für Walter Kolvenbach, S. 23 ff., Essen 1992
–, Zur Zulässigkeit der Rechtsanwalts-GmbH nach geltendem Recht, in AnwBl. 1993, S. 157 ff.
–, Pro Anwalts-GmbH, in MDR 1995, S. 446
Koch, Waldemar, Der Beruf des Wirtschaftsprüfers, Berlin 1957
Kögel, Steffen, Unternehmerische BGB-Gesellschaft: Möglichkeiten und Risiken der Haftungsbeschränkung bei Verträgen, in DB 1995, S. 2201 ff.
Köhl, Dietmar, Die Einschränkung der Haftung des GmbH-Geschäftsführers nach den Grundsätzen des innerbetrieblichen Schadensausgleichs, in DB 1996, S. 2597 ff.
Köhler-Fleischmann, Gabriele, Der Grundsatz der persönlichen ärztlichen Leistungspflicht, München 1991
Korn, Klaus, Probleme bei der ertragsteuerrechtlichen Abgrenzung zwischen freier Berufstätigkeit und Gewerbe, in DStR 1995, S. 1249 ff.
Kornblum, Udo, Probleme der Haftung assoziierter Rechtsanwälte, in AnwBl. 1973, S. 153 ff.
–, Die Haftung assoziierter Rechtsanwälte, in BB 1973, S. 218 ff.
–, Keine Sozietät zwischen Anwaltsnotar und Wirtschaftsprüfer?, in AnwBl. 1981, S. 260 ff.
–, Vom „Standesrecht“ zum Berufsrecht der Freien Berufe, in ZRP 1988, S. 465 ff.
–, Rechtstatsachen zum Unternehmens- und Gesellschaftsrecht im Langzeitvergleich des Leonberger Handelsregisters 1980, 1988 und 1996, in GmbHR 1997, S. 630 ff.

Kort, Michael, Zur Eigenhaftung des GmbH-Geschäftsführers gegenüber privatrechtlichen Dritten, in DB 1990, S. 921 ff.

Korts, Sebastian; Rodenbusch, Ulrike u. a., Die Rechtsanwalts-GmbH, Heidelberg 1995

Kotulla, Michael, Anwaltlicher Lokalisierungszwang und Berufsfreiheit, in AnwBl. 1990, S. 126 ff.

Krämer, Achim, Der Rechtsanwalt – ein „staatlich gebundener Vertrauensberuf?", in NJW 1975, S. 849 ff.

–, Anwaltswerbung und UWG, in: Festschrift für Henning Piper, S. 327 ff., München 1996

Krämer, Andreas und *Kohn-Lehnhof, Regina,* Pricing für Rechtsanwälte, in AnwBl. 1997, S. 306 ff.

Krebs, Hans-Joachim, Die Reform der Gewerbesteuer, in: Festschrift für Wolfgang Ritter, S. 397 ff., Köln 1997

Krebs, Peter, Reform oder Revolution? – Zum Referentenentwurf eines Handelsrechtsreformgesetzes, in DB 1996, S. 2013 ff.

Kremer, Arnold, Die GmbH als Rechtsform freiberuflicher Partnerschaften, Berlin 1979

–, Freie Berufe in der Rechtsform der GmbH, in GmbHR 1983, S. 259 ff.

Krieger, Gerd, Partnerschaftsgesellschaftsgesetz, in MedR 1995, S. 95 ff.

Krölls, Albert, Grundgesetz und ärztliche Niederlassungsfreiheit – Zur Verfassungsmäßigkeit staatlicher Bedarfsplanung, in GewArch 1993, S. 217 ff.

Krutoff, Leo, Die Entstehung der Klinik, in: Festschrift der Deutschen Klinik für Diagnostik AG (Hrsg.), S. 27 ff., Wiesbaden 1970

Kuhls, Clemens, u.a., Praktikerkommentar zum Steuerberatungsgesetz, Herne/Berlin 1995

Kühn, Wolfgang, Deutsche Anwälte international in der Abstiegszone, in AnwBl. 1988, S. 129 ff.

Kulka, Michael, Der „Freiberufler-Konzern", in DZWiR 1995, S. 45 ff.

Kunz, Peter W., Die Berufsbilder der rechts-, steuer- und wirtschaftsberatenden Berufe, insbesondere die sich daraus ergebenden Konsequenzen für die Formen einer Zusammenarbeit, Lünen/Westf. 1982

Kupfer, Gerhard, Geklärte und strittige Einkommensteuerfragen bei der Abgrenzung zwischen Freiberuf und Gewerbe, in KÖSDI 1990, S. 8066 ff.

–, Freiberufler-Gesellschaften: Partnerschaft, Anwalts- und Ärzte-GmbH, in KÖSDI 1995, S. 10130 ff.

Lach, Michael, Formen freiberuflicher Zusammenarbeit, München 1970

Lach, Peter, Ausübung freier Berufe durch juristische Personen, in BB 1962, S. 688 f.

Lammel, Siegbert, Wettbewerbsrecht contra Standesrecht – Zur Anwendung von Wettbewerbsrecht auf freie Berufe, in WuW 1984, S. 853 ff.

Landmann/Rohmer, Kommentar zur Gewerbeordnung, Bd.1, Loseblatt, München, Stand: 1.7.1995

Landry, Klaus, Die Anwalts-Kapitalgesellschaft – eine Replik auf MDR 1995, 447, in MDR 1995, S. 558

Lang, Arno, Die Rechtsprechung des Bundesgerichtshofes zur Dritthaftung der Wirtschaftsprüfer und anderer Sachverständiger, in WM 1988, S. 1001 ff.

–, Zur Dritthaftung der Wirtschaftsprüfer, in Wpg. 1989, S. 57 ff.

–, Zur Dritthaftung der Wirtschaftsprüfer, Karlsruhe 1991

Lange, Hans-Peter, Stehen anwaltlicher Lokalisierungszwang und die Berufsfreiheit wirklich in unüberbrückbarem Gegensatz?, in AnwBl. 1990, S. 241 ff.

Langohr-Plato, Uwe, Pensionszusagen an Gesellschafter-Geschäftsführer von Kapitalgesellschaften, in ZAP 1996, Fach 15, S. 97 ff.

Larenz, Karl, Methodenlehre der Rechtswissenschaft, 6. Aufl., Berlin/Heidelberg/NewYork 1991

Laufhütte, Heinrich, Die freie Advokatur in der Rechtsprechung des Bundesgerichtshofes, in: Festschrift für Gerd Pfeiffer, S. 959 ff., München 1988

Laufs, Adolf, Zum Wandel des ärztlichen Berufsrechts, in: Festschrift für Willi Geiger, S. 228 ff., Tübingen 1989

–, Die Ärzte-GmbH und das Berufsrecht, in MedR 1995, S. 11 ff.

–, Arzt und Recht im Umbruch der Zeit, in NJW 1995, S. 1590 ff.

Laufs, Adolf und Uhlenbruck, Wilhelm (Hrsg.), Handbuch des Arztrechts, München 1992

Lenz, Hans-Rudi, Die Struktur des Marktes für Abschlußprüfungsmandate bei deutschen Aktiengesellschaften, in Wpg. 1996, S. 269 ff. (Teil 1) und S. 313 ff. (Teil 2)

–, Geplante Zusammenschlüsse zu den „Big 4" gefährden den Wettbewerb, in „Blick durch die Wirtschaft" v. 3.11.1997, S. 1 f.

Lenz, Tobias, Die Partnerschaft – alternative Gesellschaftsform für Freiberufler?, in MDR 1994, S. 741 ff.

–, Die „Ausübung" des Freien Berufes i. S. des Partnerschaftsgesellschaftsgesetzes, in WiB 1995, S. 529 ff.

Leutheußer, Horst, Die Rechtsanwälte – Berufsstand zwischen Lob und Tadel, München 1992

Leutheusser-Schnarrenberger, Sabine, Die Partnerschaftsgesellschaft – nationale und EG-rechtliche Bestrebungen zu einem Sondergesellschaftsrecht für die freien Berufe, in: Festschrift für Herbert Helmrich, S. 677 ff., München 1994

–, Ein wichtiger Tag für die Freien Berufe, in AnwBl. 1994, S. 334 f.

–, Die Partnerschaftsgesellschaft für die rechtsberatenden Berufe, in BRAK-Mitt. 1995, S. 90 f.

Levin, Louis, Schutz der freien Anwaltschaft!, Leipzig 1930

Lichtner, Rolf und *Korfmacher, Hans Wilhelm,* Berufsrechte im Umbruch?, in WPK-Mitt. 1993, S. 93 ff.

–, Das Dritte Gesetz zur Änderung der Wirtschaftsprüferordnung, in WPK-Mitt. 1994, S. 207 ff.

Limmer, Peter, Die Zulässigkeit der Anwalts-GmbH, in WPrax 23/1994, S. 2 ff.

Limon, Jean, Berufsethik im freien Markt, in: Festschrift für Helmut Schippel, S. 740 ff., München 1996

Lindenberg, Heinrich, Wirtschaftsprüfungsgesellschaften und Wirtschaftsprüferordnung, in BB 1961, S. 1287 ff.

Lingenberg, Joachim; Hummel, Fritz u. a., Kommentar zu den Grundsätzen des anwaltlichen Standesrechts, 2. Aufl., Köln 1988

Linsingen, Freiherr von, Zur Rechtsprechung des BGH über die Zulassung von angestellten Volljuristen in Wirtschaftsprüfungs- und Steuerberatungsgesellschaften zur Anwaltschaft, in StB 1976, S. 209 ff.

List, Heinrich, Neue Berufe aus steuerrechtlicher Sicht, in BB 1993, S. 1488 ff.

Littbarski, Sigurd, Die Berufshaftung – eine unerschöpfliche Quelle richterlicher Rechtsfortbildung?, in NJW 1984, S. 1667 ff.
Littmann, Eberhard, Zur Gewerbesteuerpflicht der Wirtschaftsprüfer, in Wpg. 1953, S. 367 ff.
Loewer, Jörn, Neuordnung des anwaltlichen Berufsrechts, in BRAK-Mitt. 1994, S. 186 ff.
Löffelmann, Peter, Der kommende Einheits-Architektenvertrag für Gebäude, in BauR 1994, S. 563 ff.
Löffelmann, Peter u. a., Architektenrecht: Architektenvertrag und HOAI – Leistungspflichten; Honorar und Haftung; Bausummenüberschreitung, Düsseldorf 1995
Lohmann, Manfred, Zur Befugnis der Wirtschaftsprüfungsgesellschaften zur Durchführung von Pflichtprüfungen, in DB 1962, S. 277 ff.
Lt., Zur Gewerbesteuerfreiheit der freien Berufe, in Wpg. 1951, S. 101 f.
Lüben, Gerhard, Die Fundamente der freien geistigen Berufe, Köln/Berlin 1959
Lück, Wolfgang, The Big Eight – Die großen US-amerikanischen Wirtschaftsprüfungsgesellschaften, in DB 1988, S. 613 ff.
Lück, Wolfgang und *Holzer, Peter H.*, Multinationale Wirtschaftsprüfungsgesellschaften, in DB 1981, S. 1989 ff. (Teil I) und S. 2037 ff. (Teil II)
Lück, Wolfgang und *Hunecke, Jörg*, Zur Warnfunktion des Abschlußprüfers, in DB 1996, S. 1 ff.
Lücke, Oliver, Die Hierarchie des ärztlichen Dienstes im Spannungsfeld von Direktionsrecht und freiem Beruf, Frankfurt/Berlin/Bern/NewYork/Paris/Wien 1995
Lutter, Marcus, Gefahren persönlicher Haftung für Gesellschafter und Geschäftsführer einer GmbH, in DB 1994, S. 129 ff.
–, Haftungsrisiken des Geschäftsführers einer GmbH, in GmbHR 1997, S. 329 ff.
Lutter, Marcus und *Hommelhoff, Peter*, Kommentar zum GmbH-Gesetz, 14. Aufl., Köln 1995
Lutz, Dieter und *App, Michael*, Moderne Organisationsformen für die grenzüberschreitende Zusammenarbeit von Steuerberatern in der EG, in INF 1992, S. 419 ff.
–, Kooperation von Steuerberaterkanzleien in einer EWIV, in INF 1993, S. 565 ff.
–, Kooperationen zwischen Steuerberaterkanzleien – Chancen und Modelle, in KÖSDI 1993, S. 9478 ff. (Teil I) und S. 9517 ff. (Teil II)
Maaß, Rainald, Die Entwicklung des Vertragsarztrechts in den Jahren 1995 und 1996, in NJW 1996, S. 3053 ff.
Maaßen, Wolfgang, Kunst oder Gewerbe?: die Abgrenzung der künstlerischen von der gewerblichen Tätigkeit im Steuerrecht, Handwerksrecht, Partnerschaftsgesellschaftsrecht, Künstlersozialversicherungsrecht, 2. Aufl., Heidelberg 1996
Magnus, Julius, Die Rechtsanwaltschaft, Leipzig 1929
Mahnke, Lutz, Das Partnerschaftsgesellschaftsgesetz, in WM 1996, S. 1029 ff.
Maier, Arno, Die Reform des Anwaltsrechts in Frankreich, in AnwBl. 1991, S. 182 f.
Maier, Hans, Leistung, Freiheit, Selbstverantwortung – die Freien Berufe in der verwalteten Welt, in PatAnwMitt. 1985, S. 1 ff.
Maier-Bridou, Arno und *Maier-Bridou, Nathalie*, Steuerfragen einer deutsch-französischen Anwaltssozietät, in AnwBl. 1993, S. 264 ff.
Mälzer, Susanne, Werbemöglichkeiten für Rechtsanwälte in der Europäischen Union, Bonn 1995

Markus, Hugh Brian, Der Wirtschaftsprüfer – Entstehung und Entwicklung des Berufes im nationalen und internationalen Bereich, München 1996
Marten, Kai-Uwe, Entwicklungen und Herausforderungen für den Berufsstand der Wirtschaftsprüfer, in WPK-Mitt. 1996, S. 9 ff.
Marx, Thomas, Die Europäische Wirtschaftliche Interessenvereinigung (EWIV) als Kooperationsform für die freien Berufe, in AnwBl. 1997, S. 241 ff.
Maxl, Peter, Die Sozietät der Steuerberater, Wirtschaftsprüfer und Rechtsanwälte, in Stbg. 1991, S. 149 ff.
Maydell, Bernd von, Der Statuswandel der freien Heilberufe in der GKV – rechtliche Rahmenbedingungen und Reformoptionen, in NZS 1996, S. 243 ff.
Maydell, Bernd von und *Pietzcker, Jost,* Begrenzung der Kassenarztzulassung, 1. Aufl., Baden-Baden 1993
Mayen, Thomas, Die verfassungsrechtliche Stellung des Rechtsanwalts – Ausprägungen und Auswirkungen auf das anwaltliche Berufsrecht, in NJW 1995, S. 2317 ff.
Mayer, Kurt, Für die Beibehaltung der Lokalisation, in AnwBl. 1974, S. 11 ff.
Mayer-Wegelin, H., Die zweckmäßige Rechtsform der Wirtschaftsprüfer-Gemeinschaften, in WP 1949, S. 97 ff.
Mazza, Francesca, Die Haftung des neu eintretenden Partners für Alt-Verbindlichkeiten der Partnerschaft aus Schäden wegen fehlerhafter Berufsausübung, in BB 1997, S. 746 ff.
Medicus, Dieter, Zur Eigenhaftung des GmbH-Geschäftsführers aus Verschulden bei Vertragsverhandlungen, in: Festschrift für Ernst Steindorff, S. 725 ff., Berlin/NewYork 1990
–, Die Außenhaftung des GmbH-Geschäftsführers, in GmbHR 1993, S. 533 ff.
Megow, Kann ein freiberuflicher Rechtswahrer die Haftung für Fahrlässigkeit ausschließen?, in DR 1944, S. 103 ff.
Meier-Greve, Hans-Jürgen, Öffentlich-rechtliche Bindungen und freiberufliche Stellung der Kassenärzte, Göttingen 1968
Meilicke, Wienand u.a., Kommentar zum Partnerschaftsgesellschaftsgesetz, München 1995
Meisel, Bernd Stefan, Geschichte der deutschen Wirtschaftsprüfer: Entstehungs- und Entwicklungsgeschichte vor dem Hintergrund einzel- und gesamtwirtschaftlicher Krisen, Köln 1992
Meiss, Wilhelm, Zur Frage der Zulässigkeit des Haftungsausschlusses in Allgemeinen Geschäftsbedingungen und Formularverträgen, in VersR 1960, S. 961 ff.
Meng, Dietrich, Die Anerkennung von Steuerberatungsgesellschaften – Voraussetzungen und Verfahren, in DStR 1978, S. 123 ff.
–, Die unabhängige Berufsausübung des Steuerberaters, in StB 1988, S. 333 ff.
–, Die eigenverantwortliche Berufsausübung des Steuerberaters, in StB 1989, S. 105 ff.
–, Das Vierte Gesetz zur Änderung des Steuerberatungsgesetzes, in StB 1989, S. 217 ff.
–, Berufsrecht der Steuerberater, Heidelberg 1991
Mertens, Hans-Joachim, Berufshaftung – Haftungsprobleme alter Professionen, in VersR 1974, S. 509 ff.
–, Die Handelsgesellschaft KGaA als Gegenstand gesellschaftsrechtlicher Diskussion und die Wissenschaft vom Gesellschaftsrecht, in: Festschrift für Wolfgang Ritter, S. 731 ff., Köln 1997

Messer, Herbert, Verkäuflichkeit der Anwaltspraxis?, in: Festschrift für Hans Erich Brandner, S. 715 ff., Köln 1996

Messerschmidt, Burkhard, Berufsbild und Ausbildung des Advokaten im 17. bis 19. Jahrhundert, in AnwBl. 1989, S. 629 ff.

Metzner, Max, Die zweckmäßige Rechtsform der Wirtschaftsprüfer-Gemeinschaften, in WP 1949, S. 172 ff.

Meyer, Justus und *Kreft, Volker,* Die Arzt-GmbH auf dem Prüfstand – Vor- und Nachteile beim Einsatz einer GmbH für eine Arztpraxis, in GmbHR 1997, S. 193 ff.

Meyer-Landrut, Andreas u.a., Kommentar zum Partnerschaftsgesellschaftsgesetz, Neuwied/Kriftel/Berlin 1995

Michalski, Lutz, Der Begriff des freien Berufs im Standes- und im Steuerrecht, Köln 1989

–, Das Gesellschafts- und Kartellrecht der berufsrechtlich gebundenen freien Berufe, Köln 1989

–, Die freiberufliche Zusammenarbeit im Spannungsfeld von Gesellschafts- und Berufsrecht, in AnwBl. 1989, S. 65 ff.

–, Zum Regierungsentwurf eines Partnerschaftsgesellschaftsgesetzes, in ZIP 1993, S. 1210 ff.

Michalski, Lutz und *Römermann, Volker,* Kommentar zum Partnerschaftsgesellschaftsgesetz, Köln 1995

–, Preiswettbewerb unter Rechtsanwälten?, in AnwBl. 1996, S. 241 ff.

–, Interprofessionelle Zusammenarbeit von Rechtsanwälten, in NJW 1996, S. 3233 ff.

–, Werbeverbot für Notare? – Eine Besprechung des Beschlusses des Bundesgerichtshofs vom 24. Juni 1996, in ZIP 1997, S. 315 ff.

Michalski, Lutz und *Zeidler, Finn,* Die Ausgleichshaftung im qualifiziert faktischen Konzern, in NJW 1996, S. 224 ff.

Mink, Markus, Steuerliche Grundsätze für Pensionszusagen an beherrschende Gesellschafter-Geschäftsführer einer Kapitalgesellschaft, in GmbHR 1995, S. 644 ff.

Mittelstein, Kurt, Grenzen der Verantwortlichkeit des Rechtsanwalts, in MDR 1958, S. 743 ff.

Mittelsteiner, Karl-Heinz, Viertes Gesetz zur Änderung des Steuerberatungsgesetzes, in DStR 1989, S. 403 ff.

–, Das Steuerberatungsgesetz, Beihefter zu DStR 1994, Heft 37, Kommentierung der Neuregelungen ab S. 27 ff.

Mittelsteiner, Karl-Heinz und *Hund, Thomas,* Zeitungsanzeigen von Steuerberatern nur bei sachlicher Veranlassung?, in DStR 1997, S. 219 ff.

Mittelsteiner, Karl-Heinz; Pausch, Alfons und *Kumpf, Johann Heinrich,* Illustrierte Geschichte des steuerberatenden Berufes, 2. Aufl., Köln 1986

Möhle, Dimitrij Fritz, Das Berufsbild des Wirtschaftsprüfers, in Wpg. 1962, S. 197 ff.

Moxter, Adolf, Zur Abgrenzung von unzulässiger Mitwirkung und gebotener Einwirkung des Abschlußprüfers bei der Abschlußerstellung, in BB 1996, S. 683 ff.

–, Die Vorschriften zur Rechnungslegung und Abschlußprüfung im Referentenentwurf eines Gesetzes zur Kontrolle und Transparenz im Unternehmensbereich, in BB 1997, S. 722 ff.

Müller, Gerd, Zur Haftung des Gesellschafter-Geschäftsführers aus culpa in contrahendo und aus § 64 Abs. 1 GmbHG, in ZIP 1993, S. 1531 ff.

Müller, Klaus, Schadensersatzpflicht verbundener Anwälte, in NJW 1969, S. 903 ff.

–, Zur Haftung verbundener Anwälte, in NJW 1969, S. 1416 f.
–, Kommentar zum Gesetz betreffend die Erwerbs- und Wirtschaftsgenossenschaften, Band 1, §§ 1 – 33, 2. Aufl., Bielefeld 1991
Müller, Ursula, Die Partnerschaftsgesellschaft – Eine Rechtsform für freie Berufe aus der Sicht der freiberuflichen Leistung, in FR 1995, S. 402 ff.
Müller, Welf und Hense, Burkhard (Hrsg.), Beck'sches Handbuch der GmbH, München 1995
Müller, Wolfgang, Einbeziehung der Freien Berufe in das Handelsrecht unter besonderer Berücksichtigung von Arzt, Apotheker, Rechtsanwalt, Wirtschaftsprüfer und Architekt, Berlin 1968
Müller-Gugenberger, Christian, Bringt die „Partnerschaft" für die freien Berufe Wettbewerbsgleichheit im Gemeinsamen Markt?, in DB 1972, S. 1517 ff.
–, EWIV – Die neue europäische Gesellschaftsform, in NJW 1989, S. 1449 ff.
Mundorf, Abschlußprüfungen durch Treuhandgesellschaften – Zur Neuordnung des Wirtschaftsprüferrechtes, in BB 1954, S. 390 f.
Narr, Helmut; Hess, Rainer und *Schirmer, Horst-Dieter,* Ärztliches Berufsrecht: Ausbildung, Weiterbildung, Berufsausübung, Loseblatt, 2. Aufl., Köln, Stand: 1.7.1994
Nerlich, Jörg, Internationale Kooperationsmöglichkeiten für europäische Rechtsanwälte, Bonn 1994
–, Multinationale und transnationale Anwaltssozietäten in Europa, in: Henssler, Martin und Nerlich, Jörg (Hrsg.), Anwaltliche Tätigkeit in Europa, S. 37 ff., Bonn 1994
–, Anwaltssozietäten in Europa, in AnwBl. 1994, S. 529 ff.
–, Anwaltliche Kooperationsmöglichkeiten im Rahmen multi- und transnationaler Niederlassungen, in PatAnwMitt. 1995, S. 92 ff.
–, Rechtsprechungsbericht: Die Entwicklung des Anwaltsrechts seit der Novelle der Bundesrechtsanwaltsordnung von 1994, in WiB 1996, S. 1149 ff.
Neu, Norbert, Einkünfteinfektion nach § 15 Abs. 3 Nr. 1 EStG – genügt der Obstkarren?, in DStR 1995, S. 1893 ff.
Neubrand, Jürgen, Zur Problematik der Gewerbebesteuerung bei Tierarztpraxen, in BB 1982, S. 552 ff.
Neuenfeld, Klaus u. a., Handbuch des Architektenrechts, Band 1: Allgemeine Grundlagen, Loseblatt, 2. Aufl., Stuttgart/Berlin/Köln, Stand: 14. Lieferung, Juni 1996
Neumann, Ralf, Verdeckte Gewinnausschüttungen bei Pensionsabfindungen an den Gesellschafter-Geschäftsführer einer GmbH, in GmbHR 1997, S. 292 ff.
Neuner, Jörg, Handelsrecht – Handelsgesetz – Grundgesetz, in ZHR 157 (1993), S. 243 ff.
Neye, Hans-Werner, Die Europäische wirtschaftliche Interessenvereinigung, in DB 1997, S. 861 ff.
Niebling, Jürgen, Haftungsbeschränkung für Rechtsanwälte trotz AGB-Richtlinie, in AnwBl. 1996, S. 20 ff.
Niedner, Jochen und *Kusterer, Stefan,* Die atypisch ausgestaltete Familien-KGaA aus der Sicht des Kommanditaktionärs, in DB 1997, S. 1451 ff.
Nießen, Thomas, Frankreichs Anwaltschaft – Die „große" Reform des anwaltlichen Berufsrechts, Bonn 1995
Nietzer, Wolf. M., Gesellschaftsformen amerikanischer Anwaltskanzleien, in AnwBl. 1995, S. 68 ff.
Noack, Erwin, Kommentar zur Rechtsanwaltsordnung, Leipzig 1934

–, Kommentar zur Reichs-Rechtsanwaltsordnung in der Fassung vom 21. Februar 1936, 2. Aufl., Leipzig 1937

Noest, Anwaltshaftung, in Nachrichten für die Mitglieder des Deutschen Anwaltvereins 1921, S. 142 ff.

Nordemann, Hermann H. J., Der Europäische Wirtschaftsprüfer – Mythos oder Realität?, in Wpg. 1989, S. 671 ff.

Nowak, Hans, Gewerbesteuerpflicht der freien Berufe, in Wpg. 1951, S. 405 f.

Oberlander, Willi, Die freien Berufe auf dem Weg ins dritte Jahrtausend, in: Gerling-Konzern (Hrsg.), Zweites Forum Freie Berufe, S. 17 ff., Köln 1997

Odenbach, Mark-Alexander, Spanisches Anwaltsrecht, Frankfurt am Main 1994

Odersky, Walter, Anwaltliches Berufsrecht und höchstrichterliche Rechtsprechung, in AnwBl. 1991, S. 238 ff.

–, Die überörtliche Sozietät, in: Festschrift für Franz Merz, S. 439 ff., Köln 1992

Oertmann, Paul, Eine Streitfrage aus dem Gebiete der Anwaltshaftung, in LZ 1916, S. 199 ff.

Ohl, W. , Formen ärztlicher Kooperation aus berufspolitischer Sicht, in: Festschrift für Helmut Narr, S. 197 ff., Berlin/Heidelberg/NewYork 1988

Oppenhoff, Walter, Anwaltsgemeinschaften, ihr Sinn und Zweck, in AnwBl. 1967, S. 267 ff.

Oppermann, Bernd H., Grenzen der Haftung in der Anwalts-GmbH und der Partnerschaft, in AnwBl. 1995, S. 453 ff.

Ostler, Fritz, Die deutschen Rechtsanwälte, Essen 1971

Otto, Hans-Jochen und *Mittag, Jochen,* Die Haftung des Jahresabschlußprüfers gegenüber Kreditinstituten, in WM 1996, S. 325 ff. (Teil 1) und S. 377 ff. (Teil 2)

Paefgen, Thomas Christian, U.S.-amerikanische Anwaltsfirmen, in AnwBl. 1995, S. 278 ff.

Palandt, Otto, Kommentar zum Bürgerlichen Gesetzbuch, 55. Aufl., München 1996

Papier, Hans-Jürgen, Die überörtliche Anwaltssozietät aus der Sicht des Verfassungs- und Gemeinschaftsrechts, in JZ 1990, S. 253 ff.

Papier, Hans-Jürgen und *Petz, Helmut,* Rechtliche Grenzen des ärztlichen Werbeverbots, in NJW 1994, S. 1553 ff.

Passenberger, Jürgen, STAR: Einkommenssituation deutscher Rechtsanwälte 1994, in BRAK-Mitt. 1996, S. 174 ff.

Passenberger, Jürgen und *Kaimer, Steffen,* STAR: Überörtliche Anwaltssozietäten im Zahlenspiegel, in BRAK-Mitt. 1996, S. 136 ff.

Pausch, Alfons, Die Geschichte der steuerberatenden Berufe im deutschen Kaiserreich von 1871 bis 1918, in Stbg. 1977, S. 179 ff.

–, Die Herkunft der Berufsbezeichnungen „Steuerberater“ und „Steuerbevollmächtigter“, in DStR 1978, S. 313 ff.

Pfeiffer, Gerd, Der Syndikusanwalt in der Rechtsprechung der Ehrengerichtshöfe und des Senats für Anwaltssachen bei dem Bundesgerichtshof, in: Festschrift für Walter Oppenhoff, S. 249 ff., München 1985

Pietzcker, Jost, Neuordnung des anwaltlichen Berufsrechts, in NJW 1988, S. 513 ff.

Piper, Henning, Zur wettbewerbs- und berufsrechtlichen Bedeutung des Werbeverbots der ärztlichen Berufsordnungen, in: Festschrift für Hans Erich Brandner, S. 449 ff., Köln 1996

–, Die GmbH als Rechtsform anwaltlicher Berufsausübung, in: Festschrift für Walter Odersky, S. 1063 ff., Berlin/NewYork 1996

Pitschas, Rainer, Reform des Gesundheitswesens und Strukturwandel des Arztberufs am Beispiel des ärztlichen Unternehmertums, in: Festschrift für Karlheinz Boujong, S. 613 ff., München 1996

Plaas, Gerrit, Abschied vom Einzelanwalt?, in AnwBl. 1988, S. 557 ff.

–, Abschied vom Einzelanwalt?, in AnwBl. 1997, S. 578 ff.

Plagemann, Hermann, Die Versorgung des GmbH-Geschäftsführers: Kriterien für die Sozialversicherungspflicht, in WiB 1994, S. 223 ff.

Plass, Manfred, Der Haftungsstatus von Anwaltsgemeinschaften, Mainz 1991

Poeche, Jürgen, Gemeinschaftspraxis – Kooperationsform für freie Berufe, in DB 1970, S. 6 ff.

Poll, Jens, Die Haftung der freien Berufe zwischen standesrechtlicher Privilegierung und europäischer Orientierung: eine rechtsvergleichende Untersuchung des deutschen Rechtskreises und des Common Law am Beispiel des Rechtsanwalts, Paderborn/München/Wien/Zürich 1994

–, Die Verantwortlichkeit des Abschlußprüfers nach § 323 HGB, in DZWiR 1995, S. 95 ff.

Popitz, Johannes, Zur Frage der Gewerbesteuerpflicht der freien Berufe, in: Festgabe für Hermann Grossmann, S. 138 ff., Berlin/Wien 1932

Portner, Rosemarie und *Bödefeld, Axel,* Besteuerung der Einkünfte aus selbständiger Arbeit bei grenzüberschreitender Tätigkeit überörtlicher Rechtsanwaltssozietäten, in IWB 1993, Gruppe 3, S. 1037 ff.

Preißler, Reinhold, Zulassung neuer Kooperationsformen zur vertrags(zahn-)ärztlichen Versorgung und Abrechnung der in diesem Zusammenhang erbrachten Leistungen, in MedR 1995, S. 110 f.

Priester, Hans-Joachim, Die Kommanditgesellschaft auf Aktien ohne natürlichen Komplementär, in ZHR 160 (1996), S. 250 ff.

Priester, Hans-Joachim und Mayer, Dieter (Hrsg.), Münchener Handbuch des Gesellschaftsrechts, Band 3, Gesellschaft mit beschränkter Haftung, München 1996

Prinz, Matthias, Der juristische Supermann als Maßstab, in VersR 1986, S. 317 ff.

Prohaska, Astrid, Die Handelndenhaftung in der Anwalts-GmbH, in MDR 1997, S. 701 ff.

Prölss, Jürgen und Knappmann, Ulrich (Hrsg.), Prölss/Martin – Kommentar zum Versicherungsvertragsgesetz, 25. Aufl., München 1992

Prütting, Hanns, Die Zulässigkeit der überörtlichen Anwaltssozietät nach geltendem Recht, in JZ 1989, S. 705 ff.

–, Die Rechtsstellung des Syndikusanwalts nach der Berufsrechtsreform 1994, in AnwBl. 1997, Beilage zu Heft 11, S. 5 ff.

Prütting, Hanns und *Weth, Stephan,* Was bringt die Zukunft der deutschen Anwaltschaft?, in: Prütting, Hanns (Hrsg.), Die deutsche Anwaltschaft zwischen heute und morgen, S. 191 f., Köln/Berlin/Bonn/München 1990

Quaas, Michael, Die kommunale Krankenhaus-GmbH, in das Krankenhaus 1992, S. 59 ff.

Quick, Reiner, Die Haftung des handelsrechtlichen Abschlußprüfers, in BB 1992, S. 1675 ff.

Rabe, Hans-Jürgen, Auf dem Wege zum neuen anwaltlichen Berufsrecht, in NJW 1989, S. 1113 ff.

–, Anwälte in Europa, in NJW 1995, S. 1403 f.

Raisch, Peter, Geschichtliche Voraussetzungen, dogmatische Grundlagen und Sinneswandlungen des Handelsrechts, Karlsruhe 1965

–, Freie Berufe und Handelsrecht, in: Festschrift für Fritz Rittner, S. 471 ff., München 1991

Raiser, Thomas, Recht der Kapitalgesellschaften, 2. Aufl., München 1992

Ratajczak, Thomas, Der Belegarzt in der Krankenhausstruktur, in: Arbeitsgemeinschaft Rechtsanwälte im Medizinrecht e. V. (Hrsg.), Das Belegarztsystem: Risiko für Arzt, Krankenhaus und Patient?, S. 17 ff., Köln/Berlin/Bonn/München 1994

Ratzel, Rudolf, Ärztliches Werbeverbot und neue Kooperationsformen, in MedR 1995, S. 91 ff.

Raupach, Arndt u. a. (Hrsg.), Kommentar zum Einkommen- und Körperschaftsteuergesetz, 20. Aufl., Loseblatt, Köln, Stand: 179. Lieferung, Mai 1995

Rawert, Frauke, Die Zweiteilung der englischen Anwaltschaft, Bonn 1994

Rechenberg, Wolf-Georg Freiherr von, Die EWIV – Ihr Sein und Werden, in ZGR 1992, S. 299 ff.

Recq, Jean-Gabriel, Das neue Anwaltsgesetz in Frankreich, in AnwBl. 1993, S. 67 ff.

Redeker, Konrad, Spezialisierung und Team-Arbeit in der anwaltlichen Praxis, in ZRP 1969, S. 268 ff.

–, Freiheit der Advokatur – heute, in NJW 1987, S. 2610 ff.

–, Rechtsanwaltschaft zwischen 1945 und 1995 – ein Berufsstand im Wandel, in NJW 1995, S. 1241 ff.

Reese, Jürgen, Die Haftung von „Managern" im Innenverhältnis, in DStR 1995, S. 532 ff.

–, Die Haftung von „Managern" im Außenverhältnis, in DStR 1995, S. 688 ff.

Rehbinder, Eckard, Neues zum Durchgriff unter besonderer Berücksichtigung der höchstrichterlichen Rechtsprechung, in: Freundesgabe für Friedrich Kübler, S. 493 ff., Heidelberg 1997

Reiff, Peter, Die neuen berufsrechtlichen Bestimmungen über Haftungsbeschränkungen durch AGB, in AnwBl. 1997, S. 3 ff.

–, Haftungsbeschränkungen nach § 67a StBerG im Lichte der „EG-Verbraucherschutzrichtlinie", in DStR 1997, S. 981 ff.

Remmertz, Frank René, Anwaltschaft zwischen Tradition und Wettbewerb – das Berufs- und Standesrecht der Rechtsanwälte in England und Deutschland, Bonn 1996

Rennen, Günter und *Caliebe, Gabriele,* Kommentar zum Rechtsberatungsgesetz, 2. Aufl., München 1992

Rieger, Hans-Jürgen, Die Heilkunde-GmbH in der Rechtsprechung unter besonderer Berücksichtigung des Verfassungsrechts, in MedR 1995, S. 87 ff.

–, Werbung durch gewerbliche Unternehmen auf dem Gebiet der Heilkunde, in MedR 1995, S. 468 ff.

Riegger, Bodo und Weipert, Lutz (Hrsg.), Münchener Handbuch des Gesellschaftsrechts, Band 1, BGB-Gesellschaft, Offene Handelsgesellschaft, Partnerschaftsgesellschaft, Partenreederei, EWIV, München 1995

Ring, Gerhard, Wettbewerbsrecht der freien Berufe – Unlauterer Wettbewerb durch standeswidriges Verhalten, Baden-Baden 1989

–, Das Standesrecht der freien Berufe – ein antiquiertes Relikt ständischer Vorstellungen in modernen Demokratien?, in DÖV 1989, S. 838 ff.

–, Die Firma der Steuerberatungsgesellschaft, in StB 1991, S. 41 ff.
–, Die Partnerschaftsgesellschaft: Erläuterung mit Muster, Bonn 1997
–, Werbemöglichkeiten der Rechtsanwälte nach der neuen Berufs- und Fachanwaltsordnung, in DZWiR 1997, S. 337 ff.
–, Berufsbild und Werbemöglichkeiten der Apotheker nach der zweiten Apothekenentscheidung des Bundesverfassungsgerichts, in NJW 1997, S. 768 ff.
Rittner, Fritz, Unternehmen und Freier Beruf als Rechtsbegriffe, Tübingen 1962
–, Teamarbeit bei freien Berufen, in StB 1967, S. 2 ff.
Rodi, Michael, Die Rechtfertigung von Steuern als Verfassungsproblem, dargestellt am Beispiel der Gewerbesteuer, München 1994
Roesen, Anton, Zur Frage der Haftungsbeschränkung, in AnwBl. 1962, S. 25 ff.
Röhricht, Volker, Beratung und Abschlußprüfung, in Wpg. 1998, S. 153 ff.
Rollmann, Dietrich, Freie Berufe 2000, in DAB 1996, S. 1433 f.
Rombach, Edgar, Kennt das BGB eine gesamtschuldnerische Haftung der einen Beruf gemeinsam ausübenden Personen?, in JW 1919, S. 992
Römer, Gustav, Notariatsverfassung und Grundgesetz, München/Berlin 1963
Römermann, Klaus, Gewerbesteuerpflicht für die ärztliche Tätigkeit im Labor, in BB 1996, S. 613 ff.
Römermann, Volker, Entwicklungen und Tendenzen bei Anwaltsgesellschaften: eine vergleichende Studie zu EWIV, Sozietät und Kapitalgesellschaft, Köln 1995
–, Anwalts-GmbH als „theoretische Variante" zur Partnerschaft?, in GmbHR 1997, S. 530 ff.
–, Der neue Regierungsentwurf zum AnwaltsGmbH-Gesetz, in NZG 1998, S. 81 ff.
Römermann, Volker und *Spönemann, Frank,* Gesellschaftsformen für Rechtsanwälte – Berufsrecht, Gesellschaftsrecht, Steuerrecht, in NZG 1998, S. 15 ff.
Roth, Günter H., Die kleine Erwerbsgesellschaft zwischen bürgerlichem Recht und Handelsrecht, in ZHR 155 (1991), S. 24 ff.
Roxin, Claus, Das Beschlagnahmeprivileg des Syndikusanwalts im Lichte der neuesten Rechtsentwicklung, in NJW 1995, S. 17 ff.
Sahner, Heinz, Freie Heilberufe und Gesundheitsberufe in Deutschland, Lüneburg 1991
Salger, Hanns-Christian, Überörtliche Anwaltssozietäten in Deutschland, in NJW 1988, S. 186 f.
Saller, Rudolf, Rechtliche Grundlagen der BGB-Gesellschaft im Hinblick auf die Möglichkeiten einer Haftungsbegrenzung, in DStR 1995, S. 183 ff.
Sandberger, Georg und *Müller-Graff, Peter-Christian,* Die rechtliche Form freiberuflicher Zusammenarbeit, in ZRP 1975, S. 1 ff.
Sauren, Marcel und *Haritz, Detlef,* Anwalts-GmbH: Gründung oder Einbringung im Steuerrecht, in MDR 1996, S. 109 ff.
Schäfers, Paul, Kooperation im steuerberatenden Beruf, in Stbg. 1970, S. 69 ff.
Schaper, Hartwig und *Neufang, Bernd,* Beschäftigung von Mitarbeitern durch Freiberufler, in INF 1992, S. 154 ff.
Schardey, Günter, Neue Formen anwaltlicher Berufsausübung, in: Festschrift für Karlheinz Quack, S. 731 ff., Berlin/New York 1991
–, Die neue Bundesrechtsanwaltsordnung, in AnwBl. 1994, S. 369 ff.
Scharl, Hans-Peter, Zur eigenverantwortlichen Tätigkeit als Abgrenzungsmerkmal zwischen freiem Beruf und Gewerbe, in StB 1989, S. 397 ff.

Schaub, Bernhard, Die Haftung des Geschäftsführers einer GmbH gegenüber der Gesellschaft und den Gesellschaftern, in DStR 1992, S. 985 ff. (Teil I) und S. 1021 ff. (Teil II)
–, Die Haftung des GmbH-Geschäftsführers im Außenverhältnis, in DStR 1992, S. 1728 ff. (Teil I) und S. 1766 ff. (Teil II)
Schäuble, Wolfgang, Die berufsrechtliche Stellung der Wirtschaftsprüfer in Wirtschaftsprüfungsgesellschaften, Freiburg im Breisgau 1971
Scheffler, Friedrich, Haftpflichtgefahr, Essen 1958
Scherer, Reformvorschläge zur Anwaltshaftung, in Nachrichten für die Mitglieder des Deutschen Anwaltvereins 1921, S. 93 ff.
Scheuerl, Walter, Anwaltswerbung im Internet, in NJW 1997, S. 1291 ff.
Scheuffler, Wolfgang, Die steuerrechtliche Behandlung der „Heilkunde-GmbH", in MedR 1995, S. 99 ff.
Scheuner, Ulrich, Die freien Berufe im ständischen Aufbau, in: Festschrift für Justus Wilhelm Hedemann, S. 424 ff., Jena 1938
Schick, Walter, Die freien Berufe im Steuerrecht, Köln 1973
Schiedermair, Rudolf, Handelsrechtliche Besonderheiten der Gesellschaftsapotheken, in: Festschrift für Franz Laufke, S. 253 ff., Würzburg 1971
–, Unzulässigkeit der Einmann-GmbH im Apothekenwesen, in PharmZ 1981, S. 322 ff.
Schiedermair, Rudolf und *Pieck, Johannes,* Apothekengesetz, Kommentar und Materialien zum Bundesgesetz über das Apothekenwesen, 3. Aufl., Frankfurt am Main 1981
Schiedermair, Rudolf; Blanke, Günther u. a., Kommentar zum Apothekengesetz, Frankfurt am Main 1960
Schiefer, Wolfgang, Anwalt im Zeitalter der Dienstleistung – Herausforderung zum Wandel, in NJW 1987, S. 1969 ff.
Schiemann, Gottfried, Haftung der Dienstleistungsberufe nach deutschem Recht, in: Deutsch, Erwin und Taupitz, Jochen (Hrsg.), Haftung der Dienstleistungsberufe: natürliche Vielfalt und europäische Vereinheitlichung, S. 137 ff., Heidelberg 1993
Schiller, Herbert, Niederlassung, Praxissitz, Vertragsarztsitz, ausgelagerte Praxisräume, Zweigpraxis – Fragen zum Ort der Tätigkeit des (Vertrags-)Arztes, in NZS 1997, S. 103 ff.
Schippel, Helmut (Hrsg.), Kommentar zur Bundesnotarordnung, 6. Aufl., München 1995
Schirmer, Horst Dieter, Berufsrechtliche und kassenarztrechtliche Fragen der ärztlichen Berufsausübung in Partnerschaftsgesellschaften, in MedR 1995, S. 341 ff. (Teil 1) und S. 383 ff. (Teil 2)
Schlechtriem, Peter, Summenmäßige Haftungsbeschränkungen in Allgemeinen Geschäftsbedingungen – Eine Untersuchung der in den Allgemeinen Auftragsbedingungen für Wirtschaftsprüfer und Wirtschaftsprüfungsgesellschaften vom 1.10.1983 vorgesehenen Haftungsbeschränkungen, in BB 1984, S. 1177 ff.
–, Schadensersatzhaftung der Leitungsorgane von Kapitalgesellschaften, in: Kreuzer, Karl (Hrsg.), Die Haftung der Leitungsorgane von Kapitalgesellschaften, S. 9 ff., 1. Aufl., Baden-Baden 1991
Schlie, Andreas, Die Berufshaftpflichtversicherung für die Angehörigen der wirtschaftsprüfenden und steuerberatenden Berufe, Karlsruhe 1995
Schliebner, Rudolf, Die Haftung des Rechtsanwalts aus dem Vertragsverhältnis zu seinen Klienten, Halle (Saale) 1935
Schlosser, Peter, Grünes Licht für Rechtsanwalts-GmbHs?, in JZ 1995, S. 345 ff.

Schmidt, Karsten, Partnerschaftsgesetzgebung zwischen Berufsrecht, Schuldrecht und Gesellschaftsrecht, in ZIP 1993, S. 633 ff.
–, Handelsrecht, 4. Aufl., Köln/Berlin/Bonn/München 1994
–, Zur Durchgriffsfestigkeit der GmbH, in ZIP 1994, S. 837 ff.
–, Konzernhaftung von freiberuflichen Mehrfachgesellschaftern?, in ZIP 1994, S. 1741 ff.
–, Die freiberufliche Partnerschaft, in NJW 1995, S. 1 ff.
–, Deregulierung des Aktienrechts durch Denaturierung der Kommanditgesellschaft auf Aktien?, in ZHR 160 (1996), S. 265 ff.
–, HGB-Reform im Regierungsentwurf, in ZIP 1997, S. 909 ff.
Schmidt, Karsten (Hrsg.), Münchener Kommentar zum Handelsgesetzbuch, Band 1, §§ 1 – 104, München 1996
Schmidt, Ludwig (Hrsg.), Kommentar zum Einkommensteuergesetz, 15. Aufl., München 1996
Schmidt, Marek, Standesrecht und Standesmoral – Ein Beitrag zu den rechtlichen Grenzen der Wettbewerbsregulierung durch Standesorganisationen, Baden-Baden 1993
Schmidt, Reiner (Hrsg.), Öffentliches Wirtschaftsrecht, Besonderer Teil 1, Berlin/Heidelberg/NewYork 1995
ders. (Hrsg.), Öffentliches Wirtschaftsrecht, Besonderer Teil 2, Berlin/Heidelberg/New York 1996
Schmidt-Jortzig, Edzard, Ansprache auf dem 49. Deutschen Anwaltstag in Frankfurt am Main, in AnwBl. 1997, S. 363 f.
Schmittmann, Jens M., Werbung von Patentanwälten im Internet, in PatAnwMitt. 1997, S. 247 ff.
–, Werbung von Angehörigen der rechts- und steuerberatenden Berufe im Internet, in MDR 1997, S. 601 ff.
Schmitz, Bernhard, Die Vertragshaftung des Wirtschaftsprüfers und Steuerberaters gegenüber Dritten – Eine Auseinandersetzung mit den Haftungsausdehnungstendenzen der Rechtsprechung des BGH, in DB 1989, S. 1909 ff.
Schmitz, Fritz, Anwaltliches Standesrecht, insbesondere die neuen Richtlinien für die Ausübung des Rechtsanwaltsberufes, in NJW 1963, S. 1284 ff.
Schmitz-Hangbers, Heinz, Sozietäten zwischen Anwälten und Wirtschaftsprüfern, in AnwBl. 1971, S. 245 f.
–, Mehrjährige praktische Erfahrung einer Gemeinschaft von Rechtsanwälten und Wirtschaftsprüfern, in AnwBl. 1971, S. 261 ff.
Schmölder, Überprüfte Regelung der aktienrechtlichen Pflichtrevision im Entwurf einer Novelle zum Versicherungsaufsichtsgesetz, in JW 1930, S. 3687 ff.
Schmuck, Thomas, Die Anwalts-AG nach französischem Recht, in RIW 1993, S. 983 ff.
Schneider, Günther, Zulassungssperren und Verfassung – Überlegungen zur Verfassungsmäßigkeit der Bedarfszulassung nach § 102 SGB V, in MedR 1994, S. 383 ff.
Schneider, Uwe H., Haftungsmilderung für Vorstandsmitglieder und Geschäftsführer bei fehlerhafter Unternehmensleitung, in: Festschrift für Winfried Werner, S. 795 ff., Berlin/NewYork 1984
Scholtissek, Friedrich-Karl, Die gewerbliche Wirtschaft im Spannungsfeld der BauNVO, in GewArch 1989, S. 322 ff.
Scholz, Franz, Kommentar zum GmbH-Gesetz, I. Band, §§ 1 – 44, 8. Aufl., Köln 1993

Schroeder, Dirk, Die Berufshaftung des Anwalts – Ausschluß, Beschränkung oder Versicherung?, in AnwBl. 1984, S. 522 ff.

Schroeder, Franz-Josef, Die „Gesellschaft bürgerlichen Rechts mit Haftungsbeschränkung" – eine sinnvolle Gestaltungsvariante?, in DStR 1992, S. 507 ff.

Schubert, Werner (Hrsg.), Entstehung und Quellen der Rechtsanwaltsordnung von 1878, Frankfurt am Main 1985

Schumann, Ekkehard, Die Befreiung der Rechtsanwaltschaft von obrigkeitlichen Schranken, in AnwBl. 1990, S. 466 ff.

–, Die Befreiung der Rechtsanwaltschaft von obrigkeitlichen Schranken, in NJW 1990, S. 2089 ff.

Schulin, Bertram (Hrsg.), Handbuch des Sozialversicherungsrechts, Bd. 1, Krankenversicherungsrecht, München 1994

Schulze-Osterloh, Joachim, Verfassungswidrigkeit der Kodifikation der Abfärbetheorie (§ 15 Abs. 3 Nr. 1 EStG), in: Gedächtnisschrift für Brigitte Knobbe-Keuk, S. 531 ff., Köln 1997

Schwark, Eberhard, Voraussetzungen und Grenzen der persönlichen Gesellschafterhaftung in der GBR, in DWiR 1992, S. 441 ff.

Schweitzer, Ernst Emil, Haftungsbeschränkungen, Honorarvereinbarungen und Honorarklagen des Rechtsanwalts, Berlin 1930

Seer, Roman, Die Berufszulassung für Vertragsärzte nach dem Gesundheitsstrukturgesetz 1993 im Spannungsverhältnis zwischen Berufsfreiheit und Eigentumsschutz, in MedR 1995, S. 131 ff.

Seibert, Ulrich, Zum neuen Entwurf eines Partnerschaftsgesellschaftsgesetzes, in AnwBl. 1993, S. 155 ff.

–, Die Partnerschaft: Eine Gesellschaftsform für die freien Berufe, Bonn 1994

–, Die Partnerschaft für die Freien Berufe, in DB 1994, S. 2381 ff.

–, Das Partnerschaftsgesellschaftsgesetz, in NWB 1994, Fach 18, S. 3365 ff.

–, Gemeinsame Berufsausübung von Freiberuflern: neue Perspektiven durch die Partnerschaftsgesellschaft, in PatAnwMitt. 1996, S. 107 ff.

–, Ein Jahr Partnerschaftsgesellschafts-Gesetz, in GmbHR 1996, S. R 153

–, Die rechtsfähige Personengesellschaft, in MDR 1996, S. 785

Selb, Emil, Haftungsbeschränkungen der Rechtsanwälte, in AnwBl. 1930, S. 356 ff.

Sickinger, Kurt, Haftungsbeschränkungen der Rechtsanwälte unter dem Gesichtspunkt von Wirtschaftsnot und Standesnot, in AnwBl. 1932, S. 137 ff.

Sieg, Oliver, Internationale Anwaltshaftung – Die Haftung des deutschen Rechtsanwalts bei der Anwendung ausländischen Rechts und bei der Zusammenarbeit mit ausländischen Anwälten, Heidelberg 1996

Siepmann, Heinrich, Die Partnerschaftsgesellschaft im Zivil- und Steuerrecht, in FR 1995, S. 601 ff.

Skaupy, Walther, Der Vorschlag einer EG-Richtlinie für die Haftung bei Dienstleistungen, in BB 1991, S. 2021 ff.

Sodan, Helge, Freier Beruf und Berufsfreiheit, Düsseldorf 1988

Söffing, Günter, Beteiligung einer nicht gewerblich tätigen Personengesellschaft an einer gewerblich tätigen Personengesellschaft – Zur Anwendung des § 15 Abs. 3 Nr. 1 EStG, in FR 1994, S. 805 ff.

–, Anwendung des § 15 III Nr. 1 EStG (Infektions- oder Abfärbevorschrift) bei Freiberuflern, in NJW 1998, S. 511 f.
Soldan, Die Treuhand deutscher Rechtsanwälte und Notare, in JW 1912, S. 330 ff.
–, Die Treuhandgesellschaft deutscher Rechtsanwälte, in JW 1912, S. 379 ff.
Sommer, Michael, Anwalts-GmbH oder Anwalts-Partnerschaft?, in GmbHR 1995, S. 249 ff.
–, Die Patentanwalts-GmbH – Gesellschaftsrechtliche, berufsrechtliche und steuerrechtliche Probleme –, in PatAnwMitt. 1998, S. 41 ff.
Sotiropoulos, Georgios, Partnerschaftsgesellschaft: Haftung der Partner und Haftungsbeschränkungswege, in ZIP 1995, S. 1879 ff.
Späth, Wolfgang, Zulassung von Haftungsbeschränkungs- und Haftungsbegrenzungsvereinbarungen durch das Sechste Gesetz zur Änderung des Steuerberatungsgesetzes, in Stbg. 1994, S. 449 ff.
–, Zur zivilrechtlichen Haftung des Steuerberaters gegenüber Dritten, in DStR 1996, S. 400 ff.
–, Die Regelung der Leistungsvergütung (Gebühren) freier Berufsträger in staatlich erlassenen Vorschriften (Gesetz und Rechtsverordnung), in BB 1996, S. 2138 ff.
Spitaler, A., Zur Frage der Gewerbesteuerpflicht der Berufsträger freier, insbesondere steuerberatender Berufe, in FR 1950, S. 161 ff.
Spitzbarth, Reimar, Wettbewerbsverbote bei den freien Berufen, in NJW 1954, S. 453 ff.
Spitzl, Guntram, Die ärztliche Gemeinschaftspraxis, Göttingen 1965
Sproß, Joachim, Die Rechtsanwalts-Gesellschaft in der Form der GmbH & Co. KG, in AnwBl. 1996, S. 201 ff.
Stadie, Holger, Die teilweise gewerblich tätige Personengesellschaft – Zur verfassungskonformen Auslegung des § 15 Abs. 3 Nr. 1 EStG, in FR 1989, S. 93 ff.
Stallmeister, Reinhold, Zur Modernisierung des anwaltlichen Berufsrechts – Bewährte Strukturen erhalten oder abschaffen? – Zum Lokalisationsgebot, in AnwBl. 1990, S. 384 ff.
Ständige Deputation des Deutschen Juristentages (Hrsg.), Verhandlungen des 58. Deutschen Juristentages, hier: Sitzungsbericht über die Verhandlungen der Abteilung Berufsrecht, München 1990
Stefener, Wolfgang, EuGH-Dienstleistungsurteil – Auswirkungen auf Lokalisation und Zweigstellenverbot –, in AnwBl. 1988, S. 367 ff.
Stegers, Christoph M., Der Patient in der belegärztlichen Behandlung, in: Arbeitsgemeinschaft Rechtsanwälte im Medizinrecht e. V. (Hrsg.), Das Belegarztsystem: Risiko für Arzt, Krankenhaus und Patient?, S. 3 ff., Köln/Berlin/Bonn/München 1994
Stehle, Heinz, Die „Freiberufler-GmbH“ – ihre Vor- und ihre Nachteile, in DStR 1983, S. 100 ff.
–, Die Rechtsformen für die Freien Berufe, in: Festschrift der Berufsakademie Villingen-Schwenningen, S. 458 ff., Freiburg 1995
Stehle, Heinz und Longin, Franz, Rechtsformen für die Freien Berufe – Formen gemeinsamer Berufsausübung, Stuttgart/München/Hannover/Berlin/Weimar/Dresden 1995
Stehmann, Michael Werner, Beschäftigungsverhältnisse unter Rechtsanwälten – zivil-, arbeits- und standesrechtliche Probleme, Köln 1989
Steindorff, Ernst, Die Anwaltssozietät, in: Festschrift für Robert Fischer, S. 747 ff., Berlin/NewYork 1979

–, Freie Berufe – Stiefkinder der Rechtsordnung?, Köln 1980

Steinhilper, Gernot, Der angestellte Arzt in der freien Niederlassung – Zur gesetzlichen Neuregelung, in MedR 1993, S. 292 ff.

–, Der angestellte Arzt in der Vertragspraxis, in NZS 1994, S. 347 ff.

Sternberg, Hans-Karl, Zur Zulässigkeit der Beteiligung einer Handwerkskammer an einer Steuerberatungsgesellschaft, in GewArch 1989, S. 374 ff.

Stieglitz, Heinrich, Der soziale Auftrag der freien Berufe, Köln/Berlin 1960

Stobbe, Ulrich, Die Beschränkung der Anwaltshaftung nach § 51a Abs. 1 Nr. 2 BRAO und die EG-Verbraucherschutzrichtlinie, in AnwBl. 1997, S. 16 ff.

Stober, Rolf, Die Berufsfreiheit der freien Berufe, in NJW 1981, S. 1529 ff.

Stork, Stephen, Haftungsbeschränkung bei der Gesellschaft bürgerlichen Rechts, in NWB 1993, Fach 18, S. 3269 ff.

Streck, Michael, Steuerprobleme örtlicher, überörtlicher und internationaler Anwaltssozietäten, in AnwBl. 1991, S. 449 ff.

Strobel, Wilhelm, Die ökonomische Zukunft der Rechtsberatung in Orientierung an der Steuerberatung/Wirtschaftsprüfung, in BB 1987, S. 699 ff.

–, Der Markt anwaltlicher Dienstleistungen – Die ökonomische Zukunft der Rechtsberatung, in AnwBl. 1988, S. 307 ff.

–, Chancen der Anwaltschaft in der rechtswirtschaftlichen Beratung, in NJW 1993, S. 2909 ff.

Stuber, Manfred, Das Partnerschaftsgesellschaftsgesetz unter besonderer Berücksichtigung der Belange der Anwaltschaft, in WiB 1994, S. 705 ff.

Sue, Ingrid, Rechtsstaatliche Probleme des anwaltlichen Standesrechts, Göttingen 1986

Taeger, Albert, Haftungsbeschränkung und Haftpflichtversicherung, in AnwBl. 1962, S. 133 ff.

Taupitz, Jochen, Die Standesordnungen der freien Berufe – Geschichte, Entwicklung, Funktion, Stellung im Rechtssystem, Berlin/New York 1991

–, Das Nachfragepotential von Heilbehandlungs-GmbHs aus dem Blickwinkel der gesetzlichen und der privaten Krankenversicherung, in VersR 1992, S. 1064 ff.

–, Die GmbH als Organisationsform ambulanter heilkundlicher Tätigkeit, in NJW 1992, S. 2317 ff.

–, Integrative Gesundheitszentren: neue Formen interprofessioneller ärztlicher Zusammenarbeit, in MedR 1993, S. 367 ff.

–, Berufsständische Satzungen als Verbotsgesetze im Sinne des § 134 BGB, in JZ 1994, S. 221 ff.

–, Zur Zulässigkeit von Freiberufler-GmbHs – Heilkunde-GmbH: ja, Rechtsberatungs-GmbH: nein?, in JZ 1994, S. 1100 ff.

–, Rechtsanwalts-GmbH zugelassen: Durchbruch oder Intermezzo?, in NJW 1995, S. 369 ff.

–, Berufsordnende Kammersatzungen als Schutzgesetze i. S. des § 823 II BGB, in: Festschrift für Erich Steffen, S. 489 ff., Berlin/NewYork 1995

–, Vertragsfreiheit im privatärztlichen Gebührenrecht, in MedR 1996, S. 533 ff.

–, Zur Verfassungswidrigkeit des Verbots, ärztliche Praxen in Form einer juristischen Person des Privatrechts zu führen, in NJW 1996, S. 3033 ff.

Teichler, Maximilian, Berufshaftpflichtversicherungen – Eine Untersuchung der Berufshaftpflicht, ihrer Versicherung und deren Beziehung zueinander am Beispiel der Rechtsanwälte, Ärzte und Architekten in Deutschland, Frankfurt am Main 1985
Teichmann, Eghard, Die überörtliche Anwaltssozietät – Eine Chance für die kleinere Praxis?, in AnwBl. 1989, S. 368 ff.
Tettinger, Peter J., Wettbewerb in den freien Berufen – berufsgrundrechtliche Aspekte, in NJW 1987, S. 294 ff.
Theißen, Rolf, Die überörtliche Sozietät – Eine Bestandsaufnahme der Rechtsprechung –, in MDR 1993, S. 1 ff.
Thümmel, Manfred, Die Partnerschaft – Eine neue Gesellschaftsform für Freiberufler, in Wpg. 1971, S. 399 f.
Tiefenbacher, Erhard; Dernbach, Jürgen u. a., Die zweckmäßige Gesellschaftsform (nach Handels- und Steuerrecht), 5. Aufl., Heidelberg 1981
Timm, Wolfram, Die Rechtsfähigkeit der Gesellschaft bürgerlichen Rechts und ihre Haftungsverfassung, in NJW 1995, S. 3209 ff.
Trenck, Freiherr von der, Zur Frage der Haftungsbeschränkung des Anwalts, in DR 1944, S. 649 f.
Triepel, Heinrich, Staatsdienst und staatlich gebundener Beruf, in: Festschrift für Karl Binding, Bd. 2, S. 1 ff., Leipzig 1911
Ulmer, Peter (Red.), Münchener Kommentar zum Bürgerlichen Gesetzbuch, Band 5, Schuldrecht Besonderer Teil III, §§ 705 – 853, 3. Aufl., München 1997
Ulmer, Peter und *Habersack, Matthias*, Die Haftungsverfassung der Partnerschaftsgesellschaft, in: Festschrift für Hans Erich Brandner, S. 151 ff., Köln 1996
van der Velde, Zur steuerlichen Behandlung der Erfahrungshingabe (know how), in DB 1961, S. 716 ff.
Vangerow, Erläuterungen zur Rechtsprechung – Zur Abgrenzung der freiberuflichen Tätigkeit, in StuW 1954, S. 93 ff.
Vogels, Tim Oliver, Haftung von Rechtsanwälten in der Sozietät, Bonn 1995
Volks, Holger, Zur beruflichen Situation der Rechtsanwälte in der Bundesrepublik, in AnwBl. 1976, S. 57 ff.
Volmer, Norbert, Die Partnerschaft als Gesellschaftsform für die Teamarbeit im freien Beruf, in StB 1967, S. 25 ff.
Vorbrugg, Georg und *Salzmann, Stephan*, Überregionale Anwaltskooperationen, in AnwBl. 1996, S. 129 ff.
Voûte, J. R. und *Hardenberg, L.*, Referat über einen Ehrenkodex des internationalen Standesrechts, in: Kalsbach, Werner, Standesrecht des Rechtsanwalts, S. 600 ff., Köln 1956
Wannagat, G., Das Krankenhaus und die Krankenversicherung, in: Festschrift für Helmut Narr, S. 184 ff., Berlin/Heidelberg/NewYork 1988
Wasilewski, Rainer, Kooperation in Freien Berufen, in DAB 1996, S. 1435 f.
Wasilewski, Rainer; Passenberger Jürgen und *Reith, Manuela*, Statistisches Berichtssystem für Rechtsanwälte – STAR –, in BRAK-Mitt. 1994, S. 196 ff.
Wassermeyer, Franz, 20 Jahre BFH-Rechtsprechung zu Grundsatzfragen der verdeckten Gewinnausschüttung, in FR 1989, S. 218 ff.
–, Zur neuen Definition der verdeckten Gewinnausschüttung, in GmbHR 1989, S. 298 ff.
–, Einige Grundsatzüberlegungen zur verdeckten Gewinnausschüttung, in GmbHR 1998, S. 157 ff.

Weber-Grellet, Heinrich, Zum Nebeneinander verschiedener Einkunftsarten bei Mitunternehmerschaften, in DStZ 1982, S. 228 ff.
Wegerich, Thomas Christian, Das englische Anwaltsrecht – Bestandsaufnahme und berufsrechtliche Neuregelung, Regensburg 1992
Weigel, Theodor, Zur Zulässigkeit der Rechtsberatungs-GmbH nach geltendem Recht, in BRAK-Mitt. 1992, S. 183 f.
Weil, Heinz, Neuregelung des anwaltlichen Berufsrechts und der Rechtsberatung in Frankreich, in BRAK-Mitt. 1991, S. 20 f.
Weiland, Heiner, Zur Vereinbarkeit von Abschlußprüfung und Beratung, in BB 1996, S. 1211 ff.
Weimar, Robert und *Delp, Udo A.*, Die Europäische wirtschaftliche Interessenvereinigung (EWIV) in rechtlicher und steuerlicher Sicht, in Wpg. 1989, S. 89 ff.
Weißler, Adolf, Geschichte der Rechtsanwaltschaft, unveränderter Nachdruck der Ausgabe Leipzig 1905, Frankfurt 1967
Wellensiek, Jobst, Anwaltshaftung und Risikomanagement, in: Festschrift für Hans Erich Brandner, S. 727 ff., Köln 1996
Wellkamp, Ludger, Risikobegrenzung in der Unternehmer-BGB-Gesellschaft, in NJW 1993, S. 2715 ff.
–, Ausweitung und Einschränkung der Eigenhaftung des GmbH-Geschäftsführers, in DB 1994, S. 869 ff.
Werber, Manfred, Möglichkeiten einer Begrenzung der Versicherungsmaklerhaftung, in VersR 1996, S. 917 ff.
Wertenbruch, Johannes, Partnerschaftsgesellschaft und neues Umwandlungsrecht, in ZIP 1995, S. 712 ff.
–, Veräußerung und Vererbung des Anteils an einer vertragsärztlichen Berufsausübungsgesellschaft (Partnerschaft und BGB-Gesellschaft), in MedR 1996, S. 485 ff.
Westermann, Harm Peter, Freistellungserklärungen für Organmitglieder im Gesellschaftsrecht, in: Festschrift für Karl Beusch, S. 871 ff., Berlin/NewYork 1993
–, Der Fortschrittsgedanke im Privatrecht, in NJW 1997, S. 1 ff.
Westermann, Harm Peter und *Mutter, Stefan,* Die Verantwortlichkeit von Geschäftsführern einer GmbH gegenüber Dritten, in DZWiR 1995, S. 184 ff.
Westerwelle, Kai, Werbemöglichkeiten für Anwälte im Internet, in WiB 1997, S. 297 f.
Westphalen, Friedrich Graf von, Anwaltliche Haftungsbeschränkung im Widerstreit mit der Verbraucherschutzrichtlinie, in ZIP 1995, S. 546 ff.
Wettlaufer, Arno, Angestellter oder freier Mitarbeiter? – Zum Einstieg in eine Anwaltskanzlei, in AnwBl. 1989, S. 194 ff.
Wilken, Oliver, Qualifizierter faktischer Konzern und Unterkapitalisierung, in WiB 1997, S. 453 ff.
Wilmersdoerffer, E., Zur Frage der Selbsthilfe der Anwaltschaft, in AnwBl. 1932, S. 97 ff.
Wimmer, Richard, Die Haftung des GmbH-Geschäftsführers, in NJW 1996, S. 2546 ff.
Winkler, Karl, Nichtgewerbliche, ideale, insbesondere politische Zielsetzungen als Inhalt von Gesellschaftsverträgen und Satzungen, in NJW 1970, S. 449 ff.
Winter, Willi, GmbH-Praxis – Verdeckte Gewinnausschüttung, in GmbHR 1992, S. 32 ff.
Winters, Karl-Peter, Die Zukunft der Rechtsberatung, in NJW 1988, S. 521 ff.
–, Der Rechtsanwaltsmarkt: Chancen, Risiken und zukünftige Entwicklung, Köln 1989

Wochinger, Peter, Verdeckte Gewinnausschüttungen und verdeckte Einlagen, 3. Aufl., Bonn 1995
Wolf, Manfred, Freizeichnungsverbote für leichte Fahrlässigkeit in Allgemeinen Geschäftsbedingungen, in NJW 1980, S. 2434 ff.
–, Anwaltshaftung in der Sozietät, in: Festschrift für Egon Schneider, S. 349 ff., Herne/Berlin 1997
Wolf, Manfred u. a., Kommentar zum AGB-Gesetz, 3. Aufl., München 1994
Wolff, Ernst, Homo ethicus, homo oeconomicus, in JW 1931, S. 2348 ff.
Wolfsteiner, Hans, Mittelbare Rechtsberatung und Anwalts-GmbH, in NJW 1996, S. 3262 f.
Wollert, Heinrich, Die zweckmäßige Rechtsform der Wirtschaftsprüfer-Gemeinschaften, in WP 1949, S. 66 ff.
Wolter, Paul W., Die „steuerberaterfreie" Steuerberatungsgesellschaft, in StB 1987, S. 193 ff.
Wüst, Günther, Ausbaubedürfnisse im Gesellschaftsrecht, in JZ 1989, S. 270 ff.
–, Die unzureichende Eigenkapitalausstattung bei Beschränkthaftern, in JZ 1995, S. 990 ff.
Ziekow, Jan, Staatseinnahmen, Liberalismus und Polizei – die Einführung der Gewerbefreiheit in Preußen, in GewArch 1985, S. 313 ff.
Zilias, Manfred, Überblick über das AGB-Gesetz unter besonderer Berücksichtigung der Bedeutung für die Vertragspraxis des Wirtschaftsprüfers, in Wpg. 1977, S. 309 ff.
Zitzlaff, Franz, Erläuterungen zur Gewerbesteuer, in StuW 1939, S. 1068 ff.
–, Freier Beruf oder Gewerbebetrieb?, in StuW 1950, S. 733 ff.
Zöller, Richard, Kommentar zur Zivilprozeßordnung, 19. Aufl., Köln 1995
Zuck, Rüdiger, Anwaltsberuf und Bundesverfassungsgericht, in NJW 1979, S. 1121 ff.
–, Formen anwaltlicher Zusammenarbeit, in AnwBl. 1988, S. 19 ff.
–, Berufs- und standesrechtliche Rahmenbedingungen der künftigen Formen anwaltlicher Zusammenarbeit und anwaltlicher Werbung, in AnwBl. 1988, S. 351 ff.
–, Berufsrecht und Berufsmoral, in JZ 1989, S. 353 ff.
–, Die Europäische wirtschaftliche Interessenvereinigung als Instrument anwaltlicher Zusammenarbeit, in NJW 1990, S. 954 ff.
–, Rechtsanwaltsgesellschaft, in MDR 1990, S. 891 f.
–, Gehört die Zukunft der Anwalts-GmbH? – ZRP-Rechtsgespräch, in ZRP 1995, S. 68 ff.
–, Vertragsgestaltung bei Anwaltskooperationen, Köln 1995
–, Der Notar zwischen Amt und freiem Beruf, in: Festschrift für Helmut Schippel, S. 817 ff., München 1996
–, Die berufsrechtlichen Pflichten des Rechtsanwalts, in MDR 1996, S. 1204 ff.
–, Es geht alles: drunter & drüber, in NJW 1998, S. 355 f.

Sachregister

FSC
www.fsc.org
MIX
Papier | Fördert gute Waldnutzung
FSC® C083411

Kolibri 360 GmbH
Ferdinand-Jühlke-Straße 7
99095 Erfurt, Deutschland
produktsicherheit@kolibri360.de